GERENCIAMENTO DA CADEIA DE SUPRIMENTOS/LOGÍSTICA EMPRESARIAL

B193g   Ballou, Ronald H.
         Gerenciamento da cadeia de suprimentos/logística empresarial / Ronald H. Ballou ; tradução Raul Rubenich. – 5. ed. – Porto Alegre : Bookman, 2006.
         616 p. ; 28 cm.

         ISBN 978-85-363-0591-2

         1. Logística Empresarial. 2. Administração – Material – Logística. I. Título.

         CDU 658.7

Catalogação na publicação: Júlia Angst Coelho – CRB 10/1712

Ronald H. Ballou
Weatherhead School of Management
Case Western Reserve University

GERENCIAMENTO DA CADEIA DE SUPRIMENTOS/LOGÍSTICA EMPRESARIAL

quinta edição

Tradução:
Raul Rubenich

Consultoria, supervisão e revisão técnica desta edição:
Rogério Bañolas
Mestre em Engenharia da Produção pela UFRGS
Consultor nas áreas de Logística e Engenharia da Produção

Reimpressão 2010

2006

Obra originalmente publicada sob o título
Business Logistics/Supply Chain Management, 5/ed
Ronald H. Ballou
© 2004, Pearson Education, Inc. Tradução autorizada a partir do original em língua inglesa publicado por
Pearson Education, Inc., sob o selo Prentice Hall.

ISBN 0-13-066184-8

Capa: *Gustavo Demarchi*

Supervisão editorial: *Arysinha Jacques Affonso e Denise Weber Nowaczyk*

Editoração eletrônica: *Laser House*

Reservados todos os direitos de publicação, em língua portuguesa, à
ARTMED® EDITORA S.A.
(BOOKMAN® COMPANHIA EDITORA é uma divisão da ARTMED® EDITORA S.A.)
Av. Jerônimo de Ornelas, 670 - Santana
90040-340 Porto Alegre RS
Fone (51) 3027-7000   Fax (51) 3027-7070

É proibida a duplicação ou reprodução deste volume, no todo ou em parte,
sob quaisquer formas ou por quaisquer meios (eletrônico, mecânico, gravação,
fotocópia, distribuição na Web e outros), sem permissão expressa da Editora.

SÃO PAULO
Av. Embaixador Macedo Soares, 10.735 - Pavilhão 5 - Cond. Espace Center
Vila Anastácio 05095-035 São Paulo SP
Fone (11) 3665-1100 Fax (11) 3667-1333

SAC 0800 703-3444

IMPRESSO NO BRASIL
PRINTED IN BRAZIL

Aos gerentes de logística e da cadeia de suprimentos de todo o mundo:

Tenho ouvido dizer a teu respeito... que a luz e o entendimento e a excelente sabedoria se acham em ti... tenho ouvido dizer que podes dar interpretações e resolver problemas... tu serás vestido de púrpura e terás uma corrente de ouro ao pescoço.

Daniel 5:14

Apresentação à Edição Brasileira

A exemplo da quarta edição deste livro, publicada no Brasil em 2001, a sua quinta edição aborda o planejamento, a organização e o controle da logística empresarial/cadeia de suprimentos. O profissional de logística encontrará, nesta publicação, aplicação prática de importantes questões da cadeia de suprimentos/logística empresarial através de exemplos, exercícios e estudos de caso, que transcendem o estudo teórico-conceitual. O livro também contém um CD-ROM com programas didáticos de computador voltados à solução de problemas de previsão de demanda, localização de instalações, roteirização de veículos e dimensionamento de estoques.

Decorridos quatro anos, acompanhamos a crescente importância que vem sendo dada à logística e à cadeia de suprimentos. Um sinal curioso disso é que a palavra *logística* saiu do jargão empresarial para tornar-se de uso popular. Houve a disseminação de centros de distribuição e um movimento forte de terceirização de serviços logísticos com o surgimento de operadores logísticos e armazéns públicos. Os depósitos, comumente relegados à condição de operação auxiliar, foram colocados no centro das atenções, quando os processos de armazenagem foram revisados e receberam investimentos em automação. Ingressaram no mercado novos fornecedores de sistemas de gerenciamento de armazéns e de transportes. Os cursos de logística/cadeia de suprimentos multiplicaram-se. As iniciativas logísticas no varejo tiveram um impulso impressionante e começa-se a perceber a importância da logística nas empresas prestadoras de serviços. Em determinado momento, chegou-se a reconhecer o *gargalo logístico* – infra-estrutura de armazenagem e transporte – como uma restrição ao desenvolvimento brasileiro.

Temas relacionados a essas mudanças que ocorreram na logística brasileira – e outras que provavelmente ocorrerão – são abordados no livro. Esta edição ocupa-se também da logística no setor de serviços, atividade crescente nos países industrializados. Outras tendências, como internacionalização, globalização dos negócios e integração da cadeia de suprimentos, também são tratadas.

O texto evita termos que em administração estão em constante mudança – no caso específico da edição brasileira, palavras em inglês que invadem a linguagem empresarial. Entretanto, em nada fica a dever a atenção dada aos conteúdos correspondentes a tais termos. Assim, em vez de *trade-off*, estamos usando compensação. No lugar de *recall*, foi escrito recolhimento. Por adiamento, entende-se o equivalente a *postponement*, e assim por diante. O índice e as notas de rodapé explicam, quando necessário, os respectivos sinônimos em português.

Dentre os assuntos acrescentados nesta edição, o leitor encontrará o estudo de tendências como: expectativas crescentes em relação aos serviços, escopo da cadeia de suprimentos moderna, previsão colaborativa de vendas; estoques virtuais, armazéns virtuais e coordenação da cadeia de suprimentos.

Organizado em torno do triângulo de planejamento logístico – tendo no centro o nível de serviço e nos vértices os estoques, o transporte e a localização –, este livro apresenta com clareza aspectos operacionais, táticos e estratégicos da logística empresarial/cadeia de suprimentos. Mostra os conceitos, os princípios, os métodos e as ferramentas da logística empresarial/cadeia de suprimentos que balizam as decisões gerenciais. Colocados em prática, é possível que se alcance o objetivo das atividades logísticas: tornar disponíveis produtos e serviços no tempo, no lugar, na forma e nas condições desejadas, do modo mais lucrativo ou menos dispendioso para as cadeias de suprimentos.

ROGÉRIO GARCIA BAÑOLAS
Consultor de empresas

Prefácio

Nenhum livro que não melhore com a leitura por repetidas vezes merece ser lido.
— THOMAS CARLYLE

Este livro trata de uma disciplina vital: logística empresarial/cadeia de suprimentos – área de administração que tem absorvido entre 60 e 80% das vendas e pode ser essencial para a estratégia competitiva e geração de receita da empresa. Essa área da administração tem recebido várias denominações, inclusive distribuição física, administração de materiais, gerenciamento de transportes, logística e, recentemente, gerenciamento da cadeia de suprimentos. As atividades a serem geridas podem incluir: transportes, manutenção de estoques, processamento de pedidos, compras, armazenagem, manuseio de materiais, embalagem, padrões de serviços ao cliente e produção.

O foco deste livro está no planejamento, na organização e no controle dessas atividades – elementos-chave para a gestão bem-sucedida em qualquer organização. Ênfase especial é dada ao planejamento estratégico e à tomada de decisões – talvez a parte mais importante do processo de gestão. A missão desse esforço gerencial é estabelecer o nível de atividades logísticas necessário para disponibilizar produtos e serviços no tempo certo, no local certo e nas condições e formas desejadas, da maneira mais lucrativa ou eficaz em termos de custos.

Como as atividades logísticas foram sempre essenciais para as empresas, o campo de administração logística/cadeia de suprimentos é uma síntese de muitos conceitos, princípios e método das áreas mais tradicionais de *marketing*, produção, contabilidade, compras e transportes, bem como das disciplinas de matemática aplicada, comportamento organizacional e economia. Este livro tenta unificar esses conceitos de maneira lógica para que a eficiência gerencial da cadeia de suprimentos seja alcançada.

Há freqüentes mudanças nos termos, como em qualquer campo de gestão, para captar os métodos e conceitos da logística empresarial/cadeia de suprimentos. Tentamos não reproduzir modismos, mantendo-nos fiel à apresentação de idéias, princípios e técnicas fundamentais à boa prática da logística empresarial agora e em um futuro próximo. Com esse espírito, a quinta edição está organizada em torno de dois temas. Primeiro, as atividades básicas de gerenciamento, denominadas *planejamento, organização* e *controle,* norteiam o tema do livro. Segundo, um triângulo inter-relacionado das estratégias de *transportes, estocagem* e *localização* é o núcleo do bom planejamento e da tomada de decisão logísticos. Esse triângulo é enfatizado ao longo do texto.

Diversas tendências afetam o escopo e a prática da logística empresarial/cadeia de suprimentos. Elas foram integradas ao corpo do texto como ilustrações de aplicação das idéias fundamentais apresentadas. Em primeiro lugar, destacou-se a logística/cadeia de suprimentos como um conjunto amplo que reflete o crescimento da internacionalização e globalização dos negócios em geral. Em segundo lugar, foi ressaltada a mudança em direção a economias mais orientadas a serviços, nas nações industrializadas, com a finalidade de demonstrar como os conceitos e princípios de logística estão sendo igualmente aplicados. Em terceiro lugar, tanto em empresas prestadoras de serviço quanto na fabricação de produtos, é dada atenção para a gestão integrada das atividades da cadeia de suprimentos, bem como à gestão dessas atividades entre as outras áreas funcionais da organização. Em quarto lugar, muitos exemplos práticos são dados para mostrar a aplicabilidade do material; em quinto lugar, um *software* de computador é fornecido como auxiliar na solução de problemas de logística/cadeia de suprimentos, refletindo o crescente uso da tecnologia da informação na administração.

Ao longo dos anos, muitas pessoas e empresas têm contribuído com as idéias incorporadas nesta quinta edição. A lista de agradecimentos seria muito longa. Entretanto, a todos os estudantes e professores ao redor do mundo que se dispuseram a comentar sobre as edições anteriores, àqueles empresários que se dispuseram a tentar incorporar as idéias em seus negócios e a todos os outros que fizeram comentários elogiosos ou críticos – meus sinceros agradecimentos. Uma nota especial de gratidão vai para minha esposa, Carolyn, pela assistência editorial e encorajamento no processo de revisão.

Considerando toda essa ajuda, qualquer problema ou erro que ainda haja é de minha inteira responsabilidade.

R. H. BALLOU
Weatherhead School of Management
Cleveland, Ohio

Sumário Resumido

PREFÁCIO — ix

PARTE I
Introdução e Planejamento — 23

    Capítulo 1   *Logística Empresarial/Cadeia de Suprimentos – Uma Disciplina Vital* — 25
    Capítulo 2   *Estratégia e Planejamento da Logística/Cadeia de Suprimentos* — 49

PARTE II
Objetivos do Serviço ao Cliente — 71

    Capítulo 3   *O Produto da Cadeia de Suprimentos/Logística* — 73
    Capítulo 4   *Logística/Cadeia de Suprimentos: Serviço ao Cliente* — 93
    Capítulo 5   *Processamento de Pedidos e Sistemas de Informação* — 121

PARTE III
Estratégia do Transporte — 147

    Capítulo 6   *Fundamentos do Transporte* — 149
    Capítulo 7   *Decisões sobre Transportes* — 187

PARTE IV
Estratégia de Estoque — 239

    Capítulo 8   *Necessidades de Previsão da Cadeia de Suprimentos* — 241
    Capítulo 9   *Decisões sobre Política de Estoques* — 271
    Capítulo 10   *Decisões de Compras e de Programação dos Suprimentos* — 341
    Capítulo 11   *O Sistema de Estocagem e Manuseio* — 373
    Capítulo 12   *Decisões de Estocagem e Manuseio* — 397

PARTE V
Estratégia de Localização — 431

    Capítulo 13   *Decisões de Localização das Instalações* — 433
    Capítulo 14   *O Processo de Planejamento da Rede* — 483

PARTE VI
Organização e Controle — 539

    Capítulo 15   *Organização da Cadeia de Suprimentos/Logística* — 541
    Capítulo 16   *Controle da Cadeia de Suprimentos/Logística* — 567

Sumário

PARTE I

Introdução e Planejamento — 23

CAPÍTULO 1

Logística Empresarial/Cadeia de Suprimentos – Uma Disciplina Vital — 25

INTRODUÇÃO — 25

DEFINIÇÃO DE LOGÍSTICA EMPRESARIAL — 26

A CADEIA DE SUPRIMENTOS — 29

O COMPOSTO DE ATIVIDADES — 31

A IMPORTÂNCIA DA LOGÍSTICA/CADEIA DE SUPRIMENTOS — 33

  Os Custos são Significativos — 33

  As Expectativas do Serviço Logístico ao Cliente Estão Aumentando — 34

  As Linhas de Suprimento e Distribuição Vão se Estendendo com Maior Complexidade — 35

  Importância da Logística/CS para a Estratégia — 36

  Logística/CS Agregam Importante Valor ao Cliente — 37

  Os Clientes Querem Cada Vez Mais Resposta Rápida e Padronizada — 38

  Logística/CS em Áreas Não Produtoras — 39

  Indústria de Serviços — 39

  Forças Armadas — 40

  Ambiente — 41

LOGÍSTICA EMPRESARIAL/CS NA EMPRESA — 41

OBJETIVOS DA LOGÍSTICA EMPRESARIAL/CS — 43

ABORDAGEM DO ESTUDO DA LOGÍSTICA/CS — 44

QUESTÕES E PROBLEMAS — 46

  Destaques de Sucesso – e Fracasso – em Estratégia Logística/Cadeia de Suprimentos — 47

CAPÍTULO 2

Estratégia e Planejamento da Logística/Cadeia de Suprimentos — 49

ESTRATÉGIA CORPORATIVA — 49

ESTRATÉGIA DE LOGÍSTICA/CS — 50

PLANEJAMENTO DE LOGÍSTICA/CS — 52

  Níveis de Planejamento — 52

  Principais Áreas do Planejamento — 53

  A Conceituação do Problema de Planejamento Logístico/CS — 54

  Quando Planejar — 56

  Diretrizes para a Formulação de Estratégias — 57

ESCOLHENDO A MELHOR ESTRATÉGIA DE CANAL — 63

AVALIAÇÃO DO DESEMPENHO ESTRATÉGICO — 66

  Fluxo de Caixa — 66

Economias	66
Retorno sobre o Investimento	66
COMENTÁRIOS FINAIS	67
QUESTÕES	67

PARTE II
Objetivos do Serviço ao Cliente — 71

CAPÍTULO 3
O Produto da Cadeia de Suprimentos/Logística — 73

NATUREZA DO PRODUTO LOGÍSTICO/CS	73
Classificando Produtos	74
O Ciclo de Vida dos Produtos	75
A CURVA 80-20	77
CARACTERÍSTICAS DO PRODUTO	79
Quociente Peso-Volume	80
Quociente Valor-Peso	80
Substituibilidade	81
Características de Risco	82
EMBALAGEM DOS PRODUTOS	82
PRECIFICAÇÃO DO PRODUTO	83
Métodos de Precificação Geográfica	83
Questões Legais	86
ARRANJOS DE PRECIFICAÇÃO INCENTIVADA	88
Desconto por Quantidade	88
O ACORDO	88
COMENTÁRIOS FINAIS	89
QUESTÕES	90

CAPÍTULO 4
Logística/Cadeia de Suprimentos: Serviço ao Cliente — 93

A DEFINIÇÃO DE SERVIÇOS AO CLIENTE	93
Elementos do Serviço ao Cliente	94
Importância Relativa dos Elementos do Serviço	95
TEMPO DO CICLO DO PEDIDO	97
Ajustes no Tempo do Ciclo do Pedido	100
IMPORTÂNCIA DO SERVIÇO LOGÍSTICO AO CLIENTE/CADEIA DE SUPRIMENTOS	101
Efeitos dos Serviços sobre as Vendas	101
Efeitos dos Serviços na Fidelização dos Clientes	102
DEFININDO UMA RELAÇÃO DE VENDAS-SERVIÇOS	103
MODELANDO A RELAÇÃO VENDAS/SERVIÇOS	104
Método dos Dois Pontos	104
Experimentos Antes-Depois	104
Jogos das Empresas	105
Pesquisas Junto a Compradores	105
CUSTOS *VERSUS* SERVIÇOS	106
DETERMINANDO O NÍVEL DE SERVIÇO ÓTIMO	106
Teoria	107
Prática	107
VARIABILIDADE DOS SERVIÇOS	108
Função Perda	109
Substituição das incertezas pela informação	110
O SERVIÇO COMO RESTRIÇÃO	111

MENSURAÇÃO DOS SERVIÇOS	111
CONTINGÊNCIAS DE SERVIÇOS	112
Interrupção no Sistema	113
O Recolhimento de Produtos	115
COMENTÁRIOS FINAIS	117
QUESTÕES	118

CAPÍTULO 5
Processamento de Pedidos e Sistemas de Informação — 121

DEFININDO O PROCESSAMENTO DE PEDIDOS	122
Preparação do Pedido	122
Transmissão do Pedido	123
O Recebimento dos Pedidos	123
Atendimento dos Pedidos	125
Relatório da Situação do Pedido	125
EXEMPLOS DE PROCESSAMENTO DE PEDIDOS	126
Processamento de Pedidos Industriais	126
Processamento de Pedidos de Varejo	127
Processamento do Pedido do Cliente	128
Planejamento de Pedidos via Canal da Web	129
OUTROS FATORES QUE PESAM NO TEMPO DE PROCESSAMENTO DO PEDIDO	130
Prioridades do Processamento	130
Processamento Paralelo *versus* Seqüencial	132
Exatidão no Atendimento dos Pedidos	132
Pedidos em Lotes	132
Pedidos Parciais	132
Consolidação do Embarque	133
O SISTEMA DE INFORMAÇÕES LOGÍSTICAS	133
Função	133
Operação Interna	137
EXEMPLOS DE SISTEMAS DE INFORMAÇÃO	140
Um Sistema de Varejo	140
GERENCIAMENTO DE ESTOQUES PELO FORNECEDOR	141
Comércio Eletrônico	142
Um Sistema de Apoio às Decisões	143
COMENTÁRIOS FINAIS	143
QUESTÕES	143

PARTE III
Estratégia do Transporte — 147

CAPÍTULO 6
Fundamentos do Transporte — 149

A IMPORTÂNCIA DE UM SISTEMA DE TRANSPORTES EFICAZ	149
Maior Concorrência	150
Economias de Escala	150
Preços Reduzidos	150
OPÇÕES DE SERVIÇOS E SUAS CARACTERÍSTICAS	151
Preço	151
Tempo em Trânsito e Variabilidade	151
Danos e Perdas	154
OPÇÕES DE SERVIÇO ÚNICO	154
Ferroviário	154
Rodoviário	155

Aéreo	155
Aquaviário	156
Dutovias	157
SERVIÇOS INTERMODAIS	157
Semi-reboque sobre Vagão	158
Frete Conteinerizado	159
AGÊNCIAS E SERVIÇOS DE PEQUENOS EMBARQUES	159
Agentes	159
Serviços de Pequenos Embarques	160
TRANSPORTE CONTROLADO PELA EMPRESA	160
TRANSPORTE INTERNACIONAL	161
Visão Geral	161
Instalações	161
Agências e Serviços	163
CARACTERÍSTICAS DOS CUSTOS DO TRANSPORTE	163
Custos Fixos e Variáveis	163
Custos Comuns ou Conjuntos	164
Características de Custos por Modal	165
PERFIS DE TARIFAS	167
Tarifas Relacionadas ao Volume	167
Tarifas Relacionadas a Distância	168
Tarifas Relacionadas à Demanda	169
TARIFAS DAS LINHAS DE TRANSPORTE	170
Por Produto	170
Por Tamanho de Carga	173
Por Roteiro	177
Tarifas Diversas	177
COBRANÇAS DE SERVIÇOS ESPECIAIS	177
Serviços Especiais de Linha de Transporte	178
Serviços dos Terminais de Cargas	180
OS CUSTOS DO TRANSPORTE PRÓPRIO	181
DOCUMENTAÇÃO	182
Conhecimento de Embarque	182
Fatura de Frete	182
Reclamações de Fretes	183
DOCUMENTAÇÃO DO TRANSPORTE INTERNACIONAL	183
Exportação	183
Importação	184
COMENTÁRIOS FINAIS	184
QUESTÕES	184

CAPÍTULO 7
Decisões sobre Transportes

Decisões sobre Transportes	187
A ESCOLHA DO SERVIÇO DE TRANSPORTE	187
Compensações Básicas de Custos	188
Considerações sobre Competitividade	189
Avaliação dos Métodos de Seleção	191
ROTEIRIZAÇÃO DOS VEÍCULOS	191
Um Ponto de Origem e um Ponto de Destino	192
Pontos de Origem e Destino Múltiplos	195
Pontos de Origem e Destino Coincidentes	196
ROTEIRIZAÇÃO E PROGRAMAÇÃO DE VEÍCULOS	199
Princípios Para uma Boa Roteirização e Programação	199

Métodos de Roteirização e Programação	203
Seqüenciamento de Roteiros	208
A Implementação dos Métodos de Roteirização e Programação de Veículos	209
Roteirização e Programação de Navios	209
CONSOLIDAÇÃO DE FRETES	210
COMENTÁRIOS FINAIS	212
QUESTÕES	213
PROBLEMAS	213
Estudo de Casos: Fowler Distributing Company	223
Estudo de Casos: Metrohealth Medical Center	225
Estudo de Casos: Orion Foods, Inc.	230
Estudo de Casos: R&T Wholesalers	233

PARTE IV
Estratégia de Estoque
239

CAPÍTULO 8
Necessidades de Previsão da Cadeia de Suprimentos
241

NATUREZA DAS PREVISÕES	242
Demanda Espacial *versus* Demanda Temporal	242
Demanda Irregular *versus* Demanda Regular	242
Demanda Dependente *versus* Demanda Independente	242
MÉTODOS DE PREVISÃO	244
Métodos Qualitativos	245
Métodos de Projeção Histórica	245
Métodos Causais	248
TÉCNICAS ÚTEIS PARA OS PROFISSIONAIS DE LOGÍSTICA	249
Ponderação Exponencial	249
Decomposição Clássica da Série de Tempo	254
Análise de Regressão Múltipla	257
PROBLEMAS ESPECIAIS DE PREVISÃO PARA OS PROFISSIONAIS DE LOGÍSTICA	257
Lançamento	257
Demanda Irregular	258
Previsão Regional	258
Erro de Previsão	259
PREVISÃO COLABORATIVA	261
FLEXIBILIDADE E RESPOSTA RÁPIDA – UMA ALTERNATIVA À PREVISÃO	262
COMENTÁRIOS FINAIS	262
QUESTÕES E PROBLEMAS	263
Estudo de Caso: World Oil	267

CAPÍTULO 9
Decisões sobre Política de Estoques
271

AVALIAÇÃO DOS ESTOQUES	272
Razões a Favor dos Estoques	272
Razões contra os Estoques	273
TIPOS DE ESTOQUES	274
CLASSIFICAÇÃO DOS PROBLEMAS DE GERENCIAMENTO DE ESTOQUES	274
Natureza da Demanda	274
Filosofia de Gerenciamento	275
Grau de Agregação de Produtos	276
Estoques de Múltiplos Estágios	277
Estoques Virtuais	277

OBJETIVOS DO ESTOQUE	277
Disponibilidade do Produto	277
Custos Relevantes	278
CONTROLE DE ESTOQUES EMPURRADOS	280
CONTROLE BÁSICO DE ESTOQUES PUXADOS	282
Quantidade de Pedido Único	282
Quantidades de Pedidos Repetitivos	284
CONTROLE AVANÇADO DE ESTOQUE PUXADO	286
Modelo do Ponto de Pedido com Demanda Incerta	286
O Método do Ponto de Pedido com Custos Conhecidos de Falta de Estoque	289
O Método do Ponto de Pedido com Incerteza da Demanda e do Prazo de Entrega	290
Modelo de Revisão Periódica com Demanda Incerta	292
Métodos Práticos de Controle de Estoque Puxado	296
ESTOQUES NO CANAL	303
CONTROLE AGREGADO DE ESTOQUES	304
CONTROLE DE ESTOQUE GUIADO PELA OFERTA	310
ESTOQUES VIRTUAIS	310
COMENTÁRIOS FINAIS	313
GLOSSÁRIO	313
QUESTÕES	314
PROBLEMAS	314
Estudo de Casos: Complete Hardware Supply, Inc.	*323*
Estudo de Casos: American Lighting Products	*325*
Estudo de Casos: Cruz Vermelha Americana: Serviços de Sangue	*331*

CAPÍTULO 10

Decisões de Compras e de Programação dos Suprimentos

Decisões de Compras e de Programação dos Suprimentos	341
COORDENAÇÃO NO CANAL DE SUPRIMENTOS	341
PROGRAMAÇÃO DOS SUPRIMENTOS	343
Programação *Just-in-Time* de Suprimentos	344
Programação da Distribuição *Just-in-Time*	354
COMPRAS	356
A Importância de Compras	357
Quantidades e Momento dos Pedidos	359
Fontes	365
Condições de Venda e Gerenciamento do Canal	367
COMENTÁRIOS FINAIS	367
QUESTÕES	367
PROBLEMAS	368
Estudo de Caso: Industrial Distributors, Inc.	*372*

CAPÍTULO 11

O Sistema de Estocagem e Manuseio

O Sistema de Estocagem e Manuseio	373
NECESSIDADE DE UM SISTEMA DE ESTOCAGEM	373
RAZÕES PARA A ESTOCAGEM	374
Redução dos Custos de Transporte/Produção	374
Coordenação da Oferta e Demanda	374
Necessidades de Produção	375
Considerações de Mercado	375
FUNÇÕES DO SISTEMA DE ESTOCAGEM	375
Funções de Estocagem	376
Funções de Manuseio dos Materiais	380

ALTERNATIVAS DE ESTOCAGEM	380
Propriedade de Espaço	380
Espaço Alugado	381
Espaço Arrendado	385
Estocagem em Trânsito	385
CONSIDERAÇÕES A RESPEITO DO MANUSEIO DE MATERIAIS	386
Unitização da Carga	386
Leiaute do Espaço	387
Escolha do Equipamento de Estocagem	389
Escolha do Equipamento de Movimentação	389
CUSTOS E TAXAS DO SISTEMA DE ESTOCAGEM	391
Armazenagem Pública	391
Armazenagem Arrendada, Manuseio Manual	392
Estocagem Privada, Manuseio com Paletes e Empilhadeira Mecânica	393
Armazém Privado, Manuseio Automatizado	393
ARMAZENAGEM VIRTUAL	394
COMENTÁRIOS FINAIS	394
QUESTÕES	394

CAPÍTULO 12
Decisões de Estocagem e Manuseio — 397

SELEÇÃO DO LOCAL	398
PLANEJANDO O PROJETO E A OPERAÇÃO	398
Dimensionando a Instalação	399
Escolhendo o Tipo de Espaço – Considerações Financeiras	401
Configuração das Instalações	404
O Leiaute do Espaço	407
Projeto das Docas	410
PROJETO DO SISTEMA DE MANUSEIO DE MATERIAIS	411
Escolha do Sistema de Manuseio de Materiais	412
Substituição de Equipamento	415
Decisões sobre o Leiaute dos Produtos	416
OPERAÇÕES DE SEPARAÇÃO DE PEDIDOS	425
Manuseio dos Pedidos	425
Intercalação	426
Estabelecimento de Padrões	426
COMENTÁRIOS FINAIS	427
QUESTÕES	427
SUPLEMENTO TÉCNICO	430

PARTE V
Estratégia de Localização — 431

CAPÍTULO 13
Decisões de Localização das Instalações — 433

CLASSIFICAÇÃO DOS PROBLEMAS DE LOCALIZAÇÃO	434
Força Direcionadora	434
Número das Instalações	434
Descontinuidade das Escolhas	434
Grau de Agregação de Dados	434
Horizonte de Tempo	434
UMA PERSPECTIVA HISTÓRICA DA LOCALIZAÇÃO[2]	434
Curvas de Ofertas de Arrendamento	435

Weber e a Classificação por Setores	435
As Taxas Decrescentes de Transporte de Hoover	435
LOCALIZAÇÃO DE INSTALAÇÃO ÚNICA	436
Extensões para o Modelo de Localização de Instalação Única	440
Avaliação da Localização da Instalação Única	440
LOCALIZAÇÃO DE INSTALAÇÕES MÚLTIPLAS	441
Métodos Exatos	442
Métodos de Simulação	446
Métodos Heurísticos	448
Avaliação dos Métodos de Localização de Instalações Múltiplas	455
LOCALIZAÇÃO DINÂMICA DO ARMAZÉM	456
LOCALIZAÇÃO DE VAREJO/SERVIÇOS	460
Lista de Verificação Ponderada	460
Modelo de Interação Espacial	461
Outros Métodos	462
OUTROS PROBLEMAS DE LOCALIZAÇÃO	465
Hub & Spoke	465
Instalações de Risco	465
Microlocalização	465
COMENTÁRIOS FINAIS	466
QUESTÕES	466
PROBLEMAS	466
Estudo de Casos: Superior Medical Equipment Company	*474*
Estudo de Casos: Serviços de Habilitação de Motoristas e Licenciamento de Veículos Automotores de Ohio	*475*
Estudo de Casos: Southern Brewery	*478*
SUPLEMENTO TÉCNICO	481

CAPÍTULO 14
O Processo de Planejamento da Rede 483

O PROBLEMA DA CONFIGURAÇÃO DA REDE	483
DADOS PARA O PLANEJAMENTO DE REDE	485
Um Inventário de Dados	485
Fontes de Dados	485
Codificação de Dados	487
Transformando Dados em Informação	489
Falta de Informações	501
AS FERRAMENTAS PARA ANÁLISE	501
Opções para Modelagem	501
Sistemas de Suporte às Decisões	505
CONDUZINDO A ANÁLISE	506
Auditoria dos Níveis de Serviço ao Cliente	507
Organizando o Estudo	508
Benchmarking	509
Configuração de Rede	510
Projeto de Canal	515
Planejamento Integrado de Cadeia de Suprimentos	519
UM ESTUDO DE CASO DE LOCALIZAÇÃO	520
Descrição do Problema	520
Gerenciando o Tamanho do Problema	520
A Análise	521
Relatando os Resultados Financeiros à Gerência	523
Conclusão	523

COMENTÁRIOS FINAIS 523
QUESTÕES 524
Estudo de Casos: Usemore Soap Company 527
Estudo de Casos: A Essen nos EUA 535

PARTE VI
Organização e Controle 539

CAPÍTULO 15
Organização da Cadeia de Suprimentos/Logística 541
ORGANIZANDO O ESFORÇO LOGÍSTICO/CS 542
Necessidade de Estrutura Organizacional 542
Desenvolvimento Organizacional 544
OPÇÕES ORGANIZACIONAIS 545
A Organização Informal 546
A Organização Semiformal 546
A Organização Formal 548
ORIENTAÇÃO ORGANIZACIONAL 549
Estratégia de Processo 549
Estratégia de Mercado 550
Estratégia de Informação 550
POSICIONAMENTO ORGANIZACIONAL 551
Descentralização *versus* Centralização 551
Assessoria *versus* Linha 552
Grande *versus* Pequena 553
GERENCIAMENTO INTERFUNCIONAL 553
GERENCIAMENTO INTERORGANIZACIONAL 554
A Superorganização 554
Gerenciando o Conflito 556
ALIANÇAS E TERCEIRIZAÇÃO 559
COMENTÁRIOS FINAIS 565
QUESTÕES 565

CAPÍTULO 16
Controle da Cadeia de Suprimentos/Logística 567
UMA ESTRUTURA DE CONTROLE DE PROCESSOS 567
Um Modelo de Controle de Logística/CS 568
Tipos de Sistemas de Controle 570
DETALHES DO SISTEMA DE CONTROLE 572
Tolerância ao Erro 572
Resposta 573
CONTROLE NA PRÁTICA 574
Orçamentos 574
Metas de Serviço 574
Conceito do Centro de Lucros 574
Sistemas de Suporte às Decisões 575
CONTROLE, MENSURAÇÃO E INTERPRETAÇÃO DA INFORMAÇÃO 575
Auditorias 575
Relatórios Regulares 579
AÇÃO CORRETIVA 584
Pequenos Ajustes 584
Replanejamento 584
Planos contingenciais 585

MODELO REFERENCIAL DE OPERAÇÕES DE CADEIA DE SUPRIMENTOS (SCOR) 586
LIGAÇÕES DE CONTROLE À INTELIGÊNCIA ARTIFICIAL 587
Reconhecimento de Padrões 589
Padrões de Desempenho 589
Rumos de Ação 589
COMENTÁRIOS FINAIS 590
QUESTÕES 591

APÊNDICES

APÊNDICE A *Áreas Sob a Distribuição Normal Padronizada* 593
APÊNDICE B *Função Perda Normal* 595

BIBLIOGRAFIA SELECIONADA 599

ÍNDICE DE AUTORES 603

ÍNDICE 609

PARTE I

INTRODUÇÃO E PLANEJAMENTO

CAPÍTULO

Logística Empresarial/Cadeia de Suprimentos – Uma Disciplina Vital

Distribuição física é apenas uma maneira diferente de falar do "processo integral dos negócios" [1]
— PETER DRUCKER, 1969

INTRODUÇÃO

Nas épocas mais antigas da História documentada da humanidade, as mercadorias mais necessárias não eram feitas perto dos lugares nos quais eram mais consumidas, nem estavam disponíveis nas épocas de maior procura. Alimentos e outras *commodities* eram espalhados pelas regiões mais distantes, sendo abundantes e acessíveis apenas em determinadas ocasiões do ano. Os povos mais antigos consumiam os produtos em seus lugares de origem ou os levavam para algum local profundo ou armazenando-os para utilização posterior. Contudo, devido à inexistência de sistemas desenvolvidos de transporte e armazenamento, o movimento das mercadorias limitava-se àquilo que a pessoa conseguia fazer por suas próprias forças, e os bens perecíveis só podiam permanecer guardados por prazos muito curtos. Todo esse limitado sistema de transporte-armazenamento normalmente obrigava as pessoas a viver perto das fontes de produção e as limitava ao consumo de uma escassa gama de mercadorias.

Mesmo hoje, em algumas regiões do mundo, o consumo e a produção ocorrem em âmbitos geográficos extremamente limitados. Exemplos impressionantes dessa situação espalham-se pelas nações em desenvolvimento da Ásia, América do Sul, África e Austrália, onde parte da população vive em aldeias pequenas, supostamente auto-suficientes, e a maioria das mercadorias que prefere é produzida ou adquirida na vizinhança imediata. Poucas são, ali, as mercadorias importadas de outras regiões. Em decorrência, a produtividade e o padrão econômico de vida são geralmente baixos. Nesse tipo de economia, um sistema logístico bem-desenvolvido e barato certamente incentivaria um intercâmbio de merca-

dorias com outras áreas produtoras do país, ou mesmo do mundo.

À medida que os sistemas logísticos fossem aperfeiçoados, o consumo e a produção experimentariam uma separação geográfica. Algumas regiões se especializariam nas *commodities* para cuja produção tivessem melhores condições. A produção excedente poderia ser então enviada, com vantagem econômica, a outras áreas produtoras (ou consumidoras), e os artigos necessários mas de escassa ou inexistente produção local seriam importados. Esse processo de intercâmbio segue o princípio da vantagem comparativa.

O mesmo princípio, quando aplicado a mercados mundiais, ajuda a explicar o alto nível de comércio internacional hoje existente. Sistemas logísticos eficazes dão ao comércio mundial condições de tirar proveito do fato de não serem as terras e as pessoas que nelas vivem uniformemente produtivas. A logística é a essência do comércio. Ela contribui decisivamente para melhorar o padrão econômico de vida geral.

Quanto à empresa isolada operando numa economia de alto nível, a gestão eficaz das atividades logísticas é vital. Os mercados são muitas vezes de âmbito nacional ou internacional, mesmo que a produção se concentre em pontos relativamente escassos. As atividades logísticas são a ponte que faz a ligação entre locais de produção e mercados separados por tempo e distâncias. A gestão eficaz dessas atividades é a preocupação principal do nosso livro.

---

[1] Peter F. Drucker, "Physical Distribution: The Frontier of Modern Management", em Donald J. Bowersox, Bernard J. LaLonde, and Edward Smykay (eds.), *Readings in Physical Distribution Management* (New York: Macmillan, 1969), pág. 4.

Exemplo

Suponha que consumidores nos Estados Unidos e na Coréia do Sul comprem gravadores de DVD e *software* de computador. No ano seguinte, um número semelhante de pessoas comprará um programa de processamento de textos e um aparelho de televisão. Devido às diferenças nos custos locais de mão-de-obra, tarifas, transporte e qualidade de produto, o preço real para os consumidores fica diferente, como mostrado na Tabela 1-1. Um sul-coreano e um norte-americano (neste caso, a economia de ambos os países) devem pagar a soma de US$ 1.450,00 para suprir suas necessidades.

No entanto, se cada uma dessas economias negociar com a outra aquelas mercadorias nas quais tem melhor custo, tanto os consumidores quanto as respectivas economias sairão ganhando. A Coréia do Sul tem mão-de-obra barata para a produção de gravadores de DVD, enquanto que os Estados Unidos têm vantagem na produção de *software* de baixo custo e alta qualidade. Graças à disponibilidade de transporte barato e confiável, é evidente a vantagem econômica de especializar-se naquele produto que pode ser feito a menor custo e comprar o outro do país concorrente. Com transporte de custo razoável, a Coréia do Sul pode vender DVDs nos EUA a um preço inferior ao do produto feito e transportado localmente. Da mesma forma, os EUA têm a vantagem de custo em *design* e produção relativa ao *software* e podem financiar tarifas razoáveis de transporte para colocar na Coréia do Sul *software* a preços inferiores aos dos produtos locais. O quadro econômico revisado dessa situação é apresentado na Tabela 1-2. Os consumidores nos dois países acabam economizando US$ 1.450,00 – 1.200,00 = US$ 250,00. Um transporte caro demais impediria que os dois países negociassem e concretizassem essas vantagens econômicas comparativas, pois acabaria tornando os preços locais dos importados mais altos que os de quaisquer outros equivalentes nacionais.

DEFINIÇÃO DE LOGÍSTICA EMPRESARIAL

A logística empresarial é um campo relativamente novo do estudo da gestão integrada, das áreas tradicionais das finanças, *marketing* e produção. Como se viu anteriormente, atividades logísticas foram durante muitos anos exercidas pelos indivíduos. As empresas também estiveram permanentemente envolvidas em atividades de movimentação-armazenagem (transporte-estoque). A novidade então deriva do conceito da gestão *coordenada* de atividades inter-relacionadas, em substituição à prática histórica de administrá-las separadamente, e do conceito de que a logística agrega valor a produtos e serviços essenciais para a satisfação do consumidor e o aumento das vendas. Embora a gestão coordenada da logística seja uma prática relativamente recente, a idéia da gestão coordenada pode ser localizada nos idos de 1844. Nos ensinamentos de Jules Dupuit, um engenheiro francês, a idéia de intercambiar um custo por outro (custos de transporte por custos de armazenamento, por exemplo)

TABELA 1-1   Preços ao consumidor para produtos exclusivamente nacionais

Consumidor	Gravador de DVD	Software de processamento de textos	Total
Coréia do Sul	US$ 250,00	US$ 500,00	US$ 750,00
Estados Unidos	US$ 400,00	300,00	700,00
As economias			US$ 1.450,00

TABELA 1-2   Os benefícios do intercâmbio comercial quando o transporte é barato

Consumidor	Gravador de DVD	Software de processamento de textos	Total
Coréia do Sul	US$ 250,00	US$ 350,00[a]	US$ 600,00
Estados Unidos	US$ 300,00[b]	300,00	600,00
As economias			US$ 1.200,00

[a] Importado dos Estados Unidos.

[b] Importado da Coréia do Sul.

estava evidente na alternativa entre transporte por via terrestre ou aquática:

> O fato é que, sendo o transporte por terra mais rápido, mais confiável e menos sujeito a perdas ou danos, apresenta vantagens às quais os negociantes em geral atribuem considerável valor. Contudo, pode ocorrer que uma diferença, para menos, de 0,87 franco induza o comerciante a utilizar a via aquática; ele consegue comprar armazéns e aumentar seu capital flutuante de maneira a contar com um abastecimento de mercadorias disponível e adequado para precaver-se contra os efeitos da lentidão e irregularidade da via aquática, e se, feitas as contas, a economia de 0,87 franco no transporte servir também para dar-lhe uma vantagem de poucos cêntimos que seja, ele optará pela nova rota...[2]

O primeiro livro-texto a sugerir os benefícios da gestão logística coordenada foi publicado em 1961,[3] o que em parte explica porque só agora se consolida uma definição generalizada da logística empresarial. Por isso mesmo, vale a pena explorar algumas definições do escopo e conteúdo dessa matéria.

Uma definição dicionarizada do termo logística é a que diz:

> O ramo da ciência militar que lida com a obtenção, manutenção e transporte de material, pessoal e instalações.[4]

Essa definição situa a logística num contexto militar. Dadas as distinções entre os objetivos e atividades empresariais e militares, essa definição não engloba a essência da gestão da logística empresarial. Uma representação mais fiel desse campo pode ser aquela refletida na definição promulgada pelo *Council of Logistics Management* (CLM), uma organização de gestores logísticos, educadores e profissionais da área criada em 1962 para incentivar o ensino nesse campo e incentivar o intercâmbio de idéias. Sua definição:

> Logística é o processo de planejamento, implantação e controle do fluxo eficiente e eficaz de mercadorias,

serviços e das informações relativas desde o ponto de origem até o ponto de consumo com o propósito de atender às exigências dos clientes.[5]

Trata-se de uma excelente definição, uma vez que abrange a noção de que o fluxo das mercadorias deve ser acompanhado desde o ponto em que existem como matérias-primas até aquele em são descartadas. A logística também lida, além de bens materiais, com o fluxo de serviços, uma área com crescentes oportunidades de aperfeiçoamento. Essa definição sugere igualmente ser a logística um *processo*, o que significa que inclui todas as atividades importantes para a disponibilização de bens e serviços aos consumidores quando e onde estes quiserem adquiri-los. Contudo, a definição implica em que a logística é parte do processo da cadeia de suprimentos, e não do processo inteiro. Assim, o que é o processo da cadeia de suprimentos, ou, como é mais conhecido, gerenciamento da cadeia de suprimentos?

Gerenciamento da cadeia de suprimentos (GCS, ou SCM, do inglês *supply chain management*) é um termo surgido mais recentemente e que capta a essência da logística integrada e inclusive a ultrapassa. O gerenciamento da cadeia de suprimentos destaca as interações logísticas que ocorrem *entre* as funções de *marketing*, logística e produção no âmbito de uma empresa, e dessas mesmas interações entre as empresas legalmente separadas no âmbito do canal de fluxo de produtos. Oportunidades para a melhoria dos custos ou serviços ao consumidores são concretizadas mediante *coordenação* e *colaboração* entre os integrantes desse canal nos pontos em que algumas atividades essenciais da cadeia de suprimentos podem não estar sob o controle direto dos especialistas em logística. Embora definições mais antigas, como distribuição física, gestão de materiais, logística industrial, gestão de canais, e até mesmo *rhocrematics* – termos, todos, utilizados para descrever a logística – tenham promovido este amplo escopo da logística, foram escassas as tentativas de implementar logística além dos limites dos de cada empresa, ou até mesmo além de sua própria função logística interna. Hoje, porém, empresas de varejo estão obtendo sucesso no compartilhamento de informação com os fornecedores, os quais, por sua vez, concordam em manter e gerenciar estoques nas estantes dos varejistas. Estoques no canal e faltas de produtos são menores. As fábricas que operam em esquemas de produção *just-in-time* estabelecem relacionamentos com fornecedores com benefícios para ambas as partes através da redução dos estoques. Definições da cadeia de suprimentos e da gestão de cadeia de suprimentos que refletem esse escopo mais amplo incluem:

---

[2] Jules Dupuit, "On the Measurement of the Utility of Public Works", reimpresso em *International Economic Papers*, nº 2, traduzido do francês para o inglês por R. H. Barback (Londres: Macmillan and Co., Ltd., 1952), pág. 100.

[3] Edward W. Smykay, Donald J. Bowersox, and Frank H. Mossman, *Physical Distribution Management: Logistic Problems of the Firm* (New York: Macmillan, 1961).

[4] *Webster's New Encyclopedic Dictionary* (New York: Black Dog & Leventhal Publishers, 1993), pág. 590.

[5] Das normas do *Council of Logistics Management*, no *site* www.clml.org.

A cadeia de suprimentos abrange todas as atividades relacionadas com o fluxo e transformação de mercadorias desde o estágio da matéria-prima (extração) até o usuário final, bem como os respectivos fluxos de informação. Materiais e informações fluem tanto para baixo quanto para cima na cadeia de suprimentos.

O gerenciamento da cadeia de suprimentos (GCS) é a integração dessas atividades, mediante relacionamentos aperfeiçoados na cadeia de suprimentos, com o objetivo de conquistar uma vantagem competitiva sustentável.[6]

Depois de cuidadoso estudo das várias definições oferecidas a respeito, Mentzer et al. propõem a seguinte definição mais ampla e abrangente:

O gerenciamento da cadeia de suprimentos é definido como a coordenação estratégica sistemática das tradicionais funções de negócios e das táticas ao longo dessas funções de negócios no âmbito de uma determinada empresa e ao longo dos negócios no âmbito da cadeia de suprimentos, com o objetivo de aperfeiçoar o desempenho a longo prazo das empresas isoladamente e da cadeia de suprimentos como um todo.[7]

O modelo de gerenciamento de cadeia de suprimentos na Figura 1-1, visto como uma fonte de informações, mostra o escopo desta definição. É importante destacar que a gerenciamento da cadeia de suprimentos trata da coordenação do fluxo de produtos ao longo de funções e de empresas para produzir vantagem competitiva e lucratividade para cada uma das companhias na cadeia de suprimentos e para o conjunto dos integrantes dessa mesma cadeia.

É muito difícil, em termos práticos, separar a gestão da logística empresarial do gerenciamento da cadeia de suprimentos. Ocorre que, em um número muito grande de aspectos, as duas têm missão idêntica:

Colocar os produtos ou serviços certos no lugar certo, no momento certo, e nas condições desejadas, dando ao mesmo tempo a melhor contribuição possível para a empresa.

---

[6] Robert B. Handfield and Ernest L. Nichols Jr., *Introduction to Supply Chain Management* (Upper Saddle River, NJ: Prentice-Hall, 1999), pág. 2.

[7] John T. Mentzer, William DeWitt, James S. Keebler, Soonhong Min, Nancy W. Nix, Carlo D. Smith, and Zach G. Zacharia, "Defining Supply Chain Management", *Journal of Business Logistics*, Vol. 22, n.º 2 (2001), págs. 1-25.

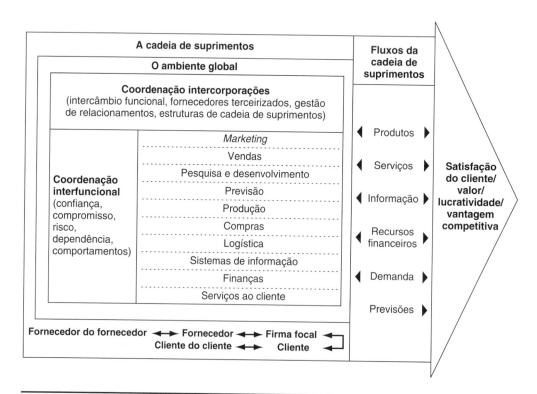

FIGURA 1-1 Um modelo do gerenciamento da cadeia de suprimentos.
Fonte: Mentzer et al., "Defining Supply Chain Management", *Journal of Business Logistics,* Vol. 22, n.º 2 (2001), pág. 19. Reproduzido com autorização do *Council of Logistics Management*.

Há quem considere ser o gerenciamento da cadeia de suprimentos apenas um sinônimo de gestão integrada da logística empresarial e que o escopo geral da gestão da cadeia de suprimentos vem sendo valorizado nos últimos anos. Há também quem considere a logística um ramo secundário do GCS, no qual este leva em consideração questões adicionais que vão além do fluxo da produção. Por exemplo, o GCS pode lidar com a precificação dos produtos e a qualidade da produção. Embora o GCS patrocine uma visão do canal de suprimentos com o escopo mais amplo, a realidade é que as empresas não chegam a pôr este ideal em prática. Fawcett e Magan constataram que as empresas que realmente põem em prática a integração da cadeia de suprimentos limitam seu escopo para um elo acima e um elo abaixo no fluxo da cadeia.[8] Seu foco parece preocupar-se com a criação de processos ininterruptos no âmbito de suas empresas e aplicar novas tecnologias de informação para melhorar a qualidade da informação e a velocidade do seu intercâmbio entre os membros do canal. O limite entre os termos *logística* e *gerenciamento da cadeia de suprimentos* é indistinto. Para os propósitos deste texto, gestão integrada da logística empresarial e GCS serão mencionados com sentido semelhante. O foco estará em gerir os fluxos de produtos e serviços da maneira mais eficaz e eficiente, qualquer que seja o título descritivo de sua prática. Isso inclui a integração e coordenação com outros integrantes do canal e provedores de serviços para aperfeiçoar, sempre que possível, o desempenho da cadeia de suprimentos.

A CADEIA DE SUPRIMENTOS

A Logística/Cadeia de Suprimentos é um conjunto de atividades funcionais (transportes, controle de estoques, etc.) que se repetem inúmeras vezes ao longo do canal pelo qual matérias-primas vão sendo convertidas em produtos acabados, aos quais se agrega valor ao consumidor. Uma vez que as fontes de matérias-primas, fábricas e pontos de venda em geral não têm a mesma localização e o canal representa uma seqüência de etapas de produção, as atividades logísticas podem ser repetidas várias vezes até um produto chegar ao mercado. Então, as atividades logísticas se repetem à medida que produtos usados são transformados a montante no canal logístico.

Uma única firma, em geral, não tem condições de controlar integralmente seu canal de fluxo de produtos da fonte da matéria-prima até os pontos de consumo,

mesmo sendo esta uma oportunidade emergente. Para finalidades práticas, a logística empresarial tem, em cada firma, um escopo mais reduzido. Normalmente, espera-se um nível máximo de controle gerencial sobre os canais físicos imediatos de suprimento e distribuição, como se mostra na Figura 1-2. O *canal físico de suprimento* diz respeito à lacuna em tempo e espaço entre as fontes materiais imediatas de uma empresa e seus pontos de processamento. De maneira semelhante, o *canal físico de distribuição se* refere à lacuna de tempo e espaço entre os pontos de processamento da empresa e seus clientes. Devido às semelhanças de atividades entre os dois canais, o suprimento físico (mais usualmente chamado de Gerenciamento de Materiais) e a Distribuição Física compreendem aquelas atividades que são integradas na Logística Empresarial. A gestão da logística empresarial passou a ser em geral chamada de gerenciamento da cadeia de suprimentos.[9] São também usados termos como *redes de valor*, *corrente de valor* e *logística enxuta* a fim de descrever escopo e objetivo similares. A evolução da gerência do fluxo de produtos para o GCS é registrada na Figura 1-3.

Embora seja fácil pensar em logística como sendo simplesmente o gerenciamento do fluxo dos produtos dos pontos de aquisição das matérias-primas até o consumidor final, para muitas empresas existe também um *canal logístico reverso* que precisa ser igualmente administrado. A vida de um produto, do ponto de vista da logística, não se encerra com a entrega ao consumidor. Produtos tornam-se obsoletos, danificados ou inoperantes e são devolvidos aos seus pontos de origem para conserto ou descarte. Material de embalagem pode ser devolvido à origem devido a imposições da legislação ambiental ou porque sua reutilização faz sentido em termos econômicos. O canal logístico reverso pode usar o canal logístico normal no todo ou em parte, ou, então, exigir um projeto em separado. A cadeia de suprimentos se encerra com o descarte final de um produto. O canal reverso precisa ser considerado como parte do escopo do planejamento e controle logísticos.

Exemplo

O canal logístico reverso entra em funcionamento quando um cliente compra uma torradeira na loja. Levando-a para casa, constata um defeito de fabricação. Devolve-a ao varejista, que reembolsa, sem problemas, o valor da compra. O varejista fica então com uma torradeira danificada no estoque da loja. Envia-a

---

[8] Stanley E. Fawcett and Gregory M. Magan, "The Rhetoric and Reality of Supply Chain Integration", *International Journal of Physical Distribution & Logistics Management*, Vol. 32, n.º 5 (2002), págs. 339-361.

[9] Alguns promotores da gestão da cadeia de suprimentos incluem a precificação em seu escopo. A gestão da logística empresarial raramente chega a tanto.

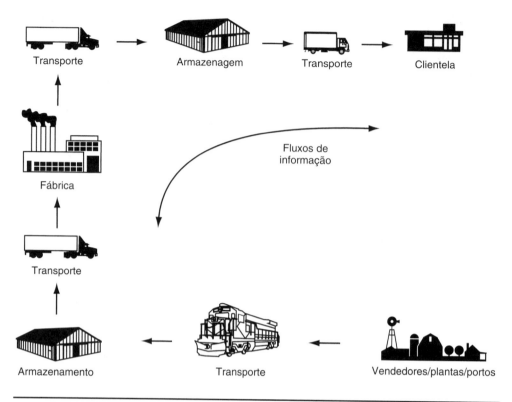

FIGURA 1-2 A cadeia de suprimentos imediata da empresa.

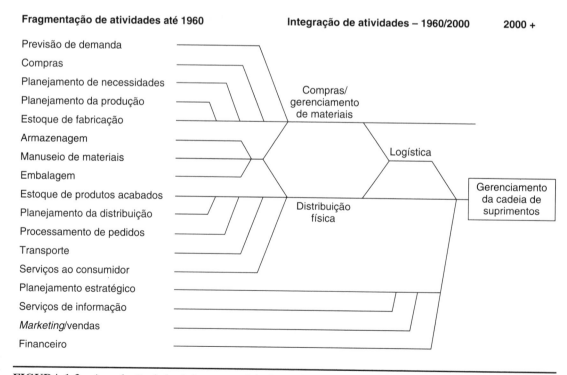

FIGURA 1-3 A evolução da logística para cadeia de suprimentos.
Fonte: John Yuva, "Collaborative Logistics: Building a United Network", *Inside Supply Management,* Vol. 13, n.º 5 (May/2002)), pág. 50 (modificada).

para uma central de devoluções. No recebimento, o Código Universal de Produto (UPC-Universal Product Code) da torradeira é lido para identificação no banco de dados do centro. Este determina que a torradeira tem uma autorização para devolução ao vendedor. O banco de dados acrescenta ao estoque da loja crédito equivalente ao valor da torradeira e cria para o fabricante um débito de mesmo valor. A torradeira é então devolvida ao fabricante. O varejista conseguiu recuperar o custo de um ativo danificado. A torradeira é recebida no centro de devoluções do fabricante. Este escaneia a torradeira em seu banco de dados e determina que ela está em situação de reparo. A torradeira é consertada e posta à venda no mercado de artigos de segunda mão. O fabricante ganha assim valor por esse ativo danificado.[10]

O COMPOSTO DE ATIVIDADES

As atividades a serem gerenciadas que compõem a logística empresarial variam de acordo com as empresas, dependendo, entre outros fatores, da estrutura organizacional, das diferentes conceituações dos respectivos gerentes sobre o que constitui a cadeia de suprimentos nesse negócio e da importância das atividades específicas para as suas operações. Percorra a cadeia de suprimentos mostrada na Figura 1-2 e comprove as importantes atividades que nela se desenvolvem. Novamente, de acordo com o CLM:

> Os componentes de um sistema logístico típico são: serviços ao cliente, previsão de demanda, comunicações de distribuição, controle de estoque, manuseio de materiais, processamento de pedidos, peças de reposição e serviços de suporte, escolha de locais para fábrica e armazenagem (análise de localização), embalagem, manuseio de produtos devolvidos, reciclagem de sucata, tráfego e transporte, e armazenagem e estocagem.[11]

A Figura 1-4 organiza esses componentes, ou atividades, pela ordem mais provável de sua concretização no canal de suprimentos. A lista é dividida mais detalhadamente entre atividades principais e de suporte, juntamente com algumas das decisões relacionadas a cada uma dessas atividades.

ATIVIDADES-CHAVE

1. Os serviços ao cliente padronizados cooperam com o *marketing* para:
   a. Determinar as necessidades e desejos dos clientes em serviços logísticos
   b. Determinar a reação dos clientes ao serviço
   c. Estabelecer níveis de serviços ao cliente.
2. Transporte
   a. Seleção do modal e serviço de transporte
   b. Consolidação de fretes
   c. Determinação de roteiros

---

[10] Jerry A. Davis, Jerome G. Lawrence, Peter Rector, and Herbert S. Shear, "Reverse Logistics Pipeline", *Annual Conference Proceedings* (San Diego, CA: *Council of Logistics Management*, 8/11-10-1995), pág. 427.

[11] *Careers in Logistics* (Oak Brook, IL: *Council of Logistics Management*), pág. 3.

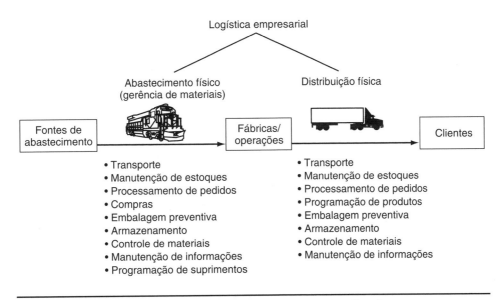

FIGURA 1-4 Atividades logísticas na cadeia de suprimentos imediata da empresa.

d. Programação de veículos
e. Seleção do equipamento
f. Processamento das reclamações
g. Auditoria de frete
3. Gerência de estoques
   a. Políticas de estocagem de matérias-primas e produtos acabados
   b. Previsão de vendas a curto prazo
   c. Variedade de produtos nos pontos de estocagem
   d. Número, tamanho e localização dos pontos de estocagem
   e. Estratégias *just-in-time*, de empurrar e de puxar
4. Fluxos de informação e processamento de pedidos
   a. Procedimento de interface entre pedidos de compra e estoques
   b. Métodos de transmissão de informação sobre pedidos
   c. Regras sobre pedidos

ATIVIDADES DE SUPORTE

1. Armazenagem
   a. Determinação do espaço
   b. Leiaute do estoque e desenho das docas
   c. Configuração do armazém
   d. Localização do estoque
2. Manuseio dos materiais
   a. Seleção do equipamento
   b. Normas de substituição de equipamento
   c. Procedimentos para separação de pedidos
   d. Alocação e recuperação de materias
3. Compras
   a. Seleção da fonte de suprimentos
   b. O momento da compra
   c. Quantidade das compras
4. Embalagem protetora projetada para:
   a. Manuseio
   b. Estocagem
   c. Proteção contra perdas e danos
5. Cooperação com produção/operações para:
   a. Especificação de quantidades agregadas
   b. Seqüência e prazo do volume da produção
   c. Programação de suprimentos para produção/operações
6. Manutenção de informações
   a. Coleta, armazenamento e manipulação de informações
   b. Análise de dados
   c. Procedimentos de controle

As atividades-chave e as de suporte são separadas porque algumas delas em geral ocorrerão em todos os canais de logística, enquanto outras só se darão, de acordo com as circunstâncias, em empresas específicas. As atividades-chave estão no circuito "crítico" do canal de distribuição física imediato de uma empresa, como se mostra na Figura 1-5. Elas normalmente representam a parte majoritária dos custos ou são essenciais para a coordenação e conclusão eficientes da missão da logística.

Os padrões dos serviços aos clientes estabelecem a qualidade dos serviços e o índice de agilidade com os quais o sistema logístico deve reagir. Os custos logísticos aumentam proporcionalmente ao nível do serviço oferecido ao cliente. Estabelecer níveis de serviço excessivos pode catapultar os custos logísticos para níveis insuportavelmente elevados.

O transporte e a manutenção dos estoques são as atividades logísticas primárias na absorção de custos. A experiência demonstra que cada um deles representará entre metade e dois terços dos custos logísticos totais. O transporte agrega valor de *local* aos produtos e serviços, enquanto a manutenção dos estoques agrega-lhes valor de *tempo*.

O transporte é essencial pelo fato de não haver empresa moderna capaz de operar sem adotar as providências necessárias para a movimentação de suas matérias-primas ou produtos acabados. Essa importância

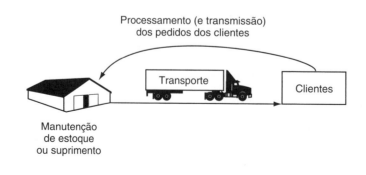

FIGURA 1-5 O circuito crítico dos serviços ao cliente.

é destacada pelas limitações financeiras impostas a muitas empresas por desastres como uma greve nacional ferroviária ou um boicote dos transportadores rodoviários independentes ao transporte de mercadorias em conseqüência de conflitos sobre fretes. Em ocasiões como essas, é impossível atender aos mercados, e os produtos ficam retidos no canal da logística até sua deterioração ou obsolescência.

Os estoques são igualmente essenciais para a gestão logística porque normalmente é impossível e impraticável produzir instantaneamente ou garantir prazos de entrega aos clientes. Os estoques funcionam como um "pulmão" entre oferta e demanda para que se possa garantir aos clientes a disponibilidade dos produtos de maior demanda, ao mesmo tempo em que se dá flexibilidade à produção e logística na busca de métodos eficientes de produção e distribuição das mercadorias.

O processamento dos pedidos é a atividades-chave final. Seus custos são normalmente menores em comparação com os do transporte ou de manutenção de estoques. Mesmo assim, o processamento de pedidos é um elemento importante na determinação do tempo total da entrega de mercadorias ou serviços a um cliente. Trata-se da atividade que desencadeia a movimentação dos produtos e o serviço de entrega.

As atividades de suporte, embora possam ser tão críticas quanto as atividades-chave em algumas circunstâncias, são consideradas aqui como contribuintes para a realização da missão logística. Além disso, uma ou mais atividades de suporte podem não fazer parte do composto de ações logísticas de todas as empresas. Por exemplo, produtos como automóveis ou *commodities* como carvão, minério de ferro ou brita, por não exigirem proteção contra condições do clima ou de armazenagem, não ficarão dependentes da atividade de armazenagem, mesmo quando forem mantidos estoques. Contudo, a armazenagem e o manuseio de materiais são normalmente praticados quando os produtos enfrentam uma suspensão temporária do seu encaminhamento ao mercado.

A atividade de cobrar a embalagem protetora é uma atividade de suporte de transporte e manutenção de estoque bem como de armazenagem e manuseio de materiais, uma vez que contribui para a eficiência que pode ser atingida nessas referidas atividades. Compras e programação de produtos podem ser consideradas em geral uma preocupação mais de produção que de logística. Ainda assim, também influem sobre o conjunto da operação logística, e especificamente em relação à eficiência do transporte e gestão de estoques. Por fim, a manutenção das informações dá suporte a todas as outras atividades logísticas na medida em que proporciona as informações indispensáveis para o planejamento e controle.

A *cadeia de suprimentos estendida* inclui os integrantes do canal de suprimentos além dos fornecedores e clientes imediatos da empresa. Entre eles podem estar fornecedores dos fornecedores imediatos ou clientes dos clientes imediatos e assim por diante até chegar-se às fontes da matéria-prima ou aos consumidores finais. É importante planejar e administrar as atividades e fluxos de informação anteriormente destacados sempre que afetem serviços logísticos aos clientes que possam ser proporcionados e os custos desse serviço. O gerenciamento da cadeia de suprimentos estendida tem o potencial para elevar o desempenho da logística até níveis bem superiores aos do mero gerenciamento das atividades no escopo da cadeia de suprimentos imediata.

A IMPORTÂNCIA DA LOGÍSTICA/CADEIA DE SUPRIMENTOS

A logística trata da criação de *valor* – valor para os clientes e fornecedores da empresa, e valor para todos aqueles que têm nela interesses diretos. O valor da logística é manifestado primariamente em termos de tempo e lugar. Produtos e serviços não têm valor a menos que estejam em poder dos clientes quando (tempo) e onde (lugar) eles pretenderem consumi-los. Por exemplo, os bares que servem bebidas e lanches nos estádios de esportes não terão valor algum para os consumidores, a menos que sejam de fácil acesso por esse público, nos eventos esportivos e artísticos, e contem com estoques correspondentes à demanda característica dessas ocasiões. A boa administração logística interpreta cada atividade na cadeia de suprimentos como contribuinte do processo de agregação de valor. Quando pouco valor pode ser agregado, torna-se questionável a própria existência dessa atividade. Contudo, agrega-se valor quando os consumidores estão dispostos a pagar, por um produto ou serviço, mais que o custo de colocá-lo ao alcance deles. Para incontáveis empresas no mundo inteiro, a logística vem se transformando num processo cada vez mais importante de agregação de valor, por incontáveis razões.

Os Custos são Significativos

Ao longo dos anos, realizaram-se inúmeros estudos com o objetivo de determinar os custos da logística para o conjunto da economia e para cada empresa. Daí resultaram estimativas de níveis de custos para todos os gostos e preferências, tamanha a disparidade entre cada uma delas. De acordo com o Fundo Monetário Internacional (FMI), os custos logísticos representam em média 12% do produto interno bruto mundial. Robert Delaney, que vem acompanhando os custos logísticos ao

34 PARTE I • INTRODUÇÃO E PLANEJAMENTO

longo de mais de duas décadas, calcula que os custos logísticos representem, para a economia dos EUA, 9,9% do produto interno bruto (PIB), ou US$ 921 bilhões.[12] Para as empresas, os custos logísticos variaram de 4% a até mais de 30% das vendas.[13] Os resultados de uma pesquisa de custos de empresas individuais são mostrados na Tabela 1-3. Embora tais resultados situem os custos da distribuição física em cerca de 8% das vendas, essa pesquisa não inclui os custos do suprimento físico. Provavelmente cerca de um terço deva ser acrescentado a esse total a fim de situar o custo logístico médio da empresa em cerca de 11% das vendas. No decorrer da última década, os custos da distribuição física oscilaram entre 7 e 9% das vendas. Pode haver uma tendência de custos crescentes para as empresas isoladamente, embora Wilson e Delaney mostrem que no mesmo período os custos logísticos enquanto percentagem do PIB norte-americano tiveram redução de cerca de 10%.[14] Os custos logísticos, substanciais na maior parte das empresas, ficam em segundo lugar, perdendo apenas para o custo das mercadorias vendidas (custos de compras) que representam cerca de 50 a 60% das vendas para o fabri-

cante médio. Agrega-se valor pela minimização desses custos e mediante o repasse desses benefícios aos clientes e aos acionistas da empresa.

As Expectativas do Serviço Logístico ao Cliente Estão Aumentando

A Internet, procedimentos operacionais *just-in-time* e continuada reposição dos estoques são, todos, fatores que levam os clientes a esperar um processamento cada vez mais ágil de seus pedidos, entrega imediata e um alto índice de disponibilidade do produto. Conforme a pesquisa Davis realizada em centenas de companhias ao longo da última década, os competidores de classe internacional têm tempo médio de ciclo de pedidos (o tempo decorrido entre o recebimento de um pedido e a sua entrega) de sete a oito dias, e taxas de atendimento de pedidos entre 90 e 94%.[15] A *Log Fac* define o desempenho logístico de classe internacional para empresas nacionais como aquele que apresenta:

- Índices de erro de menos de um em cada mil pedidos despachados

- Custos logísticos bem abaixo de 5% do valor das vendas

- Giro de estoques de bens acabados de 20 ou mais vezes por ano

---

[12] Rosalyn Wilson and Robert V. Delaney, "11th Annual State of Logistics Report", *Cross Information Systems and ProLogis* (Washington, DC: *National Press Club*, June 5, 2000).

[13] Para verificar o desenrolar dessas estimativas de custos, consultar Bernard J. LaLonde and Paul H. Zinszer, *Customer Service: Meaning and Measurement* (Chicago: *National Council of Physical Distribution Management*, 1976); Richard E. Snyder, "Physical Distribution Costs: A Two-Year Analysis", *Distribution Age* Vol 62 (January, 1963), págs. 50/51, and Wendall M. Stewart, "Physical Distribution: Key to Improved Volume and Profits", *Journal of Marketing*, Vol. 29 (January 1965), pág. 67.

[14] Wilson and Delaney, op. cit.

---

[15] Herbert W. Davis and William H. Drumm, "Logistics Costs and Service 2001", *Annual Conference Proceedings* (Kansas City, MO: Council of Logistics Management, 2001).

TABELA 1-3 Média recente dos custos da distribuição física, em percentuais de vendas e $/cwt[a]

Categoria	*Percentagem de vendas*	*$/cwt**
Transporte	3,34%	$ 26,52
Armazenagem	2,02	18,06
Serviço ao cliente/processamento de pedidos	0,43	4,58
Administração	0,41	2,79
Custo da manutenção de estoques a 18% ao ano	1,72	22,25
Custo total de distribuição[b]	7,65%	$67,71

[a] As estatísticas são para todos os tipos de empresa; contudo, representam mais acuradamente as do setor de manufatura, predominantes no banco de dados.

* N. de R. T.: cwt é a unidade de massa que corresponde a 100 libras-peso (ou 45,3 kg).

[b] Os autores deste levantamento alertam que os totais não equivalem à soma das estatísticas individuais devido ao número diferente de dados usados em cada categoria.

Fonte: Herbert W. Davis and William H. Drumm, "Logistics Costs and Service Database – 2002", Annual Conference Proceedings (San Francisco, CA: Council of Logistics Management, 2002), em www.clm1.org.

- Tempo de ciclo total dos pedidos de cinco dias úteis
- Custo de transporte de 1%, ou menos, da receita de vendas, quando os produtos vendidos custam mais de US$ 5,00 por libra-peso[16]

Como seria de esperar, a empresa média atua abaixo dos padrões de custos e serviço ao consumidor, em comparação com as estatísticas das Tabelas 1-3 e 1-4.

As Linhas de Suprimento e Distribuição Vão se Estendendo com Maior Complexidade

A tendência geral é de uma economia mundial cada vez mais integrada. As empresas buscam, ou já desenvolveram, estratégias globais ao projetar seus produtos para um mercado mundial e para produzi-los em qualquer lugar em que estiverem disponíveis as matérias-primas, componentes e mão-de-obra de menor custo (exemplo, o automóvel modelo Focus, da Ford); ou simplesmente produzem num país e vendem no maior número possível de outros. Em ambos os casos, as linhas de suprimento e distribuição são estendidas, ao contrário do que ocorre com o produtor que pretende fabricar e vender apenas em seu próprio mercado. Essa tendência não foi apenas uma decorrência natural da necessidade das empresas de reduzir custos ou expandir mercados, tendo sido igualmente incentivada por acordos políticos que promovem o intercâmbio comercial. Exemplos dessa última assertiva são a União Européia, o Acordo de Livre Comércio da América do Norte (Nafta) entre Canadá, Estados Unidos e México, e o intercâmbio comercial entre vários países da América do Sul (Mercosul).

A globalização e a internacionalização das indústrias em todas as partes ficarão pesadamente dependentes de desempenho e custos logísticos, à medida que as empresas forem intensificando uma visão mais interna-cional de suas operações. À medida que isso acontece, a logística assume uma importância maior no âmbito da empresa, uma vez que os custos, especialmente de transporte, vão crescendo de proporção na estrutura total de custos. Por exemplo, se uma empresa que procura fornecedores estrangeiros de matérias-primas indispensáveis ao seu produto final, ou locais no exterior para desenvolver seu produto, a motivação é aumentar a lucratividade. Os custos dos materiais e de mão-de-obra podem ser enxugados, mas os custos de logística tendem a aumentar, em função do aumento nos custos do transporte e estoques. A compensação, como mostrada na Figura 1-6, pode conduzir a um aumento dos lucros pela redução dos custos com material, mão-de-obra e custos indiretos em detrimento dos custos e tarifas logísticos. A terceirização agrega valor, mas exige uma competente administração dos custos logísticos e dos tempos dos fluxo de produtos no canal de suprimento.

Exemplo

A Toyota conta com 35 montadoras em 25 países (além do Japão) nas quais produz quase 900 mil veículos por ano. Enquanto as exportações de 1993 apresentavam uma redução de 9 por cento, a produção no exterior registrava, nesse mesmo período, um crescimento de 16 por cento. Na planta de Georgetown, no estado norte-americano do Kentucky, onde fabrica os carros Camry, a Toyota usa o conceito de *just-in-time* para o suprimento de peças através do Pacífico. Essas peças são embarcadas em contêineres marítimos no Japão, fazem a travessia do Pacífico e são depois tranferidos para trens na Costa Oeste dos Estados Unidos para chegar a Georgetown, onde abastecem uma linha de montagem que produz em média mil automóveis Camry por dia. As entregas são programadas minuto a minuto para que os estoques possam ser mantidos baixos. Em vista das enormes linhas de suprimento e das incertezas a elas relacionadas, os canais de supri-

---

[16] "Logistics Rules of Thumb III", LogFac, www.logfac.com (2001).

TABELA 1-4 Indicadores de desempenho médios dos serviços ao cliente para todas as empresas; levantamentos dos anos 1992/2002

Indicadores-padrão dos produtos	1992	1993	1994	1995	1996	1997	1998	1999	2000	2001	2002
Ciclo total dos pedidos											
Tempo, dias	8	7	7	6	9	8	7	8	8	7	8
Disponibilidade dos produtos											
percentual dos pedidos	84	84	86	87	87	87	85	85	86	87	88
percentual de pedidos de linha	92	92	92	92	94	94	93	90	92	93	95

Fonte: Herbert W. Davis and William H. Drumm, "Logistics Costs and Service Database – 2002", Annual Conference Proceedings (San Francisco, CA: Council of Logistics Management, 2002), em www.clml.org.

FIGURA 1-6 Os benefícios econômicos do suprimento a partir de fontes internacionais de baixo custo, em vez de fontes locais de custos altos.
Fonte: "International Logistics: Battleground of the '90s" (Chicago: A. T. Kearney, 1988).

mento devem ser administrados com precauções bem maiores do que as necessárias se toda a produção fosse local.[17]

Importância da Logística/CS para a Estratégia

As empresas gastam um tempo enorme buscando maneiras de diferenciar suas ofertas de produtos em relação às da concorrência. Quando a administração reconhece que a logística/CS afeta uma significativa parcela dos custos da empresa e que o resultado das decisões tomadas quanto aos processos da cadeia de suprimentos proporciona diferentes níveis de serviços ao cliente, atinge uma condição de penetrar de maneira eficaz em novos mercados, de aumentar sua fatia do mercado e de aumentar os lucros. Isto é, uma boa gestão da cadeia de suprimentos pode gerar vendas, e não apenas reduzir os custos. Considere como a rede Wal-Mart usou a logística como a parte central de sua estratégia competitiva para tornar-se a principal rede mundial de varejo.

Exemplo

A Wal-Mart Ganha com a Logística A Kmart e a Wal-Mart são duas redes de varejo de mercadorias que, poucos anos atrás, pareciam iguais: vendiam os mesmos artigos, buscavam os mesmos clientes e tinham inclusive nomes parecidos. Quando a competição entre elas teve início, os norte-americanos de modo geral conheciam o "grande K vermelho", símbolo da primeira, cujas lojas se espalhavam pelas grandes áreas metropolitanas, enquanto poucos haviam sequer ouvido falar da Wal-Mart, cujas lojas eram mais ou menos conhecidas em diversas áreas do interior rural do país. Levando em conta as semelhanças entre as lojas e a respectiva missão, os analistas atribuem as diferenças de rumos entre as duas redes acima de tudo à diferenciação das filosofias de gestão.

Em 1987, a Kmart era muito maior, com o dobro do número de lojas da concorrente e vendas anuais de US$ 26 bilhões, em comparação com as de US$ 16 bilhões da Wal-Mart. Com sua presença urbana e o foco na publicidade, a Kmart tinha visibilidade imensamente superior. Em contraste, a Wal-Mart começou em lojas autônomas nos subúrbios de cidades pequenas, seduzindo clientes das lojas familiares em subúr-

---
[17] Joseph Bonney, "Toyota's Global Conveyor Belts", *American Shipper* (September 1994), págs. 50-58.

bios mais antigos. Mesmo assim, a multiplicação da Wal-Mart na paisagem rural assumiu proporções tamanhas que uma invasão da América urbana – e um confronto com a Kmart – logo se tornou inevitável.

Os executivos da Kmart focaram no *marketing* e *merchandising*, recorrendo à estrela de Hollywood Jaclyn Smith para promover sua linha de vestuário. Em contraste, Sam Walton, o fundador da Wal-Mart, era obcecado com operações. Investiu milhões de dólares num sistema computadorizado global que ligava cada caixa registradora à sede da corporação, o que garantia, entre vários outros benefícios, a reposição imediata de estoques. Walton também investiu pesadamente em caminhões e modernos centros de distribuição. Além de aperfeiçoar seu controle da cadeia de suprimentos, esses movimentos reduziram acentuadamente os custos. Enquanto a Kmart buscava reforçar sua imagem e cultivar a fidelidade à loja, a Wal-Mart continuava reduzindo os custos, apostando em que os preços seriam o mais importante dos fatores para a atração de clientes. Os sistemas incrivelmente sofisticados de distribuição, estoque e digitalização da Wal-Mart significavam, enquanto isto, que os clientes dificilmente dep6srariam com gôndolas vazias ou demoras na verificação de preços.

Paralelamente, as aflições da Kmart aumentavam, à medida que histórias de horror em matéria de distribuição se acumulavam. Os empregados não tinham o treinamento nem as habilidades necessárias para um planejamento e controle adequados dos estoques, e os caixas da Kmart muitas vezes não tinham informação atualizada e liam de forma errada os códigos dos produtos, cobrando, portanto, preços errados. Isso levou inclusive a um processo por perdas e danos na Califórnia, forçando a empresa a aceitar um acordo em que teve de pagar US$ 985 mil por cobrar preços excessivos dos clientes.

Ao longo da história, o foco nas questões logísticas é a arma que permite à Wal-Mart manter seus preços mais baixos e seus clientes mais satisfeitos, quase sempre retornando, por tudo isso, às suas lojas. Hoje, a Wal-Mart é quase seis vezes maior que a Kmart![18]

A Kmart manteve seu foco em anúncios circulares e preços promocionais no século 21, enquanto a Wal-Mart continuou a focar mais na eficácia da cadeia de suprimentos e menos na publicidade, sendo o resultado disso que os custos de vendas, administração e indiretos atingiam 17,3% para a Wal-Mart e 22,7% na Kmart. A Wal-Mart consegue praticar preços em média 3,8% inferiores aos da Kmart e até mesmo 3,25% inferiores ao da Target, outra concorrente de peso no setor. Em 2002, a Kmart pediu falência e reorganização.[19]

Logística/CS Agregam Importante Valor ao Cliente

Qualquer produto ou serviço perde quase todo seu valor quando não está ao alcance dos clientes no momento e lugar adequados ao seu consumo. Quando uma empresa incorre nos custos de levar ao cliente um produto antes indisponível ou de tornar um estoque disponível no tempo certo, cria para o cliente valor que antes não existia. E é valor igual àquele gerado pela produção de artigos de qualidade ou de baixo preço.

É um conceito generalizado que a atividade empresarial cria quatro tipos de valor em produtos ou serviços, a saber: forma, tempo, lugar e posse. Desses quatro valores, dois são criados pela logística. A produção cria o valor de *forma* à medida que transforma insumos em resultados, ou seja, matérias-primas convertidas em produtos acabados. A logística controla os valores de *tempo* e *lugar* nos produtos, principalmente por meio do transporte, dos fluxos de informação e dos estoques. O valor de *posse,* geralmente sob a responsabilidade do *marketing*, engenharia e finanças, é aquele criado ao induzir os clientes a adquirir o produto por meio de mecanismos como publicidade (informação), suporte técnico e condições de venda (preço e disponibilidade de crédito). Como o gerenciamento da cadeia de suprimentos inclui a produção, três desses quatro valores podem ser considerados responsabilidades do gerente de logística/cadeia de suprimentos.

Exemplo

Sempre que as redes de descontos especializadas em *software* de computador vendido pela internet, catálogos e campanhas publicitárias em revistas de grande circulação decidiam concorrer com os varejistas locais, tinham uma vantagem de preço decorrente das economias de escala proporcionadas por sua estrutura mais enxuta. As operações são centralizadas num ponto em que exista espaço de armazenamento barato, em vez de caríssimos espaços no varejo. Seu pessoal é composto majoritariamente por telefonistas encarregados da tomada de pedidos e por empregados

---

[18] "Loss Leader: How Wal-Mart Outdid a Once-Touted Kmart in Discount Store Race", *Wall Street Journal*, March 24, 1995, e dados sobre receita dos balanços financeiros da Wal-Mart e Kmart, disponíveis *on-line* em http://finance.yahoo.com.

[19] Amy Merrick, "Expensive Ad Circulars Help Precipitate Kmart President's Departure", *Wall Street Journal*, January 18, 2002, B1ff.

PARTE I • Introdução e Planejamento

que, nos armazéns, fazem a seleção e embalagem dos artigos pedidos. A centralização minimizava a importância dos estoques na relação com as vendas, mas essas operações de desconto ofereciam igualmente substanciais variedade e altos índices de disponibilização de produtos. Os varejistas, por sua vez, tinham a vantagem de disponibilização imediata do produto para clientes nada dispostos a qualquer espera pelo produto desejado, urgência essa capaz de anular qualquer desvantagem em relação ao preço praticado pelo comerciante local. A fim de contrabalançar essa eventual vantagem da entrega imediata, as redes de descontos garantiam aos compradores a tramitação dos pedidos via ligação telefônica gratuita ou Internet, seu encaminhamento no mesmo dia e a entrega no dia seguinte via transporte aéreo preferencial. Muitos eram os clientes que consideravam esse sistema quase tão rápido e, em muitos casos, bem mais conveniente do que o sistema tradicional de compra. Através da logística, criou-se, assim, valor para o cliente atarefado.

Os Clientes Querem Cada Vez Mais Resposta Rápida e Padronizada

A telentrega de *fast food*, os caixas automáticos dos bancos, a entrega via aérea/24 horas e o correio eletrônico na Internet criaram entre nós, consumidores, a expectativa de produtos e serviços disponibilizados em prazos cada vez mais reduzidos. Paralelamente, sistemas de informação aperfeiçoados e processos flexíveis de produção levaram o mercado à padronização em massa. Em lugar de clientes obrigados a aceitar a filosofia do "tamanho único", hoje são os fornecedores que se vêem forçados a oferecer variedade cada vez maior de produtos para satisfazer necessidades e exigências crescentemente diferenciadas dos clientes.

Observações

- A Dell, uma montadora de *desktops*, pode configurar um PC de acordo com as necessidades do cliente em *hardware*, e ainda instalar o *software* por ele exigido.
- A L. L. Bean vende vestuário e outros itens por catálogo e também por seu *site*. Muitas dessas roupas podem ser alteradas para servir às medidas exatas dos clientes. A empresa também garante entrega rápida via Federal Express, sem custo adicional (quando o cliente faz a compra no cartão de débito L.L. Bean Visa).
- A National Bicycle Industrial Co., subsidiária do gigantesco conglomerado japonês de eletrônicos

Matsushita, fabrica bicicletas utilizando técnicas *flexíveis* de manufatura, que permitem passar-se da produção de um produto para outro com custos mínimos de preparação. Em vez de produzir em massa tamanhos padronizados e assim formar estoques para atender as vendas no varejo, a National Bicycle monta suas bicicletas de acordo com as especificações determinadas pelos clientes em mais de 11 milhões de variações em 18 modelos de bicicletas de estrada, corrida e *mountain bikes*. Embora a montagem de uma bicicleta mediante a manufatura flexível leve três horas, contra os 90 minutos da produção em massa, a empresa consegue cobrar um preço duas vezes superior ao do produto comum ao agradar os clientes com uma bicicleta "exclusiva", montada de acordo com as orientações do comprador.

As empresas têm igualmente aplicado o conceito da resposta rápida às suas operações internas, a fim de poderem satisfazer as necessidades de serviço de seus programas próprios de *marketing*. A filosofia da resposta rápida tem sido usada a fim de criar uma vantagem de comercialização. A Saks Fifth Avenue tem feito uso dessa filosofia, mesmo sabendo que os grandes lucros são obtidos por intermédio de grandes margens, não a partir das reduções de custos proporcionadas pelo bom gerenciamento logístico. Os custos da cadeia de suprimentos podem inclusive aumentar, embora sua vantagem seja mais do que suficiente para cobrir esses custos mediante o incremento dos lucros.

Aplicação

Varejistas surgem e desaparecem com impressionante rapidez. Na Saks Fifth Avenue, este temor pode ter constituído, isoladamente, motivação adequada para levar a administração a integrar *merchandising* e logística. Os benefícios são óbvios quando o merchandising depende de fabricantes que cortam tecidos em Bangladesh e fazem os acabamentos na Itália antes de enviar seus artigos à loja nos Estados Unidos. A diferença entre lucro e prejuízo em matéria de itens de alto giro pode ser tão escassa quanto sete a dez dias, por isso um bom desempenho logístico exige que tais artigos estejam no cenário das vendas *precisamente* quando requisitados. Como é que a Saks procede a fim de concretizar suas metas?

As 69 lojas da rede são servidas por apenas dois centros de distribuição. Um deles fica em Yonkers, Nova York, bem perto da loja mais famosa da Saks, na Quinta Avenida de Nova York. O segundo localiza-se em Ontario, Califórnia, bem situado para servir ao pioneiro mercado do sul californiano. A velocidade de fluxo ao longo do canal de suprimentos é fundamental para a lucratividade. Os artigos são processados pelos centros em ciclos contínuos de 24 horas. Cerca de 80% dos artigos importados pela Saks chegam via aérea – os da Europa são processados pelo centro de distribuição de Yonkers, e os do Extremo Oriente pelo de Ontario. Os dois centros fazem intercâmbio dos produtos, via aérea, com um vôo exclusivo Nova York-Los Angeles todos os dias úteis. Os centros de distribuição a partir daí abastecem as lojas de sua área fazendo uso de um misto de transporte aéreo e rodoviário.[20]

Logística/CS em Áreas Não Produtoras

Talvez seja mais fácil imaginar logística/CS em termos de transporte e armazenamento de um produto físico num cenário de produção. Trata-se, no entanto, de uma visão por demais estreita e que pode causar a perda de inúmeras oportunidades de negócios. Os princípios e conceitos de logística/CS aprendidos no decorrer dos anos podem ser aplicados em setores como as indústrias de serviços, forças armadas e até mesmo a administração ambiental.

Indústria de Serviços

O setor de serviços, nos países industrializados, é gigantesco e não pára mais de crescer. Nos Estados Unidos, mais de 70% de todos os empregos estão naquele que o governo federal classifica como setor de serviços. O simples tamanho deste setor é algo que nos obriga a perguntar se os conceitos logísticos não seriam igualmente aplicáveis aqui da mesma forma que o são ao setor manufatureiro. Se isto for verdade, temos aqui uma imensa oportunidade ainda não desbravada e pronta para ser preenchida.

Muitas companhias designadas como empresas de serviços na verdade fabricam um produto. Alguns exemplos: McDonald's Corporation (*fast foods*); Dow Jones & Co., Inc. (editora de jornais), e Sears, Roebuck and Co. (varejo de mercadorias). Essas empresas desenvolvem todas as atividades da cadeia de suprimentos típicas de qualquer empresa manufatureira. Contudo, para empresas de serviços como a Bank One (serviços bancários), Marriott Corporation (hotelaria) e Consolidated Edison (energia elétrica), as atividades da cadeia de suprimentos, especialmente aquelas relacionadas com a distribuição física, não são assim tão óbvias.

Embora existam inúmeras companhias que, orientadas para serviços, estão na verdade distribuindo um produto intangível, não físico, elas participam de variadas atividades e decisões de distribuição física. Um hospital pode pretender ampliar seu atendimento médico de emergência no âmbito da comunidade em que atua, precisando, para tanto, definir os locais dos novos centros. A United Parcel Service e a Federal Express precisarão alugar terminais e rotear caminhões e vans de distribuição de encomendas. A East Ohio Gas Company estocará reservas de gás natural em poços subterrâneos durante a baixa temporada em regiões de demanda sazonal. O Bank One precisará disponibilizar estoques de dinheiro para os seus caixas automáticos. O Federal Reserve Bank (Banco da Reserva Federal) terá de selecionar os métodos de transporte para transferir cheques cancelados entre os bancos integrantes do sistema. A Igreja Católica deve decidir o número, localização e tamanho das igrejas necessárias para adequar-se às mudanças em tamanho e distribuição de paróquias, e também para planejar a disponibilidade de suas equipes pastorais. O serviço de assistência técnica da Xerox para suas copiadoras também constitui um bom exemplo das decisões logísticas encontradas numa operação de serviços.

Exemplo

- Promise Keepers é uma espécie de igreja cristã exclusiva para homens que realiza 23 grandes eventos anuais em vários estados norte-americanos – com platéias que vão de 50 mil a 80 mil participantes. A organização depende de um eficiente gerenciamento logístico para garantir que suas missões sejam realizadas pontualmente. Trata-se de uma operação de tamanhas proporções que depende de uma caravana motorizada para conduzir a logística dos eventos. Usando o conceito da *entrega em prazo definido*, a transportadora coordena a recepção de estoques de itens como Bíblias procedentes de Chicago, chapéus de Kansas City, bem como *trailers* cheios de equipamentos de palco. Os materiais devem ser montados e transportados ao local dos eventos, sendo indispensável que estejam prontos no momento exato. Como os eventos são realizados em estádios, autódromos e assemelhados, existem outros eventos (jogos, corridas, etc.) igualmente programados no mesmo fim de semana. Assim, pode haver até 30 caminhões com material cuja chegada no momento exato precisa ser programada, da mesma forma que a partida na hora certa para evitar o congestionamento com a logística dos

---

[20] Bruce Vail, "Logistics, Fifth Avenue Style", *American Shipper* (August 1994), págs. 45-51.

40 PARTE I • INTRODUÇÃO E PLANEJAMENTO

outros eventos. Tecnologia computacional é usada para coordenar a movimentação dos reboques e garantir uma coordenação precisa até nos mínimos detalhes.[21]

- No espaço de uma semana, houve três grandes acontecimentos que atraíram a maior audiência da história da televisão mundial: a princesa Diana da Inglaterra morreu num acidente automobilístico em Paris, a madre Teresa de Calcutá morreu de parada cardíaca na Índia, e em Jerusalém foi cometido um atentado terrorista com grande número de vítimas. A mídia teve grandes problemas logísticos para fazer a cobertura de fatos tão importantes em partes do mundo tão distintas entre si. Por exemplo, a CNN precisou deslocar um repórter de Paris para o Oriente Médio, enquanto outras redes enviaram seus correspondentes em Hong Kong para Calcutá. Além disso, todas as grandes redes enfrentaram os problemas logísticos representados pela distribuição do tempo de exposição de cada uma dessas três importantes matérias.[22]

As técnicas, os conceitos e os métodos discutidos neste texto deveriam ser tão aplicáveis ao setor de serviços quanto aos da manufatura. A chave, de acordo com Theodore Levitt, pode ser a transformação de um serviço intangível em um produto tangível.[23] Restarão problemas na cuidadosa identificação dos custos relacionados com a distribuição de um produto intangível. Talvez precisamente por este motivo, poucas são as empresas ou organizações de serviços que contam com um gerente de distribuição física em seus quadros, embora tenham freqüentemente um gerente de materiais encarregado de tratar das questões de suprimentos. Contudo, a gestão da logística em indústrias de serviços já representa uma nova abertura para o futuro desenvolvimento da logística prática.

Forças Armadas

Muito antes de os negócios começarem a demonstrar grande interesse na coordenação dos processos das cadeias de suprimentos, os militares já estavam suficientemente organizados para desempenhar atividades logísticas. Mais de uma década antes do período de desenvolvimento da logística empresarial, os militares realizaram a mais complexa e mais bem planejada operação logística daquela época – a invasão da Europa continental no auge da Segunda Guerra Mundial.

Embora os problemas dos militares, com suas necessidades extremamente complexas em termos de serviços ao cliente, não fossem idênticos aos dos setores de negócios, havia semelhanças suficientes para estabelecer uma valiosa base de experiências durante os anos de desenvolvimento da logística. Por exemplo, as forças armadas mantinham estoques avaliados em cerca de um terço do conjunto de todas as indústrias dos Estados Unidos. Além da experiência gerencial proporcionada por operações de larga escala como essas, os militares patrocinaram, e continuam a patrocinar, pesquisas na área da logística por intermédio de organizações como a RAND Corporation e o Office of Naval Research (Departamento de Pesquisas Navais). Com este apoio todo, o setor de logística dos negócios começou a crescer. E até mesmo o termo *logística* parece ter suas origens no setor militar.

Um dos exemplos mais recentes de logística militar em larga escala foi o conflito entre os Estados Unidos e o Iraque depois da invasão, pelos iraquianos, do pequeno emirado do Kuwait. A invasão posterior do Iraque pelos norte-americanos e seus aliados foi considerada como a maior operação de logística militar da história.[24] O suporte logístico nessa guerra é outro exemplo prático daquilo que as maiores empresas mundiais sempre souberam: a boa logística pode ser uma fonte de vantagem competitiva. O general William Pagonis, que na Operação Tempestade no Deserto foi o responsável pelo suporte logístico, observou:

> Quando as coisas começaram realmente a esquentar no Oriente Médio, pareceu uma época adequada para consultar alguns livros de história sobre guerra no deserto nesta região. ... Nada havia neles, no entanto, a respeito de logística. A Logística não é *best seller*. Em alguns dos seus diários, Rommel falou a respeito de logística. Na opinião dele, os alemães perderam a guerra não pela falta de bons soldados, nem de equipamento – na verdade, os tanques dos alemães superaram os nossos durante quase toda a Segunda Guerra Mundial – mas, sim, porque os britânicos tinham uma logística superior.[25]

O bom desempenho logístico na Guerra do Golfo foi óbvio. A primeira onda de 200 mil soldados e respectivo equipamento levou um mês e meio para ser distribuída, em comparação com os nove meses durante os quais se arrastou o deslocamento das tropas no conflito

---

[21] Roger Morton, "Direct Response Shipping", *Transportation & Distribution* (April 1996), págs. 32-36.

[22] Kyle Pope, "For the Media, Diana's Funeral Prompts Debate", *Wall Street Journal*, September 8, 1997, B1.

[23] Thedore Levitt, *The Marketing Imagination* (New York: The Free Press, 1983), págs. 108-110.

[24] *Business Week*, March 4, 1991, págs. 42-43.

[25] Graham Sharman, "Good Logistics Is Combat Power", *McKinsey Quarterly*, nº 3 (1991), págs. 3-21.

do Vietnã. Além disso, a aplicação de inúmeros bons conceitos logísticos fazia-se evidente. Por exemplo, o serviço aos clientes:

> Nossa convicção era de que, se cuidássemos bem das nossas tropas, os objetivos seriam concretizados, por maiores que fossem os obstáculos. Os soldados são os nossos clientes. Isso em nada difere do foco determinado, concentrado nos clientes que tantos empresários bem-sucedidos também têm. Com os soldados, toma-se conta deles não apenas providenciando para que tenham refrigerantes gelados, *burgers* e boas refeições: é preciso garantir-lhes munição na linha de frente, para que saibam, quando chegar a hora do combate, que têm tudo o que é indispensável para se dar bem.[26]

Na prática, isso se traduziu em que, quando os artilheiros dos tanques preferiam canhões de 120 mm, em vez dos de 105 mm, os canhões foram trocados. E que quando se chegou à conclusão de que os carros de combate teriam melhor camuflagem em tom marrom, em lugar da tradicional camuflagem verde, foram repintados ao ritmo de sete mil tanques por mês.

Ambiente

O aumento da população mundial e o desenvolvimento econômico dele resultante acentuaram nossa conscientização quanto à importância das questões ambientais. E nestas – seja em reciclagem, embalagem de materiais, transporte de materiais perigosos, reforma de produtos para venda complementar – sempre há profissionais de logística envolvidos. Afinal de contas, os Estados Unidos produzem, sozinhos, mais de 160 milhões de toneladas anuais de resíduos, o suficiente para lotar um comboio de caminhões de lixo de 10 toneladas equivalente à metade da distância entre a Terra e a Lua.[27] Em muitas oportunidades, o planejamento da logística num cenário ambiental não é diferente daquele necessário nos setores de manufatura e/ou serviços. Contudo, existem alguns casos em que surgem complicações adicionais, como as regulamentações impostas pelos governos, que tornam a logística para um produto mais cara ao ampliar o canal de distribuição.

Exemplo

Na Alemanha, o governo obriga os varejistas a recolher as caixas de cereais nos pontos de venda. Normalmente, os consumidores pagam pelo produto, abrem a caixa e despejam o conteúdo em sacolas que trazem de casa, devolvendo as embalagens em compartimentos de coleta. O vendedor fica responsável pela recuperação dos materiais utilizados, sua reembalagem e reutilização, ou pelo descarte dentro das normas estabelecidas.[28]

LOGÍSTICA EMPRESARIAL/CS NA EMPRESA

É tradicional que muitas empresas se organizem em torno de funções de produção e *marketing*. *Marketing* é basicamente a venda de alguma coisa, e produção, a fabricação. Embora poucos empresários estejam dispostos a concordar em definir suas organizações de maneira assim tão simples, a verdade é que a maioria das companhias privilegia essas funções e ao mesmo tempo trata outras atividades – como tráfego, aquisições, contabilidade e engenharia – como áreas de suporte. Essa atitude é até certo ponto justificável, porque se a empresa não conseguir produzir e vender, o resto não terá significado algum. Contudo, seguir cegamente este modelo padronizado pode ser perigoso para muitas empresas pelo fato de não reconhecer a importância das atividades que devem necessariamente ocorrer entre pontos e tempos de produção ou compra e os pontos e tempos de demanda. São elas as atividades logísticas, que têm considerável influência sobre a eficiência e eficácia tanto da produção quanto da comercialização.

Exemplo

A General Motors (GM) aposta em que a sofisticação dos serviços aos clientes possa reabilitar as vendas dos Cadillacs, aqueles carrões que foram sendo deixados de lado à medida que os compradores optavam por outras marcas norte-americanas e pelos importados. O Cadillac perde oportunidade de venda nos casos em que os clientes se assustam com os grandes prazos de entrega. Há pesquisas comprovando uma perda entre 10 e 11% das vendas potenciais pelo fato de os carros não poderem ser entregues com mais presteza.

Um programa de produção e distribuição foi testado na Flórida, um dos melhores mercados para o Cadillac. Cerca de 1.500 Cadillacs foram enviados a um centro regional de distribuição situado em Orlando, a partir do qual poderiam ser reenviados para distribuidores em todo o estado em no máximo 24 horas.

---

[26] Ibid.

[27] E. J. Muller, "The Greening of Logistics", *Distribution* (January 1991), pág. 32.

[28] "European Logistics Changes Sharply", *American Shipper* (May 1993), pág. 66.

42 PARTE I • INTRODUÇÃO E PLANEJAMENTO

Em algumas áreas da Florida, muitos compradores se conformam em esperar até dois dias por automóveis equipados com acessórios. Reforçando esse esforço de vendas, a fábrica de Cadillacs da GM em Detroit aumentou a produção de Cadillacs feitos "sob medida", reduzindo ao mesmo tempo o prazo de entrega. Cadillacs sob medida passaram a chegar aos distribuidores em cerca de três semanas, uma substancial melhoria em relação ao prazo anterior, que variava de oito a 12 semanas. Através desse programa, a GM pretendia reduzir os estoques dos pontos de venda dos Cadillacs em até 50%.[29]

Teóricos e práticos tanto do *marketing* quanto da produção não ignoram a importância da logística. Na verdade, cada uma dessas áreas entende estar a logística no âmbito do seu escopo de ação. Por exemplo, a definição da gestão de *marketing*, a seguir, inclui a distribuição física:

> O *marketing* (gerenciamento) é o processo de planejamento e execução da concepção, precificação, promoção e distribuição de idéias, bens e serviços a fim de criar intercâmbio com grupos-alvo que satisfaçam objetivos individuais e organizacionais.[30]

A preocupação do *marketing* é situar seus produtos ou serviços em canais de distribuição convenientes de forma a facilitar o processo de troca. O conceito de administração de produção/operações em geral inclui atividades logísticas. Por exemplo, "a gerência de operações é responsável pela produção e entrega de bens materiais e serviços".[31] A divisão de produção/operações, por outro lado, normalmente irá se concentrar mais nas atividades diretamente relacionadas à manufatura e seu objetivo principal, que é o de produzir pelo menor custo unitário possível. Vendo-se, no entanto, as atividades de fluxo do produto como um processo a ser coordenado, os aspectos do fluxo dos produtos no âmbito do *marketing*, da produção e da logística são administrados coletivamente a fim de serem concretizados os objetivos dos serviços ao clientes.

A diferença em objetivos operacionais (maximizar as receitas e minimizar os custos) para as operações de *marketing* e produção pode levar a uma fragmentação do interesse e responsabilidade pelas atividades logísticas, e também a uma ausência de coordenação entre as atividades logísticas no seu todo. Isto, por sua vez, pode levar a reduzir os níveis de serviços ao cliente ou a elevar os custos logísticos totais até níveis maiores que o necessário. A logística empresarial representa uma redefinição, seja por estruturas organizacionais formais ou conceitualmente na visão dos administradores, das atividades de movimentar/estocar pode ter sido parcialmente controlada pelo *marketing* e parcialmente por operações/produção.

Se as atividades logísticas forem vistas como uma área independente de ação gerencial, as relações entre elas e as atividades do *marketing* e produção/operações seriam como mostradas na Figura 1.7. O *marketing* seria responsável principalmente pela pesquisa de mercado, promoção, gestão da força de vendas e pelo *mix* do produto, que cria valor de posse do produto. Produção/operações se preocuparia com a criação do produto ou serviço, que cria valor de forma no produto. Suas responsabilidades chaves seriam controle de qualidade, planejamento e programação da produção, projeto da função, planejamento de capacidade, manutenção, e mensuração e padrões de trabalho. A logística cuidaria daquelas atividades (definidas de antemão) que dão a um produto ou serviço valor de tempo e lugar. Essa separação de atividades da empresa em três concentrações, em lugar de duas, nem sempre é necessária ou aconselhável para que se atinja a coordenação pretendida das atividades logísticas. O *marketing* e a produção/operações, quando concebidos e coordenados na maneira mais ampla, podem concretizar um trabalho eficaz na administração das atividades logísticas sem a criação de uma entidade adicional na organização. Mesmo se uma área funcional independente for criada na empresa para a logística a fim de concretizar um controle eficaz das suas atividades logísticas imediatas, os profissionais do setor precisarão encarar sua responsabilidade como sendo a de coordenar o conjunto do processo da cadeia de suprimentos, em vez de serem simplesmente administradores locais das atividades logísticas. Agir em sentido contrário pode fazer com que sejam perdidas oportunidades substanciais de reduzir os custos e melhorar a logística dos serviços aos clientes.

A Figura 1-7 mostra igualmente atividades que estão na interface do *marketing* e logística e produção/operações com logística no âmbito da empresa. Atividade de interface é aquela que não se tem como administrar efetivamente em uma área funcional. A interface é criada pela separação arbitrária das atividades da empresa em um número limitado de áreas funcionais. A gestão das atividades de interface por uma única função pode conduzir a um desempenho não desejado pela em-

---

[29] *Wall Street Journal*, August 16, 1994, A5.

[30] Definição aprovada pela American *Marketing* Association e comentada por Philip Kotler em *Marketing Management: Planning, Analysis, Implementation, and Control*, 10ª ed. (Upper Saddle River, NJ: Prentice-Hall, 2000), pág. 13.

[31] John O. McClain and L. Joseph Thomas, *Operations Management: Production of Goods and Services*, 2ª ed. (Upper Saddle River, NJ: Prentice-Hall, 1985), pág. 14.

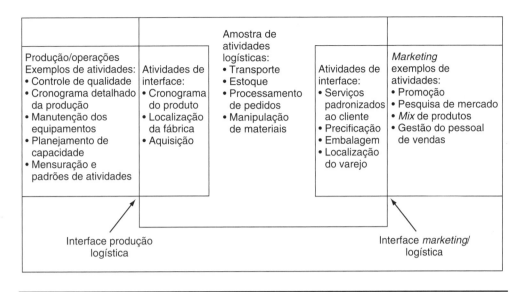

FIGURA 1-7 As interfaces da logística/CS com o *marketing* e a produção.

presa devido à subordinação de seus objetivos maiores a metas funcionais individuais – um risco potencial resultante da formatação da estrutura organizacional por departamentos que é tão comum nas empresas atuais. A fim de concretizar a coordenação interfuncional, é indispensável que se estabeleça algum grau de sistema de mensuração e de incentivos à cooperação entre as funções participantes. Isso é igualmente verdade no caso da coordenação interorganizacional necessária para administrar os fluxos dos produtos ao longo dos limites da empresa.

É porém importante destacar que estabelecer um terceiro grupo funcional não deixa de ter as suas desvantagens. Existem hoje duas interfaces funcionais, em lugar daquela única que havia anteriormente entre o *marketing* e produção/operações. Alguns dos mais difíceis problemas administrativos surgem em função dos conflitos interfuncionais que ocorrem quando se tenta gerenciar as atividades de interface. Parte deste conflito potencial pode ser dissipada mediante a criação de um novo esquema organizacional em que produção/operações e logística são integrados num grupo maior, chamado cadeia de suprimentos.

Exatamente quando os gerentes estão começando a entender os benefícios do gerenciamento logístico interfuncional, começa-se a incentivar do gerenciamento interorganizacional Os proponentes do gerenciamento da cadeia de suprimentos que examinam a área mais amplamente do que têm feito alguns profissionais da logística promovem acaloradamente a necessidade de colaboração entre os membros do canal de suprimentos situados fora do controle imediato do profissional da logística da empresa, isto é, entre empresas legalmente independentes. A colaboração entre os integrantes do canal ligados por intermédio das relações comprador-vendedor é essencial para concretizar os benefícios de custo-serviço que não conseguem ser realizados pelos gerentes dotados de visão estritamente interna de suas responsabilidades. Os gerentes da cadeia de suprimentos entendem-se detentores de responsabilidade pelo conjunto do canal de suprimentos com o escopo ilustrado na Figura 1-8. Administrar neste cenário de abrangência bem mais ampla é o novo desafio com que depara o profissional de logística contemporâneo.

OBJETIVOS DA LOGÍSTICA EMPRESARIAL/CS

Como parte dos objetivos mais gerais da companhia, a logística empresarial procura atingir metas de processos de cadeia de suprimentos que venham a conduzir a organização para os objetivos globais. Especificamente, o propósito é desenvolver um *mix* de atividades logísticas do qual venha a resultar o máximo retorno possível do investimento no menor prazo. Essa meta tem duas dimensões: 1) o impacto do projeto do sistema logístico em termos de contribuição de rendimentos; 2) o custo operacional e as necessidades de capital desse projeto.

De preferência, o especialista logístico deveria conhecer antecipadamente qual seria a receita adicional gerada por meio do incremento de melhorias na qualidade dos serviços ao cliente. Não há, porém, maneira de prever essa receita com razoável exatidão. O nível do serviço ao cliente é estabelecido num valor alvo, normalmente algo suportável para os clientes, pelas vendas

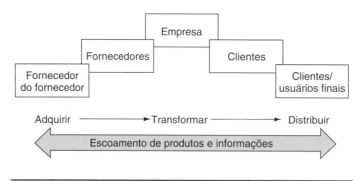

FIGURA 1-8 Escopo da cadeia de suprimento moderna.

ou demais partes envolvidas. A essa altura, o objetivo logístico pode passar a ser uma minimização de custos voltada para a consecução do nível pretendido de serviços, em lugar da maximização dos lucros ou do retorno sobre o investimento.

Ao contrário dos lucros, os custos logísticos normalmente podem ser determinados com toda a exatidão permitida pela prática contábil e são em geral de dois tipos: custos operacionais e custos de capital. Os custos operacionais são os que ocorrem periodicamente ou aqueles que variam diretamente de acordo com a oscilação dos níveis das atividades. Salários, despesas com armazenamento em instalações públicas e despesas administrativas e outros custos indiretos são exemplos de custos operacionais. Os custos do capital são gastos de uma vez e não variam com as oscilações normais nos níveis de atividades. Exemplos disto são o investimento numa frota privada de transporte, os custos de construção de armazéns próprios das empresas, e a compra de equipamento de manutenção e rolagem de materiais.

Se os efeitos dos níveis de atividade logística sobre as receitas da empresa são conhecidos, um objetivo financeiro factível para a logística pode ser expresso na equação batizada de RAL (retorno sobre ativos logísticos), a saber:

$$RAL = \frac{\text{Contribuição para a receita} - \text{custos operacionais logísticos}}{\text{Ativos logísticos}}$$

A contribuição para a receita é representada pelas vendas resultantes do projeto do sistema logístico. Os custos operacionais logísticos são as despesas realizadas para proporcionar o nível de serviço logístico ao cliente indispensável à realização de vendas. Os ativos logísticos são o capital investido no sistema logístico. O RAL deve ser maximizado com o passar do tempo.

Quando o valor do dinheiro é elevado, maximizar o valor presente do fluxo de caixa ou maximizar a taxa interna de retorno constitui uma representação mais adequada desse objetivo. Maximizar cumulativamente o retorno sobre o investimento ao longo do tempo é o segundo objetivo principal a ser concretizado para que sejam asseguradas a continuidade e progresso da empresa no longo prazo.

ABORDAGEM DO ESTUDO DA LOGÍSTICA/CS

Tendo sido estabelecidos os parâmetros da definição e importância, é possível começar o estudo sistematizado da gestão da logística. Dois temas são usados neste texto: eles seguem tudo o que a gestão faz e os talentos e habilidades necessários para seu desempenho num mundo tecnicamente cada vez mais complexo. Em primeiro lugar, a função de gerenciar pode ser vista como o desempenho das tarefas de planejar, organizar e controlar para realizar os objetivos da empresa. O *planejamento* lida com decisões sobre os objetivos da empresa; a *organização* trata de reunir e situar os recursos de maneira a concretizar os objetivos da organização, e o *controle* visa a mensurar o desempenho da empresa e a adotar as medidas corretivas necessárias quando o desempenho não está de acordo com os objetivos traçados. Por se tratarem de peças fundamentais daquilo que a gestão realiza, esses itens serão discutidos um por um nos vários capítulos deste livro.

Em segundo lugar, os gerentes, do nível mais baixo ao mais alto, dedicam boa parte do seu tempo às ações de planejamento. Para um planejamento eficaz, é indispensável contar com uma visão dos objetivos da empresa, conceitos e princípios de orientação sobre como chegar até esses valores, e dispor igualmente de ferramentas para ajudar a definir rumos entre vários cursos de ação. No caso específico do gerenciamento logístico, o planejamento segue um triângulo de decisão primário de localização, estoque e transporte, sendo o serviço aos clientes o resultado dessas decisões (ver a Figura 1-9). Embora o triângulo de planejamento logístico seja o principal tema organizacional deste livro, tópicos suplementares a ele relacionados serão igualmente debatidos. Começamos com uma visão geral de uma estratégia para o planejamento logístico e os sistemas de informação e tecnologia que dão suporte a essa estratégia. Segue-se um capítulo sobre o cliente, que comanda, em última análise, todo o processo decisório da logística. Capítulos sobre transporte, localização e estoques, que são os vértices principais do triângulo de planejamento logístico, são igualmente incluídos. E capítulos tratando de organização e controle completam o tema do planejamento, organização e controle. Questões contemporâneas, entre elas logística global, logística da indústria de serviços, qualidade, logística colaborativa e logística reversa, são importantes, ainda que reconhecidas como extensões das idéias básicas apresentadas no livro. Sua discussão é, pois, integrada ao longo dos capítulos desta obra. Inúmeros exemplos são proporcionados para comprovar de que maneira os conceitos e ferramentas da boa gestão logística/cadeia de suprimentos se aplicam aos problemas existentes no mundo real.

Seja qual for a perspectiva a partir da qual se examine a questão – custo, valor para os clientes, importância estratégica para a missão da empresa –, a logística/CS é vital. Contudo, foi só nos últimos anos que os empreendimentos econômicos começaram a realizar em larga escala atividades integradas – ou seja, passaram a pensar sobre produtos e serviços fluindo sem obstáculos das fontes das matérias-primas até os consumidores finais. Mais do que isso, nos últimos anos esse fluxo passou a incluir o movimento reverso no canal de suprimentos, ou a logística reversa. As forças econômicas – principalmente a crescente desregulamentação mundial dos negócios, a proliferação dos acordos de livre comércio, a crescente concorrência externa, a incrementada globalização das indústrias e as novas e aperfeiçoadas necessidades de desempenho logístico mais rápido e mais preciso – foram fundamentais para situar a logística num nível elevado de importância para a maioria das empresas. Novas oportunidades para o gerenciamento logístico, criadas pelo crescimento observado no setor de serviços, pelas questões ambientais e pela tecnologia da informação, continuarão a dar suporte à natureza vital da logística no futuro.

O destaque principal deste texto volta-se para a maneira de encaminhar eficientemente os problemas administrativos relacionados com a movimentação e estocagem, pelas empresas, de bens de capital ao longo da cadeia de suprimentos. Essas empresas podem produzir bens ou serviços, e todas têm como objetivo a concretização de lucros.

Este livro organiza-se em torno de três pontos centrais, que são as funções principais da gestão: planejar, organizar e controlar. Normalmente, a mais difícil entre elas é planejar, mais precisamente, a identificação de rumos de ação e a escolha dos melhores dentre eles. Portanto, a ênfase principal será dada a esta etapa da administração. A abordagem deste livro pretende descrever problemas de logística da maneira mais simples possível e aplicar metodologia definitiva de solução que já tenha comprovado seu valor prático em situações reais. Trata-se de uma abordagem de tomada de decisões.

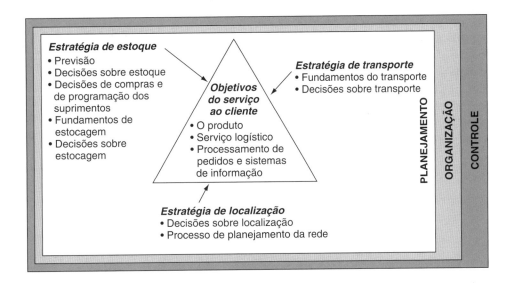

FIGURA 1-9 O triângulo do planejamento em relação às principais atividades de logística/gerenciamento da cadeia de suprimentos.

PARTE I • INTRODUÇÃO E PLANEJAMENTO

QUESTÕES E PROBLEMAS

1. O que é gerenciamento de suprimentos? Compare-o com a gestão da logística empresarial.

2. Descreva a logística empresarial de acordo com a prática que, na sua opinião, ela deveria ter nos seguintes países ou regiões:
   a. Estados Unidos
   b. Japão
   c. União Européia
   d. Austrália
   e. África do Sul
   f. China
   g. Brasil

3. Resuma os fatores e forças que dão à logística a importância que ostenta entre outras áreas funcionais (*marketing*, finanças, produção) de uma empresa.

4. Debata as semelhanças e diferenças entre o gerenciamento logístico de uma empresa manufatureira e
   a. uma empresa de serviços (banco, hospital, etc.)
   b. uma organização não-lucrativa (orquestra sinfônica, museu de arte, etc.)
   c. as forças armadas
   d. uma organização de varejo (mercadorias gerais, *fast food*, etc.)

5. Discuta a o papel que sistemas logísticos eficazes e eficientes desempenham na concretização de um alto nível de comércio exterior.

6. Por que tanto o *marketing* quanto a produção podem proclamar parte ou o todo das atividades logísticas como sua área de responsabilidade?

7. Quais são as atividades-chave da função da logística empresarial? Debata sua existência e grau de importância para a gestão de:
   a. um fabricante de televisores (Sony)
   b. um grupo musical itinerante (a Filarmônica de Berlim)
   c. um hospital (Massachusetts General)
   d. um governo municipal (Nova York)
   e. uma rede de *fast-food* (McDonald's)

8. Qual é a maior diferença entre a logística internacional e a logística de uma empresa com operações globais?

9. Indique alguns produtos que conseguem beneficiar-se claramente com maior valor de tempo e lugar.

10. O estabelecimento da logística como área separada de gestão no âmbito de uma organização empresarial cria um conjunto adicional de atividades de interface. Quais são as atividades de interface? Por que a criação de um conjunto adicional de atividades de interface gera preocupações em inúmeras empresas?

11. As barreiras políticas e comerciais entre os países da União Européia continuam sendo cada dia mais reduzidas. Sendo você gerente de distribuição física de uma empresa multinacional que vende produtos acabados de consumo (por exemplo, a Procter & Gamble da Itália) em seu próprio país, quais as decisões em matéria de distribuição a serem enfrentadas no futuro?

12. Suponha que uma fábrica de roupas masculinas pode fabricar, em sua unidade de Houston, Texas, camisas ao custo unitário de US$ 8,00 (matéria-prima incluída). Chicago é o principal mercado, absorvendo cerca de 100 mil camisas por ano. O preço da camisa na fábrica em Houston é de US$ 15,00. As tarifas de transporte e armazenamento de Houston a Chicago chegam a US$ 5,00 por cwt (quintal americano = 45,359 kg). Cada camisa embalada pesa uma libra (453 g). A empresa tem a possibilidade de produzir as camisas em Taiwan, a US$ 4,00 (matéria-prima incluída) a unidade. As matérias-primas, pesando 453 g por unidade, seriam embarcadas de Houston para Taiwan ao custo de US$ 2,00 o cwt. Quando prontas, seriam remetidas diretamente para Chicago, com custos de transporte e armazenamento de US$ 6,00/cwt. Estima-se também uma taxa de importação de US$ 0,50 por unidade.
   a. Avaliando-se pelo ângulo do custo produção-logística, valeria a pena produzir as camisas em Taiwan?
   b. Que outros fatores, além daqueles dos puramente econômicos, poderiam ser levados em conta antes de se tomar a decisão final?

13. Use o diagrama a seguir para exercícios em aula. Prepare-se para defender suas escolhas em comparação com as dos colegas. Identifique os elementos que são comuns em empresas bem-sucedidas em logística e os que a elas faltam, provocando assim fracassos em logística/CS.

Destaques de Sucesso – e Fracasso – em Estratégia Logística/Cadeia de Suprimentos

São numerosas as empresas que empregam estratégia logística/cadeia de suprimentos como um elemento central de sua estratégia corporativa. Aqui você deve identificar algumas das empresas que tiveram sucesso exatamente em função da execução dessa estratégia logística/CS e apontar as razões dessa indicação (Galeria das Melhores). Deve também, por outro lado, identificar empresas que, na sua opinião, padecem em conseqüência da execução inadequada de uma importante estratégia logística/CS (Galeria das Piores).

1. **Galeria das Melhores.** Identifique três empresas que empregam uma estratégia logística/cadeia de suprimentos como elemento central de sua estratégia geral de negócios.

   Galeria das Melhores   Elementos bem executados de logística/cadeia de suprimentos

2. **Galeria das Piores.** Identifique três empresas malsucedidas na execução de uma estratégia de logística/cadeia de suprimentos importante para sua estratégia geral.

   Galeria das Piores   Elementos malsucedidos de logística/cadeia de suprimentos

3. Do ponto de vista da logística/cadeia de suprimentos, o que distingue a Galeria das Melhores da Galeria das Piores?

   Elementos de Diferenciação

CAPÍTULO

Estratégia e Planejamento da Logística/Cadeia de Suprimentos

No passado, a distribuição física (logística) era normalmente tida como a última fronteira para a economia de custos;[1] hoje, porém, ela é a nova fronteira para a geração da demanda.

Em "As Aventuras de Alice no País das Maravilhas", Alice pergunta ao Gato Cheshire: "Você, por favor, poderia me dizer para onde devo ir a partir daqui?" E o gato lhe responde: "Isso depende principalmente de até onde você pretende chegar."[2] Definir a orientação estratégica de uma empresa a fim capacitá-la a atingir, entre outros, seus objetivos em matéria de lucros, crescimento e participação no mercado, deve ser sempre a primeira e a mais importante das preocupações para a gerência. Trata-se de um processo criativo, de projeção do futuro, normalmente orientado pela cúpula da organização, em que as diretrizes gerais da empresa são delineadas e consolidadas num projeto corporativo conjunto.

Divide-se então, este projeto conjunto, em subprogramas para as diversas áreas funcionais, como *marketing*, produção e logística. Tais subprogramas requerem a adoção de muitas decisões específicas, que, em relação à cadeia de suprimentos, incluem a localização dos centros de estocagem/armazenamento, a determinação de políticas de estocagem, o desenho de sistemas de atendimento de pedidos e a seleção dos modais de transporte. Muitas dessas decisões podem ser aperfeiçoadas pela aplicação dos vários conceitos de técnicas de logística e decisão aos quais o gerente da cadeia de suprimentos pode recorrer.

Este capítulo concentra-se no processo de planejamento, em primeiro lugar, segundo a perspectiva geral da corporação, e, depois disso, do ponto de vista da função logística. Traça-se então uma estrutura para o planejamento que constituirá a base de capítulos mais adiantados. O capítulo presente, assim como boa parte deste livro, concentra-se no planejamento e no processo decisório que levam a planos de logística/CS em condições de contribuir para a concretização das metas financeiras da empresa.

ESTRATÉGIA CORPORATIVA

A criação da estratégia corporativa começa com uma definição muito clara dos objetivos da empresa. É indispensável um entendimento geral de quais são as metas mais importantes – realização de lucros, retorno do investimento, participação no mercado ou crescimento. Em seguida, é provável que ocorra um processo de *estabelecimento da visão*, no qual estratégias não convencionais, desconhecidas e até mesmo aparentemente sem sentido serão levadas em consideração. Isso implica voltar-se por inteiro para os quatro componentes de uma boa estratégia: *clientes, fornecedores, concorrentes* e a *empresa* propriamente dita. Avaliar as necessidades, os pontos fortes e fracos, as metas e perspectivas de cada um desses componentes é um começo.[3] A seguir, um *brainstorming* sobre o que se pode conseguir com uma estratégia de nicho é o resultado desse processo de estabelecimento da visão. Alguns exemplos de tais projeções/visões:

- A visão da General Electric é ocupar permanentemente o primeiro ou o segundo lugar nos mercados em que atua; por isso, estará sempre pron-

---

[1] Peter F. Drucker, "The Economy's Dark Continent", *Fortune* (April 1962), págs. 103, 265-270.

[2] Lewis Carroll, *Alice's Adventures in Wonderland* (New York: Knopf, 1983), pág. 72.

[3] Roger Kallock, "Develop a Strategic Outlook", *Transportation and Distribution* (January 1989), págs. 16-18.

ta a abandonar a área em que não conseguir concretizar essa meta.
- A Hewlett-Packard tem como visão colaborar com a comunidade científica.
- A IBM faz constantes revisões estratégicas a fim de manter sua condição de participante eficaz do mercado.[4]

Na etapa seguinte, as amplas visões estratégicas precisam ser transformadas em projetos mais concretos. Tendo-se um entendimento claro dos custos da empresa, seus pontos fortes e fracos em termos financeiros, posição em relação à participação no mercado, base e desenvolvimento de ativos, ambiente externo, forças concorrentes e habilidades dos empregados, faz-se uma seleção a partir de alternativas estratégicas que derivam das ameaças e oportunidades que se oferecem à companhia. Essas estratégias tornam-se, a essa altura, orientações específicas sobre a melhor maneira de transformar a projeção/visão da companhia em realidade.

Exemplos

- As patentes das máquinas copiadoras da Xerox estavam prestes a expirar, algo que, quando concretizado, deixaria a empresa sem um produto realmente diferenciado no mercado. Pensando nisso é que a corporação adotou a estratégia de ser a "número um" na área de serviços.
- A StarKist Foods adotou uma estratégia baseada no suprimento para comprar e a enlatar a totalidade do atum capturado pela sua própria frota e pelos pesqueiros terceirizados. Com isso poderia continuar a ser a maior empresa do setor nos EUA.

A estratégia corporativa impulsiona as estratégias funcionais porque estas são englobadas na primeira, como se mostra na Figura 2-1. A estratégia corporativa é concretizada à medida que produção, *marketing*, finanças e logística dão continuidade aos planos elaborados para cumpri-la. Quando a StarKist Foods optou pela estratégia baseada no suprimento, o *marketing* e a logística corresponderam com os respectivos planos para controlar os potenciais excessos de estoques daí resultantes. Esses planos incluíam promoções tipo "liquida atum" sempre que surgisse a necessidade de reduzir estoques. É uma promoção de resultados garantidos porque o atum, para os consumidores, nunca é demais, tanto que aproveitam ofertas como essa para estocá-lo. Passemos agora a examinar os detalhes que envolvem o desenvolvimento das estratégias logísticas.

ESTRATÉGIA DE LOGÍSTICA/CS

A escolha de uma boa estratégia de logística/CS exige o emprego de grande parte dos mesmos processos criativos inerentes ao desenvolvimento de uma boa estratégia corporativa. Abordagens inovadoras de estratégia de logística/CS podem proporcionar vantagens competitivas.

[4] Kenneth R. Ernst, "Visioning: Key to Effective Strategic Planning", *Annual Conference Proceedings*, vol. 1 (Boston: Council of Logistics Management, 1988), págs. 153-165.

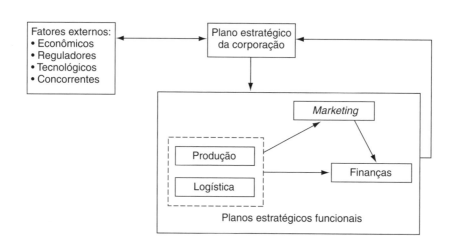

FIGURA 2-1 Visão geral do planejamento estratégico funcional para um planejamento estratégico corporativo.

Fonte: William Copacino and Donald B. Rosenfield, "Analytic Tools for Strategic Planning", *International Journal of Physical Distribution and Materials Management, Vol. 15, nº 3 (1985), pág. 48.*

Exemplos

- Um fabricante de equipamentos de escritório adotou uma providência radical destinada a poupar tempo, um recurso de alto valor no ramo, no conserto de equipamentos. Tradicionalmente, a empresa mandava seus técnicos de uma central de serviços para o local do equipamento danificado de cada cliente. Com isso, pessoal altamente qualificado e bem remunerado passava a maior parte do tempo viajando. A empresa então reprogramou seu sistema logístico, colocando em centros de serviços em todo o país equipos de substituição. Quando o cliente reclamava de problemas com algum equipamento, recebia outro igual em caráter provisório, enquanto a máquina danificada era enviada ao centro regional de serviços para os reparos necessários. O novo sistema conseguiu não apenas reduzir os custos dos consertos, mas também melhorar os serviços prestados aos clientes no seu todo.
- A American Hospital Supply desenvolveu um sistema eficiente de compras para seus clientes mediante a implantação de terminais nas respectivas sedes. O sistema simplificou e desburocratizou o processo de pedidos para os clientes, além de garantir uma proporção maior de encomendas para a empresa.[5]

É opinião mais ou menos unânime que uma estratégia logística inclui três objetivos principais: redução de custos, redução de capital e melhoria dos serviços.

A *redução de custos* é a estratégia voltada para o enxugamento dos custos variáveis relacionados ao transporte e armazenagem. A melhor estratégia é quase sempre aquela derivada da avaliação das opções disponíveis – por exemplo, escolher um entre os vários locais de armazenagem apresentados como alternativas, ou selecionar o melhor modal de transporte. Os níveis dos serviços normalmente são mantidos constantes à medida que alternativas de menores custos vão sendo encontradas. A maximização dos lucros é o objetivo maior.

A *redução de capital* é a estratégia voltada para o enxugamento do nível dos investimentos nos sistemas logísticos. Maximizar o retorno sobre os ativos logísticos é a motivação desta estratégia. Embarcar diretamente para o cliente a fim de evitar o armazenamento, optar por armazenamento público em lugar das opções privadas, por uma abordagem *just-in-time* em lugar de manter estoques, ou usar provedores terceirizados de serviços logísticos, são exemplos de componentes dessa alternativa. Essas estratégias podem conduzir a custos variáveis maiores do que as de estratégias que exigem um nível maior de investimento; no entanto, o retorno sobre o investimento pode ser incrementado.

Estratégias de *melhoria de serviços* normalmente admitem que os lucros dependem do nível dos serviços logísticos proporcionado. Embora os custos aumentem rapidamente com a melhoria dos níveis logísticos dos serviços ao cliente, os lucros igualmente maximizados podem ser mais significativos que o aumento dos custos. Para ser eficiente, a estratégia de serviços é desenvolvida sempre tendo como parâmetro os serviços proporcionados pelos concorrentes.

Exemplo

A Parker Hannifin, fabricante de juntas e anéis, ganhou em vendas com o incremento da logística de serviços aos clientes. O agente de compras de um cliente mostrou à equipe de vendas da Parker duas faturas do mesmo produto, uma de um concorrente e outra da própria empresa. O preço da concorrente era 8% menor. Contudo, se a Parker Hannifin se dispusesse a manter um centro de serviços (um ponto de estocagem com alguns serviços de valor agregado) para o cliente, poderia ganhar um milhão de dólares a mais com o preço superior. A Parker Hannifin concordou e criou o centro de serviços, ganhando o contrato. O cliente ficou satisfeito e o fabricante fez um ótimo negócio, uma vez que a operação do centro de serviços custou apenas 3,5% do total da venda.

Uma estratégia de logística proativa muitas vezes começa com as metas empresariais e as exigências dos serviços ao cliente. Esses fatores já foram mencionados como estratégias de "ataque" para enfrentar a concorrência. A parte restante do projeto do sistema logístico pode então derivar dessas estratégias de ataque.

Exemplos

- A Nabisco dominava tranqüilamente o setor de molhos para churrascos com sua marca A-1. A Kraft lançou no mercado um molho mais condimentado, o *Bulls Eye*, que balançou a concorrência. A Nabisco, sentindo a ameaça, reagiu com o A-1 *Bold*, colocando sua cadeia de suprimentos em velocidade máxima para inundar as gôndolas dos supermercados com o novo produto em questão de meses, com o que, num único movimento, pratica-

---

[5] William Copacino e Donald B. Rosenfield, "Analytic Tools for Strategic Planning", *International Journal of Physical Distribution and Materials Management*, vol. 15, nº 3 (1985), págs. 47-61.

mente eliminou o *Bulls Eye* de circulação. Sem a eficiência da cadeia de suprimentos da Nabisco, o *Bulls Eye*, que um era produto de grande qualidade, teria tido tempo de conquistar uma boa proporção do mercado.[6]

- A Domino Pizza é simplesmente uma das tantas marcas do mercado de pizzas, abastecido por concorrentes do porte da Pizza Hut e, também, por um exército de empresas independentes. A Domino chegou ao segundo lugar entre as maiores redes de pizzarias nos EUA prometendo aos clientes um desconto de três dólares sobre qualquer entrega que não chegasse ao destinatário um segundo a mais, que fosse, além de meia hora depois da confirmação do pedido.[7]
- A Frito-Lay estabeleceu uma liderança estratégica com seu sistema de entrega direto-na-loja, e a Atlas Door reconheceu que não havia empresa capaz de entregar uma porta ao cliente em menos de três meses. A Atlas entrou no mercado e desenvolveu uma estratégia baseada na entrega em tempo muito menor, e hoje tem uma considerável fatia desse mercado.[8]

---

[6] J. Robert Hall, "Supply Chain Management from a CEO's Perspective", *Proceedings of the Council of Logistics Management* (San Diego, CA: October 8-11, 1995), pág. 164.

[7] "How Managers Can Succeed Through SPEED", *Fortune (February 13, 1989)*, págs. 54-59.

[8] Ernst, "Visioning", págs. 153-165.

Cada elo do sistema logístico é planejado e comparado com todos os demais num processo de planejamento logístico integrado (ver a Figura 2-2). O desenho dos sistemas de gestão e controle completa o ciclo de planejamento.

Projetar estratégias eficientes de logística de serviços ao consumidor não exige qualquer programa ou técnica em especial. Trata-se apenas do produto de uma mente privilegiada. Uma vez formulada a estratégia dos serviços logísticos, a tarefa é concretizar seus objetivos. Isso envolve escolher entre várias alternativas de ação. Trata-se de uma escolha que é sensível a vários conceitos e técnicas de análise. A próxima seção do livro estabelece o cenário desta avaliação. Um tema recorrente deste livro é entender as alternativas logísticas abertas ao administrador da cadeia de suprimentos e a maneira pela qual podem ser avaliadas.

PLANEJAMENTO DE LOGÍSTICA/CS

Níveis de Planejamento

O planejamento logístico busca sempre responder às perguntas sobre o quê, quando e como, e se desenvolve em três níveis: estratégico, tático e operacional. A principal diferença entre eles é o horizonte temporal do planejamento. O *planejamento estratégico* é considerado de longo prazo, com o horizonte temporal de mais de um ano. O *planejamento tático* tem um horizonte temporal intermediário, normalmente inferior a um

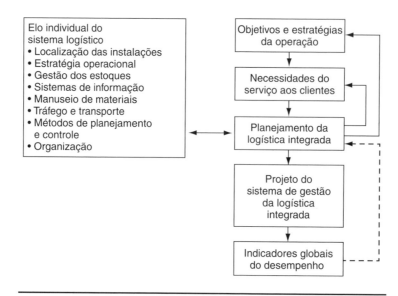

FIGURA 2-2 Fluxo do planejamento logístico.
Fonte: William Copacino and Donald B. Rosenfield, "Analytic Tools for Strategic Planning", *International Journal of Physical Distribution and Materials Management*, Vol. 15, nº 3 (1985), pág. 49.

ano. O *planejamento operacional* é o processo decisório de curto prazo, com decisões normalmente tomadas a cada hora, ou diariamente. A preocupação maior é como encaminhar o produto de maneira efetiva e eficiente ao longo do canal logístico estrategicamente planejado. Exemplos selecionados de problemas típicos com esses variados horizontes temporais são mostrados na Tabela 2-1.

Cada um dos níveis de planejamento requer uma perspectiva diferente. Devido ao seu horizonte mais longo, o planejamento estratégico trabalha muitas vezes com dados incompletos e inexatos. Os dados podem obedecer à média, e os planos são em geral considerados adequados quando conseguem mostrar-se razoavelmente próximos do nível ótimo. No outra extremidade desse espectro, o planejamento operacional trabalha com dados muito precisos, e os métodos para o planejamento devem ter condições de operar com a maior parte desses dados e, ainda, de elaborar planos razoáveis. Por exemplo, podemos estabelecer um planejamento estratégico de maneira a conseguir que *todos* os estoques não ultrapassem um determinado limite financeiro, ou para que se atinja uma determinada taxa de giro.[9] Um plano operacional para estoques, por outro lado, exige que cada um dos seus itens seja administrado isoladamente.

---

[9] A taxa de giro do estoque é definida como as vendas anuais em relação ao nível médio de estoque no mesmo período anual, normalmente calculado em dólares.

A maior parte de nossa atenção se voltará para o planejamento da estratégia logística, uma vez que ela pode ser debatida utilizando-se uma abordagem geral. O planejamento operacional e o tático muitas vezes exigem um conhecimento profundo de determinado problema, e abordagens específicas devem ser personalizadas. Por isso, começamos com aquele que constitui o principal problema do planejamento logístico – ou seja, o projeto do conjunto do sistema logístico.

Principais Áreas do Planejamento

O planejamento logístico procura resolver quatro grandes áreas de problemas: níveis de serviços aos clientes, localização das instalações, decisões sobre estoques e decisões sobre transportes, como surge na Figura 2-3. Excetuando-se o fato de estabelecer um apropriado nível de serviço aos clientes (o serviço ao cliente resulta das estratégias formuladas nas outras três áreas), o planejamento logístico pode ser considerado um triângulo de tomada de decisões logísticas. Essas áreas de problemas são inter-relacionadas e deveriam ser planejadas como uma unidade, embora seja comum planejá-las em separado. Cada uma delas tem significativo impacto sobre o projeto do sistema.

Metas dos Serviços aos Clientes

Mais que qualquer outro fator, o nível do serviço logístico proporcionado aos clientes afeta radicalmente o projeto do sistema. Serviços mínimos possibilitam um

---

TABELA 2-1 Exemplos de processo de decisão estratégica, tática e operacional

	Nível da decisão		
Área da decisão	*Estratégica*	*Tática*	*Operacional*
Localização das instalações	Quantidade, área e localização de armazéns, plantas e terminais		
Estoques	Localização de estoques e normas de controle	Níveis dos estoques de segurança	Quantidades e momento de reposição
Transporte	Seleção de modal	*Leasing* de equipamento periódico	Roteamento, despacho
Processamento de pedidos	Projeto do sistema de entrada, transmissão de pedidos e processamento		Processamento de pedidos, atendimento de pedidos pendentes
Serviço aos clientes	Padrões de procedimentos	Regras de priorização dos pedidos de clientes	Preparação das remessas
Armazenagem	Seleção do material de deslocamento, leiaute da instalação	Escolhas de espaços sazonais e utilização de espaços privados	Separação de pedidos e reposição de estoques
Compra	Desenvolvimento de relações fornecedor-comprador	Contratação, seleção de fornecedores, compras antecipadas	Liberação de pedidos e apressar compras

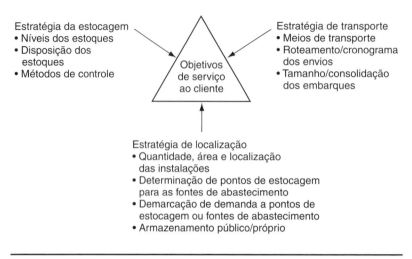

FIGURA 2-3 O triângulo de tomadas de decisões logísticas.

número menor de locais de estocagem e transportes mais baratos. Bons serviços significam exatamente o oposto. No entanto, quanto mais pressionados os limites desses serviços, maiores se tornam os custos logísticos, crescendo a uma taxa desproporcional em relação ao nível de serviço. Por isso mesmo, a principal meta em termos de planejamento logístico estratégico deve ser a determinação de níveis apropriados de serviços aos clientes.

Estratégia de Localização das Instalações

A localização geográfica dos pontos de estoque e de seus centros de abastecimento cria o esboço do plano logístico. É pela determinação do número, localizações e tamanho dessas instalações e pela atribuição de uma fatia de demanda que se estabelecem os caminhos pelos quais os produtos são direcionados ao mercado. O escopo adequado da questão da localização das instalações se dará ao abranger os custos de toda a movimentação de produtos a partir da fábrica, vendedores ou locais intermediários de estoque até sua entrega ao cliente. Atender a demanda diretamente das fábricas, fornecedores ou pontos de estoque, ou direcioná-la por meio de pontos selecionados de armazenamento, são elementos que pesam nos custos totais de distribuição. Assim, encontrar a alocação de custos mais baixa ou a alternativa de maior lucratividade é a essência da estratégia de localização das instalações.

Decisões sobre Estoque

Decisões sobre estoques referem-se à maneira pela qual os estoques são gerenciados. Alocar (empurrar) estoques aos pontos de armazenagem ou puxá-los para os pontos de estocagem de acordo com as regras de reposição são estratégias diferenciadas. Localizar seletivamente vários itens da linha de produtos em armazéns de fábricas, regionais ou de campo, ou gerenciar níveis de estoques mediante vários métodos de controle contínuo, são estratégias adicionais. A estratégia usada pela empresa acabará influindo na localização da instalação e, por isso, deverá ser considerada na estratégia logística.

Estratégia de Transporte

Decisões sobre transportes envolvem seleção dos modais, o volume de cada embarque, as rotas e a programação. São decisões sobre as quais pesam fatores como a proximidade, ou distância, entre os armazéns, os clientes e as fábricas, fatores esse que, adicionalmente, têm influência sobre a localização do armazém. Os níveis de estoque também dependem das decisões sobre transporte que variam conforme o volume de cada remessa.

Os níveis de serviço aos clientes, a localização das instalações, o estoque e os transportes são das mais importantes áreas em matéria de planejamento, em face do impacto que as decisões tomadas em cada uma delas acabam tendo sobre a lucratividade, o fluxo de caixa e o retorno do investimento. Cada uma das áreas de decisão é inter-relacionada e a estratégia do transporte precisa ser planejada levando-se em conta o possível efeito de compensação*.

A Conceituação do Problema de Planejamento Logístico/CS

Outra maneira de abordar o problema do planejamento logístico é observá-lo como uma rede abstrata de *ligações* e *nós,* como aparece na Figura 2-4. As ligações da

---

* N. de R. T.: Tradução adotada para a palavra *trade-off.*

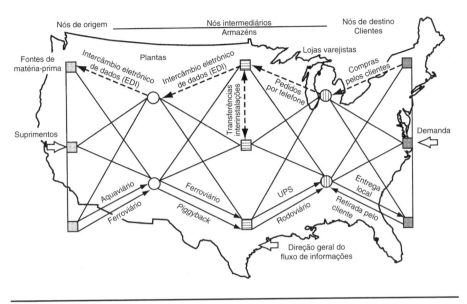

FIGURA 2-4 Um diagrama abreviado de uma rede para um sistema logístico.

rede representam a movimentação de mercadorias entre os vários pontos de estocagem. Esses pontos – lojas de varejo, armazéns, fábricas ou vendedores – são os nós. É possível a existência de várias ligações entre qualquer elenco de nós, de maneira a representar formas alternativas de serviços de transporte, rotas diferenciadas e produtos também diferentes. Os nós representam pontos em que o fluxo dos estoques experimenta uma parada temporária – por exemplo, num armazém geral – antes do transporte para uma loja de varejo, a caminho do consumidor final.

Essas atividades de transporte-armazenagem para fluxos de estoques representam tão-somente uma parte do sistema logístico total. Além delas, existe uma rede de fluxos de informação. A informação deriva de ganhos com as vendas, custos dos produtos, níveis de estoques, utilização de armazenagem, previsões, tarifas de transporte e outros. Ligações na rede de informação normalmente consistem em métodos postais ou eletrônicos para a transmissão entre variados pontos geográficos. Os nós são os vários pontos de coleta e processamento de dados, entre eles o funcionário que cuida do processamento dos pedidos e prepara conhecimentos de embarque,[10] ou um computador que atualiza os registros de estoques.

Como conceito, a rede de informação é muito semelhante à rede de fluxo de mercadorias, pois ambas podem ser vistas como uma coleção de ligações e nós. Contudo, há uma grande diferença entre elas: no canal de distribuição (em direção ao consumidor final), as mercadorias têm fluxo normalmente "para baixo", ao passo que a informação flui principalmente, mas não na totalidade, "para cima" no canal (em direção às fontes de matérias-primas).

A rede do fluxo de mercadorias e a rede de informação combinam-se para formar um sistema logístico. As redes são combinadas uma vez que projetar cada uma delas em separado pode resultar num projeto sem a qualidade necessária para a totalidade do sistema. Assim, as redes são interdependentes. Por exemplo, o projeto da rede de informação exerce influência sobre os prazos do ciclo de pedidos para o sistema. Os prazos dos ciclos de pedidos, por sua vez, afetam os níveis de estoques que precisam ser mantidos nos nós da rede de mercadorias. A disponibilidade de estoques afeta os níveis de serviços aos clientes, e estes, por seu turno, afetam os prazos de ciclo de pedidos e o projeto da rede de informação. Além disso, há outras interdependências que obrigam a que se veja o sistema logístico como um todo, em vez de por partes.

O planejamento logístico é um problema de projeto. A rede deve ser construída como uma configuração de armazéns, pontos de varejo, fábricas, alocação de estoques, serviços de transporte e sistemas de processamento de informação que possam atingir um equilíbrio ótimo entre os rendimentos derivados do nível de serviços ao cliente estabelecido pelo projeto da rede e os custos ligados à criação e operação dessa rede.

---

[10] O conhecimento de embarque é um acordo contratual entre o embarcador e o transportador estabelecendo as condições sob as quais será feito o transporte.

Quando Planejar[11]

No processo de planejamento, a questão mais importante é saber quando a rede deve ser planejada ou remodelada. Quando não há sistema logístico, como é comum nos casos de uma nova empresa ou de novos itens incluídos numa linha de produtos já tradicional, a necessidade de planejar uma rede logística é óbvia. Contudo, em muitos dos casos nos quais já funciona uma rede logística, é preciso tomar uma decisão quanto a modificar a rede existente ou no sentido de permitir que continue a operar, mesmo quando não pareça configurar o melhor dos projetos. Uma resposta definitiva a esta questão não pode ser dada antes de se fazer o planejamento real. Podemos, contudo, apresentar diretrizes gerais para a avaliação e auditoria da rede nas cinco áreas-chave da demanda, serviços aos clientes, características dos produtos, custos logísticos e política de precificação.

Demanda

Tanto o nível da demanda quanto sua dispersão geográfica influem poderosamente sobre a configuração das redes logísticas. É comum que as empresas passem por crescimento ou declínio desproporcional em uma região do país quando comparados com os de outras regiões. Mesmo que as condições existentes apontem apenas a necessidade de expansão ou redução das instalações existentes, mudanças consideráveis e velozes nos padrões da demanda podem tornar obrigatório que se instalem novos armazéns ou fábricas em áreas de rápido crescimento, e que, ao mesmo tempo, sejam fechadas instalações em mercados de crescimento lento ou em declínio. Um crescimento desproporcional semelhante, mesmo na ordem de poucos pontos percentuais ao ano, muitas vezes é o que basta para justificar um novo planejamento das redes.

Serviço ao Cliente

Os serviços ao cliente, no seu sentido mais amplo, incluem disponibilidade de estoques, rapidez de entrega e agilidade e precisão no processamento dos pedidos. Os custos relacionados a estes fatores têm aumento maior à medida que se aperfeiçoa o nível destes serviços aos clientes. Portanto, os custos de distribuição serão sempre muito sensíveis ao nível dos serviços ao cliente, especialmente quando este nível já estiver num elevado patamar.

Reformular a estratégia logística é uma necessidade comum quando o nível dos serviços é alterado em função da força da concorrência, revisões de políticas ou de metas de serviços arbitrariamente diferentes daquelas a partir das quais a logística original teve base. Mudanças de pequena monta no nível de serviços, contudo, especialmente quando já se mostram reduzidos, não bastam para desencadear a necessidade de um replanejamento.

Características dos Produtos

Os custos logísticos são sensíveis a características tais como peso do produto, volume (cubagem), valor e risco. No canal logístico, essas características podem ser alteradas por meio do desenho da embalagem ou do estado final do produto durante o embarque ou estocagem. Embarcar uma mercadoria desmontada pode influir significativamente na relação peso-volume e sobre as tarifas de armazenagem e transporte a ela relacionadas. E porque alterar as características de um produto pode mudar substancialmente um dos elementos dos custos no *mix* logístico com reduzida mudança para os demais, isto acaba criando um novo ponto de equilíbrio de custos para o sistema logístico. Assim, quando as características do produto sofrem alterações consideráveis, o replanejamento do sistema logístico pode ser benéfico.

Custos Logísticos

Os custos a que a empresa se sujeita em matéria de suprimento físico e de distribuição física acabam determinando a freqüência com que seu sistema logístico precisa ser replanejado. Sendo todos os outros fatores iguais, e constituindo os custos logísticos uma fração pequena do total, uma empresa produtora de mercadorias de alto valor (por exemplo, peças de máquinas ou computadores) normalmente pouca atenção prestará à otimização da estratégia logística. Quando, porém, os custos logísticos são elevados, como é usual no caso de produtos químicos embalados e de produtos alimentícios, a estratégia logística passa a constituir uma preocupação fundamental. Com custos logísticos elevados, mesmo os menores aperfeiçoamentos proporcionados pelo replanejamento freqüente podem representar substanciais reduções de custos.

Política de Precificação

Alterações na política de precificação sob a qual as mercadorias são compradas ou vendidas têm conseqüências para a estratégia logística, especialmente porque essa política define a responsabilidade por determinadas atividades logísticas. O fornecedor que passa do preço de fábrica F.O.B. (que não inclui os custos do transporte) para um preço contra entrega (que inclui os custos do transporte) normalmente libera a empresa

---

[11] Adaptado de Ronald H. Ballou, "How to Tell When Distribution Strategy Needs Revision", *Marketing News*, May 1, 1982, Seção 2, pág. 12.

compradora da responsabilidade de prover ou contratar o transporte necessário. Da mesma forma, a política de preços afeta ainda a transferência da titularidade das mercadorias e da responsabilidade pelo transporte no canal de distribuição.

Embora os custos sejam transferíveis ao longo do canal logístico seja qual for o tratamento a eles dispensado pelo mecanismo de precificação, existem empresas que planejam seu sistema logístico a partir dos custos pelos quais são diretamente responsáveis. Se a empresa tem uma política de preços segundo a qual é o cliente que paga pela entrega das mercadorias, a estratégia daí resultante normalmente inclui poucos pontos de estocagem, a não ser que haja restrições aos serviços aos clientes exijam tais pontos. Dada a importância dos custos com o transporte na soma total dos custos logísticos, mudanças registradas em políticas de preços tendem a desencadear reformulações de estratégias.

Sempre que houver mudanças em uma ou várias dessas áreas, o replanejamento da estratégia logística precisa ser estudado. A seguir, examinaremos alguns dos princípios e conceitos da logística que são úteis na formulação de estratégias.

Diretrizes para a Formulação de Estratégias

Muitos dos princípios e conceitos que orientam o planejamento logístico são decorrência da natureza especial das atividades logísticas, principalmente o transporte. Outros são resultado de fenômenos econômicos e de mercado gerais. Todos eles proporcionam *insight* quanto a qual deve ser a estratégia logística e estabelecem o cenário para uma análise mais detalhada. Vários deles serão agora delineados e demonstrados.

Conceito de Custo Total

Constitui peça central para o escopo e o projeto do sistema logístico a análise de compensação (*trade-off*), que leva ao conceito do custo total. A compensação do custo é o reconhecimento de que os padrões de custos das várias atividades da empresa freqüentemente revelam características que as colocam em conflito mútuo. Gerencia-se esse conflito mediante um equilíbrio entre as atividades de maneira a que sejam coletivamente otimizadas. A Figura 2-5, por exemplo, mostra que quando se escolhe um serviço de transporte, o custo direto desse serviço e o efeito indireto do custo sobre os níveis de estocagem no canal logístico – decorrentes dos diferentes índices de desempenho dos transportadores – estão em conflito mútuo. A opção econômica mais adequada ocorre no ponto em que a soma de ambos os custos é mais baixa, como é mostrado pela linha pontilhada na Figura 2-5.

Escolher um serviço de transporte com base nas tarifas mais baixas ou na promessa de maior rapidez nem sempre é o melhor método. Portanto, a questão básica na logística é a da gestão do conflito de custos. Sempre que houver substanciais conflitos de custos entre atividades, será necessário gerenciá-los de maneira coordenada. A rede, como se descreveu anteriormente, incor-

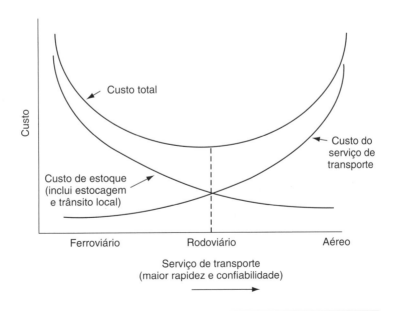

FIGURA 2-5 Conflito generalizado entre custos de transporte e de estoque como uma função das características de serviços de transporte.

pora a maior parte dos potenciais conflitos de custos relevantes para a logística.

O conceito do custo total se aplica a algo bem mais abrangente que o problema da seleção do serviço de transporte. Exemplos adicionais de problemas logísticos, em que uma compensação de custos é a melhor indicação, são mostrados na Figura 2-6. O problema da determinação do nível de serviço ao cliente está ilustrado na Figura 2-6(a). Quanto melhor for o nível dos serviços prestados aos clientes, menor será o número de clientes perdidos em decorrência de situações de falta de estoque, entrega lenta e inconfiável, e atendimento inadequado de pedidos. O custo das vendas perdidas diminui com a melhoria dos serviços. Contrabalançar o custo das vendas perdidas é o custo da manutenção do nível do serviço. Serviços melhorados normalmente significam que se deve pagar mais pelo transporte, processamento de pedidos e níveis de estocagem. A melhor compensação ocorre num ponto ligeiramente abaixo do serviço 100% ao cliente (serviço perfeito).

A Figura 2-6(b) apresenta as considerações econômicas básicas na determinação do número de pontos de estocagem em uma rede logística. Quando os clientes compram em pequenas quantidades e os pontos de estocagem são reabastecidos em grandes quantidades, o custo do transporte a partir dos pontos de estocagem supera os custos de entrada e por isso os custos do transporte diminuem quando o número de pontos de estoque é aumentado. À medida, porém, que aumenta o número de pontos de estocagem, o nível de estoque para o conjunto da rede cresce e os custos de estoques igualmente são majorados. Mais ainda, o nível de serviços ao cliente é afetado por esta decisão. O problema consiste em equilibrar os custos combinados de estoque-transporte em comparação com a contribuição que o nível de serviços proporcionados ao cliente para a lucratividade.

A Figura 2-6 (c) ilustra o problema de estabelecer o nível do estoque de segurança. Como o estoque de segurança aumenta o nível médio dos estoques e afeta o nível dos serviços aos clientes por meio da disponibilidade do estoque, o custo das vendas perdidas diminui. Aumentar o nível médio dos estoques aumentará o custo de manutenção do estoque. Os custos de transporte permanecem relativamente intocados. Outra vez, busca-se um equilíbrio entre esses custos conflitantes.

Por fim, a Figura 2-6(d) mostra os aspectos básicos de um problema de programação multiprodutos. Os custos de produção são afetados pela seqüência em que

(a) Determinação do nível de serviços ao cliente

(c) Estabelecendo níveis de estoques de segurança

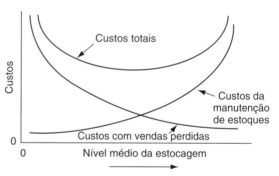

(b) Determinação do número de armazéns em um sistema logístico

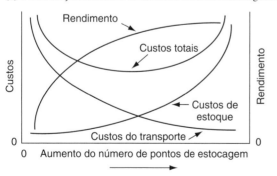

(d) Estabelecendo a seqüência de rodadas de produção para itens múltiplos

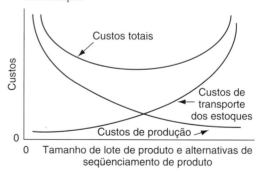

FIGURA 2-6 Algumas compensações logísticas generalizadas.

as mercadorias são produzidas e pelos tamanhos dos lotes. À medida que se altera a seqüência de produção, os custos de estocagem aumentam, pois os pedidos não chegarão necessariamente no tempo ótimo para a reposição de estoques desfalcados. O efeito disto é aumentar o nível médio da estocagem. A melhor seqüência de produção e de tamanho de lote são encontradas no ponto em que os custos combinados de produção e estocagem podem ser minimizados.

Esses exemplos ilustram o conceito de custo total da maneira como aplicado aos problemas internos da empresa e especificamente aos problemas logísticos. Surgem, porém, ocasiões em que decisões tomadas por uma empresa num canal de distribuição afetam os custos logísticos de outra firma. As políticas de estoque de um comprador, por exemplo, afetam tanto os custos de estoque do remetente quanto os custos operacionais do transportador. Nesse caso, faz-se necessário ampliar os limites do sistema além da própria função logística da empresa, quando possível englobando várias empresas. Desta forma, a equação do custo total seria expandida, e o escopo do processo gerencial ultrapassaria os limites legais da empresa.

A conclusão é que o conceito do custo total, ou, alternativamente, do sistema total, não tem limites transparentes. Embora seja possível argumentar que sempre há um ponto em que todas as atividades do sistema econômico são economicamente relacionadas ao problema logístico da empresa, a tentativa de avaliar todas as variadas compensações de custos que podem relacionar-se a qualquer problema decisório é inútil. Fica para a capacidade de decisão da administração o julgamento sobre os fatores a serem considerados relevantes e a decisão de incluí-los na análise. Isso define se a análise de custo total incluirá apenas fatores no âmbito da função logística como a definimos, ou se a análise deverá ser ampliada para incluir outros fatores sob o controle da empresa e mesmo outros que ficam além do controle imediato da empresa, como ocorre no todo da cadeia de suprimentos. *O conceito de custo total é a compensação de todos os custos que estão em conflito mútuo de custos e que podem afetar o resultado de uma determinada decisão logística.*

Aplicação

Um dos maiores conglomerados do setor de produtos do mar construía uma gigantesca instalação de armazenagem em St. Louis. O fator principal na opção por aquele ponto fora justamente a sua localização, especialmente apropriada para minimizar os custos com o transporte. No entanto, um estudo paralelo que incluiu os efeitos da consolidação dos estoques sobre os custos do transporte mostrou que a melhor localização para o armazém seria mesmo em Chicago. Essa análise mais abrangente comprovou diferenças de custos tão acentuadas que a companhia vendeu o armazém pretendido, já parcialmente construído, e transferiu a estocagem para Chicago.

Distribuição Diferenciada

Nem todos os produtos devem ter o mesmo nível em matéria de serviços aos clientes. Esse é um princípio fundamental do planejamento logístico. Exigências diferenciadas de serviços aos clientes, características diferenciadas de produtos e níveis diferenciados de vendas entre os múltiplos itens que uma empresa normal distribui indicam a conveniência da adoção de estratégias múltiplas de distribuição para a linha de produtos. Muitos gerentes têm feito uso desse princípio quando classificam seus produtos em um número limitado de grupos, como alto, médio e baixo volume de vendas, aplicando então um nível diferenciado de estoque a cada um deles. Em menor extensão, o princípio é igualmente aplicável à locação dos estoques. Quando uma empresa armazena todos os produtos em todas as suas instalações de estocagem, pode estar fazendo isso para simplificar a administração, mas o fato é que essa é uma estratégia que não leva em conta as diferenças inerentes entre produtos e seus custos, o que, por sua vez, conduz a custos de distribuição mais altos do que os necessários.

Uma estratégia melhorada deveria, em primeiro lugar, diferenciar os produtos que exigem transporte pós-armazenagem daqueles que é preciso despachar diretamente aos clientes a partir de fábricas, vendedores ou outros pontos de origem. Porque a estrutura de tarifas de transporte induz os embarques em volumes proporcionais a veículos lotados, os produtos deveriam ser divididos primeiramente de acordo com o tamanho do embarque. Os clientes que fazem pedidos em quantidades de alto volume deveriam ser atendidos diretamente, ficando o atendimento de todos os demais para ser feito a partir de armazéns.

Do volume restante das vendas, os produtos deveriam ser diferenciados por localização. Ou seja, os itens de alto giro deveriam ser postos nos armazéns de campo situados nos pontos mais remotos do canal de distribuição. Itens de médio volume deveriam ser postos em um número menor de localizações regionais. Os itens de baixo giro deveriam ser postos apenas em pontos de estocagem centralizados, como as fábricas. Como resultado, cada ponto de estoque poderia conter um *mix* diferenciado de produtos.

Aplicação

Uma pequena empresa do setor químico produz antioxidantes para a prevenção da corrosão em metais. Todos eles eram manufaturados numa fábrica única. Um estudo da rede de distribuição recomendou a adoção de padrões ligeiramente diferentes daqueles utilizados ao longo da história da empresa. Ou seja, todas as remessas do tipo carga completa deveriam ser feitas diretamente da fábrica aos clientes. Todos os pedidos dos grandes clientes, aqueles responsáveis por 10% do volume de vendas da empresa, também deveriam ser enviados diretamente aos compradores. O restante da linha de produção, com seus embarques de pequeno porte, seria remetido a partir de dois armazéns estrategicamente localizados, e também da própria fábrica. Essa estratégia diferenciada acabou representando para a empresa um enxugamento de 20% dos seus custos de distribuição, preservando, ao mesmo tempo, o bom nível da logística de serviços ao clientes.

A distribuição diferenciada é aplicável quando se levam em conta outros fatores além do volume. Ou seja, é possível estabelecer canais separados de distribuição para pedidos de clientes regulares e também para pedidos pendentes. O primeiro deles se destinaria ao atendimento de pedidos a partir de armazéns. Ocorrendo porém a situação de estoque inexistente, entraria em vigor um sistema de suporte da distribuição capacitado a satisfazer os pedidos a partir de pontos secundários de estocagem, utilizando-se então de transporte *premium* para superar a desvantagem representada pela maior distância até os pontos de distribuição. Da mesma forma, é possível oferecer inúmeros outros exemplos de situações em que canais múltiplos de distribuição significam custos gerais menores que os de um canal único de distribuição.

Estratégia Mista

O conceito da estratégia mista é semelhante ao da distribuição diferenciada, e assim definido: *Uma estratégia mista de distribuição terá custos mais baixos que os da estratégia pura, exclusiva.* Embora estratégias unificadas possam tirar proveito de economias de escala e da administração descomplicada, ficam em desvantagem quando a linha de produção tem variações significativas em termos de cubagem, peso, tamanho dos pedidos, volume de vendas e exigências dos serviços aos clientes. Uma estratégia mista permite o estabelecimento de uma estratégia ótima para grupos diferenciados de produtos. Isso em geral representa custos menores em relação aos de uma estratégica global exclusiva, que precisa ser unificada ao longo de todas as linhas de mercadorias.

Aplicação

Um varejista de medicamentos e de produtos diversos viu-se forçado a expandir seu sistema de distribuição a fim de dar conta do rápido aumento das vendas gerado por um programa de aquisições de novas lojas. Uma configuração de seis armazéns gerais foi usada para abastecer cerca de mil estabelecimentos ao longo dos Estados Unidos. A estratégia da empresa era utilizar-se apenas de armazéns e caminhões próprios a fim de proporcionar altos índices de serviços às lojas. Planos de expansão logo determinaram a necessidade de construir uma nova instalação que custaria US$ 7 milhões. Esse armazém deveria complementar uma instalação sobrecarregada que servia a vários mercados primários na área metropolitana de Pittsburgh, e reduzir os custos mediante a utilização de equipamentos e procedimentos de última geração para manuseio e armazenagem das mercadorias. A gerência já estava convencida de que esta era a estratégia a ser seguida, tendo dado inclusive partida ao processo de seleção de uma área capaz de abrigar a nova construção.

A essa altura, foi realizado um estudo de planejamento de rede. Seus resultados mostraram que, embora o armazém existente de Pittsburgh tivesse realmente uma operação antieconômica, as economias a serem geradas pelo novo armazém jamais chegariam a justificar o investimento de US$ 7 milhões. Um estudo realmente esclarecedor, como se vê, mas que não chegava a resolver a necessidade mais premente da empresa, que continuava a ser o espaço adicional de armazenagem.

Foi então sugerida ao vice-presidente de distribuição uma estratégia mista (ver a Figura 2-7). O uso de espaço público (alugado) de armazenagem, em conjunto com a capacidade privada da empresa nessa área, poderia significar custos menores que a continuação do uso exclusivo de espaço próprio. Com isso a empresa teve condições de remover os produtos de alta cubagem para um armazém alugado nas proximidades, instalar novos equipamentos e recuperar espaço que ficou reservado para as previsíveis necessidades do futuro próximo. Os custos chegaram a US$ 200.000 em matéria de novo equipamento e de cerca de US$ 100.000 com o aumento das despesas anuais para o abastecimento das lojas da rede a partir dessas duas instalações. Desta forma, a empresa habilitou-se a deixar de gastar os sete milhões de dólares que já havia dado como indispensáveis se pretendesse manter uma estratégia de distribuição pura, exclusiva.

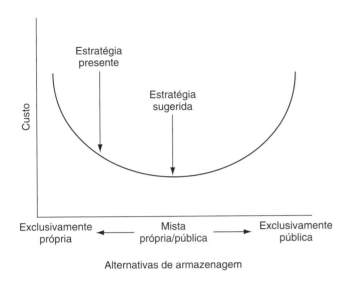

FIGURA 2-7 Uma curva de custo total para estratégias simples e mistas de armazenagem.

Adiamento*

O princípio do adiamento pode ser estabelecido da seguinte forma: *O tempo da remessa e a localização do processamento do produto acabado na distribuição deveriam ser adiados até que os pedidos do cliente fossem recebidos.*[12] A idéia que sustenta este princípio é a de evitar que se remetam mercadorias antes da confirmação da ocorrência da demanda (adiamento) e de evitar que o produto acabado tenha sua forma elaborada antes de ser confirmada pelo comprador (adiamento de forma).

Exemplos

- A JCPenney põe regularmente em prática o adiamento em suas operações de vendas por catálogo mediante o suprimento de pedidos procedentes de um número relativamente baixo de pontos de estocagem.
- A Dell Computer, fabricante de computadores pessoais sob encomenda, pratica o adiamento de formatação ao configurar sistemas de microcomputadores de acordo com os as variações dos pedidos dos clientes sobre modelos disponíveis.
- As lojas de varejo de tinta da Sherwin-Williams criam uma infinita variedade de cores para os clientes mediante a mistura de pigmentos com algumas cores básicas, em vez de estocar todas as cores já prontas (adiamento de forma).
- Centros de serviços de siderúrgicas transformam formas e tamanhos padronizados de aço em produtos personalizados de acordo com as necessidades dos clientes (adiamento).
- O adiamento foi usado pela Hewlett-Packard como um elemento crítico no projeto de sua linha DeskJet Plus – a relação entre o desenho e a eventual personalização, distribuição e entrega do produto a múltiplos segmentos do mercado.[13]
- A SW, produtora de *software* gráfico, desenvolveu a linha de produtos em sua sede nos EUA. A fim de economizar em custos de transporte e estocagem, enviou à Europa cópias masterizadas para reprodução e personalização finais de acordo com as preferências desse mercado.[14]

Em termos práticos, vejamos de que maneira a StarKist Foods remodelou a sua estratégia de distribuição utilizando o princípio do adiamento.

Aplicação

A StarKist Foods, enlatadora de produtos de atum, mudou sua estratégia de distribuição a fim de aproveitar o princípio do adiamento para reduzir os níveis de seus estoques. Historicamente, a companhia embalava peixes em sua unidade industrial da Califórnia tanto com a marca da empresa quanto para outras marcas. Os produtos acabados eram enviados para armazéns centrais nos quais permaneciam em estoque. No momento do enlatamento, devia-se decidir a proporção do pescado disponível destinada a cada um dos produtos finais, por ser insuficiente a capacidade de armazenar peixe como matéria-prima. Não havia diferença de qualidade no produto final, qualquer que fosse seu rótulo.

A empresa criou uma operação avançada de rotulagem na Costa Leste para servir aos mercados dessa região. O peixe era embarcado em latas sem rótulos chamadas de "*brights*" para o armazém da Costa Leste. De acordo com a variação da demanda do produto acaba-

---

* N. de R. T.: Em inglês, *postponement*. Alguns tradutores preferem usar o termo postergação, embora essa palavra tenha conotação negativa, o que não é caso de *postponement*.

[12] Walter Zinn and Donald J. Bowersox, "Planning Physical Distribution with the Principle of Postponement", *Journal of Business Logistics*, Vol. 9, nº 2 (1988), págs. 117-136.

[13] Hau Lee, Corey Billington, and Brent Carter, "Hewlett-Packard Gains Control of Inventory and Service Through Design for Localization", *Interfaces*, vol.23, nº 4 (July/August 1993), págs. 1-11.

[14] Remko I. van Hoek, Harry R. Commandeur, and Bart Vos, "Reconfiguring Logistics Systems Through Postponement Strategies", *Planning for Virtual Response, Proceedings of the Twenty-Fifth Annual Transportation and Logistics Educators Conference* (Orlando, FL: The Transportation and Logistics Research Fund, 1996), págs. 53-81.

do, as "*brights*" eram devidamente rotuladas e embarcadas para os clientes. Reduziram-se assim os estoques com a eliminação dos custos associados ao excesso ou escassez de uma determinada marca.

Zinn e Bowersox classificam cinco tipos de adiamento e fazem sugestões quanto às empresas que poderiam interessar-se pela aplicação do princípio. O adiamento de forma pode ter quatro modalidades: rotulagem, embalagem, montagem e produção; o quinto tipo é o adiamento temporal. Essas sugestões são resumidas na Tabela 2-2. O adiamento é favorecido quando as características a seguir se fazem presentes.

CARACTERÍSTICAS TECNOLÓGICAS E DE PROCESSAMENTO
- Viável para desacoplar operações primárias e de adiamento
- Complexidade limitada de personalização
- Desenho de produto modular
- Abastecimento a partir de múltiplas fontes

CARACTERÍSTICAS DO PRODUTO
- Alta simplicidade dos módulos
- Formulação específica de produtos
- Periféricos específicos
- Alta densidade de valor dos produtos
- Aumentos de cubagem e/ou peso do produto mediante a personalização

CARACTERÍSTICAS DE MERCADO
- Ciclos curtos de vida do produto
- Altas flutuações de vendas
- Prazos de entrega curtos e confiáveis
- Preços competitivos
- Mercados e clientes variados[15]

Consolidação

Criar grandes embarques a partir de vários de menor porte (consolidação) é uma força econômica poderosa no planejamento estratégico. É o resultado das sólidas economias de escala que estão presentes na estrutura custo-frete. Os gerentes podem fazer uso deste conceito para melhorar a estratégia. Por exemplo, os pedidos de clientes que chegam a um armazém poderiam ser combinados com pedidos que chegam posteriormente. Isso aumentaria o volume médio do embarque, resultando na redução da média dos custos unitários dos embarques. A potencial redução da satisfação do

---

[15] Ibidem.

TABELA 2-2 Tipos de empresas potencialmente interessadas na utilização do princípio do adiamento

Tipo de adiamento	*Empresas potencialmente interessadas*
Rotulagem[a]	Empresas que vendem um produto com várias marcas
	Empresas com produtos de alto valor unitário
	Empresas com alto índice de flutuação de valor de produtos
Embalagem[a]	Empresas que vendem produtos com embalagens de tamanhos diversificados
	Empresas com produtos de alto valor unitário
	Empresas com altos índices de variação das vendas
Montagem[a]	Empresas que vendem produtos com várias versões
	Empresas que vendem um produto cuja cubagem pode ser altamente reduzida quando embarcado desmontado
	Empresas com produtos de alto valor unitário
	Empresas com altos índices de variação das vendas
Produção[a]	Empresas que vendem produtos com alta proporção de materiais com farta disponibilidade
	Empresas com produtos de alto valor unitário
	Empresas com altos índices de variação das vendas
Tempo[b]	Empresas com produtos de alto valor unitário
	Empresas com grande número de armazéns de distribuição
	Empresas com altos índices de variação das vendas

[a] Um tipo de adiamento de forma.

[b] Adiamento temporal.

Fonte: Adaptado a partir de Walter Zinn and Donald J. Bowersox, "Planning Physical Distribution with the Principle of Postponement", *Journal of Business Logistics*, Vol. 9, Nº 2 (1988), pág. 133.

cliente derivada da demora de entrega precisa ser compensada com o custo-benefício da consolidação dos pedidos.

Aplicação

Determinada empresa tinha um armazém central na área de Rochester, Nova York, para abastecer várias redes de lojas de departamentos na Costa Leste dos Estados Unidos. As mercadorias eram itens variados comprados em pequenas quantidades de milhares de vendedores. Para reduzir os custos do transporte de entrega, a empresa criou terminais de consolidação nas maiores regiões vendedoras. Os vendedores passaram a ser instruídos a embarcar as quantidades compradas no terminal de consolidação. Quando havia a acumulação de quantidades compatíveis, caminhões da própria empresa levavam a mercadoria desse terminal de consolidação para o seu armazém central. Com isso se evitava a necessidade de despachar pequenas quantidades de longas distâncias para o armazém central, o que significaria tarifas pesadas demais para o transporte unitário.

De maneira geral, o conceito da consolidação será mais bem utilizado na formulação da estratégia no caso de serem pequenas as quantidades embarcadas. Ou seja, *quanto menor o embarque, tanto maiores os benefícios da consolidação.*

Padronização

A variedade cobra seu preço no canal logístico. A proliferação da variedade de produtos pode aumentar os estoques e reduzir o tamanho dos embarques. O simples acréscimo à linha de produtos de um item parecido com outro existente pode aumentar os níveis de estoques combinados de ambos os itens em 40%, ou mais, mesmo não havendo aumento na demanda total. A pergunta-chave na formulação da estratégia passa então a ser: como apresentar ao mercado a variedade que os clientes desejam sem aumentar drasticamente os custos logísticos? A utilização dos conceitos de padronização e adiamento em combinação é muitas vezes a solução deste problema.

Cria-se a padronização na produção com as partes intercambiáveis, a modularização dos produtos e a rotulagem de produtos iguais sob marcas diferentes. Isso controla efetivamente a variedade das peças, suprimentos e materiais que precisam ser manobrados no canal de suprimentos. As desvantagens em variedade de produtos são contrabalançadas no canal de distribuição pelo uso do adiamento. Por exemplo, fabricantes de automóveis criam uma infinita variedade de modelos sem

aumentar os estoques renovando ou alternando opções nos pontos de vendas e, ainda, criando múltiplas marcas a partir de componentes básicos iguais. Os fabricantes de roupas não procuram estocar os tamanhos exatos que muitos clientes exigem, optando por alterar o tamanho-padrão de acordo com as imposições do mercado.

ESCOLHENDO A MELHOR ESTRATÉGIA DE CANAL[16]

A escolha do desenho adequado de canal tem grande impacto sobre a eficiência e eficácia da cadeia de suprimentos. Fundamentalmente, duas são as estratégias mais significativas – *fornecimento sob estoque* e *fornecimento sob pedido*. São esses os pontos finais numa mescla de estratégias alternativas combinadas a fim de se adaptar a uma variedade de características dos produtos e da demanda.

A estratégia de fornecimento sob estoque tem como característica principal a configuração do canal de suprimentos visando ao máximo de *eficiência*. Ou seja, os estoques são processados para conseguir, com o máximo de economia, operação rentável de produtos, compras em alta quantidade, o processamento de lotes de pedidos e o transporte de grande vulto. Estoques de segurança são mantidos a fim de garantir o máximo de disponibilidade. A demanda é normalmente suprida a partir de estoques, que podem ser mantidos no nível mínimo mediante cuidadosos controles. Em comparação, a estratégia de fornecimento sob pedido configura o canal de suprimentos visando a um máximo de *responsividade*. O canal tem, por isso, como características principais capacidade máxima, substituição instantânea, prazos de entrega mínimos, processamento flexível, transporte de primeira ordem e processamento individual dos pedidos. Estratégias de adiamento são utilizadas para retardar a criação de variações de produtos pelo maior tempo e máximo alcance possíveis no canal de suprimentos. Os custos derivados da responsividade são compensados pela minimização dos estoques dos produtos acabados. Um resumo das diferenças entre essas duas abordagens é o que proporciona a Figura 2-8.

A previsibilidade da demanda e a margem de lucro dos produtos são os principais determinantes da escolha da cadeia de suprimentos. Com produtos que têm um padrão estável de demanda e são por isso razoavelmente previsíveis, é razoavelmente fácil planejar o respectivo suprimento. Muitos produtos cujo padrão de deman-

---

[16] Inspirado em Marshall L. Fisher, "What Is The Right Supply Chain for Your Product?", *Harvard Business Review*, Vol. 75, nº 2 (March/April 1997), págs. 105-116.

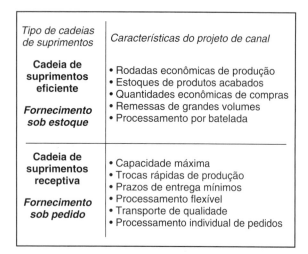

FIGURA 2-8 Características das cadeias de suprimentos sob estoques e suprimentos sob pedidos.

da é estável têm igualmente uma característica madura em que a concorrência é feroz e as margens de lucro são muito baixas. Essas características levam o responsável pela logística a desenhar um canal de suprimentos que tenha os menores custos possíveis, mas ainda assim seja capaz de suprir as metas relativas aos serviços aos clientes. Exemplos de produtos que tendem a figurar na categoria de previsíveis são mostrados na Tabela 2-3.

Por outro lado, produtos altamente imprevisíveis muitas vezes podem representar margens de lucros bem maiores que as dos previsíveis. Os exemplos estão na Tabela 2-3. São aqueles produtos inovadores, com características inéditas e que incorporam novas tecnologias; por tudo isso, significam maior retorno. Praticamente não existe base histórica para estimar seus níveis de vendas. Mesmo alguns produtos disponíveis nas linhas tradicionais durante muitos anos apresentam demanda altamente variável, ou sujeita a flutuações. Itens de pequeno volume são exemplos típicos disso. A menos que os produtos sejam de baixo valor, será inevitá-vel o desincentivo à manutenção de estoques para o suprimento de uma demanda mais do que instável. A melhor estratégia é reagir rapidamente à demanda assim que ela ocorrer, não a partir de estoques, mas de processos de produção ou de fornecedores. Aplicar a estratégia de fornecimento sob estoque à categoria dos produtos imprevisíveis tem como resultado estoques excessivos de produtos acabados para manter níveis adequados de disponibilidade, aumento do tempo do ciclo dos produtos derivado de produção ou de compras em lotes grandes, e remessas em ritmo mais lento decorrentes da consolidação das remessas. Um desenho responsivo evita o retardamento exagerado das remessas e/ou o acúmulo indevido de estoques pelo fato de suprir a demanda à medida que ela vai ocorrendo.

Quando da modelagem da estratégia mais apropriada, faz-se necessário categorizar corretamente os itens existentes de uma linha de produtos. Uma vez feito isso, eles devem ser comparados com seu desenho na cadeia de suprimentos, como é mostrado na Figura 2-9. Registrando-se algum desequilíbrio, duas são as opções que se apresentam. Na primeira, pode-se tentar alterar as características do produto. Para um produto imprevisível, melhor seria buscar um método aperfeiçoado de previsão, disso resultando a adequação de um desenho de fornecimento sob estoque. Na segunda, pode-se mudar o desenho do tipo da cadeia de suprimentos. Um desenho de fornecimento sob estoque usado para um produto imprevisível pode ser alterado para o de fornecimento sob pedido, ou responsivo. Já um produto caracterizado como previsível mas fornecido sob um desenho responsivo, pode ser alterado para o desenho eficiente. É, porém, muito difícil que um produto previsível possa ser transferido para a categoria de imprevisível.

Diretrizes gerais têm sido proporcionadas para escolher o adequado desenho da cadeia de suprimentos; ainda assim, alguns desencontros entre características de produtos e tipo de desenho podem ser tolerados. Há produtos que podem ter demanda altamente imprevisível mas cujo baixo valor e pequena margem sugerem

TABELA 2-3 Classificação de produtos

Produtos previsíveis/maduros	*Produtos imprevisíveis/lançamentos*
• Gelatinas	• Novos CDs
• Cereais	• Novos jogos de computador
• Fertilizantes de gramados	• Roupas de alta costura
• Canetas esferográficas	• Obras de arte
• Lâmpadas	• Filmes (cinema)
• Pneus	• Serviços de consultoria
• Determinados produtos químicos	• Lançamento de novas linhas de produtos tradicionais
• Sopas de tomate	

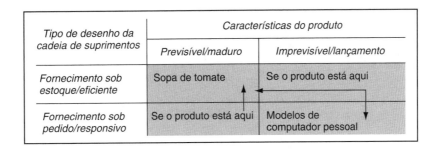

FIGURA 2-9 Ações para produtos classificados incorretamente.

que a manutenção de estoques adicionais, resultantes de previsão errada ou de prazos de entrega de reabastecimentos altamente variáveis, se justificam. Projeto responsivo que exija minucioso gerenciamento não representa garantia. Da mesma forma, produtos com demanda previsível não necessitam ser mudados de um desenho responsivo para outro eficiente quando não há benefício derivado de baixos custos de canal ou de elevado padrão de serviços aos clientes.

Veja-se como a Benetton, a conhecida marca italiana de roupas, também atuante no varejo, mais famosa por seus coloridos suéteres, introduziu uma estratégia de fornecimento sob pedidos em suas lojas num ambiente de varejo tradicionalmente de fornecimento sob estoque a fim de reduzir a obsolescência dos estoques e incrementar as vendas. As vendas de suéteres sempre foram imprevisíveis, mas, em decorrência dos demorados prazos de entrega dos fabricantes, os varejistas costumavam fazer a melhor das previsões possíveis em relação àquilo que seria sucesso de vendas e a partir daí tratavam de providenciar os estoques considerados necessários para corresponder a essa expectativa. O princípio do adiamento tem importante papel na estratégia suprimento/pedidos, de tal forma que a fiação e muitas vezes os próprios suéteres são produzidos num estado "cinzento", prontos para a transformação final na malha desejada e para serem tingidos na cor desejada.

Exemplo

A Benetton, fabricante italiana de roupas esporte, tem na malharia o seu foco. Localizada em Ponzano, Itália, produz e distribui anualmente 50 milhões de peças de roupas em escala mundial. Suas linhas de produtos incluem principalmente suéteres, calças e assemelhados.

A empresa descobriu que o meio mais rápido de fazer um sistema de distribuição funcionar é pela criação de um circuito eletrônico entre o agente de vendas, a fábrica e o armazém, como mostra a Figura 2-10. Se a gerente de vendas de uma das lojas da Benetton em Los Angeles constata, no começo do mês de outubro, o esgotamento iminente de um suéter vermelho de grande demanda, telefona a um dos 80 agentes de vendas, que imediatamente digita o pedido em seu computador pessoal, que o envia a um *mainframe* na Itália. Como esse suéter foi criado num sistema de desenho por computador, o *mainframe* tem todas as medidas disponíveis em código digital, facilmente repassável a uma máquina de tecelagem. A máquina faz os suéteres, que os empregados da fábrica colocam em caixas com rótulos de código de barras contendo o endereço da loja de Los Angeles, caixas essas que vão para o depósito central. Isso mesmo – um depósito central abastece cinco mil lojas da Benetton em 60 países. Isso custou US$ 30 milhões, mas é um centro de distribuição, comandado por apenas oito pessoas, que movimenta 230 mil peças de roupas por dia.

Uma vez que os suéteres vermelhos estão confortavelmente instalados em um dos 300 mil escaninhos no depósito central, um computador manda um robô em missão de busca. Lendo os códigos de barras, o robô encontra a embalagem correta, e quaisquer outras porventura destinadas àquela loja de Los Angeles, recolhe-as e as embarca num caminhão. Contando-se inclusive o tempo de manufatura, a Benetton pode entregar esse pedido em Los Angeles em quatro semanas. Isso sem contar que, se houver estoques dos citados suéteres vermelhos no armazém central, esse prazo será reduzido para apenas uma semana. Um desempenho notável para uma indústria do setor reconhecidamente lento das confecções, no qual dificilmente, até por essa lentidão, alguém chega a se preocupar com eventuais novos pedidos de itens já colocados no mercado. Tem mais: se a Benetton descobrir que não produziu cardigãs na cor preta ou blusões cor-de-rosa numa determinada estação, e que são esses os produtos que os compradores estão comprando e exigindo, conta com a agilidade e as condições ne-

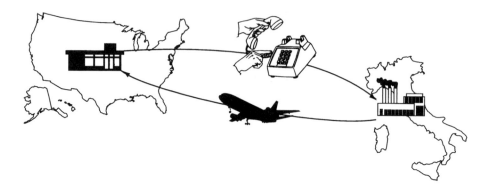

FIGURA 2-10 O canal de entrega da Benetton.

cessárias para produzir e colocar no mercado uma "coleção relâmpago" de grandes quantidades de cardigãs na cor preta e blusões cor-de-rosa em questão de poucas semanas.[17]

AVALIAÇÃO DO DESEMPENHO ESTRATÉGICO

Uma vez planejadas e implementadas as estratégias da cadeia de suprimentos, os gerentes evidentemente precisam avaliar se elas estão produzindo os resultados esperados. São três as mensurações mais úteis para a correta avaliação desse fator: fluxo de caixa, economia e retorno do investimento. Se todas elas forem positivas e substanciais, as estratégias evidentemente estão funcionando a contento. Essas mensurações financeiras constituem matéria de especial interesse para a alta gerência de qualquer grande empresa.

Fluxo de Caixa

O fluxo de caixa é o dinheiro que uma estratégia gera. Por exemplo, se a estratégia pretende diminuir o volume de estoques num canal de suprimentos, o dinheiro liberado do estoque manobrado como ativo é convertido em dinheiro vivo. E este pode ser então usado para pagar salários ou dividendos, ou, ainda, investido em outras áreas do empreendimento.

Economias

Economias são as mudanças em todos os custos relevantes relacionados com uma determinada estratégia. Essas economias contribuem para lucros periódicos do negócio. A estratégia capaz de mudar o número e localização dos depósitos numa rede logística terá efeito sobre os custos com transportes, manutenção, armazenagem e produção/compras. Uma boa estratégia de desenho de rede gera significativas economias anuais em custos (ou, opcionalmente, uma melhoria de serviços ao cliente que contribui para o aumento da receita). Essas economias são definidas como melhoria dos lucros na declaração de lucros e perdas de qualquer empresa.

Retorno sobre o Investimento

O retorno do investimento é a razão entre economias anuais decorrentes da estratégia e o investimento efetuado nessa mesma estratégia. Ele indica a eficiência da utilização do capital. Boas estratégias são as que apresentam um retorno maior ou igual ao retorno esperado dos projetos da companhia.

Aplicação

A empresa pretendia consolidar sua rede de armazéns, reduzindo-a de 19 para quatro. O sistema em uso estivera em crescimento constante em decorrência do agressivo programa de fusões da companhia, resultando em armazéns inadequados às necessidades determinadas pelo perfil geográfico modificado da organização. Além disso, a modernização proporcionava o transporte de cargas para maiores distâncias e em menor tempo. Como resultado de todas essas mudanças, poucos armazéns seriam suficientes para a manutenção de serviços com o nível preservado, mas a custos reduzidos.

---

[17] "How Managers Can Succeed Through SPEED", *Fortune*, February 13, 1989, págs. 54-59. © 1989 *The Time Inc. Magazine Company*. Todos os direitos reservados.

A análise da estratégia de quatro armazéns revelou uma substancial melhoria nas três medidas de desempenho. A administração foi informada formalmente de que o fluxo de caixa seria aumentado em US$ 59 milhões, principalmente em razão da redução dos estoques. Os lucros seriam aumentados, pois a redução dos custos de distribuição chegaria a US$ 20 milhões por ano. Por fim, como o novo projeto exigiria apenas um armazém novo e as despesas de mudança seriam baixas, o retorno projetado do investimento chegaria a 374 por cento. A cúpula da empresa endossou, logicamente, o projeto, e a estratégia foi implementada.

COMENTÁRIOS FINAIS

Este capítulo pretendeu moldar uma estrutura para o planejamento da rede logística. O plano começa com uma visão de para aonde a companhia como um todo pretende dirigir-se, e com um esboço de sua estratégia competitiva. Essa projeção é então convertida em planos específicos para as áreas funcionais da empresa, entre elas a da logística.

A estratégia logística normalmente se desenvolve em torno de três objetivos principais: redução de custos, redução de capital e melhoria dos serviços. Dependendo do tipo do problema abordado, as estratégias podem variar entre prazos longos e curtos. O planejamento normalmente gira em torno de quatro áreas fundamentais: serviços ao cliente, localização, estoques e transporte. A rede de ligações e nós serve como uma representação abstrata do problema do planejamento.

Foram dadas sugestões quanto à melhor maneira de considerar o planejamento. Desenvolveram-se vários princípios e conceitos normalmente muito úteis para a formulação de estratégias logísticas efetivas. Por fim, discutiram-se diretrizes para a escolha do desenho mais adequado da cadeia de suprimentos.

QUESTÕES

1. Você pretende lançar uma empresa fabricante de móveis (sofás, poltronas, mesas, e assemelhados). Desenvolva uma estratégia corporativa para concorrer nesse mercado. Qual a estratégia logística que você poderia desenvolver a partir daquela específica da sua corporação?

2. Você é o responsável pela distribuição de cerveja produzida em Taiwan nos países da União Européia. Sugira uma rede de distribuição capaz de preencher os três objetivos individuais da redução de custos, redução de capital e melhoria dos serviços. Compare cada um desses projetos e sugira qual seria o desenho mais equilibrado.

3. Esboce um diagrama de rede do sistema logístico apropriado para as seguintes empresas:
   a. Uma siderúrgica fornecedora de chapas de aço para montadoras de automóveis.
   b. Uma empresa petrolífera fornecedora de combustível de aquecimento para a região nordeste dos Estados Unidos.
   c. Uma empresa de alimentos distribuindo enlatados para um mercado interno.
   d. Uma empresa eletrônica japonesa distribuindo televisores na Europa.

4. Analise o problema de localizar um armazém da própria empresa que servirá como ponto regional de distribuição para a sua linha de eletrodomésticos.
   a. Descreva o processo de planejamento a ser seguido pelo profissional de logística para decidir a melhor localização do armazém.
   b. Quais são os fatores ambientais mais importantes no âmbito desta decisão?
   c. Quais deveriam ser os objetivos do projeto – minimização de custos, minimização do capital ou maximização dos serviços?
   d. Como deveria o profissional de logística agir na implementação do plano escolhido, e como deveria ser controlado o desempenho do plano, uma vez implementado?

5. Explique o significado do planejamento estratégico para um sistema logístico. Escolhendo companhias de sua preferência, discuta quais atividades deveriam ser incluídas, e por quê. Como distinguiria planejamento tático e operacional de planejamento estratégico?

6. Descreva tantas compensações de custos quanto um gerente de logística poderia encontrar no planejamento estratégico.

7. Descreva o princípio da distribuição diferenciada. Explique de que maneira ele é ilustrado nas seguintes situações:
   a. Os custos totais da distribuição são minimizados quando pedidos pendentes em estoques de armazéns centrais são atendidos a partir de estoques de fábrica. Transporte *premium* é utilizado para a remessa direta da fábrica aos clientes dos pedidos pendentes.
   b. Os tipos de produtos estocados em um armazém são agrupados de forma a disponibilizar níveis diferentes de estoque para cada um dos grupos.
   c. Todos os produtos são agrupados de acordo com um esquema de classificação ABC, no qual os itens A

têm altos volumes de venda, os itens B são de venda média e os itens C, venda reduzida. Os itens A são estocados nos armazéns locais, os itens B ficam nos armazéns regionais e os itens C ficam na própria fábrica.

8. Savemore Grocery Company é uma rede de 150 supermercados. As lojas são abastecidas por um ponto central de distribuição. A companhia utiliza apenas caminhões próprios para fazer essas entregas. De que maneira isso poderia representar uma violação do princípio da estratégia mista?

9. Explique de que maneira as situações a seguir ilustram o princípio do adiamento.
   a. Creme dental embarcado a granel para armazéns próximos aos mercados em que as vendas efetivamente realizadas na área determinam o tamanho da embalagem do produto final.
   b. Um fabricante de tintas embarca *brights*, ou produtos sem rótulos, para os seus armazéns. O equipamento de rotulagem existente nesses armazéns é que dá ao produto sua marca final.

10. Descreva a maneira pela qual os fabricantes de automóveis praticam rotineiramente a padronização em seus canais de distribuição.

11. Quais são os fatos econômicos básicos do princípio da consolidação? À medida que os embarques se tornam menores, qual a razão do aumento da eficácia da aplicação deste princípio? Descreva uma situação em que a consolidação apresenta substanciais vantagens econômicas.

12. Um fabricante de pilhas faz a remessa de produtos não rotulados de suas instalações para um armazém, juntamente com os rótulos e as caixas de papelão. À medida que se desenvolve a chegada de pedidos para produtos individuais ou de marca, o armazém vai colocando os rótulos correspondentes, embalando-os de acordo com estes. Que conceito está o fabricante das pilhas aplicando, e que vantagens poderá obter com essa prática?

13. O gerente de tráfego da Monarch Electric Company acaba de receber uma proposta de redução de tarifas de uma empresa de transporte para o embarque de motores fracionários* em direção ao armazém central da companhia. A proposta tem uma taxa de US$ 3,00 por cwt./libras-peso desde que cada embarque tenha um mínimo de 40 mil libras-peso. No momento, embarques de 20 mil libras ou mais são transportados à tarifa de US$ 5,00/cwt. Se o embarque ficar abaixo de 20 mil libras/peso, aplica-se uma tarifa de US$ 9,00 por cwt.

A fim de ajudar o gerente de tráfego a tomar uma decisão, foi-lhe apresentado o seguinte rol de informações adicionais:

Demanda anual no armazém central	5.000 motores por ano
Pedidos de reposição no armazém	43 pedidos por ano
Peso de cada motor, embalado	175 libras-peso por motor
Custo padrão do motor no armazém	200 dólares por motor
Custos de manutenção a cada pedido de reposição	15 dólares por pedido
Custos de movimentação do estoque como percentagem do valor médio do estoque disponível/ano	25% por ano
Custo de manutenção no armazém	0,30 dólar por cwt
Espaço de armazenagem	ilimitado

A empresa deveria implementar a nova tarifa?

14. Quais as diferenças entre os desenhos de cadeia de suprimentos sob estoque e sob pedido? Quando é mais apropriada a utilização de cada um deles?

15. Defina como previsíveis ou imprevisíveis – e justifique sua opinião –as vendas dos produtos a seguir:
   a. Coca-Cola
   b. O CD de lançamento de um novo artista
   c. Lâmpadas de cabeceira
   d. Bicicletas personalizadas

Discuta sobre quais deveriam ser as características do canal de suprimentos de cada um desses produtos em termos de processos de produção, serviços de transporte, níveis de estoque, processamento de pedidos e responsividade dos fornecedores.

16. Quais são as diferenças, se é que existem, entre gerenciamento logístico e gerenciamento da cadeia de suprimentos?

17. Você planeja iniciar uma empresa de vendas, pela *internet*, de roupas para homens e mulheres, em tamanhos e preços médios. Lojas locais dessas roupas, seus principais concorrentes, apresentam uma seleção limitada de tamanhos para esse mercado, e não têm agilidade na obtenção de itens que não façam normalmente parte de seus estoques. Alguns clientes gostam da oportunidade de provar as roupas e de ouvir conselhos dos vendedores, mas ficam quase sempre frustrados com a limitação das opções. Você sente que pode contar com uma vantagem de preço em função do reduzido pessoal para tocar o negócio (esses funcionários seriam apenas de recepto-

---

* N. de R. T.: Motores fracionários – com potências menores do que 1 HP.

res e despachantes de pedidos, e seu armazém/loja fica num ponto da cidade em que os aluguéis são baratos).

Qual a estratégia a ser formulada para permitir que você concorra efetivamente com os varejistas locais?

18. A Storck é uma produtora alemã de confeitos, tendo como marcas mais conhecidas Werther's, Riesen e Golden Best. Toda a produção é feita na Europa; na verdade, a Storck é a maior consumidora de açúcar na Europa. A Storck USA importa seus produtos nos EUA via um porto da Costa Leste e os distribui a pontos de varejo e atacado tais como a Wal-Mart, CVS Pharmacy, McLane, Target, Tri-Cor Distributors e Winn-Dixie. As vendas nos Estados Unidos atingem cerca de 100 milhões de dólares. A distribuição se dá normalmente por intermédio de alguns armazéns públicos e consórcios. A consolidação entre os varejistas e um reposicionamento de seus armazéns, mudanças nos níveis de demanda e a necessidade de corrigir alguma degradação de clientes a fim de proteger a participação no mercado levaram à reavaliação do sistema de distribuição nos Estados Unidos.

Avaliando estratégias logísticas comuns em condições de maximizar o retorno sobre ativos logísticos (RSAL), que desenho de sistema de distribuição você proporia a fim de atingir o objetivo?

PARTE

II

OBJETIVOS DO SERVIÇO AO CLIENTE

CAPÍTULO 3

O Produto da Cadeia de Suprimentos/Logística

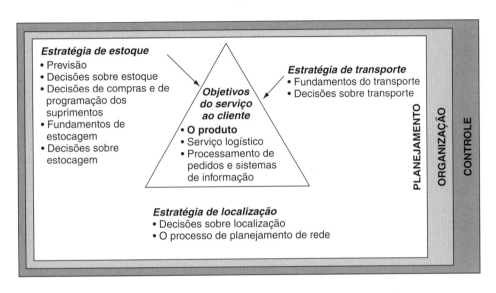

...a primeira regra para quem trabalha com culturas e costumes de outros povos é seguir seus ditames, seja qual for a função que estiver exercendo em terra estranha.

— GENERAL WILLIAM PAGONIS

O produto da cadeia de suprimentos/logística é um conjunto de características que o profissional de logística tem condições de adaptar aos seus objetivos. Na mesma proporção em que as características do produto forem sendo moldadas e readaptadas com a conseqüente melhoria de posicionamento no mercado, se estará então criando uma vantagem competitiva. Os clientes reagirão a isso dando preferência ao produto alvo de todas essas atenções.

O produto é o centro do foco no projeto do sistema logístico porque é ele o objeto do fluxo da cadeia de suprimentos, e, em sua forma econômica, o gerador das receitas da empresa. A formulação de bons projetos de sistemas logísticos depende do entendimento transparente deste elemento básico. É ele também a razão para que as dimensões básicas do projeto, representadas por suas características, embalagem e preço, sejam exploradas como um elemento do serviço ao cliente no projeto de sistemas logísticos.

NATUREZA DO PRODUTO LOGÍSTICO/CS

Na definição de Juran, um produto é o fruto, ou resultado, de qualquer atividade ou processo.[1] O produto é composto por uma parte física e outra intangível, que, juntas, completam a oferta total de produtos de uma empresa. A parte física da oferta de produtos é composta de características como peso, volume e forma, além de aspectos de desempenho e durabilidade. A parte intangível da oferta de produtos tanto pode ser o suporte pós-

---

[1] Joseph M. Juran, *Juran on Leadership for Quality* (New York: The Free Press, 1989).

74 PARTE II • OBJETIVOS DO SERVIÇO AO CLIENTE

vendas, a reputação da empresa, a comunicação destinada a proporcionar informação correta e atualizada (por exemplo, rastreamento de uma encomenda), quanto a flexibilidade na adaptação às necessidades individuais dos clientes, ou mesmo a disposição de reconhecer e retificar erros.[2] A oferta total de produtos de qualquer empresa será um misto tanto de características físicas quanto de serviços.

Classificando Produtos

Dependendo de quem vier a usar o produto, o projeto do sistema logístico deverá refletir os diferentes padrões de utilização. Classificações amplas de produtos são valiosas para sugerir estratégia logística e, em muitos casos, para entender por que os produtos são fornecidos e distribuídos em determinadas modalidades e maneiras. Uma classificação tradicional é aquela que divide produtos e serviços em produtos de consumo e produtos industriais.

Produtos de Consumo

Os produtos de consumo são aqueles dirigidos especificamente aos usuários finais. Os especialistas em *marketing* há muito tempo entenderam as diferenças básicas no comportamento dos clientes que os levam a optar entre diferentes bens e serviços, e também entre os locais que os vendem. Assim chegaram, os especialistas, a uma classificação dos produtos em três ramos principais: produtos de conveniência, produtos de concorrência e especialidades.

Produtos de conveniência são os bens e serviços adquiridos rotineiramente, com freqüência e sem grandes comparações. Típicos desse ramo são os serviços bancários, cigarros e charutos e inúmeros produtos alimentícios. Esses itens em geral dependem de uma ampla distribuição e de inúmeros pontos-de-venda. Os custos de distribuição são quase sempre altos, e acabam se justificando pelo potencial de vendas que uma distribuição cada vez mais ampla e de maior alcance proporciona. Os níveis de serviço ao cliente, definidos em termos de disponibilidade e acessibilidade dos produtos, precisam ser consideráveis a fim de funcionar como incentivo a um índice razoável de preferência entre os clientes.

Exemplo

A PepsiCo e a Coca-Cola reconhecem que seus refrigerantes são produtos de conveniência. Por isso, um canal de distribuição lógico é o das máquinas automáticas instaladas em qualquer ponto de razoável aglomeração de pessoas.

Como resultado, os telefones públicos também são localizados mediante critérios de saturação e conveniência, quase da mesma forma que passaram a ser instaladas as torres dos telefones celulares, que vão paulatinamente causando a obsolescência dos tradicionais "orelhões".

Produtos de concorrência são aqueles cujos consumidores/clientes se dispõem a pesquisar e comparar antes de optar, pesquisando os locais em que estão disponíveis, comparando preços, qualidade e desempenho, e assim concretizando a compra somente depois de uma cuidadosa deliberação. Produtos típicos dessa categoria são as roupas de alta costura, automóveis, móveis residenciais e planos/atendimento de saúde. Exatamente em função da disposição do cliente a fazer tais comparações, o número de pontos de estocagem é consideravelmente menor que os de bens e serviços de conveniência. Um fornecedor individual pode estocar mercadorias ou oferecer tais serviços apenas em pontos fixos de uma determinada área de mercado. Os custos de distribuição para esses fornecedores são um pouco mais baixos que os do setor de produtos de conveniência, e a distribuição também não precisa ser tão ampla.

Exemplo

Os serviços médicos especializados de alto nível concentram-se em um número relativamente reduzido de hospitais universitários, clínicas e hospitais privados, em razão dos elevados custos das instalações, equipamentos e pessoal altamente especializado. Como os clientes seguidamente insistem no melhor atendimento possível, eles se dispõem a pesquisar e a viajar para tais locais, muitas vezes deixando de lado provedores de serviços de saúde instalados nas suas vizinhanças.

Produtos de especialidade são aqueles pelos quais os clientes se dispõem a fazer sacrifícios e inclusive a esperar o tempo que for necessário pela respectiva compra. Exemplos nesta área vão desde raridades culinárias raros até automóveis sob encomenda, ou serviços como consultoria especial de gestão. Como os compradores insistem acima de tudo com as marcas, a distribuição é centralizada e os níveis de serviço não precisam ser tão exigentes quanto aqueles dominantes entre os produtos de conveniência e/ou concorrência. Os custos da distribuição física podem ser os menores entre todas as cate-

---

[2] Tommy Carlsson e Anders Ljundberg, "Measuring Service and Quality in the Order Process", *Proceedings of the Council of Logistics Management* (San Diego; Council of Logistics Management, 1995).

gorias de produtos. Por causa disso, há empresas que se lançam a criar preferência por suas linhas de produto a partir das respectivas marcas.

Exemplo

Existem músicos profissionais dispostos a fazer até o impossível a fim de encontrar o melhor equipamento e assim dar o melhor de si pela arte. Por exemplo, clarinetistas dependem da palheta, um pequeno pedaço de bambu que, encaixada na boquilha, é posta em vibração pelo sopro e assim produz o som do instrumento. Este pedaço de bambu seco pode fazer a diferença entre o sucesso ou o fracasso de um instrumentista – esta, pelo menos, é a opinião reinante no meio. Existe uma determinada marca de palheta que é um verdadeiro sonho para inúmeros instrumentistas, feita no sul da França e distribuída com exclusividade por uma empresa nos Estados Unidos. O dono desta conta, entre outros, o caso de um clarinetista de renome que, cada vez que seu estoque dessa preciosa peça está terminando, não vacila em pegar o carro e fazer a viagem de mais de 700 quilômetros até a loja para se reabastecer daquela palheta.

Produtos Industriais

Produtos e serviços industriais são aqueles dirigidos para indivíduos ou organizações que deles fazem uso na elaboração de outros bens ou serviços. É uma classificação muito diferente da de produtos de consumo. Como são os vendedores que normalmente procuram os compradores, não seria aqui relevante uma classificação baseada em padrões de compra, ou escolha.

Tradicionalmente, os produtos e serviços industriais são classificados de acordo com a intensidade de sua entrada no processo de produção. Por exemplo, existem produtos que fazem parte do produto final, como matérias-primas e componentes; há aqueles usados no processo de fabricação, como instalações e equipamentos; e temos igualmente os artigos que não entram diretamente no processo, como serviços de negócio e suprimentos. Embora seja esta uma classificação valiosa na elaboração de uma estratégia de vendas, ainda não está inteiramente definido se ela é ou não útil no planejamento da estratégia de distribuição física. Compradores industriais não costumam manifestar preferências por níveis diferentes de serviços nas variadas espécies de produtos. Isto significa simplesmente que as tradicionais classificações para produtos industriais podem não ter, na identificação dos canais típicos de logística, a mesma utilidade que têm na classificação de produtos de consumo.

O Ciclo de Vida dos Produtos

Outro conceito tradicional conhecido dos operadores dos mercados é o do ciclo de vida dos produtos. Estes não geram seu volume maior de vendas imediatamente após o lançamento, nem tampouco mantêm indefinidamente um volume de pico de vendas. É característico que os produtos sigam um padrão de volume de vendas com o passar do tempo, que pode ser dividido em quatro estágios: lançamento, crescimento, maturação e declínio (ver a Figura 3-1). A estratégia de distribuição física é diferente em cada um desses estágios.

O estágio do lançamento ocorre imediatamente após a introdução de um novo produto no mercado. As vendas não estão em nível elevado porque a aceitação do produto ainda não é generalizada. A estratégia típica de distribuição física é cautelosa, com os estoques restritos a um número relativamente pequeno de locais. A disponibilidade do produto é limitada.

Exemplo

Logo que resolveu desenvolver o jogo de tabuleiro Pictionary, de solução de enigmas, seu inventor, um jovem universitário, não tinha qualquer sistema estabelecido de produção ou distribuição. Conseguiu então um empréstimo de US$ 35 mil (junto aos seus pais) e com isso lançou uma edição limitada do jogo. Para distribuir o Pictionary nesta fase de lançamento, contratou adolescentes para que ficassem jogando em praças e outros locais de concentração de pessoas, passando a vender o jogo ali mesmo, a quem quer que se mostrasse interessado.

Se o produto é bem aceito pelo mercado, as vendas tendem a crescer rapidamente. O planejamento da distribuição física é extremamente complicado nesta etapa. É comum não se dispor de um histórico de vendas pelo qual orientar o melhor nível de estocagem em determinados pontos, muito menos o número de locais de estocagem a serem utilizados. A distribuição fica freqüentemente na dependência da opinião e sob controle da administração neste estágio de expansão. Contudo, a disponibilidade do produto vai também aumentando rapidamente numa ampla área geográfica para corresponder ao crescente interesse do cliente pelos produtos.

Exemplo

Um executivo da empresa distribuidora do jogo Trivial Pursuit comprou um exemplar do Pictionary e incentivou sua filha e as amigas dela a se divertir com o novo jogo. Fascinado pela reação positiva das jovens

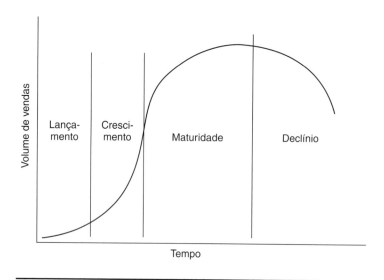

FIGURA 3-1 Curva generalizada do ciclo de vida do produto.

ao lançamento, saiu a campo e comprou os direitos de produção e venda do produto. Foi uma sábia decisão, uma vez que o Trivial Pursuit havia ingressado no estágio declinante de seu ciclo de vida. O Pictionary passou então a ser distribuído através dos canais já estabelecidos para o Trivial Pursuit. Quanto ao Pictionary, em seu estágio de crescimento, teve um rápido aumento de vendas, tornando-se inclusive o *best-seller* dos jogos de tabuleiro do seu tempo.

O estágio do crescimento pode ser muitas vezes bem rápido, seguido por um período mais prolongado, chamado da maturação. O aumento das vendas é lento, ou estabilizado num nível de pico. O volume da produção não está mais sujeito a mudanças rápidas, e, assim, pode ser acomodado, quase sempre, aos padrões de distribuição dos produtos existentes. A essa altura, o produto tem sua distribuição mais ampla. Muitos pontos de estocagem são utilizados com bom controle sobre a disponibilidade do produto ao longo do mercado.

Exemplo

A Coca-Cola original, elaborada por um farmacêutico antes da virada do século XIX para o século XX, vem se mantendo na fase de maturidade do seu ciclo de vida por mais tempo que qualquer outro produto. A distribuição é mundial, ampliando-se inclusive por países normalmente não adeptos do livre mercado.

Um dia o volume de vendas diminui para a maioria dos produtos como resultado de avanços tecnológicos, da concorrência ou do esgotamento do interesse dos clientes. A fim de manter uma distribuição eficiente, surge a necessidade do ajustamento dos padrões de movimentação do produto e alocação de estoques. O número de pontos de estocagem provavelmente terá uma redução, com o número de locais de estocagem tornando-se menor, porém mais centralizados.

Exemplos

O circo Barnum and Bailey sempre se apresentava simultaneamente em muitas cidades dos EUA. Com a mudança ocorrida nos padrões de interesse e o surgimento de alternativas competitivas de lazer, a demanda pelo circo entrou em queda. No estágio de declínio do seu ciclo de vida, o circo agora atua apenas em alguns dos maiores centros populacionais a cada ano, a fim de atrair platéias suficientemente numerosas para cobrir seus custos.

O toca-discos, outrora o principal *hardware* em sistemas de som para a audição de música gravada, há um bom tempo perdeu lugar para o CD *player*. O mercado de toca-discos está hoje reduzido a colecionadores e audiófilos.

O fenômeno do ciclo de vida do produto tem influência sobre a estratégia de distribuição. O profissional em logística precisa estar constantemente a par do estágio do ciclo de vida dos produtos a fim de poder adaptar os padrões da distribuição a cada estágio em busca da eficiência máxima. O fenômeno do ciclo de vida nos produtos permite que esse especialista anteveja necessidades de distribuição e planeje adequadamente semelhantes circunstâncias. Como normalmente os diversos produtos de uma empresa se encontram em estágios diferentes dos respectivos ciclos de vida, o ciclo de vida do produto serve como base para a curva 80-20.

A CURVA 80-20

O problema logístico de qualquer empresa é a soma dos problemas de cada um dos seus produtos. A linha de artigos de uma empresa típica é composta por produtos variados em diferentes estágios de seus respectivos ciclos de vida, e com diferentes graus de sucesso em matéria de vendas. A qualquer momento no tempo, isto cria um fenômeno de produto conhecido como a curva 80-20, um conceito especialmente valioso em termos de planejamento logístico.

O conceito 80-20 é formalizado depois da observação de padrões de produtos em muitas empresas, a partir do fato de que a parte maior das vendas é gerada por um conjunto de relativamente poucos produtos das respectivas linhas e a partir do princípio conhecido como a lei de Pareto.[3] Raramente se observa uma proporção

[3] A curva 80-20 foi observada pela primeira vez por Vilfredo Pareto em 1897 durante um estudo da distribuição da renda e da riqueza na Itália. Ele chegou à conclusão de que uma grande percentagem da renda total estava concentrada nas mãos de uma pequena percentagem da população, na proporção de quase 80% a 20%, respectivamente. O conceito encontrou generalizada aplicação nos negócios.

exata 80-20, mas a desproporção entre as vendas e o número de produtos é geralmente verdadeira.

Em termos de ilustração do conceito, pense em 14 produtos de uma pequena empresa química. Esses produtos estão ordenados de acordo com seu volume de venda, como mostra a Tabela 3-1. Uma percentagem cumulativa das vendas totais em dólares e do número total de itens é computada. Essas percentagens são então plotadas, como na Figura 3-2, que exibe a característica curva 80-20. Contudo, neste caso em especial, cerca de 35% dos itens respondem por 80% das vendas.

O conceito 80-20 é especialmente útil no planejamento da distribuição quando os produtos são agrupados ou classificados de acordo com suas atividades de venda. Os 20% mais bem classificados podem ser chamados de itens A, os 30% seguintes, de itens B, e os restantes, de itens C. Cada categoria de itens deveria ter uma distribuição diferenciada. Por exemplo, os itens A receberiam ampla distribuição geográfica por intermédio de muitos armazéns com altos níveis de estoques disponíveis, enquanto os itens C poderiam ser distribuídos a partir de um único ponto central de estocagem (por exemplo, uma fábrica) com níveis de estocagem total menores que os itens A . Os itens B teriam uma estratégia intermediária de distribuição, com a utilização de poucos armazéns regionais.

Outra utilização freqüente do conceito 80-20 e da classificação ABC é a que serve para agrupar os produ-

TABELA 3-1 Classificação ABC de 14 produtos de uma empresa química

Número do produto	Classificação por vendas[a]	Vendas mensais (000s)	Percentagem cumulativa das vendas totais[b]	Percentagem cumulativa do total de itens[c]	Classificação ABC
D-204	1	$5.056	36,2%	7,1%	A
D-212	2	3.424	60,7	14,3	
D-185-0	3	1.052	68,3	21,4	B
D-191	4	893	74,6	28,6	
D-192	5	843	80,7	35,7	
D-193	6	727	85,7	42,9	
D-179-0	7	451	89,1	50,0	
D-195	8	412	91,9	57,1	C
D-196	9	214	93,6	64,3	
D-186-0	10	205	95,1	71,4	
D-198-0	11	188	96,4	78,6	
D-199	12	172	97,6	85,7	
D-200	13	170	98,7	92,9	
D-205	14	159	100,0	100,0	
		$13.966			

[a] Classificação de acordo com o volume de vendas.

[b] Soma dos itens vendidos (÷) vendas totais, p.ex. (5.056 + 3.424) ÷ 13.966 = 0,607.

[c] Classificação dos itens (÷) número total de itens, p. ex. 6 ÷ 14 = 0,429.

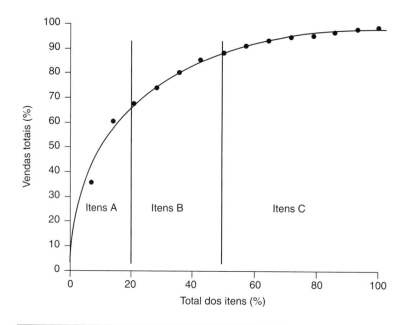

FIGURA 3-2 A curva 80-20 com uma classificação ABC de produtos arbitrária.
Fonte: Dados da companhia química representada na Tabela 3-1.

tos num armazém, ou outro ponto de estocagem, de acordo com um número limitado de categorias e sendo gerenciados com diferentes níveis de disponibilidade de estoque. As classificações dos produtos são arbitrárias. O ponto principal é que nem todos os itens de produtos deveriam merecer tratamento logístico igual. O conceito 80-20, com sua classificação de produtos, proporciona um esquema, baseado na atividade de vendas, para determinar quais produtos receberão os variados níveis de tratamento logístico.

Com finalidades estatísticas, vale a pena descrever a curva 80-20 matematicamente. Embora possa se tornar necessário usar várias equações matemáticas, sugere-se a relação a seguir.[4]

---

[4] Paul S. Bender, "Mathematical Modeling of the 20/80 Rule: Theory and Practice", *Journal of Business Logistics*, Vol. 2, nº 2 (1981), págs. 139-157.

Pretendendo-se estabelecer a relação sobre dados de itens reais de venda, a constante A pode ser encontrada pela utilização do método da adequação da curva pelos mínimos quadrados. Isto exige que se resolva a seguinte expressão:

$$Y = \frac{(1+A)X}{A+X}$$

em que Y_i e X_i são pares individuais de dados no tamanho total da amostragem de N. O valor de A é então determinado mediante sucessivas aproximações. Fazer um pequeno programa de computador para fazer todas essas tarefas de computação é algo que funciona bem. Ao aplicar-se essa técnica aos dados na Tabela 3-1, o valor de A foi calculado como sendo 0,143.

$$Y = \frac{(1+A)X}{A+X} \qquad (3\text{-}1)$$

onde

Y = fração cumulativa das vendas
X = fração cumulativa dos itens
A = uma constante a ser determinada

A constante A pode ser encontrada pela manipulação da Equação (3-1) para dar

$$A = \frac{X(1-Y)}{(Y-X)} \qquad (3\text{-}2)$$

em que a relação entre Y e X é conhecida. Por exemplo, se 25% dos itens representam 70% das vendas, então, a partir da Equação (3-2) temos

$$A = \frac{0,25(1-0,70)}{0,70-0,25} = 0,1667$$

A Equação (3-1) pode ser usada para determinar a relação entre as várias percentagens de itens e vendas.

Exemplo

Veja o quanto a regra dos 80-20 é útil na estimativa de níveis de estoques. Suponha que um determinado armazém venha a conter 11 dos 14 itens mostrados na Tabela

3-1. Espera-se que a relação geral seja a mesma, isto é, $X = 0,21$ e $Y = 0,68$, ou 21% dos itens gerando 68% das vendas. A solução da Equação (3-2) resulta em $A = 0,143$. Uma política diferente de estoques é instituída para diferentes grupos de produtos. A taxa de giro (ou seja, vendas anuais/estoque médio) para os itens A é de 7 por 1, de 5 por 1 para os itens B, e para os itens C, 3 por 1. Se as vendas anuais por meio desse armazém estão estimadas em US$ 25 mil, quanto investimento em estocagem no armazém pode ser previsto?

Os itens estocados no armazém são mostrados na Tabela 3-2. São os mesmos da Tabela 3-1, com exceção dos itens 5, 8 e 9, selecionados para não serem incluídos. Os itens restantes são classificados de acordo com seu nível relativos de vendas, maiores ou menores. A proporção cumulativa de itens é determinada por $1/N$ para o primeiro item, $2(1/N)$ para o segundo, $3(1/N)$ para o terceiro, e assim sucessivamente. A constante (A) é determinada pela Equação (3-2), ou $A = [0,21(1 - 0,68)] [0,68 - 0,21] = 0,143$. A proporção cumulativa de vendas é encontrada aplicando-se a Equação (3-1), usando $A = 0,143$. As vendas para o primeiro item deveriam ser

$$Y = \frac{(1 + 0,143)(0,0909)}{(0,143 + 0,0909)} = 0,4442$$

que é a fração das vendas totais do armazém representada pelo primeiro item, ou seja, $(0,442 \times \$ 25.000) = \$ 11.105$. O procedimento é repetido para cada item da lista. A projeção de vendas de itens é a diferença entre as vendas cumulativas dos sucessivos itens.

O valor médio do estoque é então encontrado dividindo-se as vendas projetadas de itens pelo seu índice projetado de giro. A soma dos valores do estoque do item dá US$ 4.401, o que representa o investimento esperado no estoque do armazém.

CARACTERÍSTICAS DO PRODUTO

As características de um produto que mais influem sobre a estratégia logística são os seus atributos naturais – peso, volume, valor, perecibilidade, inflamabilidade, e substituibilidade. Quando observadas em combinações variadas, essas características são um indicativo da necessidade de armazenagem, estocagem, transporte, manuseio do material e processamento dos pedidos. São atributos que se consegue discutir melhor em quatro categorias: quociente peso-volume, quociente valor-peso, substituibilidade e características de risco.

TABELA 3-2 Estimativa de investimento no estoque armazenado usando a curva 80-20

Produto			Número de itens	Proporção cumulativa de itens (X)	Vendas cumulativas (Y)	Vendas projetadas de itens	Índice de giro	Estoque médio
D-204	↕	A	1	0,0909[a]	$11.105	$11.105	7	
D-212			2	0,1818	15.994	4.889	7	
					$15.994			$2.285[c]
D-185-0	↑		3	0,2727	18.745	2.751[b]	5	
D-192		B	4	0,3636	20.509	1.764	5	
D-193			5	0,4545	21.736	1.227	5	
D-179-0	↓		6	0,5454	22.639	903	5	
					$6.645			$1.329
D-195	↑		7	0,6363	23.332	693	3	
D-198-0			8	0,7272	23.879	547	3	
D-199		C	9	0,8181	24.323	444	3	
D-200			10	0,9090	24.691	368	3	
D-205	↓		11	1,0000	25.000	309	3	
					$2.361			$787
					$25.000			$4.401

[a] $1/N = 1/11 = 0,0909$.

[b] $18.745 - 15.994 = 2.751$.

[c] $\$15.994/7 = \$2.285$.

[d] $[(1 + 0,143)(0,3636)/(0,143 + 0,3636)] \times [25.000] = \$20.509$.

Quociente Peso-Volume

O quociente peso-volume do produto é uma mensuração especialmente significativa, à medida que os custos de transporte e armazenagem estão a ele diretamente relacionados. Produtos que são densos, isto é, que têm alto quociente peso-volume (por exemplo, aço laminado, materiais de impressão e alimentos enlatados), mostram uma boa utilização do equipamento de transporte e instalações de armazenagem, com ambos os custos tendendo a ser baixos. Contudo, para produtos de baixa densidade (por exemplo, bolas de praia infladas, barcos, batatas fritas e abajures), o volume de capacidade do equipamento de transporte é totalmente utilizado antes que se atinja o limite de peso transportável. Da mesma forma, os custos de manuseio e de espaço, baseados no peso, tendem a ser elevados em relação ao preço de venda dos produtos.

O efeito dos variáveis quocientes peso-volume sobre os custos logísticos são mostrados na Figura 3-3. À medida que a densidade do produto aumenta, tanto os custos de armazenagem quanto os de transporte diminuem como percentual do preço de venda. Embora o preço possa vir a ser igualmente reduzido em função dos menores custos de armazenagem e transporte, estes representam apenas dois dentre os muitos fatores de custo que influem na formação do preço de venda. Por isso, os custos logísticos totais podem reduzir-se mais rapidamente que os preços.

Exemplos

A J. C. Penney despacha itens de seu catálogo de mobiliário desmontados a fim de reduzir o volume do produto embarcado e também os custos com o transporte; trata-se, porém, de uma prática que transfere a responsabilidade da montagem para o cliente.

Um fabricante de estantes de aço despacha esses itens desmontados para um ponto avançado de montagem no canal de distribuição, no qual se faz a solda das peças na moldura, para que o volume só venha a ser montado tão próximo quanto possível do mercado. Neste caso igualmente os custos do transporte conseguem ser diminuídos pelo uso desta modalidade de controle do quociente peso-volume.

Quociente Valor-Peso

O valor financeiro da movimentação e armazenagem do produto é importante em relação aos custos de armazenagem, pois esses custos são especialmente sensíveis a tal valor. Quando o valor do produto é expressado como um quociente para o peso, emergem algumas óbvias transações de custos que são úteis no planejamento do sistema logístico. A Figura 3-4 mostra essa transação.

Produtos com baixos quocientes valor-peso (por exemplo, carvão, minério de ferro, bauxita e areia) têm também custos baixos de armazenagem, mas custos elevados de movimentação em termos de percentagem dos seus preços de venda. Os custos de movimentação de estoque são computados como uma fração do valor do produto. Baixo valor do produto significa baixo custo de armazenagem, uma vez que o custo de movimentação de estoque é o fator dominante dos custos de armazenagem. Os custos do transporte, no entanto, são diretamente relacionados ao peso. Quando o valor do pro-

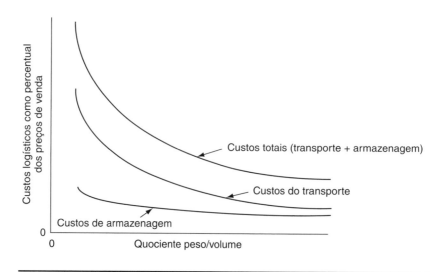

FIGURA 3-3 Efeito geral da densidade do produto sobre os custos logísticos.

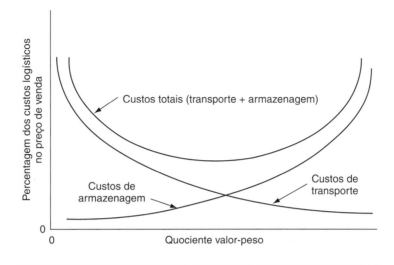

FIGURA 3-4 Efeito geral da densidade valor/produto dos custos logísticos.

duto é baixo, os custos de transporte representam alta proporção do preço de venda.

Produtos com alto quociente valor-peso (por exemplo, equipamentos eletrônicos, jóias e instrumentos musicais) mostram um padrão oposto, com custo alto de armazenagem e menor custo de transporte. Isso tem como resultado uma curva total dos custos logísticos em formato de U. Assim, empresas que trabalham com produtos de baixo quociente valor-peso freqüentemente tratam de negociar tarifas mais favoráveis de transporte (em geral, matérias-primas têm tarifas mais baixas de transporte que produtos acabados, em cargas de peso igual). Se o produto tem um alto quociente valor-peso, minimizar o estoque disponível é uma reação comum. Claro que algumas empresas procuram reequilibrar um quociente desfavorável valor-peso alterando os processos de contabilidade para alterar os valores ou mudando as exigências de embalagem para alterar o peso.

Substituibilidade

Sempre que os clientes de uma empresa vêem pouca ou nenhuma diferença entre os produtos por ela oferecidos e os de provedores concorrentes, diz-se que os produtos são altamente substituíveis. Ou seja, o cliente muito facilmente se disporá a comprar uma marca secundária quando não houver disponibilidade imediata daquela que é a sua primeira escolha. Produtos alimentícios e remédios caracterizam-se pela elevada substituibilidade. Pode-se esperar, então, que os fornecedores invistam pesadamente nos esforços para convencer os clientes de que produtos como tabletes de aspirina ou sabões em pó não são todos iguais. Os gerentes de distribuição estarão sempre trabalhando para manter a disponibilidade em nível tal que os clientes não cheguem sequer a pensar em uma substituição.

O profissional de logística não tem, em grande parte, controle sobre a substituibilidade de um produto, mas apesar de tudo deve sempre planejar sua distribuição com altos graus de substituibilidade. A substituibilidade pode ser vista em termos de perda de vendas para o fornecedor. Em altos índices, ela normalmente significa maior possibilidade de que o cliente venha a optar por um produto concorrente, o que acarreta prejuízos para o fornecedor. O profissional de logística normalmente enfrenta a questão da perda de vendas lançando mão de opções de transporte e/ou de armazenagem. Para entender graficamente a questão, veja a Figura 3-5.

A Figura 3-5(a) demonstra que a melhoria do transporte pode ser usado para reduzir as perdas em vendas. Para um determinado nível de estoque médio, o fornecedor consegue aumentar a rapidez e confiabilidade das entregas do produto e reduzir a incidência de perdas e danos. O produto se torna mais acessível ao cliente e poucas substituições pelo cliente tendem a ocorrer. Naturalmente, o aumento de custos acarretado pelo incremento do transporte é uma compensação com o custo das perdas de vendas. A Figura 3-5(b) mostra o mesmo tipo de compensação de custos, exceto a disponibilidade de estoque para o ciente, controlada por meio do nível de estoque, com a opção transporte permanecendo constante.

Em qualquer caso, o profissional de logística encontra-se em posição privilegiada para controlar o impacto da substituibilidade dos produtos sobre os lucros da empresa.

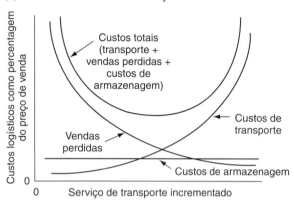

(a) Determinando o nível de serviço ao cliente

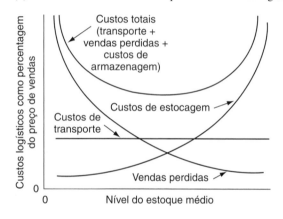

(b) Determinando o nível de estoque em um sistema logístico

FIGURA 3-5 Efeito geral do serviço de transporte e estoque médio sobre os custos logísticos de um produto com um determinado grau de substituibilidade.

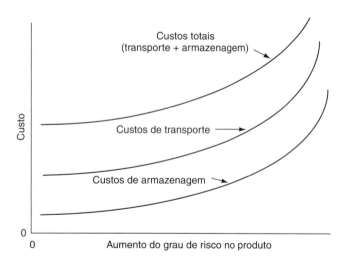

FIGURA 3-6 Efeitos gerais do risco do produto sobre os custos logísticos.

Características de Risco

As características de risco do produto são, entre outras, perecibilidade, inflamabilidade, valor, tendência a explodir e facilidade de ser roubado. Quando qualquer produto mostra alto risco em um ou mais desses itens, é natural que se imponham determinadas restrições sobre o sistema de distribuição. Os custos de transporte e os de armazenagem tornam-se logicamente mais altos tanto em termos financeiros absolutos quanto como percentagem do preço de venda, como mostra a Figura 3-6.

Tomem-se produtos como canetas, relógios ou cigarros, que apresentam alto risco de roubo. Cuidados especiais devem ser adotados no seu manuseio e transporte. No interior dos depósitos, áreas especiais cercadas e cadeadas precisam ser criadas para cuidar esses produtos e similares. Produtos altamente perecíveis (por exemplo, frutas frescas e sangue) precisam de estocagem e transporte refrigerados, e produtos capazes de contaminar alimentos perecíveis, como pneus de automóveis, não podem ser armazenados perto daqueles nos depósitos. Em transporte, armazenagem ou embalagem, tratamento especial representa aumento dos custos de distribuição.

EMBALAGEM DOS PRODUTOS

A maioria dos produtos – tendo entre as exceções itens como matérias-primas a granel, automóveis e artigos de mobiliário – é distribuída com algum tipo de embalagem. São várias as razões pelas quais se incorre na despesa com a embalagem. A motivação pode ser a de:

- Facilitar a armazenagem e manuseio
- Promover melhor utilização do equipamento de transporte
- Dar proteção ao produto
- Promover a venda do produto
- Alterar a densidade do produto
- Facilitar o uso do produto
- Proporcionar ao cliente valor de reutilização[5]

Nem todos esses objetivos são alcançáveis por meio do gerenciamento logístico. Contudo, a mudança da densidade do produto e a embalagem protetora são preocupações desta área. A necessidade de alterar a

---

[5] Adaptado de Theodore N. Beckman e William R. Davidson, *Marketing*, 8ª ed. (New York: Ronald Press, 1967), pág. 444.

densidade do produto para atingir custos logísticos mais favoráveis já foi aqui discutida (retorne à Figura 3-3).

A embalagem protetora é uma dimensão especialmente importante do produto para o planejamento logístico. Em muitos aspectos, a embalagem precisa ser o foco do planejamento, ficando o produto propriamente dito em segundo plano. É a embalagem que tem forma, volume e peso. Nem sempre o produto tem as mesmas características. A questão é que quando tiramos um televisor de sua caixa de papelão e o substituímos por equipamento de teste de choque, como se faz frequentemente para testar os danos durante um manuseio descuidado, o profissional de logística não irá tratar esse despacho de maneira diferente, pressupondo que ele não saiba da mudança. A embalagem dá um elenco revisado de características ao produto.

A embalagem protetora é uma despesa adicional compensada por tarifas de transporte e armazenagem mais baixas, bem como menos e menores reclamações quanto a danos reembolsáveis. O profissional de logística traz esses custos ao contexto ao trabalhar em estreito contato com as vendas e engenharia para alcançar os objetivos gerais quanto ao aspecto da embalagem para despacho.

Considerações logísticas em projeto de embalagem podem contribuir para que o *marketing* atinja seus objetivos. O controle da densidade pode ser decisivo para o sucesso de um produto.

Exemplo

A Johnson & Johnson identificou um significativo mercado entre as mulheres para um produto destinado a enfrentar a incontinência urinária. Usando a tecnologia desenvolvida para as fraldas descartáveis, o grupo criou Serenity, um produto em forma de barquinho, parecido com um copo, em caixas de 12 ou 24 unidades. Quando o pessoal do *marketing* fez a revisão final, constatou que o volume um tanto exagerado poderia representar um obstáculo para as vendas. O produto teria de disputar espaço nas gôndolas de lojas e supermercados, causando quase que certamente freqüente desabastecimento, o que resultaria numa limitação de sua visão pelos clientes. A equipe de logística foi quem encontrou a resposta: *mudar a densidade do produto*. Dobrando o produto em metades e comprimindo-o numa embalagem de bolso, a embalagem foi reduzida a menos de metade das dimensões originais. Isso serviu não apenas para eliminar a preocupação com o espaço nas gôndolas, mas, igualmente, para reduzir os custos com estocagem, transporte e embalagem.

PRECIFICAÇÃO DO PRODUTO

Tanto quanto a qualidade e o serviço, para o cliente, o preço simboliza o produto. Embora o profissional de logística não seja diretamente responsável pela política de preços, ele tem plenas condições de influir sobre as decisões de precificação. Isso porque o preço do produto quase sempre tem relação com a geografia e porque os incentivos em preços normalmente dependem das estruturas de tarifas de transporte.

A precificação é um complexo processo de decisão que envolve teoria econômica, teoria de comportamento do comprador e teoria da concorrência, entre outros elementos. A discussão aqui se limita aos métodos de precificação que são geograficamente relacionados aos acordos de incentivos de preços derivados de custos logísticos.

Métodos de Precificação Geográfica

Para a maioria dos fornecedores, os clientes não se concentram em uma única localização; pelo contrário, normalmente estão dispersos por extensas áreas. Isso significa que o custo total da distribuição entre eles varia de acordo com a localização. A precificação é então algo simples? Nada disso! O número de clientes das empresas pode ser de centenas de milhares. Administrar preços diferentes torna-se então uma tarefa não apenas difícil mas também dispendiosa. A escolha de um método de precificação vai depender em parte da necessidade de equilibrar o detalhe na estrutura dos preços com os custos de seu gerenciamento. Existe um número limitado de categorias que definem a maior parte dos métodos de precificação geográfica. São elas FOB, por zona, única ou uniforme, equalização de frete e ponto-base.

Precificação FOB

A fim de entender a precificação geográfica, o melhor é começar com o estudo das opções FOB. Em termos de dicionário, FOB é "*free on board*", ou livre de despesas de transporte. Num sentido prático, esta política denota simplesmente o local em que esse preço vale. *FOB fábrica* significa que o preço é cotado no local da fábrica. *FOB destino* significa preço cotado na sede do cliente ou na área em que se situa. Também implica que o cliente toma posse dos bens no ponto designado. Existem várias outras alternativas de precificação FOB. FOB fábrica e FOB destino são tão-somente as duas mais utilizadas.

O *preço FOB fábrica* é um preço único estabelecido na localização da fábrica (origem do despacho). Os clientes tomam posse dos bens nesse ponto e se responsabilizam pelo seu transporte a partir dali. Como questão prática, os clientes podem preferir que os fornecedores tomem todas as providências referentes ao embarque simplesmente por terem melhores condições e estarem mais acostumados a tanto, ou, ainda, consigam custos mais baixos de transporte fazendo o embarque simultâneo dos pedidos de vários clientes. Estes pagam, assim, um custo real.

Exemplo

Os automóveis tem seu preço estabelecido a partir da fábrica ou ponto de entrada no país, quando importados, com uma variação que dependerá da distância desses pontos até a sede do cliente (revendedor autorizado).

O *preço FOB destino*, ou *FOB na entrega,* é aquele praticado na sede ou área do cliente. De acordo com esta política, os custos de transportes estão inclusos no preço. Espera-se que o fornecedor se responsabilize por todos os detalhes do despacho. Esta política reconhece que o fornecedor é quem consegue condições mais econômicas de transporte, ou que o cliente não tem a disposição ou capacidade de providenciá-lo. Pode haver um ganho líquido em custo de transporte para o comprador se este não dispuser de um volume de embarque suficiente para conseguir tarifas de transporte mais baixas que aquelas obtidas pelo fornecedor.

Exemplo

O Burger King precifica seus lanches para o cliente no ponto de venda do varejista. Todos os custos de transporte necessários à aquisição dos insumos já estão incluídos nesse preço.

São inúmeras as combinações de precificação FOB fábrica e destino possíveis, dependendo da maneira pela qual os preços dos fretes são pagos. Várias dessas combinações são ilustradas na Figura 3-7.

Precificação por Zona

Para empresas que negociam com milhares de clientes, o estabelecimento de preços diferentes para cada um deles não é necessariamente a política mais inteligente a ser posta em prática. Os fornecedores de produtos finais muitas vezes não conseguem sustentar individualmente a complexidade administrativa dos preços. Além disso, os preços no seu conjunto podem precisar ser levemente mais altos para sustentar o custo da complexa estrutura administrativa.

A precificação por zona reduz a complexidade administrativa justamente pelo estabelecimento de um pre-

ço único numa ampla área geográfica. Qualquer número de áreas pode ser definido, dependendo do grau de diferenciação geográfica pretendido pela empresa para os seus preços. Por exemplo, a Ball Corporation, fabricante de equipamentos para enlatados domésticos, criou 89 zonas de precificação geográfica nos EUA.

A fim de ilustrar a precificação geográfica numa escala menos grandiosa, examine a política da Colonial Originals[6], fabricante de móveis coloniais em *kits* e conjuntos completos, vendidos por catálogo e pela Internet. A empresa tem sede em Boston, Massachusetts. Os móveis são precificados em Boston e acrescidos da taxa de embarque. Não deixa de ser uma forma de FOB fábrica, com o fornecedor providenciando o transporte. A variação está em que o país é dividido em oito zonas a partir das designações do código de endereçamento postal (CEP) a fim de alcançar *gradações* nos custos de transporte. Os preços reais de uma mesa estilo colonial pesando 30 libras e custando US$ 129,95 na fábrica podem ser calculados a partir da Tabela 3-3. Essa tabela fornece as tarifas de transporte para cada zona, por peso, para entrega (transporte terrestre) pela United Parcel Service. O cliente tem uma alternativa. A UPS não tem zona 1. Usando a tabela, os preços reais da mesa colonial para cada zona do país podem ser calculados (Figura 3-8).

Precificação Única ou Uniforme

O máximo de simplificação em matéria de preços seria a possibilidade de um preço único para todos os clientes, independentemente de sua localização. Trata-se de um método de precificação já utilizado para itens de reembolso postal, remessas postais e livros. Há clientes que gostam de comprar artigos cujo preço é o mesmo em todos os pontos do país. É, no entanto, uma política que mascara as diferenças em custos de distribuição para diferentes clientes. São custos que precisam ser divididos proporcionalmente.

Precificação por Equalização de Fretes

As questões práticas da concorrência acabam influindo na precificação. Quando existem duas empresas com a mesma eficiência em produção e venda, daí resultando o custo igual dos respectivos produtos postos na fábrica, a precificação competitiva se transforma em questão atinente aos custos do transporte. Não sendo os mercados eqüidistantes das duas fábricas, a empresa mais distante do mercado pode se dispor a absorver uma percentagem dos custos do frete suficiente para enfrentar o preço da concorrente. Esta é a política da *equalização de*

---

[6] Uma marca fictícia.

1. Condições de venda: FOB na origem, frete a cobrar

2. Condições de venda: FOB na origem, frete pré-pago

3. Condições de venda: FOB na origem, frete pré-pago e reembolsado

4. Condições de venda: FOB no destino, frete a cobrar

5. Condições de venda: FOB na origem, frete pré-pago (na entrega)

6. Condições de venda: FOB no destino, frete a cobrar mediante autorização

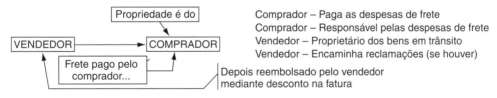

FIGURA 3-7 A variedade das modalidades de precificação FOB.
Fonte: Edward J. Marien, "Making Sense of Freight Terms of Sale", *Transportation & Distribution* (September 1996), págs. 84-86.

tarifas que dá como resultado uma diferença no lucro líquido para a empresa que a coloca em prática. Custos de transporte e também de produção ao longo de vários pontos de produção são divididos proporcionalmente.

Precificação por Ponto-Base

Como ocorre com a equalização dos fretes, os motivos que levam à precificação por ponto-base dizem respeito à competitividade. Essa modalidade estabelece alguns pontos além daquele do despacho do produto a partir de onde o preço é computado. O preço é computado como se o produto fosse despachado a partir desse ponto-base. Se o local escolhido for o mesmo de um grande concorrente, os preços provavelmente serão pressionados a igualar-se aos do concorrente em cada um dos locais de presença deste. Este novo local para a computação do

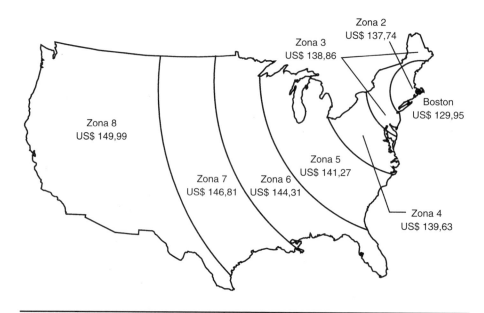

FIGURA 3-8 Preço por zona de uma mesa estilo colonial despachada de Boston.
Fonte: Tabela 3-3 e a Tabela de Preços FOB Boston.

preço é chamado de *ponto-base*. As empresas podem fazer uso de pontos-base múltiplos, ou de apenas um.

As indústrias do aço e cimento foram pioneiras no uso do método da precificação por ponto-base. É algo compreensível porque a precificação pelo ponto-base é atraente quando 1) o produto tem alto custo de transporte em relação ao seu valor total, 2) é escassa a preferência dos clientes quanto ao fornecedor do produto, e 3) são relativamente poucos os fornecedores e qualquer redução de preço leva a uma retaliação pelas empresas rivais. Da perspectiva do cliente, as indústrias ficam todas nos mesmos pontos. Como isto não é verdadeiro, o custo real do abastecimento de um determinado cliente é diferente para cada empresa. Então, como uma empresa poderia cobrar preços iguais?

Questões Legais

Toda vez que um método de precificação gera preços que não se coadunam com o custo de produzir, vender e distribuir determinada mercadoria, surgem preocupações legais. Para o profissional de logística, a menos que os custos reais de transporte estejam refletidos no produto para cada cliente, existe um determinado grau de discriminação. Métodos de precificação únicos, por zona, equalização e pontos-base são inerentemente discriminatórios.

Por exemplo, quando um preço único é cobrado em toda uma zona, os clientes mais próximos do ponto de partida de tais produtos absorvem uma parcela maior do que a que lhes caberia dos custos de transporte, ou então estão pagando por algum frete "fantasma". Já os clientes nos extremos da zona são subsidiados. A extensão dos subsídios depende do tamanho de cada zona.

Mesmo que alguns métodos de precificação geográfica venham a ser realmente discriminatórios, parte dessa discriminação pode acabar beneficiando os clientes, mesmo não sendo tais benefícios uniformes. A redução de custos relacionada com a administração de número menor de preços pode ser suficiente para contrabalançar as tarifas "fantasmas" cobradas dos clientes geograficamente menos privilegiados.

A Federal Trade Comission (Comissão Federal de Comércio) dos EUA tem contestado algumas políticas de precificação por entrega e políticas de absorção do custo dos fretes. Tais políticas não são necessariamente ilegais, desde que o vendedor se disponha a vender com base FOB a pedido do comprador; que o vendedor mantenha a uniformidade do preço em todos os pontos de entrega, como ocorre nos casos de política nacional de preço unificado; que o preço depois da absorção do frete seja maior do que o do concorrente, e que os compradores e/ou seus clientes não sejam concorrentes.

CAPÍTULO 3 • O PRODUTO DA CADEIA DE SUPRIMENTOS/LOGÍSTICA **87**

TABELA 3-3 Taxas de embarque por zona a partir de Boston (CEP 010) pelo serviço terrestre residencial da United Parcel Service (UPS)

Despesas de embarque – Para verificar as tarifas a pagar, localize primeiro no Mapa de zonas o número correspondente ao CEP do local de entrega. Para verificar o peso do despacho, localize no mapa de Tarifas aquelas correspondentes ao número da zona.

						Mapa das zonas			*Tarifas de transporte*						
Três dígitos iniciais do CEP	*Zona nº*	*Três dígitos iniciais do CEP*	*Zona nº*	*Três dígitos iniciais do CEP*	*Zona nº*	*Peso até*	*Zona 2*	*Zona 3*	*Zona 4*	*Zona 5*	*Zona 6*	*Zona 7*	*Zona 8*		
004-005	2	300-322	5	550-555	6	1 lb.	\$4,16	\$4,27	\$4,50	\$4,56	\$4,75	\$4,79	\$4,90		
010-041	2	323-325	6	556-559	5	2 lb.	4,23	4,43	4,77	4,88	5,17	5,27	5,53		
042-046	3	326	5	560-576	6	3 lb.	4,32	4,59	4,98	5,14	5,44	5,59	6,01		
047	4	327-339	6	577	7	4 lb.	4,44	4,74	5,19	5,41	5,71	5,85	6,33		
048-049	3	341-342	6	580-585	6	5 lb.	4,58	4,88	5,38	5,62	5,92	6,12	6,65		
050-079	2	344	5	586-593	7	6 lb.	4,73	5,01	5,53	5,83	6,13	6,39	6,92		
080-086	3	346-349	6	594-599	8	7 lb.	4,88	5,13	5,64	5,99	6,34	6,60	7,18		
087-128	2	350-353	5	600-634	5	8 lb.	5,02	5,26	5,75	6,10	6,50	6,86	7,61		
129-132	3	354	6	635	6	9 lb.	5,15	5,39	5,85	6,21	6,66	7,18	8,03		
133-135	2	355-362	5	636-639	5	10 lb.	5,29	5,50	5,96	6,37	6,88	7,61	8,51		
136	3	363-367	6	640-676	6	11 lb.	5,43	5,63	6,07	6,52	7,14	8,09	9,04		
137-139	2	368	5	677-679	7	12 lb.	5,57	5,77	6,17	6,68	7,41	8,57	9,63		
140-142	3	369	6	680-689	6	13 lb.	5,70	5,92	6,27	6,79	7,72	9,04	10,22		
143	4	370-374	5	690-693	7	14 lb.	5,81	6,07	6,37	6,90	8,10	9,52	10,79		
144-146	3	375	6	700-729	6	15 lb.	5,92	6,23	6,46	7,06	8,47	10,00	11,38		
147	4	376-379	5	730-736	7	16 lb.	6,01	6,40	6,62	7,27	8,85	10,47	11,97		
148-149	3	380-381	6	737	6	17 lb.	6,10	6,58	6,78	7,53	9,25	10,96	12,56		
150-165	4	382-385	5	738-739	7	18 lb.	6,19	6,77	6,99	7,85	9,64	11,43	13,13		
166-179	3	386-397	6	740-749	6	19 lb.	6,30	6,96	7,21	8,17	10,03	11,92	13,72		
180-181	2	399	5	750-754	7	20 lb.	6,42	7,15	7,42	8,49	10,42	12,34	14,31		
182	3	400-410	5	755-757	6	21 lb.	6,55	7,34	7,64	8,81	10,81	12,76	14,89		
183	2	411-412	4	758-797	7	22 lb.	6,68	7,53	7,86	9,13	11,22	13,18	15,47		
184-187	3	413-427	5	798-799	8	23 lb.	6,82	7,72	8,09	9,39	11,61	13,67	16,06		
188	2	430-449	4	800-812	7	24 lb.	6,96	7,91	8,31	9,66	12,00	14,14	16,64		
189-199	3	450-454	5	813-815	8	25 lb.	7,10	8,07	8,54	9,93	12,39	14,63	17,23		
200-205	4	455-458	4	816-820	7	26 lb.	7,24	8,24	8,75	10,19	12,78	15,05	17,76		
206-208	3	459-479	5	821	8	27 lb.	7,37	8,39	8,99	10,46	13,17	15,47	18,29		
209	4	480-489	4	822-828	7	28 lb.	7,51	8,56,	9,23	10,74	13,58	15,90	18,88		
210-214	3	490-491	5	829-874	8	29 lb.	7,65	8,72	9,46	11,03	13,97	16,38	19,46		
215	4	492	4	875-877	7	30 lb.	7,79	8,91	9,68	11,32	14,36	16,86	20,04		
216-219	3	493-499	5	878-880	8	40 lb.	9,07	10,71	11,97	14,23	18,09	21,64	25,72		
220-241	4	500-505	6	881	7	50 lb.	10,05	12,36	13,99	17,00	21,10	26,05	30,73		
242	5	506-507	5	882-883	8	60 lb.	10,91	13,42	15,47	18,98	23,44	28,18	33,38		
243-279	4	508-516	6	884	7	75 lb.	27,43	29,26	31,13	31,90	33,93	36,68	39,76		
280-282	5	520-539	5	885-898	8	100 lb.	40,88	42,39	42,76	44,01	46,58	47,90	50,50		
283-285	4	540	6	900-961	8	125 lb.	50,02	51,69	52,33	53,05	56,40	58,26	60,86		
286-299	5	541-549	5	970-994	8	150 lb.	59,05	60,99	61,89	62,09	66,24	68,62	71,23		

Fonte: Zonas e tarifas do *site* da United Parcel Service na Internet, http://www.ups.com.

ARRANJOS DE PRECIFICAÇÃO INCENTIVADA

Os custos logísticos constituem geralmente a força motriz dos incentivos em matéria de preços. Dois dos mais conhecidos desses incentivos são o desconto por quantidade e o "acordo".

Desconto por Quantidade

A teoria econômica ensina que quanto maior o número de produtos envolvidos numa única transação, menor será o custo unitário. O princípio é conhecido como *economias de escala*, em que os custos fixos repartidos por um número crescente de unidades reduzem os custos unitários. Essa idéia tem incentivado inúmeras empresas a utilizar a compra por volume como uma maneira de oferecer menores preços aos compradores e a aumentar as vendas dos fornecedores. O comprador tira proveito do preço menor quando pode absorver uma transação maior, e o fornecedor se beneficia pelo aumento dos lucros.

Restrições legais têm complicado o uso de descontos por volume como estímulo às vendas. Existem inclusive empresas que deixaram essa prática inteiramente de lado. O peso da Lei Robinson-Patman, voltado contra as práticas competitivas, está em que é ilegal fazer discriminação em preços entre clientes diferentes quando isso se traduz, na prática, em redução de concorrência ou criação de monopólio. Descontos por quantidade têm potencial para criar essa discriminação, mas podem ser justificados em termos da economia de custos obtida na produção, venda e métodos de entrega. Na prática, é difícil argumentar convincentemente que ocorra real economia de custos na produção e vendas com base em vendas isoladas. Os custos logísticos, por seu turno, majoritariamente integrados por despesas com transporte, têm rupturas bem conhecidas de custo-volume. Quando o transporte é custeado por outra empresa, a documentação da economia de custos é facilmente acessável em registros públicos. Conseqüentemente, os custos logísticos se transformam em fator-chave na sustentação de um esquema de descontos, como pode ser ilustrado no exemplo de um produtor de artigos de vidro.

Exemplo

Os potes de vidro usados em conservas caseiras são vendidos principalmente por distribuidores. Esses fazem suas aquisições em variadas quantidades de caixas. Os componentes dos custos logísticos totais para o fabricante são mostrados conforme a variação da quantidade comprada, na Figura 3-9. Os custos do transporte são fundamentais para determinar em que quantidade as quebras de preço ocorrerão e quão grande serão.

Sempre que uma negociação envolver menos de 100 caixas, o pedido deverá ser embarcado por tarifas inferiores às de carga completa. Acrescentando-se os custos de manuseio de estoque indispensáveis à concretização de um pedido dessa grandeza e os custos por unidade de manuseio do pedido, os custos unitários totais chegariam em média ao ponto A na Figura 3-9. Comprar em quantidades variando de 100 a 199 caixas possibilita tarifas de carga completa e um custo total unitário igual a B. Comprar acima de 200 até um limite prático de 400 caixas tem o custo médio total de C. Por isso, se o preço fosse mantido em linha com os custos, não haveria descontos para pedidos entre 0 e 99 caixas. O desconto máximo para a compra de 100-199 caixas seria reduzido por $(A - B)/A$. Se A é US$ 2,20/caixa e B é US$ 2,00/caixa, os custos de transporte seriam reduzidos por $(2,20 - 2,00)/2,20 = 0,09$, ou 9%. No caso da relação de 200 a 400 caixas, com um custo médio de C ou US$ 1,70/caixa, o desconto sobre os custos de transporte poderia ser até $(A - C)/A$, ou $(2,20 - 1,70)/2,20 = 0,023$, ou 23%. Se os custos restantes de produção e vendas, inclusive remarcação, de US$ 10,00 por caixa forem acrescentados aos custos logísticos, o preço para o comprador passará a ser

Quantidade de caixas	Preço de compra, US$/caixa	Preço com desconto; %
0-99	US$ 12,20	0%
100-199	12,00	1,6[a]
Mais de 200	11,70	4,1

[a] $(12,20 - 12,00)/12,20 - 0,016$, ou 1,6%

O ACORDO

De tempos em tempos, algumas empresas oferecem preços reduzidos durante um breve período em troca de encomendas de maior vulto dos seus clientes. A vendedora pode ter intenção/necessidades de reduzir estoques, manter os níveis de produção ou incentivar as vendas como motivação para reduzir seus preços. Pelo lado do cliente, aceitar ou não tais compras incentivadas e definir uma meta para o aumento das compras vai depender sempre da compensação que a redução dos preços significará para o aumento dos custos, que são quase sempre de natureza logística. O comprador precisa pesar o efeito de uma compra maior do que a costumei-

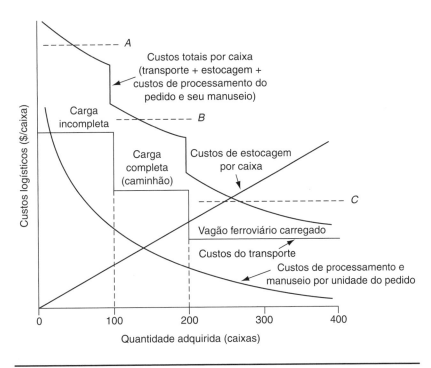

FIGURA 3-9 Custos logísticos por caixa como justificativa de desconto de preço.

ra, em termos de quantidade, com seu preço reduzido, em relação aos custos logísticos comuns do transporte, manutenção e estocagem. A melhor maneira de determinar as proporções do volume da compra envolvida no "acordo" é um dos temas discutidos no Capítulo 10.

COMENTÁRIOS FINAIS

Entender a natureza de qualquer produto, seja ele um bem ou um serviço, em seu ambiente econômico é algo que sempre proporciona *insights* de grande utilidade para o planejamento logístico de uma estratégia de suprimento e distribuição. Assim, este capítulo analisou conceitos tão importantes quanto a classificação dos produtos, o ciclo de vida do produto, a curva 80-20 e um conjunto de características de produtos.

A classificação dos produtos ajuda a organizá-los em grupos de acordo com a reação dos clientes a eles. Clientes de produtos finais precisam de serviços logísticos diferentes daqueles de produtos industriais. Inclusive clientes situados numa mesma classe de consumidores apresentam acentuadas diferenças em relação aos serviços pretendidos. Há inúmeras oportunidades em que uma boa estratégia de distribuição se torna óbvia a partir de uma cuidadosa identificação e classificação do produto.

O ciclo de vida dos produtos descreve os níveis de atividades de venda que a maioria deles atinge com a passagem do tempo. Os quatro estágios do ciclo de vida – lançamento, crescimento, maturidade e declínio – estão bem documentados. Cada um deles requer uma estratégia de distribuição diversificada.

A curva 80-20 expressa a relação de que 80% das vendas das empresas resultam de 20% dos seus produtos. Esta curva é simplesmente o resultado da posição dos produtos nos diferentes estágios de seu ciclo de vida. A desproporção entre as vendas e o número de produtos tem particular utilidade no momento de decidir em que ponto do sistema de distribuição localizar determinados produtos, e quais produtos devem ser mantidos em determinados pontos de estocagem.

As características dos produtos estão focadas em certas particularidades físicas e econômicas dos produtos que exercem, até certo ponto, influência sobre o projeto do sistema logístico. Tais particularidades são o quociente peso/volume, o quociente valor/peso, a substituibilidade e o risco.

Duas dimensões adicionais do produto mereceram discussão: 1) a embalagem, capaz de alterar as características físicas de um produto e, portanto, as particularidades que devem estar presentes num sistema de distribuição, e 2) com os clientes geograficamente dispersos e os custos variando a partir de bases geográficas, há as-

PARTE II • OBJETIVOS DO SERVIÇO AO CLIENTE

pectos da precificação que são importante matéria de consideração para o profissional de logística. Embora o profissional de logística não devesse normalmente precisar preocupar-se com as questões de precificação, o fato de ser esta, quando incentivada, talvez a característica mais facilmente justificável na área dos custos logísticos acaba forçando esse profissional a entrar na arena da precificação.

QUESTÕES

1. Indique quais são os tipos de bens com que trabalham as empresas a seguir – conveniência, compras ou especialidades:
   a. A Jack Spratt's Woodwing Shop vende instrumentos musicais e acessórios em todo o país para músicos profissionais que utilizam instrumentos de sopro de madeira.
   b. A Hart, Schaffner, and Marx produz e vende nacionalmente trajes masculinos de qualidade, prontos para usar.
   c. A Edward's Bakery produz e vende regionalmente uma linha de produtos cozidos, principalmente pães. A distribuição é feita principalmente em lojas de rede de varejo.

   Descreva como seria um sistema eficiente de distribuição em cada um dos casos, de acordo com as características dos produtos em cada uma das situações.

2. Compare o ciclo de vida de produto de uma marca de detergente de roupas com o das obras de um artista contemporâneo. Sugira uma forma de gerenciar a distribuição física em cada um dos estágios dos respectivos ciclos de vida.

3. Um varejista de produtos farmacêuticos tem duas fontes para a reposição das suas gôndolas: diretamente com os vendedores ou no depósito da companhia. Itens com altos volumes de vendas e de reposição normalmente têm custos menores quando comprados diretamente dos vendedores, não precisando, pois, de qualquer extra em termos de armazenamento e manuseio. Os itens restantes são trabalhados de maneira mais eficiente exatamente por meio de estoques. O varejista tem conhecimento do princípio 80-20 e entende que seria uma boa forma de separar a linha de produtos entre grupos de volume alto e baixo visando a maximizar as reduções de custos.

   Existem 12 itens numa linha de remédios. As vendas anuais foram registradas conforme a tabela a seguir.

Código do produto	Venda em US$
10732	$ 56.000
11693	51.000
09721	10.000
14217	9.000
10614	46.000
08776	71.000
12121	63.000
11007	4.000
07071	22.000
06692	14.000
12077	27.000
10542	18.000
Totais	$391.000

Se o volume dos pedidos acompanhar de perto o nível das vendas, utilize o princípio 80-20 para determinar que itens devem ser comprados diretamente dos vendedores. Use 20% dos itens como o ponto de corte.

4. Identifique vários produtos que tenham características extremas em relação ao quociente peso-volume, quociente valor-peso, substituibilidade e risco. Sugestões são bicicletas montadas, areia para fabricação de vidro, remédios controlados vendidos no varejo; mas você pode escolher outros exemplos. Explique como o conhecimento das características do produto pode ser usado para definir ou alterar os métodos de distribuição dessa mercadoria.

5. Explique a função que a embalagem desempenha no projeto de uma estratégia de suprimento ou distribuição.

6. Um cliente da Colonial Originals deseja um *kit* de móveis com preço de catálogo de US$ 99,95 e peso de embarque de 26,5 libras.
   a. Fazendo uso da Tabela 3-3, determine o custo total do *kit* com a entrega pelo serviço residencial terrestre da UPS em uma das seguintes áreas de CEP nos Estados Unidos:
   (I) 11107 (II) 42117 (III) 74001 (IV) 59615
   b. O que você tem a comentar sobre a eqüidade e eficácia deste método de precificação?

7. O que levaria o fabricante de produtos básicos de aço a usar o método da precificação equalizada da tarifa?

8. Por que as fórmulas de precificação única e por zona são justas para o conjunto dos clientes, mas discriminatórias e injustas para grande parte deles individualmente?

9. O que torna os custos logísticos, especialmente os de transporte, tão importantes no desenvolvimento de acordos de precificação incentivada?

10. Descreva de que maneira são pagos os custos de transporte sob as seguintes modalidades de venda:
    a. FOB destino, frete pré-pago
    b. FOB origem, frete pré-pago
    c. FOB destino, frete a ser pago e autorizado
    d. FOB origem, frete pré-pago e depois reembolsado
    e. FOB origem, frete a cobrar

    Quando a política de precificação determina que os clientes paguem o frete, o fornecedor não deveria levar esses custos em consideração ao tomar decisões sobre localização de depósitos, escolha do serviço de transporte e similares?

11. A Davis Steel Distributors planeja acrescentar um depósito à sua rede de distribuição. A análise dos dados sobre as vendas nos demais depósitos mostra que 25% de tais itens representam 75% do volume das vendas. A companhia tem também uma política de estocagem que varia de acordo com os artigos em depósito. Ou seja, os primeiros 20% são os itens A, estocados com uma taxa de giro de 8. Os 30% a seguir são aqueles com uma taxa de giro de 4. Serão mantidos 20 produtos no armazém com previsão de vendas de US$ 2,6 milhões ao ano. Que valor em dólar de estoque médio você estimaria para o armazém?

12. A Beta Products está planejando outro armazém para a sua rede. Dez produtos da linha geral seriam ali estocados, todos eles itens A e B. Todos os itens C deverão ser fornecidos a partir da fábrica. Previsões de vendas anuais na região da nova instalação apontam para 3 milhões de caixas (itens A, B e C). Dados históricos mostram que 30% dos itens respondem por 70% das vendas. Os primeiros 20% do conjunto da linha são designados como itens A, os 30% seguintes são itens B, e os 50% restantes são itens C. São previstas para o novo armazém taxas de giro de estoque de 9 para os itens A, e de 5 para os itens B. Cada item do estoque, em média, precisa de 1,5 pé cúbico de espaço. Os produtos são empilhados no armazém a uma altura de até 16 pés.

    Qual é o espaço real de armazenamento necessário em pés-quadrado, excluindo corredores, escritórios e outros complementos?

13. Uma análise dos itens da linha de produtos nas lojas da rede Save-More Drug mostra que 20% dos itens estocados respondem por 65% do total das vendas. Uma loja normal tem 5.000 itens à venda. Os itens responsáveis por 75% das melhores vendas são repostos a partir de estoques de armazém. Os restantes são enviados diretamente às lojas por fabricantes ou intermediários. Quantos itens estão representados nos 75% das maiores vendas?

14. Os custos relacionados com produção, distribuição e venda nacionais de um componente automotivo da Honda no Japão podem ser assim resumidos:

Tipo de custo	Custo unitário (US$)
Materiais comprados	25
Mão-de-obra de produção	10
Custos indiretos	5
Transporte	Varia com o tamanho do embarque
Vendas	8
Lucros	5

Os custos com o transporte têm a seguinte variação: se o embarque tem mil unidades, ou menos, o custo do transporte fica em US$ 5 por unidade. Para embarque de mais de mil e até duas mil unidades, o custo fica em US$ 4 por unidade. Para mais de duas mil unidades, o custo do transporte é de US$ 3 por unidade.

Elabore uma programação de preços supondo que o vendedor gostaria de repassar as economias com o transporte para o cliente. Indique a percentagem de desconto que o cliente receberá ao comprar em quantidades diferenciadas.

CAPÍTULO 4

Logística/Cadeia de Suprimentos: Serviço ao Cliente

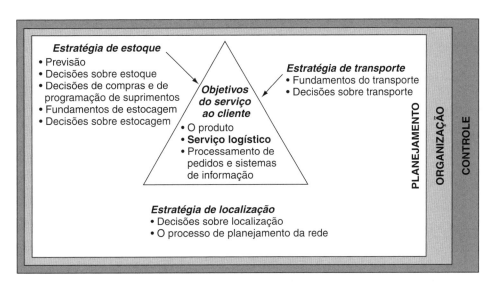

Quem pensa que o cliente não é importante deveria tentar sobreviver sem ele durante 90 dias.

— ANÔNIMO

Os clientes avaliam as ofertas de qualquer empresa em termos de preço, qualidade e serviço, e reagem de acordo com as próprias conveniências, aproveitando tais ofertas ou ignorando-as. Serviço, ou serviço ao cliente, é um termo de grande alcance, incluindo elementos que vão desde a disponibilidade do produto/mercadoria até a manutenção pós-venda. Na ótica da logística, serviço ao cliente é o *resultado* de todas as atividades logísticas ou dos processos da cadeia de suprimentos. Assim sendo, o projeto do sistema logístico estabelece o nível de serviços ao cliente a ser oferecido. A receita gerada pelas vendas ao cliente e os custos relacionados com o projeto do sistema determinam os lucros a serem obtidos pela empresa. Decidir o nível dos serviços a ser oferecido aos clientes é, por isso mesmo, fundamental na concretização da rentabilidade projetada pela empresa.

Neste capítulo, exploraremos o significado dos serviços ao cliente para a empresa como um todo e para a logística especificamente. Os componentes mais importantes dos serviços serão identificados. Serão igualmente sugeridos métodos para a criação de um bom relacionamento entre o nível dos serviços e as vendas, e a melhor maneira de fazer uso deles para a obtenção do nível ótimo de serviços. Finalmente, discutiremos o planejamento para contingências nos serviços.

A DEFINIÇÃO DE SERVIÇOS AO CLIENTE

Já que a logística dos serviços ao cliente é necessariamente uma parte do todo dos serviços oferecidos pela empresa, começaremos com os serviços a partir da ótica da empresa, refinando a partir daí aqueles elementos específicos da logística. Os especialistas Kyj e Kyj observaram:

> ... serviços ao cliente, quando utilizados de forma eficaz, constituem uma variável de capital importância que pode ter impacto significativo na criação de demanda e na manutenção da fidelidade do cliente.[1]

Para outro especialista, serviços ao cliente...

> ... referem-se especificamente à cadeia de atividades de satisfação de vendas que começa normalmente com a formalização do pedido e culmina na entrega das mercadorias ao cliente, embora em uma variedade de situações possa ter continuidade na forma de serviços de apoio ou manutenção de equipamentos, ou qualquer outra modalidade de suporte técnico.[2]

Heskett, por sua vez, sentencia, de forma mais sucinta, que logística de serviço ao cliente é, para muitas empresas...

> ...a rapidez e a confiabilidade da disponibilização dos itens encomendados (pelos clientes)...[3]

Recentemente, o serviço ao cliente passou a ser descrito em termos de um *processo de preenchimento*, entendido como...

> ...o processo integral de atendimento do pedido do cliente. Isso inclui a recepção do pedido (por meio físico ou eletrônico), a determinação da forma de pagamento, seleção e embalagem das mercadorias, embarque, entrega, disponibilização dos serviços ao usuário final e acerto de eventuais devoluções de produtos.[4]

Essas definições e descrições de serviços ao cliente são amplas e necessitam estar em constante refinamento, se pretendermos utilizá-las com eficiência.

Elementos do Serviço ao Cliente

Na ótica global da empresa, o serviço ao cliente é um componente essencial da estratégia do *marketing*, entendido como um *mix* de atividades dos "quatro Ps" – *produto, preço, promoção* e *ponto de venda* –, em que este último representa principalmente a distribuição física. Definir os elementos que constituem serviço ao cliente e como eles conduzem o comportamento do comprador tem sido o foco de inúmeras pesquisas nos últimos anos.[5] Como os clientes não conseguem identificar facilmente o que os leva a agir de uma determinada maneira, a definição do que constitui, precisamente, serviço ao cliente continuará sujeita a variadas interpretações. Ainda assim, algum discernimento pode ser obtido através das diversas pesquisas a diversos clientes.

Um dos mais detalhados desses trabalhos, patrocinado pelo National Council of Physical Distribution Management,[6] identificou os elementos desse serviço de acordo com o momento em que se concretizou a transação fornecedor-cliente.[7] Tais elementos, listados na Figura 4-1, estão agrupados em categorias de pré-transação, transação e pós-transação.

Os *elementos de pré-transação* propiciam um ambiente para um bom serviço ao cliente. Um compromisso formal sobre as modalidades do serviço – por exemplo, o tempo máximo de entrega das mercadorias após a formalização da encomenda, os procedimentos relativos a eventuais devoluções, pedidos em aberto e também os métodos de embarque – é algo que permite ao cliente conhecer com exatidão o tipo de serviço que lhe será prestado. Estabelecer planos de contingência para enfrentar prejuízos ao andamento normal do serviço causados por imprevistos como greves ou desastres naturais, criar estruturas organizacionais para implementar a política de serviços ao cliente, proporcionar treinamento técnico e manuais de serviços aos compradores – tudo isso constitui incentivo a um bom relacionamento comprador-vendedor.

Os *elementos de transação* são aqueles que resultam diretamente na entrega do produto ao cliente. Estabelecer os níveis de estoque, selecionar as modalidades de transporte e determinar métodos de processamento dos pedidos são alguns exemplos desses elementos. E eles se refletem no tempo de entrega, na exatidão das especificações da encomenda, nas condições das mercadorias na entrega e na disponibilidade de estoques.

Os *elementos de pós-transação* representam o elenco dos serviços necessários para dar suporte ao produto em campo; assegurar aos clientes a reposição de mercadorias danificadas; providenciar a devolução de embalagens (garrafas retornáveis, câmaras frias reutilizáveis,

---

[1] Larissa S. Kyj and Miroslav J. Kyj, "Customer Service Differentiation in International Markets", *International Journal of Physical Distribution & Logistics Management*. Vol. 24 (1994), pág. 41.

[2] Warren Blanding, *11 Hidden Costs of Customer Service Management* (Washington, DC: *Marketing* Publications, 1974), pág. 3.

[3] James L. Heskett, "Controlling Customer Logistics Service", *International Journal of Physical Distribution & Logistics Management*, Vol. 24, nº 4 (1994), pág. 4.

[4] James E. Doctker, "Basics of Fulfillment", *Proceedings of the Council of Logistics Management* (New Orleans, LA: Council of Logistics Management, September 24-27, 2000), pág. 356.

[5] Francis G. Tucker, "Creative Customer Service Management", *International Journal of Physical Distribution & Logistics Management*, Vol. 24, nº 4 (1994), págs. 32/40.

[6] Atualmente, *Council of Logistics Management.*

[7] Bernard J. LaLonde and Paul H. Zinszer, *Customer Service: Meaning and Measurement* (Chicago: National Council of Physical Distribution Management, 1976).

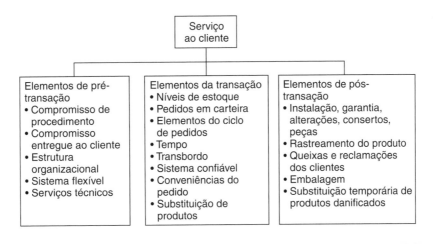

FIGURA 4-1 Elementos do serviço ao cliente.
Fonte: Adaptado de Bernard J. Lalonde and Paul H. Zinszer, "Customer Service As a Component of the Distribution System", *Working Paper Series WPS 75-4* (Columbus, OH: The Ohio State University, College of Administrative Science, February 1975).

paletes, etc.), e para gerenciar reivindicações, queixas e devoluções. Esses elementos se fazem sentir depois da venda do produto, mas devem ser planejados nos estágios de pré-transação e transação.

Serviço corporativo ao cliente é a soma de todos esses elementos, porque os clientes reagem ao seu *mix* total. Obviamente, nem todos os elementos têm o mesmo nível de importância. Em vista disso, qual deles seria mais lucrativo gerenciar? As pesquisas a respeito vêm apresentando resultados interessantes.

Importância Relativa dos Elementos do Serviço

Sterling e Lambert estudaram detalhadamente a indústria de sistemas e móveis para escritórios, e igualmente a indústria de plásticos. A partir de um grande número de variáveis (99 e 112, respectivamente), representando produto, preço, promoção e distribuição física, conseguiram identificar os elementos mais importantes na visão de compradores, clientes e consultores de compras. Com base nos escores médios de importância apontados pelos entrevistados em uma escala de 1 a 7, os estudiosos classificaram os elementos dos serviços em cada uma dessas indústrias por ordem de importância, como aparece na Tabela 4-1. Quanto à indústria de sistemas e móveis de escritórios, Sterling e Haiden concluíram:

A pesquisa mostrou que a distribuição física (DF/serviço ao cliente) é componente integral e indispensável do composto mercadológico, além de proporcionar às empresas uma oportunidade significativa quanto ao estabelecimento de vantagem diferencial no mercado. A avaliação das 16 variáveis mais importantes pelos distribuidores, usuários finais e empresas de projeto e de arquitetura revelou que pelo menos oito dentre elas eram variáveis de distribuição física/serviço ao cliente.[8]

Já na indústria de plásticos, nove das 18 variáveis mais importantes tinham relação com a logística. Entre as variáveis remanescentes, cinco tinham ligação com a qualidade dos produtos, duas com o preço e duas com a equipe de vendas.[9]

A pesquisa de Sterling e Lambert sem dúvida indica que a logística dos serviços é a preocupação dominante entre os clientes das indústrias de sistemas e móveis de escritório e de plásticos. Embora uma amostragem tão limitada de indústrias possa mostrar-se insuficiente como prova daquilo que se pretende estabelecer, outros especialistas têm observado fenômeno semelhante. Em estudo similar do mercado secundário de vidros de automóveis, Innis e LaLonde constataram que seis dos 10 melhores atributos de serviços ao cliente eram de natureza logística.[10] Puderam verificar, assim, que altas *taxas de preenchimento*, *freqüência de entrega* e informações de

---

[8] Jay U. Sterling and Douglas M. Lambert, "Customer Service Research: Past, Present, and Future", *International Journal of Physical Distribution & Materials Management*, Vol. 19, nº 2 (1989), pág. 17.

[9] Thomas C. Harrington and Douglas M. Lambert, "Establishing Customer Service Strategies Within the *Marketing* Mix: More Empirical Evidence", *Journal of Business Logistics*, Vol. 10, nº 2 (1989), págs. 44-60.

[10] Danniel E. Innis and Bernard J. Lalonde, "Customer Service: The Key to Customer Satisfaction, Customer Loyalty, and Market Share", *Journal of Business Logistics*, Vol. 15, nº 1 (1994), págs. 1-27.

96 PARTE II • OBJETIVOS DO SERVIÇO AO CLIENTE

TABELA 4-1 Variáveis do serviço ao cliente classificadas por ordem de importância para duas indústrias

Indústria de sistemas e móveis para escritório			Indústria de plásticos		
Média/desv. padrão[a]	Componentes do composto de marketing	Descrição	Média/desv. padrão[a]	Componentes do composto de marketing	Descrição
6,5/0,8	Logística	Fabricante entrega na data marcada	6,6/0,6	Produto	As resinas do fornecedor têm qualidade permanente
6,3/0,8	Logística	Pedidos atendidos com precisão	6,5/0,8	Promoção	Qualidade da equipe de vendedores – honestidade
6,2/0,9	Produto	Qualidade do conjunto e de projeto compatível com o preço	6,4/0,8	Logística	Precisão no atendimento das encomendas (despachado o produto especificado)
6,1/1,0	Preço	Preço competitivo	6,4/0,9	Preço	Preços competitivos
6,1/1,0	Logística	Notificação em tempo hábil de eventuais atrasos de embarque	6,4/0,9	Produto	Resina processável
			6,3/1,0	Produto	As resinas do fornecedor têm cores consistentes
6,1/0,9	Promoção	Ação imediata dos representantes da fábrica em pedidos de assistência	6,3/0,8	Logística	Prazos de entrega consistentes (o vendedor entrega sempre na data prevista)
6,0/1,0	Logística	Providências com relação às reclamações quanto ao serviço ao cliente	6,3/0,9	Produto	As resinas do fornecedor apresentam um fluxo consistente de fusão
5,9/1,1	Logística	Consistência no ciclo de pedidos (pequena variabilidade)	6,3/0,9	Logística	Capacidade de despachar pedidos emergenciais com rapidez e eficiência
5,9/1,0	Logística	Precisão do fabricante na estimativa das datas de embarque	6,2/0,9	Logística	Informação dada no momento da encomenda – previsão da data do despacho
5,9/0,9	Produto	Estética e acabamentos gerais	6,2/1,0	Logística	Notificação de atraso no despacho em tempo hábil
5,9/1,0	Produto	Continuidade: produtos permanentes	6,1/1,0	Preço	Qualidade da resina compatível com o preço
5,9/1,0	Logística	Aceitação automática de produtos com defeitos	6,1/1,1	Produto	Qualidade geral da resina compatível com o preço
5,8/1,2	Logística	Extensão do prazo de entrega para encomendas rápidas	6,1/1,1	Logística	Informação dada no momento da encomenda – previsão da data da entrega
5,8/1,1	Logística	Encomendas entregues integralmente	6,1/1,0	Logística	Providências quanto a reclamações (sobre tratamento e embarque da encomenda, condições dos produtos, etc.)
5,8/1,1	Logística	Encomendas rápidas entregues integralmente	6,1/1,0	Logística	Extensão dos prazos de entrega previstos (entre a colocação do pedido e a entrega – produtos disponíveis)
5,8/1,1	Preço	Política de preços realista, consistente	6,1/1,0	Promoção	Qualidade da equipe de vendedores – acompanhamento permanente
			6,0/1,2	Logística	Informação dada na emissão do pedido – disponibilidade em estoque

Medidos na escala de 1 a 7.

Fonte: Douglas M. Lambert and Thomas C. Harrington, "Establishing Customer Service Strategies Within the *Marketing* Mix: More Empirical Evidence", *Journal of Business Logistics,* Vol. 10, nº 2 (1989), pág. 50.

disponibilidade de estoque, data de embarque projetado e *data de entrega* projetada no momento da colocação do pedido tiveram altos índices de aprovação entre os clientes revendedores. Além disso, LaLonde e Zinszer constataram que a *disponibilidade de produtos* (preenchimento do pedido, acurácia do pedido e níveis de estocagem) e o *tempo do ciclo de pedido* (tempo de trânsito do pedido e tempo para composição e embarque) constituíam as maiores preocupações dos clientes, sendo os fatores mais importantes para 63% dos entrevistados nesse estudo.[11] Marr também fez um estudo abrangendo várias empresas, chegando aos seguintes resultados:

1. Apenas um dos entrevistados mencionou o custo do serviço.
2. Somente um dos sete elementos mais importantes estava fora do controle da gerência de distribuição.
3. O mais importante elemento desse serviço foi a rapidez da entrega.[12]

A Shycon Associates entrevistou executivos de compras e distribuição de uma grande área de indústrias norte-americanas, pedindo-lhes que dessem notas aos respectivos fornecedores.[13] A Figura 4-2 mostra quais, no entendimento dos entrevistados, as falhas mais comuns desses serviços. O atraso na entrega e a variável logística dos serviços ao cliente responderam por quase a metade dos problemas apontados, sendo aos produtos com defeitos atribuídos cerca de um terço de tais problemas.

Jackson, Keith e Burdick puderam demonstrar a maneira pela qual os elementos dos serviços assumem graus diferentes de importância, dependendo do tipo de produto que se estiver comprando.[14] Para tanto, entrevistaram 254 compradores em 25 empresas quanto à importância de seis elementos de serviços de distribuição física. Os resultados estão na Tabela 4-2. Mais uma vez, observe-se a importância relativa da coerência entre prazo de entrega e da consistência do tempo de entrega.

Em resumo, os pontos a seguir são considerados os mais importantes elementos logísticos dos serviços aos clientes:

FIGURA 4-2 Reclamações mais comuns em matéria de serviços aos clientes.
Fonte: Steven G. Baritz e Lorin Zissman, "Researching Customer Service: The Right Way", *Proceedings of the National Council of Physical Distribution Management*, Vol. II (New Orleans, LA: 25/10/2003), pág. 611.

- Entrega pontual
- Índice de atendimento dos pedidos*
- Condições dos produtos
- Exatidão da documentação[15]

TEMPO DO CICLO DO PEDIDO

Os elementos básicos dos serviços ao cliente que o profissional de logística consegue controlar estão dentro do conceito do tempo do ciclo de pedido (ou de serviço). O tempo do ciclo de pedido é definido como *o tempo decorrido entre o momento de pedido do cliente, a ordem de compra ou requisição do serviço, e aquele da entrega do produto ou serviço ao cliente*. O ciclo do pedido abrange todos os eventos mensuráveis em tempo do prazo total para a entrega de uma encomenda. A Figura 4-3 apresenta os componentes típicos de um ciclo de tempo. Observe-se que os elementos independentes de um ciclo de pedido são os tempos de transmissão, processamento e montagem, disponibilidade de estoque, tempo de produção e tempo de entrega. São eles direta ou indiretamente controlados por meio da escolha e do projeto dos métodos de transmissão do pedido, das po-

---

[11] LaLonde e Zinszer, "Customer Service: Meaning and Measurement".
[12] Norman E. Marr, "Do Managers Really Know What Service Their Customers Require?", *International Journal of Physical Distribution & Logistics Management*, Vol. 24, nº 4 (1994), págs. 24-31.
[13] Steven G. Baritz and Lorin Zissman, "Researching Customer Service: The Right Way", *Proceedings of The National Council of Physical Distribution Management*, Vol. II (New Orleans, LA: October 25, 1983), págs. 608-619).
[14] Donald W. Jackson, Janet E. Keith and Richard K. Burdick, "Examining the Relative Importance of Physical Distribution Service Elements", *Journal of Business Logistics*, Vol. 7, nº 2 (1986), págs. 14-32.

* N. de R. T.: É o oposto de magnitude da falta de estoques. Em inglês, *order fill rate*.

[15] James E. Keebler and Karl B. Manrodt, "The State of Logistics Performance Measurement", *Proceedings of the Council of Logistics Management* (New Orleans, LA: Council of Logistics Management, September 24-27, 2002), págs. 275-281; e Robert Miller, *Logistics Tip of the Week,* Tips@logfac.com (January 8, 2002).

TABELA 4-2 Classificação de seis elementos de serviços de distribuição física por tipo de produto
(1 = mais importante)

	Capital intensivo[a]	*Capital reduzido*[b]	*Materiais*[c]	*Componentes*[d]	*Insumos*[e]
Desempenho em estoque	2	1	3	3	1
Tempo de entrega	3	3	2	2	3
Consistência da entrega	1	2	1	1	2
Informação sobre andamento do pedido	4	5	5	5	5
Embalagem protetora	6	6	6	6	6
Cooperação nos problemas de embarque	5	4	4	4	4

[a] Itens de capital intensivo são mercadorias com vida útil de mais de um ano, não passam a integrar o produto final e têm custo unitário superior a US$ 10 mil.
[b] Itens de capital reduzido são mercadorias com vida útil de menos de um ano, não passam a integrar o produto final e têm custo unitário entre mil e 10 mil dólares.
[c] Materiais são bens que passam a integrar o produto final, necessitando para tanto de processamento adicional.
[d] Componentes são bens que passam a integrar o produto final sem processamento adicional.
[e] Insumos são bens que não passam a integrar o produto final, sendo apenas utilizados como suporte de sua criação.
Fonte: Adaptado de Donald W. Jackson, Janes E. Keith and Richard K. Burdick, "Examining the Relative Importance of Physical Distribution Service Elements", *Journal of Business Logistics*, Vol. 7, nº 2 (1986), pág. 23.

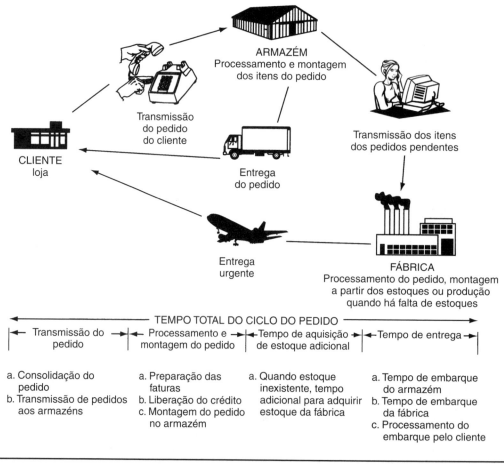

FIGURA 4-3 Componentes do ciclo do pedido do cliente.

líticas de estocagem, dos procedimentos de processamento de pedidos, dos modais de transporte e dos métodos de programação.

O tempo de transmissão do pedido pode ser composto por diversos elementos, dependendo dos métodos usados para a comunicação do pedido. Um sistema eletrônico de comunicação "vendedor + comunicação eletrônica" deveria ter um tempo de transmissão de pedido composto pelo intervalo de tempo em que o vendedor e o escritório retêm o pedido antes de transmiti-lo e pelo intervalo de tempo em que o pedido está no canal de transmissão. Um "pedido feito pelo cliente + a transmissão eletrônica", teria a duração total de um telefonema, envio de um fax, intercâmbio eletrônico de dados ou do uso de um *site* na internet. Às vezes pode ser importante fator no ciclo do pedido o tempo do cliente para preenchê-lo ou o intervalo entre as visitas a ele feitas pelo vendedor.

Outro importante componente do tempo do ciclo de pedido é o prazo do seu processamento e montagem. O processamento inclui atividades como preparar a documentação de embarque, atualizar registros de estoques, coordenar a liberação de crédito, checar os pedidos para verificar eventuais erros, atualizar os clientes e os setores da empresa envolvidos no negócio quanto à situação do pedido, e encaminhar informação pertinente aos setores de vendas, produção e contabilidade. A montagem do pedido inclui o tempo necessário à liberação do embarque para despacho desde a recepção do pedido e a disponibilização dessa informação para o armazém ou setor de despacho. Isso exige encontrar a separação do pedido no estoque, movê-los para a área de despacho, qualquer tipo de embalagem ou pequeno ajuste de manufatura, e a consolidação com outros pedidos de destinos semelhantes. Quando não houver disponibilidade de estoque, o processamento poderá incluir a produção.

Até certo ponto, o processamento e a montagem do pedido ocorrem simultaneamente, daí não ser o tempo total investido nessas atividades a soma do tempo gasto em cada uma delas. Pelo contrário, as duas atividades se superpõem, com o processamento apenas ligeiramente à frente da montagem, devido à verificação de erros e ao trabalho burocrático inicial. A preparação da documentação de embarque e a verificação da disponibilidade de estoques podem ser realizadas simultaneamente com as operações de montagem.

A disponibilidade de estoques reflete-se significativamente no tempo total do ciclo do pedido, pois freqüentemente força os fluxos de produtos e de informações a ocorrer fora do canal estabelecido. Um canal normal pode ser o abastecimento dos clientes por meio de um armazém, como mostra Figura 4-3. Não existindo ali disponibilidade, usa-se um segundo canal de distribuição (de reserva). Por exemplo, um pedido pendente dos itens em falta no estoque seria encaminhado à fábrica a fim de ser atendido a partir dos estoques desta. Sendo os mesmos insuficientes ou inexistentes, prepara-se uma ordem de produção, e a mercadoria daí originada é entregue diretamente pela fábrica ao cliente. Outros sistemas viáveis de apoio são o transbordo de mercadorias de um armazém secundário para atender os pedidos pendentes, ou simplesmente a retenção dos pedidos no ponto principal de estocagem. O esquema de reserva mostrado na Figura 4-3 é o de uma empresa de produtos químicos de alta rotatividade.

O elemento final principal do ciclo do pedido sobre o qual o profissional de logística tem controle direto é o tempo de entrega – o tempo exigido para transferir a encomenda do ponto de estocagem até o ponto do cliente. Isso às vezes inclui o tempo de carregar na origem e de descarga no destino.

Qualquer que seja o cliente, o tempo de recebimento de um pedido é registrado em termos de uma distribuição de freqüência bimodal de tempo, como aparece na Figura 4-4. A distribuição de freqüência é o resultado das distribuições independentes de cada um dos elementos do ciclo do pedido. A segunda curva reflete o tempo do ciclo de pedido prolongado em que ocorre um número significativo de situações de inexistência de estoque. O tempo do ciclo do pedido pode ser registrado quantitativamente em termos estatísticos usuais como a média, o desvio-padrão e a forma da distribuição de freqüência.

Exemplo

Uma empresa produz determinado bem nos Estados Unidos e o despacha para um ponto de estocagem em São Paulo, Brasil, para abastecimento de clientes locais. O atendimento dos pedidos envolve processamento, manufatura ou suprimento a partir dos estoques armazenados, consolidação do embarque, transporte interno, transporte marítimo e desembaraço aduaneiro. Estabelecer o ciclo completo do pedido, desde a reposição dos estoques necessários para o atendimento até a entrega dos produtos no Brasil, inclui os seguintes elementos do ciclo e seus tempos estimados. Elaborar o ciclo do pedido desta forma revela que o suprimento e o atendimento dos produtos contidos nos pedidos nas fábricas e armazéns consomem a maior parte (50%) do tempo do ciclo do pedido, e deveriam ser os alvos das maiores atenções para se conseguir uma redução no tempo do ciclo do pedido.

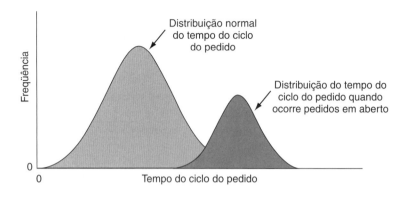

FIGURA 4-4 Distribuição de freqüência para o tempo total do ciclo do pedido e para quando há falta de estoque.

Elementos da distribuição do tempo	Tempo em dias		
	Mín.	Máx.	Média
Recebimento do pedido e processamento produção/armazenagem	1	86[a]	36
Transporte ao porto de consolidação	1	5	2
Consolidação do frete	2	14	7
Coleta da carga	0	1	1
Transporte ao porto	1	2	1
Espera pelo navio	1	4	2
Transporte marítimo	17	20	18
Desconsolidação	3	4	4
Desembaraço aduaneiro	1	4	2
Transporte interno até o ponto de estocagem	0	2	1
Totais	27	142	74

[a] 90º percentil.

Ajustes no Tempo do Ciclo do Pedido

Até este ponto do debate, abordamos situações em que os elementos do ciclo do pedido operam sem restrições. Às vezes, porém, surgem oportunidades em que as políticas de serviços aos clientes acabam destorcendo os padrões normais do tempo do ciclo de pedido. Diversas dessas políticas, ou diretrizes, derivam das prioridades no processamento dos pedidos, das condições destes e das restrições relativas ao seu volume.

Prioridades no Processamento de Pedidos

O tempo do ciclo do pedido de um cliente especial pode ser bem diferente daquele que é padrão da empresa, dependendo das regras de priorização, ou inexistência delas, estabelecidas para o processamento dos pedidos à medida em que vão entrando. Distinguir, ou priorizar, um cliente em relação aos demais pode ser indispensável quando ocorrerem pedidos em aberto.

Exemplo

Ao longo do processamento de pedidos de seus clientes industriais, uma empresa fabricante de papéis, de médio porte constatou que, quando ocorria atraso de de pedidos em carteira e pressão para aprontá-los, o pessoal do processamento tendia a dar prioridade aos pedidos menores e menos complicados. Isso, naturalmente, determinava que os pedidos maiores, daqueles clientes de grande valia para a empresa, tivessem processamento mais demorado que o previsto. A empresa estava assim prolongando seu tempo de ciclo de pedidos para os clientes mais importantes durante períodos de acúmulo em carteira em conseqüência da aplicação arbitrária de regras do processamento dos pedidos.

Padrão das Condições dos Pedidos

É possível modificar significativamente um tempo normal do ciclo do pedido quando as mercadorias encomendadas chegam à sede do cliente danificadas ou inutilizadas. Nem as empresas, menos ainda os clientes, no entanto, aceitam absorver o alto custo, para as primeiras, e o alto preço, para os segundos, da implementação de medidas visando à eliminação de qualquer probabilidade de danificação dos pedidos. Estabelecer padrões de embalagem, fixar procedimentos de devolução e reposição de mercadorias trocadas ou danificadas e unificar as medidas para a monitoração da qualidade dos pedidos são providências que determinarão o quanto aumentará em média o tempo do ciclo do pedido.

Restrições de Pedidos

Sob determinadas circunstâncias, o profissional de logística se inclinará pela imposição de tamanho mínimo, a fim de ter pedidos colocados de acordo com a programação pré-estabelecida, ou por exigir do cliente o preenchimento de formulários de pedidos de acordo com especificações igualmente pré-estabelecidas. São restrições que possibilitam um enxugamento dos gastos supérfluos na distribuição das mercadorias. Por exemplo, encomendas que cumpram o limite mínimo e cronograma preciso do transporte do produto normalmente contribuem para reduzir os custos e aumentar a rapidez das entregas. Há clientes para os quais o tempo real do ciclo do pedido pode ser aumentado por semelhante prática. Essa é, no entanto, uma prática que possibilita a extensão de tal serviço a mercados de baixo volume que, de outra forma, não seria possível atender com a freqüência e a confiabilidade desejáveis.

IMPORTÂNCIA DO SERVIÇO LOGÍSTICO AO CLIENTE/CADEIA DE SUPRIMENTOS

Gerentes de logística podem sentir-se tentados a deixar de lado os serviços ao cliente, entendendo constituírem estes uma responsabilidade dos departamentos de *marketing* ou de vendas. Já pudemos observar que os compradores, sim, reconhecem a importância dos elementos da logística do serviço ao cliente, considerando-a às vezes maior até que a de preço e qualidade dos produtos e de outros elementos ligados ao *marketing*, finanças e produção. A preocupação fundamental, a essa altura, é verificar se isso realmente faz, para a empresa vendedora, alguma diferença capaz de afetar sua rentabilidade. Até que ponto os serviços influem sobre as vendas e orientam a fidelização do cliente são questões que precisamos analisar.

Efeitos dos Serviços sobre as Vendas

Os profissionais de logística durante muito tempo acreditaram que o nível dos serviços proporcionados aos clientes tem algum grau de influência sobre as vendas. A verdade é que a logística dos serviços ao cliente representa um dos elementos do conjunto desses serviços, em que não há como mensurar exatamente as vendas em relação aos níveis do nível do serviço logístico, e que os compradores nem sempre manifestam claramente suas preferências em serviços, nem reagem consistentemente à oferta de serviços. Isso tipicamente leva os profissionais de lo-

gística a preestabelecer níveis de serviços e, a partir deles, projetar o canal de suprimento. Não é, naturalmente, o melhor dos métodos, mas não há dúvida de que é prático.

Já existem provas mais definitivas de que a logística dos serviços ao cliente tem impacto sobre as vendas. Em seu minucioso levantamento e análise dos serviços ao cliente, Sterling e Lambert conseguiram comprovar que os serviços de *marketing* têm efeito sobre a participação no mercado e que a contribuição dos elementos do composto mercadológico (produto, preço, promoção e distribuição de física) à participação no mercado não é igual.[16] Convém lembrar que Sterling e Lambert também descobriram que, para os clientes, os elementos mais importantes dos serviços são os de natureza logística. Krenn e Shycon concluíram por sua vez, a partir de entrevistas detalhadas com 300 clientes da GTE/Sylvania, que:

> ...a distribuição, quando proporciona os níveis apropriados de serviços para satisfazer as necessidades dos clientes, pode levar diretamente a um aumento nas vendas e na participação no mercado, e, finalmente, a uma crescente contribuição para os lucros e o crescimento.[17]

Observações[18]

- A International Minerals & Chemicals Corporation, depois de instituir um abrangente programa de serviço ao cliente, constatou um aumento de 20% nas vendas e de 21% nos lucros.

- Um fabricante realocou a disposição de sua fábrica, agregando ao seu armazém central instalações logísticas ao custo de US$ 200 mil, o que resultou numa redução dos custos de produção avaliada em US$ 1.400.000,00, com um aumento do lucro líquido no valor de US$ 500.000,00, como resultado de um aumento anual de vendas de US$ 45 milhões para US$ 50 milhões.

- Para uma grande rede de varejo com vendas superiores a US$ 1 bilhão, a consolidação dos pontos de armazenagem em cinco centros de distribuição deveria, conforme os estudos feitos, produzir uma redução de US$ 9 milhões nos custos das vendas

---

[16] Sterling and Lambert, "Customer Service Research: Past, Present, and Future", págs. 14-17.

[17] John . M. Krenn and Harvey N. Shycon, "Modeling Sales Response of Customer Service for More Effective Distribution", *Proceedings of the National Council of Physical Distribution Management*, Vol. I (New Orleans: LA: October 2-5, 1983), pág. 593.

[18] Baseado em James L. Heskett, "Controlling Customer Logistics Service", *International Journal of Physical Distribution & Logistics Management*, Vol. 24, nº 4 (1994), págs. 4-10.

(inclusive os custos nacionais de transporte), uma economia de US$ 4 milhões em custos logísticos, e um aumento adicional de US$ 10 milhões no lucro líquido resultante do crescimento geral de US$ 100 milhões nas vendas do varejo.

Baritz e Zissman puderam demonstrar que os clientes (executivos de compras e distribuição) conseguem perceber as diferenças de serviços entre seus "bons" e "médios" fornecedores.[19] Mais precisamente, eles observaram que, quando ocorrem falhas nos serviços, os compradores normalmente impõem algum tipo de penalidade ao fornecedor responsável. Essas ações se farão sentir nos custos ou rendas do fornecedor. Os tipos de penalidades são ilustrados na Figura 4-5.

Os pesquisadores levantaram elementos suficientes para concluir seu estudo com esta proclamação relativa aos efeitos dos serviços sobre as vendas:

As diferenças em desempenho de serviço aos clientes foram quantificadas como responsáveis por cinco a seis por cento das variações nas vendas de um fornecedor.[20]

Na mesma linha de pensamento, Blanding declara:

Em mercados industriais, uma redução de 5% nos níveis dos serviços terá como resultado uma queda de 24% nas compras pela base habitual de clientes.[21]

Por fim, um estudo de Singhal e Hendricks realizado para 861 empresas de capital aberto constatou que os problemas na cadeia de suprimentos têm efeitos negativos sobre os preços das ações.[22] Sempre que uma empresa revela a existência de problemas na cadeia de suprimentos, como atrasos na produção ou no despacho, os preços de suas ações tendem a cair de imediato em 9%, ou até o máximo de 20% num período de seis meses. As seis causas mais comuns de falhas na cadeia de suprimentos foram, conforme esse estudo: mudanças exigidas pelos clientes, dificuldades com a expedição de novos produtos, problemas na produção, problemas com o desenvolvimento e problemas relacionados à qualidade.

Efeitos dos Serviços na Fidelização dos Clientes

Outra modalidade de avaliar a importância dos serviços ao cliente é o cálculo dos custos ligados à fidelização. Os serviços logísticos ao cliente são fundamentais nessa área e precisam ser cuidadosamente estabelecidos e consistentemente proporcionados sempre que se pretender garantir essa lealdade. Quando se atenta para o fato de que 65% dos negócios da empresa são feitos com seus clientes permanentes,[23] fica mais simples entender a importância de manter uma base de clientes cativos. Como observou Bender:

Em média, custa seis vezes mais desenvolver um cliente novo do que conservar um antigo. Do ponto de vista financeiro, então, os recursos investidos em atividades de serviços ao cliente proporcionam retorno substancialmente mais alto do que os utilizados na promoção e desenvolvimento de outras ações de atração de clientes.[24]

O presidente e CEO da AT&T certamente acredita nisto, pois, ao reagir à perspectiva do desencadeamento de uma guerra de tarifas nas comunicações, sentenciou:

O que realmente precisamos é concentrar-nos em premiar e incentivar a fidelização dos clientes atu-

---

[19] Baritz and Zissman, "Researching Customer Service: The Right Way", págs. 610-612.

[20] Idem, pág. 612.

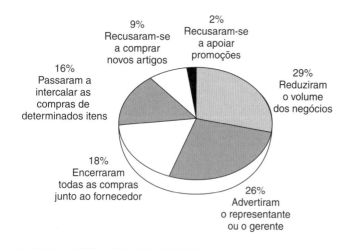

FIGURA 4-5 Penalidades impostas por compradores a fornecedores por falhas nos serviços ao cliente.
Fonte: Steven G. Baritz and Lorin Zissman, "Researching Customer Service: The Right Way", *Proceedings of the National Council of Physical Distribution Management*, Vol. II (New Orleans, LA: October 25, 1983), pág. 611.

[21] Warren Blanding, "Customer Service Logistics", *Proceedings of the Council of Logistics Management*, Anaheim, CA: October 5-8, 1986), pág. 367. Vol. I (February 2001), págs. 21 e seguintes.

[22] "Study Links Supply Chain Glitches with Falling Stock Prices", *OR/MS Today*, Vol. 28 nº Vol. I (February 2001), pág. 21 e seguintes.

[23] Idem, pág. 366.

[24] Paul S. Bender, *Design and Operation of Customer Service Systems* (New York: AMACOM, 1976), pág. 5.

ais, em vez de gastar horrores na tentativa de atrair os desertores.[25]

DEFININDO UMA RELAÇÃO DE VENDAS-SERVIÇOS

A importância da logística dos serviços ao cliente é hoje algo mais do que clara. Entretanto, as decisões logísticas poderiam ser aperfeiçoadas e melhoradas se soubéssemos com maior precisão como se processam as mudanças em vendas em função das mudanças nos níveis da logística dos serviços ao cliente. Gostaríamos de expressar isso em termos matemáticos como uma relação de vendas/serviços. Consideremos a natureza geral de semelhante ligação.

Com base em constatações teóricas e de pesquisas, temos condições de construir uma relação ideal vendas/logística de serviços, pelo menos de forma genérica. Essa ligação, mostrada na Figura 4-6, indica o rumo que as vendas provavelmente tomarão quando o serviço superar o da concorrência. Observem-se os três estágios distintos da curva: limiar, retornos decrescentes, declínio das vendas. Cada estágio mostra que incrementos iguais de melhorias nos serviços nem sempre representam ganhos iguais em vendas.

Se não existe serviço ao cliente na relação comprador/fornecedor, ou existe apenas numa forma muito rudimentar, as vendas geradas tendem a ser escassas, ou nulas. Obviamente, se o fornecedor não oferece logística alguma e o comprador não providencia o preenchimento dessa lacuna, não há como preencher a lacuna de tempo e espaço que se cria entre os dois. Não haverá intercâmbio algum e, em conseqüência, nenhuma venda se concretizará.

À medida que o nível do serviço se aproxima do que é oferecido pelos concorrentes, pouco avanço haverá nas vendas. Supondo-se paridade em preços e qualidade, a empresa não estará competindo efetivamente enquanto os seus níveis de serviços não se igualarem aos do mercado. Esse é o ponto do limiar do nível do serviço.

No momento em que a empresa alcança esse estágio, melhorias adicionais nos serviços em relação à concorrência representam poderosos estímulos às vendas. Conquista-se terreno em relação aos concorrentes com a criação de um diferencial em serviços. Ao serem os serviços ainda mais aperfeiçoados, as vendas continuam a crescer, embora a uma taxa mais moderada. A área que vai do limiar do nível dos serviços ao ponto do declínio das vendas é a dos retornos decrescentes. É precisamente nessa área que a maioria das empresas opera suas cadeias de suprimentos.

Por que as vendas crescem com melhoria nos serviços? Está suficientemente documentado que os compradores são sensíveis aos serviços prestados pelos fornecedores.[26] Serviço melhorado geralmente significa cus-

---

[25] "The 'New' AT&T Faces Daunting Challenges", *Wall Street Journal*, September 19, 1996, B1.

[26] Baritz and Zissman, "Researching Customer Service: The Right Way", págs. 610-612; and Ronald P. Willett and P. Ronald Stephenson, "Determinants of Buyer Response to Physical Distribution Service", *Journal of Marketing Research* (August 1999), págs. 279-283.

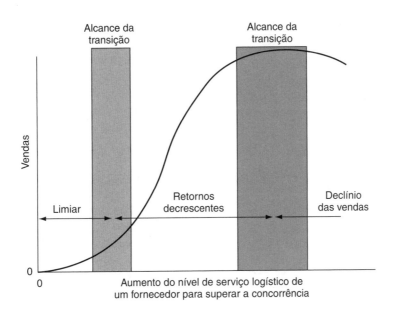

FIGURA 4-6   Relação geral vendas/serviços ao cliente.

104 PARTE II • OBJETIVOS DO SERVIÇO AO CLIENTE

tos de estoque mais baixos para o comprador, supondo-se que a qualidade dos produtos e o preço de aquisição não sejam afetados pela melhoria oferecida no serviço. Os compradores são incentivados a aumentar sua fidelidade aos fornecedores que apresentam melhor serviço.

A desaceleração do crescimento da curva de vendas vem sendo observada em estudos empíricos.[27] Ela é resultado da incapacidade dos compradores de tirarem benefício tanto de níveis elevados quanto de níveis reduzidos de serviços e é resultado também de políticas de compras que requerem mais de uma fonte de suprimentos. O impacto dos serviços nos custos dos compradores tende a reduzir-se à medida que aumenta sua qualidade. Conseqüentemente, a política costumeira de compras em múltiplas fontes de suprimentos impõe limites ao grau de fidelização que qualquer comprador pode garantir a um fornecedor. Quando essa política é a de distribuir as transações para muitos compradores, seu efeito é a desaceleração observada na Figura 4-6.

Por último, não é incomum que as melhorias nos serviços sejam levadas longe demais, o que acaba resultando num declínio das vendas. Embora melhorias como disponibilidade de estoque, tempo de ciclo do pedido e condições das mercadorias entregues não representem qualquer impacto negativo sobre as vendas, fatores de serviço aos clientes como a freqüência das visitas dos vendedores aos compradores para examinar os níveis de seus estoques e providenciar pedidos, e a natureza e freqüência das informações sobre o andamento dos pedidos constituem, para alguns compradores, exageros que acabam se tornando supérfluos e fatores de perda de tempo, tudo isso podendo inclusive levá-los a não comprar mais do fornecedor dado a essa prática. São, no entanto, efeitos que se registrariam provavelmente em situações extremas, quando a insistência é tamanha que os clientes acabam saturados por um serviço ou um produto inerentemente satisfatórios.

MODELANDO A RELAÇÃO VENDAS/SERVIÇOS

A relação vendas/serviços de um determinado produto pode desviar-se do modelo teórico mostrado na Figura 4-6. São vários os métodos para a formatação da ligação

---

[27] Ronald H. Ballou, "Planning a Sales Strategy with Distribution Service", *Logistics and Transportation Review*, Vol. 9, nº 4 (1974), págs. 323-333; Willett and Stephenson, "Determinants of Buyer Response to Physical Distribution Service", *International Journal of Physical Distribution & Materials Management,* Vol. 3, (Summer 1973), págs. 322-330; e Krenn and Shycon, "Modeling Sales Response to Customer Service for More Effective Distribution", págs. 581-601.

real que é possível usar em casos específicos. Entre eles, o método dos dois pontos, os experimentos antes-depois, jogos de empresas e as pesquisas junto aos compradores.

Método dos Dois Pontos

O método dos dois pontos requer a fixação de dois pontos na porção de retorno decrescente da relação vendas-serviços, pontos esses ligados por uma linha reta. Essa mesma linha é então usada como uma aproximação aceitável da ligação curvilínea (Figura 4-7). O método baseia-se na noção de que seria dispendioso demais, até mesmo irrealista, obter pontos múltiplos de dados para definir com precisão a curva vendas-serviços, e de que, mesmo estando esses dados disponíveis, não se consegue normalmente descrever essa ligação com a exatidão pretendida e adequada.

O método requer em primeiro lugar o estabelecimento de alto nível de serviço logístico ao cliente para um determinado produto, observando-se a partir daí o nível de vendas decorrente. O nível de serviço é então reduzido, fazendo-se nova observação do comportamento das vendas. Embora pareça tratar-se de uma técnica de execução simples, existem problemas metodológicos capazes de limitar sua utilidade. Em primeiro lugar, não seria prático alterar drasticamente os níveis dos serviços de produtos que estiverem vendendo bem só para reunir informações sobre a reação das vendas. Em segundo lugar, o prazo das mudanças, a quantidade das informações passadas aos clientes a respeito delas e com que intensidade se desenvolvem outras atividades com reflexos nas vendas (promoções, alterações dos preços e da qualidade dos produtos) são fatores capazes de provocar tanta variação nos resultados das vendas a ponto de tirar-lhes qualquer sentido. Essas limitações apontam para a necessidade de uma cuidadosa seleção da situação em que se pretende aplicar o método, para que seja possível colher resultados razoáveis da experiência.

Experimentos Antes-Depois

Entender a reação das vendas a uma determinada alteração nos serviços pode representar tudo o que é preciso saber para avaliar os efeitos sobre os custos. Criar a curva vendas-serviços a partir de uma ampla gama de opções de serviços seria, pois, desnecessário e impraticável. Por tudo isso, é viável determinar a reação das vendas simplesmente pela indução de uma alteração no nível dos serviços e pela monitoração das mudanças observadas nas vendas e/ou mediante a análise do mesmo efeito registrado quando da ocorrência de mudança se-

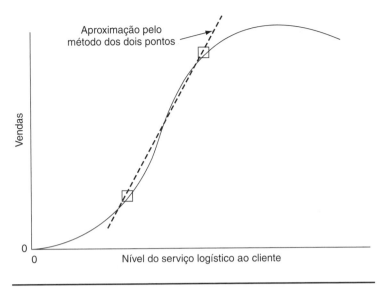

FIGURA 4-7 Aproximação de uma ligação vendas-serviços pelo método dos dois pontos.

melhante nos serviços no passado. A alteração nos serviços precisa ser em proporções suficientemente expressivas para impedir que diferenças reais nas vendas sejam confundidas com flutuações normais de vendas ou erros de mensuração.

Os experimentos antes-depois estão sujeitos aos mesmos problemas metodológicos do método dos dois pontos. Sua implementação, porém, se torna em geral mais fácil, uma vez que o nível atual de serviços é automaticamente o ponto dos dados de "antes". Basta, então, que se determine o ponto dos dados do "depois".

Jogos das Empresas

Um dos problemas mais sérios na mensuração da reação das vendas a mudanças ocorridas nos serviços é como controlar o cenário de negócios de maneira que apenas o efeito do nível do serviço logístico aos clientes venha a ser detectado. Uma das soluções mais viáveis é montar uma simulação de laboratório, ou jogo de empresas, em que os participantes tomam decisões num ambiente controlado. Esse cenário busca reproduzir os elementos de incerteza da demanda, concorrência, estratégia logística e outros que tenham importância na situação que se pretende mensurar. O jogo envolve decisões sobre níveis de atividades logísticas (e, portanto, níveis de serviços) destinados a gerar vendas compatíveis com os custos da produção. Com o monitoramento continuado da simulação, é possível obter dados extensivos para a geração de uma curva de vendas-serviços. Para atingir tal objetivo, criam-se jogos dentro de cada especialidade, ou se recorre a jogos logísticos generalistas disponíveis para fins de aprendizado.[28]

O artificialismo do cenário dos jogos é algo que sempre despertará dúvidas sobre a relevância dos resultados para uma determinada empresa ou produto. Levando-se em consideração que o valor preditivo do processo de jogo é estabelecido por meio de procedimentos da validação, a técnica oferece a vantagem de conseguir manipular os elementos do problema e o cenário sem se imiscuir num processo em desenvolvimento. Além disso, o processo do jogo pode ser continuado por todo o tempo necessário à aquisição da informação desejada, e ainda replicado para validações adicionais.

Pesquisas Junto a Compradores

O método mais utilizado de obtenção de dados sobre serviços ao cliente é o das pesquisas junto a compradores ou outras pessoas que influem sobre a decisão de comprar. Questionários postais/eletrônicos e entrevistas pessoais são os instrumentos mais freqüentemente utilizados, pois através deles consegue-se uma ampla amostragem de informações a um custo relativamente baixo. Algumas perguntas dessas pesquisas podem ser formuladas de maneira a determinar como os compradores mudariam de fornecedor, ou se dividiriam suas preferências entre mais de um deles, caso os serviços a eles

---

[28] Exemplos desses jogos logísticos generalistas são encontrados em L. Heskett, Robert M. Ivie and Nicholas A. Glaskowsky, Jr, *Business Logistics: Instructor's Supplement* (New York: Ronald Press, 1964), págs. 100-108; e "Simchip – A Logistical Game", in Donald J. Bowersox, *Logistical Management,* 2ª ed. (New York, Macmillan, 1978), págs. 465-478.

oferecidos sofressem determinada alteração. A combinação das respostas de múltiplos compradores a diferentes níveis propostos de logística de serviço ao cliente proporciona os dados básicos para a geração da curva de vendas-serviço.[29]

Esses métodos de levantamento de opiniões devem ser usados com muita cautela em função da possibilidade da indução de preferências. Ela se faz sentir principalmente no fato de solicitar-se aos clientes a indicação da maneira pela qual *reagiriam* a mudanças nos serviços, e não sobre como *reagem* a mudanças concretas. As perguntas devem ser projetadas com o maior cuidado para não induzir os respondentes nem condicionar suas respostas, captando, ainda assim, a essência do serviço considerado mais importante pelos compradores.

CUSTOS *VERSUS* SERVIÇOS

Já ficou anteriormente claro que os serviços logísticos aos clientes são o resultado do estabelecimento de níveis de atividades logísticas. Isto implica que cada nível de serviço tem seu próprio custo. Na verdade, existem muitas alternativas de custos de sistema logístico para cada nível de serviço, dependendo da característica de cada atividade do *mix* logístico. Uma vez conhecida em termos gerais a relação vendas-serviços, torna-se possível compatibilizar os custos com o serviço, como mostra a Figura 4-8.

À medida que os níveis das atividades são incrementados para dar conta do crescimento dos níveis dos serviços ao cliente, os custos aumentam em ritmo igualmente rápido. Este é um fenômeno generalizado observado na maioria das atividades econômicas à medida que elas são exigidas acima do seu ponto de eficiência máxima. A redução dos lucros na relação vendas-serviços e a curva ascendente custos-serviços têm como resultado uma curva de lucros na forma apresentada na Figura 4-8. A curva da contribuição dos lucros resulta da diferença entre os lucros e os custos nos vários níveis dos serviços. Porque há um ponto na curva da contribuição dos lucros em que o lucro é maximizado, há um nível ideal de serviços buscado no planejamento do sistema logístico. Este ponto máximo do lucro ocorre normalmente entre os extremos dos níveis de serviço baixo e alto.

DETERMINANDO O NÍVEL DE SERVIÇO ÓTIMO

Uma vez identificados a receita e os custos logísticos de cada nível de serviço, torna-se viável estabelecer o nível de serviço que irá maximizar a contribuição do lucro da empresa. O ponto ótimo do lucro é encontrado matematicamente. Analisaremos a teoria para fazer isso e, a partir daí, passaremos a examinar detalhadamente um exemplo da aplicação prática dessa teoria.

---

[29] Exemplos da utilização dessa técnica aparecem em Ballou, "Planning a Sales Strategy with Distribution Service"; Perreault and Russ, "Physical Distribution Service in Industrial Purchase Decisions", *Journal of Marketing*, Vol. 10, nº 3, (1976), págs. 3-10: Willett and Stephenson, "Determinants of Buyer Response to Physical Distribution Service"; e Krenn and Shycon, "Modeling Sales Response to Customer Service for More Effective Distribution".

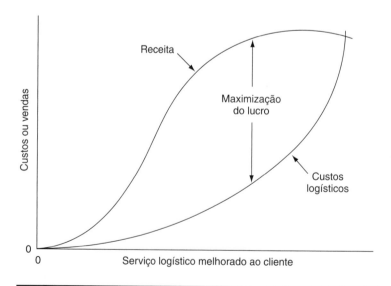

FIGURA 4-8 Compensações gerais nos custos/receitas em vários níveis dos serviços logísticos ao cliente.

Teoria

Suponha que o objetivo seja maximizar a contribuição para o lucro, isto é, a diferença entre as receitas relacionadas à logística e os custos logísticos. Matematicamente, o lucro máximo é concretizado no ponto em que a variação nas receitas é igual à variação nos custos, ou seja, a receita marginal é igual ao custo marginal. Para entender graficamente a situação, imagine que a curva vendas-serviço (receita) seja dada por $R = 0,5\sqrt{SL}$, sendo SL o nível de serviço representado como a percentagem de pedidos com um tempo de ciclo de cinco dias. A natureza desta curva é mostrada na Figura 4-9. A curva de custo correspondente é dada por $C = 0,00055 SL^2$. A expressão a ser otimizada é receita menos custo, ou

$$P = 0,5\sqrt{SL} - 0,00055 SL^2 \quad (4\text{-}1)$$

onde P = contribuição do lucro em dólares.

Com o uso de cálculo diferencial, a Equação (4-1) pode ser otimizada. A expressão resultante para o nível de serviço (SL) para otimizar a contribuição do lucro é[30]

---

[30] A expressão de SL^* é determinada como a seguir:

$$P = 0,5\sqrt{SL} - 0,00055 SL^2$$

A fim de otimizar P com respeito a SL, tome a primeira derivada de P com relação a SL e faça o resultado igual a zero. Ou seja,

$$dP/dSL = (1/2)(0,5)SL^{-1/2} - (2)(0,0055)SL = 0$$

Resolva para SL^*.

$$SL^* = \left[\frac{0,5}{4(0,00055)}\right]^{2/3}$$

$$SL^* = \left[\frac{0,5}{4(0,00055)}\right]^{2/3} \quad (4\text{-}2)$$

Desta forma, $SL^* = 37,2$. Ou seja, cerca de 37,2% dos pedidos deveriam ter um tempo de ciclo de cinco dias, como demonstrado na Figura 4-9.

Prática

Considere como a teoria anterior é aplicada no nível de serviço de estoque armazenado de uma indústria de produtos alimentícios. Um item é selecionado, mas a metodologia se aplica igualmente a cada um dos outros itens no armazém.

Exemplo

A Borden Foods estoca um tipo de suco de limão em um de seus armazéns. O estoque é de tal proporção que poderia durar até quatro anos. O nível de serviço para o produto foi estabelecido com excesso de 99%. Embora este fosse um dos produtos de maior estoque da empresa, a questão residia em saber se era ou não necessário manter sempre estoques de nível tão elevado.

A opinião dominante na empresa indicava que uma mudança de 0,1% nas vendas poderia ocorrer para cada 1% de variação no nível de serviço. O armazém reabastecia os pontos de venda semanalmente, de modo que o nível de serviço ao cliente pudesse ser definido como a probabilidade de ter estoques durante

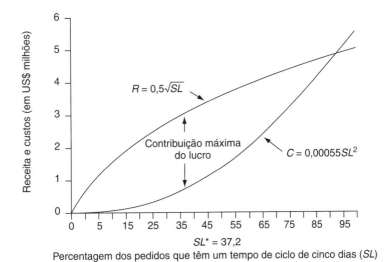

FIGURA 4-9 Maximização da contribuição do lucro para as curvas hipotéticas de receita e custos.

108 PARTE II • OBJETIVOS DO SERVIÇO AO CLIENTE

ciclo de reposição do armazém. A margem de vendas (*markup*) era de US$ 0,55 por caixa, sendo as vendas anuais feitas pelo armazém de 59.904 caixas. O custo padrão por caixa era de US$ 5,38 e o custo anual de carregamento de estoque estimado em 25 por cento. O tempo de reposição era de uma semana, com vendas médias semanais de 1.152 caixas e um desvio padrão de 350 caixas.

O serviço ótimo é encontrado no ponto em que o lucro líquido no armazém é maximizado, ou $LL = L - C$. L é o lucro bruto no ponto do armazém na cadeia de suprimentos e C é o custo do estoque de segurança no armazém. O ponto ótimo ocorre sempre que a variação (Δ) no lucro bruto é igual à variação nos custos dos estoques de segurança; ($\Delta L = \Delta C$). Uma vez que a resposta das vendas é constante em todos os níveis de serviço, a variação no lucro bruto é encontrado a partir de

ΔL = Margem de vendas (US$/caixa)
$\times$ Resposta das vendas (variação decimal nas vendas/1% variação no serviço
$\times$ Vendas anuais (caixas/ano)
= $0,55 \times 0,001 \times 59.904$
= US$ 32,95 por ano por 1% de variação no nível de serviço   **(4-3)**

A variação no custo é um resultado do montante de estoque de segurança que precisa ser mantido em cada nível de serviço. O estoque de segurança é o estoque suplementar mantido como garantia contra a variabilidade da demanda e prazo de entrega na reposição.[31] Esta variação em garantia de estoque é dada por

ΔC = Custo anual de manutenção de estoques (%/ano) $\times$ Custo padrão do produto (US$/caixa) $\times$ Desvio padrão da demanda durante o período de reposição (caixas) $\times \Delta z$
     (4-4)

em que z é um fator (chamado desvio normalizado) da curva da distribuição normal que é associado com a probabilidade de estar em estoque durante o período do prazo de entrega. (A lógica desta equação é discutida no capítulo sobre gerenciamento de estoques.) A variação do custo anual é

$$\Delta C = 0,25 \times 5,38 \times 350 \times \Delta z$$
$$= US\$ \ 470,75 \times \Delta z \ \text{por ano}$$

---

[31] Ver Capítulo 9, "Decisões sobre Política de Estocagem", para maiores informações sobre garantia de estoque.

para cada Δz. A variação nos custos de segurança do estoque para vários valores de Δz é dada na tabulação a seguir:

Variação no nível de serviço (SL), %	Variação em z (Δz)[a]	Variação no custo de estoque de segurança (ΔC), US$/ano
87–86	$1,125 - 1,08 = 0,045$	$ 21,18
88–87	$1,17 - 1,125 = 0,045$	21,18
89–88	$1,23 - 1,17 = 0,05$	23,54
90–89	$1,28 - 1,23 = 0,05$	23,54
91–90	$1,34 - 1,28 = 0,06$	28,25
92–91	$1,41 - 1,34 = 0,07$	32,95
93–92	$1,48 - 1,41 = 0,07$	32,95 ←
94–93	$1,55 - 1,48 = 0,07$	32,95
95–94	$1,65 - 1,55 = 0,10$	47,08
96–95	$1,75 - 1,65 = 0,10$	47,08
97–96	$1,88 - 1,75 = 0,13$	61,20
98–97	$2,05 - 1,88 = 0,17$	80,03
99–98	$2,33 - 2,05 = 0,28$	131,81

[a] Esses valores z estão disponíveis no Apêndice A.

Plotando os valores ΔL e ΔC num gráfico (ver a Figura 4-10) pode-se ver que o nível ótimo de serviço (SL^*) é de 92 a 93%. É este o ponto em que ocorre a intersecção das curvas ΔL e ΔC.

Nota: Não se faz necessário dar conta de variações nas receitas e custos de todos os produtos, apenas dos mais relevantes efeitos dos lucros e custos de estoque.

A Borden conduziu uma avaliação semelhante de uma grande amostragem dos milhares de itens estocados em seus inúmeros armazéns. Uma economia de milhões de dólares com a redução dos custos de estocagem foi projetada em função da estocagem em níveis mais elevados do que aqueles justificáveis pelo acréscimo de lucros a ser concretizado pela estocagem acima dos níveis ótimos de serviços.

VARIABILIDADE DOS SERVIÇOS

O serviço ao cliente tem tido, até este ponto da discussão, relação com o valor médio da variável serviço ao cliente. Contudo, a *variabilidade* no desempenho dos serviços aos clientes é normalmente mais importante que o desempenho médio. Os clientes conseguem planejar em busca de desempenho conhecido ou mesmo marginal desses serviços, mas a variabilidade no desempenho dos serviços é incerta. Altos índices de incerteza nos serviços levam o cliente a incorrer em altos custos através de grandes estoques, transporte ágil e custos admi-

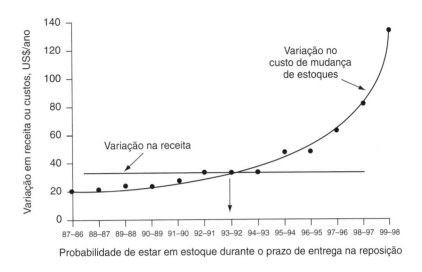

FIGURA 4-10 Determinando o nível de serviço (*SL**) para um item de linha de um processador de alimentos.

nistrativos adicionais. O quanto de variabilidade se deve aceitar é uma questão econômica. Quando a variabilidade não pode ser controlada, o melhor será utilizar informação para amortecer os efeitos da incerteza.

Função Perda

Assim como a qualidade de um produto pode ser julgada pelo cumprimento das próprias especificações, pode-se avaliar a logística do serviço ao cliente pela eficiência dos processos das cadeias de suprimentos no cumprimento dos prazos de entrega, freqüência da existência de estoques, no índice de acurácia no atendimento dos pedidos, e outras variáveis de serviços. Qualidade e serviço ao cliente são sinônimos e, por isso mesmo, grande parte do que já foi dito a respeito da qualidade dos produtos nos últimos 10 ou 15 anos aplica-se igualmente ao serviço ao cliente. A função perda de Genichi Taguchi é um instrumento valioso para gerenciar os processos que produzem os níveis de serviços ao cliente. Taguchi argumentou que a inconsistência de qualidade e serviços conduz fatalmente a despesas imprevistas, desperdício, redução da simpatia dos clientes e oportunidades perdidas sempre que o valor pretendido em qualidade deixa de ser atingido com precisão. Tradicionalmente, a qualidade era vista como satisfatória e sem possibilidade de perdas enquanto suas variações não extrapolassem os limites superiores e inferiores de uma faixa aceitável (ver a Figura 4-11). De acordo com Taguchi, as perdas registram índices ascendentes à medida que um serviço (qualidade) vai se desviando cada vez mais de seu valor alvo. Essas perdas aumentam em ritmo crescentemente acelerado de acordo com a fórmula a seguir:

$$L = k(y - m)^2 \qquad (4\text{-}5)$$

onde

L = perda em dólares por unidade (penalidade de custos)
y = valor da variável qualidade
m = valor-alvo da variável qualidade e
k = uma constante que depende da importância financeira da variável qualidade

Quando a função perda é conhecida, dá um valor à não satisfação das metas dos serviços aos clientes. Juntamente com o custo do ajustamento do processo à consecução dos diferentes níveis de qualidade, o processo pode ser otimizado até o melhor nível de variabilidade em qualidade.

Exemplo

Suponha um serviço de entrega de encomendas cujo compromisso é fazer a entrega aos clientes no máximo às 10 horas da manhã do dia seguinte ao do despacho. Qualquer entrega com mais de duas horas de atraso em relação ao prazo assumido é inaceitável. A empresa é penalizada em US$ 10,00 na forma de desconto para o cliente em cada entrega com atraso. Convertendo-se a penalidade em uma função perda, o valor k na função perda da Equação (4-5) pode então ser encontrado:

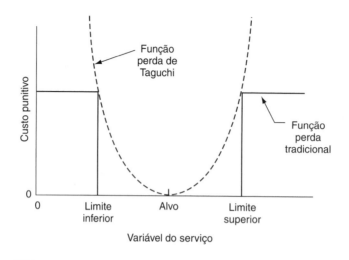

FIGURA 4-11 A função perda de Taguchi aplicada à logística de serviços aos clientes.

$$L = k(y-m)^2$$
$$10,00 = k(2-0)^2$$
$$k = \frac{10}{2^2} = US\$2,5 \text{ por hora}^2$$

O valor de m é fixado em 0, uma vez que apenas o desvio y do valor alvo é buscado.

O custo por entrega para o controle do processo diminui à medida que se permite maior desvio do prazo de entrega fixado. A empresa estima que os custos do processo são elevados quando não há desvio permitido do valor-alvo e eles diminuem linearmente a partir do valor-alvo de maneira a que tenhamos custo do processo = $A - B(y - m)$. O custo do processo declina com o desvio crescente do valor-alvo, dado por $CP = 20 - 5(y - m)$.

O custo total é a soma do custo do processo (CP) e do custo da penalidade (L). O ponto $y - m$, em que a perda marginal é igual ao custo marginal do processo é[32]

$$(y-m) = \frac{B}{2k} = \frac{5}{2(2,5)} = 1 \text{ hora}$$

---

[32] Alternativamente, usando cálculo diferencial, o desvio ótimo permitido do valor alvo pode ser encontrado como a seguir.

$$TC = A - B(y-m) + k(y-m)^2$$
$$\frac{dTC}{d(y-m)} = 0 - B + 2k(y-m) = 0$$
$$(y-m) = \frac{B}{2k}$$

Assim, a empresa deveria estabelecer este processo de serviço de modo a não permitir desvio superior a uma hora no tempo pretendido de entrega $m = 0$.

Substituição das incertezas pela informação

Há circunstâncias em que a incerteza do desempenho do serviço ao cliente não pode ser controlada com o grau de confiança pretendido pelos clientes. Nesses casos, haveria a alternativa de reduzir o impacto da incerteza pelo uso da informação. Uma prática óbvia é abastecer os clientes com informação sobre a situação de seus pedidos. Sistemas de acompanhamento que proporcionam informação desde a emissão do pedido até a entrega são cada vez mais difundidos e aceitos. Sua utilização em sistemas *just-in-time* é essencial para gerenciar o fluxo de produtos em áreas que trabalham com estoque reduzido ou nulo. Estão também surgindo em muitos sistemas de varejo. O benefício é que os clientes ficam sabendo do estágio de seu pedido e podem assim prever sua chegada, em lugar de ficar somente com dúvidas sobre o processamento e incapazes de planejar precisamente os efeitos da demora de entrega sobre os níveis de estoque, programas de produção e equivalentes. Um sistema de acompanhamento bem projetado, além de proporcionar o andamento do pedido, deveria dar em cada estágio a estimativa atualizada do tempo previsto de conclusão.

Observação

A Dell Corporation, montadora de PCs, dá aos clientes usuários da Internet (e do atendimento por telefone) a condição de acompanhar seus pedidos ao longo de *todo* o ciclo do pedido. Quando um pedido é feito pelo *site* da empresa ou por um vendedor, o cliente recebe um número de identificação. Ele pode então achar o *hyperlink* da situação dos pedidos no *site* da Dell para verificar se a sua encomenda passou pelo estágio do encaminhamento, produção ou preparação do embarque. O status de cada pedido é atualizado em tempo real. Uma vez o pedido despachado, uma interface com a UPS ou outras transportadoras é também proporcionado na página na Web para que o cliente acompanhe os vários estágios da entrega. O cliente pode antecipar, dentro de uma estreita janela de tempo, quando o pedido chegará e fazer planos para seu recebimento.

O SERVIÇO COMO RESTRIÇÃO

O serviço ao cliente é muitas vezes tratado como uma restrição pelo sistema logístico quando não se consegue desenvolver uma relação vendas-serviços. Neste caso, um nível de serviço ao cliente predeterminado pode ser escolhido, sendo o sistema logístico projetado para chegar a esse nível a um custo mínimo. O nível de serviço é em geral baseado em fatores como os níveis de serviços estabelecidos pela concorrência, as opiniões do pessoal de vendas, e a tradição. Não há garantia de que um nível de serviço estabelecido desta forma vá se transformar num projeto de sistema logístico que represente o melhor equilíbrio entre as receitas e os custos logísticos.

A fim de avançar no sentido de um projeto ótimo de sistema quando o serviço é tido como uma restrição, su-

gere-se a utilização da análise de sensibilidade. Neste caso, tal análise envolve a mudança de fatores que constituem o serviço e a partir daí o estabelecimento do novo projeto de sistema de menor custo. Quando se realiza esse tipo de análise várias vezes, obtém-se um elenco de custos de sistema para vários níveis de serviços, como ilustrado na Tabela 4-3. Embora não se conheça de que maneira o projeto do sistema logístico e o nível de serviço dele resultante influem nas vendas, é possível imputar uma valorização a um nível de serviço. Como é mostrado na Tabela 4-3, ao incrementar o serviço ao cliente de um nível de 85% para o patamar de 90 por cento, os custos logísticos aumentarão de US\$ 7 milhões para US\$ 9 milhões por ano. A valorização imputada desses cinco pontos percentuais em melhoria de serviço ao cliente terá um custo adicional de US\$ 2 milhões. Assim, é preciso transferir, do aumento de vendas resultante da melhoria do serviço, o bastante para cobrir o correspondente aumento dos custos logísticos. A opção final por um nível de serviços constitui decisão da administração, mas a informação sobre o custo dos vários níveis de serviços facilita e contribui bastante com esta tomada de decisão.

MENSURAÇÃO DOS SERVIÇOS

Encontrar uma mensuração com a abrangência suficiente para garantir uma avaliação efetiva do desempenho da logística dos serviços ao cliente é realmente trabalhoso, considerando-se as inúmeras dimensões dos serviços aos clientes. O tempo total do ciclo do pedido e suas variabilidades são provavelmente as melhores medidas dessa logística, uma vez que incorporam muitas variáveis con-

TABELA 4-3   Custos dos projetos de sistemas logísticos como uma função de vários níveis de serviços ao cliente

Alternativa	Projeto de sistema logístico[a]	Custos logísticos anuais	Nível de serviço ao cliente[b]
1	Transmissão de pedidos por correio, processamento manual, transporte aquático, níveis baixos de estoques	US\$ 5 milhões	80%
2	Transmissão de pedidos por correio, processamento manual, transporte ferroviário, baixos níveis de estoques	7 milhões	85
3	Pedido processado por telefone, transporte rodoviário, baixos níveis de estoques	9 milhões	90
4	Pedido processado por telefone, transporte ferroviário, altos níveis de estoques	12 milhões	93
5	Pedido processado por telefone, transporte rodoviário, altos níveis de estoques	15 milhões	95
6	Pedido processado via Web, transporte aéreo, altos níveis de estoques	16 milhões	96

[a] Projeto de custo mínimo para proporcionar o prometido nível de serviço ao cliente.

[b] Percentagem de clientes recebendo as mercadorias no prazo de cinco dias.

sideradas importantes para os clientes. Ele pode ser representado estatisticamente pela média e desvio-padrão (por exemplo, para o 95º percentil, 10±2 dias), ou alternativamente como um percentual de pedidos que se adequam ao tempo alvo do ciclo do pedido.

O serviço aos clientes pode ser igualmente medido em termos de cada atividade logística. Entre as mensurações mais comuns do desempenho incluem-se as seguintes:

PROCESSAMENTO DOS PEDIDOS
- Tempo mínimo, máximo e médio de processamento dos pedidos
- Percentual de pedidos processados nos prazos determinados

ACURÁCIA NA DOCUMENTAÇÃO DOS PEDIDOS
- Percentagem de documentos dos pedidos contendo erros

TRANSPORTE
- Percentagem de entregas no prazo
- Percentagem de pedidos entregue na data estabelecida pelo cliente
- Danos e reclamações de prejuízos como percentagem do frete

DISPONIBILIDADE DE PRODUTO E ESTOQUE
- Percentagem de artigos em falta no estoque
- Percentagem de pedidos atendidos completamente
- Índice de atendimento e de atendimento médio ponderado dos pedidos
- Percentual médio de itens de pedidos em atraso
- Índice de atendimento dos itens

PRODUTOS DANIFICADOS
- Número de devoluções em relação ao total dos pedidos
- Valor das devoluções em relação às vendas totais

TEMPO DE PROCESSAMENTO DA PRODUÇÃO/ARMAZÉM
- Tempo mínimo, máximo e médio de processamento dos pedidos

Muitas outras mensurações podem ser usadas, devendo ser adaptadas ao projeto do sistema logístico operado pela empresa.

Existem dois problemas em potencial para essas mensurações dos serviços. O primeiro é que elas são orientadas de dentro da empresa, provavelmente porque os dados se tornam disponíveis com maior presteza e o controle seja mais fácil do que com mensurações orientadas para fora. Por outro lado, não promovem coorde-

nação que seja essencial para um bom desempenho do serviço aos clientes envolvendo membros de canais múltiplos. Mensurações adequadas externamente orientadas ainda estão por ser desenvolvidas.

O segundo é que é possível que tais medidas não estejam centradas nas necessidades dos clientes. Muito freqüentemente as empresas avaliam o serviço ao cliente em termos dos elementos sobre os quais elas têm inteiro controle. Definições e mensurações estreitas do serviço ao cliente podem levar qualquer empresa a acreditar que está se saindo bem, mesmo com os clientes considerando que tais serviços deixam de fora elementos importantes para eles. Isto torna a empresa inadvertidamente vulnerável em relação a concorrentes que reconhecem a necessidade de serviço total aos clientes e gerenciam o desenvolvimento desses serviços pela perspectiva do cliente.

Observação

Um grande fabricante de equipamentos de controle de fluxo de fluidos (mangueiras, conectores, cilindros hidráulicos e instrumentos de controle) tinha na América Latina um de seus principais mercados. A empresa mensurava o serviço aos clientes como o percentual de pedidos despachados (a partir da fábrica ou de armazéns) na data marcada pelo cliente. Como eram os clientes que escolhiam os transportadores marítimos para seus respectivos países do Caribe e da América do Sul, tudo levaria a crer que estivessem satisfeitos com o arranjo. Contudo, a empresa deixava 40% do tempo total do ciclo do pedido nas mãos dos clientes. Estes escolhiam os meios de transporte a partir das fábricas exatamente porque a empresa não lhes oferecia alternativas. Com essa estreita definição de serviço ao cliente, a empresa não apenas perdeu a oportunidade de utilizar seu volume de despachos como forma de conseguir alternativas de custos menores/melhor serviço marítimo (por exemplo, por um prestador de serviço logístico) do que aquelas obtidas pelos clientes agindo isoladamente, como também se colocou em posição vulnerável em relação a concorrentes que viessem a optar por gerenciar os ciclos completos de pedido desses mesmos clientes.

CONTINGÊNCIAS DE SERVIÇOS

Grande parte do trabalho de planejamento e controle do profissional de logística tem como objetivo comandar uma operação eficiente sob condições normais. E, no entanto, é preciso estar preparado para enfrentar circunstâncias extraordinárias que possam inclusive interromper o sistema ou alterar drasticamente suas características operacionais em curto prazo – como greves trabalhistas, incêndio, inundação ou defeitos perigosos na linha de produtos. Duas contingências mais comuns são a queda do sistema e o recolhimento (*recall*) de produtos.

Interrupção no Sistema

Não existe sistema logístico operacional capaz de funcionar o tempo todo sem apresentar problemas. Algumas interrupções dos serviços irão fatalmente ocorrer, mas não deveríamos considerá-las necessariamente tão importantes a ponto de manter planos especiais preparados só para a hipótese de se tornarem realidade. Apressar algum grande pedido atrasado, enfrentar picos sazonais de pedidos de determinadas mercadorias ou ter equipamento redundante – nenhuma dessas situações realmente exige planos de contingência, pois constituem partes normais de uma atividade de negócios.

Exemplo

A Federal Express usa "aviões de varredura" para estar em condições de enfrentar picos imprevistos em volume, atrasos causados por mau tempo e problemas nos equipamentos. A companhia considera esta redundância uma parte normal do seu negócio altamente orientado para o serviço de qualidade.

O planejamento de contingências é diverso e externo ao processo normal de planejamento. Hale classifica a natureza do evento um indicativo de quando é necessário empreender planejamento de contingência:

- A probabilidade de ocorrência é tida como menor do que para eventos incluídos no processo normal de planejamento.
- A ocorrência de um evento como tal causaria sérios prejuízos, especialmente quando não enfrentada rapidamente.
- Trata de um evento a cujo respeito a empresa pode planejar antecipadamente em termos de enfrentamento adequado, se e quando vier a ocorrer.[33]

Não existem métodos especiais de planejamento de contingências. Trata-se simplesmente de uma questão de fazer as perguntas adequadas *o que aconteceria se* sobre elementos críticos do sistema logístico e de determinar as modalidades adequadas de agir, na eventualidade de um acidente inesperado numa parte vital do sistema logístico. O desejo da gerência de garantir sempre o nível ótimo de serviço ao cliente só faz aumentar a necessidade de adotar esta modalidade de planejamento.

Aplicação

O armazém geral de uma grande indústria de equipamentos de copiadoras e similares na Costa Oeste (Oceano Pacífico) dos Estados Unidos sofreu um grande incêndio numa tarde de sexta-feira. O armazém, com grande estoque de peças de copiadoras e artigos gerais para escritório, atendia a uma importante área da Costa Oeste. Em vista da natureza altamente competitiva desse negócio, o incêndio representava um potencial de desastre completo em vendas perdidas. Parte considerável do sistema de distribuição estava desmantelada.

Menos mal que a equipe do setor de distribuição já havia levado em consideração uma possibilidade semelhante, desenvolvendo planos de contingência para a eventual transformação do pesadelo em realidade. Na segunda-feira posterior ao dia do incêndio, a empresa já havia despachado por via aérea, para um armazém alugado na mesma área, estoque suficiente para continuar no mercado. O serviço aos clientes foi mantido em nível tão parecido ao normal que muitos dos clientes nem chegaram a tomar conhecimento da ocorrência do incêndio.

Martha e Subbakrishna reconhecem o alto grau de fragilidade das cadeias de suprimentos em função do seu projeto baseado em rapidez e eficiência. Resposta rápida, logística "enxuta", e entregas *just-in-time* vêm sendo apregoadas e postas em prática nos últimos 30 anos como a melhor maneira de reduzir estoques, liberar capital e melhorar a qualidade. Essas estratégias logísticas acentuam o perigo e o impacto de eventuais rupturas, uma vez que suas principais característica e necessidade é o fluxo continuado de produtos/mercadorias ao longo da cadeia de suprimentos numa sincronização sempre precisa. Há poucos estoques disponíveis para amenizar o choque de interrupções nos vários estágios da cadeia de suprimentos. Existe sempre o risco de interrupção total da cadeia de suprimentos. As medidas a seguir enumeradas são tidas como possíveis formas de diminuir ou evitar o impacto de rupturas súbitas da cadeia de suprimentos:

---

[33] Bernard J. Hale, "The Continuing Need for Contingency Planning by Logistics Managers", *Proceedings of Council of Logistics Management,* Vol. I. (Atlanta, September 27-30, 1987), pág. 93.

PARTE II • OBJETIVOS DO SERVIÇO AO CLIENTE

- Fazer seguro contra riscos.
- Planejar rotas alternativas de suprimento.
- Conseguir alternativas de transporte.
- Modificar a demanda.
- Elaborar respostas rápidas a mudanças da demanda.
- Determinar estoques para situações de ruptura.[34]

Contratar seguros contra perdas financeiras é uma medida óbvia de proteção contra a interrupção dos serviços. Como as companhias de seguros excluem seletivamente determinados tipos de riscos, entre os quais os decorrentes de ações terroristas, é preciso adotar outras medidas. E estas em geral se destinam a preservar níveis de serviços ou a manter os clientes satisfeitos durante interrupções dos serviços.

Manter múltiplas fontes de suprimento ou planejar o acesso a fornecedores alternativos são medidas que tendem a garantir o fluxo de produtos/mercadorias durante situações de ruptura dos canais normais. A dependência de uma fonte única de suprimento é o maior dos riscos. Manter uma fonte única de suprimentos é prática muito aconselhada nos últimos anos pelos proponentes dos sistemas *just-in-time*.

Exemplo

Quando o furacão Mitch assolou a América Central, inundando as plantações de bananas já destruídas pela passagem dos ventos, dois dos maiores produtores perderam boa parte de sua capacidade de área. A Dole perdeu 70% de sua capacidade na região, o que representou cerca de 25% da sua capacidade total de produção. Como esse conglomerado não dispunha de fontes alternativas de suprimento, sofreu uma queda de 4% no total de suas receitas.

A Chiquita Brands, no entanto, conseguiu manter seu abastecimento. Aumentou a produtividade em outros locais, como o Panamá, e fez grandes compras junto aos produtores das áreas não afetadas pelo furacão. Como resultado dessa estratégia, a Chiquita conseguiu *aumentar* suas receitas em 4% no quarto trimestre de 1998.

O transporte é um elemento especialmente vulnerável da cadeia de suprimentos. Estabelecer antecipadamente modos alternativos de entrega é a contra-medida

mais óbvia com relação a paralisações derivadas de greves, desastres naturais e ações terroristas. A substituição de modais de transporte e/ou a utilização de rotas alternativas oferecem a indispensável flexibilidade. É óbvio que garantir a operacionalidade da cadeia de suprimentos poderá representar custos adicionais.

Mudar a demanda é uma maneira indireta de enfrentar crises no suprimento. Trata-se do reconhecimento de que, quando não há meio de disponibilizar um produto, os clientes devem ser incentivados, por várias formas, a escolher uma mercadoria alternativa. Dessa maneira será possível manter as vendas no seu nível habitual até a normalização do desempenho da cadeia de suprimentos.

Exemplo

Em conseqüência de um terremoto que atingiu Taiwan no ano de 1999, o suprimento de componentes para montadoras de PCs e *laptops* esteve interrompido por duas semanas. A Apple Computer enfrentou escassez de semicondutores e componentes para os seus produtos mais vendidos. Houve tentativas de substituir esses modelos por versões de menor velocidade, mas os clientes não demoraram a se queixar. Os problemas com relação ao suprimento se mantiveram porque não havia como alterar as configurações dos produtos.

Em contraste, a Dell Computer enfrentou melhor essa mesma crise. Usando seu *Web site* de seleção de produtos para promover vendas especiais e conceder descontos, a empresa conseguiu mudar a demanda para produtos não atingidos pela crise derivada do terremoto. Tanto é assim que suas receitas tiveram um aumento de 41% no trimestre afetado pela crise na cadeia de suprimentos.

Quando os terroristas atacaram o World Trade Center, a conseqüente ruptura no trânsito de Nova York causou uma mudança de demanda por outros meios de transporte. Quando o rigor do inverno nos Estados do norte dos EUA deixou o transporte rodoviário de cargas praticamente paralisado, a demanda mudou para o transporte ferroviário. Quando as grandes compras de trigo feitas pela Rússia aumentaram a demanda de vagões ferroviários graneleiros, os usuários regulares desse meio viram-se repentinamente privados desses mesmos vagões. Picos de demanda não são normalmente absorvidos na operação de um canal de suprimentos. Planejamento flexível é uma necessidade muito clara. Os canais de suprimentos construídos em torno de múltiplos forne-

---

[34] Joseph Martha and Sunil Subbakrishna, "Targeting a Just-in-Case Suplly Chain for the Inevitable Next Disaster", *Supply Chain Review*, Vol. 6, nº 5 (2002), págs. 18-23.

cedores ou pontos de produção, estoques e métodos de transporte mistos têm maior capacidade de dar conta de choques de demanda. Não é o que ocorre com os sistemas logísticos "enxutos". Capacidade adicional e sistemas de resposta rápida podem se tornar necessários para enfrentar mudanças inesperadas nos níveis de demanda, muito provavelmente com custos extras.

Os estoques são historicamente um meio primário com o qual as empresas enfrentam crises nos suprimentos. Eles funcionam como um pulmão, ou rede, de segurança quando a demanda e a oferta estão desequilibradas. Programas *just-in-time* e logísticas "enxutas" têm minimizado os estoques e incrementado o efeito negativo de demoras ou rupturas temporárias da cadeia de suprimentos. Criar ou aumentar os estoques em pontos-chaves da cadeia de suprimentos pode reduzir significativamente os efeitos de alguns tipos de rupturas.

A adoção de providências para enfrentar e minimizar os riscos relacionados com quedas do sistema em geral provoca o aumento dos custos, a menos que se permita a deterioração do nível dos serviços. Embora uma cadeia de suprimentos em funcionamento contínuo e sem problemas seja o ideal universal, a realidade é que desastres sempre acontecem. Por isso, gerentes conscientes de suas responsabilidades sempre encontrarão tempo e disposição para antever problemas e adotar o planejamento adequado a cada situação.

Ocorrem às vezes fatos tão improváveis que não há a menor possibilidade de alguém ter feito alguma preparação/previsão a respeito. Não há como formular planos de contingência pela impossibilidade de definir adequadamente os próprios fatos que deles seriam geradores. Nesses casos, o planejamento de contingência mais adequado seria manter uma equipe anticrise permanente, pronta para ser ativada ao menor sinal de alguma emergência indefinível. Estar pronto e em condições de reagir rápida e efetivamente a alternativas logísticas à medida que ocorrem pode ser a chave para manter as operações quando rupturas imprevistas ocorrerem.

Exemplo

A Chrysler ativou seu centro de comando logístico quando os terroristas atacaram o World Trade Center, em Nova York, o que forçou a suspensão temporária de todos os vôos nacionais nos EUA e atrasou o transporte terrestre nas fronteiras internacionais devido à intensificação das medidas de segurança. A Chrysler, como outros produtores de automóveis, operava suas fábricas em sistema de manufatura *just-in-time*. As fábricas mantinham então estoques muito baixos, e dependiam de um sistema de transporte operando em condições de fazer entregas freqüentes de quantidades pequenas de autopeças. Por isso, até mesmo rupturas menores poderiam forçar o fechamento de algumas fábricas cujos estoques dessas peças fossem insuficientes.

A equipe de gerenciamento de crises enfrentou a emergência adotando as seguintes providências:

- Fechou as fábricas por um dia.
- Com o apoio da GM e da Ford, passou a exercer pressão junto à direção da Alfândega dos EUA para aumentar o número de inspetores trabalhando no principal entroncamento de caminhões entre Detroit, Michigan, e Ontário, no Canadá, a fim de reduzir o congestionamento das carretas transportadoras de automóveis.
- Pediu eletronicamente a 150 dos seus maiores fornecedores o envio de um excedente de peças equivalente a 8/12 horas de produção às suas fábricas.
- Quando os vôos comerciais foram retomados, dois dias depois dos atentados de 11 de setembro de 2001, os caminhoneiros que estavam na estrada com esse estoque adicional de peças foram mandados diretamente ao aeroporto mais próximo, onde havia sempre um avião pronto para receber a carga e transportá-la para fábricas nos Estados Unidos e no México.

O resultado de tudo isso é que as operações nas fábricas da Chrysler estiveram paralisadas durante apenas um dia.[35]

O Recolhimento* de Produtos

O surgimento e o auge do consumerismo – rótulo dado ao movimento de defesa do consumidor nos EUA a partir da década de 1970 – levaram inúmeras companhias a focar suas atenções no cliente em proporções jamais antes observadas. Tendo como seu principal propagador o ativista Ralph Nader, o consumerismo intensificou a conscientização do público a respeito das condições dos produtos oferecidos e principalmente quanto aos produtos com defeitos. Em 1972, o Congresso norte-americano aprovou a Lei de Garantia de Produtos de Consumo, que autoriza a Comissão de Segurança dos Produtos de Consumo a fixar padrões obrigatórios de segurança para os produtos de consumo. Parte dessa conscientização

---

[35] Jeffrey Ball, "How Chrysler Averted Parts Crisis in the Logjam Following Attacks", *Wall Street Journal*, September 24, 2001.

* N. de R. T.: *Recall*.

116 PARTE II • Objetivos do Serviço ao Cliente

já referida é forçada. Por exemplo, a Comissão de Segurança pode obrigar um produtor a recolher (recolhimento) determinado produto para reparar algum defeito, substituí-lo ou até mesmo destruí-lo. Quem não cumprir as determinações estará sujeito a penalidades que incluem períodos de prisão. Essas são apenas as ações abertas, com suporte legal. Muitas empresas consideram a incapacidade de gerenciar questões relativas a produtos com defeitos um fator que inevitavelmente levará o cliente a perder a simpatia para com suas marcas e a eventuais conseqüências legais. A questão é que hoje são maiores do que nunca os riscos para a empresa que não detectar em tempo a existência de um produto eventualmente sujeito a um recolhimeno.

O planejamento de contingência para o recolhimento envolve praticamente todas as funções existentes em qualquer tipo de empresa. Os responsáveis pelas questões logísticas que o digam... Afinal, são eles os encarregados do canal logístico pelo qual o movimento de recolhimento provavelmente ocorrerá. O setor logístico está presente no recolhimento de produtos de três formas: comandando uma comissão de força-tarefa para o recall, localizando os produtos afetados e projetando o canal logístico do recolhimento.

Um dos primeiros passos no planejamento para um futuro recolhimento, ou na concretização das etapas de um recolhimento em andamento, é criar uma comissão de força-tarefa para o recolhimento. Como a missão principal de semelhante comissão é a devolução do produto ao fabricante, é provável que o executivo do setor de distribuição seja igualmente o chefe da força-tarefa. A comissão poderá ser igualmente responsável por determinar a interrupção da produção, dar início à ação de recolhimento e executar todas as etapas necessárias para cumprir as determinações das agências reguladoras.

Tentar o recolhimento de produtos cuja localização no sistema de distribuição não seja simples pode se tornar uma operação muito dispendiosa, e às vezes até desnecessária, quando ocorrer em decorrência de alguma medida que deixou de ser tomada a tempo. Dois são os métodos mais usados de localização de produtos. Por muito tempo as empresas codificaram seus produtos por local de produção. Como poucas foram as empresas que se dedicaram à codificação adicional à medida que os produtos avançam pelos locais do canal de distribuição, essa codificação por produção consegue apenas dar a localização final aproximada das mercadorias. É, no entanto, uma codificação facilmente disponível.

O segundo método de rastreamento baseia-se nas informações dos certificados de garantia. Esse método tem também suas falhas. É por exemplo confinado aos produtos que usam tais certificados, com o acréscimo de que nem todos os clientes fazem a devolução do certificado. A fim de melhorar a possibilidade de localiza-

ção, um varejista de equipamentos eletrônicos pode pedir a todos os compradores o preenchimento de um cartão de identificação no ponto de venda.

O rastreamento de mercadorias teve uma acentuada melhoria com a utilização da informação. Alguns exemplos:

- Fazendo uso de códigos de barras, comunicações via satélite, caminhões com rádio transmissor e receptor e computadores e *scanners* manuais, o sistema COSMOS de rastreamento de mercadorias da Federal Express tem condições de localizar uma encomenda em qualquer ponto do sistema.
- A Pillsbury, com o seu Sistema de Controle e Identificação de Produtos, consegue localizar qualquer artigo em todos os estágios que vão da produção às prateleiras das lojas. O sistema localiza 98% dos seus produtos em um prazo de 24 horas e 100% em questão de dias.
- A Ford Motor Company usa o automatizado North American Vehicle Information System no rastreamento de produtos. É um sistema com condições para identificar cada uma das cerca de 15 mil peças/partes de cerca de 4 milhões de veículos vendidos por ano.

A decisão final sobre recolhimento de produtos é aquela que vai determinar a maneira de recolher as mercadorias pelo canal de distribuição, ou sistema de distribuição reversa. A natureza do defeito detectado e a maneira pela qual a empresa pretende enfrentar o problema é que irão determinar a necessidade de usar o canal de distribuição no todo ou parcialmente. Automóveis submetidos ao recolhimento são devolvidos apenas aos centros de serviço dos distribuidores. O contrário ocorre com a maioria dos equipamentos domésticos ou aparelhos eletrônicos de menor porte, que são devolvidos à fábrica ou a centros regionais de serviços, para conserto ou substituição integral.

Exemplo

Sempre que a CVS Corporation, uma das maiores redes de farmácias e igualmente distribuidora de produtos farmacêuticos, recebe devolução de mercadoria numa de suas lojas, ou precisa fazer o recolhimento de um artigo, o primeiro passo é devolver tudo ao armazém do fornecedor. O fabricante informa a CVS sobre a situação do produto. Muitos dos fabricantes optam por creditar à CVS o valor das devoluções e destruir o produto no próprio armazém, em lugar de arcar com os custos de transporte e outros que teriam com a devolução dos produtos à respectiva fábrica.

O projeto do canal de recolhimento é algo que implica estudar as características do produto, do cliente, do intermediário e da empresa fabricante, bem como as características do problema, a cobertura do mercado, tipo de recolhimento, programa necessário ao conserto, o sistema atual de distribuição e as possibilidades financeiras da companhia responsável. Embora à primeira vista a melhor estratégia seja fazer o recolhimento de distribuidores e clientes mediante a utilização de canais de distribuição presentes, nem sempre é essa a opção adequada. Um risco sempre presente é o do contágio do produto correto que flui no canal pelo produto recolhido. Nesses casos, a empresa que faz o recolhimento agiria melhor ao estabelecer um canal separado (armazenagem em instalações de terceiros, e transporte por caminhões também alugados, por exemplo) para lidar especificamente com o recolhimento. As variantes para o projeto de canal logístico reverso são tantas quantas são aquelas para circunstâncias de recolhimento de produtos. O especialista na matéria deve atentar sempre para a variedade dos projetos disponíveis, sem necessariamente confinar produtos em recolhimento ao canal de distribuição existente.

Qual, porém, o motivo de introduzir o recolhimento de produtos numa discussão sobre logística de serviços ao cliente? Tradicionalmente, os bens sempre fluíam do fabricante para o cliente. O serviço ao cliente refletia a idéia de abastecer um cliente, jamais a de prestar-lhe um serviço. Hoje, contudo, o consumerismo, ou defesa do consumidor, e a reciclagem de produtos geraram preocupação com o serviço ao cliente também depois de concretizada a venda do produto. Daí, portanto, a necessidade de o especialista em logística estar sempre atento ao projeto e estabelecimento de canais de fluxo de produtos capazes de satisfazer as expectativas dos clientes tanto antes quanto depois da venda.

Exemplo

- Quando a Xerox instala uma máquina copiadora nova, ou mais avançada, para um cliente, despacha o produto de um armazém central para um posto regional na área do comprador. Uma equipe desse posto recolhe a copiadora ali, transporta-a para a empresa do cliente, e ali completa a instalação. Quando isto é feito em substituição a uma máquina mais antiga, esta é então devolvida ao posto regional, do qual deverá ser transportada para um centro de renovação da corporação no estado do Arizona, para reforma e revenda. O profissional de logística, ao planejar as instalações do posto regional, deve levar em conta tanto o transporte do produto para os clientes quanto o da devolução das copiadoras usadas. O melhor posto regional pode ser diferente quando levar em conta apenas o transporte de entrega, em oposição à movimentação do produto nas direções tanto de entrega quanto de devolução.

- As grandes redes de varejo nos EUA muitas vezes enfrentam a devolução de produtos como resultado de políticas de devolução liberais demais e, às vezes, em função do mau desempenho dos produtos. Como os produtos devolvidos são freqüentemente peças faltantes ou defeituosas, ou fazem parte de um pacote que não é mais vendido, os varejistas devem decidir se preferem ficar com crédito junto ao fabricante por tais devoluções, se o melhor é recondicioná-las, ou ainda se vale a pena tratá-las como item em aberto. Como alternativa, grandes varejistas, do porte de uma Wal-Mart, por exemplo, podem ter condições de revender esses produtos para empresas mexicanas que os adquirem por uma fração do valor de varejo mas ainda assim superior ao que renderiam se retornados às suas prateleiras como artigos recondicionados ou itens em aberto. Os produtos são enviados a uma fábrica mexicana na qual, quando viável, se faz todo o recondicionamento, e depois vendidos como novos nos mercados latino-americanos. Muitas vezes chegam a render mais nessas praças do que o preço original no mercado norte-americano.

COMENTÁRIOS FINAIS

A logística do serviço ao cliente é o resultado líquido da execução de todas as atividades componentes do *mix* logístico. Embora não exista entre os especialistas e usuários um consenso quanto à definição mais apropriada do que é, afinal, a logística do serviço ao cliente, as pesquisas existentes apontam para o tempo do ciclo do pedido e os elementos que o compõem como os fatores mais decisivos. Mesmo quando se levam em conta os serviços aos clientes na sua globalidade, os elementos logísticos parecem dominantes.

Dado o efeito positivo dos serviços aos clientes sobre as vendas, a maneira mais correta de planejar sua logística é pela perspectiva da maximização do lucro, em lugar da minimização dos custos. Determinar de que maneira as vendas reagem aos serviços já mostrou ser bem difícil e de acurácia no mínimo questionável. É uma situação que costuma levar os gerentes a especificar um nível de serviço e a procurar concretizá-lo da maneira mais econômica possível. Contudo, nos casos em que a demanda parece especialmente sensível ao item serviços, a relação vendas-serviços pode ser determinada por um ou mais dos métodos a seguir: método dos dois pontos, experimento antes-depois, jogo de empresas e pesquisas junto a compradores. Uma vez conhecida essa relação, chega a hora de comparar custos com benefícios de maneira a localizar os níveis ótimos de serviços e maximizar o retorno sobre os ativos logísticos (ROLA).

Há quem pense e trabalhe com objetivos que vão além de simplesmente satisfazer as expectativas dos clientes sob condições normais de operação. Gerentes realmente engajados no seu trabalho costumam planejar inclusive para as raras oportunidades em que o sistema logístico entra em pane ou quando é preciso fazer o recolhimento de um produto. Ações pré-planejadas para contingências poderão evitar uma perda da boa vontade dos clientes que levaria muito tempo para recuperar até que as condições normais fossem restauradas. Quando se torna impraticável proporcionar aos clientes o serviço no nível desejado, ou quando surgem panes temporárias no serviço prestado, informação em tempo real sobre a condição do serviço deve ser usada para reduzir os efeitos desfavoráveis que essas panes certamente acarretarão para os prestadores desse serviço.

QUESTÕES

1. A logística do serviço ao cliente poderia ser quantificada em termos de média e variabilidade do tempo do ciclo do pedido. Quão satisfatória é essa afirmação como definição geral da logística do serviço ao cliente? E do conjunto dos serviços aos clientes?

2. Quais são os fatores componentes do tempo do ciclo do pedido? De que maneira esses fatores são diferentes entre si, quando os pedidos são supridos por um canal de distribuição regular ou através de um canal de suporte por ocasião de situações de falta de estoques?

3. Como o serviço ao cliente pode ser resultado do gerenciamento de todas as atividades do *mix* logístico?

4. O que constitui uma relação logística vendas-serviços? De que maneira se procede para determiná-la para uma linha exclusiva de produtos? Qual o valor dessa relação, uma vez obtida?

5. Qual é a maneira de tornar a informação – por exemplo, um sistema de rastreamento de pedido – um substituto para o desempenho do serviço ao cliente?

6. A Cleanco Chemical Company vende compostos de limpeza (lava-louças em pó, limpadores de pisos, lubrificantes sem aditivos petrolíferos) num cenário altamente competitivo para restaurantes, hospitais e escolas. O prazo de entrega dos pedidos determina a viabilidade de uma venda. O sistema de distribuição pode ser projetado de maneira a proporcionar diferentes níveis médios de prazo de entrega conforme o número e localização dos armazéns, níveis de estoque e procedimentos de processamento dos pedidos. O gerente da distribuição física fez as estimativas a seguir a respeito da maneira como o serviço afeta as vendas e o custo de fornecer os níveis de serviços:

	Percentual dos pedidos entregues no mesmo dia						
	50	*60*	*70*	*80*	*90*	*95*	*100*
Vendas anuais estimadas (em milhões de US$)	4,0	8,0	10,0	11,0	11,5	11,8	12,0
Custo da distribuição (em milhões de US$)	5,8	6,0	6,5	7,0	8,1	9,0	14,0

a. Qual nível de serviços a companhia deveria proporcionar?

b. Que influência a concorrência teria na decisão sobre o nível de serviços?

7. Cinco anos atrás, a Norton Valves, Inc. lançou e fez grande publicidade de um programa de entrega de 56 itens da sua linha de válvulas hidráulicas em 24 horas, em vez do prazo de entrega, até então utilizado, de uma a até 12 semanas. O processamento rápido dos pedidos, estocagem antecipando a demanda e a utilização de transporte ultrarápido, quando necessário, seriam alguns dos elementos do programa de entrega em 24 horas. O histórico de vendas dos cinco anos anteriores à mudança de serviço e dos cinco anos posteriores foi eventualmente compilado e comparado. Como apenas uma parte da família de produtos da Norton foi incluída na melhoria do serviço, os produtos restantes (102 itens) serviram como grupo de controle. A seguir, as estatísticas de um dos grupos de teste dos produtos mostrando os níveis das vendas das unidades antes e depois da mudança:

Família de produtos	Vendas antes da mudança do serviço		Vendas depois da mudança do serviço	
	Média de 5 anos	Desvio-padrão[c]	Média de 5 anos	Desvio-padrão[c]
Grupo de teste[a]	1.342	335	2.295	576
Grupo de controle[b]	185	61	224	76

[a] Família de produtos com entrega em 24 horas.

[b] Família de produtos com entrega entre 1 e 12 semanas.

[c] Para vendas isoladas.

O valor médio dos produtos nesta família era de US$ 95,00 por unidade. O custo incremental do serviço aperfeiçoado era de US$ 2 por unidade, mas a empresa não pretendia transferir esses custos na forma de aumento de preços. Longe disso, seu objetivo era aumentar as vendas em um volume mais do que suficiente para compensar o aumento desses custos. A margem de lucratividade sobre as vendas era, na época, de 40 por cento.

a. A empresa deveria continuar com a política de serviços *premium*?

b. Avalie a metodologia como forma de determinar com precisão o efeito vendas-serviços.

8. Uma empresa de alimentos procura determinar o nível de serviço ao cliente (probabilidade de estoques no armazém) para uma determinada linha de produtos. As vendas anuais desse produto são de 100 mil caixas, ou 3.846 caixas por quinzena. O custo de estocagem do produto chega a US$ 10, e a ele é acrescentado US$ 1 como margem de lucro. A reposição do estoque se dá a cada duas semanas, e a demanda nesse período é tida como normalmente distribuída com um desvio padrão de 400 caixas. Os custos de deslocamento do estoque são de 30% ao ano do valor do item. A gerência calcula que uma mudança de 0,15% na receita total ocorreria a cada variação de 1% na probabilidade de estocagem.

a. Com base nesta informação, encontre a probabilidade de estocagem ótima para o produto.

b. Qual é o elo mais fraco nesta metodologia? Por quê?

9. Um dos itens na linha de produtos da companhia de alimentos citada na questão 8 tem as seguintes características:

Percentagem de reação nas vendas = variável de 0,15% em receita para uma variação de 1% no nível de serviço

Margem de vendas = 0,75 por caixa

Vendas anuais através do armazém = 80.000 caixas

Custos anuais de carregamento de estoques = 25%

Custo padrão do produto = US$ 10,00

Desvio padrão da demanda = 500 caixas por prazo de entrega de uma semana

Prazo de entrega = uma semana

Calcule o nível ótimo de serviço para este item.

10. Um varejista pretende que um determinado item bem-sucedido nas suas gôndolas não esteja em falta nunca mais do que 5% do tempo (m). Os clientes acostumaram-se com esse nível de disponibilidade do produto, a tal ponto que, quando involuntariamente esse percentual de indisponibilidade aumenta, voltam-se para substitutos e provocam uma redução das vendas. A partir de pesquisas de mercado, o varejista consegue determinar que quando a probabilidade de falta se aproximar do nível de 10% (y), as vendas e os lucros têm queda de 50% em relação aos números dos níveis projetados. Diminuir a percentagem de escassez do nível alvo parece ter pouco impacto sobre as vendas, embora aumente substancialmente os custos de movimentação de estoques. Os seguintes dados foram reunidos a respeito desse item:

Preço	US$ 5,95
Custo do item	4,25
Outras despesas relacionadas com a estocagem do item	US$ 0,30
Itens vendidos anualmente com disponibilidade de 95% do tempo	880

O varejista então calcula que para cada ponto percentual de variação do estoque em relação ao nível alvo, o custo unitário de abastecimento diminui conforme $C = 1,00 - 0,10(y - m)$, em que C é o custo unitário, y é a percentagem de falta de estoque e m é a percentagem-alvo de falta.

Qual o desvio da percentagem alvo de estocagem que o varejista deve permitir?

11. Avalie os diversos métodos pelos quais uma relação logística vendas-serviços poderia ser determinada. Sob quais circunstâncias um método poderia ser mais apropriado que outro? Se não for possível estabelecer qualquer razoável relação vendas-serviços, como poderá o profissional de logística persistir no planejamento/projeto do sistema logístico?

12. Debata a extensão dos efeitos que cada elemento do ciclo do pedido terá sobre o projeto do sistema logístico.

13. Defina algumas das ações que um profissional de logística poderia adotar na eventualidade de uma pane no sistema logístico causada pelos seguintes fatores:
    a. Um incêndio no armazém
    b. Uma greve de caminhoneiros
    c. Escassez de uma matéria-prima essencial
    d. Inoperância do sistema de gerenciamento do transporte com base na Internet

14. Sugira a maneira pela qual um produto poderia ser rastreado e que métodos poderiam ser usados para mover o suporte do produto ao longo do canal de distribuição nas seguintes situações de recolhimento de produtos:
    a. Uma peça com defeito num modelo de automóvel
    b. Um televisor de 27 polegadas com problema
    c. Uma peça com defeito num ônibus espacial
    d. Um *software* de microcomputador com defeito
    e. Remédios contaminados já nas prateleiras das farmácias

CAPÍTULO 5

Processamento de Pedidos e Sistemas de Informação

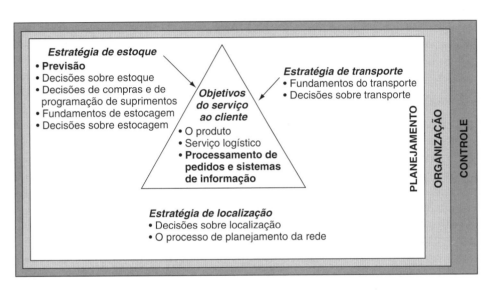

A diferença entre a logística medíocre e a excelente é freqüentemente a habilidade tecnológica dos sistemas de informação da empresa.
— DALE S. ROGERS, RICHARD L. DAWE E PATRICK GUERRA[1]

O tempo necessário para completar as atividades do ciclo de pedido representa o ponto fundamental do serviço ao cliente. As estimativas mostram que as atividades relacionadas com a preparação, transmissão, recebimento e atendimento dos pedidos representam entre 50 e 70% do tempo total do ciclo do pedido em muitas indústrias.[2] A fim de proporcionar um alto nível de serviço ao cliente mediante templos de ciclo de pedido breves e consistentes, torna-se, portanto, crucial que essas atividades de processamento de pedidos sejam gerenciadas com o maior cuidado e eficiência. O gerenciamento começa com o entendimento das alternativas disponíveis para o processamento dos pedidos.

Com o passar dos anos, o custo da provisão de informação precisa e atualizada ao longo da cadeia de suprimentos experimentou uma dramática redução, ao contrário dos crescentes custos de mão-de-obra e dos materiais. Em função disso, têm sido feitos crescentes esforços para substituir recursos por informações. A informação vem sendo usada, por exemplo, na substituição de estoques, reduzindo desta forma os custos logísticos. Além de analisar o gerenciamento do processamento dos pedidos, exploraremos aqui sistemas de informação logística, especialmente no que diz respeito às melhorias no gerenciamento do processo da cadeia de suprimentos.

---

[1] Dale S. Rogers, Richard L. Dawe and Patrick Guerra, "Information Technology: Logistics Innovations for the 1990s", *Annual Conference Proceedings*, Vol. II (New Orleans, LA: Council of Logistics Management, 1991), pág. 247.

[2] Bernard J. LaLonde and Paul H. Zinszer, *Customer Service: Meaning and Measurement* (Chicago: National Council of Physical Distribution Management, 1976), pág. 119.

DEFININDO O PROCESSAMENTO DE PEDIDOS

O processamento de pedidos é representado por uma variedade de atividades incluídas no ciclo de pedido do cliente (lembre-se da Figura 4-3). Especificamente, elas incluem a preparação, transmissão, recebimento e expedição do pedido, e o relatório da situação do pedido (Figura 5-1). O tempo necessário para completar cada uma dessas atividades depende do tipo do pedido. O processamento de um pedido de venda de varejo será certamente diferente daquele de uma venda industrial. Aqui deveremos capitalizar sobre conhecimentos desenvolvidos no Capítulo 4.

Preparação do Pedido

A preparação do pedido engloba as atividades relacionadas com a coleta das informações necessárias sobre os produtos e serviços pretendidos e a requisição formal dos produtos a serem adquiridos. Pode incluir igualmente a determinação de um vendedor adequado, do preenchimento de um formulário, determinar a disponibilidade de estoque, transmitir por telefone a informação do pedido a um encarregado de vendas, ou escolher a partir de um menu em *sites* da Internet. Toda essa atividade vem sendo altamente beneficiada pela tecnologia eletrônica, como se verá a seguir.

- Hoje todos estamos familiarizados com o escaneamento por código de barras a que são submetidas as nossas compras no caixa do supermercado. Trata-se da mesma tecnologia que torna mais rápida a preparação dos pedidos mediante a coleta eletrônica de informações sobre os artigos solicitados (tamanho, quantidade, descrição) e sua apresentação a um computador que efetuará o processamento adicional.

- Inúmeros fornecedores têm hoje *sites* na Internet com detalhada informação sobre seus produtos e até mesmo com sistemas que recebem o pedido diretamente pela página da Web. Produtos com uma razoável padronização (manutenção, reparos, peças, etc.) são bons candidatos a essa forma de requisição. E chegará o dia em que mercadorias de alta sofisticação e especialização também poderão ser pedidas por esse meio.

- Alguns pedidos de compras industriais já são gerados diretamente pelo computador da empresa, muitas vezes em resposta à falta dos estoques. Pela interconexão dos computadores de compradores e vendedores mediante a tecnologia do intercâmbio eletrônico de dados (ou EDI, conforme a sigla em inglês), realizam-se transações desburocratizadas que conseguem reduzir os custos de preparação dos pedidos e diminuem igualmente os prazos de finalização das compras e vendas.

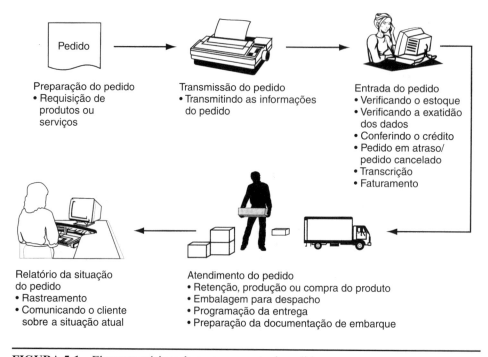

FIGURA 5-1 Elementos típicos do processamento de pedidos.

A tecnologia vai passo a passo eliminando a necessidade do preenchimento manual dos formulários de pedidos. Computadores ativados pela voz e a codificação sem fio de informação sobre produtos, chamada de sistemas de identificação e rádio-freqüência (RF/ID) são novas tecnologias que tornam cada vez mais curto o tempo da preparação do pedido compreendido no ciclo do pedido do cliente.

Transmissão do Pedido

Depois de preparado o pedido, a transmissão das informações nele contidas é a primeira atividade no ciclo do processamento. Ela envolve a transferência dos documentos do pedido do seu ponto de origem para aquele em que pode ser manuseado. A transmissão do pedido é realizada de duas maneiras básicas: manual ou eletronicamente. A transmissão manual envolve a utilização de serviço postal ou dos funcionários que o levarão manualmente ao ponto de atendimento.

A transmissão eletrônica já é altamente difundida, com a ampla utilização de números telefônicos 0800, *sites* na Internet, EDI, máquinas de fax e comunicações por satélite. Essa transmissão quase instantânea de informações dos pedidos, com um alto grau de confiabilidade e precisão, crescente segurança e custos cada vez menores, tornou praticamente obsoletos os métodos manuais de transmissão.

O tempo necessário para movimentar as informações no sistema de processamento de pedidos pode variar significativamente, dependendo do método escolhido. A coleta e distribuição de pedidos pela equipe de vendedores e a transmissão via postal são provavelmente os métodos mais lentos. A transferência eletrônica de informação, em suas várias formas, como por telefone, intercâmbio eletrônico de dados e comunicação por satélites, é a forma mais veloz. Rapidez, confiabilidade e precisão são características de desempenho que devem ser postas na balança em comparação com o custo de qualquer equipamento e de sua operação. Determinar os efeitos do desempenho em relação às receitas continua sendo aqui o maior desafio.

Observação

No momento, uma grande preocupação das empresas é o debate sobre qual seria o método mais adequado para o gerenciamento: EDI ou Internet? O EDI é mais antigo dos dois e configura um *link* eletrônico exclusivo entre os computadores de compradores e vendedores. É, sem dúvida, comunicação segura, mas exige equipamento e acesso a linhas de transmissão exclusivas. Os custos de transmissão podem chegar a US$ 0,025 por mil caracteres enviados, que é um custo alto. Em contraste, a Internet é um fórum público de acesso generalizado e baixo custo que utiliza a rede padronizada do sistema telefônico. Embora venha sendo aperfeiçoada, a segurança ainda constitui problema, e precisaria ser igual em ambos os extremos da transmissão. Não existem para a Internet padrões como aqueles que podem existir para o EDI. A entrega de mensagens não é garantida, e pode ser mais demorada que com o EDI em virtude dos protocolos de roteamento de mensagens que causam engarrafamentos. Contudo, o custo modesto das comunicações pela Internet deriva do fato de precisar de apenas uma linha telefônica e dos serviços de um provedor, tudo isso por quase insignificantes US$ 10 por mês. Por via das dúvidas, muitas empresas mantiveram e até mesmo expandiram o uso do EDI justamente em virtude da proliferação do uso da Internet. Contudo, à medida que a tecnologia da Internet é aperfeiçoada e a segurança deixa de ser preocupação, as comunicações via EDI e Internet acabarão se tornando uma coisa só, não-diferenciáveis.[3]

O Recebimento dos Pedidos

O recebimento dos pedidos abrange as várias tarefas realizadas antes do atendimento deles. São elas: 1) verificar a exatidão das informações contidas, como descrição, quantidade e preços dos itens; 2) conferir a disponibilidade dos itens encomendados; 3) preparar documentação de pedidos em carteira ou de cancelamento, quando necessária; 4) verificar a situação de crédito do cliente; 5) transcrever as informações do pedido à medida das necessidades e 6) fazer o faturamento. Essas são tarefas indispensáveis porque a informação a respeito dos itens pedidos nem sempre está na forma desejada para processamento posterior, pode não estar representada precisamente, ou, ainda, é possível que surjam tarefas adicionais de preparação antes que o pedido esteja em condições de ser liberado. A entrada de pedidos pode ser feita manualmente, mas já existem também sistemas inteiramente automatizados.

Os avanços tecnológicos representaram enormes benefícios para a entrada dos pedidos. Códigos de barras, leitores ópticos e computadores aumentaram notavelmente a produtividade desta função. Os códigos de bar-

---

[3] Stuart Sawabini, "EDI and the Internet", *Journal of Business Strategy* (January/February 2001), págs. 41-43; "EDI Delivers for USPS", *Traffic World* (January 11,1999), pág. 36; Tom Andel, "EDI Meets Internet. Now What?", *Transportation and Distribution* (June 1998), págs. 32-34, 38 e seguintes; e Curt Harler, "Logistics on the Internet: Freeway or Dead End?", *Transportation and Distribution* (April 1996), págs. 46-48.

124 PARTE II • OBJETIVOS DO SERVIÇO AO CLIENTE

ras e o leitura óptica (escaneamento) são especialmente importantes para uma entrada de informações precisa, rápida e de baixo custo. Em comparação com a entrada de dados digitados no computador, o escaneamento de códigos de barras oferece um significativo aperfeiçoamento (ver a Tabela 5-1). Isto explica igualmente a crescente preferência pelo sistema de códigos de barras nas indústrias do varejo, manufatura e serviços.

Observação

O código de barras vem sendo fundamental no controle dos custos de compras e estocagem em corporações como a Wal-Mart e a Home Depot. Já na indústria da saúde, em que são gastos anualmente US$ 83 bilhões em suprimentos médicos e cirúrgicos e na qual, compreensivelmente, a redução dos custos é uma das preocupações maiores, apenas a metade de todos os suprimentos médicos usa o código de barras. Estima-se em US$ 11 bilhões o total de gastos que poderiam ser eliminados nesse setor pela implementação de práticas melhoradas de cadeias de suprimentos.

Gigantes da indústria da saúde, como a Columbia/HCA Healthcare e a Kaiser Permanente não mostram, no entanto, liderança em matéria de código de barras. Essa liderança fica com o St. Alexius Medical Center. Antes de instalar suas primeiras leitoras ópticas há pouco mais de dez anos, o grupo St. Alexius não tinha condições de distinguir de onde provinham até 20% dos seus custos de suprimento. Esse dado

caiu vertiginosamente, ficando em cerca de 1% em vários departamentos, e os custos de estocagem caíram 48%, ou um total de US$ 2,2 milhões, ao longo de um período de apenas quatro anos.[4]

Outra mudança concreta no recebimento de pedidos é a crescente utilização dos computadores. Eles substituem as conferências manuais de estoques e créditos, bem como as ações manuais de transcrição, por procedimentos automatizados. Em função disso, a entrada de pedidos leva hoje apenas uma fração do tempo que consumia poucos anos atrás.

Através da distribuição de tarefas do sistema de processamento e atendimento de pedidos, o método de coleta de pedidos, os limites no tamanho do pedido e o momento da entrada do pedido afetam o tempo do ciclo dos pedidos. O projeto do sistema de pedido precisa ser coordenado de perto com as solicitações de vendas. Por exemplo, um procedimento de entrada de pedido pode ter a equipe de vendas fazendo ao mesmo tempo a coleta do pedido e a verificação da transação. As regras de entrada de pedidos determinam que eles sejam repassados a um ponto de reprocessamento só depois de o vendedor completar uma carga. Além disso, os procedimentos podem ser ajustados de forma a que o cliente preencha um formulário padrão de pedido que seja enviado em data certa a fim de garantir a entrega no dia especificado. É ainda possível a imposição de

---

[4] "Hospital Cost Cutters Push Use of Scanners to Track Inventories", *Wall Street Journal,* June 10, 1997, pág. 1.

TABELA 5-1 Comparação entre técnicas de entrada de dados

	Métodos de entrada de dados	
Características	*Entrada por teclado (digitação)*	*Código de barras*
Velocidade[a]	6 segundos	0,3 a 2 segundos
Taxa de erros de substituição	1 caractere errado em 300 caracteres entrados	1 caractere errado em 15 mil a 36 trilhões de caracteres entrados
Custos de codificação	Altos	Baixos
Custos de leitura	Baixos	Baixos
Vantagens	Humanas	Baixo índice de erros
		Custo baixo
		Alta velocidade
		Podem ser lidos a distância
Desvantagens	Humanas	Exige treinamento da comunidade usuária
	Alto custo	Custo do equipamento
	Alto índice de erros	Problemas com imagens desaparecidas ou danificadas
	Baixa velocidade	

[a] A comparação de velocidades supõe a codificação de um campo de 12 caracteres.

Fonte: Baseado em Craig Harmon, "Bar Code Technology As a Data Communication Medium", *Proceedings of the Council of Logistics Management*, Vol. I (St. Louis: October 27/30, 1985), pág. 322.

restrições como a fixação de um volume mínimo para aceitação de pedidos. Com isso se evitaria transporte muito caro, especialmente quando o fornecedor é o responsável pelo frete. O sistema revisado de entrada de pedidos libera o pessoal de vendas das atividades paralelas que precisava até então cumprir, permitindo a consolidação de pedidos de uma grande região numa rota de transporte eficiente e melhorando os padrões pedido-separação-despacho na instalação de armazenagem.

O recebimento de pedidos poderá incluir métodos para introduzir pedidos de venda no sistema de informações do pedido. As opções poderão variar da transmissão não-eletrônica de informação de pedido ao desdobramento eletrônico (computador) da informação para facilitar a coleta e o processamento do pedido.

Atendimento dos Pedidos

O atendimento de pedidos inclui as atividades físicas necessárias para: 1) adquirir os itens mediante retirada de estoque, produção ou compra; 2) embalar os itens para embarque; 3) programar o embarque de entregas; 4) preparar a documentação para o embarque. Algumas dessas atividades podem ser desenvolvidas em paralelo com as da entrada de pedidos, compactando assim o tempo de processamento.

O estabelecimento de prioridades de atendimento e os procedimentos para tanto exigidos influem no tempo do ciclo total do pedido de clientes individuais. É muito grande o número de empresas que nunca chegaram a estabelecer regras formais para a entrada e processamento dos pedidos durante os estágios iniciais do seu atendimento. Uma dessas empresas enfrentava significativos atrasos no atendimento de pedidos de clientes importantes quando os funcionários do setor, em momentos de excesso de trabalho, decidiam, por conta própria, despachar em primeiro lugar os pedidos menos complexos. As prioridades no processamento de pedidos vão certamente influir na rapidez global do processamento ou na rapidez de despacho daqueles pedidos mais importantes. Algumas regras alternativas no tocante a regras de priorização seriam:

1. Primeiro a ser recebido, primeiro a ser processado
2. O pedido de menor tempo de processamento
3. Os pedidos com ordem de prioridade especificada
4. Em primeiro lugar, os pedidos menores e menos complexos
5. Os pedidos com menor prazo de entrega prometido
6. Os pedidos com menos tempo restante até a data prometida de entrega

A escolha de uma determinada regra depende de critérios de justiça para os clientes, importância diferen-

ciada dos pedidos e da velocidade total de processamento que pode ser atingida.

O processo de atendimento de pedidos, seja a partir de estoque disponível ou pela produção, soma-se ao tempo do ciclo do pedido em proporção direta ao tempo necessário para coletar, embalar ou produzir. Às vezes, o tempo do ciclo é estendido pelo desdobramento ou pela consolidação da carga.

Quando não há produtos imediatamente disponíveis para o atendimento do pedido, ocorre o parcelamento do embarque. Com relação a produtos estocados, é razoavelmente alta a possibilidade da ocorrência de parcelamento, mesmo sendo os níveis de estocagem relativamente elevados. Por exemplo, para um pedido que inclua cinco itens, cada um deles com uma probabilidade de disponibilidade de 0,90, índice de atendimento (FR*) é

$$FR = (0,90)\ (0,90)\ (0,90)\ (0,90)\ (0,90) = 0,59,\ \text{ou } 59\%$$

Assim sendo, o atendimento parcial do pedido a partir de uma fonte de reserva para o produto é mais provável do que se pensa. Em função disso, tempo adicional de processamento e procedimentos será necessário para completar o pedido.

Entregas parciais e grande parte de qualquer aumento da demora na informação sobre a situação dos pedidos podem ser evitadas simplesmente pela retenção do pedido até a reposição dos estoques dos itens em falta. Claro que se trata de uma manobra inaceitável para o cliente. Portanto, o problema de decisão reside na compensação entre o acréscimo de custos de mauseio da informação e de transporte e o benefício da manutenção do nível dos serviços.

A decisão de reter pedidos, em lugar de preenchê-los e embarcá-los imediatamente, a fim de consolidar o pedido em cargas maiores mas de menor custo unitário de transporte, é algo que requer procedimentos de processamento mais sofisticados. A crescente complexidade é uma conseqüência, pois esses procedimentos devem estar ligados a um cronograma de entrega capaz de proporcional um ganho global em matéria de processamento e eficiência de entrega.

Relatório da Situação do Pedido

Esta atividade final do processamento garante a situação ideal de serviço ao manter o cliente informado de quaisquer atrasos no processamento ou entrega do pedido. Suas etapas são: 1) acompanhar e localizar o pedido ao longo de todo o seu ciclo; 2) comunicar ao cliente a localização exata do pedido no ciclo e a previsão para a entrega. Esta atividade de acompanhamento em nada afeta o tempo global de processamento do pedido.

---

* N. de R. T.: É o acrônimo de *fill rate*.

Observação

A tecnologia tem sido fundamental para o acompanhamento da situação dos pedidos. Empresas como a FedEx e a UPS são destaques quanto à capacidade de informar aos clientes exatamente em que ponto se encontram seus pedidos, da origem ao destino. Código de barras com leitura a *laser*, uma rede mundial de computadores e *software* especialmente projetado são componentes tecnológicos fundamentais no aperfeiçoamento dos sistemas de acompanhamento dessas empresas. Os sistemas de informação são tão sofisticados que conseguem identificar por quem, quando e onde uma encomenda foi recebida. Além de contar com suporte telefônico, os remetentes, munidos somente do número da remessa, conseguem igualmente rastrear suas encomendas, em nível nacional e mundial, pela Internet.

A Dell Computer utiliza e amplia sua tecnologia de rastreamento de pedidos de computadores desde a entrada até a entrega ao comprador. Estágios típicos do andamento desse processo são os da verificação do pedido e análise de crédito, tempo de espera pelos componentes, produção, espera do transportador e roteamento das etapas da remessa. O comprador, de posse do número de identificação do seu pedido, fica equipado para fiscalizar as várias etapas do ciclo do pedido no *website* ou mediante ligação gratuita para o serviço de atendimento ao cliente da empresa.

EXEMPLOS DE PROCESSAMENTO DE PEDIDOS

As atividades gerais do processamento de pedidos foram identificadas, mas a verdade é que nenhuma delas, isoladamente, consegue indicar a maneira pela qual o processamento de pedidos funciona como um sistema. Tais sistemas são ilustrados por exemplos tirados de uma variedade de situações.

Processamento de Pedidos Industriais

Um sistema manual de processamento de pedidos tem uma infinidade de ações humanas ao longo do seu conjunto. Alguns aspectos do processamento de pedidos podem ser automatizados ou determinados eletronicamente, mas a atividade manual sempre representará a parte maior do ciclo do processamento do pedido. Considere a forma pela qual um fabricante com clientes industriais projetou seu sistema de processamento de pedidos.

Exemplo

A Samson-Packard Company produz, sob encomenda, uma linha completa de conectores de mangueiras, válvulas e mangueiras de alta pressão para uso industrial. A empresa processa em média 50 pedidos por dia. A parte do processamento no tempo do ciclo total do pedido – que tem 15/25 dias - ocupa entre quatro e oito dias. É um ciclo prolongado exatamente porque os itens dos pedidos são fabricados de acordo com as especificações do cliente. Os primeiros passos no ciclo do processamento, excluída a atividade de atendimento do pedido, são:

1. As determinações dos clientes ingressam no sistema de processamento de duas maneiras. Na primeira, os vendedores reúnem os pedidos em campo, ou os remetem, via postal ou por telefone, à sede da empresa. Na segunda, os clientes é que tomam a iniciativa de fazer os pedidos via postal ou telefônica diretamente à sede. A personalização de grande parte dos pedidos inibe os pedidos via *website*, pelo receio de que detalhes exclusivos cheguem ao conhecimento de concorrentes. Não existe conexão via EDI (intercâmbio eletrônico de dados) com a maioria dos clientes.

2. Quando da recepção de pedidos telefônicos, o funcionário transcreve os dados em um formulário resumido. Junto com os pedidos pelo correio, os pedidos acumulados em um determinado dia são repassados ao representante sênior de serviços, que encaminha essa informação ao gerente de vendas.

3. O gerente de vendas revisa a informação dos pedidos para manter o controle sobre a atividades de vendas. Redige ainda instruções especiais para pedidos de clientes com necessidades diferenciadas.

4. Em seguida, os pedidos são enviados aos encarregados da preparação das encomendas, que transcrevem as informações dos pedidos, juntamente com as instruções especiais, para formulários de pedidos da Samson-Packard.

5. Neste ponto, os pedidos são enviados ao departamento de contabilidade para a conferência dos créditos. Dali, passam para os departamentos de vendas na etapa da conferência de preços.

6. Nesta etapa, o departamento de processamento de dados codifica as informações dos pedidos no computador a fim de serem transmitidas à fábri-

ca, para a adequada verificação geral e para facilitar o rastreamento do pedido uma vez em processamento.

7. Por fim, o representante sênior dos serviços aos clientes confere o pedido em seu formulário final e o transmite por meio eletrônico à fábrica adequada. No mesmo processo, é preparada uma notificação de recebimento do pedido, que é enviada ao cliente por e-mail como verificação do pedido.

Processamento de Pedidos de Varejo

Empresas, como as redes de varejo, que fazem a intermediação entre vendedores e clientes, projetam quase sempre seus sistemas de processamento de pedidos com um mínimo de automação. Nem sempre precisam de um tempo de resposta de extrema rapidez, uma vez que dispõem de estoques para consumidores finais. Esses estoques atuam como um pulmão contra os efeitos indiretos do ciclo de reposição. Contudo, tempos de ciclo de reposição de pedidos que ajudem a manter um cronograma fixo de reabastecimento são sempre importantes.

Os sistemas modernos de informação têm representado o benefício de substituir muitos dos ativos anteriormente necessários para a condução de um negócio. Usando a Internet, as empresas conseguem reduzir espaço de armazenamento, diminuir os níveis de estocagem, encurtar o tempo de manuseio e melhorar os métodos de rastrear a situação dos pedidos. Veja, por exemplo, como funciona um sistema independente de distribuição e de entrega direta ao cliente.

Exemplos

Os distribuidores de produtos acabados podem utilizar o EDI para criar um sistema de distribuição direto a partir do fornecedor. O produto não necessita ser estocado em armazém de distribuição nem em suas prateleiras. Os clientes recebem os produtos diretamente do fornecedor. Como se mostra na Figura 5-2, a informação e os produtos do pedido fluem ao longo do canal de suprimento da seguinte forma:

1. O cliente comunica ao distribuidor, via EDI, a quantidade desejada de determinado produto e determina o local da entrega.
2. O distribuidor informa aos fornecedores, via EDI, a especificação do produto e a quantidade a ser embarcada.
3. O distribuidor informa ao provedor logístico, via EDI, onde recolher determinado produto nas quantidades desejadas.
4. O distribuidor informa ao provedor logístico, via EDI, onde entregar o produto nas quantidades desejadas.

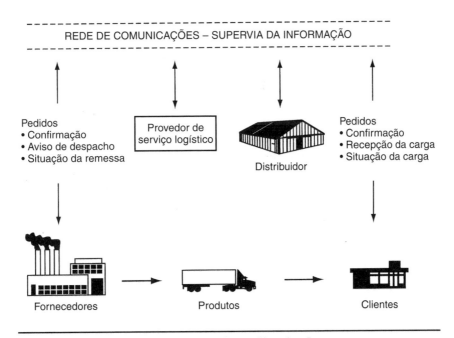

FIGURA 5-2 Entrega direta ao consumidor utilizando a Internet.

Processamento do Pedido do Cliente

Os sistemas de processamento de pedidos projetados para interagir diretamente com o consumidor final terão base nos mais elevados níveis de serviços aos clientes. A satisfação das exigências dos clientes para cada produto dos estoques de varejo proporciona um processamento quase que instantâneo. A McDonald's consolidou um negócio bem-sucedido de franquias com base no rápido processamento dos pedidos. O atendimento imediato dos pedidos representa igualmente o alicerce dos serviços aos clientes para muitas empresas diretamente ligadas ao consumidor final, especialmente quando se trata de produtos de alto índice de substituibilidade. Como mostra o próximo exemplo, existem empresas capazes de proporcionar atendimento rápido dos pedidos dos clientes mesmo quando seu ponto de negócio fica a uma razoável distância de clientes em condições de adquirir os mesmos produtos de varejistas locais.

Exemplo

Muitos fornecedores remotos de *hardware* e *software* de computador surgiram e se transformaram em concorrentes dos fornecedores locais. Tradicionalmente, os clientes iam à loja do revendedor local e ali compravam todo o necessário, ou, em caso de escassez de estoque, os varejistas encomendavam os itens em falta de distribuidores que atendiam regionalmente.

Distribuidoras nacionais de peças e programas de computador conseguem proporcionar aos clientes preços menores como resultado dos seus próprios custos indiretos mais baixos e das vantagens das compras em massa. Para que tais empresas consigam realmente prosperar, sua principal preocupação deve estar focada na superação das desvantagens da distância em relação ao cliente. Muitas delas desenvolveram uma estratégia voltada para enxugar o tempo de ciclo do pedido, que normalmente compreende os passos a seguir na cadeia de atividades do processamento.

1. O cliente faz um pedido via um 0-800 ou no *website* da empresa. A via postal também é utili-

zável, mas representará considerável alongamento de prazos.

2. O funcionário encarregado de receber o pedido baixa o formulário num terminal de computador, desde que o cliente já não tenha feito isto na origem. A disponibilidade dos artigos solicitados é verificada em arquivos computadorizados, os preços são localizados ou calculados, e os custos do pedido, computados. Em compras via cartão de crédito, faz-se também uma verificação eletrônica do *status* do titular desse documento.

3. O pedido é então transmitido eletronicamente ao armazém a fim de ser atendido, em geral ainda no dia da chegada.

4. Normalmente, o pedido é embarcado através dos serviços da UPS, FedEx ou semelhantes diretamente ao endereço do comprador. A entrega no dia seguinte é viável mediante um ligeiro aumento da taxa, quando requerida pelo comprador.

Resulta em geral desse processo um ciclo total de pedido mais rápido *e* mais barato do que o oferecido pelos varejistas locais.

O comércio eletrônico, antes exclusividade de grandes empresas como Wal-Mart, General Motors e Baxter International, já se tornou parte da rotina de incontáveis companhias. À medida que as questões de segurança na Internet vão sendo resolvidas, a rede se torna uma força propulsora a eliminar grande parte da burocracia constante no processamento de pedidos quando uma empresa vende diretamente a outra (B2B). O comércio eletrônico tem condições de reduzir o custo do processamento de qualquer transação em até 80%. A Figura 5-3 diagrama a maneira pela qual um sistema de processamento de pedidos sem burocracia consegue funcionar usando a Internet como o ponto de entrada do pedido.

Exemplo

A partir de sua própria especialização em informática e com uma intranet de alta velocidade, o Massachusetts Institute of Technology (MIT) conta com um dos mais sofisticados sistemas de compras do mundo. Seus funcionários podem encomendar desde lápis até tubos de ensaio clicando num catálogo da Web, que garante que ninguém se ponha a gastar mais do que acima do que está autorizado a fazer. Os pagamentos são acertados com cartões da American Express. E o MIT tem contratos com dois fornecedores principais – a Office Depot, Inc. e a VWR

---

[5] Informação colhida em httpxx://www.skyway.com.

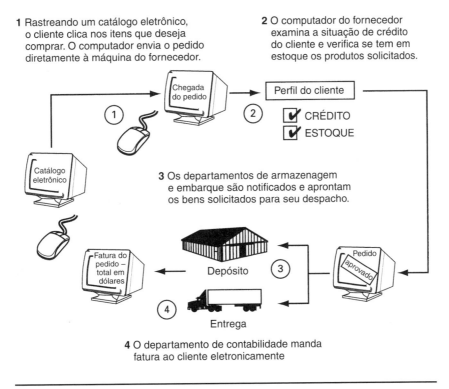

FIGURA 5-3 Comércio eletrônico via Internet.
Fonte: "Invoice? What's an Invoice?", *Business Week*, June 10, 1996, págs. 110 e seguintes.

Corp. – para garantir que as encomendas sejam entregues em um máximo de dois dias junto à mesa de quem fez o pedido, e não simplesmente no depósito da instituição.[6]

Planejamento de Pedidos via Canal da Web

O baixo custo da instalação e operação de um *website* na Internet faz dele um meio mais do que atraente para a comunicação múltipla entre várias partes. A Web pode ser usada eficientemente no planejamento do fluxo de pedidos ao longo de um canal de suprimentos. É um grande contraste com o planejamento tradicional, em que primeiro se faz uma previsão de demanda de produto, depois se determina um volume eficiente, o pedido é transmitido a um fornecedor para a reposição e, completado o prazo de entrega, os estoques são repostos para que a demanda possa ser atendida. Cada integrante do canal de suprimentos (comprador, fornecedor, transportador etc.) normalmente trabalha independentemente simplesmente por meio da provisão de uma parte da informação exigida para gerenciar o fluxo do produto e reagir a urgências, como preenchimento do pedido, seu transporte, ou previsão da demanda. Uma vez estando a Internet integrada no processo geral de planejamento, os integrantes do canal podem facilmente intercomunicar-se, intercambiar informação importante em tempo real, e reagir com rapidez e quase sempre com eficiência a mudanças imprevistas na demanda, escassez de materiais, demoras no transporte e problemas no atendimento dos pedidos. A situação dos pedidos é transparente, uma vez que todos os membros do canal conseguem compartilhar um banco de dados comum, que facilita o rastreamento e a expedição. Acesso barato à Internet incentiva a comunicação entre os membros da cadeia, e isso, por sua vez, melhora a coordenação no âmbito do canal, conduzindo à redução dos custos dos pedidos e à melhoria dos serviços aos clientes.

O exemplo a seguir, relativo à McDonald's do Japão, é específico quanto a um modelo de negócios mais formal conhecido como CFPR®, ou *planejamento, previsão e reposição colaborativos*, a partir da sigla em inglês. Com o CFPR, os membros do canal de suprimentos compartilham informações e gerenciam em conjunto os processos de negócios mais importantes dos seus canais de suprimentos. Ao integrar os processos de demanda e redução de impostos, o CPFR consegue melhorar a eficiência, aumentar as vendas, reduzir os ativos fixos e capital de giro, diminuir os estoques no con-

---

[6] "Invoice? What's an Invoice?" *Business Week*, June 10, 1996, pág. 112.

130 PARTE II • OBJETIVOS DO SERVIÇO AO CLIENTE

junto da cadeia de suprimentos e, ao mesmo tempo, satisfazer as necessidades dos clientes. O CPFR promove uma visão holística da gestão da cadeia de suprimentos. Resultados impressionantes de estudos-pilotos sobre parcerias em CPFR são relatados em empresas como Wal-Mart, Sara Lee, Branded Aparel, K-Mart, Kimberly Clark, Nabisco, Wegmans Supermarkets, Procter & Gamble, Hewlett Packard e Heineken USA.[7]

Exemplo

A McDonald's Japan opera 3.800 restaurantes, com vendas anuais de cerca de US$ 3,3 bilhões. Mais de três milhões de clientes visitam esses restaurantes diariamente. A concorrência é grande, não somente com outros restaurantes especializados em hambúrgueres, mas também com aqueles de sushi e ramen (macarrão), isso para não falar em outras sanduicherias. O resultado disso tudo é uma contínua pressão para a redução dos preços e a implementação de inúmeras promoções. Métodos tradicionais de previsão, como a previsão de séries de tempos, modelagem regressiva e previsão focada, não funcionam muito bem. A McDonald's Japan sofria alternadamente de excessos e ausência de estoques, altos custos de transporte a partir dos tamanhos e formatos inadequados dos pedidos, freqüentes alterações dos pedidos e compras em quantidades ineficazes resultantes de previsão inadequada da demanda altamente variável em nível de loja. Como uma alternativa à previsão de demanda na loja, a McDonald's Japan estabeleceu um centro de informação baseado na Internet, mediante o qual lojas, matriz (*marketing*), centros de distribuição e fornecedores passaram a comunicar-se e a colaborar mutuamente pelo site da companhia a fim de entrar em acordo sobre a expectativa de vendas, volume dos pedidos e cronogramas de entrega dos suprimentos de reposição.

Cada um dos membros desse canal compartilha informação destinada a fazer com que o sistema opere com eficiência e eficácia. Como mostra a Figura 5-4, as lojas apresentam as estimativas iniciais de clientes, bem como as vendas efetivadas, níveis atualizados dos estoques e quantidades já pedidas. Os centros de distribuição conhecem as quantidades em trânsito, informação de prateleiras vazias e similares. Os fornecedores se encarregam da informação relativa aos cronogramas de produção, cronogramas de embarque e capacidade. Por último, a divisão de *marketing* da

McDonald's entra com o plano de vendas, o momento das promoções, expansão e/ou fechamento de lojas, e similares. O centro de informação funciona como o posto de comando das decisões.(Figura 5-5)

O centro de informação mantém os servidores de Internet e ajuda com o planejamento central de quantidades dos pedidos e seu momento de entrega. Contudo, a comunicação *online* entre todos os participantes proporciona resposta rápida a mudanças inesperadas em demanda e procura, ou a demanda e procura que são inerentemente tão variáveis que as incertezas precisam ser enfrentadas com altos níveis de estoques. Este sistema de pedidos baseado na Web permite que os fornecedores e os centros de distribuição reajam com rapidez e eficiência às necessidades das lojas. Os gerentes das lojas têm assim condições de modificar seus pedidos em tempo real até determinada data, o que possibilita à McDonald's Japan uma redução de 50% no número de embarques para os restaurantes e um corte de 50% nos estoques dos restaurantes. Isto pode igualmente significar uma redução semelhante dos custos de produção do fornecedor. A melhoria da comunicação em tempo real e o refinamento do fluxo do produto no canal de suprimentos foram fundamentais para a consolidação desses avanços.

OUTROS FATORES QUE PESAM NO TEMPO DE PROCESSAMENTO DO PEDIDO

A seleção do *hardware* e dos sistemas para o processamento de pedidos representa mais uma etapa dos elementos do projeto. São inúmeros os fatores com peso suficiente para acelerar ou retardar o tempo de processamento. Resultam eles de procedimentos operacionais, políticas de serviço ao cliente e práticas de transporte.

Prioridades do Processamento

Há empresas que dão prioridade à sua lista de clientes como forma de alocar recursos limitados de tempo, capacidade e trabalho àqueles pedidos mais rentáveis. Ao agir desta maneira, elas conseguem alterar os prazos de processamento de pedidos. Pedidos de alta prioridade têm preferência no processamento, ficando os de baixa prioridade para processamento posterior. Há também empresas que processam os pedidos de acordo com sua ordem de entrada. Embora esta última abordagem possa parecer a mais justa para todos os clientes, isso não é necessariamente verdadeiro. Seu resultado pode ser um

---

[7] Informação colhida em www.cpfr.org; e em Sam Dickey, "Forecasting and Ordering System Rides the 'Net'", *Midrange Systems*, Vol. 10, nº 1 (January 17, 1997), pág. 40.

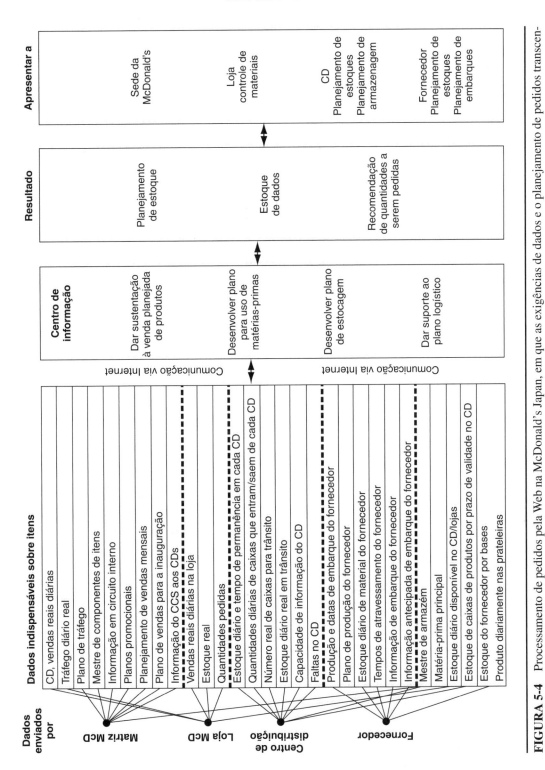

FIGURA 5-4 Processamento de pedidos pela Web na McDonald's Japan, em que as exigências de dados e o planejamento de pedidos transcendem os limites entre os membros da cadeia de suprimentos.

tempo médio maior de processamento para todos os clientes. E mesmo quando não existirem prioridades expressas no processamento, sempre haverá regras tácitas em vigor, capazes de afetar negativamente os prazos de processamento dos pedidos.

Exemplo

Uma fábrica de embalagens de papelão e derivados não tinha uma prioridade explícita para o processamento dos pedidos de sacolas e outras embalagens de

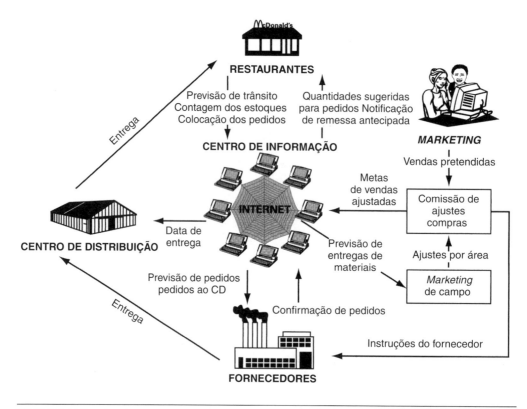

FIGURA 5-5 Planejamento de pedidos pela Web na McDonald's Japan.

redes de produtos alimentícios; havia, porém, uma prioridade implícita. Quando o trabalho se acumulava, os encarregados dos pedidos davam preferência ao processamento dos menores e mais simples. Os pedidos maiores, normalmente os mais lucrativos, ficavam sempre para "depois".

Processamento Paralelo *versus* Seqüencial

Há casos em que se consegue reduzir significativamente os tempos de processamento mediante um meticuloso arranjo das tarefas do processamento de pedidos. Os tempos mais alongados ocorrem quando todas as tarefas são completadas em seqüência. Ao se empreender algumas das tarefas simultaneamente, consegue-se reduzir o tempo total de processamento. Lembremo-nos do caso da Samson-Packard Company, em que todas as tarefas de processamento de pedidos eram realizadas *seqüencialmente*. Uma mudança tão simples como a criação de cópias múltiplas de um pedido para que o gerente de vendas possa revisar uma delas ao mesmo tempo em que outras servem para a condução simultânea de atividades de transcrição e verificação de crédito bastaria para compactar de alguma forma o tempo do processamento do pedido (processamento *paralelo*).

Exatidão no Atendimento dos Pedidos

Completar o ciclo do processamento do pedido sem acrescentar qualquer erro ao pedido do cliente é também um fator capaz de minimizar o tempo de processamento. A ocorrência de erros é sempre uma probabilidade, mas a companhia para a qual o tempo de processamento constituir uma preocupação importante deve dedicar especial cuidado a controlar o número de tais enganos/erros.

Pedidos em Lotes

Reunir pedidos de múltiplos clientes em grupos destinados ao processamento em lotes é uma prática que reduz custos. O problema é que a retenção de pedidos até completar-se o tamanho ideal dos lotes certamente alongará o tempo de processamento, especialmente para os pedidos iniciais do lote.

Pedidos Parciais

Há casos em que um pedido é tão grande que não pode ser atendido imediatamente a partir dos estoques disponíveis. Quando isso acontece, às vezes é melhor que, em vez de se esperar que o todo esteja disponível, partes dele sejam produzidos e remetidos. Em lugar de esperar pelo pedido completo, o cliente vai recebendo-o por partes, conseguindo, assim, pelo menos parte da sua compra em prazo menor. Embora o tempo de processamento possa ser melhorado por esse parcelamento, os custos do transporte certamente terão um acréscimo pela necessidade de remeter vários pedidos de tamanho menor que o do conjunto.

Consolidação do Embarque

De maneira semelhante ao que ocorre com os lotes de pedidos, existe a possibilidade de reter os pedidos a fim de criar um volume econômico de embarque. Consolidar vários pedidos menores a fim de consolidar um volume maior de despacho reduz os custos do transporte. Nesse caso, para que o custo de transporte venha a ser reduzido, o tempo do processamento pode ser aumentado.

O SISTEMA DE INFORMAÇÕES LOGÍSTICAS

Um sistema de informações logísticas deve ser descrito em termos de funcionalidade e operação interna.

Função

O propósito maior da coleta, manutenção e processamento de dados no âmbito de uma empresa é sua utilização no processo decisório, que vai de medidas estratégicas a operacionais, com isso facilitando as operações componentes do seu negócio. O aumento cada vez maior do espaço de memória, computação rápida, intensificação do acesso à informação ao longo da organização a partir de sistemas de informação empresariais tais como SAP, Oracle, Baan e J.D. Edwards, e as plataformas cada vez mais aperfeiçoadas para transmitir informação, tais como EDI e Internet, acabaram criando a oportunidade para que as empresas compartilhem informações de maneira conveniente e cada vez menos dispendiosa ao longo de toda a cadeia de suprimentos. Operações logísticas sempre mais eficientes tornam-se possíveis a partir dos ganhos que a informação atualizada e abrangente consegue espalhar pela empresa, e também a partir dos benefícios do compartilhamento das informações apropriadas com os outros integrantes da cadeia de suprimentos. Isto foi o que levou as empresas a pensar na informação com propósitos logísticos como um sistema de informação logística.

Um sistema de informação logística (SIL) pode ser representado como na Figura 5-6. O SIL precisa ser abrangente e ter a capacidade suficiente para permitir a comunicação não apenas entre as áreas funcionais da empresa (*marketing*, produção, finanças, logística, etc.) mas também entre os membros do canal de suprimentos (vendedores e clientes). Compartilhar informação selecionada sobre vendas, embarques, programas de produção, disponibilidade de estoques, situação dos pedidos e similares com vendedores e compradores são ações que conseguem reduzir as incertezas ao longo da cadeia de suprimentos, à medida que seus usuários vão encontrando maneiras de tirar proveito da disponibilidade da informação. Claro que sempre continuará a existir a relutância quanto a compartilhar abertamente informação reservada de uma forma capaz de comprometer a posição competitiva da empresa. Embora os benefícios do compartilhamento de informações além dos limites das empresas venham sendo reconhecidos, sempre haverá limites para a qualidade e quantidade das informações que as empresas se disporão a compartilhar com pessoas e empresas fora da órbita de seus controles.

No âmbito do SIL, os principais subsistemas são: 1) sistema de gerenciamento de pedidos (SGP); 2) sistema de gerenciamento de armazéns (SGA); 3) sistema de gerenciamento de transportes (SGT)*. Cada um deles contém informação para objetivos transacionais mas também ferramentas de suporte de decisões muito úteis no planejamento de atividades específicas. A informação flui entre eles, bem como entre o SIL e os outros sistemas de informação da empresa, a fim de criar um sistema integrado. Os sistemas de informação são conhecidos na forma de pacotes de *software* de computador.

O Sistema de Gerenciamento de Pedidos

O subsistema de gerenciamento de pedidos (SGP) conduz o contato inicial com o cliente na etapa da procura dos produtos e da colocação dos pedidos. É, na verdade, a vanguarda do SIL. O SGP entra em comunicação com o sistema de gerenciamento de armazéns para atualizar-se sobre a situação da disponibilidade do produto, a partir dos estoques ou dos programas de produção. Isso gera informação sobre a exata localização do produto na cadeia de suprimentos, as quantidades disponíveis, e possivelmente o prazo estimado da entrega. Uma vez aceitável para o cliente a disponibilidade do produto, a verificação do crédito pode ocorrer tão logo o SGP se comunique com o sistema de informação financeira da empresa para checar o *status* do cliente e a situação do seu crédito. Uma vez aceito o pedido, o SGP alocará produto ao pedido do cliente, a partir de um local de produção, ou de estoque e, quando confirmado o embarque, encaminhará o faturamento.

---

* N. T. de R.: Em inglês, as siglas são OMS (*order management system*), WMS (*warehouse management system*) e TMS (*transport management system*) respectivamente.

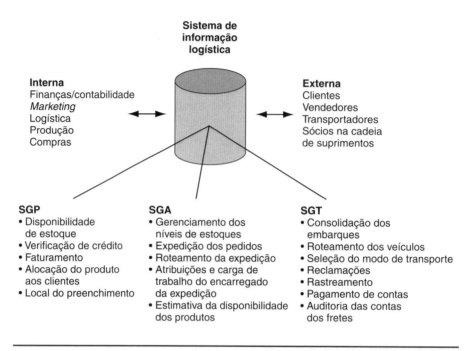

FIGURA 5-6 Visão geral do sistema de informação logística.

O SGP não fica isolado em relação aos outros sistemas de informação da empresa. Para prestar serviço eficiente ao cliente, o compartilhamento de informação é condição indispensável. Por exemplo, se couber ao SGP o rastreamento do pedido, o sistema de gerenciamento do transporte terá de ser consultado. A compatibilização em matéria de comunicação é essencial.

Deve-se acentuar que, embora a discussão se restrinja ainda aos pedidos que a empresa recebe e precisa atender, existe um SGP similar para as ordens de compra da mesma companhia. Enquanto um SGP focado no cliente se mantém sempre voltado para os dados relativos aos clientes da empresa, o SGP focado nas compras precisa se concentrar nos que vendem para a empresa, analisando seu desempenho em matéria de prazos de entrega, custos e condições de venda, capacidades, disponibilidades e situação financeira. Os fornecedores são constantemente monitorados e relatórios são preparados para ajudar na escolha de fornecedores.

O Sistema de Gerenciamento de Armazéns

O sistema de gerenciamento de armazéns (SGA) pode englobar o SGP ou ser tratado como uma entidade separada no âmbito do SIL. O SGA precisa pelo menos relacionar-se intimamente com o SGP de maneira a que o departamento de vendas conheça bem aquilo que a empresa tem para vender. Trata-se de um subsistema de informação assessorando no gerenciamento do fluxo ou armazenamento de produtos nas instalações da rede logística. Os elementos principais podem ser identificados como: 1) entrada; 2) estocagem; 3) gerenciamento de estoques; 4) processamento e retirada de pedidos; 5) preparação do embarque. Todos esses elementos farão parte do SGA de um legítimo armazém de distribuição, embora alguns deles talvez não estejam presentes em armazéns usados principalmente para a estocagem de longo prazo ou naqueles com um giro muito alto de mercadorias.

Entrada. Este é o ponto de entrada ou "*check-in*" da informação no SGA. O produto é desembarcado nas docas de recebimento do armazém e identificado por código e quantidade. Os dados do produto dão entrada no SGA por meio de leitores de códigos de barras, terminais de comunicação de dados com rádio-freqüências (RF) ou teclados digitais. Peso, cubagem e configuração de embalagem do produto são conhecidas mediante a conferência entre o código desse produto e o código no arquivo interno do produto.

Estocagem. O produto que chega precisa ser temporariamente estocado no armazém. O SGA conserva o leiaute do espaço do edifício e o estoque guardado nas instalações. Com base no espaço disponível e nas regras do leiaute de estocagem, o SGA aloca o produto que chega a um local específico para posteriormente ser retirado. Se houver necessidade de armazenamento de múltiplos produtos em locais múltiplos numa mesma viagem, o SGE tem condições de especificar a seqüência de recepção e sua rota para minimizar o tempo de viagem. O nível de estoque em cada uma das localizações afetadas é aumentado, e o registro de localização do estoque vai sendo correspondentemente ajustado.

Gerenciamento de estoque. O SGA monitora os níveis do produto em cada ponto de estocagem no armazém. Se os níveis de estocagem encontram-se sob o controle local do armazém, as quantidades e o momento da reposição são sugeridos de acordo com regras bem específicas. O pedido de reposição é transmitido ao departamento de compras ou diretamente aos fornecedores ou fábricas da empresa via EDI ou a Internet.

Processamento de pedidos e retirada. Planejar a retirada dos estoques de um armazém, isto é, identificar os itens solicitados nos pedidos, é talvez o aspecto de maior valor do SGA. A retirada de estoques é a parte que mais exige mão-de-obra e quase sempre a mais dispendiosa das operações de armazenagem.

O SGA, com suas regras internas de tomada de decisões, ao receber um pedido costuma decompô-lo em grupos de itens que exigem tipos diferentes de processamento e separação. Os itens são agrupados de acordo com a localização dos pontos de estocagem. Alguns itens exigem a separação de quantidades menores, dispersas; outros, no entanto, são separados em caixas cheias ou paletes completos. Há ainda alguns que podem ser separados de áreas isoladas e seguras do armazém. Cada área tem diferentes características de separação na medida em que é ineficiente separar todo o pedido de uma só vez. O SGA divide o pedido a fim de adequá-lo às condições de separação e organiza o fluxo do pedido ao longo das diversas áreas de armazenagem a fim de que os itens consigam chegar às docas de embarque como um pedido completo e na seqüência apropriada com outros pedidos para serem embarcados num caminhão ou vagão ferroviário.

Além disso, o SGA subdivide os itens da área de separação entre os diversos separadores a fim de equilibrar a carga de trabalho. Assim, itens destinados a um determinado trabalhador são seqüenciados para uma expedição que minimize a distância a ser percorrida, a força despendida e o cansaço experimentado, para ganhar tempo.

Preparação do embarque. Os pedidos costumam ser separados em ondas pelo armazém, significando isso que entre todos os outros pedidos, um subconjunto será processado de uma vez só. O tamanho deste subconjunto e os pedidos nele compreendidos são escolhidos com base em considerações de embarque. Pedidos de clientes localizados na mesma região são escolhidos simultaneamente a fim de chegarem no ponto de embarque e na carroceria do caminhão ao mesmo tempo. Fazem-se estimativas da cubagem e peso dos pedidos de múltiplos

clientes que serão levados num caminhão, contêiner ou vagão ferroviário. Codificar a cores a mercadoria procedente das diferentes áreas do armazém ajuda na reunião dos produtos comuns a um pedido e no seqüenciamento rumo ao veículo de entrega para uma roteirização mais eficiente. No caso de mercadorias de varejo, as etiquetas com os preços podem ser afixadas de maneira a que os itens estejam em condições de ser postos nas gôndolas de exposição sem necessidade de manuseio adicional.

Em conjunto, o SGA torna mais eficientes as operações de gerenciamento de armazéns em forma de planejamento da mão-de-obra, planejamento de nível de estoques, utilização de espaços e rotina de expedição. O SGA compartilha informação com o SGP e o SGT para a consecução de um desempenho integrado.

Exemplo

Uma das maiores redes de drogarias dos EUA recebe semanalmente pedidos de centenas de seus pontos de varejo, não sendo incomum a chegada de 50 pedidos diários a um determinado armazém. Um depósito local se encarrega do abastecimento dos produtos gerais. Os artigos farmacêuticos são fornecidos por um armazém central. Quando de sua chegada à sede da companhia, os pedidos são repartidos entre duas categorias de produtos. Os pedidos de artigos farmacêuticos são atendidos em primeiro lugar e despachados para o armazém local, no qual serão juntados no armazém local aos outros artigos pedidos para a mesma loja. Então, os pedidos são ainda mais repartidos entre itens expedidos a partir de áreas de caixas avulsas, cheias, seladas e a granel. Uma vez que oito mil dos 12 mil itens estocados no armazém requerem expedição a partir de áreas de caixas avulsas, o bom gerenciamento desta área de mão-de-obra intensiva é essencial. Para conseguir isto, a parte dos itens da área de separação a partir de caixas avulsas é novamente subdividida para cada separador. O separador processa apenas os itens de sua zona. A seqüência de separação dos itens é estabelecida a partir das regras de encaminhamento no SGA.

O SGA controla o momento de início da separação em todas as áreas do armazém, a fim de que os elementos do pedido cheguem no ponto de embarque quase todos ao mesmo tempo. Cartazes de identificação são colocados nas caixas de papelão e nos contenedores para que o pedido completo possa ser montado na doca de embarque para carregar um caminhão que poderá, conforme a disposição final, transportar os pedidos de até cinco lojas.

Todas as vezes que se recebem mercadorias de reposição dos fornecedores, a respectiva informação dá

136 PARTE II • Objetivos do Serviço ao Cliente

entrada SGA. Este então encaminha o produto aos respectivos locais de armazenamento e mantém um registro da idade de cada produto para controlar o seqüenciamento da separação.

O Sistema de Gerenciamento de Transportes

O sistema de gerenciamento de transportes (SGT) cuida do transporte *da* e *para a* empresa, sendo parte integral do SIL (Figura 5-6). Da mesma forma que no SGA, ele compartilha a informação com outros componentes do SIL, principalmente aquelas relacionadas a conteúdo dos pedidos, peso e cubagem dos itens, quantidades, data de entrega prometida e programas de embarque dos fornecedores. Sua função é dar assistência ao planejamento e controle da atividade de transportes da empresa. Isto envolve: 1) seleção de modais; 2) consolidação de fretes; 3) roteirização e programação dos embarques; 4) processamento de reclamações; 5) rastreamento de embarques; 6) faturamento e auditagem dos fretes. Nem todos os SGTs contêm a pluralidade de elementos listados anteriormente. Cada uma dessas atividades será discutida em função das exigências de informação e respectiva contribuição para a tomada de decisões do SGT.

Seleção de modais. Inúmeras empresas transportam em múltiplos tamanhos de embarque, o que se traduz em múltiplos serviços de cargas. As alternativas do serviço de transportes variam em geral de pequenos transportes aéreos e transportadores terrestres de encomendas até contêineres marítimos e vagões ferroviários. O SGT está equipado para fazer a comparação do tamanho do embarque com o custo do serviço de transporte e o desempenho necessário, principalmente quando existirem alternativas competitivas presentes. Um bom SGT estará sempre armazenando dados a respeito de modos múltiplos, tarifas, datas de embarques previstas, disponibilidade de modais e freqüência dos serviços, sugerindo o melhor transporte para cada carregamento.

Consolidação de fretes. Uma função extremamente valiosa para o SGT é aquela que sugere os padrões para a consolidação de pequenos embarques. Desde que uma das principais características das tarifas é que os custos unitários de embarque caem à medida que aumenta o tamanho do carga, a consolidação dos embarques pode proporcionar consideráveis economias em custos de transporte, especialmente quando se tratar de embarques pequenos. O SGT pode rastrear, em tempo real, o tamanho do embarque, destino e data de entrega prometida. A partir desta informação e fazendo uso das regras internas de decisão, é possível formar cargas econômicas enquanto consideram os objetivos do serviço de entrega.

Roteirização e programação dos embarques. A empresa proprietária ou arrendatária de veículos precisa de um gerenciamento mais do que aperfeiçoado a fim de garantir a operação eficiente da frota. Com informação sobre pedidos fornecida pelo SGP e os dados a respeito do processamento oriundos do SGA, o SGT designa as cargas aos veículos e sugere a melhor seqüência de paradas. Janelas de tempo das paradas, recolhimento de mercadorias devolvidas nas paradas, planejamento de frete de retorno, restrições quanto à duração do tempo de viagem dos motoristas e respectivas paradas para descanso, e a utilização da frota ao longo de múltiplos períodos de tempo. Tudo isso exige a atenção do SGT. O SGT armazena dados sobre locais das paradas, tipo, número e capacidade dos veículos, tempos de carga/descarga nas paradas, janelas de tempo das paradas e outras ocorrências ao longo do itinerário. Em função dessas informações, os transportes a serem feitos no devido tempo são planejados de acordo com as regras de decisão ou algoritmos inerentes ao SGT.

Processamento de reclamações. É inevitável, em matéria de transportes, a ocorrência de danos em algumas das cargas. Havendo uma permanente atualização de informações a respeito de conteúdo dos carregamentos, valor dos produtos, transportador utilizado, origem e destino e limites de responsabilidade, muitas reclamações podem ser processadas automaticamente ou com um mínimo de intervenção humana.

Rastreamento dos embarques. A tecnologia do sistema de informação exerce importante papel no rastreamento das cargas, desde sua entrega aos respectivos transportadores. Códigos de barras, rádio-transmissores de móveis, sistemas de posicionamento global e computadores de bordo são elementos fundamentais do sistema de informação que permitem a localização de praticamente qualquer carga a qualquer momento. A informação assim rastreada pelo SGT é disponibilizada aos clientes e fornecedores via Internet e outros meios eletrônicos. Até mesmo estimativas da hora da chegada de tais carregamentos é possível calcular.

Transportadores de encomendas como DHL, Airborne Express, FedEx e UPS são pioneiros no desenvolvimento deste sistema de informação, pois seu principal produto é a satisfação dos clientes. São várias as empresas que garantem a entrega de encomendas em perfeitas condições. Um sistema sofisticado de rastreamento das cargas é de extrema valia na consecução dessa meta.

Aplicação

A Federal Express atribui um número único em código de barras a todos os documentos de embarque, para garantir a identificação rápida e fácil de qualquer das encomendas que transporta ao longo de suas jornadas. O código é escaneado no ponto de entrada do sistema de entrega, na classificação, quando da entrega, e no ponto de destino. Nos caminhões de entrega estão instalados microcomputadores que aceitam comunicação de rádio. Isto permite que os caminhões sejam rastreados para expedição e entrega, e também para servirem como pontos de entrada de dados de informação sobre embarque e localização do transporte. O agente da entrega possui um escaneador manual que lê o número da carga quando da expedição ou entrega. Esse dispositivo, com sua informação codificada, pode ser conectado no computador de bordo e lido no banco de dados do sistema de informação de transportes da empresa.

A comunicação via satélite e os sistemas de posicionamento global representam as tecnologias mais modernas incorporadas ao sistema de rastreamento. Os sistemas *just-in-time*, em que qualquer incerteza a respeito da chegada dos pedidos representa sérias conseqüências para as operações de produção, utilizam-se de satélites de navegação para identificar a localização precisa de carregamentos ao longo de seu fluxo, para manter comunicação em tempo real com os condutores a fim de que estes tenham condições de relatar qualquer problema ou retardamento, e, ainda, a fim de fazer a melhor estimativa do dia/hora da chegada.

Aplicação

Uma empresa que aluga caminhões de carga por contrato está agora usando um sistema de comunicação e posicionamento global por satélite móvel bidirecional para monitorar a localização de seus caminhões. O objetivo é melhorar o desempenho sob programas *just-in-time*. O núcleo do sistema é um computador pequeno, embarcado no caminhão, que possibilita a comunicação de navegação com o satélite. Este pode determinar a localização geográfica do caminhão em qualquer lugar do país. As mensagens entre os motoristas e o escritório central podem ser trocadas sem comunicação telefônica.

Faturamento e auditagem dos fretes. Determinar o frete a ser cobrado por determinadas cargas é, às vezes, tarefa complexa, devido às inúmeras exceções admitidas nos contratos que estabelecem as respectivas tarifas. Como os transportadores cobram normalmente a menor das taxas aplicáveis, ao ocorrer um erro de tarifação o cobrador pode acionar o transportador para cobrar-lhe a diferença entre as tarifas reais e aquelas mais baixas. É res-

ponsabilidade do embarcador (a parte que compra o serviço de transporte) auditar as contas de fretes em busca de semelhantes erros e exigir, quando cabível, um reembolso por parte do transportador. A auditagem dos fretes pode ser uma atividade envolvendo mão-de-obra intensiva, devido ao grande número de combinações de itinerários e tarifas. O SGT baseado em computador consegue encontrar rapidamente o custo mínimo de qualquer itinerário e fazer a comparação entre esse custo com a fatura de frete.

O pagamento da fatura do frete pode ser também facilitada no SGT. Em vez desta atividade ser assistida pelo SGT, o pagamento da fatura é uma atividade transacional. Aqui o SGT registra que o embarque foi feito e exige que o sistema de informação do departamento financeiro da empresa execute o pagamento ao transportador, o que muitas vezes é feito eletronicamente.

Apenas uma descrição limitada do SIL e seus componentes pôde ser aqui traçada, pois suas características variam com os requisitos de cada aplicação. Por exemplo, há sistemas de gerenciamento de armazéns com capacidade para realizar também o controle via rádio-freqüências de todas as tarefas, padrões e indicadores de desempenho, contagens cíclicas de estoques e programação de docas de embarque, entre outros atributos. O SGT teria ainda condições de incluir a seleção de modal, itinerários de todas as cargas e mensuração de desempenho dos transportadores. Contudo, algumas das capacidades fundamentais do SIL aqui discutidas ilustram o impacto da tecnologia da informação sobre o planejamento e controle das operações.

Operação Interna

Pela perspectiva da operação interna, um sistema logístico pode ser representado esquematicamente, como na Figura 5-7. Notem-se os três elementos diferentes que dão a conformação do sistema: 1) a entrada, 2) o banco de dados e as operações a ele relacionadas; 3) a saída, ou resultado. A Figura 5-8 detalha com ainda maior clareza os elementos de dados do sistema.

Entrada (Input)

A primeira atividade relacionada com o sistema de informação é a aquisição de dados que servirão como suporte do processo de decisões. Depois de identificar cuidadosamente esses itens necessários para planejar e operar o sistema logístico, os dados podem ser obtidos a partir de muitas fontes, sendo as principais: 1) clientes; 2) registros da empresa; 3) dados publicados; 4) gerenciamento. Os clientes, com suas atividades de vendas, proporcionam indiretamente subsídios muito úteis para o planejamento. Na etapa da entrada dos pedidos, coletam-se dados valiosos para as decisões de previsão

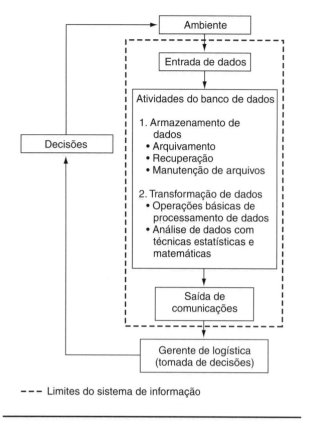

FIGURA 5-7 Componentes operacionais do sistema de informação logística.

e operação, entre as quais as relacionadas a volumes de vendas, à localização das vendas e ao tamanho dos pedidos. Da mesma forma, dados sobre tamanhos de embarques e custos de transporte são obtidos a partir de entregas feitas aos clientes. Contas de fretes, ordens de compra e faturas são fontes adicionais desse tipo de dados primários.

Os registros da empresa, na forma de relatórios da contabilidade, relatórios sobre situação, relatórios de estudos externos e internos e vários outros relatórios operacionais, proporcionam uma fartura de dados. Dados obtidos desses relatórios em geral não são organizados de qualquer maneira útil no que diz respeito aos objetivos do processo logístico de decisão. Itens selecionados de dados são obtidos pelo sistema de informação a ser manipulado num estágio posterior.

Dados publicados de fontes externas representam uma fonte igualmente muito importante de informações. Eles estão disponíveis a partir de pesquisas promovidas por órgãos dos governos, pesquisas promovidas por entidades empresariais, compartilhamento de dados via Internet e EDI, e fornecedores que proporcionam dados muito valiosos simplesmente em função da boa vontade que esse comportamento costuma criar. Publicações profissionais e revistas de negócios são exemplos adicionais desse campo. Esse tipo de dados exter-

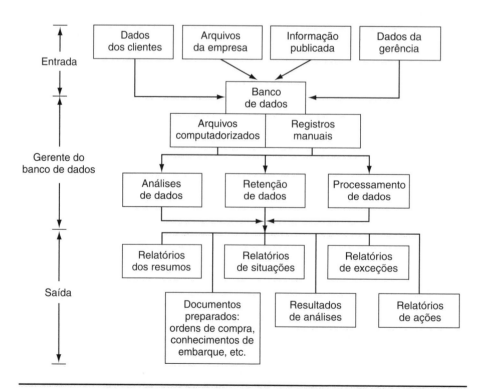

FIGURA 5-8 Visão expandida do sistema de informação logística.

nos tende a ser mais amplo e mais generalizado que o dos dados gerados internamente.

Funcionários da empresa são normalmente também uma fonte valiosa de dados. Previsões de futuros níveis de vendas, ações da concorrência e a disponibilidade de materiais comprados são alguns dos exemplos nesse campo. Esse tipo de dados não é guardado tanto em arquivos empresariais, registros de computadores ou bibliotecas, mas, principalmente, na mente humana. Funcionários como gerentes, consultores e planejadores internos, e também especialistas em atividades, estão sempre próximos às fontes de dados e se tornam, eles mesmos, ótimas fontes de informações.

Observação

O computador foi o responsável pelo surgimento de novas fontes de dados nunca antes disponíveis e levou a significativos aperfeiçoamentos nas operações. A Sears, Roebuck & Co. é uma dos maiores varejistas de utensílios domésticos, fazendo cerca de quatro milhões de entregas a domicílio por ano. Como os clientes que fazem tais compras normalmente irão repeti-las apenas dentro de dez a 15 anos, os padrões de entrega raramente se repetem. Historicamente, os funcionários da Sears confrontavam manualmente os endereços fornecidos pelos clientes com os códigos de área. Por exemplo, para a cidade de Ontario, na Califórnia, o processo levaria em média duas horas, com um índice de acerto de 55%. Com a utilização de *software* de computador para a verificação de endereços, esse processo leva agora 20 minutos, com um índice de acerto superior a 90%.[8]

Gerenciamento de Banco de Dados

Transformar dados em informação, apresentá-los de uma maneira útil para o processo de decisão e fazer a interface da informação com os métodos de assessoria a este processo são elementos centrais do sistema de informação. O gerenciamento do banco de dados envolve a seleção dos dados a serem armazenados ou recuperados, a escolha dos métodos de análise a serem incluídos, e a escolha dos procedimentos para o processamento de dados básicos a serem implementados.

Depois de determinado o conteúdo do banco de dados, a preocupação maior quanto ao seu projeto é a de decidir quais os dados a serem mantidos na forma tradicional de cópia impressa, aqueles que deverão ficar retidos na memória do computador para acesso rápido, e quais os dados que não serão conservados. A manutenção de dados pode ser dispendiosa e por isso qualquer forma de retenção deve basear-se em: 1) sua importância para o processo decisório; 2) a rapidez da recuperação da informação; 3) a freqüência do acesso aos dados; 4) o processo necessário para a manipulação desses dados na forma desejada. Informação necessária para planejamento estratégico ocasional não precisa de acesso imediato. Informação destinada ao planejamento mais freqüente de operações tem uma característica exatamente oposta. O funcionário que recupera uma taxa de frete do arquivo do sistema, ou aquele representante do serviço ao cliente que verifica a situação de um pedido por meio do sistema de rastreamento de encomendas da empresa beneficiam-se dessas capacidades básicas de armazenamento e recuperação *online*/real time do sistema de informação.

O processamento de dados é um dos elementos mais antigos e difundidos do sistema de informação. Quando os computadores passaram a fazer parte da comunidade dos negócios, sua função principal seria a de reduzir todo o peso que significava a elaboração de faturas para milhares de clientes e a preparação dos respectivos registros contábeis. Atualmente, a preparação de ordens/pedidos de compras, conhecimentos de embarque e faturas de fretes é uma atividade comum de processamento de dados destinada a ajudar o profissional de logística no planejamento e controle do fluxo de mercadorias e materiais. As atividades de processamento de dados, ou transacionais, representam uma transformação relativamente simples e direta de dados nos arquivos para um formato um pouco mais útil. Essa atividade transacional foi o principal componente dos sistemas de *software* de ERP (Enterprise Resource Planning) desenvolvidos pela SAP, i2, Oracle e outras para a felicidade das grandes empresas na última década.

A análise de dados é a mais recente e a mais sofisticada das aplicações do sistema de informação. O sistema pode conter qualquer número de modelos matemáticos e estatísticos, tanto gerais quanto específicos para os problemas logísticos de uma determinada empresa. Esses modelos convertem a informação em soluções que proporcionam suporte ao processo decisório. Planejar a roteirização da separação em um armazém de elevada taxa de giro, definir itinerário de caminhões de entrega e alocar clientes a armazéns e fábricas são apenas alguns dos exemplos de decisões que podem ser tomadas com o suporte das ferramentas matemáticas embutidas no sistema de informação. Àquilo que começou essencialmente como sistemas transacionais, os sistemas de *software* de ERP acrescentam agora módulos de suporte às decisões para aperfeiçoar suas capacidades.

---

[8] "Logistics and Distribution Moves Toward 21st Century", *ARC News*, Vol. 18, nº 2 (Summer 1996).

140 PARTE II • OBJETIVOS DO SERVIÇO AO CLIENTE

A Saída (Output)

O elemento final do sistema de informação é o segmento de saída. Trata-se da interface com o usuário do sistema. A saída tem geralmente vários tipos e transmitida de diversas formas. Em primeiro lugar, a saída mais óbvia é sob a forma de alguns tipos de relatório: 1) relatórios de resumos de estatísticas de custos ou desempenho; 2) relatórios do andamento de pedidos ou estoques; 3) relatórios especiais de comparação entre o desempenho pretendido e o alcançado; 4) relatórios (pedidos de compra ou produção) que dão início a alguma ação. Em segundo lugar, a saída pode ocorrer na forma de documentos preparados, por exemplo, conhecimentos de embarque de transporte e faturas de frete. Por fim, a saída pode ser o resultado de análises de dados de modelos matemáticos ou estatísticos.

A entrada, uma capacidade de gerenciamento de bando de dados, e a saída são os elementos principais da operação interna do SIL. Juntamente com as capacidades transacionais básicas, o principal objetivo do sistema é construir uma ferramenta de suporte às decisões para o planejamento e operação do sistema logístico.

EXEMPLOS DE SISTEMAS DE INFORMAÇÃO

Na prática, os sistemas de informação destinados a assessorar o planejamento e a operação de cadeias de suprimentos aparecem em diversas formas nas empresas. Alguns exemplos poderão ajudar a deixar mais claro como isso ocorre.

Um Sistema de Varejo

Empresas com grandes operações de varejo desenvolveram complexos sistemas de informação a fim de agilizar o *checkout* (melhoria do serviço ao cliente) e de aumentar a eficiência de estocagem e reabastecimento dos muitos itens normalmente oferecidos aos clientes (menores custos). O alto volume de transações rotineiramente realizadas e o elevado giro dos estoques almejados levaram os varejistas a usar computadores e a tecnologia mais moderna para a concretização dos pedidos a fim de atingir seus objetivos gerais.

Aplicação

Um importante varejista tem quase mil lojas em sua rede. Só o sistema logístico envolve 200 mil itens que fluem a partir de mais de 20 mil fornecedores. A estratégia da empresa é que cada loja seja um centro de lucros. Isto significa que decisões sobre estoques envolvendo mais de 40 mil departamentos de vendas precisam ser tomadas na loja. Ao mesmo tempo, a compra é centralizada.

O sistema de informação projetado para dar suporte a esta filosofia descentralizada de gerenciamento exigiu a instalação de registradoras com capacidade de leitura ótica nas lojas para ler os códigos de barras nas etiquetas das mercadorias. Com microcomputadores e *mainframes* em locais centralizados, as atividades de vendas de cada loja podem ser registradas instantaneamente. O sistema oferece inúmeros benefícios, entre eles *checkouts* ágeis, melhor controle de estoques, verificação de crédito mais rápida, relatórios instantâneos dos níveis dos estoques, e melhor planejamento do momento e das quantidades das compras.

A operação do sistema é esquematizada na Figura 5-9. O primeiro passo é receber o produto do armazém ou do fornecedor. Uma cafeteira, por exemplo. Uma máquina automática produz um tíquete que indica a cor, o preço, o número de estoque e o número do vendedor da cafeteira. Quando o comprador leva a cafeteira à caixa registradora, o funcionário examina o tíquete com uma leitora ótica ou digita as informações do produto na registradora.

Se o cliente utiliza cartão de crédito, a leitora ótica reconhece um código magnético e, em menos de um segundo, libera a compra pelo computador da loja. Os dados da cafeteira ficam arquivados no computador até o final daquele dia útil, sendo então automaticamente transferidos para um dos 22 centros regionais da empresa em questão, para processamento em *mainframes*. Faz-se então o débito na conta do cliente, dados da venda e respectivos impostos entram nos arquivos do departamento de contabilidade, e a comissão do vendedor é encaminhada ao setor de pessoal.

Os dados da venda são igualmente registrados no sistema de gerenciamento de estoques do departamento de cafeteiras. Quando o número de cafeteiras vendidas num dia reduz o estoque abaixo de um ponto predeterminado, o computador imprime automaticamente uma ordem de compra, que é enviada ao gerente do departamento na manhã seguinte. Se o gerente determina a compra de mais cafeteiras, o pedido é enviado via EDI ao fornecedor, que se encarrega de supri-lo.

Ao mesmo tempo, os dados da venda são canalizados pelo centro regional de dados a uma estação central de processamento na sede da empresa, que faz a compilação da informação do número de unidades vendidas.

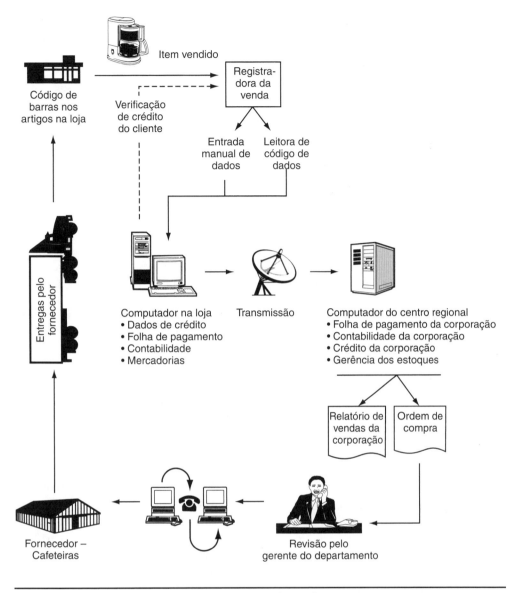

FIGURA 5-9 Sistema de informação para um grande varejista.

GERENCIAMENTO DE ESTOQUES PELO FORNECEDOR

Quando os varejistas gerenciavam, um dos métodos de controle de estoques era usar um tipo de programa de reposição acionado por um "gatilho". Isto é, quando um item em estoque diminuía a uma quantidade ao nível do ponto de disparo, emitia-se uma ordem de compra a um fornecedor para a reposição desse item. Em tais sistemas, os varejistas fazem suas próprias previsões e determinam regras de supervisão de estoque. Como alternativa, os varejistas podem fazer a reposição por ciclo fixo (por exemplo, uma vez por semana) e encomendar uma quantidade suficiente para preencher determinado espaço de prateleira com um artigo. De acordo com a *International Mass Retail Association*, mais de 60% dos bens duráveis e quase 40% dos produtos perecíveis têm programas de reposição gerenciados pelos varejistas.[9]

Embora tudo indique que os programas de reposição gerenciados pelos varejistas tenham longa vida pela frente, espera-se igualmente um crescimento substancial do gerenciamento do estoque pelo fornecedor (VMI*), isto é, da reposição contínua. Com o intercâmbio eletrônico de dados e os dados de pontos-de-venda, os vendedores têm condições de saber, tanto quanto o

---

[9] Tom Andel, "Manage Inventory, Own Information", *Transportation and Distribution* (May 1996), pág. 58.

* N. de R. T.: Sigla em inglês de *Vendor Managed Inventory*.

142 PARTE II • OBJETIVOS DO SERVIÇO AO CLIENTE

próprio dono da loja, o que existe nas prateleiras do varejista. Varejistas como Wal-Mart e Toys "Я" Us capacitam os vendedores a manter o controle de seus estoques, decidindo assim o que e quando despachar. A propriedade do estoque geralmente é transferida ao varejista no recebimento do produto, embora existam varejistas que gostariam de chegar ao ponto em que não será deles a propriedade mesmo estando as mercadorias em suas prateleiras. A crescente disponibilidade de informação vem permitindo o surgimento de novas alternativas para o gerenciamento do fluxo de mercadorias na cadeia de suprimentos.

Os fornecedores querem que seus clientes os abasteçam com informação sobre vendas de produtos, níveis atualizados de estoques, data precisa do recebimento de mercadorias, estoque obsoleto e devoluções. A informação flui para o fornecedor por uma rede de EDI ou outros meios eletrônicos e por isso mesmo está sempre atualizada. Os fornecedores muitas vezes incorrem em elevados custos em matéria de VMI, por exemplo, ao absorver os custos de transporte, mas sentem que esses custos adicionais são cobertos pelo aumento de vendas concretizado a partir da utilização intensiva do VMI.

Aplicação

A Western Publishing está realizando um trabalho de VMI nas suas linhas Golden Book. A Western, editora de livros infantis, desenvolve um relacionamento especial com seus clientes mediante o qual recebe deles informações dos pontos-de-venda. Essa informação proporciona à editora os dados do estoque restante no varejista, informação essa então comparada com o ponto de reposição do pedido. Os níveis de estoques abaixo do ponto de reposição do pedido desencadeiam automaticamente um pedido de reposição. A propriedade dos estoques passa a ser do varejista no momento do embarque do produto. O compartilhamento da informação dos pontos-de-venda é fundamental para a manutenção do trabalho de reposição de forma eficiente e contínua.

Comércio Eletrônico

Para um número cada vez maior de empresas, o comércio eletrônico, que faz ampla utilização da Internet a fim de descomplicar todo tipo de negociação, é uma extensão dos negócios tradicionais dos armazéns e lojas. Em contraste com empresas nascidas a partir da Web, que não são dotadas de infra-estrutura logística e despacham diretamente de fornecedores mediante transporte alugado, as empresas tradicionais têm estoques, espaço de armazenagem, capacidade de transporte e especialização logística. Com o acréscimo de um *website* para a entrada dos pedidos dos clientes, as companhias tradicionais conseguem acrescentar e integrar os pedidos pela Internet às suas operações logísticas normais. Outras conseguem separar as operações pela Internet das operações internas e até mesmo procurar suporte externo de um provedor de serviços logísticos, sob o argumento de que as exigências dos clientes são suficientemente diferenciadas para justificar tal separação. No entanto, podemos esperar que, se os pedidos chegam pela Internet ou pelo setor de vendas, a logística necessária para servi-los não será mais tão diferente do que era no passado recente, quando o comércio eletrônico representava não apenas a novidade, mas também o desconhecido.

Aplicação

A Lowe's, uma das maiores varejistas de utensílios domésticos tipo faça-você-mesmo, recorreu à NFI Interactive como provedor de serviços logísticos aos seus clientes *online* quando começou a oferecer seus produtos pela Internet. A NFI usa o *software* de sistema de gerenciamento de armazéns (SGA) da All Points Systems a fim de organizar suas operações para a Lowe's no seu armazém de 40 mil metros quadrados em Atlanta, Geórgia, sendo atualmente metade desse espaço utilizado com exclusividade pela Lowe's.

A cada 15 ou 20 minutos, pedidos do *website* são descarregados no SGA. Uma reserva de estoque é feita para os itens pedidos até que se verifiquem os créditos do cliente. A partir daí, o sistema escolhe um método de distribuição de encomendas (FedEx, UPS, serviços para encomendas menores, etc.) e os pedidos são liberados para os funcionários no piso do armazém.

O produto é escaneado na entrada e saída do estoque via utilização de microcomputadores de mão e ou montados nos veículos. A separação dos pedidos no armazém é organizada de acordo com o código postal, tamanho do pedido e prazo de entrega. Uma vez embalados os pedidos, as caixas são levadas em esteiras até o Quantronis CubicScan para mensuração e pesagem. Então, são criados os rótulos adequados de embarque com impressoras Zebra Technologie, e as mercadorias tomam então o rumo de seu destino final.[10]

---

[10] Rick Gurin, "Lowe's Gets to Know Online Distribution", *Frontline Solutions,* Vol. 2, nº 3 (March 2001), pág. 46.

Um Sistema de Apoio às Decisões

O despacho de caminhões-tanque para a reposição de estoques de gasolina nos postos de serviços é um problema de planejamento logístico que pode ser facilitado por um sistema de informação bem projetado. Ao incorporar ao sistema de informação métodos capazes de fazer análise de dados bem como de organizá-los e apresentá-los, o sistema consegue dar suporte ao usuário no seu processo decisório. Métodos de análises de dados podem tomar a forma de procedimentos de otimização. No sistema de informação bem projetado, o usuário consegue não apenas recorrer a ele para a elaboração de uma resposta inicial ao problema decisório, como também interagir com esse sistema para proporcionar-lhe as saídas que viabilizem uma solução prática para o problema, do que aquela eventualmente proporcionada pelos procedimentos de otimização isoladamente.

Aplicação

Todos os dias, no país inteiro, uma grande distribuidora de petróleo faz milhares de entregas de gasolina e óleo diesel nos postos de serviços. Todos os dias surge um novo problema à medida que a composição, os volumes e o *mix* de produtos dos clientes sofrem modificações. A utilização de um modelo de programação matemática para ajudar a tomar as decisões sobre entrega reduz o número de caminhões tanques necessários para completar as entregas e também a quilometragem que precisam percorrer.

As entradas de informação sobre pedidos no Sistema de Gerenciamento de Transporte (SGT) não é o mais importante, pois a rapidez não é o ponto crucial desta aplicação. Uma vez recebida a informação do pedido dos postos de serviços, a informação sobre requisição de pedidos é direcionada ao terminal regional de distribuição que deverá atender esse pedido e entregá-lo. Essa informação é exibida em primeiro lugar numa tela de computador para o despachante. Esse então revisa os pedidos e separa aqueles com padrões óbvios de entrega devido a grandes volumes ou características especiais de entrega. Em seguida, os pedidos restantes são submetidos ao modelo de suporte à decisão no SGT. O modelo proporciona um itinerário, ou rota, otimizado e faz a programação de cada pedido e do caminhão no qual deverá ser transportado. Por fim, interagindo com os itinerários mostrados na tela do computador, o despachante revisa a programação e faz os ajustes necessários. O SGT então prepara um cronograma impresso para cada motorista.

COMENTÁRIOS FINAIS

Lembre que o ciclo do pedido pode ser definido como o tempo transcorrido entre o momento em que o cliente prepara um pedido até o momento em que recebe esse pedido. Atividades de processamento dos pedidos respondem pela maior parte do tempo total do ciclo de pedido do cliente. Por isso mesmo, a administração das atividades do componente do processamento do ciclo total do pedido é fundamental para atingir-se o pretendido nível de serviço ao cliente. E isso se torna ainda mais essencial quando se leva em consideração a continuada exigência pela redução do tempo total do ciclo do pedido.

Os cinco elementos principais do processamento dos pedidos incluem: 1) preparação; 2) transmissão; 3) recebimento; 4) atendimento; 5) relatório da situação do pedido. Os primeiros três desses elementos passaram por importantes aperfeiçoamentos tecnológicos, entre os quais a leitura do código de barras, o manuseio computadorizado de pedidos e a comunicação eletrônica. Para todas as empresas utilizando semelhantes tecnologias, a preparação, a transmissão e o recebimento dos pedidos podem ser reduzidos a uma porção quase insignificante do tempo total do ciclo.

O sistema de informação logística pode ser dividido entre o sistema de gerenciamento de pedidos (SGP), o sistema de gerenciamento de armazéns (SGA) e o sistema de gerenciamento de transporte (SGT). As transações e decisões de planejamento relacionadas com cada um deles contam geralmente com o suporte de importantes programas de computador que são de grande ajuda na tomada das decisões repetitivas exigidas nas operações diárias. O SGP, o SGA e o SGT, embora focados em diferentes aspectos das operações logísticas, comunicam-se em geral para a concretização de um melhor controle dos processos logísticos. Levando-se em conta que informação atualizada para os gerentes de logística vai continuar substituindo ativos nos negócios, podemos esperar um horizonte em contínua expansão e uma crescente sofisticação no projeto e concretização de sistemas de informação. Os sistemas de informação logística representam um exemplo prático dos benefícios da revolução na tecnologia da informação.

QUESTÕES

1. Um fabricante de roupas e acessórios esportivos masculinos/femininos passará a distribuir seus produtos 'made in' Hong Kong nos mercados dos Estados Unidos e Europa. Os principais pontos-de-venda serão lojas pequenas de va-

144 PARTE II • OBJETIVOS DO SERVIÇO AO CLIENTE

rejo e algumas lojas de departamentos. Sugira projetos para encaminhar o processamento dos pedidos. Quais seriam os custos e benefícios relativos de cada um deles?

2. Quais os benefícios da utilização dos códigos de barras e escaneadores para a entrada dos pedidos em vez da codificação digitada num banco de dados computadorizado? Pode haver desvantagens?

3. Revise o exemplo da Samson-Packard Company relatado neste capítulo, e sugira de que forma você poderia compactar o tempo do processamento dos pedidos pelo seqüenciamento das atividades e utilização de tecnologia.

4. Nas situações a seguir relatadas, indique o efeito sobre o tempo de processamento do pedido de: 1) prioridades de processamento; 2) processamento paralelo *versus* processamento seqüencial; 3) precisão do preenchimento de pedidos; 4) pedidos em lotes; 5) consolidação dos embarques:
   a. pacientes buscando serviços numa clínica
   b. comprar chapas de aço de uma siderúrgica para a utilização na produção de carrocerias de automóveis
   c. clientes esperando em fila na hora do almoço, em restaurantes McDonald's
   d. um supermercado emitindo pedidos de reposição de artigos aos armazéns de seus fornecedores

5. O gerente logístico de uma produtora de televisão na Coréia do Sul foi encarregado de instalar um sistema de informação logística para a empresa. Como você responderia às perguntas a seguir, por ele formuladas?
   a. Quais os tipos de informação que eu pretendo obter do sistema de informação? Onde poderia obter tal informação?
   b. Quais itens do banco de dados deveria manter no sistema para poder acessá-los facilmente? Como deveria proceder em relação aos demais?
   c. Que tipos de problemas relativos a decisões o sistema de informação poderia me ajudar a resolver?
   d. Que modelos de análises de dados seriam mais úteis no enfrentamento destes problemas?

6. Para as empresas a seguir, sugira quais tipos de dados deveriam coletar para o planejamento e controle de suas cadeias de suprimentos:
   a. um hospital
   b. uma prefeitura
   c. um fabricante de pneus
   d. um varejista de mercadorias gerais
   e. uma empresa de mineração

   Em cada um desses casos, quais deveriam ser os instrumentos de análise de informação incluídos no sistema de informação logística?

7. Um fabricante de brinquedos planeja um programa de estoque gerenciado pelo fornecedor com um de seus varejistas, a Toys "Я" Us. A fim de operar semelhante programa, qual deveria ser a informação fornecida pelo varejista ao fabricante de brinquedos? Descreva de que forma cada elemento dessa informação será utilizado.

8. Discuta o impacto que as regras de prioridade de processamento de pedidos podem ter sobre o tempo total do processamento do pedido. Em que circunstâncias você se inclinaria a processar os pedidos de acordo com a regra de *primeiro a chegar, primeiro a ser processado*, em lugar de o *processamento mais rápido*?

9. Suponha que você trabalhe para uma empresa vendedora de peças automotivas de reposição e seja incumbido de desenvolver uma estratégia de comércio eletrônico. Um *website* está preparado para promover e proporcionar informação sobre a linha de produtos, e também para receber pedidos *online*. Como você planejaria o atendimento dos pedidos, isto é, o processamento do pedido, o gerenciamento do estoque, a armazenagem, a preparação do embarque e a entrega? Qual das tecnologias de sistemas de informação teria utilidade no desenvolvimento dessas atividades?

10. O SGP, o SGA e o SGT são os componentes de um sistema logístico de informação (SIL).
    a. Descreva os elementos de dados e as ferramentas de suporte decisório que deveriam estar presentes no SIL para: 1) um varejista de *fast food*, estilo Burger King ou Pizza Hut; 2) uma montadora de automóveis como a General Motors, a Toyota ou a Fiat; 3) uma organização de prestação de serviços como a Cruz Vermelha.
    b. A fim de criar um SIL integrado, quais os tipos de dados a serem compartilhados entre o SGP, SGA e SGT para que possam configurar um sistema de informação logística efetivo?

11. Uma fábrica de câmaras digitais e outros equipamentos fotográficos vende esses artigos através de uma rede de varejo. Várias plantas espalhadas pelo mundo produzem os artigos, dali despachados para armazéns em que são mantidos como estoque destinado a abastecer os varejistas. O ritmo da produção depende da intensidade dos pedidos oriundos dos armazéns. Os armazéns estocam os produtos com base na antecipação de pedidos dos varejistas. Estes fazem os pedidos para a manutenção dos níveis de estoques amparados nas previsões de vendas da base territorial em que atuam. O transporte em caminhões é o modal de deslocamento dos produtos ao longo do canal de suprimentos (fá-

brica-armazém-loja). As incertezas ocorridas no canal de suprimentos têm origem em previsões não atingidas, atrasos no transporte, alterações no programa de produção, promoções não antecipadas e contagens inexatas de estoques.

Usando a Internet e o *site* da empresa, projete um sistema de pedidos alternativo àquele atualmente em uso. Sugira o tipo de informação que cada membro do canal deveria fornecer, como deveriam ser tomadas as decisões sobre os pedidos, de que maneira as indefinições deveriam ser enfrentadas, e quais seriam as vantagens globais do sistema de pedidos com base na Internet em relação ao sistema de pedidos em vigor atualmente na companhia.

PARTE

III

Estratégia do Transporte

CAPÍTULO 6

Fundamentos do Transporte

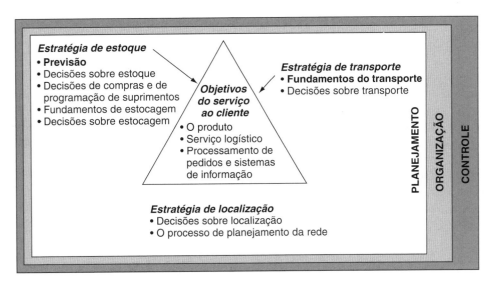

Os chineses escrevem a palavra "crise" com dois caracteres – um deles representa perigo; o outro, oportunidade.

— ANÔNIMO

O transporte normalmente representa o elemento mais importante em termos de custos logísticos para inúmeras empresas. A movimentação de cargas absorve de um a dois terços dos custos logísticos totais.[1] Por isso, o operador logístico precisa ser um grande conhecedor da questão dos transportes. Embora uma discussão completa de todos os aspectos dos transportes não faça parte do escopo deste livro, este capítulo dá destaque especial àqueles que são essenciais ao trabalho de gerenciamento do operador logístico.

O foco está nas instalações e serviços componentes do sistema de transportes e nas taxas (custos) e no desempenho dos vários serviços de transporte escolhidos pelo gerente. Especificamente, queremos examinar as características das opções de transporte que proporcionam um desempenho ótimo. O desempenho que o usuário compra do sistema de transportes.

A IMPORTÂNCIA DE UM SISTEMA DE TRANSPORTES EFICAZ

Basta comparar a economia de uma nação "desenvolvida" com a de uma "em desenvolvimento" para constatar a importância dos transportes na criação de um alto nível de atividade econômica. São características da nação em desenvolvimento a ocorrência da produção e do consumo em áreas geograficamente próximas, a concentração da maior parte da força de trabalho na produção agrícola e uma baixa proporção da população total em áreas urbanas. Com o advento de serviços de transporte relativamente baratos e de fácil acesso, a estrutura inteira da economia muda, tornando-se parecida com a

---

[1] Consulte a Tabela 1-3, na página 34.

das nações desenvolvidas. Grandes cidades surgem a partir da migração da população para os centros urbanos, áreas geográficas limitam a produção a um conjunto bem menor de produtos, e o padrão de vida econômico do cidadão médio normalmente melhora. Mais especificamente, um sistema de transportes eficiente e barato contribui para intensificar a competitividade no mercado, aumentar as economias de escala na produção e reduzir os preços dos produtos em geral.

Maior Concorrência

Com um sistema de transportes precariamente desenvolvido, a extensão do mercado fica limitada àquelas áreas imediatamente próximas ao ponto da produção. A menos que os custos de produção sejam extremamente baixos em comparação com aqueles de um segundo ponto de produção – isto é, que a diferença do custo da produção compense os custos de transporte necessários para servir ao segundo mercado –, não se deve esperar a ocorrência de uma grande competição. Contudo, com os melhoramentos nos sistemas de transportes, há produtos que, mesmo com os custos em mercados distantes de sua origem, incluindo transportes, podem ser competitivos com os artigos locais.

Além de incentivar a concorrência direta, o transporte barato e de alta qualidade igualmente incentiva uma forma indireta de concorrência, ao disponibilizar produtos num mercado que normalmente não teria condições de arcar com os custos do transporte. As vendas de outros produtos podem ser realmente aumentadas com sua penetração em mercados normalmente inacessíveis. Os bens de fora da região têm efeito estabilizador sobre os preços de todos os artigos semelhantes disponíveis no mercado.

Aplicação

Em muitos mercados, frutas frescas, vegetais e outros perecíveis são encontrados apenas em determinadas épocas do ano em conseqüência dos padrões sazonais e da ausência de boas condições de cultivo. No entanto, é preciso não esquecer que muitos desses produtos estão sempre "na estação" em alguma parte do mundo. O transporte rápido a preços razoáveis coloca esses perecíveis em mercados nos quais, sem ele, não haveria como estar presentes. Quem quiser comprar bananas da América do Sul em Nova York em janeiro, pleno inverno, compra; lagostas da Nova Inglaterra são servidas em restaurantes de Kansas City o ano inteiro, e orquídeas do Havaí abundam na Costa Leste dos Estados Unidos em abril. Um sistema de transportes eficiente e eficaz abre todas essas possibilidades.

Economias de Escala

Mercados ampliados significam custos de produção mais baixos. Com o aumento do volume distribuído nesses mercados, viabiliza-se uma utilização mais intensiva das instalações de produção, o que normalmente é acompanhado pela especialização da força de trabalho. Mais ainda, o transporte barato permite igualmente desacoplar os mercados dos pontos de produção. Isto proporciona um alto grau de liberdade na seleção dos pontos de produção a fim de que se possa localizá-la onde quer que exista vantagem geográfica.

Observação

Autopeças fabricadas em Taiwan, na Indonésia, na Coréia do Sul e no México são utilizadas em operações de montagem nos Estados Unidos e vendidas nesse mercado. Os baixos salários e a qualidade do trabalho são incentivos para que a produção se transfira para países como os citados. No entanto, se não fosse o transporte barato e confiável, o custo da distribuição dessas autopeças nos Estados Unidos seria alto demais para que pudessem competir com a produção interna.

Preços Reduzidos

O transporte barato contribui igualmente para a redução dos preços dos produtos. Isso acontece não apenas em decorrência da crescente concorrência no mercado, mas igualmente em virtude de ser o transporte um dos componentes – juntamente com produção, vendas e distribuição – que perfazem o custo agregado total de produção. À medida que o transporte aumenta em eficiência e passa a oferecer um desempenho cada vez melhor, a sociedade sai beneficiada pela melhoria do seu padrão de vida.

Observação

O petróleo cru pode ser obtido em fontes domésticas ou importado. As reservas de óleo cru do Oriente Médio são mais acessíveis do que as nacionais (nos EUA), e o petróleo delas resultante acaba tendo menores custos. Com a utilização dos modernos superpetroleiros, fica fácil transportar petróleo para mercados do mundo inteiro e vendê-lo a preços menores que os do óleo cru nacional, se e onde existente.

OPÇÕES DE SERVIÇOS E SUAS CARACTERÍSTICAS

O usuário de transportes tem uma ampla gama de serviços à disposição, girando em torno de cinco modais básicos: hidroviário, ferroviário, rodoviário, aeroviário e dutoviário. Um serviço de transporte é um elenco de características de desempenho comprado a um determinado preço. A variedade dos serviços de transporte é quase ilimitada. Os cinco modais citados podem ser usados em combinação (p. ex., movimentação em carretas ou contêineres); agências de transporte, associações de transportadores e corretores são igualmente úteis para facilitar esses serviços; transportadores de *courier* (por exemplo, Federal Express e United Parcel Service) podem ser usados por sua eficiência com cargas menores; ou é então possível usar um único modal em caráter exclusivo. A partir dessas opções de serviços, o usuário seleciona um serviço ou combinação de serviços que lhe proporcione a melhor combinação de qualidade e custos. A tarefa da seleção dos serviços não é tão assustadora quanto parece à primeira vista, pois as circunstâncias que caracterizam uma determinada situação de embarque muitas vezes acabam limitando essa opção a um punhado de possibilidades razoáveis.

A fim de ajudar a resolver o problema da escolha do serviço de transporte, este deve ser visto em termos de características básicas a todos os serviços: preço, tempo médio de viagem, variabilidade do tempo de trânsito, e perdas e danos. Esses fatores são os mais importantes para os encarregados das decisões (lembre a Tabela 4-2), como têm revelado inúmeros estudos realizados ao longo dos anos.[2] Presume-se que o serviço esteja disponível e possa ser fornecido com uma freqüência capaz de torná-lo atraente como uma opção de serviço.

Preço

O preço (custo) do transporte para o embarcador é simplesmente a taxa da linha de transporte dos produtos mais as despesas complementares cobradas por serviços adicionais. No caso de serviço alugado, a taxa cobrada pela movimentação de bens entre dois pontos, mais adicionais, como taxas de embarque na origem, entrega no destino, seguros ou preparação de mercadorias para o embarque, perfazem o custo total do serviço. Quando o embarcador é proprietário do serviço (uma frota de caminhões, por exemplo), o custo do serviço surge na alocação dos custos relevantes para uma determinada remessa. Entre os custos relevantes figuram itens como combustível, salários, manutenção, depreciação do equipamento e custos administrativos.

O custo do serviço varia bastante de acordo com o transporte utilizado. A Tabela 6-1 proporciona o custo aproximado por tonelada-milha de cinco modais de transporte. Note que o transporte aéreo é o mais caro, sendo o dutoviário e o hidroviário os menos dispendiosos. O transporte rodoviário é cerca de sete vezes mais caro que o ferroviário, sendo o ferroviário cerca de quatro vezes mais caro que a movimentação por via aquática ou dutos. Esses dados são médias resultantes do quociente de renda de transporte gerado por um modal em relação ao total embarcado de milhas-toneladas. Embora esses custos médios possam ser usados para efeitos de comparação geral, a comparação de custos no âmbito da opção por serviço de transporte deveria ser feita com base em tarifas reais que reflitam o produto embarcado, a distância e o destino, mais qualquer manuseio especial exigido por esse carregamento.

Tempo em Trânsito e Variabilidade

Freqüentes estudos comparativos comprovaram (Tabela 4-1) que o tempo médio e a variabilidade do tempo da entrega estão sempre nos primeiros lugares das relações das mais importantes características de desempenho do transporte. O tempo de entrega (viagem/trânsito) é calculado como o tempo médio do percurso de um frete entre origem e destino. Os modais de transporte variam conforme a possibilidade, ou impossibilidade, de pro-

TABELA 6-1 Preço médio da tonelada/milha conforme o modal de transporte

Modal	*Preço, US$ cents/ tonelada-milha*[a]
Ferroviário	2,28[b]
Rodoviário	26,19[c]
Hidroviário	0,74[d]
Dutoviário	1,46[e]
Aeroviário	61,20[f]

[a] Baseado na média por tonelada-milha.
[b] Classe 1.
[c] Carga não integral.
[d] Barcaça.
[f] Doméstico.

Fonte: Rosalyn A. Wilson, "Transportation in America 2000", 18ª ed. (Washington DC: ENO Transportation Foundation, 2000), pág. 19 .

---

[2] Para examinar os resultados desses estudos, ver James R. Stock, and Bernard J. LaLonde, "The Transportation Mode Decision Revisited", *Transportation Journal* (Winter 1997), pág. 56; James E. Piercy, and Ronald H. Ballou, "A Performance Evaluation of Freight Transport Modes", *Logistics and Transportation Review*, Vol. 14, nº 2 (1978), págs. 99-115; e Douglas M. Lambert and Thomas C. Harrington, "Establishing Customer Service Strategies Within the *Marketing* Mix: More Empirical Evidence", *Journal of Business Logistics*, Vol. 10, nº 2 (1989), pág. 50.

porcionar conexão direta entre os pontos de origem e destino. Por exemplo, as cargas aéreas transitam de aeroporto a aeroporto, e os fretes por hidrovia, de porto a porto. Sendo porém o objetivo fazer comparações entre o desempenho dos meios de transporte, o mais justo é mensurar o tempo em trânsito porta-a-porta, mesmo quando esse transporte envolve mais de um modal. Ainda que a maior parte do percurso de um frete seja feito, por exemplo, via ferroviária, a coleta e entrega locais são feitos em caminhão, quando não existem ramais ferroviários disponíveis nos pontos de origem e/ou destino das cargas.

A variabilidade diz respeito às diferenças normais que ocorrem entre embarques feito em modais diferentes. Ainda que todos os fretes tenham os mesmos pontos de origem e de destino e um único modal, isso não significa que virão a completar o percurso necessário em tempo exatamente igual. Variáveis como condição. do tempo, congestionamento de tráfego, número de escalas e diferença no tempo necessário para a consolidação das cargas podem provocar demoras. A variabilidade do tempo de viagem é uma medida da incerteza no desempenho do transportador.

Estatísticas sobre o desempenho do transportador não são extensivas, uma vez que nenhum negócio utiliza a totalidade do sistema de transporte por tempo suficiente para proporcionar comparações válidas de larga escala. No entanto, os militares e departamentos de governos utilizam amplamente o sistema de transporte doméstico para todos os tipos de deslocamentos de produtos e mantêm registros confiáveis dos tempos de entrega. Sempre que disponíveis esses dados, verificações cruzadas seletivas em relação às cargas industriais não chegam a mostrar diferenças significativas entre as fontes de dados com relação à variabilidade do tempo em trânsito.

Um dos mais extensivos estudos sobre desempenho de transportadores foi realizado em mais de 16 mil carregamentos militares e industriais. Alguns desses resultados estão resumidos na Tabela 6-2 e na Figura 6-1. Um ponto que se destaca entre esses dados é a verificação de que, em longas distâncias, os embarques ferroviários e aéreos aproximam-se de tempos médios de trânsito constantes, enquanto os tempos de trânsito por caminhão aumentam progressivamente. Claro que, na média, o transporte aéreo é o modo mais rápido em distâncias superiores a 600 milhas, seguido pelas carretas, caminhões e trens, respectivamente. Em distâncias inferiores a 600 milhas, os modais aéreo e rodoviário são comparáveis. Em cada curta distância de menos de 50 milhas, o tempo de trânsito sofre maior influência da operação de coleta e entrega que do tempo em movimento.

Em termos de variabilidade, os serviços de transporte podem ser qualificados como se fossem por tempo médio de entrega. Isto é, o trem ostenta a maior va-

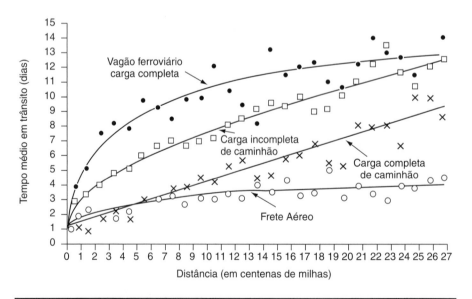

FIGURA 6-1 Experiência de tempo médio de trânsito com cerca de 16 mil embarques militares e industriais por serviços selecionados de transporte.
Fonte: James Piercy, "*A Performance Profile of Several Transportation Freight Services*" (dissertação de doutorado não publicada, Case Western Reserve University, 1977).

TABELA 6-2 Uma comparação de tempo em trânsito e a faixa de tempo para 95% dos embarques em dias, em vários serviços de transporte e milhagens escolhidas

Milhagens escolhidas	Vagão ferroviário lotado		Caminhão não lotado		Caminhão lotado		Frete aéreo		Frete aéreo expresso		Piggyback[a]	
	Média	Alcance 95%	Média	Alcance 95%	Média	Alcance 95%	Média	Alcance 95%	Média	Alcance 95%	Média	Alcance 95%
0–49	1,5	0[b]–3,5	1,7	0–5,1	0,8	0–3,2	—[c]	—[c]	—[c]	—[c]	—[c]	—[c]
100–199	5,2	0–11,9	3,4	0–7,7	2,0	0–5,6	2,3	0–7,7	1,9	0–5,1	3,8	0–7,4
300–399	8,3	1,4–15,2	5,0	0,4–9,6	1,9	0–4,7	1,8	0–5,9	2,1	0–5,7	4,4	1,7–7,1
500–599	9,8	2,5–17,1	6,0	0–12,0	2,7	0–6,4	3,1	1,1–6,0	1,6	0–4,1	6,6	0–13,7
700–799	8,6	0,6–16,6	7,1	0–14,5	4,1	0–8,9	3,2	0,1–6,3	2,3	0–6,1	6,2	1,0–11,4
1.000–1.099	12,2	2,9–21,5	7,4	1,3–13,5	4,0	1,1–6,9	3,0	0,2–5,9	1,4	0–3,7	6,1	1,5–10,7
1.500–1.599	11,1	5,6–16,6	8,9	0,7–17,2	5,3	0,8–9,9	4,6	0,7–9,9	1,5	0–4,9	4,6[d]	0–10,0[d]
2.000–2.099	11,5	1,4–21,5	11,1	3,2–18,9	8,0	0–16,1	4,0	0–9,0	1,8	0–4,6	5,1[d]	2,6–7,7[d]
2.500–2.599	12,4	8,3–16,6	12,3	6,7–17,9	8,8	3,3–14,3	4,4	0–10,1	3,4	0–9,6	6,7[d]	1,1–12,2[d]
3.000–3.099	10,6	1,5–19,7	12,9	3,8–22,0	10,4	5,9–14,9	3,2	0,7–7,0	6,0	0–23,3	5,6[d]	3,9–7,3[d]

[a] TOFC – *trailer on flatcar*; *piggy back**.

[b] Zero refere-se a entregas de embarques realizados em menos de um dia.

[c] Dados insuficientes.

[d] Dados de DeHayes.

Fonte: Adaptado de James Piercy, "A Performance Profile of Several Transportation Freight Services" (Dissertação de doutorado, Case Western Reserve University, não publicada, 1977); e de Daniel DeHayes Jr., "The General Nature of Transit Time Performance of Selected Transportation Modes of Freight" (Dissertação de doutorado, Ohio State University, 1968): págs. 163-177.

* N. de R. T.: Refere-se ao ao transporte do semi-reboque sobre o vagão ferroviário.

154 PARTE III • ESTRATÉGIA DO TRANSPORTE

riabilidade do tempo de entrega, e o avião, o menor, com os caminhões situados entre esses extremos. Quando se considera a variabilidade em relação ao tempo médio em trânsito dos serviços de transporte, o avião é o menos confiável, e o caminhão com carga plena o mais confiável.

Danos e Perdas

Dadas as diferenças entre os transportadores no tocante à capacidade de movimentar suas cargas com maior ou menor índice de danos e perdas, a experiência nessa área torna-se um dos principais fatores na opção por um determinado transportador. A condição dos produtos é uma das mais importantes considerações em matéria de serviços ao cliente.

Os transportadores médios têm a obrigação de movimentar suas cargas com razoável presteza e, no processo, fazer uso de cuidados razoáveis a fim de evitar perdas e danos. Essa responsabilidade é anulada por perdas e danos de causas naturais, negligência do embarcador ou outros motivos que fogem ao controle do transportador. Embora os transportadores, desde que o embarcador faça uma acurada descrição dos fatos, incorram nos prejuízos de responsabilidade direta do embarcador, existem determinados custos imputáveis que este último deveria admitir antes de fazer a escolha do transportador.

Potencialmente, os maiores prejuízos com os quais o embarcador deve arcar são os relacionados com serviços aos clientes. A remessa de mercadorias pode destinar-se a reposição de estoque ou a utilização imediata. Cargas atrasadas ou mercadorias em condições incompatíveis com sua utilização representam problemas para o cliente ou provavelmente o aumento dos custos de armazenagem causado pelo aumento das quantidades de estoque ou acúmulo de pedidos em carteira que ocorrem quando a reposição não é feita de acordo com o planejamento. Os processos de reparação de danos são demorados, devido à dificuldade de coligir os fatos a eles pertinentes, exigem trabalho do embarcador para a elaboração dos documentos pertinentes, imobilizam capital durante o processamento das reclamatórias e representam aumento considerável dos custos quando não puderem ser resolvidos sem o recurso à justiça. É óbvio que, quanto menor o número de reclamações contra um transportador, mais favorável será, para os clientes, a impressão quanto aos serviços. Uma reação comum dos embarcadores a uma alta perspectiva de danos é trabalhar com embalagens de maior grau de proteção. Trata-se de uma despesa com a qual, mesmo que parcialmente, o usuário deverá arcar ao final do processo.

OPÇÕES DE SERVIÇO ÚNICO

Os cinco modais básicos de transportes oferecem serviços diretos aos usuários. Isso ocorre em contraposição à utilização do "intermediador do transporte", por exemplo, o despachante de cargas, que vende serviços de transporte mas normalmente tem pouca ou nenhuma capacidade de movimentação direta. O serviço de modal exclusivo também faz contraste com aqueles que envolvem dois ou mais modais independentes de transporte.

Ferroviário

A ferrovia é basicamente um transportador de longo curso e de baixa velocidade para matérias-primas (carvão, madeira, produtos químicos) e para produtos manufaturados de baixo custo (alimentos, papel e produtos florestais), e prefere mover cargas completas. Em 1999, a viagem média foi de 712 milhas,[3] à velocidade média de 20 milhas por hora.[4] A distância média diária percorrida por vagão foi de 64 milhas por dia em linha de transporte.[5] Essa velocidade relativamente baixa e a curta distância diária percorrida refletem o fato de que a maior parte (86%) do tempo em trânsito é empregada em operações de carga e descarga, movendo-se de um lugar a outro dentro dos terminais, classificação e montagem de vagões nos trens, ou no tempo ocioso característico das temporadas de baixa demanda dos vagões.

O serviço ferroviário existe em duas formas legais, comum ou privada. Um transportador comum, ou público, vende seus serviços a todos os embarcadores e é normatizado pelos regulamentos econômicos[6] e de segurança das agências governamentais com ingerência sobre o setor. Os transportadores privados, de sua parte, servem exclusivamente aos respectivos proprietários. Devido ao escopo limitado das suas operações, os transportadores privados não necessitam de regulamentação econômica. O movimento ferroviário é quase totalmente público.

O serviço ferroviário comum é principalmente de carga completa (CL – *carload*). Esta diz respeito a um tamanho predeterminado de embarque, normalmente próximo ou excedente à capacidade média do vagão, sendo-lhe aplicada uma taxa estabelecida. É possível oferecer uma taxa por cwt para múltiplas CLs (equiva-

---

[3] Rosalyn A . Wilson, *Transportation in America 2000,* 18ª ed. (Washington, DC: ENO Transportation Foundation, 2000), pág. 51.

[4] Statistical Abstract of the U.S.: 2000, pág. 695.

[5] Statistical Abstract of the U.S.: 1989, pág. 606.

[6] Pouca regulamentação econômica federal restou depois da aprovação da Lei Ferroviária Staggers, de 1980, que promoveu a desregulamentação econômica do transporte ferroviário. Existem ainda algumas regulamentações governamentais no âmbito dos Estados norte-americanos.

lente a 100 libras, ou 45,36 kg) mais barata que a taxa de carga fracionada (LCL – *less than carload*), reflexo do menor tempo de manobras necessário para embarques de grandes volumes. Atualmente quase todo o transporte ferroviário é feito na modalidade CL, o que reflete a tendência pelo movimento de grandes volumes. Vagões de carga maiores, com uma capacidade média de 83 toneladas, estão sendo usados, havendo igualmente trens de mercadoria única (trens unitários) de 100 ou mais vagões que oferecem reduções de 25 a 40% em relação às tarifas CL em fretes exclusivos.

As ferrovias oferecem uma diversidade de serviços especiais aos embarcadores, desde o transporte de granéis como carvão e cereais até vagões especiais para produtos refrigerados e automóveis novos, que exigem cuidados e equipamentos diferenciados. Há também serviços especiais como o de urgência com garantia de entrega em um determinado número de horas; inúmeros privilégios em escalas, que permitem carga e descarga parciais entre os pontos de origem e destino; coleta e entrega; distribuição e redespacho, que garantem roteirização em circuito e mudanças do destino final de um carregamento em pleno percurso.

Rodoviário

Em contraste com a ferrovia, o serviço rodoviário é o transporte de produtos semiprontos ou acabados com linha de alcance médio de 717 milhas para carga fracionada (LTL – *less than truckload*) e de 286 milhas para cargas completas (TL – *truckload*).[7] Outro contraste é que as cargas rodoviárias têm sempre menor porte que as ferroviárias. Mais da metade dos carregamentos rodoviários tem menos de 10.000 libras, ou volume LTL. As vantagens inerentes do transporte rodoviário são o serviço porta-a-porta, sem necessidade de carga ou descarga entre origem e destino, transbordo esse inevitável nos modais ferroviário e aéreos; a freqüência e disponibilidade do serviço, e a velocidade e comodidade inerentes ao serviço porta-a-porta.

Os transportes rodo e ferroviários mostram algumas distinções evidentes, embora em permanente concorrência pela movimentação de inúmeros produtos iguais. Em primeiro lugar, além da classificação comum e privado dos transportadores, o transporte rodoviário oferece ainda serviços contratados. Estes não precisam se preocupar em servir a todos os embarcadores, ao contrário do que fazem os transportadores comuns. Os embarcadores fazem um arranjo contratual com a finalidade de conseguir o serviço mais apto a atender a determinadas necessidades especiais do seu negócio sem incorrer nas despesas de capital e problemas administrativos relacionados com a propriedade privada de uma frota de caminhões.

Em segundo lugar, pode-se considerar que os caminhões tenham menor capacidade de transportar todos os tipos de cargas em comparação com os trens, em função de normas de segurança rodoviárias que limitam as dimensões e o peso dos fretes. A maior parte desses fretes não pode ter comprimento igual ao do caminhão padrão – que fica entre 40 e 53 pés (12,20 e 16,15 metros) –, com exceção da carreta dupla ou tripla, nem largura e altura superior a 8 pés (2,43 metros), a fim de garantir passagem livre em todos os tipos de rodovias. Há equipamentos especialmente projetados que conseguem transportar cargas de dimensões fora dos padrões.

Em terceiro lugar, o transporte rodoviário proporciona entrega razoavelmente rápida e confiável para fretes tipo LTL. O carreteiro precisa completar apenas uma carga antes de dar-lhe seguimento, ao contrário da empresa de transporte ferroviário que não pode pensar em partir antes de completar um trem de 50 ou mais vagões. Na comparação final, então, o transporte rodoviário tem uma vantagem em qualidade e possibilidade de serviços no mercado das cargas de menor porte.

Aéreo

O transporte aéreo passa a ser levado em consideração por um número crescente de embarcadores como o serviço regular, embora suas taxas sejam mais de duas vezes superiores às do transporte rodoviário e 16 vezes mais caras que as do transporte ferroviário. O grande atrativo do transporte aéreo é a sua inigualável rapidez origem-destino, principalmente em grandes distâncias. O trecho médio do transporte aéreo é de 1.001 milhas.[8] Jatos comerciais têm velocidade de cruzeiro de 545 a 585 milhas por hora, embora a velocidade média aeroporto-a-aeroporto fique em torno da metade dessa velocidade de cruzeiro devido ao tempo de taxiamento e espera em cada aeroporto e também àquele necessário para ascender e retornar da altitude de cruzeiro. Essa velocidade, porém, não é diretamente comparável com a de outros modais, pois os tempos de coleta e entrega, e também de manobras em terra, não estão incluídos. Todos esses elementos precisam ser combinados para representar o tempo porta-a-porta do transporte aéreo. Como o manuseio e movimento terrestres são os elementos mais lentos do tempo de entrega total porta-a-porta, é possível reduzir a tal ponto o tempo geral de entrega que uma eficientíssima operação rodoviária ou ferroviária chegue a equiparar-se ao tempo do transporte aéreo. Claro que tudo isso varia caso a caso.

---

[7] *Transportation in America 2000*, pág. 51.

[8] Ibid.

156 PARTE III • ESTRATÉGIA DO TRANSPORTE

A confiabilidade e disponibilidade do serviço aéreo podem ser qualificadas como boas sob condições operacionais normais. A variabilidade do tempo de entrega é baixa em valores absolutos, embora o serviço aéreo seja extremamente sensível em termos de manutenção mecânica, condições do tempo e congestionamento de tráfego. A variabilidade, quando comparada com os tempos médios de entrega, chega a qualificar o transporte aéreo como um dos modais menos confiáveis.

A capacidade do serviço aéreo tem sofrido enormes restrições em decorrências das dimensões físicas do espaço de carga e limitações de potência das aeronovaes. Isto, contudo, vai sendo contornado e superado à medida que aviões de maior capacidade e potência entram em serviço. Aviões "jumbo" como o Boeing 747 e o Lockheed 500 (versão comercial do aparelho militar C5A) transportam de 125 a 150 toneladas de carga. Os custos por tonelada-milha, porta-a-porta, poderão baixar para menos da metade dos níveis atuais em função dos benefícios representados por novas tecnologias, pela desregulamentação e pelos programas de aperfeiçoamento da produtividade. Uma vez tudo isto integralmente resolvido, o transporte aéreo será um sério concorrente das formas de serviço de transportes de superfície *premium*.

O transporte aéreo tem uma vantagem adicional em termos de perdas e danos. Conforme um estudo já clássico de Lewis, Culliton e Steele,[9] o quociente entre custos de reclamações e receita dos fretes ficava em 60% do apresentado pelos transportes rodo/ferroviários. De maneira geral, o transporte aéreo necessita embalagem menos protetora se o manuseio em terra não representa exposição maior a danos que na fase de trânsito, e os roubos em aeroportos não são excessivos.

O serviço de transporte aéreo existe nas formas legais comuns, contratado e privado. Existem sete tipos de serviço aéreo direto: 1) transportadores de carga geral de linha*; 2) transportadores de carga geral (cargo); 3) linhas aéreas regionais; 4) transportadores suplementares; 5) táxi aéreo; 6) linhas aéreas comutadoras; 7) empresas internacionais. São mais de uma dezena as empresas aéreas operando atualmente nas rotas mais movimentadas do mercado norte-americano. Essas empresas oferecem serviço de carga concomitante às suas operações normais de passageiros. Todas as empresas de carga aérea são somente transportadoras comuns (apenas carga). O serviço é concentrado à noite, com tarifas em média 30% menores que as dos transportadores de carga geral de linha. O transporte aéreo regional de carga oferece "conexão" com transportadores nacionais para centros urbanos de menor população, serviços esses tanto de carga quanto de passageiros. Transportadores suplementares (*charter*) operam de maneira semelhante aos transportadores de carga geral de linha, com exceção da ausência de serviços regulares. Linhas aéreas comutadoras são semelhantes a empresas de serviços locais que "ocupam" as linhas abandonadas pelas grandes empresas desde a desregulamentação. Em geral, há mais aviões de pequeno porte em operação do que aqueles para transportadores de carga geral. Os táxis aéreos são aparelhos menores, principalmente helicópteros e pequenos aviões de asas fixas, oferecendo serviços de passageiros e carga entre as áreas suburbanas e os aeroportos. A maior parte desses serviços opera sem cronogramas fixos. Os transportadores internacionais movimentam cargas e passageiros para além das fronteiras nacionais.

Aquaviário

Os serviços de transporte aquaviário têm escopo limitado por vários motivos. O serviço nacional é confinado ao sistema interno de vias aquáticas, que exige, nos EUA, que os embarcadores sejam localizados nas respectivas vias ou que utilizem outro modal de transporte em combinação com o hidroviário. Além disso, o serviço hidroviário é em média geral mais lento que o ferroviário. A velocidade média do sistema hidroviário do rio Mississippi, por exemplo, fica entre 5 a 8 milhas por hora, dependendo do itinerário. A extensão média da linha de transporte é de 481 milhas nos rios, 507 milhas nos Grandes Lagos e de 1.648 milhas ao longo das costas dos EUA.[10] A confiabilidade e disponibilidade do serviço hidroviário dependem principalmente das condições do tempo. O movimento nas vias aquáticas na região Norte dos EUA durante o inverno é impossível, e inundações e secas podem interromper o serviço em outras épocas. É muito grande a capacidade disponível em matéria de transporte hidroviário, com a capacidade de transporte de 40 mil toneladas, havendo também navios com dimensões padronizadas de 26 por 275 pés e 35 por 195 pés. Capacidade e manuseio vão sendo incrementados à medida que os navios de carga de grande calado se desenvolvem, enquanto aperfeiçoamentos e progressos tais como a navegação por satélite e radar, batímetros aperfeiçoados e pilotagem automática contribuem para um serviço com pontualidade cada vez maior.

Os serviços aquaviários são fornecidos em todas as formas legais, e a maioria dos produtos transportados

---

[9] Howard T. Lewis, James W. Culliton, and Jack W. Steele, *The Role of Air Freight in Physical Distribution* (Boston: *Division of Research, Graduate School of Business Administration*, Harvard University, 1956), pág. 82.

* N. de R. T.: Refere-se às linhas aéreas de passageiro que também transportam cargas.

[10] *Transportation in America 2000*, pág. 51.

por essa via está desregulamentada. Além do transporte privado desregulamentado, cargas líquidas em graneleiros e outras de grande volume, como carvão, areia e cereais, que perfazem acima de 80% do total de toneladas-milha transportado anualmente por hidrovia, são isentas. Além das *commodities* em grandes volumes, os transportadores aquaviários, especialmente os que trabalham com transporte internacional, lidam com outros produtos altamente valorizados. Essas cargas são transportadas em contêineres[11] e em navios porta-contêiner para reduzir o tempo de manuseio, facilitar o transbordo intermodal e reduzir perdas e danos.

Os custos em perdas e danos resultantes do transporte hidroviário são considerados baixos em relação aos de outros modais, pois o dano não é a maior das preocupações quando se trata de produtos de alto volume e reduzido preço, e as perdas derivadas de atrasos não são sérias (os compradores em geral mantêm grandes estoques). Reclamações envolvendo transporte de bens de alto valor, como no transporte marítimo, são bem maiores (cerca de 4% da receita do transporte por mar). É necessário muito cuidado com a embalagem a fim de proteger os bens, especialmente contra os eventuais danos causados por manejo inadequado durante as operações de carga e descarga.

Dutovias

O leque de serviços e capacidades do transporte dutoviário é ainda extremamente limitado. Os produtos cujo transporte por dutos é o mais viável são petróleo cru e seus derivados. Estão em marcha, no entanto, algumas experiências visando à movimentação de produtos sólidos suspensos em um líquido, um tipo de pasta fluida, ou contidos em cilindros que se moveriam numa camada líquida no interior do duto. Se inovações como essas se mostrarem economicamente viáveis, sem dúvida o serviço dutoviário passará por uma grande expansão. O problema é que já foram realizadas anteriormente experiências com carvão suspenso num líquido que não deram resultados favoráveis, em função da erosão registrada nos dutos utilizados.

A movimentação dos produtos via dutos é muito lenta, não passando de três a quatro milhas por hora. Em compensação, ela é do tipo 24 horas/dia, sete dias por semana, o que torna a velocidade efetiva bem maior quando comparada com a de outros modais. A capacidade dos dutos é alta, levando-se em conta que

um fluxo de três milhas/hora num duto de 12 polegadas de diâmetro pode transportar 89 mil galões por hora.

Em relação ao tempo em trânsito, o serviço dutoviário é o mais confiável de todos os modais, já que são quase nulas as interrupções causadoras de variabilidade desse tempo. O tempo não constitui fator significativo, e o equipamento de bombeamento é altamente confiável. Além disso, a capacidade disponível de dutos é limitada tão-somente pelo uso que outros embarcadores possam estar fazendo no momento em que se precisar das instalações.

Os danos e perdas dos produtos nos dutos são reduzidos porque: 1) líquidos e gases não são sujeitos a danos em grau semelhante ao dos produtos manufaturados; 2) o número de riscos que podem afetar uma operação dutoviária é limitado. Há responsáveis por tais perdas e danos, quando ocorrem, pois os dutos têm normalmente o *status* de transportadores comuns, mesmo que em sua maioria sejam formalmente operadores privados.

A fim de detalhar a qualidade dos serviços oferecidos pela indústria dos transportes, a Tabela 6-3 mostra uma cotação dos vários modais usando as quatro características de custo e desempenho estabelecidas no início desta seção. É necessário reconhecer que, sob circunstâncias específicas de tipo de produto, distância percorrida pela carga, gerenciamento dos transportadores, relações usuário-transportador e condições de tempo, essa cotação pode sofrer alterações, podendo igualmente não existir disponibilidade de serviços de determinados modais.

SERVIÇOS INTERMODAIS

Cresceu nos últimos anos a utilização do transporte de mercadorias em processos que utilizem mais de um modal. Além dos óbvios ganhos econômicos que isso proporciona, o crescimento do transporte internacional tem sido um dos principais motores dessa mudança. A principal característica da intermodalidade é o livre intercâmbio de equipamentos entre os diversos modais. Por exemplo, o contêiner que é a carga de um caminhão pode ser embarcado e transportado em avião, ou o vagão ferroviário embarcado num navio com o uso de um guindaste. Semelhante intercâmbio de equipamentos cria serviços de transporte indisponíveis para o operador que usa somente um único modal. Serviços coordenados normalmente são um comprometimento entre os operadores que oferecem serviços individualmente. Ou seja, os custos e as características de desempenho estarão classificados de acordo com aqueles de cada um dos modais participantes.

---

[11] Contêineres são "caixas" padronizadas, normalmente medindo 8 × 8 × 10 pés, 8 × 8 × 20 pés, ou 8 × 8 × 40 pés, nos quais a carga é manejada como uma unidade, e que, como unidades, são facilmente transbordadas para outros modais de transporte.

158 PARTE III • ESTRATÉGIA DO TRANSPORTE

TABELA 6-3 Classificação relativa de modais de transporte por custo e características de desempenho operacional[a]

| Modal de transporte | Custo[b] 1 = maior | Tempo médio de entrega[c] 1 = mais rápido | Variabilidade do tempo de entrega | | Perdas e danos 1 = menor |
			Absoluta 1 = menor	Percentual[d] 1 = menor	
Ferroviário	3	3	4	3	5
Rodoviário	2	2	3	2	4
Aquaviário	5	5	5	4	2
Dutoviário	4	4	2	1	1
Aéreo	1	1	1	5	3

[a] Presume-se que o serviço esteja disponível.
[b] Custo por tonelada-milha.
[c] Velocidade porta-a-porta.
[d] Taxa da variação absoluta do tempo de entrega em relação ao tempo médio de entrega.
Fonte: Estimativas do autor quanto ao desempenho médio em uma variedade de circunstâncias.

Existem nada menos de dez combinações de serviços intermodais possíveis: 1) trem-caminhão; 2) trem-navio; 3) trem-duto; 4) caminhão-avião; 5) navio-avião; 6) caminhão-navio; 7) caminhão-duto; 8) navio-duto; 9) navio-avião; 10) avião-duto. Nem todas essas combinações são práticas. Algumas das que são viáveis ainda não conquistaram a confiança do mercado. Apenas o rodoviário-ferroviário, ou *piggyback*, como os americanos batizaram essa combinação de semi-reboque com vagão plataforma, tem sido amplamente utilizado. As combinações navio-caminhão, apelidadas, também pelos norte-americanos, de *fishyback*, estão conquistando espaço, principalmente no transporte internacional de bens de alto valor. Em proporções bem menores, as combinações caminhão-avião e trem-navio têm se mostrado viáveis, embora com utilização ainda muito limitada.

Semi-reboque sobre Vagão

O *flatcar* (TOFC = *trailer on flatcar*, ou ainda *piggyback*) é o transporte de semi-reboques em vagões plataforma ferroviários, normalmente em trajetos bem maiores que os normalmente cobertos em caminhão. O TOFC é uma combinação da conveniência e flexibilidade do transporte rodoviário com a economia da ferrovia em longos percursos. A taxa é normalmente mais baixa do que a exclusivamente rodoviária e tem permitido ao transporte pesado rodoviário inclusive expandir seu alcance econômico. De sua parte, a ferrovia consegue com isso atrair parte do transporte que, de outra forma, seria feito exclusivamente via rodoviária. O embarcador lucra com a conveniência do serviço porta-a-porta de longa distância e taxas razoáveis. Esses fatores todos se combinam para tornar o *piggyback* o mais procurado em matéria de serviços coordenados. O número de vagões plataforma ferroviários

transportando semi-reboques e contêineres teve um firme e notável aumento, de 554.000 em 1960 para 9.740.000 em 1996 (anualizados), ou 55% dos carregamentos ferroviários.[12]

São cinco as modalidades de serviços TOFC oferecidas no mercado norte-americano, dependendo do proprietário do equipamento rodo e ferroviário e da estrutura tarifária estabelecida. Esses planos são:

- Plano I. As ferrovias transportam os semi-reboques de transportadores rodoviários comuns. A conta é cobrada pelas empresas rodoviárias, ficando as ferrovias com um percentual ou cobrando uma taxa fixa pelo transporte dos semi-reboques.
- Plano II. As ferrovias usam seus próprios semi-reboques e contêineres que são transportados em seus próprios vagões plataforma a fim de proporcionar serviço porta-a-porta. As ferrorias contratam camioneiros locais para cuidar da coleta nos terminais de origem à entrega nos terminais de destino. Os embarcadores negociam apenas com as ferrovias e conseguem preços comparáveis aos fretes rodoviários comuns.
- Plano II 1/4. Semelhante ao Plano II, exceto em que as ferrovias se encarregam da coleta ou da entrega, ou mesmo das duas operações.
- Plano II 1/2. As ferrovias entram com os semi-reboques ou contêineres e os embarcadores se encarregam de movimentá-los a partir dos terminais ferroviários e em direção a eles.

---

[12] "Intermodal Traffic Creeps Upward", *Daily Trucking ant Transportation News* (July 24, 1996).

- Plano III.   Os embarcadores ou transportadores podem colocar seus próprios semi-reboques ou contêineres – vazios ou carregados – em vagões plataforma por uma taxa fixa. A taxa cobre de rampa a rampa, ou seja, a coleta e entrega constituem responsabilidade dos embarcadores.
- Plano IV.   Os embarcadores fornecem não apenas semi-reboques e contêineres, mas também o equipamento ferroviário indispensável a esse transporte. A ferrovia cobra uma taxa fixa pela movimentação dos vagões, vazios ou lotados. O pagamento à ferrovia é pelo uso das vias e pela força propulsora.
- Plano V.   Duas ou mais empresas de transporte rodoviário e ferroviário compartilham os custos do serviço TOFC. Cada uma pode contratar fretes para a outra, o que tem como resultado a ampliação do território em que a primeira delas normalmente opera para as áreas que são servidas com exclusividade pela segunda – e vice-versa.

Frete Conteinerizado

Pela modalidade TOFC, o semi-reboque inteiro é transportado num vagão plataforma. Mas também é possível visualizar o semi-reboque de duas formas: 1) como um contêiner, ou caixa, em que a carga é embalada; 2) como o chassis do semi-reboque. Em um serviço intermodal rodo-ferroviário é possível transportar apenas o semi-reboque, deixando-se de pagar pelo peso morto da subestrutura e dos rodados. Este serviço é chamado de contêiner no vagão plataforma (COFC – *container-on-flatcar*).

O contêiner padrão é um equipamento transferível a todos os modais de transporte de superfície, exceto o dutoviário. Como o frete conteinerizado entre um remanejo oneroso de pequenas cargas no ponto de transferência intermodal oferece uma capacidade de serviço porta-a-porta quando combinado com caminhão, os transportadores hidroviários usam navios porta-contêineres, que lhes dão condições de proporcionar as melhores combinações de serviços navio-caminhão. Esse tipo de serviço experimenta constante expansão, especialmente em decorrência da intensificação do comércio internacional. O contêiner é igualmente utilizável em combinações com serviços aéreos, sendo a mais promissora destas, até agora, o misto avião-caminhão. O contêiner é importante para o transporte aéreo porque os altos custos deste tornam proibitiva movimentação do chassis de um caminhão-reboque. A utilização de imensos contêineres no transporte aéreo é ainda limitada pelas próprias dimensões dos aviões disponíveis e pelo reduzido tamanho das cargas que os aviões normalmente comportam, mas, à medida que as tarifas do transporte aéreo continuarem baixando, principalmente em decorrência da entrada em serviço de aviões de carga cada vez maiores, o serviço coordenado avião-caminhão certamente irá experimentar uma grande e continuada expansão.

A tarefa de coordenar os serviços de transporte vai depender do tamanho de contêiner adotado como padrão. Um contêiner grande demais para um reboque ou incompatível com o equipamento que a estes serve inevitavelmente excluirá a participção deste tipo de veículo. O mesmo argumento serve para os demais modais. As dimensões-padrão dos contêineres são 8 × 8 × 20 pés e 8 × 8 × 40 pés. Ambas as medidas são compatíveis com o semi-reboque padrão, de 40 pés, e com a maioria dos outros modais.

Observação

A movimentação de carga em contêineres surgiu em 1956, quando Malcom McClean transportou os primeiros *trailers* de carga rebocados por um navio-tanque da II Guerra Mundial que zarpou de Newark, Nova Jersey, para Houston, no Texas. Pouco depois disso, fez-se a primeira conversão de um navio de carga para acomodar engradados do tamanho de vagões em seu deque de carga. O serviço de contêineres expandiu-se a partir de então de Porto Rico para a Europa e o Oceano Pacífico. A idéia de McClean reduziu o tempo de manobra no terminal, os roubos nos portos e os custos dos seguros. Hoje, 75% do comércio norte-americano com o mundo são transportados em grandes contêineres, e não mais nos engradados, tonéis, sacos e caixotes anteriormente empregados.[13]

AGÊNCIAS E SERVIÇOS DE PEQUENOS EMBARQUES

Agentes

Existem várias agências que oferecem serviços de transportes para os embarcadores mesmo sem contar com equipamento próprio de movimentação. Em primeiro lugar, elas reúnem vários pequenos fretes até consolidá-los em carga completa. Taxas competitivas com aquelas para LTL são cobradas, e a agência, mediante a consolidação dos inúmeros pequenos embarques com os quais trabalha, consegue taxas correspondentes às de carga completa. O diferencial da taxa do frete entre grandes e peque-

---

[13] "McClean Makes Containers Shipshape, 1956", *Wall Street Journal*, November 29, 1989, pág. B1.

nos embarques ajuda a compensar as despesas operacionais. Além da consolidação, os agentes, ou agências, oferecem serviços de coleta e entrega aos embarcadores. Entre os agentes de transportes, figuram empresas de fretes aéreos e de superfície, associações de embarcadores e corretores de transportes.

Agentes de fretes* são contratantes de frete. Dispõem de alguns equipamentos, usados principalmente nas operações de coleta e entrega. Compram serviços de longa distância de transportadores aéreos, rodoviários, ferroviários e hidroviários. Uma das vantagens que oferecem é possibilidade de estabelecer taxas para cargas de até 30 mil libras, quando o peso médio com que se lida é de apenas 300 libras.

As associações de embarcadores são cooperativas sem fins lucrativos. Seus membros fazem parte delas justamente para concretizar o menor custo possível do transporte. As associações destinam-se a prestar serviços similares aos dos agentes de frete. Funcionam como embarcador único a fim de conseguir tarifas de grandes volumes. Cada um dos embarcadores associados paga uma parte da conta total do frete, com base na sua parte do carregamento.

Corretores de transportes são agentes que põem em contato embarcadores e transportadores pelo fornecimento de informação atualizada sobre fretes, roteiros e capacidades. Os corretores às vezes acertam o transporte sem, porém, assumir qualquer responsabilidade por sua concretização. São especialmente valiosos para os embarcadores que usam os corretores a fim de conseguir o melhor negócio disponível. Existem inúmeros *sites* que, mediante cobrança de taxas de serviços, pesquisam e avaliam embarcadores e transportadores com vistas a proporcionar a estes a melhor utilização do equipamento de transporte e àqueles as menores tarifas.

Serviços de Pequenos Embarques

A encomenda postal é um serviço de entrega de pequenos volumes oferecido pelos correios dos Estados Unidos. As encomendas têm tamanho e peso limitados – 130 polegadas e 70 libras, respectivamente[14] –, com a entrega garantida em todos os pontos do país. As taxas dependem da distância entre origem e destino. O transporte é feito por empresas contratadas. A United Parcel Service e a Federal Express oferecem serviços de pequenas encomendas similares à encomenda postal, com tarifas e desempenho competitivos. Há serviço de coleta e

as entregas são feitas em todos os estados, e também mundialmente. Há igualmente serviços expressos, aéreos, que oferecem entrega no dia seguinte e, em alguns casos, no mesmo dia do despacho. A Federal Express tem o mais popular dos serviços desta categoria, embora a UPS e os correios sejam igualmente competitivos.

Além das agências especializadas em pequenas encomendas, há ainda transportadores de carga que trabalham com encomendas de pequeno porte. Cobram em geral uma taxa única para cargas com abaixo de um determinado peso mínimo, que em geral vai de 200 a 300 libras em caminhão. O serviço é em geral menos vantajoso do que o proporcionado em matéria de embarques maiores. A receita desses serviços é assim distribuída: caminhões UPS, 31,6%; caminhões LTL, 39,6%; aéreo normal, 4,2%; aéreo expresso[15], 24,6%; ferroviário e por ônibus, insignificante.[16]

TRANSPORTE CONTROLADO PELA EMPRESA

Uma alternativa à terceirização de transportes é a realização dessa atividade com frota própria ou por contratos. Idealmente, o usuário espera atingir melhor desempenho operacional, aumentar a disponibilidade e a capacidade do serviço de transporte e diminuir os custos. Para tanto é necessário sacrificar um pouco da flexibilidade financeira de vez que a empresa precisará, se realmente pretender concretizar essa meta, investir em capacidade própria de transporte ou optar por um acordo contratual de longo prazo, com todas as obrigações dele decorrentes. Quando o volume de embarques é significativo, um serviço próprio de transportes torna-se eventualmente mais econômico do que a terceirização dessa atividade. Contudo, algumas empresas se vêem forçadas a ter transporte próprio ou especialmente contratado – mesmo a custos muito altos – quando suas necessidades particulares de serviço não conseguem a ser adequadamente satisfeitas pelas transportadoras comuns. Entre tais necessidades especiais, incluem-se: 1) entrega rápida com grande confiabilidade; 2) equipamentos especiais que são raros no mercado; 3) manuseio especializado da carga; 4) um serviço que esteja sempre disponível. Os transportadores comuns trabalham para muitos clientes ao mesmo tempo e nem sempre têm condições de suprir as necessidades de transporte características de determinados usuários.

---

* N. de R. T.: Agentes de frete é a tradução para *freight forwarders*.

[14] O tamanho é a soma do comprimento (maior dimensão) e circunferência (duas vezes a largura mais duas vezes a profundidade). Esses limites são ainda mais reduzidos no serviço postal de primeira classe.

---

[15] Federal Express, UPS, DHL e Airborne Express.

[16] Rosalyn A . Wilson, *Transportation in America*, 17ª ed. (Washington, DC: ENO Transportation Foundation, 1999), pág. 19.

TRANSPORTE INTERNACIONAL

O sucesso alcançado pela indústria dos transportes no desenvolvimento de um sistema rápido, confiável e eficiente contribuiu enormemente para o nível de tremenda expansão (24 vezes) apresentado pelo comércio internacional nos últimos 30 anos (a triplicação da renda dos movimentos por ar e água somente no período de 1980 a 1996).[17] O transporte mais barato permitiu às empresas nacionais (dos EUA) tirar proveito das diferenças do custo da mão-de-obra mundial, garantir acesso a matérias-primas geograficamente dispersas e colocar seus produtos a preços competitivos em mercados muito distantes das fronteiras nacionais. Assim, o operador logístico precisa ter pleno conhecimento dos requisitos indispensáveis a uma eficiente movimentação internacional de mercadorias.

Visão Geral

Os transportadores marítimos dominam o transporte internacional com mais de 50% do volume do comércio em dólares e 99% do peso total. O transporte aéreo movimenta 21% do valor em dólares, ficando o restante por conta do transporte rodo/ferro/dutoviário interfronteiras nacionais.

O domínio de determinados modais de transporte é em grande parte conseqüência da geografia do país e da proximidade entre os maiores parceiros comerciais. Países que são ilhas, como o Japão e a Austrália, precisam usar extensivamente os modais aéreo e hidroviário. Contudo, muitos dos países membros da União Européia têm condições de fazer uso dos modais rodo/ferro/dutoviários de transporte.

A escolha dos roteiros torna-se muito mais restritiva que no transporte nacional porque as mercadorias precisam passar por um determinado número de portos e alfândegas para entrar ou sair de um país. Embora isso possa tornar a roteirização mais fácil e mais óbvia em comparação com as movimentações domésticas, os problemas decorrentes das exigências legais implícitas na movimentação de bens entre dois ou mais países e a responsabilidade mais limitada dos transportadores internacionais, quando em comparação com os nacionais, são elementos capazes de tornar a movimentação internacional bem mais complexa. Isto é, os embarques internacionais precisam de mais documentos que os nacionais, são sujeitos a atrasos causados pelas regulamentações de entrada/saída num país, e estão sujeitos a restrições de roteirização impostas por dois ou mais paí-

ses. Como se não bastasse, a responsabilidade limitada dos transportadores (como prova de responsabilidade, basta para as empresas comprovar a propriedade de apenas um navio em boas condições marítimas) impõe a necessidade de embalagens com maior capacidade de proteção dos produtos, e de seguros mais confiáveis e custos maiores em documentação como garantia contra perdas potenciais. Isto ajuda a explicar parte do avanço do transporte de mercadorias de alto valor nos mercados internacionais em contêineres.

Instalações

As instalações do transporte internacional são diferentes do sistema doméstico em apenas alguns aspectos. O equipamento é do mesmo tipo, com exceção de pequenas diferenças de tamanho. Os roteiros físicos são diferentes porque cobrem territórios geográficos diversos dos domésticos. Há, porém, uma diferença de outro tipo, representada pelas zonas de livre comércio e o papel por elas desempenhado nas novas rotas dos transportes internacionais.

As despesas dos clientes, taxas, encargos e impostos, constituem tributações que os governos impõem aos produtos importados. Esses tributos muitas vezes se revelam pesados demais para o exportador. Este pode considerar desvantajoso pagar encargos ao país importador no prazo e na forma com que os bens são recebidos para importação, e/ou o exportador gostaria de utilizar a mão-de-obra mais barata ou a localização estratégica do país importador em relação à manufatura e armazenagem, mas no final das contas descobre que isso se torna antieconômico em função dos encargos. As zonas de livre comércio, ou portos livres, eliminam essa desvantagem, beneficiando tanto o país que exporta quanto o que importa. Não existe uma contrapartida direta à zona de livre comércio em matéria de comércio nacional.

As zonas de livre comércio são áreas isentas de impostos estabelecidas em um ou mais pontos de entrada de um determinado país, como portos marítimos ou aeroportos, pelos quais produtos estrangeiros podem entrar, ser conservados ou processados, e reembarcados isentos de impostos. A Figura 6-2 é um diagrama do modo de operação de uma zona de livre comércio. Existem 225 zonas francas gerais e 359 subzonas em território dos Estados Unidos.[18] Nelas o operador logístico responsável pela movimentação internacional de mercadorias encontra inúmeras vantagens. As mais importantes são, em resumo:

---

[17] *Statistical Abstract of the U.S.: 1997*, pág. 656.

[18] Website da *National Association of Foreign-Trade Zones*, no endereço www.naftz.org.

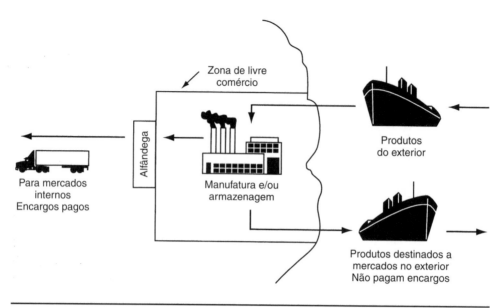

FIGURA 6-2   Operação de uma zona de livre comércio.

1. Produtos importados podem ser deixados nas zonas francas para armazenagem, manipulação destinada a modificar a classificação alfandegária, montagem, exposição, classificação, limpeza, venda, composição com mercadorias estrangeiras e nacionais, reembalagem, destruição, separação e outros serviços, e então enviados da zona para outro país sem formalidades alfandegárias e controles.
2. Governos estrangeiros pagam encargos sobre as mercadorias na zona de livre comércio somente quando elas entram no território do cliente do país importador.
3. Produtos importados indevidamente selecionados para entrada no mercado nacional podem ser remarcados nas zonas de livre comércio, evitando assim a imposição de multas.
4. As mercadorias podem ser ali reembaladas em quantidades maiores ou menores.
5. As mercadorias que sofrem redução por vazamento, evaporação ou danos não pagam encargos sobre essas perdas.
6. Há produtos que podem ter seus custos reduzidos quando encaminhados à zona de livre comércio em estado bruto e só ali montados.
7. O capital investido em encargos e seguros pode ser liberado para utilizações mais lucrativas quando produtos em cuja composição entram materiais estrangeiros sujeitos a tributação são embarcados para as zonas de livre comércio e ali permanecem até que surjam compradores estrangeiros, ou até que os compradores normais se disponham a recebê-los pelo preço determinado.
8. Os importadores podem obter *status* e privilégios reservados ao comércio internacional, pelos quais os encargos são congelados em relação a quaisquer futuros aumentos.
9. A manufatura realizada nas zonas de comércio incorre em encargos apenas sobre os materiais e componentes importados do produto acabado colocados no mercado nacional.
10. Propriedade pessoal de considerável porte é em geral isenta de impostos estaduais e locais.
11. O dispositivo da segurança aduaneira protege contra roubos.
12. As mercadorias podem permanecer indefinidamente nessas zonas.[19]

As zonas de livre comércio internacional transformam-se em bases avançadas para a movimentação de mercadorias exportadas *para* ou importadas *de* mercados ou fornecedores externos. As vantagens por elas proporcionadas chegam inclusive a alterar a roteirização dos

---

[19] Condensado de uma excelente discussão sobre zonas de comércio por Gordon E. Miracle and Gerald S. Albaum, *International Marketing Management* (Homewood, IL: Richard D. Irwin, 1970), págs. 438-445; Pat J. Calabro, "Foreign Trade Zones – A Sleeping Giant in Distribution", *Journal of Business Logistics*, Vol. 4, nº 1 (1983), págs. 51-64; website da *National Association of Foreign-Trade Zones*, www.naftz.org; e Dick Morreale, "Logistics Rules of Thumb IV", www.logfac.com (August 2001).

produtos. Armazéns gerais, tanto públicos quanto privados, podem funcionar como zonas de livre comércio.

Aplicação

A Dorcy International Inc. é uma montadora de lanternas elétricas e similares, cujos componentes são importados da China. Historicamente, a Dorcy pagava encargos de 12,5% sobre as peças no momento em que eram desembarcadas na Costa Oeste dos EUA. Agora, lanternas amarelas e pretas são despachadas da China e depois levadas de trem à antiga base militar Rickenbacker, perto de Columbus, Ohio, base essa que, depois de desativada, foi transformada numa zona de livre comércio. Ao estabelecer sua operação dentro dos limites da zona de comércio Rickenbacker, a Dorcy passou a desfrutar do benefício de pagar os encargos só depois que os produtos são montados, embalados e enviados para clientes como Sears, Wal-Mart e Kmart – um processo que pode levar até 30 dias. Esse retardamento do pagamento dos encargos faz a Dorcy economizar centenas de milhares de dólares por ano. E, quando as lanternas são ali montadas e exportadas para algum outro país, a empresa não paga encargo algum. Para fins de impostos, é como se esse produto reexportado jamais tivesse entrado nos Estados Unidos.[20]

Agências e Serviços

Outra característica que distingue o transporte internacional é o número e a variedade de intermediários, ou agentes, preparados para assessorar o embarcador ou comprador envolvido com os seus meandros. São os despachantes aduaneiros, transitários*, exportadores, agentes de exportação, agências de corretores de exportações, agências de corretores de importações, atacadistas (ou tarefeiros), corretores, departamentos bancários internacionais, e tantos outros. Quando mobilizados, esses agentes proporcionam vários outros serviços além do simples transporte. Cuidam dos procedimentos necessários à transposição de fronteiras, o que pode incluir a preparação da documentação para a alfândega, a coordenação das inspeções alfandegárias, armazenagem e consolidação dos embarques, otimização dos fretes e rastreamento dos embarques. No entanto, empresas com um índice significativo de transações internacio-

nais deveriam criar grupos especiais dentro de seus próprios departamentos de tráfego a fim de coordenar as questões relacionadas ao transporte internacional.

Exemplo

A Parker-Hannifin Corporation é uma das maiores empresas mundiais na fabricação de equipamentos hidráulicos, como tubos, conexões, cilindros, vedações, controles e filtros. Seus produtos são fabricados nos Estados Unidos, na Europa e na Ásia e vendidos em quase todos os países do mundo. As vendas internacionais são controladas de três maneiras. Como mostra a Figura 6-3, os embarques podem ser coordenados por um agente (A). O produto é levado de caminhão a um armazém onde se faz a consolidação de fretes menores em grandes fretes. Um transportador aéreo ou marítimo é usado para levar os produtos ao destino. A segunda alternativa (B) é a remessa direta por transportador aéreo ou marítimo sempre que se trate de uma região com volume significativo de transações. Essa é uma opção razoável quando se trata de cargas maiores do que as da alternativa *A*. Existe ainda a alternativa de utilizar um serviço de courier, como FedEx ou UPS. É uma opção especialmente útil para pedidos urgentes. O transporte aéreo é o modal mais usado nesse último caso. A utilização de métodos variados de embarque permite à Parker-Hannifin compatibilizar transporte eficiente com as necessidades de serviço dos clientes.

CARACTERÍSTICAS DOS CUSTOS DO TRANSPORTE

Os preços que um operador logístico precisa pagar pelo transporte estão ligados às particularidades dos custos de cada tipo de serviço. Taxas justas e razoáveis em geral acompanham os custos da produção do serviço. Pelo fato de cada serviço possuir diferentes características de custos, em qualquer tipo de conjunto de circunstâncias sempre existirão serviços com vantagens tarifárias potenciais que outros não conseguirão cobrir com eficiência.

Custos Fixos e Variáveis

Um serviço de transporte incorre em uma série de custos, tais como mão-de-obra, combustível, manutenção, terminais de carga e descarga, rodovias e administrativos. Essa combinação de custos pode ser dividida arbitrariamente em custos que variam de acordo com serviços ou volume (custos variáveis) e os invariáveis (custos fixos). Claro

---

[20] Clarke Ansberry, "For This Midwest City, Slow and Steady Wins Today's Economic Race", *The Wall Street Journal*, February 22, 2001, pág. A1 e seguintes.

* N. de R. T.: Transitário é a tradução para *internacional freight forwarders*.

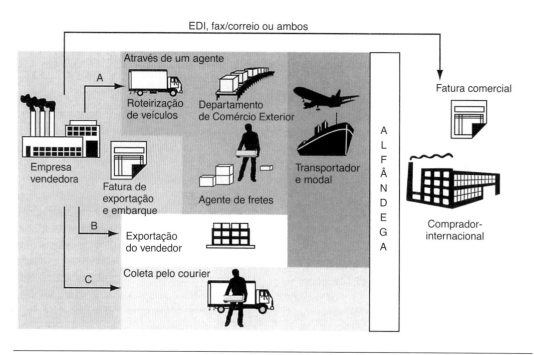

FIGURA 6-3 Método alternativo de embarque para um cliente internacional da Parker-Hannifin Corporation.

que todos os custos são variáveis quando se trata de período de tempo muito longo e um grande volume. Para fins de precificação do transporte, contudo, é aconselhável considerar como fixos aqueles custos que são constantes no volume normal de operações do transportador. Todos os demais custos devem ser considerados variáveis.

Custos fixos são os de aquisição e manutenção de direito de tráfego, instalações de terminais, equipamento de transporte e administrativos. Os custos variáveis incluem normalmente os gastos com combustível e salários, equipamentos de manutenção, manuseio e coleta e entrega. Não se trata de uma alocação precisa entre custos fixos e variáveis, dado que são significativas as diferenças de custos entre modais de transporte, e igualmente diferentes as alocações que dependem da dimensão em exame. Todos os custos são parcialmente fixos e parcialmente variáveis, e a alocação de elementos de custos a uma ou outra dessas classes depende de uma perspectiva individual.

As taxas da linha de transporte baseiam-se em duas dimensões principais: distância a ser percorrida e volume da carga transportada. Em cada caso, os custos fixos e os variáveis são considerados ligeiramente diferentes. Para ilustrar, considere os custos característicos de uma ferrovia. Os custos totais do serviço variam de acordo com a distância que a carga irá percorrer, como está na Figura 6-4(a). Isso é esperado, pois o montante do combustível gasto depende da distância, e a mão-de-obra necessária ao longo de tal percurso é uma função da distância (tempo). Estes são os custos variáveis. Os custos fixos são bastante elevados para as empresas ou agências proprietárias das ferrovias, que arcam com as linhas, terminais e pátios de manobras, mais os equipamentos, todos estes considerados custos que não variam conforme a extensão das distâncias percorridas. A soma dos elementos dos custos fixos e variáveis resulta no custo total.

Em contraste, a Figura 6-4(b) mostra uma função de custo ferroviário baseada no volume dos embarques. Nesse caso, as despesas com mão-de-obra não são variáveis, mas os custos de manuseio são considerados variáveis. Reduções significativas no manuseio dos carregamentos de quantidades de carga incompleta ou completa provocam descontinuidades na curva dos custos totais tal como ocorre entre tamanhos de cargas LTL, TL e de múltiplos vagões. Reduções de taxas por volume são em geral concedidas em função desses saltos nos custos.

Custos Comuns ou Conjuntos

Taxas razoáveis de transporte, como já se mencionou anteriormente, são aquelas que acompanham os custos da produção do serviço. Além do problema de decidir se

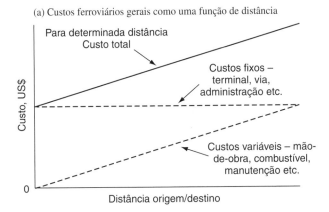

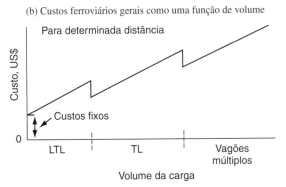

FIGURA 6-4 Custos (e receitas) ferroviários gerais como funções de volume e distância.

um determinado custo é fixo ou variável, determinar quais são os custos reais para um determinado tipo de carga exige alocações um tanto arbitrárias de custos, ainda que não sejam conhecidos os custos totais da operação. O motivo é que muitos dos custos do transporte são indivisíveis. Vários carregamentos de diferentes tamanhos e pesos são transportados juntos no mesmo transporte. Qual seria a proporção correta dos custos atribuível a cada um deles? Deveriam ser os custos atribuídos com base no peso da carga total, na proporção da capacidade total usada, ou com base em outro fator qualquer? Não existe uma fórmula única para a alocação de custos, e os custos de produção calculados pré-embarque continuam constituindo uma questão de julgamento.

A viagem de retorno que todos os transportadores enfrentam, com a exceção dos dutoviários, constitui um caso a ser devidamente estudado. Raras vezes as empresas conseguem um equilíbrio adequado entre tráfego de ida e volta. Por definição, a ida representa o tráfego pesado, e a volta, o tráfego leve. É possível alocar ao tráfego de volta uma proporção correta dos seus custos. Isto torna o custo de cada viagem alto em comparação com a receita da ida. O retorno pode ser tratado como um subproduto da ida exatamente por resultar da ocorrência desta. Todos, ou a maioria, dos custos são então alocados ao tráfego de ida. Os custos da volta seriam assim considerados nulos, ou a eles se atribuiriam apenas os custos diretos de uma viagem de retorno.

Essa última abordagem representa vários riscos. Por um lado, as taxas na ida poderiam ser necessariamente fixadas em um nível capaz de limitar os volumes nessa direção. Além disso, as taxas de retorno poderiam ser cobradas abaixo do custo para ajudar a cobrir as despesas fixas. Isso teria como efeito um significativo aumento em volume do tráfego de volta, quem sabe até superando o volume de ida. Com isso, o transportador acabaria por não conseguir cobrir as despesas fixas e enfrentando ajustes de taxas que poderiam alterar extremamente o equilíbrio do tráfego. O subproduto passaria a ser o produto principal. Além disso, uma significativa diferença na alocação de custos e nas taxas que acompanham esses custos acaba levando a questionamentos sobre distinção de tarifas entre embarques de ida e de volta. A chave da distinção é saber se o serviço em ambas as direções é ou não trabalhado essencialmente nas mesmas condições e circunstâncias.

Características de Custos por Modal

O tipo de serviço a que um transportador dá preferência é indicado pela natureza da função geral de custos sob a qual opera, e pela relação entre essa função e as de outros transportadores.

Ferrovia

Por se tratar de transportador tanto de carga quanto de passageiros, a empresa ferroviária tem custos fixos elevados e custos variáveis relativamente baixos. Carga e descarga, faturamento e cobrança, e a manobra de trens de múltiplos produtos e múltiplos embarques contribuem para os altos custos dos terminais do transporte ferroviário. O aumento do volume por trem e seus efeitos na redução dos custos de terminais podem produzir substanciais economias de escala, ou seja, custos unitários reduzidos para cargas de maior volume. A manutenção e depreciação das vias, a depreciação das instalações dos terminais e as despesas administrativas também contribuem para aumentar o nível dos custos fixos. Os custos de percurso das ferrovias, ou custos variáveis, incluem salários, combustível, lubrificantes e manutenção. Os custos variáveis por definição mudam proporcionalmente a distâncias e volumes; no entanto, existe um grau de indivisibilidade em alguns dos custos variáveis (mão-de-obra, por exemplo). Assim, os custos variáveis decrescerão ligeiramente. Tradicionalmente, os custos variáveis representam entre metade e dois terços dos custos totais, embora ainda exista grande controvérsia em torno da proporção exata.

O efeito líquido da existência de custos fixos elevados e custos variáveis relativamente baixos é a criação de significativas economias de escala nos custos ferroviários. A distribuição dos custos fixos por maiores volumes em geral reduz os custos unitários, como mostrado na Figura 6-5. Da mesma forma, os custos ferroviários por tonelada-milha diminuem quando os custos fixos são alocados a linhas de extensão cada vez maior.

Rodovia

Os transportadores rodoviários apresentam características de custos contrastantes com as das ferrovias. Seus custos fixos são os mais baixos dentre todos os transportadores, pois as empresas não são proprietárias das rodovias nas quais operam, o veículo representa uma pequena unidade econômica e as operações em terminais não exigem equipamentos dispendiosos. Seus custos variáveis, no entanto, tendem a ser elevados porque os custos de construção e manutenção das rodovias são cobrados dos usuários na forma de impostos sobre os combustíveis, pedágios e taxas por peso-milhagem.

Os custos do transporte rodoviário são divididos principalmente entre despesas nos terminais e em trânsito. As despesas de terminais, entre elas as de coleta-entrega, manutenção de plataformas e faturamento e cobrança, representam entre 15 a 25% dos custos totais. Esses custos, calculados à base de dólar por tonelada, são especialmente problemáticos no caso de cargas menores do que duas mil ou três mil libras. As despesas de terminais para embarques com peso superior a três mil libras continuam a diminuir à medida que os custos de coleta, entrega e manutenção podem ser repartidos por cargas de maior volume. Contudo, essa redução é bem menos significativa que a registrada para os embarques de volume reduzido. Os custos como uma função de tamanho de embarque acompanham o mesmo formato geral apresentado na Figura 6-5.

Os custos da linha de transporte rodoviário representam entre 50 e 60% dos custos totais. Não está claro se os custos unitários da linha de transporte têm necessariamente redução com distância ou volume. Contudo, os custos unitários totais desse transporte realmente diminuem com cargas de maior tamanho e distância, à medida que os custos de terminais e outras despesas fixas vão sendo divididos entre uma quantidade maior de toneladas-milhas, embora de maneira não tão acentuada quanto ocorre com os custos do transporte ferroviário.

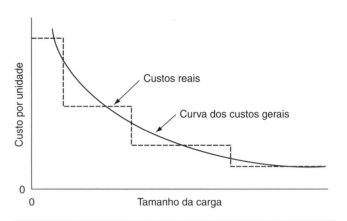

FIGURA 6-5 Estrutura geral de custos de transportador de superfície com base no tamanho da carga.

Aquaviário

O maior investimento de capital que qualquer transportador aquaviário precisa fazer é em equipamento de transporte e, até certo ponto, em instalações de terminais. As hidrovias e os portos são de propriedade e operação públicas. Muito pouco desses custos, especialmente no caso de operações nacionais, é cobrado dos transportadores. Os custos fixos predominantes no orçamento do transportador aquaviário são os relacionados a operações nos terminais. Entre eles figuram as tarifas portuárias, quando um navio entra num porto marítimo, e os custos de carga e descarga. Essas são operações particularmente demoradas nesse tipo de modal. Os altos custos da estiva só não são proibitivos nos casos de *commodities* a granel e de cargas em contêineres, que admitem o uso eficiente de equipamento mecanizado nas operações de carga e descarga.

Os custos dos terminais, normalmente elevados, são de certa forma compensados pelos custos muito baixos da linha de transporte. Sem as despesas pelo uso das vias aquáticas, os custos variáveis são apenas aqueles ligados à operação do equipamento de transporte. Os custos operacionais (menos o da mão-de-obra) são especialmente baixos devido à pequena força motriz necessária para a movimentação em baixa velocidade. Com altos custos nos terminais e baixos custos de percurso, os preços da tonelada-milha têm significativa redução quanto maior for a distância percorrida e o tamanho da carga transportada. Por isso, o transporte aquaviário é um dos mais baratos modais de transporte de *commodities* a granel em longas distâncias e volumes substanciais.

Aerovia

O transporte aéreo tem muitos dos custos característicos das empresas de frete aquaviário e rodoviário. As empresas de aviação não são proprietárias nem do espaço e, em geral, nem dos terminais aéreos. Compram serviços nos aeroportos na forma de combustível, armazenagem, aluguel de espaço e taxas de pouso. Se incluirmos a manutenção em terra e a coleta e entrega nas operações de transporte aéreo, esses são os custos de terminais para esse modal. Além disso, as empresas são proprietárias (ou locatárias) de seu equipamento, que, à medida que avança a depreciação de sua vida econômica, se transforma em despesa anual fixa. No curto prazo, as despesas aéreas variáveis são afetadas mais pela distância que pelo tamanho da carga. Como um avião tem sua maior ineficiência nas fases de decolagem e pouso da operação, os custos variáveis são reduzidos pela extensão do percurso. O volume tem influência indireta nos custos variáveis pelo fato de o aumento da demanda pelos serviços de transporte aéreo ter dado origem a aviões de grande porte que apresentam custos operacionais menores por tonelada-milha.

A composição das despesas fixas e variáveis torna o transporte aéreo um serviço de luxo, principalmente para curtas distâncias; contudo, o rateio das despesas de terminais e de outros custos fixos por força do aumento do volume proporciona alguma redução dos custos unitários. Substanciais reduções dos custos unitários são obtidas a partir das operações de longa distância no transporte aéreo.

Dutovia

O transporte por dutos é comparável ao ferroviário em características de custos. As empresas proprietárias dos dutos, ou, em geral, as petroleiras donas dos oleodutos, têm a propriedade do duto, terminais e equipamento de bombeamento. Podem ser proprietárias ou arrendatárias do direito de utilização econômica do duto. Esses custos fixos, adicionados a vários outros, dão ao transporte dutoviário o maior percentual de custos fixos em relação ao custo total entre todos os modais. Para ser competitivos, os dutos precisam trabalhar com altos volumes entre os quais seja possível ratear os altos custos fixos.

Os custos variáveis principais são a energia para movimentar o produto (normalmente óleo cru ou produtos de petróleo refinado) e os custos relacionados à operação das estações de bombeamento. As necessidades de energia são altamente variáveis, dependendo da capacidade de carga da linha e do diâmetro do duto. As tubulações maiores têm menor circunferência do que área de seção transversal em comparação às tubulações menores. Perdas de fricção e, conseqüentemente, da potência de bombeamento aumentam com a circunferência do duto, enquanto o volume aumenta de acordo com a área da seção transversal. Assim, os custos da tonelada-milha diminuem substancialmente em du-

tos maiores, contanto que haja processamento suficiente para justificá-los. Há também a redução em ganhos de escala quando um volume grande demais é forçado pelo duto de um determinado tamanho. Essas características gerais dos custos são mostradas na Figura 6-6.

PERFIS DE TARIFAS

As tarifas do transporte são os preços que as empresas prestadoras cobram por seus serviços. Vários são os critérios utilizados no desenvolvimento das tarifas sob uma grande variedade de situações de precificação. As estruturas mais comuns de tarifas têm relação com volume, distância e demanda.

Tarifas Relacionadas ao Volume

As economias da indústria de transportes mostram que os custos dos serviços dependem do tamanho da carga. As estruturas das tarifas em geral refletem essas economias, uma vez que carregamentos em volumes consistentemente maiores são transportados a tarifas mais baixas do que carregamentos de menor volume. O volume é refletido de diversas maneiras na estrutura das tarifas. Em primeiro lugar, é possível cotar as taxas diretamente em relação à quantidade embarcada. Se o carregamento é pequeno e gera escasso lucro para o transportador, será taxado ou por um preço mínimo ou por uma tarifa de qualquer quantidade (QQ). Cargas maiores que se traduzam em tarifas maiores que a mínima mas ainda assim não atinjam o *status* de carga completa pagarão tarifas de carga incompleta, que variam de acordo com os vários volumes estipulados. Grandes carregamentos

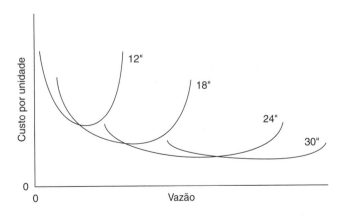

FIGURA 6-6 Custos genéricos da dutovia como funções do diâmetro e da vazão.

que sejam iguais ou excedam a carga completa pagam a tarifa de carga completa.

Em segundo lugar, o sistema de classificação de cargas permite descontos por volume. Grandes volumes podem ser considerados causa suficiente para a concessão de tarifas especiais em casos de determinados produtos. Essas tarifas especiais são consideradas desvios das taxas normais aplicadas a volumes menores.

Estruturas de tarifas relacionadas aos volumes são mais complexas do que esta descrição indica. Contudo, em função de boa parte da seção a seguir tratar do volume, uma discussão mais detalhada fica para o fim deste capítulo.

Tarifas Relacionadas a Distância

As tarifas, como uma função de distância, variam desde totalmente invariáveis por distância até aquelas que variam diretamente conforme a distância percorrida, estando a maioria das estruturas de taxas em meio a esses extremos.

Tarifas Uniformes

A simplicidade é fator-chave para o estabelecimento de uma estrutura de tarifas de transporte. A mais simples de todas é a estrutura uniforme de taxas em que existe uma taxa de transporte para todas as distâncias origem-destino [Figura 6-7(a)]. As tarifas postais de primeira classe vigentes nos Estados Unidos são um exemplo disso. A estrutura uniforme de tarifas para o serviço postal é justificada pelo fato de boa parte do custo total da entrega de correspondência ser constituída pelo manuseio. Os custos de manuseio são relacionados ao embarque, e não à distância. Por outro lado, usar uma estrutura uniforme de taxas para o transporte rodovoviário, em que os custos de percurso representam pelo menos 50% do custo total, certamente levantaria sérias questões em matéria de distinção tarifária.[21]

Tarifas Proporcionais

Para os modais de transporte com componentes importantes de custos de linha de transporte (rodoviário e, em menor proporção, aéreos), um equilíbrio entre a simplicidade da estrutura de taxas e os custos do serviço é oferecido pela estrutura de tarifas proporcionais [Figura 6-7 (b)]. Conhecendo-se apenas duas taxas, é possível determinar todas as demais para um produto pela extrapolação direta do percurso. Embora existam algumas vantagens óbvias nesta estrutura simplificada, a verdade é

que ela discrimina o transportador de longo curso em favor daquele que opera em curtas distâncias. Não são recuperadas as taxas de terminais no curto percurso rodoviário. Tarifas de carga podem ter essas características devido aos custos mínimos de manuseio.

Tarifas Decrescentes

Uma estrutura comum da taxa é construída sobre o princípio econômico dos rendimentos decrescentes. Como nos Estados Unidos os custos de terminais são normalmente incluídos nas tarifas de linha de transporte, uma estrutura de tarifas que acompanhe os custos terá preços aumentando com a distância percorrida, ainda que em proporção decrescente, como está na Figura 6-7(c). A razão principal para esta formatação é que, a partir da maior distância percorrida pelo carregamento, os custos de terminais e outras despesas fixas são rateados por maior milhagem. O grau dessa redução progressiva irá depender do nível dos custos fixos do transportador e da extensão das economias de escala nas operações da linha de transporte. Assim, quando apenas as economias ditam a estrutura das tarifas, é mais do que lógico esperar maiores reduções para as taxas ferroviárias, hidroviárias e dutoviárias do que para as taxas do transporte rodoviário e aéreo.

Tarifas de Cobertura

A intenção de igualar as taxas dos concorrentes e de simplificar a divulgação e administração leva os transportadores a estabelecer estruturas de taxas de cobertura. Estas são meramente tarifas únicas que cobrem uma ampla área na origem e no destino, ou em ambos. A estrutura de tarifas disso resultante é ilustrada na Figura 6-7(d), tendo o platô como a área do agrupamento, ou cobertura, das tarifas. As taxas de cobertura são mais comuns para produtos transportados a grandes distâncias e cujos produtores ou mercados clientes estejam agrupados em determinadas áreas. São produtos como cereais, carvão, madeira e, nos Estados Unidos, produtos californianos (Costa Oeste) muito vendidos na Costa Leste. Até mesmo as taxas de encomendas postais e da UPS precificadas para amplas zonas irradiando-se a partir da origem constituem uma modalidade de tarifas de transporte de cobertura.

A cobertura é uma modalidade de discriminação de tarifas, mas os benefícios da simplificação de taxas tanto para transportadores quanto para embarcadores superam em muito as desvantagens. Mais ainda, a cobertura em geral oferece aos usuários dos serviços de transporte uma seleção mais ampla dos prestadores de tais serviços.

Há ocasiões em que a concorrência faz com que as taxas num determinado roteiro sejam mais baixas do que

---

[21] Entende-se como discriminação qualquer situação em que as taxas não acompanham os custos da produção do serviço em oferta.

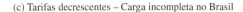
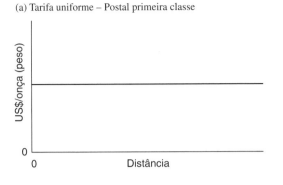
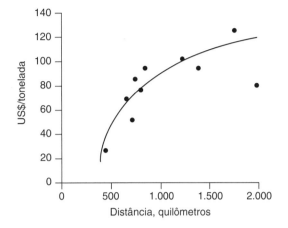
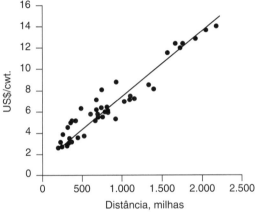
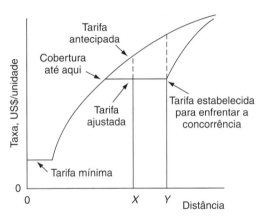

FIGURA 6-7 Quatro estruturas de tarifas de carga por distância.

o indicado pela estrutura geral de tarifas e pelo perfil dos custos. Ver, a respeito, o ponto *Y* na Figura 6-7(d). Oferecer a taxa mais baixa em *Y* pode criar uma situação em que os pontos à frente de *Y*, como *X*, sofram um tratamento injusto em matéria de tarifas. Os transportadores podem se sentir dispostos a eliminar este tipo de inequidade de tarifas pela determinação de que a tarifa para *X* e todos os outros pontos à frente de *Y* que teriam uma taxa mais cara, seja igual à tarifa para *Y*. Trata-se do processo chamado de *cobertura reversa*.

Tarifas Relacionadas à Demanda

A demanda, ou valor do serviço, pode determinar níveis de tarifas pouco ou nada relacionados com os custos da produção do serviço de transporte. Isso implica que os usuários vêem no transporte algo com valor limitado para eles. Ou seja, as tarifas não podem exceder um limite máximo que o usuário esteja pronto para pagar ao transportador. Duas são as dimensões que indicam o valor do serviço de transporte para um embarcador: a situação econômica deste e as alternativas disponíveis em matéria de serviços de transportes.

Exemplo

Os produtores *A* e *B* fabricam e promovem uma mercadoria vendida a um dólar por libra-peso no mercado *M*, como na Figura 6-8.

As despesas de *A*, além dos custos com o transporte, perfazem 85 centavos por libra-peso, enquanto que as de *B* ficam em 75 centavos por libra-peso. *B* pode obter um lucro de 5 centavos por libra-peso vendendo por US$ 1 a libra-peso. Como é *B* que determina o preço, o máximo que *A* poderia pagar pelo transporte seria 15 centavos por libra-peso, com o que não

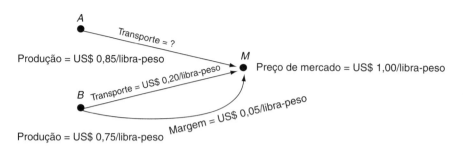

FIGURA 6-8 Valor do serviço de transporte.

lhe sobraria lucro. Assim, este é o valor máximo do serviço de transporte para *A*. Com tarifas acima deste nível, seu produto não será movimentado.

A segunda dimensão é vista nas duas alternativas de serviço disponíveis para *B*. Supondo-se que ambas as alternativas tenham características de desempenho iguais, o valor do serviço para *B* é a tarifa mais baixa. O serviço de maior preço precisaria equilibrar a taxa de 20 centavos a libra-peso para ser competitivo e movimentar alguns dos produtos. Assim, a demanda, ou a concorrência, estabelece o nível das tarifas. Tarifas competitivas baseadas no valor do serviço tendem a distorcer estruturas orientadas pelo custo e aumentam as complexidades implícitas na quantificação, administração e publicação das tarifas.

TARIFAS DAS LINHAS DE TRANSPORTE

Os preços do transporte podem ser classificados como tarifas para os serviços das linhas ou cargas dos serviços especiais. As tarifas se aplicam aos custos realizados entre os terminais de origem e destino, ou porta-a-porta no caso de serviço rodoviário de carga completa. Tarifas *premium* são preços por serviços adicionais, como serviços de terminais, de paradas e de detenção do equipamento de transporte. As tarifas das linhas de transporte podem ser classificadas por produto, por tamanho de carga, pelos roteiros, ou por uma mescla de fatores.

Por Produto

Se algum dia fosse adotada uma cotação individual para cada artigo transportado entre todas as combinações de pontos origem-destino de todos os serviços de transportes, o resultado seria uma quantidade absurda de tarifas, que ninguém conseguiria administrar. A fim de reduzir substancialmente o número de tarifas, desenvolveu-se um sistema de classificação de produtos em que a maioria dos artigos é incluída em uma de 31 classes variando de classe 13 a 400. Tarifas foram então fixadas para a classe 100, e taxas de produtos com diferentes ordens de classes em geral definidas como um percentual da tarifas de classe 100. Atualmente, os transportadores não seguem fielmente esta fórmula, preferindo anunciar tarifas para classes específicas de produtos.

A certa altura, havia um número muito grande de esquemas de classificação de produtos que diferiam entre si dependendo do território do país em que eram aplicados. Desde meados da década de 1950, muitos transportadores ferroviários, rodoviários e aquaviários adotaram um código unificado de classificação de fretes, a Uniform Freight Classification. Transportadores rodoviários passaram a usar um esquema semelhante de classificação, a National Motor Freight Classification, com duas importantes exceções: 1) os produtos que os transportadores rodoviários não transportam; 2) são fixadas 18 classes LTL (carga incompleta) que vão de 50 a 500. Os transportadores aquaviários usam uma fórmula de peso/volume ou baseiam suas tarifas nas classificações de produtos das ferrovias e rodovias. Os agentes de transporte usam as classificações dos transportadores rodoviários. Os dutos, por transportarem produto único, não necessitam de classificação. Quanto aos produtos transportados via aérea, a classificação não é de caráter amplo, tanto que não se tem conhecimento da existência de qualquer sistema de classificação de produtos de abrangência nacional. A Tabela 6-4 mostra uma parte da National Motor Freight Classification.

Na prática, nem todos os produtos são relacionados separadamente na classificação, não contando igualmente com uma taxação especial. Ambos transportadores ferroviários e rodoviários colocam sobre o mesmo título todos os produtos que não são descritos em separado nas classificações e destacando tais produtos como NOI (*not otherwise indexed*, ou não indexados de outra forma).[22] Todos os produtos NOI têm uma tarifa única. Vários exemplos da classificação NOI aparecem na Tabela 6-4.

Em determinadas circunstâncias, as tarifas de produtos não são iguais àquelas existentes nas classificações, sendo referidas como "exceções à classificação". Essas exceções têm então preferência em relação às tarifas anunciadas e são em geral mais baixas que a taxação classificada. Elas são estabelecidas para refletir condições especiais, principalmente condições operacionais e de concorrência que não podem ser concretizadas sob uma classificação que deve proporcionar uma taxa média para produtos embarcados sob circunstâncias médias.

Diversos são os fatores baseados em *densidade*, *acondicionamento, facilidade de manuseio* e *risco* que influem quando se estabelece a tarifa de um produto. Entre tais fatores podem figurar:

- Peso por pé cúbico quando embalado para embarque
- Valor por libra quando embalado para embarque
- Risco relacionado a perda, dano, vazamento ou roubo em trânsito
- Possibilidade de danificar outras cargas com as quais venha a entrar em contato
- Riscos decorrentes de imprevistos durante o transporte
- Tipo de contêiner ou embalagem quando suportando material de responsabilidade em risco
- Despesas de, e cuidado com, manutenção
- Taxas sobre artigos similares
- Relação equilibrada entre taxas de todos os artigos
- Concorrência entre artigos de diversas descrições mas principalmente usados para propósitos semelhantes
- Condições comerciais e unidades de vendas
- Condições de comércio
- Valor do serviço
- Volume de movimentação para o país inteiro[23]

A implementação das provisões das leis para a desregulamentação dos transportes pode conduzir à utilização de um número menor de fatores para propósitos de classificação.

---

[22] A NOI é usada especificamente na *National Motor Freight Classification*. A Uniform Freight Classification usa *NOIBN* (não indexados de outra forma por nome) para dizer a mesma coisa.

[23] Charles A . Taff, *Management of Physical Distribution and Transportation*, 6ª ed. (Homewood, IL.: Richard D. Irwin, 1978), págs. 356-357.

Tarifas por Classes

Semelhante à classificação de fretes é a tarifação, ou lista de preços, dos transportes. Uma vez atribuída uma classificação ao produto, é possível determinar as taxas que pagará por linha de transporte.

A tarifação por classe é uma função da distância entre os pontos de origem e destino da carga, entre outros fatores. Definem-se as distâncias nas quais se basearão as taxas usando-se tabelas de distâncias padrão como a da Household Goods Movers Guide, o Rand-McNcNally Mileage Guide ou outros guias de milhagens aceitáveis para embarcadores e transportadores. Nesses guias, os CEPs são freqüentemente usados como referência de localização dos pontos de origem e destino. Isto permite que sejam aglomerados muitos endereços sob um número aceitável de pontos de referência, proporcionando ao mesmo tempo uma aceitável exatidão na representação das distâncias. Torna-se possível a elaboração de uma tabela em que as taxas variam por CEP (distância) e classes de taxas.

Nem sempre os embarcadores pagam as taxas nas quantidades exatamente mostradas na Tabela 6-4. Isto é, se fosse feito um embarque de até 9.000 libras-peso, a tarifa de quebra de peso de >5.000 libras não seria necessariamente usada. Os transportadores aceitam que o tamanho da carga seja declarado como o peso seguinte e que essa tarifa venha a ser usada mesmo que os custos totais sejam inferiores àqueles verificados no cálculo correto. Acima do peso de quebra, há vantagem em declarar o próximo peso. A quantidade na qual a quebra ocorre pode ser encontrada pela fórmula

(a) Tarifa uniforme – Postal primeira classe

$$\text{(6-1)}$$

onde

$$\text{Peso de quebra} = \text{Peso acima do qual vale a pena declarar o próximo peso}$$

$$\text{Tarifa}_{\text{próxima}} = \text{Tarifa para a próxima maior quebra de peso}$$

$$\text{Peso}_{\text{próximo}} = \text{Peso mínimo do próximo peso de quebra máximo}$$

$$\text{Tarifa}_{\text{corrente}} = \text{Tarifa para o peso real do carregamento}$$

Exemplo

Imagine um carregamento de 15 mil libras/peso de diversos materiais promocionais na rota rodoviária Nova York/Detroit (Michigan). A tarifa por classe deste produto (4745-01 na Tabela 6-4) é 100. Na lis-

172 PARTE III • ESTRATÉGIA DO TRANSPORTE

TABELA 6-4 Classificação do frete rodoviário nacional para produtos selecionados

Numeração dos produtos	Descrição	Carga incompleta	Carga completa	Peso mínimo em libras
	GRUPO DOS ABRASIVOS:			
	Alundum, corindo, esmeril ou outros materiais abrasivos sintéticos ou naturais, compostos principalmente de óxido de alumínio ou carboneto de silício			
1070-00	Cru ou em pasta, LTL, em sacos, barris ou caixas: TL, solto ou em pacotes	55	35	50.000
1090-00	Farinhas ou grãos, em pacotes	55	35	36.000
2010-00	Rejeitos, inclusive rodas quebradas, tocos ou pedaços de roda, em pacotes; também TL, soltos	55	35	40.000
2030-00	Rodas, polpa moída, em trilhos ou em caixas ou engradados	55	40	30.000
2055-00	Lona ou papelão, abrasivo, inclusive pedaços de esmeril ou papel ou lixa, em pacotes	55	37,5	36.000
2070-00	Acessórios ou abrigos para cães e gatos, em caixas e tendo densidade em libras por pé cúbico de:			
2070-01	Menos de 1	400	400	QQ[a]
2070-02	1 até menos de 2	300	300	QQ[a]
2070-03	2 até menos de 4	250	250	QQ[a]
2070-04	4 até menos de 6	150	100	12.000
2070-05	6 até menos de 8	125	85	15.000
2070-06	8 até menos de 10	100	70	18.000
2070-07	10 até menos de 12	92,5	65	20.000
2070-08	12 até menos de 15	85	55	26.000
2070-09	15 ou mais	70	40	36.000
	GRUPO DE MATERIAIS DE PROPAGANDA:			
	Material de anúncios, NOI, pré-pago, em pacotes			
4660-01	Lonas ou encerados	85	55	24.000
4660-02	Papel ou papelão, outros corrugados ou ondulados	70	40	30.000
4740-00	Almanaques, pré-pagos, em fardos	77,5	55	24.000
4745-00	Bolsas de viagem, luvas, visores e bonés, em lona, com publicidade, pré-pagos, em caixas	100	70	20.000
4800-00	Calendários, pré-pagos			
4800-01	Lonas, em pacotes, ou cobertura de aço ou celulóide, em caixas	85	55	24.000
4800-02	Lâminas de papel ou celulose, em fardos	70	55	24.000
4850-00	Catálogos, pré-pagos; partes ou seções de catálogos, papel, pré-pago, em pacotes	60	35	40.000
4860-00	Circulares, livros, folhetos, panfletos, relações ou listas de preços			
4860-01	Impresso em papel de jornal	60	35	30.000
4860-02	Impresso em papel especial	77,5	55	24.000
4920-00	*Displays* de fachadas de tijolos ou cerâmica, telhados, tapumes, laterais; montados em painéis; pré-pagos, em caixas ou engradados	70	55	24.000
4960-00	*Displays* de imitações de produtos, como tabletes de manteiga, frutas, vegetais ou carnes, pré-pagos, em caixas ou engradados	100	70	20.000
4980-00	*Displays*, imagens, de borracha, NOI, à exceção de espuma de borracha, pré-pagos, em caixotes ou engradados	100	70	20.000

[a] QQ se refere a qualquer quantidade.

Fonte: Adaptado do *software* de computador FastClass da Southern Motor Carriers.

ta de tarifas de um transportador (Tabela 6-5) a taxa classe 100 é cotada a US$ 33,08 por cwt. para cargas entre 10 mil e 20 mil libras, e a US$ 24,11 por cwt. para embarques de mais de 20 mil libras. O transportador oferece um desconto de 60% da taxa. Calcule o peso de quebra como $(24,11 \times 20.000) \div 33,08 = 14.756$ libras. Como a carga é superior a 14.576 libras, despache como se fossem 20 mil libras usando a taxa US$ 24,11/cwt. Portanto, os custos do transporte são US$ 24,11 × 200 cwt. = US$ 4.822,00. Com o desconto de 0,60 × US$4.822,00 = US$ 2.983,20. A tarifa líquida é US$ 4.822,00 – US$ 2.893,20 = US$ 1.928,80.

Lembre que a tarifa por classe é similar às listas de preços encontradas em muitos produtos. Essas tarifas são amplamente disseminadas e muito conhecidas entre os embarcadores e transportadores. Podem ser obtidas nos *websites* de vários transportadores ou em disquetes fornecidos de graça pelos transportadores. Entre estes, as tarifas por classe são muito semelhantes e proporcionam escassa base para concorrência. Por isso mesmo, é prática comum entre os transportadores oferecer amplos descontos sobre essas tarifas a fim de apresentarem tarifas convidativas para o serviço geral de uma empresa. Os descontos vão freqüentemente de 40 a 70%. O desconto é sempre negociado entre embarcador e transportador.

Aplicação

Uma empresa de produtos químicos fabrica e despacha uma alta proporção de suas tintas e anticorrosivos de Cleveland, Ohio, para vários pontos nos Estados Unidos. A maior parte de seus embarques é de cargas pequenas e com peso inferior ao de carga completa. Qualquer dos seus embarques não tem peso suficiente, nem são os embarques dirigidos para um número suficientemente pequeno de pontos que justifiquem as tarifas especiais oferecidas pelos transportadores. Mesmo assim, estes oferecem sempre desconto de 40% sobre a tarifa de classe, pois não querem perder um bom cliente.

Tarifas Contratadas

Embora a estrutura de tarifas por classes proporcione uma fórmula geral pela qual é possível determinar as tarifas para uma grande variedade de mercadorias, muitos transportadores estão determinando tarifas especiais para os embarcadores. São tarifas que refletem uma variedade de circunstâncias características de determinado carregamento ou embarcador, como volume dos carregamentos, direção da movimentação e valor como cliente. Essas tarifas podem ou não ser elaboradas em bases sistemáticas. As tarifas contratadas têm precedência sobre as tarifas por classes, mais gerais. Podem ser tarifas especiais, exclusivas, refletindo situações especialíssimas de embarques.

Antes da desregulamentação dos serviços de transportes, as tarifas de *commodities* eram tarifas especiais cotadas de maneira a representar circunstâncias especiais de embarque não abrangidas pela estrutura geral de tarifas de classes. Essas tarifas eram mais baixas que as de classes e tinham preferência em relação a elas. Desde a desregulamentação, as tarifas de *commodities* vêm sendo abandonadas em favor das tarifas de contrato, que servem ao mesmo propósio.

A maior parte da milhagem do transporte utilizada pela economia norte-americana faz uso dessas tarifas especialmente definidas. Contudo, a maioria dos embarques pequenos usa as tarifas de classes gerais para fins de simplificação das cotações.

Frete geral

Quando os transportadores estabelecem tarifas únicas para um carregamento qualquer que seja a classificação das commodities nele incluídas, trata-se do frete geral (FAK – *freight-all-kinds*), ou tarifa para todas as *commodities* (ACR – *all-commodity rates*). Os agentes de transporte são usuários preferenciais desse tipo de taxa devido ao fato de trabalharem principalmente com cargas mistas. As tarifas derivam dos custos do fornecimento do transporte, e não do valor do serviço.

Por Tamanho de Carga

Tarifas e despesas de transporte variam de acordo com a quantidade trabalhada, ou seja, com o tamanho do embarque. As tarifas são cotadas à base de dólar/cwt. e podem ser diferentes dependendo do posicionamento da carga em relação às quantidades mínimas. Qualquer número de quantidades mínimas pode ser incluído na tarifa. As quantidades mínimas podem ser múltiplas; por exemplo, mínimos de 5.000, 10.000, 20.000 e 30 mil libras/peso. Existe também uma taxa única para todas as quantidades, conhecida como a taxa para qualquer quantidade – QQ (ou AQ – *any quantity*).

As estradas de ferro, os caminhoneiros e corretores de transportes normalmente têm um limite mínimo de carga para a fixação de suas tarifas, ou então determinam um piso mínimo de cobrança que ninguém pode violar. É comum encontrar tarifas cotadas por classes e com uma cobrança mínima. Como as tarifas de classes

174 PARTE III • ESTRATÉGIA DO TRANSPORTE

TABELA 6-5 Tarifas sem desconto, carga incompleta (LTL) para produtos da classe 100 nas rotas entre Nova York, NY, e centros seccionais escolhidos por CEP

CEP	Local	Min.[a]	<500[b]	≥500[c]	≥1.000[c]	≥2.000[c]	≥5.000[c]	≥10.000[c]	≥20.000[c]	≥30.000[c]	≥40.000[d]
021	Boston, MA	9.768	5.877	4.636	3.474	3.075	2.444	1.742	1.009	733	687
029	Providence, RI	9.351	5.401	4.276	3.203	2.866	2.271	1.592	882	662	601
041	Portland, ME	8.460	5.854	4.597	3.441	3.206	2.537	2.269	1.321	965	931
122	Albany, NY	12.838	6.665	5.288	4.038	3.459	2.971	2.218	1.315	1.022	980
152	Pittsburgh, PA	13.263	6.957	5.246	4.015	3.446	2.976	2.215	1.265	970	945
194	Philadelphia, PA	10.825	5.132	4.069	3.071	2.561	2.083	1.423	735	554	525
198	Wilmington, DE	11.110	5.290	4.195	3.174	2.648	2.167	1.501	805	619	567
200	Washington, DC	13.262	6.890	5.553	4.310	3.666	3.069	2.235	1.293	988	936
212	Baltimore, MD	11.084	5.579	4.421	3.361	2.843	2.373	1.689	942	716	674
232	Richmond, VA	11.296	6.158	4.899	3.744	3.218	2.756	2.021	1.154	875	860
282	Charlotte, NC	12.973	6.502	5.992	4.873	3.867	3.082	2.521	1.217	979	876
292	Columbia, SC	13.248	6.842	6.310	5.146	4.099	3.271	2.709	1.385	1.110	998
303	Atlanta, GA	14.826	8.196	7.494	6.114	4.965	3.973	3.344	1.836	1.490	1.336
331	Miami, FL	14.396	9.142	8.495	6.779	5.575	4.290	4.200	2.278	1.829	1.654
336	Tampa, FL	14.081	8.664	8.046	6.416	5.232	4.037	3.948	2.131	1.708	1.545
379	Memphis, TN	13.313	6.928	6.395	5.214	4.159	3.320	2.758	1.429	1.141	1.030
402	Louisville, KY	12.787	7.474	6.425	4.787	4.323	3.546	2.784	1.905	1.625	1.422
432	Columbus, OH	12.276	6.856	5.902	4.340	3.920	3.221	2.483	1.702	1.450	1.268
441	Cleveland, OH	12.161	6.710	5.781	4.238	3.826	3.142	2.412	1.656	1.409	1.229
452	Cincinnati, OH	12.504	7.112	6.118	4.525	4.085	3.354	2.608	1.784	1.526	1.330
462	Indianapolis, IN	12.672	7.331	6.301	4.683	4.229	3.471	2.713	1.860	1.584	1.384
482	Detroit, MI	14.808	8.639	7.418	5.598	5.017	4.143	3.308	2.411	2.069	1.805
532	Milwaukee, WI	13.097	7.848	6.739	5.051	4.564	3.738	2.963	2.028	1.727	1.511
554	Minneapolis, MN	14.165	9.043	7.754	5.901	5.339	4.334	3.520	2.414	2.059	1.807
606	Chicago, IL	15.128	8.451	7.379	5.586	4.999	4.093	2.856	1.957	1.664	1.458
631	St. Louis, MO	13.289	8.074	6.927	5.213	4.707	3.855	3.069	2.104	1.793	1.565
701	New Orleans, LA	17.032	10.849	9.530	7.720	6.402	5.100	3.750	2.028	1.625	1.462
722	Little Rock, AR	13.993	8.851	7.587	5.760	5.203	4.249	3.435	2.353	2.007	1.756
731	Oklahoma City, OK	14.976	9.886	8.463	6.486	5.864	4.785	3.923	2.690	2.290	2.006
752	Dallas, TX	17.353	10.775	9.226	7.114	6.414	5.221	4.011	2.748	2.343	2.052
782	San Antonio, TX	17.313	11.882	10.139	7.863	7.095	5.799	4.831	3.380	2.895	2.534
802	Denver, CO	16.345	11.830	9.543	7.949	6.895	6.072	4.685	4.140	3.602	3.367
850	Phoenix, AZ	18.650	13.626	10.987	9.161	7.945	6.991	5.461	4.812	4.185	3.912
900	Los Angeles, CA	20.614	14.954	12.094	10.092	8.727	7.672	6.065	5.365	4.660	4.341
921	San Diego, CA	19.560	14.345	11.555	9.632	8.349	7.356	5.764	5.097	4.434	4.145
933	San Diego, CA	18.778	13.803	11.094	9.274	8.033	7.091	5.541	4.893	4.247	3.992
946	Oakland, CA	18.931	13.927	11.192	9.355	8.102	7.153	5.595	4.938	4.290	4.030
972	Portland, OR	19.725	14.473	11.657	9.720	8.424	7.424	5.819	5.144	4.472	4.184
981	Seattle, WA	18.896	14.173	11.389	9.519	8.247	7.286	5.709	5.031	4.376	4.115

[a] Taxa mínima em centavos de dólar.

[b] Taxas em centavos por cem libras.

[c] Quando uma despesa computada ao peso real excede a despesa computada no próximo peso, aplica-se à menor das duas despesas.

[d] As despesas serão as menores que se puder computar, ou pela utilização da taxa LTL aplicável ao peso real ou estimado, ou pela utilização das taxas TL.

Fonte: Taxas publicadas pelo Yellow Freight System, Inc.

são para carga incompleta e para veículos com uma quantidade mínima de carga, existe também uma tarifa de carga incompleta e uma tarifa de carga completa além da tarifa mínima.

Algumas taxas podem realçar quebra de peso em lugar de tarifas de classes. A Tabela 6-6 apresenta uma amostragem de uma tarifa de classe 100 para caminhões com pesos de quebra comuns para 40 mil libras.

TABELA 6-6 Tarifas rodoviárias selecionadas por classe em US$ por cwt. por número de classificação e quantidade de peso de quebra em libras para cargas de Louisville, Kentucky, a Chicago, Illinois

CM^a US$ 75, 40									
Classe	*<500*	*≥500*	*≥1.000*	*≥2.000*	*≥5.000*	*≥10.000*	*≥20.000*	*≥30.000*	*≥40.000*
500	165,39	132,31	99,26	82,70	59,51	54,44	28,67	28,67	28,67
400	139,03	111,22	83,43	69,51	50,03	45,76	24,10	24,10	24,10
300	110,26	88,21	66,17	55,13	39,68	36,68	19,11	19,11	19,11
250	95,88	76,70	57,54	39,55	34,50	31,56	16,62	16,62	16,62
200	79,10	63,28	47,47	39,55	28,46	26,04	13,71	13,71	13,71
175	69,51	55,61	41,72	34,76	25,01	22,88	12,05	12,05	12,05
150	62,32	49,86	37,40	31,16	22,43	20,51	10,80	10,80	10,80
125	52,73	42,19	31,65	26,37	18,98	17,36	9,14	9,14	9,14
110	52,34	40,27	30,21	25,17	18,11	16,57	8,73	8,73	8,73
100	47,94	38,35	28,77	23,97	17,25	15,78	8,31	5,69	4,37
92,5	45,54	36,43	27,33	22,77	16,39	14,99	7,89	5,41	4,15
85	42,19	33,75	25,32	21,09	15,18	13,89	7,31	5,01	3,85
77,5	39,79	31,83	23,88	19,90	14,32	13,10	6,90	4,72	3,63
70	37,39	29,91	22,44	18,70	13,46	12,31	6,48	4,44	3,41
65	35,48	28,38	21,29	17,74	12,77	11,68	6,15	4,21	3,23
60	34,04	27,23	20,43	17,02	12,25	11,20	5,90	4,04	3,10
55	32,60	26,08	19,56	16,30	11,73	10,73	5,65	3,87	2,97
50	31,16	24,93	18,70	15,58	11,21	10,26	5,40	3,70	2,84

^a CM = cobrança mínima em US$

Fonte: *Software* CZAR-LITE da Southern Motor Carriers.

Exemplo

Considere-se uma mercadoria que tenha como tarifa de classe 60 e peso de embarque de mil libras (10 cwt.) e que deva ser transportada de Louisville, Kentucky, até Chicago, Illinois, Com base na Tabela 6-6, as tarifas de transporte seriam US$ 20,43/cwt. × 10 cwt. = US$ 204,30.

Muitos são os transportadores que disponibilizam suas tarifas em disquetes de computador, que distribuem a clientes a baixo custo ou mesmo sem custo algum. Com esta ajuda, os transportadores conseguem facilmente estabelecer as tarifas de seus embarques usando CEPs de cinco níveis para identificar os pontos de origem-destino dos carregamentos. Os transportadores estão então aptos a negociar com os embarcadores um desconto apropriado sobre a tarifa geral dessas classes.

Exemplos adicionais de como são computadas as taxas reais de transporte em variadas circunstâncias são mostrados na Tabela 6-7. Embora nesses exemplos sejam usadas tarifas de caminhões, os métodos de computação são em geral aplicáveis aos demais modais de transporte.

Outras Tarifas Incentivadas

Existem tarifas adicionais usadas como incentivo à realização de embarques em grandes quantidades. Uma dessas é a tarifa de excesso (ver Tabela 6-7, exemplo H). Tarifas de excesso são mais baratas do que as de carga completa e se aplicam apenas às quantidades que excedem a carga mínima. Essa tarifa incentiva os embarcadores a aumentar o tamanho dos embarques e permite aos transportadores melhor utilização da capacidade de seu equipamento.

Os transportadores também incentivam os embarcadores a enviar quantidades maiores que a carga mínima por meio de tarifas de veículos múltiplos e até mesmo taxas de trens completos. Os transportadores podem concretizar economias de escala com carregamentos maiores e transferir esse ganho aos embarcadores na forma de tarifas de incentivo. São também uma arma competitiva na disputa permanente com as demais transportadores. As ferrovias têm conseguido sucesso na disputa dos fretes de carvão com as dutovias mediante a utilização de trens de mercadorias únicas (trens unitários) e de tarifas de trens completos.

Alguns transportadores estabeleceram tarifas de tempo-volume. Tarifas reduzidas são oferecidas quando se movimenta uma tonelagem mínima dentro de um período especificado de tempo. O carvão é uma mercadoria frequentemente transportada de acordo com esta modalidade.

TABELA 6-7   Exemplos de cálculo de tarifas de transporte de diversas combinações de classes de tarifas, distâncias e pesos dos embarques

Exemplo	Especificação do embarque	Cálculo da tarifa, US$/cwt.	Frete total	Cobrança	Comentários
A	Item 2070-02; Louisville, KY, a Chicago, IL.; Volume = 300 lb.	TM = $75,40, $ 110,26	US$110,26 × 3 = US$330,78	US$330,78	Classe = 300 da Tabela 6-4; taxa da Tabela 6-6
B	200 lb de calendários de papel; Louisville, KY, a Chicago, Il.	TM = US$75,40, US$37,39	US$ 37, 39 × 2 = US$ 74,78 paga taxa mínima	US$75,40	Classe = 70 do item 4800-02 na Tabela 6-4; taxa da Tabela 6-6
C	Acessórios para gatos; Nova York, NY, a Portland, OR; Volume: 15.000 lb	TM = US$197,25, US$58,19	US$58, 19 × 150 = US$8.728,50 quantidade quebrada é 17.680 lb[a]	US$8.728,50	Classe = 100 do item 2070-05 da Tabela 6-4; taxa da Tabela 6-5
D	150 lb de livros em papel brilhante; Louisville, KY, a Chicago, IL	TM = US$75,40, US$39,79	US$39,79 × 1,5 = US$59,69 paga taxa mínima	US$75,40	Classe = 77,5 do item 4860-02 da Tabela 6-4; taxa da Tabela 6-6
E	18.000 lb de sacos com publicidade; Louisville, KY, para Chicago, IL.	LTL:US$15,78 @ 100 TL:US$6,48 @ 70b	LTL: US$15,78 × 180 = US$2.840,40 TL: US$6,48 × 200 = US$1.296,00	US$1.296,00 Embarque TL em classe e taxa menores	Classe = 100 LTL e 70 TL do item 4745-00 da Tabela 6-4; taxas da Tabela 6-6
F	Cereais em pacotes; Louisville, KY, a Chicago, IL; volume 27.000 lb	US$5,65 @ 20.000 lb. US$3,87 @ 30.000 lb.	US$3,87 × 300 = US$1.161,00 quantidade quebrada é 20,549 lb	US$1.161,00	Classe = 55 do item 1090-00 da Tabela 6-4; taxas da Tabela 6-6
G	Item classe 100; Nova York NY, a Little Rock, AR; volume = 40 000 lb; taxa com 40% de desconto	US$17,56 menos 40% = US$10,54	US$10, 54 × 400 = US$4.216,00	US$4.216,00	Taxa da Tabela 6-5
H	40 000 lb de rejeitos; Louisville, KY, a Chicago, IL	Classe TL = Taxa @ 35% de 4,37 = 1,52[c]	US$1, 52 × 400 = US$608,00	US$608,00	Classe = 35 do item 2010-00 da Tabela 6-4; taxa básica da Tabela 6-6
I	Item classe 100; Nova York, NY, a Dallas, TX; 45 000 lb; volume mínimo para carga completa = 36 000 lb; taxa de excesso oferecida = US$ 15,00/cwt.[d]	TL: Taxa = US$20,52	TL:US$20,52 × 360 = US$7.387,20 EX:US$ 15,00 × 90 = US$1.350,00 Total US$8.737,20	US$8.737,20	Taxa da Tabela 6-5

[a] Quebra de quantidade = $(51,44 \div 58,19) \times 20.000 = 17.680$ libras.

[b] Tarifa para a classe 70 e peso de embarque de 20.000 libras.

[c] Tarifa aproximada como um percentual de tarifa classe 100. Uma tarifa de carga completa é comumente cotada separadamente das tarifas tabeladas.

[d] A tarifa que se aplica a todo peso que excede ao volume mínimo. O volume mínimo move-se à taxa CL.

Por Roteiro

Quando se trata de carregamentos envolvendo movimentação de cargas completas, as transportadoras usam uma taxa por milha para computar as despesas totais do embarque. Para cargas completas de caminhão, as tarifas interestaduais são frequentemente fixadas por milha. Quando o veículo é carregado com frete destinado a mais de uma escala, cobra-se em geral um adicional por escala. As tarifas por milha são determinadas pela localização do último ponto do roteiro.

Exemplo

Um carga rodoviária de 42 mil libras-peso parte de Atlanta, Georgia, e faz três paradas para entregas em Dallas, Texas, Oklahoma City, Oklahoma, e St. Louis, Missouri. Fica acertada uma taxa de US$ 75 por escala. A distância entre Atlanta e Dallas é de 822 milhas, entre Dallas e Oklahoma City chega a 209 milhas, e de Oklahoma City a St. Louis, mais 500 milhas. O custo por milha em St. Louis é de US$ 1,65. O custo da viagem seria então (822 + 209 + 500) × US$ 1,65 = US$ 2.526,15. Somando-se a isso três escalas a US$ 75 cada, chega-se a um custo total do transporte de US$ 2.526,15 + 225 = US$ 2.751,15.

Tarifas Diversas

Existem diversas tarifas que não cabem nas classificações anteriores, e que são cobradas sob a rubrica geral "diversas". A discussão a seguir é uma seleção das muitas tarifas especiais oferecidas.

Tarifas por Cubagem

A estrutura de tarifas por classes é uma média das inúmeras características diferenciais dos produtos. Quando as mercadorias são muito leves e volumosas, as tarifas por classes não compensam inteiramente o transportador pelos seus custos, o que gera a utilização das tarifas cúbicas. As taxas cúbicas têm como base o espaço ocupado, e não o peso.

Tarifas de Importação ou Exportação

A fim de incentivar o comércio exterior, tarifas especiais, chamadas de importação ou exportação, são estabelecidas para carregamentos nacionais originários de ou destinados a pontos no exterior. Esses embarques transitam por rotas nacionais pagando tarifas mais baixas que as de carregamentos nacionais com origens e destinos domésticos. Essas taxas têm preferência em relação às taxas de classes ou produtos aplicáveis a carregamentos que seguem o mesmo roteiro.

Tarifas Diferidas

Às vezes o embarcador se dispõe a aceitar a possibilidade de uma demora maior do que o padrão normal da entrega em comparação com o serviço regular, em troca de uma redução das tarifas. Mesmo assim, recebe a garantia de que a entrega será feita dentro de um determinzado prazo máximo. Os transportadores fazem uso desse tipo de frete para otimizar a disponibilização dos espaços. O serviço diferido é utilizado mais freqüentemente pelos transportes aéreo e aquaviário.

Tarifas sobre Valor Limitado

Os transportadores comuns são responsáveis pelo valor das mercadorias enquanto estiverem sob sua guarda. Em caso de perda ou dano, o embarcador tem o direito de receber compensação pelo valor pleno dos produtos. Normalmente, as taxas obedecem a este esquema de responsabilidade ilimitada. Há, porém, a modalidade em que os transportadores públicos podem estabelecer taxas com base em responsabilidade limitada, as chamadas taxas sobre valores limitados. De acordo com esta modalidade, a responsabilidade do transportador vai até uma cifra fixa. Por exemplo, os transportadores de utensílios domésticos normalmente limitam as eventuais indenizações por perdas ou danos a uma determinada quantia, fixa, em dólar por libra-peso. As taxas sobre valor limitado são especialmente úteis em casos de carregamentos de produtos cujo valor seja difícil estimar.

Tarifas de Fretes Marítimos

Cargas transportadas internacionalmente por via aquática representam uma diferença substancial em relação aos modais de transporte nacionais. As taxas não seguem estritamente as fórmulas de classificação dos transportadores nacionais. Elas são cotadas à base de espaço ou de peso, de acordo com a opção do transportador. Transportadores marítimos muitas vezes determinam suas taxas de acordo com as conferências às quais estejam filiados. As taxas são estabilizadas no âmbito dessas conferências, podendo porém variar de conferência para conferência. Além da taxa básica do frete, outras tarifas e sobretaxas são às vezes cobradas para dar cobertura a itens como taxas portuárias e de manuseio.

COBRANÇAS DE SERVIÇOS ESPECIAIS

Os transportadores freqüentemente oferecem serviços especiais que exigem o pagamento de taxas extras. Mesmo que algumas dessas possam ser incluídas nas tarifas de linha, nada impede que venham a ser acrescen-

PARTE III • ESTRATÉGIA DO TRANSPORTE

tadas à fatura do transporte como um adicional. Esses serviços são classificados como especiais de linha de transporte ou de terminais. Aqui comentamos apenas os tipos mais comumente usados.

Serviços Especiais de Linha de Transporte

São os serviços relativos à parte de linha de transporte, e não à operação final.

Desvio e Reconsignação

O desvio de uma carga é a mudança de seu destino em meio ao roteiro. A reconsignação é a mudança do consignatário de uma carga, normalmente depois da chegada ao destino original. Na prática, porém, não existe distinção entre os dois termos.

Os embarcadores fazem uso freqüente dos privilégios de desvio e reconsignação de duas formas. A primeira é quando se trata de produtos perecíveis – frutas e vegetais, principalmente – e o embarcador tem pressa de despachar uma carga completa (vagão ou caminhão) até a área geral do mercado para estar em condições de, quando definido ou negociado o mercado consumidor, desviar o carregamento para lá. O ganho potencial que o embarcador obtém com esse privilégio, em termos de flexibilidade, é o de satisfazer as condições dinâmicas do mercado (tanto de demanda quanto de preço) pagando uma taxa nominal por carga completa.

Em segundo lugar, o equipamento do transportador pode ser usado como depósito, ou armazém. Através de uma roteirização sinuosa, o embarcador consegue aumentar o tempo em trânsito em relação ao normalmente exigido. Quando a demanda pelos produtos define-se, o carregamento está pronto para ser enviado diretamente ao mercado consumidor. Como esta prática, se utilizada abusivamente, tem potencial para aumentar enormemente os custos do transportador, tem sido duramente contestada, especialmente pelas empresas de transporte ferroviário.

Aplicação

A Anchor-Hocking Glass Company fabrica aparelhos de jantar em suas fábricas localizadas quase todas ao leste do Rio Mississippi. A soda barrilha, um componente importante na produção do vidro, tem sua mineração feita exclusivamente na área de Green River, Wyoming. Os carregamentos de soda barrilha, por ferrovia, levam pelo menos sete dias até chegarem às fábricas. Num dia de um indeterminado mês de janeiro (inverno no Hemisfério Norte), o estado de Ohio fechou todos os acessos de trânsito em conseqüência de uma formidável nevasca. Um carregamento de bar-

rilha que já havia saído de Wyoming e se destinava à fábrica de Ohio foi desviado em St. Louis para a fábrica que a empresa tem em Houston. Um carregamento posterior, que teria Houston com o destino, foi desviado para a fábrica de Ohio. Os privilégios ferroviários de desvio e reconsignação mantiveram as fábricas operando durante o imprevisto por apenas uma pequena despesa extra.

Privilégios de Trânsito

Transportadores ferroviários e, em menor grau, os rodoviários, estabeleceram um serviço especial que permite o armazenamento das cargas antes da movimentação rumo ao destino final. Um embarque, para fins de tarifação, é tratado como se se dirigisse diretamente de um ponto de origem ao destino, mais um adicional pela escala. Sem esse privilégio de trânsito, os embarcadores seriam obrigados a pagar a taxa integral do ponto de origem até o da parada, mais o transporte desta até o destino final, o que, somado, em geral representa custos maiores que os da taxa com privilégios de trânsito. Este privilégio reduz claramente as desvantagens de localização enfrentadas pelos processadores, e dá ao transportador a possibilidade de concorrer melhor em seu mercado ao conseguir o compromisso do embarcador de utilizar seus serviços em ambos os segmentos da linha de transporte. Cereais são frequentemente processados (moídos) e transportados de acordo com esse privilégio.

Um serviço relacionado é o privilégio de escala para completar a carga ou para descarga parcial. A fim de completar a carga, um embarcador deve requerer que o transporte faça uma parada num ponto intermediário entre origem e destino, embora não seja imprescindível que essa escala fique numa linha direta entre os dois pontos. A vantagem desse privilégio está em que o embarcador consegue uma tarifa igual à que obteria se originada inteiramente do ponto de partida mais uma taxa nominal de parada. Isto representa normalmente menos que a soma de duas tarifas separadas.

Exemplo

Examine o problema de transporte mostrado na Figura 6-9. Uma carga de 18 mil libras-peso tem origem no ponto I. Uma carga adicional de 36 mil libras-peso precisa ser a ela combinada no ponto J, devendo ambos os carregamentos seguirem até o ponto K, para entrega. Em lugar de o embarcador pagar taxas individuais entre cada um desses pontos, ele pode escolher, onde isto for permitido, pagar a taxa de I a K para a carga total, mais uma taxa de escala. Se a taxa do

FIGURA 6-9 Exemplo de privilégio de escala para carga completa.

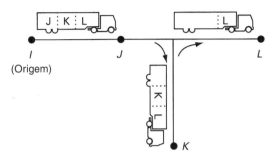

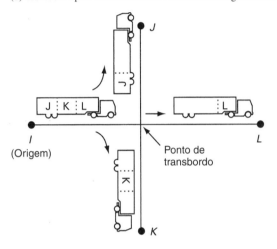

FIGURA 6-10 Exemplos de privilégios de escala para descarga parcial.

ponto de escala até o destino final for mais alta do que a taxa para o percurso total, a taxa de J a K prevalecerá. A Tabela 6-8 apresenta uma comparação entre as tarifas de frete, com e sem o privilégio de escala.

O privilégio de escala aplicável à descarga parcial é similar ao de carga completa. Há ocasiões em que se torna mais barato para o embarcador consolidar vários despachos com destinos diferentes para poder tirar proveito das substanciais quebras de tarifas de volume acompanhadas por modestas tarifas de escala. Para descarga parcial, existem escalas de dois tipos. No primeiro, toda a descarga é feita do equipamento em que a carga foi embarcada [Figura 6-10(a)]. No segundo, a transferência num ponto de transbordo é feita para equipamento diferente antes do redespacho para o destino [Figura 6-10(b)]. Os transportadores não cobram pelo transbordo; as tarifas são cobradas como se a descarga parcial tivesse ocorrido inteiramente a partir do equipamento original.

As tarifas dos privilégios de escala baseiam-se no peso consolidado da carga transportada até o ponto final de destino. Cobra-se um adicional para cada escala feita, que pode ou não basear-se no montante carregado ou descarregado. Quando o privilégio de escala é usado, os transportadores requerem que as tarifas sejam cobradas de uma única vez. Normalmente, permitem-se até três escalas para descarga, mas algumas tarifas de *piggyback* admitem até cinco escalas. Em geral, o privilégio de escala se mostra vantajoso em relação às cargas precificadas em separado quando a maior proporção do embarque total ocorre em pontos mais distantes da origem.

Exemplo

A fim de ilustrar as diferenças em taxas de fretes com e sem privilégio de escala, examine-se o caso mostrado na Figura 6-10(a), em que J = 8.000 libras, K = 12.000 libras e L = 10.000 libras, com uma quantidade de mínima de 30.000 libras. A Tabela 6-9 mostra a comparação de custos. Uma economia de US$ 1.006,00 – 945,00 = US$ 61,00 pode ser alcançada mediante a utilização do privilégio de escala, em vez de cargas com preços diferenciados.

Proteção

Inúmeros produtos, em decorrência de características físicas especiais, exigem algum tipo de proteção quando em trânsito, além daquela rotineira. Produtos perecíveis podem necessitar de refrigeração, congelamento, ventilação ou aquecimento. Produtos frágeis podem exigir embalagem adicional ou escoras.[24] Nesses casos, os transportadores oferecem equipamento especial como veículos à prova de danos, carros-frigoríficos e aquecedores, bem como a mão-de-obra e os materiais necessários para concretizar essa proteção. Embora o serviço extra tenha

---

[24] As escoras são principalmente as traves fixadoras num vagão ferroviário que evitam que a carga fique à deriva ao longo da viagem e acabe danificada.

180 PARTE III • ESTRATÉGIA DO TRANSPORTE

TABELA 6-8 Despesas de frete para exemplo, com e sem privilégio de escala

Carga	Roteiro	Taxa	Custos sem privilégio de escala	Taxa	Custos com privilégio de escala
18 mil libras em *I*	*I* até *J*	US$ 0,50/cwt.	US$ 90,00	—	—
36 mil libras adicionais em *J*	*I* e *J* até *K*	US$ 1,00/cwt.[a] embarcados na escala	540,00 —	US$ 1,10/cwt.[b] embarcados na escala	US$ 594,00 25,00
		Custos totais	US$ 630,00	Custos totais	US$619,00

[a] Com base no peso conjunto de 54 mil libras.

[b] A tarifa se aplica a partir do ponto *I* sobre carga completa.

TABELA 6-9 Comparação dos custos de descarga parcial em dois pontos com e sem privilégio de escala

Sem privilégio de escala				Com privilégio de escala			
Carga/ libras	Pontos	Taxa – US$/cwt.	Custo do frete	Carga/ libras	Pontos	Taxa – US$/cwt.	Custo do frete
8.000	*I* até *J*	3,05	US$ 244,00	30.000	*I* até *J*	3,00	US$ 900,00
12.000	*I* até *K*	3,35	402,00			3 escalas a	
10.000	*I* até *L*	3,60	360,00			US$ 15/escala[a]	45,00
Total 30.000		Frete total	US$ 1.006,00			Frete total	US$ 945,00

[a] O ponto final *L* também incorre em despesa de escala.

reflexo na tarifa por classe de alguns produtos, os transportadores muitas vezes acrescentam esses custos à fatura para deixar constado o aumento dos seus custos.

Interligação

Nem todos os transportadores trabalham em todas as regiões. Assim, um transportador pode encarregar-se de um frete e repassá-lo a outro transportador que presta serviços à região de destino da carga. Neste caso, a primeira empresa paga à segunda, mas o embarcador paga à primeira. O frete total deve refletir o lucro para ambos os transportadores e a tarifa pode ser mais elevada do que ocorreria se fosse apenas um transportador da origem ao destino.

Serviços dos Terminais de Cargas

Custos adicionais podem ser debitados na fatura por conta de serviços executados nos terminais dos transportadores. Entre os mais importantes desses serviços estão os de coleta e entrega, transbordo e compensação por demora e retenção.

Coleta e Entrega

Muitos transportadores incluem normalmente as tarifas de coleta e entrega nos orçamentos de seus serviços. Não se trata, porém, de uma prática universal. Há trans-

portadores que não fazem isso – principalmente nos transportes aquaviários. Há também as instâncias em que se cobram tarifas extras pela coleta e entrega (como nos serviços aéreos de carga). Quando o serviço de coleta e entrega é "gratuito", as tarifas normalmente limitam o serviço à área imediata do terminal do transportador, ou seja, aos limites do município em que o transportador tem sede, ou até uma milha de distância do terminal, quando não existe uma cidade como ponto de referência para a fixação desses limites.

Transbordo

A "linha de transporte" de uma ferrovia envolve o movimento entre terminais ou estações. O movimento de vagões a partir de plataformas e instalações privadas até os terminais ou estações, ou vice-versa, é o *transbordo*. Trata-se de algo semelhante à coleta e entrega, exceto pelo fato de envolver apenas vagões ferroviários. Linhas ferroviárias nem sempre têm vias conectando diretamente os embarcadores e consignatários nem acordos recíprocos de transbordo com outras linhas que servem a esses pontos. Muitas empresas ferroviárias absorvem os custos do transbordo e assim o embarcador não paga qualquer taxa acima da normal quando seu embarque proporciona um determinado nível de receita. Quando a taxa do transporte não basta para permitir ao transportador absorver a taxa de transbordo, ou quando não é possível realizar acordos recíprocos para servir à plataforma ou instalação, o embarcador ou consignatário (receptor das mercadorias) paga a taxa de transbordo por vagão.

Demora e Retenção

Demora* e *retenção* são termos referentes às compensações impostas ao embarcador ou consignatário em casos nos quais um destes retém o equipamento do transportador por tempo extra superior àquele previamente combinado. No caso de vagões ferroviários, é de 48 horas o tempo extra padrão para carga ou descarga. Quando a retenção do equipamento ocorre em razão de causas controláveis pelo embarcador ou consignatário, a empresa ferroviária pode impor uma taxa extra diária. Domingos e feriados são em geral considerados parte do tempo extra admissível, mas podem ser também cobrados se fizerem parte do tempo incluído na compensação. A detenção de equipamentos rodoviários passa por um plano semelhante, exceto que o tempo extra é muito menor. Uma taxa crescente é normalmente usada para períodos maiores de retenção de equipamento ferroviário e/ou rodoviário.

As taxas de compensação podem ser avaliadas de duas maneiras. Uma delas é o plano direto, em que cada parte do equipamento é tratada separadamente na determinação das taxas de compensação. Cada parte do equipamento paga uma taxa com base no respectivo tempo de retenção. Já o plano médio representa um acordo entre o transportador e o embarcador a fim de estabelecer um desempenho médio mensal do embarcador em termos de retenção e determinar a cobrança da taxa correspondente. De acordo com este plano, liberar um vagão no primeiro período de 24 horas significa o acréscimo de um crédito. Para cada dia de retenção de um vagão além do período de tempo extra, é acrescido um débito. Se o balanço de débitos e créditos no final do mês resultar em débitos, a taxa decompensação será aplicada de acordo com uma escala crescente. Um balanço favorável aos créditos terá como resultado o perdão de todas as compensações devidas.

OS CUSTOS DO TRANSPORTE PRÓPRIO

A principal razão para que uma empresa opte por equipamento próprio de transporte é a necessidade de proporcionar serviço ao cliente com um nível de qualidade que nem sempre se consegue a partir da utilização de transportadores contratados. De acordo com um levantamento abrangendo 348 empresas com frotas próprias,

as razões que as levaram a optar pela mudança foram: 1) confiabilidade do serviço; 2) tempos menores do ciclo dos pedidos; 3) capacidade de reação a emergências e 4) melhoria do contato com o cliente.[25] A concretização de custos menores que os do transporte contratado não foi o fator motivador maior, embora essa redução de custos possa ocorrer quando a utilização do equipamento de transporte for realmente intensa.

Observação

Para a Domino's Pizza, Inc., um dos gigantes do setor de telepizzas, com vendas anuais de US\$ 2,6 bilhões, a frota própria de transportes é um dos fatores principais do sucesso. A razão que leva a Domino's a operar uma frota própria é a necessidade de garantir serviço personalizado de entrega de alimentos a todas as suas lojas, a fim de que os gerentes possam concentrar-se exclusivamente na sua função principal, que é vender pizzas. Quando o proprietário abre sua loja todos os dias para começar os negócios, a pizza já está ali, separada e pronta para ser utilizada. Tudo que ele precisa fazer é assar e vender a pizza.

A frota faz entregas a cada uma das lojas da rede duas ou três vezes por semana, o que significa cerca de 10 mil entregas por semana nos Estados Unidos. Um tempo total de ciclo do pedido de 48 horas é garantido entre a emissão do pedido e a entrega dos produtos na loja. Não há transportador contratado, que trabalha visando ao lucro, capaz de atingir semelhante meta de serviço.[26]

O custo da operação de um serviço próprio de transportes é determinado de maneira muito parecida com a de qualquer outro ativo. Enquanto o transportador por contrato consolida todos os custos apropriados, alocando-os entre as diferentes rotas e transformando-os em tarifas a cobrar, o proprietário de um serviço exclusivo de transportes precisa realizar seu trabalho sempre como se fosse necessário fazer uma comparação entre serviços alternativos de transporte. Normalmente, esses custos são representados por milha. Analise uma frota de caminhões. Os custos são normalmente agrupados em três grandes categorias: custos fixos, custos do operador e custos operacionais dos veículos.

Custos fixos são aqueles que não variam com a distância percorrida pelo veículo num determinado tempo.

---

* N. de R. T.: Em inglês, *demurrage*.

[25] Lisa H. Harrington, "Private Fleets: Finding Their Niche", *Transportation & Distribution* (September 1996), págs. 55/60).

[26] Ibid.

Incluem seguro do veículo, juros sobre o montante investido na sua compra, taxas de licenciamento, amortização do equipamento e despesas relacionadas com garagem/armazém.

Custos do operador derivam do pagamento dos motoristas/ajudantes. As despesas mais comuns são salários, contribuições para fundos previdenciários e de saúde, despesas com as diárias em trânsito – refeições, hotel e outras relacionadas; contribuições à previdência social; seguro-desemprego e indenizações aos trabalhadores, além de despesas extraordinárias, como as relativas a telefonemas. Vários desses custos derivam do tempo que o veículo passa na estrada, mais do que da distância percorrida.

Custos operacionais são as despesas de manutenção dos veículos em trânsito. As mais comuns são combustível, pneus, manutenção etc. Esses custos são divididos pelo total de milhas percorridas e então pelo número de veículos na frota para resultar num custo médio por milha/veículo. Em decorrência dos vários custos fixos, o custo por milha é afetado pelos roteiros e programação de viagens que influem sobre o total de milhas percorridas. Esses custos por milha multiplicados pelas distâncias entre pontos de origem e destino podem ser então comparados com as taxas oferecidas pelos transportadores comuns e contratados. Como regra geral, veículos de propriedade da empresa precisam percorrer 80% de suas milhas com carga completa para que possam custar menos do que os transportadores contratados. O custo médio do transporte próprio é de US$ 1,42 por milha, em comparação com o custo médio de US$ 1,33 por milha, com carga completa, dos transportadores contratados.[27]

DOCUMENTAÇÃO

Os três tipos de documentos básicos indispensáveis ao transporte nacional de cargas são o conhecimento de embarque, a fatura do frete e o seguro. O transporte internacional exige esses três tipos e muitos outros.

Conhecimento de Embarque

O conhecimento de embarque é o documento-chave na movimentação dos fretes. Trata-se de um *contrato legal* entre o embarcador e o transportador para a movimentação de carga com razoável rapidez até um destino especificado, e com entrega sem danos ou perdas. De acordo com *Taff*, o conhecimento de embarque tem os três objetivos principais a seguir:

1. É um recibo de mercadorias, sujeitas às classificações e tarifas em vigor na data de emissão do conhecimento de embarque. É uma garantia de que as propriedades ali descritas encontravam-se em bom estado aparente, exceto imprevistos. O embarcador e um agente do transportador devem assinar o conhecimento, mas nenhum transportador poderá fugir a uma eventual responsabilização na eventualidade de não emitir um recibo ou conhecimento de embarque.
2. O documento serve como contrato de transporte e identifica as partes contratantes, além de especificar os termos e condições do contrato.
3. Funciona como prova documental de propriedade. É, porém, necessário qualificar essa evidência. Embora isso seja real no caso de um conhecimento de embarque negociável, no caso do conhecimento de embarque direto o detentor desse documento é, igualmente, quem detém a propriedade das mercadorias relacionadas. Entretanto, uma definição completa dessa questão irá depender de cada caso. Questões como as condições de venda têm influência no estabelecimento do direito à propriedade dos produtos que constam nesse documento.[28]

O conhecimento de embarque direto, em contraste com o conhecimento "a ordem de", é um documento legal não negociável. No primeiro, as mercadorias são consignadas tão-somente às pessoas mencionadas no documento. Essa fatura não pode, pois, ser trocada ou vendida. Sob o conhecimento "a ordem de", as mercadorias são consignadas a ordem de uma pessoa. Esse instrumento pode ser trocado ou vendido mediante o endosso do pedido por outra pessoa que não aquela citada na fatura original. A possibilidade de alterar o titular da propriedade permite ao embarcador conseguir pagamento pelas mercadorias antes da chegada ao seu destino final mediante o endosso da fatura a um banco que fará o pagamento respectivo. O banco, por sua vez, repassa o documento ao banco do consignatário, ao consignatário e, por fim, ao transportador. Esse procedimento é muito parecido com a escala que os títulos fazem ao longo do sistema bancário.

Fatura de Frete

O conhecimento de embarque normalmente não contém informações sobre os encargos do frete, embora algumas formas alteradas desse documento incluam tais encargos.

---

[27] Ibid.

[28] Taff, *Management of Physical Distribution and Transportation*, págs. 516-517.

É mais comum o fato de serem os encargos relacionados num documento separado, conhecido como *fatura de frete*. Esta (uma fatura de encargos do transportador) contém, além dos encargos do frete, grande parte da mesma informação existente no conhecimento de embarque, inclusive origem e destino do frete, quantidades expedidas, produtos e as pessoas participantes da transação.

Os encargos do frete podem ser pré-pagos pelo embarcador ou cobrados posteriormente do consignatário. Os pagamentos pelos serviços ferroviários são efetuados antes da entrega, exceto pelo fato de que o crédito é estendido a embarcadores financeiramente confiáveis. Os termos do crédito variam, dependendo do transportador. Por exemplo, usuários dos serviços ferroviários podem receber 96 horas de prazo para o pagamento. Transportadores rodoviários devem apresentar aos embarcadores contas de frete num prazo de sete dias, e os embarcadores têm até sete dias para efetuar o pagamento depois de receberem a conta. As agências de transportes podem ampliar o prazo de pagamento em até sete dias. Transportadores aquaviários domésticos geralmente concedem prazos de até 48 horas e às vezes de até 96 horas para a concretização do pagamento.

Reclamações de Fretes

As reclamações feitas contra os transportadores são normalmente de dois tipos. O primeiro deriva das responsabilidades legais do transportador como prestador comum de serviços, e o segundo diz respeito a superfaturamento.

Reivindicação de Perdas, Danos e Atrasos

Um transportador não exclusivo tem a responsabilidade de carregar suas cargas com "razoável velocidade" e sem perdas ou danos. O conhecimento de embarque define especificadamente os limites da responsabilidade do transportador. As perdas decorrentes de atraso ou não cumprimento injustificáveis dos prazos acertados de entrega são recuperáveis na extensão da perda de valor causada diretamente pelo atraso.

Observação

O transportador não é responsável por perdas, danos ou atrasos resultantes de desastres naturais, negligência do embarcador, ação de um inimigo público ou ação judicial empreendida contra o embarcador das mercadorias. De outra forma, o transportador é responsável pelo valor integral dos produtos que vierem a ser danificados ou perdidos, a menos que essa responsabilidade esteja delimitada de outra maneira nos termos do conhecimento de embarque.

Superfaturamento

A reclamação por superfaturamento contra o transportador é sempre resultante de alguma forma incorreta de cobrança, como a aplicação equivocada da classificação de carga, erro na aplicação das tarifas corretas, cobrança da quilometragem/milhagem incorreta, simples erros aritméticos, cobrança dupla de tarifas de frete, erros na determinação do peso dos produtos e diferenças na interpretação das normas e das tarifas. Uma auditoria normal da cobrança é a melhor maneira de detectar erros como esses antes da concretização do pagamento, sendo possível a emissão de uma fatura de frete corrigida. O prazo para a apresentação de reclamatórias por superfaturamento em transporte interestadual é de até três anos.

DOCUMENTAÇÃO DO TRANSPORTE INTERNACIONAL

Uma característica que distingue claramente transporte internacional da movimentação doméstica de mercadorias é o grande número de documentos exigidos para importações e exportações. A seguir, os principais desses documentos e, resumidamente, seus objetivos.

Exportação

- *Conhecimento de embarque.* Recibo da carga e contrato de transporte entre embarcador e transportador.
- *Recibo de doca.* Usado para transferir a responsabilidade pela carga entre transportadores nacionais e internacionais.
- *Instruções de entrega.* Estabelecem para o transportador doméstico as normas a serem seguidas na entrega do produto.
- *Declaração de exportação.* Exigida pelo Departamento (Ministério) de Comércio dos EUA como documento-fonte de estatísticas sobre exportações.
- *Carta de crédito.* Documento financeiro garantindo o pagamento ao transportador pela carga sob sua responsabilidade.
- *Certidão consular.* Usada para controlar e identificar produtos embarcados para determinados países.
- *Fatura comercial.* Conta das mercadorias entre vendedor e comprador.

184 PARTE III • ESTRATÉGIA DO TRANSPORTE

- *Certificado de origem.* Usado para garantir ao país comprador a identidade da nação produtora dos produtos adquiridos.
- *Apólice de seguro.* Garantia ao consignatário de que os produtos em trânsito têm cobertura de seguro.
- *Carta de transferência.* Uma relação das particularidades da carga e um registro dos documentos que estão sendo transmitidos, juntamente com instruções para a destinação dos documentos.

Importação

- *Aviso de chegada.* Informações sobre a data estimada da chegada de uma carga, junto com os seus principais detalhes.
- *Entrada na aduana.* Uma série de documentos descrevendo a mercadoria, sua origem e tributos incidentes, que agilizam a liberação dos produtos em meio ao cipoal dos trâmites aduaneiros, com ou sem o pagamento imediato das taxas devidas.
- *Certificado do transportador e ordem de liberação.* Confirmam, para as autoridades alfandegárias, a identidade do consignatário da carga.
- *Ordem de entrega.* Emitida pelo consignatário ao transportador marítimo autorizando a liberação da carga para o transportador doméstico.
- *Liberação do frete.* Confirmação do pagamento das taxas de frete.
- *Fatura especial de aduana.* Um formulário oficial normalmente exigido pela Alfândega dos EUA quando o encargo médio é baseado no valor da carga, sendo esse valor superior a uma determinada cifra em dólares.

São incontáveis os especialistas em comércio internacional que trabalham especificamente para assessorar o transportador e o destinatário dos produtos em trânsito internacional.

COMENTÁRIOS FINAIS

Os transportes representam um componente vital do projeto e gerenciamento dos sistemas logísticos. Tão vital que em geral constituem entre um e dois terços dos custos logísticos totais. Este capítulo pretendeu descrever o sistema de transportes em termos das opções ao alcance dos usuários, que são normalmente os cinco grandes modais de transporte – aéreo, rodoviário, ferroviário, aquaviário e dutoviário – e suas várias combinações. Os usuários podem arrendar/alugar os serviços, ou optar por ser seus proprietários.

Os serviços de transporte têm sua melhor descrição quando tomados por suas características de *custo e desempenho*. São elas que fazem a diferença entre os vários serviços de transporte, e também o que o usuário compra do sistema de transporte. As características de custo variam conforme os diferentes modais e acabam dando forma às suas estruturas de taxas para os usuários. As taxas baseiam-se em três grandes fatores – distância, tamanho do embarque e a concorrência. Por outro lado o desempenho do transportador baseia-se na extensão do manuseio das cargas nos terminais e na inerente velocidade/rapidez de cada transportador. É adequadamente descrito em termos de tempo médio em trânsito, variabilidade do tempo em trânsito e perdas e danos.

O transporte internacional constitui uma área de crescente interesse e preocupação para os operadores logísticos. O equipamento de transporte é igual àquele usado nacionalmente, exceto que determinados elementos do sistema de transporte acabam sendo mais importantes. Por exemplo, a conteinerização é popular no transporte internacional. As rotas desse transporte, obviamente, contrastam com aquelas usadas nacionalmente. O usuário do sistema internacional de transportes pode sentir-se sobrecarregado com a crescente documentação, as diferenças nos níveis de responsabilidade dos transportadores, pelos inúmeros procedimentos aduaneiros e a utilização de zonas de livre comércio – tudo isso tornado cada vez mais complexo pela possibilidade de que dois ou mais governos tenham jurisdição sobre essa movimentação de bens. Ainda bem que há um grande número de intermediários, agentes, despachantes aduaneiros e corretores preparada para assessorar o embarcador em relação aos meandros e complexidades da transferência internacional de produtos.

QUESTÕES

1. Quais são as razões da importância do transporte para a economia dos Estados Unidos? Por que o transporte é tão importante para as empresas isoladamente?
2. Defina em termos gerais o que um gerente de logística precisa saber a respeito de instalações e serviços de transporte.
3. O que é serviço de transporte? Compare as seguintes situações em termos de rapidez, confiabilidade, disponibilidade, perdas e danos, e custos do serviço:
   a. uma carga de alfaces da Califórnia para Nova York por avião, *piggyback*, ferrovia normal ou caminhão;
   b. uma carga de monitores de PCs da Coréia do Sul para Londres, via aérea ou marítima;
   c. um embarque de autopeças de Detroit, Michigan, para a Cidade do México, via aérea, ferrovia, *piggyback*, hidrovia ou caminhão;

d. um lote de aparelhos de televisão do porto de Los Angeles para cinco centros de distribuição na Califórnia em caminhão contratado ou caminhão de frota própria.

4. Identifique três tipos de produtos transportados principalmente mediante os cinco modais de transportes. A que motivo você atribui a vantagem de cada modal em um determinado grupo de produtos?

5. São dez as combinações possíveis de serviços coordenados de transporte. Faça a sua análise dos motivos pelos quais apenas duas dessas modalidades adquiriram relevância.

6. Com relação à Figura 6-1, explique cada uma das seguintes afirmações:
   a. cargas incompletas levam maior tempo médio, em todas as distâncias, do que os embarques de carga completa;
   b. Há uma desaceleração maior no crescimento da curva da carga completa ferroviária do que na curva da carga completa rodoviária;
   c. transportes aéreos superiores a 500 milhas têm todos o mesmo tempo médio de trânsito, qualquer que seja a distância percorrida;
   d. cargas completas por trem apresentam maior variabilidade do tempo em trânsito do que qualquer um dos outros serviços de transporte.

7. Elabore uma tabela de características de desempenho, como a Tabela 6-3, para os cinco modais básicos de transporte nas distâncias de 80, 100, 500, 1.000 e 3.000 milhas, com os seguintes produtos:
   a. equipamentos eletrônicos como toca-CDs, videocassetes ou TVs;
   b. carvão, areia ou cascalho;
   c. alimentos perecíveis como laranjas, uvas ou aipo.

8. Por que a conteinerização se tornou a modalidade preferencial de embalagem no transporte internacional? E por que não é utilizada mais extensivamente no transporte nacional de cargas?

9. Transportadores contratados têm como função principal a movimentação de produtos com razoáveis presteza e cuidado. Na sua opinião, um transportador contratado deveria, ou não, pagar pelas seguintes reclamações:
   a. um carregamento leva 30 dias para chegar ao seu destino, quando a média do transportador para esse mesmo trajeto é de duas semanas;
   b. uma carga de móveis sofre danos generalizados em função de um descarrilamento;
   c. um carreteiro derrapa numa estrada coberta de gelo e espalha uma carga completa de laranjas. A maior parte do embarque é destruída ou roubada e um *guard-rail* danificado;
   d. uma carreta lotada de aparelhos de televisão é roubada depois da assinatura do contrato de transporte

no ponto de partida, mas antes da concretização da entrega;
   e. um embarque aéreo é perdido quando o avião que o transporta é atingido por um raio;
   f. um carregamento de alimentados enlatados apresenta danos externos quando da abertura do vagão ferroviário no ponto de destino.

10. Classifique, nas situações de transporte a seguir relatadas, os modais básicos de transporte em termos de: 1) disponibilidade do serviço; 2) tempo médio em trânsito; 3) variabilidade do tempo em trânsito; 4) preço do serviço; 5) danos e perdas:
    a. um carregamento de 10 mil libras-peso de itens de *hardware* entre Dallas, Texas, e Boston, Massachusetts;
    b. um contêiner com roupas masculinas de Hong Kong para Los Angeles, Califórnia;
    c. um carregamento de 70 mil libras-peso de artigos de papel viajando de Spokane, estado de Washington, para Denver, Colorado;
    d. um embarque de 40 mil libras-peso de lâminas de aço indo de Chicago, Illinois, para Cincinnati, Ohio.
    e. um embarque de 5 mil libras-peso de flores da Califórnia para Nova York.

11. Qual a função dos serviços e agências pequenas de embarque no sistema de transportes? Quais são os tipos comuns presentes no setor? Quais os serviços por eles proporcionados?

12. Em que altura uma frota própria de transportes se revela mais vantajosa do que a contratação de transporte comum? Discuta a questão em termos de características de produtos, serviços ao cliente e custos.

13. Debata de que maneira uma zona de livre comércio poderia ser usada para:
    a. monitores de computador importados pelos Estados Unidos do Japão;
    b. vinhos importados da França pelos Estados Unidos;
    c. importar, da Coréia do Sul para Taiwan, componentes de computadores que são então montados como PCs e exportados para a Europa.
    d. bananas importadas da América do Sul pelos EUA.

14. Uma companhia produtora de energia do Missouri pode comprar carvão para suas usinas geradoras de minas no oeste, em Utah, ou de minas no leste, na Pennsylvania. O preço máximo de compra do carvão, de US$ 20 a tonelada na usina de Missouri, é estabelecido conforme os preços de formas competitivas de energia. O custo da mineração do carvão no oeste é de US$ 17 por tonelada, e de US$ 15 por tonelada no leste. O custo do transporte a partir das minas no leste é de US$ 3 por tonelada. Qual é o valor do transporte a partir das minas ocidentais?

15. Os embarques de um determinado produto têm origem no ponto X e devem ser remetidos para os pontos Y e Z. Y é

um ponto médio entre X e Z. A taxa para Y é de US$ 1,20 por cwt., mas, em função das condições da concorrência em Z, a taxa para Z fica em US$ 1,00 por cwt. Aplique o princípio da tarifa de cobertura reversa e explique de que forma ela elimina a discriminação de tarifas.

16. Fazendo uso das Tabelas 6-4, 6-5 e 6-6, determine as taxas de fretes para os carregamentos a seguir:
    a. 2.500 libras-peso de adereços promocionais de Nova York para Los Angeles;
    b. 150 libras-peso de adesivos publicitários de Nova York para Providence, Rhode Island;
    c. uma remessa de 27 mil libras-peso de pacotes de lixas, de Louisville, Kentucky, para Chicago, Illinois. Nota: Com qualquer número de classificação de produto abaixo de 50, use 50 na Tabela 6-6;
    d. 30 mil libras-peso de acessórios para gatos com densidade de 10 libras por pé cúbico entre Louisville, Kentucky, e Chicago, Illinois;
    e. 24 mil libras-peso de circulares de propaganda em papel especial entre Louisville, Kentucky, e Chicago, Illinois. É oferecida uma taxa de desconto de 40%.

17. Qual é a diferença entre classificação de fretes e tarifas por classes? Explique a diferença entre uma taxa de contrato e uma taxa por classe.

18. Compare as estruturas de custos das ferrovias com o transporte rodoviário e a partir daí sugira como eles podem ter influência sobre as estruturas de tarifas de ambos os serviços.

19. Há uma série de clientes que vão receber entregas. Todos se localizam ao longo de uma rota principal a partir do ponto de embarque. Foi determinada uma tarifa rodoviária que permite privilégio de escala. Quais são as características gerais desses clientes, em termos de peso dos embarques a eles destinados e suas localizações com relação ao ponto de origem que fazem do privilégio de escala uma opção interessante?

20. Indique os documentos que poderiam ser necessários para os seguintes deslocamentos internacionais:
    a. carros importados do Japão com destino a St. Louis, Missouri (EUA);
    b. computadores exportados de White Plains, Nova York, para Sydney, Austrália.

21. Um gerente de tráfego tem duas opções na programação rodoviária de múltiplas coletas e entregas. O problema de coleta e entrega é mostrado graficamente na Figura 6-11. O gerente pode expedir os volumes acumulados como cargas separadas entre os pontos designados, ou usar o privilégio de escala a US$ 25, cada uma, para um ou todos os segmentos da viagem. Se o gerente pretender minimizar os custos de embarque, qual deverá ser a sua opção? Suponha que o ponto de destino pague a tarifa de escala.

22. Explique por que as tarifas de transporte variam normalmente de acordo com: a) peso da carga; b) distância percorrida; c) valor do serviço de transporte.

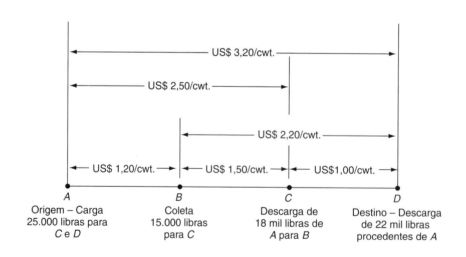

FIGURA 6-11 Um problema de coleta-entrega.

CAPÍTULO 7

Decisões sobre Transportes

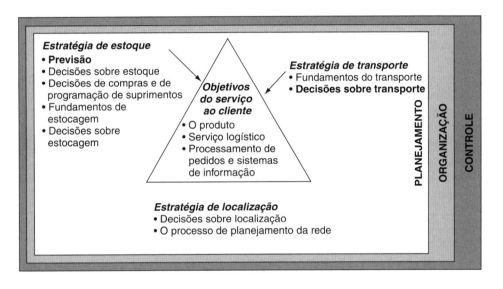

*Se o seu planejamento é para um ano, cultive arroz. Se estiver planejando
para 20 anos, cultive árvores. Se o planejamento for para séculos,
cultive pessoas.*

— Provérbio Chinês

O transporte é uma área fundamental de decisões no *mix* logístico. Excetuando os produtos adquiridos, o transporte é, dentre as atividades logísticas, a que absorve a maior percentagem dos custos. Embora as decisões sobre transportes se manifestem automaticamente em uma variedade de formatos, as principais são a seleção do modal, a roteirização dos embarques, a programação dos veículos e a consolidação dos fretes. Os métodos para a abordagem de todas essas decisões fundamentais serão ilustrados no presente capítulo.

A ESCOLHA DO SERVIÇO DE TRANSPORTE

A escolha de um modal de transporte ou oferta de serviços no âmbito de desses modais depende de uma variedade de características dos serviços. McGinnis constatou que seis variáveis são fundamentais na escolha do serviço de transporte: 1) tarifas dos fretes; 2) confiabilidade; 3) tempo em trânsito; 4) perdas, danos, processamento das respectivas reclamações – e rastreabilidade; 5) considerações de mercado do embarcador; 6) considerações relativas aos transportadores.[1] Embora as tarifas de frete sejam importantíssimas e muitas vezes constituam o fator determinante da opção, o serviço continua sendo o princial dentre todos os fatores. Como destacam Evers et al., "a pontualidade e a disponibilidade são por demais importantes para cada um dos modais, enquanto os contatos, a adaptabilidade, a devolução e os custos têm importância relativamente

---

[1] Michael A. McGinnis, "The Relative Importance of Cost and Service in Freight Transportation Choice: Before and After Deregulation", *Transportation Journal*, Vol. 30, nº 1 (Fall 1990), págs. 12-19.

menor".[2] Existem outros estudos sustentando a mesma convicção.[3] Levando em conta que não se pode escolher um serviço que não esteja disponível, ficam necessariamente o tempo em trânsito (agilidade) e a variabilidade do tempo em trânsito (confiabilidade) como os fatores principais na escolha de um serviço, seguidos pelo custo. Nos Estados Unidos, os embarcadores chegam a considerar a confiabilidade mais importante do que o custo e outras variáveis de serviços.[4]

Compensações Básicas de Custos

Quando o serviço de transporte não é utilizado de maneira proporcionar vantagem competitiva, a melhor opção é aquela obtida mediante a compensação do custo da utilização de um serviço de transporte com o custo indireto do estoque ligado ao desempenho do modal selecionado. Ou seja, a rapidez e confiabilidade afetam os níveis de estoques do embarcador e comprador (estoque de pedido e estoque de segurança) tanto quanto o nível dos estoques em trânsito entre as sedes do embarcador e do comprador. Quando se escolhem serviços menos ágeis e de menor confiabilidade, mais estoques aparecerão no canal. O custo de manutenção dos estoques pode estar compensado com o menor custo do serviço de transporte. Dadas as alternativas, o serviço preferido será aquele que oferecer os menores custos totais compatíveis com os objetivos do serviço aos clientes e, ao mesmo tempo, se mostrar capaz de concretizar tais objetivos.

Os efeitos do desempenho do transporte, similares aos dos de estoques, podem ser vistos na programação da produção. Os serviços de produção que operam com pouco ou escasso estoque de matéria-prima são altamente vulneráveis a atrasos e paradas decorrentes da variabilidade do desempenho dos transportes.

Exemplo

A Carry-All Luggage Company produz uma linha de bagagens. O plano regular de distribuição produz um estoque de produtos acabados localizado na fábrica. Dali são embarcados para armazéns de distribuição da empresa utilizando-se transportadores privados. A ferrovia é utilizada para o transporte entre a fábrica na Costa Leste (Atlântico) dos Estados Unidos e um armazém na Costa Oeste (Pacífico). O tempo médio em trânsito desses embarques é $T = 21$ dias. Em cada ponto de estocagem há em média 100 mil artigos ao valor médio unitário de $C = US\$ 30,00$. Os custos de transporte de estoques são $I = 30\%$ do valor de unidade de estocagem por ano.

A empresa pretende selecionar o modal de transporte em condições de minimizar os custos totais. Estima-se que para cada dia a menos no tempo médio atual, de 21 dias, será possível reduzir os estoques médios em 1%, o que possibilitaria uma redução no estoque de segurança. São $D = 700$ mil as unidades vendidas por ano a partir do armazém na Costa Oeste. A empresa pode utilizar os seguintes serviços de transporte:

Serviço de transporte	Tarifa, US\$/ unidade	Tempo de transporte porta-a-porta, em dias	Número de embarques por ano
Ferroviário	0,10	21	10
Piggyback	0,15	14	20
Rodoviário	0,20	5	20
Aéreo	1,40	2	40

Os custos de compra e a variabilidade do tempo em trânsito são considerados insignificantes.

Na Figura 7-1 temos um diagrama do atual sistema de distribuição da empresa. Com a opção por modais alternativos de distribuição, o tempo de permanência do estoque em trânsito será afetado. A demanda total anual (D) passa bom tempo em trânsito; essa fração do ano é representada por $T/365$ dias, sendo T o tempo médio de trânsito, em dias. O custo anual deste estoque em trânsito é $ICDT/365$.

O estoque médio em ambos os extremos do canal de distribuição pode ser aproximado como $Q/2$, sendo Q o tamanho do embarque. O custo de manutenção por unidade é $I \times C$, mas o valor C deve refletir *onde* o estoque se encontra no canal. Por exemplo, o valor de C na fábrica é o preço, mas, no armazém, ele é o preço *mais* a tarifa de transporte.

A tarifa de transporte aplica-se à demanda anual, de tal maneira que R (tarifa) $\times D$ represente o custo anual total do transporte. O cálculo desses quatro custos relevantes para cada alternativa de transporte é mostrado na Tabela 7-1. O transporte rodoviário oferece o menor custo geral, mesmo com o transporte ferroviário cobrando a menor taxa e o transporte aéreo menor custo de estoque. Via rodoviária, o tempo

---

[2] Philip F. Evers, Donald V. Harper and Paul M. Needham, "The Determinants of Shipper Perception of Modes", *Transportation Journal*, Vol. 36, nº 2 (Winter/1996), págs. 13-25.

[3] Douglas M. Lambert, M. Christine Lewis and James R. Stock, "How Shippers Select and Evaluate General Commodities LTL Motor Carriers", *Journal of Business Logistics*, Vol. 14, nº 1 (1993), págs. 131-143; e Paul R. Murphy and Patricia K. Hall, "The Relative Importance of Cost and Service in Freight Transportation Choice Before and After Deregulation: An Update", *Transportation Journal*, Vol. 35, nº 1 (1995), págs. 30-38.

[4] Murphy and Hall, op. cit.

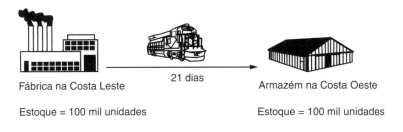

FIGURA 7-1 Distribuição atual da Carry-All Luggage Company.

de trânsito pode ser reduzido a cinco dias, e os níveis de estoque em cada extremo do canal de distribuição podem ser reduzidos em 50%.

Considerações sobre Competitividade

A escolha do modal de transporte pode ser usada para criar uma vantagem de serviço competitivo. Quando um comprador na cadeia de suprimentos adquire produtos de mais de um fornecedor, o serviço logístico oferecido e o preço influenciam na escolha do fornecedor. Inversamente, quando os fornecedores escolhem o modal de transporte a ser usado em suas respectivas cadeias, conseguem controlar esse elemento da oferta de serviço logístico e com isso influir na preferência do cliente. Para o comprador, melhor serviço de transporte (com o menor tempo em trânsito e menor variabilidade de tempo de trânsito) significa a perspectiva de manter menores níveis de estoques e/ou a maior certeza de concretização dos cronogramas operacionais. A fim de incentivar a escolha do mais desejável serviço de transporte, e com isso diminuir seus custos, o comprador oferece ao fornecedor o único atributo que é exclusividade sua – a preferência. A ação do comprador pode ser transferir sua porção de compras para o fornecedor que lhe oferecer o melhor serviço de transporte. A vantagem decorrente deste aumento de negócios pode compensar os custos decorrentes de um melhor serviço de transporte e incentivar o fornecedor a optar pelo transporte mais conveniente para o comprador, em lugar de simplesmente procurar aquele com o menor custo.

Sempre que existirem alternativas de fontes de suprimento no canal de distribuição, a escolha do serviço de transporte se transformará numa decisão conjunta do fornecedor e do comprador. O fornecedor compete pela preferência do comprador através da escolha do modal de transporte. Um comprador racional reage a essa escolha oferecendo mais negócios ao fornecedor. Qual será a proporção desse aumento de negócios é algo que irá depender do diferencial de serviços de transporte criado entre fornecedores concorrentes. Para um fornecedor, é sempre difícil consolidar-se num ambiente dinâmico, competitivo, em que os concorrentes conseguem oferecer serviços capazes de compensar as vantagens prometidas pelos demais, e a relação entre a escolha do serviço de transporte e o nível de preferência potencialmente oferecido pelos compradores é de difícil estimativa. Um exemplo simples dessa situação é apresentado onde não existem contra-ofertas de serviços apresentadas por um concorrente, e em que é já conhecido o grau de transferência de compras para fornecedores com melhor serviço de transporte.

Exemplo

Um fabricante de utensílios domésticos com sede em Pittsburgh compra 3.000 caixas de peças de plástico, avaliadas em US$ 100,00 a caixa, de dois fornecedores, metade de cada um. Ambos fazem uso do transporte ferroviário e conseguem entregar o produto no mesmo prazo médio. Contudo, o fabricante se dispõe a alterar os termos do negócio, atribuindo 5% do total dessa compra ao fornecedor que conseguir reduzir esse tempo de entrega – 150 caixas por cada dia de redução. O fornecedor ganha 20% em cada caixa, menos tarifa de transporte.

O fornecedor *A* estuda as eventuais vantagens de passar do modal ferroviário para os modais aéreo ou rodoviário de transporte. As seguintes taxas de transporte por caixa e tempo médio de entrega são conhecidos para cada módulo:

Modal de transporte	*Tarifa do transporte*	*Tempo de entrega*
Ferroviário	US$ 2,50/caixa	7 dias
Rodoviário	6,00	4
Aéreo	10,35	2

A escolha do fornecedor *A* pode ser feita simplesmente com base no lucro potencial daí derivado. A Ta-

TABELA 7-1   Avaliação da opção de transporte para a Carry-All Luggage Company

Tipo de custo	Método de computação[a]	Modais escolhidos			
		Ferrovia	Piggyback	Rodovia	Aerovia
Transporte	$R \times D$	$(0,10)(700.000) = 70.000$	$(0,15)(700.000) = 105.000$	$(0,20)(700.000) = 140.000$	$(1,40)(700.000) = 980.000$
Estoque em trânsito	$ICQ/2$ 365	$[(0,30)(30)(700.000) \times (21)]/365 = 363.465$	$[(0,30)(30)(700.000) \times (14)]/365 = 241.644$	$[(0,30)(30)(700.000) \times (5)]/365 = 86.301$	$[(0,30)(30)(700.000) \times (2)]/365 = 34.521$
Estoque na fábrica	$ICQ/2$	$[(0,30)(30)(100.000^{b}]$ $= 900.000$	$[(0,30)(30)(50.000)$ $(0,93)^{c}] = 418.500$	$[(0,30)(30)(50.000)$ $(0,84)^{c}] = 378.000$	$[(0,30)(30)(25.000)$ $(0,80)^{c}] = 182.250$
Estoque em campo	$IC'Q/2$	$[(0,30)(30,1)(100.000)]$ $= 903.000$	$[(0,30)(30,15)(50.000)$ $(0,93)^{c}] = 420.593$	$[(0,30)(30,2)(50.000)$ $(0,84)^{c}] = 380.520$	$[(0,30)(30,4)(25.000)$ $(0,80)^{c}] = 190.755$
	Totais	$2.235.465	$1.185.737	$984.821	$1.387.526

[a] R = índice de transporte; D = demanda anual; I = custo do transporte (%/ano); C = valor do produto na fábrica; C' = valor do produto no armazém (C + R); T = tempo em trânsito; Q = quantidades de embarque.

[b] 100. 000 é mais do que a quantidade embarcada / 2 para garantir o estoque de segurança.

[c] Corresponde à melhoria do serviço de transporte e ao número de embarques anuais.

TABELA 7-2 Uma comparação de lucros das alternativas de modal de transporte do fornecedor *A*

Modal de transporte	Caixas vendidas	Lucro bruto	–	Custo do transporte	=	Lucro líquido
Ferrovia	1.500	$30.000,00	–	$3.750,00	=	26.250,00
Rodovia	1.950	39.000,00	–	11.700,00	=	**27.300,00**
Aerovia	2.250	45.000,00	–	23.287,50	=	21.712,50

bela 7-2 mostra os lucros a partir da perspectiva do fornecedor *A* para uma escolha de modal de transporte.

Se o fabricante dos utensílios domésticos manti-ver a promessa de aumentar as quantidades de peças compradas do supridor com o melhor serviço de entrega, o fornecedor *A* deve optar pela entrega via rodoviária. E, é claro, ficar atento para quaisquer contra-medidas do fornecedor *B* destinadas a neutralizar sua vantagem.

Avaliação dos Métodos de Seleção

Os métodos debatidos para o problema da escolha dos serviços de transporte reconhecem a necessidade de incluir os efeitos indiretos que a opção por determinado meio de transporte exerce sobre os custos de estocagem e sobre a opção pelo integrante do canal logístico que oferece o melhor desempenho em modal de transporte. Isso em acréscimo ao custo direto do serviço proporcionado. Contudo, existem seguidamente outros fatores a serem levados em conta, alguns dos quais não ficam sob o controle do encarregado das decisões. Em primeiro lugar, é incentivada a cooperação direta e efetiva entre o fornecedor e o comprador quando há um razoável conhecimento dos custos de cada uma das partes. Sendo fornecedor e comprador entidades legalmente separadas, torna-se duvidosa a viabilidade de uma informação perfeita sobre os custos, a menos que se elabore alguma maneira específica de intercâmbio de informações. De qualquer maneira, a sensibilidade às reações da outra parte a uma alternativa de serviço de transporte ou ao grau de preferência deveriam ser indicadores do rumo dessa cooperação.

Em segundo lugar, sempre que houver um concorrente no canal de distribuição, comprador e o fornecedor deverão agir racionalmente a fim de conseguir compensações ótimas entre custos e serviço de transporte. Claro que o bom relacionamento entre as partes não pode ser garantida.

Em terceiro lugar, os efeitos dos preços ainda não foram contabilizados. Se um fornecedor precisar oferecer um serviço de transporte mais qualificado que o da concorrência, ele pode inclinar-se a aumentar o preço dos produtos como forma de compensação, ainda que mínima, do custo adicional. Já o comprador deveria levar sempre em conta tanto preço quando desempenho do transporte na determinação de sua preferência.

Em quarto lugar, as mudanças nas tarifas de transporte, no *mix* de produtos e nos custos de estocagem, bem como possíveis retaliações em matéria de serviço de transportes contra um fornecedor concorrente, acrescentam ao problema um elemento dinâmico que não foi ainda examinado com a devida atenção.

Em quinto lugar, os efeitos indiretos da escolha do transporte sobre os estoques do fornecedor não foram avaliados. Os fornecedores, tanto quanto os compradores, podem passar por situações de excesso ou escassez de estoques, resultantes do tamanho do embarque em combinação com o transporte escolhido. Os fornecedores têm a opção de reajustar os preços para que reflitam fielmente essa situação, o que, em compensação, poderá vir a afetar a escolha do transporte.

ROTEIRIZAÇÃO DOS VEÍCULOS

O transporte representa normalmente entre um e dois terços dos custos logísticos totais; por isso mesmo, aumentar a eficiência por meio da máxima utilização dos equipamentos e pessoal de transporte é uma das maiores preocupações do setor. O tempo que as mercadorias passam em trânsito tem reflexos no número de fretes que podem ser feitos por veículo num determinado período de tempo e nos custos integrais do transporte para todos os embarques. Reduzir os custos do transporte e melhorar os serviços ao cliente, descobrir os melhores roteiros para os veículos ao longo de uma rede de rodovias, ferrovias, hidrovias ou rotas de navegação aérea a fim de minimizar os tempos e as distâncias constituem problemas muito freqüentes de tomada de decisão.

Embora sejam muitas as variações dos problemas de roteirização, é possível reduzi-los a alguns modelos básicos. Existe o problema de encontrar uma rota ao longo de uma rede em que o ponto de origem seja diferente do ponto de destino. Há um problema similar sempre que se apresentam múltiplos pontos de origem e de destino. Mais complexo ainda é o problema de fazer itinerários quando os pontos de origem e destino são o mesmo. Estudemos a melhor maneira de resolver cada um deles.

Um Ponto de Origem e um Ponto de Destino

O problema de roteirização de um veículo ao longo de uma rede de caminhos tem sido resolvido por métodos específicos. O *método do caminho mais curto* talvez seja a técnica mais simples e direta. Essa abordagem pode ser exemplificada da seguinte forma: uma rede representada por ligações e nós, sendo os nós os pontos de conexão entre as ligações. Há os custos (distâncias, tempos, ou uma combinação desses dois formada como uma média ponderada entre tempo e distância) a serem percorridos entre os nós. Inicialmente, todos os nós são considerados não-resolvidos, ou seja, não estão ainda numa rota definida. Um nó resolvido é aquele que está na rota. Então, partindo da origem como um nó resolvido, temos:

- **Objetivo da enésima iteração.** Encontre o enésimo nó mais próximo da origem. Repita a operação por n = 1, 2, ... até que o nó mais próximo seja o destino.
- **Entrada para a enésima iteração.** Os $(n-1)$ nós mais próximos da origem, resolvidos em iterações anteriores, incluem sua rota e distância mais curta a partir da origem. Esses nós, mais a origem, serão chamados de *nós resolvidos*; os demais são *nós sem solução*.
- **Candidatos para o enésimo nó mais próximo.** Cada um dos nós resolvidos que seja diretamente ligado por um ramo a um ou mais dos nós sem solução fornece um candidato – o nó sem solução com o ramo de conexão mais curto. Os empates proporcionam candidatos adicionais.
- **Cálculo do enésimo nó mais próximo.** Para cada um de tais nós resolvidos e seus candidatos, acrescente a distância entre eles e a distância da rota mais curta a este nó resolvido a partir da origem. O candidato com a menor dessas distância totais é o enésimo nó mais próximo (os empates proporcionam nós resolvidos adicionais), e sua rota mais curta é a que gera essa distância.

Embora o procedimento pareça um tanto complicado, temos um exemplo capaz de ilustrar sua simplicidade. Relacione o problema ao programa de distâncias de mapa rodoviário encontrados na Internet, como o Mapquest.[5] O módulo ROUTE do LOGWARE pode resolver tais problemas rapidamente à medida que o tamanho do problema aumenta e quando a computação manual deixa de ser prática.

Exemplo

Suponha que tenhamos pela frente o problema mostrado na Figura 7-2. Buscamos a rota mais rápida entre Amarillo e Fort Worth, duas cidades do estado norte-americano do Texas. Cada ligação tem um determinado tempo de viagem entre os nós, e os nós são intersecções rodoviárias.

Começamos com a rotulagem de uma tabela, como na Tabela 7-3. O primeiro ponto a ser identificado como um nó resolvido é a origem, ou *A*. Os nós ligan-

---

[5] www.mapquest.com.

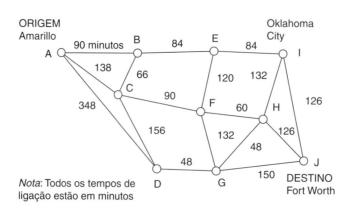

FIGURA 7-2 Uma representação esquemática da rede de autoestradas entre Amarillo e Fort Worth, no Estado do Texas, com os respectivos tempos de ligação rodoviária.

CAPÍTULO 7 • DECISÕES SOBRE TRANSPORTES **193**

TABELA 7-3 Tabulação das etapas computacionais para o método da rota mais curta

Etapa	Nós resolvidos diretamente ligados a nós sem solução	Seu nó sem solução mais próximo	Custo total incorrido	Enésimo nó mais próximo	Seu custo mínimo	Sua última conexão[a]
1	A	B	90	B	90	AB*
2	A	C	138	C	138	AC
	B	C	90 + 66 = 156			
3	A	D	348			
	B	E	90 + 84 = 174	E	174	BE*
	C	F	138 + 90 = 228			
4	A	D	348			
	C	F	138 + 90 = 228	F	228	CF
	E	I	174 + 84 = 258			
5	A	D	348			
	C	D	138 + 156 = 294			
	E	I	174 + 84 = 258	I	258	EI*
	F	H	228 + 60 = 288			
6	A	D	348			
	C	D	138 + 156 = 294			
	F	H	228 + 60 = 288	H	288	FH
	I	J	258 + 126 = 384			
7	A	D	348			
	C	D	138 + 156 = 294	D	294	CD
	F	G	288 + 132 = 360			
	H	G	288 + 48 = 336			
	I	J	258 + 126 = 384			
8	H	J	288 + 126 = 414			
	I	J	258 + 126 = 384	J	384	IJ*

[a] O asterisco (*) representa rota de custo mínimo.

do diretamente a *A* que não têm solução são *B*, *C* e *D*. Na etapa 1, notamos que *B* é o próximo nó em relação a *A* e registramos a ligação. Note-se que B então assume o *status* de um nó resolvido, uma vez que se trata, esta, da única alternativa disponível.

Em seguida, anotamos os mais próximos nós sem solução em relação aos nós resolvidos *A* e *B*. Relacionando apenas os mais próximos nós de ligação a partir de cada nó resolvido, temos *A* → *C* e *B* → *C*, que listamos como a etapa 2. Observe-se que para alcançar um nó através de um nó já conectado é indispensável acrescentar um tempo mínimo ao tempo de ligação para alcançar o nó resolvido. Isto é, chegar a *C* por meio de *B* requer um tempo total de *AB* + *BC*, ou 90 + 66 = 156 minutos. A comparação dos tempos totais para atingir os nós sem solução na etapa 2 mostra que o tempo mínimo de 138 minutos é atingido mediante a ligação de *A* e *C*. *C* passa a ser então um nó resolvido.

A terceira iteração encontra os nós sem solução mais próximos conectados aos nós resolvidos. Como mostra a Tabela 7-3, existem três desses. Somando-se todos os tempos desde a origem aos nós sem solução em questão, chega-se aos tempos totais de 348, 174 e 228 minutos. O tempo mínimo de 174 é associado à ligação *BE*. "*E*" fica registrado desde então como o resultado da etapa 3.

O processo tem continuidade desta forma até alcançar o nó de destino *J*, como está na etapa 8. O tempo mínimo de rota de 384 minutos é registrado. A rota é encontrada ligando os pontos da rota, iniciando desde o destino até o retorno à origem. Essas ligações são identificadas com um asterisco (*). A rota ótima é *A* → *B* → *E* → *I* → *J*.

Os vários métodos de rota mais curta adaptam-se facilmente à solução computadorizada, em que a rede de ligação e nós pode ser mantida num banco de dados.

Pela seleção de determinados pares especiais de origem e destino, as rotas mais curtas podem ser desenvolvidas. Rotas de distância absoluta mais curta não levam em conta o tempo de travessia da rede, pois não consideram a qualidade das ligações. Por isso é gerada uma rota prática quando são dados pesos *tanto* ao tempo de viagem *quanto* à distância.

Aplicação

PC*Miler e IntelliRoute são exemplos de *softwares* comerciais disponíveis para a elaboração das rotas mais favoráveis através de uma rede.[6] Imagine a elaboração de um roteiro de caminhão de Ashton, Iowa, até Des Moines, Iowa. Elaborar a rota mais prática (um misto de distância e tempo) é o objetivo do projeto de roteiro. PC*Miler produz o relatório de viagem mostrado na Figura 7-3, e um mapa como o da Figura 7-4. Observe que é possível passar ao motorista instruções específicas sobre as estradas a serem usadas, as trocas de vias e a distância e tempo estimado dos percursos em cada etapa da viagem. Neste caso, a rota prática tem 233 milhas e deve ser completada em 5 horas e 13 minutos de viagem.

---

[6] Produtos da ALK Associates, Inc. (www//.alk.com e www//.pcmiler.com) e Rand McNally (www//.milemaker.com), respectivamente.

Além de descobrir os menores percursos, esse *software* normalmente inclui informações sobre as tarifas de pedágio, detalhes atualizados da construção das estradas, consumo provável de combustível, posicionamento via satélite (GPS) e distâncias percorridas em cada estado. Todas essas informações têm se traduzido em redução de disputas sobre tarifas, redução das multas e na melhoria nas auditagens, o que, por sua vez, resulta na melhoria dos serviços ao cliente, das entregas, dos relatórios, da utilização dos ativos e tempo de permanência dos motoristas nas empresas.

Uma nova modalidade de verificar as rotas mais curtas é a que se inspira no comportamento coletivo das formigas. Batizada de "inteligência agregada", é a observação da auto-organização, ambiente de trabalho sem supervisão específica e interação entre as formigas num formigueiro que leva a soluções eficazes para complicados problemas de roteirização. Observe o modo de trabalho das formigas tentando encontrar o rumo mais curto até uma fonte de alimentos deixando e seguindo trilhas químicas. Duas formigas deixam o ninho ao mesmo tempo e seguem trilhas diferentes até a fonte de alimentos deixando feromônios – uma substância química que atrai outras formigas – pelo caminho à medida que avançam. A formiga que achar o caminho mais curto retornará mais cedo ao ninho, e essa trilha do ninho até o ali-

---

Milhas: 233 Tempo: 6h13min Custo: US$ 256,30

Rota prática, limites abertos

Estado, País		Estrada	Milhas	Horas	Troca de vias	Trecho em milhas	Trecho em horas	Total de milhas	Tempo total (em horas)
Origem: 51232 Ashton, IA, Osceola (em serviço)									
IA	S	IA-60	10,0	15min	Sheldon, IA	10,0	15min	10,0	15min
IA	L	US-18	12,0	18min	+US 18 US 59, IA	22,0	33min	22,0	33min
IA	S	US-59	32,0	48min	+US 59 IA 3, IA	54,0	1h21min	54,0	1h21min
IA	L	IA-3	6,O	09min	+IA 3 IA 7, IA	60,0	1h30min	60,0	1h30min
IA	L	IA-7	7,5	1h50min	+US 169 IA 7, IA	133,5	3h20min	133,5	3h20min
IA	S	US-169	6,3	08min	+US 20 US 169S, IA	139,8	3h28min	139,8	3h28min
IA	L	US-20	32,3	37min	I35 X142, IA	172,1	4h05min	172,1	4h05min
IA	S	1-35	56,0	1h01min	+I35 I 80N, IA	228,1	5h06min	228,1	5h06min
IA	O	1-235	4,3	06min	+I235 US 69, IA	232,4	5h11min	232,4	5h11min
IA		Local	0,6	01min	Des Moines, IA	233,0	5h13min	233,0	5h13min
Chegada da carga									
Destino: 50301 Des Moines, IA, Polk			0:00		(em serviço)	233,00	5:13	233,0	5:13

FIGURA 7-3 Planejamento de roteiro de viagem de caminhão entre Ashton, Iowa, e Des Moines, Iowa, gerado pelo PC*Miler.

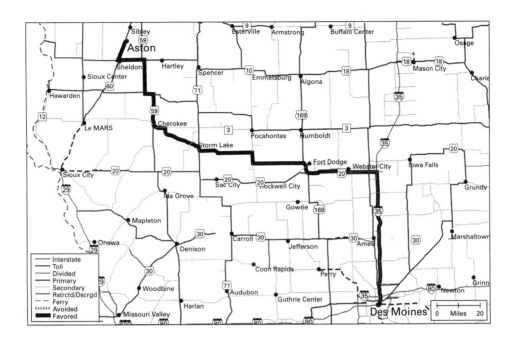

FIGURA 7-4 Mapa do roteiro projetado.

mento e de volta terá o dobro do aroma em relação à trilha deixada pela segunda formiga. As formigas que ficaram no ninho serão então atraídas pela trilha contendo o aroma mais pronunciado. Quando maior o número de formigas seguindo por essa trilha, mais feromônios serão depositados, reforçando assim a trilha mais curta. Os roteiros são determinados pelo seguimento de duas regras básicas: espalhe feromônios e siga a trilha dos outros. As idéias de roteirização da inteligência agregada vêm sendo eficazmente aplicadas aos problemas de roteirização nas telecomunicações, transporte de cargas aéreas e encaminhamento de cargas rodoviárias.[7]

Pontos de Origem e Destino Múltiplos

Sempre que existirem pontos múltiplos de fontes em condições de servir a pontos múltiplos de destinos, haverá também o problema de combinar os destinos com as fontes e de encontrar as melhores rotas entre eles. Este problema normalmente ocorre quando há mais de um vendedor, fábrica ou armazém para servir a mais de um cliente com o mesmo produto. A situação se complica ainda mais quando os pontos de origem são limitados ao montante da demanda total do cliente que pode ser suprida a partir de cada localização. Um tipo especial do algoritmo de programação linear do *método do transporte* é freqüentemente aplicado a este tipo de problema.

Exemplo

Um fabricante de vidros contrata três fornecedores de barrilha (usada na fabricação) em vários locais para o abastecimento de três de suas fábricas. As quantidades contratadas não podem ser ultrapassadas, mas as exigências da produção precisam ser satisfeitas. A Figura 7-5 mostra a esquematização do problema com tarifas de transporte por tonelada mais apropriadas. Chega-se a essas tarifas pelo cálculo da rota mais curta entre cada fornecedor e cada fábrica. O suprimento e as necessidades são expressos em toneladas.

Resolvendo esse problema com o uso do módulo de *software* em LOGWARE chamado TRANLP* obtemos os seguintes resultados no seu arquivo de saída:

---

[7] Mais informações sobre a inteligência agregada em Eric Bonabeau e Christopher Meyer, "Swarm Intelligence: A Whole New Way to Thing About Business", *Harvard Business Review*, Vol. 79, nº 5 (May/2001), págs. 106-114.

* N. de R.T.: Este é um módulo de *software* LOGWARE; entretanto qualquer *software* do método de transporte fará o mesmo.

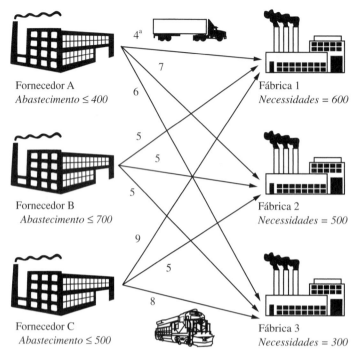

FIGURA 7-5 Exemplo de problema de origem e destino múltiplos.

[a] A tarifa de transporte em U$ por tonelada para um roteiro ótimo entre o fornecedor A e a fábrica 1.

```
Programação Ótima de Suprimento
                PARA:
         1        2        3
DE:
 1      400        0        0
 2      200      200      300
 3        0      300        0
Total de unidades transferidas = 1400
Custo mínimo total = 6600
```

A interpretação desta saída é:

Remessa
400 ton. do fornecedor A para a fábrica 1
200 ton. do fornecedor B para a fábrica 1
200 ton. do fornecedor B para a fábrica 2
300 ton. do fornecedor B para a fábrica 3
300 ton. do fornecedor C para a fábrica 2

O custo mínimo deste plano de roteirização é de US$ 6.600,00.

Pontos de Origem e Destino Coincidentes

O operador logístico freqüentemente depara-se com situações de roteirização em que o ponto de origem e o de destino são os mesmos. Isso normalmente ocorre com veículos de propriedade das empresas. Alguns exemplos muito comuns desses problemas:

- Entrega de bebidas em bares e restaurantes
- Suprimento de moeda e programação de máquinas automáticas
- Suprimento e transporte dinâmico de combustíveis
- Recolhimento de sobras em restaurantes
- Conserto, assistência técnica e entrega de eletrodomésticos
- Entrega doméstica de compras pedidas pela Internet
- *Milk pickup** e gerenciamento do estoque
- Recolhimento em domicílio de doações para caridade
- Entrega, recolhimento e serviços de toiletes domiciliares
- Transporte de prisioneiros entre penitenciárias e tribunais

---

* N. de R.: *Milk run* ou *Milk pickup* é a programação de roteiros de coleta de vários produtos localizados próximos entre si e do ponto de destino. O *Milk run* aumenta a freqüência de entrega e aproveita a capacidade de carga do veículo.

- Recolhimento de animais mortos e/ou doentes de vias rodoviárias
- Roteirização de máquinas limpadoras e removedoras de neve
- Transporte de amostras de testes de consultórios médicos para laboratórios de análises
- Transporte de indivíduos inválidos em vans e táxis
- Recolhimento e transbordo de lixo
- Distribuição por atacado de armazéns para varejistas
- Entrega postal por via rodoviária
- Roteiro de transporte escolar
- Entrega de jornais
- Entrega de refeições para presos[8]

Este tipo de problema de roteirização é uma extensão da questão dos pontos distintos de origem e destino, com a dimensão complicadora representada pelo fato de que a viagem não é considerada completa até o retorno do veículo ao ponto de partida. O objetivo é achar a seqüência na qual os pontos visitados minimizam a distância ou o tempo total de viagem.

O problema da roteirização com origem e destino coincidentes é conhecido como "o problema de caixeiro viajante". Numerosos métodos já foram propostos para resolver essa questão. Não é fácil encontrar o melhor roteiro para um determinado problema quando há muitos pontos ou quando uma solução rápida é necessária. O tempo de processamento nos computadores mais rápidos para os métodos de otimização têm sido até agora insuficiente para resolver muitos desses problemas práticos. Procedimentos de solução cognitivos, heurísticos, ou combinações de heurísticos-otimizadores, têm representado boas alternativas.

Aplicação

O Distrito Escolar de Central Valley, perto de Spokane, estado de Washington, vem se destacando na aplicação da tecnologia à gestão da informação e ao desenvolvimento das tarefas diárias de roteirização do seu serviço de ônibus escolares, tudo isso com uma fração de tempo e dinheiro gastos com métodos antigos. Durante décadas, Central Valley elaborou os roteiros de ônibus escolares utilizando mapas de cartolina, marcadores comuns, transparências plásticas e canetas de cores. O endereço de cada um dos estudantes precisava ser localizado em um mapa de papel e marcado a mão. Baseados em suas próprias opiniões, os organizadores dos rotei-

ros agrupavam os estudantes mais próximos entre si, determinavam pontos de embarque e criavam os mais de 250 roteiros dos ônibus que percorriam o distrito escolar. Depois de passar a usar *software* customizado de roteirização, o distrito escolar conseguiu uma semana inteira de economia no tempo necessário para a elaboração dos relatórios da situação do serviço, além da eliminação de cinco a seis das rotas anteriores, com uma economia adicional de cerca de US$ 125 mil.[9]

Pontos Relacionados Espacialmente

Boas soluções para os problemas do caixeiro viajante de tamanhos realísticos podem ser encontradas pela utilização das capacidades de padrões de reconhecimento da mente humana. Sabemos que boas seqüências de escalas são formadas quando os rumos desse itinerário não se cruzam. Além disso, a forma do roteiro normalmente terá uma protuberância, em forma de lágrima, sempre que possível. Desenhos bons e ruins de roteirização são ilustrados na Figura 7-6. Com base neste princípio, o analista tem condições de rapidamente esboçar um plano de viagem que um computador levaria horas para elaborar.

Como alternativa, um modelo de computador pode ser usado para descobrir as melhores seqüências de paradas em um roteiro. Esta pode ser uma opção melhor do que a intuição quando o relacionamento espacial entre as paradas não representa seu verdadeiro tempo de percurso ou distância. Isso costuma ocorrer, por exemplo, quando da existência de barreiras de trânsito, vias de mão única

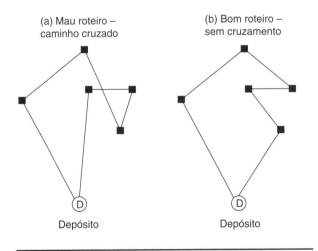

FIGURA 7-6 Exemplos de bons e maus seqüenciamentos de escalas.

---

[8] Janice G. Partyka and Randolph W. Hall, "On the Road to Service", *OR/MS Today* (August 2000), págs. 26-35.

[9] "School Bus Routing Goes High-Tech", *ESRI ArcNews* (Winter 2000/2001), págs. 1 e seguintes.

ou congestionamentos de trânsito, situações todas com condições de distorcer a representação gráfica deste problema. Entretanto, representar as paradas como coordenadas cartesianas pode simplificar o problema ao reduzir a quantidade de dados que necessitam ser coletados. Mesmo um problema relativamente simples pode necessitar às vezes de milhares de dados em termos de distâncias ou tempos. O computador tem a tarefa de calcular as distâncias ou tempos. Procedimentos informatizados especiais têm sido desenvolvidos no sentido de resolver com rapidez o problema espacialmente representado e de produzir resultados que chegam perto do ótimo.

Exemplo

A Anheuser-Busch Company costuma roteirizar os caminhões do distribuidor local para vender cervejas e outras bebidas. Os vendedores são comissionados sobre as vendas e, assim como o distribuidor, não têm interesse em perder tempo nem percorrer distância maior do que a necessária para atender a todos os clientes do dia. São usados alfinetes num mapa para localizar as contas atendidas por um determinado vendedor. Um exemplo desse tipo de informação sobre 20 clientes rurais foi transferido para o mapa gradeado da Figura 7-7(a). As coordenadas relacionam-se a distâncias. O caminhão deve partir do depósito e a ele retornar, visitando todos os clientes cadastrados e percorrendo a menor distância possível.

Tente a abordagem cognitiva. Compare então a solução assim encontrada com aquela gerada pelo software ROUTESEQ (um módulo do LOGWARE), que aparece na Figura 7-7(b). A distância total da viagem (custo) é de 37,59 unidades de distância. Uma boa solução, na verdade, mas não necessariamente uma solução ótima.

Pontos Não-Relacionados Espacialmente

Quando não é fácil estabelecer o relacionamento espacial entre as paradas do roteiro, seja plotando-as num mapa ou identificando-as mediante as coordenadas, ou quando os relacionamentos espaciais são distorcidos em função das razões práticas anteriormente expostas, as distâncias ou tempos devem ser especificados entre as paradas. Procedimentos cognitivos são de aplicação mais difícil, e é preciso recorrer a um dos muitos procedimentos matemáticos sugeridos ao longo dos anos para encarar este problema. Embora as distâncias ou tempos entre paradas possam ser tão exatos quanto desejaríamos, os procedimentos de solução tendem a fornecer respostas aproximadas.

Exemplo

Um pequeno problema de entrega em que há um depósito e quatro paradas é mostrado na Figura 7-8. Os tempos de viagem entre paradas são encontrados primeiro pela escolha da rota mais apropriada e depois dividindo as distâncias pelas respectivas velocidades a fim de encontrar o tempo necessário para completar

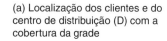

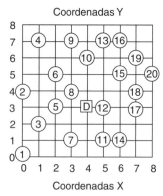
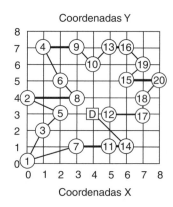

FIGURA 7-7 Escalas no roteiro de um vendedor de cerveja com padrão de roteiro sugerido segundo o *software* ROUTESEQ.

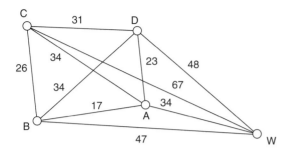

FIGURA 7-8 Exemplo do problema de entrega com o tempo de viagem em minutos.

a distância. Supõe-se que o tempo de viagem entre os pares de paradas seja o mesmo em ambas as direções.

Fazendo uso do módulo "caixeiro viajante" do STORM,[10] encontra-se uma seqüência de escalas de W → D → C → B → A → W. O tempo total para completar o roteiro chega a 156 minutos.

ROTEIRIZAÇÃO E PROGRAMAÇÃO DE VEÍCULOS

A roteirização e programação de veículos (RPV) é uma extensão do problema básico de roteirização ("problema do caixeiro viajante"). Restrições realistas são agora incluídas. Entre elas: 1) cada escala pode ter tanto coleta quanto entrega de volumes; 2) múltiplos veículos com capacidade limitada tanto de peso quanto de volume podem ser usados; 3) há um tempo máximo de tráfego em cada rota antes de um período mínimo de repouso de dez horas (restrição de segurança do Departamento dos Transportes dos EUA); as escalas permitem coleta e entrega apenas em determinados períodos do dia (as chamadas *janelas de tempo*); 5) as coletas são permitidas num roteiro apenas depois da efetivação das entregas; 6) os motoristas têm direito a breves intervalos de descanso ou refeição em determinados períodos do dia. Essas restrições representam um acréscimo de complexidades ao problema e acabam frustrando nossas tentativas no sentido de encontrar soluções ótimas. Como destacam Gendreau et al., "... ainda hoje apenas instâncias relativamente insignificantes da RPV são passíveis de soluções ótimas".[11] Boas soluções para tais problemas, no entanto, existem a partir da aplicação dos princípios de correta roteirização e programação, ou de alguns procedimentos heurísticos lógicos. Examine o problema de roteirização e programação em que os caminhões devem partir de um depósito central, visitar múltiplas escalas para efetuar entregas e retornar ao depósito no mesmo dia.

Princípios para uma Boa Roteirização e Programação

Encarregados de decisões, entre eles expedidores de caminhões, conseguem avanços significativos no desenvolvimento de boas rotas e cronogramas aplicando oito princípios como diretriz, assim resumidos:

1. **Carregar caminhões com volumes destinados a paradas que estejam mais próximas entre si.** Os roteiros dos caminhões deveriam ser organizados em torno de agrupamento de paradas próximas uma das outras a fim de minimizar o tráfego entre elas. Isso também minimiza o tempo total em trânsito nesse roteiro. A Figura 7-9(a) mostra o tipo de agrupamento a ser evitado em se tratando de carregamento de caminhões. Já a Figura 7-9(b) mostra o melhor agrupamento para a mesma finalidade.

2. **Paradas em dias diferentes devem ser combinadas para produzir agrupamentos concentrados.** Havendo a necessidade de servir as paradas em dias diferentes da semana, elas devem ser segmentadas em problemas de roteirização e programação diferentes para cada dia da semana. Os segmentos diários programados devem evitar a superposição dos agrupamentos de paradas. Isso ajuda a minimizar o número de caminhões necessários para servir todas as paradas e também a minimizar o tempo de viagem e a distância que percorrerão durante a semana. A Figura 7-10 mostra bons e maus exemplos disso.

3. **Comece os roteiros a partir da parada mais distante do depósito.** Desenvolvem-se roteiros eficientes pela elaboração de agrupamentos de paradas em torno das paradas mais distantes do depósito. Uma vez identificada a parada mais distante, é preciso selecionar as paradas

---

[10] Um conjunto de ferramentas de suporte a decisões de computador de Hamilton Emmons, A. Dale Flowers, Chandrashekar M. Kott and Kamlesh Mathur, *STORM 4.0 for WINDOWS: Quantitative Modeling for Decision Support* (Lakeshore Publishing, Cleveland, OH: 2001).

[11] Michel Gendreau, Alain Hertz and Gilbert Laporte, "A Tabu Search Heuristic for the Vehicle Routing Problem", *Management Science*, Vol. 40, nº 10 (October 1994), pág. 1276.

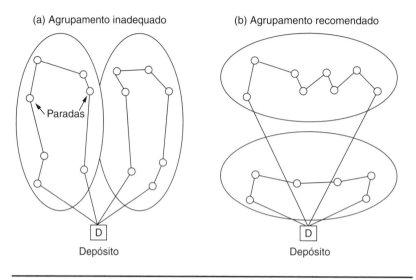

FIGURA 7-9 Agrupamentos para a destinação de volumes de paradas a veículos.

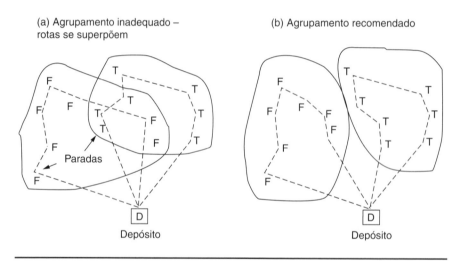

FIGURA 7-10 Agrupamentos de paradas por dia da semana.

em torno dessa parada-chave que completam a capacidade do caminhão a ser utilizado. Depois disto, seleciona-se outro veículo e identifica-se a parada mais distante do depósito que ainda não tenha caminhão para servi-la, procedendo-se da mesma forma até que todas as cargas tenham os respectivos veículos e paradas roteirizados.

4. **O seqüenciamento das paradas num roteiro de caminhões deve ter forma de lágrima.** As paradas deveriam ser seqüenciadas de maneira a não ocorrer nenhuma superposição entre elas, com o roteiro assumindo a forma de uma lágrima. Lembre-se da Figura 7-6. As restrições da janela de tempo e a imposição de fazer paradas para coletas depois das entregas podem sobrepor os caminhos do roteiro.

5. **Os roteiros mais eficientes são aqueles que fazem uso dos maiores veículos disponíveis.** No roteiro ideal, a utilização de um veículo com capacidade suficiente para abastecer todas as paradas de um roteiro minimizaria sempre a distância ou tempo total percorrido para servir a todas paradas. Por isso mesmo, os maiores veículos

dentre os múltiplos tamanhos de uma frota devem ser alocados preferencialmente, desde que a melhor utilização de suas capacidades possa ser garantida.

6. **A coleta deve ser combinada nas rotas de entrega em vez de reservada para o final dos roteiros.** As coletas deveriam ser feitas, tanto quanto possível, ao longo do andamento das entregas a fim de minimizar o número de superposições de roteiros que tende a ocorrer quando tais paradas são servidas depois da realização de todas as entregas. A extensão em que isso pode ser feito vai depender da configuração do veículo, do tamanho dos veículos, e do grau de obstrução às mercadorias para entrega que cada veículo transportar.

7. **Uma parada removível de um agrupamento de rota é uma boa candidata a um meio alternativo de entrega.** Paradas isoladas dos agrupamentos de pontos de entrega, especialmente aquelas de baixo volume, são servidas ao custo de mais tempo do motorista e despesas do veículo. A utilização de veículos menores para cuidar dessas paradas pode revelar-se mais econômica, dependendo da distância e dos volumes envolvidos. A utilização de transporte terceirizado seria uma boa alternativa nesses casos.

8. **As pequenas janelas de tempo de paradas devem ser evitadas.** As restrições das janelas de tempo de paradas muito pequenas podem forçar uma seqüência de paradas longe do padrão ideal. Uma vez que as restrições das janelas de tempo nem sempre são absolutas, qualquer parada não adequada deve ter seus limites de janela de tempo renegociados e, sempre que possível, ampliados.

Princípios como esses podem ser facilmente ensinados ao pessoal de operações, dando-lhes condições de encontrar soluções satisfatórias, ainda que não necessariamente ótimas, para problemas realistas de roteirização e programação. Eles proporcionam diretrizes para um bom projeto de roteiro, e ao mesmo tempo deixam o pessoal encarregado das operações com margem suficiente para negociar as restrições não diretamente mencionadas na metodologia, ou as exceções (pedidos de emergência, desvios de roteiro) que sempre acontecem nas operações rodoviárias. Os projetos assim desenvolvidos representam substanciais melhorias em relação a métodos de roteirização e programação elaborados sem esses princípios.

Exemplo

A Case Casket Company produz e distribui uma completa linha de féretros para casas funerárias. Estas, de maneira geral, têm sempre um pequeno estoque dos féretros mais comuns, mas sempre há os clientes que fazem sua seleção a partir de catálogos. Um assessor de funerais faz pedidos sempre que precisa repor o estoque ou atender as necessidades especiais de uma família. Os pedidos normalmente são de pequenas quantidades, freqüentemente não mais de um féretro por vez. Para servir com eficiência a esse mercado, a Case Casket dispõe de mais de 50 armazéns de distribuição espalhados por todo o país. Um desses armazéns e a região à qual presta serviços são os do mapa da Figura 7-11. A figura mostra igualmente uma semana típica de pedidos e as respectivas localizações. O armazém trabalha com dois caminhões especiais com capacidade de transporte máximo de 18 féretros cada. As entregas são feitas cinco dias por semana. Queremos desenvolver um plano de roteirização e programação para esse território.

Seguindo as diretrizes para a melhor roteirização e programação, começamos segmentando a região em cinco agrupamentos diários de clientes baseados em cinco dias de entregas por semana. Usando o princípio número 3, admitimos que os clientes sejam agrupados a partir do mais distante, e então vamos agregando os demais progressivamente em direção ao armazém. Desta forma, organizamos quatro grupos de clientes para escalas remotas nos primeiros quatro dias da semana, e um grupo para o quinto dia, servindo a paradas mais próximas do armazém. É recomendável equilibrar a carga de trabalho para cada um dos cinco grupos a fim de possibilitar que seu trabalho seja completado sem a necessidade da utilização de mais de dois caminhões. Um terceiro caminhão seria subutilizado na maior parte do tempo. Começamos com um quadrado em expansão a partir do armazém a fim de captar volume suficiente para lotar dois caminhões. A seguir, uma vez sendo Detroit, Chicago, um ponto dominante de mercado, dividimos essa cidade em dois dias dias de entregas. Avançando em ambas as direções, coletamos cargas aproximadamente iguais em cada um dos quatro agrupamentos, que são mostrados na Figura 7-12.

A seguir, carregamos os caminhões e projetamos o padrão do roteiro. Cada dia é considerado separadamente. Começando pela parada distante, reunimos as paradas próximas entre si até que seus pedidos preencham a capacidade de um caminhão. A seguir escolhemos a parada mais distante entre as restantes e repeti-

202 PARTE III • ESTRATÉGIA DO TRANSPORTE

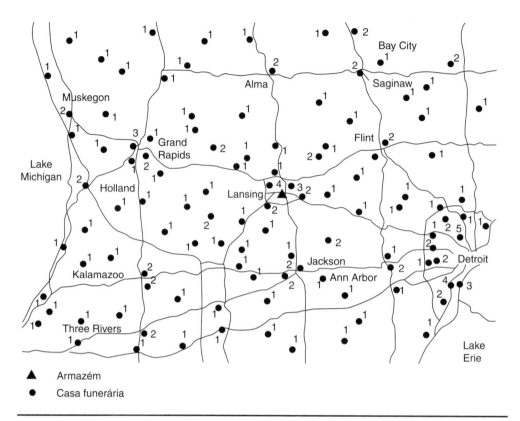

▲ Armazém
● Casa funerária

FIGURA 7-11 Localização das funerárias e os pedidos semanais da região central de Michigan para a Case Casket Company.

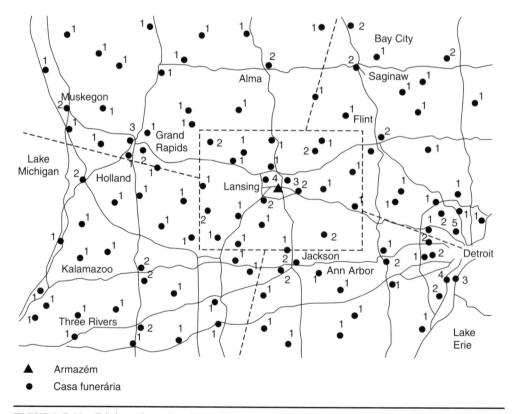

▲ Armazém
● Casa funerária

FIGURA 7-12 Divisão da região de vendas da central de Michigan da Case Casket Company em grupos de clientes para cada dia da semana.

mos o processo para o carregamento do próximo caminhão. As paradas atribuídas a cada caminhão são seqüenciadas de maneira que os trajetos de cada roteiro não se cruzem e que o roteiro "infle" a partir do armazém. O resultado desse projeto são os roteiros para cada dia da semana, conforme ilustrados na Figura 7-13.

Métodos de Roteirização e Programação

Elaborar boas soluções para o problema da roteirização e programação de veículos torna-se cada vez mais difícil à medida que novas restrições são impostas. Janelas de tempo, caminhões múltiplos com diferentes capacidades de peso e cubagem, tempo máximo de permanência ao volante em cada roteiro, velocidades máximas diferentes em diferentes zonas, barreiras ao tráfego (lagos, desvios, montanhas) e os intervalos para o motorista são algumas das inúmeras considerações práticas que acabam pesando sobre o projeto do roteiro. Dentre as inúmeras abordagens já sugeridas para enfrentar problemas dessa complexidade, examinaremos aqui dois métodos. Um deles é simples (o método da "varredura"), e o outro, mais complexo, enfrentando elementos mais práticos e produzindo soluções de maior qualidade sob uma gama mais ampla de circunstâncias (o método das "economias"). Uma discussão de outros processos de soluções, classificados como 1) algoritmos construtivos, 2) algoritmos de duas fases, 3) algoritmos de otimização incompleta e 4) métodos de melhoria, pode ser encontrada em Gendreau et al.[12]

O Método da "Varredura"

O método da "varredura" para a roteirização de veículos é simples a ponto de prestar-se a ser calculado à mão, mesmo ao tratar de grandes problemas. Quando programado em programa de computador, este método resolve problemas com grande rapidez, sem precisar de grandes quantidades de memória. Para uma variedade de problemas, seu índice médio de erro projetado é de cerca de 10%.[13] Esse índice de erro computacional pode ser aceitável quando é necessário obter resultados a curto prazo e prefere-se boas soluções, em lugar de ótimas. Os expedidores muitas vezes enfrentam a necessidade de elaborar padrões de roteiro no prazo máximo de uma hora após o recebimento dos dados definitivos sobre as paradas a serem feitas e seus respectivos volumes.

---

[12] Michel Gendreau, Alain Hertz, and Gilbert Laporte, op. cit., págs. 1276-1290.
[13] Ronald H. Ballou and Yogesh K. Agarwal, "A Performance Comparison of Several Popular Algorithms for Vehicle Routing and Scheduling", *Journal of Business Logistics*, Vol. 9, nº 1 (1988), págs. 51-65.

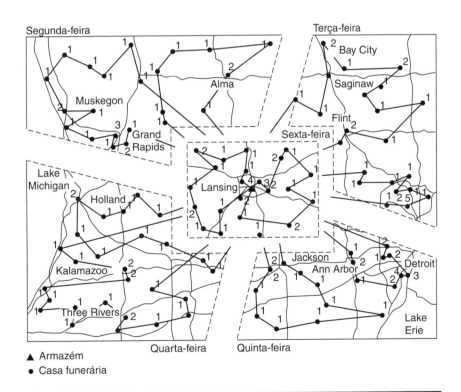

FIGURA 7-13 Projeto de roteiro de entrega diária de caminhão para a Case Casket Company.

A desvantagem do método diz respeito à maneira como os roteiros são formados. É um processo de dois estágios, em que em primeiro lugar se atribuem as paradas a cada veículo, para só depois estabelecer a seqüência das paradas nas estradas. Em função desse processo de dois estágios, questões de tempo, como a duração total da viagem e a atribuição de janelas de tempo, não são adequadamente tratadas.

O método da "varredura" pode ser assim resumido:

1. Localize todas as paradas, inclusive o depósito, num mapa ou grade.
2. Trace uma linha reta a partir do depósito em qualquer direção. Gire essa linha, no sentido horário, ou anti-horário, até ela fazer a intersecção com uma parada. Responda à pergunta: Se a parada for incluída no roteiro, a capacidade do veículo poderá ser ultrapassada? Se a resposta for negativa, continue com a rotação da linha até a interesecção da próxima parada. Responda então: O volume cumulativo ultrapassará a capacidade do veículo? Use em primeiro lugar os maiores veículos. Se a resposta for positiva, exclua o último ponto e defina o roteiro. Continuando com a varredura da linha, comece um novo roteiro com o último ponto excluído da rota anterior. Continue com a varredura até atribuir todos os pontos a roteiros.
3. Dentro de cada roteiro, faça a seqüência das paradas a fim de minimizar as distâncias. O seqüenciamento pode ser conseguido mediante a aplicação do método da forma de lágrima ou pela utilização de qualquer algoritmo que resolva o problema do "caixeiro viajante".

Exemplo

A P.K. Smith Trucking Company usa camionetas para coletar mercadorias de clientes distantes. A mercadoria é levada ao depósito, e ali consolidada em carregamentos de grande volume para ser transportada a longas distâncias. As coletas de um dia típico estão mostrados na Figura 7-14(a). As quantidades coletadas são apresentadas em unidades. A empresa usa camionetas com capacidade para transportar até 10 mil unidades. Completar um roteiro leva normalmente o dia inteiro. A empresa pretende determinar quantos roteiros (caminhões) são necessários, quais paradas efetuar, e em que seqüência o caminhão do roteiro deve servir aos pontos de parada.

Comece a varredura com uma linha traçada em direção ao norte e uma varredura no sentido anti-horário. Ambas são arbitrárias. Gire a linha no sentido anti-horário coletando mercadorias até completar a carga de um veículo de 10 mil unidades, mas sem exceder essa capacidade. Uma vez completadas as cargas destinadas a cada caminhão, seqüencie as paradas em cada roteiro usando o método da "lágrima". O desenho final desse roteiro é o que aparece na Figura 7-14(b).

O método da "varredura" tem potencial para proporcionar decisões muito boas quando: 1) cada carga de parada é uma pequena fração da capacidade do veí-

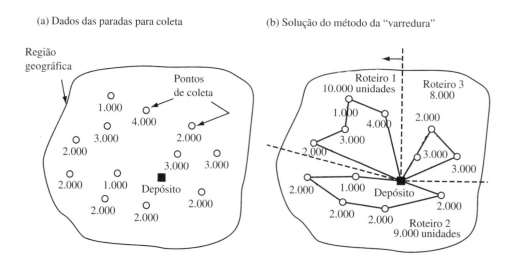

FIGURA 7-14 Roteirização da P.K. Trucking Company pelo método da "varredura".

culo; 2) todos os veículos têm o mesmo tamanho; 3) não existem restrições de tempo nos roteiros.

O Método das "Economias"

O método Clarke-Wright, baseado na abordagem das economias,[14] tem atravessado os anos como algo dotado da flexibilidade suficiente para resolver uma ampla coleção de restrições práticas, sendo relativamente rápido, em termos computacionais, para problemas com um número moderado de paradas, e capaz de gerar soluções que são quase ótimas. As comparações com resultados ótimos para pequenos problemas com um número limitado de restrições têm demonstrado que a abordagem das "economias" proporciona soluções que são, em média, dois por cento mais caros que o nível ótimo.[15] Esse método consegue superar muitas restrições práticas, principalmente em função de sua capacidade de, simultaneamente, elaborar roteiros e seqüenciar paradas nesses roteiros.

O objetivo do método economias é minimizar a distância total percorrida por todos os veículos e indiretamente minimizar o número de veículos necessários para servir a todas as paradas. A lógica do método está em começar com um veículo fictício servindo a cada parada e voltando ao depósito, como mostra a Figura 7-15(a). Isso fornece a distância máxima a ser abordada no problema da roteirização. Em seguida, combinam-se duas paradas no mesmo roteiro a fim de tornar possível a eliminação de um dos veículos e a redução da distância percorrida. A fim de determinar quais as paradas a serem combinadas num roteiro, a distância *economizada* é calculada antes e depois da combinação. A distância economizada pela combinação de dois pontos (*A* e *B*) que de de outra forma não estariam num roteiro com quaisquer outras paradas é calculada pela subtração algébrica da distância da rota mostrada na Figura 7-15(b) daquela que está na Figura 7-15(a). O resultado é um valor economizado de $S = d_{0,A} + d_{0,B} - d_{A,B}$. Este cálculo é feito para todas as combinações de paradas. O par de escalas com o maior valor economizado é escolhido para a combinação. O roteiro revisado é ilustrado na Figura 7-15(b).

O processo de combinação continua. Além de combinar paradas isoladas, o processo pode inserir outra parada num roteiro que contém mais de uma escala. Por exemplo, se pretendermos inserir um ponto entre as escalas *A* e *B*, em que *A* e *B* estejam no mesmo roteiro, o valor da economia está na expressão $S = d_{0,C} + d_{C,0} + d_{A,B} - d_{A,C} - d_{C,B}$. Se pretendermos inserir a parada *C* depois da última parada (*B*) num roteiro como o da Figura 7-15, o valor da economia seria o da expressão $S = d_{B,0} - d_{B,C} + d_{0,C}$. Se a parada *C* for, porém, inserida *antes* da parada *A*, o valor da poupança é $S = d_{C,0} - d_{C,A} + d_{A,0}$. Os cálculos do valor da economia são repetidos em cada iteração. O maior valor de economia identifica a parada que deveria ser levada em conta para inclusão num roteiro. Se essa parada não puder ser incluída em função de restrições como a de o roteiro ser extenso demais, as janelas de tempo não podem ser satisfeitas, ou a capacidade do veículo ser excedida, então a parada com o *próximo* maior valor de economia passa a

---

[14] G. Clarke and J.W. Wright, "Scheduling of Vehicles from a Central Depot to a Number of Delivery Points", *Operations Research,* Vol. 11 (1963), págs. 568-581.

[15] Ballou and Agarwal, op. cit., págs. 51-65.

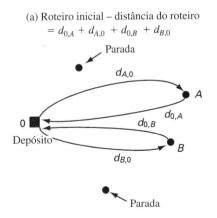

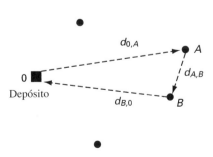

FIGURA 7-15 Redução da distância percorrida mediante a consolidação das paradas em uma rota.

206 PARTE III • ESTRATÉGIA DO TRANSPORTE

ser considerada. O processo iterativo continua até que todas as paradas sejam analisadas e avaliadas.

A sólida natureza da abordagem das economias permite-lhe incluir muitas restrições que parecem tão importantes em aplicações reais. A solidez do método tem origem em sua capacidade de simultaneamente atribuir uma parada a um roteiro e situá-la na seqüência apropriada nessa rota. Por isso mesmo, antes da aceitação de uma parada para determinado roteiro, a rota com a nova parada deve ser testada. Inúmeras perguntas podem ser feitas a respeito do desenho projetado do roteiro, por exemplo: se o tempo previsto de percurso excede o tempo máximo de direção, se o tempo para descanso ou refeição do motorista foi atingido, se há disponibilidade de veículo com capacidade suficiente para o volume máximo da rota, e se a janela temporal da parada vai ser cumprida. Violações de condições como essas podem rejeitar a parada da rota ou a daquela seqüência parada na rota. A próxima parada pode ser então escolhida de acordo com o maior valor de economia, repetindo-se o processo de avaliação. Esta abordagem não é garantia de uma solução ótima, mas, levando-se em conta a complexa natureza desse problema, aumenta as probabilidades de que se alcance uma boa solução.

Exemplo

A Regal Metals fabrica divisórias de aço para lavatórios de edifícios comerciais. Uma vez por semana, os pedidos acumulam-se na fábrica de Toledo, Ohio ($X = 460$, $Y = 720$), para remessa e entrega aos locais de construção. Numa determinada semana, as entregas programadas são as seguintes:

Local da construção	X	Y	Tamanho do pedido, em libras/peso
Milwaukee, WI	220	800	3.000 lb
Chicago, IL	240	720	31.500
Detroit, MI	470	790	16.500
Buffalo, NY	670	860	6.000
Cleveland, OH	540	730	4.500
Pittsburgh, PA	630	680	6.750
Cincinnati, OH	420	570	3.750
Louisville, KY	370	490	6.000
St. Louis, MO	130	500	7.500
Memphis, TN	180	270	9.000
Knoxville, TN	480	360	5.250
Atlanta, GA	480	210	18.000
Columbia, SC	660	250	3.000
Raleigh, NC	760	390	6.750
Baltimore, MD	810	640	11.250
Total			138.750 lb

Os caminhões devem ser programados de tal forma que os pedidos para a semana sejam embarcados em Toledo num momento não anterior às 7 horas da manhã, que a capacidade dos veículos não seja excedida e que todos eles voltem para a fábrica quando o roteiro estiver completado. Restrições adicionais indicam que todas as entregas precisam ser feitas entre as 7h e as 18horas, os motoristas precisam de intervalo de uma hora para almoço depois do meio-dia e uma folga noturna (12 horas) depois das 19h, e que existe uma barreira obrigatória ao tráfego na região dos Grandes Lagos. A velocidade média é de 50 milhas por hora, e o tempo de descarga em cada parada é de 30 minutos. As distâncias são estimadas como 21% maiores do que em distâncias diretas, computadas de acordo com as coordenadas. Os custos motorista/caminhão chegam a US$ 1,30 por milha. Quando não estão na estrada, os motoristas realizam outras tarefas na fábrica.

O *software* ROUTER em LOGWARE, que pode calcular as restrições adicionais no âmbito da abordagem da poupança, gera o plano de roteirização mostrado na Figura 7-16. Um sumário do roteiro aparece na Tabela 7-4, e um resumo de tempo é encontrado na Tabela 7-5. O custo total para as entregas é de 5.776 milhas × US$ 1,30 por milha = US$ 7.508,80.

Aplicação

A Domino's Pizza, rede norte-americana de telentrega de pizzas avaliada em US$ 2,5 bilhões, orgulha-se da entrega rápida de suas pizzas na porta do cliente. Entretanto, esse feito logístico começa muito antes de o cliente receber a pizza. Os 18 centros de distribuição da empresa precisam entregar ingredientes e outros componentes sempre frescos a 4.256 lojas várias vezes por semana, o que representa custos anuais de transporte de US$ 30 milhões, o equivalente a 65% do orçamento anual da rede. O planejamento do transporte para sua frota própria de 160 caminhões foi sempre um imenso esforço envolvendo essencialmente alfinetes e imensos mapas de parede como ferramentas de roteirização. Essa roteirização manual era realizada quase que anualmente, não incluindo nada do ponto de vista de operações diárias nem de resposta a mudanças imprevistas no ambiente. Refazer esse labirinto de linhas e alfinetes não era algo prático de ser feito diariamente.

Um mercado crescente e cada vez mais competitivo levou, um dia, a empresa a instalar instalar *software* de roteirização e programação. Os resultados positivos foram surpreendentes. No centro de distribuição da empresa em Connecticut, um dos maiores da Domino's, desenvolveu-se em dois dias um novo plano-mestre. Is-

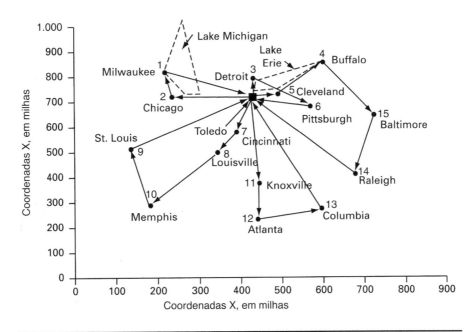

FIGURA 7-16 Roteiro de entregas da Regal Metal de acordo com o método das "economias" no ROUTER.

TABELA 7-4 Resumo de roteirização para as entregas da Regal Metal

Roteiro	Paradas[a]	Horários Partida	Dia	Retorno	Dia	Distância em milhas	Tempo gasto (em horas)	Peso da carga (em libras)	Tamanho do caminhão (em libras)
1	2, 1	7h	1	13h44min	2	787	30,7	34.500	40.000
2	3, 6	7h	1	9h11min	2	609	26,2	23.250	40.000
3	5, 4, 15, 14	7h	1	17h03min	3	1.503	58,1	28.500	40.000
4	7, 8, 10, 9	7h	1	15h22min	3	1.418	56,4	26.250	40.000
5	11, 12, 13	7h	1	15h40min	3	1.459	56,7	26.250	40.000
						5.776 milhas	228,1 horas	138.750 libras	

[a] Paradas na seqüência das respectivas entregas.

TABELA 7-5 Resumo dos horários de chegada das entregas da Regal Metal

Paradas	Hora da chegada	Dia	Paradas	Hora da chegada	Dia
Milwaukee	15h49min	1	St. Louis	17h16min	2
Chicago	13h19min	1	Memphis	9h28min	2
Detroit	8h47min	1	Knoxville	16h43min	1
Buffalo	15h17min	1	Atlanta	8h51min	2
Cleveland	8h57min	1	Columbia	14h49min	2
Pittsburgh	16h27min	1	Raleigh	17h46min	2
Cincinnati	10h45min	1	Baltimore	10h05min	2
Louisville	14h32min	1			

so possibilitou uma redução média de sete mil milhas nos percursos semanais, uma redução de 21%, e a redução da frota de caminhões da empresa de 22 para 16.

Ao longo de toda a sua rede de distribuição, a Domino's conseguiu assim reduzir em cerca de 1 milhão de milhas as distâncias percorridas por sua frota, o que representou uma redução média de, no mínimo, 10% para cada centro de distribuição. O planejamento do transporte agora é feito diariamente, em vez de anualmente, como ocorria sob o antigo sistema manual.[16]

Seqüenciamento de Roteiros

Os roteiros elaborados pelos métodos de roteirização e programação descritos até aqui implicam a atribuição do roteiro a um veículo específico. Em se tratando de roteiros de curta duração, o veículo é subutilizado pelo restante do horizonte de tempo. Na prática, porém, se outro roteiro começa logo após a conclusão do primeiro, o veículo fica disponível para ser utilizado no segundo roteiro. Assim, o número de veículos necessários é determinado pela localização seqüencial de roteiros de ponta-a-ponta de tal maneira que o veículo tenha um tempo ocioso mínimo. Imagine um problema de roteirização de caminhão, com caminhões do mesmo tamanho, que produza os roteiros mostrados na Tabela 7-6.

O seqüenciamento desses roteiros ao longo do período de um dia a fim de minimizar o tempo de ociosidade dos caminhões pode conduzir ao plano mostrado na Figura 7-17. O seqüenciamento nessa forma diminui

---

[16] Kelly H. Madden, "Software Drives Down Transportation Costs", *Distribution* (February 1997), págs. 50-51.

TABELA 7-6 Limitações de tempo em 10 roteiros de caminhão

Roteiro	Horário de partida	Horário de retorno
1	8h	10h25min
2	9h30min	11h45min
3	14h	16h53min
4	11h31min	15h21min
5	8h12min	9h52min
6	15h03min	17h13min
7	12h24min	14h22min
8	13h33min	16h43min
9	8h	10h34min
10	10h56min	14h25min

o número de caminhões necessários para servir a todos os roteiros. Mesmo que os roteiros sejam seqüenciados manualmente, é possível escrever um programa de computador para fazer essa tarefa e integrá-lo com a solução de roteirização e programação a fim de proporcionar um plano geral para todos os caminhões.

Uma variação conhecida deste problema de seqüenciamento é a das entregas em paradas com freqüências diferentes ao longo de um período longo. Por exemplo, caminhões que fazem visitas semanais ou quinzenais aos clientes no período de um mês. A freqüência é determinada pelo volume do cliente. Os clientes situados mais perto do depósito são candidatos a um atendimento mais rápido, dado que o caminhão pode retornar ao depósito antes do final da semana e ficar disponível para outro roteiro na mesma semana. Contudo, outra questão então se levanta: a das semanas em que os clientes

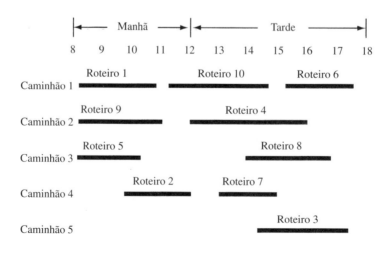

FIGURA 7-17 Seqüenciamento de roteiros para minimizar o número de caminhões.

não semanais deveriam ser servidos. Alguns clientes podem ter suas entregas feitas nas semanas 1ª e 3ª, e outros nas semanas 2ª e 4ª. A cuidadosa atribuição de paradas e carregamentos à semana, desta forma conseguindo o equilíbrio dos carregamentos semanais, ajuda a diminuir o número de caminhões da frota.

A Implementação dos Métodos de Roteirização e Programação de Veículos

Os problemas de roteirização e programação de veículos são férteis em variedade e imprevisíveis quanto ao número e aos tipos de restrições a eles aplicáveis. Os problemas de fazer fretes de carga incompleta entre uma rede de terminais (como ocorre nos casos da Federal Express, United Parcel Service ou em transportadores comum desse tipo de carga) são muito diferentes dos enfrentados quando se traça os roteiros de ônibus escolares e transportes de tipo exclusivo, entre os quais, nos EUA, se salienta o *Dial-A-Ride*. Como se não bastasse, surgem sempre exceções do problema típico que devem ser encaradas e resolvidas como se fossem parte das operações normais. Cada problema de roteirização e programação de veículo parece exigir uma abordagem exclusiva em termos de solução. Mesmo assim, os métodos disso resultantes não conseguem lidar com o problema em sua totalidade. Quando usados na prática, é preciso ter muito cuidado com a maneira pela qual serão implementados.

Uma abordagem prática da implementação pela metodologia da solução quantitativa em um ambiente operacional é a técnica de três estágios da *previsão-solução-revisão*. Constrói-se um modelo que seja capaz de capturar o problema real tanto quanto possível, dada a necessidade de resolvê-lo em tempo razoável e com qualidade. Os métodos de otimização podem ser usados para esse objetivo, desde que os aspectos mais difíceis de serem otimizados não sejam incluídos na formulação do modelo. Soluções práticas para os problemas reais são desenvolvidas no processo de três estágios. Em primeiro lugar, o analista *prevê* o eventual problema para exceções (entregas que exijam manuseio especial) ou entregas e coletas que são óbvias (a movimentação de caminhões com carga completa). A seguir, e normalmente com a ajuda de computador, o problema assim reduzido é *resolvido* e tem sua solução colocada à disposição do analista. Por fim, o analista *revisa* a solução matemática e nela introduz todas as modificações indispensáveis para que se torne prática.

Aplicação

Uma grande companhia de petróleo reabastece postos de serviços que trabalham com mais de um tipo de gasolina. Caminhões-tanque compartimentados com capacidade para vários tipos e gradações de gasolina, dependendo do desenho do tanque, são utilizados. O despachante, num terminal local da empresa, recebe os pedidos diários dos postos situados nos limites do seu território. Tanto as quantidades quanto as localizações variam bastante.

Um modelo matemático de programação foi desenvolvido para planejar roteiros de 20 a 50 paradas. O modelo foi projetado para tratar o problema da forma mais geral a partir de um banco de dados de distâncias rodoviárias, tempos de transporte e disponibilidade de caminhões e condutores. Contudo, o modelo não poderia lidar com a complexidade da roteirização diária.

Os expedidores não confiam totalmente no modelo para elaborar bons projetos de roteiros. Fazem inicialmente a previsão de pedidos diários de entregas especiais e outras exceções em relação aos padrões normais, desde entregas emergenciais até cargas completas de tipos de gasolina que não podem ser misturados com o produto comum. Esses casos são roteirizados manualmente, ficando os demais aos cuidados do modelo informatizado. Embora este possa garantir uma solução matemática ótima para o problema da roteirização, o expedidor utiliza-o apenas como orientador de soluções, revisando-as continuamente até que se tornem funcionais. Ajustes na programação podem se tornar necessários em função de fatores como o cumprimento de cláusulas sindicais, desvios temporários de determinados trechos da estrada e espera por pedidos em suspenso. Assim, o expedidor e seu modelo computacional trabalham em conjunto a fim de elaborar um roteiro capaz de compatibilizar os objetivos de serviço aos clientes com as metas de minimização de custos, dentro de parâmetros razoáveis de tempo e esforço.

Roteirização e Programação de Navios

Grande parte da discussão em torno de roteirização e programação girou, até aqui, em torno de veículos terrestres. Para obter um contraste, ilustraremos um problema de roteirização e programação para navios operando entre diferentes portos. Tal problema é caracterizado pela necessidade de reduzir o número de veículos necessários, em função dos seus altos custos fixos, para cumprir os prazos prometidos de coleta e entrega em vários portos. A capacidade de transporte é supostamente adequada para qualquer movimentação entre portos de origem e destino, e os tempos de viagem entre todos os pontos são conhecidos. Este tipo de problema pode ser formulado como o problema de transporte, de programação linear.

210 PARTE III • ESTRATÉGIA DO TRANSPORTE

Exemplo[17]

Uma companhia de petróleo da Europa tem três refinarias (D_1, D_2 e D_3) ao longo da costa européia. A companhia recebe a matéria-prima de dois portos (L_1 e L_2) no Oriente Médio. O petróleo bruto é transportado entre os portos de carregamento e descarregamento em navios-tanques. Os tempos de navegação, em dias, entre os portos, mais o tempo necessário para carga e descarga, são resumidos na matriz a seguir:

Tempos de navegação mais carregamento			
	Pontos de descarregamento		
	D_1	D_2	D_3
Carga L_1	21	19	13
Carga L_2	16	15	12

Para efeito de simplificação, supõe-se que os tempos entre os portos, independentemente de sentido, são os mesmos, e que os tempos de carregamento e descarregamento são iguais. Com base nas necessidades dos próximos dois meses, as refinarias precisam de entregas nos seguintes dias, contando a partir de hoje:

De	L_2	L_1	L_1	L_2
Para	D_3	D_1	D_2	D_3
No dia	12	29	51	61

Em função do tempo de carregamento e descarregamento e de navegação, depreende-se que o carregamento precisa ser feito de acordo com as seguintes datas para que as datas de desembarque possam ser cumpridas:

Datas-limite de carga			
Para	D_1	D_2	D_3
De L_1	8	32	–
De L_2	–	–	0 e 49

A empresa gostaria de saber quantos navios são necessários para cumprir esta programação, bem como qual deveria ser o roteiro de cada um deles.

Pode-se desenvolver uma matriz inicial do problema dos custos do transporte, como na Figura 7-18. As linhas representam as situações terminais, sendo as colunas as situações iniciais. Os valores da demanda e valores do suprimento são o número de vezes que cada situação ocorre. Em nosso caso, todas as margens dos valores de demanda e de suprimento são 1. Em seguida, devemos reconhecer que apenas determinadas células têm valores de solução viáveis. Por exemplo, a célula na linha = 4, coluna = 2 é inviável porque um navio não pode ser dirigido do descarregamento no 61º dia para encontrar uma data de embarque no oitavo dia. Todas as células são examinadas desta forma, sendo às inviáveis atribuído um custo de célula muito alto – por exemplo, digamos 100 unidades de custo –, justamente para serem deixadas de fora da solução. Às células viáveis são arbitrariamente atribuídos custos baixos - por exemplo, uma unidade de custo. Os custos das células de folga deveriam ser moderadamente altas a fim de desincentivar qualquer possibilidade de atribuição a elas – digamos, 10 unidades de custo. Uma solução inicialmente viável para o nosso problema pode ser alcançado dando-se uma atribuição inicial às células de intervalo. Obviamente esta solução representa o número máximo de navios que venham a se tornar necessários.

Resolvendo-se a matriz de custos por qualquer método de transporte apropriado[18] consegue-se a matriz de solução mostrada na Figura 7-19. Para ler esta solução, começamos com a situação inicial na coluna = 1 e então encontramos o valor de solução de célula = 1, associado com a situação terminal na coluna = 1. Esta célula é linha = 1, coluna = 3. Em seguida, procuramos um valor de solução de célula = 1 para a coluna = 3, que é igual ao número da coluna anterior de 3. Esta é agora uma célula de folga, e aí paramos. Repita-se o processo com o próximo valor disponível de coluna até não existir mais nenhum 1 na coluna de folga. O primeiro roteiro, como mostrado na Figura 7-19, é um caminho conectado de L_2, $0 \rightarrow D_3$, $12 \rightarrow L_1$, $32 \rightarrow D_2$, 51. Começando com a segunda situação inicial, traçamos um caminho similar de L_1, $8 \rightarrow D_1$, $29 \rightarrow L_2$, $49 \rightarrow D_3$, 61. Uma vez que existem dois roteiros distintos, são necessários dois navios.

CONSOLIDAÇÃO DE FRETES

Em transporte, a redução das tarifas para os embarques de maior porte é um fator que incentiva os gerentes a optar pelos embarques de maior volume. Consolidar pequenos fretes em fretes maiores é uma maneira fundamental de conseguir custo menor de transporte por unidade de peso. A consolidação dos embarques é normalmente conseguida de quatro maneiras. A primeira é a

---

[17] Com base no exemplo original de George B. Danzig and D. R. Fulkerson, "Minimizing the Number of Tankers to Meet a Fixed Schedule", *Naval Research Logistics Quarterly*, Vol. 1, nº 3 (September 1954), págs. 217-222).

[18] TRANLP é o módulo de método de transporte do LOGWARE.

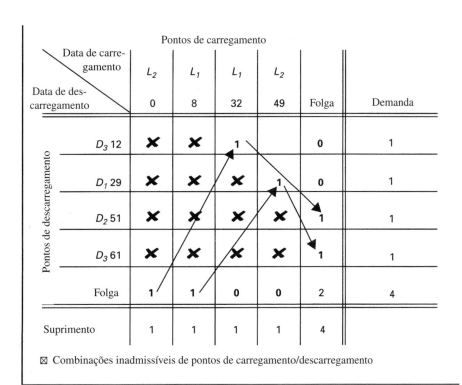

FIGURA 7-18 Preparação do problema do transporte para a programação de navio.

FIGURA 7-19 Matriz de solução para o problema da programação do navio.

212 PARTE III • ESTRATÉGIA DO TRANSPORTE

consolidação dos *estoques*. Ou seja, cria-se um estoque de artigos para a satisfação de uma demanda. Isto permite a inclusão de embarques de volume maior, até mesmo de carga completa, no estoque. Este é um princípio fundamental do controle de estoques, que será discutido no Capítulo 9, no tema do gerenciamento de estoques.

Em segundo lugar, tem-se a consolidação do *veículo*. Neste caso, em que as coletas e entregas envolvem quantidades inferiores às de carga completa, coloca-se mais de uma coleta ou entrega no mesmo veículo para maior eficiência do transporte. Os procedimentos de roteirização e programação fazem uso desse tipo de economia. Esse fenômeno já foi apresentado neste capítulo.

Em terceiro lugar, temos a consolidação de *armazém*. O motivo principal para a armazenagem reside em criar condições para a viabilização do transporte de grandes volumes por longas distâncias e o transporte de cargas de pequeno porte por curtas distâncias. Um armazém utilizado em operações de redução de volume é exemplo disso. A economia do processo de armazenagem será discutida no Capítulo 11.

Em quarto lugar, existe a consolidação *temporal*. Neste caso, pedidos de clientes são retidos até se tornar viável uma remessa única, em lugar de vários despachos de pequeno porte. Concretizam-se economias no transporte por meio da melhoria da roteirização dos fretes maiores, e também mediante tarifas mais baixas por unidade. Naturalmente, que esses custos devem compensar os efeitos da deterioração do serviço resultante do fato de não despachar os pedidos à medida que são recebidos e completados. A redução dos custos é evidente, mas seu efeito sobre o serviço é algo extremamente difícil de avaliar.

Exemplo

O embarque (classe 100, 40% de desconto) de pedidos de distribuidores por uma empresa de produtos alimentares de sua fábrica em Fort Worth, Texas, para seu território de vendas no estado vizinho de Kansas serve para ilustrar a consolidação temporal. Uma análise de pedidos anteriores procedentes de três cidades do Kansas em três dias consecutivos denota os seguintes volumes de pedidos:

De Fort Worth (76102)	Dia 1	Dia 2	Dia 3
Para Topeka (666603)	5.000 lib.	25.000 lib.	18.000 lib.
Kansas City (66101)	7.000	12.000	21.000
Wichita (67202)	42.000	38.000	61.000

A empresa costumava despachar os pedidos no dia em que os recebia. Agora, a administração analisa se um período de três dias para consolidação dos pedidos poderia compensar a redução no serviço.

Em conseqüência das taxas (em US$/cwt.) praticadas pelos transportadores operando na região, o despacho dos pedidos no mesmo dia da recepção faz a empresa incorrer nos seguintes custos:

	Dia 1 Tarifa × Volume = Custo
Topeka	$16{,}41 \times 50 =$ US$ 820,50
Kansas City	$15{,}87 \times 70 =$ 1.110,90
Wichita	$6{,}33 \times 420 =$ 2.658,60
Total	US$ 4.590,00

	Dia 2 Tarifa × Volume = Custo
Topeka	$9{,}91 \times 250 =$ US$ 2.477,50
Kansas City	$14{,}38 \times 120 =$ 1.725,60
Wichita	$6{,}33 \times 400^{a} =$ US$ 2.532,00
Total	US$ 6.735,10

	Dia 3 Tarifa × Volume = Custo	Totais
Topeka	$14{,}90 \times 180 =$ US$2.682,00	US$5.980,00
Kansas City	$9{,}55 \times 210 =$ 2.005,50	4.842,00
Wichita	$6{,}33 \times 610 =$ 3.861,30	9.051,90
Total	$=$ US$8.548, 80	US$19.873,90

[a] Remeter 380 cwt. como se fosse carga completa de 400 cwt.

Com a retenção dos pedidos por três dias até seu embarque, os custos do transporte seriam

	Taxa × Volume = Custo
Topeka	$7{,}09 \times 480^{b} =$ US$3.403,20
Kansas City	$6{,}83 \times 400 =$ 2.732,00
Wichita	$6{,}33 \times 1.410 =$ 8.925,30
Total	US$15.060,50

[b] $480 = 50 + 250 + 180$.

A economia no custo do transporte com a consolidação dos pedidos seria de US$ 29.873,90 – 15.060,50 = US$ 4.813,40. Agora, ou uma pesquisa deve mostrar o efeito nas receitas de um ciclo de tempo de pedido alongado para os clientes, a fim de que possa ser comparado com esses custos, ou a gerência precisa decidir se US$ 4.813,40 representam uma economia capaz de justificar a redução do nível do serviço.

COMENTÁRIOS FINAIS

As decisões sobre transporte figuram entre as mais importantes do profissional de logística. Neste capítulo, examinamos os problemas de transporte mais comuns, entre eles a escolha de modais, a roteirização dos transportes, roteirização e programação dos veículos e consolidação dos fretes. Felizmente, esses problemas de tomada de decisões podem ser razoavelmente abordados a partir de análise matemática, e conseguimos ilustrar um bom número das técnicas utilizadas.

QUESTÕES

1. Um produtor de artigos empregados em pesquisa médica entrega-os em hospitais e centros médicos de todo o país. Essas entregas podem ser feitas por caminhão LTL, frete aéreo, frete de frota privada e via UPS. Quais deveriam ser os fatores selecionados para decidir entre tais alternativas? Classifique-os em termos de importância.
2. Explique por que o desempenho de um serviço de transporte precisa ser um dos elementos desta seleção.
3. Suponha que você vá fazer uma viagem de automóvel entre Nova York (Costa Leste) e Los Angeles (Costa Oeste). Na escolha das estradas para esse longo percurso, que peso você daria a roteiros que minimizem *tempo* de percurso em relação aos que reduzam a *distância*? Uma empresa de transporte rodoviário deveria usar os mesmos critérios na entrega de fretes?
4. Quais as semelhanças e diferenças entre a roteirização de ônibus escolares e as de caminhões de coleta e entrega locais da Federal Express?
5. Quais as diferenças entre o problema da roteirização e o da roteirização e programação dos veículos?
6. Quais as características da abordagem das economias em relação à roteirização e programação de veículos que lhe permitem ser utilizada em tantas condições reais e de restrições?
7. Descreva a técnica de *previsão-solução-revisão* na implementação de modelos informatizados de roteirização e programação no local de trabalho. Quais são suas vantagens?
8. Quais as medidas a serem adotadas a fim de incentivar os expedidores de caminhões de carga a aceitar e utilizar o tipo de tecnologia de roteirização e programação descrita neste capítulo?
9. Descreva os quatro tipos de consolidação de fretes. Na consolidação temporária, de que forma você proporia verificar o impacto sobre a receita da retenção de pedidos destinada a reduzir os custos do transporte?

PROBLEMAS

Vários dos problemas e *cases* apresentados neste capítulo podem ser resolvidos, total ou parcialmente, com a ajuda de *software* de computador. Os pacotes de *software* do LOGWARE mais importantes neste capítulo são TRANLP (T), ROUTE (RO), ROUTER (R) e ROUTESEQ (RS). O ícone de CD aparecerá com a designação do pacote de *software* sempre que a análise do programa depender da assistência de um desses programas. Pode se preparado um banco de dados para o problema sempre que for necessário um *input* intensivo de dados. Quando o problema puder ser resolvido sem a ajuda de computador (manualmente), o ícone da solução manual aparecerá. Quando não houver ícone, presume-se cálculo manual.

1. A *Wagner Company* fornece motores elétricos à *Electronic Distributors, Inc.* a preços contra entrega. O transporte é de responsabilidade da Wagner. O gerente de tráfego tem três opções para providenciar a entrega — ferrovia, *piggyback* e rodovia. Ele compilou as seguintes informações:

Modal de transporte	Tempo em trânsito, dias	Tarifa US$/unidade	Tamanho da carga, unidades
Trem	16	25,00	10.000
Piggyback	10	44,00	7.000
Caminhão	4	88,00	5.000

A Electronic Distributor compra 50 mil unidades anuais ao preço contratado contra entrega de US$ 500 a unidade. Os custos de estocagem-transporte para ambas as empresas chegam a 25% ao ano. Qual deveria ser o modal de transporte escolhido pela Wagner?

2. Dois serviços de caminhão estão sendo analisados para realizar as entregas da fábrica ao armazém de uma empresa. O serviço B é mais barato mas, ao mesmo tempo, mais lento e menos confiável do que o serviço A. A empresa já reuniu as seguintes informações:

Demanda (conhecida)	9.600 cwt./ano
Custo do pedido	US$ 100/pedido
Preço do pedido, FOB fonte	US$ 50/cwt.
Quantidade embarcada	Por LEC*
Custo de transporte em trânsito	20%/ano
Custo do transporte de estoque	30%/ano
Probabilidade de haver estoque durante o tempo de resposta	90%
Custos da falta do produto	Desconhecido
Dias de venda	365 dias/ano

	Serviço	
	A	B
Tempo em trânsito (*LT*)	4 dias	5 dias
Variação (desvio padrão, s_{LT})	1,5 dia	1,8 dia
Tarifa	US$ 12,00/cwt.	US$ 11,80/cwt.

---
* Lote Econômico de Compras.

No armazém é usado um método de controle de estoque de ponto de pedido. Do ponto de vista do estoque no armazém, qual dos serviços de transporte de caminhão deveria ser o escolhido? (Nota: Recorra ao Capítulo 9 sobre gerenciamento de estoque para discussão do controle de estoque de ponto de novo pedido. *Sugestão*: O desvio-padrão da distribuição demanda-durante-prazo de entrega é $s' = d(s_{LT})$, em que s_{LT} é entendido como a variabilidade do tempo de entrega, sendo d a taxa da demanda diária).

3. A *Transcontinental* Trucking *Company* pretende fazer o roteiro de um frete de Buffalo até Duluth utilizando as principais auto-estradas. Como o tempo e a distância têm importância igual, o objetivo do expedidor da empresa seria esquematizar o caminho mais curto possível. Uma rede esquemática das intersecções de rodovias e a milhagem entre os pares de cidades é mostrada na Figura 7-20. Descubra a rota mais curta nessa rede mediante a utilização do método da rota mais curta.

4. O Comando de Equipamentos do Exército dos EUA estava acertando os últimos detalhes para levar seus transportes de tropas todo-terreno M113 das instalações de fabricantes terceirizados para depósitos intermediários em Letterkenny, Pennsylvania, das unidades destinadas à Europa e várias bases em território norte-americano. A produção programada para dezembro, mais as unidades disponíveis nas fábricas e as necessidades para dezembro são a seguir detalhadas.[19]

Produção programada para dezembro	
Cleveland, OH	150 unidades, mais 250
South Charleston, WV	150
San Jose, CA	150

Necessidades para dezembro	
Exército dos EUA, Europa, via Letterkenny, PA	300 unidades
Fort Hood, TX	100
Fort Riley, KS	100
Fort Carson, CO	100
Fort Benning, GA	100

A Figura 7-21 mostra a localização dos pontos de suprimento e demanda, bem como os custos unitários de transporte entre os pontos de suprimento e os de demanda.

Elabore o plano de menor custo de entrega em dezembro, capaz de satisfazer as necessidades, sem exceder as necessidades da programação de produção.

5. A Secretaria Municipal de Educação de Evansville garante transporte escolar aos estudantes do primeiro grau. Um ônibus consegue servir a determinado bairro,

---

[19] Este problema é adaptado de um estudo de caso do Coronel James Piercy.

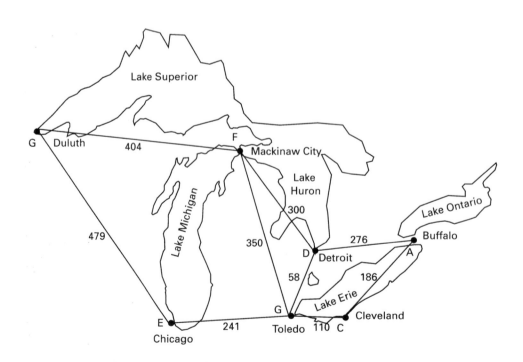

FIGURA 7-20 As rotas viáveis para o problema da Transcontinental Trucking Company.

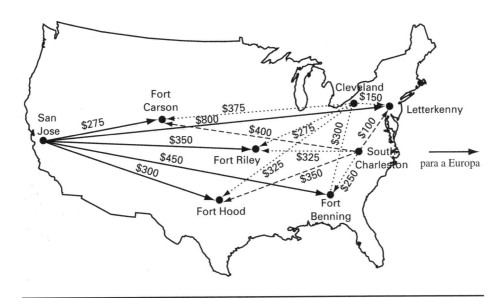

FIGURA 7-21 Rede de transportes e custos relacionados para o problema do comando de equipamentos do exército dos EUA.

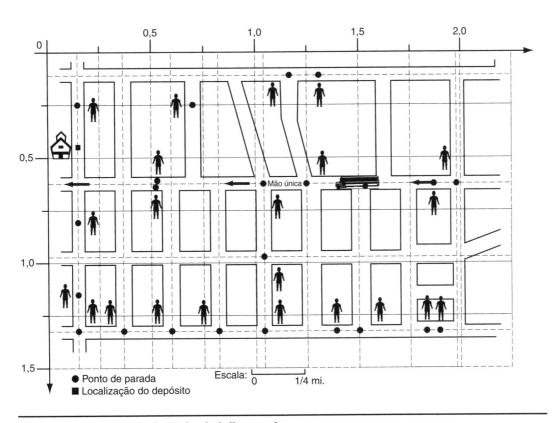

FIGURA 7-22 Exercício do roteiro de ônibus escolar.

aquele definido na Figura 7-22. Todos os anos a relação dos alunos muda, e a localização das paradas para eles pode ser feita num mapa. O seqüenciamento das paradas determina o tempo e a distância necessários para completar o roteiro do transporte. Recorrendo aos seus melhores atributos cognitivos, projete o mais curto dos roteiros para o ônibus escolar, de acordo com as condições a seguir.[20]

---

[20] Adaptado de um exercício de roteirização de William L. Berry.

- Apenas um ônibus deverá ser utilizado.
- O ônibus parte da escola e a ela retorna.
- Todas as paradas devem ser servidas.
- Os alunos podem ser embarcados ou desembarcados em ambos os lados da rua.
- Pode-se determinar uma parada de embarque ou desembarque na esquina de todas as ruas adjacentes.
- Não é permitido fazer retorno.
- O ônibus tem capacidade suficiente para transportar todos os alunos que moram ao longo do roteiro.

Use uma régua ou a grade linear a fim de determinar a distância total do roteiro do ônibus escolar.

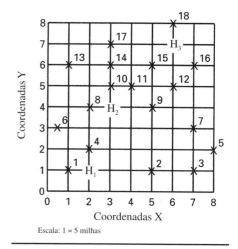

FIGURA 7-23 Pontos dos clientes (X) e dos hotéis (H).

 ou

6. Dan Pupp trabalha com venda de jóias, visitando regularmente os revendedores estabelecidos na região do Meio-Oeste dos Estados Unidos. Uma das áreas sob sua responsabilidade é mostrada na Figura 7-23. Ele costuma chegar na véspera de suas visitas, hospedando-se em hotéis de sua preferência. Leva também normalmente dois dias para completar as visitas e sai para outra missão na manhã do terceiro dia. Como as despesas são por sua conta ele está sempre procurando meios de reduzir os custos do trabalho. Assim, os clientes de 1 a 9 são visitados no primeiro dia, e os demais, no segundo. Ele pretende fazer a comparação entre duas estratégias:

   Estratégia 1. Registrar-se no hotel H_2 pelas três noites da estadia, pagando US$ 49,00 de diária.

   Estratégia 2. Registrar-se no hotel H_1, visitar os clientes de 1 a 9, pagar duas diárias de US$ 40,00, dali transferir-se para o hotel H_3, com diária de US$ 45,00, pagar uma diária e visitar os clientes de 10 a 18. Depois de visitar os clientes 1 a 9, ele retorna ao H_1 para o pernoite, antes de se transferir para o H_3, no qual pernoita antes de partir na manhã seguinte. A distância entre H_1 e H_3 é de 36 milhas. Desconsidere qualquer percurso que ele fizer *para* e *a partir do* território. Pelas contas de Dan, seus custos ficarão em US$ 0,30 por milha.

   Qual das estratégias seria a mais indicada para Dan Pupp?

7. Uma padaria faz entregas diárias a cinco grandes varejos num território definido. O motorista carrega a mer-

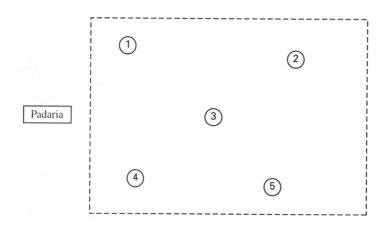

FIGURA 7-24 Mapa do território do roteiro da padaria.

cadoria na padaria, faz as entregas nas lojas e retorna à padaria. Um diagrama desse território é mostrado na Figura 7-24. Os tempos de viagem entre os pontos da rede, em minutos, são, respectivamente, de:

	Para →	B	1	2	3	4	5
	B	0	24	50	38	55	20
	1	22	0	32	23	45	18
De	2	47	35	0	15	21	60
	3	39	27	17	0	14	25
	4	57	42	18	16	0	42
	5	21	16	57	21	41	0

Observe que devido às ruas e aos desvios de mão única, os tempos de viagem são levemente diferentes, dependendo da respectiva direção (assimétrica).

a. Qual a melhor seqüência de roteirização para o caminhão de entrega?
b. Se os tempos de carga e descarga são significativos, de que maneira poderão ser incluídos na análise?
c. A loja de número 3 situa-se numa área urbana de tamanha densidade populacional que os tempos de viagem para ela e de retorno podem aumentar em até cerca de 50%, dependendo do horário. Os tempos de viagem dos outros pontos são relativamente estáveis. A solução na parte (a) poderia ser afetada por semelhantes variações?

8. A Sima Donuts abastece seus pontos de varejo com ingredientes para a elaboração de *donuts* do dia. O armazém central a partir do qual os caminhões são despachados localiza-se em Atlanta, na Geórgia. Os caminhões chegam a sair desse armazém às 3h da madrugada para fazer entregas carregadas em paletes no mercado da Flórida e podem retornar a qualquer hora. Os caminhões podem também recolher contêineres vazios e suprimentos de vendedores na sua área geral. Esses recolhimentos só são permitidos depois de completadas todas as entregas marcadas para uma determinada rota. Uma grade linear simples é colocada sobre a área dos estados da Geórgia-Flórida e as coordenadas da grade encontram os pontos de atacado, varejo e venda simples. As coordenadas 0, 0 ficam no canto nordeste. Por exemplo, o armazém de Atlanta fica no ponto $X = 2084$, $Y = 7260$. O fator de escala no mapa, que inclui um fator de sinuosidade da estrada, é 0,363. O tempo total gasto numa rota pode chegar a 40 horas, e a distância total, a 1.400 milhas. As equipes de motoristas são escaladas de maneira a que nenhuma folga de noite seja necessária, mas sempre há folgas de uma hora ao meio-dia e às 20 horas. A velocidade média é estimada em 45 milhas (72,5 km) por hora. Dados adicionais sobre as paradas estão na tabela no fim da página.

Há três caminhões com capacidade de 20 paletes, um caminhão para 25 paletes, e um caminhão de 30 paletes. O custo motorista/caminhão é de US$ 1,30 por milha.

Projete os roteiros para este conjunto de entregas e coletas. Quais caminhões devem fazer quais dos roteiros? Qual é o plano para o despacho? Qual será o custo do despacho?

 ou

9. A Queens Lines é a operadora de uma frota de navios-tanque que transporta petróleo pelo mundo inteiro. Um

Nº	Local da parada	Tipo da parada	Volume, paletes	Coordenadas X	Coordenadas Y	Tempo (em minutos) de carga/descarga	Janela de tempo Abre	Fecha
1	Tampa, FL	entrega	20	1147	8197	15	6h	24h
2	Clearwater, FL	coleta	14	1206	8203	45	6h	24h
3	Daytona Beach, FL	entrega	18	1052	7791	45	6h	24h
4	Fort Lauderdale, FL	entrega	3	557	8282	45	3h	24h
5	North Miami, FL	entrega	5	527	8341	45	6h	24h
6	Oakland Park, FL	coleta	4	565	8273	45	3h	24h
7	Orlando, FL	entrega	3	1031	7954	45	3h	24h
8	St Petersburg, FL	coleta	3	1159	8224	45	3h	24h
9	Tallahassee, FL	entrega	3	1716	7877	15	10h	24h
10	W Palm Beach, FL	entrega	3	607	8166	45	6h	24h
11	Miami – Porto Rico	entrega	4	527	8351	45	6h	24h
			80					

218 PARTE III • ESTRATÉGIA DO TRANSPORTE

dos problemas de programação é o que diz respeito à movimentação do petróleo de portos do Oriente Médio para quatro portos europeus, respectivamente, na Inglaterra, França e Bélgica. O tempo de navegação, em dias, entre esses portos é de:

	Portos de desembarque na Europa			
Portos do Oriente Médio	A	B	C	D
1	20	18	12	9
2	17	14	10	8

Nos próximos três meses, as entregas deverão ser feitas conforme a seguinte programação:

Do porto de embarque	1	2	1	2	1	2
No porto de descarga	D	C	A	B	C	A
Dias	19	15	36	39	52	86

Suponha que existam navios para o início da viagem em qualquer lugar e possam atingir qualquer dos portos pretendidos.

Quantos navios serão necessários para cumprir a programação e como deverão ser alocados? (Pista: é necessário resolver o problema do transporte da programação linear.)

10. A Maxim Packing Company estuda um programa de consolidação de fretes para servir ao mercado do estado do Kansas. O programa envolveria os clientes de pequeno volume localizados em Hays, Manhattan, Salina e Great Bend. A proposta é no sentido de reter todos os pedidos dessas áreas durante várias semanas a fim de conseguir menores taxas de transporte. Suponha que todos os pedidos passem a ser despachados LTL diretamente de Fort Worth, no Texas, para seus destinos no

Kansas. A média dos pedidos quinzenais do território do Kansas é:

Hays	200 caixas
Manhattan	350
Salina	325
Great Bend	125

A caixa média pesa 40 libras. Os pedidos poderiam ser embarcados na quinzena em que são feitos, retidos e despachados duas semanas depois, ou retidos e embarcados três quinzenas depois. A perda potencial de vendas foi calculada em US$ 1,05 por caixa para cada quinzena adicional de retenção dos pedidos. As taxas de transporte para o Kansas estão relacionadas na Tabela 7-7.

Trata-se de um programa merecedor de implementação? Neste caso, qual deveria ser o tempo de retenção dos pedidos?

11. A Sunshine Bottling Company engarrafa refrigerantes que depois distribui para pontos de varejo a partir de nove armazéns na área de Michigan. Sua única engarrafadora tem sede em Flint, Michigan. O produto é embarcado da fábrica para os nove armazéns em cargas completas. O transporte normal fábrica/armazém consiste na movimentação de um *trailer* de refrigerantes em paletes para o armazém, descarregar o *trailer* e trazer um *trailer* com paletes vazios para a fábrica. A descarga e preparação do trailer no armazém leva 15 minutos. Como se trata de roteiros freqüentemente percorridos, os tempos de percurso, descarga e intervalos são conhecidos adequadamente. O número de viagens necessário para satisfazer a demanda e os tempos de roteiro para uma semana normal é:

Localização do armazém	Distância, em milhas	Número de viagens semanais	Tempo de condução, em horas [a]	Descarga, em horas	Descanso/almoço, em horas	Tempo total do roteiro, em horas
Flint	20	43	1,00	0,25	0	1,25
Alpena	350	5	9,00	0,25	1,25	10,50
Saginaw	80	8	2,00	0,25	0	2,25
Lansing	118	21	3,25	0,25	0,25	3,75
Mt. Pleasant	185	12	4,50	0,25	0,75	5,50
W. Branch	210	5	5,00	0,25	0,75	6,00
Pontiac	90	43	2,50	0,25	0	2,75
Traverse City	376	6	9,00	0,25	1,25	10,50
Petoskey	428	5	10,00	0,25	1,50	11,75

[a] Tempo de ida e volta.

TABELA 7-7 Tarifas de transporte rodoviário de carga/caminhão entre Fort Worth, Texas e destinos selecionados no Kansas

De Fort Worth para	Tarifas (US$/cwt.)			
	Caminhão QQ [a]	≥ 10.000 lb	≥ 20.000 lb	≥ 40.000 lb
Hays	12,78	5,19	4,26	3,06
Manhattan	12,78	5,19	4,26	2,22
Salina	10,26	4,08	3,42	2,46
Great Bent	12,27	4,98	4,08	2,94

[a] *Qualquer quantidade abaixo de 10.000 lb.*

Recomenda-se que os caminhões sejam programados para deixar a fábrica às 4h da manhã, ou depois, e para retornar no máximo até as 23h do mesmo dia. A descarga só pode ser feita quando o armazém está aberto, ou seja, das 6h30min até as 23h.

Determine a quantidade mínima de caminhões necessária para servir todas as rotas, seqüenciando-as. A companhia está utilizando 10 caminhões.

12. A Nockem Dead Casket Company fornece féretros a casas funerárias em todo o estado da Califórnia. As funerárias atendidas por um determinado armazém são localizadas como mostra o mapa na Figura 7-25.
    a. Suponha que os locais das funerárias (•) e o respectivo número de féretros para cada uma delas representem um único despacho diário. Se a empresa dispõe de cinco caminhões com capacidade, cada um, de transportar 20 féretros, desenvolva um plano de roteiro utilizando o método da "varredura". (Use uma varredura no sentido anti-horário iniciado no rumo norte.) Coloque seu projeto no mapa. Quantos caminhões são realmente usados e qual a distância total de viagem para o projeto de roteiro? Você pode fazer a escala das distâncias a partir do diagrama.
    b. Avalie o método da varredura e sua validade para a roteirização e programação de caminhões.

13. Como complemento do seu negócio principal, que são as vendas no varejo, a empresa Medic Drugs avia receitas para entrega em clínicas de repouso em pontos isolados, instalações de cuidados intensivos, centros de reabilitação e abrigos de pessoas da terceira idade. Par-

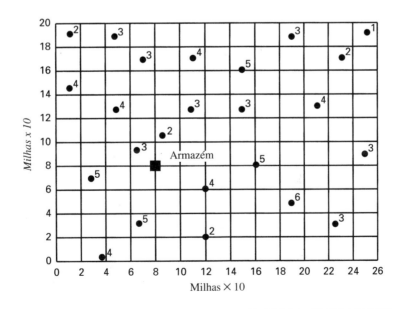

FIGURA 7-25 Localização das casas funerárias clientes da Nockem Dead Casket Company, com o número de féretros encomendados.

220 **PARTE III** • ESTRATÉGIA DO TRANSPORTE

te deste serviço é a entrega dos remédios no endereço do cliente. Peruas com capacidade para 63 caixas são utilizadas na entrega. Os endereços dos clientes são geocodificados mediante a cobertura de uma grade linear com um mapa com fator de escala de 4,6 por unidade coordenada. Os dados dos clientes para um dia normal de entrega são detalhados na Tabela 7-8. As coordenadas 0,0 da grade ficam no canto sudoeste.

As entregas começam em geral às 8h (quando os motoristas deixam o depósito) e os motoristas devem estar de volta até as 18h. Sua velocidade média fica em 30 milhas (42 km) por hora. Os motoristas têm direito a uma hora para o almoço a partir do meio-dia. A maioria dos clientes recebe suas encomendas entre as 9h e as 17h, com algumas exceções. A base da farmácia fica em $X = 13,7$, $Y = 21,2$. Quando um motorista volta mais cedo à farmácia, a perua pode ser recarregada e enviada para completar um segundo roteiro.

a. Projete um roteiro de entregas que venha a reduzir a distância total percorrida.

b. É possível destinar mais de um roteiro – e quais deles – a uma mesma perua a fim de conseguir reduzir o número de motoristas e veículos necessário para prestar esse serviço aos clientes? Se isso não puder ser feito, existe algum procedimento utilizável com a finalidade de atingir esse objetivo?

14. A Nockem Dead Company vende e distribui féretros para casas funerárias na região de Columbus, Ohio. As casas funerárias encaminham seus pedidos a um armazém central ($X = 7,2$, $Y = 8,4$) e a entrega é feita ao longo da semana. A localização das funerárias e os dias da semana para as entregas são delineadas na Figura 7-26. O número de féretros e as coordenadas da casa funerária estão na Tabela 7-9. As entregas são feitas por um caminhão com capacidade para 18 féretros e outro de 27 féretros. Os caminhões saem do armazém para fazer as entregas e a ele retornam no mesmo dia.

Fazendo uso dos Princípios para uma boa Roteirização e Programação, desenvolva o melhor plano para a empresa. Seja criativo!

TABELA 7-8 Dados dos clientes da "Medic Drugs"

Localização do cliente	Tipo de parada	Volume, caixas	Coordenadas X	Coordenadas Y	Tempo de descarga, minutos	Janela de tempo	
						Abre	Fecha
Covington House	E	1	23,4	12,9	2	9h	17h
Cuyahoga Falls	E	9	13,4	13,4	18	9h	17h
Elyria	E	1	6,3	16,8	5	9h	17h
Euclid Manor	E	4	11,8	18,6	4	9h	17h
Ester Marie	E	3	19,4	23,4	3	9h	17h
Fairmount	E	4	13,6	21,1	5	9h	17h
Gables	E	1	18,3	22,8	2	9h	17h
Geneva Medicare	E	4	19,5	23,5	2	9h	17h
Heather Hill	E	7	16,5	20	11	9h	17h
Hill Haven	E	11	13,2	12,5	17	9h	17h
Homestead Geneva	E	2	19,4	23,5	2	9h	17h
Inn Conneaut	E	6	23,8	25,6	8	9h	17h
Judson Park	E	2	11,7	18,3	5	9h	17h
Amer. Lakeshore	E	6	11,9	18,7	8	9h	17h
Con Lea	E	3	13,4	23,6	2	9h	17h
Villa Care Ctr	E	2	10,8	18,2	5	9h	17h
Madison Village	E	1	18,4	22,8	2	9h	17h
Manor House	E	1	23,2	12,7	2	9h	17h
Meadow Brk Mnr	E	2	23,9	12,7	5	9h	17h
Medicare	E	1	11,8	18,5	5	9h	17h
N Manor Center	E	2	23,2	12,8	5	9h	17h
O Extended Care	E	13	5,4	19,3	8	9h	17h
Oak Park	E	5	13,0	17	10	9h	17h
Ohio Pythian	E	3	9,0	13,2	4	9h	17h
Park Rehab	E	6	13,0	20	5	9h	17h

(Continua...)

TABELA 7-8 Dados dos clientes da "Medic Drugs" (*continuação*)

Localização do cliente	Tipo de parada	Volume, caixas	Coordenadas X	Coordenadas Y	Tempo de descarga, minutos	Janela de tempo Abre	Janela de tempo Fecha
Patrician	E	5	10,6	15,9	4	9h	17h
Perry Ridge	E	1	17,3	22,7	2	9h	17h
Pine Valley	E	6	11,4	14,8	10	9h	17h
Royalview Manor	E	7	11,1	15,9	6	9h	17h
Shady Acres	E	8	18,3	22,9	8	9h	17h
St Augustine Mr	E	5	10,5	18,5	9	9h	17h
Shagri-La	E	5	9,1	13,3	5	9h	11h
Singleton	E	1	11,7	18,7	4	9h	17h
Stewart Lodge	E	1	18,4	22,8	2	9h	17h
Town Hall	E	2	19,7	19,3	3	9h	17h
Algart	E	1	10,5	18,5	4	9h	17h
Ambassador	E	7	12,3	19,8	5	9h	17h
Ashtabula	E	5	21,3	24,4	9	9h	17h
Austin Woods	E	4	21,7	12,7	3	9h	17h
Bolton	E	1	18,3	22,9	3	9h	17h
Broadway	E	4	11,6	19,5	2	9h	17h
Cle Golden Age	E	1	11,6	18,4	5	9h	17h
Villa Santa Ann	E	3	13,2	19,4	9	9h	17h
Wadsworth	E	5	10,7	11,5	3	9h	17h
Wickliffe Cntry	E	7	13,0	20,6	8	9h	17h
Westbay Manor	E	6	8,4	18	10	10h30min	11h30min
Westhaven	E	2	8,5	18,1	5	9h	17h
Broadfield Mnr	E	6	18,2	22,9	2	9h	17h
Total		193					

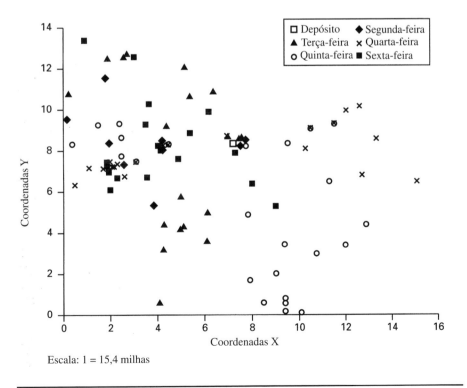

FIGURA 7-26 Localização da demanda para cinco dias da Nockem Dead Casket Company.

222 **PARTE III** • ESTRATÉGIA DO TRANSPORTE

TABELA 7-9 Localizações das casas funerárias e número de féretros a serem entregues em cada dia da semana

Segunda-feira			Terça-feira			Quarta-feira			Quinta-feira			Sexta-feira		
X	Y	*Número*	X	Y	*Número*	X	Y	*Número*	X	Y	*Número*	X	Y	*Número*
4,9	7,6	2	5,4	10,7	1	12,7	6,8	1	7,8	4,9	5	4,9	7,6	1
4,3	8,1	1	6,4	10,8	1	13,3	8,6	1	7,9	1,7	3	4,1	8,3	1
4,3	8,2	1	5,2	12,2	3	12,6	10,2	3	9,0	2,0	2	4,4	8,3	1
4,3	8,3	1	2,7	12,7	1	12,0	10,5	1	9,4	0,6	5	4,2	8,1	1
4,2	8,4	1	2,6	12,6	1	11,5	9,3	1	9,4	0,7	1	2,0	7,0	1
3,1	7,5	1	1,9	12,5	1	10,5	9,1	3	8,5	0,6	1	1,9	7,3	1
2,5	7,8	1	0,9	13,4	1	10,3	8,1	2	9,4	0,2	4	1,9	7,4	3
0,1	9,6	2	0,1	10,8	2	4,5	8,4	1	10,2	0,1	1	2,3	6,7	1
1,8	11,6	1	4,4	9,2	3	2,1	7,2	1	10,7	3,0	3	5,4	8,9	1
1,9	8,4	1	5,4	5,8	2	2,2	7,3	4	9,4	3,4	2	2,0	6,1	1
2,5	7,4	1	4,3	4,4	2	3,1	7,5	1	4,3	8,2	2	9,0	5,3	2
2,4	6,7	1	5,1	4,3	2	2,3	7,4	1	4,5	8,4	1	3,6	6,7	1
3,9	5,3	3	5,0	4,2	1	2,1	7,1	2	4,2	8,1	4	5,4	8,9	2
7,6	8,6	1	4,3	3,2	1	2,0	7,4	3	2,5	7,8	1	3,5	9,3	3
7,6	8,3	1	4,1	3,6	1	2,6	6,8	1	0,4	8,4	1	3,7	10,3	1
7,7	8,5	2	6,1	5,0	2	5,4	8,9	1	1,5	9,3	1	3,0	12,6	2
			7,0	8,7	2	15,1	6,5	1	2,4	9,4	2	0,9	13,3	2
			7,5	8,6	2	0,5	6,4	1	2,5	8,7	3	6,2	9,9	1
			7,4	8,6	1	1,1	7,2	2	10,5	9,1	1	7,3	7,9	1
						1,7	7,2	2	9,5	8,4	1	8,0	6,4	1
						2,0	7,5	1	11,3	6,5	1			
						7,0	8,7	1	12,9	4,4	1			
						7,5	8,6	1	12,0	3,4	1			
									7,7	8,3	1			
									11,5	9,3	1			
Total		21	*Total*		30	*Total*		36	*Total*		49	*Total*		28

ESTUDO DE CASOS

*Fowler Distributing Company**

Roy Fowler é o proprietário da Fowler Distributing Company, uma franquia regional de distribuição de bebidas como cerveja e *coolers* de vinho, produtos de uma grande empresa. Fowler enfrenta um grande problema em relação ao seu objetivo de oferecer transporte eficiente desses produtos aos clientes locais. Ele é o dono dos caminhões de entrega, mas os motoristas, sindicalizados, só pensam em inundar seu mercado vendendo no menor tempo possível a cerveja e os *coolers* estocados nos caminhões. O objetivo deles é ganhar o máximo no menor prazo possível. Fowler, por sua vez, embora satisfeito com o esforço de venda dos motoristas, precisa minimizar o número de caminhões necessários para servir a todos os clientes e reduzir a quilometragem rodada, pois as despesas de operação dos caminhões são cobradas da companhia produtora, e não descontadas dos ganhos dos motoristas.

ANTECEDENTES

Fowler, depois de encerrar sua participação na Guerra da Coréia, no final da década de 1950, comprou dois ônibus e passou a utilizá-los no transporte de passageiros em sua cidade natal. Lutou bastante para sobreviver nesse negócio, em que era ao mesmo tempo motorista e encarregado da manutenção. Para controlar as despesas, Fowler pagou o licenciamento de apenas um ônibus, usando a mesma placa sempre que um deles estava em conserto ou fora de serviço por qualquer outra razão. Apesar de todo o seu esforço, foi expurgado do setor quando a prefeitura criou um sistema municipal de transporte de passageiros.

A experiência de Fowler nessa área de transportes orientou-o no lançamento de uma distribuidora de cerveja e a abastecer com esse produto, comprado de um armazém local, para os inúmeros clientes varejistas estabelecidos nas circunvizinhanças. À medida que esse armazém se transformou no produtor dominante de cerveja na região, foi igualmente progredindo o negócio de Fowler. Embora ele seja o maior distribuidor em operação na área, o controle de custos é algo essencial para a manutenção de sua competitividade.

OPERAÇÕES DE ENTREGA

Uma rota regular é composta por varejistas e outros clientes que ficam a cargo de um determinado motorista e caminhão. Os motoristas são sindicalizados e as rotas, licitadas. Ganham as rotas com base na antiguidade, agem como vendedores nas rotas, e desenvolvem constantemente novos clientes a fim de aumentar sua rentabilidade. Os motoristas ganham com base em comissões de vendas, o que lhes rende até US$ 4.000,00 por semana durante períodos favoráveis de vendas. Nada mais natural, portanto, que esse empenho em manter a composição e formatação de suas rotas. Fowler, sempre que se aventura a reconfigurar as rotas, precisa estar preparado para enfrentar o sindicato dos motoristas.

Existe outro grupo de clientes, aqueles de pré-vendas, servido por meio de rotas secundárias. Há um bom espaço para otimizar o projeto das rotas secundárias. Os clientes de pré-venda fazem seus pedidos antes da entrega, em lugar de comprar do vendedor que chega à sua porta com o produto. Os pedidos desses clientes podem ser acomodados nos caminhões em separado dos produtos destinados aos clientes que rendem comissões de venda e roteirizados de acordo com as conveniências do momento sem que os sindicatos apresentem grandes restrições. Não se pagam, nesses casos, comissões de venda, uma vez que ela não é feita pelo motorista do caminhão de entrega.

PROBLEMA COMUM

É comum que num único dia ocorra o atendimento de 21 clientes de pré-vendas, como descrito na Tabela 1 e localizado na Figura 1. São 250 dias úteis por ano. A Tabela 1 apresenta o número de caixas pedidas, a expectativa de tempo (em minutos) do atendimento do cliente, e a hora do dia em que esse atendimento pode ser feito, quando sujeito a algum tipo de restrição. A Figura 1 dá o mapa da localização de cada cliente (por números) e do armazém (A). O mapa tem a escala do número aproximado de milhas a ser percorrido de norte a sul ou leste a oeste na grade. A rede rodoviária da área é bem desenvolvida, não havendo rios, lagos ou outras barreiras como obstáculos naturais. A distância e o tempo de viagem são diretamente relacionados por uma velocidade média de 25 milhas (35 km) por hora.

A empresa conta atualmente com cinco caminhões de entrega para cuidar dos clientes de pré-vendas, e um número mais que suficiente de motoristas para atendê-los (os trabalhadores do armazém muitas vezes fazem horas extras como motoristas de clientes de pré-vendas). Cada caminhão tem capacidade para 500 caixas, ao preço de US$ 20.000, e um custo operacional de US$ 0,90 por milha, que inclui a depreciação do veículo. Os caminhões têm em média três anos e uma previsão de vida útil de sete anos. Poderão ser vendidos por 10% do seu preço de compra ao final de sua vida útil. Os motoristas ganham US$ 13 por hora, o que inclui um pacote de benefícios de 30%.

Os caminhões precisam deixar o armazém entre 6h30min e 8h para fazer as entregas. Os motoristas ganham o dobro da taxa padrão de pagamento (sem benefícios diretos) pelo tempo que exceder as oito horas diárias (sem contar a folga para o almoço) de estrada. Fowler detesta pagar hora extra. Meia hora é alocada ao roteiro para almoço, sempre entre 11h30min e 13h30min. São vários os clientes de pré-vendas que exigem entregas dentro de janelas de tempo especificadas. O caminhão não deve, por isso, fazer entrega numa parada antes da

---
* Adaptado de um problema de roteirização por William L. Berry.

TABELA 1 Dados dos clientes

Número do cliente	Coordenadas x	Coordenadas y	Caixas pedidas	Tempo da entrega, min.	Janelas de tempo
1	7,5	28,5	120	60	08h – 17h
2	10,0	9,0	200	90	08h – 10h30min
3	12,0	24,0	120	60	08h – 17h
4	13,0	30,0	150	80	08h – 17h
5	13,5	34,0	50	40	08h – 17h
6	17,5	16,5	90	50	08h – 17h
7	23,0	38,5	140	70	08h – 08h30min
8	23,0	16,5	60	40	08h – 17h
9	23,5	25,0	110	60	08h – 17h
10	27,0	33,5	180	90	08h – 10h45min
11	29,0	28,0	30	20	08h – 11h e 14h – 16h
12	11,0	40,0	90	50	08h – 08h30min
13	32,0	40,0	80	50	08h – 10h
14	7,5	18,0	50	30	12h30min – 17h30min
15	5,0	13,5	160	90	08h – 12h45min
16	23,0	8,0	100	60	08h – 17h
17	27,0	8,0	140	60	08h – 17h
18	36,0	8,0	50	30	08h – 17h
19	32,0	4,0	90	50	12h – 16h
20	32,5	22,0	150	70	08h – 17h
21	31,5	13,0	80	40	08h – 17h
		Total	2.240	1.19	
Armazém	15,0	35,0			

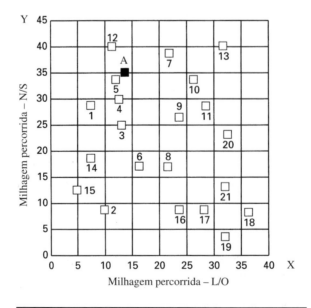

FIGURA 1 Mapa dos clientes e do armazém.

abertura ou depois do fechamento desse janela, uma exigência nem sempre atendida.

A expedição atual da empresa apresenta o seguinte desenho de roteiro:

Rota	Horário de partida	Seqüência de paradas
1	7h45min	12, 15, 1, 14, 5
2	7h33min	2, 3, 4
3	7h22min	6, 16, 17, 8, 19
4	8h	11, 20, 18, 21, 9
5	7h39min	7, 13, 10

Tarefa

1. Determine o melhor número de caminhões e roteiros e a seqüência de paradas em cada rota. É válido fazer uma comparação entre este projeto e aquele que está em prática?
2. Que custo Roy Fowler terá para o atendimento das janelas de tempo restritivas além daquelas que vão das 8h às 17 horas? Há algo que ele possa fazer a fim de reduzir esse custo?
3. Se existirem caminhões maiores, a US$ 35 mil cada com capacidade para 600 caixas, valerá a pena comprá-los? Os custos operacionais com esse tipo de veículo aumentam em US$ 0,05 por milha.
4. Se Fowler tivesse condições de recorrer a um serviço de transporte externo para as entregas de todos os clientes com demanda de 50 caixas ou menos ao custo de US$ 35,00 por cliente, ele deveria optar por isso?
5. O sindicato negocia uma jornada diária de sete horas e meia, hora do almoço excluída, sendo todos os excedentes pagos como horas extras. Quais as implicações que isso terá sobre o traçado e os custos dos roteiros?
6. Fowler pretende contar com um armazém em local mais central, nas coordenadas $X = 20$, $Y = 25$. O aluguel seria o mesmo do prédio atual, mas a parte da demanda de pré-vendas do custo chega a US$ 15.000. Essa mudança pode ser economicamente atraente para a demanda de pré-vendas?
7. O que você diria da implementação de um pacote de *software*, como o ROUTER, para a expedição diária dos caminhões? Que problemas você esperaria e como os enfrentaria?

*Metrohealth Medical Center**

O MetroHealth System é uma rede municipal de hospitais de Cleveland, Ohio, formada por um complexo de instalações provedoras de inúmeros serviços de diagnóstico e tratamento. Trata-se do hospital de referência para o sistema hospitalar do condado de Cuyahoga. O MetroHealth Medical Center (MMC) é o maior hospital da cidade e o principal da Zona Oeste. O sistema cuida das necessidades de saúde de um significativo número de pacientes, dentre os quais há um grande contingente de pessoas da terceira idade e de indigentes.

O movimento de pacientes, pessoal e suprimentos precisa fluir livremente entre o hospital central do MetroHealth (769 leitos), as instalações de tratamento prolongado (172 leitos), o Hospital Feminino e Infantil (WIC) de Cuyahoga, o Hospital Materno-Infantil (M&I), o Clement Center e clínicas e ambulatórios externos.

O centro médico tem o compromisso estabelecido de "atender às necessidades da comunidade, melhorar as condições sanitárias da região e controlar os custos da saúde". O setor de Transporte e Serviços Logísticos cuida de sua parte nesta missão com o compromisso de "aumentar o acesso aos serviços de saúde na região proporcionando transferências seguras, pontuais e confortáveis aos pacientes do sistema, e dando suporte a todos os clientes e funcionários no transporte de pessoas, suprimentos e materiais ao longo do MetroHealth System". Para o paciente, isto significa um alto nível de serviços ao cliente em todas as coletas e retornos à origem, com um tempo mínimo de espera e da melhor maneira em termos de custo/eficiência.

O foco deste estudo de caso é a movimentação de pacientes *para* e *do* hospital principal, e não o movimento de pessoal e materiais. Os pacientes envolvidos não têm meios próprios de transporte. Uma vez que as despesas relacionadas com seu diagnóstico e tratamento normalmente são pagas por terceiros (por exemplo, Medicare – a previdência social nos EUA – ou planos privados de saúde), o hospital pode recuperar os custos desses serviços e por isso não os cobra dos pacientes. Embora tais serviços possam ser normalmente proporcionados por motivos beneficentes, a crescente concorrência entre os hospitais é um dos motivos pelos quais o hospital aqui em estudo tem feito uso dos serviços de transporte/logística como uma arma estratégica no planejamento direcionado a dar cobertura a todas as suas despesas. A receita média atinge cerca de US$ 230 por paciente, ficando as despesas por paciente em 90% dessa renda, transporte incluído. Transportar os pacientes é, claramente, um bom negócio para o hospital.

OPERAÇÕES DE TRANSPORTE

O serviço de transporte do MMC é oferecido a todos os atuais e potenciais pacientes que não possam cuidar do próprio transporte *para* e *do* complexo hospitalar e que pretendam utilizar os serviços do MMC. Um paciente liga para o Departamento de Serviços de Transporte dois ou mais dias antes da consulta marcada. Depois de verificada a situação do paciente, data/hora e ponto de busca deste são registrados no banco de dados computadorizado. Prepara-se um relatório diário

---

* Este caso foi preparado com a assistência de Dominic Rimaldi, Manager, Transportation/Logistics' Services, MetroHealth Medical Center e Hena Montesinosbar, Weatherhead School of Management, Case Western Reserve University.

mostrando o local e horário da busca. Os pacientes devem estar prontos para a partida em média duas horas antes do horário marcado. Com a relação diária em seu poder, os motoristas se dividem pelas zonas oeste e leste da cidade e determinam as rotas mais apropriadas para o recolhimento dos pacientes. A Figura 1 é um diagrama do fluxo de informação que produz a lista diária de consultas.

No decorrer do dia, à medida que os pacientes encerram suas consultas, são conduzidos para uma área de espera, de onde serão levados de volta para casa. Uma espera não superior a 45 minutos é considerada um bom serviço ao cliente. Os pacientes retornam para casa nos mesmos veículos em que chegaram ao hospital. Entradas e saídas são realizadas simultaneamente num mesmo roteiro. Os veículos circulam entre as áreas de coleta de pacientes e o MetroHealth Medical Center várias vezes por dia.

O território de serviço é dividido entre as zonas leste e oeste da cidade com base nos CEPs (ver Figura 2). O Departamento de Serviços de Transporte usa veículos próprios para servir os pacientes mais próximos. Dois veículos com capacidade para 15 pessoas são normalmente destinados a uma zona da cidade. Outra camioneta de seis lugares também fica disponível na condição de suporte para tratar de eventuais superlotações ou cobrir falhas de equipamentos. Uma equipe composta por um gerente, sete motoristas e um assistente administrativo é responsável pelo transporte de pessoal e material, juntamente com o transporte dos pacientes. O Departamento gerencia o transporte de acordo com todos os CEPs do município, mas só proporciona transporte com seus próprios veículos aos CEPs mais próximos, ou das áreas sombreadas mostradas na Figura 2. Outros CEPs localizados no município são terceirizados para fornecedores de serviço de transportes. Os CEPs representativos de locais mais distantes ou de áreas com histórico de baixa densidade de pacientes são atendidos nos táxis cujos serviços são reembolsados. O aumento do número desses casos levou ao surgimento de empresas independentes, como a Physicians Ambulance Service, que investem num negócio de alto rendimento. Para ganhar um contrato com o hospital, empresas como essa podem oferecer transporte de pacientes limitando, de alguma forma, o serviço. O custo direto deste adicional é freqüentemente inferior aos do próprio MMC; no entanto, nem todo transporte de pacientes pode ser terceirizado a baixo custo sem que isso acabe forçando a renegociação dos contratos de ambulâncias a taxas que devem situar-se em algum ponto médio entre os custos do MMC e os das ambulâncias contratadas.

PROGRAMAÇÕES DIÁRIAS TÍPICAS

Uma amostra das necessidades de transporte num dia normal é apresentada na Tabela 1. Esse período diário é considerado típico da demanda de serviços de transporte ao longo do ano. O serviço de transporte é prestado durante as 52 semanas do ano a uma média de 64 pacientes por dia. A relação dos pontos de recolhimento de pacientes está pronta no início do dia de trabalho; isso não impede que durante o dia sejam feitos ajustes, como cancelamentos, pedidos extras de coleta, ou mudanças nos horários acertados. Tais ocorrências não significam, mais que duas ou três numa relação de cerca de 60 pacientes. Alguns clientes simplesmente não aparecem quando a camioneta chega ao ponto combinado. Nem todos os pacientes precisam de transporte de retorno, pois várias vezes têm outras alternativas. Os horários de chegada e partida no MMC são conhecidos apenas por alguns pacientes. A Figura 3 mostra a distribuição da coleta e retorno numa semana típica.

Um relatório para o mês de novembro mostra o número de pacientes recolhidos por área de CEP. Muitos CEPs no município têm apenas poucos pacientes que poderão alguma vez

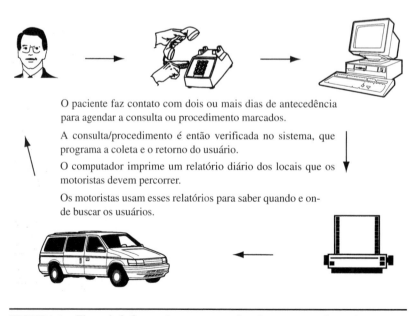

FIGURA 1 Fluxo de informações para o serviço de transporte de pacientes.

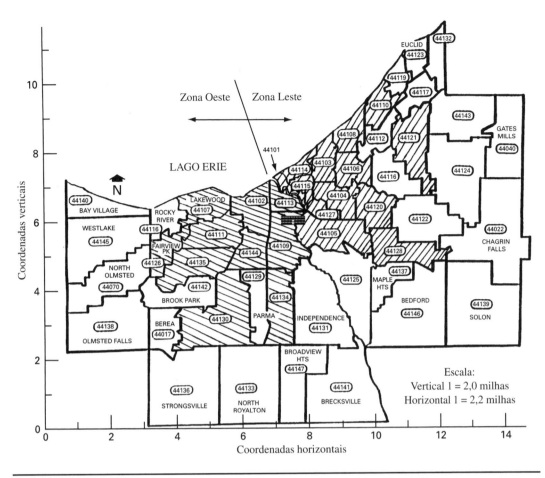

FIGURA 2 Áreas de coleta de pacientes pelo departamento de transporte do MMC nas zonas oeste e leste de Cleveland.

TABELA 1 Uma lista típica diária de consultas de pacientes do MMC atendidos pelo seu departamento de transportes

Nº	Hora da consulta[a]	Nome do paciente	CEP da busca[b]	Horário da chegada[c]	Horário de retorno[d]
1	8h30min	Baker, Horace	44104L	—	—
2	8h30min	Boyd, Jessie	44104L	—	9h50min
3	9h	Carver, William	44128L	8h40min	
4	9h	Ivey, Edna	44120L		12h09min
5	9h	Rashed, Kareemah	44110L	7h40min	
6	9h	Walsh, John	44126L	8h40min	10h12min
7	9h30min	Johnson, Fannie	44104L	8h40min	13h25min
8	9h45min	Burgess, David	44106L	8h57min	
9	9h45min	Delgado, Genoveva	44103L		
10	10h	Fairrow, Annie	44106L	8h57min	12h09min
11	10h	Middlebrooks, Sharon	44105L	9h40min	
12	10h	Suech, John	44107L		
13	10h	Lawson, Linnette	44104L	9h40min	12h09min
14	10h	Reed, William	44106L	10h10min	11h00min
15	10h45min	Bongiovanni, Anita	44105L	2h04min	
16	11h	Miller, Dawn	44105L	9h40min	11h00min
17	11h30min	Talley, Levannah	44120L		

(continua)

228 PARTE III • ESTRATÉGIA DO TRANSPORTE

TABELA 1 Uma lista típica diária de consultas de pacientes do MMC atendidos pelo seu departamento de transportes (*continuação*)

N^o	Hora da consulta[a]	Nome do paciente	CEP da busca[b]	Horário da chegada[c]	Horário de retorno[d]
18	11h45min	Williams, Irelia	44115L	10h10min	
19	12h30min	Dumas, Tyere	44105L	10h50min	14h10min
20	12h45min	Taylor, Frances	44120L		
21	13h	Barker, Mary	44105L		
22	13h	Lhota, Angelina	44127L	12h15min	
23	13h	Manco, Alessandro	44110L		
24	13h	Webb, Kimberly	44106L		
25	13h	Wilson, Daryl	44105L	12h15min	14h10min
26	14h	Arrington, Catherine	44120L		
27	14h	Staunton, Gerald	44104L		
28	14h	Wall, John	44105L		
29	14h	Williams, Alberta	44103L		14h54min
30	8h15min	Caruso, Betty	44109O		
31	8h30min	West, James	44102O		
32	9h	Amaro, Antonia	44102O		14h15min
33	9h	Brown, Frances	44109O		
34	9h	Ciesicki, Sophie	44129O		
35	9h	Pinkevich, Galina	44109O		
36	9h	Staufer, Kenneth	44102O		
37	9h	Winterich, Susan	44109O		
38	9h15min	Brown, Betsy	44135O		
39	9h30min	Ball, Ruth	44102O		
40	9h30min	Lanza, Santa	44102O		
41	9h30min	Mayernik, Elaine	44113O		
42	9h45min	Suech, John	44107O		
43	10h	Heffner, Betty	44135O		
44	10h	Jarrell, Barbara	44107O		
45	10h	Piatak, Robert	44134O		
46	10h	Swaysland, Louise	44102O		
47	11h	Baer, Barbara	44135O		
48	11h	Wills, Elizabeth	44107O		
49	13h	Fauber, Ann	44107O		
50	13h	Mullins, Cheryl	44113O		
51	13h	Pack, Mary	44144O		
52	13h15min	Westerfield, Joann	44102O		14h15min
53	13h30min	Lisiewski, Stella	44111O		14h15min
54	14h	McPherson, Gary	44107O		
55	14h30min	Mykytuk, Theresa	44102O		
56	15hs	Gutschmidt, Glenda	44102O		

[a] *Horário da chegada ao MMC para a consulta.*

[b] *L e O referem-se às zonas Leste e Oeste.*

[c] *Hora da chegada ao MMC.*

[d] *Saída do MMC para o retorno.*

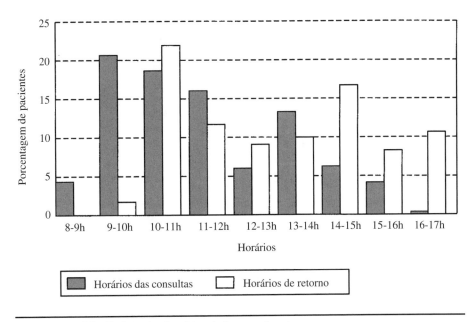

FIGURA 3 Distribuição dos horários de busca e de retorno.

utilizar os serviços de transporte do MMC. A Tabela 2 fornece o número de pacientes originários das várias áreas de CEPs.

CUSTOS DO VEÍCULO E DOS MOTORISTAS

A frota de veículos empregada pelo MMC no transporte de pacientes consiste em duas camionetas maiores, com capacidade para até 15 passageiros, e uma camioneta menor, para seis passageiros. A caminhoneta maior teve preço de compra de US$ 23 mil, e a menor, de US$ 19 mil. As caminhonetas têm vida útil de quatro anos e acumulam cerca de 30 mil milhas por ano. A manutenção custa US$ 1 mil por ano, com base nas 30.000 milhas percorridas, e não há valor residual no final da vida útil. A diretoria do MMC espera uma taxa de retorno mínima de 8% ao ano sobre esses veículos, embora a gerência logística considere mais realista a cifra de 18 a 20%.

Os motoristas encarregados do transporte de pacientes são escolhidos entre uma equipe de sete profissionais disponíveis. Os salários anuais, inclusive benefícios, chegam a US$ 23.500 anuais.

O Departamento de Serviços de Transporte funciona todos os dias, menos em fins-de-semana e feriados. Isso representa, em geral, 20 dias por mês ou 240 dias por ano. Já se calculou que o Departamento tem custo de US$ 8 por viagem de paciente, ou US$ 16 na ida-e-volta. Em contraste, a terceirização do serviço de provedores externos é uma alternativa disponível. Táxis têm sido usados a um custo médio de US$ 11 por pessoa/transporte. Historicamente, o hospital pagava uma conta mensal de US$ 10 mil por esses serviços. Mais recentemente, uma empresa de serviço de ambulâncias ganhou um contrato com o MMC para transportar pacientes ao custo adicional de US$ 4,33 por trajeto unidirecional de transporte (ida ou volta). Como o serviço é proporcionado como um adi-

TABELA 2 Número de pacientes usuários dos serviços de transporte do MMC, por CEP

CEP	Número de pacientes
44101	1
44102	154
44103	57
44104	73
44105	141
44106	70
44107	77
44108	42
44109	175
44110	56
44111	52
44112	1
44113	69
44114	7
44115	7
44120	51
44121	6
44126	19
44127	7
44128	29
44129	12
44130	4
44134	28
44135	115
44139	1
44142	1
44144	15
Total	1.270

cional ao contrato das ambulâncias de serviço, é aplicável um limite de 500 viagens ida-e-volta por mês. Se todo o transporte precisasse ser contratado com o serviço de ambulâncias, acredita-se que a taxa sofreria um aumento e ficaria de acordo com a taxa paga aos táxis.

A partir de estudos da operação de transporte, constatou-se que o tempo médio de embarque em cada parada era de seis minutos. A velocidade era de 25 milhas por hora na zona Leste da cidade, e de 30 milhas por hora na zona Oeste. No tráfego urbano, tanto as caminhoneta maiores quanto a menor conseguem fazer cerca de 13 milhas por galão de combustível. O combustível tem custo médio de um dólar por galão.

SERVIÇO AOS CLIENTES

Proporcionar aos pacientes um serviço de transporte de alto nível é uma das metas principais do MMC. Para optar preferencialmente pelos serviços hospitalares do MMC, os pacientes exigem transporte pontual e cortês. Preferem ser buscados o mais perto possível do horário de suas consultas e um retorno igualmente rápido depois de tudo pronto. Os médicos se queixam quando acontece de os clientes não chegarem na hora marcada das consultas em função de atrasos no transporte. A gerência do MMC têm consciência de que a receita gerada por pacientes que escolhem o MMC por causa do seu serviço de transporte é consideravelmente alta. Por todos estes motivos, o serviço aos clientes precisa ser prioridade do MMC.

PERGUNTAS

1. Quais as caminhonetas da frota atual a serem utilizadas? Até que ponto deveria ir a terceirização do serviço de transporte de pacientes?
2. Quantas viagens terceirizadas o MMC deveria negociar, e a que preço?
3. O MMC analisa a possibilidade de utilizar apenas as camionetas para seis passageiros. Seria esta a melhor opção?

Orion Foods, Inc.

Anita Bailey é a nova gerente de tráfego da Orion Foods, empacotadora de uma farta variedade de frutas e vegetais vendidos ao longo dos Estados Unidos. O primeiro projeto atribuído a Anita pelo diretor de operações, seu novo chefe, tem por objetivo "acabar com a confusão da distribuição para a Costa Oeste" nessa área de atividade. Em comparação com a distribuição de produtos em outras regiões dos Estados Unidos, o custo da distribuição na região da Costa Oeste é considerado excessivamente alto. Claro que é possível reduzir esses custos, foi logo pensando Anita Bailey.

DISTRIBUIÇÃO ATUAL

A Orion empacota e distribui por todo os Estados Unidos sua linha de frutas e vegetais, que inclui algumas importações da América do Sul e do Canadá. Na Costa Oeste, como mostrado na Figura 1, a Orion conta com centros regionais de distribuição em Fresno, Califórnia, e Burns, Oregon. A partir desses armazéns centrais, são abastecidos armazéns locais que dão conta da demanda do varejo nas respectivas regiões. Existem sete desses armazéns locais: 1) Los Angeles, Califórnia; 2) Phoenix, Arizona; 3) Salt Lake City, Utah; 4) San Francisco, Califórnia; 5) Portland, Oregon; 6) Butte, Montana, e 7) Seattle, Washington. O centro regional de Burns abastece os centros locais de Portland, Seattle e Butte. O centro regional de Fresno supre os demais. A capacidade dos centros regionais é de 50.000 cwt.[1] de estoques para Fresno e 15.000 cwt. de estoques para Burns. Cada um deles tem uma taxa de giro[2] de estoques igual a 8. Os armazéns locais têm volumes anuais médios de processamento conforme a Tabela 1. Dados adicionais de locação figuram no Apêndice A.

A Orion contrata empresas de transporte rodoviário para a movimentação de seus produtos entre os centros regionais e locais. Os contratos estabelecem o pagamento de US$ 1,30 por milha por cargas completas de 30 mil libras, o tamanho padrão de embarque. Anita entende que o seu antecessor deixou a escollha das rotas a cargo dos transportadores contratados, supondo que eles tivessem melhores condições de determinar as rotas ideais, mesmo tendo a Orion a opção de especificar as rotas a serem usadas. Ela não sabe quais são as rotas usadas pelos contratados.

O armazém regional de Burns opera perto do seu limite de capacidade. Uma eventual expansão poderia representar a aquisição de espaço adicional em incrementos mínimos de 10.000 cwt. de estoque, ao custo de US$ 300 mil por incremento.

Anita tomou conhecimento de projeções de crescimento para a região que a deixaram animada com a proporção dos progressos esperados. O departamento de *marketing* já elaborou projeções de vendas para os próximos cinco anos (Tabela 2). Ela também soube que a direção da empresa está estudando a possibilidade de consolidar os armazéns de Fresno e Burns em apenas uma unidade, que ficaria em Reno, Nevada. Embora isso viesse a exigir um investimento imediato de US$ 2.000.000[3], os estoques totais poderiam ser reduzidos em até 40% como efeito desta consolidação. Os custos de manutenção dos estoques são estimados em cerca de 35% ao ano, antes dos impostos, e o custo padrão de um *mix* de 100 libras de produtos é de US$ 60,00.

---

[1] Um cwt. é igual a cem libras-peso.
[2] É a razão entre as saídas anuais e o estoque médio.
[3] Custo para construir e equipar o centro de Reno e para vender os de Fresno e Burns.

PERGUNTAS

1. Anita pode melhorar as condições atuais das operações?
2. O eventual aumento do armazém em Burns, Oregon, trará algum benefício para o negócio da Orion?
3. A consolidação das operações de armazenagem em Reno, Nevada, terá alguma vantagem real?

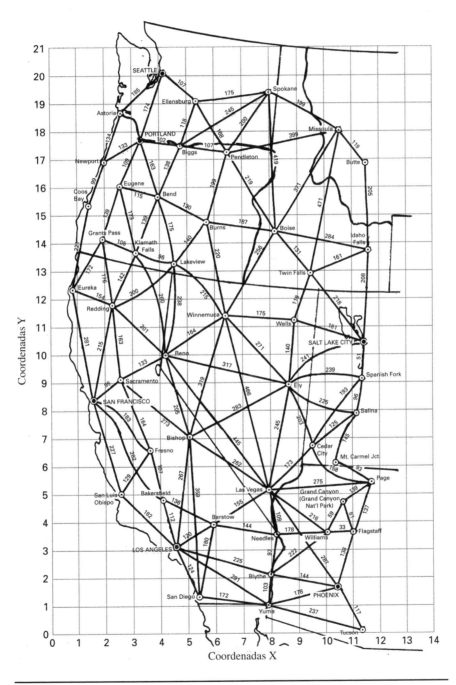

FIGURA 1 Rede de rodovias para a área de distribuição da Orion na costa oeste, com distâncias aproximadas, em milhas.

232 PARTE III • ESTRATÉGIA DO TRANSPORTE

TABELA 1 Volumes médios de processamento anual nos centros locais com custos de transporte

Armazéns locais	Abastecidos por	Volume de processamento anual, em cwt.	Custos anuais de transporte, em US$
Los Angeles, CA	Fresno, CA	110.000	104.485
Phoenix, AZ	Fresno, CA	60.000	163.280
Salt Lake City, UT	Fresno, CA	35.000	131.871
San Francisco, CA	Fresno, CA	84.000	66.612
Portland, OR	Burns, OR	43.000	54.470
Butte, MT	Burns, OR	5.000	15.846
Seattle,WA	Burns, OR	56.000	115.710
Totais		393.000	652.274

TABELA 2 Projeções de 5 anos para processamento dos armazéns

Armazém local	Volume de processamento anual, em cwt.
Los Angeles, CA	132.000
Phoenix, AZ	84.000
Salt Lake City, UT	56.000
San Francisco, CA	105.000
Portland, OR	57.000
Butte, MT	15.000
Seattle, WA	79.000
Total	528.000

APÊNDICE A Dados de identificação dos nós

Seq.	Nº do nó	Nome do nó	Coordenadas X	Coordenadas Y
1	1	Seattle, WA	4,00	20,10
2	2	Ellenberg, WA	5,40	19,00
3	3	Spokane, WA	8,00	19,40
4	4	Astoria, OR	2,60	18,70
5	5	Portland, OR	3,30	17,70
6	6	Biggs, OR	4,80	17,40
7	7	Pendleton, OR	6,50	17,20
8	8	Missoula, MT	10,50	18,00
9	9	Newport, OR	2,00	16,90
10	10	Butte, MT	11,60	16,80
11	11	Eugene, OR	2,50	16,00
12	12	Bend, OR	3,90	15,70
13	13	Coos Bay, OR	1,40	15,30
14	14	Burns, OR	5,70	14,70
15	15	Boise, ID	8,20	14,30
16	16	Idaho Falls, ID	11,70	13,70
17	17	Grants Pass, OR	1,90	14,10
18	18	Klamath Fls, OR	3,10	13,60
19	19	Lakeview, OR	4,50	13,20
20	20	Twin Falls, ID	9,50	12,90

(continua)

APÊNDICE A	Dados de identificação dos nós	(continuação)		
Seq.	Nº do nó	Nome do nó	Coordenadas X	Coordenadas Y
21	21	Eureka, CA	0,80	12,20
22	22	Redding, CA	2,20	11,80
23	23	Winnemucca, NV	6,40	11,30
24	24	Wells, NV	8,90	11,20
25	25	S Lake City, UT	11,50	10,40
26	26	Reno, NV	4,20	9,90
27	27	Sacramento, CA	2,50	9,10
28	28	Spanish Fork, UT	11,40	9,10
29	29	Ely, NV	8,70	8,90
30	30	S Francisco, CA	1,60	8,30
31	31	Salina, UT	11,10	7,90
32	32	Bishop, CA	5,10	7,10
33	33	Cedar City, UT	9,60	6,70
34	34	Fresno, CA	3,70	6,60
35	35	Mt Carmel J., UT	10,30	6,10
36	36	S L Obispo, CA	2,50	5,00
37	37	Bakersfield, CA	4,10	4,80
38	38	Las Vegas, NV	7,90	5,10
39	39	Page, AZ	11,70	5,40
40	40	Grd Canyon, AZ	10,70	4,70
41	41	Barstow, CA	5,90	3,90
42	42	Flagstaff, AZ	11,00	3,60
43	43	Williams, AZ	10,00	3,50
44	44	Needles, CA	8,20	3,50
45	45	Los Angeles, CA	4,50	3,10
46	46	Blythe, CA	8,00	2,10
47	47	San Diego, CA	5,30	1,30
48	48	Yuma, CA	7,80	1,00
49	49	Phoenix, AZ	10,40	1,60
50	50	Tucson, AZ	11,30	0,10

R&T Wholesalers

A R&T Wholesalers distribui mercadorias em geral para varejistas em toda a Índia. Existem inúmeros armazéns distribuídos pelo país que funcionam como pontos de estocagem e depósitos para veículos de entrega que servem aos varejistas localizados nas cidades próximas aos armazéns. O armazém que serve aos distritos de Prakasam, Guntur, Krishna, West Godavari e East Godavari fica em Vijayawada. Os caminhões fazem entregas todos os dias da semana, menos sábados e domingos (24 dias/mês) e cada cidade é visitada duas ou quatro vezes por mês, ou seja, a cada quinzena ou semanalmente. Existe a flexibilidade suficiente para permitir que uma cidade visitada duas vezes por mês possa estar num ciclo entre as semanas 1 e 3 ou 2 e 4. O dia da entrega semanal é determinado pelo expedidor. Uma cidade pode ter suas entregas feitas em qualquer dos cinco dias úteis da semana. O gerente de logística pretende criar rotas eficientes para a frota da empresa, capazes de minimizar tanto o número de caminhões necessários ao longo do ciclo mensal de planejamento quanto a quilometragem total da frota. Entende ele que desta forma serão minimizados os custos com os motoristas e com a operação dos caminhões.

O volume de entregas é representado em termos de atividade média de vendas por cidade visitada, o que agrega as paradas em um número de varejistas na cidade. A partir de um mapa da região do armazém (Figura 1), coordenadas lineares são elaboradas para o armazém e cada uma das cidades. As coordenadas têm um fator de escala de mapa de uma unidade coordenada = 12,2 quilômetros. O fator de circuito que transforma distâncias lineares em distâncias de estrada é de 1,12. Os dados de localização, bem como os tempos de descarga nas paradas, são resumidos na Tabela 1. Os tempos de descarga são as horas necessárias para desembarcar a mercadoria do caminhão nas instalações do varejista. Como pode haver mais de um varejista por cidade, os tempos de descarga representam o tempo total de descarga em todos os varejistas na cidade.

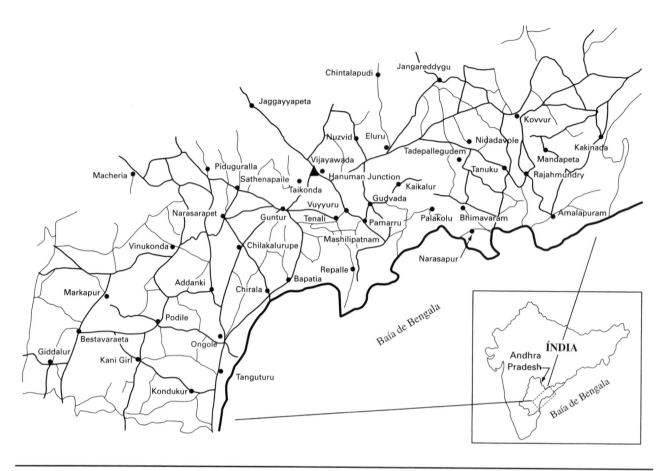

FIGURA 1 Território de entregas do armazém de Vijayawada (o mapa não está em escala).

Há, no momento, quatro caminhões T407 para as entregas, cada um deles com capacidade de Rs 500.000, e quatro caminhões T310 com capacidade de Rs 350.000. A capacidade é expressa em termos de vendas em rúpias (Rs). Os caminhões operam na região a uma velocidade média de 40 km/h seja qual for o dia da semana. O T407 tem um custo operacional de Rs 13.500 por mês com custo de rodagem de Rs 5,00 por quilômetro, enquanto o T310 tem custo operacional de Rs 7.000 e custo de rodagem de Rs 3,00/km. Cada caminhão tem equipe composta por um motorista e um ajudante. O motorista ganha Rs 2.200 por mês, e o ajudante, Rs 1.400. As equipes são contratadas conforme as necessidades mensais. Em viagem, cada integrante da equipe recebe uma diária de Rs 60 para despesas com refeições e outras. As paradas de descanso/refeição são planejadas para ocorrer às 6h, ao meio-dia e às 18 horas. Os intervalos para café da manhã e almoço são de 30 minutos cada, e para o jantar, de 60 minutos. Os horários dos intervalos não precisam ser rigorosamente observados. Descansos informais podem ser feitos durante o dia, conforme o andamento da viagem e dos tempos de descarga. O caminhoneiro e seu ajudante têm direito a um intervalo noturno mínimo de oito horas antes do reinício da jornada no dia seguinte. Não são pagas horas extras, sendo a política preferencial da empresa fazer com que as equipes retornem diariamente ao armazém de partida, em lugar de pernoitar na estrada.

A norma operacional determina que os caminhões façam as entregas nas cidades das 9h até as 18 horas. Os caminhões voltam ao depósito, são carregados durante a noite e partem na manhã seguinte para outro roteiro. Os primeiros horários de partida ocorrem à zero hora de segunda-feira e todos os dias até a sexta-feira seguinte. Essas partidas podem ser necessárias para que se chegue a cidades mais distantes conseguindo cumprir as restrições de janelas de tempo, tempo na estrada, etc. Os caminhões eventualmente de volta ao depósito no mesmo dia da partida, em viagens mais curtas, podem ser reencaminhados com a mesma tripulação, para outro roteiro, com o intervalo de duas horas para a recarga. As tripulações que fazem múltiplas rotas num mesmo dia não ganham salários dobrados.

A companhia pode terceirizar as entregas a uma taxa estimada de Rs 15,00 por quilômetro, só de ida. Essa taxa se aplica como se fosse entrega simples, seja qual for o volume carregado ou o número de paradas feitas num determinado roteiro. É igualmente possível trabalhar com um misto de entregas por contrato e particulares.

As distâncias entre todas as cidades figuram na Tabela 2. A distância é a mesma qualquer que seja a direção da viagem.

TABELA 1 Atividades de venda e coordenadas dos pontos na região do armazém de Vijayawada

N^o	Cidade	Coordenadas		Vendas por visita, em rúpias	Vendas por mês	Horas por visita/cidade
		X	Y			
0	Vijayawada	19,4	15,1	Armazém	—	—
1	Tanguturu	14,5	5,3	66,000	2	1,0
2	Podili	10,7	7,0	24,000	2	0,5
3	Ongole	14,5	6,2	305,000	4	2,5
4	Markapur	7,7	8,2	60,000	2	0,5
5	Kani Giri	9,6	5,1	24,000	2	2,5
6	Kondukur	13,2	3,5	90,000	2	1,0
7	Giddalur	3,8	5,0	25,000	2	1,0
8	Chirala	17,2	9,0	98,000	4	2,0
9	Bestavaipetta	6,3	6,3	25,000	2	0,5
10	Addanki	13,9	8,8	60,000	2	0,5
11	Chilakalurupet	15,4	11,4	92,000	2	1,0
12	Narasaraopet	14,5	12,5	100,000	4	1,0
13	Vinukonda	11,8	11,0	65,000	2	1,0
14	Tadikonda	18,1	14,3	60,000	2	1,0
15	Sattenapalle	15,2	14,0	45,000	2	1,0
16	Repalie	21,3	10,6	50,000	2	1,0
17	Guntur	18,0	13,0	450,000	4	3,0
18	vuyyuru	21,3	13,6	39,000	4	1,0
19	Tenali	19,7	12,5	140,000	4	1,0
20	Pamarru	22,3	13,2	62,000	2	1,0
21	Nuzvid	21,3	17,5	37,000	2	0,5
22	Machilipatnam	23,8	12,0	108,000	4	1,0
23	Kaikalur	24,4	15,5	48,000	2	1,0
24	Jaggayyapeta	14,9	18,5	37,000	2	0,5
25	Hanuman Junction	19,5	15,2	50,000	2	1,0
26	Gudivada	22,7	14,3	180,000	2	1,0
27	Bapatia	18,2	9,7	82,000	2	1,0
28	Rajahmundry	29,5	19,6	470,000	4	3,5
29	Mandapeta	30,8	18,3	170,000	2	2,0
30	Narasapur	28,7	14,5	160,000	2	1,0
31	Amaiapuram	31,5	15,6	90,000	2	1,0
32	Kakinada	33,5	19,1	228,000	4	2,0
33	Kovvur	29,0	19,7	45,000	2	1,0
34	Tanuku	28,8	17,4	134,000	2	1,0
35	Nidadvole	28,5	18,7	50,000	2	1,0
36	Tadepallegudem	27,2	17,9	130,000	4	1,5
37	Eluru	23,6	17,0	198,000	4	2,0
38	Palakolu	25,9	15,7	180,000	4	1,0
39	Bhimavaram	27,3	15,3	148,000	4	1,5
40	jangareddygudem	25,2	20,6	68,000	2	0,5
41	Chintalapudi	22,5	20,0	68,000	2	0,5
42	Macheria	9,1	14,7	150,000	2	2,0
43	Piduguralia	13,2	14,8	30,000	2	1,0

TAREFA

Projete o roteiro para um mês normal de operações mostrando:

1. O número e tipo dos caminhões necessários
2. As rotas dos caminhões com a seqüência de paradas
3. Os dias em que uma cidade deve ser visitada num mês de quatro semanas
4. A programação da utilização dos caminhões durante o mês
5. A programação da utilização das tripulações

O objetivo aqui é minimizar os custos mensais totais dos caminhões, das tripulações e das diárias.

TABELA 2 Distâncias rodoviárias aproximada entre cidades (em km) – Ver na Tabela 1 os números das cidades

	0	1	2	3	4	5	6	7	8	9	10	11	12	13	14	15	16	17	18	19	20	21	22
0	0																						
1	150	0																					
2	162	76	0																				
3	139	29	47	0																			
4	186	138	45	92	0																		
5	191	64	29	76	64	0																	
6	180	14	79	43	124	50	0																
7	254	151	97	146	61	82	91	0															
8	89	79	97	50	142	126	93	194	0														
9	216	118	60	107	24	54	104	33	157	0													
10	114	65	51	36	96	80	79	144	86	111	0												
11	74	105	91	69	136	120	119	184	39	151	40	0											
12	76	126	112	90	157	141	140	205	60	172	61	21	0										
13	118	102	62	73	72	86	116	159	102	222	37	63	42	0									
14	21	155	141	119	186	170	169	234	89	201	90	50	49	91	0								
15	59	145	131	109	176	160	159	224	79	191	80	40	19	61	49	0							
16	67	137	155	108	127	184	151	254	58	215	134	85	84	126	65	84	0						
17	35	140	126	104	171	155	154	219	74	186	75	35	34	76	15	34	50	0					
18	33	202	188	166	233	217	216	281	78	248	137	97	96	138	52	96	97	62	0				
19	36	140	150	111	195	179	154	243	61	210	99	59	58	102	39	58	35	24	66	0			
20	47	217	203	181	248	232	231	296	93	263	152	112	111	153	67	111	112	77	15	81	0		
21	42	311	297	275	342	326	325	390	187	357	246	206	205	247	161	205	206	102	115	106	55	0	
22	74	241	227	205	272	256	255	320	117	287	176	136	135	177	91	135	136	101	39	105	24	74	0
23	68	240	226	204	271	255	254	319	116	286	175	135	134	176	90	134	135	100	63	104	48	72	66
24	77	205	191	169	236	220	219	284	139	251	140	100	79	121	109	60	144	94	103	109	118	94	142
25	2	172	158	136	203	187	186	251	48	218	107	67	66	108	22	66	67	32	30	36	45	70	69
26	47	208	194	172	239	223	222	287	84	254	143	103	102	144	58	102	103	68	22	72	15	45	34
27	76	92	110	63	155	139	106	209	13	170	99	52	73	115	63	93	45	48	62	48	125	150	149
28	151	297	283	261	328	312	311	376	173	343	232	192	191	233	147	191	192	157	135	161	140	112	197
29	162	342	328	306	373	357	356	421	218	388	277	237	236	278	192	236	237	202	175	206	160	142	148
30	127	303	289	267	334	318	317	382	179	349	238	198	197	239	153	197	198	163	126	167	111	135	129
31	165	328	314	292	359	343	342	407	204	374	263	223	222	264	178	222	223	188	151	192	136	160	154
32	200	388	374	352	419	403	402	467	264	434	323	283	282	324	238	282	283	248	221	252	206	188	194
33	146	307	293	271	338	322	321	386	183	353	242	202	201	243	157	201	202	167	130	171	135	107	148
34	132	302	288	266	333	317	316	381	178	348	237	197	196	238	152	196	197	162	135	166	120	102	108
35	134	324	310	288	355	339	338	403	200	370	259	219	218	260	174	218	219	184	157	188	142	124	130
36	113	250	236	214	281	265	264	329	126	296	185	145	144	186	100	144	145	110	73	114	78	50	89
37	63	235	221	199	266	250	249	314	111	281	170	130	129	171	85	129	130	95	58	99	63	35	74
38	85	258	244	222	289	273	272	337	134	304	193	153	152	194	108	152	153	118	81	122	66	90	84
39	108	276	262	240	307	291	290	355	152	322	211	171	170	212	126	170	171	136	99	140	84	108	102
40	109	290	276	254	321	305	304	369	166	336	225	185	184	226	140	184	185	150	113	154	118	90	129
41	80	282	268	246	313	297	296	361	158	328	217	177	176	218	132	176	177	142	105	146	110	82	121
42	141	188	140	159	95	159	219	156	130	119	123	91	70	76	119	82	154	104	166	128	181	206	205
43	85	143	129	114	137	158	157	220	80	187	78	71	50	65	80	31	115	65	127	89	142	167	166

	23	24	25	26	27	28	29	30	31	32	33	34	35	36	37	38	39	40	41	42	43
0																					
1																					
2																					
3																					
4																					
5																					
6																					
7																					
8																					
9																					
10																					
11																					
12																					
13																					
14																					
15																					
16																					
17																					
18																					
19																					
20																					
21																					
22																					
23	0																				
24	166	0																			
25	68	73	0																		
26	32	109	36	0																	
27	148	153	80	116	0																
28	131	198	125	117	205	0															
29	112	243	170	144	250	24	0														
30	63	229	131	95	211	80	60	0													
31	88	254	156	120	236	69	50	47	0												
32	158	289	216	190	296	56	46	102	55	0											
33	112	208	135	112	215	7	29	80	76	75	0										
34	72	203	130	104	210	40	40	40	52	86	40	0									
35	94	199	126	103	206	22	44	62	72	60	15	22	0								
36	85	151	78	55	158	62	107	63	119	36	57	50	48	0							
37	70	136	63	40	143	77	122	78	134	153	72	67	63	15	0						
38	18	184	86	50	166	113	94	45	70	90	90	54	76	50	69	0					
39	36	202	104	68	184	95	76	27	52	72	72	36	58	36	51	18	0				
40	125	191	118	95	198	65	115	115	127	30	50	75	53	42	55	91	73	0			
41	117	183	110	87	190	69	157	125	158	24	62	117	62	55	47	124	106	38	0		
42	204	142	136	172	152	261	306	267	292	352	271	266	262	214	199	222	240	254	246	0	
43	165	91	97	133	113	222	267	192	253	313	232	227	223	175	160	183	201	215	207	63	0

PARTE

IV

Estratégia de Estoque

CAPÍTULO 8

Necessidades de Previsão da Cadeia de Suprimentos

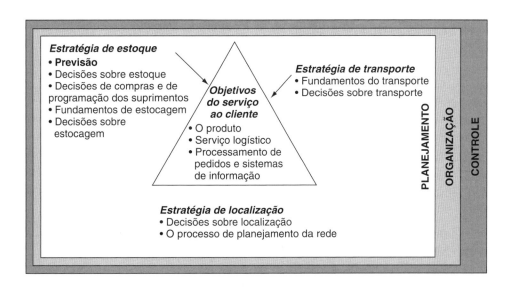

Eis que aí vêm sete anos de abundância por toda a terra... mas a eles seguir-se-ão sete anos de fome, e toda aquela abundância será esquecida...
— Gênesis, 41:28-30

O planejamento e o controle das atividades da cadeia de suprimentos/logística dependem de estimativas acuradas dos volumes de produtos e serviços a serem processados pela cadeia de suprimentos. Tais estimativas ocorrem tipicamente na forma de planejamentos e previsões. Porém, não é responsabilidade exclusiva do profissional de logística produzir a previsão geral da empresa. Muito provavelmente esta tarefa será atribuída ao *marketing*, planejamento econômico ou a um grupo especialmente formado para isso. Sob determinadas circunstâncias, principalmente no campo do planejamento de curto prazo para controle de estoques, enquadramento dos pedidos ou programação dos transportes, profissional de logística naturalmente se considera indicado para a geração desse tipo de informação. Por isso mesmo, o presente capítulo é dedicado a uma visão geral das técnicas de previsão mais indicadas para uma utilização direta no planejamento e controle logístico.

A discussão volta-se preferencialmente para a previsão da demanda. A necessidade de projeções de demanda é comum no processo de planejamento e controle. Contudo, determinados tipos de problemas de planejamento – como controle de estoques, economia em compras, e controle de custos, previsões dos prazos de entrega, preços e custos – podem se mostrar igualmente necessários. As técnicas de previsão discutidas neste capítulo são igualmente aplicáveis a esses problemas.

Quando a incerteza da variável é tão alta que as técnicas mais comuns de previsão e suas utilizações no planejamento da cadeia de suprimentos levam a resultados insatisfatórios, surge a necessidade de outras moda-

NATUREZA DAS PREVISÕES

lidades de previsões. A previsão colaborativa é uma abordagem contemporânea da previsão de demanda. Todas essas alternativas à previsão tradicional são igualmente debatidas nas páginas a seguir.

NATUREZA DAS PREVISÕES

A previsão dos níveis de demanda é vital para a empresa como um todo, à medida que proporciona a entrada básica para o planejamento e controle de todas as áreas funcionais, entre as quais Logística, *Marketing*, Produção e Finanças. Os níveis de demanda e os momentos em que ocorrem afetam fundamentalmente os índices de capacidade, as necessidades financeiras e a estrutura geral de qualquer negócio. Cada uma das áreas funcionais tem problemas específicos de previsão. A previsão logística abrange tanto a natureza espacial quanto a natureza temporal da demanda, a extensão de sua variabilidade e seu grau de aleatoriedade.

Demanda Espacial *versus* Demanda Temporal

Preocupações sobre o tempo, ou temporais, com relação aos níveis de demanda são comuns na previsão. A variação da demanda de acordo com o tempo é um resultado do crescimento ou do decréscimo nas taxas de vendas, sazonalidade do padrão da demanda e flutuações gerais causadas por um sem-número de fatores. Muitos métodos de previsão de curto prazo trabalham com esse tipo de variação temporal, nas chamadas de séries temporais.

A logística tem dimensões tanto de espaço quanto de tempo. Ou seja, o especialista precisa saber *onde* e também *quando* irá se manifestar o volume da demanda. A localização espacial da demanda é indispensável para planejar a localização de armazéns, determinar o balanceamento dos estoques ao longo da rede logística, e alocar geograficamente os recursos de transporte. As técnicas de previsão devem ser selecionadas de modo a refletir as diferenças geográficas capazes de influir sobre os padrões de demanda. Da mesma forma, essas técnicas podem ser diferentes dependendo de se tratar de uma demanda prevista e depois desagregada por locação geográfica (previsão de cima para baixo) ou de se tratar de previsão desagregada de cada localização geográfica e posterior agregação apenas se necessário (previsão de baixo para cima).

Demanda Irregular *versus* Demanda Regular

Os profissionais de logística reúnem produtos em grupos a fim de diferenciar níveis de serviços entre eles, ou simplesmente para administrá-los diferenciadamente. Esses grupos e seus itens componentes formam padrões variados de demanda com o passar do tempo. Quando a demanda é "regular", sua representação típica é a de um dos padrões gerais mostrados na Figura 8-1. Ou seja, os padrões de demanda podem ser divididos em componentes de tendência, sazonais ou aleatórios. Desde que as variações aleatórias constituam uma parte pequena da variação restante na série de tempo, o sucesso da boa previsão é normalmente obtido a partir de procedimentos conhecidos.

Quando a demanda de determinados itens é intermitente, em função do baixo volume geral e da incerteza quanto a quando e em que nível essa demanda ocorrerá, a série de tempo é chamada de incerta, ou irregular, como na Figura 8-2. Encontra-se normalmente esse padrão em produtos que estão entrando ou saindo de uma linha de produção, que são procurados por poucos clientes, divididos entre um número excessivo de localizações de tal forma que a demanda em cada uma delas é baixa, ou então em subprodutos da demanda por outros artigos. Semelhantes padrões de demanda têm previsão especialmente difícil com a utilização das técnicas mais comuns. Contudo, pelo fato de tais artigos poderem representar até 50% dos produtos de uma empresa, eles constituem um problema muito especial de previsão de demanda para o especialista em logística.

Demanda Dependente *versus* Demanda Independente

A natureza da demanda pode ser altamente diferenciada, dependendo do modo de operar da empresa para a qual o especialista trabalha. Em um caso, a demanda é gerada a partir de muitos clientes, a maioria dos quais faz compras individuais de apenas uma fração do volume total distribuído pela empresa. Neste caso, trata-se de demanda independente. Em outro caso, a demanda deriva das exigências especificadas em programas de produção, sendo então considerada dependente. Por exemplo, o número de novos pneus a serem encomendados de um fornecedor é um múltiplo do número de carros novos que um fabricante colocará em produção. Esta diferença fundamental dá origem a meios alternativos de previsão das necessidades.

Quando temos demanda independente, os procedimentos de previsão estatística dão bons resultados. A maior parte dos modelos de previsão de curto prazo tem base em condições de demanda independente e aleatória. Pelo contrário, os padrões da demanda dependente são altamente influenciados e não aleatórios. O entendimento dessas influências substitui a necessidade da previsão, pois a demanda é conhecida antecipadamente.

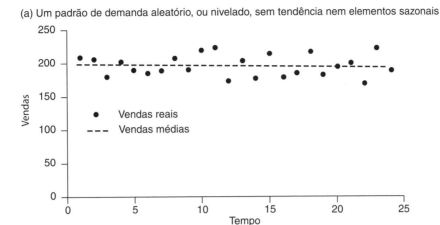

(a) Um padrão de demanda aleatório, ou nivelado, sem tendência nem elementos sazonais

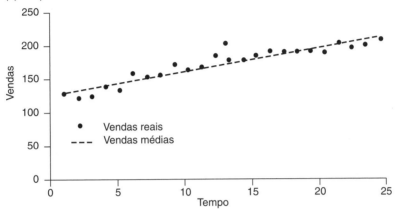

(b) Um padrão de demanda aleatório com tendência crescente mas sem elementos sazonais

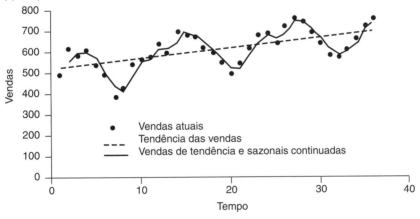

(c) Um padrão de demanda aleatório com tendência e elementos sazonais

FIGURA 8-1 Alguns padrões típicos de demanda "regular".

A previsão de necessidades através da demanda dependente resulta em previsões perfeitas, uma vez que a demanda do produto final é conhecida antecipadamente e com exatidão. Esse tipo de procedimento é um bom exemplo da maneira pela qual a previsão pode ser aperfeiçoada pelo reconhecimento de influências sistemáticas, regularidades e padrões que ocorrem na demanda com o passar do tempo. Quando as causas da variação na demanda são incertas e têm origem em muitos fatores, existe a aleatoriedade. Processos de previsão funda-

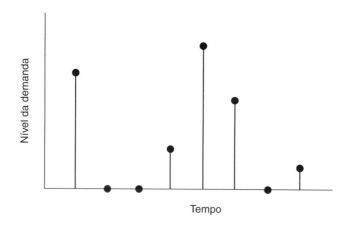

FIGURA 8-2 Exemplo de um padrão de demanda incerta.

mentados em estatísticas trabalham eficientemente com o último caso, e serão o foco do restante deste capítulo.

Exemplo

A Divisão de Equipamentos Elétricos de um grande fabricante produz uma linha de motores elétricos fracionais para clientes industriais que, por sua vez, utilizam tais componentes em produtos acabados, como limpadores e polidores de assoalho. Mesmo não se tratando de um produto particularmente complexo, cada um desses motores pode conter no seu todo entre 50 e 100 peças individuais. Os programas de produção eram desenvolvidos a partir de pedidos recebidos pela empresa para entrega futura e a partir de uma previsão para a produção de motores mais simples. Com base em tais necessidades, elaborou-se um cronograma de produção para três meses que mostrava quando um determinado modelo de motor seria produzido, e em que quantidades. Cabia então ao gerente de materiais garantir a disponibilidade de todos os subcomponentes e materiais de acordo com as necessidades da produção.

Foram utilizados dois métodos básicos para determinar as necessidades do planejamento de suprimentos. Para os materiais utilizados na maioria dos motores produzidos (fio de cobre, lâminas de aço e tinta), fez-se uma previsão do da taxa de utilização. A seguir, compraram-se os materiais necessários para garantir um estoque. Componentes de valor mais alto e projetados para o cliente, o eixo do rotor e rolamentos, foram comprados de acordo com as necessidades decorrentes do programa de produção. As necessidades de compra desses artigos eram derivadas do programa de produção mediante a "explosão" da lista de materiais. Por exemplo, suponha que três modelos do motor devam ser produzidos num determinado mês. Existem 200, 300 e 400 motores para cada modelo a ser produzido. Cada modelo exige o mesmo cabo de rotor, mas os modelos 1 e 2 precisam de dois rolamentos, cada, e o modelo 3, de apenas um. Logicamente, a necessidade de 900 cabos de rotor e de 1.400 rolamentos representa simplesmente a derivação da lista de materiais para cada modelo de motor e depois combinada por tipo de componente necessário para formar as necessidades totais de cada peça.

Observe que a empresa está usando uma combinação de procedimentos de previsões estatísticas e procedimentos de demanda dependente a fim de planejar os fluxos de suprimento de materiais. A previsão estatística foi usada eficientemente em 20% das matérias-primas. O planejamento das necessidades foi reservado para os restantes 10% compostos por produtos de alto valor, indispensáveis ou customizados para o produto final.

MÉTODOS DE PREVISÃO

Vários são os métodos padronizados de previsão disponíveis. Tais métodos são divididos em três categorias: qualitativos, de projeção histórica e causais. Cada grupo tem diferentes graus em termos de exatidão relativa em previsões de longo prazo e de curto prazo, o nível de sofisticação quantitativa utilizado e a base lógica (dados históricos, opiniões de especialistas, ou estudos) da qual a previsão é derivada. Um resumo e uma breve descrição de algumas técnicas de previsão, entre elas os métodos mais utilizados, estão na Tabela 8-1.

Métodos Qualitativos

Métodos qualitativos são aqueles que recorrem a julgamento, intuição, pesquisas ou técnicas comparativas a fim de produzir estimativas quantitativas sobre o futuro. As informações relativas aos fatores que afetam a previsão são tipicamente não quantitativas, flexíveis e subjetivas. Quanto aos dados históricos, é possível que não estejam ao alcance ou que tenham escassa relevância para a previsão. A natureza não científica desses métodos torna difícil sua padronização ou mesmo a validação de sua exatidão. Há, porém, ocasiões em que esses métodos são todo o arsenal de que se dispõe para prever o sucesso de novos produtos, mudanças de políticas de governo, ou o impacto de uma nova tecnologia. Deve-se optar por eles preferencialmente em previsões de médio a longo alcance.

Métodos de Projeção Histórica

Quando se dispõe de um número razoável de dados históricos e a tendência e variações sazonais nas séries de tempo são estáveis e bem definidas, a projeção desses dados no futuro pode representar uma maneira eficiente de previsão de curto prazo. A premissa básica é que o padrão de tempo futuro será uma repetição do passado, pelo menos em sua maior parte. A natureza quantitativa das séries de tempo incentiva o uso de modelos matemáticos e estatísticos como principais fontes de previsão. A exatidão que se pode alcançar para períodos de tempo de menos de seis meses é em geral muito boa. Esses modelos funcionam bem simplesmente devido à estabilidade inerente às séries de tempo no curto prazo.

Modelos de séries de tempo dos tipos registrados na Tabela 8-1 são reativos por natureza. São modelos que detectam mudanças a partir da atualização sempre que novos dados se tornam disponíveis, uma característica que lhes permite adaptar-se a mudanças nos padrões de tendências e sazonais. Quando, porém, se trata de mudança rápida, os modelos só sinalizam tal alteração depois de sua ocorrência. Por isso, há quem sustente que as projeções por tais modelos retardam mudanças fundamentais nas séries de tempo e não são eficientes na sinalização de mudanças fundamentais antes da respectiva ocorrência. Isto, no entanto, não é necessariamente uma limitação grave quando as previsões são feitas tendo em vista horizontes temporais curtos, a menos que se trate de mudanças realmente profundas.

TABELA 8-1   Resumo de técnicas selecionadas de previsão[a]

Método	Descrição	Horizonte de tempo da previsão[x]
Delphi [b]	Um painel de especialistas é interrogado por uma seqüência de questionários em que as respostas a um destes são usadas para produzir o próximo. Qualquer conjunto de informações disponível para alguns especialistas é então repassado aos demais, possibilitando a todos eles acesso ao conjunto integral de informações para previsão. Esta técnica elimina o efeito cascata da opinião das maiorias.	Médio-Longo
Pesquisa de mercado [c]	O procedimento sistematizado, formal e consciente para a evolução e testes de hipóteses sobre os verdadeiros mercados.	Médio-Longo
Painel de consenso	Técnica baseada na suposição de que vários especialistas podem chegar a uma previsão melhor do que apenas uma pessoa. Não existe segredo, e a comunicação é incentivada. As previsões são às vezes influenciadas por fatores sociais e podem inclusive não refletir um consenso real. Solicitações de opiniões de executivos incluem-se nesta classe.	Médio-Longo
Estimativas da equipe de vendas	Opiniões da equipe de vendas podem ser solicitadas pois os vendedores estão realmente próximos dos clientes e, portanto, em posição ótima para estimar as necessidades destes.	Curto-Médio
Previsão visionária	Uma profecia que faz uso de *insights* pessoais, opiniões e, quando possível, fatos a respeito de diferentes cenários futuros. Caracterizada por antecipação e imaginação subjetivas; em geral, os métodos utilizados não são científicos.	Médio-Longo
Analogia histórica [d]	Análise comparativa do lançamento e crescimento de novos produtos similares que baseia a previsão em padrões de similaridade.	Médio-Longo

(continua)

246 PARTE IV • ESTRATÉGIA DO ESTOQUE

TABELA 8-1 Resumo de técnicas selecionadas de previsão[a]   (*continuação*)

Método	*Descrição*	*Horizonte de tempo da previsão[x]*
Média móvel [e]	Cada ponto de uma média móvel numa série de tempo é a média aritmética ou ponderada de um número de pontos consecutivos das séries, na qual o número de pontos de dados é escolhido de forma a eliminar os efeitos da sazonalidade e irregularidade.	*Curto*
Ponderação Exponencial [f]	É uma técnica similar à média móvel, exceto por seus pontos mais recentes receberem maior peso. Descritivamente, a nova previsão é igual à antiga acrescida de alguma parte do erro anterior de previsão. Ponderação exponencial dupla e tripla são versões complexas do modelo que considera a tendência e variação sazonal na série de tempo.	*Curto*
Box-Jenkins [g]	Um processo iterativo complexo, computadorizado, que produz um modelo auto-regressivo e integrado de média móvel, ajusta-se aos fatores sazonais e de tendência, faz a estimativa dos parâmetros adequados de peso, testa o modelo e repete o ciclo quando adequado.	*Curto-Médio*
Decomposição de séries de tempo [h]	Método para a decomposição de uma série de tempo em componentes sazonais, de tendência e normais. Muito eficiente na identificação de pontos de mudança e excelente ferramenta de previsão para períodos temporais de médio prazo, isto é, de três a 12 meses.	*Curto-Médio*
Projeções de tendência [i]	Técnica que estabelece uma linha de tendência usando uma equação matemática e projetando-a para o futuro por meio da equação. Existem diversas variações: método das inclinações características, polinômios, logaritmos, entre outras.	*Curto-Médio*
Previsões focadas [j]	Testa uma variedade de regras de decisões simples para verificar qual delas é a mais acurada ao longo do próximo período de três meses. Simulação computadorizada é utilizada para testar as várias estratégias com dados recentes.	*Médio*
Análise espectral [k]	O método procura decompor uma série de tempo em seus componentes fundamentais, chamados *spectra*. Esses componentes são representados por curvas geométricas de seno e co-seno. A remontagem desses componentes produz uma expressão matemática que pode ser usada na previsão.	*Curto-Médio*
Modelo de regressão [l]	Faz a relação entre demanda e outras variáveis que "causam" ou explicam seu nível. As variáveis são selecionadas no campo da significância estatística. A ampla disponibilidade de poderosos programas computadorizados de regressão faz deste método uma técnica preferencial.	*Curto-Médio*
Modelo econométrico [m]	O modelo econométrico é um sistema de equações de regressão interdependente que descreve alguns setores das atividades econômicas de vendas. Os parâmetros de equação de regressão são normalmente estimados simultaneamente. Como regra geral, são modelos de desenvolvimento oneroso, mas que, devido ao sistema de equações a eles inerente, conseguem expressar as causalidades presentes com maior eficiência do que uma equação normal de regressão, e por isso mesmo tendem a prever com maior exatidão os pontos críticos.	*Curto-Médio*
Intenções de compra e pesquisas de antecipação [n]	Essas pesquisas junto ao público a) determinam intenções de comprar determinados produtos ou b) inferem um índice que mede o sentimento geral sobre presente e futuro, e estima até que ponto esse sentimento afetará os hábitos de compra. Semelhantes abordagens são mais úteis na detecção e advertência do que na previsão propriamente dita. O problema básico de sua utilização é que um ponto de inflexão pode ser sinalizado incorretamente.	*Médio*

(continua)

CAPÍTULO 8 • NECESSIDADES DE PREVISÃO DA CADEIA DE SUPRIMENTOS   247

TABELA 8-1   Resumo de técnicas selecionadas de previsão[a]   *(continuação)*

Método	Descrição	Horizonte de tempo da previsão[x]
Modelo de entrada e saída[o]	Método de análise voltado para o fluxo de bens ou serviços na economia e em seus mercados. Mostra quais os fluxos de entrada que devem ocorrer para a obtenção de determinada saída. A utilização correta destes modelos exige considerável aplicação de recursos e métodos, havendo ainda a particularidade da imprescindível obtenção de detalhes não normalmente disponíveis quando for para aplicá-los a ramos determinados de negócios.	*Médio*
Modelos econômicos de entrada e saída[p]	Modelos econométricos e modelos de entrada e saída são às vezes combinados em previsão. O modelo de entrada e saída é utilizado a fim de abastecer o modelo econométrico com tendências de longo prazo. E também estabiliza o modelo econométrico.	*Médio*
Indicadores principais[q]	Previsões geradas a partir de uma ou mais variáveis precedentes que são sistematicamente relacionadas à variável a ser prevista.	*Curto-Médio*
Análise do ciclo de vida[r]	Trata-se da análise e previsão do crescimento de produto novo com base nas curvas S. As fases da aceitação do produto por grupos como os de inovadores, pioneiros na adoção, maioria adiantada, maioria posterior e retardatários são fundamentais para a análise.	*Médio-Longo*
Filtro adaptativo	Derivativo de uma combinação ponderada entre resultados reais e estimados, alterado sistematicamente a fim de refletir as mudanças no padrão dos dados.	*Curto-Médio*
Simulação dinâmica[s]	O método recorre ao computador para simular o efeito, com o passar do tempo, das vendas de produtos acabados solicitados em vários pontos das cadeias de distribuição e suprimento. As necessidades são indicadas por políticas de estoque, programas de produção e políticas de compra.	*Médio-Longo*
Resposta acurada[t]	Um processo simultâneo de melhoria das previsões e redefinição dos processos de planejamento destinado a minimizar o impacto de previsões inexatas. A resposta exata é aquela pela qual se consegue distinguir o que os responsáveis pelas previsões podem predizer bem ou mal, e a partir daí tornar a cadeia de suprimentos ágil e flexível a fim de proporcionar aos gerentes a perspectiva de adiar decisões sobre aquelas mercadorias mais imprevisíveis até que possam contar com sinalizações do mercado – por exemplo, os resultados das primeiras vendas – que os ajudem a equilibrar corretamente o suprimento e a demanda.	*Médio-Longo*
Redes neurais[u]	Modelos matemáticos de previsão inspirados no funcionamento dos neurônios biológicos. Caracterizados por sua capacidade de aprender à medida que chegam novos dados. O grau de exatidão da previsão parece ser melhor do que em outros métodos de séries de tempo quando a série de tempo é descontínua.	*Curto*
Previsão colaborativa[v]	Os membros da cadeia de suprimentos, agindo em conjunto, mantêm e atualizam um processo único de previsão destinado a produzir um prognóstico mais exato do que aquele realizado isoladamente. A previsão colaborativa tende a oferecer resultados mais precisos do que os de previsões isoladas quando cada membro da cadeia consegue acrescentar uma informação exclusiva ao processo de previsão.	*Curto*

(continua)

248 PARTE IV • ESTRATÉGIA DO ESTOQUE

TABELA 8-1   Sumário de técnicas selecionadas de previsão[a]   (*continuação*)

Método	*Descrição*	*Horizonte de tempo da previsão[x]*
Previsão baseada em regras[w]	O método utiliza uma abordagem de previsão de sistemas especialistas. Por meio da experimentação, regras de se–então vão sendo desenvolvidas e acabam orientando o manuseio dos dados e da preparação de modelos de previsão. A especialização em previsão, quando expressada pela fundamentação em regras e pelo domínio do conhecimento, é usada para realizar previsões de acordo com as características dos dados.	*Curto-Longo*
Caminhada aleatória	O método faz uso da observação mais recente como sua previsão. Pode ser o método preferencial sempre que houver um alto índice de incerteza e séries de tempo sem tendências.	*Curto*

[a] Atualizados e ampliados a partir dos artigos originais de John C. Chambers, Satinder K. Mulick and Donald D. Smith. Reimpresso com permissão da *Harvard Business Review*. (Extratos de "How to Choose the Right Forecasting Technique", de J. C. Chambers, S.K. Mulick e D.D. Smith (July/August 1971). Copyright © 1971 pelo Reitor e Diretores do Harvard College; todos os direitos reservados; e David M. Georgoff and Robert G. Murdick, "Manager's Guide to Forecasting", *Harvard Business Review*, Vol. 64 (January-February 1986), págs. 110-120.

[b] Harper Q. North and Donald L. Pyke, "Probes of the Technological Future", *Harvard Business Review* (May/June 1969), pág. 68.

[c] Paul E. Green, Donald S. Tull, and Gerald Albaum, *Research for Marketing Decisions*. 5ª ed. (Upper Saddle River, NJ: Prentice Hall, 1988).

[d] Milton Spencer, Colin Clark, and Peter Hoguet, *Business and Economic Forecasting* (Homewood, IL: Irwin, 1961).

[e] Richard B. Chase and Nicholas J. Aquilano, *Production and Operations Management* (Homewood, IL: 1989), págs. 223-226.

[f] R. G. Brown, *Smoothing and Prediction of Discrete Time Series* (Upper Saddle River, NJ: Prentice Hall, 1963).

[g] E. P. Box and G. J. Jenkins, *Time Series Analysis, Forecasting and Control* (San Francisco: Holden-Day, 1970).

[h] Bruce L. Bowerman and Richard T. O'Connell, *Time Series Forecasting* (Boston: Duxbury Press, 1987), Sec. 5.6.

[i] John Neter, William Wasserman, and G. A. Whitmore, *Applied Statistics* (Boston: Allyn and Bacon, 1988), págs. 820-846.

[j] Bernard T. Smith and Oliver W. Wight, *Focus Forecasting: Computer Techniques for Inventory Control* (Boston: CBI Publishing, 1978).

[k] Hung Chan and Jack Hayya, "Spectral Analysis in Business Forecasting", *Decision Sciences*, Vol. 7 (1976), págs. 137-151.

[l] John Neter, William Wasserman, and Michael H. Kutner, *Applied Linear Regression Models* (Homewood, IL: Richard D. Irwin, 1983).

[m] J. Johnston, *Econometric Methods* (New York: McGraw-Hill, 1963); R. C. Clelland, J.S. de Cani, F.E. Brown, J.P. Bursk, and D.S. Murray, *Basic Statistics with Business Applications* (New York: John Wiley, 1966), págs. 522-559.

[n] Publicações do Survey Research Center, Institute for Social Research, da University of Michigan; e do U.S. Bureau of Census.

[o] W. W. Leontieff, *Input-Output Economic* (New York: Oxford University Press, 1966).

[p] Michael Evans, Discussion Paper # 138, Wharton School of Finance and Commerce, University of Pennsylvania.

[q] Michael Evans, *Macro-Economic Activiy: Theory, Forecasting and Control* (New York: Harper & Row, 1969).

[r] Philip Kotler, *Marketing Management*, 6ª ed. (Upper Saddle River, NJ: Prentice Hall, 1988), págs. 421-425.

[s] Jay. W. Forrester, "Industrial Dynamics: A Major Breakthrough for Decision Makers", *Harvard Business Review* (July/August 1958), págs. 37-66.

[t] Marshall L. Fischer, Janice M. Hammond, Walter R. Obermeyer, and Ananth Raman, "Making Supply Meet Demand in an Uncertain World", *Harvard Business Review*, Vol. 72 (May-June 1994), págs. 83-89+.

[u] Tim Hill, Marcus O'Conner, and William Remus, "Neural Network Models for Time Series Forecasts", *Management Science*, Vol. 42, nº 7 (July 1996), págs. 1082-1092.

[v] Yossi Aviv, "The Effect of Collaborative Forecasting on Supply Chain Performance", *Management Science,* Vol. 47, nº 10 (October 2001), págs. 1326-1343; e www.cpfr.org.

[w] Fred Collopy and J. Scott Armstrong, "Rule-Based Forecasting: Development and Validation of an Expert Systems Approach to Combining Time Series Extrapolations", *Management Science*, Vol. 38, nº 10 (1992), págs. 1394-1414.

[x] Curto prazo é menos de seis meses; médio prazo vai de seis meses a alguns anos; e longo prazo é mais do que alguns anos.

Métodos Causais

A premissa básica em que se assentam os métodos causais de previsão sustenta que o nível da variável de previsão é derivado do nível de outras variáveis relacionadas. Por exemplo, se o serviço ao cliente tem um efeito positivo sobre as vendas, conhecendo o nível de serviços oferecido é possível projetar o nível das vendas. Pode-se dizer que o serviço "causa" vendas. Até onde as boas relações de causa-e-efeito podem ser descritas, os modelos causais têm realmente efetividade na antecipação de grandes mudanças nas séries de tempo e na previsão exata para períodos de médio a longo alcances.

Os modelos causais surgem em uma variedade de formatos: estatísticos, no caso de modelos de regressão e econométricos; e descritivos, como ocorre nos modelos de entrada e saída, ciclo de vida e simulação em computador. Cada modelo extrai sua validade a partir de padrões de dados históricos que estabelecem a associação entre as variáveis preditivas e a variável a ser prevista.

O grande problema deste modelo de previsão é o fato de indicar como é difícil localizar variáveis verdadeiramente causais. Quando encontradas, sua associação com a variável a ser prevista é muitas vezes perturbadoramente baixa. Mais difícil ainda é encontrar as variáveis causais que conduzem a variável prevista no tempo. Muito freqüentemente o tempo necessário à aquisição de dados para as variáveis líderes consome grande parte ou todo o tempo – de um a seis meses – em que tais variáveis conduzem a previsão. Modelos à base de técnicas econômicas e de regressão podem conter substanciais erros de previsão em função desses problemas.

TÉCNICAS ÚTEIS PARA OS PROFISSIONAIS DE LOGÍSTICA

O profissional de logística não precisa necessariamente preocupar-se diretamente com amplo espectro das técnicas disponíveis de previsão e planejamento. Como vários segmentos da organização necessitam de informações de previsões, especialmente as previsões de venda, a atividade de previsão é centralizada na área de marketing, ou planejamento ou, ainda, de análise econômica da empresa. Previsões de médio ou longo prazos estão costumeiramente à disposição do profissional de logística. A menos que exista uma necessidade de desenvolver previsões específicas de longo prazo, o profissional fica limitado às previsões de curto prazo que auxiliam em controle de estoque, programação de embarques, planejamento de carregamento de armazéns e semelhantes. Com base no grau de sofisticação, utilização potencial e previsão de disponibilidade de dados, apenas um número limitado dos métodos resumidos na Tabela 8-1 precisam ser estudados detalhadamente. Isso ocorre porque inúmeros estudos demonstraram que modelos "simples" da variedade de séries de tempo em geral fazem previsões tão boas ou até melhores do que as versões mais sofisticadas e complexas. Os modelos de séries de tempo podem ser superiores aos modelos causais. A complexidade nos modelos de previsão não aumenta necessariamente sua precisão.[1] Por isso, a seguir discutimos três metodologias básicas de previsão em séries de tempo: a ponderação exponencial, decomposição clássica de séries de tempo e análise de regressão múltipla.

---

[1] Um resumo desses resultados aparece em Robin M. Hogarth and Spyros Makridakis, "Forecasting and Planning: An Evaluation", *Management Science*, Vol. 27, nº 2 (February 1981), págs. 115-138.

Ponderação Exponencial

A técnica da ponderação exponencial é provavelmente a melhor das técnicas de previsão a curto prazo. É simples, necessita um mínimo de dados retidos para aplicação continuada, vem sendo comprovada como o mais preciso entre os modelos concorrentes de seu tipo, e tem a capacidade de se adaptar às mudanças fundamentais nos dados de previsão. Trata-se de um tipo de média móvel, em que as observações passadas não recebem peso igual. Pelo contrário, as observações mais recentes são sempre mais bem cotadas do que as mais antigas.

Semelhante esquema de ponderação geométrica pode ser reduzido a uma simples expressão envolvendo apenas a previsão do período mais recente e a demanda real para o período em andamento. Assim, a previsão de demanda para o próximo período é dada por

$$\text{Nova previsão} = \alpha \text{ (demanda atual)} + (1 - \alpha) \text{ (demanda anterior)} \qquad \textbf{(8-1)}$$

Onde α é um fator de ponderação, normalmente chamado de constante da ponderação exponencial, com valores que ficam entre 0 e 1. Registre-se que o efeito de toda a história está incluído na previsão anterior, de maneira a que apenas um número precisa ser retido a qualquer momento para representar a história da demanda.

Exemplo

Suponha que um nível de demanda de 1.000 unidades tenha sido previsto para o mês em curso. A demanda real do mês corrente é de 950 unidades. O valor da constante da ponderação é = 0,3. O valor esperado da demanda no próximo mês, de acordo com a Equação **(8-1)**, seria então

$$\text{Nova previsão} = 0,3(950) + 0,7(1.000)$$
$$= 985 \text{ unidades}$$

Esta previsão transforma-se na anterior quando da repetição do procedimento, dentro de um mês. E assim por diante.

Para simplificar, podemos transcrever este modelo de "apenas um nível" como

$$F_{t+1} = \alpha A_t + (1 - \alpha) F_t \qquad \textbf{(8-2)}$$

onde

t = período de tempo atual
α = constante da ponderada exponencial
A_t = demanda no período t
F_t = previsão para o período t

F_{t+1} = previsão para o período seguinte t, ou o próximo período.

Ele é idêntico à Equação (8-1).

Exemplo

Os dados trimestrais a seguir representam uma série de tempo de demanda para um produto.

	Trimestre			
	1	2	3	4
Ano passado	1.200	700	900	(1.100)
Este ano	1.400	1.000	$F_3 = ?$	

Desejamos prever a demanda para o terceiro trimestre deste ano. Presumiremos que $\alpha = 0,2$ e que a previsão anterior é elaborada a partir da média dos quatro trimestres do ano passado. Daí, $F_0 = (1.200 + 700 + 900 + 1.100)/4 = \boxed{975}$ Começamos pela revisão do primeiro trimestre deste ano e desenvolvemos a computação dos dados à frente até atingirmos o terceiro trimestre.

A previsão para o primeiro trimestre deste ano é:

$$F_1 = 0,2 A_0 + (1 - 0,2) F_0$$
$$= 0,2(1.100) + 0,8(975)$$
$$= \boxed{1.000}$$

A previsão para o segundo trimestre deste ano é:

$$F_2 = 0,2 A_1 + (1 - 0,2) F_1$$
$$= 0,2(1.400) + 0,8(1.000)$$
$$= \boxed{1.080}$$

A previsão para o terceiro trimestre deste ano é:

$$F_3 = 0,2 A_2 + (1 - 0,2) F_2$$
$$= 0,2(1.000) + 0,8(1.080)$$
$$= 1.064$$

Resumindo:

	Trimestre			
	1	2	3	4
Ano passado	1.200	700	900	1.100
Este ano	1.400	1.000		
Previsão	1.000	1.080	**1.064**	

Escolher o valor adequado para a constante da ponderação exponencial exige um alto grau de conhecimento. Quanto maior o valor de α, maior o peso atribuído aos níveis de demanda mais recentes. Isso permite que o modelo responda com maior agilidade às mudanças nas séries de tempo. Contudo, a atribuição de um valor exagerado a α pode tornar a previsão "nervosa" e traçar variações aleatórias na série de tempo, em vez das mudanças fundamentais. Quanto menor o valor de α, maior o peso atribuído à demanda histórica na previsão da demanda futura e mais prolongado o retardamento no tempo de reação às mudanças fundamentais no nível da demanda. Valores baixos proporcionam previsões muito "estáveis" que não serão pesadamente influenciadas pela aleatoriedade nas séries de tempo.

Valores ajustados para α variam normalmente de 0,01 a 0,3, embora altos valores possam ser utilizados por curtos períodos quando as mudanças antecipadas ocorrem, entre elas uma recessão, uma campanha promocional agressiva mas passageira, a retirada de alguns dos produtos de linha, ou o começo do procedimento de previsão sem que se disponha de suficientes resultados históricos de vendas. Uma regra que se deve seguir quando em busca de um valor de α é escolher um que venha a permitir que o modelo de previsão constate grandes mudanças nas séries de tempo e que atenue as flutuações aleatórias. Este é um α destinado a minimizar os erros de previsão.

Corrigindo a Tendência

O modelo básico da ponderação exponencial proporciona bom desempenho quando aplicado a um padrão de séries de tempo, como se mostra na Figura 8-1(a), ou quando as mudanças de tendência e componentes sazonais não são importantes. Contudo, quando os dados mostram uma tendência substancial ou padrão sazonal significativo, a defasagem inerente a esse tipo de modelo pode acarretar erros inaceitáveis de previsão. Felizmente, o modelo pode ser expandido a fim de proporcionar melhor detecção quando existem tendência e elementos sazonais significativos em relação à aleatoriedade nos dados, como aparece na Figura 8-1(b) e (c).

A correção do modelo básico para a defasagem decorrente de tendência não passa de "embelezamento" do modelo de apenas um nível na Equação (8-2). A versão com tendência corrigida do modelo é um conjunto de equações que podem ser apresentadas como:

$$S_{t+1} = \alpha A_t + (1 - \alpha)(S_t + T_t) \tag{8-3}$$

$$T_{t+1} = \beta(S_{t+1} - S_t) + (1 - \beta)T_t \tag{8-4}$$

$$F_{t+1} = S_{t+1} + T_{t+1} \tag{8-5}$$

onde os símbolos adicionais não definidos anteriormente são:

F_{t+1} = previsão com tendência corrigida para o período $t + 1$
S_t = previsão inicial para o período t
T_t = tendência para o período t
β = constante ponderada da tendência

Exemplo

Recorde o exemplo anterior com os seguintes dados:

	Trimestre			
	1	*2*	*3*	*4*
Ano passado	1.200	700	900	1.100
Este ano	1.400	1.000	$F_3 = ?$	

Ainda queremos fazer uma previsão para o terceiro período deste ano, corrigindo, porém, a tendência. Usamos para tanto um valor inicial arbitrário de $S_t = 975$ (demanda média do ano passado) e $T_t = 0$ (sem tendência). A constante ponderada β é estimada em 0,3 e α continua com seu valor anterior de 0,2. Começa agora o procedimento de previsão.

A previsão para o primeiro trimestre deste ano é:

$$S_1 = 0,2(1.100) + 0,8(975 + 0) = 1.000$$
$$T_1 = 0,3(1.000 - 975) + 0,7(0) = 7,5$$
$$F_1 = 1.000 + 7,5 = 1.007,5$$

Usando os resultados do primeiro trimestre, a previsão para o segundo trimestre deste ano é:

$$S_2 = 0,2(1.400) + 0,8(1.000 + 7,5) = 1.086$$
$$T_2 = 0,3(1.086 - 1.000) + 0,7(7,5) = 31,05$$
$$F_2 = 1.086 + 31,05 = 1.117,05$$

Usando os resultados do segundo trimestre, a previsão para o terceiro trimestre deste ano é:

$$S_3 = 0,2(1.000) + 0,8(1.086 + 31,05) = 1.093,64$$
$$T_3 = 0,3(1.093,64 - 1.086) + 0,7(31,05) = 24,03$$
$$F_3 = 1.093,64 + 24,03 = 1.117,67 \text{ ou } 1.118$$

Resumindo:

	Trimestre			
	1	*2*	*3*	*4*
Ano passado	1.200	700	900	1.100
Este ano	1.400	1.000		
Previsão	1.008	1.117	**1.118**	

Corrigindo Tendência e Sazonalidade

Além da tendência, os efeitos das flutuações sazonais nas séries de tempo podem igualmente ser levados em conta. Porém, antes de aplicar esse tipo de modelo, é preciso cumprir duas condições.

1. Os picos e vales no padrão da demanda precisam ter um motivo conhecido, e devem ocorrer na mesma época todos os anos.
2. A variação sazonal deve ser maior do que as variações aleatórias ou "ruídos".

Quando a demanda sazonal não é estável, significativa e discernível de variações aleatórias, torna-se extremamente difícil desenvolver um modelo que venha a prever com exatidão o rumo da demanda do próximo período. Se for este o caso, uma forma básica de modelo de ponderação exponencial, com um alto valor para a constante da ponderação a fim de reduzir os efeitos da defasagem, pode resultar num menor erro de previsão do que aquele que ocorreria com um modelo mais complicado. É preciso agir com muita cautela na escolha do modelo.

O modelo nível-tendência-sazonalidade é elaborado em torno do conceito de prever o índice da demanda real para a tendência, e então desazonalizá-lo para que possa produzir a previsão. As equações para este modelo são:

$$S_{t+1} = \alpha\left(A_t/I_{t-L}\right) + (1-\alpha)(S_t + T_t) \qquad \textbf{(8-6)}$$

$$T_{t+1} = \beta\left(S_{t+1} - S_t\right) + (1-\beta)T_t \qquad \textbf{(8-7)}$$

$$I_t = \gamma\left(A_t/S_t\right) + (1-\gamma)I_{t-L} \qquad \textbf{(8-8)}$$

$$F_{t+1} = \left(S_{t+1} + T_{t+1}\right)I_{t-L+1} \qquad \textbf{(8-9)}$$

onde os símbolos não definidos anteriormente são:

F_{t+1} = tendência e previsão corrigida sazonalmente para o período $t + 1$

γ = constante de ponderação do índice sazonal

I_t = índice sazonal para o período t

L = o tempo de uma estação completa

A solução deste problema exige os mesmos procedimentos que os das versões anteriores. O número de cálculos torna quase impraticável fazer as previsões manualmente. Pacotes de programas de computador, como o módulo de previsão do LOGWARE[2], vêm sendo elaborados não apenas para fazer a previsão, mas igualmente para assessorar o usuário na detecção dos valores iniciais para começar o processo de previsão e determinar as melhores constantes de ponderação.

Definição dos Erros de Previsão

Da mesma forma que o futuro não é exatamente espelhado no passado, a previsão da demanda futura incorrerá quase sempre em algum nível de erro. Uma vez que a previsão da ponderação exponencial é uma projeção da demanda média, nosso objetivo é projetar uma faixa onde recairá a demanda real. E isto exige uma previsão estatística.

O erro na previsão refere-se a quão perto do verdadeiro nível de demanda chega a previsão. Trata-se daquilo que é corretamente manifestado em estatística como um desvio padrão, uma variância ou um desvio absoluto médio. Historicamente, o desvio absoluto médio (MAD) foi usado como uma medida do erro de previsão com relação à ponderação exponencial. Os primeiros proponentes da ponderação exponencial podem ter preferido o desvio padrão como a melhor mensuração, aceitando porém o MAD computacional, mais simples, devido à limitada memória dos primeiros computadores. Como os computadores atuais são dotados de memória mais do que suficiente para a tarefa de previsão, o desvio padrão é desenvolvido como a medida do erro de previsão.

O erro de previsão é definido como:

Erro de previsão = demanda real – demanda prevista   (8-10)

Sendo a demanda prevista um valor aritmético médio, a soma dos erros de previsão ao longo de um determinado número de períodos deveria ser igual a zero. Contudo, a magnitude do erro de previsão pode ser encontrada elevando os erros ao quadrado, assim eliminando o cancelamento dos erros positivos e negativos. A forma mais comum do desvio padrão é desenvolvida, e é corrigida para um grau de liberdade perdido na produção da previsão: isto é,

o α no modelo de previsão de "apenas um nível". A expressão matemática para este desvio padrão é:[3]

$$S_F = \sqrt{\frac{\sum_t (A_t - F_t)^2}{N-1}} \qquad (8\text{-}11)$$

onde

S_F = erro padrão da previsão

A_t = demanda real no período t

F_t = previsão para o período t

N = número de períodos de previsão t

A forma da distribuição de freqüência dos erros de previsão adquire importância quando se fazem demonstrações de probabilidade sobre a previsão. Duas formas normalmente generalizadas da distribuição do erro de previsão são mostradas na Figura 8-3. Supondo que o modelo de previsão esteja captando a média dos níveis reais de demanda com acurácia e que a variação da demanda real sobre a prevista seja pequena em relação ao nível de previsão, a distribuição de freqüência normal, ou suas aproximações, é a forma mais encontrada na prática. Isto acontece particularmente no caso da distribuição de médias de erros de previsão. O teorema do limite central[4] aqui se aplica, e a distribuição normal de freqüências é a forma adequada de distribuição. Quando o intervalo de previsão for curto, o resultado poderá ser uma distribuição enviesada, como aquela mostrada na Figura 8-3(b).

Uma maneira de determinar a distribuição de freqüências que se aplique a qualquer situação é a utilização do teste estatístico do qui-quadrado para teste de ajustamento.[5] A alternativa é usar o teste a seguir para escolher entre a distribuição normal (simétrica) e a distribuição exponencial como representação de uma distribuição assimétrica.

Em uma distribuição normal, cerca de 2% das observações excedem um nível de 2 desvios padrão acima da média. Em uma distribuição exponencial, a probabilidade de exceder a média por mais de 2,75 desvios padrão é de cerca de 2%. Assim, se o número de desvios padrão levado em conta para tudo, exceto 2%, das observações, se aproxima de 2, uma distribuição normal deve ser usada; acima de 2,7, a distribuição exponencial é que deve ser usada.[6]

---

[2] *Software* disponível com este livro.

[3] Alternativamente, a média do quadrado dos erros e a raiz quadrada da média dos erros quadráticos são formulações comuns. Elas divergem quanto a ser a raiz quadrada extraída da soma dos erros ao quadrado e quanto a se a correção pode ser feita por grau de liberdade perdido. Os graus de liberdade perdidos dependem do número de constantes ponderadas estimadas nas equações do modelo.

[4] Definição encontrada em qualquer livro qualificado sobre estatística aplicada, ou em John Neter, William Wasserman, and G. A . Gilmore, "Applied Statistics" (Boston: Allyn and Bacon, 1988), págs. 262-263.

[5] Idem.

[6] Robert G. Brown, *Materials Management Systems* (New York: John Wiley & Sons, 1977), pág. 146.

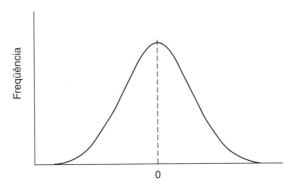

(a) Erros normalmente distribuídos

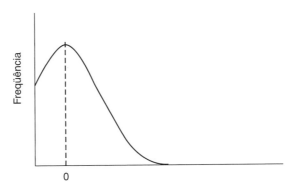

(b) Erros desviados

FIGURA 8-3 Distribuições de erros de distribuição típicas.

Exemplo

Recorde a previsão de "apenas um nível" que deu os seguintes dados e resultados:

	\multicolumn{4}{c}{*Trimestre*}
	1	*2*	*3*	*4*
Ano passado	1.200	700	900	1.100
Este ano	1.400	1.000		
Previsão	1.000	1.080	**1.064**	

Agora, calcule o erro padrão da previsão (S_F) nos dois períodos (N = 2) aos quais se destinava a pesquisa e os valores reais de demanda disponíveis. Supondo que a demanda seja normalmente distribuída conforme a previsão, é possível desenvolver um intervalo de confiança de 95% em torno da previsão para o terceiro trimestre. Com base na Equação (8-11), estimamos S_F.

$$S_F = \sqrt{\frac{(1.400 - 1.000)^2 + (1.000 - 1.080)^2}{2-1}}$$
$$= 407,92$$

A melhor estimativa para o nível real de demanda (Y) para o terceiro trimestre com $z_{@\,95\%} = 1,96$ a partir de uma tabela normal de distribuição (ver o Apêndice A) é:

$$Y = F_3 \pm z(S_F)$$
$$= 1.064 \pm 1,96(407,92)$$
$$= 1.064 \pm 800$$

Portanto, o nível de confiança de 95% para a previsão da demanda real (Y) é:

$$264 < Y < 1.864$$

Monitorando o Erro de Previsão

Uma das principais vantagens da utilização da ponderação exponencial para a previsão de curto prazo é a sua capacidade de adaptação aos padrões em constante mutação nas séries de tempo. A qualidade com que o modelo mantém sua exatidão está relacionada diretamente com o valor da constante de ponderação em qualquer ponto no tempo. Por isso mesmo, procedimentos de sofisticada previsão envolvem a monitoração do erro de previsão e a relação de ajustes nos valores da constante ponderada. Se a série de tempo for estável, valores relativamente baixos serão selecionados. Durante períodos de mudança rápida, altos valores serão usados. Pelo fato de não ser limitado a valores únicos, o erro de previsão pode ser reduzido, especialmente quando os padrões de demanda são dinâmicos.

Um método bastante usado para monitorar o erro na previsão é o que funciona por meio de um sinal de rastreamento. O sinal é uma comparação, normalmente um quociente, do erro de previsão presente com uma média de erros de previsão passados. Este quociente pode ser avaliado de forma contínua ou periódica. Como resultado desta computação, as constantes da ponderação exponencial podem ser recomputadas ou novamente especificadas quando o quociente exceder um limite especificado de controle.

Em geral, os melhores valores da ponderação exponencial são aqueles que minimizam o erro de previsão ao longo do tempo para uma série de tempo estável. Ajustar os valores como as características da mudança da série de tempo cria maior oportunidade para reduzir o erro de previsão.

Modelos adaptativos que permitem que as constantes da ponderação sejam revisadas continuadamente funcionam adequadamente quando a série de tempo de demanda está em mudança rápida, mas aparentemente não funcionam tão bem assim durante períodos estáveis. Por outro lado, constantes de ponderação revisadas dentro de limites especificados oferecem bom desempenho durante períodos de demanda estável e podem oferecer desempenho muito bom durante períodos de mudanças repentinas ou aceleradas na série de tempo.[7] Flowers indicou valores ótimos para essas constantes de ponderações específicas.[8] O desempenho de um modelo de ponderação exponencial bem especificado deveria parecer-se com os últimos períodos das séries de tempo mostrados na Figura 8-4.

Decomposição Clássica da Série de Tempo

Se existe uma classe de modelos de previsão de utilidade continuada com o passar dos anos, pode-se dizer que é a da decomposição da série de tempo. Entre seus métodos, incluem-se a análise espectral, a análise clássica da série de tempo e a análise de séries de Fourier. A análise clássica da decomposição de séries de tempo é debatida neste livro principalmente devido à sua simplicidade matemática e grande aceitação, e também porque

---

[7] A partir de experimentos de simulação computadorizada conforme relatados em D. Clay Whybark, "A Comparison of Adaptive Forecasting Techniques", *Logistics and Transportation Review*, Vol. 8, nº 3 (1972), págs. 13-25.

[8] A. Dale Flowers, "A Simulation Study of Smoothing Constant Limits for and Adaptive Forecasting System", *Journal of Operations Management*, Vol. 1, nº 2 (November 1980), págs. 85-94.

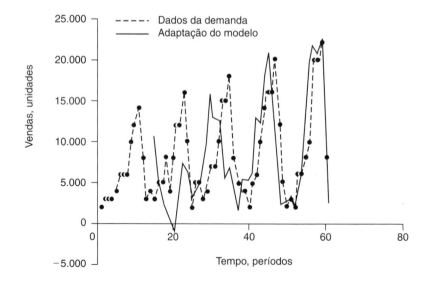

FIGURA 8-4 Exemplo do desempenho de um modelo de ponderação exponencial bem especificado.

nenhum método mais sofisticado conseguiu oferecer precisão superior à dela.

A previsão mediante a decomposição clássica das séries de tempo tem seu fundamento na filosofia de que um padrão histórico de vendas pode ser decomposto em quatro categorias: tendência, variação sazonal, variação cíclica e variação residual (ou aleatória). A tendência representa o movimento de longo prazo causado nas vendas por fatores como mudanças em população, mudanças no desempenho mercadológico da empresa, e mudanças fundamentais na aceitação dos produtos e serviços da empresa pelo mercado. A variação sazonal diz respeito aos altos e baixos normais na série de tempo que se repetem normalmente a cada 12 meses. Entre as forças causadoras desta variação regular incluem-se as mudanças climáticas, os padrões de compra determinados por datas especiais, e a disponibilidade das mercadorias. A variação cíclica consiste das ondulações de longo prazo (mais de um ano) na demanda padrão. A variação residual, ou aleatória, é aquela parte das vendas totais não explicada por componentes de tendência, sazonais ou cíclicos. Estando a série de tempo adequadamente descrita pelos outros três componentes, a variação residual deve ser aleatória.

A análise clássica de séries de tempo combina cada tipo das variações de vendas da seguinte forma:

$$F = T \times S \times C \times R \qquad \textbf{(8-12)}$$

em que

F = demanda prevista (unidades ou \$)
T = nível da tendência (unidades ou \$)
S = índice sazonal
C = índice cíclico
R = índice residual

Na prática, o modelo é na maioria das vezes reduzido apenas a componentes de tendência e sazonais. Isto é feito porque um modelo bem especificado tem um índice de valor residual (R) de 1,0, e isto não afeta a previsão, e porque é difícil em muitos casos decompor variações cíclicas de variações aleatórias. Tratar o índice cíclico (C) como igual a 1,0 não é tão sério como a princípio parece porque o modelo é normalmente atualizado quando novos dados se tornam disponíveis. O efeito da variação cíclica tende a ser compensado no processo de atualização.[9]

O valor da tendência (T) no modelo pode ser determinado por vários métodos, como ajustar uma linha "a olho", usando alguma forma de média móvel, ou utilizando o método dos mínimos quadrados.

O conhecido método dos mínimos quadrados é uma técnica matemática que minimiza a soma do quadrado das diferenças entre os dados reais e a linha de tendência proposta. Uma linha de mínimos quadrados pode ser encontrada por qualquer forma de linha de tendência, seja linear ou não linear. A expressão matemática de uma linha de tendência linear é $T = a + bt$, em que t é tempo, T o nível médio de demanda, ou tendência, e a e b são coeficientes a serem determinados pela série de tempo correspondente. Esses coeficientes são encontrados por

$$b = \frac{\sum D_t(t) - N(\bar{D})(\bar{t})}{\sum t^2 - N\bar{t}^2} \qquad \textbf{(8-13)}$$

e

$$a = \bar{D} - b\bar{t} \qquad \textbf{(8-14)}$$

onde

N = número de observações usadas no desenvolvimento da linha da tendência
D_t = a demanda real no período de tempo t
$\bar{D}$ = demanda média em N períodos de tempo
$\bar{t}$ = média de t ao longo de N períodos de tempo

Linhas de tendência não-lineares são matematicamente mais complexas e não são objeto de discussão neste livro.[10]

O componente de sazonalidade do modelo é representado por um índice de valor que muda para cada período de previsões. Esse índice é um quociente da demanda real num determinado período em relação à demanda média. A demanda média pode ser representada por uma média simples da demanda real ao longo de um período específico, normalmente de um ano, uma média móvel ou a linha da tendência. Visto ter sido a linha de tendência anteriormente discutida, será usada como base do índice sazonal. Portanto,

$$S_t = D_t / T_t \qquad \textbf{(8-15)}$$

onde

S_t = índice sazonal no período de tempo t
T_t = valor da tendência determinado por $T = a + bt$

Enfim, a previsão é feita para o período de tempo t no futuro, como a seguir:

$$F_t = (T_t)(S_{t-L}) \qquad \textbf{(8-16)}$$

onde

F_t = a demanda prevista no período de tempo t
L = número de períodos no ciclo sazonal

---

[9] O modelo pode ser às vezes expressado numa fórmula cumulativa de $F = T + S + C + R$.

[10] Um estudo das linhas de tendência não-lineares é encontrado em John Neter, William Wasserman, and Michael H. Kutner, *Applied Linear Regression Models* (Homewood, IL: Irwin, 1983), Capítulo 14.

256 PARTE IV • ESTRATÉGIA DO ESTOQUE

Tais idéias são ilustradas de forma mais clara por um exemplo.

Exemplo

Um fabricante de roupas jovens femininas precisava tomar decisões sobre quantidades de compras e estabelecer programas de produção e logística com base em previsões de vendas do mercado. Foram especificadas cinco estações do ano (no Hemisfério Norte) para fins de planejamento e promoção – verão, meia-estação, outono, festas natalinas e primavera. Foram obtidos dados de vendas relativos a cerca de dois anos e meio (ver Tabela 8-2). Havia necessidade de previsão para duas estações à frente do período corrente como garantia de um adequado período de transição entre compra e produção. Neste caso, o período de previsão era a temporada das festas natalinas, mesmo não estando ainda disponíveis os números para o período corrente do outono.

A primeira das tarefas era constatar a linha de tendência usando as Equações (**8-13**) e (**8-14**). Supondo-se uma tendência de linha reta, o coeficiente b seria

$$b = \frac{1.218.217 - (12)(14.726,92)(6,5)}{650 - (12)(6,5)^2}$$

e partir daí o coeficiente a como

$$a = 14.726,92 - 486,13(6,5)$$
$$= 11.567,08$$

Portanto, a equação de tendência era

$$T_t = 11.567,08 + 486,13t$$

Desta equação de linha de tendência, os valores foram projetados pela substituição na equação prévia de cada valor de t; ver a coluna 5 na Tabela 8-2.

Os índices sazonais foram computados de acordo com a Equação (**8-15**), como mostrados na coluna 6 da Tabela 8-2. Para fins de previsão, foi utilizada a estação mais recente disponível, principalmente porque os índices não variavam muito de ano para ano. Se não fosse assim, os índices de vários anos poderiam ser equiparados.

TABELA 8-2 Previsão de séries de tempo dos dados de vendas de um fabricante de roupas

Período de vendas	(1) Período de tempo (t)	(2) Vendas (D_t) ($000s)	(3) $D_t \times t$	(4) t^2	(5) Valor da tendência (T_t)	(6) = (2)/(5) Índice sazonal	Previsão ($000s)
Verão	1	$ 9.458	9.458	1	$ 12.053	0,78	
Meia-estação	2	11.542	23.084	4	12.539	0,92	
Outono	3	14.489	43.467	9	13.025	1,11	
Festas	4	15.754	63.016	16	13.512	1,17	
Primavera	5	17.269	86.345	25	13.998	1,23	
Verão	6	11.514	69.084	36	14.484	0,79	
Meia-estação	7	12.623	88.361	49	14.970	0,84	
Outono	8	16.086	128.688	64	15.456	1,04	
Festas	9	18.098	162.882	81	15.942	1,14	
Primavera	10	21.030	210.300	100	16.428	1,28	
Verão	11	12.788	140.668	121	16.915	0,76	
Meia-estação	(12)	16.072	192.864	144	17.401	0,92	
Outono	13	?			17.887[a]		$ 18.602[b]
Festas	14	?			18.373		20.945
Totais	78	($176.723)	(1.218.217)	(650)			

$N = 12$

$$\sum D_t xt = 1.218.217$$
$$\sum t^2 = 650$$
$$\bar{D} = (176.723 / 12) = \$14.726,92$$
$$\bar{t} = (78 / 12) = 6,5$$

[a] Valores previstos. Por exemplo, $T_t = 11.567,08 + 486,13(13) = 17.887$.
[b] $F = {}_{13}T_{13} \times S_{13\text{-}5}$ ou $18.602 = 17.887 \times 1,04$.

A previsão para a temporada das festas natalinas (período 14) foi :

$$Y_{14} = [11.567,08 + 486,13(14)] \times 1,14$$
$$= \$20.945(em \ \$000s)$$

A previsão para o período de outono (período 13) foi feita de maneira similar.

Análise de Regressão Múltipla

Nos modelos de previsão até aqui analisados, o tempo foi a única variável levada em consideração. Até o ponto em que outras variáveis mostram uma relação com a demanda, podem ser igualmente incluídas num modelo de previsão de vendas. A análise de regressão múltipla é uma técnica estatística que ajuda a determinar o grau de associação entre um número de variáveis selecionadas e a demanda. A partir desta análise, desenvolve-se um modelo que pode usar mais de uma variável para prever a demanda futura. A informação sobre as variáveis preditivas (independentes) é então convertida pela equação de regressão a fim de proporcionar uma previsão de demanda.

Exemplo

Reconsidere o problema do fabricante de roupas anteriormente discutido. Uma abordagem alternativa à previsão ao longo do intervalo entre duas estações seria usar um modelo de regressão, de preferência quando as variáveis independentes "influenciaram" a variável da demanda no tempo. Isso permitiu a obtenção de dados sobre variáveis independentes antecipadamente ao período da previsão. Uma dessas equações de previsão foi desenvolvida para a estação de vendas do verão:

$$F = -3.016 + 1.211X_1 + 5,75X_2 + 109X_3 \qquad \textbf{(8-17)}$$

onde

F = estimativa de vendas da estação verão (em milhares de dólares)
X_1 = tempo em anos (1991 = 1)
X_2 = número de contas de compras durante a estação (a partir de compras antecipadas)
X_3 = mudança líquida mensal nas dívidas a prazo dos clientes (percentuais)

O modelo explicou 99% ($R^2 = 0,99$) da variação total na demanda e tinha uma significância estatística de 5%. A equação foi vista como previsora exata da demanda. Por exemplo, as vendas reais para a estação de verão de 1996 foram de US$ 20.750.000. As entradas do modelo para 1996 foram $X_1 = 6$, $X_2 = 2.732$ e $X_3 =$

8,63, e, quando substituídos na Equação **(8-17)**, deram uma previsão de vendas de US$ 20,9 milhões, ou US$ 20.900.000,00.

Embora seja indispensável um razoável conhecimento de metodologia estatística para a construção de semelhante modelo, programas de computador, como o SPSS[11] e o BMDP[12], para desenvolver a análise de regressão existem tanto para microcomputadores como para redes. Esses programas realizam as operações necessárias para adequar uma linha de mínimos quadrados comuns aos dados e para fornecer informação estatística a fim de avaliar essa adequação. Contudo, é preciso tomar cuidado na utilização desses pacotes estatísticos, uma vez que, sozinhos, não podem garantir um modelo válido, ou seja, um modelo que seja isento de problemas estatísticos e especificações.[13]

PROBLEMAS ESPECIAIS DE PREVISÃO PARA OS PROFISSIONAIS DE LOGÍSTICA

Problemas especiais surgem ocasionalmente quando se procura fazer a previsão de necessidades. Essas áreas problemáticas são as do lançamento de produto, da demanda incerta, previsão regional e erro de previsão. Embora nem todos esses problemas constituam necessariamente exclusividade da logística, figuram por certo entre as maiores preocupações do profissional de logística que pretenda determinar as necessidades exatas de qualquer empreendimento.

Lançamento

O operador logístico enfrenta seguidamente o problema de prever níveis de necessidades para produtos ou serviços em relação aos quais não existe uma história suficiente a partir da qual dar início ao processo de previsão. O lançamento de novos produtos ou serviços e a necessidade de proporcionar-lhes apoio logístico criam as condições comuns do lançamento. Inúmeros métodos, ou abordagens, têm sido usados durante este período inicial de previsão.

Em primeiro lugar, coloque-se a estimativa inicial nas mãos do pessoal do *marketing* até que uma história de vendas comece a desenvolver-se. Esses são os profissionais que têm as melhores condições para conhe-

---

[11] Um produto da SPSS, Inc., 444 N. Michigan Ave., Chicago, IL.

[12] Um produto da BMDP Satistical Software, 1964 Westwook Blvd., Los Angeles, CA.

[13] Para uma discussão desses problemas, ver Marija J. Norusis, *SPSS/PC+* (Chicago: SPSS, Inc., 1986), Capítulo 17; e Neter, Wasserman, and Kutner, *Applied Linear Regression Models, op. cit.*

cer/entender o nível do esforço promocional, a reação inicial e a aceitação a ser esperada do cliente. Uma vez gerada uma razoável história da demanda, talvez de seis meses, os métodos estabelecidos de previsão podem ser usados com algum grau de confiança.

Em segundo lugar, é viável elaborar uma estimativa a partir do padrão de demanda de produtos similares já em linha. Embora muitas empresas costumem mudar sua linha de produtos em média uma vez a cada cinco anos, poucos são os produtos radicalmente novos. Eles muitas vezes representam mudanças em tamanho, estilo ou revisão de produtos existentes. Portanto, padrões de demanda anteriormente testados podem proporcionar discernimento e uma base para a estimativa da demanda inicial de produtos novos.

Em terceiro lugar, se o modelo da ponderação exponencial for utilizado para a previsão, a constante da ponderação exponencial poderá estar ajustada num alto nível (0,5 ou ainda mais) durante o período inicial de previsão. Ele irá sendo reduzido a um nível normal uma vez gerada uma história adequada de demanda.

Demanda Irregular

O problema da demanda incerta, ou irregular, já foi descrito anteriormente e ilustrado na Figura 8-2. Representa a condição em que são tantas as variações aleatórias no padrão da demanda, que a tendência e padrões sazonais às vezes acabam sendo obscurecidos e não funcionando. A condição da demanda irregular ocorre quando duas ou três vezes o desvio padrão dos dados históricos excede a previsão do melhor modelo que pode ser adaptado às séries de tempo. O padrão da demanda incerta ocorre freqüentemente por uma variedade de razões: o padrão da demanda é dominado por pedidos de clientes muito grandes e infreqüentes; a demanda pode derivar da demanda de outros produtos ou serviços; o pico sazonal talvez não tenha sido levado em consideração; e o padrão da demanda pode ser um resultado de dados excepcionais, fatores externos ou condições totalmente imprevistas.

Os padrões de demanda irregular são, pela própria natureza, de difícil previsão exata por métodos matemáticos, em função da ampla variabilidade nas séries de tempo; contudo, algumas sugestões sobre como tratar deles podem ser apresentadas. Em primeiro lugar, é preciso ver as condições mais óbvias dessa incerteza e usá-las a fim de produzir a previsão. Deve-se separar a previsão de produtos de demanda irregular daquela dos artigos que demonstrem um padrão de regularidade, usando métodos de previsão adequados a cada um.

Exemplo

Um fabricante de agentes químicos tinha em sua linha um produto usado para limpar maçãs na época da colheita. Dependendo das proporções da colheita, as vendas do produto podiam variar consideravelmente de ano para ano. A ponderação exponencial foi usada para as previsões deste e de outros produtos de linha. Os níveis dos estoques nos armazéns que foram estabelecidos a partir desta previsão eram sempre ou insuficientes ou excessivos. Agrupar esse produto de demanda incerta com outros dotados de padrões regulares não permitiu à empresa tirar vantagem dos motivos pelos quais os níveis de demanda variavam durante o ano inteiro.

Em segundo lugar, não reaja com rapidez demasiada às mudanças nos padrões de demanda de produtos e serviços cujas razões não conseguir localizar. De preferência, utilize um método simples de previsão estável que não reaja rapidamente à demanda, como o modelo básico da ponderação exponencial com um valor baixo de constante ponderada ou um modelo de regressão readaptado não mais do que anualmente.

Em terceiro lugar, como a demanda irregular freqüentemente ocorre em artigos de baixa demanda, a exatidão da previsão pode não ser o ponto mais premente da questão. Se a previsão for usada para estabelecer níveis de estoque, aumentar um pouco mais o estoque para compensar alguma previsão inacurada pode ser mais proveitoso do que tentar gerenciar a previsão com o máximo possível de cuidados e providências.

Previsão Regional

Ainda que boa parte da discussão no presente capítulo esteja focada na previsão da demanda relacionada ao tempo, a agregação ou desagregação geográfica da previsão constitui igualmente motivo para preocupação. Ou seja, o profissional de logística precisa optar entre uma previsão da demanda total e sua distribuição por regiões, tais como territórios de fábrica ou armazém, ou fazer separadamente a previsão para cada região. Atingir a máxima exatidão na previsão em nível regional é a grande questão. Fazer simultaneamente a previsão de todas as demandas será muitas vezes mais preciso do que optar pela soma das previsões de cada uma das regiões. Se for este o caso, ratear a previsão agregada entre cada uma das regiões pode preservar exatidão suficiente para dar resultados melhores do que ocorreria com a previsão individual. Pesquisas sobre este tema ainda não conseguiram uma resposta definitiva sobre qual é a melhor das abordagens. Por isso mesmo, o profissional de logística deve estar a par de ambas as possibilidades e fazer a comparação dos métodos levando em conta as características e particularidades da própria situação.

Erro de Previsão

A preocupação final é como tirar o máximo proveito das técnicas de previsão disponíveis. A discussão até aqui desenvolvida centrou-se no uso de modelos e métodos individuais. Na prática, não existe um modelo único de previsão capaz de ser o melhor em todas as situações. Em lugar disso, uma combinação dos resultados de vários modelos pode transformar-se em previsões mais estáveis e de maior exatidão.[14]

O exemplo a seguir mostra a combinação de múltiplos métodos de previsão de acordo com seu erro de previsão. Isto em geral dá bons resultados em termos de previsão de longo prazo. Para previsões de curto prazo, previsões igualmente ponderadas têm se mostrado especialmente robustas, e proporcionam uma exatidão de previsão bem maior do que aquelas desigualmente ponderadas.[15]

Exemplo

Volte mais uma vez ao problema de previsão do fabricante de roupas jovens femininas. Como fora determinada a existência de cinco estações de vendas, não existia garantia alguma de que algum método particular de previsão viesse a mostrar-se consistentemente superior ao longo de todas essas estações. Na verdade, foram utilizados quatro métodos. Houve um método de regressão (R) que previu as vendas com base nas duas variáveis: 1) número de contas; 2) a mudança no débito dos clientes. Duas versões (ES_1, ES_2) de um modelo de ponderação exponencial foram usadas. O quarto modelo foi a previsão interna da empresa, baseada na opinião e experiência da gerência (MJ). O erro médio de previsão atingido pelo uso de cada um dos métodos durante as diferentes estações de vendas é mostrado na Figura 8-5.

Uma das formas de combinar a informação de cada um dos modelos de previsão é ponderar os resultados de acordo com o erro médio histórico por eles produzido. Desta forma, nenhum dos modelos teria seus resultados eliminados nem haveria dependência total em relação aos resultados do modelo com melhor desempenho ao longo da história.

A fim de ilustrar este esquema de ponderação, leve em conta os resultados da temporada de vendas de outono na Figura 8-5. O erro médio para cada modelo foi $MJ = 9\%$, $R = 0,7\%$, $ES_1 = 1,2\%$ e $ES_2 = 8,4\%$. Os pesos deveriam ser inversamente proporcionais ao erro de previsão e com o mesmo quociente de suas respectivas percentagens. A Tabela 8-3 mostra a computação dos fatores de ponderação.

Por fim, dados os resultados de previsão de cada modelo e dos fatores de ponderação, uma previsão média equilibrada pôde ser calculada, como mostra a Tabela 8-4. O valor de previsão final da temporada de vendas de outono é de US$ 20.208.000 e representa entradas de uma variedade de fontes de previsão.

Uma abordagem de sistema especialista para combinar os métodos de previsão mostrou resultados entusiasmantes, especialmente em períodos de previsão de curto prazo inferiores a um ano. Conhecidas como previsão baseada em regras, vários métodos de séries de tempo são combinados e as regras derivadas de especialistas em previsão aplicadas à entrada de dados e à aplicação modelo.

As regras são várias proclamações SE-ENTÃO que orientam as ações destinadas a melhorar a previsão. Collopy e Armstrong desenvolveram 99 dessas regras, das quais alguns exemplos são:

- SE uma observação está fora dos limites, ENTÃO determine essa observação como igual a dois desvios padrão da média.
- Para um modelo de ponderação exponencial, SE alfa (a constante de ponderação) é calculada para ser maior do que 0,7, ENTÃO use 0,7. SE alfa for menor que 0,2, ENTÃO use 0,2.
- SE os dados mais antigos são irrelevantes, ENTÃO delete esses dados.
- SE houver observações consideradas irregulares com base no conhecimento de sua aplicação, ENTÃO ajuste as observações antes da análise para remover seus efeitos de curto prazo.[16]

---

[14] M.J.Lawrence, R.H. Edmundson, and M.J. O'Connor, "The Accuracy of Combining Judgemental and Statistical Forecasts", *Management Science*, Vol. 32, nº 12 (December 1986), págs. 1521-1532; Essam Mahmoud, "Accuracy in Forecasting: A Survey", *Journal of Forecasting* (April/June 1984), pág. 139; Spyros Makridakis and Robert L. Winkler, "Average of Forecasts: Some Empirical Results", *Management Science (*September 1983), pág. 987, e Victor Zarnowitz, "The Accuracy of Individual and Group Forecasts from Business Outlook Surveys", *Journal of Forecasting* (January/March 1984), pág. 10.

[15] Fred Collopy and J. Scott Armstrong, "Rule-Based Forecasting: Development and Validation of an Expert Systems Approach to Combining Time Series Extrapolations", *Management Science*, Vol. 38, nº 10 (1992), págs. 1394-1414.

[16] Ibid.

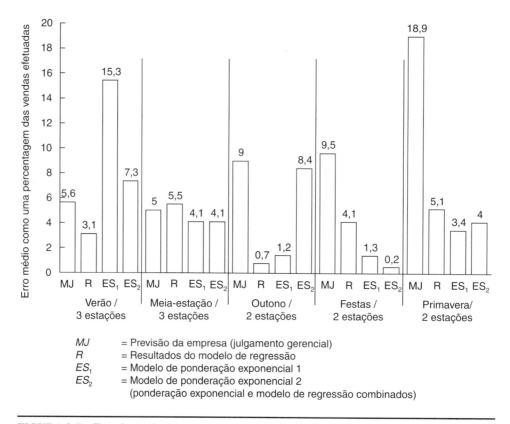

FIGURA 8-5 Erro de previsão para quatro técnicas de previsão aplicadas às vendas de um fabricante de roupas.

TABELA 8-3 Cálculo dos pesos do modelo

Tipo de modelo	Erro de previsão	(2) = (1)/19,3 Proporção do erro total	(3) = 1/(2) Inversão de proporção de erro	(4) = (3)/48,09 Pesos do modelo
MJ	9,0	0,466	2,15	0,04
R	0,7	0,036	27,77	0,58
ES_1	1,2	0,063	15,87	0,33
ES_2	8,4	0,435	2,30	0,05
	19,3	1,000	48,09	1,00

TABELA 8-4 Média ponderada da previsão de vendas da estação outono usando várias técnicas de previsão

Tipo de previsão	Modelo de previsão	Fator de ponderação[a]	Proporção ponderada[b]
Modelo de regressão (R)	$20.367.000	0,58	$ 11.813.000
Ponderação exponencial (ES_1)	20.400.000	0,33	6.732.000
Modelo combinado Ponderação exponencial/ Regressão (ES_2)	17.660.000	0,05	883.000
Julgamento gerencial (MJ)	19.500.000	0,04	780.000
Previsão média ponderada			$ 20.208.000

[a] Da Tabela 8-3.
[b] Modelo de previsão multiplicado pelo fator de ponderação.

Aplicando essas e outras regras aos métodos de previsão múltipla como caminhada aleatória (usando a observação mais recente), ponderação exponencial e regressão, torna-se possível atingir significativa redução nos erros de previsão. Isso é especialmente verdadeiro quando as séries de tempo apresentam tendências significativas, incerteza reduzida, e estabilidade, e o encarregado da previsão tem bom conhecimento da aplicação. Cada um dos métodos é ponderado igualmente.

PREVISÃO COLABORATIVA

Os métodos de previsão até aqui ilustrados no capítulo funcionam melhor quando a demanda não apresenta grande variabilidade. Contudo, demanda irregular, altamente incerta e dinâmica, surgidas a partir de fatores como promoções, poucos compradores adquirindo em grandes quantidades, compras sazonais/cíclicas e demanda criada pela "vontade de Deus" representam um problema todo especial. Embora algumas diretrizes já tenham sido apresentadas para tratar o caso da demanda incerta, a previsão colaborativa vem sendo sugerida como uma abordagem aperfeiçoada do problema, especialmente no planejamento dos processos de negócio. Baseia-se, tal previsão, na premissa de que "duas cabeças pensam melhor do que uma". Ou seja, participantes múltiplos tendem a produzir previsões mais aproximadas do que apenas um, isoladamente.

A previsão colaborativa se refere ao desenvolvimento de previsões usando as entradas de múltiplos participantes, sejam eles de áreas funcionais variadas de uma só empresa (*marketing*, operações, logística, financeiro, compras etc.) ou dos vários membros de uma cadeia de suprimentos – vendedores, transportadores e compradores. O objetivo é principalmente reduzir o erro de previsão. Isso pode ser alcançado da melhor forma quando cada participante contribui para o processo de previsão com uma perspectiva original. Compradores ou pessoal do *marketing* podem estar mais perto do cliente final e ter, por isso mesmo, o melhor "sentimento" da demanda final. Por outro lado, vendedores ou pessoal do setor de compras podem estar atentos à escassez nos suprimentos ou limitações de capacidade que limitam a demanda, ou afetam o preço do produto, que, por sua vez, afeta os preços e os níveis de demanda do produto. O pessoal do transporte, ou os transportadores, podem ter a capacidade de prever prazos de entrega de modo a beneficiar os serviços aos clientes e o nível das vendas.

A revisão por meio da colaboração exige que se administre uma equipe de participantes diferentes, com todas as complicações inerentes a um processo semelhante. Contudo, os principais passos administrativos podem ser identificados, sendo alguns deles a seguir listados:

- Deve haver alguém liderando o processo e providenciando a indispensável comunicação e o cronograma das reuniões do grupo.
- Os tipos de informação necessários à previsão e ao processo de sua coleta devem ser logo identificados, inclusive o momento, as quantidades e a(s) pessoa(s) responsável(is).
- Métodos para o processamento da informação de múltiplas fontes, tipos e formatos devem ser criados, bem como os pesos a serem usados para combinar e equilibrar previsões dos múltiplos participantes.
- Há necessidade de métodos para traduzir a previsão final na forma necessária para cada participante, tais como vendas, embarques e SKUs no total e por conta de cliente, território de serviço etc.
- Deve estar sempre à disposição um processo para revisar e atualizar a previsão com base em tempo real.
- É preciso estabelecer métricas para avaliar a previsão e determinar se a previsão colaborativa é realmente um aperfeiçoamento com relação aos métodos tradicionais.
- Os benefícios da previsão colaborativa para cada um dos participantes devem ser óbvios e reais.

A previsão colaborativa é um processo complexo inerentemente instável, ou seja, a previsão terá sempre a tendência retornar à situação onde cada um dos integrantes faz previsões individuais. Uma vez que a colaboração bem-sucedida exige partilha, coordenação, comprometimento, respeito, dedicação e entendimento, trata-se obviamente de algo de difícil concretização. Contudo, os benefícios da melhor previsão, bem como os benefícios da melhoria das comunicações interfuncionais e interorganizacionais, podem justificar totalmente o esforço adicional exigido quando se trabalha em cooperação.

APLICAÇÕES

Muito embora o *software* de suporte da previsão colaborativa seja novo e esteja em constante revisão/atualização, várias empresas de grande porte já relataram sucessos iniciais em suas experiências com a abordagem da previsão colaborativa. A Heineken USA (cervejas) faz hoje com que quase 100 de seus distribuidores independentes da bebida apresentem previsões eletronicamente à sede da empresa em White Plains, Nova York, utilizando um *software* terceirizado. Envolvendo cerca de 40% do volume total da Heineken, este esquema reduziu o tempo do ciclo dos pedidos de

PARTE IV • ESTRATÉGIA DO ESTOQUE

12 semanas anteriormente para apenas quatro ou cinco agora.[17]

A Ace Hardware, empresa de US$ 2,8 bilhões do setor do varejo de *hardware*, passou a experimentar previsões conjuntas de reposição de estoques com a Manco, supridora de fitas, colas e adesivos. Usando *software* baseados na Web e a Internet, a Manco consegue acessar o banco de dados da Ace. A Ace apresenta à Manco suas previsões para os itens necessários através da tela de um *browser* da Web, mas a Manco tem condições de alterar a previsão antes de incluí-la no seu sistema de planejamento de produção. A Ace e a Manco observam as mesmas telas em tempo real e intercambiam mensagens antes de chegar a um consenso sobre previsões. A exatidão das previsões é revisada mensalmente. No passado, o nível de acerto das previsões ficava sempre 20% abaixo ou acima da demanda real. Hoje, esse nível está em menos de 10%.[18]

FLEXIBILIDADE E RESPOSTA RÁPIDA – UMA ALTERNATIVA À PREVISÃO

As vendas de alguns produtos e serviços são tão imprevisíveis que a utilização dos tipos de métodos de previsão até aqui descritos dá como resultado tamanho potencial de erro de previsão que os torna impraticáveis. Padrões de demanda irregular são um exemplo disso, daí a necessidade de alternativas. O reconhecimento de que não há previsão melhor do que esperar até que a demanda dos clientes se materialize é uma base para reagir apropriadamente à demanda. Se os processos de cadeia de suprimentos podem ser flexibilizados e passar a reagir com rapidez às necessidades de demanda, a necessidade de previsão é pequena. Afinal de contas, a previsão estatística supõe que as observações nas séries de tempo são aleatórias, independentes, e que cada observação constitui uma pequena parte do total. Quando surge uma defasagem de tempo em relação ao suprimento, a previsão serve para estabelecer os níveis de produção, compras e estoques necessários para que os suprimentos estejam disponíveis quando ocorrer a demanda. Alterar a natureza da cadeia de suprimentos de maneira a que os processos possam reagir com flexibilidade e eficiência às necessidades específicas de cada cliente, além de fazer tudo isto quase que instantaneamente, torna a previsão desnecessária. Onde a demanda é altamente imprevisível, esta abordagem alternativa deve ser explorada. Contudo, em muitos casos em que a demanda é "regular", suprir uma demanda prevista continua sendo a alternativa preferencial.

Exemplo

A National Bicycle constatou que as bicicletas esportivas – as de dez marchas e as *mountain bikes* – estavam de repente em moda, e vendiam, entre outras razões, em função de seus padrões de cores brilhantes, intrincados, que mudavam todos os anos. A incapacidade da National de prever os padrões de cores que seriam os preferidos a cada novo ano estava obrigando a empresa a superproduzir algumas cores e a subproduzir outras, o que lhe acarretava enormes prejuízos. Para superar este problema de previsão, a empresa criou um sistema de pedidos personalizados no qual os clientes eram avaliados de acordo com as dimensões ideais do quadro da bicicleta e convidados a escolher seu padrão preferido de cores a partir de uma ampla seleção. A bicicleta ideal da maioria foi então criada na fábrica notavelmente flexível da companhia em Kashiwara e passou a ser entregue à porta do cliente duas semanas depois do encaminhamento do pedido.[19]

COMENTÁRIOS FINAIS

O profissional de logística freqüentemente sente a necessidade de prover suas próprias previsões de demanda, prazos de entrega, preços e custos para a utilização no planejamento e controle estratégico e operacional. Muitas vezes, as previsões de longo prazo necessárias são providas de fora da função logística ou constituem responsabilidade apenas parcial do profissional de logístico. Isso ocorre especialmente no planejamento estratégico. Portanto, este capítulo concentrou-se nos métodos de previsão de curto a médio prazos que o operador de logística mais provavelmente irá utilizar. Nesse período, aquelas técnicas que comprovaram ter mais utilidade são discutidas – ponderação exponencial, decomposição das séries de tempo clássicas e regressão múltipla.

Alguns problemas especiais da elaboração de uma previsão são resumidamente debatidos. Entre eles, como iniciar a previsão com pouca ou nenhuma informação anterior sobre as séries de tempo, trabalhar com padrões incertos ou irregulares de séries de tempo, prever a demanda nos segmentos geográficos, e utilizar modelos combinados de previsão a fim de reduzir os erros de previsão.

---

[17] John Verity, "Collaborative Forecasting: Vision Quest", *Computerworld Commerce*, Vol. 31, nº 45 (November 1997), págs. 12-14.

[18] James A . Cooke, "Why ACE Is Becoming THE PLACE", *Logistics Management & Distribution Report*, Vol. 41, nº 3 (March 2002), págs. 32-36.

[19] Marshall L. Fisher, Janice H. Hammond, Walter R. Obermeyer and Ananth Raman, "Making Supply Meet Demand in an Uncertain World", *Harvard Business Review*, Vol. 72 (May-June 1994), págs. 83-89+.

O gerente de logística deve igualmente ter consciência de uma alternativa à previsão que pode ser necessária quando de uma demanda a tal ponto imprevisível que torna os resultados previstos insatisfatórios. Projetando-se uma cadeia de suprimentos flexível e de resposta rápida, os suprimentos irão satisfazendo a demanda à medida que ela ocorre e a previsão poderá deixar de ser necessária.

QUESTÕES E PROBLEMAS

Vários dos problemas deste capítulo podem ser resolvidos, total ou parcialmente, com a ajuda de software de computador. O pacote de software mais importante neste capítulo é o FORECAST (F) do LOGWARE. O ícone de CD **F** aparecerá sempre que o *software* F for aconselhável. Um banco de dados foi preparado para o estudo do caso da World Oil[20]. De maneira geral, os problemas podem ser resolvidos manualmente.

1. Por que, e até que ponto, o profissional de logística tem interesse na previsão da demanda? Qual seria a diferença desse interesse estando o profissional de logística ligado a:
   a. um fabricante de alimentos?
   b. um fabricante de aviões?
   c. uma grande rede de varejo?
   d. um hospital?

2. Dê exemplos de:
   a. demanda espacial *versus* temporal
   b. demanda irregular *versus* regular
   c. demanda dependente *versus* independente

3. Estabeleça a diferença entre previsão qualitativa, histórica e modelos causais de previsão. Quais são as forças presentes em cada um desses tipos? De que maneira o profissional de logística pode utilizar cada um deles? Categorize os modelos da Tabela 8-1 conforme esses três tipos básicos.

4. A Ace Trucking Company precisa determinar o número de motoristas e caminhões disponíveis durante uma semana de trabalho. O programa padrão consiste em uma rota de coleta e entrega às segundas-feiras e retorno ao seu ponto de origem às sextas-feiras. As necessidades de transporte podem ser determinadas a partir do volume total a ser transportado durante a semana; é, porém, necessário que sejam notificados com uma semana de antecipação para fins de planejamento. O volume das últimas dez semanas é dado a seguir:

Semana	Volume	Semana	Volume
10 semanas atrás	2.056.000	5 semanas atrás	2.268.000
9	2.349.000	4	2.653.000
8	1.895.000	3	2.039.000
7	1.514.000	2	2.399.000
6	1.194.000	1 (esta semana)	2.508.000

   a. Usando o modelo de ponderação exponencial mais simples (apenas um nível), faça a previsão do volume esperado para a próxima semana. [Observe: Será necessário estimar uma constante da ponderação exponencial (α) que venha a minimizar o erro de previsão. Use os dados das quatro semanas mais antigas para dar início ao processo de previsão, ou seja, calcule F_0, busque por α em incrementos de 0,1.]
   b. Faça a estimativa do erro de previsão (S_F). Use os últimos seis períodos semanais.
   c. Calcule a faixa de variação provável do volume real. (*Dica*: Você precisa computar um intervalo de confiança estatística. Suponha um intervalo de confiança estatística de 95% e uma distribuição normal de demanda.)

5. Suponha que os dados no problema 4 fossem assim representados:

Semana	Volume	Semana	Volume
10 semanas atrás	1.567.000	5 semanas atrás	2.056.000
9	1.709.000	4	2.088.000
8	1.651.000	3	1.970.000
7	1.778.000	2	1.925.000
6	1.897.000	1 (esta semana)	2.003.000

   a. Usando a versão com tendência corrigida do modelo de ponderação exponencial, com $\alpha = \beta = 0,2$, preveja o volume da próxima semana.
   b. Faça a estimativa do erro na previsão acima (S_F). Use os seis últimos períodos semanais.
   c. Elabore um intervalo de confiança de 95% na previsão, supondo uma distribuição normal de demandas.

6. A High-Volt Electric Company tem dificuldades na previsão das vendas trimestrais de sua linha de condicionadores de ar domésticos, em conseqüência da substancial sazonalidade nas vendas do produto.

Os dados das vendas trimestrais dos últimos três anos são os seguintes:

---

[20] Um banco de dados para este estudo de caso foi preparado no LOGWARE.

Ano passado		*Dois anos atrás*		*Três anos atrás*	
Trimestre	*Unidades*	*Trimestre*	*Unidades*	*Trimestre*	*Unidades*
1	34.000	1	30.000	1	27.000
2	82.000	2	73.000	2	70.000
3	51.000	3	48.000	3	41.000
4	16.000	4	15.000	4	13.000

a. Determine a melhor tendência de linha reta usando a análise de regressão simples.
b. Determine os índices sazonais para cada trimestre usando os valores da linha de tendência nos cálculo dos índices sazonais.
c. Por intermédio da decomposição clássica das séries de tempo, preveja as vendas dos próximos quatro trimestres.

7. O gerente de materiais do Metropolitan Hospitals precisa planejar os estoques de três hospitais do grupo na região. Seu plano é alocar estoque a esses hospitais. É necessário prever vendas a fim de contar com uma base para a alocação de estoque. O gerente analisa agora se seria mais acurado gerar uma previsão para cada hospital ou gerar uma previsão a partir dos dados agregados e dividi-los para cada região. (Quanto mais exata a previsão para cada região, menores serão os estoques.)

A fim de testar a idéia, o gerente juntou os seguintes dados mensais de utilização de uma determinada seringa ao longo do último ano:

	Região 1	*Região 2*	*Região 3*	*Combinadas*
Jan.	236	421	319	976
Fev.	216	407	295	918
Mar.	197	394	305	896
Abr.	247	389	287	923
Mai.	256	403	300	959
Jun.	221	410	295	926
Jul.	204	427	290	921
Ago.	200	386	285	871
Set.	185	375	280	840
Out.	199	389	293	881
Nov.	214	401	305	920
Dez.	257	446	337	1.040
Totais	2.632	4.848	3.591	11.071

Se o gerente se dispusesse a usar a ponderação exponencial simples (apenas um nível) com α = 0,2, que abordagem deveria utilizar? Por quê? [*Dica*: Encontre a previsão inicial (F_0) calculando a média dos quatro primeiros valores em cada uma das séries. Além disso, lembre a lei das variâncias, em que $S_T^2 = S_{E_1}^2 + S_{E_2}^2 + S_{E_3}^2$ e compare os erros totais da previsão.]

8. Um empresário texano do ramo de tubos e outros produtos pré-fabricados de concreto para construção de estradas, fazendas e casas comerciais pretendia projetar vendas para um planejamento aperfeiçoado da produção e operações logísticas. Um determinado número de variáveis deveria afetar as vendas – tempo, população, construções iniciadas, empregos na construção, número de unidades residenciais, projeções de orçamento para auto-estradas, número de fazendas, licenças de construção de estruturas comerciais e o número de empresas concorrentes no Estado. Uma análise de regressão múltipla mostrou que três variáveis eram fundamentais para a projeção das vendas: população, empregos na construção e licenças de construção do ano anterior.
   a. Você acredita que existam relações de causa e efeito entre essas variáveis e vendas das empresas?
   b. Existem outras variáveis importantes que deveriam ser estudadas mas não figuraram na lista original?

9. A agente de compras de um hospital coletou dados a respeito dos últimos cinco anos sobre os preços médios unitários mensais de um item normalmente usado em cirurgias (pág. 263).

A agente está convencida de que uma acurada previsão dos preços ajudaria a descobrir o momento certo das compras. Fazendo uso dos dados dos quatro anos mais antigos no banco de dados e poupando os dados mais recentes (do ano passado) para comparar a exatidão da previsão, faça o seguinte:

	Ano passado	*2 anos atrás*	*3 anos atrás*	*4 anos atrás*	*5 anos atrás*
Jan.	210	215	211	187	201
Fev.	223	225	210	196	205
Mar.	204	230	214	195	235
Abr.	244	214	208	246	243
Mai.	274	276	276	266	250
Jun.	246	261	269	228	234
Jul.	237	250	265	257	256
Ago.	267	248	253	233	231
Set.	212	229	244	227	229
Out.	211	221	202	188	185
Nov.	188	209	221	195	187
Dez.	188	214	210	191	189
Totais	2.704	2.792	2.783	2.609	2.645

a. Plote os dados num gráfico. Que observações importantes você pode fazer sobre os dados que seriam úteis para a previsão?

b. Construa um modelo de previsão de decomposição clássica de série de tempo baseado em dois anos completos de dados (anos 2 e 3) e compute o erro da previsão (S_F) para o último ano completo. *Dica*: use

$$S_F = \sqrt{\frac{\sum (A_t - F_t)^2}{N-2}}$$

c. Construa um modelo de ponderação exponencial ($\alpha = 0{,}14$, $\beta = 0{,}01$ e $\gamma = 0{,}7$) com nível, tendência e sazonalidade, e compute S_F para o ano passado.

d. Crie um modelo de média ponderada que combine ambos os tipos de modelo.

10. A Hudson Paper Company é uma empresa familiar que compra papel em bobinas de grandes fabricantes. A partir daí, corta e imprime o papel, transformando-o numa variedade de produtos, como sacolas e embalagens de presentes, trabalhando conforme os pedidos dos clientes. A sazonalidade das vendas torna a previsão um problema especialmente complexo, particularmente em função do momento exato das oscilações sazonais. A gerência gostaria de desenvolver um modelo de previsão de ponderação exponencial com capacidade de auxiliar na previsão das vendas. O modelo deveria minimizar os erros de previsão.

   a. Com base nos seguintes dados das vendas agregadas de produtos coletados ao longo dos últimos cinco anos, que tipo de modelo de previsão e valores de constantes de ponderação você sugeriria?

		Vendas, rolos			
Mês	2003	2002	2000	1999	1998
Jan	7.000	8.000	7.000	10.000	10.000
Fev	8.000	9.000	10.000	9.000	7.000
Mar	8.000	8.000	10.000	9.000	8.000
Abr	8.000	10.000	8.000	7.000	7.000
Mai	9.000	10.000	9.000	10.000	11.000
Jun	11.000	13.000	12.000	11.000	11.000
Jul	11.000	9.000	12.000	15.000	13.000
Ago	11.000	13.000	15.000	19.000	15.000
Set	15.000	17.000	20.000	21.000	25.000
Out	17.000	17.000	20.000	21.000	25.000
Nov	19.000	21.000	23.000	25.000	27.000
Dez	13.000	15.000	13.000	17.000	13.000
Totais	137.000	150.000	159.000	174.000	172.000

   b. Qual é a sua previsão para janeiro de 2004 ?
   c. Construa um intervalo de confiança de 95% de previsão na parte (b).

11. Um distribuidor de aço corta folhas de aço de bobinas que compra de grandes siderúrgicas. A previsão adequada do uso de bobinas pode representar grandes benefícios no controle dos estoques de matérias-primas. Do preço de venda, 80% estão no custo das matérias compradas. Embora a determinação das quantidades a serem compradas envolva inúmeras considerações, uma média de movimentação de três meses é usada para projetar a taxa de uso no mês seguinte. As taxas do uso real de bobinas em libras-peso para dois produtos são apresentadas na tabela a seguir:

	Bobina A566 CQ P&O			Bobina A366 CQ CR		
	Dois anos atrás	*Ano passado*	*Este ano*	*Dois anos atrás*	*Ano passado*	*Este ano*
Jan	206.807	304.580	341.786	794.004	735.663	633.160
Fev	131.075	293.434	521.878	703.091	590.202	542.897
Mar	124.357	273.725	179.878	757.610	601.401	692.376
Abr	149.454	210.626	226.130	499.022	529.784	703.151
Mai	169.799	150.587	177.400	445.703	672.040	917.967
Jun	216.843	289.621	182.109	483.058	450.735	532.171
Jul	288.965	168.590	123.957	446.770	567.928	654.445
Ago	219.018	171.470	54.074	806.204	549.355	546.480
Set	65.885	209.351	136.795	646.300	481.355	472.664
Out	179.739	203.466		470.551	419.846	
Nov	251.969	145.866		682.611	612.346	
Dez	205.806	203.742		606.968	447.021	

a. Um modelo de ponderação exponencial proporcionará previsões melhoradas em comparação com a média de movimentação de três meses? Em caso afirmativo, que tipo de modelo e constantes de ponderação você sugeriria?

b. Qual é a sua previsão de uso para outubro deste ano?

c. Se o uso real em outubro da A569 for de 369.828 libras, e o uso de A366 for de 677.644 libras, como você explica a diferença nas suas previsões para esses itens?

ESTUDO DE CASO
World Oil

A World Oil é uma refinaria e distribuidora mundial de combustíveis para automóveis, aeronaves, caminhões, e que vende para operações de marinas, postos de serviço e atacadistas. Manter mais de mil desses postos abastecidos é um problema operacional significativo para a empresa. Manter os níveis adequados de lubrificantes nos postos de serviços é sua maior preocupação, uma vez que são os lubrificantes a maior fonte de receita da empresa e a fonte geradora da maior demanda de serviços pelos clientes (disponibilidade dos produtos). Conseguir prever as taxas de uso por produto nesses postos de serviços é um dos elementos fundamentais das operações de distribuição. Particularmente, os expedidores dos caminhões-tanque precisam estar sempre munidos de uma previsão muito aproximada do uso de combustível a fim de conseguir programar as entregas dos lubrificantes nos postos de serviço de modo a evitar qualquer tipo de escassez.

OPERAÇÃO DOS POSTOS DE SERVIÇOS

Os postos de serviços precisam dispor de três ou quatro diferentes gradações de combustível, inclusive as gasolinas e óleo diesel de 87-, 89- e 92- octanas. Todos esses produtos são armazenados em tanques subterrâneos. Devido à variação das taxas de uso entre os postos e tendo em vista o limite de capacidade desses tanques, a freqüência do reabastecimento pode variar entre duas a três vezes por dia a apenas algumas vezes por semana. Cada tanque é reservado para um tipo de combustível. Os níveis do combustível são medidos periodicamente mediante a colocação de uma régua dentro do tanque de armazenagem, embora alguns dos postos de serviços mais modernos contem já com dispositivos de medição eletrônica em seus tanques. Caminhões-tanque, normalmente com quatro compartimentos para tipos diferentes de combustível, são usados no reabastecimento.

UMA SITUAÇÃO DE PREVISÃO

Cada grau de combustível disponível nos postos representa uma situação específica de previsão. Um exemplo é o dos postos de menor movimento que vendem combustível de 87-octanas. Com o reabastecimento ocorrendo apenas algumas vezes por semana, a previsão das taxas de uso com base diária é adequada. Como o uso não depende do dia da semana, a previsão para um determinado dia pode variar bastante em relação a qualquer outro da semana. Na Tabela 1, um histórico da taxa de uso do combustível de 87- octanas às segundas-feiras nos últimos dois anos, em um posto de baixo movimento. Um esquema dessa série de tempo é apresentado na Figura 1.

PERGUNTAS

1. Desenvolva um procedimento de previsão para este posto de serviço. Por que você selecionou esse determinado método?
2. De que forma devem ser tratados na previsão as promoções, época de férias ou outros períodos semelhantes em que as taxas de uso se desviam dos padrões normais?
3. Preveja o uso da próxima segunda-feira e indique a provável exatidão dessa previsão.

268 PARTE IV • ESTRATÉGIA DO ESTOQUE

TABELA 1 Histórico das taxas diárias (segunda-feira) de uso de combustível de 87 - octanas num posto de serviços de baixa movimentação

Há dois anos		Ano passado		Este ano	
Semana	Uso, em galões	Semana	Uso, em galões	Semana	Uso, em galões
1 (Jan)	530	1 (Jan)	660	1 (Jan)	790
2	570	2	640	2	860
3	560	3	810[b]	3	890
4	530	4	790[b]	4	780
5	510	5	820[b]	5	810
6	560	6	650	6	?
7	610	7	710		
8	560	8	700		
9	580	9	670		
10	610	10	690		
11	650	11	730		
12	700	12	730		
13	670	13	760		
14	700	14	790		
15	760	15	810		
16	730	16	870		
17	760	17	890		
18	820	18	870		
19	780	19	890		
20	900	20	880		
21	840	21	930		
22	770	22	980		
23	820	23	900		
24	800	24	860		
25	760	25	890		
26	760	26	880		
27	770	27	870		
28	790	28	840		
29	760	29	860		
30	740	30	910		
31	720	31	870		
32	670	32	860		
33	690	33	840		
34	470[a]	34	540[a]		
35	670	35	780		
36	690	36	750		
37	620	37	780		
38	650	38	760		
39	610	39	710		
40	620	40	730		
41	640	41	750		
42	590	42	750		
43	610	43	710		
44	600	44	750		
45	630	45	720		
46	600	46	770		

(continua)

TABELA 1 Histórico das taxas diárias (segunda-feira) de uso de combustível de 87 - octanas num posto de serviços de baixa movimentação   (*continuação*)

Há dois anos		*Ano passado*		*Este ano*	
Semana	*Uso, em galões*	*Semana*	*Uso, em galões*	*Semana*	*Uso, em galões*
47	630	47	740		
48	640	48	750		
49	610	49	760		
50	590	50	780		
51	610	51	800		
52 (Dez)	630	52 (Dez)	850		
Totais	34.690		41.030		

[a] Feriado.
[b] Período promocional.

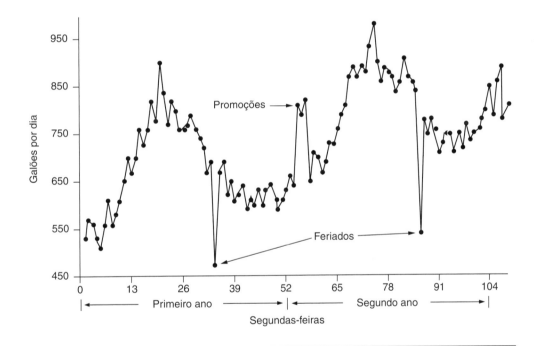

FIGURA 1 Uso de combustível às segundas-feiras em um posto de serviços de baixo movimento ao longo de cerca dos últimos dois anos.

CAPÍTULO

Decisões sobre Política de Estoques

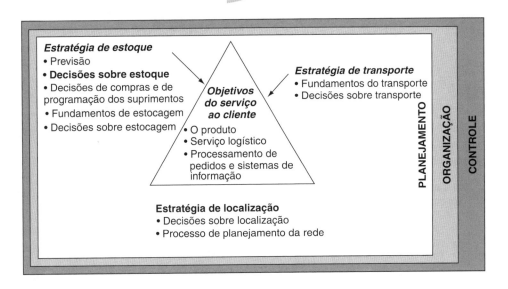

Todo erro de gerenciamento se reflete no estoque.

— MICHAEL C. BERGERAC
EX-DIRETOR PRESIDENTE
REVLON, INC.

Estoques são acumulações de matérias-primas, suprimentos, componentes, materiais em processo e produtos acabados que surgem em numerosos pontos do canal de produção e logística das empresas, como se vê na Figura 9-1. Estoques figuram normalmente em lugares como armazéns, pátios, chão de fábrica, equipamentos de transporte e em armazéns das redes de varejo. O custo de manutenção desses estoques pode representar de 20 a 40% do seu valor por ano. Por isso mesmo, administrar cuidadosamente o nível dos estoques é economicamente sensato. Ainda que muitos avanços tenham sido concretizados com vistas a reduzir os estoques pela adoção de práticas *just-in-time*, de compressão dos prazos, de resposta rápida e de cooperação mútua ao longo do canal de abastecimento, o investimento anual em estoques de fabricantes, varejistas e atacadistas – cujas vendas representam cerca de 99% do PNB – representa cerca de 12% do produto interno bruto dos EUA.[1] Este capítulo é voltado para a administração dos estoques no canal de suprimentos.

Há muito ainda a aprender sobre gerenciamento de estoques, sendo justamente essa a justificativa da extensão do presente capítulo. O tema pode, porém, ser dividido em três grandes segmentos. Em primeiro lugar, os estoques são mais comumente gerenciados como itens isolados localizados em pontos exclusivos de armazenamento – um tipo de controle pesquisado extensivamente com métodos para muitas aplicações específicas. Em segundo lugar, o controle de estoques será visto como gerenciamento agregado de estoques. Os

---

[1] U.S. Bureau of the Census, *Statistical Abstract of the United States: 2001*, 121ª ed. (Washington, DC: 2001), págs. 623, 644 e 657.

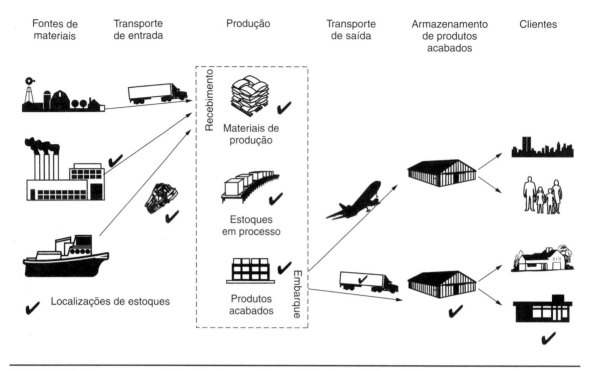

FIGURA 9-1 Os estoques estão localizados em todos os níveis do canal de suprimentos.

administradores de alto nível têm grande interesse nesta perspectiva em conseqüência da sua necessidade de controlar o investimento total em estoques, mais do que em unidades isoladas de armazenamento. Por fim, será examinado o gerenciamento de estoques entre múltiplos pontos e múltiplos elos ao longo da cadeia de abastecimento.

AVALIAÇÃO DOS ESTOQUES

São inúmeros os motivos que justificam a presença de estoques em um canal de suprimentos, e, apesar disso, nos últimos anos a manutenção de estoques vem sendo cada vez mais criticada, pois seria desnecessária e onerosa. Examinemos os motivos que levam uma empresa a manter estoques em algum nível de suas operações e também os motivos que a levariam a pretender manter tais estoques em nível mínimo.

Razões a Favor dos Estoques

As razões para a manutenção de estoques estão nos serviços aos clientes e na economia de custos indiretamente resultantes. A seguir, breves considerações sobre as principais dentre tais razões.

Melhorar o Serviço ao Cliente

Os sistemas operacionais podem não ser projetados para reagir instaneamente às solicitações dos clientes em matéria de produtos ou serviços. Os estoques proporcionam um nível de disponibilidade de produtos ou serviços que, quando perto dos clientes, acabam satisfazendo as altas expectativas destes em matéria de disponibilidade. E dessa disponibilidade muitas vezes acaba resultando não apenas a manutenção como também o aumento do nível das vendas.

Aplicação

As oficinas de manutenção de automóveis são forçadas a manter milhares de peças de reposição para uma imensidão de carros de diferentes modelos e anos. Um automóvel pode ter até 15 mil peças. A fim de proporcionar o giro mais ágil, as oficinas conservam um estoque limitado das peças mais procuradas, como velas de ignição, correias de ventilador e baterias. O fabricante de automóveis mantém uma segunda linha de estoque em depósitos regionais a partir dos quais as peças requisitadas são despachadas por frete aéreo. Há casos em que as peças chegam às oficinas de manutenção no mesmo dia do pedido. Torna-se desta forma possível apresentar máxima disponibilidade de peças com um mínimo de estoque no local.

Reduzir os Custos

Embora a manutenção de estoques implique em custos adicionais, sua utilização acaba indiretamente reduzindo os custos operacionais em outras atividades do canal de suprimentos de tal modo que pode mais do que compensar os custos de manutenção. Em primeiro lugar, a existência desses estoques proporciona economias consideráveis ao permitir operações de produção mais prolongadas e equilibradas. O volume de produção pode ser desacoplado da variação da demanda quando se dispõe de estoques suficientes para funcionar como pulmão entre essas duas variáveis.

Em segundo lugar, a existência de estoques incentiva economias em compras e transporte. Um departamento de compras faz aquisições ocasionais que superam as necessidades imediatas da empresa quando isso proporciona descontos de preços exatamente em função da quantidade. O custo da manutenção do excesso de estoques é compensado pela redução de preços obtida. De maneira similar, consegue-se reduzir os custos do transporte despachando em quantidades maiores – que requerem menos manuseio por unidade. No entanto, o aumento do volume de um embarque produz níveis crescentes de estoques que precisam ser mantidos em *ambos os* extremos do canal de transportes. A redução dos custos com o transporte justifica a manutenção de um estoque.

Em terceiro lugar, comprar antecipadamente representa adquirir quantidades adicionais de mercadorias pelos preços atuais, quase sempre mais baixos, com isso deixando de ter de comprá-los no futuro, a preços certamente mais altos. Comprar em quantidades maiores do que as necessidades imediatas acarreta estoques maiores do que quando se adquirem quantidades que se adequam melhor às necessidades presentes. Contudo, se é esperada uma alta dos preços no futuro, um estoque maior resultante da compra antecipada é amplamente justificável.

Em quarto lugar, a inconstância dos prazos necessários à produção e transporte de mercadorias ao longo do canal de suprimentos pode provocar incertezas com provável impacto sobre os custos operacionais e também sobre os níveis do serviço ao cliente. Os estoques são seguidamente usados em muitos pontos do canal para reduzir o impacto desta inconstância e, desta forma, facilitar as operações.

Em quinto lugar, choques não planejados e não antecipados afetam o sistema logístico. Greves trabalhistas, desastres naturais, aumentos imprevistos da demanda e atrasos no abastecimento são os tipos de contingências contra as quais os estoques apresentam algum grau de proteção. Manter determinado nível de estoques em pontos-chaves do canal de suprimentos permite que o sistema continue a operar durante algum tempo até que os efeitos desses choques percam sua força.

Aplicação

A fabricação de papel depende de caras máquinas Fourdrinier e outros equipamentos com grande capacidade. O alto custo fixo desse equipamento exige que seja mantido em permanente atividade. Mas a demanda de produtos de papel industrial (por exemplo, papel *kraft* de embalagem, sacolas de várias camadas e produtos de grande volume) não é estável e garantida. Embora grandes pedidos possam ser programados diretamente, a produção de pedidos pequenos é onerosa demais, considerando a possibilidade de preparação que leva até 30 minutos em máquinas cuja operação chega a custar US$ 3.500 por hora. Produzir para estoque e abastecer pedidos pequenos a partir daquele estoque de produtos padronizados reduz o tempo de preparação, algo que mais do que compensa o custo de manutenção de estoques.

Razões contra os Estoques

Argumenta-se que gerenciar é mais fácil quando se tem a segurança dos estoques. É muito mais fácil defender-se de críticas pela manutenção de estoque em excesso do que ser apanhado, uma vez que seja, com estoque esgotado. A maior parte dos custos de manutenção de estoques é custo de oportunidade e, portanto, deixa de ser identificada nos relatórios normais de contabilidade. Levando-se em conta que os níveis de estoques têm sido altos demais para serem justificados como um suporte razoável às operações, essa crítica é talvez justificada.

Os críticos contestam a necessidade da manutenção de estoques a partir de várias linhas de argumentação. Consideram os estoques, por exemplo, desperdício, pois absorvem capital que teria utilização mais rentável se destinado a incrementar a produtividade e a competitividade. Além disso, os estoques não contribuem com qualquer valor direto para os produtos da empresa, apesar de armazenarem valor.

Em segundo lugar, os estoques às vezes acabam desviando a atenção da existência de problemas de qualidade. Quando estes afinal se manifestam, reduzir os estoques a fim de proteger o capital investido é quase sempre a primeira medida em que se pensa. Corrigir os problemas de qualidade pode ser bem mais demorado.

Por fim, a utilização dos estoques promove uma atitude de isolamento sobre o gerenciamento global do canal de suprimento. Com estoques, é muitas vezes possível isolar um elo do canal em relação a outro. As oportunidades que surgem do processo integrado de tomada de decisões, que leva em conta o conjunto do canal, não são incentivadas. Sem estoques, é difícil evitar o planejamento e a coordenação ao longo dos vários elos do canal de suprimentos.

TIPOS DE ESTOQUES

Existem cinco categorias distintas nas quais situar os estoques. Na primeira, os estoques podem estar no *canal*. Estes são estoques em trânsito entre elos do canal de suprimentos. Onde a movimentação é lenta e/ou as distâncias longas ou há muitos elos, o montante de estoque no canal tende facilmente a superar aquele existente nos pontos de depósito. Da mesma forma, estoques em processo entre operações de produção podem ser considerados estoques no canal.

Em segundo lugar, há estoques que são mantidos para fins de *especulação*, mas continuam fazendo parte da base de estoque a ser administrada. Matérias-primas como cobre, ouro e prata são compradas tanto para especulação quanto para o suprimento das necessidades operacionais. Onde a especulação com os preços ocorre em períodos que superam as necessidades previsíveis da operação, os estoques daí resultantes tornam-se uma preocupação mais do departamento financeiro do que da gerência de logística. Contudo, quando se formam estoques como antecipação às vendas sazonais ou devido a compras antecipadas, é mais provável que fiquem sob a responsabilidade da área logística.

Em terceiro lugar, a natureza dos estoques é *regular* ou *cíclica*. Esses são os estoques necessários para suprir a demanda média durante o tempo transcorrido entre sucessivos reabastecimentos. O montante do estoque cíclico é altamente dependente dos tamanhos de lotes de produção, embarques de quantidades econômicas, limitações nos espaços de armazenamento, prazos de reposição, esquemas referentes a descontos em preços por quantidades, e custos de movimentação.

Em quarto lugar, é possível formar estoques como pulmão contra a variabilidade na demanda e nos prazos de reposição. Esta quantidade extra, ou estoque de *segurança*, é um acréscimo ao estoque normal necessário para suprir as condições da demanda média e do prazo de entrega médio. O estoque de segurança é determinado por procedimentos estatísticos que lidam com a natureza aleatória da variabilidade presente. O tamanho do estoque de segurança a ser mantido depende da extensão da variabilidade e do nível de disponibilidade de estoque proporcionado. Uma previsão muito precisa é essencial para minimizar os níveis dos estoques de segurança. Na verdade, se os prazos de entrega e a demanda pudessem ser previstos com certeza absoluta, não haveria necessidade de nível algum de estoque de segurança.

Por fim, parte do estoque sempre se deteriora, fica ultrapassada ou acaba sendo perdida/roubada durante um armazenamento prolongado. Esse é o chamado estoque *obsoleto*, *morto* ou *evaporado*. Em se tratando de estoques de produtos de alto valor, perecíveis ou fáceis de roubar, é indispensável a adoção de precauções especiais para minimizar o seu volume.

CLASSIFICAÇÃO DOS PROBLEMAS DE GERENCIAMENTO DE ESTOQUES

O gerenciamento de estoques abrange inúmeros tipos de problemas. Como não há maneira de gerenciá-los fazendo uso de um único método, é preciso categorizar os métodos em vários grupos principais. O gerenciamento pelos métodos *just-in-time* não será incluído nesta classificação pelo fato de que será detalhadamente abordado no Capítulo 10. Para os demais métodos, supomos que as condições do nível de demanda e sua variabilidade, prazos de entrega e respectiva variabilidade, e os custos relacionados aos estoques sejam conhecidos, e que precisamos fazer o melhor trabalho possível de controle de estoques, dadas essas condições. Em contraste, a filosofia do *just-in-time* (satisfazer a demanda à medida que ocorre) é a de eliminar estoques pela redução da variabilidade na demanda e do tempo do ciclo de reposição, reduzindo os tamanhos dos lotes e estabelecendo sólidas relações com um número limitado de fornecedores a fim de garantir produtos de qualidade e o devido atendimento dos pedidos.

Natureza da Demanda

A natureza da demanda ao longo do tempo desempenha papel significativo na determinação de como controlamos os níveis de estoques. Vários tipos comuns de padrões de demanda são mostrados na Figura 9-2. A característica mais comum da demanda talvez seja a de sua continuação no futuro infinito, um padrão batizado de *perpétuo*. Embora a demanda de muitos produtos cresça e diminua ao longo de seus ciclos de vida, outros tantos têm uma vida de venda suficientemente alongada para ser considerada infinita em termos de planejamento. Embora novas marcas surjam ao ritmo de 20% ao ano, um ciclo de vida de cinco anos é suficiente longo para jus-

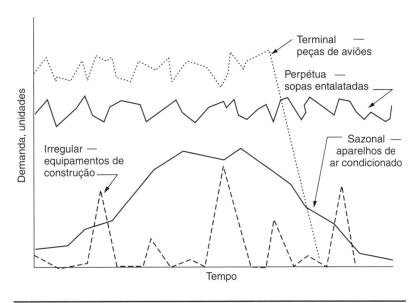

FIGURA 9-2 Exemplos de padrões comuns de demanda de produtos.

tificar sua inclusão entre aqueles produtos com um padrão de demanda perpétuo.

Há, no entanto, produtos altamente sazonais ou que experimentam surtos de demanda, ou picos. Estoques mantidos para atender semelhante demanda dificilmente podem ser liquidados, a não ser mediante promoções com base em descontos irresistíveis. Um pedido único de reposição deve ser colocado com pouca ou nenhuma chance para pedir novamente ou para a devolução das mercadorias em caso de uma demanda projetada incorretamente. Roupas de moda, árvores de Natal e *buttons* de campanhas políticas são exemplos deste tipo de padrão de demanda.

Ainda, a demanda pode apresentar um padrão irregular, ou errático. Mesmo em caso de produtos de demanda perpétua, existem períodos de demanda escassa ou inexistente, seguidos por picos repentinos. O momento da demanda irregular não é tão previsível quanto o da demanda sazonal, que normalmente ocorre em épocas determinadas do ano. Mercadorias em estoque são comumente uma mistura de itens de demanda irregular e perpétua. Um teste razoável para distinguir entre esses dois tipos é reconhecer que os artigos irregulares têm uma alta variância em torno do seu nível médio de demanda. Se o desvio-padrão da distribuição de demanda, ou erro de previsão, for maior do que a demanda média, ou previsão, esse artigo é provalmente do tipo irregular. A melhor maneira de controlar o estoque de semelhantes itens são os procedimentos intuitivos, ou por uma modificação dos processos matemáticos discutidos neste capítulo, ou, ainda, pela previsão – colaborativa.

Há produtos cuja demanda se esgota em algum momento previsível no futuro, que em geral não se estende por mais de um ano. O planejamento dos estoques neste caso exige que se mantenham apenas os estoques necessários para satisfazer estritamente as imposições da demanda, sendo porém permitido algum grau de reposição no limitado horizonte de tempo em que se manifesta. Livros didáticos com revisões já previstas, peças de reserva para aviões militares e artigos farmacêuticos com limitada exposição nas gôndolas são exemplos de produtos com tempo definido de vida. Como a distinção entre esses produtos e aqueles dotados de vida perpétua é muitas vezes indistinta, eles acabam não recebendo tratamento diferente daqueles de vida perpétua, o que seria indispensável ao desenvolvimento de uma metodologia para o seu adequado controle.

Finalmente, o padrão de demanda de um artigo pode ser derivado da demanda por um outro produto. A demanda de materiais de embalagem, por exemplo, decorre da demanda por outros produtos primários. O controle de estoques desses artigos de demanda dependente é sempre mais bem manejada com alguma forma de planejamento *just-in-time*, como MRP ou DRP, que discutiremos no Capítulo 10.

Filosofia de Gerenciamento

O gerenciamento dos estoques desenvolve-se em torno de duas filosofias básicas. Em primeiro lugar, existe o conceito de *puxar*. Esta filosofia considera cada ponto de estoque – um armazém, por exemplo – independente de todos os outros no canal. Prever a demanda e determinar as quantidades de reposição são tarefas realizadas levando-se em conta apenas as condições locais, como ilustrado na Figura 9-3. Nenhuma atenção direta se presta ao efeito que as quantidades de reposição, com seus níveis e momentos particulares, terão sobre as economias da fábrica de origem. Contudo, esta abordagem exerce um controle preciso sobre os níveis dos estoques em cada local. Os métodos de puxar são especialmente utilizados nos níveis do varejo no canal de suprimentos em que mais de 60% dos bens duráveis e quase 40% dos bens de consumo estão sob programas de reposição.[2]

Há também a alternativa do método de *empurrar* (ver Figura 9-3). Quando decisões sobre cada estoque são adotadas independentemente, o momento e os tamanhos dos pedidos de reposição não são necessariamente bem coordenados com os tamanhos dos lotes de produção, quantidades econômicas de compras ou volumes mínimos de pedidos. Portanto, muitas empresas optam por alocar quantidades de reposição a estoques baseados em projeções de necessidades em cada local, espaço disponível ou algum outro tipo de critério. Os níveis dos estoques são estabelecidos coletivamente ao longo do conjunto do sistema de armazenagem. Normalmente, o método de empurrar é usado quando as economias de escala de compra ou produção suplantam os benefícios dos níveis mínimos de estoques coletivos conseguidos pelo método de puxar. Além disso, os estoques podem ser gerenciados de forma centralizada a fim de conseguir um melhor controle geral, economias de produção e compras podem ser usadas para ditar os níveis dos estoques visando minorar os custos, e a previsão pode ser feita por demanda agregada e então rateada entre todos os pontos de estoque para melhorar desempenho e custos.

O reabastecimento colaborativo pode ser usado como um método híbrido de puxar e empurrar. Neste caso, os membros do canal representantes da fonte de abastecimento e do ponto de estoque determinam em conjunto as quantidades e o momento do reabastecimento. O resultado pode ser um reabastecimento de pedidos mais econômico para o canal de suprimento do que se obteria com cada parte do canal adotando isoladamente a decisão sobre a reposição.

Grau de Agregação de Produtos

Boa parte do controle de estoques é voltada para controlar cada item presente no estoque. O controle preciso de cada um desses itens consegue levar a um controle exato da soma de todos os níveis de estoque dos itens do estoque. Essa é uma abordagem de baixo para cima do gerenciamento de estoque.

O gerenciamento de grupos de produtos, em lugar de artigos isolados, é uma abordagem alternativa, ou de cima para baixo – uma perspectiva comum da alta administração. Embora a operação diária dos es-

---

[2] Tom Andel, "Manage Inventory, Own Information", *Transportation & Distribution* (May 1996), págs. 54 e seguintes.

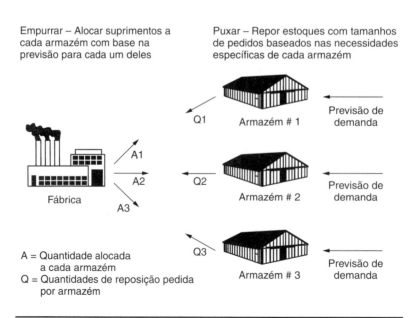

FIGURA 9-3 Filosofias de puxar e empurrar de gerenciamento de estoques.

toques possa exigir controle no nível de itens, o planejamento estratégico dos níveis de estoques pode ser concretizado pela agregação substancial de produtos em grupos. Esta é uma abordagem satisfatória quando está em questão o gerenciamento do investimento em estoque do conjunto dos artigos, e quando o esforço exigido por uma análise item-por-item dos milhares de itens em muitas localizações não é garantido. Métodos de controle tendem a ser menos precisos para a gerência de estoque agregado do que para o gerenciamento por itens.

Estoques de Múltiplos Estágios

À medida que a gestão da cadeia de suprimentos incentivou os gerentes a pensar em incluir cada vez mais setores do canal de suprimentos em seus processos de planejamento, os estoques que abrangem mais de um estágio de canal adquiriram maior relevância. Em lugar de planejar estoques em cada local separadamente, planejar seus níveis em conjunto pode produzir uma redução das quantidades no conjunto dos estoques. O planejamento de estoques de múltiplos estágios tem-se mostrado um problema especialmente difícil de resolver, mas alguns progressos estão sendo feitos em métodos úteis para os gerentes.

Estoques Virtuais

Historicamente, os clientes têm sido servidos por estoques aos quais foram alocados. Estando um produto em falta no estoque, ou se perdia uma venda ou se colocava o pedido como pendente. Sistemas de informação aperfeiçoados mudaram esta situação. Tornou-se possível para as empresas o conhecimento permanente dos níveis de estoques dos produtos em cada ponto de estocagem na rede logística, criando-se um estoque virtual de produtos. Em vista disto, itens não disponíveis puderam passar a ser repostos mediante o atendimento a partir de outros locais. Esse abastecimento cruzado é uma opção que também pode ter como resultado menores níveis globais de estoque e maiores índices de atendimento dos pedidos.

OBJETIVOS DO ESTOQUE

Gerenciar estoques é também equilibrar a disponibilidade dos produtos, ou serviço ao consumidor, por um lado, com os custos de abastecimento que, por outro lado, são necessários para um determinado grau dessa disponibilidade. Como é possível que exista mais de uma maneira de atingir a meta do serviço ao cliente, buscamos minimizar os custos relativos a estoque para cada nível do serviço ao cliente (ver Figura 9-4). Comecemos então a desenvolver a metodologia de controle de estoques com uma forma de definir a disponibilidade de produtos e uma identificação dos custos relevantes ao gerenciamento dos níveis de estoques.

Disponibilidade do Produto

Um objetivo primário do gerenciamento de estoque é garantir que o produto esteja disponível no tempo e nas quantidades necessárias. É algo que se julga normalmente com base na probabilidade de atendimento do pedido com um produto do estoque atual. Esta probabilidade,

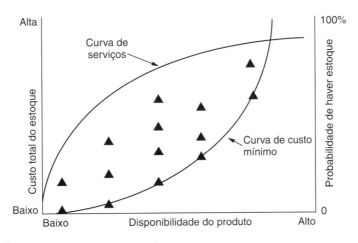

FIGURA 9-4 Curvas projetadas para o planejamento de estoques.

ou índice de atendimento, é denominada de nível de serviço e, para apenas um item, pode ser definida como:

$$\text{Nível de serviço} = 1 - \frac{\begin{array}{c}\textit{Número esperado}\\ \textit{de unidades faltantes}\\ \textit{anualmente}\end{array}}{\textit{Demanda anual total}} \quad \textbf{(9-1)}$$

O nível de serviço é representado como um valor entre 0 e 1. Como um nível de serviço é normalmente especificado, nossa tarefa passa a ser a de controlar o número esperado de unidades em falta.

Constataremos que é conveniente controlar o nível de serviço de itens únicos via computador. Contudo, os clientes normalmente solicitam mais de um item por vez. Portanto, a probabilidade de satisfazer por inteiro o pedido do cliente pode constituir preocupação maior do que níveis de serviço de itens únicos. Por exemplo, suponha que cinco itens constem de um pedido cada um cujos itens têm índice de atendimento de 0,95, ou seja, apenas 5% de possibilidades de não estar em estoque. Atender o pedido total sem nenhum item em falta teria a probabilidade de:

$$0,95 \times 0,95 \times 0,95 \times 0,95 \times 0,95 = 0,77$$

A probabilidade de atender o pedido na sua íntegra é um pouco menor do que a de atender os itens separadamente.

Vários pedidos de muitos clientes mostrarão que uma combinação de itens pode aparecer em qualquer pedido. O nível de serviço é então expresso mais adequadamente como sendo um *índice médio ponderado de atendimento* (ou WAFR). Este é calculado pela multiplicação da freqüência com que cada combinação de itens aparece no pedido pela probabilidade de atender esse pedido por inteiro, dado o número de itens no pedido. Se for especificada uma meta de WAFR, as taxas de atendimento de cada item precisam ser ajustadas para que se atinja a WAFR pretendida.

Exemplo

Uma empresa de materiais químicos recebe pedidos para um de seus produtos de pintura. A linha de produtos de pintura contém três itens separados que os clientes costumam encomendar em combinações variadas. A partir de uma amostragem dos pedidos recebidos em determinado período de tempo, os itens aparecem em pedidos em sete combinações diferentes e com as freqüências registradas na Tabela 9-1. A partir, também, dos registros da empresa, a probabilidade de ter cada um dos itens em estoque é SLA = 0,95; SLB = 0,90; e SLC = 0,80. Como demonstram os cálculos na Tabela 9-1, a WAFR aqui é de 0,801. Ou seja, a empresa não terá condições de entregar todos os itens em um de cada cinco pedidos dos clientes.

Recorde que medidas adicionais de serviço ao cliente foram discutidas no Capítulo 4. Algumas delas abarcam mais do que estoque e não são apropriadas para discussão neste ponto. Contudo, medidas adicionais de desempenho de estoques poderiam incluir o percentual de itens em pedidos pendentes, percentual de pedidos atendidos por inteiro, até um determinado percentual e percentual de itens atendidos por abastecimento cruzado a partir de locais secundários. Esses não serão discutidos aqui.

Custos Relevantes

Três classes gerais de custos são importantes para a determinação da política de estoque: os custos de aquisição, de manutenção e de falta de estoques. São cus-

---

TABELA 9-1 Computação do índice médio ponderado de atendimento

Combinação dos itens no pedido	(1) Freqüência dos pedidos	(2) Probabilidade de atendimento integral dos pedidos	(3) = (1) × (2) Valor marginal
A	0,1	(0,95) = 0,950	0,095
B	0,1	(0,90) = 0,900	0,090
C	0,2	(0,80) = 0,800	0,160
A, B	0,2	(0,95)(0,90) = 0,855	0,171
A, C	0,1	(0,95)(0,80) = 0,760	0,076
B, C	0,1	(0,90)(0,80) = 0,720	0,072
A, B, C	0,2	(0,95)(0,90)(0,80) = 0,684	0,137
	1,0	WAFR =	0,801

tos permanentemente em conflito, ou em compensação, entre si. Com o objetivo de determinar a quantidade do pedido para reposição de um item no estoque, essa relevante compensação de custos é mostrada na Figura 9-5.

Custos de Aquisição

Os custos relacionados com a aquisição de mercadorias para a reposição dos estoques são quase sempre uma significativa força econômica que determina as quantidades de reposição. Ao se solicitar uma reposição de estoque, incorre-se em uma variedade de custos relacionados ao processamento, preparação, transmissão, manutenção e ao pedido de compra. Mais especificamente, os custos de aquisição podem incluir o preço, ou custo de fabricação do produto conforme as quantidades pedidas; o custo da preparação do processo de produção; o custo do processamento de um pedido pelos departamentos de contabilidade e compras; o custo de transmissão do pedido ao ponto de suprimento, normalmente pela utilização de correios ou meios eletrônicos; o custo do transporte do pedido quando as tarifas de transporte não fazem parte de compra dos produtos; e o custo de qualquer manuseio ou processamento dos produtos no ponto de recepção. Quando a empresa tem suprimento próprio, como ocorre no caso da companhia que repõe seus próprios estoques de produtos acabados, os custos de aquisição são alterados a fim de refletir os custos de preparação do processo de produção. Os custos do transporte não são relevantes se estiver em vigor a política de cobrança de taxas de entrega.

Alguns desses custos de aquisição são fixos por pedido e não variam de acordo com o tamanho do pedido. Outros, como transporte, produção e manuseio dos materiais, variam de acordo com o tamanho dos pedidos. Cada um deles exige tratamento analítico ligeiramente diferente.

Custos de Manutenção

Os custos de manutenção dos estoques são aqueles resultantes do armazenamento, ou propriedade, de produtos durante um determinado período, proporcionais à média das quantidades de mercadorias disponíveis. Podem ser dispostos em quatro classes: custos de espaço, custos de capital, custos de serviço de estocagem e custos de risco de estoque.

Custos de Espaço. Os custos de espaço são cobrados pelo uso do volume no prédio de estocagem. Quando se trata de espaço alugado, as taxas são cobradas por peso e período de tempo – por exemplo, US$/cwt./mês. Quando se trata de espaço próprio ou contratado, os custos de espaço são determinados pela alocação de custos operacionais relacionados ao espaço, como os de calefação e iluminação, além de custos fixos como os de equipamento de construção e armazenagem, à base de volume armazenado. Os custos de espaço são irrelevantes ao calcular os custos de manutenção dos estoques em trânsito.

Custos de capital. Os custos de capital são derivados do custo do dinheiro imobilizado em estocagem. Podem representar acima de 80% dos custos totais de estoque (ver Tabela 9–2), e ainda assim são os mais intangíveis e subjetivos de todos os elementos dos custos de manutenção. Há dois motivos para isso. O primeiro é que estoque representa uma combinação de ativos de curto e de longo prazos, dado que alguns estoques podem suprir necessidades sazonais e outros são mantidos para suprir padrões de demanda de longo prazo. O segundo motivo é que o custo do capital pode variar entre a taxa máxima dos juros e o custo de oportunidade do capital.

O custo exato do capital para fins de estoque vem sendo debatido há um bom tempo. Muitas empresas usam seu custo médio do capital; outras, a taxa média de retorno exigida dos investimentos da companhia. A taxa de atratividade é apontada por alguns especialistas como aquela que com maior exatidão reflete o verdadeiro custo do capital.[3] A taxa de atratividade é a taxa mínima de retorno sobre os investimentos que a empresa aceita.

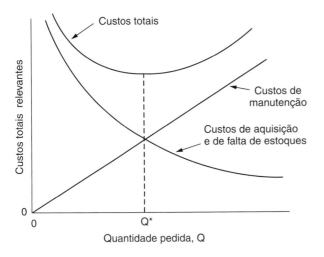

FIGURA 9-5 Compensação dos custos relevantes de estoque com a quantidade pedida.

---

[3] Douglas M. Lambert and Bernard J. LaLonde, "Inventory Carrying Costs", *Management Accounting* (August 1976), págs. 31-35.

TABELA 9-2 Percentagens relativas dos elementos de custos nos custos de manutenção de estoques

Custos dos juros e de oportunidade	82,00%
Obsolescência e depreciação física	14,00
Armazenagem e manuseio	3,25
Impostos sobre propriedade	0,50
Seguros	0,25
Total	100,00%

Fonte: Adaptado de Robert Landeros and David M. Lyth, "Economic-Lot-Size Models for Cooperative Inter-Organizational Relationships", *Journal of Business Logistics*, Vol. 10, nº 2 (1989), pág. 149.

Custos dos Serviços de Estocagem. Seguros e impostos são igualmente parte dos custos de manutenção dos estoques, pois o seu nível depende aproximadamente do total dos estoques disponíveis. A cobertura por seguros é feita como garantia contra perdas causadas por incêndios, tempestades ou roubos. Os impostos de estocagem são calculados sobre os níveis dos estoques existentes na data da avaliação. Embora o estoque no local à época da avaliação do imposto reflita apenas grosseiramente o nível médio existente ao longo do ano, os impostos normalmente representam uma parte pequena dos custos totais de manutenção. Os cálculos dos impostos estão disponíveis a partir de registros contábeis.

Custos dos Riscos de Estocagem. Os custos relacionados com deterioração, roubos, danos ou obsolescência compõem a última categoria dos custos de manutenção. No decorrer da manutenção dos estoques, determinada porção destes acabará contaminada, danificada, arruinada, desperdiçada ou de alguma outra forma tornada imprópria ou indisponível para venda. Os custos decorrentes desses estoques podem ser estimados como sendo perda direta de valor do produto, custo do retrabalho do produto, ou como o custo do seu fornecimento a partir de um local secundário.

Custos de Falta de Estoques

Os custos de falta de estoques ocorrem quando um pedido não pode ser atendido a partir do estoque ao qual é normalmente encaminhado. São dois os tipos principais desses custos: os das vendas perdidas e os de pedidos atrasados. Cada um deles pressupõe determinadas ações por parte do cliente e, em decorrência da intangibilidade de sua natureza, fica difícil calculá-los com exatidão.

Um *custo de venda perdida* ocorre quando o cliente, em face de uma situação de falta de estoque, opta pelo cancelamento do seu pedido. O custo é o lucro que deixa de ser concretizado nessa determinada venda e pode incluir um adicional decorrente do efeito que essa situação venha a acarretar sobre vendas futuras. Produtos para os quais o cliente encontra facilmente alternativas em marcas concorrentes – pães, gasolina, refrigerantes – são aqueles mais sujeitos a sofrer prejuízos de vendas perdidas.

O *custo de pedidos atrasados* ocorre quando o cliente se dispõe a esperar o atendimento de seu pedido, de maneira que a venda não deixa de ser concretizada, sendo apenas adiada. Pedidos atrasados podem criar custos adicionais em termos operacionais e de vendas em matéria de processamento, além de custos não programados de transporte e manuseio quando esses pedidos não são atendidos através do canal de distribuição normal. Esses custos são tangíveis, não sendo tarefa complicada mensurá-los. O que pode igualmente decorrer dessa situação é o custo intangível das vendas irrealizadas futuras. Trata-se de um custo de mensuração extremamente difícil. Produtos (como automóveis e acessórios domésticos de grande porte) já consolidados na preferência do cliente tendem, quando em falta, a ficar mais como pedidos pendentes do que a serem substituídos.

CONTROLE DE ESTOQUES EMPURRADOS

Passemos a desenvolver métodos para controlar os níveis dos estoques com a filosofia de *empurrar*. Recorde-se de que se trata de um método adequado sempre que a produção ou as compras excederem as necessidades de curto prazo dos estoques aos quais se destinam tais quantidades. Se não puderem ser armazenadas no lugar da produção por falta de espaço ou por outros motivos, devem ser então alocadas aos pontos de estoque, de alguma forma que faça sentido em termos econômicos. Empurrar é uma abordagem razoável de controle de estoques sempre que a produção ou a aquisição são a força dominante na determinação das quantidades de reposição no canal. Em ambos os casos, é preciso avaliar as seguintes questões: Qual é o estoque ideal a ser mantido em cada ponto de estocagem? Qual é a parte de uma ordem de compra ou processo de produção a ser alocada a cada ponto de estoque? Como distribuir os suprimentos excedentes das necessidades entre os pontos de estocagem?

Os métodos para empurrar quantidades aos pontos de estocagem apresentam os seguintes passos:

1. Determinar, por meio de previsão ou outros meios, as necessidades para o período entre hoje e o próximo processo de produção ou a próxima compra de fornecedores.

2. Verificar as atuais quantidades disponíveis em cada ponto de estoque.

3. Determinar o nível de disponibilidade de estoque em cada ponto de estocagem.

4. Calcular as necessidades totais das previsões mais as quantidades adicionais necessárias para cobrir incertezas na previsão de demanda.

5. Determinar as necessidades líquidas como as diferenças entre as necessidades totais e as quantidades disponíveis.

6. Distribuir o excedente das necessidades totais da rede aos pontos de estoque com base na taxa de demanda média, ou seja, na demanda prevista.

7. Somar as necessidades líquidas e ratear proporcionalmente os excedentes a fim de determinar o total a ser alocado a cada ponto de estocagem.

Exemplo

Quando os atuneiros são enviados para os bancos de pesca, a empresa processadora de produtos derivados do atum precisa processar todo o produto do trabalho da frota, pois a capacidade de armazenamento é limitada e, tendo em vista a forte concorrência, a empresa não pretende vender o excesso desse valioso pescado a outros processadores. Por isso mesmo, esse ágil empreendedor processa todo o peixe capturado pela frota e depois aloca todo o resultado aos seus três armazens centrais em quotas mensais. A planta central tem estoque para apenas um mês de demanda. O atual limite de produção é de 125 mil libras.

Para o próximo mês, as necessidades de cada armazém foram previstas, os níveis atuais de estoques verificados, e o nível da disponibilidade pretendida de estoques anotado para cada armazém. As especificações aparecem na Tabela 9-3.

Faz-se agora necessário computar as necessidades totais de cada um dos armazéns. A necessidade total do armazém 1 será a quantidade de previsão e o total agregado necessário para garantir um nível de disponibilidade de estoque de 90%. Isto é dado por:

$$Total\ das\ necessidades = \text{Previsão} + (z \times \text{Erro de previsão})$$

em que z é o número do desvio-padrão na curva normal de distribuição além da previsão (a distribuição média) até o ponto em que 90% da área sob a curva são representados (ver a Figura 9-6). A partir da curva normal de distribuição no Apêndice A, $z = 1,28$. Portanto, a necessidade total para o armazém 1 é de 10.000 + (1,28 × 2.000) = 12.560. As necessidades totais dos outros armazéns são computadas de maneira semelhante. A informação está registrada na Tabela 9-4.

As necessidades líquidas são calculadas como a diferença entre as necessidades totais e a quantidade disponível no armazém. Calcular as necessidades líquidas (110.635) mostra que 125.000 − 110.635 = 14.365, que é o excedente de produção a ser rateado entre os armazéns.

O rateio da produção excedente de 14.365 libras é feito proporcionalmente à taxa de demanda média de cada um dos armazéns. A demanda média do armazém 1 é de 10 mil libras, contra uma demanda total dos demais armazéns de 130 mil libras. A proporção do excedente alocado ao armazém 1 deveria ser (10.000 ÷ 130.000) (14.365) = 1.105. Proceda ao rateio do excedente para os armazéns restantes de maneira similar. A alocação total para um armazém é a soma de suas necessidades líquidas com sua parte no rateio do excedente. Os resultados aparecem na Tabela 9-4.

TABELA 9-3 Dados de planejamento de estoques básicos de um processador de atum

Armazém	Nível atual de estoque	Demanda prevista	Erro de previsão [a] (desvio-padrão)	Nível de disponibilidade de estoques [b]
1	5.000 lb	10.000 lb	2.000 lb	90%
2	15.000	50.000	1.500	95%
3	30.000	70.000	20.000	90%
		130.000		

[a] Prevista como distribuição normal.

[b] O nível de disponibilidade de estoques é definido como a probabilidade de existência de estoque durante o período da previsão.

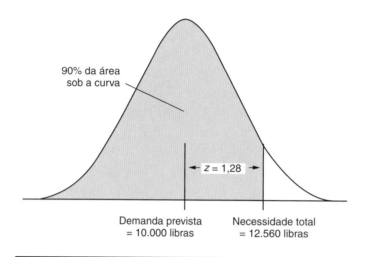

FIGURA 9-6 Área sob a distribuição da previsão para o armazém 1.

TABELA 9-4 Alocação de produção de atum a três armazéns

Armazéns	*(1) Necessidades totais*	*(2) Disponibilidades*	*(3) = (1) − (2) Necessidades líquidas*	*(4) Excedente rateado*	*(5) = (3) + (4) Alocação*
1	12.560 lb	5.000	7.560 lb	1.105 lb	8.665 lb
2	52.475	15.000	37.475	5.525	43.000
3	95.600	30.000	65.600	7.35	73.335
	160.635		110.635	14.365	125.000

CONTROLE BÁSICO DE ESTOQUES PUXADOS

Recorde que o controle de estoque puxado resulta em níveis reduzidos de estoque nos pontos de armazenagem devido à sua reação às condições de demanda e custos específicas de cada um desses pontos. Embora vários métodos específicos tenham sido desenvolvidos para orientar uma variedade de situações, a discussão aqui buscará destacar as idéias fundamentais. Especificamente, será estabelecido um contraste entre 1) demanda única, altamente sazonal, ou perpétua; 2) ordens de compras desencadeadas por um determinado nível de estoque ou por um processo de revisão de nível de estoque; 3) o grau de incerteza em demanda e no tempo médio de reposição.

Quantidade de Pedido Único

São inúmeros os problemas de estoque quando se trata de produtos perecíveis ou de demanda única. Produtos como vegetais e frutas frescos, flores vivas, jornais e alguns artigos farmacêuticos têm uma vida útil curta e definida e não têm disponibilidade para períodos subseqüentes de venda. Outros, como brinquedos e roupas de moda para determinada estação, pães de cachorro-quente para torcedores que vão a um jogo de beisebol ou futebol e pôsteres para uma campanha política, têm um nível de demanda única que muito dificilmente alguém consegue prever com exatidão. Só se pode fazer um único pedido desses produtos para satisfazer semelhante demanda. Queremos aqui determinar qual deveria ser o volume desse pedido único.

A fim de encontrar o tamanho mais econômico de pedido (Q^*), podemos recorrer à análise econômica marginal. Ou seja, encontramos Q^* no ponto em que o lucro marginal sobre a próxima unidade vendida se iguala ao prejuízo marginal da não venda da próxima unidade. O lucro marginal por unidade obtido pela venda de uma unidade é:

Lucro = Preço por unidade − Custo por unidade **(9-2)**

O prejuízo por unidade não vendida é:

Prejuízo = Custo por unidade − Valor residual por unidade

(9-3)

Considerando a probabilidade de venda de um determinado montante de unidades, os lucros e prejuízos são equilibrados neste ponto. Isto é:

$$CP_n(\text{Prejuízo}) = (1 - CP_n)(\text{Lucro}) \quad (9\text{-}4)$$

em que CP_n representa a freqüência cumulativa de vender pelo menos n unidades do produto. Resolvendo a expressão anterior para CP_n, temos

$$CP_n = \frac{\text{Lucro}}{\text{Lucro} + \text{Prejuízo}} \quad (9\text{-}5)$$

Isto diz que deveríamos continuar a aumentar a quantidade do pedido até a probabilidade cumulativa da venda de unidades adicionais igualar a razão de Lucro ÷ (Lucro + Prejuízo).

Exemplo

Uma mercearia estima que estará vendendo já na próxima semana em torno de 100 libras (43 kg) de sua salada de batatas tipo especial. A distribuição da demanda ocorre normalmente com um desvio-padrão de 20 libras. O supermercado pode vender a salada ao preço de US$ 5,99/libra. Paga US$ 2,50/libra pelos ingredientes. Como não se utilizam conservantes, toda a salada que sobra é doada para obras de caridade.

Calcular a quantidade a ser preparada capaz de maximizar os lucros impõe que em primeiro lugar se compute o CP_n. Isto é

$$CP_n = \frac{\text{Lucro}}{\text{Lucro} + \text{Prejuízo}} = \frac{(5,99 - 2,50)}{(5,99 - 2,50) + 2,50} = 0,583$$

Da curva normal de distribuição (Apêndice A), o Q^* ótimo está no ponto de 58,3% da área sob a curva (ver a Figura 9-7). Este é o ponto em que $z = 0,21$. A quantidade de salada a ser preparada deveria ser:

$$Q^* = 100 \text{ lb} + 0,21(20 \text{ lb}) = 104,2 \text{ lb}$$

Quando a demanda é discreta, a quantidade do pedido pode ficar entre valores inteiros. Nesses casos, arredondaremos Q para a próxima unidade mais alta a fim de garantir que se atinja pelo menos CP_n.

Exemplo

Uma empresa de equipamentos de consertos pretende encomendar peças em número suficiente para manter uma máquina operatriz em funcionamento durante uma feira comercial. O encarregado situa o preço de cada peça em US$ 95,00 quando utilizada. Ele paga US$ 70,00. Se nenhuma das peças precisar ser utilizada, poderão ser devolvidas ao fornecedor com retorno de US$ 50,00 por cada peça. A demanda das peças é estimada de acordo com a distribuição a seguir:

Número de peças	*Freqüência da necessidade*	*Freqüência cumulativa*
0	0,10	0,10
1	0,15	0,25
2	0,20	0,45
3	0,30	0,75 ⇐ Q^*
4	0,20	0,95
5	0,05	1,00
	1,00	

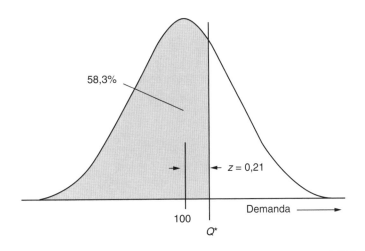

FIGURA 9-7 Demanda com distribuição normal para o problema da salada de batatas.

284 PARTE IV • ESTRATÉGIA DE ESTOQUE

Deveríamos situar a quantidade do pedido em:

$$CP_n = \frac{\text{Lucro}}{\text{Lucro} + \text{Prejuízo}} = \frac{(95 - 70)}{(95 - 70) + (70 - 50)} = 0,555$$

O valor CP_n fica entre 2 e 3 unidades na coluna da freqüência cumulativa. Arredondando para cima, escolhemos $Q^* = 3$.

Quantidades de Pedidos Repetitivos

Em contraste com a demanda que ocorre apenas periodicamente, ou talvez em uma única oportunidade, a demanda pode ser perpétua. Os pedidos de reposição de estoques se repetem ao longo do tempo e podem ser atendidos instantaneamente em sua totalidade, ou os itens dos pedidos podem ser supridos em determinados períodos. Os dois casos são ilustrados a seguir.

Reposição Instantânea

Quando a demanda é contínua e a taxa é essencialmente constante, o controle dos níveis dos estoques é conseguido pela especificação 1) da quantidade a ser usada para a reposição do estoque periodicamente e 2) da freqüência do reabastecimento do estoque. Este é um problema de como equilibrar padrões de custos conflitantes. No caso mais simples, é necessário comparar os custos da aquisição com os custos da manutenção, como foi mostrado na Figura 9-5. Ford Harris reconheceu a existência deste problema já em 1913 em seu trabalho na Westinghouse. O modelo que ele desenvolveu para encontrar a quantidade ótima de pedido tornou-se conhecido como a fórmula básica da quantidade econômica de pedido (EOQ),[4] que serve como base para boa parte das políticas de estoque puxado atualmente em prática.

A fórmula básica EOQ é desenvolvida a partir de uma equação de custo total envolvendo custo de aquisição e custo de manutenção de estoques. Ela é expressada como:

Custo total = Custo de aquisição + Custo de manutenção

$$TC = \frac{D}{Q}S + \frac{ICQ}{2}$$

$$(9\text{-}6)$$

em que

TC = custo do estoque total anual relevante, em dólares

---
[4] F. W. Harris, "How Many Parts to Make at Once", *Factory, the Magazine of Management*, Vol. 10, nº 2 (February de 1913), págs. 135-136, 152.

Q = tamanho do pedido para reposição do estoque, em unidades

D = demanda anual dos itens ocorrendo a uma taxa determinada e constante no tempo, unidades/ano

S = custo de aquisição, dólares/pedido

C = valor da manutenção do item no estoque, dólar/item

I = custo da manutenção como percentagem do valor do item, %/ano

O termo D/Q representa quantas vezes por ano um pedido de reposição é encaminhado à sua fonte de suprimento. O termo $Q/2$ é o total médio do estoque disponível.

À medida que Q varia em tamanho, um custo aumenta enquanto o outro diminui. Pode ser matematicamente demonstrado que uma quantidade ótima de pedido (Q^*) existe sempre que os dois custos estão em equilíbrio e daí resulta o custo mínimo total. A fórmula para este *EOQ* é:

$$Q^* = \sqrt{\frac{2DS}{IC}}$$

$$(9\text{-}7)$$

O intervalo ótimo entre pedidos é, portanto,

$$T^* = \frac{Q^*}{D}$$

$$(9\text{-}8)$$

e o número ótimo de pedidos anuais a ser feito é

$$N = \frac{D}{Q^*}$$

$$(9\text{-}9)$$

Exemplo

Uma fábrica de peças de máquinas industriais fornece peças de reposição a partir dos seus estoques. Uma determinada peça tem demanda anual estimada em 750 unidades. Os custos de instalação da máquina são de US$ 50, os custos de manutenção atingem 25% ao ano e a peça é avaliada, no estoque, em US$ 35 a unidade. A quantidade econômica de pedido colocado em produção é:

$$Q^* = \sqrt{\frac{2DS}{IC}} = \sqrt{\frac{2(750)(50)}{(0,25)(35)}} = 92,58 \text{ ou } 93 \text{ unidades}$$

Esse tamanho de pedido deve ser colocado em produção a cada $T^* = Q^* = 92,58/750 = 0,12$ ano, ou $0,12$ (ano) $\times 52$ (semanas por ano) $= 6,4$ semanas. Por razões práticas, pode ser melhor arredondar este resultado para 6 ou para 7 semanas com um leve incremento dos custos totais.

Reposição com Prazo de Entrega

Usando esta fórmula como parte de um procedimento básico de controle de estoque, vemos que um padrão dente de serra de falta e reposição de estoque ocorre, como se ilustra na Figura 9-8. Podemos agora introduzir a idéia do ponto de reposição, a quantidade a que se permite que o estoque baixe antes de encaminhar o pedido de reposição. Como em geral existe um lapso de tempo entre o momento em que o pedido é feito e a disponibilização dos itens no estoque, a demanda que ocorrer ao longo deste prazo de entrega deve ser antecipada. O ponto de reposição (ROP) é

$$ROP = d \times LT \qquad (9\text{-}10)$$

em que

ROP = quantidade de pontos de reposição, em unidades
d = taxa de demanda, em unidades de tempo
LT = prazo médio de entrega, em unidades de tempo

A taxa de demanda (d) e o prazo médio de entrega (LT) precisam ser expressados na mesma dimensão de tempo.

Exemplo

Continuando com o exemplo da reposição de peças de máquina, suponhamos que leve 1,5 semana para preparar a produção e fabricar as peças. A taxa de demanda é d = 750 (unidades por ano)/52 (semanas por ano) = 14,42 unidades por semana. A partir daí, o ROP = 14,42 × 1,5 = 21,6, ou 22 unidades. Podemos agora estabelecer a política de estoque: quando o nível de estoque cair para 22 unidades, é preciso fazer um pedido de reposição de 93 unidades.

Sensibilidade a Dados Inexatos

Nem sempre é possível conhecer com exatidão a demanda e os custos. Contudo, nossa computação da quantidade econômica de pedido não é muito sensível a estimativas inexatas de dados. Por exemplo, se a demanda for na verdade 10% superior à antecipada, Q^* deveria ser aumentado em apenas $\sqrt{1,10}$ = 4,88%. Se o custo de manutenção for 20% menor do que o presumido, Q^* deverá ser aumentado em apenas $\sqrt{1/(1-0,20)}$ = 11,8%. Essas alterações de percentuais são inseridas na fórmula EOQ sem afetar os fatores restantes de custo e/ou demanda, pois estes permanecem constantes. Verifique a estabilidade dos valores Q^*. Se as quantidades de pedido incorretas tivessem sido usadas nesses dois casos, os custos totais teriam incorrido em margem de erro de apenas 0,11% e 0,62%, respectivamente.

Reabastecimento Não-Instantâneo

Uma suposição lógica da fórmula original EOQ de Ford Harris implicava que o reabastecimento seria feito instantaneamente num único lote do tamanho Q^*. Em alguns

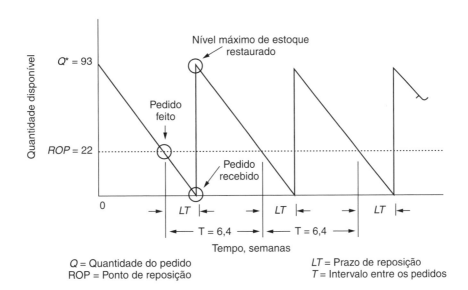

FIGURA 9-8 Um modelo de controle básico de estoque puxado para uma peça de reposição.

processos de manufatura e reabastecimento, a produção permanece contínua durante algum tempo, e pode ocorrer simultaneamente com a demanda. O padrão básico de dente de serra do estoque disponível é modificado, como se mostra na Figura 9-9. A quantidade do pedido agora se torna o processo de produção, ou tamanho do lote de produção (*POQ*) rotulada de Q_p^*. Para encontrar Q_p^*, a fórmula básica da quantidade do pedido é modificada da seguinte forma:

$$Q_p^* = \sqrt{\frac{2DS}{IC}} \sqrt{\frac{p}{p-d}} \quad (9\text{-}11)$$

em que *p* é a taxa de produção. Computar Q_p^* só faz sentido quando a taxa de produção *p* excede a taxa de demanda *d*.

Exemplo

Voltando ao anterior problema de reposição de peças, suponha que a taxa de produção dessas peças seja de 50 unidades por semana. A quantidade do processo de produção é:

$$Q_p^* = \sqrt{\frac{2(70)(50)}{(0,25)(35)}} \sqrt{\frac{50}{50-14,42}}$$

$$= 92,5 \times 1,185 = 109,74, \text{ ou } 110 \text{ unidades}$$

A quantidade *ROP* permanece inalterada.

CONTROLE AVANÇADO DE ESTOQUE PUXADO

O controle avançado de puxar estoques significa que reconhecemos a impossibilidade de determinar com exatidão a demanda e os prazos de entrega. Por isso, precisamos planejar uma situação em que não há estoque suficiente para atender às solicitações dos clientes. Além do estoque regular, mantido para suprir a demanda média e a média dos prazos de entrega, uma quantidade extra é adicionada ao estoque. O volume desse estoque de segurança, ou pulmão, determina o nível da disponibilidade de estoque proporcionado aos clientes mediante o controle da probabilidade da ocorrência de uma situação de falta de estoque.

Dois métodos de controle de estoque representam os fundamentos da maior parte das filosofias de gestão de tipo puxado com padrões de demanda perpétuos. São eles 1) o método de ponto de pedido e 2) o método de revisão periódica. Sistemas práticos de controle podem ter base em qualquer um desses métodos, ou em uma combinação dos dois.

Modelo do Ponto de Pedido com Demanda Incerta

Encontrando Q* e ROP

O controle de estoque do ponto de pedido presume que a demanda é perpétua e age continuadamente sobre o estoque para reduzir seu nível. Quando o estoque é reduzi-

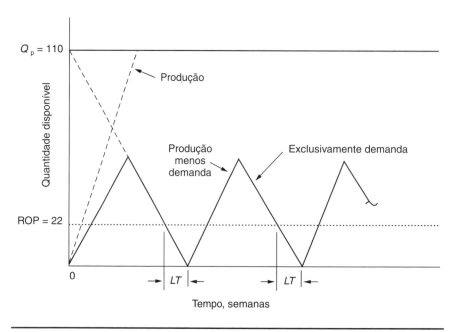

FIGURA 9-9 Reabastecimento não-instantâneo em um problema de peças de reposição.

do ao ponto em que sua quantidade se mostra igual ou menor do que um nível chamado de ponto de pedido, uma quantidade econômica de pedido de Q^* é lançada na fonte de suprimento para repor o estoque. O nível eficaz do estoque em um determinado ponto no tempo é a quantidade disponível mais a quantidade pedida, menos quaisquer comprometimentos do estoque, tais como pedidos em carteira ou alocações à produção ou a clientes. A quantidade Q^* chega num tempo retardado pelo prazo de entrega. Entre o momento em que se faz o pedido de reposição no ponto de pedido e o momento em que ele chega ao estoque existe um risco de que a demanda venha a exceder o estoque restante. A probabilidade de que isso venha a ocorrer é controlada mediante um aumento ou redução do ponto de pedido e pelo ajuste de Q^*.

Na Figura 9-10, a operação do sistema de ponto de pedido é ilustrada em relação a um item único em que a demanda durante o prazo de entrega é conhecida como uma probabilidade de distribuição normal. Esta distribuição de demanda durante o prazo de entrega (DDLT) tem uma média de X' e um desvio padrão de s'_d. Os valores de X' e s'_d não costumam ser conhecidos diretamente, sendo porém facilmente estimados pelo cálculo de um determinado período de distribuição de demanda ao longo da duração do prazo de entrega. Suponha, por exemplo, a demanda semanal de um item distribuída normalmente à média de $d = 100$ unidades e um desvio-padrão de $s'_d = 10$ unidades. O prazo de entrega é de três semanas. Queremos agregar a distribuição da demanda semanal até uma distribuição de demanda DDLT de três semanas (ver Figura 9-11). A média da distribuição DDLT é simplesmente a taxa de demanda de d vezes o prazo de entrega (*lead time*) LT, ou $X' = d \times LT = 100 \times 3 = 300$. A variância da distribuição DDLT é encontrada pelo acréscimo das variâncias das distribuições de demanda semanais (ver a Figura 9-11). Ou seja, $s'^2_d = LT(s^2_d)$. O desvio-padrão é a raiz quadrada de s'^2_d, que é
$$s'^2_d = s_d\sqrt{LT} = 10\sqrt{3} = 17,3.$$

Encontrar Q^* e o ROP é um tanto complexo matematicamente; contudo, uma aproximação satisfatória pode ser encontrada se primeiro determinarmos Q^* de acordo com a fórmula básica *EOQ* (Equação 9-7).[5] Então, encontre

$$ROP = d \times LT + z(s'_d) \quad \text{(9-12)}$$

O termo z é o número de desvios-padrão da média da distribuição DDLT para dar-nos a desejada probabilidade de presença em estoque durante o período do prazo de entrega (P). O valor de z é encontrado numa tabela de distribuição normal (Apêndice A) para a área sob a curva P.

Exemplo

A Buyers Products Company distribui um artigo conhecido como tirante de ligação, que é uma tarraxa em forma de U usada em equipamento de reboque. Os seguintes dados foram obtidos a respeito deste artigo mantido em estoque:

---

[5] Sven Axsäter, "Using the Deterministic EOQ Formula in Stochastic Inventory Control", *Management Science*, Vol. 42, nº 6 (June 1996), pág. 830.

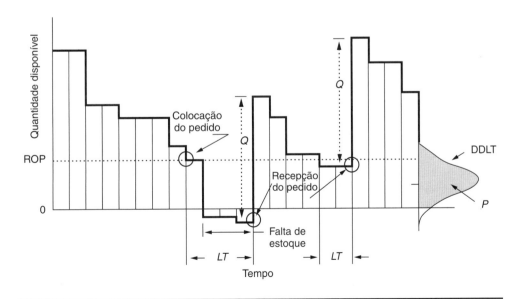

FIGURA 9-10 Controle de estoque do ponto de compra com itens incertos.

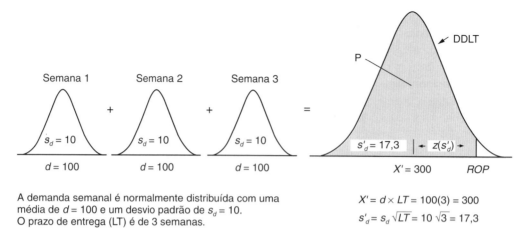

FIGURA 9-11 Agregando uma distribuição de demanda de período único para uma distribuição de freqüência de demanda durante o prazo de entrega (DDLT).

Demanda mensal prevista, d	11.107 unidades
Erro padrão de previsão, s_d	3.009 unidades
Prazo de entrega da reposição, LT	1,5 mês
Valor do item, C	US\$ 0,11/unidade
Custo do processamento do pedido do vendedor, S	US\$ 10/pedido
Custo da manutenção, I	20%/ano
Possibilidade de estar em estoque durante o prazo de entrega, P	75%

A quantidade de compra é

$$Q^* = \sqrt{\frac{2DS}{IC}} = \sqrt{\frac{2(11.107)(10)}{(0,20/12)(0,11)}} = 11.008 \text{ unidades}$$

O ponto de pedido é

$$ROP = d \times LT + z(s'_d)$$

em que $s'_d = s_d\sqrt{LT} = 3.099\sqrt{1,5} = 3.795$ unidades. O valor de z é 0,67 pelo Apêndice A, em que a fração da área sob a curva normal de distribuição é 0,75. Assim,

$$ROP = (11.107 \times 1,5) + (0,67 \times 3.795) = 19.203 \text{ unidades}$$

Desta forma, quando o nível efetivo do estoque cair para 19.203 unidades, será necessário fazer um pedido de reposição de 11.008 unidades.

É comum que a quantidade do ponto de pedido exceda a quantidade do pedido, como no caso do exemplo prévio. Isso ocorre freqüentemente quando os prazos de entrega são prolongados, ou muito altas as taxas de demanda. Para que o sistema de controle do ponto de pedido funcione adequadamente, é preciso assegurar que o *momento* do pedido de reposição tenha base em nível efetivo de estoque. Recorde-se que o nível efetivo de estoque impõe que todo o estoque em pedido seja acrescentado à quantidade disponível quando se faz um balanço com o ponto de pedido. Quando $ROP > Q^*$, o resultado deste procedimento é a emissão de um segundo pedido antes que o primeiro chegue ao estoque.

Nível Médio de Estoque

O nível médio de estoque para este item é o total do estoque normal mais o estoque de segurança. Isto é,

Estoque médio = Estoque regular + Estoque de segurança

$$AIL = Q/2 + z(s'_d) \quad (9\text{-}13)$$

Exemplo

No problema anterior do tirante de ligação, o estoque médio seria AIL = (11.008/2) + (0,67 x 3.795) = 8.047 unidades.

O Custo Relevante Total

O custo relevante total é útil para comparar entre políticas alternativas de estoque ou na determinação do impacto dos desvios das políticas ótimas. Acrescentamos dois novos termos à fórmula do custo total estabelecida na Equação (9-6), que responde pela incerteza. São os termos estoque de segurança e falta de estoque. O custo total pode agora ser expresso como:

Custo total = Custo do pedido + Custo da manutenção do

estoque normal

+ Custo da manutenção do

estoque de segurança

+ Custo de falta de estoque

$$TC = \frac{D}{Q}S + IC\frac{Q}{2} + ICzs'_d + \frac{D}{Q}ks'_dE_{(z)} \qquad \textbf{(9-14)}$$

em que k é o custo unitário da falta de estoque. O termo custo da falta de estoque requer alguma explicação. Em primeiro lugar, o termo combinado $s'_dE(z)$ representa o número previsto de unidades da falta de estoque durante um ciclo de pedidos. $E(z)$ é chamado função perda normal* cujos valores são tabulados como uma função do desvio normal z (ver o Apêndice B). Em segundo lugar, o termo D/Q é o número de ciclos de pedidos por período de tempo, normalmente um ano. Conseqüentemente, o número de ciclos de pedidos vezes o número esperado de unidades fora de estoque durante cada ciclo de pedidos dá o número total esperado de unidades em falta no estoque para o período inteiro. Então, multiplicando-o pelo custo da falta de estoque resulta disso o custo total do período.

Exemplo

Permanecendo no exemplo do tirante de ligação, suponha que o custo da falta de estoque seja estimado em US$ 0,01 por unidade. O custo anual total para este item seria:

$$TC = \frac{11.107(12)10}{11.008} + 0,20(0,11)\left(\frac{11.008}{2}\right)$$

$$+0,20(0,11)(0,67)(3,795) + \frac{11.107(12)}{11.008}(0,01)(3,795)(0,150)$$

$$= 121,08 + 121,09 + 55,94 + 68,92 = \$367,03 \text{ por ano}$$

Nota: O valor de 0,150 para $E_{(z)} = E_{(0,67)}$ vem do corpo da tabela no Apêndice B, sendo $z = 0,67$.

Nível de Serviço

O nível de serviço ao cliente, ou índice de atendimento do item, atingido por uma determinada política de estoque, foi previamente definido na Equação (9-1). Restabelecendo-o nos símbolos agora em utilização, temos

---

* N. de R.T.: Tradução da expressão em inglês *unit normal integral loss*.

$$SL = 1 - \frac{(D/Q)\left(s'_d \times E_{(z)}\right)}{D} = 1 - \frac{s'_d\left(E_{(z)}\right)}{Q} \qquad \textbf{(9-15)}$$

Exemplo

O nível de serviço atingido para o problema do tirante de ligação é

$$SL = 1 - \frac{3,795(0,150)}{11,008} = 0,948$$

Isto é, a demanda dos tirantes só pode ser suprida em 94,8% do tempo. Observe-se que se trata de marca relativamente mais alta que a probabilidade de uma falta de estoque durante o prazo de entrega $P = 0,75$.

Aplicação

Um fabricante de engates rápidos para mangueiras recorre a um procedimento facilitado na implementação de um método de controle de estoques de ponto de pedido. Um estoque de produtos acabados é mantido na fábrica a partir da qual os pedidos dos clientes são atendidos. Divide-se o estoque em duas seções. Uma quantidade igual à do ponto de pedido é deixada numa bandeja fechada na seção de reserva da área de estoque. Uma segunda bandeja contém o restante do estoque. Todos os pedidos são atendidos em primeiro lugar a partir da segunda bandeja. Ao esgotar-se por inteiro o estoque desta, a primeira bandeja é buscada na reserva e inserida na mesma posição. Esta ação desencadeia a colocação em produção de um pedido de reposição. O trabalho burocrático necessário para levar um sistema sofisticado de controle de estoques a operar com eficiência é pouco, ou completamente desnecessário.

O Método do Ponto de Pedido com Custos Conhecidos de Falta de Estoque

Quando os custos da falta de estoque são conhecidos, não é necessário atribuir um nível de serviço ao cliente. O equilíbrio ótimo entre o serviço e o custo pode ser calculado. Um procedimento computadorizado iterativo é esboçado da seguinte forma:

1. Aproxime a quantidade do pedido através da fórmula básica *EOQ* [Equação (9-7)], isto é

$$Q = \sqrt{\frac{2DS}{IC}}$$

PARTE IV • ESTRATÉGIA DE ESTOQUE

2. Compute a probabilidade de ter estoque durante o prazo de entrega se for permitido o pedido pendente

$$P = 1 - \frac{QIC}{Dk} \qquad (9\text{-}16)$$

ou se durante uma falta de estoque há perda de vendas

$$P = 1 - \frac{QIC}{Dk + QIC} \qquad (9\text{-}17)$$

Encontre s'_d. Encontre o valor z que corresponda a P na tabela de distribuição normal (Apêndice A). Encontre $E_{(z)}$ da tabela da função perda normal (Apêndice B).

3. Determine um Q revisado de uma fórmula EOQ modificada, que é

$$Q = \sqrt{\frac{2D\left[S + ks'_d E_{(z)}\right]}{IC}} \qquad (9\text{-}18)$$

4. Repita os passos 2 e 3 até não haver mais mudanças em P ou Q. Continue.

5. Compute ROP e outras estatísticas conforme desejadas.

Exemplo

Repetindo o problema do tirante de ligação, com o custo conhecido da falta de estoque de US$ 0,01 por unidade e aceitação de pedidos pendentes.
Estime Q.

$$Q = \sqrt{\frac{2DS}{IC}} = \sqrt{\frac{2(11.107)(12)(10)}{0,20(0,11)}} = 11.008 \text{ unidades.}$$

Estime P

$$P = 1 - \frac{11.008(0,20)(0,11)}{11.107(12)(0,01)} = 0,82$$

Do Apêndice A, $z_{@0,82} = 0,92$. Do Apêndice B, $E_{(0,92)} = 0,0968$.

Revise Q. O desvio-padrão de DDLT foi anteriormente calculado como sendo $s'_d = 3.795$ unidades. Agora,

$$Q = \sqrt{\frac{2D\left[S + ks'_d E_{(z)}\right]}{IC}}$$

$$= \sqrt{\frac{2(11.107)(12)\left[(10 + 0,01(3.795)(0,068)\right]}{0,20(0,11)}}$$

$$= 12.872 \text{ unidades}$$

Revise P

$$P = 1 - \frac{12.872(0,20)/(0,11)}{11.107(12)(0,01)} = 0,79$$

Agora, $z_{@0,79}$ e $E_{(0,81)} = 0,1181$.
Revise Q

$$Q = \sqrt{\frac{2(11,107)(12)\left[10 + 0,01(3,795)(0,1181)\right]}{0,20(0,11)}}$$

$$= 13.246 \text{ unidades}$$

Continuamos este processo de revisão até que as mudanças em P e Q se tornem tão insignificantes que novos cálculos não sejam práticos. Os resultados são $P = 0,78$, $Q^* = 13.395$ unidades e $ROP = 19.583$ unidades, com um custo relevante total de $TC =$ US$ 15.019 e um nível de serviço real (índice de atendimento dos itens) de $SL = 96\%$.

O Método do Ponto de Pedido com Incerteza da Demanda e do Prazo de Entrega

Levar em conta a incerteza no prazo de entrega pode aumentar o realismo do modelo do ponto de pedido. O que pretendemos fazer é encontrar o desvio-padrão (s'_d) da distribuição DDLT com base na incerteza tanto da demanda quanto do prazo de entrega. O acréscimo da variância da demanda à variância do prazo de entrega resulta numa fórmula revisada para o desvio-padrão, que é

$$s'_d = \sqrt{LTs_d^2 + d^2 s_{LT^2}} \qquad (9\text{-}19)$$

em que s_{LT} é o desvio-padrão do prazo de entrega.[6]

Exemplo

No problema do tirante de ligação, s_{LT} corresponde a 0,5 mês. O valor de s'_d seria então

$$s'_d = \sqrt{1,5(3,099)^2 + 11,107^2 (0,5)^2} = 6.727 \text{ unidades}$$

Combinar variabilidade de demanda e prazo de entrega desta forma reepresentaria um aumento de s'_d e do resultante estoque de segurança. Brown adverte que as distribuições de demanda e prazo de entrega podem ser dependen-

---

[6] Observe que se a demanda é conhecida com certeza ($s_d = 0$) e o prazo de entrega é incerto, então $s'_d = ds_{LT}$.

tes entre si.[7] De outro modo, quando se faz um pedido de reabastecimento, tem-se uma idéia mais exata quanto ao prazo de entrega para tal pedido. Por isso mesmo, a aplicação da Equação (9-10) pode conduzir a uma superestimativa do s'_d e conseqüentemente do estoque de segurança. Se os prazos de entrega variam imprevisivelmente, Brown sugere o seguinte procedimento para determinar o desvio-padrão da demanda durante o prazo de entrega:

> Preveja a demanda no período do prazo de entrega. Um prazo de entrega começa quando se faz um pedido de reabastecimento. Registre a demanda acumulada naquele momento. Quando o material for recebido será, por definição, o fim do prazo de entrega. Examine a demanda acumulada. A diferença entre a atual demanda acumulada e o valor quando da liberação do pedido é precisamente, por definição, a demanda durante o prazo de entrega. Os valores desta variável podem ser previstos (normalmente com modelos muito simples de previsão) e o erro quadrático médio é a variância da demanda durante o prazo de entrega, exatamente aquele valor que estamos procurando.[8]

Alternativamente e com menor precisão, o prazo de entrega mais demorado pode ser usado como o prazo de entrega médio com s_{LT} estabalecido em zero (0). O desvio-padrão é então computado como $s'_d = s_d \sqrt{LT}$.

Exemplo

Suponha o estoque de um artigo que deva ser mantido na gôndola do distribuidor e cuja demanda prevista seja $d = 100$ unidades por dia e $s_d = 10$ unidades por dia. O ponto de pedido é o método de controle de estoque. Existem múltiplos pontos ao longo do canal de suprimento que consomem tempos no fluxo do produto entre o ponto de origem e o cliente. As distribuições desses tempos que formam o prazo de entrega do pedido de reposição são mostrados na Figura 9-12. Não se mantêm quantidades significativas de estoque no ponto de concentração de estoques nem nos caminhões.

Sabemos também que

$I = 10\%$/ano
$S = $ US\$ 10/pedido
$C = $ US\$ 5/unidade
$P = 0,99$

Determine o estoque médio a ser mantido no distribuidor.

Solução Aplica-se aqui o método de controle de estoque do ponto de pedido. Contudo, a determinação das estatísticas da distribuição da demanda durante o

---

[7] Robert G. Brown, *Materials Management Systems* (New York: John Wiley & Sons, 1977), págs. 150-151.
[8] Ibid.

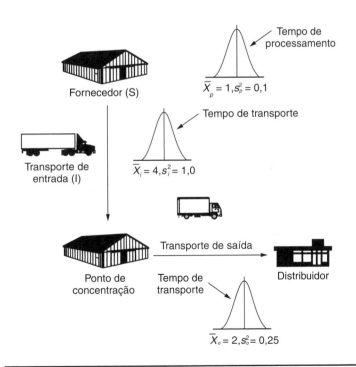

FIGURA 9-12 Múltiplos elementos de tempo ao longo de um canal de suprimentos.

prazo de entrega exige que se leve em consideração o tempo de entrega para o canal inteiro.

Relembre:

$$s_d' = \sqrt{LT s_{d^2} + d^2 s_{LT}{}^2}$$

em que da Figura 9-2

$$s_{LT}^2 = s_p^2 + s_i^2 + s_o^2 = 0,1 + 1,0 + 0,25 = 1,35 \text{ dia}$$

e

$$LT = \overline{X}_p + \overline{X}_i + \overline{X}_o = 1 + 4 + 2 = 7 \text{ dias}$$

Agora,

$$s_d' = \sqrt{7 \times 10^2 + 100^2 \times 1,35} = \sqrt{14.200} = 119,16 \text{ unidades}$$

e

$$AIL = \frac{Q^*}{2} + z s_d'$$

em que

$$Q^* = \sqrt{\frac{2(100)(10)}{0,1(5)}} = 63 \text{ unidades}$$

Finalmente, o nível médio do estoque é

$$AIL = \frac{63}{2} + 2,33(119,16) = 309 \text{ unidades}$$

Modelo de Revisão Periódica com Demanda Incerta

Uma alternativa ao método de controle do ponto de pedido é o método da revisão periódica. Embora o primeiro ofereça controle preciso sobre cada item em estoque e, por isso mesmo, o menor custo relevante total, não deixa de apresentar algumas desvantagens econômicas. Por exemplo, cada um dos itens é provavelmente encomendado em oportunidades diferentes, com isto deixando de beneficiar-se das economias de produção, transporte ou aquisição conjuntos. Administrativamente, o controle de ponto de pedido exige constante monitoramento dos níveis de estoque. Alternativamente, sob o controle de revisão periódica, os níveis de estoques para múltiplos itens podem ser revisados ao mesmo tempo para serem encomendados ao mesmo tempo, com isso concretizando economias de produção, transporte ou aquisição. O controle de revisão pe-

riódica exige um estoque ligeiramente maior, sendo porém os custos adicionais de manutenção mais do que compensados pela redução dos custos administrativos, menores preços ou custos reduzidos de aquição. As razões para se optar por um método de revisão periódica podem ser assim resumidas:

1. Usa-se um sistema manual de contabilização de estoques, e é conveniente revisar os níveis estocados de acordo com um cronograma definido. Isto pode ser feito com base numa *contagem por ciclos,* que determina a revisão de uma parte do estoque a cada dia ou semana, preferivelmente em ordem alfabética (os itens sob a letra A seriam pedidos com maior freqüência que os da letra B, e assim sucessivamente). Isso permite igualmente uma utilização mais eficiente da carga de trabalho dos funcionários.

2. Um grande número de itens deve ser encomendado preferivelmente das mesmas fontes de venda.

3. Os itens encomendados têm um efeito significativo no ritmo da produção do fornecedor, sendo desejável uma previsibilidade nos pedidos.

4. Reduções significativas dos gastos com transporte podem ser freqüentemente obtidas quando se encomendam diversos itens ao mesmo tempo.[9]

Controle de Item Único

O modelo de revisão periódica é muito semelhante ao modelo de ponto de pedido sob condições de demanda incerta. Contudo, uma diferença importante no modelo de revisão periódica consiste em que é preciso contar com proteção contra as flutuações da demanda durante o intervalo entre os pedidos e o momento da entrega, ao passo que apenas as flutuações da demanda durante o prazo de entrega são importantes no cálculo do estoque de segurança pelo método do ponto de pedido. Isso acarreta ao modelo de revisão periódica uma formulação mais complexa em relação ao modelo de ponto de pedido, embora exista uma solução aproximada capaz de proporcionar respostas razoáveis. Soluções aproximadas em controle de estoque são razoáveis, uma vez que a curva do custo total normalmente tem o extremo inferior com declividade zero de tal modo que leves desvios dos valores ótimos resultem em pequenas mudanças no custo total.

O controle de revisão periódica opera como ilustrado na Figura 9-13. Ou seja, o nível de estoque de um item é auditado a intervalos predeterminados (T). A quantidade a ser colocada em um pedido é a diferença

---

[9] Lynn E. Gill, George Isoma and Joel L. Sutherland, "Inventory and Physical Distribution Management", em James F. Robeson and Robert G. House (editores), *The Distribution Handbook* (New York: The Free Press, 1985), pág. 673.

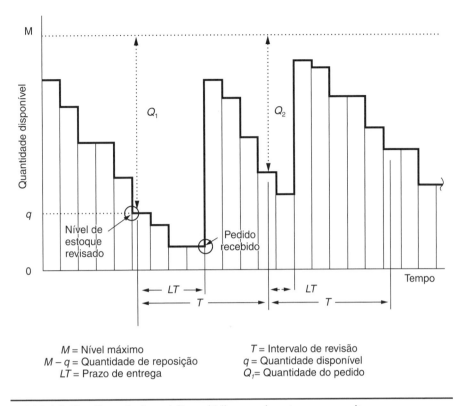

FIGURA 9-13 Controle de revisão periódica com incerteza para um item.

entre uma quantidade máxima (M) e o total disponível no momento da revisão. Assim, o estoque é controlado mediante o estabelecimento de T^* e M^*.

Uma aproximação razoável do intervalo ótimo de revisão começa com o modelo de controle básico de estoque. Ou seja,

$$Q^* = \sqrt{\frac{2DS}{IC}}$$

e o intervalo de revisão é

$$T^* = \frac{\text{Quantidade do pedido}}{\text{Demanda anual}} = \frac{Q^*}{D}$$

Ao intervalo entre pedidos pode ser igualmente atribuído um determinado valor que melhor se adeque às práticas da empresa. Claro que isto não assegura necessariamente uma política ótima.

A seguir, elabore a distribuição para a demanda ao longo do intervalo entre pedidos mais o prazo de entrega [$DD(T^* + LT)$], como mostrado na Figura 9-14. O ponto em que a probabilidade da falta de estoque durante o período de proteção $(1 - P)$ é igual à área sob a curva de distribuição normal é o ponto de nível máximo (M^*). Este ponto pode ser calculado como:

$$M^* = d(T^* + LT) + z(s'_d) \quad \text{(9-20)}$$

em que $d(T^* + LT)$ é a mediana da distribuição $DD(T^* + LT)$, sendo d a taxa média da demanda diária, e s'_d o desvio-padrão da distribuição $DD(T^* + LT)$. Este desvio-padrão é agora calculado como:

$$s'_d = s_d\sqrt{T^* + LT} \quad \text{(9-21)}$$

em que o prazo de entrega é conhecido com certeza.

O nível médio do estoque é encontrado de:

$$AIL = \frac{dT^*}{2} + z(s'_d) \quad \text{(9-22)}$$

e o custo relevante total é computado pela mesma fórmula do método do ponto de pedido, ou seja, a Equação (9-14).

Exemplo

Utilizemos o problema do tirante de ligação, desenvolvendo, porém, uma política de revisão periódica para sua solução.

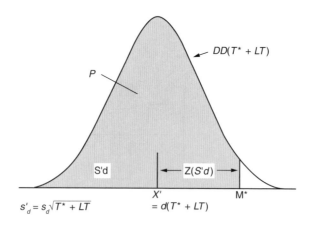

FIGURA 9-14 Uma distribuição da demanda em relação ao intervalo entre pedidos mais o prazo de entrega para o método de controle de estoque de revisão periódica.

Encontrar T* e M* A quantidade ótima do pedido é igual ao da política do ponto de pedido, ou seja, 11.008 unidades. O intervalo entre pedidos é:

$$T^* = \frac{Q^*}{d} = \frac{11.008}{11.107} = 0{,}991 \text{ ou 1 mês}$$

Então, o desvio-padrão da demanda durante o período de revisão mais o prazo de entrega é

$$s'_d = s_d\sqrt{T^* + LT} = 3{,}099\sqrt{0{,}991 + 1{,}5} = 4{,}891 \text{ unidades}$$

O nível máximo para um $P = 0{,}75$ é

$$M^* = d(T^* + LT) + z(s'_d)$$
$$= 11.107(0{,}991 + 1{,}5) + 0{,}67(4{,}891)$$
$$= 30.945 \text{ unidades}$$

A política de estoque é rever o nível de estoque mensalmente e fazer um pedido de reabastecimento para a diferença entre a quantidade em mãos e 30.945 unidades.

Nível Médio de Estoque Esta política de estoque pode produzir um nível médio de estoque de

$$AIL = \frac{dT^*}{2} + z(s'_d) = \frac{11.107(0{,}99)}{2} + 0{,}67(4{,}891)$$
$$= 8.780 \text{ unidades}$$

Custo Total O custo relevante total, de acordo com a Equação (9-14), é:

$$TC = 121{,}08 + 121{,}09 + 0{,}20(0{,}11)(0{,}67)(4{,}891)$$
$$+ \frac{11.107(12)}{11.008}(0{,}01)(4{,}891)(0{,}150)$$
$$= 121{,}08 + 121{,}09 + 72{,}09 + 88{,}83 = \$403{,}09$$

Observe o custo anual levemente superior (US\$ 403,09 *versus* US\$ 367,03) da política de revisão periódica em comparação com aquele da política de ponto de pedido.

Nível de Serviço O nível de serviço (índice de atendimento do item) alcançado de acordo com a Equação (9-15) é:

$$SL = 1 - \frac{4{,}891(0{,}150)}{11.008} = 0{,}933$$

Observação: ao ser utilizado este método de determinação do nível de serviço (índice de atendimento) em sistemas periódicos de estoque, os pesquisadores advertem que estimativas mais exatas são obtidas quando o índice de atendimento é superior a 90%, com baixa variabilidade da demanda.[10]

Pedido Conjunto

Tanto o modelo do ponto de pedido quanto o de revisão periódica até aqui estudados servem para itens isolados. Isso significa que cada item em um estoque é controlado independentemente dos outros. Em muitos casos, não se trata da melhor prática, uma vez que múltiplos itens podem ser comprados do mesmo fornecedor ou produzidos no mesmo tempo e lugar. Encomendar múltiplos itens ao mesmo tempo e no mesmo pedido pode produzir benefícios econômicos como creden-

---

[10] M. Eric Johnson, Hau L. Lee, Tom Davis and Robert Hall, "Expressions for Item Fill Rates in Periodic Inventory Systems", *Naval Research Logistics*, Vol. 42 (1995), págs. 57-80.

ciar-se para descontos de preços por quantidades, ou ajustar-se às quantidades mínimas de fornecedores, transportadores ou produtores para políticas de estoque baseadas em pedidos conjuntos. A política de pedido conjunto significa o estabelecimento de um prazo comum de revisão de estoque para todos os artigos encomendados em conjunto, encontrando aí o nível máximo (M^*) de cada artigo a partir dos custos e do nível de serviço que lhes são próprios.

O tempo normal de revisão para artigos encomendados em conjunto é:

$$T^* = \sqrt{\frac{2\left(O + \sum_i S_i\right)}{I \sum_i C_i D_i}} \qquad \textbf{(9-23)}$$

em que O é o custo comum da aquisição de um pedido e o i subscrito se refere a um determinado item. O nível máximo para cada item é

$$M_i^* = d_i\left(T^* + LT\right) + z_i\left(s_d'\right)_i \qquad \textbf{(9-24)}$$

O custo relevante total é
Custo total = Custo do pedido + Custo de manutenção do estoque normal + Custo de manutenção do estoque de segurança + Custo de falta de estoque

$$TC = \frac{O + \sum_i S_i}{T} + \frac{TI \sum_i C_i D_i}{2} + I \sum_i C_i z_i \left(s_d'\right)_i + \frac{1}{T} \sum_i k_i \left(s_d'\right)_i \left(E_{(z)}\right)_i$$

$$\textbf{(9-25)}$$

Será usado um exemplo com apenas dois itens pedidos em conjunto. A utilização de um número maior de artigos aumenta desnecessariamente as computações indispensáveis.

Exemplo

Dois itens serão pedidos conjuntamente ao mesmo fornecedor. Os seguintes dados são disponíveis:

	Itens	
	A	B
Demanda prevista, unidades/dia	25	50
Erro de previsão, unidades/dia	7	11
Prazo de entrega, dias	14	14
Custo de manutenção do estoque, %/ano	30	30
Custos de aquisição, dólares / pedido/ itens	10	10
com custo comum em, dólares / pedido	30	
Probabilidade de disponibilidade durante o ciclo do pedido, mais prazo de entrega	70%	75%
Valor do produto, dólares/unidade	150	75
Custo de falta de estoque, dólares/unidade	10	15
Dias anuais de venda	365	365

Tempo de Revisão   O tempo comum de revisão para esses artigos, conforme a Equação (9-23), é:

$$T^* = \sqrt{\frac{2[30 + (10+10)]}{[0,30/365][150(25) + 75(50)]}} = 4,03 \text{ ou } 4 \text{ dias}$$

Observe-se que tivemos o cuidado de fazer com que demanda e custo de manutenção se ajustassem no mesmo período.

Nível Máximo   A partir da Equação (9-24) pode ser encontrada a quantidade máxima de pedido para o artigo A. Em primeiro lugar,

$$\left(s_d'\right)_A = \left(s_d\right)_A \sqrt{T^* + LT} = 7\sqrt{4 + 14} = 29,70 \text{ unidades}$$

Então, para $z_{P=0,70} = 0,52$ (ver Apêndice A), M_A^* é

$$M_A^* = 25(4 + 14) + 0,52(29,70) = 465 \text{ unidades}$$

O nível máximo do artigo B pode ser encontrado de maneira semelhante. Primeiro,

$$\left(s_d'\right)_B = 11\sqrt{4 + 14} = 46,67 \text{ unidades}$$

Então para $z_{P=0,75} = 0,67$, M_B^* é

$$M_B^* = 50(4 + 14) + 0,67(46,67) = 931 \text{ unidades}$$

Nível Médio de Estoque   O nível médio de estoque para o item A, conforme a Equação (9-22), é

$$AIL_A = 2\frac{4}{2} + 0,52(29,70) = 65 \text{ unidades}$$

E para o item B, ele é

$$AIL_B = 50\frac{4}{2} + 0,67(46,67) = 131 \text{ unidades}$$

Custo Relevante Total   Usando a Equação (9-25), o custo anual total para os itens (artigos) A e B é

$$TC = \frac{30 + 2(10)}{4/365} + \frac{[4/365][0,30][150(25) + 75(50)][365]}{2}$$
$$+ 0,30[150(0,52)(29,70) + 75(0,67)(46,67)]$$
$$+ \frac{1}{4/365}[10(29,70)(0,1917) + 15(46,67)(0,1503)]$$
$$= 4,563 + 4,500 + 1,399 + 14,796$$
$$= \$25.258 \text{ por ano}$$

Nível de Serviço   O nível de serviço atingido realmente pelo item A, de acordo com a Equação (9-15), é

$$SL_A = 1 - \frac{29,70(0,1917)}{Q^*}$$

Aplicando um pouco de álgebra à Equação (9-8), $Q^* = T^* d = 4,03(25) = 101$. Assim,

$$SL_A = 1 - \frac{29,70(0,1917)}{101} = 0,944$$

Para o item B,

$$SL_B = 1 - \frac{46,67(0,1503)}{4,03(50)} = 0,9665$$

Métodos Práticos de Controle de Estoque Puxado

Os modelos até aqui estudados neste capítulo servem como base teórica para os métodos de controle de estoque encontrados na prática. São vários os exemplos da vida real que ilustram a teoria.

Sistema Mín-Máx

O sistema mín-máx é provavelmente o mais conhecido e utilizado de todos os procedimentos de controle de estoques puxados. Historicamente, sua implementação tem passado pela utilização de procedimentos de controle manual e manutenção de arquivos por um cartão de razão (sistema Kardex), sendo porém igualmente encontrado em muitos procedimentos computadorizados de controle de estoques. Um exempo desse tipo de controle e arquivamento é apresentado na Figura 9-15.

O procedimento de controle de estoque mín-máx é uma variação do modelo do ponto de pedido; existem, contudo, duas diferenças. Conforme a Figura 9-16, vemos que, quando se emite um pedido, ele corresponde ao montante determinado pela diferença entre a quantidade alvo, M (nível máx.), e a quantidade em mãos, q, quando o nível do estoque atinge o ponto de pedido. Não confunda esse controle mín-máx com o método de revisão periódica. O nível máx. M é simplesmente a quantidade do ponto de pedido (ROP) *mais* a quantidade econômica de pedido (Q^*) encontrada pelo modelo de ponto de pedido. A quantidade de compra nem sempre é a mesma porque a quantidade em mãos que fica abaixo do ponto de pedido é toda acrescentada a Q^*. Esse montante extra é necessário uma vez que o nível de estoque freqüentemente cai em ritmo maior do que uma unidade, devido ao fato de que múltiplas unidades do artigo vão sendo requisitadas do estoque entre as atualizações registradas. Q^* e ROP são aproximados do sistema de ponto de pedido como anteriormente descrito. Embora um procedimento computadorizado exato esteja disponível para o controle mín-máx,[11] esta abordagem aproximada resulta num custo total de apenas 3,5% acima do nível ótimo em média.[12]

O cartão Kardex mostrado na Figura 9-15 é um registro das transações de um determinado tipo de papel vendido por um distribuidor de material de escritório. Observe os valores mínimo e máximo no canto inferior direito do cartão. Quando a quantidade em mãos cai para 125 mil unidades, é preciso emitir um pedido para $250.000 - 125.000 = 125.000$ unidades. Observe no registro que a quantidade de compra não é a esperada, de 125 mil. Por quê? A empresa está encomendando este item juntamente com outros do mesmo produtor de papel. Tamanhos mínimos de pedidos são normalmente exigidos de maneira a que, quando um item atinja seu ponto de pedido, o pedido conjunto possa ser "expedido" com outros itens que ainda não atingiram seu ROP. Desta maneira, a companhia força o controle de itens únicos e ponto de pedido a operar num ambiente de pedido conjunto.

Embora não necessariamente melhor do que *just-in-time* ou reação rápida, a abordagem mín-máx do controle de estoque é um método adequado para ser usado quando a demanda é incerta, ou errática. A demanda incerta é quase sempre ligada a itens de movimentação lenta, mas não necessariamente a eles limitada. Na verdade, a característica da demanda incerta pode ser vista em mais de 50% dos artigos de linha de produção da maioria das empresas. Usando o que aprendemos, a abordagem mín-máx pode ser levemente alterada, como a seguir, para aplicação a itens com demanda incerta:

1. Preveja a demanda simplesmente estabelecendo a média da demanda por período ao longo de um mínimo de 30 períodos, se toda essa informação estiver disponível. Computar o desvio-padrão da demanda ao longo desses mesmos períodos. Se o desvio-padrão for maior do que a demanda média, proclamar a demanda como incerta e avançar para o próximo passo.

2. Calcule a quantidade do pedido em qualquer das maneiras apropriadas, como debatidas anteriormente.

---

[11] Rein Peterson and Edward Silvers, *Decision Systems for Inventory Management and Production Planning* (New York: John Wiley & Sons, 1979), págs. 540-543.

[12] B. Archibald, "Continuous Review (s,S) Policies for Discrete Compound Poisson Demand Processes" (dissertação de doutorado, University of Waterloo, 1976).

CAPÍTULO 9 • DECISÕES SOBRE POLÍTICA DE ESTOQUES   297

Data	In / Cliente	Vendas	Em mãos	Data	In / Cliente	Vendas	Em mãos	Data	In / Cliente	Vendas	Em mãos
26/10	Bal Fwd		80.500	2/2	Cópias	50.000	35.000	30/3	Carnes De Sup	25.000	20.000
26/10	100M		180.500	5/2	Bel-Gar	5.000	30.000	30/3	Cópias	50	19.950
30/10	Progression	20.000	160.500	6/2	Bel-Gar	15.000	15.000	30/3	Ptrs Dvl	5.000	14.950
30/10	Ogleby	25.000	135.500	6/2	Superior	25.000	0*	30/3	Belmont	10.000	4.950
2/11	Mid Ross	15.000	120.500	6/2	Unt Sply	15.000	0*	2/4	Berea Prtg	4.950	0
9/11	Unt Sply	50.000	70.500	6/2	Berea Prtg	15.000	0*	2/4	Berea Prtg	15.050	0*
29/11	Berea Lit	25.000	45.500	8/2	Sagamore	5.000	0*	9/4	REM	500	0*
1/12	Dol Fed	10.000	35.500	14/2	100M		100.000	12/4	Mid Ross	5.000	0*
13/12	Card Fed	20.000	15.500	15/2	50M		150.000	7/5	Ohio Ost	5.000	0*
14/12	Belmont	15.000	500	16/2	Bel-Gar	5.000	145.000	8/5	Inkspots	5.000	0*
15/12	Shkr Sav	5.000	500*	21/2	Bel-Gar	15.000	130.000	8/5	Prts Dvl	2.500	0*
8/1	BFK	500	0	26/2	Inkspot	5.000	125.000	11/5	100M		100.000
8/1	100 M		100.000	27/2	Lcl 25 Uaw	50.000	75.000	14/5	BVR	5.000	95.000
8/1	Card Fed	30.000	70.000	28/2	Ptrs Dvl	2.500	72.500	15/5	Gusword	10.000	85.000
9/1	Pt of View	10.000	60.000	28/2	Shkr Sav	25.000	47.500	16/5	ESB	15.000	70.000
17/1	Am Safety	5.000	55.000	1/3	Cópias	35.000	12.500	16/5	Superior	50.000	20.000
23/1	Foster	15.000	40.000	2/3	Untd Tor	10.000	2.500	16/5	J Stephen	5.000	15.000
24/1	Gib Prtg	5.000	35.000	8/3	Sagamore	2.500	0	16/5	Am Aster	15.000	0*
26/1	Bel-Gar	5.000	30.000	8/3	Sagamore	12.500	0*	16/5	Am Aster	10.000	0*
26/1	Cópias	20.000	10.000	12/3	150M		150.000	22/5	Sagamore	15.000	0*
29/1	Slvr Lake	5.000	5.000	12/3	Untd Tor	40.000	110.000	**Código** 21200			
29/1	100 M		105.00	12/3	Preston	50.000	60.000	**Custo Médio Básico**	Data	Mín	125M
2/2	Sagamore	20.000	25.000	20/3	Midland	15.000	45.000	2,64	2/4	Máx	250M

Tamanho	Peso médio	Base	Gramatura	Cor	Acabamento	Grade	Locação	Conteúdo Skid de Contêinere	Att.
$8^{1}/_{2}$ x 14	12,72	20	L	Branco	RmSeal	Classe de Vantagem	F 14	5m	

* Nenhum estoque ou estoque insuficiente para atender a demanda.

FIGURA 9-15 Controle de estoque mín-máx usando um cartão de registro Kardex para um item de papel padrão de um distribuidor de suprimentos de escritório.

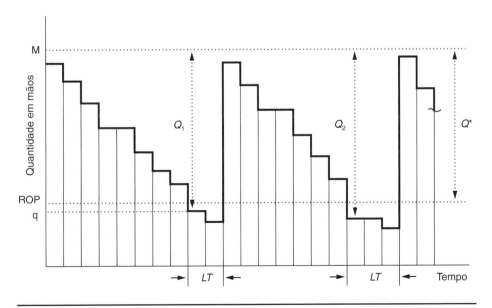

FIGURA 9-16 Um sistema mín-máx de controle de estoque, uma variante do sistema de ponto de pedido.

3. Como a quantidade em mãos pode cair significativamente abaixo do ponto de pedido no momento da expedição do mesmo, ajustamos o ROP para compensar esta queda. Isto é, além da demanda durante o prazo de entrega mais o estoque de segurança que normalmente compõem o ROP, acrescentamos o *déficit previsto* ao ROP, que é o montante médio a que a quantidade em mãos tende a cair antes da emissão de um pedido de reabastecimento. Ver Figura 9-17.

4. Aproxime o déficit previsto (vendas médias do período) como a metade da quantidade inicial e final entre as atualizações dos registros da quantidade em mãos.

5. Estabeler o nível máx. como a quantidade ROP *mais* a quantidade do pedido *menos* o déficit previsto.

6. Executar o sistema de controle mín-máx da maneira normal anteriormente descrita. Ou seja, quando o estoque real cair à quantidade ROP, emitir um pedido em quantidade igual à diferença entre o nível máx. (M^*) e a quantidade em mãos (q).

Exemplo

Os pedidos semanais de um item em estoque mostram uma taxa de demanda de $d = 100$ unidades e um desvio-padrão de $s_d = 100$ unidades. O preço do item é US$ 1,45, os custos de aquisição são de US$ 12 por pedido, os custos de manutenção atingem 25% por ano, e o prazo de entrega do pedido é de uma semana. A probabilidade de existência no estoque durante o prazo de entrega deve ser no mínimo de 85%. A quantidade em mãos é atualizada diariamente, e a quantidade média de vendas diárias é de 10 unidades, em que uma aproximação para o déficit previsto é $ED = 10$ unidades.

Como $s_d \geq d$, supõe-se que o item tenha um padrão de demanda incerta. A quantidade do pedido pode ser encontrada como sendo

$$Q^* = \sqrt{\frac{2DS}{IC}} = \sqrt{\frac{2(100)(52)(12)}{0,25(1,45)}} = 587 \text{ unidades}$$

O *ROP* é

$$ROP = dLT + z(s'_d) + ED = 100(1) + 1,04(10) + 10 = 214 \text{ unidades}$$

em que

$$z_{@0,85} = 1,04 \text{ do Apêndice A}$$
$$s'_d = s_d\sqrt{LT} = 100\sqrt{1} = 100 \text{ unidades}$$

O nível máximo é

$$M^* = ROP + Q^* - ED = 224 + 587 - 10 = 801 \text{ unidades}$$

Existem, muitas vezes, razões específicas para a ocorrência da demanda incerta. Picos ocasionais de demanda elevada dos clientes podem ser previstos com um alto grau de certeza. Em consequência, pode-se evitar um excesso de estoque. R. G. Brown nos proporciona uma excelente ilustração dessa idéia.

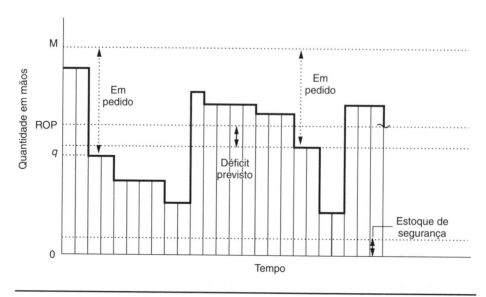

FIGURA 9-17 Controle do estoque mín-máx sob demanda irregular.

Intervalo de revisão/previsão	4 semanas
Prazo de entrega	1 semana
Estoque de segurança	1 semana
Total	6 semanas

Como a previsão representa quatro semanas de demanda, o tempo total é dividido pelo intervalo de previsão. A quantidade de pedido é 2.000(6/4) – 750 = 2.250 resmas.

Controle de Múltiplos Itens e Múltiplos Locais

O problema do controle de estoque na prática é realmente de larga escala, muitas vezes abrangendo centenas de produtos localizados em inúmeros pontos de estoque abastecidos a partir de várias fábricas. Diferentes modais de transporte podem ser usados para levar o produto das fábricas aos pontos de estoque. Embora o controle de estoque possa ser tratado como vários problemas de itens e locais únicos, uma abordagem integrada pode ser usada a fim de focar em algumas importantes preocupações econômicas, entre elas a remessa em quantidades da carga completa ou a produção em tamanhos de lotes econômicos. Veja, por exemplo, o tratamento que uma empresa de produtos químicos deu ao seu problema do controle de estoques.

Aplicação

Um produtor de compostos de limpeza industrial utilizados em restaurantes, hospitais, lava-a-jatos, empresas e escolas vendia em todo o país mais de 200 produtos que, com suas variedades, representavam mais de 750 artigos de linha. Esses eram estocados em quase 40 depósitos, mas não uniformemente – nem todos os produtos estavam disponíveis em todos os armazéns. Das vendas anuais de US$ 220 milhões, 70% passavam pelo sistema de armazenamento. Um sistema informatizado de controle de estoque foi desenvolvido com a finalidade de controlar os níveis dos estoques da maneira como projetada na Figura 9-18. Analise como ele funcionava.

Cada artigo disponível num armazém tinha sua previsão mensal feita utilizando a ponderação exponencial. As previsões eram escalonadas ao longo do mês para compensar a carga de trabalho do sistema de computação. O total dos artigos disponíveis segundo os registros de computador era conferido diariamente.

Acumular uma quantidade de carga completa era a principal motivação econômica do projeto do siste-

---

Exemplo

Na Marinha dos EUA, havia uma gaxeta usada como vedação dos tubos de ar das caldeiras de um determinado tipo de porta-aviões. O histórico da demanda no período registrava algo em torno de 0 0 1 3 2 0 0 1 307 0 1 0 0 4 3 5 307 0 3 1 0 0 3 307. . . . Uma demanda caracteristicamente irregular. Contudo, boa parte dela era de um dígito, com uma demanda ocasional de 307 peças. Essa demanda maior ocorria sempre que se fazia uma revisão em estaleiro, e as revisões eram programadas com mais de dois anos de antecedência.[13]

Estoque para Demanda

Há empresas que preferem métodos de entendimento inerentemente simples e implementação facilitada. No geral, esses métodos conseguem proporcionar melhor controle quando são aplicados diligentemente, em comparação com métodos estatísticos mais sofisticados. O método de estoque para demanda é uma dessas abordagens mais práticas do gerenciamento de estoque puxado.

O método de estoque para demanda pode ser resumido da seguinte forma. Em uma época específica, faz-se a previsão da taxa de demanda do item. Multiplica-se a previsão por um fator que represente o intervalo de revisão, o prazo de entrega de reabastecimento e um acréscimo de tempo representando a incerteza na previsão da demanda e no tempo de abastecimento para obter uma quantidade-alvo. A quantidade em mãos é anotada no momento de previsão e se emite um pedido correspondente à diferença entre a quantidade-alvo e a quantidade em mãos. O controle de estoque para demanda é um tipo de sistema de revisão periódica.

Exemplo

O gerente de materiais de uma grande empresa de seguros faz mensalmente a previsão dos estoques de papel necessários para o trabalho do pessoal de escritório. Em um determinado mês, a previsão fica em 2.000 resmas (1 milhão de folhas). Os registros de estoque mostram que existem em mãos 750 resmas, nenhuma em pedido e nenhuma destinada a usuários específicos. Leva uma semana para receber o pedido feito ao distribuidor. O gerente pretende dispor do equivalente à demanda de uma semana como estoque de segurança.

A demanda prevista é multiplicada por um fator de 6/4, assim calculado:

---

[13] Brown, *Materials Management Systems*, pág. 250.

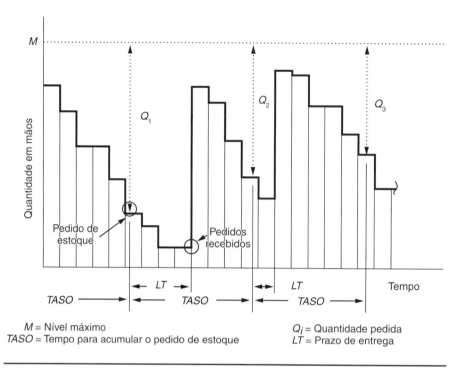

FIGURA 9-18 Controle de artigos num sistema de controle de estoque múltiplos itens, múltiplos locais para uma fábrica de produtos químicos.

ma de controle de estoque. Todos os itens reunidos no armazém tinham seu TASO (tempo para acumular o pedido de estoque) computado como peso de carga completa de caminhão dividido pela taxa de demanda dos artigos ali estocados. Mediante a utilização desse tempo médio de revisão, determinava-se um nível máximo para cada um dos artigos.

Uma vez por mês, enquanto se fazia a previsão de itens para o armazém e se conferia o nível dos itens estocados, determinava-se uma soma dos déficits entre o nível máximo do artigo e sua quantidade disponível. Se as diferenças acumuladas fossem maiores ou iguais a uma carga completa, fazia-se um pedido de reabastecimento à respectiva fábrica. Mesmo que não houvesse um controle preciso de cada artigo, grandes economias eram assim concretizadas.

Havia alguns regras adicionais no processo de controle que contribuíam para que funcionasse suavemente. A primeira delas estabelecia que, para prevenir a inclusão de quantidades pequenas demais de um determinado artigo em um pedido, o déficit de qualquer item precisava ser superior a 10% do seu nível máximo. Pela segunda regra, para evitar que um artigo ficasse em falta sozinho quando seu déficit não representasse uma carga completa, o gerente de estoques recebia um relatório de estoque reduzido mostrando que, persistindo a taxa de demanda daquele determinado momento, o item certamente estaria fora de estoque antes da chegada do próximo embarque de reposição. O gerente tinha, assim, condições de providenciar a reposição do artigo fora dos procedimentos normais de pedido, se considerasse aconselhável. A terceira dessas regras complementares determinava que nenhum artigo novo no armazém passava por previsão utilizando a ponderação exponencial antes de acumular um histórico mínimo de vendas de seis meses. As equipes de vendedores forneciam as previsões provisórias. Os relatórios de situação dos estoques, relatórios de falta de estoques, previsões e relatórios de despachos são exemplos dos tipos de relatório que este sistema pode produzir.

Controle de Múltiplos Elos

Como se pode recordar da Figura 9-1, os estoques eram situados ao longo do canal de abastecimento. Tais estoques quase nunca são independentes um do outro. Ou seja, os estoques no varejo têm o suporte de estoques nos armazéns dos quais dependem. Por sua vez, os estoques dos armazéns têm o suporte de estoques nas fábricas. Quando são mantidas quantidades significativas de estoques em depósitos centrais, menor será a necessidade no próximo elo a jusante no canal, principalmente estabelecimentos de varejo, a fim de manter o mesmo nível geral de disponibilidade do produto. A gestão dos estoques ao longo do canal *inteiro* passa a ser o fator de maior importância, em lugar do gerenciamento em pontos de estoque isolados, independentes.

Um bom controle de estoques de múltiplos elos é feito pela utilização de um sistema de controle básico de estoques. A base para tal sistema exige que cada elo do canal de abastecimento planeje seu nível de estoque na respectiva posição de estoque *mais* o estoque de *todos* os elos à frente. Isto é, o planejamento do nível de estoque para um elo particular não é determinado pela informação da demanda derivada apenas do próximo elo a jusante, mas, de preferência, pela demanda do consumidor final. Existe menor variabilidade de demanda para aquele determinado elo quando a demanda final pode ser usada em um processo de planejamento de estoque voltado para os elos a montante. A demanda característica ao longo de um canal de suprimentos: quanto mais distante dos clientes finais estiver um elo, maior incerteza apresentará. O planejamento baseado apenas em pedidos vindos dos próximos elos a jusante tem como resultado mais estoque de segurança do que o planejamento que aproveita a demanda do cliente final.

Um canal simples de abastecimento de dois elos poderia ser como aquele mostrado para um canal de varejo de armazém da Figura 9-19. Os varejistas servem aos clientes finais a partir de seus estoques e o depósito/armazém reabastece os estoques dos varejistas. Num sistema de controle baseado em estoques, os níveis dos estoques do varejista são controlados mediante a utilização de qualquer método apropriado, como o controle de ponto de pedido. A informação de demanda de um varejista é derivada dos clientes finais no território dos varejistas. A posição de estoque para um varejista é a quantidade disponível mais a quantidade pedida do armazém/depósito.

No elo a montante dos varejistas no canal (o elo do armazém), a demanda para fins de planejamento deriva da agregação da demanda do cliente final a todos os varejistas. A posição de estoque para o elo do armazém, mas não o armazém em si, é a soma do estoque disponível nos varejistas, o estoque no armazém e o estoque em trânsito (já pedido) para e do armazém. O ponto de pedido e suas quantidades são determinados a partir da posição de estoque do elo, e não pelo próprio armazém. O nível médio de estoque no armazém é encontrado subtraindo os níveis de estoque médios do varejista do estoque do elo, desde que o estoque em trânsito seja desprezível.

A abordagem do sistema de estoque básico em planejamento de estoques pode ter continuidade em escalões adicionais adiante no âmbito da cadeia de suprimentos. Certifique-se de planejar níveis de estoques para qualquer elo com base na demanda final dos itens, e não a partir dos pedidos provenientes do próximo elo a jusante.

Exemplo

Suponha que uma porção da rede de distribuição é ilustrada na Figura 9-19. Os varejistas prevêem a demanda dos clientes finais nos limites de seus territórios. Um determinado item tem a demanda mensal de um varejista (normalmente distribuída) mostrada na Tabela 9-5.

O item vale C_R = US$ 10 a unidade no varejo e C_W = US$ 5 a unidade no armazém. Os custos de

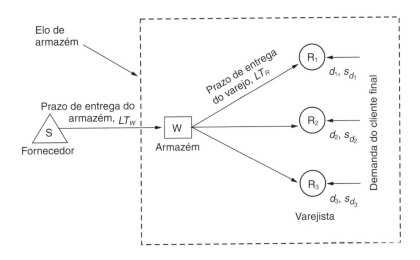

FIGURA 9-19 Um canal de suprimentos de múltiplos elos que ocorre com freqüência.

302 PARTE IV • ESTRATÉGIA DE ESTOQUE

TABELA 9-5 Demanda mensal de um varejista típico e demanda combinada do elo de armazém

	Jan.	Fev.	Mar.	Abr.	Mai.	Jun.	Jul.	Ago.	Set.	Out.	Nov.	Dez.	Média	Desv. Padrão
Varejista 1	218	188	225	217	176	187	221	212	210	203	188	185	202,5	16,8
Varejista 2	101	87	123	101	95	97	93	131	76	101	87	114	100,5	15,6
Varejista 3	268	296	321	312	301	294	285	305	289	303	324	332	302,5	18,0
Combinada	587	571	669	630	572	578	599	648	575	607	599	631	605,5	32,4

manutenção são $I = 20\%$ por ano. O custo do processamento de um pedido de reposição de um varejista é $S_R =$ US$ 40 por pedido e $S_W =$ US$ 75 por pedido no armazém. Os prazos de entrega do varejista são todos de uma semana ($LT_R = 0,25$ mês) e o prazo de entrega do armazém é de duas semanas ($LT_W = 0,5$ mês). Uma disponibilidade em estoque de 90% durante o prazo de entrega é usada tanto para o armazém quanto para os varejistas. Usando o método de controle de estoque de ponto de pedido, encontre os pontos de pedido e quantidades de pedido para os elos tanto de varejo quanto de armazém. Qual é a quantidade necessária de estoque no armazém?

Em primeiro lugar, compute a política de estoque para cada varejista. Para o varejista 1, a quantidade de pedido (Q) é:

$$Q_1 = \sqrt{\frac{2 D_{R_1} S_R}{IC_R}} = \sqrt{\frac{2(202,5 \times 2)(40)}{0,20(10)}}$$
$$= 311,8 \text{ ou } 312 \text{ unidades}$$

O ponto de fechado (ROP) é

$$ROP_1 = d_1 \times LT_R + z s_{d_1} \sqrt{LT_R}$$
$$= 202,5 \times 0,25 + 1,28 \times 16,8 \sqrt{0,25}$$
$$= 61,38 \text{ ou } 61 \text{ unidades}$$

O estoque médio (AIL) é

$$AIL_1 = \frac{Q_1}{2} + z s_{d_1} \sqrt{LT_R}$$
$$= \frac{311,8}{2} + 1,28 \times 16,8 \sqrt{0,25}$$
$$= 166,65 \text{ ou } 167 \text{ unidades}$$

A regra do controle do estoque: quando o nível do estoque no varejista 1 baixar para 61 unidades, emitir um pedido de reposição de 312 unidades.

Repita os cálculos anteriores para os dois varejistas restantes. Os resultados são resumidos na Tabela 9-6. O estoque do varejista no elo é de 167 + 120 + 202 = 489 unidades.

A seguir, compute a política de estoque do armazém. Encontre as propriedades da demanda do elo do armazém mediante a combinação da demanda dos varejistas, como demonstrado na Tabela 9-5. A quantidade de pedido do *elo* do armazém é:

$$Q_W = \sqrt{\frac{2 D_W S_W}{IC_W}} = \sqrt{\frac{2(605,5 \times 12)(75)}{0,20(5)}}$$
$$= 1.043,98 \text{ ou } 1.044 \text{ unidades}$$

o *ROP* é

$$ROP_W = d_W \times LT_W + z s_W \sqrt{LT_W}$$
$$= 605,5 \times 0,5 + 1,28 \times 32,4 \sqrt{0,5}$$
$$= 332,03 \text{ ou } 332 \text{ unidades}$$

e o *AIL* do escalão do armazém é

$$AIL_W = \frac{Q_W}{2} + z s_W \sqrt{LT_W}$$
$$= \frac{1.043,98}{2} + 1,28 \times 32,4 \sqrt{0,5}$$
$$= 551,32 \text{ ou } 551 \text{ unidades}$$

Contudo, o estoque previsto no armazém é o estoque do elo do armazém menos o estoque do elo do varejo, ou 551 − 489 = 62 unidades. Presume-se que não existe estoque no canal.

TABELA 9-6 Estatísticas de estoque para os varejistas

	Varejista 1	Varejista 2	Varejista 3
Quantidade de compra, Q	312	220	381
Ponto de pedido, ROP	61	35	87
Estoque médio, AIL	167	120	202

A política de controle de estoque de armazém é monitorar o estoque do elo do armazém, que é o total do estoque em cada varejista, o estoque mantido no armazém, o estoque pedido pelo armazém e o estoque pedido pelos pontos de varejo menos qualquer estoque destinado a clientes finais mas ainda não deduzido do estoque do varejo. Quando esta posição de elo de estoque baixar para 332 unidades, faça ao fornecedor um pedido de 1.044 unidades.

Quando os problemas multiescalonados se tornam complexos demais para o tipo anterior de análise matemática, especialmente quando há o envolvimento de mais de dois elos, a simulação em computador é uma alternativa. Simulações deste tipo são elaboradas a partir de linguagens gerais como SLAM, DYNAMO ou SIMSCRIPT; podem também ser conduzidas usando-se pacotes customizados como o *Long Range Environmental Planning Simulator* (LREPS),[14] ou *PIPELINE MANAGER*.[15] O módulo SCSIM no *software* LOGWARE que acompanha este livro demonstra esta capacidade. A ação desses simuladores é gerar demanda ao longo do tempo de modo similar àquele que ocorre na realidade do canal de operações. Os fluxos de produtos que ocorrem para atender à demanda são ali reproduzidos. A movimentação de produtos ao longo do canal é observada, e relatadas as estatísticas relacionadas com movimentação de produtos, níveis de estoques, faltas de estoques, taxas de produção e transporte. Políticas alternativas de estoques podem ser testadas mediante a repetição da simulação com regras diferentes de estocagem e níveis de serviços. Os custos das alternativas podem ser então comparados.

ESTOQUES NO CANAL

Estoques no canal são estoques em trânsito localizados em equipamento de transporte *em movimento* entre pontos de estocagem. A gestão desses estoques é exercida quase totalmente a partir do controle do seu tempo em trânsito, principalmente pela seleção dos serviços de transporte. Os estoques em trânsito chegam a ter um volume surpreendente, e o gerenciamento qualificado é especialmente eficaz para a redução dos custos deste processo.

Exemplo

Um produtor de autopeças tem plantas de montagem nos Estados Unidos. Compra componentes de empresas dos países da Bacia do Pacífico e faz sua distribuição principalmente nos Estados Unidos. Um diagrama do canal de suprimentos é mostrado na Figura 9-20. O valor médio unitário dos produtos que fluem por esse canal é de US$ 50. As vendas chegam a 1.000 unidades por dia. O custo de manutenção é de 30% ao ano. Os estoques atualmente em trânsito podem ser assim resumidos:

---

[14] Donald J. Bowersox, Omar K. Helferich, Edward J. Marien, Peter Gilmour, Michael L. Lawrence, Fred W. Morgan Jr., and Richard T. Rogers, *Dynamic Simulation of Physical Distribution Systems* (East Lansing, MI: *Division of Research, Graduate School of Business Administration, Michigan StateUniversity*, 1972).

[15] Desenvolvido por Arthur Andersen & Company.

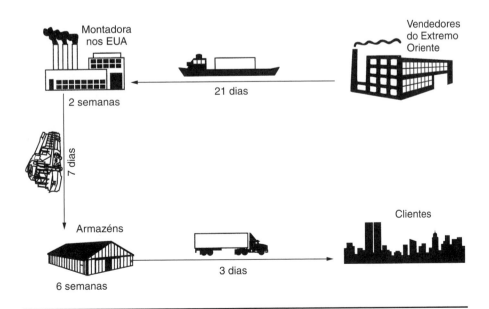

FIGURA 9-20 Um típico canal de suprimentos com os tempos em trânsito.

Canal	Dias	Estoque em trânsito
Fornecedores para a fábrica	21 dias	21.000 unidades
Em processamento na fábrica	14	—
Fábrica aos armazéns	7	7.000
Estoque no armazém	42	—
Armazém aos clientes	3	3.000
Totais	87	31.000 unidades

O valor total do estoque em trânsito é $50 \times 31.000 =$ US\$ 1.550.000 a um custo de manutenção de $0,30 \times 1.550.000 =$ US\$ 465.000 ao ano.

Usando-se o frete aéreo, o tempo de trânsito entre os vendedores do Extremo Oriente e a planta de montagem pode ser reduzido em quatro dias, a maior parte dele em manuseio em terra. Isso economizaria $21 - 4 = 17$ dias no canal, US\$ $50 \times 17.000 =$ US\$ 850.000 em valor de estoque, e $0,30 \times 850.000 =$ US\$ 255.000 em taxas anuais de manutenção. Esta economia potencial de custos deve ser comparada com o aumento dos custos decorrente da utilização de frete aéreo.

A redução do tempo médio de trânsito no canal normalmente tem efeito coincidente de reduzir a variabilidade do tempo em trânsito. Como o tempo em trânsito é componente significativo do tempo do prazo de entrega, os estoques de segurança nos armazéns serão reduzidos como benefício indireto da redução da incerteza do tempo em trânsito.

O custo anual da manutenção do estoque em trânsito derivado do *link* único no canal de suprimentos é calculado a partir de

$$\text{Custo de manutenção do estoque em trânsito} = \frac{ICDt}{365}$$

$$(9\text{-}26)$$

em que

I = custo anual de manutenção de estoques do produto em trânsito, %/ano

C = valor do produto no ponto do canal de suprimentos, dólares/unidade

D = demanda anual, unidades

t = tempo em trânsito, dias

365 = dias do ano

Observe-se que o I pode ser diferente daquele de um ponto de estoque, uma vez que não precisa incluir os custos operacionais relacionados à armazenagem. Por outro lado, há possibilidade de custos operacionais para o transporte do produto no canal, especialmente quando se utiliza transporte privado. Os custos em C deveriam ser os da manutenção do produto, e não os de seu transporte.

Exemplo

Importam-se automóveis para os Estados Unidos por Boston, Massachusetts, via Emden, na Alemanha. O valor do carro no porto de saída na Alemanha é de US\$ 9.000. O custo de manutenção de estoques é principalmente o custo do capital imobilizado nos veículos, ou 20% ao ano. O tempo médio de navegação até os Estados Unidos é de 10 dias. O custo de estoque em trânsito por veículo é encontrado a partir de $ICt/365 = (0,20)(9.000)(10)/365 =$ US\$ 49,32 por automóvel.

CONTROLE AGREGADO DE ESTOQUES

A alta administração tem geralmente interesse maior pelo investimento total comprometido em estoques e com os níveis de serviços para grupos ampliados de itens do que pelo pelo controle de itens separados. Embora a cuidadosa determinação de uma política para cada item acabe proporcionando um controle seguro dos estoques de itens separados, e também dos estoques em seu conjunto, a gestão deste nível de detalhamento para fins de planejamento geral acaba se tornando por demais incômoda. Por isso mesmo, métodos capazes de controlar coletivamente grupos de itens vêm ganhando espaço entre os procedimentos de controle de estoques. Giro de estoques, classificação ABC de produtos e agregação de riscos são alguns dos métodos usados para o controle agregado de estoques.

Giro de Estoques

O procedimento do giro de estoques figura entre os mais praticados dos métodos de controle agregado de estoques. Trata-se da razão entre as vendas anuais ao custo de estoque e o investimento médio em estoque para o mesmo período de vendas, onde as vendas e os investimentos em estoques são avaliados no elo do canal logístico onde os itens são mantidos. Ou seja,

$$\text{Giro} = \frac{\text{Vendas anuais a custo de estoque}}{\text{Investimento médio em estoque}} \quad (9\text{-}27)$$

A aceitação desse giro de medição se deve indubitavelmente à pronta disponibilidade de dados (os balanços financeiros da empresa) e à simplicidade do próprio giros de estoque. Diversos giros de estoques podem ser especificados para classes diferentes de produtos ou para o estoque inteiro. Como um ponto de referência, o giro de estoques para fabricantes, atacadistas e varejistas são 9:1, 9:1 e 8:1, respectivamente.[16]

Pela especificação do giro de estoques a ser alcançado, o investimento geral em estoque é controlado relativamente ao nível das vendas. É realmente atraente dispor de um intercâmbio entre o investimento em estoque e o nível de vendas; no entanto, a utilização do giro de estoques faz com que os estoques variem *diretamente* com as vendas. Isto constitui uma desvantagem, uma vez que normalmente esperamos que os estoques aumentem a uma taxa decrescente em função de economias de escala. Há um preço a ser pago pela simplicidade!

Classificação ABC de Produtos

Uma prática comum no controle agregado de estoques é diferenciar produtos em um número limitado de categorias e depois aplicar uma política de controle de estoques separada a cada uma dessas categorias. Isto faz sentido uma vez que nem todos os produtos têm importância igual para a empresa em termos de vendas, margem de lucros, fatia de mercado ou competitividade. Aplicando-se de maneira seletiva uma política de estoques a esses diferentes grupos, torna-se possível atingir metas de serviço com níveis de estoque menores do que com uma política única aplicada conjuntamente a todos os produtos.

É fato reconhecido que as vendas de produtos oferecem um fenômeno de ciclo de vida em que as vendas começam no lançamento do produto com índices reduzidos, aumentam rapidamente em um ponto determinado, atingem determinado patamar e, por fim, declinam. Os produtos de uma empresa encontram-se normalmente em estágios variados dos respectivos ciclos de vida e, portanto, contribuem desproporcionalmente para as vendas e os lucros. Ou seja, alguns dos itens podem estar respondendo por uma alta porção do volume das vendas. Este relacionamento desproporcional entre a percentagem dos itens em estoque e a percentagem das vendas costuma ser citado como o *princípio 80-20*, embora raros sejam os casos em que 20% dos itens de uma linha de produção representem exatamente 80% das vendas. O princípio 80-20 serve como uma base para a classificação ABC dos itens. Os itens *A* são rotineiramente os mais vendidos, itens *B* os de vendas médias, e os itens *C* aqueles de movimentação lenta. Não existe uma maneira exata pela qual agrupar os itens em qualquer dessas categorias, ou mesmo de determinar o número de categorias a serem usadas. Contudo, classificar os itens pelo nível de vendas e então dividi-los em umas poucas categorias já é um bom começo. Alguns dos itens são transferidos para outras categorias conforme sua importância possa ditar. Níveis de estoque de serviços são então atribuídos a cada categoria. O desenvolvimento do esquema da classificação ABC foi discutido com mais detalhamento no Capítulo 3 deste livro.

Exemplo

A Sorensen Research Company produz uma linha limitada de produtos hospitalares de alta tecnologia. Seus principais itens são cateteres arteriais (INTRA-SET); dispositivos de suporte de cateter (REGUFLO) e sistemas de sucção de fluidos (VACUFLO, COLLECTAL). Os dados das vendas anuais são resumidos na Tabela 9-7.[17]

Para fins de controle de estoque, suponha que esses itens sejam catalogados em três grupos. Os itens *A* devem representar aproximadamente l0% dos itens com maiores vendas; os itens *B* devem representar os próximos 40%, e como itens *C* ficarão os restantes 50% dos itens em estoque. A Tabela 9-7 é apresentada em ordem descendente conforme as vendas em dólares de cada item. Computando-se as percentagens cumulativas dos itens e a percentagem cumulativa das vendas dos dados escolhidos, temos a Tabela 9-8.

A verificação decrescente da percentagem cumulativa da coluna dos itens até aproximadamente a acumulação de 10% dos itens representará a categoria dos itens *A*. Devido ao número escasso de itens, não conseguimos encontrar exatos 10%. Por isso, podemos optar pelo arredondamento. Em seguida chega o ponto de ruptura para os itens *B*, aquele em que a percentagem cumulativa dos itens é de 50%. Podemos agora ver que os itens *A*, ou 11% dos itens, representam 49% das vendas. Os itens *B*, ou 50% − 11% = 39% dos itens, respondem por 92% − 49% = 43% das vendas. Os itens *C*, representando 50% dos artigos, respondem por apenas 100% − 92% = 8% das vendas. Os níveis de serviço podem ser estabelecidos para essas categorias conforme a importância de cada uma para a empresa e para os seus clientes.

Agregação de Riscos

O planejamento de nível de estoque agregado muitas vezes exige que se projete de que maneira os níveis de estoque no ponto de armazenamento serão alterados com as mudanças no número de locais de armazenamento e seus resultados. Ao planejar-se uma rede logística, é normal expandir ou contrair o número de pontos de estocagem a fim de satisfazer os objetivos de serviço ao cliente e de custos. À medida que se muda o número de locais ou até mesmo que se redistribuem as vendas entre locais existentes, o estoque no sistema não perma-

---

[16] *Statistical Abstract of the United States: 2001*, págs. 623, 644 e 657.

[17] Simulação de dados de acordo com o relatado em "Sorensen Research Company, Harvard Business School Case 9-677-257", preparado sob a direção de Steven C. Wheelwright.

306 PARTE IV • ESTRATÉGIA DE ESTOQUE

TABELA 9-7   Vendas anuais da Sorensen Research Company

	Número de unidades	Volume, dólares	Tipo de produto
INTRASET	1.000.000	US$ 2.500.000	Cateter
SUBCLAVIAN II	250.000	137.000	Cateter
SUBVLAVIAN	150.000	975.000	Cateter
JUGULAR II	300.000	300.000	Cateter
CATHASPEC	100.000	150.000	Cateter
IV-SET	700.000	1.000.000	Cateter
CENTRI-CATH	500.000	3.500.000	Cateter
IV-12	15.000	74.700	Cateter
CSP	1.000.000	750.000	Cateter
Luvas de pressão	600.000	972.000	Suporte de Cateter
Tubos de pressão	25.000	825.000	Suporte de Cateter
EZE-FLO	4.200	65.100	Suporte de Cateter
REGUFLO	1.000.000	5.000.000	Suporte de Cateter
TRUSET	2.850.000	7.115.000	Suporte de Cateter
INTRAVAL	10.000	8.300	Suporte de Cateter
VACUFLO	355.000	350.000	Sucção de Fluidos
COLLECTAL, Vasilhas de	40.000	54.800	Sucção de Fluidos
COLLECTAL, Forros de	393.000	727.000	Sucção de Fluidos
	9.292.200	US$ 24.503.900	

TABELA 9-8   Itens classificados em ordem descendente de acordo com as vendas

	Número do item	Percentagem cumulativa dos itens	Volume, dólares	Percentagem cumulativa de vendas	Classes dos itens
TRUSET	1	5,56%	US$ 7.115.000	29,04%	A
REGUFLO	2	11,11	5.000.000	49,44	A
CENTRI-CATH	3	16,67	3.500.000	63,72	B
INTRASET	4	22,22	2.500.000	73,93	B
IV-SET	5	27,78	1.000.000	78,01	B
SUBVLAVIAN	6	33,33	975.000	81,99	B
Luvas de pressão	7	38,89	972.000	85,95	B
Tubos de pressão	8	44,44	8285.000	89,32	B
CSP	9	50,00	750.000	92,38	B
COLLECTAL, Forros de	10	55,56	727.000	95,35	C
VACUFLO	11	61,11	350.000	96,78	C
JUGULAR II	12	66,67	300.000	98,00	C
CATHASPEC	13	72,22	150.000	98,61	C
SUBCLAVIAN II	14	77,78	137.000	99,17	C
IV-12	15	83,33	74.700	99,48	C
EZE-FLO	16	88,89	65.100	99,74	C
COLLECTAL, Vasilhas de	17	94,44	54.800	99,97	C
INTRAVAL	18	100,00	8.300	100,00	C
			US$ 24.503.900		

nece constante devido ao efeito da agregação, ou consolidação, de riscos. A agregação de riscos sugere que se os estoques forem consolidados em um número menor de locais, seus níveis serão reduzidos. Expandir o número de locais de estoque tem o efeito contrário. Os níveis de sistemas de estoques são um resultado de equilibrar o estoque normal, que é afetado pela política de estoque, com o estoque de segurança, que é afetado pelo grau de incerteza existente na demanda e nos prazos de entrega.

Ilustração

Suponha que um produto esteja estocado em dois armazéns. A demanda média dos respectivos territórios é, no armazém 1, de $d_1 = 41$ unidades com um desvio-padrão de $s_{d_1} = 11$ unidades/mês. Quanto ao armazém 2, é $d_2 = 67$ e $s_{d_2} = 9$. As quantidades de reposição de estoque são determinadas mediante o uso da fórmula da quantidade econômica de pedido. O prazo de entrega da reposição para ambos os armazéns é de 0,5 mês, e o valor do produto, US\$ 75 por unidade. O custo do pedido de reposição é US\$ 50, e o custo de manutenção do estoque chega a 2% ao mês. A probabilidade de existência em estoque durante o prazo de entrega é estabelecida em 95%. Que benefício em matéria de estoque se obteria consolidando os estoques em um único armazém?

Em primeiro lugar, estimamos o estoque regular e de segurança nos dois armazéns.

Estoque Regular.   Compute o montante médio do estoque regular.

$$RS = \frac{Q}{2} = \frac{\sqrt{\dfrac{2dS}{IC}}}{2}$$

$$RS_1 = \frac{\sqrt{\dfrac{2(41)(50)}{0,02(75)}}}{2} = 26 \text{ unidades}$$

$$RS_2 = \frac{\sqrt{\dfrac{2(67)(50)}{0,02(75)}}}{2} = 33 \text{ unidades}$$

O sistema de estoque regular para ambos os armazéns é $RS_S = RS_1 + RS_2 = 26 + 33 = 59$ unidades.

Agora compute o estoque regular se mantido em um depósito central. A demanda média para o depósito central é $d_C = d_1 + d_2 = 41 + 67 = 108$. Então,

$$RS_C = \frac{\sqrt{\dfrac{2(108)(50)}{0,02(75)}}}{2} = 42 \text{ unidades}$$

Estoque de Segurança.   O estoque de segurança em dois armazéns é encontrado da seguinte forma.

$$SS = zs_d\sqrt{LT}$$
$$SS_A = 1,96(11)\sqrt{0,5} = 15,25 \text{ unidades}$$
$$SS_B = 1,96(9)\sqrt{0,5} = 12,47 \text{ unidades}$$

O estoque de segurança do sistema em dois armazéns é $SS_S = SS_A + SS_B = 15,25 + 12,47 = 27,72$, ou 28 unidades.

Para o estoque de segurança no depósito central, estime o desvio-padrão da demanda a partir de

$$s_C = \sqrt{s_2^1 + s_2^2} = \sqrt{11^2 + 9^2} = 14,21$$

Agora, o estoque de segurança é

$$SS_C = 1,96(14,21)\sqrt{0,5} = 19,69 \text{ ou 20 unidades}$$

O estoque total é a soma dos estoques regular e de segurança. Para dois armazéns $AIL_2 = 59 + 28 = 87$ unidades. No depósito central, $AIL_C = 42 + 20 = 62$ unidades. Observe que os estoques regular e de segurança foram reduzidos por meio da consolidação.

Regra da Raiz Quadrada.   A regra da raiz quadrada é um método conhecido para a determinação do efeito da consolidação sobre os estoques. Ela, no entanto, mede apenas a redução do estoque regular, não ambos os efeitos do estoque regular e do estoque de segurança, como descritos na seção anterior. Supondo que uma política de controle de estoques baseada na fórmula EOQ esteja sendo seguida, e que todos os pontos de estoque tenham a mesma quantidade de estoque, a regra da raiz quadrada pode ser assim enunciada:

$$AIL_T = AIL_i\sqrt{n} \qquad \text{(9-28)}$$

em que

AIL_T = a quantidade ótima de estoque, quando consolidado em um local, em dólares, libras/peso, caixas ou outras unidades.

AIL_i = a quantidade de estoque em cada um dos n locais nas mesmas unidades que AIL_T

308 PARTE IV • ESTRATÉGIA DE ESTOQUE

n = o número de locais de estoque antes da consolidação

Observe que o estoque varia com o número de pontos de estocagem existente na rede logística.

Exemplo

A Sorensen Research Company operava 16 armazéns regionais públicos. Cada um deles tinha estoques médios avaliados em US$ 165.000. Se todos os estoques fossem consolidados em um local único na fábrica, qual o estoque a ser esperado?

Usando a Equação (9-28), calculamos

$$AIL_T = \$165{,}000\sqrt{16} = US\$\ 660.000$$

Observe que o sistema anterior de pontos de estoque tinha um total de $16 \times 165.000 = US\$\ 2.630.000$ em investimento em estocagem.

Exemplo

Presuma que a Sorensen pretenda consolidar estoques em dois locais que dividam o estoque em partes iguais. Qual o volume de estoque a esperar em cada um dos armazéns?

Já sabemos que um local deveria ter US$ 660 mil em investimento em estoque. Agora, simplesmente precisamos estimar a partir deste valor o montante de estoque em dois armazéns. Manipulando algebricamente a Equação (9-28), o estoque em um sistema de armazéns múltiplos seria

$$AIL_i = \frac{AIL_T}{\sqrt{n}}$$

Em conseqüência, para dois armazéns o estoque em cada um deles seria

$$AIL_i = \frac{US\$\ 660.000}{\sqrt{2}} = US\$\ 466.690$$

O estoque no sistema conjunto é $2 \times 466.690 =$ US$ 993.381. Assim, reduzindo-se o número de armazéns de 16 para 2 economizamos US$ 2.630.000 – 933.381 = US$ 1.696.619 em investimento de estoques.

Curva do Processamento de Estoques. Embora a regra da raiz quadrada da consolidação de estoques seja em geral útil, as suposições de quantidades iguais de estoques em todos os armazéns, de que os estoques consolidam precisamente na raiz quadrada do número de armazéns, de que a demanda e o prazo de entrega são conhecidos com certeza, e de que a quantidade do pedido é determinada pela fórmula EOQ, podem ser fatores limitantes. Pela utilização de uma abordagem ligeiramente diferente, consegue-se anular as limitações. Em primeiro lugar, usando os relatórios de situação dos estoques da empresa, construa um gráfico do nível de estoque médio (AIL_i) em relação aos embarques anuais do armazém (D_i), tal como mostrado na Figura 9-21. Cada ponto no gráfico representa um único armazém. É o giro para o armazém. De uma família de curvas da forma $AIL = aD^b$, ajuste a curva que melhor se adapte aos dados. Os dados na Figura 9-21 são de uma empresa especializada em produtos químicos, e resultam em $a = 2,986$, $b = 0,635$. A desaceleração na curva indica que a empresa provavelmente segue uma política de controle de estoques baseada na EOQ, mas não se faz indispensável ter conhecimento disto. Na prática, raramente vemos a função raiz quadrada em virtude da presença de alguns estoques de segurança.[18] Níveis de estoque para um armazém com qualquer processamento de demanda projetado (embarques procedentes da fábrica) podem ser computados da fórmula matemática para a curva ou encontrados diretamente do gráfico da curva de processamento do estoque.

Exemplo

A empresa de produtos químicos cujos dados são representados na Figura 9-21 tem 25 armazéns públicos e instalações a partir das quais distribui sua produção. Suponha que dois armazéns com processamento de 390.000 e 770.000 libras, respectivamente, devam ser consolidados num único armazém com 390.000 + 770.000 = 1.160.000 libras de processamento anual. Qual deveria ser o tamanho do estoque nesse armazém único?

Conforme o gráfico na Figura 9-21, o estoque dos dois armazéns atuais é de 132.000 + 203.000 = 335.000 libras. Combinando o processamento e lendo o estoque do gráfico o resultado é 262.000 libras.

Limite do Total dos Investimentos

Os estoques representam um pesado investimento de capital para muitas empresas. Em função disso, os administradores muitas vezes estabelecerão limites para o

---

[18] Ronald H. Ballou, "Estimating and Auditing Aggregate Inventory Levels at Multiple Stocking Points", *Journal of Operations Management*, Vol. 1, nº 3 (February 1981), págs. 143-153; e Ronald H. Ballou, "Evaluating Inventory Management Performance Using a Turnover Curve", *International Journal of Physical Distribution and Logistics Management*, Vol. 30, nº 1 (2000), págs. 72-85.

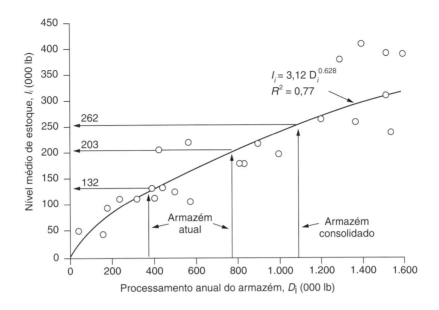

FIGURA 9-21 Curva de processamento de estoque de um produtor de compostos de limpeza industrial.

montante dos estoques a serem mantidos. A política de controle de estoque deve então ser ajustada a fim de atingir esta meta, se o investimento médio total a superar. Suponha que o estoque é controlado por uma política de controle de ponto de pedido sob condições de demanda e certeza do prazo de entrega. Se um limite monetário for imposto a todos os itens mantidos num local de estocagem, podemos declarar que:

$$\sum_i C_i \frac{Q_i}{2} \leq L \qquad (9\text{-}29)$$

em que

L = limite de investimento para itens i em estoque, dólares
C_i = valor do item i no estoque
Q_i = quantidade de pedido de itens i no estoque

A quantidade do pedido pode ser determinada a partir de uma Equação (9-7) modificada. Quando o valor médio de estoque para todos os itens excede o limite de investimento (L), as quantidades de pedido para os itens precisam ser reduzidas a fim de baixar os níveis de estoque dos itens médios e cumprir o limite de investimento. Uma maneira razoável de encontrar essa meta é inflacionar artificialmente o custo de manutenção I para um valor $I + \alpha$; suficiente para enxugar os níveis do estoque em um montante razoável. A fórmula da quantidade básica econômica de pedido é modificada e passa a ser

$$Q_i = \sqrt{\frac{2D_i S_i}{C_i(I+\alpha)}} \qquad (9\text{-}30)$$

em que α é uma constante a ser determinada. A Equação (9-30) substitui a Equação (9-29) é reformada para dar uma fórmula para α.

$$\alpha = \left(\frac{\sum_i \sqrt{2D_i S_i C_i}}{2L} \right)^2 - I \qquad (9\text{-}31)$$

Uma vez encontrado α, é substituído na Equação (9-30) para encontrar o Q_i revisado.

Exemplo

Imagine um estoque com três itens. A gerência estabeleceu um limite de dólares totais sobre o investimento médio em estoque de US$ para esses itens. O custo de manutenção de estoques chega a 30% por ano. Outros dados relevantes são os seguintes:

Item i	Custo de aquisição, S_i	Custo de compra, C_i	Demanda anual, D_i
1	US$ 50/pedido	US$ 20/unidade	12.000 unidades
2	50	10	25.000
3	50	15	8.000

Em primeiro lugar, computamos cada Q. Isto é,

$$Q_i = \sqrt{\frac{2DS}{IC}} = \sqrt{\frac{2(12.000)(50)}{0,30(20)}} = 447,21 \text{ unidades}$$

310 PARTE IV • ESTRATÉGIA DE ESTOQUE

De maneira semelhante,

$$Q_2 = \sqrt{\frac{2(25.000)(50)}{0,30(10)}} = 912,87 \text{ unidades}$$

$$Q_3 = \sqrt{\frac{2(8.000)(50)}{0,30(15)}} = 421,64 \text{ unidades}$$

Conferindo o investimento total do estoque pela solução do lado esquerdo da Equação (9-29) com os valores computados anteriormente temos

$$\begin{aligned}
\text{Investimento em estoque} &= C_1\left(Q_1/2\right) + C_2\left(Q_2/2\right) \\
&\quad + C_3\left(Q_3/2\right) \\
&= 20\left(447,21/2\right) + 10\left(912,87/2\right) \\
&\quad + 15\left(421,64/2\right) \\
&= US\$12.199
\end{aligned}$$

Como o limite de investimento de US\$ 10.000 foi superado, resolva α pela Equação (9-31). Isto é,

$$\alpha = \left(\frac{\sqrt{2(12.000)(50)(20)} + \sqrt{2(25.000)(50)(10)} + \sqrt{2(8.000)(50)(15)}}{2(10.000)}\right)^2 - 0,30$$

$$= 0,146$$

Podemos agora substituir $\alpha = 0,146$ na Equação (9-30) e resolver a quantidade de pedido revisado para cada item. Isto é,

$$Q_1 = \sqrt{\frac{2D_i S_i}{C_i\left(I + \alpha\right)}} = \sqrt{\frac{2\left(12.000\right)\left(50\right)}{20\left(0,30 + 0,146\right)}} = 366,78 \text{ unidades}$$

De maneira semelhante, as quantidades de pedido para os outros itens são computadas como $Q_2 = 748,69$ unidades e $Q_3 = 345,81$ unidades. O investimento médio fica agora em US\$ 10.004. Praticamente no alvo!

CONTROLE DE ESTOQUE GUIADO PELA OFERTA

Há situações em que a metodologia até aqui discutida não é a mais adequada, pois ela pressupõe que a oferta e a demanda podem ser razoavelmente equilibradas. Contudo, há situações em que, apesar dos melhores esforços de previsão da gerência, a oferta não consegue alinhar-

se adequadamente com a demanda. Ou seja, a oferta é tão valiosa que o produtor obterá tudo o que estiver disponível. Isto pode causar tanto excesso quanto escassez de oferta no canal de distribuição. Quase nada se pode fazer quando a demanda é maior que a oferta. Por outro lado, quando o produtor empurra um excesso de oferta no canal de distribuição, fica com uma única opção para controlar superofertas que venham a surgir – aumentar a demanda para baixar o estoque a níveis aceitáveis. A concessão de descontos consideráveis sobre os preços é normalmente a variável utilizada para aumentar a demanda.

Aplicações

- A StarKist opera com um sistema de controle agregado de estoque exclusivo para a sua produção de atum. Sendo a meta da empresa comprar e processar o máximo possível de atum, o sistema de distribuição pode ficar sobrecarregado com produtos acabados. Para contrabalançar a superprodução, a empresa promove liquidações de seus estoques. Os clientes já se acostumaram a comprar quantidades incomuns desses produtos de qualidade, com isso ajudando a reduzir os níveis dos estoques da StarKist.

- O Hemocentro da Cruz Vermelha dos EUA planeja com até um ano de antecedência suas campanhas de coleta de sangue. Os doadores são altamente valorizados e jamais dispensados, mesmo na eventualidade de coletas que venham a superar as necessidades momentâneas de sangue. Se os níveis de estoque de determinados tipos de sangue estão altos e isso pode acarretar o vencimento do seu prazo de validade, a Cruz Vermelha transforma todo o estoque em outro produto de sangue ou promove uma redução dos preços de venda dos hemoderivados aos hospitais que normalmente abastece. Os descontos nos preços são eficientes porque os hospitais suprem suas necessidades de sangue em múltiplas fontes, não apenas na Cruz Vermelha, e estão sempre precisando de novos suprimentos.

ESTOQUES VIRTUAIS [19]

Com base nos aperfeiçoamentos dos sistemas de informação empresarial, suprir a demanda dos clientes a partir de mais de um ponto de estoque vem se tornando

---

[19] Ronald H. Ballou and Apostolos Burenetas, "Planning Multiple Location Inventories", *Journal of Business Logistics*, edição ainda indefinida quando da publicação desta edição nos EUA.

procedimento cada vez mais comum e requisitado. Embora os clientes possam ser atribuídos a um local de estoque primário já é raro que se mantenham estoques suficientes para satisfazer todas as necessidades dessa demanda a partir desse local primário o tempo inteiro. Semelhante política de estoque torna-se razoável a partir da constatação de que o custo de garantir que jamais ocorra falta de estoque acaba se revelando insuportavelmente alto. Alternativamente, a demanda passará a ser atendida concomitantemente a partir de outros pontos de estoque dos mesmos itens, como ilustrado na Figura 9-22, por um sistema de estoque de dois pontos de armazenagem. A combinação de pontos de estoque já foi batizada de *estoque virtual*. Fazer o atendimento cruzado da demanda a partir do estoque virtual dos múltiplos locais de estoque conduz à expectativa de que os índices de atendimento da demanda venham a ser incrementados, que os níveis de estoque do sistema global venham a ser reduzidos, ou ambos, quando comparados com o atendimento da demanda a partir unicamente da localização primária de estoque para o cliente e correndo assim o risco de apresentar muitas faltas de estoque e atrasos no atendimento dos pedidos.

O problema do profissional de logística será decidir quais itens terão atendimento cruzado e quais continuarão a ser fornecidos apenas a partir de um local principal. A solução requer uma comparação dos custos de estoques regulares com os custos do estoque de segurança. Lembre-se de que o estoque regular é aquele destinado a satisfazer a demanda média e prazo de entrega médio. O estoque de segurança, por outro lado, é um montante extra necessário para suprir a incerteza na demanda e nos prazos de entrega. Quando se chega ao atendimento cruzado, as forças econômicas associadas a esses dois tipos de estoque se confrontam. Isto é, em um esquema de base global, o estoque regular aumenta com o atendimento cruzado, enquanto o estoque de segurança diminui. Vejamos a seguir como isso ocorre.

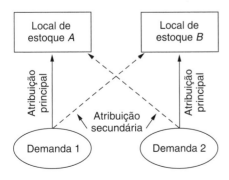

FIGURA 9-22 Atendimento por estoques cruzados.

Estoque Regular

Em um sistema de múltiplos pontos de estoque, a quantidade máxima de estoque mantida no sistema ocorrerá como um todo quando a demanda estiver igualmente distribuída entre os pontos de estoque. Por outro lado, quando ocorrer uma dispersão desigual da demanda, o atendimento cruzado possibilitará que a demanda efetiva ao longo do sistema seja mais equilibrada do que era a demanda primária. A demanda efetiva é aquela realmente colocada junto a um ponto de estocagem mediante o atendimento cruzado a partir de outros pontos de estoque, em vez da demanda primária.

Para exemplificar, suponha dois pontos de estoque, como na Figura 9-22, com demanda de 50 e 150 unidades por semana, respectivamente, e um índice de atendimento de estoque de 90%. Essa taxa significa que apenas 90% da demanda de cada ponto podem ser em média atendidos a partir do local primário, com os outros 10% sendo atendidos pelo ponto alternativo. Assim, a demanda real no local 1 é $50 \times 0,9 + 0,1 \times 150 = 60$ unidades por semana. No ponto 2, a demanda real é $0,1 \times 50 + 0,9 \times 150 = 140$ unidades por semana. Observe que a demanda efetiva chegou mais perto da divisão de demanda 100 / 100 partindo da dispersão original de 50 / 150. Se o estoque regular é determinado pela fórmula EOQ na Equação (9-7), então o estoque em cada local de armazenagem é $AIL = K\sqrt{D}$ em que K é uma constante derivada dos custos de um determinado item. Portanto, o estoque total (AIL_s) sem cruzamento é $AIL_s = \sqrt{50} + \sqrt{150} = 19,3$ unidades, em que K é contado como um, para fins de demonstração. Com cruzamento, $AIL_s = \sqrt{60} + \sqrt{140} = 19,6$ unidades. O estoque regular aumentou.

Estoque de Segurança

Em sistemas de pontos múltiplos de estoque, os níveis do estoque de segurança são afetados pela taxa de atendimento e a dispersão da demanda entre as localizações dos estoques. Em contraste com estoques regulares, os estoques mínimos de segurança ocorrem quando a demanda é equilibrada entre os locais de estoque.

Suponha que os desvios-padrão (s) da demanda de estoque regular dados anteriormente sejam 5 e 15 unidades por semana, respectivamente, o prazo de entrega (LT) seja uma semana, e a taxa de atendimento de 90%. Recorde que para um sistema de controle de ponto de pedido, os estoques de segurança (ss) podem ser estimados de $ss = zs\sqrt{LT}$, em que $z = 1,28$ é da distribuição normal em 90%. (*Anote*: Supõe-se que o índice de atendimento e da probabilidade durante o prazo de entrega ou a probabilidade durante o prazo de entrega mais o tempo de revisão do pedido, dependendo do método de

312 PARTE IV • ESTRATÉGIA DE ESTOQUE

controle, sejam aproximadamente iguais.) Com o atendimento cruzado, o desvio-padrão para uma determinada localização entre os pontos múltiplos de estoque é

$s_N = \sqrt{\left[FR(1-FR)^{N-1} \right]^2 s^2}$ para o enésimo ponto de estoque. Os desvios-padrão reais dos dois locais de estocagem são mostrados na Tabela 9-9.

O estoque de segurança no local *A* sem cruzamento é $ss = zs\sqrt{LT} = 1,28(5)\sqrt{1} = 6,4$ unidades, no local *B* é 19,2 unidades, e para o conjunto do sistema é 6,4 + 1,28 = 25,6 unidades. Com o cruzamento, o estoque de segurança em *A* é $1,28(4,7)\sqrt{1} = 6,0$ unidades, em *B* é 17,3 unidades, e no sistema é 23,3 unidades. O cruzamento dá uma redução de 25,6 – 23,3 = 2,3 unidades.

A decisão de recorrer ou não recorrer ao atendimento cruzado em um item estocado é o resultado da comparação entre esses custos opostos de manutenção de estoque. Além disso, os custos de transporte podem ser incluídos para remessa a um cliente distante dos pontos de estoque. Esse custo não é um incentivo ao atendimento cruzado. Contudo, se os custos de falta de estoque decorrentes do não-atendimento de demanda pelo local primário de estoque forem incluídos, isso se torna um incentivo ao atendimento cruzado. Computar esses custos para cada item mantido em estoque identifica os itens cuja demanda deveria ser atendida apenas a partir do local primário de armazenagem, e aqueles que deveriam ser atendidos pelo estoque virtual.

Exemplo

Determinada empresa tem apenas duas opções para atender seus clientes de maneira a manter um alto nível de disponibilidade de produtos. A primeira delas é atender os clientes a partir de um armazém situado em suas proximidades. Havendo falta de estoque, ou se perde a venda ou se fica com um pedido pendente. A segunda, quando ocorrer falta de estoque, é atender o pedido a partir de um armazém secundário, ficando os custos decorrentes do transporte excedente a cargo da empresa. Para cada item existente no estoque, qual dessas alternativas deveria ser a escolhida?

Um item representativo é escolhido no estoque para ser testado. O sistema de distribuição é similar ao apresentado na Figura 9-22. O item tem custo em estoque de US$ 200 por unidade, um custo de manutenção de estoque de 25% ao ano, um nível de estoque de seis semanas de demanda, um prazo de reabastecimento de oito semanas, e um índice de atendimento pretendido de 95%. A tarifa de transporte para o atendimento cruzado a partir de um armazém secundário fora do território do cliente é de US$ 10 por unidade. As características semanais de demanda do item são:

Local	Demanda média	Desvio-padrão
1	300	138
2	100	80
Sistema	400	160

A política de controle de estoque não é conhecida com certeza.

As curvas de decisão do atendimento cruzado da Figura 9-23 ajudam neste tipo de tomada de decisão. Torna-se necessário elaborar algumas estimativas preliminares. Como não existe curva de processamento de estoque do tipo descrito numa seção anterior, entende-se que a empresa esteja operando um adequado sistema de controle de estoques com um α = 0,7. Sabemos que o nível médio de estoque pode ser descrito como $AIL = KD^{\alpha}$ e K pode ser encontrado de uma manipulação desta fórmula. Ou seja, $K = D^{1-\alpha} / TO$. AIL pode ser aproximado como D/TO, em que TO é o giro, ou 52 semanas por ano/6 semanas de demanda de estoque = 8,67. Em conseqüência, $K = (400 \times 52)^{1-0,7} / 8,67 = 2,28$. Igualmen-

---

TABELA 9-9   Desvio-padrão da demanda efetiva em dois locais, unidades por semana

	Estoque, local A	Estoque, local B
Desvio-padrão	4,5[a]	0,5[b]
Desvio-padrão	1,5[c]	13,5
Desvio-padrão combinado	4,7[d]	13,5

[a] $\sqrt{\left[FR(1-FR)^{N-1} \right]^2 s^2} = \sqrt{\left[0,9(1-0,9)^{1-1} \right]^2 5^2} = 4,5.$

[b] $\sqrt{\left[FR(1-FR)^{N-1} \right]^2 s^2} = \sqrt{\left[0,9(1-0,9)^{2-1} \right]^2 5^2} = 0,45,$ arredondar para 0,5.

[c] Arredondar para 1,5.

[d] $\sqrt{4,5^2 + 1,5^2} = 4,7.$

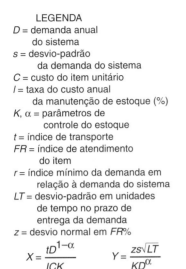
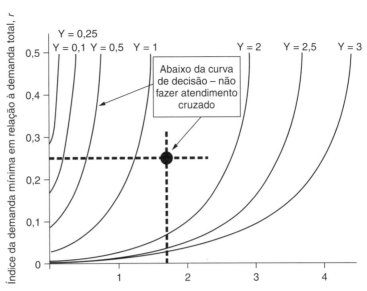

Para valores dados de X e r, encontrar sua intersecção. O atendimento cruzado é benéfico quando a intersecção X, r acima da curva de decisão representada pela curva Y, e o contrário quando a intersecção ocorre abaixo da curva Y.

te, supomos que o índice de atendimento e a probabilidade de estoque durante o prazo de entrega são aproximadamente iguais, de maneira que z pode ser encontrado pela distribuição normal (Apêndice A) para a percentagem da taxa de atendimento, ou $z_{@0,95} = 1,96$.

Os parâmetros X, Y da Figura 9-23 podem ser agora computados.

$$X = \frac{tD^{1-\alpha}}{ICK} = \frac{10\big([400 \times 52]\big)^{1-0,7}}{0,25(200)(2,28)} = 1,73$$

e

$$Y = \frac{zs\sqrt{LT}}{KD^{\alpha}} = \frac{1,96(160)\sqrt{8}}{2,28\big([400 \times 52]\big)^{0,7}} = 0,4$$

O índice de demanda r é $100 / 400 = 0,25$.

Na Figura 9-23, vê-se agora que a intersecção de X e r ocorre abaixo da curva de decisão de $Y = 0,4$ (usar $Y = 0,5$). Como o valor ocorre abaixo da curva Y, não se faz o atendimento cruzado do item.

Curvas adicionais do tipo mostrado na Figura 9-23 estão disponíveis para vários valores FR e $\alpha = 20$.[20] Permitem a elaboração de problemas de planejamento de estoque virtual para uma variedade de itens.

COMENTÁRIOS FINAIS

Os estoques continuam sendo um grande investimento de capital no canal de suprimentos. Boa gestão significa mantê-los no nível mais baixo possível consistente com um equilíbrio de custos diretos e indiretos atribuídos ao seu nível e com a necessidade de manter um nível adequado de disponibilidade de produto. A gestão ótima dos estoques tem sido alvo de pesquisas extensivas, e este capítulo resume os principais métodos de controle de estoques que tiveram sua qualidade comprovada na prática. As diferenças entre metodologias de planejamento e controle de estoques puxados, empurrados, conduzidos pela oferta e agregados foram devidamente comentadas. Ilustramos métodos matemáticos específicos para um sem-número de circunstâncias, tais como certeza e incerteza da demanda e prazo de entrega, padrões de demanda perpétua e sazonal, estágios únicos e múltiplos, locais de estoque únicos e múltiplos, e estoques fixos e em trânsito. São, todos eles, extremamente úteis para a elaboração de políticas adequadas para o gerenciamento de um ativo tão valioso.

GLOSSÁRIO

Q^* = quantidade ótima de pedido, unidades
Q = quantidade de pedido, unidades
EOQ = lote econômico de compra, normalmente Q^*
CP_n = freqüência acumulada das vendas de pelo menos n unidades
D = demanda média anual, unidades/ano

[20] Idem.

S = custo de obtenção do item, dólares/pedido

I = custo anual da manutenção do estoque, percentagem do valor do item por ano

C = valor do item em estoque, dólares/unidade

T^* = intervalo ótimo entre pedidos, expressado em unidades de tempo

T = um determinado intervalo de pedido expressado em unidades de tempo

N^* = número ótimo de intervalos de pedido por ano

ROP = quantidade de pontos de pedido, unidades

d = taxa média de demanda diária, unidades/dia

LT = tempo médio de entrega, em unidades de tempo

Q_p^* = quantidade ótima de lote de produção, unidades

p = a taxa de saída da produção expressa nas mesmas dimensões de d

s_d = desvio-padrão da demanda, unidades

s_d' = desvio-padrão das distribuições de demanda $DDLT$ ou $DD[T + LT]$, unidades

X' = mediana das distribuições de demanda $DDLT$ ou $DD[T + LT]$

s_{LT} = desvio-padrão do prazo de entrega em unidades de tempo

P = probabilidade da existência em estoque durante um ciclo de pedido (sistema de ponto de pedido) ou durante um ciclo de pedido mais o prazo de entrega (sistema de revisão periódica), expressa como uma fração ou percentagem

z = desvio normal na distribuição normal padronizada

SL = nível de serviço ao cliente ou taxa de atendimento de item, expresso como fração ou percentual

AIL = nível médio de estoque, unidades

$E_{(z)}$ = função perda normal

TC = custo do estoque relevante total, dólares/ano

M^* = nível ótimo máx. para o sistema de revisão periódica ou sistema min-máx

O = custo comum de processamento de pedido para pedidos conjuntos, \$/pedido

k = custo de falta de estoque, dólares/unidade

i = subscrito para indicar o número do item

Y = fração acumulada de vendas

X = fração acumulada de itens

A = uma constante

n = número de pontos de estoque em sistemas de múltiplos pontos

L = limite de investimento em estoques, dólares

K, α = constantes na curva de processamento de estoques

ED = déficit esperado

QUESTÕES

1. Por que a manutenção dos estoques é tão cara?
2. Que motivos levam à retenção de estoques ao longo de um canal de suprimentos? Por que se deve evitar essa retenção?
3. Compare uma filosofia de estoque empurrado uma filosofia de estoque puxado. Quando seria cada uma delas mais apropriadamente aplicada? Da mesma forma, qual a diferença entre métodos de puxar e empurrar e os métodos de controle agregado? Quando deveria ser cada um desses tipos aplicado?
4. Identifique os custos relevantes para o controle de estoques. Em que setores no âmbito de uma empresa eles deveriam ser obtidos?
5. Explique o que é estoque de segurança e a sua utilidade.
6. Explique a diferença entre a probabilidade de uma falta de estoque durante o ciclo de um pedido e nível de serviço, ou índice de atendimento do item.
7. De que forma você poderia decidir quais os itens na linha de produtos de uma empresa que deveriam ser classificados como itens A, B e C?
8. Diga o que entende como o sentido da seguinte declaração de um executivo: "Todo erro de gerenciamento se reflete nos estoques".
9. O que é a lei da raiz quadrada no planejamento de estoques e a que tipos de problemas ela se aplica?
10. Por que a quantidade econômica de pedido não é muito sensível aos dados inexatos de entrada?
11. Onde estão os estoques em trânsito no canal de suprimentos e qual é a melhor forma de controlá-los?
12. Como se deveria proceder para determinar o nível de serviço da disponibilidade de estoque e os custos e falta de estoque?
13. Se a demanda de um item no estoque apresentou o padrão de 0 1 2 5 150 0 1 0 3 4 150 1 0 0 5 1 150, que sugestões é possível fazer sobre a maneira de controlar o nível dos estoques?
14. Descreva um sistema de estoque guiado pela oferta. Como são os níveis de estoque controlados, em comparação com os de um sistema de puxar?
15. Compare o estoque da abordagem da demanda em relação ao controle de estoque com o método de controle de revisão periódica baseado em EOQ. Por que ele é mais simples? Haverá um preço a pagar por esta simplicidade?
16. Explique o efeito de agregação dos estoques se o número de pontos de estocagem é variado.
17. Qual é a curva de processamento dos estoques? De que maneira pode ela ser determinada? Qual a sua utilidade?
18. O que vem a ser um "estoque virtual"? Qual é o problema de planejamento relacionado com semelhantes estoques?

PROBLEMAS

Vários dos problemas e estudos de caso neste capítulo podem ser resolvidos, parcial ou totalmente, com a ajuda de *software* de computador. Os pacotes de *software* existentes no LOGWARE e de maior importância para este capítulo são o INPOL (I) e o MULREG (MR). O ícone de *I* aparecerá com a designação do pacote de *software* no qual a análise do problema puder contar com a assistência de um desses programas de *software*. Havendo necessidade de forte entrada de dados, é possível preparar um banco de dados para o problema. Onde o problema puder ser resolvido sem a ajuda de programas de computador, aparecerá o ícone da mão. Não havendo ícone algum, é sinal de que o cálculo é manual.

1. O cliente vai ao supermercado à procura de seis itens. A loja tem estoques com as seguintes probabilidades de existência desses itens:

Item	Probabilidade de estoque, %
Pasta dental	95
Antiácido oral	93
Pilhas	87
Creme de barbear	85
Tabletes de aspirina	94
Desodorantes	90

Supondo a aquisição de apenas uma unidade de cada item, qual a probabilidade de que o cliente venha a ter sua compra atendida por inteiro?

2. A Central Hospital Supply tem por norma que cada hospital possa esperar o atendimento de seus pedidos diretamente do estoque em 92% das vezes. Estando qualquer dos itens de tais pedidos em falta no estoque, o pedido inteiro fica retido em carteira a fim de evitar o acréscimo de custos adicionais de embarque. Os pedidos são compostos em média por dez itens. Uma amostragem dos pedidos ao longo do ano passado apresenta seis combinações de produtos encomendadas com maior freqüência, a saber:

Item pedido	Combinação	Freqüencia de compra
1	A,C,F,G,I	0,20
2	B,D,E	0,15
3	E,F,I,J	0,05
4	A,B,C,D,F,H,J	0,15
5	D,F,G,H,I,J	0,30
6	A,C,D,E,F	0,15
		1,00

Os níveis de estoque foram estabelecidos de tal forma que os produtos *A,B,C,D,E* e *F* tenham um nível comum de serviço de 0,95 cada. Os demais produtos ficam em 0,90 cada.

a. A empresa está atingindo a meta de serviço de estoque?

b. Se não está, em que níveis de serviço por item esses dois grupos de produtos deveriam ser situados a fim de atingir o índice de atendimento de 92%?

3. Um importador de aparelhos de televisão do Extremo Oriente faz sua distribuição nos países da União Européia a partir de quatro armazéns centrais. Os carregamentos são recebidos uma vez por mês, sendo o do mês corrente composto por 120 mil aparelhos. Devido ao prolongado prazo de entrega, é difícil compatibilizar os níveis de demanda e oferta. Portanto, a alocação aos armazéns é baseada em uma previsão mensal de demanda e no nível de serviço de cada armazém. Os registros de estoque e a previsão para o próximo mês apresentam a seguinte situação:

Armazém	Quantidade em mãos, aparelhos	Demanda prevista, aparelhos[a]	Erro de previsão, aparelhos[b]	Nível de serviço[c]
1	700	10.000	1.000	90%
2	0	15.000	1.200	85
3	2.500	35.000	2.000	88
4	1.800	25.000	3.000	92

[a] Projetado pelo tempo de reabastecimento de estoque com base na taxa atual de vendas.
[b] Um desvio-padrão. Os erros de previsão são distribuídos normalmente.
[c] A probabilidade de existência no estoque durante o mês.

Se o transporte até os armazéns leva uma semana e os procedimentos de importação exigem mais uma semana depois da chegada do carregamento, como deveria ser feita a alocação dos aparelhos aos armazéns?

4. Uma empresa de suprimentos de computador com pedidos por via postal tem em estoque um chip de memória que vende a clientes de todo o país. Um fabricante japonês faz o abastecimento do item usando frete aéreo. Ele tem as seguintes características:

Demanda média anual	= 3.200 unidades
Prazo de entrega de reposição	= 1,5 semana
Custo de manutenção	= 15% por ano
Preço de compra, na entrega	= US$ 55 por unidade
Custo de aquisição do pedido	= US$ 35 por pedido

a. Elabore um método de controle de ponto de pedido para este item.
b. Quais serão os custos anuais de pedido e de manutenção de estoque se o seu projeto for utilizado?
c. Suponha que o prazo de entrega seja ampliado para três semanas, de tal forma que o $ROP > Q^*$. Que ajustamento você sugeriria na política de controle?

5. A Helen's Secretarial School faz o treinamento de jovens em digitação e outras habilidades indispensáveis à função de secretária(o). O custo do curso é de US$ 8.500, mas a escola garante um desconto de até 10% ao ano enquanto o(a) formando(a) não conseguir um emprego. A demanda média pelos profissionais ali formados é de 300 por ano. (*Atenção*: O valor do produto e os custos de preparação são os mesmos.)
   a. Quantas alunas com potencial de emprego a escola deveria admitir por classe?
   b. Quantas vezes por ano ela deveria oferecer o curso?

6. Um varejista compra *software* de computador de um distribuidor, para revenda. Tendo em vista uma promoção de vendas já programada, o varejista precisa determinar o melhor tamanho de pedido em uma compra única. Um dos produtos é um *software* processador de textos que terá o preço promocional de US$ 350. O varejista estima as probabilidades de vender várias quantidades da seguinte forma:

Quantidade	Probabilidade
50	0,10
55	0,20
60	0,20
65	0,30
70	0,15
75	0,05
	1,00

   O processador pode ser comprado do distribuidor por US$ 250 a unidade, mas há uma taxa de devolução equivalente a 20% do preço de compra que garante que o distribuidor aceitará de volta qualquer programa que não for vendido.

   Qual o tamanho da ordem de compra mais adequado para o varejista?

7. Um caixa automático (ATM) está sendo instalado em uma filial do MetroBank. A partir de pesquisas próprias, o banco espera obter benefícios indiretos com a oferta deste serviço. As estimativas indicam que o banco gerará receitas à taxa de 1% do dinheiro circulado pelo caixa na forma de novas contas de clientes para serviços de pagamentos, empréstimos, contas de poupança e semelhantes. A retirada média do caixa automático é de US$ 75 dólares, e o banco calcula o custo do dinheiro em 10% ao ano.

   Abastecer o caixa automático para os dois dias do fim de semana é a questão mais complicada do planejamento. A partir de registros de outros ATMs, o banco calcula a média de retiradas em 120 nesses períodos, com um desvio-padrão de 20, a uma distribuição normal.

   Quanto dinheiro deveria o banco estocar no caixa automático para o fim de semana? (*Sugestão*: Considere a questão em termos de problema de pedido único.)

8. A Cabot Appliances, uma rede de varejo, estuda qual deveria ser o tamanho do pedido ao seu fornecedor de aparelhos de ar condicionado. São, obviamente, aparelhos com vendas altamente sazonais, e o número de unidades vendidas varia enormemente de acordo com as condições do tempo no verão. A Cabot emite um pedido por ano. Pedidos adicionais são impraticáveis depois do começo das vendas da temporada. Embora seja praticamente impossível determinar com certeza qual será o nível real das vendas, a Cabot analisa vendas sazonais passadas, previsões de tempo de longo prazo e a situação geral da economia. As seguintes probabilidades de vários níveis de vendas são então estimadas:

Vendas, unidades	Probabilidade
500	0,2
750	0,2
1.000	0,3
1.250	0,2
1.500	0,1
	1,0

   Cada unidade tem o preço, posto na Cabot, de US$ 320, sendo o preço de venda aos clientes de US$ 400. Os condicionadores restantes no fim da estação são vendidos a US$ 300, o que normalmente acaba com seu estoque. As compras podem ser feitas somente em incrementos de 250 unidades, com pedido mínimo de 500 unidades.
   a. Supondo que não restará estoque para o próximo ano, qual deveria ser o tamanho do pedido único a ser feito?
   b. Seria viável modificar a quantidade do pedido parcialmente se a Cabot pudesse fazer um empréstimo para comprar estoque a 20% ao ano? Unidades excedentes podem ser mantidas até a estação seguinte.

9. Uma autopeça no estoque do fabricante tem as seguintes características:

Previsão de demanda	= 1.250 caixas por semana
Previsão de erro, desvio-padrão	= 475 caixas por semana
Prazo de entrega	= 2,5 semanas
Custo de manutenção	= 30% ao ano
Preço de compra, na entrega	= US$ 56/caixa
Custo do pedido de reposição	= US$ 40 por pedido
Custo de falta de estoque	= US$ 10/caixa
Probabilidade de existência em estoque durante o prazo de entrega, P	= 80%

a. Elabore um sistema de controle de ponto de pedido para esta autopeça, em função do *P* atribuído. De que maneira estabeleceria a política de controle de estoque se o $ROP < Q^*$?
b. Projete um sistema de revisão periódica para esta autopeça. Suponha que a probabilidade de existir em estoque estenda-se ao intervalo de pedido mais o prazo de entrega.
c. Determine e compare os custos relevantes de cada uma dessas abordagens.
d. Qual o nível de serviço (índice de atendimento) se consegue realmente atingir com ambos os projetos?
e. Encontre a probabilidade de existência em estoque durante o prazo de entrega capaz de otimizar um projeto de sistema de ponto de pedido. De que maneira o custo total se compara com aquele na parte *a*?

10. Repita a Questão 9, incluindo porém que o prazo de entrega é normalmente distribuído com um desvio-padrão de 0,5 semana.

11. Um fabricante de motores fracionais de HP para varredeiras e polidoras industriais de pisos produz suas próprias conexões elétricas. Estas são usadas na montagem final à base de 100 por dia, 250 dias/ano. O início da produção das conexões custa US$ 250. A produção atinge um ritmo de 300 por dia quando em plena operação. O custo padrão de uma conexão elétrica é de US$ 75, e o custo de manutenção de estoques para a empresa é de 25% por ano.
a. Qual deveria ser a quantidade dos processos de produção?
b. Quanto tempo deveria durar cada um desses processos de produção?
c. Quantas vezes por ano deveria ser produzida essa peça?

12. Um fabricante japonês de eletrodomésticos usa uma válvula na operação final de montagem dos refrigeradores. A válvula é obtida junto a um fornecedor local em qualquer quantidade no prazo máximo de uma hora depois da emissão do pedido. A jornada diária de trabalho tem oito horas. O programa de produção exige que essa válvula seja usada à taxa constante de duas mil por dia, 250 dias por ano. A empresa paga ¥ 35 por essa válvula entregue na linha de montagem. Os custos de manutenção de estoque atingem 30% por ano. Devido a acordos contratuais com o fornecedor, os custos de aquisição representam apenas ¥ 1,00 por pedido colocado.
a. Elabore um método de ponto de pedido de controle de estoque para este item.
b. Sugira de que forma um sistema de dois escaninhos poderia ser usado como forma de implementar este método de controle.

13. Uma grande empresa química de Green River, Wyoming, faz a mineração de barrilha usada na fabricação de vidro. A barrilha é vendida a um determinado número de fabricantes mediante contratos anuais. A empresa mineradora vê a demanda na forma de quantidades de vagões ferroviários. Uma semana normal mostra uma demanda com distribuição normal de 40 vagões lotados mais ou menos dez carros. Ela estima o desvio-padrão em (vagões máx – vagões mín)/6 = (50 – 30)/6 = 3,33 vagões.

A barrilha é cotada em US$ 30 por tonelada, e uma carga média total de vagão tem 90 mil libras do produto. O custo de manutenção de estoques para a companhia é de 25% por ano. Os custos de programação na mina estão estimados em cerca de US$ 500 por pedido. O tempo de produção e/ou garantir os vagões para o embarque é de uma semana. Uma probabilidade de 90% de existência em estoque durante o prazo de entrega é desejada.
a. A empresa precisa alugar vagões ferroviários para atender os pedidos. Quantos vagões deveriam ser solicitados de cada vez? (Não esqueça: uma tonelada tem duas mil libras.)
b. Com qual quantidade de barrilha restante no estoque deveria ser feita a requisição dos vagões?

14. Um grande hospital usa uma determinada solução intravenosa que é mantida em estoque. Dados pertinentes sobre este item são os seguintes:

Utilização diária prevista[a]	= 50 unidades
Desvio-padrão do erro de previsão[b]	= 15 unidades
Prazo de entrega médio	= 7 dias
Desvio-padrão do prazo de entrega[b]	= 2 dias
Custo anual da manutenção	= 30%
Custo da aquisição por pedido	= US$ 50
Custo da falta de estoque	= US$ 15/unidade
Valor do produto	= US$ 45/unidade
Probabilidade de haver estoque[c]	= 85%

[a]365 dias por ano.
[b]Normalmente distribuído.
[c]Durante o prazo de entrega ou durante o intervalo de pedido mais prazo de entrega, dependendo do projeto de controle do estoque.

a. Elabore um sistema de controle de ponto de pedido para este item.
b. Elabore um sistema de controle de revisão periódica para este item.
c. A probabilidade de existência em estoque estará corretamente especificada para minimizar os custos? Avalie com referência ao projeto do sistema de ponto de pedido.

	Produtos	
	A	*B*
Previsão de demanda semanal, unidades	2.000	500
Erro de previsão[a] (desv.–pad.), unidades	100	70
Prazo de entrega, semanas	1,5	1,5
Preço de compra, dólar/unidade	$2.25	$1.90
Probabilidade de haver estoque durante o prazo de entrega mais o ciclo do pedido	90%	80%
Custo da falta de estoque	Ignorado	
Custo da manutenção, %/ano	30%	30%
Custo do pedido comum de compra, dólar/unidade	$100	

[a]Distribuição normal.

15. Um método de revisão periódica de controle de estoque deveria ser usado para dois produtos comprados do mesmo fornecedor ao mesmo tempo. A tabela acima mostra os dados coletados a respeito desses itens.
    a. Elabore o sistema de controle desses produtos. Determine a maneira pela qual o sistema de controle irá funcionar.
    b. Qual será o nível médio de estoque para cada um desses itens?
    c. Qual será o nível de serviço ao cliente esperado para esses itens?
    d. Suponha que o tempo de revisão seja estabelecido em quatro semanas. De que maneira suas respostas às questões anteriores serão alteradas?

16. Uma empresa importa autopeças de Taiwan pelo porto de Seattle, na Costa Oeste (Pacífico) dos EUA. As autopeças se destinam às montadoras da companhia na Costa Leste (Atlântico). Os despachos são feitos via ferroviária e levam 21 dias em trânsito. As peças valem US$ 250, cada, no porto, e 40 mil delas são usadas anualmente nas operações de montagem. Os custos de manutenção são de 25% por ano. A tarifa ferroviária até a Costa Leste é de US$ 6 por 100 libras/peso, e os engradados de peças pesam, cada um, 125 libras.

    Como alternativa, as autopeças podem atravessar o país (da Costa Oeste à Costa Leste) de caminhão em sete dias. O transporte em caminhão custa US$ 11 por cwt. A economia gerada pela redução dos estoques em trânsito justificaria o maior custo do transporte rodoviário?

17. Num ponto do estado de Ohio, um fabricante de equipamentos hidráulicos (mangueiras, cilindros e controles) consolida os pedidos de artigos fabricados em vários pontos dos Estados Unidos. O destino dessas encomendas é o Brasil, sendo viável despachá-los tanto por mar quanto por via aérea. O tamanho médio dos pedidos é de 292 libras. O frete marítimo (US$ 4,94/lb) é mais barato que o frete aéreo (US$ 9,04/lb), demorando porém bem mais do que este para chegar ao destino. A rota a partir do centro de consolidação determina uma primeira etapa até o porto de Baltimore, escala para carregamento, novas escalas em Savannah e Miami para coletas, rumando deste último para o Estado de São Paulo. O tempo de trânsito total é em média de 20 dias. Já o transporte aéreo leva somente dois dias, entre procedimentos de carga e trânsito.

    O fabricante detém a propriedade das mercadorias em trânsito até o porto de destino, sendo o custo do estoque em trânsito sua grande preocupação. O valor do produto em trânsito é de US$ 185/lb, e os despachos anuais totalizam 20.000 libras. O custo de capital da empresa é de 17% por ano.

    Visto exclusivamente pela perspectiva transporte-estoque, qual deveria ser o modal de transporte utilizado?

18. Um distribuidor de peças de ônibus e caminhões tem em estoque cintos de amarração (B2162H). O item apresenta demanda mensal de 169 unidades com um desvio-padrão de 327 unidades por mês, o que é evidentemente um padrão extremamente irregular. O prazo de entrega do item é de quatro meses, com um desvio-padrão de 0,8 mês. O item custa US$ 0,96 na fábrica, e seu transporte sai por US$ 0,048 do fornecedor ao distribuidor. Os custos de manutenção são de 20% ao ano, e os custos de processamento do pedido chegam a US$ 10 por pedido. A desejada probabilidade de existência em estoque durante o prazo de entrega é de 85%. Os dados do estoque são atualizados diariamente, e a média diária de vendas chega a oito unidades.

    Elabore uma política de controle de estoque mín-máx (sistema de ponto de pedido) para esse item de demanda incerta.

 ou

19. A Acme Computer mantém um estoque de peças de reposição para todo o país (EUA) em um armazém situado em Austin, Texas. A fim de melhorar o nível de serviço ao cliente, a empresa vai aumentar para 10 o número de seus armazéns, todos eles de igual tamanho. O investimento total de estoque no atual armazém é de US$ 5 milhões.

a. Usando a lei da raiz quadrada, estime o total de investimento em estoque que o sistema de distribuição deverá conter com dez armazéns.
b. Suponha que nove armazéns operem com investimento em estoque, cada um, de US$ 1 milhão. Se a empresa pretendesse consolidar o estoque em três armazéns de tamanho igual, quanto estoque cada um deles deveria conter?

20. A California Fruit Grower's Association é um consórcio de produtores de frutas para a distribuição do produto na Costa Oeste dos EUA. A associação opera atualmente 24 armazéns em todo o país. Para o mais recente ano-calendário, as estatísticas sobre níveis médios de estoque e processamento nos armazéns foram compiladas como figuram na Tabela 9-10.
    a. Qual o índice geral de giro que a associação pode concretizar? Compare os índices de giro dos três menores armazéns com os dos três maiores em termos de processamento. Sugira qual a causa da existência de uma diferença.
    b. Construa a curva de processamento de estoque adaptando uma linha reta entre os dados em mãos ou use um modelo simples de regressão linear.
    c. Os armazéns 1, 12 e 23 deverão ser consolidados em um único. Qual estoque se deveria esperar naquele armazém usando a curva da parte *b*?
    d. O armazém 5 deverá ser expandido em dois armazéns. Do processamento, 30% serão destinados a um armazém, ficando o restante para o segundo. Quanto estoque se deveria estimar presente em cada um dos armazéns usando a curva da parte *b*?

21. Três dos itens em estoque contêm as características a seguir:

	A	B	C
Demanda média por ano	51.000	25.000	9.000
Prazo de entrega, em semanas	0,5	0,5	0,5
Custo de manutenção por ano	25%	25%	25%
Preço das compras na entrega, por unidade	$1,75	$3,25	$2,50
Custo de aquisição por pedido	$10	$10	$10

TABELA 9-10 Estatísticas de estoques *versus* processamento da Fruit Grovers Association

Armazém	Processamento anual por armazém	Nível médio de estoque
1	$21.136.032	$2.217.790
2	16.174.988	2.196.364
3	78.559.012	9.510.027
4	17.102.486	2.085.246
5	88.226.672	11.443.489
6	40.884.400	5.293.539
7	43.105.917	6.542.079
8	47.136.632	5.722.640
9	24.745.328	2.641.138
10	57.789.509	6.403.076
11	16.483.970	1.991.016
12	26.368.290	2.719.330
13	$6.812.207	$1.241.921
14	28.368.270	3.473.799
15	28.356.369	4.166.288
16	48.697.015	5.449.058
17	47.412.142	5.412.573
18	25.832.337	3.599.421
19	75.266.622	7.523.846
20	6.403.349	1.009.402
21	2.586.217	504.355
22	44.503.623	2.580.183
23	22.617.380	3.001.390
24	4.230.491	796.669
Totais	$818.799.258	97.524.639

320 PARTE IV • ESTRATÉGIA DE ESTOQUE

O investimento médio nestes itens não deve passar de US$ 3.000. Os itens são comprados de vendedores diferentes, e não são pedidos ao mesmo tempo. Determinar as quantidades de pedido para eses itens de maneira a não exceder o limite fixado de investimento.

22. Uma empresa tem em estoque três itens que são adquiridos do mesmo vendedor e despachados no mesmo caminhão de entrega. O caminhão tem capacidade para 30.000 libras-peso. Os itens estão sob o método de revisão periódica de controle de estoque e são comprados mediante um pedido único com custo de preparação de US$ 60. O custo anual da manutenção é de 25% do valor de cada um dos itens. Outras informações sobre os itens:

Item	Valor do produto, C_i	Peso do produto, w_i	Demanda semanal prevista, d_i
1	US$ 50/caixa	70 lb/caixa	100 caixas
2	30	60	300
3	25	100	200

Em função de considerações econômicas, o tamanho do despacho não deverá exceder a capacidade do caminhão para o conjunto do pedido. Que tamanho deveria ter a quantidade do pedido para cada item? (*Sugestão*: A Equação 9-29 se torna $\sum_i D_i T^* w_i \leq$ capacidade do caminhão, a Equação (9-30) pode ser reformulada como

$$\alpha = \frac{2O}{\left(\dfrac{\text{Capacidade do caminhão}}{\sum_i D_i w_i}\right)^2 \sum_i C_i D_i} - I$$

e recorde que $Q^* = D \times T^*$. O peso do produto é w_i, sendo D_i a demanda anual.

23. Cinco dos itens presentes num estoque de varejo compreendem a maior parte dos artigos ali mantidos. Os níveis de estoque são controlados pelo método do ponto de pedido. Têm um prazo de entrega fixo de 15 dias, um custo de pedido de compra de US$ 35 por pedido de cada item e um custo diário de manutenção de 0,08219%. Outras informações sobre os itens:

	A	B	C	D	E
Demanda diária prevista (d), caixas	15	30	50	20	60
Erro de previsão (s_d) caixas	2	4	5	3	7
Valor do item (C_i), dólar/caixa	36	45	24	13	16

A probabilidade de estoque no prazo de entrega é fixada em 95%. Os erros de previsão são distribuídos normalmente.

24. Uma loja de varejo controla os itens de seus estoques pelo método de ponto de pedido; o espaço de prateleira para esses itens é, contudo, limitado. (Os varejistas alocam um determinado espaço de espaço de prateleira para cada item na loja.) Os pedidos são enviados a uma central de distribuição para reabastecimento. Um item típico na loja pode apresentar os seguintes dados:

Demanda prevista, caixas/semana	123
Erro de previsão (s_d), caixas/semana[a]	19
Prazo de entrega, semanas	1
Custo anual de manutenção, %/anual	17
Valor do item, dólar/caixa	1,29
Custo do pedido, dólar/pedido[b]	1,25
Espaço máximo de prateleira por item, caixas	250
Probabilidade de estoque	93%

[a]Distribuição normal.

[b]Custo rateado de pedido para itens múltiplos.

Qual a quantidade de pedido a ser usada de maneira a não exceder o limite de espaço em prateleira?

25. A empresa mexicana Recos Cementos produz e distribui cimento e concreto em formatos a granel e embalado para o mercado da construção. Os estoques são mantidos em nove terminais que abastecem os clientes (empresas de construção) em todo o país. Um gráfico do nível médio do estoque em um terminal em comparação com os embarques anuais do terminal para cada um dos nove terminais é apresentado na Figura 9-24.

O que se pode dizer à empresa, a partir deste gráfico, sobre o desempenho de sua gestão de estoques e das oportunidades disponíveis?

26. Um distribuidor de equipamentos fotográficos abastece varejistas em duas cidades a partir de dois depósitos. Os varejistas são normalmente atendidos a partir do mais próximo desses depósitos com o objetivo de enxugar as despesas com o transporte. Dois estoques separados dos mesmos produtos são mantidos. Embora o distribuidor mantenha uma taxa média de atendimento de 95%, ocasionais faltas de estoque podem fazer com que os pedidos dos varejistas deixem de ser atendidos, ou sejam colocados entre os pedidos em atraso. Devido à alta improbabilidade de que um item venha a estar em falta em ambos os depósitos ao mesmo tempo, o distribuidor analisa a possibilidade de atender pedidos de artigos em falta em uma região a partir do estoque da outra, ou seja, no atendimento cruzado dos pedidos. É possível que os estoques do sistema venham a ficar menores, mas o custo extra de transporte a partir de um local secundário deve ser pesado em relação à redução do custo do estoque.

A fim de testar a idéia, é selecionada uma câmara fotográfica, que vale US$ 400 em estoque. Os custos adicionais de transporte e manuseio de um armazém se-

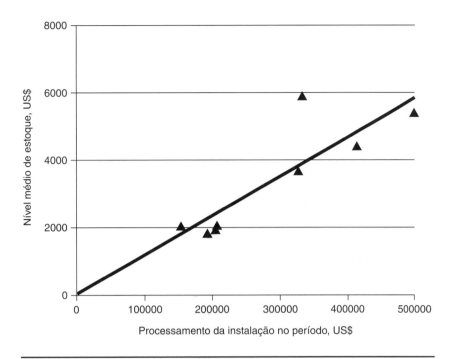

FIGURA 9-24 Um esboço do estoque médio em comparação com os despachos anuais do terminal.

cundário perfazem US$ 12 para cada câmara. O custo de manutenção do estoque é de 20% ao ano. O prazo de entrega de reposição desta câmara é de dois meses.

A previsão mensal de demanda na primeira cidade é de 42 câmaras/média, com um desvio-padrão de sete câmaras. Na segunda cidade, a demanda média chega a 75 câmaras, com um desvio-padrão de 13 câmaras. As duas cidades combinadas têm uma demanda estimada de 117 câmaras e um desvio-padrão de $\sqrt{7^2 + 13^2} = 15$ câmaras.

Um método de controle de estoque de ponto de pedido é usado para controlar esse estoque de alto valor e quantidades de reposição são determinadas a partir da fórmula *EOQ*. Um giro de estoque de seis é presentemente conseguido num estoque bem administrado ($\alpha = 0,7$).

Esse item deveria ser abastecido por atendimento cruzado ou fornecido apenas pelo armazém designado?

27. Uma empresa gostaria de consolidar dois de seus armazéns num depósito central. Três itens campeões de vendas estocados em ambos os armazéns são escolhidos para avaliação. A partir das previsões mensais da demanda nos territórios dos dois armazéns, tornam-se conhecidas as estatísticas a seguir:

	Armazém 1		*Armazém 2*		
Produto	*Demanda mensal, unidades*	*Desvio-padrão mensal, unidades*	*Demanda mensal, unidades*	*Desvio-padrão mensal, unidades*	*Valor do produto, unidades US$/unidade*
A	3.000	500	5.000	700	15
B	8.000	250	9.500	335	30
C	12.500	3.500	15.000	2.500	25

As quantidades de produtos do pedido são determinadas em cada armazém mediante o uso da fórmula *EOQ* e encomendadas a vendedores separados com um custo de processamento de US$ 25 por pedido. Os prazos de entrega de reposição são em média de três semanas, ou 0,75 mês.

Os custos de manutenção são de 24% ao ano. O nível de serviço durante o ciclo do pedido é fixado em 95%.

Qual montante do estoque poderá ser economizado mediante a agregação de risco se o estoque for concentrado em uma instalação central?

28. Um distribuidor está situado, no canal de suprimentos, entre seus clientes e fornecedores. Tem conhecimento de que os clientes mantêm estoques que deveriam ser levados em consideração no planejamento dos seus próprios níveis de estoque. Em um espírito de colaboração, os clientes compartilham seus dados de ponta final com o distribuidor. Com relação a um determinado item do qual o distribuidor abastece três clientes em seu território, a demanda mensal de um item cotado no estágio do cliente a US$ 35 a unidade é a seguinte:

Cliente	Demanda média, unidades/mês	Desvio-padrão da demanda, unidades/mês
1	425	65
2	333	52
3	276	43
Agregadas	1.034	94[a]

[a] Estimado como $\sqrt{65^2 + 52^2 + 43^2} = 94$.

O item tem valor ligeiramente menor no distribuidor (US$ 30/unidade) pois alguns custos, como o do transporte até o cliente, ainda não foram a ele adicionados. O custo da manutenção de estoque é estimado em 20% ao ano em ambos os elos. O custo da colocação do pedido para os clientes é de US$ 50, cada. O distribuidor pode abastecer os clientes em duas semanas, mas os vendedores precisam de quatro semanas para repor os estoques do distribuidor. Os clientes definem a probabilidade de estoque durante o ciclo do pedido em 95%, e o distribuidor utiliza 90%. Ambos os elos usam o método de controle de estoque de ponto de pedido. O distribuidor faz ao vendedor pedidos de 2.000 unidades a fim de conseguir descontos nos preços.

Qual deveria ser o estoque armazenado pelo distribuidor supondo que não há estoque em trânsito para os clientes?

ESTUDO DE CASOS
*Complete Hardware Supply, Inc.**

Tim O'Hare é o gerente de distribuição da Complete Hardware Supply (CHS), empresa com sede em Cleveland, Ohio, que teve seu controle acionário recentemente adquirido pela *holding* Consolidated, Inc. A administração da *holding* exige adoção de procedimentos de controle mais rígidos, com a finalidade de limitar os investimentos em estoques na CHS.

A CHS distribui vários itens de *hardware* para lojas de varejo na área nordeste de Ohio. Consegue ampla variedade desses itens fazendo suas compras em um grande número de fornecedores espalhados por todo o país. A CHS atende os pedidos dos seus clientes a partir dos estoques armazenados em instalações próprias em Cleveland. O'Hare sempre utilizou um método de controle de estoque de ponto de pedido a fim de determinar as quantidades de reposição adquiridas dos vendedores e manter sob controle os níveis dos estoques.

Para se adaptar ao novo limite de investimento em estoques, O'Hare escolheu para análise 30 itens mais representativos entre os cerca de 500 presentes na sua linha de produtos. Fez isso com base nos dados sobre demanda, valor do produto e prazos de entrega mostrados na Figura 1.

O custo da preparação e transmissão de uma ordem de compra é de US$ 15 e cada item é adquirido de vendedores diferentes com pedidos separados. O custo anual de manutenção de estoques da empresa é de 25%, ou 0,0048 por semana. O'Hare usa normalmente uma probalidade de disponibilidade em estoque de 98% durante o prazo de entrega como controle sobre o serviço ao cliente, que foi estabelecido com base em consultas à equipe de vendas da empresa.

Os 30 produtos representativos têm origem em vários pontos de embarque, a seguir relacionados:

Número do produto	Ponto de embarque do fornecedor	Distância até a CHS [a]
1, 2, 3, 5, 22, 23	Nova York, Nova York	471 milhas
4, 6, 13	Cleveland, Ohio	25
7, 8, 9, 10, 11, 12, 20, 30	Chicago, Illinois	348
19, 24, 29	Atlanta, Geórgia	728
14, 15, 16, 18, 25, 26, 27, 28	Los Angeles, Califórnia	2.382
17, 21	Dallas, Texas	1.189

[a] Distâncias aproximadas via rodoviária.

---

* A partir de um estudo de caso do professor A. Dale Flowers, da *Case Western Reserve University*.

O prazo de entrega para um pedido de reposição é decomposto em três elementos: 1) o tempo de preparação e transmissão de um pedido; 2) o tempo para completar o pedido no local do fornecedor; 3) o tempo para transportar o pedido até Cleveland. Atualmente, os pedidos são preparados a mão e enviados via postal aos vendedores, um sistema em que a preparação leva dois dias e a transmissão, outros dois. Os produtos são transportados à CHS em caminhão, à média de 300 milhas por dia. O atendimento da ordem de compra exige cinco dias úteis.

Rateando as restrições impostas pela Consolidated entre todos os itens, o investimento total para esses 30 itens não deveria passar de US$ 18.000. Contudo, a fim de manter suas receitas, O'Hare gostaria de não precisar enfrentar um número de situações de falta de estoque maior do que enfrentava sob as normas anteriores à mudança do controle do capital da empresa.

O'Hare tem à disposição, para tentar resolver a encruzilhada em que encontrou em virtude da nova situação, vários modos de ação para reduzir os custos dos estoques:

- Aumentar a rapidez da transmissão dos pedidos
- Insistir junto aos fornecedores para que utilizem meios de transporte mais rápidos
- Reduzir o erro de previsão
- Comprometer o nível de serviço ao cliente

O'Hare pode comprar equipamentos eletrônicos (computadores e *software*, máquinas de fax etc.) por cerca de US$ 1.500 (com vida útil de cinco anos) e tornar o tempo de transmissão dos pedidos insignificante. Naturalmente, outros custos relacionados (intercâmbio eletrônico de dados, conexão via internet, telefone etc.) deverão elevar o custo da ordem de compra de US$ 15 para US$ 17.

Se forem feitos acordos especiais com a United Parcel Service (UPS), estará garantida a entrega em dois dias em qualquer parte dos EUA. Isso seria feito em relação aos despachos para distâncias superiores a 600 milhas e acrescentaria outros 5% aos preços dos produtos.

Por fim, O'Hare está apostando num novo pacote de *software* de previsão que poderá ser adquirido por US$ 50.000. Se esse *software* realmente chegar a ser implementado, ele contará com uma redução de cerca de 30% nos erros de previsão ■

PERGUNTA

1. Que curso de ação O'Hare deveria seguir, e como deveria defender sua decisão junto à direção da Consolidated?

Número do item	Previsão de demanda semanal	Erro de previsão semanal,[a] desvio-padrão	Preço unitário,[b]	Prazo de entrega,[c] dias
1	18	6	$37,93	10,6
2	9	2	85,06	10,6
3	113	30	1,32	10,6
4	20	5	2,41	9,5
5	7	2	5,19	10,6
6	490	101	0,51	9,5
7	44	11	2,36	10,2
8	68	23	1,30	10,2
9	48	15	7,38	10,2
10	7	1	9,69	10,2
11	6	2	1,38	10,2
12	4	1	3,25	10,2
13	90	22	7,79	9,5
14	5	1	5,48	16,9
15	3	1	19,04	16,9
16	7	2	2,03	16,9
17	6	2	68,97	13,0
18	3	1	21,65	16,9
19	14	4	56,28	11,4
20	5	1	19,85	10,2
21	104	35	35,51	13,0
22	30	9	2,19	10,6
23	8	2	14,24	10,6
24	15	6	12,16	11,4
25	6	2	4,04	16,9
26	4	1	66,13	16,9
27	7	2	68,10	16,9
28	5	1	11,18	16,9
29	20	5	26,41	11,4
30	14	4	40,86	10,2

[a] O erro de previsão tem distribuição aproximadamente normal.

[b] Inclui taxa de transporte a Cleveland de 5% em média.

[c] Prazos de entrega são expressos em número médio de dias úteis. Semana de 5 dias úteis.

FIGURA 1 Dados sobre vendas, preços e prazos de entrega na CHS.

American Lighting Products*

"É disto que mais gosto – eliminar 20% do nosso estoque de produtos acabados sem, com isso, prejudicar o atendimento aos clientes. Só não sei como vamos conseguir fazer tudo isso..." Foi esse o comentário feito por Sue Smith para o analista de estoques Bryan White logo depois de participar de uma reunião com o vice-presidente de finanças em que foi informada dessa determinação, além de receber a ordem de elaborar um plano para implementar a ordem.

ANTECEDENTES

Sue e Bryan trabalham para a American Lighting Products (ALP), fabricante de lâmpadas fluorescentes. A empresa tem duas fábricas, ambas no estado de Ohio. A fábrica da área de Cleveland produz as lâmpadas de maior volume de dois, três e quatro pés, sendo as de quatro pés responsáveis por 90% da produção. A fábrica da área de Columbus trabalha com as lâmpadas de menor volume, desde as de seis polegadas de comprimento até as de oito pés. Com a produção conjunta das duas fábricas, a ALP oferece uma linha de cerca de 700 itens, distribuídos ao longo de três canais principais de vendas: o comercial e industrial (C&I), o dos consumidores e o dos fabricantes de equipamentos originais (OEM). O mercado C&I é há muito tempo o sustentáculo do negócio, mesmo que, com a emergência de centros residenciais e de vendedores especializados em proporcionar, acima de tudo, grandes descontos, o canal dos consumidores venha assumindo espaço e importância crescentes em termos de estratégia geral de *marketing*. O mercado dos OEMs é pequeno, constituindo porém um importante primeiro passo no mercado de reposição, uma vez que, como as lâmpadas queimam, os consumidores tendem a comprar a lâmpada original.

A ALP é parte de uma corporação maior, a American Electric Products (AEP), que manufatura uma variedade de outros produtos industriais e de consumo. Cada divisão da AEP é gerida como se fosse uma unidade isolada de negócios, e cada uma delas se integra na estratégia geral da corporação à sua própria maneira. A ALP é uma indústria madura que proporciona à AEP renda firme proveniente de suas operações. Embora o lucro da divisão seja sua mensuração primária de sucesso, a administração investe também em outras três grandes iniciativas para aumentar a lucratividade da corporação como um todo. A mais recente dessas iniciativas é uma ofensiva de âmbito corporativo voltada para a redução dos estoques. O fluxo de caixa a ser obtido a partir da redução dos estoques é entendido como um fator crítico para a lucratividade global da corporação.

Para Sue Smith e sua equipe na ALP, a iniciativa de redução de estoques é um desafio inteiramente novo. No passado, o foco sempre esteve em garantir níveis de estoque suficientes para acompanhar os picos sazonais de demanda e para cobrir as três semanas em que a fábrica interrompe suas atividades no verão. Até esse ponto, não se acompanhava muito de perto a situação dos custos dos estoques, e por isso mesmo a idéia de reduzir o nível geral dos estoques é uma idéia completamente nova.

O SISTEMA DE DISTRIBUIÇÃO

A ALP armazena seus estoques de produtos acabados em oito centros mestres de distribuição (MDC) ao longo do país, cada um deles responsável pelo abastecimento dos mercados das respectivas regiões. A localização dos MDCs e das fábricas é mostrada na Figura 1. Cada uma das fábricas remete produtos para os MDCs em quantidades de carga completa de 35.000 lâmpadas. O transporte em grandes quantidades permite que as fábricas produzam em tamanhos de lotes econômicos. Cada fábrica organiza sua produção por semana a fim de minimizar o impacto de erros de previsão que ocorrem quando a produção tem base em programas mensais.

Cada MDC é programado como uma central de suporte da região, sendo o tamanho de cada um baseado no tamanho da região a que serve. Por exemplo, o centro de distribuição de Hagerstown abastece o nordeste dos Estados Unidos, além de suprir as exportações para a Europa e o Oriente Médio. Esta região de grandes proporções faz de Hagerstown o maior ponto de estoque da ALP. No outro extremo da escala figura o centro de distribuição de Seattle. Ele tem a menor região em termos de atendimento e, portanto, a menor alocação de estoque. A Tabela 1 mostra os embarques anuais e o estoque por MDC.

A fim de facilitar o controle, o estoque é expresso basicamente em quantidades de lâmpadas. O departamento financeiro estabelece o valor médio de cada lâmpada como sendo de US$ 0,88. O custo atual de manutenção de um item estocado é de 18% por ano do valor da lâmpada antes dos impostos.

---

* Preparado por Cheryl Glanton sob a supervisão do Professor Ronald H. Ballou, da *Weatherhead School of Management*, na *Case Western Reserve University*, como subsídio para discussão em aula mais do que como ilustração da maneira de conduzir certo ou errado uma situação administrativa. Os dados são aleatórios.

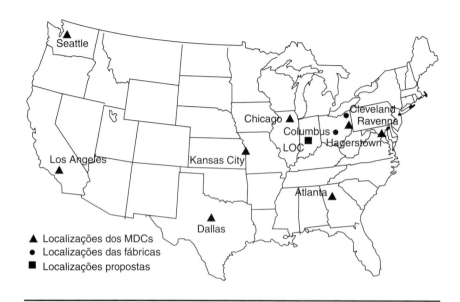

FIGURA 1 Localização dos centros de produção e distribuição.

TABELA 1 Unidades despachadas por ano e estoque médio por MDC (em lâmpadas)

Centros mestres de distribuição	*Despachos*	*Estoques*
Atlanta	26.070.000	3.784.333
Chicago	23.321.000	2.188.417
Dallas	13.244.000	2.159.250
Hagerstwon	38.193.000	5.824.583
Kansas City	15.950.000	1.592.333
Los Angeles	21.470.000	3.666.500
Ravenna	25.853.000	2.918.250
Seattle	4.922.000	959.8330
Totais	169.023.000	23.093.499

À medida que o produto é fabricado, o total alocado a um determinado centro de distribuição depende das seguintes considerações:

1. O volume dos pedidos atuais dos clientes que excede o estoque disponível.
2. O volume de um estoque de MDC abaixo dos níveis básicos de estoque.
3. O volume da previsão de vendas para a região servida por um MDC.

O nível básico de estoque é estabelecido para cada item em cada MDC a partir dos níveis históricos de vendas. Nos casos de produtos novos, a localização dos estoques baseia-se nos clientes-alvo e nas vendas estimadas. A soma dos estoques básicos em todos os MDCs é o objetivo de estoque de sistema desejado (NSO) do produto. O NSO é o ponto de pedido para que a fábrica produza outro lote do produto. Por isso mesmo, o estoque médio do sistema para um produto é o tamanho de lote NOS +1/2 do tamanho de um lote. O tamanho de lote baseou-se nos custos de preparação da fábrica e nas restrições de fabricação.

A ALP tem um sistema de previsão que leva em conta as vendas nos últimos três anos. A administração ajusta a previsão sempre que se espera uma anormalidade previsível, por exemplo, uma promoção especial de vendas. Em geral, quanto maior o nível da previsão, mais acurada se torna a estimativa das vendas. Para o mercado total, a exatidão da previsão fica na faixa dos 90 a 100%. Em famílias de produtos, situa-se entre os 70 e 90%. Nos casos de produtos isolados, a exatidão situa-se na faixa dos 50 aos 70%. Para produtos isolados por MDC, a exatidão da previsão fica abaixo de 50%.

Os clientes formulam seus pedidos por meio de vendedores regionais, que os enviam a um centro de serviços ao cliente. Os especialistas das contas nesse centro de serviços introduzem o pedido no sistema pedido/embarque/faturamento. Enquanto estão providenciando o pedido, eles o entregam aos cuidados do MDC que serve a região daquele cliente. O sistema utiliza o CEP do cliente para determinar o MDC adequado. No caso de um pedido que represente uma carga completa de um único produto, o pedido será encaminhado à fábrica produtora do item, em lugar de a um MDC. O especialista das contas também introduz a data de entrega no *site* do cliente. Quando não se requer nenhuma data futura, o pedido é destinado à entrega imediata.

A alocação de estoques a cada um dos MDCs é feita com base na previsão para aquela região, e em outras considerações. Devido ao alto índice de erro de previsão no nível de item, as vendas reais podem ser inesperadamente altas em uma região e inexpressivas em outra. Quando isso acontece, um armazém enfrenta situação de falta de estoque, enquanto outro está com excesso, o que faz com que alguns pedidos sejam colocados em situação pendente no primeiro ou remetidos ao cliente a partir daquele armazém em que se verifique o inesperado excesso.

SERVIÇOS AO CLIENTE

A ALP faz a mensuração de seu desempenho mediante o prazo de entrega da primeira vez, conhecida na ALP simplesmente como serviço ao cliente. A entrega da primeira vez é definida como a proporção das linhas de item entregues ao cliente na data requisitada. Quando se trata de item abastecido por uma fonte diferente daquela prevista, não entra na contagem da primeira vez. Quaisquer itens que fiquem na lista de pendência não são considerados como primeira vez. A Figura 2 mostra o nível de serviço ao cliente da ALP nos últimos dois anos.

O setor de lâmpadas fluorescentes é extremamente competitivo, com os clientes exigindo cada vez mais dos fornecedores. Uma dessas exigências é uma alta taxa de entrega da primeira vez. O canal de consumo espera 98% ou ainda mais, enquanto que os canais C&I e OEM esperam 95% da primeira vez. Ao longo dos últimos anos, a ALP vem se empenhando em satisfazer tais expectativas. À medida que os clientes aperfeiçoam as respectivas políticas de pedido e estoque, logicamente passam a exigir cada vez mais dos fornecedores. A ALP trata, portanto, de alentar as expectativas. Seu objetivo atual é no sentido de chegar a um índice de 95% de satisfação dos serviços em todos os canais. Os maiores clientes estão sendo atendidos com índices de 98 a 100% de satisfação, mas isto tem tomado estoque e recursos extra. A Tabela 2 mostra os itens pedidos e o nível de serviço ao cliente por canal durante o ano anterior.

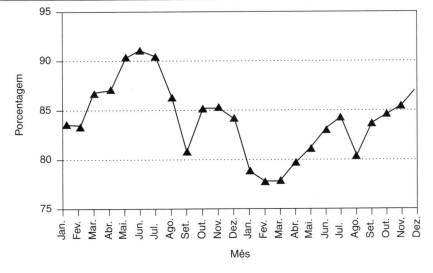

FIGURA 2 Percentagem mensal de entrega da primeira vez nos dois últimos anos.

328 PARTE IV • ESTRATÉGIA DE ESTOQUE

TABELA 2 Informação sobre pedido por canal

Por canal		Jan.	Fev.	Mar.	Abr.	Mai.	Jun.	Jul.	Ago.	Set.	Out.	Nov.	Dez.
C&I	Itens pedidos	46.307	55.013	44.683	54.528	48.492	42.230	46.709	50.983	46.792	65.775	57.932	47.152
	B/O[a]	10.795	13.084	11.083	11.974	10.173	7.759	7.979	11.382	8.719	10.850	9.571	6.910
	% serviços[b]	76,7%	76,2%	75,2%	78,0%	79,0%	81,6%	82,9%	77,7%	81,4%	83,5%	83,5%	85,3%
Clientes	Itens pedidos	24.709	28.023	21.511	23.487	29.644	21.204	24.089	25.958	26.182	37.272	33.650	25.482
	B/O	4.214	5.081	3.331	3.651	4.373	2.801	2.925	3.480	3.196	4.797	3.652	2.074
	% serviços	82,9%	81,9%	84,5%	84,5%	85,2%	86,8%	87,9%	86,6%	87,8%	87,1%	89,1%	91,9%
OEM	Itens pedidos	1.038	1.396	1.028	1.260	1.058	1.019	1.208	1.215	1.147	1.526	1.279	1.122
	B/O	301	387	289	325	252	225	256	278	228	315	224	193
	% serviços	71,0%	72,3%	71,9%	74,2%	76,2%	77,9%	78,8%	77,1%	80,1%	79,4%	82,5%	82,8%

[a] B/O = pedidos em atraso.

[b] % serviços = % primeiras entregas.

POLÍTICAS DE ESTOQUE

Cada canal de distribuição tem necessidades exclusivas em matéria de serviços e estoques. Por exemplo, o canal do consumidor apresenta uma variedade menor de produtos, mas as demandas dos clientes são as mais elevadas da indústria. Muitos clientes de peso já contam com uma política de embarque-ou-cancele. Quando um pedido deixa de ser entregue na janela de tempo exigida, o cliente o cancela e essa venda está perdida. Muitos clientes também liberam seus pedidos semanalmente, com base em informação do ponto de venda. Portanto, um pedido emitido em uma sexta-feira tem uma uma janela de embarque que vai das próximas segunda até quarta-feira. A fim de satisfazer essas determinações dos clientes, a ALP se compromete a ter sempre em estoque o equivalente a 4,5 semanas de estoque em mãos de cada produto.

No outro extremo está o mercado dos OEMs. Neste caso, os pedidos dos clientes são em geral de um produto e embarcados em carga completa de caminhão. Contudo, os OEMs normalmente querem o produto no dia requerido. Se não houver disponibilidade do produto, recorrem a um fornecedor concorrente.

O mercado de C&I não é assim tão direto. Alguns clientes dispõem de esquemas sofisticados de emissão de pedidos, mas a maioria deles faz pedidos regulares na reposição dos seus estoques. Pedidos adicionais são feitos quando um usuário final fecha um novo contrato, ou para um novo edifício ou para um projeto de renovação da iluminação, necessitando abastecimento imediato. Se o distribuidor não tem o item desejado em estoque, ou está com estoque baixo, o pedido é encaminhado diretamente à ALP. Como no caso dos clientes OEMs, o comprador quer entrega imediata.

Tradicionalmente, a política de gestão de estoques da ALP tem sido a de manter estoques para satisfazer a demanda média e a de sustentar a demanda enquanto suporta pesa-

das demandas sazonais, maior do que a normal. O primeiro e o quarto trimestres do ano são normalmente as estações de pico de demanda para a ALP. Tem igualmente influência no perfil dos estoques o fechamento das fábricas no verão. Todos os anos, por ocasião do verão, ambas as fábricas da ALP fecham durante duas a três semanas para manutenção dos equipamentos e para as férias. Uma acumulação de estoque costuma anteceder este período de fechamento, a fim de permitir a continuação dos fornecimentos no período. A Figura 3 mostra os níveis de estoques do sistema por mês nos últimos dois anos.

Por tudo isso, reduzir o estoque total em 20%, conforme determinação da nova controladora, será um desafio realmente difícil. Se os níveis de estoque forem reduzidos profundamente, o serviço aos clientes estará em risco. Mesmo que não exista uma correlação perfeita entre esses fatores, os níveis de estoque e os níveis de serviço são de alguma forma inter-relacionados. Assim, a grande dúvida que persiste é: de que maneira poderá a ALP ao mesmo tempo reduzir os estoques e melhorar seus serviços aos clientes?

OPÇÕES

Sue Smith e Bryan White, os dois personagens mais profundamente envolvidos na questão em debate, concordam que, para vencer os novos desafios colocados à sua frente, a avaliação do sistema de distribuição é um bom lugar para começar a procurar meios que proporcionem a concretização de mudanças capazes de alavancar a realização dos dois objetivos propostos. A primeira alternativa desenvolvida por eles é a criação de uma central de grandes pedidos (LOC) para as contas dos clientes nacionais. A LOC seria um novo MDC atendendo apenas as contas de consumidores. A idéia por trás do seu projeto é a de consolidar os produtos de consumo em um armazém central e a partir dali organizar e fazer a distribuição.

	Mês	Estoque		Mês	Estoque
Dois anos atrás	Jan.	22,886	Ano passado	Jan.	18,830
	Fev.	24,395		Fev.	18,352
	Mar.	26,869		Mar.	20,235
	Abr.	27,889		Abr.	22,196
	Mai.	29,490		Mai.	25,589
	Jun.	30,514		Jun.	27,059
	Jul.	33,142		Jul.	27,631
	Ago.	21,853		Ago.	24,141
	Set.	21,522		Set.	25,070
	Out.	22,660		Out.	23,838
	Nov.	18,766		Nov.	21,482
	Dez.	20,741		Dez.	22,699

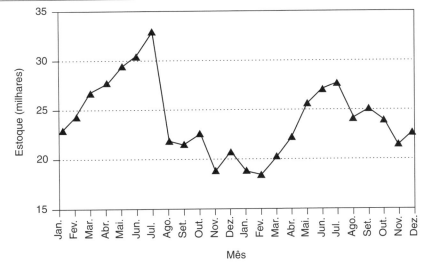

FIGURA 3 Estoque do sistema nos dois últimos anos.

A vantagem é que as contas de consumidores tinham padrões regulares de pedidos e que o número de SKUs encomendados em cada conta era definido no começo do ano. No atual sistema de distribuição, o estoque de artigos de consumo é mantido num nível elevado em cada MDC. Sue e Bryan acreditam que a LOC venha a dar à ALP condições de atingir níveis de serviço de 98% ou mais no canal de clientes, ao mesmo tempo reduzindo o estoque total – só não sabem ainda quanto estoque pode ser retirado do sistema de distribuição. Com base nas localizações dos armazéns que servem aos maiores clientes da ALP, selecionou-se Batesville, em Indiana, como o melhor lugar para uma futura central de grandes pedidos.

O risco inerente à utilização de uma LOC é que não influi de maneira igual em todas as linhas de produtos. No caso dos clientes C&I e OEM, faz-se necessária outra estratégia. A teoria original que sustentava a localização dos MDCs era a da necessidade de contar com um centro de distribuição no centro de cada grande região do país. O sistema funcionou bem no que diz respeito às remessas dos produtos para os clientes, mas o nível atual de estoques não é suficiente para manter um nível de serviço de 95%. Mantendo o atual sistema de distribuição será preciso agregar estoques para atingir a meta dos 95%. A redução de estoques é, no momento, a grande preocupação da administração central, não sendo, portanto, a agregação uma opção viável. Uma alternativa é reduzir o número de MDCs e consolidar os estoques de tal forma que cada MDC restante venha a ter um nível de estoque maior do que antes, desde que os estoques totais do conjunto do sistema se tornem menores.

A consolidação do MDC afeta os custos do transporte e os prazos de entrega, e, ainda, os níveis de estoques. Para que a consolidação do MDC seja realmente uma alternativa econômica, o valor/dólar da redução dos estoques precisa ser levado em conta à luz de qualquer aumento nos custos do transporte. Bryan e Sue investigaram os atuais custos de transporte e prazos de entrega, resultados esses que compõem a Tabela 3. O transporte de entrada é o tempo em trânsito da fábrica até um MDC, sendo o transporte de saída o tempo em trânsito do MDC ao cliente. Os custos do transporte de saída não são apresentados, uma vez que representa milhares de taxas para centenas de clientes a partir de muitos locais existentes e potenciais de MDC.

330 PARTE IV • ESTRATÉGIA DE ESTOQUE

TABELA 3 Custos de transporte e prazos de entrega por MDC

Centro mestre de distribuição (MDC)	Taxa de transporte, $/carga completa	Prazo de entrega de entrada, dias	Prazo de entrega de saída, dias
Atlanta	600	2	2
Chicago	350	1	2
Dallas	1200	3	2
Hagerstown	475	1	2
Kansas City	700	2	3
Los Angeles	1800	5	2
Ravenna	250	1	2
Seattle	1800	6	2
LOC	600	1	2

O prazo de entrega de entrada varia de um a quatro dias em torno do prazo médio de entrega, com a variação média sendo de 2,5 dias. Na entrega de saída, a maior parte do território é atendida dentro de dois dias, com variância de um dia.

Sue e Bryan sabem que a consolidação do MDC pode reduzir o estoque total, mas têm igualmente conhecimento de que "vender" à administração a idéia de construir novos MDCs em vários pontos do país poderá ser algo muito difícil. Na ALP, a restrição dos investimentos exige que todos os novos projetos tenham prazo máximo de retorno de investimento de dois anos.[1] Qualquer projeto para concretizar a consolidação do MDC deve, pois, obedecer a este critério de investimento. Sue e Bryan entendem que a melhor estratégia é a consolidação dos MDCs existentes. Por exemplo, o MDC de Chicago poderia atender tanto ao seu território atual quando ao de Kansas City a partir das instalações existentes. Uma consolidação nestes moldes minimizaria o investimento exigido.

O que ocorreria com o custo de armazenagem é outra preocupação na consolidação do MDC. Atualmente, o departamento financeiro aloca uma taxa única de US$ 0,10 por lâmpada em estoque ao custo de armazenagem. Essa taxa cobre os custos indiretos dos centros de distribuição e a mão-de-obra direta necessária para manusear o produto. Se ocorrer uma redução do número de MDCs, haverá igualmente uma redução nos custos totais de armazenagem para o conjunto do sistema. No entanto, o MDC escolhido como um ponto de consolidação teria custos maiores do que anteriormente exatamente devido à manutenção de estoques de maior número de lâmpadas. O local escolhido é aquele que no presente apresenta o maior número de embarques dentre o grupo consolidado.

Opções como a da LOC e da consolidação do MDC já foram discutidas em ocasiões anteriores, sendo no entanto sempre descartadas exatamente em função do aumento de custos que significariam. A administração tem a convicção de que os custos do transporte também aumentariam. Contudo, uma análise profunda, que levasse em conta a redução dos estoques, poderia apresentar uma resposta diferente. O novo foco na redução dos estoques proporciona a oportunidade de questionar o *status quo* do sistema de distribuição. Com o valor de US$ 0,88 por lâmpada em estoque, uma redução de 20% nos estoques representaria um acréscimo de US$ 4 milhões ao fluxo de caixa. Contudo, é bom lembrar que quaisquer grandes projetos de construção necessários como parte da consolidação do MDC não seriam facilmente justificáveis com base na meta de retorno do investimento em dois anos. Seria talvez considerado aceitável que a gerência consolidasse a demanda nos MDCs existentes se a mudança tivesse sustentação econômica e o serviço ao cliente se mantivesse pelo menos nos níveis atuais. Sue e Bryan sabem que precisam encontrar uma solução capaz de satisfazer tanto as expectativas dos clientes quanto os objetivos da companhia. ■

PERGUNTAS

1. Avalie os atuais processos de gestão de estoques da companhia.

2. A criação do LOC deveria ser mesmo buscada?

3. Tem a redução do número de pontos de estoque o potencial para reduzir os estoques do sistema em 20%? A informação disponível é suficiente para fundamentar uma boa decisão sobre redução de estoques?

4. De que maneira o serviço ao cliente poderia vir a ser afetado pela proposta redução de estoques?

---

[1] Um prazo de retorno de dois anos significa que a economia de custos representada por um projeto deve igualar ou superar o investimento feito em dois anos.

Cruz Vermelha Americana: Serviços de Sangue*

A Dra. Amy Croxton, diretora médica do Hemocentro Regional da Cruz Vermelha Americana para a região Norte de Ohio, com sede em Cleveland, mostrava-se profundamente preocupada. Em março havia ocorrido obsolescência[2] em larga escala de produtos de sangue e derivados; em abril, por isso mesmo, ela enfrentava as conseqüências de uma severa escassez. A obsolescência em março e a escassez em abril se mostraram extremamente dispendiosas. A diretora refletia então, angustiada, sobre a missão declarada da Cruz Vermelha Americana, que é "suprir as necessidades do povo norte-americano com o sangue, plasma e transfusão mais seguros, confiáveis e baratos, por meio de doações voluntárias". E quis saber se mudanças na gestão de estoques seriam capazes de reduzir os custos operacionais para a CVA e de aumentar a oferta de sangue para os hospitais por ela abastecidos.

INTRODUÇÃO

A Cruz Vermelha Americana é uma organização não-lucrativa que coleta 48% do estoque de sangue existente nos EUA. O restante é reunido, em diversas proporções, por membros independentes dos Centros de Sangue da América (35%), integrantes do Conselho da Comunidade dos Bancos de Sangue (15%) e bancos de sangue comerciais (2%). Todos os anos, mais de dois milhões de norte-americanos hospitalizados dependem da disponibilidade do tipo certo de hemoderivados em mais de seis mil bancos de sangue existentes nos hospitais dos EUA. Não havendo oferta dos hemoderivados adequados quando requisitados, é lógico que venham a surgir complicações médicas ou adiamentos de procedimentos cirúrgicos. Isto, por sua vez, se traduz em dias adicionais de hospitalização e num aumento generalizado das despesas.

O sangue humano é um produto perecível. É extraído em unidades de 450 milímetros (*pints*, nos EUA, bolsas ou tubos, no Brasil) por doador em pontos de coleta situados em igrejas, fábricas, escolas e hemocentros regionais; depois de passar por uma série de testes, fica pronto para ser processado e distribuído aos vários bancos de sangue dos hospitais regionais, tal como diagramado na Figura 1.

Existem oito principais tipos de sangue e sua freqüência entre a população norte-americana varia de 38% de sangue O+ a 0,5% de sangue AB− (Tabela 1). Os bancos de sangue regionais procuram sempre manter estoques de alguns ou todos os tipos de sangue a fim de estarem capacitados a suprir a variável demanda diária de sangue sem risco de obsolescência excessiva. Os fatores que pesam na determinação das quantidades a serem mantidas em estoque são os seguintes:

---

* Este caso foi preparado com a assessoria de Manish Batra e Benjamin Flossie.
[2] A obsolescência ocorre quando um derivado de sangue, devido ao vencimento de seu prazo de validade, deixa de ser utilizável para a finalidade específica e precisa ser descartado.

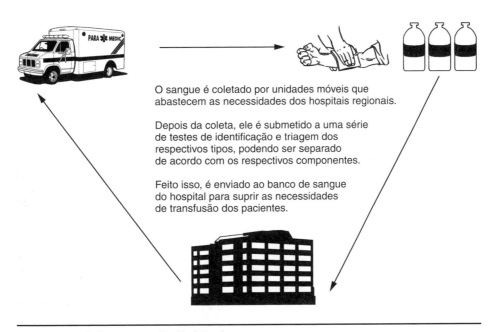

FIGURA 1 Coleta, teste e distribuição de sangue.

TABELA 1	Freqüência relativa dos tipos de sangue na população dos EUA

Tipo de sangue	O+	A+	B+	AB+	O–	A–	B–	AB–	Totais
	38%	34%	9%	4%	7%	6%	1,5%	0,5%	100%

- **Demanda.** O número de unidades de sangue de qualquer um dos tipos indispensável aos variados bancos de sangue hospitalares.
- **Escassez.** Uma ocorrência em que a demanda supera o número de unidades de sangue em estoque.
- **Taxa de escassez.** A fração (ou percentagem) a longo prazo de dias em que ocorre a escassez, isto é, a taxa de escassez = número de dias em que há escassez ÷ total de dias.
- **Obsolescência.** Uma unidade de sangue descartada por exceder sua vida útil (por exemplo, 35 dias para o sangue comum).
- **Taxa de obsolescência.** A taxa do número médio de unidades de sangue vencidas em relação ao número médio de unidades coletadas, isto é, taxa de obsolescência = número médio de unidades vencidas ÷ número médio de unidades coletadas.

Quando a taxa de escassez cai, aumenta a taxa de obsolescência, e vice-versa. A relação entre escassez e obsolescência é mostrada na Figura 2. O nível ótimo de estoque para um determinado produto de sangue é aquele do equilíbrio entre as taxas de escassez e de obsolescência. O custo de escassez por unidade é igual ao custo de adquirir uma unidade (*I*) de outra fonte, e o custo da obsolescência por unidade equivale ao custo do processamento de uma unidade (*P*). O número de unidades que podem ser processadas e descartadas para cobrir o custo de aquisição de uma unidade é *I* ÷ *P*. Por exemplo, o custo de aquisição de uma unidade de plaquetas de outra fonte é de US$ 30, e seu custo de processamento chega a US$ 3. Uma vez que o índice de I para P é 10 para 1, 10 plaquetas poderiam ter sido processadas e descartadas pelo custo da aquisição de uma única unidade de outra fonte.

Uma vez entregue ao hospital, uma unidade é armazenada, sob as condições apropriadas, no estoque da instituição. Fica disponível para atender a requisição dos médicos para reservar aos casos específicos. Essas requisições chegam aleatoriamente no transcurso de cada dia, variando sempre quanto ao número de unidades. À chegada de uma requisição, o número especificado de unidades é selecionado do estoque de acordo com uma regra de seleção de FIFO* (primeiro a entrar, primeiro a sair) e colocado em reserva. As unidades pedidas mas não usadas são devolvidas ao estoque para o dia seguinte.

Cada hospital se preocupa com a manutenção de um estoque de sangue suficiente ao abastecimento da demanda diária variável sem precisar descartar, por obsolescência, uma grande fração do sangue perecível. Na tentativa de estabelecer um equilíbrio viável entre a taxa prevista de obsolescência e a taxa de escassez, muitos hospitais seguem critérios próprios na determinação das quantidades a serem pedidas à Cruz Vermelha Americana. Como resultado disso, o sistema ideal de distribuição do sangue é aquele em que o hospital solicita quantidades exatas de sangue e a CVA procura suprir a demanda à medida que esta ocorre. O sistema resulta em alto grau de incerteza na disponibilidade de sangue e em problemas na utilização dos recursos de sangue, pessoal e instalações. Para remediar esta situação, empregam-se métodos alternativos, inclusive a gestão centralizada do sangue, especialmente aquele de tipo mais raro, em lugar de gestão por hospitais isoladamente: entregas pré-agendadas e um sistema de distribuição equivalente a um "rodízio" de sangue entre os hospitais.

A disponibilidade pontual e a cuidadosa preservação do sangue são cruciais para a vida humana. Em decorrência da natureza perecível do sangue, os administradores dos bancos de sangue consideram a gestão dos estoques um problema dos mais complicados. A escassez muitas vezes força os bancos de sangue a adotar procedimentos emergenciais de aquisição de altos custos. É difícil mensurar adequadamente os custos adicionais que uma escassez pode representar para os pacientes. A obsolescência causa prejuízos aos hemocentros em termos dos custos derivados da busca, processamento e armazenagem de sangue.

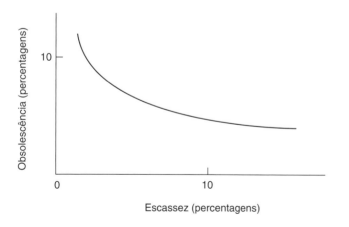

FIGURA 2 Relacionamento genérico entre obsolescência e escassez.

---

* N. de R.T.: Do inglês *first in, first out*.

FORNECIMENTO DE SANGUE: SANGUE INTEGRAL E COMPONENTES DO SANGUE INTEGRAL

Sangue integral é aquele extraído diretamente do doador. Pode ser separado em vários componentes: células vermelhas, plasma, plaquetas, crio e outros. O sangue total é usado diretamente em transfusões apenas em casos pediátricos. Na verdade, menos de 1% das transfusões usam sangue integral.

Células vermelhas de sangue são preparadas mediante a separação centrifugada ou gravitacional das células vermelhas do plasma. As células vermelhas são usadas para pacientes com um déficit sintomático de capacidade de oxigenação. São igualmente usadas para transfusão e para ajudar a restaurar o volume de sangue depois de hemorragias significativas.

Plasma é a parte líquida do sangue. Consiste na parte clara não coagulada do sangue que é separada por centrifugação ou sedimentação não mais de cinco dias depois da data de vencimento do sangue integral. É usado para pacientes com deficiência de fatores de coagulação (deficiência em proteínas que ajudam no revestimento do sangue). O plasma é armazenado congelado, enquanto o plasma líquido é refrigerado. *Plasma congelado fresco* é aquele separado e congelado até oito horas depois da coleta do sangue total. Contém proteínas de plasma que incluem todos os fatores coagulantes.

Plaquetas ocorrem num concentrado separado de uma única unidade de sangue integral e suspensas em um pouco do plasma original. São também conhecidas como *plaquetas aleatórias*. São usadas para pacientes com problemas de hemorragia e aqueles necessitados de transfusão de plaquetas, como alguns doentes de câncer. Outro tipo, as *plaquetafereses*, é igualmente usado.

Crioprecipitado (ou *crio*) é preparado mediante o descongelamento de plasma congelado entre 1°C e 6°C e a recuperação do precipitado. O precipitado não solúvel é recongelado, podendo ser utilizado no tratamento da hemofilia e no controle de hemorragias.

Os hemocomponentes acima citados são rotineiramente extraídos do sangue integral mediante procedimentos adequados que incluem a centrifugação, ou rotação, do sangue. O processo usado para extrair os vários componentes/produtos do sangue integral é detalhado na Figura 3.

A primeira rotação deve ser completada em até oito horas e a segunda dentro de dez horas depois de extraído o sangue. Todos esses componentes são perecíveis, com duração variável entre cinco dias (plaquetas) e um ano (plasma e crio). A duração dos vários hemocomponentes é apresentada na Tabela 2.

As plaquetafereses têm duração de cinco dias e servem aos mesmos propósitos que as plaquetas aleatórias. Na verdade, são um produto melhor que as plaquetas aleatórias. A transfusão de uma unidade de plaquetafereses equivale à de seis unidades de plaquetas aleatórias. Como resultado disso, as plaquetafereses requisitadas para uma transfusão procedem do mesmo doador e, desta forma, são mais seguras. A desvantagem é que a produção é mais dispendiosa. De acordo com os preços dos vários hemocomponentes na Tabela 3, uma unidade de plaquetafereses vale US$ 408, enquanto as seis unidades de plaquetas aleatórias – seu equivalente – custam, em conjunto, US$ 360. Por causa desta compensação entre custo de produção e segurança de uso, as plaquetafereses concorrem com as plaquetas aleatórias. Definir os níveis de estoques desses dois produtos concorrentes, cada um dos quais com o curto ciclo de vida de cinco dias, é um dos grandes problemas que os bancos de sangue regionais precisam enfrentar.

UM SISTEMA DE ESTOQUE GUIADO PELA OFERTA

Coletar sangue para as áreas que abastecem é uma das mais importantes finalidades dos hemocentros regionais. É cumprida em várias etapas: 1) visitar regularmente organizações com doadores previamente recrutados; 2) convidar doadores potenciais a conhecer as instalações do hemocentro; 3) manter doadores convidados (ou grupos de doação) capazes de atender a apelos emergenciais. Além dessas fontes, a maior parte do abastecimento dos hemocentros é conseguida em visitas programadas a escolas, fábricas, igrejas e semelhantes. Os locais de coleta são escolhidos com uma antecedência que pode ser de alguns meses a mais de um ano em relação à visita pretendida. A programação definitiva precisa estar pronta pelo menos três ou quatro semanas antes da visita. Esses prazos prolongados e a incerteza deles resultante tornam mais difícil reunir o montante de sangue adequado em cada coleta. Como os doadores são voluntários e nenhum deles pode ser menosprezado, o sangue é coletado de todos os

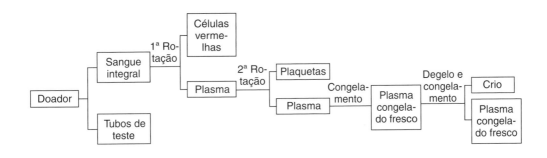

FIGURA 3 Processo de extração dos vários componentes/produtos do sangue integral.

TABELA 2 Duração de vários produtos de sangue

Produto	Tempo de duração
Plaquetas aleatórias	5 dias
Plaquetafereses	5 dias
Sangue integral	35 dias
Células vermelhas	42 dias
Crio	1 ano
Plasma novo fresco	1 ano

TABELA 3 Preços dos vários produtos de sangue

Produto	Preço
Plaquetas aleatórias	US$ 60/unidade
Plaquetafereses	US$ 408
Sangue total	US$ 169

doadores qualificados que chegam a um local. O número de pontos de coleta não é facilmente acertado de acordo com as necessidades da demanda, por sua natureza voluntária. Além disso, o número de pontos disponíveis e as quantidades coletadas variam ao longo do ano inteiro. Muitas vezes a demanda de sangue está em um nível máximo, no verão, por exemplo, um período com alto índice de acidentes, justamente quando é menor o número de pontos disponíveis de coleta (as escolas estão em férias e muitas fábricas também). Isso geralmente se traduz em consideráveis desequilíbrios entre oferta e demanda, com escassa oportunidade de ajustar a oferta. Os programas das coletas não conseguem ser ajustados facilmente para reduzir a oferta; e quando a demanda excede a oferta, apelos de emergência são feitos aos doadores. Ambas são hipóteses indesejáveis.

Os vários elementos que afetam o planejamento geral desse sistema de estoque orientado pela oferta são mostrados na Figura 4. Todos os estágios devem ser sincronizados de maneira a que os custos possam ser controlados e a demanda de sangue abastecida.

Um importante aspecto de incerteza no processo de coleta deriva do fato de que o hemocentro programa coletas de doadores cujo tipo sanguíneo é identificado somente depois da coleta e tipagem da unidade de sangue. Isto significa que o resultado da oferta de sangue, em termos de unidades coletadas para cada tipo, mal pode ser estimado, mesmo sendo o número de doadores conhecido de antemão. Até mesmo essa informação não é, de maneira geral, disponibilizada, uma vez que o número real de doadores costuma ser normalmente menor que o número de pessoas de alguma forma comprometidas com o ato da doação. Cerca de 14% das pessoas que se comprometem a doar em geral não conseguem fazê-lo no dia determinado, e a coleta precisa ser adiada. Isto ocorre por se tratar de pessoas sofrendo de anemia, outros tipos de problemas incompatíveis com a doação, portadoras de comportamento de risco, de pressão sangüínea baixa ou que tenham doado sangue há menos de 56 dias.

DOADORES E DEMOGRAFIA

Apenas 5% da população total dos Estados Unidos doam sangue todos os anos. Quinze por cento desses são doadores iniciantes e os demais, doadores freqüentes. Para doar sangue, a pessoa precisa ter idade mínima de 17 anos; não há limite máximo de idade. A média de idade dos doadores está em 35 anos. Dos doadores, 52% são homens. A média de doações anuais por pessoa chega a 1,9 e cerca de 60% se comprometem a ser doadores VIP (pelo menos quatro vezes por ano). O número médio de doações anuais de doadores VIP chega a 2,9, o que fica abaixo das quatro vezes prometidas, isso porque nem todos os doadores VIP mantêm seu compromisso.

A maioria dos doadores participa de algum tipo de comunidade. Doadores procedem igualmente de colégios, universidades e faculdades, organizações hospitalares, industriais, empresariais e governamentais. A Figura 5 dá uma proporção dos vários grupos de doadores a partir de 203.018 unidades coletadas pelo centro regional durante um ano.

UMA PROBLEMA COMPLEXO DE DISTRIBUIÇÃO

A complexidade da distribuição de sangue decorre de sua natureza perecível, da incerteza de sua disponibilidade para o centro regional e da variabilidade de demanda em cada um dos bancos de sangue dos hospitais. A situação torna-se ainda mais complicada pela grande variação no tamanho dos bancos de sangue hospitalares abastecidos, pela incidência dos diferentes grupos sanguíneos, pelas necessidades de sangue total e seus vários componentes em determinados hospitais e pela concorrência de outros bancos de sangue.

Uma vez sendo diretriz da CVA conseguir seus estoques de sangue exclusivamente de doadores voluntários, sua disponibilidade é incerta e a doação é uma função de um número de fatores que não podem ser controlados pelos hemocentros regionais – por exemplo, a percepção pública do controle de qualidade da indústria de sangue e o temor de contrair AIDS. A demanda e utilização de sangue nos bancos de sangue dos

FIGURA 4 Visão geral do processo de planejamento.

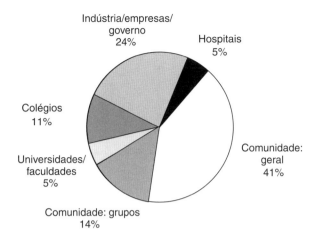

FIGURA 5 Grupos de doadores de sangue.

hospitais é igualmente incerta e varia dia a dia entre as instalações dos hospitais. Os bancos de sangue de hospitais em uma determinada região podem variar entre os que fazem transfusão de algumas centenas de unidades por ano e aqueles em que se realizam transfusões totalizando dezenas de milhares de unidades anuais.

UMA ABORDAGEM GERAL PARA A GESTÃO DE ESTOCAGEM DE SANGUE

A diversidade é uma das características principais dos serviços de transfusão existentes nos EUA. Cada hemocentro regional desenvolveu de maneira independente filosofias e técnicas próprias para a distribuição de sangue. Cada região luta para ser auto-suficiente no suprimento da demanda de sangue dos hospitais por doadores da própria região. Em decorrência desses fatores, é essencial que qualquer estratégia desenvolvida para a gestão dos estoques se justifique tanto do ponto de vista do centro regional quanto do amplo espectro de bancos de sangue aos quais presta serviços. Mais ainda, qualquer estratégia que envolva interações entre hemocentros regionais precisa proporcionar benefícios claramente definidos a todos os participantes. Além disso, é desejável que a estratégia implementada seja caracterizada por dois conceitos de gestão: a circulação dos hemoderivados entre os bancos de sangue dos hospitais e entregas pré-programadas a esses mesmos estabelecimentos.

No caso dos bancos de sangue hospitalares de pequeno consumo (responsáveis pela maior parte da utilização total de sangue no país), qualquer estratégia que preveja a alocação de hemoderivados a serem retidos até a transfusão ou obsolescência terá como resultado uma escassa utilização. Em conseqüência, torna-se indispensável alguma forma de circulação do sangue a partir da qual sangue recém-processado possa ser remetido aos bancos de sangue dos hospitais e por estes devolvido algum tempo depois para ser realocado de acordo com a estratégia regional. É igualmente aconselhável que uma parte importante das entregas periódicas aos bancos de sangue dos hospitais seja pré-programada. Desta forma, a incerteza enfrentada pelos hospitais com relação à oferta será reduzida, com a conseqüente melhoria no planejamento das operações e na utilização de seus recursos.

A obsolescência do sangue é indesejável e a CVA trabalha duramente para preveni-la. As incertezas relacionadas à oferta e demanda podem traduzir-se em sangue demais, que exceda sua data aceitável de utilização. Isso normalmente ocorre com tipos específicos de sangue. Ou seja, o sangue tipo O+ pode apresentar escassez no mesmo momento em que o do tipo AB+ está sobrando e a caminho do prazo de vencimento. Existe a oportunidade, no momento da coleta do sangue, de convertê-lo em hemoderivados, levando em conta diversos níveis previstos de demanda e o montante do estoque disponível. Mesmo assim, a obsolescência ainda pode ocorrer. Quando parece inevitável, são várias as opções disponíveis à medida que o prazo limite de vencimento se aproxima. Em primeiro lugar, determinados produtos podem ser convertidos em similares com duração mais prolongada – por exemplo, é possível transformar produtos de sangue integral em plasma. Em segundo lugar, os produtos de sangue podem ser vendidos a outras regiões servidas pela Cruz Vermelha Americana, especialmente aquelas assoladas por déficits crônicos de sangue. Em terceiro lugar, alguns, mas não todos, produtos podem ser vendidos a laboratórios de pesquisas. Vender produtos de sangue fora dos limites regionais geralmente resulta em receita menor do que aquela obtida quando utilizados para satisfazer a demanda local.

CENTRO REGIONAL DE SANGUE DA CRUZ VERMELHA AMERICANA EM CLEVELAND, OHIO

O centro regional de sangue da Cruz Vermelha Americana em Cleveland fornece componentes de sangue para mais de 60 hospitais na região Norte do estado de Ohio. Fornece mais de 200 mil unidades de células vermelhas de sangue por ano, quase 40% delas para os seis maiores hospitais (ver Tabela 4). É o próprio centro que decide o nível dos estoques nos hospitais, a partir de dados anteriores de demanda e utilização. Há duas op-

TABELA 4 A distribuição de produtos da CVA aos seus principais clientes em número de unidades de células vermelhas no período de um ano

Hospitais	Células vermelhas	Totais
A	30.000 unidades	15,00%
B	14.500	7,25
C	10.000	5,00
D	9.000	4,50
E	8.500	4,25
F	8.000	4,00
Outros	120.000	60,00
Total	200.000 unidades	100,00%

ções disponíveis para qualquer hospital que dependa dos suprimentos da CVA.

Opção 1. O hospital define seus níveis normais de estoques com base na utilização passada, e assume o risco da obsolescência. O sangue é remetido diariamente para reabastecer quantidades utilizadas e repor os estoques nos níveis normais. Trata-se da opção típica de hospitais que transfundem de algumas centenas a alguns milhares de unidades de sangue por ano.

Opção 2. O hospital tem um pedido fixo, ou um contrato para uma quantidade predeterminada de unidades de cada componente de sangue, que lhe devem ser entregues diariamente. Este número predeterminado de unidades é ajustado trimestralmente, com base na utilização recente. Esta é a opção preferida dos hospitais que transfundem de alguns milhares a dezenas de milhares de unidades de sangue por ano.

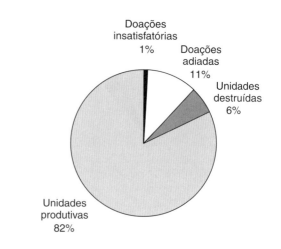

FIGURA 7 Análise de coletas e do recrutamento.

GESTÃO DE ESTOQUES NO CENTRO REGIONAL DA CVA EM CLEVELAND

A gestão de estoques no centro regional de sangue da CVA obedece a um planejamento hierárquico (ver Figura 6), que envolve desde o planejamento para o próximo ano até o gerenciamento de situações de falta de estoque e obsolescência surgidas ao longo de um dia qualquer.

Planejamento Anual

Em primeiro lugar, consegue-se uma estimativa de uso para o próximo ano junto a todos os 60 hospitais que a CVA de Cleveland abastece. A partir daí, usando-se a demanda histórica e a estimativa de utilização do ano seguinte, faz-se o planejamento das coletas para o ano que se aproxima. Tudo isso leva em conta os doadores eventualmente adiados devido a doenças repentinas ou que fizeram doações recentes, as unidades de sangue que podem ser destruídas durante os testes, e as doações tidas como insuficientes por ficarem abaixo da marca de 450mm por doador. A Figura 7, com base em 233.352 doadores recentes, mostra que apenas 82% das coletas estimadas se traduzem em unidades produtivas.

Planejamento Mensal

O planejamento mensal exige que se pense sempre um mês à frente e se garanta que em todos os dias úteis (segunda a sexta-feira) do próximo mês as coletas estimadas venham a exceder um número predeterminado de unidades. Este número é obtido calculando as necessidades anuais em relação ao número de dias úteis. Se em um determinado dia do mês seguinte as coletas estimadas forem menores do que o número predeterminado de unidades, a CVA procurará recrutar doadores para aquela data. As coletas são feitas aos sábados e domingos, mas nunca rendem tantas unidades quanto as obtidas de segunda a sexta-feira.

Planejamento Semanal

O planejamento semanal envolve a avaliação dos níveis de estoques dos vários tipos de sangue, o planejamento de produção dos componentes de sangue e o planejamento da distribuição aos vários hospitais para a semana inteira. Uma projeção da demanda é feita no começo da semana. A partir daí, coletas e produção são planejadas com base na demanda projetada para aquela semana.

Planejamento Diário

O planejamento diário determina que sejam examinados os estoques existentes e se opte pelo rumo mais adequado ao enfrentamento de eventuais faltas de produtos e à aproximação do esgotamento dos estoques de outros hemoderivados. Um relatório diário de estoque (ver Tabela 5), que representa o estoque de cada produto de sangue por tipo, é gerado durante cada plantão. Um relatório de estoque de produto (ver Tabela 6), que apresenta o estoque de um produto por tipagem e data de vencimento, é gerado em cada plantão para as plaquetas e pelo menos uma vez por dia para todos os demais produtos. Um relatório de remessa (ver Tabela 7), que fornece o número de unidades de cada produto de sangue despachadas para os vários clientes da CVA no dia anterior, é gerado diariamente. Um relatório de produção, que apresenta o número de unidades produzidas por tipo para um determinado produto, é gerado diariamente.

Para todos os produtos é seguida a política de remessa FIFO (primeiro a entrar, primeiro a sair), exceto quando suplantada por um pedido em aberto, que precisa ser suprido por unidades relativamente frescas (com pelo menos três dias de vida útil restantes para plaquetas e 21 dias para células vermelhas).

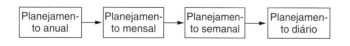

FIGURA 6 Planejamento hierárquico da gestão do estoque.

TABELA 5 Exemplo de relatório diário de estoque de cada produto por tipo sanguíneo (em unidades)

Produto	O+	A+	B+	AB+	O–	A–	B–	AB–	Total
Células vermelhas	472	1.349	99	539	142	91	83	105	2.880
Plaquetas aleatórias	77	67	16	17	13	14	2	9	215
Plasma	185	398	246	217	46	85	45	50	1.272
Plaquetafereses	4	7	5	0	1	3	0	0	20
Crio	478	346	106	22	119	72	25	11	1.179

TABELA 6 Exemplo de um relatório de estoque de produtos por tipo sanguíneo e data de vencimento (em unidades)

Produto	Data de vencimento	O+	O–	A+	A–	B+	B–	AB+	AB–	Total
Plaquetas aleatórias	15/02	–	–	4	–	2	–	–	–	6
Plaquetas aleatórias	16/02	48	7	5	3	35	11	4	2	115
Plaquetafereses	17/02	–	–	–	–	–	2	–	–	2
Plaquetas aleatórias	18/02	6	1	4	–	6	3	2	1	23
Plaquetas aleatórias	19/02	84	16	65	19	34	5	11	1	235
Plaquetafereses	19/02	3	1	3	3	2	–	–	–	12

TABELA 7 Um exemplo de relatório sobre o número de unidades diárias de cada produto de sangue remetido para os vários clientes da CVA

Hora do pedido	Hora da remessa	Número de clientes	Células vermelhas/ sangue integral	Plaquetas aleatórias	Plaqueta fereses	Plasma congelado	Crio
0h28min	01h6min	19	0	12	0	0	0
01h33min	02h24min	31	57	0	0	0	0
02h16min	03h12min	31	1	0	0	0	0
01h38min	03h28min	5	94	0	0	0	0
02h19min	04h19min	5	1	0	0	0	0
01h32min	05h48min	20	25	0	0	0	0
07h06min	08h06min	6	12	0	0	0	0

Um estoque equivalente a pelo menos três vezes a demanda média diária deve ser mantido para cada produto e tipo sanguíneo. Quando o estoque fica abaixo desse nível, surge a situação de escassez. Mais ainda, se o estoque fica abaixo da demanda média diária, já se está em emergência, ou em uma escassez crítica. Isso pode desencadear procedimentos emergenciais de recrutamento de doadores.

Produtos com excesso de estoque ou próximos do prazo de vencimento têm às vezes seus preços reduzidos. Isso pode ocorrer na forma de um desconto de US$ 20 para as células vermelhas tipo A positivo, a fim de reduzir o estoque excedente, ou um desconto de até 50% para as plaquetas com prazo iminente de vencimento. Remessas em consignação são outra prática para enfrentar situações de excedentes.

AVALIAÇÃO DOS SERVIÇOS AO CLIENTE NA CRUZ VERMELHA AMERICANA

O nível dos serviços prestados aos clientes é avaliado, nos centros regionais de sangue da Cruz Vermelha Americana, mediante a computação de um índice de atendimento. Isso é feito de duas maneiras:

1. Avalia-se o índice de atendimento pela proporção dos pedidos plenamente atendidos em relação ao total de

338 PARTE IV • ESTRATÉGIA DE ESTOQUE

TABELA 8 Índice de atendimento conforme o número de pedidos supridos plenamente em comparação com o total de pedidos recebidos para cada categoria de produto (no mês de março)

	Células vermelhas	*Plasma congelado*	*Crio*	*Plaquetas aleatórias*	*Plaquetafereses*
Total de pedidos recebidos	704	236	175	325	266
Pedidos atendidos plenamente	651	233	175	306	252
Percentagem de pedidos atendidos 100%	92,47	98,73	100,00	94,15	94,74

pedidos de cada categoria de produtos em um determinado mês. Esse índice é computado para cada uma das cinco categorias de produtos (ver Tabela 8).

2. Avalia-se o índice de atendimento pela proporção de unidades remetidas em relação ao número de unidades solicitadas pelos clientes. As células vermelhas constituem o único produto em que o índice de atendimento é computado por tipo sanguíneo, ou ABO/Rh (isto é, para cada um dos oito tipos de sangue). Nas outras quatro categorias de produtos, a divisão do índice de atendimento por tipo de sangue, ou ABO/Rh, não é feita (ver Tabela 9).

O hemocentro regional desenvolve padrões para o índice de atendimento por categoria de cliente, por categoria de produto e por tipo sanguíneo (ou ABO/Rh para as células vermelhas). Essa percentagem pode variar conforme os diferentes clientes (dependendo do padrão negociado do índice de atendimento incluído no contrato do cliente com a região), por produto e por ABO/Rh. A diferença entre o padrão negociado ou contratual do hemocentro regional e o real desempenho deste é então computado. A monitoração dos índices de aten-

dimento proporciona informações valiosas para o hemocentro regional no esforço permanente visando à melhoria dos serviços aos clientes.

CONCORRÊNCIA

A Cruz Vermelha garante um índice médio de atendimento de 97% aos seus clientes, operando em conformidade com seus objetivos oficiais. Os bancos de sangue das localidades menores não são capazes de competir com a CVA e sua elevada taxa de atendimento. Contudo, uma vez que os bancos de sangue locais têm custos fixos mais baixos e não proporcionam qualquer nível de garantia aos clientes, eles conseguem concorrer com a CVA em matéria de preços. A CVA precisa coletar a quantidade e o *mix* de produtos de sangue demandados pelos hospitais (em conseqüência da sua garantia de alto padrão de serviços aos clientes), enquanto os bancos de sangue locais coletam apenas aquilo que realmente podem. Com freqüência considerável, os hospitais saem às compras mais perto e buscando o menor preço, sendo que eles poderiam fechar negócio com os bancos de sangue locais que oferecem preços mais baixos do que a CVA.

TABELA 9 Índice de atendimento por número de unidades remetidas em comparação com o número de unidades pedidas em cada categoria de produto (no mês de março)

Células vermelhas	*O+*	*A+*	*B+*	*AB+*	*O–*	*A–*	*B–*	*AB–*	*Total*
Unidades pedidas	2673	2988	2058	0	2425	270	247	56	10717
Unidades remetidas	2461	2752	1864	0	1801	234	202	46	9360
Índice de atendimento, %	92,07	92,10	90,57	–	74,27	86,67	81,78	82,14	87,34
Padrão regional do Índice de atendimento, %	90	100	95	100	75	85	80	85	88,75
Diferença em percentagem	2,07	–7,90	–4,43	–	–0,73	1,67	1,78	–2,86	–1,41

	Plasma congelado	*Crio*	*Plaquetas aleatórias*	*Plaquetafereses*
Unidades pedidas	345	325	285	517
Unidades remetidas	326	325	267	495
Índice de atendimento, %	94,49	100,00	93,68	95,74
Padrão regional do Índice de atendimento, %	100	100	95	98
Diferença em percentagem	–5,51	0,00	–1,32	–2,26

CONCLUSÃO

A Dra. Croxton, Diretora Médica da Centro Regional de Sangue da Cruz Vermelha Americana, concluiu, depois de exaustivos estudos, pela necessidade de reorganizar seu planejamento estratégico. O montante de sangue que teve seu prazo de validade vencido em março abalou as convicções da diretora. Os voluntários doam sangue na melhor das intenções, mas boa parte desse sangue acaba indo fora. Em abril, quando ela procurou reduzir o montante de obsolescência, o que ocorreu foi um alto índice de escassez, dando como únicos resultados prejuízos em termos de vendas não realizadas e perda de prestígio junto a clientes tradicionais. Ela não poderia esquecer que estava em um negócio com limites rígidos a serem obedecidos e que precisava cobrir custos; ou será que já lidava com um empreendimento gradualmente transformado em negócio como qualquer outro, visando exclusivamente ao lucro? Hoje, mais do que nunca, a verdade é que a concorrência existe entre os vários serviços de sangue. Qual seria a melhor maneira de gerir a oferta de sangue? Como fixar os preços em relação à concorrência? A Dra. Croxton sabe que as respostas a algumas dessas perguntas não são fáceis e que precisaria pensar muito até chegar a soluções satisfatórias – para ela, para a Cruz Vermelha Americana e, sobretudo, para seus clientes. ■

PERGUNTAS

1. Descreva o problema de gestão de estoque dos serviços de sangue em discussão na Cruz Vermelha Americana.

2. Avalie as atuais práticas de gestão de estoques em função da missão da CVA.

3. Você pode sugerir mudanças nas práticas de planejamento e controle de estoques da CVA capazes de produzir redução de custos e/ou melhoria dos serviços?

4. A política de precificação é um mecanismo apropriado para o controle dos níveis de estoques? Em caso afirmativo, de que maneira os preços deveriam ser determinados?

CAPÍTULO 10

Decisões de Compras e de Programação dos Suprimentos

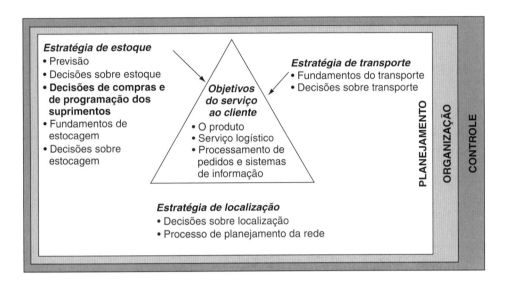

Coordenar o fluxo de bens e serviços entre instalações físicas é um dos principais focos na gestão da cadeia de suprimentos. Decidir quanto, quando e como movimentar os produtos e, igualmente, onde comprá-los, é preocupação constante. Essas decisões de programação ocorrem no canal de suprimentos, e a boa administração impõe que sejam coordenadas com outras atividades no todo da empresa, especialmente com a produção. Neste capítulo, analisamos as melhores formas de abordar essas questões de programação.

Além disso, a função de compra é considerada uma atividade no processo da programação. Mesmo sendo basicamente isso – atividade de compra – muitas de suas decisões afetam diretamente o fluxo de bens ou serviços no canal logístico. Portanto, são examinadas apenas decisões selecionadas, sugerindo métodos para sua solução. Não há como abordar a função de compra em sua globalidade em apenas um capítulo, por isso recomendamos ao leitor um dos muitos bons livros didáticos sobre compras para uma discussão mais abrangente do assunto.[1]

COORDENAÇÃO NO CANAL DE SUPRIMENTOS

Nunca é demais exaltar e insistir no valor da coordenação eficiente entre produção, comercialização, compra e todas as demais atividades do canal de suprimentos. A inter-relação dessas atividades é muitas vezes tão intensa que o simples fato de otimizar uma delas isoladamente redunda em prejuízo para uma ou mais das outras. Não reconhecer essa dependência pode afetar negativamente o desempenho do canal de suprimentos.

---

[1] Michiel R. Leeders, Harold E. Fearon, and Anna Flynn, *Purchasing and Supply Management*, 12ª ed. (Homewood IL: Irwin, 2001); e Robert Monczka, Robert Trent, and Robert Handfield, *Purchasing and Supply Chain Management*, 2ª ed. (Mason, OH: South-Western, 2002).

Havia uma empresa em que as políticas de compras e as regras de programação da produção interagiam com tamanha intensidade que o gerente do setor de transporte chegou a concluir que a capacidade inadequada de transporte era, isoladamente, a razão para a má programação registrada no canal de suprimentos. A logística do suprimento foi aperfeiçoada concretamente quando os elementos da programação, compra e transporte da produção puderam ser balanceados. A partir do exemplo a seguir apresentado, é possível avaliar os efeitos de uma coordenação deficiente sobre as atividades do canal.

Exemplo

A Anchor Hocking, indústria de vidro, produz uma linha de utensílios de jantar destinada ao mercado interno. A demanda é relativamente constante ao longo do ano, com ligeira sazonalidade manifestando-se nas épocas de "dar presentes".

As principais matérias-primas da empresa são areia (75%), calcário (15%) e barrilha (10%). A areia é comprada localmente, o calcário, regionalmente, e a barrilha provém de minas localizadas no estado de Wyoming. Esses materiais são despachados em vagões-tremonha obedecendo ao programa da produção mediante um contrato anual de compra. Os fornecedores sabem quanto a indústria compraria anualmente deles, mas cabe à vidraria decidir quando os fornecedores devem liberar (despachar) os materiais.

O ciclo de suprimento da soda barrilha aparece na Figura 10-1. No momento em que os programadores de produção nas várias fábricas emitem um pedido de remessa ao fornecedor, este providencia um embarque imediato, desde que disponha de vagões-tremonha suficientes para tanto. Não havendo essa disponibilidade, a solução é apelar à companhia ferroviária mais próxima. Se ainda assim o problema não for resolvido, a solução será utilizar transporte especial, na forma de carretas rodoviárias. Os materiais de pré-produção são armazenados em silos com capacidade média para três a seis dias de produção. Devido à capacidade relativamente pequena de armazenagem e ao alto custo do fechamento de um alto forno de vidro sempre que isso se fizer inevitável devido à escassez de matérias-primas, a norma é evitar sempre que possível o atraso no cumprimento do programa de produção recorrendo para tanto ao transporte especial, apesar do seu custo bem superior ao da movimentação dos materiais por via ferroviária. Antevendo uma escassez de vagões-tremonha no sistema ferroviário nacional, a gerência estava disposta a investir na compra

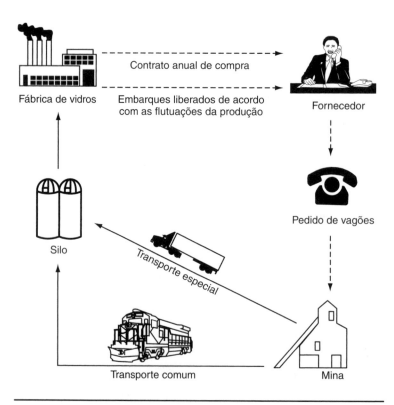

FIGURA 10-1 O ciclo de materiais para um fabricante de vidros.

de vagões desse tipo para serviço exclusivo.[2] A questão que a gerência precisava então resolver se resumia nisto: quantos vagões seriam necessários para que realmente se chegasse a minimizar o custo do transporte especial?

Essa pergunta indica que o transporte ferroviário seria a melhor reação ao aumento acentuado verificado nos custos dos transportes especiais. Até certo ponto, realmente era. No entanto, uma investigação detalhada mostrou que os programadores da produção nas fábricas não estavam cuidando dos 14 dias entre o momento em que o material deveria ser embarcado pelo fornecedor e aquele em que se tornaria indispensável na produção. Na verdade, esse prazo estava ficando em apenas cinco dias, logicamente um tempo insuficiente para o transporte de barrilha das minas no Wyoming até as fábricas no Leste. Os programadores de produção estavam pois reagindo às imposições da produção, em lugar de se antecipar adequadamente a elas. Aumentar a capacidade dos silos e o montante de matéria-prima neles armazenável não era a medida mais prática devido ao alto custo dos investimentos que exigiria. Portanto, sem mudança alguma nos procedimentos de programação, um investimento em 82 vagões-tremonha poderia ser justificado. Utilizando-se técnicas eficientes de planejamento para orientar a liberação das remessas, a necessidade poderia baixar para 40 vagões. Ou seja, disciplinando-se a metodologia da liberação dos embarques seria possível reduzir em 42 o número de vagões-tremonha necessários segundo os cálculos originais, diminuindo-se assim em 50% o investimento potencial nesta melhoria geral da atividade da indústria de vidros e suas parceiras de negócio.

===

A lição mais importante do estudo do caso da Anchor Hocking é: programas deficientes de procedimentos de produção levam a investimentos de outra forma desnecessários em equipamentos de transporte. O gerente da área de transportes estava tentando resolver a totalidade do seu problema pela aquisição de maior capacidade de transporte. A coordenação entre todas as atividades que se refletem no abastecimento físico mostrou-se indispensável a fim de que se alcançasse uma boa solução do problema.

---

[2] Esses vagões seriam de propriedade da indústria de vidro e a ferrovia se encarregaria de sua operação, proporcionando tarifas com descontos especiais.

PROGRAMAÇÃO DOS SUPRIMENTOS

O prestígio dos conceitos *just-in-time*, resposta rápida e compressão de tempo ressalta a importância da programação entre as várias atividades nos canais de suprimentos. Programar de acordo com as necessidades é uma alternativa para suprir as necessidades a partir dos estoques existentes. Cada uma delas representa os pontos principais em uma variação de alternativas estudadas para satisfazer a demanda, ou necessidades, de um canal de suprimentos. O Capítulo 9 foi dedicado a conceitos de gestão de estoques, por isso agora concentramos as atenções nas técnicas de programação conhecidas como planejamento de necessidades, que podem minimizar os estoques exigidos em um canal de suprimentos.

No canal de suprimentos, são as necessidades da produção (ou, no caso de empresas de serviços, as necessidades operacionais) que representam a demanda a ser atendida. Um gerente de materiais normalmente atende a essa demanda de duas formas. Em primeiro lugar, os suprimentos são programados para estarem disponíveis no momento exato em que se tornarem necessários para a produção. Uma técnica reconhecida e apoiada para orientar a mecânica do processo de programação é a do planejamento das necessidades de materiais. Em segundo lugar, as necessidades são preenchidas a partir de suprimentos mantidos em estoque. As regras da reposição mantêm os níveis desses estoques, e também especificam quando e em que quantidade os materiais deverão fluir no canal de suprimentos.

Muitas empresas utilizam essas duas abordagens simultaneamente. Veja, por exemplo, de que maneira um fabricante de motores industriais controla seu ritmo de produção.

===

Exemplo

A Power Equiment Division da Lear Siegler Corporation produz uma linha de motores elétricos para varredoras e lustradoras de chão industriais. São motores igualmente vendidos como subcomponentes a outros fabricantes de produtos acabados e, por isso, produzidos de acordo com as especificações de cada comprador. Estes fazem normalmente seus pedidos firmes com vários meses de antecipação em relação às suas necessidades, assim garantindo o cumprimento dos programas de produção. Motores padronizados podem ser previstos com razoável exatidão e assim produzidos com base em programação de vendas.

Com esta informação, prepara-se um programa de construção (ou programa mestre de produção) para um período de três próximos meses. Esta programação, juntamente com a lista de materiais necessários para cada motor encomendado, mostra ao programador da produção a demanda de cada um dos componentes, e quando precisarão estar disponíveis. A essa altura, o programador da produção verifica os componentes disponíveis no estoque. Normalmente, cerca de 3.000 (90%) de cada 3.300 peças solicitadas saem dos estoques existentes. As 300 peças restantes são itens críticos de alto valor e específicas a cada pedido – por exemplo, o eixo do motor. Esses itens são relacionados na lista de faltas do fornecedor até serem postos à disposição da produção. O mesmo se faz em relação a todos os materiais não disponíveis nos estoques.

Levando em conta a extensão do prazo de entrega, o programador da produção emite uma ordem de liberação de compra ao departamento de compras a fim de possibilitar que todos os suprimentos sejam programados de maneira a chegar à medida das necessidades da produção. Quando todos os materiais, peças e suprimentos estão disponíveis, o programador da produção libera os pedidos dos clientes à produção e montagem.

À medida que os estoques se esgotam, sua reposição é feita pelo controle min-máx de estoques.

A função do setor de compras é então selecionar as fontes de suprimentos, desenvolver procedimentos para os pedidos, negociar preços e termos de compra, especificar os serviços de transporte a serem utilizados, e estimar os prazos de entrega. Neste caso, o departamento de compras coordena com a programação da produção o fluxo de materiais no canal de suprimentos. A relação entre a programação da produção e o suprimento de materiais é diagramada na Figura 10-2.

Programação *Just-in-Time* de Suprimentos

A programação *just-in-time* (JIT) é uma filosofia operacional que representa alternativa ao uso de estoques para que se possa cumprir a meta de disponibilizar os produtos certos, no lugar certo e no tempo certo. É uma maneira de gerenciar o canal de suprimentos de materiais popularizada a partir da experiência dos japoneses, que a desenvolveram com base nas circunstâncias econômicas e logísticas dife-

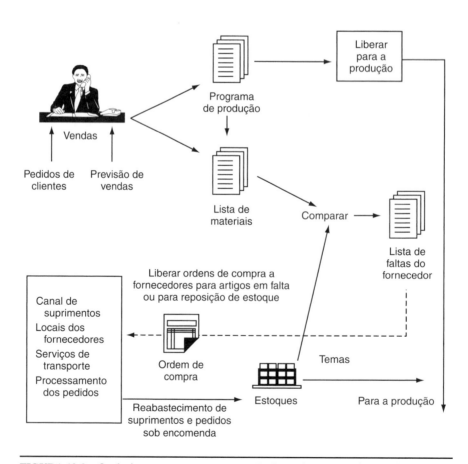

FIGURA 10-2 O relacionamento entre programação da produção e suprimento de materiais.

renciadas que imperaram em seu país nos últimos 40 anos. A programação *just-in-time* pode ser definida como

uma filosofia de planejamento em que todo o canal de suprimentos é sincronizado para reagir às necessidades das operações dos clientes.

Suas características principais são:

- Relações privilegiadas com poucos fornecedores e transportadores
- Informação compartilhada entre compradores e fornecedores
- Produção/compra e transporte de mercadorias em pequenas quantidades são freqüentes e se traduzem em níveis mínimos de estoques
- Eliminação das incertezas sempre que possível ao longo do canal de suprimentos
- Metas de alta qualidade

Quantidades econômicas de reabastecimento* tendem à unidade uma vez que os custos de preparação de colocação do pedido são reduzidos a níveis quase que insignificantes. Quando há economias de escala nas compras ou na produção, são exploradas ao máximo pela utilização de poucos fornecedores normalmente localizados bem perto dos pontos de demanda dos compradores. Uma íntima relação de trabalho é estabelecida com um número pequeno de fornecedores e transportadores. A informação do comprador, especialmente na forma de programa de produção/operação, é compartilhada com os fornedores a fim de que estes possam antecipar as necessidades dos compradores e reduzir o prazo de resposta e sua variabilidade. Dos fornecedores, poucos porém escolhidos, espera-se que procedam com pouca ou nenhuma variância em matéria de entregas no prazo certo. O efeito global do planejamento de acordo com uma filosofia *just-in-time* é a criação de fluxos de produtos que são cuidadosamente sincronizados com as respectivas demandas. Embora seja grande a probabilidade de que se precise trabalhar bem mais na gestão do canal de suprimentos sob uma filosofia JIT do que sob uma filosofia de fornecimento a partir de estoques, seu benefício é operar o canal com o mínimo estoque possível e as economias e/ou melhorias nos serviços disso resultantes. No entanto, alguns desses lucros que o fabricante concretiza podem ser em função do aumento de custos e estoques para os fornecedores no canal de suprimentos.

Aplicação

A General Motors, fabricante norte-americano de automóveis, decidiu implementar um sistema de programação de suprimentos *just-in-time* por ocasião do lançamento da nova versão, totalmente modificada, de um dos seus modelos mais vendidos de automóvel. Uma fábrica que estava desativada desde que se tornara pequena demais para os padrões da era das vendas em massa, foi reaberta depois da instalação de portas de correr ao longo de suas paredes laterais. Isto fez com que os materiais pudessem percorrer uma distância bem mais curta até a linha de produção, deixando, ao mesmo tempo, reduzido espaço para os estoques de produção. Construiu-se então um armazém com andaimes perto do prédio da montagem, armazém esse utilizado para receber e desembalar os materiais dos fornecedores antes de serem deslocados, conforme a demanda, para a linha de montagem.

Fez-se também uma significativa redução (de alguns milhares para algumas centenas) do número de fornecedores e transportadores. Os fornecedores não poderiam ter suas instalações a mais de 300 milhas (cerca de 480 quilômetros) de distância da fábrica da GM. Optou-se, por exemplo, por um fornecedor exclusivo de tintas. Com uma condição: ele precisaria manter um estoque perto da montadora da GM. Para assessorar esse fornecedor em seu planejamento, o fabricante dos automóveis permitiu seu acesso a um programa da futura produção dos carros. Isto sem dúvida criou um nível de confiança fornecedor-comprador incomum no campo industrial.

Exemplo

A Hewlett-Packard passou a aplicar conceitos de programação *just-in-time* às operações do seu centro de distribuição. No período de um ano e meio, a empresa conseguiu reduzir em 40% seus estoques de produtos acabados, um crescimento composto de 2% ao mês na produtividade industrial, e uma melhoria de 44% na qualidade das remessas aos clientes.[3]

Kanban

O KANBAN é o sistema de programação da produção da Toyota, e talvez um dos mais conhecidos exemplos de programação *just-in-time*. O KANBAN propriamente dito é um sistema de controle de produção baseado em cartões. Um cartão KAN aciona um centro de trabalho ou um fornecedor para que produza um lote mínimo de determinado item. O cartão BAN ordena a reposição

---

* N. de R.T: Refere-se a lotes econômicos de compras e lotes econômicos de produção.

[3] Patrick Guerra, "Just-in-Time Distribution", *Annual Proceedings*, Vol. 1 (St. Louis: *Council of Logistics Management*, October 27/30, de 1985), pág. 444.

de um lote mínimo predeterminado de componentes ou itens de montagens no centro de trabalho. Esses cartões são usados como gatilhos para a produção e a movimentação dos itens.

O sistema de programação KANBAN/JIT utiliza o método de controle de estoque de ponto de pedido para determinar lotes padronizados de produção-compra e funciona com custos muito baixos de planejamento e tempos de reposição reduzidos. Diversas características adicionais garantem sua eficiência como sistema just-in-time. Em primeiro lugar, os modelos no programa mestre da produção são repetidos continuamente e comparados com uma programação construída para tirar proveito das economias de escala. Isto é, uma programação de produtos de modelos A e B para explorar as economias de escala e reduzir os gastos de planejamento poderia ser

AAAAAAABBBBBBBAAAAAAABBBBBB-
BAAAAAAABBBBBBBB

Contudo, a programação KANBAN poderia ficar assim:

ABABABABABABABABABABABABABABA-
BABABABABABAB

Em segundo lugar, os tempos de reposição tornam-se altamente previsíveis porque são curtos. Os fornecedores localizam-se nas imediações do local das operações e as entregas podem ser feitas com freqüência, muitas vezes de hora em hora, sem grandes despesas com o transporte.

Em terceiro lugar, os lotes pedidos são pequenos porque os custos de preparação e obtenção são mantidos baixos. Como os lotes pedidos estão relacionados a esses custos de preparação e obtenção, tornam-se o alvo dos programas de redução de custos. Lotes pequenos de pedidos significam estoques baixos. O clássico método de controle de estoque de ponto de pedido é usado para determinar as quantidades de reposição.

Em quarto lugar, usam-se poucos fornecedores, todos eles, evidentemente, obrigados a corresponder às altas expectativas neles depositadas. Um alto nível de cooperação entre o fabricante e o fornecedor surge para garantir a obtenção do desejado nível de desempenho do produto e da logística.

A programação *just-in-time* entra em choque com a programação de suprimento para estoque. A Tabela 10-1 compara o KANBAN/JIT com a abordagem de programação de suprimento para estoque. Lembre, são alternativas, não sendo uma necessariamente melhor do que a outra.

Observação

Por operarem com níveis mínimos de estoque e poucos fornecedores, é grande o risco apresentado, pelos sistemas *just-in-time*, de interrupções na cadeia de suprimentos. A Toyota chegou a enfrentar a ameaça de precisar fechar 20 de suas fábricas de automóveis quando um incêndio destruiu a principal fonte de abastecimento de uma válvula fundamental de freio, de $ 5. No entanto, cinco dias depois do incêndio, as fábricas estavam novamente em produção. A chave dessa conquista foi a "família" de fornecedores de peças da Toyota. Em um equivalente corporativo dos métodos de cultivo de cereais da seita Amish – em que todos trabalham para um, e vice-versa –, os fornecedores e as empresas locais se lançaram ao socorro do gigante industrial. Assim, horas depois do incêndio, já estavam obtendo os desenhos da válvula, improvisando sistemas de ferramentas e instalando linhas provisórias de produção. Trinta e seis fornecedores, ajudados por mais de 150 outros subcontratados, instalaram cerca de 50 linhas separadas de produção de pequenos lotes da válvula de freio. A rápida recuperação é atribuída à força do grupo, que deu conta do problema sem pensar em ganhar dinheiro ou em eventuais contratos.[4]

Planejamento de Necessidades

Em meados da década de 1970, o planejamento de necessidades, algo que já se fazia havia muitos anos, foi formalizado como o planejamento de necessidades materiais (MRP – *materials requirements planning*). Embora o MRP tenha a ver com a programação de suprimentos, sua base lógica é diferente daquela do KANBAN. Trata-se de um método usado principalmente para programar peças especiais de alto valor, materiais e suprimentos cuja demanda seja razoavelmente conhecida. O objetivo do MRP, do ponto de vista logístico, é evitar, tanto quanto possível, conservar itens como esses em estoque. Teoricamente, não é necessário criar estoques quando o montante e as necessidades dos produtos acabados são conhecidos. Levando-se em conta o prazo de entrega, a necessidade de peças, materiais e suprimentos, as necessidades de produto acabado podem ser supridas no momento em que se manifestam. O momento exato dos fluxos de materiais para suprir as necessidades da produção é o princípio que constitui a base do planejamento das necessidades materiais.

---

[4] Valerie Reitman, "Toyota's Fast Rebound After Fire at Supplier Shows Why It Is Tough", *Wall Street Journal*, May 8, 1997, A1.

CAPÍTULO 10 • DECISÕES DE COMPRAS E DE PROGRAMAÇÃO DOS SUPRIMENTOS **347**

TABELA 10-1 Uma comparação entre as filosofias de programação de suprimentos KANBAN/JIT e de suprimento para estoque

Fatores	Programação KANBAN/JIT	Programação de suprimento para estoque
Estoque	Uma fraqueza. Todos os esforços necessários para eliminá-los devem ser empreendidos.	Um ativo. Proporciona proteção contra erros de previsão, problemas com equipamento e atrasos nas entregas dos vendedores. Quanto maior o estoque, maior a "segurança".
Tamanhos de lotes, quantidades de compras	Atende apenas às necessidades imediatas. Uma quantidade mínima de reposição é necessária tanto para bens manufaturados quanto comprados, sendo, porém, determinada a partir da fórmula *EOQ*.	Quantidades determinadas por economias de escala ou a partir da fórmula *EOQ*. Nenhuma tentativa é realizada visando a alterar os custos de planejamento para quantidades menores de produção ou compra.
Preparações	São consideradas insignificante. Isto exige ou preparações extremamente rápidas para minimizar o impacto nas operações, ou disponibilidade de máquinas adicionais. As preparações rápidas fazem com que tamanhos de lotes pequenos se tornem práticos, e permite a elaboração de uma ampla variedade de peças.	Prioridade secundária. Maximizar a produção é a meta mais comum, e por isso os custos de preparação se tornam preocupação secundária.
Estoques de produto em processo	Eliminá-los. Quando é pequena a acumulação de estoque entre processos, a necessidade de identificar e resolver problemas surge mais cedo.	Um investimento necessário. A acumulação de estoques entre processamentos permite o seguimento de operações bem-sucedidas na eventualidade de um problema com a operação de abastecimento. Além disso, ao proporcionar uma seleção de empregos, a gerência da fábrica tem grande oportunidade de comparar habilidades de operadores e capacidade de maquinário, e de combinar as configurações de maneira a contribuir para a eficiência da operação.
Fornecedores	São considerados colegas de trabalho. O fornecedor se encarrega de verificar e suprir as necessidades dos clientes, e os clientes tratam os fornecedores como uma extensão de suas próprias empresas. Poucos são usados, mas o risco de interrupções no suprimento pode aumentar.	Um relacionamento estritamente profissional é mantido. Múltiplas fontes são a regra geral, sendo normal jogar uns contra os outros a fim de obter os melhores preços.
Qualidade	A meta é a eliminação de defeitos. Quando a qualidade não é 100%, produção e distribuição entram em crise.	Alguns defeitos são toleráveis a fim de que se mantenham os produtos fluindo e também para evitar custos excessivos na busca de um altíssimo nível de qualidade.
Manutenção dos equipamentos	Manutenção preventiva, ou capacidade excessiva, é a regra. A interrupção dos processos transtorna a seqüência de operações quando não se conta com estoque para funcionar como barreira.	Na medida das necessidades. Não é fundamental, em vista da reserva de estoques.
Tempos de reposição	Devem ser exíguos. Isso melhora os tempos de reação ao longo do canal de suprimentos/distribuição e reduz as incertezas e a necessidade de estoques de segurança.	Tempos de reposição longos não constituem problema, uma vez que podem ser compensados por estoques adicionais.

O MRP é uma importante alternativa de programação em relação à filosofia de programação de suprimento para estoque. A não ser quanto à forma de utilização dos procedimentos estatísticos de controle de estoques no KANBAN, eles não funcionam tão bem no canal físico de suprimentos quanto no canal físico de distribuição. Isso porque as suposições em que se baseia o controle estatístico de estoques não se confirmam seguidamente. Isto é, a demanda não é regular, aleatória, independente e não-enviezada. Ao contrário, os padrões de demanda de peças, materiais e suprimentos que compõem os produtos acabados são dependentes da demanda desses produtos.

Padrões de demanda dependente surgem do conhecimento de que um número predeterminado de peças, materiais e suprimentos, tal como especificado na conta dos materiais, está presente no produto acabado. Portanto, os padrões de demanda desses materiais de produção são irregulares. Se fossem usados procedimentos estatísticos de controle de estoques para determinar níveis de estoque, esses níveis seriam inaceitavelmente elevados em função da alta variância dos padrões irregulares da demanda.

Essa irregularidade na demanda também pode ter como causa a aplicação de políticas padronizadas de estocagem em múltiplos níveis do canal de distribuição de suprimentos. Para ter-se uma idéia a respeito, veja-se a Figura 10-3. Um produto acabado é estocado em um depósito regional e submetido ao controle de ponto de pedido. O resultado dessa política é o envio intermitente de pedidos de reposição aos estoques da fábrica. Se somente alguns depósitos estão sendo reabastecidos a par-

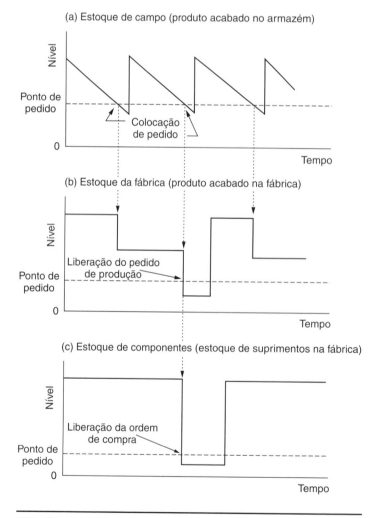

FIGURA 10-3 Demanda irregular de um componente quando o produto acabado é controlado pelo ponto de pedido.

tir dos estoques da fábrica, ou quando pedidos de vários armazéns surgem simultaneamente, o resultado é um padrão de disponibilidade de estoque em degrau, como mostrado na Figura 10-3(b). Em conseqüência, o estoque de suprimentos de um componente do produto final precisa ser ainda maior para satisfazer as necessidades da produção resultantes do reabastecimento dos estoques de produto final da fábrica [ver a Figura 10-3(c)]. Devido às intermitentes reduções do estoque de componentes, é preciso manter altos níveis de estoques, mesmo quando desnecessários. Havendo a possibilidade, ainda que precária, de previsão da redução do nível dos estoques, torna-se possível postergar as encomendas para pouco tempo antes dessa redução, o que se traduzirá em uma boa economia a partir da queda dos custos de manutenção dos estoques.

Mecânicas do MRP

Não faz muito tempo que a metodologia do planejamento das necessidades dos materiais se tornou um procedimento formal e computadorizado, mesmo sendo o conceito do planejamento das necesidades aplicado na prática há longos anos. Essa metodologia pode ser descrita como

> ... um método mecânico formal de programação de suprimentos no qual o momento das compras ou saída da produção é sincronizado a fim de satisfazer as necessidades operacionais período a período ao compensar a requisição de suprimentos de acordo com a duração do tempo de reposição.

O MRP é igualmente entendido como um planejamento de reabastecimento distribuido no tempo. Muitos fornecedores de *softwares* de computador (por exemplo, SAP) contam agora com programas facilmente instaláveis em ambientes de produção a fim de coordenar a matemática de MRP indispensável para milhares de itens. A fim de ilustrar os conceitos básicos do método, analise um exemplo simplificado.

Exemplo

A Colonial Clocks fabrica e distribui, por catálogo, uma linha de reproduções de autênticos relógios mecânicos. Dois estilos, M21 e K36, usam o mesmo mecanismo de relógio, o R1063. Como esse mecanismo se desgasta ou é facilmente danificado quando em uso, há uma demanda independente de 100 peças por semana. A Colonial monta o M21 e o K36 em quantidades mínimas, mas o mecanismo do relógio é comprado de outro fornecedor de acor-

do com uma quantidade mínima. A demanda estimada do M21 e K36 nas próximas oito semanas é detalhada a seguir.

Semanas a partir de agora	M21	K36
1	200	100
2	200	150
3	200	120
4	200	150
5	200	100
6	200	90
7	200	110
8	200	120

A seguir, outras informações vitais sobre cada um dos itens:

RELÓGIO ESTILO M21
Quantidade mínima de lote de produção =
   600 unidades
Tempo de fabricação do lote de produção = 1 semana
Estoque disponível = 500 unidades
Recebimento programado =
   600 unidades no 2° período

RELÓGIO ESTILO K36
Quantidade mínima de lote de produção =
   350 unidades
Tempo de fabricação do lote de produção = 2 semanas
Estoque disponível = 400 unidades
Recebimento programado = 0

MECANISMO DE RELÓGIO R1063
Quantidade mínima da ordem de compra =
   1.000 unidades
Prazo de entrega da compra = 2 semanas
Estoque de segurança =
   200 unidades a serem mantidas
Estoque disponível = 900 unidades
Demanda de peças de reposição =
   100 unidades por semana

A questão fundamental para a Colonial, a partir desses dados é: Quando e em que quantidades liberar as ordens de compra junto aos fornecedores?

A metodologia MRP começa com uma árvore de estrutura de produtos (lista de materiais) que define as relações quantitativas entre os componentes e o produto acabado, tal como consta na Figura 10-4. Considerando apenas um componente (o mecanismo do relógio), sua demanda dependente vem da produção dos dois modelos de relógio mais as necessida-

FIGURA 10-4 Árvore da estrutura do produto e relações de quantidades para relógios da colonial.

des das partes de reposição. Assim, sabendo-se quando e em que quantidade cada modelo será produzido, é viável desenvolver um programa para a compra dos mecanismos do relógio. A fim de organizar esses eventos no tempo e para manter o controle da chegada dos materiais disponíveis e das necessidades de materiais que devem ser supridas, usa-se um mapa básico, como aquele na Figura 10-5(a). As necessidades projetadas para o relógio K36 são mostradas em seus respectivos "pacotes de tempo" semanais (intervalos de tempo, como uma semana ou mês). O estoque atualmente disponível desses relógios é também anotado.

A fim de suprir essas necessidades do produto acabado, é preciso desenvolver um programa estabelecendo quando a produção deveria começar e quando e em que quantidade deveriam estar disponíveis os mecanismos de relógio. Para concretizar isto, comece com a semana 1 e deduza as necessidades da semana 1 do estoque disponível em mãos. Registre a quantidade disponível, como mostrado na Figura 10-5(b). Este procedimento é repetido para cada semana subseqüente até a quantidade disponível se tornar inferior a zero. A essa altura, um recebimento programado de relógios K36 acabados torna-se necessário. Como um prazo de entrega de duas semanas é indispensável para a produção, os mecanismos de relógio devem estar à disposição da produção duas semanas antes do recebimento programado. A produção determina a quantidade de lotes e seus tamanhos. O recebimento programado agrega-se à quantidade disponível de tal forma que um estoque suficiente para satisfazer a demanda esteja disponível. A diminuição das quantidades disponíveis continua até a sétima semana, para quando deve ser programado outro recebimento. E assim o processo continua até o fim do horizonte do planejamento.

RELÓGIO ESTILO K36

Quantidade Mínima de lote de produção =
  350 unidades
Tempo de fabricação do lote de produção = 2 semanas
Estoque disponível = 400 unidades
Recebimentos planejados = 0 unidades

A seguir, repete-se o procedimento para o relógio estilo M21, como mostrado na Figura 10-6. As principais diferenças são a previsão de um recebimento anteriormente estabelecido na segunda semana, e que o prazo de entrega é de uma semana.

Com as liberações de produção agora conhecidas para ambos os estilos de relógio, as necessidades brutas do mecanismo do relógio podem ser calculadas para cada semana. Ou seja, as liberações para o K36 e o M21 são somadas nas semanas correspondentes aos pacotes de tempo das necessidades brutas do R1063. A essas são acrescidas a demanda de peças de reposição. Uma vez estabelecidas as projetadas exigências brutas, as computações para determinar quando e quantos mecanismos de relógio deverão ser comprados prosseguem da mesma forma que nos casos do K36 e do M21. O resultado é a colocação de uma ordem de compra de 1.000 unidades de mecanismos nas semanas 2 e 3 (Figura 10-7).

RELÓGIO ESTILO M21

Quantidade mínima do lote de produção =
  600 unidades

(a) Formulário inicial do MRP

	Semana							
	1	2	3	4	5	6	7	8
Exigências brutas projetadas do relógio	100	150	120	150	100	90	110	120
Recepções programadas								
Quantidade disponível 400								
Liberações planejadas de produção								

(b) Formulário completo do MRP

	Semana							
	1	2	3	4	5	6	7	8
Exigências brutas projetadas do relógio	100	150	120	150	100	90	110	120
Recepções programadas			350					
Quantidade disponível 400	300	150	30	230	130	40	280	160
Liberações planejadas de produção		350			350			

FIGURA 10-5 Cálculos para determinar as liberações planejadas de produção do Relógio Estilo K36.

	Semana							
	1	2	3	4	5	6	7	8
Exigências brutas projetadas do relógio	200	200	200	200	200	200	200	200
Recepções programadas		600				600		
Quantidade disponível 500	300	700	500	300	100	500	300	100
Liberações planejadas de produção					600			

FIGURA 10-6 Cálculos para determinar as liberações planejadas do relógio estilo M21.

Tempo de fabricação do lote de produção = 1 semana
Estoque disponível = 500 unidades
Recebimento programado =
   600 unidades no período 2

Deveria estar claro, a esta altura, que o fluxo de materiais é controlado ajustando-se à necessidade dos materiais, levando-se em conta o prazo de entrega. As necessidades do produto acabado são dadas como conhecidas com certeza, da mesma forma que os tempos de reposição. Os tamanhos dos lotes da compra e de produção são determinados. Ainda que a certeza seja apenas presumida, os efeitos da irregularidade nos níveis de necessidade e nos prazos de entrega estão sempre presentes. As quebras das taxas de transporte podem alterar a quantidade das ordens de liberação. Analise de que maneira a abordagem por MRP poderia ser modificada a fim de alterar essas realidades.

Demanda Irregular no MRP

A abordagem MRP para o momento das compras supõe que as necessidades da programação mestre sejam conhecidas. Na extensão em que podem ter variado ao longo do horizonte do planejamento, precisa-se da proteção de um certo estoque de segurança para que seja possível cumprir as necessidades. Se a variabilidade das necesssidades pode ser representada por uma distribuição de probabilidade, o montante do estoque de segurança necessário na programação pode ser determinado de uma forma semelhante ao controle de estoque. Contudo, isso talvez se mostre impraticável, pois as necessidades de qualquer produto ou componente normalmente apresentam amplas variações devido às mudanças nos programas de produção, cancelamentos de pedidos de clientes e previsões não cumpridas. Isso pode levar a estimativas imprecisas dos níveis dos estoques de segurança.

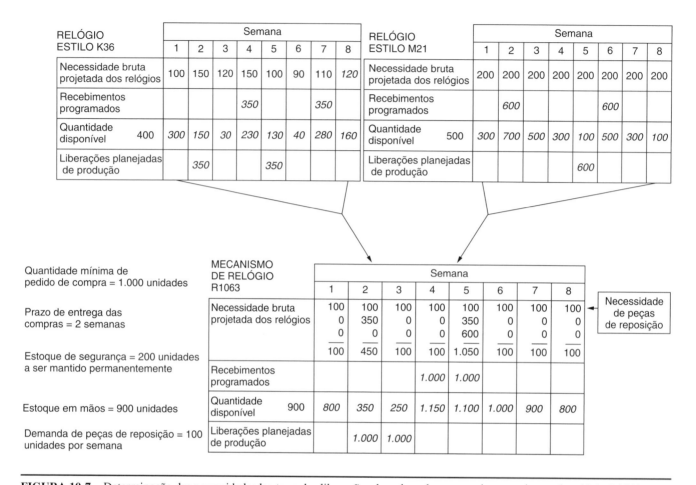

FIGURA 10-7 Determinação das necessidades brutas e das liberações de ordens de compra de mecanismos de relógio R1063.

Como uma alternativa, é possível manter um nível de estoque disponível fixo ou a partir de experiências práticas ou de meios semelhantes. Uma vez determinada a quantidade mínima disponível, as liberações de pedidos são desencadeadas à maneira normal do MRP, exceto que a quantidade disponível cai a um mínimo determinado, em lugar de ser reduzida a zero. Embora se trate de um método de aproximação, é provavelmente o melhor que pode ser feito considerando-se a natureza inerentemente irregular da demanda dependente.

Incerteza do Tempo de Reposição em MRP

Os tempos de reposição são algo geralmente imprevisíveis. O momento de emitir o pedido de materiais depende da incerteza do prazo de entrega na medida em que esta ocasiona excesso ou escassez de estoque. O tempo ótimo T^* de emissão da requisição de materiais conforme o andamento das necessidades é uma questão de balanceamento entre o custo relacionado com a chegada dos materiais antes de se tornarem necessários, com isso incorrendo-se em custo de manutenção de estoques, com o custo relacionado à chegada dos materiais depois de deflagrada a sua necessidade, com isso incorrendo-se em custo de atraso. Supondo-se que as necessidades durante um pacote de tempo sejam supridas a uma taxa constante e que os prazos de entrega sejam distribuídos normalmente, o número esperado de unidades faltantes para cobrir as necessidades da produção é $s_{LT}E_{(z)}$, em que s_{LT} é o desvio-padrão da distribuição do prazo de entrega e $E_{(z)}$ é a função perda normal. O número esperado de unidades chegando muito cedo é $s_{LT}E_{(-z)}$. O custo relevante total é então

$$TC = P_c s_{LT} E_{(z)} + C_c s_{LT} E_{(-z)} \qquad (10\text{-}1)$$

em que

P_c = custo por unidade de receber os materiais *depois* de serem necessários ($ por unidade por dia)

C_c = custo por unidade de ter os materiais *antes* de serem necessários ($ por unidade por dia)

Usando o cálculo para encontrar o custo mínimo encontramos

$$P = \frac{P_c}{C_c + P_c} \quad \textbf{(10-2)}$$

em que P é a probabilidade de haver disponibilidade de mecanismos de relógio no momento necessário para a produção. Dado P, o número z de desvios-padrão é encontrado no Apêndice A de forma que o tempo ótimo de liberação T^* é

$$T^* = LT + z(s_{LT}) \quad \textbf{(10-3)}$$

Custos de excesso ou de escassez de estoques nem sempre são conhecidos com exatidão. Num caso desses, pode-se atribuir a P um valor e T^* computado de acordo com a Equação (10-3).

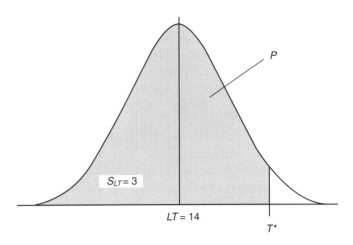

T^* = Tempo de reposição do pedido de compra
P = Probabilidade de ter o material disponível quando necessário

FIGURA 10-8 Distribuição do tempo de reabastecimento com a liberação do pedido no ponto T^*.

Exemplo

Suponha que no exemplo da Colonial Clocks o prazo médio de entrega das compras para o mecanismo do relógio seja normalmente distribuído com uma média de 14 dias e um desvio-padrão de três dias. Há uma penalidade pela demora ou interrupção da produção: $ 500 por dia para cada mecanismo de relógio que não esteja disponível quando necessário. Se os mecanismos de relógio chegarem antes do prazo, incorre-se num custo de manutenção de estoque de $ 5 por dia, por unidade.

Trata-se de uma questão de determinar quanto tempo deveria ser adicionado ao prazo de entrega médio da compra para garantir-se contra incertezas no prazo de entrega. Especificamente, procuramos o tempo ótimo de entrega de compra T^* na distribuição dos prazos de entrega, como se vê na Figura 10-8. Isto pode ser encontrado depois de, em primeiro lugar, determinar-se P. Ou seja,

$$P = \frac{P_c}{C_c + P_c} = \frac{500}{5 + 500} = 0,99$$

Da área sob a curva normal de distribuição no Apêndice A, $z_{@P=0,99} = 2,33$.

Portanto,

$$T^* = LT + z(s_{LT})$$
$$= 14 + 2,33(3)$$
$$= 21 \text{ dias antes do início da produção}$$

Quantidades de Liberação de Pedidos

Embora seja possível determinar as quantidades de pedidos de produção-compra por meio de quantidades mínimas ou montantes contratuais, é igualmente possível determiná-las por meio da comparação entre os custos de pedido e os de manutenção de estoques. Este processo é conhecido como balanceamento de custos de períodos parciais.

Exemplo

Suponha que não foi especificada a quantidade mínima de liberação para os mecanismos de relógio da Figura 10-7. O custo unitário desses mecanismos para a Colonial é de $ 15, e a taxa anual de manutenção de estoque atinge 25%, ou $ 0,07 unidade/semana. Cada emissão de pedido tem um custo de $ 150.

Quando um pedido deve ser liberado na semana 2 para atender às necessidades para a semana 4, a questão é se a quantidade pedida deveria ser suficiente para preencher as necessidades de uma semana, ou as necessidades de diversas semanas seguintes. Isto pode ser determinado testando-se várias opções óbvias, ou seja, testando quantidades de pedido iguais às necessidades de uma semana, de duas semanas e assim por diante. Suponha que o estoque médio para a semana seja (estoque inicial + estoque final)/2, em que estoque inicial sejam os recebimentos programados + quantidade disponível. Estoque final é o estoque inicial – necessidades. Começando com as necessidades de R1063 para a a semana 4, as estratégias seriam encomendar apenas para a semana 4; semanas 4 e 5; semanas 4, 5 e 6, e assim por diante. Sabendo-se da indispensável conservação de um estoque de segurança de 200 unidades, as quantidades pedidas para satisfazer os períodos 4, 5 e 6 seriam 50; 50 + 1050 = 1100; e 50 + 1050 + 100 = 1200, respectivamente.

Quando os custos de manutenção de estoque se igualam aos custos de pedido, a quantidade ótima de pedido é encontrada. Encontre o custo de manutenção de estoque para cada estratégia.

$(Q = 50)$ Semana 4	$0,07(300 + 200)/2 = \$ 17,50$
$(Q = 1.100)$	$0,07[(1.350 + 1.250)/2$
Semanas 4 e 5	$+ (1.250 + 200)/2] = \$ \mathbf{141,75}$
$(Q = 1.200)$	$0,07[1.450 + 1.350)/2$
Semanas 4, 5 e 6	$+ (1.350 + 300)/2$
	$+ (300 + 200)/2] =$
	$\$ 173,25$

Como os custos de manutenção relacionados com uma quantidade de liberação de pedido de 1.100 estão mais próximos do custo de pedido de $150, esta é a melhor estratégia. Se os descontos de preços ou tarifas especiais do transporte estivessem também presentes neste problema, até mesmo quantidades maiores de liberação poderiam justificar-se, uma vez que os custos adicionais de manutenção podem ser compensados por essas reduções nos custos mencionados.

Programação da Distribuição *Just-in-Time*

Os conceitos incorporados na programação de suprimentos *just-in-time* podem ser também aplicados ao canal de distribuição física. Comprimir o tempo decorrido entre a emissão dos pedidos pelos clientes e sua entrega a eles pode ser uma vantagem competitiva. Esta resposta rápida baseia-se em grande parte nas mesmas idéias que movem a programação *just-in-time*. Ou seja, usar a informação para reduzir incertezas e como substituto de ativos, especialmente os estoques. Usar a transmissão eletrônica da informação para reduzir o tempo do ciclo do pedido. Usar a tecnologia do computador para acelerar a produção e/ou atendimento dos pedidos dos clientes. A cuidadosa aplicação desses conceitos ao canal de distribuição é um instrumento para aperfeiçoar o serviço ao cliente e reduzir os custos.

Gestão Integrada do Canal de Suprimentos

Do ponto de vista operacional, os métodos de MRP podem ser usados no canal de distribuição, chamado de planejamento de necessidades de distribuição (DRP), com a finalidade de proporcionar uma programação integrada de suprimentos em todo o canal logístico de uma empresa, desde os fornecedores até os clientes. Veja o canal de suprimentos da maneira como generalizado na Figura 10-9. Não é raro ver a programação da distribuição física administrada em separado da produção ou do planejamento dos suprimentos. Os métodos de gerenciamento puxado de estoque[5] em armazéns regionais são comumente ensinados como formas de gerenciar níveis de estoques e para recomendar à produção quando e quanto produzir. A aplicação do conceito *just-in-time* expresso como DRP ao canal de distribuição física proporciona uma alternativa com diversos benefícios aos métodos mais tradicionais de puxar. Os benefícios são:

- Cria-se uma base de informação similar para todo o canal logístico/produção. Isso incentiva o planejamento integrado ao longo do canal.
- Os conceitos de DRP são compatíveis com os do MRP usados na fábrica.
- Uma vez que o DRP mostra remessas futuras planejadas, o processo decisório ganha reforço em áreas como planejamento da capacidade do transporte, despacho de veículos e suprimento de pedidos de armazéns. A flexibilidade incrementada e a melhoria da capacidade de reagir às mudanças são igualmente notadas.
- Quando do desenvolvimento de um programa, todas as fontes de demanda podem ser incorporadas, não apenas a previsão.
- Embora os sistemas *ROP/EOQ** gerenciem normalmente itens individuais de armazéns múltiplos independentes, o DRP permite que sejam gerenciados em conjunto.

Há empresas informando a concretização de significativas melhorias em função da instalação de DRP em suas operações. Collins e Whybark apresentam diversos exemplos em tal sentido.[6]

Exemplos

- A Abbott Laboratories do Canadá tinha três fábricas produzindo e fazia a distribuição por todo o país por intermédio de centros regionais. A instalação do DRP melhorou os níveis de serviço aos clientes de 85% para 97%, reduzindo ao mesmo tempo em 25%

---

[5] Ver a discussão do ponto de recompra e os métodos de revisão periódica de controle de estoques no Capítulo 9.

* N do R.T: *ROP* (ponto de pedido); *EOQ* (quantidade econômica de pedido).

[6] Robert S. Collins e D. Clay Whybark, "Realizing the Potential of Distribution Requirements Planning", *Journal of Business Logistics*, Vol. 6, nº 1 (1985), págs. 53-65.

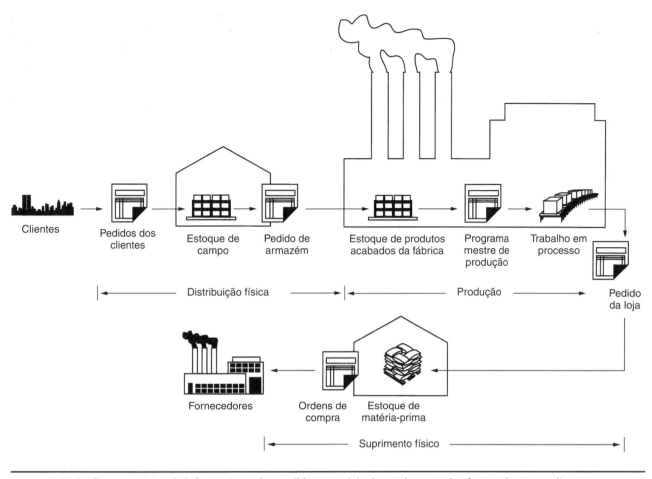

FIGURA 10-9 Fluxo genérico de informações sobre pedidos na cadeia de suprimentos dos fornecedores aos clientes.

os estoques. Os custos totais da distribuição caíram em 15%. Mais ainda, houve uma redução de 80% na obsolescência dos produtos.

- Um fornecedor de peças de serviço para equipamentos agrícolas da região do Meio-Oeste dos EUA, a Hesston, servia a 1.200 varejistas com oito centros de distribuição. Os benefícios do DRP foram descritos tanto em termos qualitativos como quantitativos. Além de uma redução de custos de 20% e de um salto para 97,5% nos níveis de serviços, a empresa notou uma melhoria na flexibilidade e capacidade de reagir à mudança. O planejamento das necessidades futuras melhorou e as análises de distribuição denotaram acentuado aumento da produtividade.

- A Howard Johnson usou DRP na distribuição de seus sorvetes na Costa Leste norte-americana. O resultado foi uma melhoria de 12% nos níveis de serviços e uma redução de 25% dos estoques. Os custos totais da distribuição caíram em 10%. A melhoria do controle dos estoques capacitou a empresa a concretizar uma redução de 80% na obsolescência (controle de frescor dos sorvetes).

Mecânica do DRP

O DRP é uma extensão da lógica do MRP, que já a descrevemos. As atenções aqui voltam-se para as diferenças entre os dois. Em primeiro lugar, DRP começa com uma previsão de demanda de itens tão próxima daquela do cliente quanto possível, e que supomos ser a demanda em um armazém de campo. Essa demanda é por um número de períodos no futuro e se desenvolve a partir da previsão do item, futuros pedidos dos clientes, promoções programadas e quaisquer outras informações relevantes para o padrão da demanda. Esta demanda é transformada em previsão de necessidades no DRP – o equivalente ao programa mestre de produção no MRP. Um exemplo do registro básico do DRP é mostrado na Figura 10-10. Observe-se a semelhança com o registro do MRP dado na Figura 10-5(a).

	Período							
	1	2	3	4	5	6	7	8
Previsão de necessidades	100	200	100	150	100	100	200	200
Em trânsito		300		300			300	300
Quantidade disponível (em mãos) 250	150	250	150	300	200	100	200	300
Embarques planejados	300		300			300	300	

Estoque de segurança = 50 unidades   Quantidade de remessa = 300 unidades
Prazo de entrega = 1 período

FIGURA 10-10 Exemplo de um registro básico de DRP de um item único num armazém de campo.

Os embarques previstos de um determinado item a partir de mais de um armazém são combinados para gerar as necessidades brutas do estoque central, por exemplo, o estoque de bens acabados da fábrica. Suponha que os estoques da fábrica sejam utilizados para suprir embarques planejados do armazém de campo, e que a produção abasteça os estoques de bens acabados da fábrica. Nós então implodimos os embarques planejados de um item de todos os armazéns a fim de gerar as necessidades brutas do estoque da fábrica. O processo de implosão é mostrado na Figura 10-11. Uma vez conhecidas as necessidades brutas para o estoque central, desenvolve-se um registro do planejamento das necessidades a fim de determinar as liberações planejadas de pedidos no nível de estoque da fábrica. Essas liberações planejadas são usadas para a geração de um programa mestre de produção. O processo de planejamento de necessidades pode continuar para cima no canal de suprimentos até chegar aos fornecedores, permitindo a programação de todo o canal.

COMPRAS

As compras envolvem a aquisição de matérias-primas, suprimentos e componentes para o conjunto da organização. Entre as atividades associadas a elas incluem-se:

- Selecionar e qualificar fornecedores
- Avaliar desempenho de fornecedores
- Negociar contratos
- Comparar preço, qualidade e serviço
- Pesquisar bens e serviços
- Programar as compras
- Estabelecer os termos das vendas
- Avaliar o valor recebido
- Mensurar a qualidade recebida, quando esta não estiver incluída entre as responsabilidades do controle de qualidade
- Prever mudanças de preços, serviços e, às vezes, da demanda

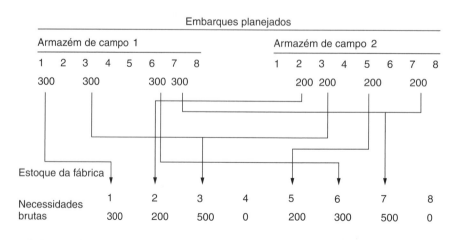

FIGURA 10-11 Implodindo os embarques planejados de armazém para gerar as necessidades do estoque central.

CAPÍTULO 10 • DECISÕES DE COMPRAS E DE PROGRAMAÇÃO DOS SUPRIMENTOS **357**

- Especificar a forma em que os produtos devem ser recebidos

Comprar afeta indiretamente o fluxo de produtos no canal de suprimento físico, embora nem todas as atividades de aquisição sejam responsabilidade direta da logística. Decisões relacionadas com a seleção dos pontos de embarque do fornecedor, a determinação das quantidades de compras, a coordenação dos fluxos dos suprimentos e a seleção da forma do produto e métodos de transporte são algumas das mais importantes decisões que afetam os custos logísticos. É justo afirmar, por outro lado, que as compras não deveriam ser de integral responsabilidade do encarregado da logística. Contudo, o inter-relacionamento entre compra e atividades de movimento de estoques pode ser substancial. A discussão aqui é focada nas atividades de compras mais diretamente relacionadas aos fluxos dos produtos.

A Importância de Compras

O setor de compras ocupa uma posição importante na maioria das organizações, pois peças, componentes e suprimentos comprados representam, em geral, de 40 a 60% do valor final das vendas de qualquer produto. Isso significa que reduções de custos relativamente baixas conquistadas no processo de aquisição de materiais podem ter um impacto bem maior sobre os lucros do que aperfeiçoamentos semelhantes em outras áreas de custos e vendas da organização. A isso se dá o nome de *princípio da alavancagem.*

Exemplo

O princípio da alavancagem pode ser ilustrando usando coisas simples como uma declaração de lucros e perdas. O objetivo é duplicar os lucros. No momento, uma empresa com vendas brutas de $ 100 milhões e lucros de $ 5 milhões gasta 60% de suas vendas com bens e serviços comprados. Entre os custos restantes incluem-se os salários, benefícios relacionados e despesas indiretas. A questão é: quanto de um aumento ou redução em vendas, preços, salários e benefícios, despesas indiretas ou aquisições seria necessário para aumentar os lucros do seu nível atual de $ 5 milhões para $ 10 milhões?

A Tabela 10-2 mostra a mudança total em cada categoria necessária para duplicar os lucros. Em cada coluna, exceto nas de Preços e Compras, a mudança no mercado deve ser drástica para que possa duplicar os lucros. Mesmo no caso dos Preços, a concorrência no mercado pode obstruir um aumento. Embora grande parte do custo dos bens comprados não possa ser administrada, muitas vezes procedimentos tão simples quanto buscar as cotações de dois fornecedores para cada item comprado, trabalhar em colaboração com os fornecedores a fim de controlar os custos, tirando proveito de descontos por vendas de grande volume, ou prestar cuidadosa atenção à origem, rotas e seleção dos modais de transporte são fatores desencadeadores de substanciais reduções de custos. O percentual de redução nem precisa ser grande demais para que se consigam redução de custos e melhoria dos lucros em termos financeiros absolutos.

O efeito retorno-sobre-ativos também demonstra a importância das compras. Além de proporcionar aumento de lucros, os preços menores das compras diminuem o ativo-base da firma. Isto se traduz num retorno sobre ativos mais do que proporcionalmente maior que a redução dos preços.

Exemplo

Temos uma empresa com vendas anuais de US$ 10 milhões e despesas totais de US$ 9,5 milhões. Os ativos totalizam US$ 5 milhões, dos quais US$ 2 milhões em estoques. Os custos dos materiais comprados representam 50% das vendas. Utilizando o mode-

TABELA 10-2 Demonstração do princípio da alavancagem nas compras para atingir uma duplicação dos lucros

	Atuais	*Vendas + 17%*	*Preços + 5%*	*Salários e benefícios – 50%*	*Despesas indiretas – 20%*	*Compras – 8%*
Vendas	$100	$117	$105	$100	$100	$100
Bens e serviços comprados	60	70	60	60	60	55
Salários e benefícios	10	12	10	5	10	10
Despesas indiretas	25	25	25	25	20	25
Lucros	$ 5	$ 10	$ 10	$ 10	$ 10	$ 10

lo-padrão do retorno sobre ativos, podemos desenvolver a Figura 10-2. As compras podem atingir uma redução de preços externos de 5%. Qual será o provável aumento no retorno sobre ativos em tal situação?

Essa modesta redução de preços pode representar um aumento de 50% nos lucros. Tudo isso em decorrência do efeito da alavancagem. Por outro lado, a redução dos preços diminui a base dos ativos ao situar o valor dos estoques em 95% da cotação anterior. Isto aumenta o giro de ativos dos anteriores 2,00 para 2,04. O retorno sobre ativos aumenta para 15,3% a partir dos anteriores 10%, o que representa um aumento de 53%.

Quando corporações do porte da General Electric, General Motors e United Airlines dão partida a iniciativas de economia de custos, é prática comum para elas exigir reduções de preços dos respectivos fornecedores. Reconhecendo que os materiais comprados compõem em média mais de 50% de suas despesas, os fornecedores são os focos óbvios das reduções nos custos. Algumas das estratégias utilizadas para isso são resumidas nos quatro pontos a seguir.

- *Renegociar contratos.* Enviar aos fornecedores cartas cartas exigindo reduções de preços de 5% ou mais; fazer nova licitação dos contratos daqueles que se recusarem a reduzir custos.
- *Oferecer ajuda.* Enviar equipes de especialistas às fábricas dos fornecedores para assessorá-los na reorganização de procedimentos e métodos e, também, a fim de sugerir outras mudanças tendentes a aumentar a produtividade; trabalhar com os fornecedores no sentido de simplificar e baratear a produção das peças.
- *Manter a pressão.* Garantir a persistência dos melhoramentos, estabelecer metas anuais de redução de custos – quase sempre de 5%, ou mais.
- *Reduzir o número de fornecedores.* Cortar o número total de fornecedores, quando necessário em até 80%, e aumentar as compras dos remanescentes a fim de melhorar as economias de escala.[7]

Fica mais do que claro que essas corporações entendem muito bem o princípio da alavancagem e o efeito do retorno sobre os ativos.

Os leilões pela Internet são outra forma que as empresas buscam a fim de reduzir os preços dos produtos e serviços que precisam comprar. Uma vantagem ineren-

---

[7] "Cut Costs or Else: Companies Lay Down the Law to Suppliers", *Business Week*, March 22, 1993, págs. 28/29.

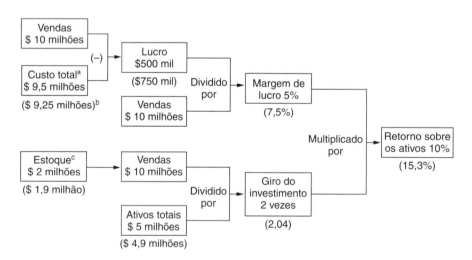

ªAs compras representam 50% das vendas totais.
bOs dados entre parênteses supõem uma redução de 5% nos preços das compras.
cO estoque é 40% dos ativos totais.

FIGURA 10-12 Retorno sobre os ativos antes e depois de uma redução de 5% nos preços das compras.
Fonte: Adaptado de Michael R. Leeders and Harold E. Fearon, *Purchasing and Supply Management*, 11ª Ed. (Burr Ridge, IL: Irwin, 1997), pág. 17.

te à Internet é a possibilidade de reunir inúmeros fornecedores no processo de compra, de maneira eficiente e econômica. Preços menores são conseguidos devido ao fato de o mercado expandir-se com mais vendedores potenciais oferecendo seus serviços e produtos. Em outros termos, o mercado perfeito é quase alcançado sempre que os preços são forçados aos seus menores níveis.

Observação

A United Technologies precisava de fornecedores para fabricar placas de circuitos no valor de US$ 24 milhões. A FreeMarkets, um serviço B2B de licitações *online*, avaliou cerca de mil potenciais fornecedores e convidou para a licitação 50 dos mais qualificados dentre eles. Planejou então três horas de licitações competitivas virtuais, dividindo a tarefa em 12 lotes, cada um deles licitado em separado. Às 8 horas da manhã o primeiro lote, avaliado em US$ 2,25 milhões, foi colocado em licitação. A primeira proposta foi no valor de US$ 2,25 milhões – todos os participantes fazendo o mesmo preço. Minutos depois, um deles fez lance de US$ 2 milhões. Outros seguiram-se com reduções ainda mais acentuadas. Minutos antes do prazo do fechamento do primeiro lote, às 8h45min, o 42º licitante fez a proposta vencedora, no valor de US$ 1,1 milhão. Ao final do procedimento, as propostas para todos os 12 lotes totalizaram US$ 18 milhões – uma economia de 35% para a United Technologies em relação ao valor originalmente avaliado.[8]

O profissional de logística visualiza oportunidades para reduções de custos substanciais nas atividades de compra, especialmente na sincronização dos fluxos de materiais, na determinação das quantidades compradas, na origem dos materiais e no estabelecimento das condições da transação. Ou seja, as questões fundamentais são quanto e quando comprar, onde comprar (ponto de embarque) e quais devem ser o peso, a formatação e o tamanho dos materiais na entrega. Até certo ponto, essas questões já foram abordadas em capítulos anteriores. Os métodos para dar-lhes as respostas adequadas serão complementados aqui.

Quantidades e Momento dos Pedidos

As quantidades de cada compra e seu momento afetam os preços a serem pagos, os custos de transporte e de manutenção de estoques. Uma estratégia a este respeito

---

[8] Jay Heizer and Barry Render, "How E-Commerce Saves Money", *IIE Solutions* (August 2000), págs. 22/27.

é a de satisfazer as necessidades à medida que se manifestem. É a estratégia do *just-in-time*, também conhecida como a compra do estritamente necessário (*hand-to-mouth buying*). A alternativa é utilizar alguma forma de compra adiantada, ou antecipatória, vantajosa nos casos de produtos com expectativa de aumentos de preços. Há também as compras especulativas, em que os compradores procuram fazer *hedge* com relação a futuros aumentos de preços. Os materiais, em geral *commodities* como cobre, prata e ouro, podem ser revendidos com bom lucro. A compra especulativa é diferente da compra adiantada na medida em que as quantidades das compras podem ser superiores a qualquer montante razoável ditado por futuras necessidades.

Outro fator capaz de afetar as quantidades das compras é o das reduções especiais de preços oferecidas sazonalmente pelos fornecedores. Quem compra sente-se, então, tentado a formar estoques pelo melhor preço. Há também os compradores que, embora dispostos a fazer negócios em função dos bons preços, buscam paralelamente formas de não ser obrigados a receber os estoques antes de precisarem recorrer a eles, evitando a acumulação física de estoques e todos os custos decorrentes.

Uma Estratégia Mista de Compra

Quando uma *commodity* tem padrões de preços sazonais razoavelmente previsíveis, a adoção de uma estratégia que mescle o estritamente necessário com a compra adiantada tende a garantir um preço médio mais baixo do que a compra do estritamente necessário. A compra adiantada é a ação de adquirir quantidades superiores às necessidades presentes, sempre que não excedam as previsões do futuro próximo. Trata-se de uma estratégia atraente em relação a produtos com expectativa de aumento de cotações, pois garante compras dos adicionais futuros a preços mais baixos, ao mesmo tempo em que vai criando um excedente que precisa ter seus custos avaliados e balanceados relativamente às vantagens derivadas dos preços mais baixos. Já a compra do estritamente necessário é vantajosa em épocas de queda de preços, pois evita que se comprem grandes quantidades em um momento em que é exatamente o adiamento das compras que pode resultar em preços mais baixos. Combinar eficientemente essas duas estratégias quando as necessidades são sazonais é procedimento capaz de render substanciais vantagens em matéria de preços.

Exemplo

Suponha uma *commodity* que tenha um preço padrão sazonal tal como mostrado na Tabela 10-3. As necessidades previstas para o ano ficam numa constante de

360 PARTE IV • ESTRATÉGIA DE ESTOQUE

TABELA 10-3 Padrão sazonal de preço da *commodity* do exemplo

Mês	Preço ($/unidade)	Mês	Preço ($/unidade)
Jan	3,00	Jul	1,00
Fev	2,60	Ago	1,40
Mar	2,20	Set	1,80
Abr	1,80	Out	2,20
Mai	1,40	Nov	2,60
Jun	1,00	Dez	3,00

20 mil unidades por mês. O objetivo então é encontrar a melhor estratégia combinada de compras do estritamente necessário e compras adiantadas. A Tabela 10-4 resume vários períodos de compras adiantamento: dois, três e seis meses de adiantamento. Como os preços vão caindo de janeiro até junho, existe apenas uma estratégia de compras do estritamente necessário merecedora de consideração para esse período. Escolher a melhor estratégia combinada exige que se comparem as reduções de custos conseguidas mediante compras adiantadas com o aumento dos custos de manutenção resultante do acúmulo dessas aquisições. Se o custo da manutenção de estoque de uma unidade é de $10 por ano, o custo médio de manutenção do estoque para a opção estritamente necessário é (10.000/2) $10 = $ 50 por ano. Isso significa que uma entrega de 10 mil unidades chega no início do mês e fica reduzida a zero no final do mês. Com a estratégia de compra com adiantamento de dois meses, o custo de manutenção de estoques no ano seria

|← Primeiro Semestre →|← Segundo Semestre →|
$$\{(10.000/2) \times 6/12 + (20.000/2 \times 6/12\} \times \$10 = \$75.000/\text{ano}$$

O custo do estoque para as estratégias de compra adiantada de três meses e seis meses seria de $100.000 e $175.000, respectivamente. O custo mínimo total é o da estratégia de compra do estritamente necessário ao longo do ano. À medida que se exploram períodos mais alongados de compras adiantadas, o custo da manutenção de estoques aumenta mais rapidamente do que as vantagens de não pagar preços maiores. Contudo, havendo descontos nos preços ou privilégios em matéria de taxas de transportes com base no volume da compra, a compra adiantada pode ser mais econômica. É, sem dúvida, uma possibilidade merecedora de avaliação detalhada.

TABELA 10-4 Estratégia mista de compras usando períodos diferentes de tempo para a compra adiantada quando os preços estão subindo

Mês	Compras estritamente necessárias	Compras com 2 meses de adiantamento	Compras com 3 meses de adiantamento	Compras com 6 meses de adiantamento
	Custo das compras	Custo das compras	Custo das compras	Custo das compras
Jan	$30.000	$30.000	$30.000	$30.000
Fev	26.000	26.000	26.000	26.000
Mar	22.000	22.000	22.000	22.000
Abr	18.000	18.000	18.000	18.000
Mai	14.000	14.000	14.000	14.000
Jun	10.000	10.000	10.000	10.000
Jul	10.000	20.000[a]	30.000[b]	60.000[c]
Ago	14.000	—	—	—
Set	18.000	36.000	—	—
Out	22.000	—	66.000	—
Nov	26.000	52.000	—	—
Dez	30.000	—	—	—
Subtotal	$240.000	$228.000	$216.000	$180.000
Custo de manutenção do estoque	50.000	75.000	100.000	175.000
Total	**$290.000**	**$303.000**	**$316.000**	**$355.000**

[a] Compra de necessidades de dois meses aos preços de julho.

[b] Compra de necessidades de três meses aos preços de julho.

[c] Compra de necessidades de seis meses aos preços de julho.

Preço Médio

Para que a compra adiantada tenha bons resultados, é indispensável que os padrões sazonais de preços sejam razoavelmente estáveis e previsíveis. Para concretizar-se a mesma meta do preço mínimo de compra do método da compra adiantada, é possível utilizar-se o preço médio. Este método admite que os preços venham a aumentar com o tempo, ao mesmo tempo que tendem a flutuar com a incerteza. As compras são feitas a prazos fixos, mas a quantidade a ser comprada depende do preço no momento da compra. Determina-se um orçamento com base no preço médio para um período razoável de tempo – no mínimo um ciclo sazonal completo. O preço é dividido pelo montante do orçamento a fim de determinar as quantidades a serem compradas. O resultado disto é que se compra mais unidades quando os preços estão baixos do que quando estão em alta, se é que os preços estão realmente subindo. O risco desta estratégia está na possibilidade de não se dispor das quantidades suficientes para suprir as necessidades exatamente em um momento de alta dos preços. Proteção na forma de carregamento de algum estoque pode ser necessária.

Exemplo

Um suprimento de escritório deverá custar $2,50 a unidade ao longo do ano seguinte. A utilização também está prevista em 20 mil unidades por mês, com as compras sendo feitas trimestralmente. Os custos de manutenção do estoque representam 25% por ano.

O primeiro passo na estratégia do preço médio é desenvolver o orçamento para as compras trimestrais. Em termos simples, isso representa $20.000 \times 3 \times 2,50 = \$150.000$. Gastamos esse montante em cada compra. Supondo que os preços reais no ano seguinte se desenvolvam como a seguir:

Mês	Preço ($/unidade)	Mês	Preço ($/unidade)
Jan	2,00	Jul	2,55
Fev	2,05	Ago	2,65
Mar	2,15	Set	2,75
Abr	2,25	Out	2,80
Mai	2,35	Nov	2,83
Jun	2,45	Dez	2,86

Se somarmos os preços e os dividirmos por 12, o preço médio real será $2,47 por unidade. A primeira quantidade de compra para três meses seria, em janeiro,

$150.000/$2,00 por unidade = 75.000 unidades

Dando continuidade a este tipo de cálculo para cada período trimestral, teríamos

Mês	Nº de unidades	Preço ($/unidade)	Custo total	Estoque médio
Jan	75.000	2,00	$ 150.000	37.500[a] unid.
Abr	66.667	2,25	$ 150.000	33.334
Jul	58.824	2,55	$ 150.000	29.412
Out	53.571	2,80	$ 150.000	26.786
	254.062		$ 600.000	31.758[b] unid.

[a] 75.000 /2 = 37.500 unidades

[b] Média anual, ou (37.500 + 33.334 + 29.412 + 26.786)/4 = 31.758 unidades.

O custo médio unitário é $600.000/254.062 = $2,36. Comparado com as compras mensais do estritamente necessário, isto oferece uma redução de preço de $[(2,47 - 2,36)/2,47] \times 100 = 4,45\%$. O custo total da compra do estritamente necessário seria $254.062 \times \$2,47$/unidade = $627.533.

Agora contabilizamos os custos de manutenção dos estoques. O custo anual da manutenção de estoque para as compras mensais do estritamente necessário é de $(20.000/ 2) \times 2,47 \times 0,25 = \$6.175$. E para o preço médio, é de $31.758 \times 2,36 \times 0,25 = \$18.737$.

Resumindo os custos anuais das duas estratégias, temos que

Estratégia	Custo da compra	Custo do estoque	Custo total
Estritamente necessário, mensal	$627.533	+6.175	= 633.708
Preço médio	$600.000	+18.737	= **618.737**

A estratégia mais econômica neste mercado de preços em constante elevação é a do preço médio. (*Observação*: um estoque adequado deverá ser mantido a fim de que se possa suprir a demanda durante períodos de compra de pequenas quantidades.)

Descontos por Quantidade

O agente de compra é seguidamente incentivado a comprar em grandes quantidades. Os fornecedores certamente oferecerão preços mais baixos para a compra de grandes quantidades, pois isto fará com que se beneficiem pela economia de escala e consigam inclusive repassar parte desses benefícios aos compradores mediante incentivos sobre preços. Duas são as formas de incentivos sobre preços mais comuns: inclusivo e não-inclusivo. Um plano inclusivo de incentivo a desconto por quantidade é aquele em que, para quantidades de compras progressivamente maiores, cobra-se um preço com desconto que se aplica a todas as unidades compradas. Trata-se de algo comum para inúmeros itens de consumo. Em contraste, sob o plano não-inclusivo de incentivo a desconto por quantidade de compras, as reduções de preços se aplicam apenas àquelas unidades que fazem parte do intervalo da quantidade beneficiada. A taxa de excesso em transporte é um exemplo. Se as quantidades compradas já são grandes – ou seja, maiores do que o desconto oferecido da última quantidade de quebra de preço – nada além disso precisa ser considerado. Contudo, quando as quantidades compradas são pequenas, o comprador precisa decidir qual é a melhor opção: pagar um preço alto pela menor quantidade ou comprar mais e incorrer no custo adicional com a manutenção de estoques. Passaremos a analisar essas duas políticas de precificação.

Plano de Incentivo de Desconto Inclusivo de Preço por Quantidade. Um esquema simples de desconto inclusivo de preço por quantidade é assim representado:

Quantidade, Q_i	Preço, P_i
$0 < Q_i < Q_1$	P_1
$Q_i \geq Q_1$	P_2

sendo Q_i a quantidade comprada, e P_1 o preço pago por unidade por toda a Q_i. P_1 aplica-se para quantidade entre 1 e menor que Q_i, pois de outra forma aplica-se P_2. Não esquecer que P_2 é menor que P_1.

Encontrar a quantidade ótima de compra exige que se encontre o menor custo total, que compreende o custo da compra, o custo do pedido e o custo da manutenção do estoque. Matematicamente, esse custo total é:

$$TC_i = P_i D + \frac{DS}{Q_i} + \frac{IC_i Q_i}{2} \qquad (10\text{-}4)$$

Sendo

TC_i = custo relevante total da quantidade Q_i
P_i = preço por unidade para a quantidade Q_i
D = demanda média anual em unidades
S = custo de aquisição em \$ por pedido
Q_i = quantidade a comprar em unidades
I = custo da manutenção de estoque em % por ano
C_i = custo do item no ponto do estoque em \$ por unidade

A curva do custo total de um plano de incentivo de desconto inclusivo de preço por quantidade é mostrada na Figura 10-13. Descobrir a quantidade ótima de compra não é tão simples quanto sob um plano de preço único por causa do ponto de descontinuidade na curva do custo total. No entanto, é possível desenvolver um procedimento informatizado que requer um número mínimo de cálculos. Ele seria assim:

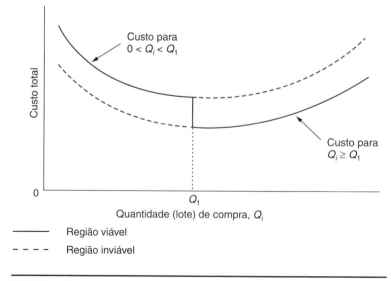

FIGURA 10-13 Curva de custo total com uma quebra para um plano de incentivo de desconto inclusivo de preço por quantidade.

- Calcule o lote econômico de pedido (*EOQ*) para cada preço, P_i. Encontre o *EOQ* que estiver na faixa viável de sua curva de custo total. Se o *EOQ* viável estiver na curva mais baixa de custo, o lote ótimo foi encontrado. Se não estiver, compute TC_{EOQ} e vá para a próxima etapa.
- Faça Q_i igual à quantidade mínima i na faixa e calcule TC_i. Compare todo TC_i e TC_{EOQ}.
- Selecione a quantidade (lote) Q_i, representando o custo mínimo total.

Exemplo

Um item é regularmente comprado com uma demanda estimada de 2.600 unidades/ano. A preparação dos pedidos custa $10 por unidade, e o custo de manutenção do estoque fica em 20% por ano. O fornecedor oferece dois preços – $5 a unidade em quantidades inferiores a 500 unidades, e um desconto de 5% aplicável a todas as unidades nas compras de 500 unidades ou mais. Os preços incluem a entrega. Qual deveria ser a quantidade encomendada pelo agente de compras?

Em primeiro lugar calculemos as quantidades econômicas de pedido nos preços abaixo e acima de 500 unidades. Disso, para P_1

$$Q_{EOQ1} = \sqrt{\frac{2DS}{IC}} = \sqrt{\frac{2(2600)(10)}{0,20(5)}} = 228 \text{ unidades (viável)}$$

E o custo total, conforme a Equação (10-4) é

$$TC_{EOQ1} = 5(2600) + \frac{2600(10)}{228} + \frac{0,20(5)(228)}{2} = \$ 13.228,04$$

Para P_2:

$$Q_{EOQ2} = \sqrt{\frac{2(2600)(10)}{0,20(4,75)}} = 234 \text{ unidades (inviável)}$$

Observe que Q_{EOQ2} na curva inferior do custo é inviável considerando-se o preço usado no cálculo. Ou seja, o preço de 4,75 não é consistente com o lote de pedido de menos de 500 unidades. Q_{EOQ2} é eliminado de novas considerações. Teste agora a quantidade exatamente no ponto de ruptura, ou $Q = 500$ unidades.

$$TC_{500} = (5 \times 0,95)(2600) + \frac{2600(10)}{500} + \frac{0,20(5 \times 095)(500)}{2} = \$12.639,50$$

Sendo TC_{500} menos que TC_{EOQ1}, um lote de 500 unidades deveria ser encomendado a fim de minimizar os custos.

Plano de Incentivo de Desconto Não-Inclusivo de Preço por Quantidade. Quando o plano de incentivo de desconto por quantidade é do tipo não-inclusivo, exige-se um procedimento de solução ligeiramente modificado. Além das quantidades de ruptura de preço, o preço médio unitário continua a cair, como na Figura 10-14. Podemos então encontrar a quantidade ótima de compra por tentativa e erro.[9] Ou seja, o custo total de quantidades progressivamente maiores é calculado até encontrar-se o custo mínimo.

Exemplo

Fazendo uso do exemplo anterior, o desconto de 5% nos preços agora aplica-se apenas a compras de *mais de* 500 unidades, ou seja, a $Q_{i>500}$. Para encontrar a quantidade ótima de pedido, prudentemente escolhemos Q_s a serem avaliadas. Começamos com uma $Q = 300$ e passemos a acrescentar incrementalmente esta quantidade até que o custo total pare de baixar e comece a aumentar. Usamos a Equação (10-4) para nossos cálculos, em que o preço médio P_i é encontrado em uma de duas fórmulas. Se Q_1 é menor que ou igual a 500 unidades, $P_i = P_1$; ou, $P_i = [500 \times P_1 + Q_1 - 500) \times P_2] / Q_i$. Os cálculos podem agora ser resumidos da forma apresentada na tabela da próxima página.

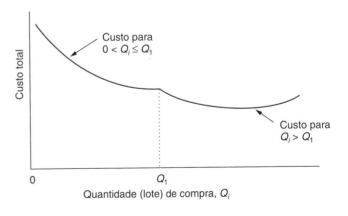

FIGURA 10-14 Uma curva de custo total com uma única ruptura, incentivo de preço não-inclusivo com desconto para quantidade.

---

[9] Para uma abordagem exata do problema do desconto não-inclusivo, ver Richard J. Tersine, *Principles of Inventory and Materials Management*, 4ª Ed. (Upper Saddle River, NJ: Prentice Hall, 1994), págs. 110-113.

Q_i	Preço médio unitário, P_i	$P_i \times D$	$+ D \times S/Q_i$	$+ I \times C_i \times Q_i/2$	$= Custo$
300	5	\$13.000,00	\$86,67	\$150,00[a]	\$13.237
400	5	13.000,00	65,00	200,00	13.265
500	5	13.000,00	52,00	250,00	13.302
600	$\dfrac{500(5)+100(4,75)}{600}=4,96$	12.896,00	43,33	297,60	13.237
800	$\dfrac{500(5)+300(4,75)}{800}=4,91$	12.766,00	32,50	392,80	13.191
900	$\dfrac{500(5)+400(4,75)}{900}=4,89$	12.714,00	28,89	440,10	**13.183** ←
1000	$\dfrac{500(5)+500(4,75)}{1000}=4,88$	12.688,00	26,00	488,00	13.202
1100	$\dfrac{500(5)+600(4,75)}{1100}=4,86$	12.636,00	23,64	534,60	13.194

[a] $P_i = C_i$

Dentro dos incrementos de 100 unidades que foram testados, a quantidade ótima de pedido de compra com o menor custo total anual é de 900 unidades.

Negócio de Ocasião. É muito comum que os fornecedores ofereçam descontos promocionais a fim de se livrar de estoques encalhados. O comprador para o comprador precisa então decidir o quanto comprar quando o desconto é realmente atraente. O comprador pode já estar comprando do fornecedor e ter otimizado as quantidades a serem compradas sob o preço existente. Durante um tempo, tais compras criam níveis de estoque maiores que os normais. Estas são aceitáveis quando a redução dos preços é maior do que os custos adicionais de manutenção de estoques. A quantidade especial de pedido pode ser encontrada a partir de

$$\hat{Q} = \frac{dD}{(p-d)I} + \frac{pQ^*}{p-d} \qquad \textbf{(10-5)}$$

onde

d = diminuição do preço unitário, \$/unidade
p = preço por unidade antes do desconto, \$/unidade
S = custo do pedido, \$/pedido
I = custo anual de manutenção de estoque, %/ano
D = demanda anual, unidades
Q^* = quantidade ótima de pedido antes do desconto, unidades
$\hat{Q}$ = tamanho do pedido especial, unidades

A oferta é uma oportunidade única, a demanda do produto tem a expectativa de continuar imutável, e depois da expiração da oferta, o padrão de pedido volta às quantidades e ao momento originais de compra.

Exemplo

A Jaymore Drugstores vende uma linha de cafeteiras em sua rede de lojas de conveniência. O preço normal é de \$72 por unidade entregue. A Jaymore vende em média 4.000 unidades por ano. O agente de aquisições constata que os custos de manutenção de estoque são 25%/ano e o custo de preparação dos pedidos chega a \$50 cada.

O fornecedor está oferecendo um desconto de ocasião de \$5 por unidade para reduzir seu estoque de fábrica. A Jaymore acredita que as cafeteiras continuarão sendo vendidas à média normal e que qualquer excesso de estoque criado por uma compra de quantidade maior que a habitual poderá ser desfeito. Qual deveria ser o tamanho do pedido feito junto ao fornecedor?

O tamanho normal de pedido pode ser determinado pela resolução da quantidade econômica de pedido. Ou seja,

$$Q^* = \sqrt{\frac{2DS}{IC}} = \sqrt{\frac{2(4.000)(50)}{0,25(72)}} = 149 \text{ unidades}$$

Agora, o tamanho do pedido especial é encontrado a partir da Equação (10-5), ou

$$\hat{Q} = \frac{dD}{(p-d)I} + \frac{pQ^*}{p-d} =$$

$$\frac{5(4000)}{(72-5)0,25} + \frac{72(149)}{(72-5)} = 1.354 \text{ unidades}$$

Em vez de manter uma quantidade de pedido para $Q*/D = (149/4.000) = 0,037$ ano, ou duas semanas, as unidades do pedido especial permanecerão no estoque por $\hat{Q} = (1.354/4.000) = 0,339$ ano, ou 18 semanas.

Compra por contrato. Há compradores dispostos a negociar o melhor preço possível, desde que não precisem tomar posse do total da compra de uma vez só. Portanto, o comprador propõe uma determinada quantidade de unidades ou uma determinada quantia em dinheiro num prazo determinado. Este contrato pode ser para um item específico ou para uma variedade de itens cobertos por um contrato coletivo. Suponha, por exemplo, que um comprador aceitou adquirir $500.000 em produtos de um determinado fornecedor ao longo do próximo ano. As quantidades de itens específicos não são conhecidas no momento da assinatura do contrato, apenas o montante financeiro fica "garantido".[10] À medida que as necessidades surgem ao longo do ano, o comprador pede ao vendedor a entrega dos itens solicitados nas quantidades desejadas. O montante financeiro da compra de itens isolados no âmbito do contrato pode apresentar variação considerável. Para o comprador, esta é a *compra sem estoque*; o comprador também tem a vantagem da compra em volume e os benefícios em preços dela derivados. É uma modalidade atraente em que a filosofia *just-in-time* orienta as operações e os estoques precisam ser minimizados. Para o vendedor, a expectativa nessa modalidade é a de operações mais eficientes a partir do melhor planejamento decorrente da garantia de que seus clientes farão mesmo consideráveis compras.

Fontes

Fontes Fixas

Outra importante decisão é a que diz respeito à escolha dos pontos de embarque dos materiais comprados, quando a política de precificação determina que cabe ao comprador tal escolha. A determinação desses pontos de embarque pode depender da disponibilidade de estoques, desempenho e custos dos serviços de transporte utilizados, e do nível de preços e da política de preços utilizados. Por exemplo, se a política de preços determina a fixação de preços na entrega ou pré-pagos, a escolha do transporte provavelmente não estará em questão. Quando é apenas um o ponto de embarque existente para servir a um ponto de destino, a decisão é inescapável. No entanto, quando há múltiplos pontos

de origem e destino com restrições sobre o montante que pode ser embarcado de cada fonte, o problema da decisão se torna mais complexo. Uma forma de encarar essa questão é fazer uso da programação linear.

Exemplo

A Regal Company recebeu cotações de preços de fornecedores de um componente que faz parte de uma montagem maior. Os preços, todos FOB no ponto de embarque do fornecedor, são:

Fornecedor	Local de embarque	Preço FOB
Philadelphia Tool	Philadelphia	$ 100 a unidade
Houston Tool & Die	Houston	101
Chicago-Argo	St. Louis	99
L.A. Tool Works	Los Angeles	96

A Regal precisa abastecer três fábricas – em Cleveland, Atlanta e Kansas City. As taxas de transporte (em $/cwt.) e as nesssidades das fábricas para o mês de janeiro são:

Ponto de embarque	Cleveland	Atlanta	Kansas City
Philadelphia	$2/cwt.	$3/cwt.	$5/cwt.
Houston	6	4	3
St. Louis	3	3	1
Los Angeles	8	9	7
Necessidades	**4000 unidades**	**2000 unidades**	**7000 unidades**

Los Angeles tem condições de fornecer um montante ilimitado, da mesma forma que Houston. Philadelphia, no entanto, pode fornecer até 5.000 unidades, e St. Louis, até 4.000 unidades. Cada unidade pesa 100 libras(peso).

O departamento de compras tem como norma comprar sempre do fornecedor que apresentar o menor preço. Qual é o plano ótimo de abastecimento e quanto ele poderia economizar para a Regal?

Enfrenta-se esse tipo de problema usando o método do transporte de programação linear. A matriz de solução do problema é mostrada na Figura 10-15. Observe que o valor do custo de célula (o custo do transporte de uma unidade entre dois pontos) inclui o preço FOB e também os custos de embarque por unidade. O suprimento disponível em Houston e Los Angeles teve valores arbitrariamente altos atribuídos para representar suprimento irrestrito. Uma coluna falsa

---

[10] A soma financeira garantida costuma apresentar alguma flexibilidade, como mais ou menos 10%.

foi acrescentada como ponto de destino para absorver o excesso de estoque acima das necessidades. A todas as células foram atribuídos custo zero na coluna falsa, embora pudessem ter qualquer valor.

Pela política da empresa de comprar sempre da fonte de preço mais baixo, todas as compras seriam feitas da fonte de Los Angeles, com um custo total no destino de

De Los Angeles		
Para Cleveland	$104/unidade × 4.000 unidades =	$ 416.000
Para Atlanta	105/unidade × 2.000 unidades =	210.000
Para Kansas City	103/unidade × 7.000 unidades =	721.000
	Custo total no destino =	$1.347.000

Um plano ótimo, revisado, de abastecimento (há ainda outro plano tão bom quanto este) é mostrado na Figura 10-15. Pode ser resumido nestes termos:

Philadelphia/Cleveland	$102/unidade × 4.000 unidades =	$ 408.000
Philadelphia/Atlanta	103/unidade × 1.000 unidades =	103.000
St. Louis/Kansas City	100/unidade × 4.000 unidades =	400.000
Los Angeles/Atlanta	105/unidade × 1.000 unidades =	105.000
Los Angeles/Kansas City	103/unidade × 3.000 unidades =	309.000
	Total	$ 1.325.000

Neste caso, a Regal poderia economizar $ 22.000 no mês de janeiro utilizando fontes múltiplas como indicado. É preciso reconhecer também, a partir da Figura 10-15, que tanto Philadelphia quanto St. Louis estão sendo usadas como fontes no limite dos estoques disponíveis. A Regal deveria negociar um aumento dos estoques dessas fontes a fim de reduzir ainda mais os seus custos. A Regal poderia talvez apresentar esta informação à Houston Tool & Die a fim de discutir uma redução de preços de cerca de $1 ou $2 por unidade. Isso permitiria a Houston concorrer pelas necessidades de Atlanta e Kansas City, o que seria aconselhável se Houston fosse uma fonte bem cotada por razões outras além do preço baixo.

Fontes Flexíveis

Nem sempre é prático atribuir necessidades específicas de destino a fontes determinadas. Alterar as necessidades ao longo de períodos prolongados de entrega é uma maneira de chegar a uma modalidade de fontes flexíveis. Um fabricante de produtos de vidro usou esse método para manter seus fornos operando durante um período de escassez de matérias-primas em seus fornecedores. Definida uma quantidade de compras anual, solicitava-se a múltiplos fornecedores a remessa de materiais de acordo com a programação da produção. Uma vez a caminho esses materiais, os programas de produção poderiam ser trocados ou para se adequarem a um determinado *mix* de produtos, e também as matérias-primas necessárias, ou por mudanças no volume a ser produzido. Devido a tudo isso, tornou-se prática comum desviar embarques ferroviários em trânsito para fábricas que não eram seu destino original. Esse méto-

	Cleveland	Atlanta	Kansas	Falsa	Abastecimento
Pontos de abastecimento	102 **4.000**	103 **1.000**	105	0	5.000
Philadelphia	107	105	104	0 **15.000**	15.000
Houston	102	102	100 **4.000**	0	4.000
St. Louis	104	105 **1.000**	103 **3.000**	0 **11.000**	15.000
Necessidades	4.000	2.000	7.000	26.000	39.000

FIGURA 10-15 O padrão ótimo de abastecimento para Regal Company.

do obteve melhor equilíbrio entre suprimento e necessidades, ao mesmo tempo em que evitou o surgimento da escassez de materiais nas fábricas. A desvantagem foi principalmente o aumento dos custos com o transporte, porque nem sempre uma fábrica estava diretamente relacionada a uma fonte específica.

Condições de Venda e Gerenciamento do Canal

Quando se pensa em condições de venda, as considerações predominantes giram em torno de preços e condições financeiras. No entanto, especificar nas condições de venda a forma de fornecimento e os métodos de manuseio dos produtos negociados pode ser importante demais para a eficiência da movimentação e armazenamento no canal de suprimentos. Como os fornecedores têm sistemas logísticos próprios, não há garantia de que esses sistemas serão compatíveis com os da empresa compradora. É possível que tamanhos de embalagens, métodos de transporte e procedimentos de manuseio não sejam compatíveis, o que só será conseguido com mais tempo e trabalho, até então imprevistos. Sempre que possível, a compra deve especificar um determinado padrão para os embarques. Se esses padrões não puderem ser definidos mediante acordos contratuais, a solução será cooperar com os fornecedores para que se possa alcançar da maneira mais fácil e rápida a desejada compatibilidade.

Observação

Havia uma rede de supermercados na área de Minneapolis, estado norte-americano de Minnesota, a Constellation Supers, Inc. A National Home Food Products, sua maior abastecedora, tinha um centro de distribuição localizado a apenas 12 km de distância do super de Edina, um dos maiores da Constellation. Ocorre que a National precisava despaletizar os pedidos da Constellation de paletes de 40 por 48 polegadas para poder despachá-los para esse centro de recepção via ferroviária. A Constellation depois repaletizava os produtos em paletes de 32 por 40 polegadas, que era o tamanho admitido pelo seu sistema de manejo e estocagem. Como as compras da rede Constellation representavam menos de 1% das vendas totais da National, esta relutava em arcar com os custos de uma eventual repaletização para 32 por 40 polegadas antes da remessa. Já a Constellation, sem incorrer nos custos de adaptar o armazém de Edina para acomodar os paletes de 40 por 48 polegadas, não conseguia resolver os problemas representados pela necessidade da repaletização. Levando em consideração todas essas variantes, que sugestões o leitor teria em mente para corrigir essa incompatibilidade de canal de suprimentos?

COMENTÁRIOS FINAIS

As atividades de compra e programação envolvem decisões com alcance para afetar profundamente a movimentação e estocagem eficientes de mercadorias no âmbito do canal de suprimentos. A programação garante que as mercadorias sejam entregues no ponto designado dentro do prazo e nas quantidades necessárias. A utilização dos métodos de controle de estoque é uma modalidade de garantir a disponibilidade das mercadorias. Os procedimentos de programação *just-in-time* tornaram-se conhecidos e utilizados nos últimos anos. Especificamente, tanto o sistema KANBAN, da Toyota, quanto o do planejamento de necessidades de materiais (MRP) são muito usados nos Estados Unidos. Os procedimentos básicos do desenvolvimento de um esquema MRP foram apresentados neste capítulo. Como uma extensão do MRP, discutimos igualmente o planejamento das necessidades de distribuição (DRP). A combinação do MRP e do DRP proporciona uma programação integrada do conjunto do canal de suprimentos dos fornecedores até os clientes.

A atividade de aquisição representa basicamente um ato de compra. Esta importante atividade reprenta cerca de 40 a 60% das vendas em dólares. Muitas das decisões relativas às vendas têm grande impacto sobre a eficiência com a qual as atividades logísticas podem ser conduzidas no canal de suprimentos. Neste capítulo, examinamos várias decisões fundamentais de compra e sugerimos métodos para o seu desenvolvimento. Decisões fundamentais de compra incluem a determinação das quantidades, o momento e a escolha das melhores fontes.

Este capítulo sugere a existência de um poderoso relacionamento entre a Programação da Produção, Compra e a Logística. Integrá-las é a essência da gestão da cadeia de suprimentos. A meta é conseguir a eficiência máxima dos fluxos de produtos mediante uma afinada gestão de atividades interfunções.

QUESTÕES

1. Em que consiste a diferença entre as filosofias de programação *just-in-time* e a de fornecer para estoque? De que maneira a programação JIT consegue eliminar a necessidade de estoques no canal de suprimentos?

2. Por que a JIT é uma filosofia, em vez de uma técnica?

368 PARTE IV • ESTRATÉGIA DE ESTOQUE

3. Como se caracterizam as diferenças entre os métodos para a determinação da quantidade ótima de compra sob os planejamentos inclusivo e não-inclusivo de descontos por quantidade?

4. Quais são as semelhanças e as diferenças entre MRP e DRP?

5. De que maneira difere o KANBAN da abordagem MRP em relação à programação JIT?

6. Levando em conta as muitas peças, componentes e suprimentos de que uma empresa precisaria para abastecer uma operação de produção ou serviço, que características esses itens deveriam ter para serem programados por planejamento de necessidade, em lugar de ficarem estocados em depósitos de suprimentos?

7. Quais são as características da programação do abastecimento JIT e por que são importantes para a eficiência desta modalidade de programação?

8. O que é o princípio de alavancagem na compra? O efeito retorno sobre os ativos?

9. Em que circunstâncias a compra adiantada se revela uma boa prática? Em que oportunidade o preço médio se revela uma boa modalidade de compra?

10. De que maneira a compatibilidade na formatação das mercadorias e os métodos de movimentação entre fornecedor e comprador afetam a eficiência logística? De que maneira pode a compra contribuir para melhorar a eficiência no canal?

11. Qual é o futuro da licitação de produtos e serviços via Internet?

PROBLEMAS

Alguns dos problemas e o estudo de caso neste capítulo podem ser resolvidos parcial ou totalmente com a ajuda de *software* de computador. Os pacotes de software presentes no LOGWARE mais importantes em relação a este capítulo são o TRANLP (T) e o INPOL (I). O ícone de CD $\boxed{\text{T}}$ acompanhará a designação do pacote de *software* quando a análise do problema comportar a utilização de um desses programas. Um banco de dados pode ser preparado para o problema se houver necessidade extensiva de entrada de dados. Quando o problema puder ser resolvido sem a ajuda de computador, o ícone manual 🔧 será mostrado. Se nenhum ícone aparece, supõe-se solução manual.

1. Um fabricante de mobílias vende uma linha de escrivaninhas com o mesmo desenho básico. As escrivaninhas são feitas de chapas de compensados e o plano de compra dos compensados precisa ser determinado para as próximas sete semanas. As escrivaninhas são oferecidas em três estilos, cada um deles com pequenas modificações no leiaute geral. As previsões de *marketing* para os três estilos indicam:

Escrivaninha	Previsão de demanda semanal (em unidades)							
	1	2	3	4	5	6	7	8
Estilo A	150	150	200	200	150	200	200	150
Estilo B	60	60	60	80	80	100	80	60
Estilo C	100	120	100	80	80	60	60	40

A produção das escrivaninhas requer uma semana, com um ritmo de produção de 300 unidades do estilo A, e de 100, cada um, para os estilos B e C. No momento, a disponibilidade é de 80 móveis do estilo B e 200 do estilo C. Os planos atuais de produção prevêem a disponibilização de 200 móveis do estilo A na semana 1 – no momento, nenhum destes modelos está à venda. Não há produção programada para os estilos B e C. Todas as demais peças dos móveis são de fácil disponibilização e não representam qualquer atraso na finalização das escrivaninhas.

Quanto às chapas de compensados (três chapas = uma escrivaninha), existem 2.400 placas em mãos e outras 600 a serem recebidas na semana 2. Uma vez feito o pedido, leva em média duas semanas a entrega das placas. Os pedidos mínimos são de mil placas, com um estoque de segurança de 200 placas permanentemente à disposição.

a. Desenvolva uma programação para a liberação dos pedidos de placas de compensados ao longo das próximas sete semanas.

b. Suponha que os custos do atraso na produção representem $5 por dia para cada placa de compensado que não esteja disponível no momento adequado para satisfazer as necessidades da produção. Da mesma forma, o custo da manutenção de compensados entregues antes do prazo representa $0,10 diários por placa. O tempo médio do ciclo do pedido nas compras é de duas semanas (14 dias), com um desvio-padrão de dois dias. Esses prazos de entrega são normalmente distribuídos. De que forma deveria ser o tempo de liberação das compras ajustado para compensar todas estas incertezas?

2. Determinado artigo tem sua programação feita à base do planejamento de necessidades da produção com as liberações de ordens de compra sendo defasadas no tempo. Um esquema é mostrado na Tabela 10-5. O gerente de materiais acredita que esses esquemas podem não ser os mais econômicos do ponto de vista do suprimento. As seguintes informações adicionais foram obtidas:

Custo de manutenção = 20% ao ano
Ano = 365 dias

CAPÍTULO 10 • DECISÕES DE COMPRAS E DE PROGRAMAÇÃO DOS SUPRIMENTOS   **369**

TABELA 10-5   Esquema de planejamento das necessidades de materiais, em unidades

	Semana							
	1	*2*	*3*	*4*	*5*	*6*	*7*	*8*
Necessidades brutas projetadas	100	450	100	300	850	100	100	100
Recebimentos programados				?				
Quantidade disponível	900	800	350	250				
Planejamento da liberação de pedidos								

Custo da parada para consertos =
$150 por dia a unidade
Preço do item = $35 a unidade
Custo da preparação da ordem de compra =
$50 por pedido

O prazo de entrega é distribuído normalmente com uma média de 14 dias e um desvio-padrão de quatro dias.

a. Qual seria o tempo permitido de adiantamento dos recebimentos programados para a liberação das ordens de compra?

b. No período 4, precisa-se de um recebimento programado para manter um nível mínimo de segurança de 200 unidades. Não existindo mínimos da quantidade (liberação da ordem) de compra, qual é o tamanho mais econômico de liberação de pedido?

3. O canal de distribuição física de um grande fabricante de alimentos consiste de estoques de fábrica a partir dos quais os armazéns regionais são reabastecidos. Esses armazéns regionais, por seu turno, abastecem os armazéns de campo a eles atribuídos. Existe uma fábrica servindo a dois armazéns regionais que, por sua vez, servem, cada um, a três armazéns de campo. Os armazéns de campo apresentam as seguintes previsões semanais de demanda de determinado item e os respectivos estoques em mãos:

O armazém regional irá suprir seus respectivos armazéns apenas quando a quantidade acumulada pedida em cada um desses armazéns exceder ou se igualar a 7.500 caixas, e então em incrementos de 7.500 caixas. As 7.500 caixas representam um embarque de carga completa de caminhão. Em troca, a fábrica irá suprir os armazéns regionais em incrementos de 15.000 caixas, que representam uma carga ferroviária. O prazo de entrega para o abastecimento dos armazéns de campo é de uma semana. O prazo de entrega chega a duas semanas para o abastecimento dos armazéns regionais. A produção tem um prazo de entrega de três semanas para os materiais em lotes de 20.000 caixas. Não existem embarques no canal para os armazéns de campo: no entanto, um embarque anteriormente programado de 15.000 caixas deve chegar ao armazém 2 na segunda semana.

No decorrer das próximas dez semanas, planeje o fluxo de materiais na rede, estime o estoque médio presente no sistema e projete qual deverá ser a programação da produção.

4. Uma empresa com vendas anuais de $55 milhões consome 50% desse total em custos das mercadorias vendidas. As despesas gerais chegam a $8 milhões. Salários e benefícios a eles relacionados chegam a $15 milhões. Assim, tem-se, ao final, um lucro líquido de $4,5 milhões. Os ativos totalizam $20 milhões, 20% dos quais em estoques.

a. Se a empresa conseguir 1) aumentar seu volume de vendas, 2) aumentar preços, 3) reduzir salários e despesas relacionadas, 4) reduzir as despesas gerais, ou 5) reduzir o custo das mercadorias vendidas, qual será a percentagem indispensável de mudança em cada categoria a fim de aumentar os lucros para $5 milhões?

b. Se os preços dos materiais comprados (i.e., custos das mercadorias vendidas) puderem ser reduzidos em 7%, qual será o retorno sobre os ativos daí decorrente? De que maneira isto se comparará com o atual RSA (ou ROA*)?

---

* N. de R. T.: Retorno sobre ativos.

Armazém regional	Estoque em mãos (caixas)	Armazém de campo	Estoque em mãos (caixas)	Previsão de demanda semanal (caixas)
1		1	1.700	1.200
1	52.300	2	3.300	2.300
1		3	3.400	2.700
2		4	5.700	4.100
2	31.700	5	2.300	1.700
2		6	1.200	900

5. Uma empresa compra um material que representa uma sazonalidade definida de preços durante o ano inteiro, com relativamente pequenas flutuações em cada mês. As necessidades desse material são constantes durante o ano, à base de 50 mil unidades por mês. Os preços durante o ano são projetados como a seguir:

Mês	Preço ($/unidade)	Mês	Preço ($/unidade)
Jan	4,00	Jul	6,00
Fev	4,30	Ago	5,60
Mar	4,70	Set	5,40
Abr	5,00	Out	5,00
Mai	5,25	Nov	4,50
Jun	5,75	Dez	4,25

O custo da manutenção de estoques é de 30% ao ano. A estratégia de compras em vigor determina que se compre diretamente de acordo com as necessidades pelo preço corrente.
   a. Poderá uma estratégia mista de compras adiantadas e do estritamente necessário reduzir os custos de aquisição? Qual é a melhor combinação de estratégias?
   b. Se uma estratégia mista é realmente melhor, que preocupações poderiam restar optando-se por sua utilização?

6. Um fabricante de ímãs compra cobre no mercado livre a intervalos mensais no decorrer do ano. A melhor estimativa do preço médio para o ano próximo fica em $1,10 por libra/peso. Uma quantidade fixa de 25.000 libras por mês é necessária para satisfazer as necessidades em um horizonte de planejamento de quatro meses. O custo da manutenção de estoques é de 20% ao ano.
   a. Desenvolva um orçamento de preço médio para compras futuras.
   b. Suponha, no momento das compras, que os preços reais por libra/peso para os quatro meses seguintes sejam $1,32, $1,05, $1,10 e $0,90, respectivamente. Utilizando-se o esquema do preço médio, que quantidades deveríamos comprar a cada mês? Existe mesmo alguma vantagem em relação à estratégia do estritamente necessário?

7. Uma grande clínica médica utiliza 500 caixas de polidor de chão por ano. As compras são feitas ao custo de $15 por pedido. O custo da manutenção de estoques é de 20% ao ano. O planejamento dos preços, que inclui o custo do transporte, mostra que pedidos de menos de 50 caixas sairão por $49,95 a caixa; entre 50 e 79 caixas, o preço será de $44,95 a caixa; e pedidos de 80 caixas, ou mais, terão preço de $39,95 a caixa. Os preços aplicam-se inclusivamente a todas as unidades compradas. Qual é o tamanho ótimo de pedido a ser feito, e qual seu custo total?

8. Uma companhia de eletricidade da Costa Leste (Atlântico) compra motores de um fornecedor na Costa Oeste (Pacífico) para utilização em equipamento de bombeamento. A produção precisa de 1.400 desses motores por ano. Os custos de aquisição, entre os quais os burocráticos e de expedição, são de $75 por pedido. O custo da manutenção de estoques é de 25% ao ano. O fornecedor providenciou o seguinte esquema de preços:

Unidades por pedido	Preço da unidade[a]
Primeiras 200	$795
Próximas 200	$750
Mais de 400	$725

[a]Transporte incluído

Tendo em vista este esquema não-inclusivo de preços, qual a quantidade ótima de compra (para as próximas 50 unidades), e qual o custo total anual?

9. A unidade central de compras da *Ortega Foods* compra fubá para as quatro unidades da empresa que produzem conchas de tacos (tortilha mexicana). São três as fontes disponíveis, mas há acordos contratuais com limitações ao abastecimento por algumas delas. O fubá é despachado em sacos de 100 libras/peso. Os dados sobre as necessidades de cada fábrica, disponibilidade e preços FOB para uma semana normal são mostrados na Tabela 10-6. As taxas de transporte (em $/cwt.) entre as várias origens e fábricas são as seguintes:

	Fábricas			
Fontes	Cincinnati	Dallas	Los Angeles	Baltimore
Minneapolis	0,15	0,19	0,24	0,21
Kansas City	0,10	0,08	0,20	0,18
Dayton	0,05	0,12	0,27	0,15

A divisão de compras abastece atualmente as fábricas de Cincinnati e Baltimore a partir de Dayton. Dallas é abastecida por Kansas City, e Los Angeles, por Minneapolis.
   a. Qual seria o melhor plano de fonte de abastecimento para a Ortega Foods, e quanto esse mesmo plano economizaria para a empresa?

CAPÍTULO 10 • DECISÕES DE COMPRAS E DE PROGRAMAÇÃO DOS SUPRIMENTOS   **371**

TABELA 10-6   Dados de oferta e demanda para o problema da Ortega Foods

Fonte	Disponibilidade de oferta (cwt.)	Preço ($/cwt.)
Minneapolis	1.200	$3.25
Kansas City	4.800	3.45
Dayton	Ilimitada	3.40

Fábrica	Necessidades (cwt.)
Cincinnati	5.000
Dallas	2.500
Los Angeles	1.200
Baltimore	1.000

b. Existem outras ações que o departamento de compras poderia empreender a fim de reduzir ainda mais os custos?

c. Não estará a Ortega contratando fornecedores em excesso? Por quê? (*Sugestão*: recorra ao método de transporte de programação linear para resolver este problema.)

10. A A-Mart vende em suas inúmeras lojas televisores portáteis pequenos. O fabricante, da Coréia do Sul, vende normalmente os aparelhos por US$ 100,00 a unidade, mas oferece desconto de US$ 5,00 por unidade em compras especiais a partir de 20 mil aparelhos. O custo de manutenção de estoque do comprador é de 30% ao ano, e o custo de preparação chega a $40 por pedido. Os custos do transporte estão incluídos no preço.

a. O comprador deveria aceitar o desconto? Em caso positivo, quantos aparelhos deveria comprar nesse pedido especial?

b. Se esse pedido especial for concretizado, por quanto tempo precisará ser mantido em estoque?

ESTUDO DE CASO
Industrial Distributors, Inc.

Na condição de diretor de compras da *Industrial Distributors*, cabe a Walter Nagley programar as quantidades de compra dos produtos de alto valor que a empresa mantém em estoque para revenda aos seus clientes industriais em um ciclo curto de pedidos. Um desses produtos é um motor sobressalente usado em transportadores de correia. Os pedidos de reposição são recebidos de clientes em toda a América do Norte com uma constância que mantém regularidade durante o ano inteiro. Trata-se de motores fabricados na Alemanha e importados via o porto de Baltimore, Maryland, transportados em caminhões até o armazém próprio da *Industrial Distributors* na área de Chicago. E, embora o fabricante mantenha uma política de preços que inclui o transporte até Baltimore, a Industrial cobre as despesas de transporte de Baltimore para Chicago. Para ajudar a determinar as quantidades de compras, Walter reuniu as seguintes informações:

Tipo da informação	Quantidades/custos	Fonte da informação
Média anual de vendas	1.500 unidades	Vendas
Tempos de reposição	1 mês (0,083 ano)	Compras
Custo administrativo/ pedido	$20	Contabilidade
Custo de expedição/pedido	$5	Tráfego
Custo de manutenção de estoque	30% ao ano	Financeiro
Peso da embalagem por unidade	250 libras	Tráfego
Custo de desembarque no armazém	$0,25 por cwt.	Contabilidade
Capacidade de estocagem do armazém[a]	300 unidades	Gerência
Taxas de estocagem no armazém público	$10 por unidade/ano	Armazém Público

[a] O armazém particular da empresa tem espaço para apenas 300 unidades. Recebendo-se um lote de reposição de mais de 300 unidades, o excesso terá de ser guardado em um armazém público

O fabricante acaba de anunciar seu novo esquema para preços de motores no porto de Baltimore. Verificando com a empresa transportadora rodoviária as condições para transportar os motores de Baltimore,

Unidades por pedido	Preço da unidade
Primeiras 100	$700
Próximas 100	$680
Todas acima de 200	$670

Walter Negley constatou ser mais prático contratar embarques de carga completa a $12 por cwt. (100 libras/peso) para quantidades completas (TL) de 40.000 libras ou mais, ou quantidades de carga incompleta (LTL) a $18 por cwt.

PERGUNTAS

1. Qual o tamanho do pedido de reposição, para as 50 unidades seguintes, que Walter Negley deve fazer, tendo em vista a política de precificação não-inclusiva do fabricante?

2. Seria aconselhável Walter Negley alterar o tamanho do seu pedido de reposição se o fabricante adotasse uma política de precificação segundo a qual cada quebra de quantidade incluísse todas as unidades compradas?

CAPÍTULO 11

O Sistema de Estocagem e Manuseio

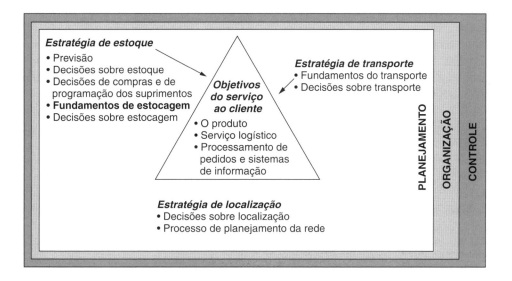

Em contraste com o transporte, a estocagem e o manuseio de produtos ocorrem primariamente nos pontos nodais na rede da cadeia de suprimentos. A estocagem já foi interpretada como "o transporte a zero quilômetro por hora". Este capítulo aborda e destaca as características e custos da estocagem e as atividades de manuseio de materiais. É estimado que essas atividades absorvem até 20% dos custos de distribuição física da empresa, constituindo, por isso mesmo, temas merecedores de cuidadosa análise e consideração.[1]

NECESSIDADE DE UM SISTEMA DE ESTOCAGEM

As empresas precisam realmente contar com estocagem e manuseio de materiais como parte do sistema logístico? Se a demanda dos produtos de cada empresa fosse conhecida com exatidão e os produtos pudessem ser fornecidos instaneamente para suprir essa demanda, teoricamente não haveria necessidade de estocagem, pois não seriam mantidos estoques. No entanto, não é nem prático nem econômico operar uma empresa dessa maneira, pois a demanda normalmente não pode ser prevista com exatidão. Mesmo para chegar perto da coordenação perfeita entre oferta e demanda, a produção teria de ser instantaneamente reativa e o transporte inteiramente confiável, com tempo zero de entrega. Nada disso, porém, está à disposição das empresas a um custo razoável. Por isso mesmo, as empresas fazem uso de estoques para melhorar a coordenação entre oferta e procura e igualmente a fim de reduzir seus custos totais. Disso se infere que a manutenção de estoques produz a necessidade da estocagem e igualmente a necessidade do manuseio dos materiais. A estocagem torna-se, mais do que necessidade, uma conveniência econômica.

---

[1] Recordar a Tabela 1-3.

374 PARTE IV • ESTRATÉGIA DE ESTOQUE

Os custos da estocagem e do manuseio dos materiais são justificados porque podem ser compensados pelos custos do transporte e de compras-produção. Ou seja, ao guardar algum estoque, a empresa consegue muitas vezes reduzir seus custos de produção mediante dimensionamento de lotes e seqüenciamento econômicos. Por estes meios, a empresa evita as amplas flutuações nos níveis de produção resultantes das incertezas e variações nos padrões de demanda. Além disso, os estoques acumulados podem se traduzir em redução dos custos dos transportes pela movimentação de quantidades maiores, mais econômicas. O objetivo é utilizar o espaço certo de estocagem para que se possa concretizar um equilíbrio eficiente e econômico entre os custos de armazenamento, produção e transporte.

RAZÕES PARA A ESTOCAGEM

São quatro as razões básicas para que se use espaço de estocagem: 1) reduzir os custos de transporte e produção; 2) coordenar oferta e demanda; 3) assessorar no processo de produção; 4) colaborar no processo de comercialização.

Redução dos Custos de Transporte/Produção

A armazenagem e o estoque associado são despesas adicionadas, mas podem ser compensadas pelos custos menores obtidos a partir do aumento da eficiência no transporte e na produção. Para ilustrar a idéia da compensação, analisemos o problema de distribuição da Combined Charities, Inc.

Exemplo

A sede nacional da Combined Charities produzia material impresso para as campanhas de levantamento de fundos de várias organizações políticas e de caridade de renome. A empresa imprimia esse material e o distribuía entre os locais dos pontos de campanha. Ao se lançar a um projeto, a empresa invariavelmente alocava toda a sua força de trabalho e equipamentos de im-

pressão à preparação do material da respectiva campanha. Muitas vezes isso exigia horas extras. Completada a produção, enviava-se o material diretamente da impressão para os pontos de distribuição locais por intermédio da UPS.

O presidente da empresa, que tinha um ótimo *feeling* em logística e gerenciamento de cadeia de suprimentos, sentiu que os custos gerais poderiam ser reduzidos mediante o arrendamento de espaço de armazenagem em vários centros regionais no país. Ainda que o armazenamento passasse a constituir uma despesa adicional, ele entendia que poderia despachar cargas completas de caminhão para os armazéns e usar a UPS para fazer o transporte de curta distância a partir dos 35 armazéns por ele escolhidos nos centros regionais. Os custos de produção poderiam igualmente ser reduzidos porque as diversas regiões passariam a depender dos estoques armazenados, em lugar de fazer pedidos diretamente à operação de impressão, o que várias vezes chegou a exigir mudanças no programa de produção.

O presidente elaborou o cálculo bruto dos custos para uma campanha padrão com a produção de 5 milhões de peças de literatura (vide tabela abaixo).

O aumento das despesas com armazenagem é mais do que compensado pela redução das despesas com produção e transporte. A utilização da armazenagem parece, pois, uma opção atraente.

Coordenação da Oferta e Demanda

Empresas que trabalham com produção altamente sazonal, e com uma demanda razoavelmente constante, têm problemas para coordenar oferta e demanda. Por exemplo, empresas de alimentos que produzem vegetais e frutas enlatadas são obrigadas a fazer grandes estoques de produção a fim de conseguir suprir o mercado nos períodos do ano que não são temporadas de crescimento desses vegetais e frutas. Por outro lado, as empresas que precisam suprir um produto ou serviço com demanda sazonal ou incerta normalmente produzem a um nível constante durante o ano a fim de minimizar os custos de produção e acumular os estoques necessários pa-

	Embarque direto da gráfica	Embarque via 35 armazéns	Alteração nos custos
Custos de produção	$500.000	$425.000	– $75.000
Custos de transporte:			
Para o armazém	0	50.000	+ 50.000
Para a área local	250.000	100.000	– 150.000
Custos de armazenagem	0	75.000	+ 75.000
Total	$750.000	$650.000	– $100.000

ra suprir a demanda durante uma temporada relativamente curta de vendas. Condicionadores de ar e limpadores de neve são exemplos desses casos. Sempre que se torna muito caro coordenar com eficiência oferta e demanda, surge a necessidade de armazenagem.

Considerações sobre os preços de *commodities* são outra causa de necessidade de armazenagem. Materiais e produtos que sofrem amplas variações de preços de tempos em tempos (cobre, aço e petróleo) podem incentivar uma empresa a fazer compras antecipadas dessas *commodities* para garantir seu suprimento e obter menores preços. A armazenagem se torna normalmente necessária, e os seus custos podem ser compensados pelos preços mais baixos obtidos na compra antecipada.

Necessidades de Produção

A armazenagem pode fazer parte do processo de produção. Itens como queijos, vinhos e bebidas alcoólicas precisam de tempo de envelhecimento. Os armazéns, nesses casos, servem não apenas para guardar o produto durante esta etapa da produção, mas, no caso de produtos sujeitos à cobrança de impostos, também para proteger, ou "blindar" o item até a época da venda. Desta forma, as empresas conseguem adiar o pagamento de impostos sobre os produtos até que eles sejam vendidos.

Em determinados casos, o armazém pode concretizar alguns serviços de valor agregado além da manutenção dos estoques. Exemplos desses serviços para os clientes são embalagem especial, marcas particulares de bebidas e a preparação personalizada dos produtos. Serviços de valor agregado são uma extensão do processo de produção que ocorre num ponto mais avançado da cadeia de suprimentos.

Considerações de Mercado

O *marketing* está sempre preocupado com quanto tempo o produto levará para chegar ao mercado e com sua visibilidade nesse ambiente. A armazenagem é utilizada para dar valor a um produto. Ou seja, ao armazenar um produto perto dos clientes, o tempo de entrega é em geral reduzido e/ou a disponibilidade fica facilitada. A melhoria do serviço ao cliente pela entrega mais rápida é fator de peso no aumento das vendas.

FUNÇÕES DO SISTEMA DE ESTOCAGEM

O sistema de estocagem pode ser dividido em duas funções principais: guarda dos produtos (estocagem) e manuseio dos materiais. Tais funções são claramente percebidas ao se traçar o fluxo dos produtos ao longo de um armazém de distribuição de alimentos (Figura 11-1). O manuseio dos materiais engloba as atividades de carga e descarga, movimentação dos produtos para e de vários locais

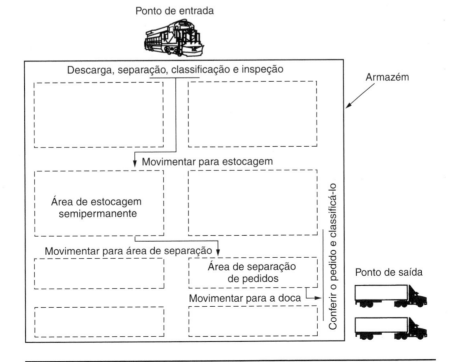

FIGURA 11-1 Atividades de movimentação e estocagem típicas da distribuição de alimentos.

no interior do armazém e separação dos pedidos. A estocagem é simplesmente a acumulação de produtos que ocorre com o passar do tempo. São escolhidos diferentes locais no armazém e diferentes extensões de tempo, dependendo do objetivo da estocagem. No interior do armazém, as atividades de movimentar e armazenar são repetitivas e análogas às atividades de movimentação e armazenagem que ocorrem nos vários níveis do canal de suprimentos (lembrar as Figuras 1-2 e 1-4). Assim, de várias maneiras, o sistema de estocagem é um sistema de distribuição em nível micro. A identificação específica das atividades do sistema maior promove o entendimento do sistema como um todo e ajuda a proporcionar a base para a geração de alternativas de projetos.

Funções de Estocagem

As instalações de estocagem são projetadas a partir de quatro funções primárias: manuteção, consolidação, fracionamento e combinação de estoques. O projeto e o leiaute do armazém muitas vezes refletem a preferência pela satisfação de uma ou mais dessas necessidades.

Manutenção

A mais óbvia das finalidades das instalações de estocagem é proporcionar proteção e manutenção ordenadas dos estoques. A extensão de tempo para a manutenção dos bens e as especificações da estocagem é que determinam a configuração e o leiaute das instalações. As instalações variam desde a estocagem de longo prazo, especializada (para o envelhecimento de bebidas, por exemplo), até a estocagem de mercadorias de uso comum (manutenção sazonal de bens) e a manutenção temporária de produtos (como ocorre num terminal de carga rodoviária). No último caso, os produtos são mantidos apenas durante o tempo necessário à acumulação de quantidades eficientes. Esses diversos modais armazenam produtos acabados prontos para o mercado, produtos semi-acabados esperando sua montagem ou processamento adicional, e matérias-primas.

Consolidação

As estruturas das tarifas de transporte, especialmente no desdobramento por grupos, têm influência na utilização das instalações de armazenagem. Nos casos de produtos originários de várias fontes, pode ser mais econômico estabelecer um ponto de coleta (um armazém ou terminal de cargas) para consolidar as cargas pequenas em cargas maiores (Figura 11-2) e assim reduzir os custos totais do transporte. Isso se aplica a compradores cujas aquisições não se dão em volumes suficientes para justificar remes-

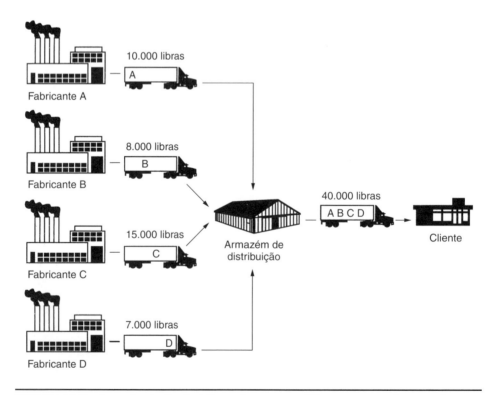

FIGURA 11-2 Armazém de distribuição usado para consolidar pequenos embarques de entrada em grandes embarques de saída.

sas isoladas de cada uma das fontes. O frete diferenciado proporcionado pela consolidação mais do que compensa as taxas do armazenamento intermediário.

Exemplo

Suponha que o cliente da Figura 11-2 receba normalmente remessas de produtos variados dos quatro fabricantes A, B, C e D, em quantidades de 10.000, 8.000, 15.000 e 7.000 libras-peso, respectivamente. Sendo todas as remessas feitas ao cliente em cargas incompletas, o custo total da distribuição alcançaria $966 por remessa, como está na Tabela 11-1(a). Consolidando-se, porém, os embarques em um armazém de distribuição, o custo total da distribuição baixa para $778 pela carga, como se mostra na Tabela 11-1(b). Neste caso, o resultado é uma economia de $188 por embarque, mesmo considerando-se os custos de armazenagem.

O termo *armazém de distribuição*[2] é utilizado principalmente para fazer contraste com um depósito. A diferença é questão de ênfase da importância das atividades de manutenção de estoques e do prazo de estocagem dos produtos. Um depósito implica que boa parte do espaço de armazenagem é reservada para estocagem semiperma-

---

[2] Armazém de distribuição é usado como sinônimo de armazém de campo e centro de distribuição.

nente ou de longo prazo, como se mostra na Figura 11-3(a). Em contraste, o armazém de distribuição tem a maior parte do seu espaço alocado a estocagem temporária, dando também atenção principalmente à rapidez e agilidade do fluxo dos produtos, como na Figura 11-3(b). Obviamente, muitos armazéns operam com as duas modalidades, sendo a diferença uma questão de grau.

No limite, os armazéns podem trabalhar exclusivamente no recebimento e embarque, eliminando as atividades de estocagem e separação de pedidos. Passam a ser conhecidos como os armazéns de trânsito (*cross docks*), ou pontos de concentração (*pool points*). As mercadorias são ali transferidas diretamente das docas de chegada para as de embarque, sendo a estocagem escassa ou nula. A transferência é normalmente completada em menos de 24 horas. Em comparação com remessa de mercadorias diretamente da origem, os armazéns de trânsito justificam-se pelas economias em matéria de transporte que podem proporcionar.

Fracionamento de Volumes

Usar as instalações de armazenagem para fracionar volumes (ou para seu transbordo) é o contrário de utilizá-las para a consolidação de cargas. Uma situação geral de fracionamento é ilustrada na Figura 11-4. Em casos de remessas de volumes cujo custo de transporte é reduzido, trata-se de removê-los para o armazém e a partir dali redespachá-los em quantidades menores. O fracionamento de volumes é comum em armazéns de distri-

---

TABELA 11-1 Exemplo da economia potencial de custos relacionada com a consolidação em um armazém de distribuição

(a) Sem consolidação

Fabricante	Peso do embarque (lb)	Tarifa de carga incompleta para o cliente	Custo
A	10.000	$2,00/cwt.	$200
B	8.000	1,80	144
C	15.000	3,40	510
D	7.000	1,60	112
Total			$966

(b) Com consolidação

Fabricante	Peso do embarque (lb)	Tarifa da carga incompleta até o centro de distribuição	Carga incompleta total	Cobrança do centro de distribuição	Tarifa de carga completa do armazém de distribuição ao cliente	Carga completa total	Custo
A	10.000	$0,75	$ 75	$10	$1,00/cwt.	$100	$185
B	8.000	0,60	48	8	1,00	80	136
C	15.000	1,20	180	15	1,00	150	345
D	7.000	0,50	35	7	1,00	70	112
Total	40.000						$778

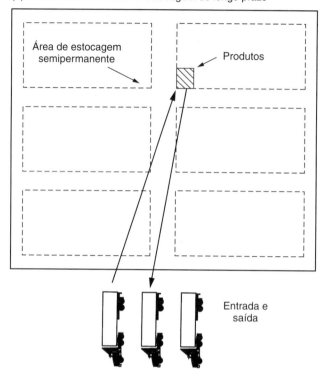

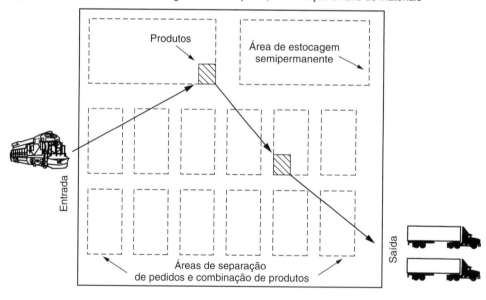

FIGURA 11-3 Contrastes entre depósito e armazém de distribuição.

buição ou terminais, especialmente quando as tarifas de transporte de entrada por unidade são menores que as tarifas de transporte de saída por unidade, os clientes fazem seus pedidos em quantidades menores do que carga completa, e são grandes as distâncias entre o fabricante e os clientes. Embora os diferenciais das tarifas de transporte tendam a favorecer um local de armazenagem perto dos clientes para as operações de fracionamento, o contrário vale para a consolidação dos fretes.

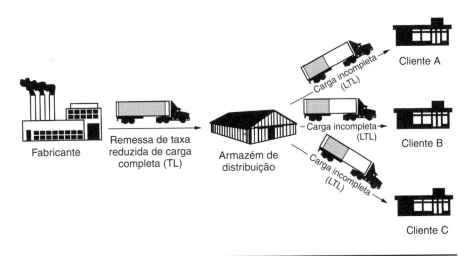

FIGURA 11-4 Armazém de distribuição (ponto de concentração, transbordo ou terminal) usado para o fracionamento de volumes.

Combinação

O uso de instalações de estocagem para a combinação de produtos é mostrada na Figura 11-5. Empresas que compram de fabricantes diferentes a fim de completar uma parte de sua linha de produtos em fábricas variadas tendem a sentir que o estabelecimento de um armazém como ponto de combinação de produtos proporciona economia em transportes. Sem um ponto de combinação, os pedidos dos clientes teriam de ser despachados diretamente a partir de pontos de produção com altos custos de transporte para volumes pequenos. Um ponto de combinação permite que remessas de maior volume dos componentes da linha de produtos sejam coletadas em um único ponto e então montadas de acordo com os pedidos e redespachadas para os clientes.

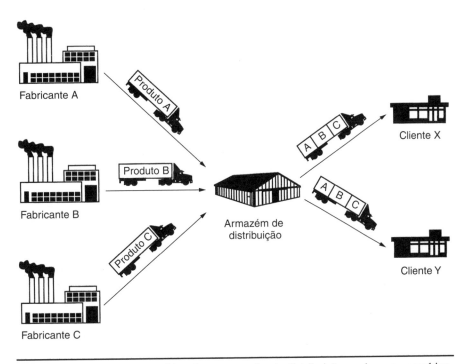

FIGURA 11-5 Exemplo genérico de um armazém de distribuição usado para a combinação de produtos.

Funções de Manuseio dos Materiais

O manuseio de materiais em um sistema de estocagem e manuseio é representado por três atividades principais: carga e descarga, movimento para e da estocagem e atendimento dos pedidos.

Carga e Descarga

A primeira e a última das atividades na cadeia de eventos de manuseio dos materiais são a carga e a descarga (lembrar a Figura 11-1). Quando os produtos chegam a um armazém, precisam ser descarregados do equipamento de transporte. Em muitos casos, a descarga e a remoção para o estoque são realizadas em uma única operação. Em outros, elas constituem dois processos separados, que às vezes necessitam de equipamento especial. Por exemplo, navios são descarregados nos portos com o uso de guindastes, e os vagões-tremonha são virados de lado por descarregadores mecânicos. Mesmo quando o equipamento de descarga não é diferente do equipamento usado para levar os produtos até a estocagem, a descarga pode ser tratada como atividade separada, pois as mercadorias às vezes são desembarcadas e só então contadas, inspecionadas e classificadas antes de serem removidas para áreas de estocagem no armazém.

A carga é similar à descarga; no entanto, o ponto de carga comporta várias atividades diversas das de descarga. Uma verificação final das condições do conteúdo do pedido e do seqüenciamento dos pedidos é normalmente realizada antes do embarque da carga no equipamento de transporte. Além disso, o carregamento exige muitas vezes esforços adicionais para prevenir danos, como a amarração e o reforço das embalagens.

Movimentação para e da Estocagem

Entre os pontos de carga e descarga em uma instalação de estocagem, há produtos que chegam a ser movimentados diversas vezes ao longo de sua permanência. A primeira movimentação é aquela do ponto de descarga para a área de estocagem. Depois, a movimentação se dá a partir do estoque ou da área de separação de pedidos para a doca de embarque. A utilização da área de separação de pedidos na operação de manuseio cria um ponto adicional de ligação e conexão na rede do sistema de estocagem, como se viu na Figura 11-1.

A atividade real de movimentação pode ser concretizada utilizando-se qualquer número dos diversos tipos de equipamentos disponíveis de manuseio de materiais. Eles vão desde carrinhos manuais de carga até sistemas totalmente automatizados e computadorizados de empilhamento e localização de mercadorias estocadas.

Atendimento dos Pedidos

O atendimento dos pedidos é a seleção dos estoques das áreas de armazenagem de acordo com as ordens de venda. A seleção dos pedidos pode ser feita diretamente das áreas de estocagem semipermanente ou de grandes volumes, ou a partir de áreas (chamadas de áreas de separação de pedidos) especialmente destinadas para permitir um escoamento ordenado de materiais em quantidades fracionados. O atendimento dos pedidos é muitas vezes a mais delicada das atividades de manuseio de materiais, porque lidar com pedidos de pequeno volume exige muita mão-de-obra e custa mais do que outras atividades de manuseio de materiais.

ALTERNATIVAS DE ESTOCAGEM

A estocagem é realizada nos termos de uma grande variedade de acordos financeiros e jurídicos. Cada um deles apresenta uma alternativa para o profissional de logística na avaliação do projeto de seu sistema. Quatro dessas alternativas são as mais importantes, embora existam várias combinações dessas mesmas quatro capazes de criar uma variedade quase que infinita. As alternativas básicas são a propriedade, aluguel, arrendamento e estocagem em trânsito.

Propriedade de Espaço

Inúmeras são as empresas produtoras e organizações de prestação de serviços que têm alguma forma de espaço próprio de estocagem, desde um simples depósito de fundo de pátio para equipamento de escritório até um armazém de produtos acabados com espaço de milhares de metros quadrados. No entanto, a característica mais comum é a da empresa ou organização com capital investido em espaço e no equipamento de manuseio de materiais da instalação de estocagem. Com esse investimento, a empresa espera obter uma variedade de vantagens:

1. Armazenagem mais barata do que qualquer outra possível com espaço alugado ou arrendado, especialmente quando há uma pesada utilização da instalação durante a maior parte do tempo.

2. Maior grau de controle sobre as operações de armazenagem, o que proporciona condições para uma estocagem eficiente e um alto nível de serviços.

3. A propriedade privada pode ser a única alternativa prática quando o produto exige, por suas características, equipamento e pessoal especializa-

dos – por exemplo, produtos farmacêuticos e determinados produtos químicos.

4. Os benefícios derivados da propriedade de imóveis.

5. O espaço pode ser reformado no futuro para utilização com outras finalidades – uma fábrica, por exemplo.

6. O espaço pode servir como base para um departamento de vendas, uma frota privada de transportes, um departamento de tráfego, ou um departamento de compras.

Resumindo, armazéns particulares têm o potencial de oferecer melhor controle, menores custos e maior flexibilidade quando comparados com o espaço de armazenagem alugado, especialmente sob condições de demanda substancial e constante, ou sempre que predomine a necessidade de condições especiais de armazenagem/estocagem.

Espaço Alugado

Milhares de empresas fazem negócios com a provisão de serviços de armazenagem a outras companhias. Há entre elas armazéns gerais, e também fornecedores de serviços logísticos a terceiros ou agenciadores de transportes, ambos fornecendo armazenagem como parte de seu conjunto de serviços. Tais empresas realizam muitos dos mesmos serviços desenvolvidos pela armazenagem privada, ou seja, receber, estocar, vender e outras semelhantes. Esses fornecedores de armazenagem são semelhantes aos operadores independentes na área dos transportes e mantêm na essência, com a armazenagem privada, a mesma relação do operador independente com os proprietários de uma frota privada de caminhões.

Tipos de Armazéns

Os tipos de instalações de armazéns próprios das empresas apresentam-se numa variedade quase infinita em função dos projetos padronizados que servem a necessidades especializadas. Em contraste, um armazém público procura sempre especializar-se a fim de servir a uma gama bem maior de necessidades das empresas. Assim, quando comparados com os armazéns particulares, os armazéns públicos são muito mais padronizados na configuração do espaço e na utilização de equipamentos multiusos. Muitos desses armazéns são instalações reformadas – comumente, edifícios antes usados como instalações de produção.

Os armazéns públicos podem ser classificados em um número limitado de grupos.

1. *Armazéns de commodities.* Limitam seus serviços à estocagem e manuseio de determinadas *commodities*, como madeiras, algodão, fumo, cereais e outros produtos sujeitos a grandes estragos.

2. *Armazéns de volumes de granéis.* Oferecem estocagem e manuseio de granéis, como químicos líquidos, petróleo, sais para auto-estradas (usados na remoção de neve acumulada) e ácidos passíveis de evaporação. Suas operações incluem ainda a combinação de produtos e o fracionamento de volumes.

3. *Armazéns de temperatura controlada.* Controlam o ambiente da estocagem, podendo regular tanto a temperatura quanto a umidade. Produtos perecíveis, como frutas e vegetais, e alimentos congelados, da mesma forma que alguns produtos químicos e medicamentos, exigem esse tipo de estocagem.

4. *Armazéns de produtos residenciais.* A estocagem e o manuseio de itens domésticos e móveis constituem a especialidade desses armazéns. Embora seja comum sua utilização por fabricantes de móveis, os grandes usuários desses armazéns são mesmo as empresas de mudanças residenciais.

5. *Armazéns gerais de mercadorias.* Constituindo o tipo mais comum entre os armazéns, estes manuseiam uma imensa variedade de mercadorias. Estas normalmente não necessitam das instalações diferenciadas ou do manuseio especial dos tipos acima relacionados.

6. *Miniarmazéns.* São, obviamente, armazéns pequenos, com espaço de estocagem de unidades variando de 60 a 600 metros quadrados e muitas vezes agrupados. Seu objetivo real é proporcionar espaço extra, e por isso mesmo poucos serviços são oferecidos por eles. A localização conveniente é uma atração para os clientes, mas a segurança é a maior vulnerabilidade.

Na prática, um armazém público pode não se ajustar estritamente a qualquer dos tipos acima descritos. Por exemplo, um armazém geral que estiver manuseando produtos alimentares pode passar a considerar indispensável manter uma seção de refrigeração. Além disso, há casos em que constitui boa prática combinar a estocagem de volume com a de mercadorias gerais.

Vantagens Inerentes

A armazenagem pública, ou espaço arrendado de armazenagem, oferece inúmeras vantagens, várias delas constituindo o oposto daquelas oferecidas pelos armazéns particulares. A seguir, uma relação de tais vantagens:

1. *Nenhum capital imobilizado.* O uso dos armazéns públicos não exige imobilização de investimento pela empresa que arrenda o espaço. Todos os custos de armazenagem para a empresa arrendatária são variáveis, ou seja, em proporção direta ao grau de utilização dos serviços respectivos. Não imobilizar capital em instalações de estocagem é positivo quando a empresa tem outras utilizações preferenciais para o capital ou simplesmente não dispõe de recursos para tal investimento.

2. *Custos mais baixos.* A armazenagem pública pode oferecer custos menores do que seus equivalentes particular ou arrendado em situações em que a utilização do espaço privado seria sempre reduzida, como no caso de estoques sazonais. A armazenagem privada apresenta ineficiências decorrentes da sub ou superutilização de espaço. O gerente do armazém público sempre tenta contrabalançar os padrões sazonais de estocagem de um número de fabricantes e os benefícios da utilização relativamente constante ou plena da capacidade, como é mostrado na Figura 11-6.

3. *Localização flexível.* Como os contratos com os armazéns públicos geralmente são de médio prazo, fica mais fácil e menos dispendioso alterar os locais de armazenagem a fim de acompanhar as mudanças de mercado. Essa ausência de compromisso de longo prazo proporciona a flexibilidade indispensável para manter uma rede logística ótima.

Serviços

Os armazéns públicos oferecem uma ampla gama de serviços a fim de atrair e fidelizar clientes. A maior parte deles proporciona serviços básicos como recepção, estocagem, remessa, consolidação, combinação e fracionamento. É freqüente, no entanto, que ofereçam bem mais do que isso. De acordo com a American Warehousemen's Association, os serviços a seguir relacionados estão geralmente disponíveis em armazéns públicos:

- Serviços de manuseio, estocagem e distribuição, por embalagem ou por cwt.
- Estocagem em trânsito
- Estocagem alfandegada na Aduana dos EUA
- Estocagem garantida pelo Departamento da Receita Federal dos EUA
- Espaço com temperatura e umidade controlados

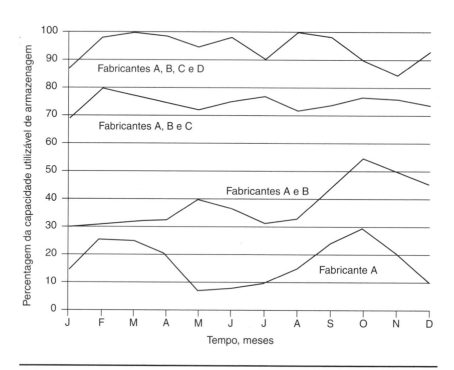

FIGURA 11-6 Equilibrando picos e vales sazonais dos níveis de estoque entre vários fabricantes a fim de manter a utilização plena da capacidade de ocupação nos armazéns públicos.

- Espaço alugado com tarifa por pé quadrado
- Espaço de escritório e mostruário; serviços especiais burocráticos e telefone
- Informação sobre tráfego
- Manuseio e distribuição de vagões e embarques consolidados
- Estoques físicos
- Instalações modernas sobre dados
- Plano de consolidação de fretes
- Serviços de embalagem e montagem
- Fumigação
- Marcação, rotulagem, marcação com stêncil, empacotamento
- Postagem de parcelas, UPS e remessas expressas
- Estufamento e amarração
- Carga e descarga de vagões e caminhões
- Conserto, conferência, amostragem, peso e inspeção
- Cobranças de pagamento contra entrega
- Demonstração de compilações de estoques especiais
- Manutenção de cargas e entrega a clientes em listas especiais
- Transporte local e de longa distância
- Entrega e instalação de aparelhos domiciliares
- Comprovantes de armazenagem, negociáveis e não-negociáveis
- Preparação de relatórios de excesso, escassez e danos às mercadorias
- Rateio de cobranças de fretes
- Informação de crédito
- Empréstimos sobre *commodities* estocadas
- Serviços de armazenagem de campo
- Serviços de terminais para cargas por via aquática
- Armazenagem de maquinário, aço e outros itens com necessidade de equipamentos especiais de manuseio
- Estocagem em pátio
- Manuseio, estocagem e embalagem de *commodities* a granel seco
- Manuseio, estocagem, embarrilamento e engarramento de líquidos em volumes
- Manuseio e estocagem de materiais conteinerizados[3]

Vários dos serviços supracitados exigem referência especial, ou por serem exclusivos dos armazéns públicos ou por serem importantes para usuários em potencial.

Deferimento de impostos* são feitos com o governo envolvendo determinadas mercadorias, como tabaco e bebidas alcoólicas, sujeitas à cobrança de impostos ou tarifas. O acordo tem como partes o proprietário e o governo, e garante que as mercadorias não serão removidas do armazém (a menos que para outro, sob normas semelhantes) antes do pagamento dos impostos e tarifas correspondentes. A vantagem para o proprietário da mercadoria é não ter de pagar os impostos ou tarifas enquanto não vender seu produto, assim minimizando o capital imobilizado em bens armazenados. Representantes dos armazéns públicos, funcionando com agentes, garantem ao governo que as mercadorias declaradas estão no armazém. O conceito em questão pode ser aplicado também a mercadorias estocadas em armazéns privados.

Esse tipo de garantia pode ser igualmente aplicado a mercadorias importadas destinadas ao mercado doméstico ou de outros países. Várias zonas de livre comércio se criaram, normalmente em áreas portuárias, a partir desse conceito. Essas áreas, delimitadas e cercadas, podem abrigar instalações de manufatura e armazenagem. Empresas internacionais são autorizadas a desembarcar produtos na zona de livre comércio, desenvolver ali pequenas operações de manufatura, estocar as mercadorias e só pagar as respectivas taxas de importação se os produtos forem comercializados no país fora dos limites da zona. Se os mesmos produtos forem exportados para mercados externos, não haverá pagamento de impostos.

A *armazenagem de campo* é o método segundo o qual o responsável pelo armazém público ajuda o dono das mercadorias armazenadas a aumentar seu capital de giro. Trata-se da conversão de espaço de armazenagem privado em espaço de armazenagem público para a garantia de créditos. A empresa do armazém público normalmente arrenda do proprietário das mercadorias uma parte do armazém privado em que são estocados os bens e emite um recibo de armazenagem. O proprietário usa então esse recibo a fim de obter crédito, lançando mão das mercadorias como caução do empréstimo. Como os bens estão sob a custódia legal do responsável pelo armazém público, a empresa desse armazém atua como um terceiro interessado a fim de garantir que a caução para o empréstimo existe. Estabelecer o armazém em área própria economiza as despesas de transportar as mercadorias para um armazém público e as despesas de estocagem enquanto ali permanecerem. O acordo é normalmente temporário, estendendo-se pela duração do empréstimo.

---

[3] American Warehousemen's Association, Chicago, IL.

* N. de R.T.: Um equivalente, no Brasil, ao deferimento de impostos ocorre no EADi (Entreposto Alfandegado de Interior) onde os impostos de importação somente são recolhidos quando os produtos importados são retirados do EADi.

Exposição de estoques é um termo coletivo que se aplica a várias atividades relativas ao atendimento de pedidos, sendo uma extensão da função de fracionamento. Os armazéns públicos reagiram à crescente necessidade dos fabricantes de proporcionar um alto nível de serviços ao cliente a atacadistas e varejistas que mantêm estoques reduzidos para satisfazer suas necessidades de vendas. Os produtores "expõem" uma amostra de suas mercadorias em armazéns públicos próximos dos seus respectivos mercados. O armazém público serve como uma filial do armazém ao proporcionar todas as funções normalmente presentes no armazém particular. O tempo do ciclo do pedido é consideravelmente reduzido em comparação com aquele existente em armazéns privados mais centralizados que o produtor esteja porventura utilizando.

O responsável pelo armazém público consegue igualmente prestar assistência em matéria de *controle dos estoques*. Quando se dispõe de muitos estoques localizados em vários pontos do país, a manutenção de registros precisos sobre os estoques disponíveis é quase sempre um problema, mesmo quando a empresa dispõe de um sistema próprio de registro. Os responsáveis pelos armazéns públicos prestam assessoria neste campo mediante a manutenção de balanços permanentes de estoques, anotações sobre estoques que não vendem e sobre estoques danificados quando em trânsito, fazendo ainda registros da chegada dos estoques ao armazém e relacionando todas as despesas incorridas. Os armazéns públicos usam computadores para grande parte de suas operações de registro de todos esses dados.

Se o responsável pelo armazém público, ou por provedor de serviços similares, manuseia o processamento dos pedidos e entregas para os seus clientes, a localização desses pedidos torna-se mais um serviço disponível. Essa informação sobre a localização pode interagir com outros sistemas de informação do canal de suprimentos, de tal forma que os clientes finais tenham condições de acompanhar e verificar a situação dos seus pedidos desde a apresentação até a entrega das mercadorias neles abrangidas.

Não se deve esperar que todos os armazéns públicos tenham condições de prover essa gama completa de serviços. Empreendimentos de pequeno porte, de propriedade e operação locais, constituem a maioria deles. Apenas os maiores da categoria têm os recursos indispensáveis à oferta extensiva de serviços. Portanto, é importante que o usuário dos serviços dos armazéns públicos seja seletivo.

Documentação e Considerações Legais

Os armazéns públicos são custiadores públicos de propriedade. Em face dessa responsabilidade, existem determinadas obrigações legais que os responsáveis pelos armazéns assumem. Dos termos e das condições do contrato padrão aprovado pela American Warehousemen's Association, vale a pena destacar esta seção a respeito das obrigações legais:

> O responsável pelo armazém não poderá ser responsabilizado por quaisquer perdas ou danos às mercadorias estocadas, seja qual for sua extensão, a menos que tais perdas ou danos resultem do fato de não exercer em relação a elas a vigilância que um profissional razoavelmente cuidadoso deveria exercer em circunstâncias semelhantes, e o responsável pelo armazém também não poderá ser responsabilizado por danos inevitáveis mesmo pelo exercício desses cuidados.[4]

A essência dessa declaração está em que a responsabilidade legal dos responsáveis pelos armazéns públicos é o exercício de cuidados razoáveis no manuseio e estocagem dos produtos sob sua guarda. Quando as perdas e danos não puderem ser evitadas mediante o exercício de cuidados razoáveis, o responsável não será por elas cobrado, a menos que o respectivo contrato inclua cláusulas específicas a respeito dessa cobertura. O dono da mercadoria pode ampliar sua garantia contra perdas e danos recorrendo à cobertura de seguros especiais ou pela inclusão no contrato com o armazém público de uma cláusula especial de responsabilidade, pela qual, é claro, será cobrada uma tarifa extra.

Como os armazéns públicos funcionam visando à satisfação do interesse público, vários estados norte-americanos mantêm normas regulamentadoras da atividade por intermédio de uma comissão de serviços públicos de âmbito estadual. No entanto, a regulamentação não é mais tão abrangente como em outras épocas, abrangendo atualmente armazéns apenas nos Estados da Califórnia, Minnesota e Washington. O Código Comercial Unificado, que cobre os armazéns públicos em todos os estados menos a Louisiana, define as responsabilidades do responsável pelo armazém público, e estabelece uma uniformidade quanto aos recibos emitidos. Na Louisiana, a Lei de Recibos Únicos de Armazenagem define as responsabilidades desse encarregado.

Diversos tipos de documentos tornam-se importantes para assegurar uma operação uniforme dos armazéns públicos. Os principais são o recibo de armazenamento; o conhecimento de embarque; o relatório de excesso, escassez e danos, e o relatório da situação do estoque.

O *recibo de armazenamento* é o mais importante desses documentos, por discriminar os produtos que estão sendo armazenados, bem como sua localização,

---

[4] Idem.

seu proprietário, seus destinatários e, ainda, os termos e condições do contrato de estocagem. Esses termos e condições, especificados pelo Código Comercial Unificado ou pela Lei de Recibos Únicos de Armazenagem, aparecem normalmente no verso do recibo de armazenamento.

Os recibos de armazenamento podem ser negociáveis ou não-negociáveis. A diferença está na facilidade para transferir as mercadorias de uma pessoa a outra. Um recibo não-negociável é emitido em nome de determinada pessoa ou empresa. Os produtos não podem ser entregues a outra pessoa ou empresa, a menos que o encarregado receba autorização escrita do proprietário para tanto. Em contraste, o recibo negociável pode ser emitido em nome de uma pessoa ou empresa, ou mesmo sem essa especificação. E nessa condição ele pode passar de mão em mão apenas mediante o endosso do recibo. O responsável pelo armazém libera os produtos ao portador do recibo. O aspecto da negociabilidade do recibo facilita sua utilização como caução de um empréstimo.

O *conhecimento de embarque* é o documento contratual usado na movimentação dos produtos. Detalha as condições e os termos sob os quais um transportador põe os produtos em trânsito. Sendo a origem, o armazém público e destino dos produtos normalmente itens separados, o responsável pelo armazém muitas vezes emite esse documento em nome do proprietário dos produtos armazenados.

O *relatório de excesso, escassez & danos (OS&D)* é emitido quando do recebimento dos produtos no armazém, mas apenas quando estes não chegarem em boas condições ou da forma discriminada no conhecimento de embarque. O relatório *OS&D* pode ser usado como documento básico em caso de apresentação de uma reclamação formal contra o transportador.

O *relatório de situação do estoque* mostra a posição do estoque no armazém no final do mês em termos de itens, quantidade e peso. Pode ser igualmente usado como base para a computação das tarifas de estocagem.

Espaço Arrendado

O arrendamento de espaço representa, para muitas empresas, uma opção intermediária entre alugar espaço por curto prazo num armazém público e o comprometimento de longo prazo de um armazém privado. A vantagem de arrendar espaço de estocagem é a possibilidade de conseguir, do proprietário, uma tarifa mais favorável. No entanto, como o usuário do espaço precisa garantir, por intermédio de um contrato de arrendamento, que o espaço arrendado por um prazo especificado será real-

mente pago, perde-se alguma flexibilidade de localização. Mesmo assim, dependendo do prazo do arrendamento, o usuário poderá ter também controle sobre o espaço de estocagem e as operações relacionadas, o que só virá em seu benefício.

Espaço arrendado para estocagem pode ser obtido de diversas formas. Os responsáveis pelos armazéns públicos oferecem contratos de prazos mais longos em seus espaços. Há fabricantes que não conseguem usar a plena capacidade de seus armazéns privados. Provedores de logística terceirizados oferecem espaço de armazenagem juntamente com outros serviços logísticos. Existem ainda proprietários de armazéns para os quais poderá ser vantajoso vender esses armazéns e depois arrendar dos compradores o espaço de que tiverem necessidade real.

Estocagem em Trânsito

A *estocagem em trânsito* é o tempo que os produtos permanecem no equipamento de transporte durante a entrega. É uma forma especial de armanezamento que exige coordenação com a opção feita em modalidade de transporte ou serviço. Como opções diferentes de transporte significam diferentes tempos de trânsito, torna-se possível para o profissional da logística escolher um serviço de transporte que tenha condições de reduzir significativamente ou até mesmo eliminar a necessidade de armazenamento convencional. Esta alternativa é particularmente atraente para empresas que trabalham com estoques sazonais e remessas para longas distâncias.

Exemplo

A United Processors Company colhe e processa uma variedade de frutas e legumes nas regiões agrícolas do Sul e Oeste dos Estados Unidos. Com relação a produtos como morangos e melancias, a demanda no Leste e Meio-Oeste costuma ser muito pronunciada antes da estação de amadurecimento dessas regiões. Como a United Processors tem necessidade de colher mais cedo do que nas regiões mais ao Norte, a oferta normalmente se acumula antes dos picos de demanda. Os estoques normalmente surgem nas áreas de colheita antes do começo dos embarques via rodoviária para as áreas da demanda. No entanto, pelo simples fato de optar pelo serviço ferroviário de carga e os respectivos tempos de trânsito mais alongados que o caracterizam, a empresa conseguiu, em muitos casos, iniciar os embarques imediatamente depois da colheita, fazendo com que os produtos chegassem ao mercado na hora exata do crescimento da demanda. A ferrovia proporcionou

386 PARTE IV • ESTRATÉGIA DE ESTOQUE

também a função de armazenagem. Todas estas circunstâncias se traduziram em significativas reduções de custos, tanto de armazenagem quanto de transporte.

CONSIDERAÇÕES A RESPEITO DO MANUSEIO DE MATERIAIS

As considerações em torno do manuseio de materiais são parte da tomada de decisão quanto ao espaço de estocagem. Se a opção for pela armazenagem pública, a compatibilidade do sistema de manuseio de materiais da empresa com aquele do armazém público será uma consideração de primeira monta. Optando por armazém controlado por empresa privada, a eficiência da operação de manuseio de materiais na sua globalidade será o objeto principal da atenção. O manuseio de materiais é, em grande parte, uma atividade que absorve custos, embora tenha algum impacto sobre o tempo do ciclo do pedido do cliente e, portanto, sobre o serviço ao cliente. Assim, os objetivos do manuseio de materiais são centrados em custos, isto é, pretendem reduzir o custo do manuseio e aumentar o espaço utilizável. A melhoria da eficiência do manuseio dos materiais desenvolve-se ao longo de quatro linhas: a unitização da carga, o leiaute do espaço, a escolha do equipamento de estocagem e a escolha do equipamento de movimentação.

Unitização da Carga

Um princípio fundamental no manuseio de materiais estabelece que

> ...geralmente, a economia no manuseio dos materiais é diretamente proporcional ao tamanho da carga manuseada.[5]

Ou seja, à medida que aumenta o tamanho da carga, menor vai se tornando o número de viagens necessárias para estocar uma determinada quantidade de mercadorias e maior se revela a economia de custos. O número de viagens relaciona-se diretamente com o tempo de trabalho necessário para movimentar os produtos, e também com o tempo que o equipamento de manuseio de materiais fica em serviço. A eficiência pode ser então melhorada mediante a consolidação de um número de volumes menores numa única carga e o conseqüente manuseio da carga consolidada. Isso é chamado de unitização de carga, sendo mais comumente realizado por meio da paletização e conteinerização.

Paletização

Um palete (ou estrado) é uma plataforma portátil, normalmente feita de madeira ou material corrugado em que se empilham materiais para transporte e estocagem. As mercadorias muitas vezes são colocadas em paletes quando de sua manufatura e permanecem paletizadas até que o atendimento dos pedidos torne necessário o fracionamento de quantidades. A paletização auxilia na movimentação ao permitir o uso de equipamento mecânico padrão no manuseio de uma ampla variedade de mercadorias. Além disso, facilita na unitização da carga com um decorrente aumento do peso e volume de materiais manuseados por hora de trabalho. Além disso, aumenta a utilização do espaço ao proporcionar empilhamento mais estável e, com isso, a possibilidade de pilhas mais altas no estoque.

Os paletes podem ser feitos em qualquer tamanho. O mais utilizado nos Estados Unidos é o de 40 por 48 polegadas, que permite a colocação de dois paletes lado a lado em um contêiner padrão ou reboque de caminhão de carga. Outros tamanhos muitos encontrados são os de 32 por 40 polegadas, 36 por 42 polegadas e 48 por 48 polegadas. Outros países não usam necessariamente esses tamanhos. A Austrália, por exemplo, tem um padrão de 46 por 46 polegadas e o Brasil prefere os paletes de 1200 por 1000 milímetros. O tamanho e configuração do palete dependem do tamanho, forma, peso e vulnerabilidade dos produtos e da capacidade do equipamento de manuseio de materiais. A escolha do tamanho do palete deve levar em consideração a compatibilidade com o sistema de manuseio de materiais de cada empresa e a compatibilidade com os sistemas de manuseio de materiais de terceiros que também precisarão lidar com esses bens – por exemplo, os equipamentos dos armazéns públicos e os dos clientes da empresa. Depois de se levar em conta todas essas necessidades, o ideal seria escolher o maior tamanho possível de paletes a fim de minimizar não só seu número como também seu manuseio. O carregamento do palete deve levar em conta a distribuição e a estabilidade da carga.

O palete é um item de custo agregado ao sistema de manuseio de materiais. Ele deve justificar sua utilização a partir das economias decorrentes de seu uso.

Conteinerização

O ideal em termos de unitização das cargas e compatibilização dos sistemas de manuseio de materiais é o contêiner. Contêineres são caixas gigantes para estocagem e transporte de produtos. Podem ser feitos à prova d'água e de arrombamentos, tornando assim a armazenagem comum desnecessária. A estocagem pode ser feita num espaço aberto. Equipamento padrão de manuseio de materiais serve para movimentar os con-

---

[5] Stanley M. Weir, *Order Selection* (New York: American Management Association, 1968), págs. 4-5.

têineres, que são intercambiáveis entre os diversos modais de transporte.

A padronização dos tamanhos será o fator mais importante para o uso generalizado dos contêineres. Devido aos interesses em choque dos inúmeros grupos que atuam nos sistemas de transporte e armazenagem em várias regiões do mundo, o tamanho dos contêineres ainda não é padronizado. Os contêineres são caros, e algum plano de compartilhamento de custos e/ou programa de intercâmbio precisará ser encontrado a fim de possibilitar que a conteinerização se transforme em método de manuseio de materiais comum para movimentos além das fronteiras de cada país.

Leiaute do Espaço

A localização do estoque no armazém afeta diretamente as despesas gerais de manuseio de materiais de todos os produtos movimentados no âmbito desse espaço. Busca-se um equilíbrio entre os custos do manuseio dos materiais e a utilização do espaço do armazém. Especificamente, existem considerações relativas ao espaço de estocagem e à separação dos pedidos que influem no projeto interno do armazém.

Leiaute para Estocagem

Em armazéns com baixo percentual de giro das mercadorias, a preocupação principal é configurar armazém para a estocagem. Baias de estocagem podem ser tanto largas quanto profundas, e o empilhamento pode ser tão alto quanto o permitido pela altura interna e/ou a estabilidade da carga. Os corredores podem ser estreitos. Este leiaute supõe que o tempo extra necessário para a movimentação de estoques para dentro e para fora das áreas de permanência é mais do que compensado pela utilização integral do espaço.

À medida que o giro dos produtos aumenta, um leiaute como este vai se tornando progressivamente insatisfatório, tornando-se necessária a realização de modificações para que os custos do manuseio se mantenham em patamares razoáveis. Assim, os corredores tenderão a se tornar mais largos e a altura dos empilhamentos diminuirá. Tudo isso contribui para reduzir o tempo gasto na colocação e retirada dos estoques.

Leiaute para Separação dos Pedidos

Em função de o padrão do fluxo nos armazéns apontar entradas em quantidades unitárias maiores que as saídas, as considerações em torno da separação dos pedidos assumem obviamente considerável importância entre os determinantes do leiaute dos armazéns. Um tempo de trabalho desproporcionalmente maior pode ser gasto no atendimento de pedidos do que no recebi-

mento e na estocagem. O leiaute mais simples para a estocagem dos pedidos indica a utilização das áreas de estocagem existentes (conhecidas como um *sistema de área*), com todas as modificações referentes à altura de empilhamentos, localização dos produtos em relação a docas de saída e tamanho de baias que venham a ser necessárias em termos de eficiência [ver Figura 11-7(a)]. Se o giro dos produtos é alto e o atendimento dos pedidos requer o fracionamento de volumes, utilizar as baias de estocagem tanto para estocagem quanto para a separação dos pedidos pode acarretar custos de manuseio maiores do que os necessários e utilização inadequada de espaço de armazenagem. Ou seja, o tempo de movimentação é maior quando se cobrem longas distâncias no próprio armazém para atender os pedidos, a unidade das cargas é rompida de tal forma que diminui a boa ordenação do empilhamento e da localização dos produtos, e a utilização do espaço acaba reduzida.

Um plano alternativo de leiaute é estabelecer baias de estoques no armazém de acordo com sua função principal. Este é o chamado *sistema modificado de área*. Determinadas áreas do armazém são projetadas em função das necessidades de estocagem e da ocupação integral do espaço, enquanto outras seriam projetadas tendo em vista as necessidades de separação de pedidos e do tempo mínimo de movimentação para o atendimento dos pedidos [Figura 11-7(b)]. As baias de estocagem (reserva) são usadas para estocagem semipermanente. Quando o estoque diminui nas baias de separação, pode ser reabastecido com o conteúdo das baias de estocagem. Com a exceção de itens maiores, mais volumosos, que poderiam ser ainda assim separados das áreas de estocagem, todas as unidades de carga são fracionadas na área de separação de pedidos. As baias de separação de pedidos tendem a ser menores que as de estocagem, normalmente com profundidade para apenas dois paletes ou usando prateleiras com a metade da altura daquelas da seção de estoque de reserva. A altura da prateleira de separação é limitada a uma altura que os trabalhadores possam alcançar com facilidade. A utilização de áreas de separação de pedidos distintas da área de reserva reduz consideravelmente o tempo de movimentação interna e o tempo do serviço necessário ao atendimento dos pedidos.

O tempo de movimentação da separação dos pedidos poderia ser ainda mais reduzido pela opção por equipamento especializado, como *flow racks*, correias transportadoras, transportadores aéreos, escâneres e outros instrumentos de manuseio de materiais; e também mediante um projeto operacional, que incluísse sequenciamento, zoneamento e formação de lotes. Como iremos debater o equipamento de manuseio de materiais

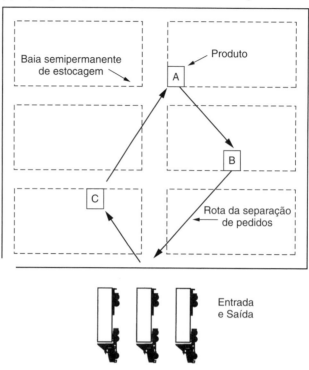

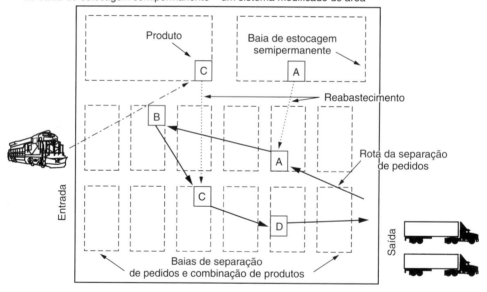

FIGURA 11-7 Uma representação genérica da separação de pedidos a partir das áreas de estocagem em comparação com a separação de pedidos a partir de baias distintas.

mais para o final deste capítulo, no presente estágio mencionaremos apenas considerações operacionais.

Seqüenciamento é o arranjo dos itens necessários em um pedido na seqüência em que aparecem na rota de separação de pedidos ao longo do armazém. Evitar a necessidade de retornos economiza tempo de separação. Esta técnica pode ser aplicada tanto em sistemas de área quanto em sistemas de área modificada, apesar de existir um custo quando isso acontece. O seqüenciamento deve ocorrer na própria ordem de venda por meio da cooperação com o cliente ou fornecedor ou os dados de produto deverão ser seqüenciados depois do recebimento do pedido.

Zoneamento significa determinar que os separadores de pedidos atendam apenas a um número limitado dos itens em estoque em vez de roteá-los ao longo de todo o estoque. Um separador de pedidos pode selecionar o estoque exclusivamente em um corredor ou área determinados, suprindo assim apenas uma parte do pedido do cliente. Embora o zoneamento proporcione a utilização equilibrada da força de trabalho e reduza o tempo de movimentação na separação, apresenta algumas dificuldades. Em primeiro lugar, requer que o estoque esteja separado em zonas conforme a freqüência, peso e semelhança dos itens estabelecidos nos pedidos para que a carga de trabalho do responsável pela separação seja equilibrada. Em segundo lugar, as ordens de vendas precisam ser subdivididas e uma lista de separação para cada zona desenvolvida. Em terceiro lugar, as diferentes partes dos pedidos devem ser remontadas em um pedido global antes de deixarem o armazém. Quando o atendimento do pedido é feito de uma zona a outra para tentar evitar o problema da remontagem, o ritmo da separação passa a depender do ritmo dessa mesma separação em outras zonas.

A *formação de lotes* envolve a seleção de mais de um pedido em uma única passagem pelo estoque. Essa prática obviamente reduz o tempo em trânsito, mas aumenta também a complicação da remontagem dos pedidos e pedidos parciais para o embarque. Além disso, significa o risco de alongar o tempo de atendimento para qualquer um dos demais pedidos porque a sua integralização passa a depender do número e volume dos outros pedidos no lote.

Escolha do Equipamento de Estocagem

A estocagem e o manuseio de materiais são passos que devem ser considerados concomitantemente. De certa forma, a estocagem é simplesmente uma parada temporária no fluxo dos materiais ao longo de um armazém. A estocagem é útil na promoção da utilização integral do espaço e na melhoria da eficiência do manuseio dos materiais.

É provável que o mais importante acessório da estocagem seja a prateleira. As prateleiras são repartições, normalmente de metal ou madeira, em que se colocam os produtos. Quando uma ampla variedade de itens em pequenas quantidades precisa ser estocada, empilhar cargas umas sobre as outras é uma prática ineficaz. As prateleiras promovem o empilhamento do chão ao teto, e os itens nas repartições mais altas ou mais baixas são acessíveis por igual, embora os itens com giro maior devam ser colocados perto da parte inferior a fim de reduzir o tempo total de serviço na prateleira. Prateleiras

também auxiliam na rotação dos estoques, como, por exemplo, em um sistema de controle de estoque PEPS (primeiro a entrar, primeiro a sair, ou FIFO, conforme a sigla em inglês).

Outros acessórios disponíveis da estocagem incluem as caixas de repartições, contenedores horizontais e verticais, escaninhos e gavetas. Todos esses complementos auxiliam na estocagem e manuseio ordenados de produtos de configurações irregulares e díspares.

Escolha do Equipamento de Movimentação

É enorme a variedade disponível de equipamentos mecânicos para carga e descarga, separação de pedidos e movimentação das mercadorias no armazém. O equipamento de movimentação é diferenciado pelo seu grau de uso especializado e pela extensão da força manual necessária para operá-lo. Existem três categorias abrangentes e bem caracterizadas de tais equipamentos: manual, misto (com auxílio de energia) e totalmente mecanizado. Uma combinação dessas categorias é o que mais se encontra no âmbito de um sistema de manuseio de materiais, sendo mais rara a presença de uma categoria única utilizada com exclusividade.

Equipamento Manual

Equipamentos manuais de manuseio de materiais, como os carrinhos de duas rodas e as paleteiras de quatro rodas, proporcionam um certo grau de vantagem mecânica na movimentação dos artigos e requerem tão-somente um modesto investimento. Embora boa parte destes equipamentos possa ser usada para lidar com um sem-número de produtos e em circunstâncias das mais variadas, existem entre eles aqueles projetados para usos especiais – por exemplo, manuseio de tapetes, de móveis e de encanamentos, entre tantos outros.

Em geral, a flexibilidade e o baixo custo destes equipamentos fazem deles a melhor escolha quando o *mix* de produtos existente em um armazém é dinâmico, o volume que flui entre as diversas áreas não é muito intenso, e em que o investimento em equipamentos mais mecanizados não seria aconselhável. No entanto, a utilização desses equipamentos é, de certa forma, limitada em função da capacidade física dos operadores.

Equipamento Misto

Aumenta-se a rapidez e a eficiência do manuseio de materiais e o rendimento por hora trabalhada com a utilização de equipamentos mistos. Entre eles incluem-se guindastes, *trucks* industriais, elevadores e guinchos; no entanto, o "cavalo de batalha" da indústria é a empilhadeira mecânica e suas variações.

A empilhadeira mecânica é normalmente apenas parte de um sistema de manuseio de materiais. É combinada com o embarque paletizado e às vezes com prateleiras de paletes. O equipamento elétrico permite o empilhamento de cargas elevadas (mais de 12 pés, ou 3,65 metros) e movimentações de cargas de tamanho substancial. A empilhadeira mecânica mais comum tem capacidade de carga de cerca de 3.000 libras-peso (1.365 kg). O uso da empilhadeira, palete e prateleiras em um área de armazenagem de leiaute modificado é mostrado na Figura 11-8.

O palete e a empilhadeira como sistema de manuseio de materiais têm alta flexibilidade. O palete permite a movimentação de uma variedade de produtos com equipamento padrão de manuseio. O sistema como um todo não parece destinado a tornar-se obsoleto nem a exigir modificações dispendiosas à medida que as necessidades de armazenamento vão sendo alteradas. Além disso, devido ao seu custo relativamente baixo, torna-se um sistema que todo mundo conhece e utiliza.

Equipamento Inteiramente Mecanizado

Com equipamento de manuseio controlado por computador, códigos de barras e tecnologia de escaneamento, já existem sistemas de manuseio de materiais que chegam perto da automação integral. São os *sistemas automatizados de retirada e estocagem*, ou AS/RS, na sigla em inglês. Representam a mais abrangente aplicação de tecnologia entre todas as alternativas de manuseio de materiais.

Aplicações

- No auge das trocas de selos de coleção, o imenso S&H Green Stamp Distribution Center de Hillsdale, no estado de Illinois, servia a mais de 150 centros de recuperação de selos, estocava 2.000 itens de 700 fornecedores, e processava mais de 16 mil embalagens durante o turno único de sete horas e meia de trabalho. Um sistema computadorizado de correias de transmissão era utilizado para levar os

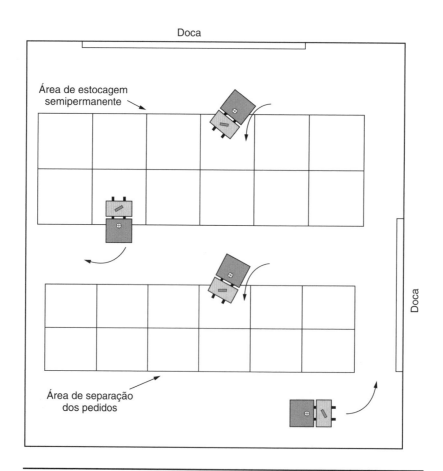

FIGURA 11-8 Sistema de manuseio de materiais com palete, prateleira e empilhadeira mecânica num leiaute de armazém de área modificada.

produtos de áreas de separação de pedidos, ordenar o fluxo dos pedidos ao longo do sistema de correias de transmissão, e para controlar a acumulação de pedidos na doca.

- O sistema de manuseio na Rohr Corporation, que processa 90 mil peças de aviões, representa um passo a mais em direção ao sistema totalmente automatizado de retirada e estocagem. Com excepção das áreas de remessa e recebimento, de auditagem do trabalho burocrático e da verificação das cargas, as cargas que chegam são movimentadas via correias para prateleiras de estocagem, estocadas em prateleiras por guindastes automatizados e recuperados mediante um processo reverso. Um diagrama deste sistema é mostrado na Figura 11-9.

Histórias sobre manuseio de materiais *high-tech* conseguem sem dúvida excitar nossa imaginação, mas um AS/RS não é ainda a melhor alternativa para a maior parte das operações de armazenagem. A menos que se trate de um armazém com fluxo constante e de substancial volume, é ainda difícil justificar os enormes investimentos que tais sistemas requerem. Além disso, eles apresentam vários problemas: inflexibilidades em termos de futuro, *mix* de produtos e volume e em termos de localização no armazém, além de problemas mecânicos que, dependendo da intensidade, podem interromper o sistema inteiro. No entanto, dadas as condições favoráveis para este progresso, o armazém inteiramente mecanizado oferece maior potencial de custos operacionais reduzidos e separação mais rápida de pedidos do que qualquer outro tipo de sistema de manuseio de materiais.

CUSTOS E TAXAS DO SISTEMA DE ESTOCAGEM

Toda empresa paga os custos do sistema de estocagem, estejam eles nas taxas cobradas por uma terceirizada que proporciona esses serviços, ou nos custos internos gerados pelo sistema privado de manuseio de materiais no armazém particular da firma. A fim de proporcionar uma visão geral dos diversos sistemas de custos de estocagem, é preciso observar em especial quatro sistemas diferentes: armazenagem pública; armazenagem arrendada, manuseio manual; armazenagem privada, manuseio de paletes e empilhadeiras automáticas; e armazenagem privada, manuseio automatizado. Cada um deles representa um nível diferenciado de custos fixos e variáveis, como se mostra na Figura 11-10. É necessário deixar claro que não se trata de uma lista que esgote todas as combinações possíveis de alternativas de espaço e métodos de manuseio.

Armazenagem Pública

Com a exceção de poucos estados (por exemplo, Washington e Minnesota) em que as taxas dos armazéns públicos são de livre acesso, as taxas de armazenagem são, nos EUA, confidenciais e resultam sempre da negociação entre o responsável pelo armazém e o cliente. Essa taxa é determinada a partir de fatores como o volume dos produtos manuseados e estocados; o tempo de utilização do espaço de armazenagem; o número de itens separados no *mix* de produtos; quaisquer necessidades ou restrições especiais para a estocagem; o tamanho médio do pedido a ser expedido; e o montante do trabalho burocrático realizado.

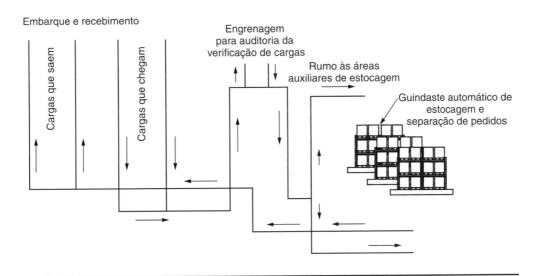

FIGURA 11-9 Diagrama de um armazém automatizado.

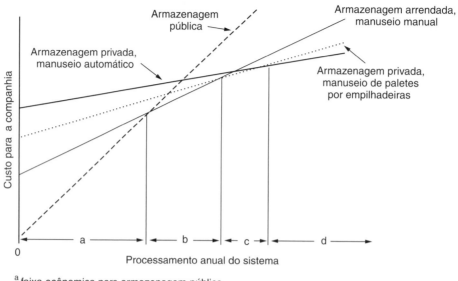

FIGURA 11-10 Curvas de custo generalizado para quatro sistemas de estocagem.

Esses fatores de custos são geralmente agrupados em três categorias básicas: custos de estocagem, de manuseio e custos acessórios. Cada um deles apresenta características diferentes e é norma geral a cobrança de taxas separadas nas três áreas. Especificamente, as taxas de estocagem são normalmente estabelecidas em base mensal por cwt. A taxa mensal reflete a dimensão temporal da estocagem. Em contraste, as taxas de manuseio são normalmente fixadas por cwt. Nos custos de manuseio, é o número de vezes que os produtos precisam ser assim tratados o fator mais importante. Já os custos burocráticos são cobrados diretamente do cliente. Por exemplo, os custos de preparação dos conhecimentos de embarque são cobrados pelo número de conhecimentos emitidos.

Os responsáveis pelos armazéns públicos podem fazer uso de outros métodos para o estabelecimento das taxas:

1. Por número de caixas armazenadas e um adicional de entrada e saída pelo manuseio.
2. Pelo espaço real que a mercadoria ocupa, calculado normalmente por pé quadrado ou pé cúbico.
3. Por um acordo de arrendamento de espaço e um contrato relativo à função de manuseio pelos funcionários do armazém.

Em todos esses casos, exceto no último método, o cliente é cobrado mensalmente, a menos que as partes estabeleçam modalidade diferente de pagamento.

A armazenagem pública é, para o cliente, um sistema de estocagem de custos altamente variáveis. Para a empresa que tenha um volume substancial de negócios e de volume permanente, a armazenagem pública torna-se mais cara que a armazenagem privada. A flexibilidade e o melhor serviço ao cliente podem constituir motivos para a escolha de armazenagem pública, mesmo sendo esta a alternativa com maiores custos.

Armazenagem Arrendada, Manuseio Manual

Outro tipo de sistema de estocagem é a combinação de espaço arrendado de armazenagem com manuseio manual de materiais. Embora o arrendamento seja um compromisso de longo prazo em comparação com a armazenagem pública, as taxas pelo espaço são cobradas a prazos regulares, e desta forma o espaço arrendado pode ser tratado como um custo variável para um determinado rendimento da armazenagem. O equipamento de manuseio requer investimento apenas modesto, e, sendo o equipamento propriedade da empresa, esse investimento acaba sendo amortizado com o passar do tempo. Os custos do trabalho tendem a ser substanciais neste sistema, que concede uma forte componente de custo variável à curva total de custos do sistema de estocagem (Figura 11-10).

Estocagem Privada, Manuseio com Paletes e Empilhadeira Mecânica

Trata-se de uma das alternativas à armazenagem pública mais utilizadas. Todos os custos desse sistema são custos internos da empresa, desde que o equipamento de manuseio não seja arrendado ou alugado. A propriedade simultânea do armazém e do equipamento introduz um substancial nível de custo fixo na curva total de custos (Figura 11-10). Altos índices de mecanização no manuseio e baixos custos diretos na operação de um armazém privado significam menores custos variáveis. No entanto, é preciso ter um volume considerável para que esta alternativa se torne economicamente viável em comparação com aquelas anteriormente descritas.

O padrão do processamento de um armazém privado (ou arrendado) é importante para que se estabeleçam os custos do sistema de estocagem. Variações sazonais no uso do armazém acabam provocando sub ou superutilização da capacidade. Em períodos de baixa utilização, surgem uma capacidade ociosa e indivisibilidades de algumas unidades de trabalho que criam altos custos variáveis. Por outro lado, a utilização a pleno dos limites de capacidade pode igualmente provocar altos custos variáveis à medida que isso intensifica a ineficiência do manuseio dos materiais e aumenta os danos aos produtos estocados. (A curva típica de custo por unidade em armazém privado é mostrada na Figura 11-11.) Em conseqüência, o nível de custo relacionado com esta alternativa depende da extensão da utilização da estocagem e das deseconomias provocadas pelo caráter flutuante do processamento em armazenagem.

Armazém Privado, Manuseio Automatizado

Em termos de custos, o sistema de armazém privado e manuseio automatizado é um caso limite das outras alternativas mencionadas. Representa alto nível de investimento fixo no armazém e no equipamento automatizado de manuseio – por exemplo, correias de transmissão e guindastes controlados por computador – e baixo nível de custos variáveis, por se tratar de sistema que pouco requer em termos de trabalho, iluminação, aquecimento e semelhantes. Como mostra a Figura 11-10, em situações de níveis elevados de processamento de armazenagem, a armazenagem privada com manuseio automatizado tem o potencial para se tornar o sistema de estocagem de menor custo por unidade de processamento.

Além de simplesmente comparar vantagens e desvantagens de um sistema de estocagem em relação a outro, é muito útil, em termos de melhor análise e controle, desdobrar os custos totais em três componentes básicos em um sistema de estocagem: estocagem, manuseio e custos burocráticos. No armazém público, esses custos proporcionam a base para estabelecer as taxas e colocar à disposição dos eventuais usuários todos os dados sobre as vantagens oferecidas por esse sistema. Na armazenagem privada, os mesmos custos são valiosos em termos de estabelecer controle sobre as várias despesas.

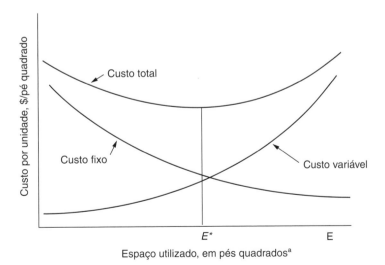

[a] O ponto do menor custo total E^* ocorre a cerca de 70-85% do espaço total disponível para estocagem.

FIGURA 11-11 Curvas de custos por unidade típicas de um sistema privado de estocagem utilizando manuseio automatizado.

394 **Parte IV • Estratégia de Estoque**

A alocação dos diversos custos exigidos pela operação de armazenagem exige uma alta dose de bom discernimento. Uma dessas alocações é ilustrada na Tabela 11-2. Uma vez identificado o total dos custos de estocagem, manuseio e burocráticos, passa a ser viável expressá-los por cwt. por pé quadrado ou em qualquer outra dimensão útil.

ARMAZENAGEM VIRTUAL

A armazenagem virtual é uma extensão do conceito do estoque virtual. Enquanto os estoques virtuais atendem às solicitações dos clientes a partir de estoques situados no sistema logístico da empresa, o armazém virtual é aquele em que nem todos os itens à venda encontram-se estocados em um armazém da empresa. Em lugar disso, itens selecionados são remetidos aos clientes diretamente dos estoques de fornecedores, sem que a empresa vendedora necessite ou pretenda formar estoques próprios. Alguns itens esgotados no armazém podem ser manuseados de uma maneira similar. É só lembrar uma empresa como a Amazon, que estoca altos volumes de títulos de livros em armazém próprio mas não consegue fazer o mesmo, de maneira prática, com títulos de baixo volume de vendas ou que já sejam considerados raridades. Como alternativa, o manuseio é terceirizado ou as remessas feitas diretamente das empresas vendedoras. O resultado é uma necessidade menor de investimento na infra-estrutura logística e a possibilidade de manter altos níveis de serviços aos clientes.

Como a política é de não estocar todos os produtos que estão à venda, o manuseio dos pedidos dos clientes pode ser feito desta forma. Imaginemos um pedido que compreenda sete itens. O sistema de gerenciamento de pedidos (SGP) da empresa localiza dois desses itens no armazém e os encaminha ao sistema de gerenciamento de armazém (SGA) para separação, embalagem e remessa a partir de um armazém próprio e operado pela empresa. Os itens restantes são solicitados a fornecedores que mantenham estoques físicos desses artigos. O SGP de cada fornecedor encaminha a solicitação ao seu próprio SGA para ser processada.

Fundamental para a utilização eficaz do conceito de armazém virtual é o compartilhamento de informações com os fornecedores. O vendedor compartilha com seus fornecedores informações sobre o que está em trânsito, o que existe no armazém, o que figura no pedido. O fornecedor, por sua vez, compartilha os programas de produção e dados da situação de seus estoques. Essa visibilidade instantânea da disponibilidade do produto, muitas vezes com comunicação através de um *site* na Web, permite um atendimento rápido das inclinações de demanda dos clientes e minimiza o investimento de capital em estoques e armazéns.

Exemplo

A empresa Land's End, do ramo de vendas por catálogo, mantém armazéns próprios com fartos estoques, mas ainda assim depende de fornecedores que fazem remessas diretamente aos clientes. Sendo igualmene varejista pela Internet, a Land's End utiliza um processo de gerenciamento de demanda para distribuir previsões periódicas aos seus fornecedores. Os fornecedores compartilham informações sobre seu processo de produção com a Land's End, que, em troca, redistribui essa informação até o nível das datas de disponibilização do produto para os clientes. A Land's End chama este processo de controle de estoque de *gerenciamento de posição líquida.*[6]

COMENTÁRIOS FINAIS

Este capítulo proporciona uma breve visão geral do sistema de estocagem e manuseio em uma rede de canal de suprimentos. A discussão é voltada para os tipos de sistemas disponíveis, as funções que realizam, e suas inerentes vantagens. Alternativas de estocagem e manuseio são igualmente discutidas em comparação com os custos a elas inerentes. Este é o ambiente do sistema de estocagem e manuseio. A adoção de decisões logísticas se baseia nesta informação para definir razoáveis métodos de ação.

QUESTÕES

1. O que leva o profissional de logística a considerar o sistema de estocagem mais do que uma necessidade, uma conveniência econômica?
2. Por que o sistema de estocagem constitui um problema de sistema de micrologística? Compare o sistema de estocagem com a rede do sistema logístico na Figura 2-4.
3. Compare e contraste os prós e os contras do espaço privado e arrendado de estocagem em função dos seguintes pontos:
   a. Serviços que podem ser prestados a partir de cada um deles
   b. Custos da estocagem
   c. Grau de controle administrativo
   d. Flexibilidade na localização de incertezas futuras

---

[6] Helen L. Richardson, "Virtually Connected", *Transportation & Distribution* (March 2000), págs. 39-44.

TABELA 11-2 Alocação de um conjunto de itens de despesas de armazenagem em categorias básicas de custos de sistema de estocagem

Código da conta	Nome da conta	Total	Estocagem	Manuseio	Burocracia	G & A[b]
1	Aluguel	$16.281	$13.980	$1.345	$ 506	$ 450
2	Impostos – folha de pagamento[a]	2.390[a]	63[a]	1.187[a]	810[a]	330[a]
3	Impostos – rodoviários (pedágios)	10		7	3	
4	Impostos – imóveis	2.259	1.852	313	94	
5	Impostos – franquias	775	275			500[a]
6	Manutenção – predial	225	25		200	
7	Manutenção – elevadores	50	50			
8	Manutenção – ferramentas e equipamentos	185	70	115		
9	Manutenção – mobiliário	60			50	10
10	Manutenção – condicionadores de ar	1.500	1.400	50	50	
11	Instalações	950	380	190	380	
12	Seguros – obrigações	222[a]	4[a]	75[a]	101[a]	42[a]
13	Seguros – compensação aos empregados[a]	691[a]	35[a]	652[a]	3[a]	1[a]
14	Seguros – outros	80	25	26	29	
15	Seguros – em grupo	847[a]	24[a]	434[a]	262[a]	127[a]
16	Força de trabalho[a]	34.170[a]	1.200[a]	23.550[a]	9.420[a]	
17	Salários	6.500				6.500
18	Contribuições e filiações	150				150
19	Equipamento motorizado	500				500
20	Compensação por atraso	110	110			
21	Doações	25				25
22	Legais e contábeis	100				100
23	Perdas e danos	700	10	690		
24	Mistas	573	33	4		536
25	Materiais de embalagem	295		295		
26	Despesas postais	175		25		150
27	Contas não pagas	210				210
28	Material de escritório – abastecimento	350			350	
29	Telefone	1.125				1.125
30	Subcontratos	500	500			
31	Aluguel de equipamentos	175		175		
32	Viagens	800				800
33	Intercâmbio de equipamento		200	(200)		
34	Gasolina e óleo	400		300	100	
35	Amortizações – despesas de organização	500				500
36	Pneus	30		30		
37	Custos de depreciação	4.857	507	4.209	141	
38	Garagem	500		500		
39	Subtotais	79.270	20.743	33.972	12.499	12.056
40	Rateio de G&A		3.721	6.093	2.242	(12.056)
41	Despesas totais	$79.270	$24.464	$40.065	$14.741	

[a] Representa despesas com trabalho e/ou relacionadas.

[b] Despesas gerais e administrativas.

Fonte: Howard Way and Edward W. Smykay, "Warehouse Cost Analysis", em *Transportation & Distribution Management*, Vol. 4 (July 1964), pág. 32.

Sob quais circunstâncias gerais a armazenagem privada constitui alternativa melhor que a armazenagem pública?

4. De que maneira a estocagem em trânsito representa uma alternativa à armazenagem convencional?

5. Quais os benefícios oferecidos pela conteinerização em relação às formas convencionais de unitização de carga? Por que sua utilização ainda não é mais ampla?

6. Para cada uma das situações seguintes, indique qual o leiaute – de área ou de área modificada – de um armazém deveria ser utilizado e por quê.
   a. Um centro de distribuição de alimentos
   b. Um armazém de móveis
   c. Estocagem de grandes utensílios domésticos
   d. Estocagem dos produtos de uma siderúrgica
   e. Um centro de distribuição de remédios e miudezas

7. Explique e defina o seguinte:
   a. Estoque para pronta entrega
   b. Recibo negociável de armazenagem
   c. Relatório O.S.&D
   d. Conteinerização
   e. Unitização
   f. Deferimento de impostos
   g. Armazenagem de campo
   h. Paletização
   i. Sistemas automatizados de estocagem e retirada
   j. Separação de pedidos
   k. Estocagem em trânsito
   l. Fracionamento de volumes
   m. Zoneamento

8. De que maneira a estocagem contribui para aumentar o valor-tempo dos produtos? Explique.

9. De que maneira um sistema de manuseio de materiais consegue superar as dificuldades de tamanho, configuração e formato do espaço de estocagem?

10. Explique o conhecimento básico que um profissional de logística precisa ter sobre o sistema de estocagem e de manuseio de materiais.

11. O que vem a ser armazenagem virtual? Quando chegará a ser usada em grande escala? Quais os requisitos necessários para seu bom funcionamento?

CAPÍTULO 12

Decisões de Estocagem e Manuseio

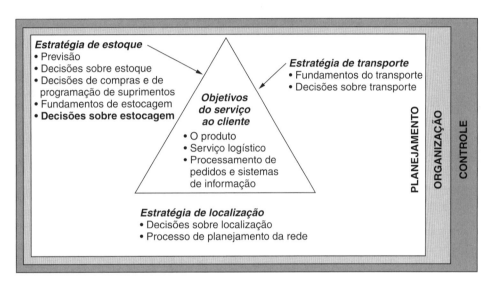

A perfeição é inatingível, mas se nos dedicarmos a persegui-la, chegaremos à excelência.

— VINCE LOMBARDI

O profissional de logística freqüentemente se envolve em práticas que suplementam as atividades de movimentação e estocagem da empresa. A estocagem e o manuseio de materiais são essas atividades suplementares, que assumem considerável importância pelo fato de terem influência sobre o tempo necessário ao processamento dos pedidos dos clientes no canal de distribuição ou à disponibilização dos insumos no canal de suprimentos. São, igualmente, atividades de considerável custo e dignas, por isso mesmo, de um cuidadoso gerenciamento.

Embora a estocagem e o manuseio não tenham funções exatamente iguais em todos os sistemas logísticos, este capítulo faz deles o seu foco quando ocorrem em armazéns e outros locais de manutenção de estoques. A armazenagem engloba a gama completa de decisões de estocagem e manuseio presentes em vários sistemas logísticos.

A importância das atividades de armazenagem foi anteriormente documentada. Como mostrado na Tabela 1-3, as atividades de estocagem e de manuseio de materiais respondem por 25% das despesas logísticas, delas excluídos os custos de manutenção dos estoques. Destas despesas, cerca de 50% ocorrem com os funcionários, 25% dizem respeito a espaço, e as demais abrangem energia, equipamentos, materiais, entre outras. Negligenciar o gerenciamento dessas atividades pode resultar em ineficiências bem maiores do que os ganhos resultantes do adequado gerenciamento de atividades fundamentais como transporte, manutenção de estoques e fluxo de informações. Muitas atividades de estocagem e manuseio são repetitivas, daí decorrendo que o seu gerenciamento cuidadoso pode produzir economias substanciais e melhorias nos serviços aos clientes com o passar do tempo.

398 PARTE IV • ESTRATÉGIA DE ESTOQUE

Nosso objetivo é abordar os problemas de planejamento do projeto e operação dos pontos nodais na rede logística. Os pontos nodais normalmente são representados por armazéns, podendo também referir-se a acumulações de estoques, seja qual for a configuração por estas assumida, sejam elas ao ar livre, subterrâneas ou em instalações apenas parcialmente cobertas. Por a armazenagem ser uma forma de estocagem complexa e amplamente utilizada, nossa preocupação maior estará concentrada no projeto dos armazéns e sua operação, isto com implicações sobre outros métodos de estocagem e manuseio. Especificamente, este capítulo aborda o planejamento do projeto da instalação, o que inclui a determinação de suas proporções, o tipo financeiro, a configuração, o leiaute do espaço, o projeto das docas, a escolha do sistema de manuseio de materiais, e o leiaute do estoque. Tivemos no Capítulo 11 uma visão geral das atividades de estocagem e manuseio, e o presente capítulo dá continuidade ao tratamento de muitas das decisões a elas relacionadas.

SELEÇÃO DO LOCAL

Antes de empreender uma discussão das detalhadas decisões sobre projeto e operação de armazéns, é preciso resolver a questão da melhor localização para o armazém. O Capítulo 13 irá apresentar um número de modelos matemáticos que dão uma aproximação do local definitivo em termos de uma região, área metropolitana ou cidade. Dentro da área definida, é preciso escolher o local específico. A escolha do local significa a verdadeira estrutura do imóvel em que o armazém será instalado, sendo sua metodologia mais uma arte do que um processo de contornos bem definidos. Essa escolha muitas vezes exige que se avaliem e comparem diversos fatores

tangíveis e intangíveis. A partir de uma pesquisa feita entre os leitores da revista *Transportation & Distributon*, verifica-se que os mais importantes fatores da localização de um centro de distribuição são identificados a partir do setor em que se enquadram as empresas dos respectivos respondentes – manufatura, varejo ou distribuição.[1] Esses fatores e seu ranqueamento são mostrados na Tabela 12-1.

Óbvio que, quando o armazém já existe, como nos casos de um armazém público ou de uma instalação a ser arrendada, a escolha se limita às instalações disponíveis. Quando a seleção ocorre entre armazéns públicos, a escolha do local tem a ver com as tarifas e os serviços a serem oferecidos. Por outro lado, escolher uma instalação para arrendamento tem a ver com muitos dos fatores já destacados, mas as características físicas dos prédios a serem arrendados também funcionam como restrições às operações de armazenagem.

Planejar o armazém privado proporciona a maior flexibilidade de projeto dentre todas as alternativas de armazenagem. Assim, a discussão a seguir do planejamento do projeto e operação é voltada principalmente para o armazém de operação privada.

PLANEJANDO O PROJETO E A OPERAÇÃO

Planejar o projeto das instalações envolve principalmente as decisões de longo prazo necessárias para estabelecer uma eficiente estocagem temporária de produtos e o fluxo dos produtos na estrutura. Decisões desse tipo exigem um elevado investimento de capital que

---

[1] Les B. Artman and David A. Clancy, *Transportation & Distribution*, Vol. 31, Nº 6 (June 1990), págs. 17-20.

TABELA 12-1 Fatores decisivos na seleção do local de centro de distribuição por tipo de negócio

Fator	*Geral*	*Manufatura*	*Varejo*	*Distribuição*
Transporte acessível	1	1	2	1
Transporte externo	2	2	3	5
Proximidade do cliente	3	3	6	6
Disponibilidade de mão-de-obra	4	5	1	3
Custos da mão-de-obra	5	6	7	4
Transporte interno	6	4	4	2
Situação sindical	7	7	5	9
Impostos	8	8	10	7
Leis estaduais de incentivo	9	10	—	—
Custos do terreno	10	—	8	8
Serviços públicos	—	—	9	10
Requisitos para JIT	—	9	—	—

Fonte: Les B. Artman and David A. Clancy, *Transportation & Distribution*, Vol. 31, Nº 6 (June 1990), pág. 19.

compromete a empresa com um projeto para muitos anos. No entanto, um cuidadoso planejamento do projeto pode igualmente representar muitos anos de eficiente operação de armazenagem.

Dimensionando a Instalação

O tamanho é provavelmente o fator mais importante no projeto de uma instalação de estocagem. Uma vez determinado, funciona como um condicionante das operações de armazenagem durante 20 anos, ou mais. Embora o leiaute interno dessa instalação seja facilmente modificável, alterar as dimensões no seu todo é bastante improvável. Embora haja possibilidade de expandir a instalação mais tarde, ou de arrendar espaço não utilizado, a qualidade do espaço pode não ser a ideal. Em geral, o planejamento inadequado da dimensão do espaço resulta em custos excessivos em manuseio de materiais (no caso de construção exígua) ou em em excesso de custos desnecessários relativos a espaço para o sistema logístico (no caso da construção de espaço maior que o necessário).

Especificamente, o que vem a ser tamanho (ou dimensão)? Tamanho se refere simplesmente à capacidade cúbica geral do edifício – seu comprimento, largura e altura. Determinar o volume necessário de construção é tarefa complicada pelos inúmeros fatores que influem sobre a decisão do dimensionamento. Fatores como o tipo de sistema de manuseio de materiais a ser usado, necessidades de corredor, detalhes do leiaute do estoque, docas necessárias, códigos locais de construção, área administrativa, e processamento de produtos (atual e futuro) têm influência sobre a dimensão final do edifício. Um ponto de partida é o espaço mínimo indispensável para acomodar o estoque guardado no edifício ao longo do tempo. Os fatores restantes têm influência sobre a dimensão ao se somarem ao tamanho básico determinado do estoque.

Vejamos o armazém de tamanho determinado pelo estoque sob duas condições diferentes. A primeira ocorre quando não se projetam mudanças significativas na necessidade de espaço em um futuro razoável. Nenhuma modificação em necessidades de espaço é prevista. No entanto, no curto prazo ocorrerão mudanças sazonais nas necessidades de espaço de acordo com as variações experimentadas no decorrer do ano pelas vendas processadas pelo armazém e pela reposição dos estoques do armazém. A segunda diz respeito à existência, ou não, de expectativas de mudança dos níveis médios de estocagem em um determinado número de anos. Este problema dinâmico do dimensionamento busca o melhor tamanho para o armazém em cada ano do horizonte do planejamento.

Antes de desenvolver uma detalhada análise de dimensionamento, a empresa normalmente já tomou sua decisão quanto à localização, embora não necessariamente tenha definido um local preciso para tanto. Na análise da localização, é necessário atribuir territórios de vendas aos armazéns. Esta atribuição é a base para a projeção do processamento (demanda) de produtos do armazém. Com este processamento e a taxa de giro de estoque do armazém, o montante do estoque pode ser enfim estimado. Aproximações quase exatas do tamanho do armazém podem ser feitas a partir dessas necessidades de estoque, e análises suplementares têm início com esta informação preliminar.

Dimensionamento Sem Tendência

Em matéria de armazenamento, são duas, quase sempre, as principais opções. A primeira delas é alugar espaço, seja de um armazém público ou de uma operação sublocada. A segunda é operar espaço próprio ou arrendado. Dependendo de qual das duas for a menos onerosa, a empresa pode usar apenas uma, desde que seja escassa a flutuação de suas necessidades de espaço em determinado período. No entanto, quando as necessidades de espaço experimentarem flutuações muito grandes, a melhor opção é, quase sempre, uma estratégia mista. Estando o espaço privado dimensionado para o pico da sua demanda, é provável que passe boa parte do ano subutilizado, ou ocioso. Uma estratégia mais proveitosa seria reexaminar as necessidades de espaço pensando sempre em altos índices de utilização constante e recorrer a espaço alugado por curtos períodos para suprir sua demanda nas épocas de pico. Essa estratégia é ilustrada graficamente na Figura 12-1.

Encontrar a melhor estratégia mista é questão de experimentar diferentes dimensões de espaço privado e determinar os custos totais necessários para suprir as necessidades ao longo do ano. O espaço de operação própria caracteriza-se por uma combinação de custos fixos e va-

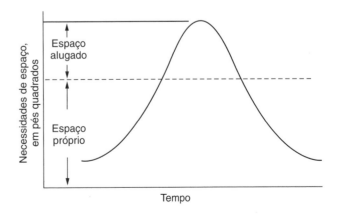

FIGURA 12-1 Uma estratégia mista de armazenagem própria e alugada para necessidades variáveis de espaço.

400 PARTE IV • ESTRATÉGIA DE ESTOQUE

riáveis, enquanto que o espaço alugado tem custos essencialmente variáveis. Assim, à medida que o espaço privado aumenta em área, o custo combinado irá no princípio cair até o ponto em que os custos fixos e a subutilização progressivamente maior levam a um aumento dos custos totais. O que procuramos é o ponto do custo mínimo.

Exemplo

A Douglas-Biehl, uma pequena empresa de produtos químicos, planeja construir um armazém na Costa Oeste dos EUA. As projeções de demanda média mensal no armazém são as seguintes:

Mês	Demanda, em libras/peso	Mês	Demanda, em libra/peso
Jan.	66.500	Jul.	1.303.000
Fev.	328.000	Ago.	460.900
Mar.	1.048.500	Set.	99.900
Abr.	2.141.000	Out.	15.300
Mai.	2.820.000	Nov.	302.200
Jun.	2.395.000	Dez.	556.700
		Total	11.537.000

Uma taxa mensal de giro de estoque[2] de 3, ou 36 giros por ano, deverá ser mantida para o armazém. Do espaço total de armazenagem, a metade é usada para corredores, e somente 70% serão utilizados com o fim de antecipar a variabilidade em necessidades de espaço. Uma combinação média de produtos químicos ocupa 0,5 pé cúbico de espaço por li-

---

[2] Vendas mensais divididas pelo estoque médio.

bra-peso e pode ser empilhada em prateleiras de até 16 pés de altura.

O armazém, com os equipamentos, pode ser construído ao custo de $30 por pé quadrado, amortizado ao longo de 20 anos, e operar a $0,05 por libra-peso de processamento. Os custos fixos anuais chegam a $3 por pé quadrado de espaço total. O espaço pode ser alugado a $0,10 por libra-peso por mês e um adicional de manuseio de entrada e saída de $0,07 por libra-peso. Qual deveria ser o tamanho do projetado armazém?

Em primeiro lugar, é preciso desenvolver uma tabela de necessidades de espaço mostrando tais necessidades em pés quadrados durante um ano. Sabemos a partir da taxa de giro que para cada 3 libras/peso de produtos químicos transitando pelo armazém por mês, uma libra é mantida em estoque. Para cada libra armazenada, precisa-se 0,5/16 pé quadrado de espaço. Em função dos corredores, essa necessidade de espaço precisa ser duplicada (1/0,50) e então aumentada para a taxa de utilização de espaço (1/0,70). Assim, para converter demanda por necessidades de espaço em pés quadrados, temos

Espaço (pés quadrados) = Demanda mensal (libras) × (1/3)(0,5/16)(1/0,50)(1/0,70)
= Demanda mensal (libras) × 0,029762

A tabela de necessidades de espaço é desenvolvida na Tabela 12-2.

Em seguida, selecionamos um tamanho de armazém para ser testado. Tentemos um armazém de 60.000 pés quadrados. A construção de um armazém destas dimensões custa $30/pé quadrado × 60.000 pés quadrados = $1.800.000. Amortizar os custos da

---

TABELA 12-2 As necessidades de espaço projetadas para o armazém da Douglas-Biehl na costa oeste

Mês	Demanda de armazenagem, em libra/peso	Necessidades de espaço, pé quadrado	Mês	Demanda de armazenagem, em libra/peso	Necessidades de espaço, pé quadrado
Jan.	66.500	1.979[a]	Jul.	1.303.000	38.780
Fev.	328.000	9.762	Ago.	460.900	13.717
Mar.	1.048.500	31.205	Set.	99.900	2.973
Abr.	2.141.000	63.720	Out.	15.300	455
Mai.	2.820.000	83.929	Nov.	302.200	8.994
Jun.	2.395.000	71.280	Dez.	556.700	16.568
			Totais	11.537.000	343.362

[a] 66.500 × 0.029762 = 1.979.

construção ao longo de 20 anos resultaria num custo fixo anual de $90.000. Uma tabela de custo de trabalho (Tabela 12-3) para esta alternativa de tamanho é então desenvolvida. A repetição dos mesmos cálculos para vários tamanhos de armazém nos proporciona os dados necessários para desenvolver a curva dos custos anuais totais como aparece na Figura 12-2. O tamanho mais econômico de armazém é o de 60.000 pés quadrados. É possível antecipar que se necessitará de espaço alugado durante os meses de abril a junho, sendo maio o mês de pico, exigindo ainda mais espaço alugado para manusear (2.820.000 × 0,29)/3 = 272.600 libras-peso de produtos químicos.

═══════════════════════════

Dimensionamento com Tendência

O dimensionamento do armazém é um problema de planejamento estratégico, ou de longo prazo. Quando a tendência em necessidade de espaço não é constante ao longo do tempo, ao contrário do que se presumia na análise do dimensionamento sem tendência, devemos estar preparados para fatorar mudanças fundamentais em necessidades de espaço na nossa análise. O problema então se torna uma questão dinâmica, por isso devemos analisar as questões adicionais de *quando* deve ser mudado o tamanho do armazém, e de *quanto* deve ser esse aumento. Determinar o melhor tamanho de armazém em qualquer período de tempo exige que sejam comparados os benefícios de estar em um determinado tamanho com os custos de mudar para outro tamanho. Uma metodologia para este problema de dimensionamento é muito semelhante àquela apresentada para o problema de localização dinâmica no Capítulo 13. Aqui, por isso, não discutiremos mais essa metodologia.

Avaliação do Método de Dimensionamento

Os métodos para dimensionar um armazém, embora sejam principalmente de natureza de tentativa-e-erro, oferecem alguns consideráveis benefícios.

1. O método atrai especificamente atenção para o problema da busca do melhor tamanho de armazém de operação privada, em termos de uma combinação de alternativas de propriedade e aluguel, em vez de proporcionar espaço na forma de espaço ou totalmente privado ou totalmente alugado.

2. A variabilidade das necessidades de espaço relacionadas às flutuações sazonais de oferta e demanda e as incertezas ligadas com a previsão são levadas em consideração.

3. O momento e magnitude do espaço público necessário são definidos e podem ser também planejados.

4. O momento e a magnitude das necessidades de espaço privado são definidos no presente a fim de proporcionar prazo para planejar e/ou construir mudanças de espaço.

O método não é isento de limitações. As principais são:

1. Os níveis de estoque são usados como o determinante primário das necessidades de espaço. As necessidades de espaço de corredores, docas, áreas de estacionamento e áreas de separação de pedidos são aproximadas e incorporadas ao custo de um determinado tamanho de armazém. Não são tratadas especificamente. Por isso mesmo, o tamanho sugerido só pode ser uma estimativa do tamanho final a ser construído.

2. Da mesma forma que no modelo dinâmico, previsões de longo prazo tornam-se indispensáveis. Quaisquer erros no plano em decorrência de previsões incorretas devem ser comparados em relação à abordagem alternativa de mudar o tamanho do armazém à medida que mudanças nas necessidades de espaço venham a ser observadas.

3. A seleção das alternativas de dimensionamento a serem examinadas é baseada em julgamento. Como tal, sempre haverá algumas combinações de tamanhos que podem não ser exploradas pela análise. No entanto, o aperfeiçoamento possível a partir de um maior número de alternativas de tamanho na análise deve ser pequeno.

Escolhendo o Tipo de Espaço – Considerações Financeiras

Embora a flutuação sazonal das necessidades de espaço tenha grande importância na determinação do tipo de espaço a ser utilizado, é também de grande importância reconhecer que mesmo quando essa sazonalidade é pouca sempre existe uma decisão de escolha em relação ao aluguel, arrendamento ou propriedade dos espaços. A opção por uma dessas modalidades normalmente se baseia em uma comparação de termos financeiros. Uma vez que o horizonte de tempo pode ser prolongado, às vezes por até 20 anos, o valor-tempo do dinheiro é importante no processo de seleção. Ou seja, precisamos

TABELA 12-3   Custos da estratégia de armazenagem mista usando um armazém privado de 60 mil pés quadrados de área

Mês	Processamento do armazém, em libra-peso	Necessidades de espaço, pé quadrado	Operação privada			Armazém alugado			Custo mensal
			Alocação privada	Custo mensal fixo	Custo variável mensal	Alocação alugada	Custo mensal de estocagem	Custo mensal de manuseio	
Jan.	66.500	1.979	100%	$22.500[a]	$ 3.325[b]	0%	$ 0	$ 0	$ 25.825
Fev.	328.000	9.762	100	22.500	16.400	0	0	0	38.900
Mar.	1.048.500	31.205	100	22.500	52.425	0	0	0	74.925
Abr.	2.141.000	63.720	94[c]	22.500	100.627[d]	6	4.282[e]	8.992[f]	136.401
Mai.	2.820.000	83.929	71	22.500	100.110	29	27.260	57.246	207.116
Jun.	2.395.000	71.280	84	22.500	100.590	16	12.773	26.824	162.687
Jul.	1.303.000	38.780	100	22.500	65.150	0	0	0	87.650
Ago.	460.900	13.717	100	22.500	23.045	0	0	0	45.545
Set.	99.900	2.973	100	22.500	4.995	0	0	0	27.495
Out.	15.300	455	100	22.500	765	0	0	0	23.265
Nov.	302.200	8.994	100	22.500	15.110	0	0	0	37.610
Dez.	556.700	16.568	100	22.500	27.835	0	0	0	50.335
Totais	11.537.000	343.362		$270.000	$510.377		$44.315	$93.062	$917.754

[a] [$90.000 + (3 × $60.000)]/12 = $22.500

[b] 66.500 × 0,05 = $3.325.

[c] 60.000/63.720 = $0,94.

[d] 2.141.000 × 0,94 × 0,05 = $100.627

[e] Dada uma taxa mensal de giro de 3 e 6% da demanda através do armazém alugado, então [(2.141.000 × 0,06)/3] × $0,10 = $4.282

[f] 2.141.000 × 0,06 × 0,07 = $8.992

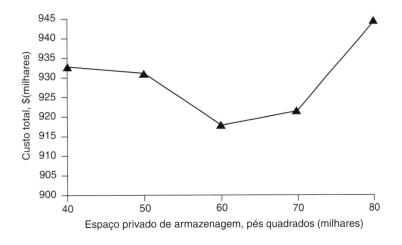

FIGURA 12-2 Custos anuais totais da estratégia combinada da Douglas-Biehl, de usar espaço de armazenagem privado e alugado.

comparar o valor presente líquido do dinheiro de acordo com

$$PV = \text{Pagamento do arrendamento} \times \frac{(1+i)^n - 1}{i(1+i)^n} \quad (12\text{-}1)$$

em que

NPV = valor presente líquido no tempo 0
I = investimento inicial, ou dinheiro despendido, no tempo 0
j = período de tempo no horizonte do planejamento entre 0 e n
n = o período de tempo no final do horizonte do planejamento
C_j = a diferença do fluxo de caixa (saída de caixa) entre as alternativas no período de tempo j
i = a taxa mínima de retorno, ou de atratividade, que tais investimentos devem render anualmente
S_n = o retorno financeiro, ou valor residual, do ativo no período de tempo n

Um NPV positivo incentiva o investimento, e um NPV negativo, logicamente, age em sentido contrário. Alternativamente, o NPV pode ser determinado como 0 e o i encontrado. Esta é a taxa interna de retorno (IRR), que pode então ser comparada à taxa de atratividade da empresa. Se a IRR excede a taxa de atratividade, o investimento é incentivado.

A fórmula do valor presente (Equação 12-1) é geral e pode ser manipulada de várias maneiras e aplicada a uma ampla gama de problemas financeiros. Apenas um desses exemplos será aqui ilustrado.

Aplicação[3]

As instalações de armazenagem de uma grande empresa na região do médio-Atlântico dos EUA tiveram sua capacidade esgotada. A empresa é proprietária das duas instalações que operam na área, e além disso utiliza aproximadamente 150 mil pés quadrados de espaço externo em armazéns públicos. A necessidade mais premente diz respeito ao armazenamento do excedente de capacidade de estocagem, que no momento é manuseado por um armazém público. As necessidades de armazenamento excedentes devem crescer substancialmente nos próximos anos.

Estima-se que cerca de 210.000 pés quadrados de espaço serão necessários para tal fim. As alternativas foram reduzidas ao seguinte: 1) uso de armazém público; 2) arrendar 210.000 pés quadrados durante cinco anos a $2,75 por pé quadrado ao ano, com uma opção de renovar por mais cinco anos. Os impostos federais pagos pela empresa estão em 39% ao ano.

Para um espaço destas proporções, as tarifas de armazém público devem ficar em:

Taxas de manuseio	$ 760.723
Taxas de estocagem	413.231
Taxas anuais totais	$1.173.954

---
[3] Baseado em um exemplo dado em Thomas W. Speh and James A. Blomquist, *The Finantial Evaluation of Warehousing Options: An Examination and Appraisal of Contemporary Practices* (Oxford, OH: The Warehousing Research Center, filial do Warehousing Education and Research Center, 1988), págs. 26-28.

São várias as categorias de tarifa para o armazém arrendado.

1. As estimativas das despesas operacionais anuais chegam a $309.914.
2. O pagamento anual do arrendamento chega a $577.500. De acordo com uma filosofia de analistas financeiros, o arrendamento deveria ser capitalizado; isto é, deveria ser tratado como um débito ou ativo fixo. A empresa tem um custo de capital pós-dedução de impostos de 10%. Descontar os dez pagamentos iguais do arrendamento no presente com uma taxa de desconto de 10% representa $ 3.548.500. Isto é,

$$PV = \text{Pagamento do arrendamento} \times \frac{(1+i)^n - 1}{i(1+i)^n}$$

$$= 577.500 \times \frac{(1+0,10)^{10} - 1}{0,10(1+0,10)^{10}}$$

$$= 577.500 \times 6,1446$$

$$= \$ 3.548.500$$

3. Outros ativos imobilizados e taxas únicas para a instalação arrendada.

Equipamento de manuseio	$ 170.800
Sistemas de computadores	26.740
Prateleiras	252.000
Subtotal	$ 449.540
Custos iniciais	10.500
Dispêndio total inicial de caixa	$ 460.040

4. Como todo o equipamento está desgastado ao fim de dez anos, não há nele valor residual. O arrendamento não tem, portanto, valor residual.

A diferença anual do fluxo de caixa entre um armazém público e um armazém arrendado é $1.173.954 – 309.914 = $864.040, valor que chamaremos de poupança (i.e., $-C_j$) para manter a convenção da Equação (12-1). Por causa dos impostos precisamos contar com a depreciação dos ativos. O cronograma da depreciação sobre os $460.040 de capital inicial é

Ano	Depreciação	Ano	Depreciação
1	$136.000	6	$25.000
2	109.000	7	21.000
3	71.000	8	3.000
4	50.000	9	0
5	45.000	10	0

A fim de determinar o fluxo de caixa livre de impostos, considere o efeito dos impostos sobre o primeiro ano.

Poupança	$ 864.040
Depreciação	–136.000
Lucro líquido (imposto a descontar)	$ 728.040
Impostos federais (39%)	–283.936
Lucro líquido (imposto a descontar)	$ 444.104
Depreciação	+136.000
Fluxo de caixa depois dos impostos	$ 580.104

Cálculos semelhantes de fluxo de caixa podem ser feitos para cada ano (ver Tabela 12-4).

Temos agora condições de calcular o valor presente sobre a corrente do fluxo de caixa depois dos impostos. Lembrando que a taxa de atratividade livre de impostos é 10% e a fórmula de desconto é $1/(1 + i)^j$, podemos calcular a seguinte corrente de fluxo de caixa com desconto:

Ano	(1) Fluxo de caixa líquido depois dos impostos	(2) Fator de desconto $1/(1 + 0,1)^j$	(3) = (1)(2) Fluxo de caixa líquido com desconto
0	($4009)		($4009)
1	580	0,9091	527
2	570	0,8264	471
3	555	0,7513	417
4	547	0,6830	374
5	545	0,6209	338
6	537	0,5645	303
7	535	0,5132	275
8	528	0,4665	246
9	527	0,4241	224
10	527	0,3855	203
		NPV =	($ 631)

O valor presente líquido é de $631.000 *negativo*, significando que a taxa de atratividade de 10% depois dos impostos não pode ser conseguida com um armazém arrendado. A opção a ser utilizada é o armazém público.

Configuração das Instalações

Existem armazéns de vários formatos e em inúmeros tamanhos. Qualquer determinado tamanho de armazém pode ser construído em muitas combinações diferentes de comprimento, largura e altura. Agora que já estabelecemos o tamanho básico do armazém desejado, a pró-

TABELA 12-4 Comparação do fluxo de caixa de dez anos entre armazém público e arrendado

Ano	Economia: arrendado vs. público	Fluxo de caixa líquido pré-impostos	Cronograma de depreciação	Economia menos depreciação	Impostos (39%)	Economias menos depreciação & impostos	Economia menos impostos	Fluxo de caixa líquido pós-impostos
0	$ 0	($4.009)[a]	$ 0					($4.009)
1	864	864	136	$ 728	$ 284	$ 444	$ 580[b]	580
2	864	864	109	755	294	461	570	570
3	864	864	71	793	309	484	555	555
4	864	864	50	814	317	497	547	547
5	864	864	45	819	319	500	545	545
6	864	864	25	839	327	512	537	537
7	864	864	21	843	329	514	535	535
8	864	864	3	861	336	525	528	528
9	864	864	0	864	337	527	527	527
10	864	864	0	864	337	527	527	527
Total	$8.640	$4.631	$460	$8.180	$3.189	$4.991	$5.451	$1.442

[a]Arrendamento capitalizado menos dispêndio inicial de caixa, i.e., $ 3.5488.500 + 460.040 = 34

[b]Acrescentar a depreciação anterior, i.e., 444 + 136 = $580.

xima pergunta vem a ser: qual a melhor configuração? Há que ser feita uma distinção entre armazéns para estocagem e manuseio gerais, e aqueles usados como armazém de trânsito*, ou alto processamento.

Altura

Na análise anterior de dimensionamento, supunha-se uma dada altura de espaço utilizável. Determinar essa altura para uma instalação de processamento médio vai depender dos custos da construção, dos custos do manuseio dos materiais e das características de empilhamento de cargas de produtos. Se pretendêssemos duplicar a altura do espaço, assim duplicando a capacidade cúbica, os custos da construção não iriam necessariamente duplicar. O teto e o piso permanecem os mesmos em ambos os casos. O equilíbrio dos custos de construção, contudo, está nos custos adicionais de manuseio de materiais derivados da altura maior. Por fim, as características de empilhamento para os bens estocados podem ter influência sobre a desejada altura de espaço. A estabilidade dos produtos empilhados individualmente em colunas ou em unidades de carga em paletes podem impor um limite máximo à altura. Claro que a utilização das prateleiras de estocagem aumenta a utilização da cubagem e supera as limitações impostas pelo empilhamento dos produtos. As limitações de altura podem então mudar das características dos produtos para as características do equipamento de estocagem e manuseio de materiais. Os códigos de construção de cada localidade em relação ao posicionamento dos *sprinklers* podem igualmente ter influência sobre a altura final do espaço.

Escolher determinada altura é questão de compensação entre os custos de construção e equipamento com os custos de manuseio em função das limitações do próprio produto, do equipamento e das normas legais. Além disso, é preciso haver um mínimo de espaço livre entre os produtos e o teto físico da instalação. A altura adicional necessária é determinada a partir de uma análise de exigências futuras incertas. Em um armazém de produtos gerais, os itens são normalmente empilhados de 16 pés de altura sendo a altura total de cerca de 20 pés. Não existe uma limitação determinada de altura de instalações de armazenamento, nem para aquelas dotadas de sistemas automáticos de estocagem e recuperação. Instalações de alto processamento, como as docas de passagem ou áreas de separação de pedidos de armazéns de distribuição, podem limitar o empilhamento a um ou dois lances com altura adicional suficiente para acomodar um sistema de proteção contra incêndio.

Comprimento versus Largura

O comprimento e a largura, ou configuração, do edifício de armazenagem deveriam ser decididos em relação aos custos de manuseio de materiais da movimentação de produtos ao longo do armazém e também em relação aos custos de construção da instalação. Francis explorou devidamente esta questão do projeto da configuração de maneira teórica.[4] Examinou a configuração com a doca de entrada e saída localizada em X e então em Y,

---

* N. de R. T.: O termo em inglês é *cross dock*.

[4] Richard L. Francis, "On Some Problems of Rectangular Warehouse Design and Layout", *Journal of Industrial Engineering,* Vol. 18 (October 1967), págs. 595-604.

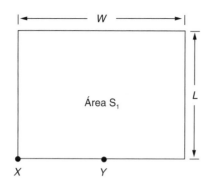

FIGURA 12-3 Esboço de um armazém com largura (W) e comprimento (L) e com as localizações possíveis da doca de entrada e saída em X e em Y.

como na Figura 12-3. O armazém utiliza corredores retangulares, estoca n tipos de itens diferentes e tem uma área de piso de S. A largura W^* e comprimento L^* ótimos são encontrados mediante o equilíbrio entre os custos do manuseio dos materiais e os custos do perímetro de armazenagem. Os custos do perímetro são definidos como os custos anuais de construção e manutenção por pé de perímetro do armazém. Para a doca localizada em X, Francis concluiu, supondo uma seleção de entrada e saída em uma instalação de médio processamento, que a largura ótima W^* é

$$W^* = \sqrt{\frac{C + 8k}{2C + 8k}} \sqrt{S} \qquad (12\text{-}2)$$

e o comprimento ótimo L^* é

$$L^* = \frac{S}{W^*} \qquad (12\text{-}3)$$

em que

- C = a soma do custo total por pé para movimentar um artigo de um determinado tipo para dentro e para fora da estocagem multiplicada pelo número estimado de itens de um determinado tipo de estocagem para dentro e para fora por ano (dólar/pé)
- k = o custo anual de perímetro por pé (dólar/pé)
- S = a área de piso necessária para o armazém (pé quadrado)

Para a doca centrada no armazém do local Y, a largura ótima é

$$W^* = \sqrt{S} \qquad (12\text{-}4)$$

e o comprimento ótimo é

$$L^* = \sqrt{S} \qquad (12\text{-}5)$$

Isto é, o armazém se torna mais quadrado que retangular. Desses dois casos limites, a localização da doca no centro do armazém é a opção menos cara. Localizar a doca em X tem o custo relevante total TC_X de

$$TC_X = 2\sqrt{[(1/2)C + 2k][(1/4)C + 2k]}\sqrt{S} \qquad (12\text{-}6)$$

O custo relevante total TC_Y para a localização da doca em Y é

$$TC_Y = [(1/2)C + 4k]\sqrt{S} \qquad (12\text{-}7)$$

A diferença $TC_X - TC_Y$ é o prêmio que deve ser pago para localizar a doca em X em vez de em Y.

Exemplo

Um armazém privado de peças de reposição tem um processamento mensal de 100.000 caixas e um custo médio de manuseio de materiais de entrada e saída de $0,005 por pé por caixa movimentada. A separação de pedidos exige uma viagem para e da doca de saída a cada item solicitado. A área total em pés quadrados necessária para a operação é de 300.000. As estimativas de construção mostram que um armazém de 500 × 600 pés quadrados pode ser construído por $90 por pé quadrado. A vida efetiva do armazém é de 20 anos. A doca de carga/descarga deve ser localizada perto de uma esquina da construção proposta. Quais são as melhores dimensões para o prédio e o custo relevante total?

O custo anual do perímetro precisa ser desenvolvido. Existem 2(500) + 2(600) = 2.200 pés no perímetro. O custo de construção é $90 × 300.000 = $27.000.000. Anualizado, fica em $27.000.000/20 = $1.350.000. Em uma base de pé por perímetro, isto é $1.350.000/2.200 = $613,64/pé. Isto é k. C é 0,005 × 100.000 × 12 = $6000/pé.

Para determinar o comprimento do armazém, aplica-se a Equação (12-2). Isto é,

$$W^* = \sqrt{\frac{6.000 + 8(613,64)}{2(6.000) + 8(613,64)}} \sqrt{300.000}$$

$$= 440 \text{ pés}$$

e o comprimento de acordo com a Equação (12-3):

$$L^* = 300.000/440 = 682 \text{ pés.}$$

O custo relevante para este armazém retangular, conforme a Equação (12-6) é

$$TC = 2\sqrt{\frac{[(1/2)6.000 + 2(613,64)][(1/4)6.000 + 2(613,64)]}{300.000}}$$

$$= 6.790,87(547,72)$$

$$= \$3.719.495 \text{ por ano.}$$

É útil lembrar que essas fórmulas talvez não sejam válidas quando se faz uso de um sistema de manuseio de materiais por esteiras transportadoras, uma vez que estas desacoplam a localização das docas e a configuração do armazém dos custos variáveis do manuseio de materiais. Por isso, sistemas de esteiras/correias transportadoras podem neutralizar as desvantagens inerentes às configurações de multiestocagem, formato em L ou outras que representam um desvio do projeto teórico.

Jenkins expandiu a análise anterior ao destacar que quando as docas ferroviárias e rodoviárias estão centralizadas mas em extremos opostos do prédio, a configuração menos dispendiosa é o quadrado.[5] De outra parte, os custos da movimentação podem não ser o determinante primário das dimensões do armazém.[6] Pelo contrário, o comprimento do armazém é que pode ser ditado pelas necessidades de doca para trem ou caminhão. A configuração longa e estreita da construção do prédio de terminais de carretas de carga incompleta é um exemplo disso. O número de docas de carretas para a movimentação de chegada e saída de produção e o comprimento das laterais indispensável para um eficiente fluxo de produtos precisariam ser comparados com as constatações teóricas. A maneira de determinar essas dimensões das docas é discutida na seção do projeto da doca.

Configurar instalações de alto processamento, conhecidas como armazéns de transferência e terminais de transferência, exige um equilíbrio de custos diferente do requerido pelo armazém típico. O armazém de transferência se limita a receber e despachar, eliminando assim as atividades de estocagem de separação de pedidos que são típicas de um armazém normal. A função é desembarcar produtos e transferi-los de imediato para outra carreta, que fica tão perto quanto possível do ponto de recepção para minimizar as despesas de manuseio. Idealmente, isso significaria colocar uma doca de despacho diretamente à frente da doca de chegada. Isso sugere que o melhor projeto de prédio é um retângulo lon-

go, estreito, ou em forma de L, desde que não sejam usadas esteiras transportadoras para a movimentação dos produtos.

Nem todos os bens recebidos em determinada doca são transferidos para a doca imediatamente à frente devido à alocação de espaços das docas e do fracionamento de mercadorias com múltiplas destinações. Pela perspectiva do manuseio de materiais, a configuração de um prédio tem um *índice de centralização*, que vem a ser a distância média ponderada que todos os produtos percorrem nesse prédio. À medida que o número de portas aumenta, o mesmo ocorre com o índice de centralização. Para reduzir o índice, e, portanto, o custo do manuseio, podem ser utilizadas alternativas ao formato em L, como o formato em T, e o formato em H. Ainda que os formatos em T, L e H reduzam o centralismo, sua configuração tem a desvantagem de perder alguns espaços de portas para *trailers* nos cantos internos. Por isso mesmo, a compensação básica que determina a configuração do prédio é um equilíbrio entre o custo de manuseio da carga e o custo da construção do prédio com o número indispensável de portas. Há pesquisas indicando que o formato do prédio depende do número de portas necessário.[7] O melhor formato para docas de entrada e saída de tamanho pequeno a médio é um retângulo, ou formato em L. À medida que o tamanho do prédio aumenta para 150 ou 250 portas, o mais indicado é um formato em T. Para edifícios de mais de 250 portas, o mais indicado é o formato em H.

O Leiaute do Espaço

Uma vez tomadas determinadas decisões relativas à configuração geral do armazém, o próximo passo diz respeito ao arranjo físico dos compartimentos, prateleiras e corredores de estocagem. O problema principal é determinar o número de vãos de cada prateleira, quantas prateleiras usar, e se devem ser colocadas paralela ou perpendicularmente à parede mais longa. Diversas fórmulas e regras sobre decisões foram desenvolvidas para ajudar nesta decisão.[8] Duas dentre várias configurações possíveis serão aqui discutidas.

Dois projetos viáveis de leiaute são mostrados na Figura 12-4. O produto chega por uma porta em um dos lados do prédio e sai por outra no lado oposto. Um item exige quatro movimentos entre uma porta e um local de estocagem. As portas das docas são localizadas no cen-

---

[5] Creed H. Jenkins, *Complete Guide to Modern Warehouse Management* (Upper Saddle River, NJ: Prentice Hall, 1990), págs. 104-107.

[6] C. E. Hancock e H. F. Kraemer, "The Economic Sizing of Warehouses – A Comparison of Evaluation Models", estudo apresentado na Conferência Nacional Conjunta TIMS-ORSA, em Minneapolis, October 07/09, 1964.

[7] John J. Bartholdi III and Kevin R. Gue, "The Best Shape for a Crossdock", uma tese.

[8] Joseph Bassan, Yaakov Roll, and Meir J. Rosenblatt, "Internal Layout Design of a Warehouse", *AIIE Transactions*, Vol. 12, Nº 4 (December 1980), págs. 317-322.

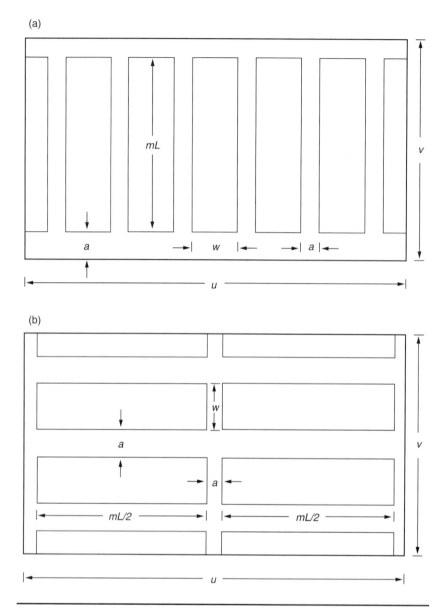

FIGURA 12-4 Vista aérea de duas alternativas de leiaute de estantes em uma configuração retangular de armazém.

tro do edifício, e todas os itens do armazém têm possibilidade igual de utilização. As prateleiras têm dois lados, exceto aquelas contra uma parede. O objetivo deste leiaute é minimizar o acúmulo de custos do manuseio de materiais, dos custos anuais de área de armazenagem e dos custos anuais relacionados com o tamanho (perímetro) do edifício. A notação a seguir é útil:

w = largura da prateleira dupla (pés)
L = comprimento do espaço de estocagem; por exemplo, largura de um palete (pés)
m = número de espaços de estocagem ao longo de uma prateleira
h = número de níveis de estocagem na vertical
n = número de prateleiras duplas; duas prateleiras simples são consideradas uma dupla
K = capacidade total de armazenagem em espaços de estocagem
a = largura de um corredor (pés) em que todos os corredores devem ter largura igual
u = comprimento do armazém (pés)
v = largura do armazém (pés)
d = processamento (demanda) anual do armazém em unidades de estocagem (por exemplo, paletes). Um item de estocagem ocupa uma unidade de espaço ((itens/ano).

C_h = custo do manuseio de material da movimentação de um item de estocagem de uma unidade de comprimento (dólares/pé)

C_s = custo anual por unidade de área de armazém (aquecimento, iluminação, manutenção) (dólares/pé quadrado)

C_p = custo anual por largura de unidade das paredes externas (dólares/pé)

No leiaute 1, mostrado na Figura 12-4(a), o número ótimo de espaços de prateleira deveria ser

$$m_1^* = \frac{1}{L}\sqrt{\left[\frac{dC_h + 2aC_s + 2C_p}{2(dC_h + C_p)}\right]\left[\frac{K(w+a)L}{2h}\right]} \quad \textbf{(12-8)}$$

e o número ótimo de prateleiras duplas é

$$n_1^* = \frac{1}{w+a}\sqrt{\left[\frac{2(dC_h + C_p)}{dC_h + 2aC_s + 2C_p}\right]\left[\frac{K(w+a)L}{2h}\right]} \quad \textbf{(12-9)}$$

A melhor configuração do armazém terá um comprimento de

$$u_1 = n_1^*(w+a) \quad \textbf{(12-10)}$$

e uma largura de

$$v_1 = 2a + m_1^* L \quad \textbf{(12-11)}$$

Para o leiaute alternativo 2, mostrado na Figura 12-4(b), os parâmetros ótimos são

$$m_2^* = \frac{1}{L}\sqrt{\left[\frac{2dC_h + 3aC_s + 2C_p}{dC_h + 2C_p}\right]\left[\frac{K(w+a)L}{2h}\right]} \quad \textbf{(12-12)}$$

e

$$n_2^* = \frac{1}{w+a}\sqrt{\left[\frac{dC_h + 2C_p}{2dC_h + 3aC_s + 2C_p}\right]\left[\frac{K(w+a)L}{2h}\right]} \quad \textbf{(12-13)}$$

em que

$$u_2 = 3a + m_2^* L \quad \textbf{(12-14)}$$

e

$$v_2 = n_2^*(w+a) \quad \textbf{(12-15)}$$

Para minimizar os custos entre estas duas alternativas de leiaute, pode-se aplicar a seguinte regra de decisão: Se $d < C_p/C_h$, a melhor alternativa é o leiaute 1. Se $d > 2C_p/C_h$, o leiaute 2 é o preferível. Contudo, se $C_p/C_h < d < 2C_p/C_h$, não é possível chegar a qualquer conclusão.

Exemplo

Suponha um armazém que deva ser configurado de acordo com o leiaute da Figura 12-4(b). O edifício precisa manusear um processamento de 400.000 paletes por ano. Esses paletes exigem espaço de estocagem de 4 × 4 × 4 pés, e podem ser empilhados em até quatro paletes. As estruturas porta-paletes de dois lados têm 8 pés de largura. Os corredores têm 10 pés de largura. O custo de manuseio dos materiais é de $0,001 por pé, os custos anuais de espaço chegam a $0,05 por pé quadrado, e o custo anual por pé de perímetro de parede é de $3. O giro de armazém é de oito vezes por ano, com uma capacidade total de armazenagem de 50.000 compartimentos. Qual deveria ser o tamanho do edifício planejado?

Em primeiro lugar, o número de espaços de estocagem para a baia longitudinal, conforme a Equação (12-12), deveria ser

$$m^* = \frac{1}{4}\sqrt{\left[\frac{2(400.000)(0,001) + 3(10)(0,05) + 2(3,00)}{400.000(0,001) + 2(3,00)}\right]}$$

$$\left[\frac{50.000(8+10)(4)}{2(4)}\right]$$

$$= 237 \text{ espaços}$$

O número de estruturas duplas de estocagem, conforme a Equação (12-13), deveria ser

$$n^* = \frac{1}{8+10}\sqrt{\left[\frac{400.000(0,001) + 2(3,00)}{2(400.000)(0,001) + 3(10)(0,05) + 2(3,00)}\right]}$$

$$\left[\frac{50.000(8+10)(4)}{2(4)}\right]$$

$$= 26 \text{ prateleiras junto a uma parede do armazém.}$$

O comprimento e a largura do armazém, a partir da Equação (12-14) e Equação (12-15) deveriam ser

$$u = 3(10) = 237(4) = 978 \text{ pés de comprimento}$$

e

$$v = 26(8 + 10) = 468 \text{ pés de largura.}$$

Projeto das Docas

O projeto das docas começa com a necessidade de uma doca ferroviária ou rodoviária no armazém. Praticamente todos os armazém exigem pelo menos uma doca de caminhão. A necessidade de uma doca para vagão ferroviário não é tão universal e depende da existência de quantidades de produtos recebidos/remetidos suficientes para justificar transporte ferroviário. Mesmo existindo tal necessidade, um ramal ferroviário será inviável se o armazém estiver longe de uma conexão ferroviária e a empresa ferroviária não se dispuser a proporcionar tal conexão. Para fins de discussão, vamos supor que os dois tipos de docas sejam necessários.

Doca Ferroviária

Um fator primário no projeto da doca é saber qual a sua extensão necessária para manuseio eficaz do fluxo dos produtos. Estimativas preliminares podem ser feitas multiplicando a extensão média dos vagões ferroviários usados e dividindo essa quantidade pela quantidade média estocada no vagão médio multiplicada pelo número de mudanças de vagão por dia. Ou seja,

$$L = \frac{DS}{QN} \qquad (12\text{-}16)$$

em que:

> L = extensão da doca ferroviária necessária (pés)
> D = demanda diária de todos os pedidos (cwt./dia)
> S = extensão média do vagão utilizado (pés)
> Q = peso médio dos produtos postos em cada vagão (cwt./vagão)
> N = número de mudanças de vagão por dia (número/dia)

Exemplo

Um armazém de alimentos recebe por ferrovia, em média, 14.000 cwt. de mercadorias por dia. Os vagões têm capacidade de 570 cwt. para este tipo de mercadorias e seu comprimento efetivo é de 75 pés. Duas mudanças de vagão ao longo do ramal podem ser completadas a cada dia.

A extensão do ramal ferroviário necessário pode ser estimado a partir da Equação (12-16) como

$$L = \frac{14.000(75)}{570(2)} = 921 \text{ pés.}$$

Além do comprimento, há várias outras considerações com relação ao projeto da doca. Por exemplo, seria aconse-lhável incorrer na despesa extra de cobrir a doca? Uma doca coberta proporciona proteção contra o tempo, relativa proteção contra roubos, e contribui para a eficiência do trabalho de carga e descarga. A profundidade de plataforma exigida é outra questão. Sendo necessária a utilização de empilhadeiras mecânicas para carga e descarga, a profundidade mínima para garantir a segurança das manobras será de 12 pés. Se a doca tiver também de servir como área de guarda temporária enquanto se verifica o pedido recebido ou a paletização das mercadorias recebidas, sua profundidade deverá, logicamente, ser bem maior, talvez de 40 ou 50 pés. Finalmente, o nível da doca com relação ao piso do vagão ferroviário é outra preocupação. Ou o nível da doca precisa ser elevado para ajustar-se ao leito do vagão, ou este deve ser rebaixado ao nível da doca. Como apenas leves inclinações são viáveis na maior parte dos equipamentos de manuseio de materiais e devido à enorme despesa que acarretaria o levantamento do piso inteiro do armazém, torna-se normalmente mais econômico recuar os trilhos abaixo do nível da doca. Um poço de 45 polegadas coloca o leito do vagão no nível da doca. A brecha entre o leito do vagão e a doca é tapada com a utilização de uma placa de aço.

Doca de Caminhão

Grande parte dos fatores que influem no projeto da doca de caminhão é igual àqueles presentes no projeto da doca ferroviária. Mas, em vez de computar um comprimento de doca, as docas de caminhão são freqüentemente avaliadas em função do número de portas de doca, ou baias, necessárias. Claro que uma porta de caminhão tem uma largura padronizada que pode ser convertida no comprimento total exigido da doca. Com facilidade, o número de portas de doca para caminhão pode ser encontrado calculando-se

$$N = \frac{DH}{CS} \qquad (12\text{-}17)$$

em que

> N = total das portas de doca para caminhão
> D = média diária do processamento de doca
> H = tempo necessário para carregar ou descarregar um caminhão
> C = capacidade do caminhão
> S = disponibilidade diária de tempo para carga ou descarga de caminhões

Esta fórmula calcula o número médio de portas para caminhão. Ela não contempla a variação do número de caminhões disponíveis para carga ou descarga, do processamento de doca, ou da taxa de carga ou descarga do caminhão. Algumas portas a mais podem ser necessárias para atender a estas incertezas.

Exemplo

Um armazém da Rico Discount Drug Stores reabastece 250 lojas de varejo da rede em sua região por semana. O pedido médio por loja tem 6.500 libras-peso e os pedidos normais de quatro lojas podem ser transportados em cada caminhão. Dois empregados trabalham duas horas para carregar um caminhão, sendo seu turno de oito horas. A Rico destina tantos trabalhadores quantos forem necessários para carregar os caminhões em oito horas. Quantas portas de doca para caminhão são necessárias para suprir este nível médio de atividades?

Podemos estimar que 50 lojas são servidas todos os dias em uma semana de trabalho de cinco dias úteis. Portanto, $50 \times 6.500 = 325.000$ libras-peso de mercadorias são separadas e embarcadas para entrega nas lojas diariamente. Se os pedidos de quatro lojas são embarcados em um caminhão, a carga total é de $4 \times 6.500 = 26.000$ libras-peso. Usando a Equação (12-17), podemos estimar o número de portas como

$$N = \frac{325.000(2)}{26.000(8)} = 3,15, \text{ ou 4 portas.}$$

Quatro portas proporcionam à Rico capacidade extra para enfrentar contingências. Na verdade, com o processamento de $26.000(8)(4)/(2) = 416.000$ por 4 portas no total, há $(416.000 - 325.000) \times 100/325.000 = 28\%$ de aumento no processamento de docas. Uma demora $([26.000(8)(4) / 325.000] - 2) \times 100/2 = 28\%$ maior na carga dos caminhões usando quatro portas pode ocorrer mas ainda assim estarão sendo alcançadas as necessidades de estocagem.

PROJETO DO SISTEMA DE MANUSEIO DE MATERIAIS

O manuseio de materiais dentro de um armazém ou área de estocagem é uma atividade típica de mão-de-obra intensiva, pois grande parte do manuseio de materiais no mundo inteiro é realizada manualmente, ou, no máximo, por processo semi-automatizado. O leiaute das mercadorias, a extensão da utilização de equipamentos e o grau de automação são, todos, fatores que se refletem no custo do manuseio de materiais. Conseguir a melhor combinação de todos esses fatores é o objetivo do projeto de manuseio de materiais.

White já sugeriu que o projeto do sistema de manuseio de materiais evoluiu ao longo de cinco estágios de desenvolvimento.[9] Para ele, as dimensões básicas do manuseio de materiais são a movimentação, a estocagem e o controle de materiais. Essas dimensões evoluíram cronologicamente como

- Manuseio manual de materiais caracterizado por um alto grau de atividade humana
- Manuseio de materiais assessorado por dispositivos mecânicos como correias e empilhadeiras industriais para a movimentação dos materiais; estantes/prateleiras, estruturas de estocagem e carrosséis para estocagem, e interruptores e solenóides para o controle do equipamento
- Manuseio automatizado caracterizado pelo uso de veículos guiados, paletizadores automatizados, equipamento automatizado de estocagem e retirada, e a identificação automatizada do material
- Integração das "ilhas" de automação de maneira a criar sinergia entre as variadas atividades de manuseio de materiais
- Manuseio inteligente dos materiais por meio da utilização de inteligência artificial e de sistemas especialistas relacionados

As três primeiras dimensões foram bem implementadas. Mesmo a mais antiga delas – o manuseio manual – tem sido fortemente apoiada pelos proponentes do *just-in-time* devido à sua flexibilidade. A integração não foi perfeitamente alcançada, e os sistemas inteligentes de manuseio são o objetivo maior do século XXI. Isto sugere que a boa prática em torno do projeto básico do sistema continua sendo o suporte principal do manuseio eficiente de materiais.

De acordo com White, a boa prática do manuseio de mercadorias envolve "movimentar menos, estocar menos e controlar menos".[10] Ackerman e LaLonde são mais específicos e sugerem as seguintes formas pelas quais é viável reduzir os custos do manuseio de materiais: redução das distâncias percorridas, aumento do tamanho das unidades manuseadas, busca de oportunidades na roteirização da separação de pedidos ou da estocagem e melhoria da utilização cúbica.[11] Essas indicações comandam a discussão a seguir sobre decisões fundamentais em manuseio de materiais.

---

[9] John A. White, "Materials Handling in Warehousing: Basics and Evolution", *Annual Proceedings*, Volume II (Boston: Council of Logistics Management, October 9/12, 1988).

[10] Idem.

[11] Kenneth B. Ackerman and Bernard J. LaLonde, "Making Warehousing More Efficient", *Harvard Business Review* (March/April 1980), págs. 94-102. Ver também David R. Olson, "Seven Trends of Highly Effective Warehouses", *IIE Solutions* (February 1996), págs. 12-15.

Escolha do Sistema de Manuseio de Materiais

O sistema de manuseio de materiais deveria ser escolhido de maneira a se constituir parte integral das atividades do sistema de estocagem. Ele não é necessariamente o ponto de partida do projeto do sistema de estocagem, nem seu ponto final; no entanto, a gerência pode fazer alguns esboços preliminares do projeto final sem procurar equilibrar todos os fatores simultaneamente. Nesta análise, a gerência deveria levar em conta vários pontos. Em primeiro lugar, os sistemas de manuseio de terceiros representam restrições sobre a escolha? Por exemplo, se os principais fornecedores do armazém fazem suas entregas em paletes de 48 × 48 polegadas, um sistema de manuseio de materiais projetado para paletes de 32 × 40 polegadas exige a repaletização dos produtos entregues para evitar incompatibilidades com o equipamento ou deficiências do espaço de estocagem.

Em segundo lugar, o projeto do armazém impõe restrições de escolha de equipamento? Tetos rebaixados, edifícios de vários andares, corredores estreitos e longas distâncias internas no armazém podem tornar impraticáveis alguns equipamentos. Quando as distâncias são grandes, a movimentação manual de produtos no armazém produz custos excessivos em mão-de-obra. Da mesma forma, a utilização de empilhadeiras e elevadores em armazéns de vários andares pode ser ineficaz.

Em terceiro lugar, a natureza e o índice de carga do sistema se refletem pesadamente na escolha do equipamento. Quando o volume de processamento no armazém varia consideravelmente, ou quando as características de manuseio do *mix* de produtos não são razoavelmente constantes, um sistema manual, com seu baixo custo de investimento e alto grau de flexibilidade em relação às condições mutáveis, é quase sempre a melhor escolha. Mas, quando se antecipa um volume substancial, contínuo, o equipamento mecanizado é plenamente justificado. O capital, em forma de equipamento, é usado para substituir o trabalho, mas os grandes níveis de investimento podem não ser recuperados quando se trata de equipamento que se torna obsoleto num tempo curto demais. Este é um risco inerente a sistemas totalmente mecanizados, como os sistemas automatizados de estocagem e retirada. Indubitavelmente, o motivo da preferência pelos sistemas de empilhadeiras e paletes é o fato de oferecerem um bom equilíbrio entre mecanização e flexibilidade.

Finalmente, o planejamento para contingências pode influenciar o projeto do sistema. À medida que os sistemas de manuseio de materiais vão se tornando mais automatizados e integrados, tornam-se igualmente mais sujeitos a uma paralisação total quando qualquer dos seus segmentos individuais entra em pane. Se a confiabilidade do sistema tem grande peso sobre os serviços aos clientes, os custos relacionados ao sistema (como taxas de demora e retenção), ou os custos operacionais do sistema, sistemas menos mecanizados ou sistemas mecanizados com componentes de substituição embutidos podem representar o melhor caminho para o projeto final do sistema.

Uma vez delineado o sistema básico de manuseio de materiais, é preciso solucionar questões mais detalhadas do projeto. A escolha do tipo de sistema e da política de substituição de equipamento são as principais considerações.

Tipo de Sistema

Uma decisão que coincide com o dimensionamento do armazém é a da escolha do sistema de manuseio de materiais a ser usado. Seleções normais incluem um sistema manual, um sistema de empilhadeira e paletes, um sistema de correias transportadoras, um sistema de estocagem e retirada automatizadas, ou alguma combinação desses sistemas. A escolha entre eles pode ter início com uma análise financeira semelhante à usada na seleção do tipo de armazém. A escolha precisa basear-se em considerações subjetivas como risco, flexibilidade e obsolescência.

Exemplo

Um fabricante de equipamentos para copiadoras pretende construir um armazém para peças de reposição. As opções de projeto de sistema interno de manuseio de materiais são ou o de empilhadeira e paletes com separação de pedidos por esteiras rolantes, ou o automatizado de estocagem e retirada. A empresa projeta para o armazém a separação de 3.000.000 de pedidos por ano e um retorno financeiro anual de 20% antes dos impostos.

O sistema de esteira transportadora e empilhadeira exige um investimento em estantes de $2.000.000 e de $1.500.000 em carrinhos e esteiras. As estantes têm uma vida útil de 20 anos e um valor residual de 30% do seu valor inicial no final desses 20 anos. Os carrinhos e esteiras têm uma vida projetada de 10 anos, com valor residual final de 10%. O custo de processamento é de $0,50 por pedido.

O sistema automatizado de estocagem e retirada exige um investimento de $3.000.000 em estantes e de $2.000.000 em equipamentos e controles. As estantes têm uma vida útil de 20 anos com valor residual final de 30%. O equipamento e os controles têm vida útil de 10 anos com valor residual final de 10%. O custo de processamento é de $0,10 por pedido.

Desenvolve-se então uma análise financeira para determinar a melhor alternativa. O objetivo é comparar o valor presente líquido de cada uma das alternativas de acordo com a Equação (12-1). No entanto, a Equação (12-1) é modificada levemente para acomodar os diferentes tempos de vida das estantes em relação ao equipamento, e o termo C_j representa um custo (saída de caixa) e não uma economia (entrada de caixa). Ou seja, o NPV para as estantes é

$$NPV = -I - \frac{Cj}{(1+i)^j} + \frac{S_{20}}{(1+i)^{20}}$$

enquanto que, para o equipamento, o NPV é

$$NPV = -I - \frac{C_j}{(1+i)^j} + \frac{S_{10}}{(1+i)^{10}} - \frac{I}{(1+i)^{10}}$$
$$- \frac{C_{j+10}}{(1+i)^{j+10}} + \frac{S_{20}}{(1+i)^{20}}$$

Chegamos à conclusão de que a melhor alternativa é aquela contendo o NPV menos negativo.

Duas tabelas são então desenvolvidas – uma para o sistema de esteira rolante e empilhadeira (Tabela 12-5), outra, para o AS/RS (Tabela 12-6). Uma vez que o NPV para AS/RS é menos negativo do que o do sistema de esteira rolante e empilhadeira, o AS/RS oferece o melhor retorno (menos custos) e é, portanto, o sistema a ser implementado.

Em uma escala menor do que a do sistema global de manuseio de materiais, partes isoladas de equipamento variam conforme suas funções e capacidades. Cada uma

TABELA 12-5   Análise de fluxo de caixa da alternativa de manuseio de materiais esteira/empilhadeira

	Investimento		*Custo operacional*		*Fluxo de caixa*
Ano	*Esteiras*	*Equipamento*	*anual*	*Fluxo de caixa*	*líquido[d]*
0	($2.000)	($1.500)		($3.500)	($3.500)
1			($1.500)	(1.500)	(1.250)
2			(1.500)	(1.500)	(1.042)
3			(1.500)	(1.500)	(868)
4			(1.500)	(1.500)	(723)
5			(1.500)	(1.500)	(603)
6			(1.500)	(1.500)	(502)
7			(1.500)	(1.500)	(419)
8			(1.500)	(1.500)	(349)
9			(1.500)	(1.500)	(291)
10		(1.350)[a]	(1.500)	(2.850)	(460)
11			(1.500)	(1.500)	(202)
12			(1.500)	(1.500)	(168)
13			(1.500)	(1.500)	(140)
14			(1.500)	(1.500)	(117)
15			(1.500)	(1.500)	(97)
16			(1.500)	(1.500)	(81)
17			(1.500)	(1.500)	(68)
18			(1.500)	(1.500)	(56)
19			(1.500)	(1.500)	(47)
20	600[b]	150[c]	(1.500)	(750)	(20)
				NPV =	($11.003)

[a] O equipamento substituído com um investimento líquido igual ao custo do novo equipamento menos o valor residual do antigo; i.e., $1.500.000 – (1.500.000)(0,10) = $1.350.000.

[b] Valor residual de $2.000.000(0,30) = $600.000.

[c] Valor residual de $1.500.000(0,10) = $150.000.

[d] Fluxo de caixa descontado em 20% conforme $1/(1 + 0,2)^j$.

414 PARTE IV • ESTRATÉGIA DE ESTOQUE

TABELA 12-6 Análise de fluxo de caixa da alternativa de manuseio de materiais AS/RS

Ano	Investimento anual		Custos operacionais	Fluxo de caixa	Fluxo de caixa líquido[d]
	Estantes	Equipamento			
0	($3.000)	($2.000)		($5.000)	($5.000)
1			($300)	(300)	(250)
2			(300)	(300)	(208)
3			(300)	(300)	(174)
4			(300)	(300)	(145)
5			(300)	(300)	(121)
6			(300)	(300)	(100)
7			(300)	(300)	(84)
8			(300)	(300)	(70)
9			(300)	(300)	58)
10		(1.800)[a]	(300)	(2.100)	(339)
11			(300)	(300)	(40)
12			(300)	(300)	(34)
13			(300)	(300)	(28)
14			(300)	(300)	(23)
15			(300)	(300)	(19)
16			(300)	(300)	(16)
17			(300)	(300)	(14)
18			(300)	(300)	(11)
19			(300)	(300)	(9)
20	900[b]	200[c]	(300)	800	21
				NPV =	($6.722)

[a]O equipamento substituído com um investimento líquido igual ao custo do novo equipamento menos o valor residual do antigo; i.e., $2.000.000 – (2.000.000)(0,10) = $ 1.800.000.

[b]O valor residual de $3.000.000(0.30) = $900.000.

[c]O valor residual de $2.000.000(0,10) = $200.000.

[d]Fluxo de caixa descontado em 20% conforme $1/(1 + 0,2)^j$.

tem investimento inicial, despesas operacionais anuais e valor residual diferentes. Mais uma vez, a seleção é pela comparação dos valores presentes das alternativas. Quando as despesas operacionais são iguais para todos os anos ao longo da vida útil, e a vida útil do equipamento é a mesma entre as alternativas, a equação do valor presente líquido pode ser reescrita como segue:

$$NPV = I + C \frac{(1+i)^n - 1}{i(1+i)^n} - \frac{S_n}{(1+i)^n} \qquad (12\text{-}18)$$

em que

NPV = valor presente líquido do equipamento durante sua vida útil

I = investimento inicial

C = custo operacional anual

i = a taxa de desconto, ou de atratividade que tais investimentos devem gerar

S_n = valor residual em n anos

n = vida útil do equipamento (em anos)

Por conveniência, a convenção dos sinais foi invertida em relação ao exemplo anterior. O objetivo agora é selecionar a alternativa com o menor valor presente líquido.

Exemplo

Suponha que duas empilhadeiras tipo A consigam movimentar a mesma quantidade de produtos que três empilhadeiras do tipo B. Os dados adicionais a seguir estão disponíveis:

	Duas empilhadeiras do tipo A	Três empilhadeiras do tipo B
Investimento inicial total	$ 20.000	$ 15.000
Vidal útil (planejada)	7	7
Valor residual (estimado)	$ 5.000	$ 2.000
Despesas operacionais anuais	$ 4.000	$ 6.000
Taxa de desconto (atratividade)	0,20	0,20

Aplicando a Equação (12-18) a ambos os tipos de empilhadeiras, temos

$$NPV_A = 20.000 + 4.000 \frac{(1+0,2)^7 - 1}{0,2(1+0,2)^7} - \frac{5.000}{(1+0,2)^7}$$

$$= \$33.023 \longleftarrow \boxed{\text{A melhor opção}}$$

e

$$NPV_B = 15.000 + 6.000 \frac{(1+0,2)^7 - 1}{0,2(1+0,2)^7} - \frac{2.000}{(1+0,2)^7} = \$36.040$$

Como $NPV_A < NPV_B$, escolher duas empilhadeiras do tipo A parece a melhor opção em termos financeiros.

Substituição de Equipamento

O equipamento de manuseio de materiais freqüentemente tem vida útil menor do que estantes, prateleiras, mezaninos e outro instrumental não-mecânico usado no processo. E, por isso, muitas vezes é necessário desenvolver uma política de substituição de equipamento gasto ou obsoleto. A necessidade dessa política de substituição é evidente no caso das empilhadeiras, cuja vida econômica não é longa e requerem, por isso, constante substituição. É uma necessidade presente também nos vários segmentos dos sistemas de manuseio de volumes, ou sistemas de esteiras transportadoras, em que a vida útil do equipamento tende a ser mais prolongada que no exemplo anterior. É comum que os gerentes estabeleçam regras de substituição arbitrárias – por exemplo, substituir as empilhadeiras de garfo a cada cinco anos. Regras arbitrárias baseadas na experiência podem ser muito eficientes. No entanto, quando não se dispõe dessa experiência para ajudar a desenvolver diretrizes, ou quando essas regras arbitrárias não foram testadas por análises econômicas "formais", é sempre útil recorrer a um meio analítico de desenvolvimento de políticas de substituição.

Para desenvolver tais políticas de substituição, formas especiais de análise de valor presente são sempre úteis, embora nada impeça que se recorra a outros métodos, como os do prazo de retorno ou retorno simples sobre o investimento. Existem vários parâmetros fundamentais que não podem ser ignorados em relação a esses problemas. Em primeiro lugar, espera-se que o ciclo da substituição continue indefinidamente no futuro. Em segundo lugar, os custos operacionais do equipamento tendem a aumentar à medida que esse equipamento envelhece. Em terceiro lugar, o equipamento de substitui-

ção tende a ser melhor que o substituído em função dos progressos tecnológicos ocorridos no período. A fim de comparar uma corrente de ciclos de substituição de diferentes extensões, utiliza-se uma forma de análise de valor presente conhecida como *custo anual equivalente (AC)*. Ela é:

$$AC_n = \left[I + \sum_{j=1}^{n} \frac{C_j}{(1+i)^j} - \frac{S_n}{(1+i)^n} \right] \left[\frac{i(1+i)^n}{(1+i)^n - 1} \right] \quad \textbf{(12-19)}$$

Procura-se o período n de substituição que dá o mínimo valor AC_n.

Exemplo

Suponha uma frota de empilhadeiras utilizada no manuseio de materiais em um armazém. As empilhadeiras, com custo inicial de $30 mil cada, são constantemente substituídas. O valor residual diminui proporcionalmente com a idade, de maneira que $S_n = I(1 - R \times n)$, em que R é $1/N$, N é a vida normal da empilhadeira, e n é o período do ciclo de substituição. N é 10 anos para essas empilhadeiras. As empilhadeiras podem ser vendidas a qualquer momento pelo valor líquido não depreciado. O custo operacional de uma empilhadeira, manutenção incluída, é de $2.000 durante o primeiro ano e tende a aumentar à taxa de $300 por ano elevada ao quadrado depois do primeiro ano. Devido, porém, aos avanços tecnológicos, espera-se que venha a se registrar uma redução de $200 ao ano nas despesas operacionais. Um retorno anual de 20% antes dos impostos é a diretriz da empresa em todos os seus projetos.

O custo operacional para uma empilhadeira, inclusive o efeito dos aperfeiçoamentos tecnológicos, pode ser aproximado como $C_j = a + b(j-1) + c(j-1)^2$ onde a = nível constante de custos operacionais anuais (dólares), b = taxa de aumento (ou redução) dos custos operacionais anuais em função de melhorias tecnológicas (dólares/ano), c = taxa de aumento nos custos operacionais anuais (dólares/ano/ano) e j = o determinado ano da estimativa de custos. Usando esta função de custo C_j, bem como outros dados sobre o problema, podemos computar o custo anual equivalente para um ciclo de substituição de um ano ($n = 1$). Ou seja,

$$AC_1 = \left[30.000 + \sum_{j=1}^{1} \frac{2.000 - 200(0) + 300(0)^2}{(1+0,2)^1} - \frac{27.000}{(1+0,2)^1} \right]$$

$$\left[\frac{0,2(1+0,2)^1}{(1+0,2)^1 - 1} \right] = \$11.000$$

416 **PARTE IV** • ESTRATÉGIA DE ESTOQUE

Repetindo esse tipo de cálculo para valores crescentes de n se produz a série de valores anuais de custos mostrada na Tabela 12-7. O mais baixo custo anual equivalente fica com $n = 3$. Isto, assim, indica que para minimizar custos a melhor política é substituir as empilhadeiras ao fim de três anos de serviço, mas substituir as empilhadeiras antes de dois ou três anos de serviços produz apenas custos que são no máximo 3% superiores ao nível ótimo.

Decisões Sobre o Leiaute dos Produtos

Uma importante decisão sobre armazém diz respeito ao leiaute (disposição) interno dos itens. Depois de conhecida a configuração de um edifício; depois de especificadas as instalações de entrada e saída das mercadorias; depois da determinação de blocos de espaços para produtos perigosos, para produtos com seguro contra roubo e para a separação de pedidos; e depois de determinado o sistema de manuseio de materiais a ser usados, é preciso tomar decisões com respeito aos pontos em que cada item de estocagem ficará localizado, como serão ordenados, e qual o método a ser utilizado para a localização de estoques no armazém. São questões que sempre tiveram a atenção dos engenheiros industriais no leiaute das instalações de produção, não havendo exagero algum ao afirmar que boa parte da metodologia de decisão desenvolvida para o leiaute da produção é transferível e aplicável ao problema do leiaute do armazém. Esses métodos complementam aqueles que lidam mais diretamente com o problema do leiaute no armazém, e são exatamente esses métodos que permeiam a discussão a seguir.

Localização do Estoque

Localização do estoque é o problema de decidir arranjo físico das mercadorias em um armazém a fim de minimizar as despesas com manuseio dos materiais, conseguir a utilização máxima do espaço do armazém e superar determinadas restrições à localização das mercadorias, como aquelas necessárias para a segurança, a proteção contra incêndios, a compatibilização dos produtos e a separação de pedidos. A retirada do estoque (ou relocalização) ocorre em geral de três maneiras. Em primeiro lugar, existe uma seleção de ida e volta em que apenas um item ou carga é separado de uma determinada localização. Uma viagem típica se faria saindo da doca externa, selecionando um produto e retornando à doca.

Em segundo lugar, há o roteamento da separação, em que vários itens de um pedido são separados antes de voltar ao ponto de saída, ou área de reserva. O volume coletado em qualquer das rotas pode ser limitado pela capacidade de carga do separador do pedido.

Em terceiro lugar, existe uma área de separação de pedidos designada por trabalhador (separação por zona). Os separadores recuperam itens por seleção de ida e volta ou rota de separação dentro dos limites de suas áreas de trabalho.

TABELA 12-7 Exemplo de cálculos para determinar o tempo ótimo do ciclo do equipamento[a]

Tempo do ciclo de substituição, n	(1) Investimento inicial, I	(2) Custos operacionais totais, C_j	(3) Custos operacionais descontados, $\sum_{j=1}^{n}\dfrac{C_j}{(1+i)^j}$	(4) Valor residual, S_n	(5) Valor residual descontado, $\dfrac{S_n}{(1+i)^n}$	(6) Fator descontado, $\dfrac{i(1+i)^n}{(1+i)^n-1}$	(7) = (1+3-5)(6) Custo anual equivalente médio, AC_n
1	\$30.000	\$2.000[b]	\$1.667	\$27.000[c]	\$22.500	1,20	\$11.000
2	30.000	4.100	3.125	24.000	16.667	0,65	10.698
3	30.000	6.900	4.745	21.000	12.153	0,47	**10.618**←
4	30.000	11.000	6.722	18.000	8.680	0,39	10.936
5	30.000	17.000	9.133	15.000	6.028	0,33	10.925
6	30.000	25.500	11.979	12.000	4.019	0,30	11.388
7	30.000	37.100	15.216	9.000	2.512	0,28	11.957
8	30.000	52.400	18.774	6.000	1.395	0,26	12.319
9	30.000	72.000	22.572	3.000	581	0,25	12.998
10	30.000	96.500	26.528	0	0	0,24	13.567

[a] Todos os custos em milhares de dólares.

[b] Computados como $C_j = 2000 - 200(j-1) + 300(j-1)^2$ e acumulado quando o ciclo de substituição tem mais de um ano.

[c] Computado como $S_n = I[1 - 0,1(n)]$.

O objetivo de planejamento da localização em cada um desses problemas é minimizar os custos totais de manuseio. Isso muitas vezes se traduz na minimização da distância total percorrida ao longo do armazém. Além disso, a separação de pedidos é normalmente uma preocupação maior do que a estocagem dos itens pelo fato de a despesa com mão-de-obra para separar mercadoria de um armazém ser muito maior que a necessária para estocá-la. Isso se deve a que normalmente as cargas que saem de um armazém são bem menores do que aquelas que chegam. Por isso mesmo, nossa preocupação principal é com a minimização dos custos de manuseio na atividade de separação de pedidos de um armazém.

Métodos intuitivos são atraentes pelo fato de proporcionarem algumas diretrizes úteis para o leiaute sem a necessidade de matemática de alto nível. O leiaute é muitas vezes intuitivamente baseado em quatro critérios: complementaridade, compatibilidade, popularidade e tamanho. A *complementaridade* expressa a noção de que itens que são quase sempre encomendados em conjunto deveriam ficar estocados perto uns dos outros. Exemplos desses itens são tintas e pincéis, lâminas e espuma de barba, lápis e canetas. Trata-se de um fator especialmente importante quando a separação dos pedidos é do tipo de roteamento de separação ou quando se dispõem estantes de estocagem, ou de fluxo, em sistemas de área destinada à separação de pedidos.

A *compatibilidade* inclui a questão de como localizar determinados itens perto uns dos outros de maneira prática. Pneus não são compatíveis com alimentos, e gasolina não tem a menor afinidade com cilindros de oxigênio. Portanto, não devem estar localizados perto uns dos outros. Produtos são considerados compatíveis quando não existe restrição alguma a que sejam localizados em proximidade mútua.

Compatibilidade e complementaridade podem ser decididas antes de se levar em conta os custos de separação dos pedidos. Além disso, resta a preocupação quanto a equilibrar cargas de trabalho, minimizar fadiga e igualar distâncias quando múltiplos trabalhadores são usados para preencher pedidos, como no projeto de separação de pedidos por zona. Uma vez devidamente encaminhadas tais considerações, o leiaute por popularidade e tamanho se torna apropriado.

O leiaute por popularidade reconhece que os produtos têm diferentes taxas de giro em um armazém, e que o custo de manuseio de materiais é relacionado com a distância percorrida no armazém para localizar e separar o estoque. Se o estoque é recuperado de um local em volumes menores por percurso do que quando da estocagem, os custos do manuseio podem ser minimizados mediante a localização dos itens de movimentação mais rápida perto do ponto de saída, ou área de expedição, e dos itens de movimentação menos rápida na retaguarda destes. Isso supõe que os itens que exigem maior número de percursos para um dado nível de demanda terão a menor distância possível percorrida a cada movimentação de separação de pedido.

O leiaute por popularidade deixa de lado o tamanho do item que é armazenado e a possibilidade de que um número maior de itens menores venha a ser localizado perto do ponto de saída, ou área de expedição. Isso indica que os custos de manuseio podem ser minimizados ao se utilizar o *tamanho* (volume cúbico) como diretriz do leiaute. Ao localizar os itens menores perto do ponto de saída no armazém, o manuseio de materiais pode ser menor do que no acerto por popularidade, à medida que uma densidade maior de itens pode ser localizada mais perto da doca de embarque.

Contudo, o leiaute por tamanho não garante custos menores do que o leiaute por preferência. O método por tamanho seria uma boa alternativa desde que um alto giro estivesse concentrado nos itens de menor porte.

O leiaute por popularidade ou por tamanho não é inteiramente satisfatório porque cada um deles negligencia um importante fator do outro. Heskett combinou ambas as particularidades em um índice cúbico por pedido.[12] *O índice é a relação da capacidade média em pés cúbicos requerida pelo produto para estocagem e o número médio de pedidos diários nos quais o item é solicitado.* Produtos com valores de índice *baixos* são localizados tão perto quanto possível do ponto de saída. O índice cúbico por pedido (COI) pretende ocupar o espaço do armazém de maneira a que o maior volume de estoque precise de um índice mínimo de movimentação. Quando comparado com uma abordagem correspondente de programação linear, constatou-se que se tratava de um método otimizador.[13] Além disso, tem sido usado para análises mais abrangentes do problema do leiaute.[14]

---

[12] J. L. Heskett, "Cube-per-Order Index – A Key to Warehouse Stock Location", *Transportation and Distribution Management*, Vol. 3 (April 1963), págs. 27-31; e J. L. Heskett, "Putting the Cube-per-Order Index to Work in Warehouse Layout", *Transportation and Distribution Management*, Vol. 4 (August 1964), págs. 23-30.

[13] Carl Kallina and Jeffery Lynn, "Application of the Cube-per-Order Index Rule for Stock Location in a Distribution Warehouse", *Interfaces*, Vol. 7, Nº 1 (November 1976), págs. 37-46. Ver também Hoyt G. Wilson, "Order Quantity, Product Popularity, and the Location of Stock in a Warehouse", *AIIE Transactions*, Vol. 9, nº 3 (September 1977), págs. 230-237.

[14] Charles J. Malmborg and Stuart J. Deutsch, "A Stock Location Model for Dual Address Order Picking Systems", *IIE Transactions*, Vol. 20, nº 1 (March 1988), págs. 44-52.

Davies, Gabbard e Reinholdt compararam quatro estratégias de leiaute incluindo o método do COI.[15]

1. *Colocação alfanumérica* – Todos os itens são colocados em seqüência rigorosamente alfanumérica.
2. *Colocação rápida e outros* – Itens selecionados são segregados dos restantes, ou "outros" itens e estocados em seqüência alfanumérica tão próxima quanto possível da posição de trabalho do separador.
3. *Freqüência de colocação* – Os itens de movimentação mais rápida são colocados tão perto quanto possível da posição de trabalho do separador. (*Observação*: isto é exatamente igual como no método do leiaute por popularidade.)
4. *Seleção de colocação pelo fator de densidade (SDF)* – Quanto maior o quociente de número de separações por ano em relação ao volume necessário de estocagem em pés cúbicos, tanto mais perto do local de trabalho do separador o item é colocado. (*Observação*: Isto é o inverso do índice cúbico por pedido.)

Realizou-se um estudo simulado com 800 itens que tinham média de 800 separações por dia, sendo constatado uma colocação SDF, ou COI, superior a outros, como mostrado graficamente na Figura 12-5. O estudo produziu 1) a menor distância média por percurso de seleção; 2) o menor tempo médio por percurso de seleção; 3) o menor tempo por itens de linha selecionados; 4) o menor espaço total. O método de colocação SDF vem sendo amplamente implementado nos armazéns de distribuição de material da Western Electric.

Exemplo

Um armazém tem a configuração interna apresentada na Figura 12-6. Cada baia de estocagem pode acomodar 40.000 pés cúbicos de produtos. Foram coletados dados sobre o número de pés cúbicos de estocagem necessário para unidades de embarque menor de um item para o qual pode ser emitido um pedido, o número esperado de pedidos em que o item aparece no horizonte de planejamento de um ano, e o número esperado de unidades a ser remetido durante o ano. Os dados básicos para sete itens são mostrados na Tabela 12-8, bem como a computação do COI para cada um dos itens. Destinar os itens com o mais baixo COI para baias de estocagem mais próximas da doca de saída conduz ao seguinte leiaute aceitável de produto:

Baia número	Produto	Percentagem utilizada de capacidade de baia
1Y	A – 4.800 pés cúbicos	
	E – 35.200 pés cúbicos	100%
1Z	E – 2.400 pés cúbicos	
	G – 13.600 pés cúbicos	
	C – 24.000 pés cúbicos	100
2Y	C – 1.120 pés cúbicos	
	B – 38.880 pés cúbicos	100
2Z	B – 25.120 pés cúbicos	
	F – 14.880 pés cúbicos	100
3Y	F – 4.800 pés cúbicos	
	D – 35.200 pés cúbicos	100
3Z	D – 40.000 pés cúbicos	100
4Y	D – 40.000 pés cúbicos	100
4Z	D – 33.600 pés cúbicos	84

Métodos de leiaute intuitivo são fáceis de usar mas não garantem que a partir deles se vá encontrar o padrão de leiaute com o menor custo de manuseio de materiais. Por exemplo, os métodos recém descritos servem melhor à separação de pedidos quando são do tipo de ida e volta. Quando há o envolvimento de uma rota de separação, os métodos para o roteamento de veículo (ver o Capítulo 7) são mais apropriados.[16] Da mesma forma, vários métodos que foram desenvolvidos para o leiaute de fábricas são úteis igualmente para o leiaute de armazém. Um dos mais conhecidos desses modelos é a técnica computadorizada de alocação relativa a instalações (CRAFT)[17] e as várias versões dela desmembradas.[18] O projeto computadorizado de instalações (COFAD) não apenas minimiza o custo da movimentação como também destina equipamento de manuseio de materiais a determinados tipos de transporte.[19] O

---

[15] Arthur L. Davies, Michael C. Gabbard, and Ernst F. Reinholdt, "Storage Method Saves Space and Labor in Open-Package-Area Picking Operations", *Industrial Engineering* (June 1983), págs. 68-74.

[16] Ver também James A. Chisman, "The Clustered Traveling Salesmen Problem", *Computers and Operations Research*, Volume 2, N° 2 (September 1975), págs. 115-119; e Marc Goetschalckx and H. Donald Ratliff, "Order Picking in an Aisle", *IIE Transactions*, Vol. 20, n° 1 (March 1988), págs. 53-62.

[17] Elwood S. Buffa, Gordon C. Armour, and Thomas E. Vollman, "Allocating Facilities with CRAFT", *Harvard Business Review*, Vol. 42 (March/April 1964), págs. 136-158.

[18] R. L. Francis and J. A. White, *Facility Layout and Location: An Analytical Approach* (Upper Saddle River, NJ: Prentice Hall, 1974).

[19] "COFAD – A New Approach to Computerized Layout", *Modern Materials Handling* (April 1975), págs. 40-43.

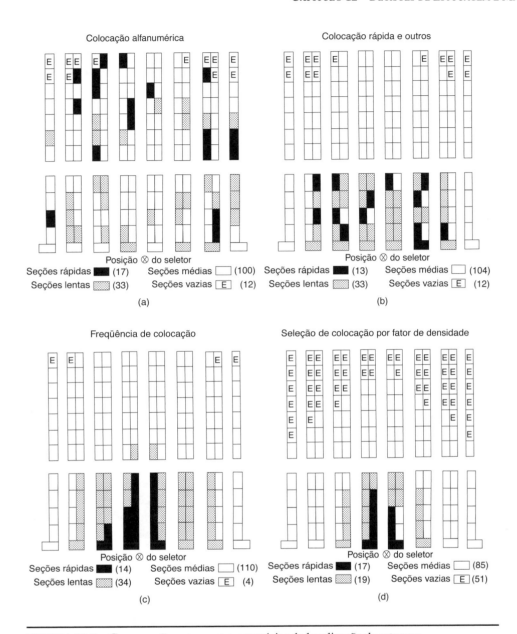

FIGURA 12-5 Comparação entre quatro estratégias de localização de estoques.
Fontes: Arthur L. Davies, Michael C. Gabbard, and Ernst F. Reinholdt, "Storage Methods Saves Spaces and Labor in Open-Package-Area Picking Operations", *Industrial Engineering* (June 1985), pag. 70 Copyright Institute of Industrial Engineers, Norcross, Geórgia.

SPACECRAFT estende o modelo CRAFT a instalações de múltiplos andares pela agregação de andares adicionais ao primeiro deles.[20] Em um interessante estudo comparativo, Trybus e Hopkins constataram que métodos de computador (especificamente, o CRAFT) obtinham soluções bem melhores que os julgamentos humanos poderiam encontrar à medida que o problema assumia maiores proporções.[21] O CRAFT sempre se saiu bem, qualquer que fosse o tamanho do problema. O MULTIPLE estende o CRAFT a múltiplos andares e consegue soluções avançadas mediante a utilização da tecnologia da curva do preenchimento do es-

---

[20] Roger V. Johnson, "Spacecraft for Multi-Floor Layout Planning", *Management Science*, Vol. 28, nº 4 (April 1982), págs. 407-417.

[21] Thomas W. Trybus and Lewis D. Hopkins, "Humans vs. Computer Algorithms for the Plant Layout Problem", *Management Science*, Vol. 26, nº 6 (June 1980), págs. 570-574.

FIGURA 12-6 Estrutura interna de armazém em baia de estocagem para o exemplo do problema com um leiaute de índice de pé cúbico por pedido.

paço.[22] Atualmente, até mesmo a abordagem dos sistemas especialistas é aplicada ao problema do leiaute.[23]

Um problema mais complexo é o do leiaute de dois estágios, como ilustrado na Figura 12-7. O produto é recebido em docas ferro ou rodoviárias e deslocado para estocagem semipermanente (reserva). À medida que o estoque diminui na área de separação de pedidos (montagem), o estoque de reposição é levado da seção de estocagem para a seção de separação de pedidos. Enquanto os pedidos vão sendo atendidos, o produto é levado da seção de separação de pedidos para a doca de embarque. As questões aqui são duas: onde situar cada produto no armazém e quanto espaço alocar a cada produto nas seções de reserva e separação de pedidos. A Tabela 12-9 ilustra um exemplo hipotético deste problema usando apenas alguns produtos e dados a fim de acentuar os contrastes.

É viável a formulação de um modelo de programação linear como abordagem para esse problema. Ele é mostrado no Suplemento Técnico deste capítulo. O que desejamos fazer é minimizar os custos totais do transporte dos produtos pelo armazém, sujeito a limitações nas quantidades mínimas a serem armazenadas na seção de montagem, em uma determinada baia, e no armazém. Uma vez que os produtos não podem ocupar a mesma localização, isto também se torna um problema de alocação a ser resolvido. Uma vez que os custos de manuseio por unidade são estimados para os vários trajetos de produtos pelo armazém, o problema pode ser facilmente resolvido por programas computadorizados de programação linear voltados a objetivos gerais. Embora nem todos os dados para esse problema sejam apresentados aqui, a natureza geral da solução seria como a mostrada na Tabela 12-10.

Conceitualmente, a programação linear é uma boa escolha para resolver o problema do leiaute porque, na verdade, todos os arranjos possíveis são buscados a fim de que se encontre um ótimo, e as seções de montagem e reserva podem ser traçadas simultaneamente. No entanto, problemas práticos envolvendo milhares de produtos podem apresentar proporções fora do alcance das soluções da programação linear. Portanto, a aplicação dos métodos discutidos nesta seção, especialmente aqueles desenvolvidos para o leiaute da fábrica, podem requerer a criação de zonas de produtos no armazém ou o agrupamento de produtos em famílias a fim de limitar as proporções do problema. Além disso, um método como o CRAFT consegue uma velocidade computacional maior do que a programação linear com pequena perda de exatidão nas soluções. Co-

---

[22] Yavuz A. Bozer, Russell D. Meller, and Steven J. Erlebacher, "An Improvement-tipe Layout Algorithm for Single and Multiple-floor Facilities", *Management Science*, Vol. 40, nº 7 (July 1994), págs. 918-932.

[23] John G. Carlson and Andrew C. Yao, "A Visually Interactive Expert System for a Distribution Center Environment", *International Journal of Production Economics*, Vol. 45, nº 1(August 1, 1996), págs. 101-109.

TABELA 12-8 Computações do índice cúbico por pedido no problema exemplo

Produto	(1) Tamanho do item, pés cúbicos	(2) Número esperado de pedidos/ano	(3) Média de unidades em estoque	(4) = (2)/250 Média do número de pedidos diários	(5)= (1) × (3) Espaço de estocagem necessário, pés cúbicos	(6) = (5)/(4) Índice de pé cúbico por pedido
A	6,0	6.750	800	27	4.800	177,8
B	4,0	15.750	16.000	63	64.000	1015,9
C	1,0	11.250	25.120	45	25.120	558,2
D	8,0	25.500	18.600	102	148.800	1458,8
E	3,0	17.750	12.533	71	37.599	529,6
F	5,0	3.500	3.936	14	19.680	1405,7
G	15,0	6.250	907	25	13.605	544,2
Totais		86.750	77.896		313.604	

[a] Com base em 250 dias de vendas por ano.

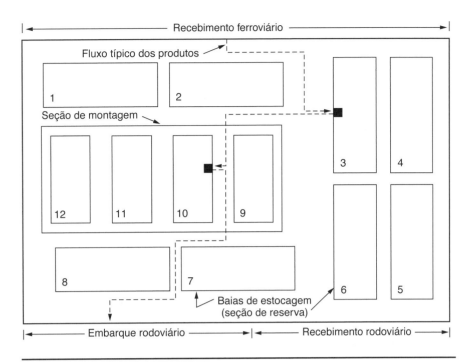

FIGURA 12-7 Arranjo de áreas de reserva e montagem em armazém de um empório.

TABELA 12-9 Capacidade e necessidade de espaço em unidades das áreas de reserva e montagem das baias de estocagem na amostra do armazém de um empório

			Necessidades de espaço		Capacidades das baias	
Produto	Modal de entrega	Índice de giro	Armazém	Montagem[a]	Reserva	Montagem
1	Trem	15	9.300	62	5.000	2.500
2	Caminhão	14	1.600	18	1.000	500
3	Caminhão	17	3.800	69	4.000	2.000
4	Trem	16	5.700	96	2.000	1.000
5	Trem	20	18.000	160	8.000	4.000

[a]Essas são as necessidades mínimas para a montagem.

mo Buffa, Armour e Volmann destacam: "As respostas geradas não são tão perfeitas quanto aquelas dos problemas resolvidos pela programação linear, mas elas representam soluções que não deixam muita margem para aperfeiçoamento."[24]

Perfil da Atividade

Um armazém não é a área que mais se presta a ter um leiaute exclusivo. Pelo contrário, a área é freqüentemente dividida em diversas subáreas com funções especializadas. Dependendo do nível da atividade e do *mix* de produtos, áreas definidas podem ser 1) palete cheio /caixa cheia, 2) caixa aberta, 3) granel, 4) alfandegado, 5) promocional, 6) mercadorias devolvidas e 7) administrativa. Para determinar a necessidade dessas áreas e o tamanho das respectivas áreas, Frazelle sugere um processo de refinamento de dados batizado de *perfil da atividade*.[25] Distribuições estatísticas podem ser obtidas de dados de vendas reais por *mix* de pedidos, linhas por pedido, pé cúbico por pedido, linhas e pé cúbico por pedido. Esses dados são igualmente úteis para a aplicação da metodologia de localização de estoque descrita na seção anterior.

---

[24] Buffa, Armour, and Vollman, "Allocating Facilities with CRAFT".

[25] Edward Frazelle, *World-Class Warehousing and Material Handling* (New York: McGraw-Hill, 2002), Capítulo 2.

TABELA 12-10 Quantidade de cada produto estocada nas respectivas baias a fim de resultar no menor custo mínimo total de manuseio para o armazém de um empório

Baia	Produto 1	2	3	4	5[a]
1	4.238			305	
2	5.000				
3		5		1.190	
4		510			
5		1.000			
6		67	3.371		
7				1.309	2.765
8				2.000	
9		18		96	3.472
10					4.000
11	62				4.000
12			69		3.763
Necessidades totais	9.300	1.600	3.800	5.700	18.000

[a] Há grande quantidade do produto 5 localizado na seção de montagem, devido ao alto giro do produto. Se isso acabar criando um desequilíbrio inadequado com os demais produtos, se aumentam as necessidades de espaço dos produtos 1 a 4, ou se impõe uma restrição ao modelo que seja capaz de limitar a quantidade de produto a ser estocada na seção de montagem.

Um primeiro passo no perfil da atividade é gerar uma distribuição de *mix* de pedidos. Nosso objetivo é constatar quanto do volume de pedidos está em quantidades de palete completo, caixa completo e de caixas incompletos. Uma vez que a retirada do estoque é claramente diferente daquelas três áreas tanto em configuração de estocagem quanto em procedimentos de manuseio, o processamento da amostragem de armazém em um período razoável de tempo – um ano, por exemplo – proporciona o nível de atividade necessário para projetar essas áreas. Outras mercadorias classificadas como granel, alfandegadas e promocionais podem ter manuseio semelhante. Dividir o espaço do armazém entre os vários usos pode conduzir à alocação de espaço mostrada na Figura 12-8 para um armazém de alto volume.

Os mesmos dados de pedidos são subdivididos em função de linhas de áreas. Por exemplo, mercadorias destinadas a uma área de separação de caixas abertas são separadas dos dados restantes. A partir desses dados, os itens podem ser classificados por número de pedidos nos quais esse item aparece (representando viagens de separação de pedidos) e por tamanho do item. O inventário mantido para cada item é igualmente obtido, mas não a partir desses dados de vendas. Esses dados podem então ser usados para calcular as escolhas de

FIGURA 12-8 Configuração de área para um armazém de alto processamento com base no perfil da atividade.

leiaute por popularidade, por pé cúbico ou pelo índice cúbico por pedido.

Uma distribuição diferente seria a da correlação de demanda. Aqui, os itens encomendados mais freqüentemente em conjunto são classificados a partir da freqüência mais alta para a mais baixa de ocorrência. Isso estabelece a complementaridade dos itens, sugerindo os itens que deveriam ser localizados adjacentes uns aos outros. De maneira similar, os dados podem ser analisados em busca de padrões sazonais com o objetivo de localizar itens dentro da mesma zona que tenham padrões sazonais opostos. Com a colocação desses itens, as necessidades de espaço de estocagem são reduzidas.

Nem todas as áreas do armazém requerem um perfil da atividade. Uma vez estabelecidas as proporções gerais da área a partir de uma análise estatística preliminar, o leiaute pode ser uma questão de conveniência e bom julgamento. A área de mercadorias promocionais tem produtos comprados em quantidades exageradas em relação ao montante normal de reposição e que são temporariamente estocadas até que a política agressiva de preços consiga esgotá-los. A natureza incerta dos produtos e suas necessidades de espaço na área promocional indicam que o planejamento sistemático do leiaute não é indispensável. O perfil da atividade é mais benéfico onde os custos de manuseio são altos, existem muitos itens para estocagem e, também, substanciais diferenças nas características físicas dos itens.

Arranjo da Estocagem

A eficiência no armazenamento é algo que se consegue aperfeiçoar pelo posicionamento do estoque em baias de estocagem. O posicionamento é uma das principais questões onde se usa a estocagem paletizada, e a paletização das mercadorias é prática corrente em muitas operações de armazenagem.

O posicionamento se refere especificamente ao ângulo no qual os paletes são configurados em relação ao corredor de serviço. O posicionamento de maior utilização é o quadrangular, ou a 0 grau, conforme a Figura 12-9(a). Inúmeros operadores de armazéns preferem o posicionamento angular dos paletes. Como alternativa, os paletes podem ser colocados em algum ângulo mais para o centro do corredor de serviço, conforme a Figura 12-9(b). O posicionamento angular não é utilizado com muita freqüencia pelos armazéns, pro-

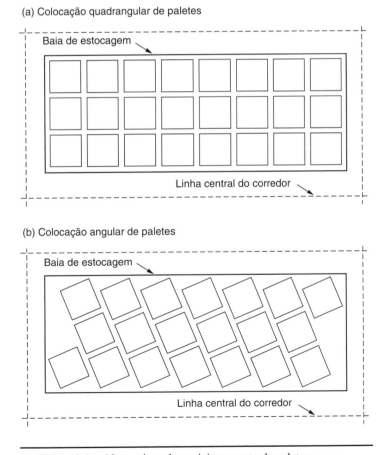

FIGURA 12-9 Alternativas de posicionamento de paletes.

vavelmente devido à persistente controvérsia em torno de se tal posicionamento proporciona, ou não, algum grau satisfatório de eficiência. A controvérsia pode ser vista em estudos que sugeriram ângulos de 0 a 60 no máximo.[26] Mais importantes do que um ângulo sugerido aleatoriamente são as questões envolvida na utilização de posicionamento angular e como o ângulo correto, seja ou não de 0 grau, pode ser determinado.

Oponentes do posicionamento angular asseguram que com ele se cria espaço inutilizável na frente, fundos e lados da baia (ver Figura 12-9(b); o arranjo das colunas, a configuração do edifício e a área de piso impõem limitações à implementação de um plano de posicionamento angular; paletes angulares são mais difíceis de localizar na baia mesmo no ângulo correto; e, por fim, que os corredores de mão única que resultam naturalmente desse posicionamento contribuem para aumentar os custos de manuseio. Já os defensores do posicionamento angular argumentam que a redução na largura do corredor decorrente do retorno de menos de 90 graus exigido de uma empilhadeira que serve a um palete mais do que compensa o espaço sem utilização na baia de estocagem. Além disso, ganha-se algum grau de eficiência operacional porque a empilhadeira mecânica faz um retorno de menos de 90 graus para colocar ou recuperar um palete.

Resolver essa controvérsia é principalmente uma questão de equilibrar as considerações sobre utilização de espaço com relação às eficiências no manuseio de materiais. O efeito da angulação sobre as necessidades totais de espaço tem sido examinado, e fórmulas ou formatos de computação existem a fim de determinar o ângulo exato para qualquer combinação de tamanhos de paletes, configuração de baias e empilhadeiras mecânicas.[27] O efeito da angulação sobre a eficiência operacional pode ser determinado por um estudo do tempo das operações da empilhadeira mecânica sob diferentes ângulos de paletes. Convertendo mensurações de espaço e tempo em termos econômicos, afirmamos que é possível encontrar o ponto em que a angulação resultará na redução de custos.

---

[26] Joseph J. Moder and Herbert M. Thornton, "Quantitative Analysis of Factors Affecting Floor Space Utilization of Palletized Storage", *Journal of Industrial* Engineering, Vol. 16 (Jan/Feb 1965), págs. 8-18; Donald J. Bowersox, "Resolving the Pallet Controversy", *Transportation and Distribution Management* (April 1963), págs. 27-31; e Ronald H. Ballou, "The Consideration of Angular Pallet Layout to Optimize Warehouse Space Utilization" (tese de mestrado, The Ohio State University, 1963).

[27] Ver Mooder and Thorton, "Quantitative Analysis of Factors Affecting Space Utilization of Palletized Storage"; e Ronald H. Ballou, "Pallet Layout for Optimum Space Utilization", *Transportation and Distribution Management* (February 1964), págs. 24-33.

Métodos de Identificação-Localização de Estoques

Uma importante consideração sobre projeto que pode afetar substancialmente a eficiência do manuseio de materiais é o método usado para identificar a localização das mercadorias nas baias de estocagem. Dois métodos opostos de identificação e localização são o localizador fixo e os métodos aleatórios de localização.

Analise um problema comum de localização. Quando as mercadorias chegam ao armazém, devem ser colocadas em baias de estocagem em algum ponto desse recinto. Quando é preciso despachar os itens componentes de um pedido, as mercadorias adequadas têm de ser encontradas e retiradas dos locais de estocagem. Como realizar tudo isto de maneira eficiente quando os produtos existentes apresentam níveis crescentes e decrescentes de estocagem em função de variações de oferta e procura e quando o *mix* de produtos vai mudando em decorrência de acréscimos e eliminações da linha de produtos?

O *método de identificação-localização fixo* estabelece um dado número de baia ou estante de estocagem para cada produto. Essas localizações podem ser determinadas pelos métodos de localização de estoques (por popularidade, COI e semelhantes) já aqui discutidos. Esse método de identificação-localização é simples, não sendo necessário um código formal para identificar localizações quando o armazém tiver apenas alguns itens em estoque. O pessoal que coloca e recupera o estoque simplesmente memoriza as localizações. Com uma extensa linha de produtos, é fácil criar um código formal para identificar seção de armazém, número da baia e abertura do compartimento.

A principal desvantagem deste método é o fato de criar muito espaço subutilizado. A capacidade de estocagem precisa ser estabelecida de acordo com as necessidades de pico de estocagem de cada produto. Como os níveis de pico de estocagem em geral não ocorrem simultaneamente, pode resultar daí a má utilização do espaço.

O *método de identificação-localização aleatório* é projetado para compensar as desvantagens do método de identificação-localização fixo. Na chegada ao armazém, os produtos são encaminhados a qualquer espaço aberto disponível. Não existem localizações preestabelecidas. Esse método proporciona melhor utilização do espaço de estocagem disponível, mas para manter o controle da localização de inúmeros itens, quando podem estar distribuídos por variados locais, é preciso que se disponha de um código efetivo. Por causa do padrão de disponibilidade de espaço em continuada mudança, característico de armazém, este modo de operação depende do suporte de um sofisticado e confiável sistema manual ou computadorizado de registro de estoques.

Embora o método de identificação-localização aleatória proporcione uma melhor utilização do espaço, acarreta também maior demora pois um único item de um pedido pode exigir separação em várias localizações. Este método, e várias versões modificadas, vêm conquistando a preferência entre os operadores de sistemas automatizados de estocagem e retirada, em que os custos de espaço são elevados em relação aos custos de manuseio.

Em sistemas de alto volume e manuseio paletizado, uma combinação dos dois métodos tem se mostrado eficiente. Uma modificação com bom grau de aceitação é a que confina itens em determinadas zonas do armazém, como sugerido pelos métodos de localização de estoque. Nessas zonas, os produtos podem ser estocados com base na disponibilidade de espaço.

Exemplo

Um distribuidor de aço colocou a idéia da designação de zonas em uso para estocar seus produtos acabados em bobinas e lâminas. A área de estocagem foi dividida em um número de áreas menores, às quais foram dados identificadores coloridos – rosa, violeta, laranja, etc. As cores passaram a facilitar a identificação de cada área e do produto nela contido. O produto estocado em determinada área podia "flutuar" sem um lugar especificamente alocado. Embora o produto pudesse ser deslocado aleatoriamente dentro da área a ele destinada, essa área não era tão grande a ponto de fazer com que o produto se extraviasse com facilidade, e mesmo assim proporcionava uma boa utilização do espaço.

OPERAÇÕES DE SEPARAÇÃO DE PEDIDOS

O uso intensivo de mão-de-obra que caracteriza a separação de pedidos torna esta operação um alvo igualmente natural para a busca de melhorias de produtividade. São várias as considerações operacionais capazes de melhorar a eficiência do manuseio de materiais.

Manuseio dos Pedidos

A maneira de gerenciar os pedidos que chegam tem influência sobre os custos de manuseio. A geração de listas de separação a partir da ordem de compras é uma das opções para a redução dos custos.

Seqüenciamento dos Produtos

O seqüenciamento é o arranjo dos itens em listas de rota de coleta para que sejam separados com eficiência dos estoques. Poupa-se tempo de separação evitando-se retroceder por corredores para pegar mercadorias. Seqüenciar os itens à medida que eles surgem na ordem de vendas pode necessitar da cooperação do pessoal de vendas e dos clientes a fim de que seja possível relacionar os itens na ordem mais provável de ocorrência. Como alternativa, temos a utilização do computador para seqüenciar os itens em listas eficientes de separação.

Separação por Zonas

A separação por zonas é a designação de separadores de pedidos para servir a apenas um número limitado dos itens do estoque, em vez de roteá-los por todo o leiaute da estocagem. Um separador coleta estoques apenas em uma área predeterminada e normalmente completa somente uma parte do pedido integral do cliente. A fim de atingir um manuseio de baixo custo (reduzindo a fadiga do separador e maximizando o processamento), é preciso que se preste cuidadosa atenção a um elenco de fatores. Em primeiro lugar, o estoque deve localizar-se entre as zonas de separação e nestas conforme a freqüência dos pedidos, complementaridade, peso dos itens, posição na estante e volume cúbico do item, de maneira a que a carga de trabalho dos separadores entre as zonas seja equivalente. Em segundo lugar, as várias partes do pedido devem ser fracionadas em listas de separação para cada zona. Em terceiro lugar, as várias partes do pedido devem ser montadas num pedido completo antes de deixar o armazém. Se o atendimento dos pedidos proceder seqüencialmente de uma zona a outra para evitar o problema da remontagem quando as zonas estiverem dispersas, a agilidade da separação passará a depender do ritmo de outras zonas.

Embora a separação por zonas tenha sido a abordagem preferencial para a divisão da carga de trabalho em armazéns de alto processamento, surgiu e já se afirmou uma filosofia alternativa, derivada da "inteligência coletiva", o comportamento de insetos socializados como as formigas, abelhas e vespas.[28] Observando-se a maneira como as formigas levam alimentos da fonte para o formigueiro, aprende-se alguma coisa sobre o método da "brigada antiincêndio".* Ou seja, as formigas passam alimento de uma para outra ao longo de uma fileira de

---

[28] Eric Bonabeau and Christopher Meyer, "Swarm Intelligence: A Whole New Way to Think About Business", *Harvard Business Review*, Vol. 79, nº 5 (May 2001), págs. 106-114.

* N. de R.T.: Do inglês *bucket brigade*, que se refere a uma técnica de separação de pedidos.

426 PARTE IV • ESTRATÉGIA DE ESTOQUE

coletoras de comida; as formigas não são estacionárias e os pontos de transferência não são fixos. Começando com a fonte do alimento, uma formiga leva a comida fila abaixo até chegar à próxima formiga. Depois de transferir sua carga, ela volta fila acima até chegar à formiga que estiver na ponta para dela receber a carga seguinte. Este processo tem continuidade ao longo de uma cadeia de múltiplas formigas, na qual os únicos pontos fixos são a fonte dos alimentos e o formigueiro.

A inteligência coletiva foi aplicada à separação de pedidos em grandes centros de distribuição que, com ela, relataram um aumento de eficiência de até 31% em relação à abordagem por zona.[29] A abordagem por zona não reconhece a ampla variação das com que os separadores completam seu trabalho. A pessoa mais rápida pode ser até quatro vezes mais veloz do que a mais lenta. Isso tende a subutilizar as pessoas rápidas e a ofender as mais lentas que ficam sob constante pressão para manter-se a par do desempenho daquelas. Mesmo se todas trabalhassem às mesmas taxas, a variação normal na conclusão das tarefas em cada zona tornaria difícil equilibrar a carga de trabalho. A melhor abordagem é aquela que manda que um trabalhador a montante na cadeia de atendimento de pedidos continue separando itens até a pessoa a jusante conseguir assumir a tarefa; então, deve voltar à parte a montante a fim de assumir a tarefa da próxima pessoa. A maneira ótima de alinhar os trabalhadores é começar a montante e seqüenciá-los dos *mais lentos para os mais rápidos.*

Desdobramento de Pedidos

O desdobramento de pedidos é uma extensão das idéias de separação por zona, ou coleta. Quando o estoque não está em uma única localização, é necessário desdobrar os pedidos antes de fazer seu roteamento para um armazém.

Aplicação

A Rico Drug Stores recebe semanalmente pedidos de reposição de estoques das suas lojas de varejo. Os pedidos são primeiramente fracionados entre mercadorias de balcão e produtos farmacêuticos. Estes últimos, estocados em um determinado ponto do país. Os itens restantes do pedido são enviados ao centro de distribuição local em que as mercadorias de balcão estão estocadas. O pedido é dividido mais uma vez entre mercadorias a granel, estocadas em armazém público, e as restantes, mantidas em uma instalação arrendada. O fluxo da mercadoria é coordenado a par-

tir desses locais separados de maneira a que o pedido chegue à loja de varejo no tempo prometido. A rotulagem e etiquetagem dos itens e o rastreamento computadorizado dos itens dos pedidos desdobrados tornam-se fatores críticos na concretização da coordenação geral dos pedidos.

Separação por Lotes

A formação de lotes é a seleção de mais de um pedido em uma única passagem ao longo do estoque. Esta prática obviamente reduz o tempo de trabalho, mas aumenta a complicação do reordenamento de pedidos e pedidos parciais para o embarque. Pode igualmente aumentar o tempo de atendimento de qualquer tipo de pedido pois sua concretização é algo que depende do número e do tamanho dos outros pedidos no lote.

Intercalação

Um problema complicado ocorre nas operações de separação de pedidos quando a estocagem e a separação ocorrem ao mesmo tempo na mesma rota do mesmo ponto de origem/destino. Trata-se da *intercalação,* problema encontrado em sistemas automáticos de estocagem e recuperação. Nos casos de destinação aleatória de estocagem, em que qualquer prateleira aberta pode ser escolhida para a estocagem, uma regra comum é escolher o local aberto mais próximo do ponto de origem/destino. No entanto, uma regra de estocagem/retirada baseada no seu giro (popularidade) tem mostrado eficiência na redução substancial do tempo médio de percurso tanto da estocagem isolada quanto a da intercalada.[30]

Estabelecimento de Padrões

Não existe possibilidade de garantir altos níveis de eficiência no manuseio de materiais apenas pela aplicação de regras, conceitos ou métodos de otimização. O trabalhador é um ingrediente importante na equação do custo total. Padrões de desempenho são importantes para estabelecer normas de modo a que um número razoável de trabalhadores seja destinado ao trabalho de armazenamento, a fim de proporcionar uma linha de referência em relação à qual se julguem desempenhos acima ou abaixo do padrão, e a fim de proporcionar uma remuneração básica para sistemas de incentivo à premiação de aumentos de produtividade.

---

[29] Idem.

[30] Leroy B. Schwarz, Stephen C. Graves, and Warren H. Hausman, "Scheduling Policies for Automatic Warehousing Systems: Simulation Results", *AIIE Transactions*, Vol. 10, nº 3 (September 1978), págs. 260-270.

COMENTÁRIOS FINAIS

O presente capítulo trabalha principalmente com o planejamento do projeto e a operação das instalações de estocagem, com ênfase no armazém. Os profissionais de logística terão necessidades diferentes em relação a este material, dependendo principalmente da maneira com que a estocagem é oferecida em suas empresas. Se é a armazenagem pública utilizada, os gerentes dos armazéns públicos planejam a operação e as firmas usuárias avaliam as taxas e os serviços em comparação com outras empresas de armazenagem pública. No outro extremo da escala, se o espaço de estocagem é de propriedade da empresa, os profissionais da logística têm pela frente o conjunto global das decisões de projeto e operações de armazenagem/estocagem.

A discussão é centralizada nas inúmeras decisões de planejamento relacionadas aos grandes problemas de espaço e manuseio de materiais, uma vez conhecida a localização do armazém. Entre essas decisões figuram o tamanho da estrutura e o arranjo financeiro, a configuração da instalação, o leiaute do espaço, o projeto das docas, a escolha dos sistemas de manuseio de materiais, substituição de equipamentos, arranjo de estoques, métodos de identificação-localização de estoques e operações de separação de pedidos. Conceitos e modelos matemáticos para a tomada de decisões são ilustrados. Embora as decisões de estocagem e manuseio de materiais sejam aqui apresentadas como aparentemente independentes umas das outras, e do sistema logístico como um todo, o profissional da logística é aconselhado a ficar atento ao impacto econômico que cada um dos grandes problemas de decisão de armazenagem tem sobre outras decisões que não estão dentro do seu alcance imediato. O perfil da atividade é sugerido como um meio de proporcionar a informação inicial necessária para o projeto de armazém.

QUESTÕES

Alguns dos problemas deste capítulo podem ser resolvidos, total ou parcialmente, com a ajuda de *software* de computador. Os pacotes de *software* do LOGWARE mais importantes para este capítulo são LNPROG (LP) e LAYOUT (LO). O ícone de CD _LP_ aparecerá com a designação do pacote de *software* quando a análise do problema requerer a ajuda de um desses programas. Um banco de dados pode ser preparado para o problema quando houver a necessidade de uma extensa entrada de dados. Quando o problema pode ser resolvido sem a ajuda do computador, o ícone da mão 🖐 é mostrado.

Não aparecendo qualquer ícone, basta o cálculo manual.

1. Está para ser construído um armazém na sua cidade. Quais os fatores que, na sua opinião, deveriam ser avaliados e analisados na escolha de um local para a instalação?

2. A Acme Manufacturing Company estuda atualmente as suas necessidades de armazenagem e qual a melhor forma de supri-las. A empresa produz uma linha de peças de reposição para eletrodomésticos. Em função da combinação de políticas de produção e padrões de demanda, as exigências de espaço de armazenagem variam consideralmente durante o transcorrer do ano. As necessidades de espaço são conhecidas com alto grau de precisão porque a linha de produtos abastece um mercado de reposição. Crescimento ou redução na produção e vendas não são previstos para o futuro próximo. As taxas mensais de vendas de um ano típico são:

Mês	Vendas, em $
Jan.	5.000.000
Fev.	4.000.000
Mar.	3.000.000
Abr.	2.000.000
Mai.	1.000.000
Jun.	250.000
Jul.	1.250.000
Ago.	2.250.000
Set.	3.000.000
Out.	3.500.000
Nov.	4.000.000
Dez.	4.500.000
Total	$ 33.750.000

O índice de giro do armazém é de duas vezes por mês. Cada dólar de mercadoria ocupa 0,1 pé cúbico de espaço e pode ser empilhado a uma altura de 10 pés. A densidade de produtos é de $5 por libra-peso. Considerando corredores, espaço administrativo e a eficiência normal de operações, somente 40% do espaço total do armazém são utilizados para estocagem.

Um armazém privado pode ser construído e equipado ao custo de $35 por pé quadrado e amortizado num prazo de 20 anos. O custo de operação é de $0,02 por dólar de processamento (de libras-peso). Os custos fixos anuais montam a $10 por pé quadrado do espaço total. O espaço pode ser alugado a uma taxa de estocagem de 30,06 por libra-peso por mês, e uma taxa de manuseio de $0,05 por libra de processamento.

Qual o tamanho do armazém privado que deveria ser construído, para os próximos 10.000 pés quadrados, ou qual a quantidade de espaço de armazém deveria ser alugada? Em que extensão e quando deveria ser usado cada tipo de espaço?

3. A O'Neal Consumer Products está precisando de 150.000 pés quadrados de espaço de armazenagem para o seu mercado da Costa Leste (Atlântico), onde as vendas anuais chegam a $ 30.000.000. Se for utilizado um armazém público, os custos anuais devem ser estimados em $600.000 para manuseio e $300.000 para estocagem. Se for utilizado espaço arrendado, o custo anual do arrendamento será de $3 por pé quadrado em um arrendamento por dez anos. O custo operacional do espaço arrendado é de $250.000 por ano. Os custos de equipamento e de início de operações chegam a $400.000, e podem ser depreciados ao longo de um período de sete anos. Deve ser usado um cronograma de depreciação linear.

   O retorno que a empresa exige sobre seus projetos é de 11% depois dos impostos, sendo sua taxa de impostos federais de 35% ao ano.

   Qual das alternativas é a melhor em termos econômicos?

4. Um armazém privado tem processamento anual de 10.000 itens e um custo médio de manuseio por item de $0,01/pé. O tamanho do armazém deve ser de 100.000 pés quadrados. Os custos anuais de construção e manutenção são de $210/pé de perímetro. A doca de carga e descarga deve localizar-se numa esquina do edifício. Quais seriam a melhor largura e o melhor comprimento do armazém? Qual o custo relevante total deste projeto?

5. Usando os dados do exemplo de leiaute de espaço do capítulo, projetar o leiaute e as dimensões de largura e comprimento de um armazém no estilo da Figura 12-4(a).

6. Um centro de distribuição de produtos alimentícios faz entregas semanais a uma rede de supermercados. A média é de 75 lojas atendidas diariamente. Uma loja típica faz um pedido de 12.000 libras-peso de produtos variados. Três pedidos de lojas diferentes podem ser carregados em um caminhão de entrega. Os caminhões são carregados em três horas. O centro de distribuição trabalha com turnos de oito horas.

   Quantas portas de doca para caminhão são necessárias em média?

7. Uma empresa utiliza um número de empilhadeiras de corredor estreito e pode comprá-las em três tipos. O tipo 1 custa, a unidade, $20.000; o tipo 2 custa $10.000, cada; o tipo três sai por $5.000 a unidade. Esse equipamento poderá ser vendido, ao final de sua vida útil (dez anos), por 15% do valor original. Os custos anuais de operação de cada tipo dos equipamentos são de $2.000, $2.5000 e $3.000, respectivamente, por empilhadeira. Três unidades do tipo 1 conseguem fazer o trabalho de cinco unidades do tipo 2, ou de sete unidades do tipo 3. Se os investimentos precisarem retornar 20%, antes dos impostos, por empilhadeira, qual dos equipamentos será a melhor compra?

8. Uma determinada empilhadeira de corredor estreito custa $4.000. Os custos operacionais são de $5.000 no primeiro ano e aumentam à taxa de $40 por ano *ao quadrado* posteriormente. O aperfeiçoamento tecnológico reduz os custos operacionais em estimados $30 por ano. O valor residual das empilhadeiras diminui linearmente ao longo de sua vida útil de sete anos. A taxa de retorno deve ser de 20% antes dos impostos.

   Quando esse equipamento deverá ser substituído?

 ou

9. Suponha que um armazém dispõe de nove baias de estocagem. Os produtos chegam pela parte de trás do armazém em uma doca ferroviária. O produto é separado dos locais de estocagem por um método de seleção de ida e volta e despachados de uma doca de caminhão na parte da frente do armazém (veja o projeto na Figura 12-6). Cada uma das baias tem capacidade para 2.500 pés quadrados com os produtos empilhados a 10 pés de

Produto	Espaço de estocagem necessário (pés quadrados)	Tamanho de cada produto (pés cúbicos)	Número médio de pedidos em que o item figura
A	500	1,5	56
B	3.000	10,6	103
C	1.500	4,3	27
D	1.700	5,5	15
E	5.500	2,7	84
F	1.100	15,0	55
G	700	9,0	26
H	2.800	6,7	45
I	1.300	3,3	94
J	900	4,7	35

altura. Dez produtos são mantidos no armazém. Os dados a seguir foram coletados:
a. Projete o armazém usando 1) o método de popularidade, 2) o método por pé cúbico, e 3) o método do índice por pé cúbico.
b. Até que ponto esses métodos são apropriados quando mais de um item é separado numa rota, e quando a separação é feita por zona para coletar apenas uma parte limitada da linha de produtos em cada pedido?

10. A Able Company é a divisão local de uma grande empresa de armazenagem pública. A gerência desta companhia tem tradição de aplicação bem-sucedida das técnicas científicas de gestão e no momento analisa seu problema de leiaute para definir se essas técnicas conseguem identificar possíveis economias de custos nessa área. A companhia escolheu um determinado armazém para aplicar esse estudo. Trata-se de um armazém com duas docas de recepção (R1, R2) e uma doca de despacho (S1). Os três produtos mais manuseados pelo armazém estão estocados em seis baias.

A gerência entende que, devido ao tamanho dos pedidos, locais de recepção, quantidades recebidas e semelhantes, precisa de tempos diferentes de entrega e distribuição a partir de uma baia, e que esses tempos de serviço dependem do produto e localização da baia no armazém. Há uma relação direta entre custos de manuseio e prazos de manuseio para cada produto e baia de estocagem.

Tempos de manuseio (horas)[a] por 100 unidades de produtos estocados em diversas baias

Baia de estocagem	1	2	3
1	0,90	0,75	0,90
2	0,80	0,65	0,95
3	0,60	0,70	0,65
4	0,70	0,55	0,45
5	0,50	0,50	0,45
6	0,40	0,45	0,35

[a] Por um período de três meses.

Cada baia de estocagem tem uma determinada capacidade, dependendo do produto. A seguinte informação sobre a capacidade da baia de estocagem é conhecida:

Produto	Capacidade da baia de estocagem (unidades)
1	5.000
2	3.000
3	6.000

A gerência prevê que deve planejar espaço de estocagem no mínimo para 11.000 unidades do produto 1, 4.000 unidades do produto 2, e 12.000 unidades do produto 3 ao longo dos próximos três meses. O problema é como alocar os produtos às diversas baias de estocagem (nas quantidades adequadas) para minimizar o tempo (custo) total de manuseio necessário para todos os produtos. (*Sugestão*: Resolver como um problema de programação linear usando o modelo a seguir.)

Função objetivo

$$z_{min} = \sum_i \sum_j C_{ij} X_{ij}$$

sujeito a

$$\sum_j \frac{1}{G_j} X_{ij} \leq 1,0 \text{ para } i = 1, 2, ..., M$$

e

$$\sum_i X_{ij} \geq R_j \text{ para } j = 1, 2, ..., N$$

em que

G_j = capacidade de baia para o produto j
R_j = número de unidades do produto j que precisam ser estocadas
M = número de locais de estocagem
N = número de produtos.

11. Que compensações de espaço estão presentes em um posicionamento angular de paletes? Que considerações adicionais deveriam influir na decisão de utilizar esse posicionamento?
12. Quais os métodos alternativos de localização e retirada de estoques em que é possível pensar? Discuta as vantagens e desvantagens dos métodos para tanto propostos.
13. Um grande fabricante de produtos domésticos de borracha e vinil usa um sistema de localização e retirada aleatórias de estoque em seu armazém de fábrica. Todos os pedidos procedentes do país são atendidos por ali. O projeto interno do armazém apresenta estantes de sete degraus configuradas em padrões retangulares. O sistema de manuseio de materiais tem empilhadeiras de corredor estreito e estocagem paletizada. O que levaria essa empresa a considerar esse sistema de manuseio vantajoso em relação a outros tipos?
14. Um armazém de peças de reposição tem dois tipos de áreas de estocagem. O primeiro tipo é de carrosséis com muitos escaninhos nos quais são localizados itens menores e mais freqüentemente solicitados. Os restantes são estocados em estantes (segundo tipo) em que a retirada precisa ser feita com empilhadeiras. Que distri-

buições de dados deveria ser elaborada e como seria necessário usá-las (perfil de atividade) para determinar o tamanho do espaço de carrossel/estante? A seguir, como seria utilizada essa distribuição de dados para fazer o leiaute desses itens nessas áreas?

15. Para a separação de pedidos em um armazém, contraste a modalidade por zonas com a modalidade da "brigada antiincêndio" (*bucket brigade*).

A P Ê N D I C E
Suplemento Técnico

A formulação geral da programação linear para o problema do leiaute (disposição) de produto envolvendo as áreas tanto de reserva quanto de separação de pedidos é a que a seguir se apresenta.

O objetivo é minimizar os custos totais do manuseio de materiais, ou seja,

$$z_{min} = \sum_{i=1}^{M} \sum_{j=1}^{N} C_{ij} X_{ij}$$

Sujeito a

1. uma limitação da capacidade da baia de seção de reserva:

$$\sum_{j=1}^{N} \frac{1}{G_j^s} X_{ij} \leq 1,0 \ \text{ para } i = 1, 2, ..., L$$

2. uma limitação da capacidade da baia da seção de montagem:

$$\sum_{j=1}^{N} \frac{1}{G_j^a} X_{ij} \leq 1,0 \ \text{para } i = L + 1, L + 2, ..., M$$

3. o número mínimo de unidades de cada produto a ser estocado na seção de montagem:

$$\sum_{i=L+1}^{M} X_{ij} \geq R_j^a \ \text{para } j = 1, 2, ..., N$$

4. o número total de unidades a ser armazenado em todo o armazém:

$$\sum_{i=1}^{M} X_{ij} \geq R \ \text{para } j = 1, 2, ..., N$$

5. uma quantidade negativa do produto j não pode ser estocada:

$$\text{todo } X_{ij} \geq 0$$

em que

X_{ij} = quantidade do produto j estocada na baia i

C_{ij} = custo do manuseio do produto j quando estocado na baia i

M = número de baias de estocagem nas seções de reserva e montagem

N = número de diferentes itens de estoque manuseados no armazém

L = número de baias de estocagem na seção de reserva

G_j = quantidade do produto j que pode ser armazenado em uma baia

R_j = a quantidade requerida do produto j a ser estocada no armazém

R_j^a = a quantidade mínima de produtos a serem estocados na seção de montagem

s e a = índices para denotar as seções de reserva e montagem, respectivamente

PARTE V

Estratégia de Localização

CAPÍTULO 13

Decisões de Localização das Instalações

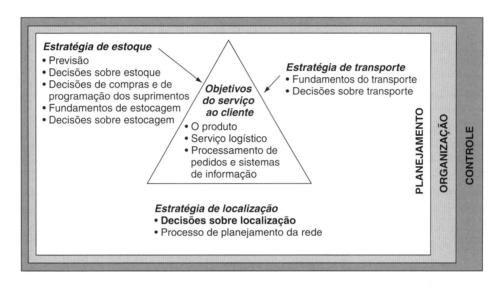

A experiência ensina que os homens são de tal forma governados por aquilo que estão acostumados a ver e a praticar, que os mínimos e mais óbvios melhoramentos nas atividades mais comuns são adotados com hesitação, relutância e através de lentas gradações.

— ALEXANDER HAMILTON, 1791

Localizar instalações fixas ao longo da rede da cadeia de suprimentos é um importante problema de decisão que dá forma, estrutura e contornos ao conjunto completo dessa cadeia. Essa formulação define as alternativas, juntamente com os custos e níveis de investimentos a elas associados, usadas para operar o sistema. Decisões sobre localização envolvem a determinação do número, local e proporções das instalações a serem usadas. Essas instalações incluem pontos nodais da rede, como fábricas, portos, vendedores, armazéns, pontos de varejo e pontos centrais de serviços na rede da cadeia de suprimentos em que os produtos páram temporariamente a caminho dos consumidores finais.

O desenvolvimento de métodos para a localização de instalações é há tempos uma área preferencial de pesquisas.[1] Neste capítulo, estaremos examinando um número selecionado dos métodos disponíveis de planejamento estratégico de rede. O foco estará concentrado nos métodos que 1) são repreesentativos dos tipos de métodos de solução disponíveis; 2) abordam uma variedade de problemas comuns de localização de negócios; 3) ilustram as questões que o tomador de decisões em planejamento de redes encontra pela frente.

---

[1] Para um levantamento de muitos desses métodos, ver Margaret L. Brandeau and Samuel S. Chiu, "An Overview of Representative Problems in Location Research", *Management Science*, Vol. 35, Nº 6 (June 1989), págs. 645-674; e Zvi Drezner, *Facility Location* (New York: Springer-Verlag, 1995).

CLASSIFICAÇÃO DOS PROBLEMAS DE LOCALIZAÇÃO

Quando se discutem métodos de localização, é útil classificar os problemas de localização em um número limitado de categorias, em especial: 1) por força direcionadora; 2) número de instalações; 3) descontinuidade das escolhas; 4) grau de agregação de dados; 5) horizonte de tempo.

Força Direcionadora

A localização de instalações é quase sempre determinada por um fator fundamental. No caso da localização da fábrica e armazém, em geral predominam os fatores econômicos. Na localização do varejo, as receitas a serem geradas por uma determinada localização constituem quase sempre o fator determinante, com os custos subtraídos das receitas a fim de determinar a lucratividade. Quando se trata da localização de uma operação de serviços (hospital, caixas automáticos, centros de coleta de doações de caridade ou instalação de manutenção), a facilidade de acesso pode revelar-se o principal fator da localização, em especial quando não é fácil determinar as receitas e os custos destas operações.

Número das Instalações

Localizar uma instalação é problema consideravelmente diverso do representado pela localização de muitas instalações a um só tempo. A localização de instalação única evita a necessidade de levar em consideração as forças competitivas, a divisão da demanda entre as instalações, os efeitos da consolidação dos estoques e os custos da instalação. Os custos com o transporte são tipicamente o fator mais importante. A localização da instalação única é o mais simples dos dois tipos de problemas.

Descontinuidade das Escolhas

Alguns métodos costumam explorar cada uma das localizações possíveis ao longo de um *continuum* de espaço até escolher a melhor de todas. A estes nos referimos como métodos de localização *contínuos*. Como alternativa, os métodos de localização podem pesquisar dentre uma relação de opções viáveis que foram identificadas por sua razoabilidade. Estes são os métodos *discretos* de localização. Os últimos são mais freqüentemente usados na prática, principalmente nos casos de localização de múltiplas instalações.

Grau de Agregação de Dados

Os problemas de localização normalmente envolvem a avaliação de um número cada vez maior de configurações de projetos de rede. A fim de gerenciar o tamanho do problema e conseguir resolvê-lo, é em geral necessário usar as relações agregadas de dados quando da solução de um problema prático de localização. Isto tem como resultado métodos cuja acurácia limita as localizações a amplas áreas geográficas como cidades inteiras. Por outro lado, métodos que usam escassa agregação de dados, especialmente aqueles para a escolha do lugar, conseguem diferenciar entre localizações apenas por uma rua da cidade. Estes últimos são especialmente interessantes para a localização de varejos, localizações intracidades e para a adoção definitiva dos locais de fábricas e armazéns.

Horizonte de Tempo

A natureza do tempo dos métodos de localização é ser estática ou dinâmica. Isto é, métodos estáticos encontram localizações com base em dados de um período único – um ano, por exemplo. Planos de localizações podem no entanto cobrir muitos anos de uma vez só, especialmente quando as instalações representarem um investimento fixo e os custos de mudar de uma localização para outra forem elevados. Os métodos que englobam planejamento de localização multiperíodos são chamados de dinâmicos.

UMA PERSPECTIVA HISTÓRICA DA LOCALIZAÇÃO[2]

Boa parte das teorias mais antigas sobre a localização foi postulada por economistas rurais e geógrafos regionais como Johann von Thünen,[3] Alfred Weber,[4] T. Palander,[5] August Lösch,[6] Edgar Hoover,[7] Melvin Gree-

---

[2] Para uma revisão da história dos modelos de localização, consultar T. Puu, *Mathematical Location and Land Use Theory* (New York: Springer-Verlag, 1997).

[3] Johann Heinrich von Thünen, *Der Isolierte Staat in Beziehung auf Landwirtschaft und Nationalökonomie*, 3ª Ed. (Berlim: Schumacher-Zarchling, 1875).

[4] Alfred Weber, *Über den Standort der Industrien* (Mohr, Tubingen, 1909), traduzido para o inglês por Carl J. Friedrich como *Alfred Weber's Theory of the Location of Industries* (Chicago: University of Chicago Press, 1929).

[5] T. Palander, *Beitrage zur Standortstheorie der Wirtscaft* (Uppsala, 1935).

[6] August Lösch, *Die Raumliche Ordnung der Wirtscaft* (Jena: Gustav Fischer Verlag, 1940).

[7] Edgar M. Hoover, *Location Theory and the Shoe and Leather Industries* (Cambridge, MA: Harvard University Press, 1957).

nhut,[8] e Walter Isard.[9] Um tema recorrente ao longo de todos esses trabalhos pioneiros foi a importância dos custos do transporte na determinação da localização. Embora grande parte do trabalho básico dessas obras tenha sido conduzida numa sociedade agrária e incipientemente industrial, vários dos conceitos por elas sugeridos continuam aplicáveis e válidos em nossos dias. Vejamos um breve resumo de alguns desses conceitos.

Curvas de Ofertas de Arrendamento

Thünen reconheceu que o arrendamento, ou lucro, máximo que qualquer empreendimento econômico poderia pagar pela terra equivaleria à diferença entre o preço das mercadorias *no* mercado e o custo de transportar esses bens *até o* mercado. Ele visualizou uma cidade-estado (mercado) situada em um plano de igual fertilidade. A atividade econômica se localizaria em torno da cidade-estado de acordo com a sua capacidade de pagar pela terra. Em uma economia agrícola, a atividade agrícola poderia localizar-se fora dos limites do mercado, como mostra a Figura 13-1. Atualmente, essa idéia parece ainda sustentar-se à medida que observamos o padrão das localizações de varejo, residência, manufatura e agricultura que cercam o centro urbano. As atividades que podem pagar o máximo pela terra serão localizadas bem perto do centro da cidade e ao longo dos grandes entroncamentos de transporte.

Weber e a Classificação por Setores

Alfred Weber reconheceu o papel das matérias-primas no processo da produção e a que ponto elas influenciam a localização. Observou que alguns processos são de perda de peso, como o das aciarias. Ou seja, a soma do peso das matérias-primas é maior do que o peso do produto acabado. Perde-se peso no processamento em função de subprodutos inutilizáveis. Portanto, a fim de evitar a remessa de subprodutos ao mercado, esses processos são orientados para suas fontes de matérias-primas a fim de minimizar os custos do transporte (ver a Figura 13-2).

Por outro lado, há também processos ganhadores de peso. Isso ocorre normalmente quando as ubiqüidades entram no processo. Conforme Weber, as ubiqüidades incluem as matérias-primas disponíveis por toda parte, como ar e água. Assim, e para minimizar os custos do transporte remetendo ubiqüidades à distância mais curta possível, tais processos deveriam localizar-se o mais perto possível dos mercados (ver Figura 13-2). Um exemplo de indústria que localiza suas fábricas desta forma é a das engarrafadoras de refrigerantes. Xaropes são enviados às engarrafadoras e ali misturados com água. Essas plantas são normalmente localizadas na mesma região dos mercados desses produtos.

Por fim, existem os processos em que não há mudança no peso entre as matérias-primas e o produto acabado. As operações de montagem são representativas desta categoria, em que o produto acabado é uma soma do peso das partes e componentes nele montados. Tais processos, conforme Weber, não são voltados nem para as fontes das matérias-primas nem para os mercados (ver Figura 13-2). Isto é, o total dos custos de transporte de ida e volta é igual, qualquer que seja a localização dos pontos entre as fontes e os mercados.

As Taxas Decrescentes de Transporte de Hoover

Hoover observou que as taxas de transporte são decrescentes com a distância. A fim de minimizar os custos de transporte de entrada mais os de saída, quando são a força dominante da localização, uma instalação localizada entre uma fonte de matéria-prima e um ponto de mercado terá um custo mínimo de transporte em um desses dois pontos. Como se mostra na Figura 13-3, a localização entre esses pontos é economicamente instável. Uma vez sendo *Y* menor do que *X* nas curvas de custos, a localização deve ficar em *Y*.

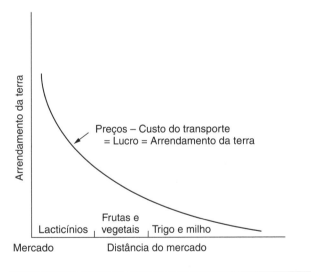

FIGURA 13-1 A curva de Thünen para o arrendamento da terra.

---

[8] Melvin L. Greenhut, *Plant Location in Theory and Practice* (Chapel Hill, NC: University of North Carolina Press, 1956).

[9] Walter Isard et al., *Methods of Regional Analysis: An Introduction to Regional Science* (New York: John Wiley & Sons, 1960); e Walter Isard, *Location and Space Economy* (Cambridge, MA: MIT Press, 1968).

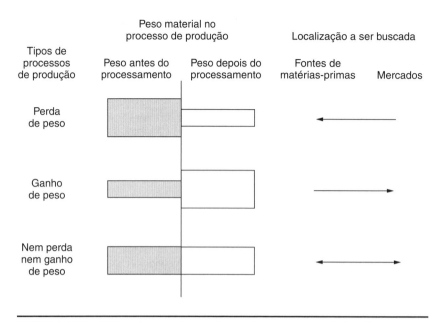

FIGURA 13-2 Efeitos do peso dos produtos sobre o processo de localização antes e depois do processamento.

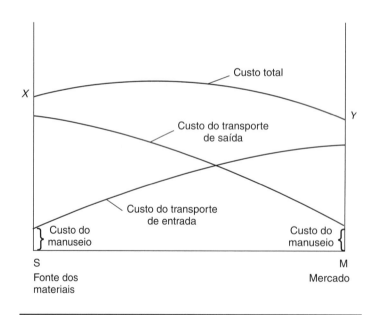

FIGURA 13-3 As tarifas decrescentes de transporte empurram a localização, para a fonte dos materiais ou para o mercado.

LOCALIZAÇÃO DE INSTALAÇÃO ÚNICA

Voltemos nossas atenções, agora, para formas contemporâneas de avaliar a localização de instalações. Com a popularidade da matemática aplicada e dos computadores, essas abordagens são de natureza mais matemática que conceitual. Começamos com um modelo muito usado para a localização de fábrica, terminal, armazém ou ponto de varejo ou serviço únicos. É conhecido sob várias denominações, entre as quais as de abordagem do centro de gravidade exato, *p*-gravidade, método do mediano e método centróide. A abordagem é simples, uma vez que a tarifa de transporte e o volume do ponto são os únicos fatores da localização. O modelo é classificado matematicamente como um modelo estático de localização contínua.

Onde deveria localizar-se a instalação, dada uma série de pontos representando fontes e demanda, seus volumes que deverão ser levados *de* ou *para* uma instalação única de localização desconhecida, e suas correspondentes taxas de transporte? Nosso objetivo é minimizar a soma do volume em um ponto multiplicado pela tarifa de transporte para embarcar para o ponto multiplicada pela distância até o ponto, que é o custo total do transporte. Isto é,

$$\text{Mín } TC = \sum_i V_i R_i d_i \qquad \textbf{(13-1)}$$

em que

TC = custo total do transporte
V_i = volume no ponto i
R_i = taxa de transporte até o ponto i
d_i = distância até o ponto i da instalação a ser localizada

A localização da instalação é encontrada pela resolução de duas equações para as coordenadas da localização.[10] Essas coordenadas do centro de gravidade exato são

$$\overline{X} = \frac{\sum_i V_i R_i X_i / d_i}{\sum_i V_i R_i / d_i} \qquad \textbf{(13-2)}$$

e

$$\overline{X} = \frac{\sum_i V_i R_i X_i / d_i}{\sum_i V_i R_i / d_i} \qquad \textbf{(13-3)}$$

em que

$\overline{X}, \overline{Y}$ = coordenadas da instalação localizada
X_i, Y_i = coordenadas dos pontos de fonte e demanda

O d_i da distância é estimado por

$$d_i = K\sqrt{\left(X_i - \overline{X}\right)^2 + \left(Y_i - \overline{Y}\right)^2} \qquad \textbf{(13-4)}$$

em que K representa um fator de escala para converter uma unidade de uma coordenada em uma medida mais comum de distância, por exemplo, milhas ou quilômetros.

---

[10] Essas equações são derivadas das Equações (13-1) e (13-4) tomando os derivativos parciais de TC com relação a X e Y, tornando-os iguais a zero, e rearranjando os termos.

O processo de solução envolve diversas etapas, delineadas a seguir:

1. Determine as coordenadas X, Y para cada ponto de fonte e demanda, juntamente com os volumes e as tarifas lineares de transporte.

2. Aproxime a localização inicial das fórmulas para centro de gravidade omitindo os termos de distância d_i, como a seguir:

$$\overline{X} = \frac{\sum_i V_i R_i X_i}{\sum_i V_i R_i} \qquad \textbf{(13-5)}$$

e

$$\overline{Y} = \frac{\sum_i V_i R_i Y_i}{\sum_i V_i R_i} \qquad \textbf{(13-6)}$$

3. Usando a solução para $\overline{X}$, $\overline{Y}$ da etapa 2, calcule di conforme a Equação (13-4). (O fator escalar K não precisa ser utilizado neste ponto.)

4. Substitua d_i nas Equações (13-2) e (13-3), e resolva-as para as coordenadas revisadas $\overline{X}$, $\overline{Y}$.

5. Recalcule d_i a partir das coordenadas revisadas $\overline{X}$, $\overline{Y}$.

6. Repita as etapas 4 e 5 até que as coordenada $\overline{X}$, $\overline{Y}$ não mudem por sucessivas iterações, ou até que mudem tão pouco que continuar o cálculo não seja proveitoso.

7. Finalmente, calcule o custo total da melhor localização, se desejar, mediante a utilização da Equação (13-1).

Exemplo

Pense no problema da Limited Distributors, Inc., com duas fábricas suprindo o armazém que, por sua vez, abastece três centros de demanda. O arranjo espacial das fábricas e pontos de mercado é o da Figura 13-4. O que buscamos é a localização do armazém único que seja capaz de minimizar os custos do transporte. Uma grade de cobertura de um mapa rodoviário é usada como acessório no estabelecimento das localizações relativas dos pontos. A localização de cada fábrica e centro de demanda é expressa como um ponto de coordenada geométrica. O produto A é despachado de P_1 e o produto B de P_2. Esses produtos são reembarcados para os mercados. Os pontos de coordenadas, volumes e tarifas de transporte estão resumidos na Tabela 13-1.

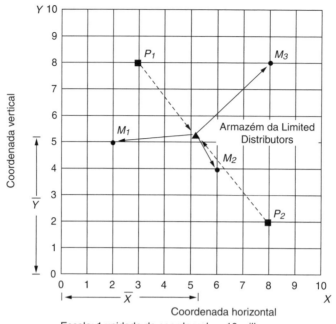

FIGURA 13-4 Mapa de localização das fábricas P_1 e P_2, dos mercados M_1, M_2 e M_3 e da localização sugerida do armazém.

TABELA 13-1 Volumes, tarifas de transportes e coordenadas para os mercados e pontos de suprimento

Ponto (I)	Produto(s)	Volume total movimentado, V_I (cwt.)	Tarifas de transporte ($/cwt./mi.)[a]	Coordenadas, X_i	Y_i
1-P_1	A	2.000	$0,050	3	8
2-P_2	B	3.000	0,050	8	2
3-M_1	A&B	2.500	0,075	2	5
4-M_2	A&B	1.000	0,075	6	4
5-M_3	A&B	1.500	0,075	8	8

[a]Determinada pela divisão de uma taxa representativa cotada ($/cwt.) pela distância (em milhas) ao longo da qual a taxa se aplica.

Usando as Equações (13-5) e (13-6), podemos encontrar uma localização inicial, aproximada, para o armazém. Os cálculos são fáceis quando resolvemos as equações de forma tabular. Isto é,

i	X_i	Y_i	V_i	R_i	V_iR_i	$V_iR_iX_i$	$V_iR_iY_i$
1	3	8	2.000	0,050	100,00	300,00	800,00
2	8	2	3.000	0,050	150,00	1200,00	300,00
3	2	5	2.500	0,075	187,50	375,00	937,50
4	6	4	1.000	0,075	75,00	450,00	300,00
5	8	8	1.500	0,075	112,50	900,00	900,00
					625,00	3.225,00	3.237,50

Agora, temos

$$\overline{X} = 3.225,00/625,00 = 5,16$$

e

$$\overline{Y} = 3.237,50/625,00 = 5,18.$$

Essas coordenadas definem a localização do armazém, como aparece na Figura 13-4. O custo total do transporte derivado desta localização é determinado na Tabela 13-2.

CAPÍTULO 13 • DECISÕES DE LOCALIZAÇÃO DAS INSTALAÇÕES

TABELA 13-2 Cálculo do custo do transporte para a localização do armazém da Limited Distributors

i	X_i	Y_i	(4) V_i	(5) R_i	(6) $d_i(MI.)^a$	(7) = (4) × (5) × (6) Custo, $
1	3	8	2.000	0,050	35,52[b]	$ 3.552
2	8	2	3.000	0,050	42,64	6.395
3	2	5	2.500	0,075	31,65	5.935
4	6	4	1.000	0,075	14,48	1.086
5	8	8	1.500	0,075	40,02	4.503
	Total dos custos de transporte					$21.471

[a]Essas distâncias foram arredondadas para 1/100 milhas.

[b]Da Equação (13-4), $d_i = 10\sqrt{(3-5,16)^2 + (8-5,18)^2} = 35,52$ milhas.

O exemplo anterior foi encerrado na etapa 2 do processo de solução. Esta é uma solução aproximada. Em muitas aplicações, ela proporcionará uma localização razoavelmente próxima do ótimo. Proporcionará uma primeira aproximação à solução do menor custo e dará uma solução ótima quando houver uma perfeita simetria entre localização, volume e custos relacionados com os pontos. Quando tais condições não são integralmente cumpridas, pesquisas mostram que o potencial de erro pode mesmo assim ser bem pequeno, se o volume relacionado com um ou alguns pontos não for substancialmente maior que os restantes; há um número grande de pontos de demanda ou abastecimento no problema; e as tarifas de transporte são lineares, ou quase lineares, com a distância.[11] Por exemplo, um problema modesto envolvendo 50 pontos com localizações, volumes e tarifas de transporte linear aleatoriamente dispersos teve uma média de erro de 1,6% em relação ao resultado ótimo com a utilização deste método. Naturalmente, essa margem de erro pode aumentar substancialmente à medida que diminuir o número de pontos de demanda.

Encontrar uma solução de centro de gravidade exato exige que sejam completadas as etapas restantes no processo de solução. Não temos condições de encontrar a solução diretamente e precisamos por isso recorrer a um procedimento iterativo. Um método mais simples e direto é o das aproximações sucessivas. Embora existam outros, esse procedimento serve adequadamente nesta aplicação. Pode levar muito tempo quando os cálculos são feitos a mão, mas se presta muito bem a uma solução em computador.

Exemplo

Seguindo com o problema da Limited Distributors, faríamos agora uso da solução do centro de gravidade como ponto de partida da solução das Equações (13-1) e (13-2) a fim de encontrar a localização exata. As coordenadas de localização da primeira iteração podem ser encontradas resolvendo-se as equações na seguinte forma tabular, usando os resultados do exemplo anterior.

Os pontos revisados da coordenada da localização podem ser calculados como

$$\bar{X} = 102,009/20,249 = 5,038$$

e

$$\bar{Y} = 102,388/20,249 = 5,057$$

com um custo total de $21.431.

i	(2) V_iR_i	(3) $V_iR_iX_i$	(4) $V_iR_iY_i$	(5) d_i	(6) = (2)/(5) V_iR_i/d_i	(7) = (3)/(5) $V_iR_iX_i/d_i$	(8) = (4)/(5) $V_iR_iY_i/d_i$
1	100,00	300,00	800,00	35,52	2,815	8,446	22,523
2	150,00	1.200,00	300,00	42,63	3,519	28,149	7,037
3	187,50	375,00	937,50	31,65	5,924	11,848	29,621
4	75,00	450,00	300,00	14,48	5,180	31,077	20,718
5	112,50	900,00	900,00	40,02	2,811	22,489	22,489
					20,249	102,009	102,388

---

[11] Ronald H. Ballou, "Potential Error in the Center of Gravity Approach to Facility Location", *Transportation Journal* (Winter 1973), págs. 44-49.

440 PARTE V • ESTRATÉGIA DE LOCALIZAÇÃO

TABELA 13-3 Cem ciclos computacionais de coordenadas de localização e custos totais de transporte, como gerados a partir do módulo de *software* COG

Iteração	Coordenada $\bar{X}$	Coordenada $\bar{Y}$	Custo total, $	
0	5,160	5,180	21.471,00	⇐ Centro de gravidade
1	5,038	5,057	21.431,22	
2	4,990	5,031	21.427,11	
3	4,966	5,032	21.426,14	
4	4,951	5,037	21.425,69	
5	4,940	5,042	21.425,44	
6	4,932	5,046	21.425,30	
7	4,927	5,049	21.425,23	
8	4,922	5,051	21.425,19	
9	4,919	5,053	21.425,16	
10	4,917	5,054	21.425,15	
11	4,915	5,055	21.425,14	
.	.	.	.	
.	.	.	.	
.	.	.	.	
100	4,910	5,058	21.425,14	⇐ Solução exata

Fazendo uso do módulo de *software* de computador no LOGWARE conhecido como COG, podemos completar 100 iterações deste procedimento. Os resultados são dados na Tabela 13-3. Neste problema, note que o custo total não diminui ainda mais depois da 11ª iteração, e é pequena a mudança nas coordenadas da localização. Esta é a natureza deste problema em especial, mas outros problemas podem apresentar dramáticas diferenças.

Extensões para o Modelo de Localização de Instalação Única

A natureza e a simplicidade da localização contínua da abordagem do centro de gravidade exato, dada a atração que exerce como modelo de localização em si próprio ou como um submodelo em métodos mais sofisticados, têm incentivado os pesquisadores a estender a sua capacidade. As principais extensões são as que visam a incluir o serviço ao cliente e as receitas,[12] o manuseio de múltiplas localizações[13] e a representação dos custos de transporte não lineares.[14]

Avaliação da Localização da Instalação Única

Além do modelo do centro de gravidade, há outras modalidades de localização de instalação única, entre elas, as técnicas gráficas[15] e os métodos de aproximação.[16] Todos variam de acordo com o grau de realismo que retratam, na sua rapidez e facilidade de computação, e em sua capacidade de garantir uma solução ótima. Claramente não há modelo algum em condições de abrigar todas as características desejadas para um determinado problema de localização de maneira a que a solução leve diretamente a uma decisão final e a gerência esteja em condições de simplesmente delegar as decisões de localização a um analista. Portanto, esses modelos podem apenas proporcionar diretrizes de solução e sua utilização eficiente exige um bom entendimento de seus pontos positivos e também dos seus pontos fracos.

O benefício desses modelos de localização única é muito claro – eles auxiliam a buscar a melhor solução para um problema de localização, e captam uma parte suficiente da realidade do verdadeiro problema a ponto de tornar essa solução significativa para a gerência. Os defeitos muitas vezes não são aparentes, e precisam ser descobertos. Embora qualquer modelo tenda a exibir suas fraquezas e defeitos quando aplicado a um

---

[12] Ver Donald J. Bowersox, "An Analytical Approach to Warehouse Location", *Handling & Shipping*, Vol. 2 (February 1962), págs. 17-20; e Ronald H. Ballou, *Business Logistics Management*, 2ª ed. (Upper Saddle River, NJ: Prentice Hall, 1985), págs. 311-314.

[13] Ver Allan E. Hall, "Program Finds New Sites in Multi-Facility Location Problem", *Industrial Engineering* (May 1988), págs. 71-74; e Ballou, *Business Logistics Management*, págs. 316-323.

[14] Leon Cooper, "An Extension of the Generalized Weber Problem", *Journal of Regional Science*, Vol. 8, nº 2 (1968), págs. 181-197.

[15] Alfred Weber, *Uber den Standort der Industrien*.

[16] G. O. Wesolowsky and R. F. Love, "A Non Linear Approximation Method for Solving a Generalized Rectangular Distance Weber Problem", *Management Science*, Vol. 18 (1972), págs. 656-663.

problema real, isto não significa que o modelo em si não tenha utilidade. O que importa é a sensibilidade dos resultados do modelo de localização em relação a uma representação pobre da realidade. Se um pressuposto simplificador, como a da linearidade nas tarifas de transporte, exerce pouco ou nenhum efeito sobre a sugestão do modelo para a localização da instalação, um modelo mais simples apresenta plenas condições de se mostrar mais eficaz do que modelos mais sofisticados.

Algumas das suposições simplificadoras em modelos de localização única são relacionadas a seguir.

1. Supõe-se, em geral, que os volumes de demanda estejam concentrados em um ponto, quando, na verdade, têm origem a partir de um bom número de pontos de clientes espalhados por uma área considerável. O centro de gravidade do mercado é usado como centro (*cluster*) de demanda, o que o torna sujeito a muitos erros no cálculo dos custos de transporte até esse *cluster*, em vez de para pontos isolados de demanda.

2. Modelos de localização de instalação única normalmente encontram o seu ponto com base em custos variáveis. Não fazem distinções entre as diferenças em custos de capital requeridas para a instalação de um armazém em várias localizações e outros custos como os da mão-de-obra, manutenção de estoque e serviços e ligações inerentes à operação de uma instalação em localizações diferentes.

3. Os custos totais do transporte normalmente aumentam proporcionalmente à distância; no entanto, muitas das tarifas de transporte são formadas por um componente fixo e um componente variável de acordo com as distâncias. Tarifas mínimas e de cobertura podem distorcer ainda mais a sua linearidade.

4. Presume-se, de maneira geral, rotas de linha reta entre a instalação e outros pontos da rede. Isso raramente acontece, uma vez que as viagens ocorrem por uma rede definida de estradas, um sistema ferroviário estabelecido, ou através de uma rede retilínea de ruas de cidades. Um fator de proporcionalidade pode ser incluído no modelo para transformar distâncias diretas em milhagem/quilometragem aproximada de estradas, milhagem/quilometragem ferroviária, ou qualquer outro tipo de definição. Este fator de conversão, chamado de *fator de circuito*, varia conforme a localização. No transporte entre cidades nos EUA, o total de milhas diretas calcu-

lado deve ser aumentado em 20% para conseguir milhas diretas rodoviárias de rota, e em 24% a fim de obter milhas ferroviárias. Nas ruas das cidades, pode-se usar um fator de 41 para 44%. Uma tabela de fatores de circuito para viagens em diversos países é apresentada no Capítulo 14.

5. Existe certa preocupação com a possibilidade de que modelos de localização semelhantes a esses descritos não sejam dinâmicos. Ou seja, que não proporcionem uma solução capaz de refletir futuras mudanças em receitas e em custos.

Aplicações

• A Leaseway Transportation Corporation conseguiu utilizar o modelo do centro de gravidade exato para localizar uma instalação de manutenção de caminhões em Boston, Massachusetts. A companhia arrendou lotes variáveis de caminhões a inúmeros clientes na área metropolitana de Boston. A instalação de manutenção dos caminhões deveria ter uma localização que fosse da conveniência máxima para todos os clientes. A localização de cada cliente e o número de caminhões arrendados eram fatores conhecidos. A tarifa de transporte era igual em toda a região. O modelo do centro de gravidade informou a localização dentro da qual acabou sendo escolhido um determinado lugar para a instalação desejada.

• Uma empresa de petróleo usou o método do centro de gravidade para localizar plataformas de prospecção de petróleo no Golfo do México. Muitos dos seus poços foram localizados ao longo do leito do Golfo. Um grupo deles foi interligado usando-se dutos que transportavam o petróleo para uma plataforma de coleta na superfície. O modelo do centro de gravidade revelou-se como o mais adequado para determinar a localização de plataforma de coleta capaz de minimizar a extensão dos dutos necessários.

LOCALIZAÇÃO DE INSTALAÇÕES MÚLTIPLAS

O problema mais complexo, e ao mesmo tempo mais realista, de localização que a maioria das empresas enfrenta é o que surge quando se torna necessário localizar duas ou mais instalações simultaneamente, ou quando instalações complementares devem ser localizadas onde já existe no mínimo uma dessas instalações. Trata-se de um problema comum porque todas as empresas, com exceção daquelas realmente pequenas, têm mais de uma instalação em seus sistemas logísticos. E é complexo porque tais instalações não podem ser razoavelmente tratadas como independentes em termos econômicos, e o número de configurações viáveis de localização se torna enorme.

Observação

Bem poucos anos atrás, uma produtora de componentes industriais de limpeza vendia seus artigos em cerca de 2.000 municípios dos Estados Unidos, usava 105 armazéns públicos e tocava a produção em quatro plantas industriais. Havia mais de 800 mil possíveis combinações fábrica-armazém-cliente a serem consideradas uma somente entre as localizações existentes. Traçar uma configuração ótima de armazém era tarefa ainda mais complicada pelo fato de serem algumas centenas os itens vendidos e vários os modais de transporte utilizados.

A melhor maneira de lidar com o problema de localização do armazém é entendê-lo como um problema de tipo geral, pois se trata de algo comum a diversos tipos de empreendimentos. Ele pode ser caracterizado por várias perguntas básicas quanto ao planejamento:

1. Quantos armazéns a rede da cadeia de suprimentos deveria ter? Qual deveria ser sua capacidade e em que ponto deveriam localizar-se?

2. De quais pontos de demanda cada armazém deveria ficar encarregado? Que armazéns deveriam ser atribuídos a cada fábrica, fornecedor ou porto?

3. Quais produtos deveriam ser estocados em qual armazém? Quais produtos deveriam ser embarcados diretamente das fábricas, dos fornecedores ou dos portos aos clientes?

Vários métodos de localização capazes de auxiliar a resolver algumas ou todas essas questões foram desenvolvidos. Alguns deles – embora de maneira não exaustiva – são apresentados a seguir a fim de mostrar a variedade e poder das abordagens. Métodos matemáticos de localização podem ser caracterizados como exatos, de simulação e heurísticos.

Métodos Exatos

Os métodos exatos são procedimentos com condições de garantir uma solução matemática ótima do problema de localização, ou no mínimo uma solução de aceitável precisão. Em muitos aspectos, trata-se da abordagem ideal do problema de localização; contudo, a abordagem pode resultar em um tempo de processamento de computador muito longo, uma grande necessidade de memória e numa definição comprometida quando aplicada a problemas práticos. Modelos de programação matemática e de cálculo[17] são exemplos dessa abordagem e serão aqui apresentados.

Abordagem de Múltiplo Centro de Gravidade

A natureza do problema da localização de múltiplas instalações é vista quando usamos a abordagem do centro de gravidade exato num formato de multilocalizações. Lembre que esse é um modelo baseado em cálculo que encontra a solução do custo mínimo de transporte para uma instalação intermediária localizada entre os pontos de origem e destino. Se é para localizar mais de uma instalação, emerge a necessidade de *atribuir* localizações arbitrárias aos pontos de origem e destino. Isto forma conglomerados de pontos em número igual ao das instalações que se estiver localizando. Assim, uma localização de centro de gravidade exato é encontrada para cada um dos conglomerados. Essas atribuições das instalações podem ser feitas de várias formas, especialmente quando se trata de um problema abrangendo instalações múltiplas e um alto número de pontos de origem e de destino. Uma maneira de abordar tal problema é configurar os conglomerados mediante a concentração dos pontos mais próximos entre si. Depois de se encontrar as localizações de centro de gravidade, os pontos são reatribuídos a estas localizações. Novas localizações de centro de gravidade são encontradas para os conglomerados revisados. O processo continua até que não se encontra mais mudança alguma. Isso completa as computações para um número específico de instalações a ser localizado. E pode ser repetido com diferentes números de instalações.

À medida que aumenta o número das instalações, é muito comum que os custos do transporte diminuam. A compensação dessa redução dos custos do transporte surge no aumento dos custos fixos totais e dos custos de manutenção do sistema de estocagem. A melhor

---

[17] Para examinar outros problemas de cálculos, ver Edward H. Bowman and John B. Stewart, "A Model for Scale of Operations", *Journal of Marketing* (January 1956), págs. 242-257); e Arthur M. Geoffrion, "Making Better Use of Optimization Capability in Distribution System Planning", *AIIE Transactions*, Vol. 11, n° 2 (June 1978), págs. 96-108.

das soluções é logicamente aquela que minimize a soma de todos esses custos.

Embora esse método seja ótimo se todas as formas de atribuição de pontos a conglomerados forem avaliadas, torna-se impraticável em termos computacionais para problemas de tamanho real. Atribuir muitos clientes a fim de equilibrar um número pequeno de instalações é tarefa combinatória de proporções gigantescas. Por isso mesmo, surge a necessidade de outra abordagem.

Programação Linear Inteira Combinada

Os matemáticos trabalharam durante muitos anos com o objetivo de desenvolver procedimentos eficientes de solução que tenham uma descrição de problema suficientemente ampla para ser prática ao lidar com problemas de localização complexos que surgem freqüentemente no projeto da rede de cadeias de suprimentos, e, além disso, proporcionar uma solução matemática ótima. Eles têm experimentado a utilização de sofisticadas técnicas da ciência da administração, ou para enriquecer a análise ou para encontrar métodos aperfeiçoados de resolver de maneira ótima este complexo problema. São, esses métodos, a programação de metas,[18] métodos de árvores de decisão,[19] e programação dinâmica,[20] entre outros.[21] A abordagem mais promissora desta classe é, talvez, a da programação linear inteira combinada.[22] É, pelo menos, a metodologia usada preferencialmente nos modelos de localizações comerciais.[23]

O maior benefício relacionado à abordagem da programação linear inteira combinada– benefício esse nem sempre presente em outros métodos – é a sua capacidade de lidar com custos fixos de maneira ótima. As vantagens da programação linear na administração das alocações de demanda ao longo da rede, que estão no centro de semelhante abordagem, são bem conhecidas. Embora a otimização seja muito atraente, ela cobra seu preço. A menos que se explorem as características especiais de um determinado problema, os tempos de utilização de computador podem ser prolongados e as necessidades de memória, substanciais. Não existe garantia de que a solução ótima venha a ser encontrada a menos que se avaliem todas as alternativas disponíveis. Mesmo encontrando-se a solução ótima, ligeiras mudanças nos dados podem fazer que repetições subseqüentes tornem necessário muito tempo de computação.

Os problemas de localização de armazém são apresentados em muitas variações. Pesquisadores que já aplicaram a abordagem da programação linear inteira combinada descreveram um desses problemas da seguinte forma:

> Existem várias *commodities* produzidas em plantas diferentes com capacidade conhecida de produção. Há uma demanda conhecida de cada *commodity* em cada uma das zonas de clientes. Essa demanda é atendida pela remessa via armazéns, com cada zona de clientes sendo atendida exclusivamente por um determinado armazém. Existem limites mínimos e máximos à capacidade de processamento de cada armazém. As possíveis localizações dos armazéns são dadas, mas os lugares específicos a serem usados deverão ser escolhidos de maneira a terem como resultado o menor custo total de distribuição. Os custos de armazém são expressos como despesas fixas (impostas para os locais realmente usados) mais uma despesa linear variável. Os custos do transporte são assumidos como lineares.
>
> Assim, o problema é determinar quais as localizações de armazém usar, qual o tamanho de armazém em cada localização escolhida, quais as zonas de clientes a serem atendidas por cada armazém e qual o padrão de fluxos de transporte para todas as *commodities*. Isso deve ser feito de maneira a satisfazer as demandas determinadas a custos mínimos totais de distribuição, sujeitos à capacidade da fábrica e à configuração de armazém do sistema de distribuição.[24]

Em linguagem descritiva, este problema pode ser expresso da seguinte maneira:

> Encontre o número, tamanho e localizações dos armazéns numa rede de cadeia de suprimentos que venha minimizar os custos fixos e variáveis lineares do transporte de todos os produtos ao longo da rede escolhida, sujeito às seguintes condições:

---

[18] Sang M. Lee and Richard L. Luebbe, "The Multi-Criteria Warehouse Location Problem Revisited", *International Journal of Physical Distribution and Materials Management*, Vol. 17, nº 3 (1987), págs. 56-59.

[19] U. Akinc and B.M Khumawala, "An Efficient Branch and Bound Algorithm for the Capacitated Warehouse Location Problem", *Management Science*, vol. 23 (1977), págs. 585-594.

[20] Robert F. Love, "One-Dimensional Facility Location-Allocation Using Dynamic Programming". *Management Science*, vol. 23, nº 6 (January 1976), págs. 614-617.

[21] Lembrar o estudo de métodos de localização de Brandeau and Chiu, "An Overview of Representative Problems in Location Research".

[22] A. M. Geoffrion and G.W. Graves, "Multicommodity Distribution System Design by Benders Decomposition", *Management Science*, Vol. 20, nº 5 (January 1974), págs. 822-844; P. Bender, W. Northup, and J. Shapiro, "Practical Modeling for Resource Management", *Harvard Business Review*, Vol. 59, nº 2 (March/April 1981), págs. 163-173; e Jeffrey J. Karrenbauer and Glenn W. Graves, "Integrated Logistics Systems Design", em "Logistics Education and Research: A Global Perspective", eds. James M. Masters and Cynthia L. Coykendale, *Proceedings of the Eighteenth Annual Transportation and Logistics Educators Conference* (St. Louis, MO; October 22, 1989), págs. 142-171.

[23] Ronald H. Ballou and James M. Masters, "Commercial Software for Locating Warehouses and Other Facilities", *Journal of Business Logistics,* Vol. 14, nº 2 (1993), págs. 71-107.

[24] Geoffrion and Graves, "Multicommodity Distribution System Design", pág. 822.

444 PARTE V • ESTRATÉGIA DE LOCALIZAÇÃO

1. O suprimento disponível das fábricas não pode ser excedido para cada produto.

2. A demanda de todos os produtos deve ser atendida.

3. O processamento de cada armazém não pode exceder sua capacidade.

4. Um processamento mínimo de armazém deve ser atingido antes que ele entre em atividade.

5. Todos os produtos do mesmo cliente devem ser supridos a partir de um mesmo armazém.

O problema pode ser resolvido usando pacotes de *software* de programação linear inteira. Historicamente, problemas práticos desse tipo não eram resolvidos, mesmo com a utilização dos computadores mais poderosos. Os pesquisadores atualmente aplicam técnicas como a da decomposição de um problema de multiprodutos em tantos subproblemas quanto os produtos existentes, eliminando as partes do problema que são irrelevantes para a solução, e aproximando dados relacionados em formatos que complementem a abordagem da solução de forma a conseguir tempos de computação e requisitos de memória aceitáveis. Atualmente, os pesquisadores estão reivindicando que são capazes de estender substancialmente o número de elos na rede que podem ser modelados, de incluir múltiplos períodos no modelo, e de manusear cuidadosamente funções não lineares de custos.[25]

Exemplo

Levando em conta um problema de pequenos multiprodutos e um código de *software* de programação padrão inteira, é possível demonstrar a maneira de resolução de um problema de localização por programação inteira. Suponha que o problema em consideração seja aquele mostrado na Figura 13-5. São dois produtos em demanda por três clientes, mas um destes só pode ser servido a partir de um armazém. Pode-se optar entre dois armazéns. O armazém 1 tem um custo de manuseio de $2/cwt. de processamento; um custo fixo de $100.000/ano quando mantido aberto; e uma capacidade de 110.000 cwt. por ano. O armazém 2 tem custo de manuseio de $1/cwt., um custo fixo de $500.000 e capacidade ilimitada. Não há volume mínimo para manter um armazém aberto. Duas fábricas podem ser usadas para abastecer os armazéns. As fábricas podem gerar ambos os produtos, mas os custos de produção por cwt. são diferentes para cada um deles. A fábrica 1 tem um limite de capacidade de produção (60.000 cwt. para o produto 1 e 50.000 cwt. para o produto 2). A fábrica 2 não tem limite de produção para qualquer dos produtos. Nossa missão é descobrir qual(is) dos armazéns deve(m) ser usado(s), de que maneira atribuir-lhe a demanda do cliente, e quais armazéns e seu processamento atribuir às fábricas.

Essa formulação de problema é mostrada no Suplemento Técnico deste capítulo. O problema é resolvido usando o módulo MIPROG no LOGWARE. A solução é abrir apenas o armazém nº 2 e abastecê-lo a partir da fábrica nº 2. O resumo de custos é

Categoria	*Custo*
Produção	$ 1.020.000
Transporte	1.220.000
Manuseio no armazém	310.000
Custos fixos do armazém	500.000
Total	$ 3.050.000

Aplicação

A Digital Equipment Corporation analisa e avalia alternativas globais de cadeias de suprimentos e determina estratégia mundial de fabricação e distribuição usando o modelo da cadeia de suprimentos global (GSCM), que recomenda uma rede de produção, distribuição e vendas. O GSCM minimiza os custos ou tempos cumulativos ponderados de produção e distribuição, ou ambos, de acordo com o atendimento de demanda e restrições sobre o conteúdo local, intercâmbio comercial e capacidade conjunta para produtos múltiplos, elos e períodos. Entre os fatores de custos figuram as despesas fixas e variáveis de produção, as despesas de estoques, as despesas de distribuição via múltiplos modais, os impostos e as taxas alfandegárias combinadas. O GSCM é um grande programa linear inteiro que incorpora uma conta multiprodutos global de materiais para cadeias de suprimentos com estrutura arbitrária de elos e um modelo abrangente de decisões globais integradas de manufatura e distribuição. A estruturação da cadeia de suprimentos já economizou mais de $ 100 milhões.[26]

Outro método de localização que utiliza a programação inteira linear combinada é uma abordagem modificada da *P-mediana*. É menos complicada mas também me-

---

[25] Karrenbauer and Graves, "Integrated Logistics System Design".

[26] Bruce C. Arntzen, Gerald G. Brown, Terry P. Harrison, and Linda L. Trafton, "Global Supply Management and Digital Equipment Corporation", *Interfaces*, 25, Nº 1 (January/February 1995), págs. 69-93.

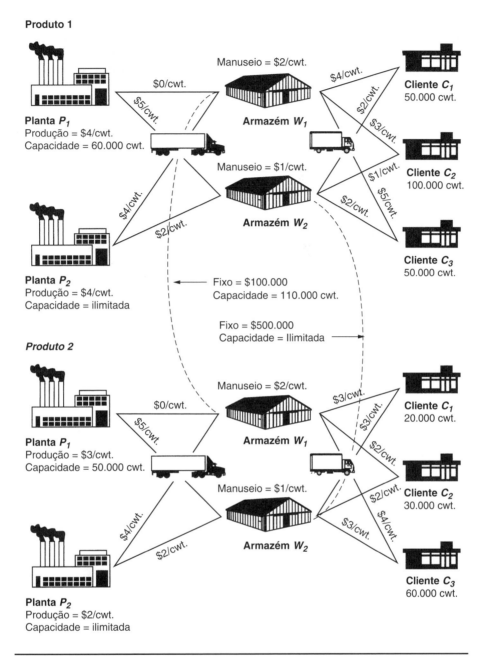

FIGURA 13-5 Um problema de localização de pequenos armazéns multiprodutos para programação inteira linear combinada.

nos sólida que a formulação anterior. Pontos de demanda e suprimento são localizados por meio de pontos de coordenadas. As instalações são restritas a ficar entre os pontos de demanda ou suprimento. Os custos referentes à localização são taxas variáveis de transporte expressas em unidades como $/cwt./milha, e os custos anuais fixos relacionados com as instalações candidatas. O número de instalações a serem localizadas é especificado antes da solução. O processo de solução encontra seu número especificado entre as instalações candidatas.

Exemplo

A Environment Plus incinera produtos químicos tóxicos usados em vários processos de manufatura. Esses produtos químicos são transportados de 12 áreas de mercados em todo o país até seus incineradores para eliminação. A companhia se encarrega do transporte por causa dos equipamentos especiais e processos de manuseio diferenciados exigidos. Os serviços de transporte são contratados a $1,30 por milha e os caminhões levam carga cheia de 300 cwt. As viagens são de ida e volta para um incinerador. Portanto, a taxa real do transporte é $1,30 por milha. × 2/300 cwt. = $0,0087/cwt./milha. Localizações dos mercados, volume anual de processamento e custos fixos operacionais anuais, independentemente do volume processado, são aqueles da Tabela 13-4.

As áreas metropolitanas de Baltimore, Memphis e Minneapolis não permitem os incineradores, não se tratando, pois, de localizações candidatas. Se apenas cinco localizações poderão ser usadas, quais serão elas?

O módulo de *software* PMED no LOGWARE pode ajudar a resolver este problema. Um banco de dados para este problema está disponível como PMED02. Os resultados mostram as localizações preferenciais para a minimização dos custos.

Um mapa da solução é mostrado na Figura 13-6.

Número	Nome da instalação	Volume	Números dos nós atribuídos
1	Cincinnati OH	680.000	1 2 3 4 5 6 7 8
2	Atlanta GA	260.000	3 6
3	Phoenix AZ	270.000	9 11
4	Denver CO	300.000	10
5	Seattle WA	20.000	12
	Total	1.530.000	

Custo total: $9.455.339

A programação combinada linear inteira é muito atraente como metodologia, mas os tempos potencialmente prolongados de solução do método para problemas de localização de larga escala continuam preocupantes, mesmo que o surgimento de computadores mais velozes tenha ajudado ultimamente a minorar essa dificuldade. Além disso, a dificuldade de cuidar de funções não lineares, como costuma acontecer em apólices de seguros, taxas de transporte e vendas e relações de serviços com clientes, faz com que outras abordagens se mostrem competitivas em relação à programação combinada linear inteira.

Métodos de Simulação

Embora possa parecer que métodos de localização que proporcionam soluções otimizadas sejam os melhores, é preciso lembrar que a solução ótima para o problema de localização do mundo real não é melhor que a descrição, pelo modelo, das realidades do problema. Mais ainda, tais modelos otimizadores são muitas vezes de difícil entendimento e exigem qualificações técnicas que muitos gerentes não possuem. Portanto, aqueles que entendem que uma exata descrição do problema é prioritária muitas vezes confiam em simulações como seu método preferido de planejamento. Preferem arriscar-se a encontrar uma solução melhorada porém menos do que ótima para um problema descrito com exatidão em lugar de buscar a solução ótima para uma descrição aproximada do problema.

Um modelo de simulação de localização de instalação refere-se a uma representação matemática de um sistema logístico por demonstrações algébricas e lógicas manipuláveis em computador. Dada uma representação realista do relacionamento econômico e estatístico, o modelo de simulação é usado para avaliar o impacto de várias configurações. Modelos de simulação são modelos algoritmos de localização diferentes em

TABELA 13-4 Dados de localização dos mercados, volumes e custos para a Environment Plus

Nº	Mercado	Latitude anual,°	Longitude fixa,°	Volume, cwt.	Custo operacional, $
	Boston MA	42,36	71,06	30.000	3.100.000
	New York NY	40,72	74,00	50.000	3.700.000
2	Atlanta GA	33,81	84,63	170.000	1.400.000
	Baltimore MD	39,23	76,53	120.000	—
1	Cincinnati OH	39,14	84,51	100.000	1.700.000
	Memphis TN	35,11	89,96	90.000	—
	Chicago IL	41,84	87,64	240.000	2.900.000
	Minneapolis MN	44,93	93,20	140.000	—
3	Phoenix AZ	33,50	112,07	230.000	1.100.000
4	Denver CO	39,77	105,00	300.000	1.500.000
	Los Angeles CA	34,08	118,37	40.000	2.500.000
5	Seattle WA	47,53	122,32	20.000	1.250.000

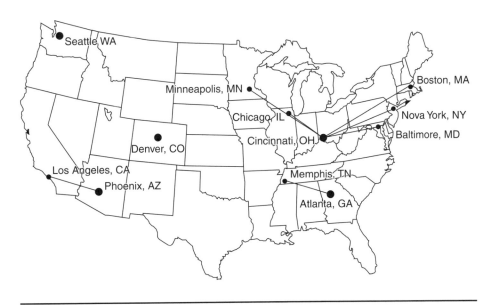

FIGURA 13-6 Mapa dos resultados da solução do problema de localização da Environment Plus.

que o analista ou gerente precisa especificar as instalações a serem avaliadas na rede. A possibilidade de encontrar, assim, padrões ótimos ou quase ótimos de localização depende de cada um dos armazéns e das localizações para ele escolhidas com fins de avaliação. Ao passo que os modelos algorítmicos tentam encontrar o melhor número, localização e tamanho das instalações, um modelo de simulação busca a melhor rede por meio da repetida aplicação do modelo, dadas as diferentes opções de armazém e padrão de alocação. A qualidade dos resultados e a eficiência com a qual são obtidos dependem das habilidades e da intuição do usuário na seleção das localizações que deverão ser analisadas.

Aplicação

Um modelo clássico de simulação para fins de localização de armazém é aquele desenvolvido para a H. J. Heinz Company e depois aplicado aos problemas de distribuição da Nestlé Company.[27] A simulação proporcionou respostas às questões básicas da localização de armazéns (número, localização, alocação da demanda aos armazéns, etc.) e conseguiu lidar com mais de 4.000 clientes, 40 armazéns e 10 a 15 fábricas. Em contraste com muitos modelos algorítmicos, esta simulação tem um escopo amplo do problema. Os principais elementos de custos de distribuição na simulação da Heinz Company eram:

1. **Clientes.** As características dos clientes que afetam os custos de distribuição são:
   a. Localização do cliente
   b. Volume da demanda anual
   c. Tipos dos produtos comprados. Produtos diferentes se incluem em várias classificações de *commodities* e, com isso, irão representar tarifas diferentes de transporte. Havendo variações regionais na combinação dos produtos, uma tarifa média para todos os produtos não basta.
   d. A distribuição do tamanho do pedido. Tamanhos diferentes de remessas exigem tarifas diferentes de transporte.
2. **Armazéns.** As características dos armazéns que afetam os custos são:
   a. Investimento imobilizado em armazéns de propriedade da empresa. Algumas companhias preferem os armazéns públicos, opção que reduz a sua necessidade de investimentos fixos.

---
[27] Harvey J. Shycon and Richard B. Maffei, "Simulation – Tool for Better Distribution", *Harvard Business Review*, Vol. 38, nº 6 (November/December 1960), págs. 65-75.

b. Custos fixos anuais de operação e administração.

c. Custos variáveis de estocagem, manuseio, rotação de estoques e processamento de dados.

3. **Fábricas.** A localização de fábricas e os produtos disponíveis em cada uma delas são os elementos que mais afetam os custos da distribuição. Determinadas tarifas de armazenagem e manuseio na fábrica podem ser adequadamente atribuídas a custos de distribuição, mas, por serem esses custos largamente independentes da configuração do armazém, eles podem ser excluídos da análise.

4. **Custos de Transporte.** Os fretes pagos pela movimentação dos produtos da fábrica para o armazém são denominados de custos de transporte. Eles dependem da localização da fábrica e armazém envolvidos, do tamanho da carga e da classificação de *commodity* do produto.

5. **Custos de Entrega.** Os custos da movimentação do produto da fábrica para o cliente, chamados de custos de entrega, dependem das proporções da remessa, das localizações da fábrica e do cliente, e da classificação de *commodity* do produto.[28]

O processamento da entrada de dados foi desenvolvido em duas etapas. Na primeira, um programa de pré-processamento separou os pedidos de clientes que poderiam ser atendidos por um armazém daqueles pedidos com proporções suficientes para tornar seu atendimento economicamente viável a partir de uma fábrica. Em seguida, o programa de teste, ou principal, computou as distâncias entre os clientes e os armazéns, e entre fábricas e armazéns a partir de um sistema de coordenadas de longitude e latitude.[29] Clientes foram atribuídos a armazéns pelo exame dos cinco armazéns mais próximos e então escolhendo aquele armazém que oferecesse os menores custos em termos de entrega do armazém ao cliente, custos de manuseio e estocagem no armazém, e custos de transporte da fábrica ao armazém. O computador a partir daí executou as operações necessárias para avaliar uma determinada configuração de armazém, dados os fluxos atribuídos de produtos através do sistema de armazenagem e

os dados geográficos lidos no programa teste. Uma abordagem de programação linear foi usada para resolver quaisquer limitações geográficas nas fábricas. Muitas configurações de localização de fábricas foram analisadas. A Figura 13-7 é um diagrama de fluxo da operação do modelo.

Modelos de simulações continuam a desempenhar importante papel na localização de armazéns. Eles são muitas vezes desenhados primariamente como simuladores de estoques (LREPS[30] e PIPELINE MANAGER[31]), mas há outros desenvolvidos mais diretamente para a função de localizadores de armazéns.[32] Uma característica desejável a eles inerente é sua capacidade de lidar com o estoque nos aspectos relacionados ao tempo, junto com os aspectos geográficos da localização. Por outro lado, as exigências maciças de dados e os longos tempos de processamento de computador podem ser um problema para esta metodologia. Mesmo assim, as descrições precisas da realidade constituem as razões primárias que fazem deles uma preferência entre os usuários.

Um grande problema com os simuladores de localização é que o usuário pode não saber quão perto as configurações escolhidas do armazenagem estão do ponto ótimo. Naturalmente, sabemos que a curva do custo total do problema da localização normalmente tem um "fundo raso". Por isso mesmo, os custos entre alternativas ranqueadas muito próximas entre si em matéria de preferência pouco mudam na região do ótimo. Sempre que um número razoável de configurações escolhidas com prudência tiver sido avaliada, podemos alcançar um alto grau de confiança de que uma solução pelo menos satisfatória foi encontrada.

Métodos Heurísticos

São heurísticos quaisquer princípios ou conceitos que contribuam para reduzir o tempo médio gasto na busca de uma solução. São muitas vezes mencionados como as *regras básicas* de orientação para a resolução de problemas. Quando aplicadas a problemas de localização, essas regras, que são uma conseqüência da intuição aplicada ao processo de resolução, permitem que sejam alcançadas boas soluções, com rapidez, a partir

---

[28] Martin L. Gerson and Richard B. Maffei, "Technical Characteristics of Distribution Simulators", *Management Science,* Vol. 10 (October 1963), págs. 62-69.

[29] Este sistema de coordenadas limita os erros entre distâncias reais e computadas a cerca de 2 por cento.

[30] Donald J. Bowersox, "Planning Physical Distribution with Dynamic Simulation", *Journal of Marketing*, Vol. 36 (January 1972), págs. 17-25.

[31] Robert Sloan, "Integrated Tools for Managing the Total Pipeline", *Annual Conference Proceedings* (Chicago: Council of Logistics Management, 1989), págs. 93-108).

[32] Donald B. Rosenfield and William C. Copacino, "Logistics Planning and Evaluation Using 'What-If' Simulation", *Journal of Business Logistics*, Vol. 6, Nº 2 (1985), págs. 89-109.

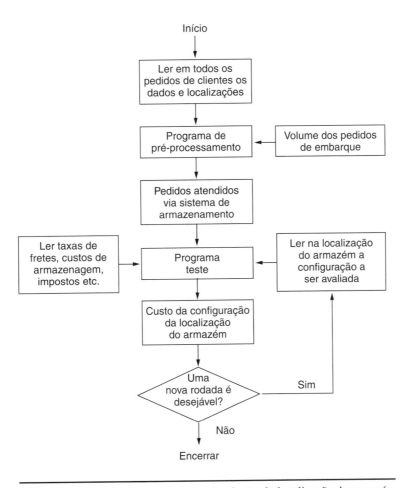

FIGURA 13-7 Fluxograma de uma simulação de localização de armazém desenvolvida para a H. J. Heinz Company.
Fonte: Harvey N. Shycon and Richard B. Maffei, "Simulation-Tool for Better Distribution", *Harvard Business Review*, Vol. 38 (November/December 1960), pág. 73.

de numerosas alternativas. Embora os métodos heurísticos não garantam que uma solução ótima venha a ser encontrada, os benefícios dos tempos adequados de computação e de necessidades de memória, uma boa representação da realidade e uma qualidade satisfatória de resolução são razões para adotar a abordagem heurística na localização de armazéns.

Os métodos heurísticos vêm conquistando adeptos em termos de metodologia para a localização de armazéns. Uma abordagem heurística clássica e ainda útil em problemas de localização de armazém é a que foi desenvolvida por Kuehn e Hamburger.[33] Há inúmeros outros exemplos.[34] Para ajudar a entender o tipo de modelo heurístico para problemas reais, considere a natureza do problema de localização normalmente encontrado na prática.

O problema de localização é questão de compensação dos custos relevantes para a localização, que incluem:

- Custos de produção e compra
- Custos de estocagem e manuseio no armazém
- Custos fixos do armazém
- Custos de manutenção do estoque
- Custos de processamento dos pedidos de estoques e pedidos dos clientes
- Custos de transporte de entrada e saída do armazém

---

[33] A. A. Kuehn and M. J. Hamburger, "A Heuristic Program for Locating Warehouses", *Management Science*, Vol. 10 (July 1963), págs. 643-666.

[34] Brandeau and Chiu, "An Overview of Representative Problems in Location Research", págs. 666-667; e Ronald H. Ballou and James M. Masters, "Commercial Software for Locating Warehouses and Other Facilities", *Journal of Business Logistics*, Vol. 14, nº 2 (1993).

Cada uma dessas categorias de custos deveria refletir diferenças geográficas, características de volume e despacho, variações de diretrizes e economias de escala.

A natureza das compensações de custos é mostrada graficamente na Figura 13-8. Os custos de estocagem, de estoque e custos fixos estão em compensação direta com os custos de transporte de entrada e saída. Os custos de produção e processamento dos pedidos também entram na compensação de custos, mas não podem ser adequadamente representados nesta figura específica. A função de um modelo de localização é buscar a configuração armazém/fábrica que represente o menor custo relevante total, sujeito ao serviço ao cliente e a outras restrições práticas existentes no problema.

A Figura 13-8 mostra que os custos com o transporte diminuem de acordo com o número de armazéns presentes no sistema de distribuição. Isto é basicamente verdadeiro porque as remessas que chegam a um armazém são feitas em quantidades maiores, e a tarifas menores, do que as das remessas que dele saem. À medida que mais armazéns são colocados no sistema, eles estão mais perto dos clientes, de maneira tal que os custos de entrada aumentam mas os custos de saída se reduzem de maneira desproporcional. A curva do custo do transporte continua a diminuir desta até que o número de armazéns usados na rede seja tal que deixe de ser prático manter remessas de carga completa para todos os armazéns. A curva do transporte passa, a essa altura, a aumentar.

A curva do custo de manutenção de estoques e de armazenagem apresenta um crescimento menor à medida que aumenta o número de armazéns na rede. Trata-se de um resultado primário da política de estoque da empresa, e também da maneira pela qual essa política é posta em prática, e o montante crescente dos custos fixos na rede. Com maior número de armazéns, surge uma proliferação do total de estoque de segurança na rede. Se a firma costuma controlar estoques recorrendo a procedimentos de quantidade econômica de pedidos, surge, como resultado, uma diminuição progressiva dos níveis médios de estoques e da curva dos custos de manutenção de estoques. Outras políticas podem produzir curvas diferentes de custos de manutenção de estoque e armazenagem, variando entre linear e de redução progressiva.[35] Em armazéns próprios ou arrendados, haverá um custo anual fixo por armazém. Os custos fixos totais na rede tendem, então, a aumentar com o número de armazéns.

Avaliação Seletiva

É possível desenvolver um procedimento heurístico a partir de um método já apresentado neste capítulo, o método do múltiplo centro de gravidade. O procedimento pode ser a solução para um número especificado de instalações. Uma vez que o método só responde pelos custos de transporte, custos adicionais, como os de estoque e custos fixos de instalação, podem ser agregados para criar um custo total mais representativo. Pela repetição do procedimento com vários números de instalações, torna-se possível encontrar o melhor número de instalações e suas respectivas localizações.

Exemplo

Suponha que tenhamos dados para dez mercados e suas correspondentes tarifas de transporte, como presentes no arquivo MCOG01.DAT do LOGWARE. Os mercados são mostrados na Figura 13-9. Além disso, há uma cobrança fixa anual de $2.000.000 para cada armazém. Todos os armazéns contam com capacidade suficiente para dar conta da demanda total dos respectivos mercados. A quantidade de estoque no sistema logístico é estimado de $I_T(\$) = \$6.000.000 \sqrt{N}$, em que N é o número de armazéns na rede. Os custos de manutenção de estoque atingem 25% ao ano. As tarifas de manuseio nos armazéns são todas iguais; por isso, não afetam o produto da localização. Quantos armazéns deveriam existir, onde deveriam localizar-se e quais mercados deveriam ser atribuídos a cada armazém?

Usando o módulo MULTICOG no LOGWARE e resolvendo repetidamente para vários números de ar-

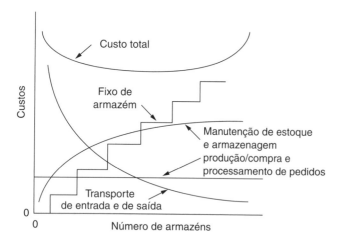

FIGURA 13-8 Compensações de custos genéricos no problema da localização da instalação.

---

[35] Ronald H. Ballou, "Estimating and Auditing Aggregate Inventory Levels at Multiple Stocking Points", *Journal of Operations Management*, Vol. 1, nº 3 (February 1981), págs. 145-153.

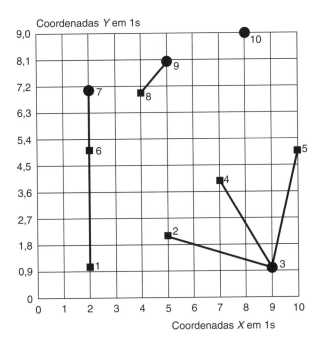

FIGURA 13-9 Mercados para o problema do exemplo e uma solução com quatro armazéns.

mazéns, pode-se desenvolver a planilha mostrada na Tabela 13-5.

Quatro armazéns proporcionam o melhor equilíbrio de custos. Como se vê na Figura 13-9, é aconselhável localizar armazéns nos mercados 3, 7, 9 e 10. Os mercados 2, 3, 4 e 5 são atribuídos ao armazém 3; os mercados 1, 6 e 7 são atribuídos ao armazém 7; os mercados 8 e 9 são atribuídos ao armazém 9; e o mercado 10 é atribuído ao armazém 10.

A abordagem da avaliação seletiva é heurística por várias razões. Em primeiro lugar, o método do múltiplo centro de gravidade inclui algumas regras que são usadas para determinar as localizações iniciais de armazéns. Isto pode provocar menor otimização dos resultados. Em segundo lugar, custos fixos e custos de estoque são acrescentados aos custos de transporte *depois* de determinadas as localizações dos armazéns. É preferível que estes custos se combinem *durante* o processo que determina a localização dos armazéns para a otimização dos resultados. Qualquer que seja a sua conclusão, a abordagem tem valor nos casos em que se dispõe apenas de um mínimo de informações para resolver um problema de localização. É também útil na geração de localizações candidatas que possam vir a ser mais integralmente avaliadas pela utilização de procedimentos mais consistentes.

Outra forma de avaliação seletiva especifica o número de armazéns a serem avaliados e os armazéns específicos incluídos nesse número. Embora a análise geral seja similar àquela recém apresentada utilizando o método do centro de gravidade, o analista faz uso do julgamento humano, da lógica, de habilidades cognitivas e de resultados de outros tipos de modelo para selecionar os armazéns a serem avaliados. Como os modelos em busca de otimização não podem esperar que se considerem todos os fatores necessários à determinação de um projeto satisfatório de rede, este tipo de análise "o que aconteceria se?" torna-se muito útil para o projeto prático de rede. A programação linear é normalmente usada para alocar demanda ao longo da rede especificada. Escolher armazéns específicos para avaliação é uma maneira efetiva de encaminhar questões práticas no projeto de redes e de garantir que as combinações desejadas de armazéns venham a ser consideradas. A maioria das análises de localizações é dominada por avaliação seletiva desse tipo.

TABELA 13-5 Alternativas de avaliação seletiva das localizações

Número de armazéns	Custo do transporte, $	Custos fixos, $	Custo do estoque, $	Custo total, $
1	41.409.628	2.000.000	1.500.000	44.909.628
2	25.989.764	4.000.000	2.121.320	32.111.084
3	16.586.090	6.000.000	2.598.076	25.184.166
4	11.368.330	8.000.000	3.000.000	**22.368.330** ←
5	9.418.329	10.000.000	3.354.102	22.772.431
6	8.032.399	12.000.000	3.674.235	23.706.634
7	7.478.425	14.000.000	3.968.627	25.447.052
8	2.260.661	16.000.000	4.242.641	22.503.302
9	948.686	18.000.000	4.500.000	23.448.686
10	0	20.000.000	4.743.416	24.743.416

A avaliação seletiva pode ser usada na resolução de problemas de localização em que o modelo usado nas análises não seja primariamente de natureza de localização. Um problema comum deste tipo é a localização de um depósito de caminhões a partir do qual devam ser despachados esses veículos de carga. Mútiplos caminhões são roteirizados para pontos múltiplos de escala, e a configuração desse roteiro é dependente da localização do depósito em proximidade com os pontos de escala. A localização do depósito é dominada por custos de transporte da mesma maneira que resolver o problema da rota do caminhão é crítico para a localização do depósito. Um modelo de roteirização de veículos como o ROUTER, no LOGWARE, pode ser usado para alinhavar rotas e minimizar os custos do transporte. A partir daí, selecionar uma determinada localização de depósito, resolver o problema de rota para a localização selecionada e acrescentar custos específicos a essa localização permite que cada localização seja avaliada. Trata-se de um procedimento de tentativa-e-erro, e uma solução satisfatória para o problema da localização depende da qualidade das localizações selecionadas para avaliação.

Exemplo

Uma empresa fornecedora de restaurantes faz entregas diárias a esses clientes. Atualmente, quatro caminhões são despachados de um depósito localizado em uma cidade, como se vê na Figura 13-10, para um volume diário típico de entregas. Considerando que os caminhões são amortizados a um custo de $20 diários/caminhão, que os custos do combustível e manutenção operacional de cada um deles são de $0,40 por milha, e que os motoristas recebem $11 por hora em salários e benefícios, o custo diário atual deste serviço aos clientes chega a $508. A empresa estuda mudar-se para uma ou duas localizações centrais indicadas na Figura 13-10 como A e B. Os custos operacionais da instalação são estimados como iguais aos de agora, mas o custo amortizado de uma viagem única é estimado como $40 por dia. Usando o programa ROUTER no LOGWARE para gerar rotas de depósitos em A e B, chega-se aos custos revisados do transporte. Comparando as três alternativas de custos diários, temos que:

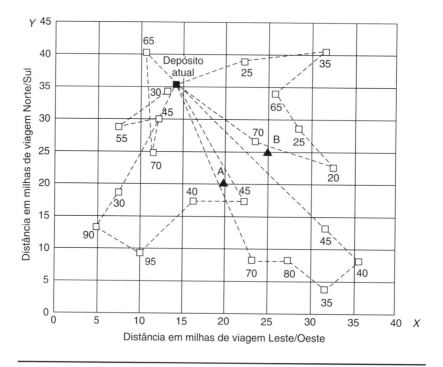

FIGURA 13-10 Localização atual do depósito com volumes das paradas em cwt. e rotas dos caminhões.

Localização	Número de caminhões	Custo da rota	Custo do caminhão	Custo da mudança	Custo diário total
Atual	4	$508	80	—	$588
A	5	497	100	40	637
B	4	484	80	40	604

Como as economias em custos de rota não podem superar o custo da mudança para uma nova localização, a decisão economicamente correta é manter o depósito em sua localização atual.

Programação Linear Dirigida

Quando se desenvolvem procedimentos heurísticos sérios para problemas de localização concretos, em geral eles incluem a programação linear como parte da metodologia de resolução. A razão é que a programação linear oferece ótimos resultados e pode dar conta de restrições de capacidade que outras abordagens não conseguem. Contudo, para ser um procedimento verdadeiramente sólido de localização, é preciso enfrentar com realismo os custos fixos e os custos não lineares de estoque característicos desses procedimentos. Procedimentos heurísticos precisam ser empregados com programação linear a fim de criar um modelo eficiente.

Vejamos o problema de produto único mostrado na Figura 13-11. O primeiro passo é construir uma matriz formatada como o problema de transporte de programação linear. Dando-lhe uma estrutura especial, dois elos de rede logística podem ser representados na matriz da Figura 13-12. O processo heurístico é dirigido pela maneira com a qual as células de custos dão entrada na matriz. Como os custos de produção e transporte entre fábricas e armazéns são lineares, entram diretamente nas células fábrica-armazém. Por exemplo, a célula de custo representando o fluxo entre P_2 e W_1 inclui os custos de produção mais os de transporte, ou $4/cwt. + $4/cwt. = $8cwt.

O bloco de células para armazéns e clientes combina custos de manuseio de estoques mais transporte mais manutenção de estoque, além de custos fixos. Tarifas de transporte e manuseio podem ser lidas diretamente da Figura 13-11. No entanto, não existem quaisquer *tarifas* para custos fixos de manutenção de estoque e elas devem ser desenvolvidas dependendo do processamento de cada armazém. Como esse processamento não é conhecido, é preciso supor processamentos iniciais. Para os custos fixos, a cada armazém é inicialmente atribuído o *status* mais favorável,

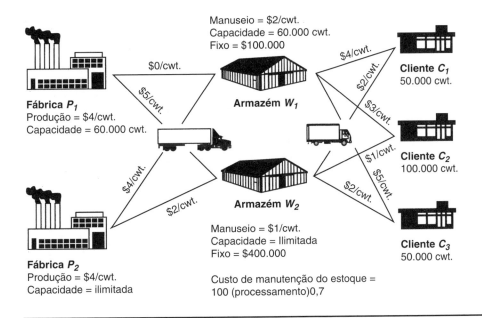

FIGURA 13-11 Um problema de localização de produto único com custos fixos de armazém e custos de estoque.

454 PARTE V • ESTRATÉGIA DE LOCALIZAÇÃO

		Armazéns		Clientes			Capacidade de fábrica e armazém
		W_1	W_2	C_1	C_2	C_3	
Fábricas	P_1	4[a] **60.000**	9	99[b]	99	99	60.000
	P_2	8	6 **140.000**	99	99	99	999.999[c]
Armazéns	W_1	0	99	9,7[d]	8,7 **60.000**	10,7	60.000
	W_2	99[b]	0	8,2[e] **50.000**	7,2 **40.000**	8,2 **50.000**	999.999[c]
Capacidade do armazém e demanda do cliente		60.000	999.999[c]	50.000	100.000	50.000	

[a] Produção mais tarifas de transporte de entrada, isto é, 4 + 0 = 4.
[b] Usado para representar um custo infinitamente mais elevado.
[c] Usado para representar capacidade ilimitada.
[d] Tarifas de manutenção de estoque, armazenagem, transporte de saída e tarifas fixas, isto é, 3,2 + 2 + 4 + 0,5 = 9,7.
[e] 3,2 + 1 + 2 + 2,0 = 8,2

FIGURA 13-12 Matriz de custos de células e valores de resolução para a primeira iteração no problema do exemplo.

supondo-se que toda a demanda vá fluir por ele. Assim, a tarifa relacionada com custos fixos para o armazém seria o custo fixo anual do armazém dividido pela demanda total do cliente, ou $100.000/200.000 = $0,50/cwt. No armazém 2, seria $400.000/200.000 = $2,00/cwt.

Quanto aos custos de manutenção de estoque, a tarifa por cwt. depende do número de armazéns e da demanda a eles atribuída. Novamente, damos a cada armazém a maior oportunidade de ser selecionado, o processamento presumido para os armazéns é igual, ou o processamento para cada armazém é a demanda total do cliente dividida pelo número de armazéns em avaliação. O custo de manutenção de estoque "por unidade" é definido como o valor médio do estoque em um armazém dividido pelo processamento do armazém no período, ou $IC_i = K(\text{Processamento}_i)^a/\text{Processamento}_i$. Inicialmente para cada armazém, o custo de manutenção por cwt. de estoque é

Demanda total do cliente

$$100[(200.000/2)^{0,7}]/(200.000/2) = \$3,2/cwt$$

Número de armazéns

Os custos fixos e de manutenção de estoques estimados por unidade são agora lançados nas células armazém-cliente da matriz da Figura 13-12. O problema é resolvido de maneira normal usando-se o módulo TRANLP do LOGWARE. Os resultados computacionais são os valores em negrito na Figura 13-12. Isso então completa a primeira rodada de cálculos.

Rodadas subseqüentes utilizam o processamento de armazém de sua rodada prévia para refinar a estimativa dos custos unitários fixos e de manutenção de estoques para um armazém. Para efetuar essas estimativas, notamos que o processamento para W_1 é 60.000 cwt., e de 140.000 cwt. para W_2 (ver Figura 13-12). Os custos alocados para os armazéns serão

Armazém	Custo fixo por unidade, $/cwt.	Custo de manutenção de estoque por unidade, $/cwt.
W_1	$100.000/60.000 cwt. = 1,67	$100(60.000 cwt.)^{0,7}/60.000 cwt. = 3,69
W_2	$400.000/140.000 cwt. = 2,86	$100(140.000 cwt.)^{0,7}/140.000 cwt. = 2,86

Os custos da célula na matriz por armazéns para clientes (ver Figura 13-12) são recalculadas para passarem a ser:

	C_1	C_2	C_3
W_1	11,36[a]	10,36	12,36
W_2	8,72[b]	7,72	8,72

[a]2 + 4 + 1,67 + 3,69 = 11,36.
[b]1 + 2 + 2,86 + 2,86 = 8,72.

As células restantes permanecem inalteradas. Agora resolva o problema novamente.

A solução da segunda iteração mostra que toda a produção está na fábrica 2, e toda a demanda deverá ser atendida pelo armazém 2. Isto é,

	C_1	C_2	C_3	
W_1	0	0	0	
W_2	50.000	100.000	50.000	← Produzido na fábrica 2

As iterações subseqüentes repetem a solução da segunda iteração, desde que a alocação dos custos fixos e de estoque permaneça inalterada. Um ponto de parada foi alcançado. A fim de encontrar os custos da solução, recalcule-os a partir dos custos reais do problema. Não utilize as células de custos da Figura 13-12, uma vez que eles contêm os valores estimados para os custos fixos e de manutenção de estoque dos armazéns. Em vez disso, compute os custos como a seguir, usando as taxas da Figura 13-11.

Tipo de custo	Armazém 1 0 cwt.	Armazém 2 200.000 cwt.	
Produção	$0	200.000×4	= $800.000
Transporte de entrada	0	200.000×2	= 400.000
Transporte de saída	0	50.000×2	= 100.000
		100.000×1	= 100.000
		50.000×2	= 100.000
Fixo	0		400.000
Manutenção de estoque	0	$100(200.000)^{0,7} =$	513.714
Manuseio	0	200.000×1	= 200.000
Subtotal	$0	$2.613.714	
Total	$2.613.714		

O exemplo anterior ilustra um procedimento heurístico para um produto único. No entanto, muitos problemas práticos de localização exigem a inclusão de múltiplos produtos nos procedimentos computacionais. Com pequenas modificações em que custos fixos para um armazém são compartilhados entre os produtos de acordo com o respectivo processamento de ar-

mazém, o procedimento da programação linear dirigido pode ser estendido para tratar do caso de produtos múltiplos.[36]

Avaliação dos Métodos de Localização de Instalações Múltiplas

Os modelos de localização de instalações múltiplas de larga escala são expressivos à tomada de decisão que eles dão ao gerente. Suas aplicações variam de grandes redes de suprimento e distribuição atendendo a mais de 100 armazéns, 20 grupos de produtos, 15 fábricas e 300 zonas de demanda de clientes até redes de suprimento em que centenas de vendedores abastecem um armazém mestre que, por sua vez, supre as necessidades dos clientes. As indústrias de armamentos, de varejo, bens de consumo e produtos industriais que operam ao mesmo tempo em ambientes nacionais e internacionais têm aplicado modelos desta magnitude. As razões básicas para a preferência pelos modelos de localização residem em que proporcionam suporte de decisão quando a gerência precisa resolver um problema de grandes conseqüências; são suficientemente robustos para duplicar uma ampla variedade de redes logísticas em detalhes aceitáveis para fins de planejamento; são de aplicação barata, pois os lucros de sua utilização superam em muito os custos da aplicação; os dados por eles requeridos são de fácil obtenção na maioria das empresas. Esses modelos tiveram uma longa trajetória na representação da realidade desde os modelos iniciais dos economistas rurais.

Ainda assim, esses modelos não são tudo aquilo que têm condições de ser.[37] Em primeiro lugar, relações não lineares e descontínuas de custos observadas em políticas de estoque, estruturas de tarifas de transporte e economias de escala em produção e compras continuam a apresentar dificuldades matemáticas na abordagem acurada e eficiente desses modelos. Em segundo lugar, os modelos de localização de instalações devem ser expandidos para traçar com maior eficiência decisões de estoque e transporte[38] simultaneamente; isto é, deveriam ser modelos de planejamento de re-

---

[36] Ronald H. Ballou, "DISPLAN: A Multiproduct Plant/Warehouse Location Model with Nonlinear Inventory Costs", *Journal of Operations Management*, Vol. 5, nº 1 (November 1984), págs. 75-80.

[37] Ronald H. Ballou, "Unresolved Issues in Supply Chain Network Design", *Information Systems Frontiers,* Vol. 3, nº 4 (December 2001), págs. 417-425.

[38] Para um exemplo da integração do planejamento do transporte em modelos de localização, ver Jossef Perl and Mark S. Daskin, "A Unified Warehouse Location-Routing Methodology", *Journal of Business Logistics*, Vol. 5, nº 1 (1984), págs. 92-111; e para custos de manutenção de estoque integrados em decisões de localização, ver Steven J. Erlebacker and Russell D. Meller, "The Interaction of Location and Inventory in Designing Distribution Systems", *IIE Transactions*, Vol. 32 (2000), págs. 155-166.

des verdadeiramente integrados em lugar de exigir que cada problema seja abordado de uma maneira isolada, aproximada. Em terceiro lugar, maior atenção deve ser dada à incorporação dos efeitos da receita no processo do projeto de rede, uma vez que o resultado em geral é recomendar mais armazéns do que quando o serviço ao cliente é tratado como uma restrição e os custos são minimizados.[39] Em quarto lugar, os modelos deveriam estar sempre ao alcance de gerentes e planejadores para serem usados freqüentemente em planejamento tático e orçamentário, em vez de apenas ocasionalmente com vistas a um ocasional planejamento estratégico. Isto vai requerer ligações mais sólidas com o sistema de informação gerencial da empresa a fim de que os dados destinados a orientá-lo possam ser fornecidos imediatamente e na forma necessária para utilização pelo modelo.

Acima de tudo, cada um desses modelos, embora variando em termos de objetivos e procedimentos de resolução, pode ser usado pelo analista ou gerente competente para gerar resultados valiosos. Facilitar a utilização da tecnologia e torná-la mais acessível aos tomadores das decisões tem de ser a direção do futuro do desenvolvimento.

LOCALIZAÇÃO DINÂMICA DO ARMAZÉM[40]

Os modelos de localização até aqui discutidos representam o tipo de pesquisa sofisticada que vem sendo desenvolvida a fim de dar sustentação aos profissionais de logística na solução de problemas práticos de localização de armazéns. Embora inúmeros aperfeiçoamentos tenham tornado os modelos mais representativos e computacionalmente eficientes, eles continuam essencialmente estáticos por natureza. Ou seja, não proporcionam padrões de localização ótima no decorrer do tempo.

Os padrões de demanda e custos mudam com o passar do tempo, e por isso implementar um modelo de solução de localização com base nos dados de hoje pode deixar de ser a melhor solução sob as condições

econômicas futuras. A configuração ótima de rede é uma questão de variar de configuração em configuração ao longo de um horizonte de planejamento a fim de manter uma configuração ótima com o correr do tempo. Não é apenas um problema de encontrar os melhores números, tamanhos e localizações de armazéns em cada um dos anos ao longo do horizonte do planejamento. A mudança constante de configuração tem seu preço. Se a rede utiliza armazéns públicos, pode ser prático mudar a configuração com freqüência, pois é baixo o custo de encerrar os estoques em um armazém e acumulá-los em outro. Por outro lado, se é substancial o custo da mudança de uma configuração para outra, como nos casos em que os armazéns são da própria empresa ou por ela arrendados, não é aconselhável alterar a configuração da rede com muita freqüência. Assim, o importante é implementar o melhor projeto desde o início.

São várias as formas de descobrir a melhor configuração com o passar do tempo. Em primeiro lugar, as melhores localizações de armazém podem ser encontradas usando as condições presentes e aquelas projetadas para um determinado ano no futuro. As configurações de rede entre o ano atual e o ano futuro podem ser então ponderadas.

Em segundo lugar, a melhor configuração presente de rede pode ser encontrada e implementada. Então, a cada ano, à medida que os dados respectivos vão se fazendo disponíveis, encontra-se a melhor nova configuração. Se as economias em localização entre a nova configuração e a anterior forem maiores do que os custos derivados da mudança para a nova configuração, a mudança deve ser levada em conta. Este método tem a vantagem de sempre trabalhar com dados atuais – e não com dados que precisam ser previstos.

Em terceiro lugar, um caminho de configuração ótima pode ser encontrado com o decorrer do tempo de maneira a mostrar exatamente quando a mudança para uma nova configuração se faz necessária, e também a configuração para a qual deve ser feita essa mudança. As metodologias já discutidas para a localização estática de armazém podem ser incorporadas em um processo dinâmico de programação a fim de encontrar o rumo ótimo da configuração. Um problema simples de localização única pode ser usado para ilustrar a metolodogia.

Exemplo

Suponha que tenhamos de resolver um problema semelhante ao apresentado na Figura 13-13. Uma fábrica situada em Granville despacha seus produtos de armazém único para vários mercados em Arling-

---

[39] Peng-Huan and Jossef Perl, "Warehouse Location under Service-Sensitive Demand", *Journal of Business* Logistics, Vol. 16, nº 1, (1995), págs. 133-162.

[40] Esta seção se baseia em Ronald H. Ballou, "Dynamic Warehouse Location", *Journal of Marketing Research,* Vol. 5, (August 1968), págs. 271-276. Extensões deste trabalho aparecem em D. Sweeney and R. L. Tatham, "An Improved Long-Run Model for Multiple Warehouse Location", *Management Science*, Vol. 22, nº 7 (March 1976), págs. 748-758; G. O. Wesolowsky and W. G. Truscott, "The Multi-Period Location-Allocation Problema with Relocation of Facilities", *Management Science*, Vol. 22 (1975), págs. 57-65; Tony Van Roy e Donald Erlenkotter, "A Dual Based Procedure for Dynamic Facility Location", *Management Science*, Vol. 28, nº 10 (October 1982), págs. 1091-1105.

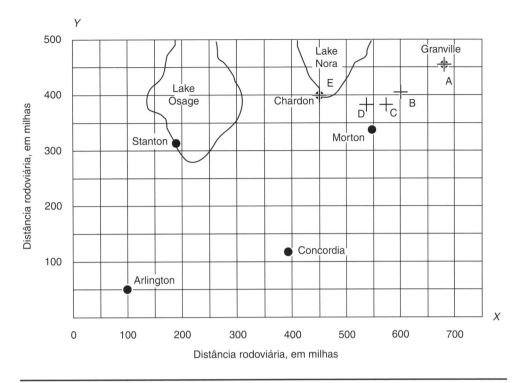

FIGURA 13-13 Mapa de localização fábrica-mercado com os pontos de localização de lucro máximo (+) de armazém para cada um dos cinco anos previstos.

ton, Concordia, Stanton, Morton e Chardon. Projeta-se ao longo dos anos um aumento da demanda, em direção à região Oeste do país. As localizações do centro de gravidade para cada um dos próximos cinco anos são representadas pelos pontos A, B, C, D e E. Os lucros, capitalizados ao valor presente, relacionados com cada uma das melhores localizações, são dados na Tabela 13-6. Além disso, os lucros capitalizados relacionados com a localização em cada um dos outros pontos ao longo dos cinco anos são também dados. Sabemos que o custo da mudança de local é de $100.000 em qualquer dos anos citados. O custo de capital é de 20% ao ano.

Encontrar o melhor plano de localização-relocalização exige um exame da tabela dos lucros (Tabela 13-16) em busca do caminho de lucro máximo, depois de contabilizadas as despesas da mudança. Não se trata de tarefa simples, uma vez que, mesmo para este pequeno problema, existem $5^5 = 3125$ possíveis planos de localização-relocalização. Contudo, a técnica da programação dinâmica[41] pode ser aqui aplicada e irá reduzir o número das computações neces-

---
[41] Para uma introdução à programação dinâmica, ver Frederick S. Hillier, *Introduction to Operations Research*, 7ª ed. (New York: McGraw-Hill, 2000), Capítulo 10.

TABELA 13-6 Projeção de lucros capitalizados para cada localização em cada ano do horizonte de planejamento com os lucros máximos ao longo da diagonal principal

Alternativas de localização de armazém	1º	2º	3º	4º	5º
A	**$194.000**[a]	$356.100	$623.200	$671.100	$1.336.000
B	176.500	**372.000**[a]	743.400	750.000	1.398.200
C	172.300	344.700	**836.400**[a]	862.200	1.457.600
D	166.700	337.600	756.100	**973.300**[a]	1.486.600
E	159.400	303.400	715.500	892.800	**1.526.000**[a]

[a] Essas alternativas são as localizações de lucro máximo para cada ano do horizonte de planejamento, como mostrado na Figura 13-13.

458 PARTE V • ESTRATÉGIA DE LOCALIZAÇÃO

sárias à constatação do plano ótimo para $5 \times 5 = 25$. A programação dinâmica nos permite redistribuir este problema de multiperíodos em uma série de eventos de decisão única.

Começando no último ano, computamos o lucro referente a permanecer no local A ou a mudar para outras alternativas. O custo capitalizado ao valor pre-sente de mudar no começo do 5° ano seria de $\$100.000/(1 + 0,20)^4 = \$48.225$. Dados os lucros da localização do 5° ano (ver a Tabela 13-6), queremos selecionar a melhor estratégia, supondo que estejamos na localização A no início do quinto ano. Avaliamos as seguintes opções:

	Alternativa (x)	Lucro da localização	Custo da mudança		Lucro líquido
	A	$1.336.000	– 0	=	$ 1.336.000
	B	1.398.000	– 48.225	=	1.349.975
$P_5(A) =$	C	1.457.600	– 48.225	=	1.409.375
	D	1.486.600	– 48.225	=	1.438.375
	E	1.526.000	– 48.255	=	**1.477.755** ←

Se o armazém estiver localizado em A, devemos mudar para E a fim de maximizar o lucro.

Fizemos cálculos semelhantes para cada localização no quinto ano. A estratégia e os lucros a ela associados são registrados na Tabela 13-7.

Ao fazer cálculos de estratégia para os demais anos que não o 5°, deve-se incluir os lucros acumulados dos anos subseqüentes. Considere os cálculos que seriam feitos para a localização D no 3° ano. O custo capitalizado da mudança seria de $\$100.000/(1 + 0,20)^2 = \$69.444$. Os lucros da localização são encontrados na Tabela 13-6. Os lucros acumulados para o ano subseqüente (4° ano) são encontrados na Tabela 13-7. Temos agora condições de encontrar a melhor estratégia.

	Alternativa (x)	Lucro da localização	Custo da mudança		Lucro acumulado para os anos subseqüentes $P_4(x)$		Lucro acumulado para o ano $3 P_3(D)$
	A	$623.200	– 69.444	+	$2.402.030	=	$2.955.786
	B	743.000	– 69.444	+	2.402.030	=	3.075.986
$P_3(D) = $ max.	C	836.400	– 69.444	+	2.402.030	=	3.168.986
	D	756.100	– 0	+	2.459.900	=	**3.216.000** ←
	E	715.500	– 69.444	+	2.418.800	=	3.064.856

Realizam-se computações semelhantes até completar a Tabela 13-7. A localização dinâmica ótima pode ser traçada através da tabela. Buscamos o primeiro ano da acumulação máxima de lucro ($\$3.755.430$), que é a localização C. A partir deste ponto, a estratégia indicada é $S_C S_C S_C S_D S_D$. Isto significa localizar inicialmente em C, permanecer em C nos três primeiros anos, e mudar para o local D no começo do quarto ano. Permanecer na localização D pelo restante do horizonte de planejamento. Notar também na Tabela 13-7 que se desejarmos inicialmente localizar em qualquer dos outros pontos, será possível traçar uma estratégia ótima dada essa localização inicial.

TABELA 13-7 Estratégias de localização/relocalização em um horizonte de planejamento de cinco anos com lucros acumulados mostrados do ano j até o ano 5

Alternativas de localização de armazém (X)	1°		2°		3°		4°		5°	
	$P_1(x)$	Estratégia[a]	$P_2(x)$	Estratégia[a]	$P_3(x)$	Estratégia[a]	$P_4(x)$	Estratégia[a]	$P_5(x)$	Estratégia[a]
A	$3.719.086	S_A	$3.525.086	S_A	$3.168.986	M_C	$2.402.030	M_D	$1.477.775	M_E
B	3.717.486	S_B	$3.525.086	S_B	3.168.986	M_C	$2.402.030	M_D	1.477.775	M_E
C	[b]→ **3.755.430**	S_C	→ **3.583.130**	S_C	→ **3.238.430**	S_C	2.402.030	M_D	1.477.775	M_E
D	3.720.300	S_D	3.553.600	S_D	3.216.000	S_D	**2.459.900**	S_D	→ **1.486.600**	S_D
E	3.659.197	S_E	3.499.797	M_C	3.168.986	M_C	2.418.800	S_E	1.526.000	S_E

Anos a partir da presente data j

[a] O símbolo da estratégia refere-se a "ficar" (S) na localização designada ou "mudar" (M) para uma nova localização da maneira indicada.

[b] As flechas indicam o plano de localização de lucro máximo quando da localização inicial do armazém em C.

460 PARTE V • ESTRATÉGIA DE LOCALIZAÇÃO

LOCALIZAÇÃO DE VAREJO/SERVIÇOS

Os centros de varejo e serviços são freqüentemente os pontos extremos de uma rede de distribuição física. Entre eles figuram instalações como grandes lojas, supermercados, agências bancárias, centros médicos de emergência, igrejas, centros de reciclagem, postos de bombeiros e delegacias de polícia. A análise da localização desses pontos deve permanecer extremamente atenta a fatores como receita e acesso fácil, em lugar de se ater aos fatores de custo que são tão importantes na localização de fábricas e armazéns. Elementos como a proximidade da concorrência, o perfil da população, padrões de trânsito dos clientes, proximidade de instalações complementares, disponibilidade de estacionamento, proximidade de boas rotas de transporte e atitudes da comunidade são somente alguns dos inúmeros fatores que influem sobre a localização de varejo e serviços. Portanto, a metodologia anterior não se aplica diretamente a esses problemas. Como a tendência em relação à localização do varejo e serviços indica menor possibilidade de que o profissional em logística venha a ser responsável por ela, aqui examinaremos apenas algumas das metodologias mais conhecidas nesta área.

Lista de Verificação Ponderada

Na maior parte dos casos, não se consegue quantificar com facilidade e baixo custo muitos dos fatores importantes para a localização do varejo ou serviços. A opinião continua sendo parte integral da decisão da localização, e mesmo assim é difícil fazer comparações entre locais a menos que a análise possa ser quantificada até um determinado grau, mesmo que de forma grosseira. Uma possibilidade é a de formar uma matriz equilibrada dos fatores de localização, como aquela mostrada na Tabela 13-8, e dar pontos a cada fator de lugares possíveis. Um número de índice, que é a soma dos pesos dos fatores multiplicada pelos escores dos fatores, é o escore total do lugar. Lugares com valores elevados de índice são preferíveis aos de valores reduzidos.

Exemplo

Um grande fabricante de tintas pretende instalar um ponto de varejo para os seus produtos. Especialistas externos, bem como listas padrão de verificação, seriam consultados a fim de gerar uma lista de fatores relevantes para a localização desse varejo. Uma lista resumida de fatores aparece na Tabela 13-9. Pesos de fatores são atribuídos do número 1 ao número 10, varian-

---

TABELA 13-8   Um exemplo de lista de fatores importantes na seleção de locais de serviços ou varejo

Fatores demográficos	*Características do lugar*
Base populacional da área	Número de pontos de estacionamento
Potencial de renda da área	Distância entre estacionamentos/local
	Visibilidade do local a partir da rua
	Tamanho e forma do terreno
	Condições dos prédios existentes
	Qualidade de ganhos e gastos

Fluxo de tráfego e facilidade de acesso	*Fatores de custos e legais*
Número de veículos	Tipo de zoneamento
Tipo dos veículos	Duração do arrendamento
Número de pedestres	Impostos locais
Tipo de pedestres	Operações e manutenção
Disponibilidade de transporte coletivo	Cláusulas restritivas do arrendamento
Acesso a estradas principais	Restrições voluntárias do comércio local
Nível do congestionamento de trânsito	
Qualidade das vias de acesso	

Estrutura do varejo	
Número de concorrentes na área	
Número e tipo de lojas na área	
Complementaridade de lojas vizinhas	
Proximidade com áreas comerciais	
Promoções conjuntas dos comerciantes locais	

Fonte: Avijit Ghosth and Sara L. McLafferty, *Location Strategies for Retail and Service Firms* (Lexington, MA: *D.C.* Heath and Company, 1987), pág. 49.

TABELA 13-9 Uma lista de verificação de valores hipotéticos de equilíbrio para o exemplo de localização de varejo

(1) Peso do fator (1 a 10)[a]	*Fatores de localização*	*(2) Escore de fator (1 a 10)[b]*	*(3) = (1) × (2) Escore ponderado*
8	Proximidade das lojas concorrentes	5	40
5	Considerações sobre base de aluguel/arrendamento	3	15
8	Espaço de estacionamento	10	80
7	Proximidade de lojas complementares	8	56
6	Modernidade do espaço de estocagem	9	54
9	Facilidade de acesso para o cliente	8	72
3	Impostos locais	2	6
3	Serviços comunitários	4	12
8	Proximidade de grandes artérias de transporte	7	56
	Índice total		391

[a]Os pesos próximos de 10 indicam grande importância.

[b]Os escores próximos de 10 indicam um *status* de localização favorável.

do com a importância relativa de cada fator, sendo 10 o mais importante deles. Um determinado lugar é qualificado numa escala de 1 a 10, com 10 representando o *status* mais favorável. Esse determinado lugar tem um índice total de 391. Outros lugares podem ser qualificados e ter seus valores totais de índice comparados. Naturalmente, é preciso adotar cuidados especiais com a qualificação consistente dos variados lugares para que os valores dos índices possam ser razoavelmente comparados.

Observações

- Quando perguntaram a Dave Thomas, fundador da Wendy's, de que maneira sua empresa decidia a localização de novos restaurantes, ele respondeu: "Verificamos onde existe uma lanchonete McDonald's e instalamos nosso restaurante o mais perto possível dele".

- A Original Mattress Factory, fundada por um antigo CEO da Sealy Mattress Company (a maior fabricante de colchões dos EUA), instalou uma fábrica e um "varejão", passando a anunciar agressivamente os seus colchões em campanhas de rádio e televisão. Não demorou muito para que lojas concorrentes se instalassem na porta ao lado ou no outro lado da rua da Original.

Modelo de Interação Espacial

Uma das abordagens mais usadas para determinar o poder de atração, ou preferência geral, de um local é a do modelo de gravidade. Uma de suas primeiras versões foi a lei de

Reilly da gravidade do varejo,[42] tremendamente similar à lei da gravidade de Newton. A idéia básica é que duas cidades concorrentes entre si atraem negócios de um centro menor situado a meio caminho entre as duas na proporção direta da população de cada uma delas, mas na proporção inversa do quadrado das distâncias entre as cidades e o centro menor. Apesar de ser um modelo simplista demais, foi, com o tempo, sendo enriquecido pelo uso da *massa* ou *variedade* oferecida por uma loja de varejo, em vez de *população*. As variáveis de massa são as dimensões da loja, o número de itens diferentes em estoque, os níveis dos estoques e outros fatores que atraem clientes. A *distância* na fórmula original passa a ser a distância ou tempo gastos pelo cliente até lojas concorrentes e aqueles que gastaria até o lugar proposto para a nova loja. A importância a que a distância ou tempo de viagem são alçados podem ser empiricamente determinados, ou a partir de escalas em mapas ou percorrendo-se as rotas reais, melhor replicando assim até que ponto a distância ou tempo em trânsito agem como fatores negativos para os pontos de negócios.

O conceito da gravidade foi transformado em um modelo de trabalho mais prático por Huff.[43] O modelo de interação espacial desenvolveu uma base empírica para determinar de que forma os clientes se comportam ao fazer a compensação entre atrações do varejo e facilidade de acesso. O modelo é expresso como

$$E_{ij} = P_{ij}C_i = \frac{S_j/T_{ij}^a}{\sum_j S_j / T_{ij}^a}C_i \qquad \textbf{(13-7)}$$

---

[42] William J. Reilly, *The Law of Retail Gravitation* (New York: Knickerbocker Press, 1931).

[43] David L. Huff, "A Computer Program for Location Analysis", em Raymond M. Hass (ed.), *Science, Technology, and Marketing* (Chicago: American *Marketing* Association, 1966), págs. 371-379).

em que

E_{ij} = demanda esperada do centro populacional i que será atraída para o local de varejo j
P_{ij} = probabilidade de deslocamentos de clientes do centro populacional i para o local de varejo j
C_j = demanda dos clientes no centro populacional j
S_j = tamanho do local de varejo j
T_{ij} = tempo de viagem entre o centro populacional i e o local de varejo j
n = número de locais de varejo j
a = parâmetro estimado empiricamente[44]

Observe que o tamanho S pode incluir todas as variáveis que atraem clientes a um centro de varejo (promoções da loja, disponibilidade de estoque, preço, espaço para estacionamento etc.). O ponto do varejo pode ser uma simples loja ou um centro de serviços de um conjunto de lojas, como um *shopping center*. O tempo em trânsito T pode incluir todas as variáveis que afugentam os clientes (distância, congestionamentos, limitações de acesso, desvios etc.). O objetivo do modelo é estimar a fatia do mercado total que será capturada pelos vários locais de varejo e centros de serviços.

O *Huff* é um modelo básico de interação espacial. Ao longo dos anos, os pesquisadores empenharam-se em aperfeiçoar sua capacidade de representar problemas reais, reformulando-o como um modelo multiplicador e sugerindo diversas definições das variáveis para melhorar seu desempenho preditivo.[45]

Exemplo

Suponha dois *shopping centers* (R_A e R_B) em uma região metropolitana, localizados, em relação um ao outro, como no mapa de tempo da Figura 13-14. R_B é projetado; R_A, um local em funcionamento. Os clientes (C_1, C_2 e C_3) atraídos para os *shopping centers* estão concentrados nos centróides de suas vizinhanças. Os potenciais de vendas totais das três vizinhanças são, respectivamente, de $10, $5 e $7 milhões. O *shopping center A* tem 500 mil pés quadrados de área de vendas; o projeto do *B* tem o dobro dessa área – um milhão de pés quadrados. O parâmetro a é estimado como sendo 2.

A fatia de mercado para cada *shopping* pode ser aproximada como mostrada na Tabela 13-10. Em pri-

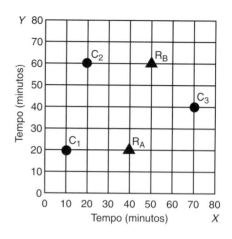

FIGURA 13-14 Um mapa de grade de tempo para o exemplo de localização de *shopping center*.

meiro lugar, o tempo em trânsito é computado usando coordenadas dos pontos de localização. Por exemplo, o tempo em trânsito entre C_1 e R_B é $D_{1B} = \sqrt{(X_1 - X_B)^2 + (Y_1 - Y_B)^2} = \sqrt{(10-50)^2 + (20-60)^2} = 56{,}6$. Em segundo lugar, o templo de rejeição T^a é calculado como — $T_{1B}^2 = 3.200$. Em terceiro, a probabilidade de P_{ij} do fluxo de um dólar de receita para um centro é computada. Por exemplo, a probabilidade de o cliente 1 escolher o centro *B* é

$$P_{1B} = \frac{1.000.000 / 3.200}{(500.000 / 900) + (1.000.000 / 3.200)} = \frac{312{,}5}{868} = 0{,}36$$

Em quarto lugar, a probabilidade multiplicada pelo potencial de vendas totais de uma vizinhança de clientes é a contribuição das vendas que cada bairro faz às vendas do *shopping*. A contribuição esperada do bairro C_1 a R_B seria 0,36 × 10 = $ 3,6 milhões. Finalmente, as contribuições das vizinhanças são somadas para dar o total de vendas dos *shopping centers*. Neste caso, o projetado R_B teria capacidade de gerar $ 13 milhões em vendas. Essa receita projetada pode ser então comparada com os custos operacionais, aluguéis e custos de construção para analisar a validade, ou não, do investimento.

Outros Métodos

Uma variedade de métodos adicionais utilizáveis resolve problemas de localização de varejo ou serviços. A análise de regressão é importante para a previsão das receitas que um lugar específico poderá esperar. Modelos

---

[44] Uma maneira de determinar esse parâmetro é comparar as vendas reais de uma configuração de varejo com as vendas geradas pelo modelo. O parâmetro é estabelecido de maneira a que os dois sejam iguais. Para outras maneiras de calibrar o modelo, ver Avijit Ghosh and Sara L. McLafferty, *Location Strategies for Retail and Service Firms* (Lexington, MA: Heath, 1987), págs. 95-100.

[45] Para um exame geral dessas extensões, ver Ghosh and McLafferty, Capítulo 5.

TABELA 13-10 Vendas totais estimadas dos *shopping centers* para o problema do exemplo

Cliente i	Tempo do cliente i para a localização j A	B	T_{ij}^2 A	B	S_j / T_{ij}^2 A	B	$P_{ij} = \dfrac{S_j / T_{ij}^2}{\underset{j}{\mathsf{S}}\, S_j / T_{ij}^2}$ A	B	$E_{ij} = P_{ij}C_i$ A	B
C_1	30,0	56,6	900	3200	555	313	0,64	0,36	$6,4	$3,6
C_2	44,7	30,0	2000	900	250	1111	0,18	0,82	0,9	4,1
C_3	36,1	28,3	1300	800	385	1250	0,24	0,76	1,7	5,3
					Total de vendas dos *shopping centers* (em $ milhões)				$9,0	$13,0

de cobertura[46] são especialmente úteis para localizar serviços de emergência como postos policiais e de bombeiros. A teoria dos jogos é sugerida sempre que a concorrência é fator principal.[47] Modelos de localização-alocação tais como a programação de metas e a programação inteira podem ser usados. Examine um exemplo do uso da programação inteira para localizar o principal ponto de negócios de um banco.

Exemplo[48]

A *Ohio Trust Company* pretende estabelecer-se em 20 municípios da região nordeste do estado de Ohio em que não tem atualmente um ponto principal de negócios. De acordo com as leis que regem a atividade bancária nesse estado, se uma empresa bancária estabelece um ponto principal de negócios (PPB – *principal place of business*) em qualquer município, pode estabelecer também agências ali e nos municípios adjacentes. A Ohio Trust pretende descobrir quais os municípios mais indicados para a instalação de um número mínimo de PPBs.

Os 20 municípios do nordeste de Ohio visados pela empresa estão identificados na Figura 13-15. Na Tabela 13-11, são relacionados os municípios adjacentes a cada um dos anteriores.

Para de resolver essa questão como um problema de programação inteira, definimos

$x_i = 1$ se for para localizar um PPB no município i; em caso contrário, 0

Com base nos dados da Tabela 13-11, podemos formular o problema da seguinte forma:

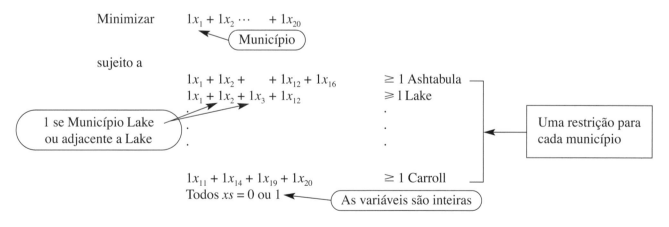

Usando qualquer código apropriado de programação inteira para resolver este problema (p. ex., o MIPROG no LOGWARE), constatamos que três PPBs são necessários, nos municípios de Ashland, Stark e Geauga.

Instalações de serviços podem ser igualmente localizadas pelo método de programação inteira.

---

[46] C. S. Craig and A. Ghosh, "Covering Approaches to Retail Facility Location", em *AMA Educator Proceedings* (Chicago: American Marketing Association, 1984).

[47] K. S. Moorthy, "Using Game Theory to Model Competition", *Journal of Marketing*, Vol. 22 (1985), págs. 262-282.

[48] Baseado em um problema apresentado por David R. Andersen, Dennis Sweeney e Thomas A. Williams, em *An Introduction to Management Science*, 5ª ed. (St. Paul: West Publishing Co., 1988), págs. 335-339.

Municípios
1. Ashtabula
2. Lake
3. Cuyahoga
4. Lorain
5. Huron
6. Richland
7. Ashland
8. Wayne
9. Medina
10. Summit
11. Stark
12. Geauga
13. Portage
14. Columbiana
15. Mahoning
16. Trumbull
17. Knox
18. Holmes
19. Tuscarawas
20. Carroll

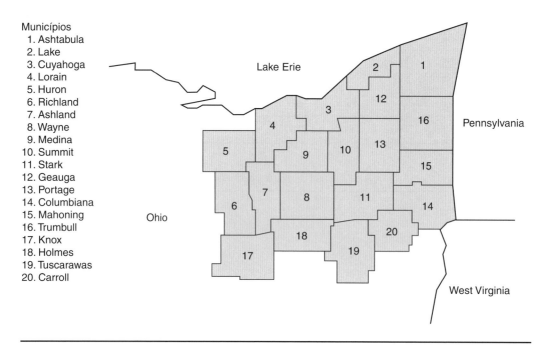

FIGURA 13-15 Municípios do nordeste de Ohio cotados para a instalação de pontos principais de negócios pela Ohio Trust Company.

Fonte: Reproduzido por autorização de David R. Andersen, Dennis Sweeney, and Thomas A. Williams, *An Introduction to Management Science*, 5ª ed. (St. Paul: West Po., 1988), pág. 336. Copyright © 1988 West Publishing Company. Todos os direitos reservados.

TABELA 13-11 Municípios vizinhos de cada um dos municípios em estudo pela Ohio Trust Company

Municípios em estudo	Municípios vizinhos, por número	Municípios em estudo	Municípios vizinhos, por número
1. Ashtabula	2,12,16	11. Stark	8,10,13,14,15,18,19,20
2. Lake	1,3,12	12. Geauga	1,2,3,10,13,16
3. Cuyahoga	2,4,9,10,12,13	13. Portage	3,10,11,12,15,16
4. Lorain	3,5,7,9	14. Columbiana	11,15,20
5. Huron	4,6,7	15. Mahoning	11,13,14,16
6. Richland	5,7,17	16. Trumbell	1,12,13,15
7. Ashland	4,5,6,8,9,17,18	17. Knox	6,7,18
8. Wayne	7,9,10,11,18	18. Holmes	7,8,11,17,19
9. Medina	3,4,7,8,10	19. Tuscarawas	11,18,20
10. Summit	3,8,9,11,12,13	20. Carroll	11,14,19

Fonte: Reproduzido por autorização de David R. Andersen, Dennis Sweeney, and Thomas A. Williams, *An Introduction to Management Science*, 5ª ed. (St. Paul: West Po., 1988), pág. 337. Copyright © 1988 West Publishing Company. Todos os direitos reservados.

Exemplo

A MetroHealth Hospital pretende instalar serviços de emergência médica nas comunidades que compõem a grande região metropolitana em que opera. A meta principal é garantir que nenhum paciente potencial gaste mais do que dez minutos em trânsito para ser levado a um centro de emergência. A estimativa dos tempos em trânsito dos pacientes até localizações potenciais, em minutos, são dadas a seguir:

Da vizinhança	Para locais potenciais de sala de emergência					
	1	2	3	4	5	6
A	0	5	15	25	25	15
B	5	0	20	30	15	5
C	15	20	0	10	25	15
D	25	30	i10	0	10	20
E	25	15	25	10	0	9
F	15	5	15	20	9	0

Qual é o número mínimo de salas de emergência e em que pontos devem localizar-se?

Para resolver este problema, em primeiro lugar anotamos quais os lugares de atendimento de emergência existentes dentro do tempo de deslocamento de dez minutos de viagem. A lista é:

Ponto potencial	Entorno
1	A, B
2	A, B, F
3	C, D
4	C, D, E
5	D, E, F
6	B, E, F

Podemos agora escrever

Minimizar $X_A + X_B + X_C + X_D + X_E + X_F$

sujeito a

$$
\begin{aligned}
X_A + X_B &&&& \geq 1 \text{ (restrição do local 1)} \\
X_A + X_B &&+ X_F && \geq 1 \text{ (restrição do local 2)} \\
X_C + X_D &&&& \geq 1 \text{ (restrição do local 3)} \\
X_C + X_D + X_E &&&& \geq 1 \text{ (restrição do local 4)} \\
X_D + X_E + X_F &&&& \geq 1 \text{ (restrição do local 5)} \\
X_B &&+ X_E + X_F && \geq 1 \text{ (restrição do local 6)}
\end{aligned}
$$

Todos os $Xs = 0$ ou 1

Resolvendo este problema com o uso do módulo MIPROG no LOGWARE temos $X_B = 1$ e $X_D = 1$, indicando que as salas de emergência deveriam ser localizadas nos bairros B e D.

OUTROS PROBLEMAS DE LOCALIZAÇÃO

São tantos os problemas de localização presentes no planejamento da cadeia de suprimentos que acaba não sendo prático discutir todos eles em profundidade. No entanto, apresentamos a seguir alguns pequenos problemas adicionais em que é possível utilizar a metodologia de resolução até aqui apresentada, ou que podem exigir procedimentos especializados de resolução. São, todos eles, ilustrações seletivas da grande variedade de tipos de problemas que os especialistas e profissionais em logística enfrentam.

Hub & Spoke

Uma solução de problema de localização desenvolvida a partir da adesão geral das empresas aéreas, empresas de entregas expressas de encomendas (do tipo FedEx e

UPS) e sistemas de comunicação é o conceito do *hub-and-spoke* (centro e distribuidores). Em lugar de ir diretamente da origem para o destino, o tráfego é conduzido por meio de um ou dois *hubs* (centros), ou instalações de transferência. O tráfego flui de um centro para os pontos de destino ou, através de uma interconexão de alto volume, para outro centro. O problema do projeto é minimizar os custos de transporte mais os custos das operações do centro mediante 1) a determinação do número de centros, 2) a especificação de suas localizações e 3) a organização do tráfego por intermédio dos centros. Como as identificações da origem e destino precisam ser ligadas, o problema não pode ser resolvido da mesma forma que um problema de localização de armazém. Em lugar disso, a resolução precisa deste problema exige um algoritmo especializado.[49]

Instalações de Risco

É muito comum julgar a localização por critérios puramente de minimização de custos ou maximização de lucros. Com isso se tende a situar os locais o mais perto possível dos centros de demanda, o que, algumas vezes, representa uma desvantagem. Instalações de risco – como depósitos de lixo, usinas de tratamento de água, fábricas de produtos químicos e prisões – são localizadas de acordo com um critério que procura maximizar a distância mínima entre elas e a população. O problema pode ser resolvido de uma maneira semelhante ao dos centros de emergência da MetroHealth Hospital visto neste capítulo. A diferença está em desenvolver uma matriz dos centros de população que exceda a distância mínima necessária de uma localização potencial. As restrições do problema são então encontradas nesta matriz. A programação inteira é usada para resolver o problema.

Microlocalização

Problemas práticos de localização envolvem muitas vezes áreas geográficas de amplidão significativa em que as aproximações de distâncias por rodovias, ferrovias, vias aquáticas e redes aéreas sejam razoáveis. No entanto, sempre que a localização trata de áreas de pequena demanda, como na localização de terminais de distribuição de jornais, terminais de entrega de caminhões e caminhonetes, localização dos postos de serviços em fábricas e de produtos em armazéns, estimativas inexatas das distâncias de movimentação não podem ser toleradas. Embora a metodologia para esses problemas de microlocalizações não seja necessariamente diferente da-

---

[49] Hasan Pirkul and David A. Schilling, "An Efficient Procedure for Designing Single Allocation Hub and Spoke Systems", *Management Science*, Vol. 44, nº 12 (December 1998), págs. S235-S242.

466 PARTE V • ESTRATÉGIA DE LOCALIZAÇÃO

quelas anteriormente descritas, a exigência de dados precisos pode ser completamente diversa.

COMENTÁRIOS FINAIS

A localização das instalações na rede é o mais importante problema de planejamento estratégico de logística e cadeia de suprimentos para grande parte das empresas. Ela estabelece as condições para a adequada seleção e bom gerenciamento dos serviços de transporte e níveis de estoque. Em muitas formas, a localização da instalação é o "esqueleto" da cadeia de suprimentos. Como é comum que se necessite tomar decisões simultâneas a respeito de muitas instalações, dos múltiplos produtos nela localizados, das múltiplas fontes que as servem e dos múltiplos clientes por elas atendidos, o problema tem logicamente alta complexidade. E instrumentos que ajudem na tomada das decisões são verdadeiramente úteis.

O objetivo deste capítulo ficou concentrado no estudo de alguns dos métodos mais práticos da localização de fábricas, armazéns e instalações de varejo e serviços na rede logística. Começamos pela classificação de problemas de localização em um número limitado de categorias, a fim de possibilitar a identificação das principais características da metolodogia de localização. Em seguida, demos destaque à história da teoria da localização.

A metodologia da localização de instalação única foi representada pela abordagem do centro de gravidade exato. Este método de localização contínua é útil sempre que os custos dos transportes constituem o fator dominante da localização e não existe a seleção de localizações candidatas a ser testada, como no caso dos métodos de programação matemática.

A localização de instalações múltiplas é o problema mais importante para grande parte dos empreendimentos econômicos. Três abordagens são normalment usadas: otimização, simulação e métodos heurísticos. Embora sejam incontáveis os modelos já formulados de cada uma dessas espécies, apenas um ou dois de cada foram usados para ilustrar a natureza da metolodogia. As extensões tanto dos modelos da instalação única estática quanto das múltiplas para enfrentar as ramificações do problema da localização com o passar do tempo foram mostradas.

Por fim, discutiu-se o problema da localização do varejo e dos serviços. Diversos modelos foram mostrados (modelos de lista de verificação ponderada e de gravidade). O problema da localização do varejo e dos serviços fica em acentuado contraste com o problema da localização dos armazéns especialmente por se basear em receita, e não em custos, como é o caso da maior parte das localizações de armazéns.

QUESTÕES

1. Recorde a classificação de indústrias de Weber. Os processos a seguir deveriam 1) localizar-se perto de seus mercados, 2) localizar-se perto de suas fontes de matérias-primas, ou 3) não necessariamente localizar-se em mercados ou fontes de matérias-primas?
   a. engarrafadora de fluido de limpeza de parabrisas
   b. montadora de gravador de videocassete
   c. refinaria de óleo cru
   d. fabricante de suco de maçã
   De que maneira os custos com o transporte afetam a sua sugestão?

2. Conforme Hoover, quais características das tarifas de transporte tornam a localização inerentemente instável entre os mercados e as fontes de matérias-primas?

3. O que é ubiqüidade? Qual é a sua importância em relação à localização?

4. Os modelos de localização de instalações múltiplas podem ser classificados como exatos, de simulação ou heurísticos. Explique as diferenças entre eles e cite exemplos de cada tipo. Não deixe de indicar por que o seu exemplo seria uma representação fiel do tipo.

5. Por que os métodos de localização única não são muito apropriados para o problema da localização mútipla?

6. Quais são os custos relevantes para um problema de localização de armazéns múltiplos?

7. Qual é o benefício de uma curva "de fundo raso"de custo total capaz de tornar a simulação uma metodologia utilizável para a localização de armazéns múltiplos?

8. O que é um método heurístico? O que é um método exato? De que maneira eles são úteis na resolução dos problemas de localização de armazéns?

9. O que é localização dinâmica de armazém? Qual é o momento mais apropriado para a utilização deste método?

10. Em que momento a lista de verificação ponderada é uma metodologia útil de localização?

11. Na localização de um restaurante McDonald's, que fatores atrairiam clientes para determinadas localizações? Quais fatores poderiam afastá-los? De que maneira você procederia para determinar a importância relativa de cada fator?

PROBLEMAS

Alguns problemas deste capítulo podem ser resolvidos total ou parcialmente com a ajuda de *software* de computador. Os pacotes presentes no LOGWARE mais importantes para este capítulo são o COG (C),

MULTICOG (M), TRANLP (T), ROUTER (R), PMED (P) e MIPROG (IP). O ícone de CD aparecerá com a designação de pacote de *software* quando se tratar de problema passível de assistência por um desses programas de *software*. Uma base de dados poderá ser preparada para o problema quando houver necessidade de entrada extensiva de dados. Quando o problema puder ser resolvido com a ajuda do computador (manualmente), o ícone da mão será mostrado. Não havendo qualquer ícone, supõe-se cálculo manual.

1. Duas fábricas deverão atender a três pontos de mercado com um ou dois armazéns, como mostrado na Figura 13-16. O volume fluindo para ou de cada ponto, e as respectivas tarifas de transporte, são como indicado.

Ponto nº	Ponto, i	Volume, V_i (cwt.)	Tarifa de transporte, R_i ($/cwt./mi.)
1	P_1	5.000	0,04
2	P_2	7.000	0,04
3	M_1	3.500	0,095
4	M_2	3.000	0,095
5	M_3	5.500	0,095

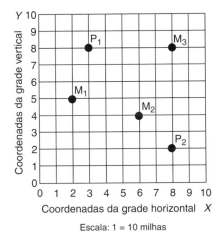

FIGURA 13-16 Localização de fábricas e mercados.

a. Usando o método do centro de gravidade, encontre a localização aproximada para um armazém *único*
b. Usando o método do centro de gravidade *exato*, encontre a localização ótima do armazém *único*.
c. Avalie a qualidade das soluções obtidas em termos de seu grau de otimização e utilidade. Avalie os fatores incluídos ou não incluídos no modelo. Explique de que maneira a gerência poderia usar a solução.
d. Encontre as localizações ótimas para *dois* armazéns destinados a servir a esses mercados. Suponha que cada fábrica atenda a cada armazém na proporção ao volume de mercado atribuído ao armazém.

2. O Care-A-Lot Hospital Group pretende instalar uma clínica, ou clínicas, de pacientes externos numa área rural da África. Os custos das construções e outras considerações situam o número ideal em um ou dois centros. Como é difícil viajar nessa região do mundo, a proximidade com tais instalações na maioria das vezes é o fator determinante da opção do paciente. Portanto, a localização seria mais bem determinada com base na distância ponderada (número de pacientes vezes a distância). A Figura 13-17 mostra o número anual de pacientes que visitariam as clínicas e suas localizações em grupos. Estima-se que custe em média $0,75 por quilômetro (rateado à base de viagem de sentido único) para cada paciente viajar ou ser transportado à(s) clínica(s). Essa estimativa é baseada em produtividade perdida, custos diretos da viagem e despesas indiretas de viagem pagas por terceiros.

a. Qual é a melhor localização para uma clínica única?
b. Pretendendo instalar duas clínicas, qual seria a melhor localização para elas?
c. O custo anual de equipamento e pessoal de uma clínica chega a US$ 500 mil, pagos Isto é pago por contribuições filantrópicas e subsídios governamentais. Em termos puramente econômicos, deveria ser construída uma segunda clínica?

3. A Bottoms-Up, Inc., empresa de pequeno porte que produz e distribui cerveja da marca Old Wheez, analisa a viabilidade de incursionar no mercado da área metropolitana de North Shore. Uma grade é colocada sobre a área de vendas, como na Figura 13-18. North Shore City é a área E. Os subúrbios que cercam E são designados de A a I. Um estudo de pesquisa de mercado mostra o seguinte potencial de demanda da Old Wheez.

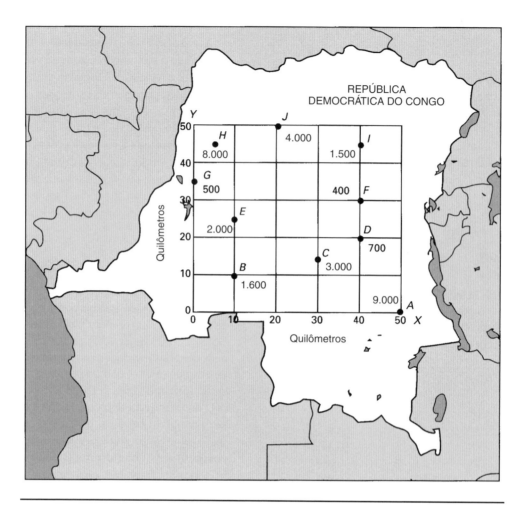

FIGURA 13-17 Grade da concentração de pacientes em uma região da África.

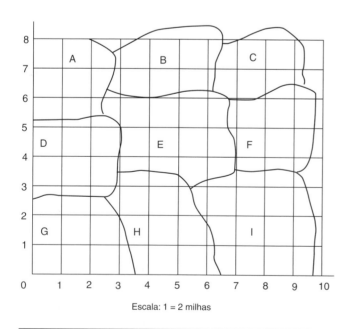

FIGURA 13-18 Grade da região metropolitana de North Shore.

Área	Volume anual (cwt.)
A	10.000
B	5.000
C	70.000
D	30.000
E	40.000
F	12.000
G	90.000
H	7.000
I	10.000

A demanda surge principalmente de fornecedores distribuídos uniformemente pela região. Os custos do transporte são estimados em $0,10/cwt./milha.

a. Utilizando a abordagem do centro de gravidade, onde deveria localizar-se a planta de engarrafamento? Estime a fatura anual do transporte.

b. Utilizando o método do centro de gravidade *exato* para determinar a localização da planta, qual deveria ser essa localização? Terá diferença substancial em matéria de custos de transporte em comparação com a localização encontrada na alternativa *a*?

c. Se os custos de mão-de-obra, impostos sobre propriedade e custos do desenvolvimento do local variam com a localização, qual seria a sua solução para enfrentar esses custos adicionais ao decidir sobre a localização?

4. Considere o problema apresentado na Figura 13-10. Resolva-o supondo que ambos os armazéns são públicos e, portanto, não se aplicam a eles quaisquer custos fixos. Resuma a sua resposta em termos de atribuições de cliente, armazém e fábrica.

5. Considere o problema apresentado na Figura 13-10. Resolva-o, supondo que o armazém 2 pode manusear apenas 100.000 cwt. O armazém 1 é expandido a fim de manusear um processamento ilimitado. A capacidade da fábrica permanece inalterada. Qual pode ser o acréscimo em custos decorrente desta mudança?

6. Recorde o problema apresentado na Figura 13-10. Resolva-o supondo que o custo fixo do armazém 2 (W_2) é de $ 200.000 por ano, em vez de $ 400.000.

7. Desenvolva uma lista de fatores que poderiam ter importância para a localização de
   a. um centro de coleta de doações
   b. um restaurante Wendy's
   c. uma planta montadora de automóveis
   d. uma estação de bombeiros

   Da mesma forma, indique o peso que atribuiria a cada fator.

8. No problema apresentado na Tabela 13-6 e na Figura 13-13, suponha que o custo da mudança de uma localização para outra seja de $300.000, em vez de $100.000. Qual das estratégias de planejamento de localização proporcionaria lucro máximo ao longo do horizonte de planejamento de cinco anos?

9. Recorde o problema de localização de incinerador da Environment Plus e os dados para o problema no arquivo PMED02.DAT do módulo PMED no LOGWARE. Considere as questões adicionais a seguir:
   a. Quantas instalações darão o menor custo operacional mais custo de transporte? Onde deveriam ser localizados esses incineradores? Comprove que encontrou o melhor número de incineradores.
   b. A empresa no momento opera quatro incineradores com custos operacionais e de transporte anuais que chegam a $35 milhões. Chicago, Atlanta, Phoenix e Denver são os locais. O custo do estabelecimento de novos pontos chega a $66.000.000 para cada um deles. Seria economicamente razoável para a empresa instalar o número ótimo de pontos encontrado na questão *a*?
   c. Se o mercado da Costa Oeste, de Los Angeles a Seattle, pudesse multiplicar-se por dez, você daria resposta diferente à questão *a*?

10. Suponha que o Farmer's Bank pretenda servir aos nove conglomerados de clientes mostrados na Figura 13-19. A proposta é instalar uma agência (*A*) nas coordenadas $X_1 = 20$, $Y_1 = 20$. Uma agência concorrente (*B*) fica nas coordenadas $X_2 = 40$, $Y_2 = 30$. A agência do Farmer's Bank deverá ser de serviços completos com um índice de tamanho relativo (atratividade) de 1. A agência concorrente é uma instalação parcial (não tem caixas automáticos nem serviços de saque *drive-through*), com um índice de tamanho de 0,7. O tempo em trânsito dos clientes até o banco é aproximado como T (horas) = $D/50$, em que D = distância em milhas. O cliente padrão gera $100 em receita bruta anual para um banco. A estimativa das despesas operacionais anuais da agência do Farmer's é de $300.000, e a instalação custará $650.000 (20 anos de vida útil) em um terreno avaliado em $100.000.
    a. Aplique o modelo Huff de gravidade de varejo para determinar a receita anual da agência. Suponha $a = 2$.
    b. Considerando o nível do investimento necessário e as despesas operacionais, será bom negócio construir a agência?
    c. Que informações adicionais você gostaria de analisar antes de adotar a decisão final nesta questão?

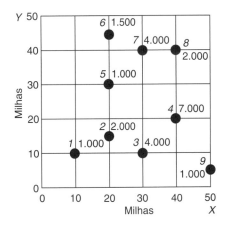

FIGURA 13-19 Número potencial de clientes para a agência bancária em uma região.

470 PARTE V • ESTRATÉGIA DE LOCALIZAÇÃO

11. A Ohio Trust Company pretende expandir a localização de seus maiores empreendimentos para os municípios do nordeste do estado de Ohio. As condições para a localização foram esboçadas em um exemplo prévio na Figura 13-15. Com relação aos municípios identificados na Figura 13-20, encontre o número mínimo de PPBs (Ponto Principal de Negócio) necessário e os municípios em que deveriam ser localizados. (*Lembre*: Há uma base de dados preparada para este problema no módulo MIPROG.)

12. A Biogenics é uma nova empresa que pretende produzir materiais biológicos usados na pesquisa médica. Os principais clientes desses produtos serão os grandes hospitais de pesquisa localizados nas grandes áreas metropolitanas. A localização dos clientes e as vendas anuais projetadas estão na tabela abaixo.

    Os produtos serão enviados por UPS com um custo médio de transporte de \$0,05/libra/milha. Estima-se que os custos operacionais anuais (FOC) de um laboratório (planta) são dados por FOC(\$) = (\$5.000.000$\sqrt{N}$)/N, em que N é o número de laboratórios em operação. Os fornecedores dos materiais usados no processo de produção têm sua concentração maior em Chicago. O peso das compras é o mesmo que o peso das vendas. A tarifa de transporte de Chicago para os laboratórios é estimado em \$0,02/lb./milha.

    Determine o número e localização dos laboratórios necessários ao atendimento dos mercados potenciais da Biogenics. Que clientes devem ser abastecidos a partir de cada lugar? Cada localização de cliente é um lugar potencial de laboratório, exceto os vendedores de St. Louis, Portland, Kansas City, Washington, Detroit e Chicago.

13. Com relação ao problema mostrado na Figura 13-5, imagine que a restrição de capacidade sobre o armazém 2 (W_2) para a combinação de ambos os produtos é de 100.000 cwt. Não existe limitação de capacidade sobre o armazém 1 (W_1). (*Lembre*: dados para os problemas mostrados na Figura 13-5 são disponíveis no módulo MIPROG do LOGWARE. As capacidades encontram-se no ponto de inserção do Cap-W1/ZW1 e do Cap-W2/ZW2 na formulação do problema.)

14. Recordando o problema apresentado na Figura 13-5, qual seria a mudança na solução fazendo-se as seguintes alterações na configuração do problema:
    a. A demanda do produto 1 é duplicada, mas permanece inalterada para o produto 2.

Nº	Cliente	Latitude,°	Longitude,°	Vendas, em libras/peso
1*	Boston	42,31	71,08	50.000
2*	New York	40,72	74,00	75.000
3	Washington	38,89	77,00	45.000
4*	Atlanta	33,75	84,38	65.000
5*	Miami	25,83	80,28	35.000
6*	Cleveland	41,48	81,66	25.000
7	Detroit	42,36	83,06	30.000
8*	Chicago	41,83	87,64	70.000
9	St. Louis	38,63	90,19	20.000
10*	Minneapolis	44,92	93,20	15.000
11	Kansas City	39,10	94,58	10.000
12*	Philadelphia	39,95	75,17	30.000
13*	Houston	29,78	95,38	25.000
14*	Dallas	32,98	96,78	20.000
15*	Phoenix	33,49	112,08	10.000
16*	Denver	39,73	104,98	15.000
17*	Seattle	47,63	122,33	10.000
18	Portland	45,46	122,67	10.000
19*	San Francisco	37,78	122,21	40.000
20*	Los Angeles	34,08	118,36	80.000

*Indica uma localização candidata.

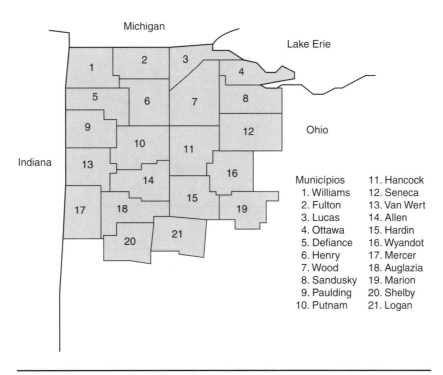

FIGURA 13-20 Municípios da região nordeste de Ohio nos quais a Ohio Trust Company pretende expandir-se.

b. O custo de produção do produto 2 é aumentado para $5/cwt. apenas na planta 2.
c. O custo de manuseio no armazém 2 aumenta para $4/cwt.
d. A planta 2 tem uma capacidade limitada de 90.000 cwt. na manufatura do produto 1. A capacidade da planta 1 é aumentada de 60.000 cwt. para 150.000 cwt. Não há mudanças de capacidade de planta para o produto 2.
e. O cliente 2 do produto 2 não pode mais ser atendido a partir do armazém 2.

Resolva *separadamente* cada um desses cenários usando a abordagem de programação linear inteira combinada. (*Nota:* A preparação do problema da Figura 13-5 está disponível no módulo MIPROG do LOGWARE.)

15. A Globe Casualty Company posiciona inspetores de reclamações numa área metropolitana a fim de reagir rapidamente a pedidos de indenizações resultantes de acidentes de trânsito. Para a eficiência do negócio, o inspetor precisa estar no local do acidente no máximo em 30 minutos após ser chamado, de maneira que os clientes sintam que estão sendo bem atendidos. A cidade foi dividida em dez zonas de chamados de sinistros e nas quais os inspetores de reclamações são posicionados. Os tempos de reação em minutos entre as dez zonas são mostrados na Tabela 13-12. Para cumprir a metade do tempo de reação de 30 minutos, quantos devem ser os postos de inspetores de reclamações, e em que zonas precisam localizar-se?

16. Uma empresa de materiais de construção abastece obras em andamento em toda a região metropolitana da Cidade do México, capital mexicana. Caminhões de entrega são despachados diariamente de um depósito de materiais. Um padrão típico da demanda diária é apresentado na Figura 13-21, em que uma grade cobre toda a área metroplitana. O fator de escala do mapa é 1 unidade de coordenada = 5 quilômetros com um fator de sinuosidade de 1,44 para converter distância em linha reta em distância rodoviária aproximada. A demanda é dada em quilos de mercadorias na Tabela 13-3.

Os caminhões operam com um custo variável de 2,5 pesos/km, os motoristas ganham 90 pesos/dia e a amortização de cada caminhão se dá a 200 pesos/dia. Os materiais são armazenados em depósitos abertos e em prédios nas localizações mostradas na Figura 13-21. O depósito atual de materiais a partir do qual os caminhões são despachados tem custos operacionais de $350 pesos/dia. A companhia está estudando a mudança de suas bases de operação. Os potenciais depósitos de materiais têm uma despesa operacional estimada, incluí-

TABELA 13-12 Tempos, em minutos, entre as zonas para a Globe Casualty Company

Da zona	Para a zona									
	1	2	3	4	5	6	7	8	9	10
1	5	23	34	15	45	55	25	10	9	19
2		5	18	12	53	37	27	33	26	16
3			5	6	14	41	31	28	24	17
4				5	15	29	45	60	31	23
5					5	25	27	14	39	43
6						5	7	13	42	53
7							5	33	14	8
8								5	26	10
9									5	19
10										5

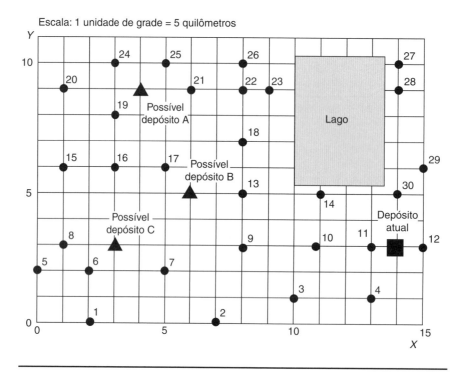

FIGURA 13-21 Padrão típico de demanda diária com localizações atuais e potenciais de depósitos de abastecimento.

da a despesa com a mudança da localização atual, de $480 pesos/dia para A, $450 pesos/dia para B e $420 pesos/dia para C. São dez os caminhões disponíveis, cada um deles com capacidade de carga de 1.000 kg, o que pode exceder a demanda média. Os caminhões transitam em suas rotas à velocidade média de 32 km/h. Depois do meio-dia, os motoristas têm direito à pausa de uma hora para almoço, e normalmente voltam ao depósito antes de precisar de pausas adicionais. Com base nas normas da empresa, as rotas não devem passar de dez horas/dia, e os caminhões não podem sair do depósito antes das 8 horas da manhã. Se um caminhão faz uma rota mais curta e volta para recarga e novo roteiro, precisa de 1h30min para o carregamento. Os clientes têm uma janela de tempo para o recebimento dos materiais que vai das 8h às 17 horas. O tempo para a descarga no ponto de um cliente é estimado em 15 minutos mais 0,1 vez o tempo da parada do volume em quilos.

Qual seria a localização de depósito mais atraente em termos econômicos?

TABELA 13-13 Volume da demanda dos clientes e localizações coordenadas com as coordenadas dos depósitos

Parada	X	Y	Volume, kg	Parada	X	Y	Volume, kg
1	2	0	300	16	3	6	300
2	7	0	250	17	5	6	150
3	10	1	600	18	8	7	275
4	13	1	175	19	3	8	375
5	0	2	100	20	1	9	475
6	2	2	375	21	7	9	150
7	5	2	400	22	8	9	475
8	1	3	50	23	9	9	325
9	8	3	100	24	3	10	350
10	11	3	200	25	5	10	225
11	13	3	350	26	8	10	250
12	15	3	100	27	14	10	300
13	8	5	200	28	14	9	200
14	11	5	450	29	15	6	150
15	1	6	225	30	14	5	50
Depósito atual	14	3					
Depósito A	4	9					
Depósito B	6	5					
Depósito C	3	3					

ESTUDO DE CASOS
Superior Medical Equipment Company

A Superior Medical Equipment Company fornece equipamentos elétricos usados como componentes na montagem de MRI, *scanners* CAT, *scanners* PET e outros equipamentos de diagnóstico médico. A Superior tem plantas de produção em Phoenix (no estado do Arizona) e em Monterrey (no México). Os clientes dos componentes situam-se em locais selecionados ao longo dos Estados Unidos e do Canadá. Um armazém, que recebe todos os componentes das fábricas e os redistribui para os clientes, funciona em Kansas City (Kansas). A Figura 1 mostra a posição geográfica dessas instalações.

A administração da Superior mostra-se cada vez mais preocupada com a localização de seu armazém, uma vez que suas vendas sofreram reduções decorrentes do avanço da concorrência e da variação nos níveis das compras dos seus clientes. O prazo do arrendamento do atual armazém está prestes a esgotar-se, e a administração analisa qual seria a melhor opção para o futuro – renovar o arrendamento do mesmo local atual ou arrendar espaço de armazenagem em outra localização. O proprietário do armazém atual fez uma proposta vantajosa, pela qual o contrato seria renovado à tarifa de $2,75 por pé quadrado/ano na instalação de 200.000 pés quadrados. Estima-se que qualquer outra instalação cobraria $3,25 por pé quadrado para um armazém de dimensões semelhantes. Um contrato novo de arrendamento, ou a renovação do atual, seria pelo prazo de cinco anos. Mudança de estoque, despesas de mudança para funcionários indispensáveis e outros gastos de localização representariam um dispêndio de $300.000, sem parcelamento. Os custos operacionais do armazém são entendidos como semelhantes, qualquer que venha a ser a localização.

Nos últimos anos, a Superior fez vendas de quase $70 milhões. Os custos de transporte entre as fábricas e o armazém de Kansas City totalizaram $2.162.535, e as remessas do armazém para os clientes custaram $4.819.569. A empresa gasta um milhão de dólares por ano em despesas do arrendamento do armazém.

A fim de estudar a questão da localização do armazém, foram reunidos os dados das Tabelas 1 e 2.

Embora os custos com transporte não sejam normalmente expressos em base de $/cwt./milha, dado que os custos de transporte de saída do exercício mais recente chegaram a $4.819.569, a distância média ponderada das remessas foi de 1128 milhas, e o volume anual embarcado chegou a 182.100 cwt., a tarifa estimada de transporte de saída de um armazém deveria ser de $0,0235/cwt./milha. ■

PERGUNTAS

1. Com base nas informações do corrente ano, Kansas City seria a melhor localização para um armazém? Se não for, quais seriam as coordenadas para uma localização melhor? Que

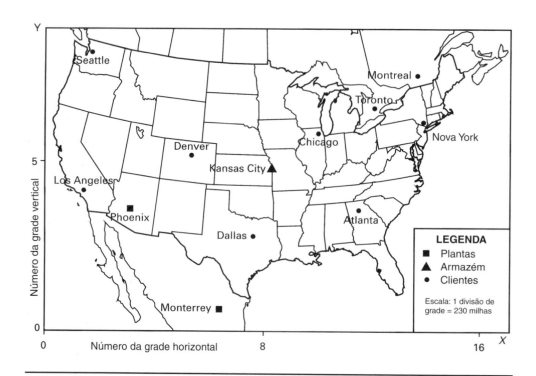

FIGURA 1 Localização das fábricas, do armazém e dos clientes da Superior Medical Equipment.

melhorias em custos podem ser esperadas de uma nova localização?

2. Em cinco anos, a administração espera que os mercados de Seattle, Los Angeles e Denver apresentem um crescimento de 5%, paralelamente a uma queda de 10% nos mercados restantes. Os custos com o transporte devem permanecer inalterados. A produção de Phoenix aumentará em 5% e a de Monterrey diminuirá em 10%. Sob essas novas condições, a sua decisão sobre a localização do armazém mudaria? Em caso afirmativo, por quê?

3. Se para o quinto ano forem previstos aumentos de 25% nas taxas de transporte de saída do armazém e de 15% nas taxas de transporte de chegada nos armazéns, em que isso alteraria a sua decisão sobre a localização do armazém?

4. Se o método do centro de gravidade for usado para analisar os dados, quais os benefícios e as limitações para a localização de um armazém?

TABELA 1 Dados de volume, tarifas, distâncias e coordenadas para o transporte das fábricas ao armazém de Kansas City, por caminhão, carga completa (classe 100) no último ano

Localização do cliente	Volume anual, cwt.[b]	Tarifa de transporte, $/cwt.	Distância, milhas	Coordenadas da grade[a] X	Y
Phoenix	61.500	16,73	1163	3,60	3,90
Los Angeles	120.600	9,40	1188	6,90	1,00
Total	182.100				

[a]Milhas = 230 × coordenada da distância.
[b]Cwt. = 100 libras-peso.

TABELA 2 Dados de volume, tarifas, distâncias e coordenadas para o transporte do armazém de Kansas City para os clientes, por caminhão em quantidades de 5.000 libras-peso (classe 100) no último ano

Localização da fábrica	Volume anual, cwt.	Tarifa de transporte, $/cwt.	Distância, milhas	Coordenadas da grade X	Y
Seattle	17.000	33,69	1858	0,90	9,10
Los Angeles	32.000	30,43	1496	1,95	4,20
Denver	12.500	25,75	598	5,60	6,10
Dallas	9.500	18,32	560	7,80	3,60
Chicago	29.500	25,24	504	10,20	6,90
Atlanta	21.000	19,66	855	11,30	3,95
Nova York	41.300	26,52	1340	14,00	6,55
Toronto	8.600	26,17	1115	12,70	7,80
Montreal	10.700	27,98	1495	14,30	8,25
Total	182.100				
Kansas City				8,20	6,00

Serviços de Habilitação de Motoristas e Licenciamento de Veículos Automotores de Ohio

Na condição de membro da Comissão de Planejamento do Estado de Ohio, Dan Rogers tinha uma preocupação central: como proporcionar os melhores serviços aos cidadãos gastando o mínimo possível. Cortes projetados nas verbas federais destinadas ao estado, dificuldades no aumento dos impostos, e a tendência a um aumento geral de custos operacionais eram fatores a incentivar um detalhado exame de alternativas destinadas a enxugar os custos – pagos por cidadãos e empresas, por meio de impostos – da máquina administrativa do estado. Um dos centros principais das preocupações de Rogers era o setor de licenciamento de veículos automotores e habilitação dos motoristas, cuja eficiência pretendia incrementar.

Rogers considerou necessário empreender um exame detalhado dos locais, proporções e número dos escritórios de licenciamento em todo o estado. Esses escritórios emitem placas de veículos, carteiras de motoristas e registros de veículos automotores. Espalhados por todo o estado para conforto da população, os escritórios precisariam, porém, ter seu número reduzido em função dos altos custos fixos relacionados com a abertura, manutenção e a operação de cada um deles. Com a crescente debandada da população das áreas centrais para os subúrbios, fato não acompanhado por um paralelo remanejo da rede de escritórios de licenciamento, Rogers acreditava que houvesse escritórios demais e provavelmente nos locais errados. No seu entendimento, seria possível não apenas reduzir os custos, mas, paralelamente, melhorar os serviços prestados aos cidadãos.

A região metropolitana de Cleveland, Ohio – seu mapa está na Figura 1 – era, na opinião de Rogers, uma das áreas de teste ideais das melhorias pretendidas. Uma grade linear foi estendida sobre o mapa, com divisões de grade de aproximadamente 2,5 milhas quadradas. A população local foi usada para representar a atividade relativa de um ponto de escritório de licenciamento. Níveis aproximados de população para cada bloco da grade são dados na Tabela 1, com a concentração no centro da grade. As localizações dos escritórios existentes figuram no mapa.

Os moradores normalmente recorrem aos serviços do escritório mais próximo de sua residência. Com exceção da documentação dos veículos, disponível por meio de um programa postal, não existe concorrência aos serviços dos escritórios. Um dos principais fatores na opção dos clientes pelos serviços deste ou daquele escritório é a distância a que fica de sua residência ou local de trabalho.

Rogers fez algumas estimativas gerais dos custos da atividade. Os custos operacionais de um escritório incluem o aluguel do espaço, salários do pessoal e o mobiliário. Custos com espaço, pessoal e outros incorridos pelos escritórios existentes aparecem na Tabela 2. Para fins de planejamento, estimou-se o aluguel anual em $22 por pé quadrado de espaço; os salários dos funcionários seriam em média de $21.000 por ano, e o mobiliário consumiria anualmente a média de $4 por pé quadrado. O espaço mínimo necessário seria de 1.500 pés quadrados para o atendimento de um público de 100 mil pessoas, com um acréscimo de 500 pés quadrados a cada 100.000 pessoas atendidas adicionalmente. A equipe mínima de atendimento teria quatro pessoas para o público estimado de 100 mil clientes, com um funcionário a mais a cada acréscimo de 100 mil clientes. Rogers entendeu que para tratar dessas questões de planejamento a melhor opção seria a metodologia de localização por centro de gravidade.

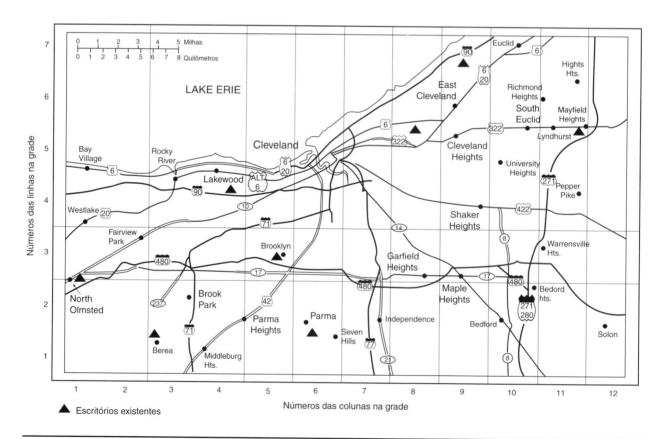

FIGURA 1 Localização dos escritórios de licenciamento de automóveis e habilitação de motoristas na área de Cleveland, Ohio.

CAPÍTULO 13 • DECISÕES DE LOCALIZAÇÃO DAS INSTALAÇÕES   **477**

TABELA 1   População estimada por grades de 2,5 milhas quadradas na área de Cleveland

Número de coluna da grade (X)	Linha da grade (Y)						
	1	*2*	*3*	*4*	*5*	*6*	*7*
1	4.100	6.200	7.200	10.300	200	0	0
2	7.800	8.700	9.400	11.800	100	0	0
3	8.100	10.500	15.600	10.500	200	0	0
4	10.700	12.800	13.800	15.600	400	0	0
5	11.500	13.900	14.500	13.700	600	0	0
6	9.300	14.900	13.700	10.200	1.200	0	0
7	10.100	12.600	16.700	15.800	12.400	2.600	0
8	8.800	13.700	15.200	14.100	10.800	17.200	500
9	5.300	16.700	13.800	11.900	13.500	18.600	12.000
10	5.100	17.400	10.300	9.800	10.300	15.500	11.700
11	7.700	9.200	7.500	8.500	7.800	9.900	8.700
12	4.300	6.700	5.800	6.800	5.400	7.100	6.400
Totais	92.800	143.300	143.500	139.000	62.900	70.900	39.300

TABELA 2   Escritórios existentes e respectivas estatísticas

Número	Escritório	Número da linha da grade	Número da coluna da grade	Tamanho, pés quadrados	Equipe, pessoas
1	Cleveland-Brooklyn	3,0	5,2	1.700	4
2	Cleveland-University	5,5	7,8	1.200	4
3	North Olmsted	2,5	1,2	2.000	5
4	Berea	1,3	2,7	1.800	4
5	Parma	1,5	5,9	1.500	4
6	Lakewood	4,4	4,1	2.200	5
7	Euclid	6,9	9,0	2.700	5
8	Mayfield Heights	5,5	11,2	1.500	5
	Totais			14.600	36

Fechar um escritório implicaria transferir equipamentos e pagar indenizações aos funcionários não reaproveitados. A transferência de equipamentos exigiria gastos de $10.000 para cada escritório, e as indenizações chegariam a cerca de $8.000 para cada funcionário afastado, tudo isso representando gastos a serem pagos de imediato. Para fins de planejamento, qualquer equipamento inutilizável seria considerado sem valor e doado a organizações de caridade. A abertura de qualquer novo escritório além dos oito existentes exigiria a aquisição de novos equipamentos ($60.000), sempre que não houvesse a possibilidade de aproveitar o equipamento proveniente de outro escritório porventura fechado. Os custos iniciais da contratação de funcionários novos chegariam a $3.000.

Um fator que deixou Rogers perplexo foi o valor atribuído pelos moradores à localização do escritório. Uma vez que a maioria deles usava carro próprio e raramente manifestava seu nível de satisfação com os efeitos da localização do escritório, não havia maneira direta de determinar os benefícios dessa localização. Mesmo assim, Rogers entendeu que os usuários davam importância a esse gasto com o transporte e que disso resultava a importância da proximidade dos escritórios. Com base no número médio de viagens que os moradores faziam ao escritório, o custo do transporte e a proporção da população que utilizava os escritórios, uma estimativa do custo anual do transporte morador/escritório foi fixada em 12 centavos/milha por morador. A cobertura territorial dos escritórios existentes não era conhecida. ∎

PERGUNTAS

1. A mudança da rede de escritórios de licenciamento na área de Cleveland representará mesmo algum benefício? Em caso afirmativo, como deveria ser a rede configurada?

2. A abordagem do estudo de Dan Rogers é a mais adequada?

3. Quais deveriam ser as preocupações de Rogers, além das de natureza econômica, antes de sugerir mudanças na rede de escritórios de licenciamento e habilitação em Cleveland?

Southern Brewery

A Southern Brewery é uma empresa regional produtora de várias marcas de cervejas. Os mercados para a sua linha de produtos se limitam à região sudeste dos Estados Unidos (Figura 1). As cervejas da empresa são as mais populares nesses mercados e a sua demanda aumenta rapidamente entre consumidores de mais de 50 anos de idade. Seus produtos têm gradação alcoólica ligeiramente mais baixa e número de calorias consideravelmente menor do que os de outras marcas mais conhecidas. A publicidade destaca este lado mais saudável, e os consumidores reagem com uma sólida preferência.

A fim de atender à crescente demanda, Carolyn Carter, diretora de logística da empresa, foi encarregada de analisar e avaliar os efeitos que teria, sobre os custos operacionais, a construção de uma nova cervejaria em Jacksonville, na Flórida. Essa proposta tem origem no rápido crescimento dos mercados mais ao sul da região, e na pressão que isso projeta com relação à capacidade de produção da cervejaria de Montgomery. Carolyn deu partida à sua análise com a constatação de que as cervejarias existentes em Richmond (Virgínia), Columbia (Carolina do Sul) e Montgomery (Alabama) têm ampla variedade de custos e capacidade de produção. O custo da produção de um barril de produtos de cerveja é diferente em cada uma dessas localizações, a partir de variações na idade dos equipamentos, custo da mão-de-obra, custos da entrega de matérias-primas nas cervejarias e inúmeras diferenças de custos resultantes de impostos locais, custos de seguro e dos equipamentos. Esses custos e capacidades são resumidos na Tabela 1. Cada uma dessas instalações tem uma linha completa de produtos cervejeiros.

A Southern mantém um preço uniforme de entrega aos distribuidores de $280 por barril em toda a região de seus mercados. As vendas anuais de cada cervejaria a cada área de mercado são dadas na Tabela 2. A margem de lucro das vendas é de 20%.

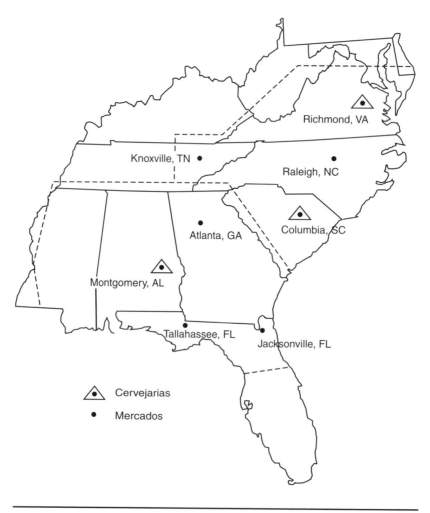

FIGURA 1 Mapa das fábricas e dos mercados da Southern Brewery.

CAPÍTULO 13 • DECISÕES DE LOCALIZAÇÃO DAS INSTALAÇÕES **479**

TABELA 1 Custos e capacidade de produção das três cervejarias da Southern

Localização da cervejaria	Custo da produção, $ por barril	Capacidade de produção, barris[a]
Richmond, VA	$140	100.000
Columbia, SC	145	100.000
Montgomery, AL	137	300.000

[a]Uma unidade anual de capacidade é estimada atualmente (pode ser vendida por) $50 o barril.

TABELA 2 Média anual de vendas por área de mercado e cervejaria de origem

	Área de mercado	Cervejaria de origem	Vendas anuais, barris
1	Richmond, VA	Richmond, VA	56.000
2	Raleigh, NC	Richmond, VA	31.000
3	Knoxville, TN	Columbia, SC	22.000
4	Columbia, SC	Columbia, SC	44.000
5	Atlanta, GA	Montgomery, AL	94.000
6	Savannah, GA	Montgomery, AL	13.000
7	Montgomery, AL	Montgomery, AL	79.000
8	Tallahassee, FL	Montgomery, AL	26.000
9	Jacksonville, FL	Montgomery, AL	38.000
		Total	403.000

O transporte entre as cervejarias é feito por uma frota de caminhões da própria Southern. A partir dos registros das despesas de caminhão e motorista e das entregas realizadas, Carolyn construiu a média dos custos de transportes (Tabela 3). Com base em sua experiência em outras empresas do ramo, ela estima os custos de transporte para as cervejarias propostas.

A razão principal para uma nova cervejaria em Jacksonville é a perspectiva da duplicação do mercado da Flórida, enquanto o crescimento antecipado dos demais mercados deve ficar entre 15 e 50%. Além disso, leva-se em consideração que a cervejaria de Jacksonville poderia liberar a de Montgo-

mery do compromisso de atender ao mercado da Flórida. O padrão de demanda antecipado de cinco anos para cada área de mercado e a cervejaria que o atende é mostrado na Tabela 4.

Uma cervejaria em Jacksonville com capacidade de 100 mil barris é o que está em planejamento. A construção de uma cervejaria dessas proporções tem um custo estimado de $10.000.000, com vida útil de 15 anos. A expectativa da empresa com semelhante projeto é de um retorno de 20% antes dos impostos, e as despesas de vendas e gerais são aproximadamente 27% das vendas. A nova cervejaria deverá produzir ao custo de $135 por barril. ∎

TABELA 3 Custos de entrega entre cervejarias e mercados, em dólares por barril

		Cervejarias			
	Área de mercado	Richmond	Columbia	Montgomery	Jacksonville[a]
1	Richmond	$ 8,49	$12,54	$19,98	$17,13
2	Raleigh	10,70	9,78	16,35	14,25
3	Knoxville	16,38	12,81	13,80	15,48
4	Columbia	12,54	6,96	12,93	11,16
5	Atlanta	15,48	11,85	10,20	13,80
6	Savannah	14,64	9,54	13,80	9,54
7	Montgomery	19,98	12,93	6,96	13,80
8	Tallahassee	24,30	15,18	13,65	9,72
9	Jacksonville	18,84	12,27	15,18	7,68

[a]Cervejaria em projeto.

480 PARTE V • ESTRATÉGIA DE LOCALIZAÇÃO

TABELA 4   Vendas anuais médias projetadas para cinco anos, por área de mercado e cervejaria proposta de origem

	Área de mercado	*Cervejaria de origem*	*Vendas anuais, barris*
1	Richmond, VA	Richmond, VA	64.000
2	Raleigh, NC	Richmond, VA	35.000
3	Knoxville, TN	Columbia, SC	33.000
4	Columbia, SC	Columbia, SC	55.000
5	Atlanta, GA	Montgomery, AL	141.000
6	Savannah, GA	Montgomery, AL	20.000
7	Montgomery, AL	Montgomery, AL	119.000
8	Tallahassee, FL	Jacksonville, FL; Montgomery, AL; e Columbia, SC	52.000
9	Jacksonville, FL	Jacksonville, FL	76.000
		Total	595.000

PERGUNTAS

1. Se você fosse Carolyn Carter, aprovaria a construção da nova cervejaria? Em caso afirmativo, qual seria a sua sugestão de plano de distribuição?

2. Não sendo construída uma nova cervejaria, que plano de distribuição você sugeriria à administração da empresa?

3. Que considerações adicionais deveriam ser levadas em conta antes de se chegar a uma decisão final?

Suplemento Técnico

Este é um modelo de formulação para o problema mostrado na Figura 13-5.[50]

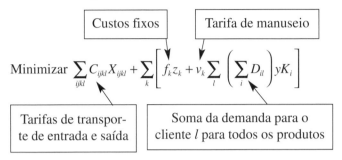

sujeito às seguintes restrições:

A capacidade disponível de produção não pode ser excedida:

$$\sum_{kl} X_{ijkl} \leq S_{ij} \text{ para todo } ij \quad \text{(Capacidade da planta)}$$

Toda a demanda de cliente deve ser satisfeita:

$$\sum_{j} X_{ijkl} = D_{il} y_{kl} \text{ para todo } ikl \quad \text{(Demanda de clientes)}$$

Cada cliente deve ser atendido por um único armazém:

$$\sum_{k} y_{kl} = 1 \text{ para todo } l$$

Mantenha o processamento do armazém entre o processamento mínimo V_k e a capacidade $\bar{V}_k$:

$$\underline{V}_k \leq \sum_{l} \left(\sum_{i} D_{il} \right) y_{kl} \leq \bar{V}_k \quad \text{(Capacidade do armazém)}$$

(Processamento mínimo do armazém)

e

Todo $X \geq 0$
Todo $y = 0$ ou 1
Todo $z = 0$ ou 1

onde

- i = índice para *commodities*
- j = índice para plantas
- k = índice para possíveis armazéns
- l = índice para zonas de clientes
- S_{ij} = suprimento (capacidade de produção) para a *commodity* i na planta j
- D_{il} = demanda para a *commodity* i na zona de demanda l
- $\underline{V}_k, \bar{V}_k$ = mínimo, máximo de posse anual permitida e custos operacionais para o armazém no local k
- f_k = parcela fixa de posse e custos operacionais para o armazém no local k anuais
- v_k = custos unitários variáveis de processamento para o armazém no local k
- C_{ijkl} = custo unitário de produção, manuseio e embarque das *commodities* e da planta j através do armazém k para clientes da zona l
- X_{ijkl} = variável denotando o montante de *commodity* i da planta j através do armazém k para clientes da zona l
- y_{kl} = uma variável 0-1 que será 1 se o armazém k atender o cliente da zona l, e 0 de outra forma
- z_k = uma variável 0-1 que será 1 se o armazém k for aberto, e 0 de outra forma

---

[50] Baseado em A.M. Geoffrion and G.W. Graves, "Multicommodity Distribution System Design by Benders Decomposition," *Management Science*, Vol 20, no. 5 (January 1974) págs. 822-844.

CAPÍTULO 14

O Processo de Planejamento da Rede

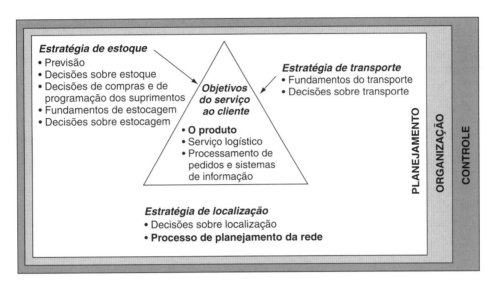

Dois marmoreiros trabalhavam na reconstrução da catedral de St. Paul, em Londres, quando Sir Christopher Wren perguntou-lhes o que faziam. O primeiro respondeu: "Corto mármore". Já o segundo garantiu: "Estou construindo uma catedral".

— CHRISTOPHER WREN

Seja qual for o processo utilizado pelo profissional ou gerente de logística/cadeia de suprimentos para configurar a rede de instalações e definir o fluxo de produtos através dela, precisará de dados, ferramentas computacionais e um processo de análise capaz de conduzir a um projeto eficiente de rede. Neste capítulo, examinaremos os dados indispensáveis a esse tipo de planejamento e o sistema de informação que produz os dados requeridos. A seguir, analisaremos os métodos gerais pelos quais podem ser efetivamente avaliadas as configurações alternativas. Por último, debateremos um processo amplo para conduzir a análise do projeto da rede. Entre todos os problemas de planejamento de cadeia de suprimentos, é exatamente o último, com toda a probabilidade, o mais importante, uma vez que proporciona a estrutura básica para a conformação de sistemas de transporte, estocagem e informação.

O PROBLEMA DA CONFIGURAÇÃO DA REDE

O problema da configuração da rede trata da especificação da estrutura ao longo da qual os produtos fluem desde os pontos de origem até os centros de demanda. Isso requer a determinação das instalações a serem usadas, se é que alguma o será; quantas serão as instalações necessárias; onde localizá-las; os produtos e clientes a elas atribuídos; os serviços de transporte utilizados entre elas; os fluxos de produtos a partir da fonte, entre instalações e na distribuição aos clientes; e os níveis de estoques mantidos nas instalações. Uma rede genérica de fluxo de produtos é mostrada na Figura 14-1, em que a demanda pode ser atendida a partir dos armazéns de campo ou diretamente pelos pontos de origem como fábricas, fornecedores ou portos. Armazéns de campo, por sua vez, são abastecidos por armazéns regionais ou diretamente das fontes. Este problema pode ser representado de diversas formas nas quais o número de elos venha a ser maior ou menor do que aqueles mostrados na Figura 14-1, e em que é possível a existência de configurações diferentes, dependendo das características dos produtos que fluem pela rede. Ou seja, pode haver mais que um projeto de rede para os produtos de uma empresa.

O problema do projeto de rede tem aspectos tanto de espaço quanto de tempo. O aspecto *espacial* trata da localização de instalações – entre elas fábricas, armazéns e pontos de varejo – num plano geográfico. Número, tamanho e localização de instalações são determinados pela comparação dos seguintes itens em relação às exigências em matéria de serviço ao cliente no plano geográfico: custos de produção/compra; custos de transporte de estoques; custos da instalação (custos de estocagem, de manuseio e custos fixos); e custos de transporte.

O problema *temporal*, ou de tempo, no planejamento de rede envolve a manutenção da disponibilidade de produtos em proporções suficientes para suprir as metas do serviço ao cliente. A disponibilidade do produto pode ser concretizada por intermédio do tempo de resposta pedido/produção ou pela manutenção de um estoque próximo do cliente. O tempo da aquisição do produto pelo cliente é, aqui, a consideração mais importante. Equilibrar os custos de capital, custos de processamento de pedidos e custos de transporte com o cumprimento das metas de serviço aos clientes determina a maneira pela qual o produto flui ao longo da rede. Decisões baseadas no tempo também afetam a localização das instalações.

Aplicação

Quando a justiça norte-americana intimou a American Telephone & Telegraph a vender todas as suas operadoras locais de serviços telefônicos, sete novas empresas regionais foram criadas para suprir tais serviços. A Western Electric Company, uma subsidiária da AT&T, manteve a armazenagem para as operadoras telefônicas locais, mas permaneceu com a AT&T depois do desmembramento. As novas companhias telefônicas, cada uma com receitas oscilando entre $500 e $700 milhões por ano, tiveram de abandonar os armazéns da Western Electric, ficando por isso

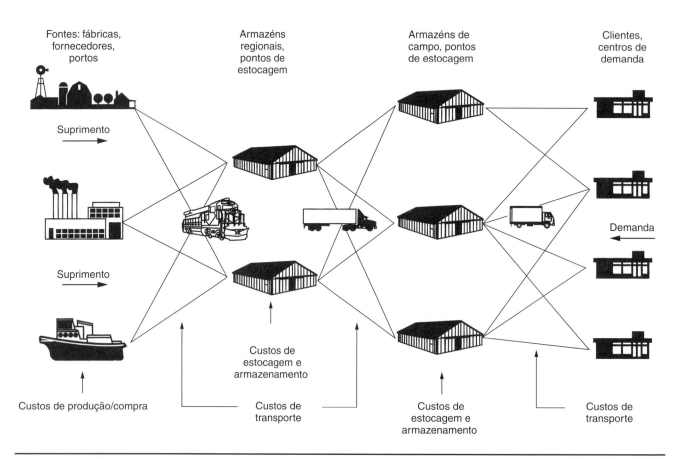

FIGURA 14-1 Uma rede genérica de fluxo de produtos.

mesmo sem uma rede logística para abastecer de partes, componentes e outros elementos as instalações locais. A preocupação maior na procura de solução foi configurar redes logísticas de armazéns, estoques e de rotas rodoviárias e escalas para satisfazer as necessidades de serviço de uma a uma das companhias telefônicas emergentes. Cada uma dessas empresas realizou um estudo de configuração de rede.

A configuração da rede não pode ficar limitada pelo movimento avante de bens dos fornecedores para os clientes, uma vez que, em alguns casos, as empresas precisam fazer retornar de pontos a jusante na corrente itens como materiais de embalagem (paletes), produtos arrendados (máquinas copiadoras), produtos danificados (motores de automóveis substituídos), havendo igualmente produtos a serem modificados e revendidos (câmeras descartáveis). Esta rede de reserva muitas vezes cobre a rede avançada e deve ser a esta integrada. O planejamento de rede se torna complexo quando não é possível separar os canais de à frente e reverso devido ao fato de compartilharem as mesmas instalações.

O problema da configuração da rede é extremamente importante para a administração da empresa. É comum que uma reforma da rede logística represente economias anuais variáveis entre 5 a 15% dos custos logísticos totais. Se pensarmos essa questão em termos de empresas como a Whirlpool Corporation, que despende anualmente $1,5 bilhão em logística, uma economia de 10% significa impressionantes $150 milhões por ano. Com reduções de custos deste porte, não é difícil entender por que a reconfiguração de rede consegue ocupar o primeiro lugar na relação das questões de planejamento. Isso significa, é claro, uma agregação aos benefícios que o projeto de rede pode representar em matéria de serviço aos clientes e para o progresso geral da empresa em termos de competitividade.

DADOS PARA O PLANEJAMENTO DE REDE

Um Inventário de Dados

O planejamento de rede pode necessitar de um poderoso banco de dados com ramificações em inúmeras fontes. Embora alguns dados sejam, por natureza, específicos de um determinado problema de configuração de rede, grande parte da base de dados pode ser genérica. Ela pode incluir:

- Uma relação de todos os itens da linha de produtos
- Localizações de clientes, pontos de estocagem e pontos de origem

- Demanda de cada produto conforme a localização dos clientes
- Tarifas ou custos dos transportes
- Tempos de viagem, tempos de transmissão de pedidos e tarifas de atendimento de pedidos
- Tarifas ou custos de armazenagem
- Custos de produção/compra
- Tamanhos de embarques por produto
- Níveis de estoques por local por produto e os métodos para controlá-los
- Padrões de pedidos por freqüência, tamanho, sazonalidade e conteúdo
- Custos de processamento de pedidos e os pontos em que ocorrem
- Custo de capital
- Metas de serviço aos clientes
- Equipamento e instalações disponíveis, com os respectivos limites de capacidade
- Padrões de distribuição da realização das vendas

Fontes de Dados

Muitas empresas não dispõem de sistemas de informação logística formais capazes de gerar especificamente os dados necessários ao planejamento logístico do tipo anteriormente relacionado. Isso deixa ao profissional de logística a responsabilidade de adquirir os dados necessários em uma variedade de fontes, tanto internas quanto externas à empresa. As fontes principais desses dados incluem documentação de negócios, relatórios de contabilidade, pesquisa logística, informação publicada e discernimento do encarregado.

Documentos Operacionais de Negócios

Todas as grandes empresas geram muitos documentos nas inúmeras fases da administração dos diferentes aspectos de suas operações. Alguns deles podem estar ligados a atividades logísticas, mas outros tantos são preparados para propósitos diversos. Eles podem também simplesmente fornecer dados, mas não informações, que tenham utilidade direta para o planejamento. Vejamos alguns desses documentos, começando com a ordem de vendas.

A ordem de venda, e toda a documentação a ela correspondente, é uma fonte primária de dados a partir da qual é viável inferir uma variedade de informações logísticas essenciais. A localização de clientes, níveis de vendas de produtos em determinado tempo por localização, condições de venda, localizações atendidas, tamanhos das remessas, a situação dos estoques, atendimento de pedidos, além de níveis de serviços aos clientes, são apenas alguns dos tipos de informações derivados

486 PARTE V • ESTRATÉGIA DE LOCALIZAÇÃO

do sistema de processamento das ordens de vendas. É comum que as empresas armazenem esses dados em computadores. Isto ajuda na sua extração e transformação em informações essenciais para o planejamento.

Aplicação

Para completar um estudo de localização de armazém, os consultores gerenciais solicitaram à direção de uma empresa de produtos químicos a liberação dos dados representativos das vendas em todo o país de produtos químicos e de tintas, separando ainda esses dados de vendas em contas grandes e pequenas. Como a empresa mantinha todos os dados de suas vendas em um banco de dados de computador, ficou fácil consultar essa fonte e ali colher os dados sobre vendas de um ano inteiro. Não só isso, as transações de vendas puderam ser cruzadas com um arquivo de clientes que continha os códigos de endereçamento postais (CEPs) norte-americanos. A coleta de CEPs contíguos de cerca de 200 regiões de vendas permitiu que as vendas fossem consolidadas em um número administrável de territórios. Isso tudo foi feito sem nenhuma necessidade de operação manual dos dados.

Vender, produzir, comprar, despachar, estocar e manusear são atividades primárias que as empresas realizam normalmente. Dada a necessidade de mensuração e controle, emitem-se constantes relatórios sobre sua situação. O profissional de logística utiliza esses relatórios para gerar informação básica sobre níveis de atividades. Por exemplo, se estivermos interessados na percentagem das remessas efetuadas de um armazém em determinadas faixas de peso, as contas dos fretes ou um relatório contendo o detalhamento de remessas, taxas e o transporte utilizado constituem as fontes adequadas desses dados. Mais adiante, é possível transformar esses mesmos dados brutos em uma distribuição de freqüência de tamanhos de remessas.

Embora não seja prático examinar aqui todos os relatórios de atividades e documentos gerados no curso normal de operações de negócios, é justo dizer que tais documentos constituem uma generosa fonte de grande parte dos dados de que o operador logístico necessita para o planejamento de rede. Vale igualmente registrar que dados complementares estão disponíveis nos relatórios informais que funcionários da empresa elaboram para uso pessoal.

Relatórios Contábeis

Os relatórios contábeis são outra importante fonte de informação interna à disposição do profissional de lo-

gística. Tais relatórios se concentram na identificação dos custos operacionais, entre eles, os custos das atividades logísticas.

A prática contábil realiza, em linhas gerais, um fantástico trabalho de resumo da maioria dos custos logísticos. No entanto, boa parte da prática contábil é voltada para os interesses dos acionistas, e não para os dos gerentes. E isso é especialmente verdadeiro no que se refere ao planejamento da rede logística. De acordo com as diretrizes aceitas da prática contábil, há importantes custos que não são registrados, como os do manuseio de estoques e o da obsolescência do estoque. Outros custos são relatados de uma forma que se torna confusa para o processo de planejamento. Por exemplo, as linhas de itens de custos de coleta de lixo no relatório de contabilidade de um armazém devem ser qualificadas como custo fixo, de estocagem ou de manuseio? Apesar de tudo, esses relatórios contábeis continuam a ser a fonte principal de dados sobre custos.

Pesquisa Logística

A pesquisa é uma fonte de informação que nem um sistema operante de processamento de pedidos nem um sistema contábil é capaz de gerar. Embora seja escassa a pesquisa logística formal desenvolvida pelas empresas, trata-se de um empreendimento valioso na definição de relacionamentos úteis para o planejamento de redes, entre eles os relacionamentos vendas/serviços e tarifas de transporte/distâncias. É comum encarregar do desenvolvimento dessas pesquisas, quando realizadas, grupos internos ou externos de consultoria, e professores universitários.

A pesquisa logística também pode ser realizada indiretamente para a empresa. Associações empresariais como o Council of Logistics Management[1] e o Warehouse Education Research Council[2] promovem regularmente projetos de pesquisa e publicam os resultados, colocando-os ao alcance tanto de seus associados quanto do público em geral. Tais pesquisas constituem valiosa fonte de dados logísticos sobre empresas atuantes em um determinado setor da indústria, e também em outras indústrias. São dados que subsidiam ou completam aqueles obtidos nas fontes anteriormente citadas.

Informação Publicada

Incontáveis dados secundários – às vezes até primários – estão ao alcance do profissional de logística fora da

---

[1] www.CLM1.org.

[2] www.WERC.org.

empresa. Revistas de negócios,[3] relatórios de pesquisas promovidas pelo governo[4] e publicações acadêmicas[5] são exemplos de fontes de informação sobre custos e tendências industriais, inovações tecnológicas, níveis de atividades e previsões.

Senso Crítico

Executivos da própria empresa, consultores empresariais, equipes de vendas, pessoal de operações e fornecedores são, potenciais fontes de dados e parte importante do banco de dados logísticos. Não são necessários grandes investimentos para ganhar acesso a essa imensurável fonte de dados.

Codificação de Dados

A manipulação de dados é facilitada pela grande variedade de técnicas desenvolvidas para a codificação dos dados. Entre as principais, destacam-se a codificação do produto e a codificação geográfica.

Codificação dos Produtos

A tecnologia computacional, o *laser* e a holografia proporcionaram meios de armazenar dados nos bancos de memória dos computadores sem a necessidade de operação manual. Códigos de barras, hoje um meio preferencial de entrada de dados, permitem a identificação de produtos, embalagens e remessas mediante a leitura óptica de um sistema numérico. Isso facilita a transferência rápida e precisa de dados, bem como sua manipulação por classificação, seleção e rearranjo em informações necessárias ao planejamento. Atenção especial precisa ser dada a um projeto de códigos capaz de proporcionar dados úteis tanto para planejamento quanto para operações.

Codificação Geográfica

A empresa normalmente coleta os dados sobre vendas tendo como base o número de clientes, sendo estes referidos por nome e endereço. O planejamento da rede é facilitado quando os dados de vendas se referem à base geográfica, em vez de à base das contas. A análise de decisões de transporte, decisões de fixação de instalações e decisões sobre estoques ganha em qualidade quando feita a partir de um banco de dados geográfico.[6] Para o planejador da rede, uma conta de cliente é uma localização, e uma distância de outras contas. É preferível que os dados logísticos tenham como referência um código geográfico de cliente.

A codificação geográfica de dados pode ser concretizada de diversas maneiras. Uma abordagem simples é colocar uma grade de cobertura linear sobre um mapa e usar os números dos eixos horizontal e vertical como código. Por exemplo, coloca-se uma grade quadriculada sobre um mapa da Europa, como na Figura 14-2. Muitos mapas dão coordenadas de latitude e longitude que podem ser utilizadas como tais, ou essas coordenadas são encontráveis mediante um dispositivo de localização do sistema de posicionamento global. Dados sobre clientes e vendas são localizados nas várias células definidas pela grade. Isto é, uma conta de cliente situada no cruzamento de uma célula hachurada seria agregada juntamente com outras contas incluídas nessa célula. Todas são tratadas como se localizadas no ponto central, ou centróide, da célula. O código de localização para este ponto seria 008011, como na Figura 14-2, que representa uma combinação de coordenadas horizontal e vertical. Todos os dados seriam referenciados a este número e a números similares, como está na Tabela 14-1.

O tamanho da grade é um equilíbrio entre a agregação exagerada de dados e a resultante perda de precisão em sua representação e os supérfluos custos e complexidades relacionados com células de grade tão minuciosas que deixam de agrupar clientes iguais e, portanto, não conseguem tirar proveito da apuração da média.

Além disso, são incontáveis os códigos disponíveis especializados em áreas, geopolítica e localização de grades. Uma verificação de sistemas nacionais de codificação geográfica identificou 33 sistemas diferentes de códigos, oito dos quais eram de grades e coordenadas.[7] Além dos códigos de grade e longitude-latitude, há outros que têm servido com efetividade aos objetivos do planejamento logístico. Nos Estados

---

[3] Por exemplo, *Transportation & Distribution, Distribution, American Shipper, Inbound Logistics, Warehousing Management, Modern Materials Handling, Traffic Management* e *Transport Topics.*

[4] Por exemplo, os relatórios RAND e os inúmeros relatórios disponíveis da Superintendência de Documentos (Superintendent of Documents), em Washington, DC.

[5] Por exemplo, *Journal of Operations Management, Transportation Journal, Management Science, Logistics and Transportation Review, International Journal of Physical Distribution and Materials Management, IIE Transactions, Journal of Business Logistics* e *International Journal of Logistics Management.*

[6] Um banco de dados relativos ao tempo é também uma fonte importante de coleta de dados. É possível argumentar que os clientes se interessam mais pelas dimensões de tempo do serviço do que pelas dimensões geográficas, e que o projeto de rede deveria basear-se em tempos. No entanto, as redes são mais práticas quando projetadas em torno de uma dimensão geográfica.

[7] Pamela A. Warner, *A Survey of National Geocoding Systems,* Technical Report nº DOT-TSC-74-26 (Washington, D.C. Superintendent of Documents, U.S. Government Printing Office, 1974).

Unidos e em outros países, códigos geográficos desenvolvidos para entrega postal são muito populares. Servem freqüentemente como base para determinar as distâncias entre pontos com base nas quais são cobradas as tarifas de transporte, pois são normalmente ligados aos dados de vendas das empresas. Nos EUA, o Standard Point Location Code (Código Localização de Ponto Padrão) é muitas vezes usado nos sistemas computadorizados de taxação e roteirização de transportes. As Estatísticas de Áreas Metropolitanas são um padrão usado em análises mercadológicas, fato que pode ser um dos motivos para a sua ligação com a análise logística. O *PICADAD*, um sistema computadorizado de referência de pontos usado pelo Departamento de Transportes do U.S.Bureau of Census, é valioso elemento de assessoria na tabulação e análise dos fluxos de tráfego.

Aplicação

A Consolidated SMC[3], empresa que fornece tecnologia, instrumentos e dados à comunidade dos transportes, oferece tarifas de transporte em formatação eletrônica, da mesma forma que empresas de transporte de cargas pesadas como a Yellow Freight Systems and Roadway. O banco de dados e programa computadorizado, chamado Czar Lite™, permite ao usuário procurar uma tarifa entre quaisquer pares de pontos entre cidades por seus códigos postais de cinco dígitos. O código de endereçamento serve como um facilitador de localização bem melhor que os nomes de cidades e estados, que podem ser usados com a mesma finalidade. As tarifas para outras transportadoras conhecidas, como a UPS e FedEx, estão igualmente disponíveis e podem ser localizados na Internet.[8]

---

[8] Ver www.UPS.com e www.FedEx.com.

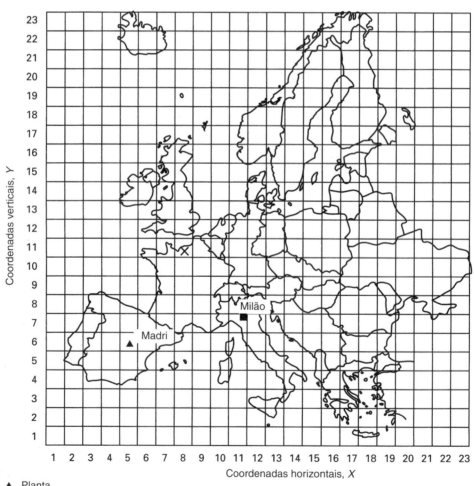

FIGURA 14-2 Uma grade linear simples sobre um mapa da Europa Ocidental.

TABELA 14-1 Exemplo de dados hipotéticos de ordens de vendas resumidos por grade de localização de código

Grade de localização de códigos de clientes[a]	Nº de clientes na célula	Total de vendas anuais	Total anual de pesos expedidos	Tamanho médio dos pedidos, unidades	Unidades de requerimentos em serviços ao cliente[b]	Código de localização da fábrica fornecedora	Código de localização do armazém abastecedor
001002	0	$0	0 lb	0	—	—	—
.	.	.	.	.	.	.	.
006009	123	890,000	600.000	153	1	005006	011007
007009	51	401,000	290.000	136	1	005006	011007
006008	37	295,000	175.000	127	2	005006	011007
.	.	.	.	.	.	.	.
006012	96	780,000	550.000	156	1	005006	011007
.	.	.	.	.	.	.	.
.	.	.	.	.	.	.	.

[a]Os números na grade referem-se à Figura 14-2.

[b]Os requerimentos são expressos no número de dias da entrega aceitável para os clientes.

Como os números de referência nesses códigos representam uma área ou um ponto, a manipulação matemática dos números codificados serve para determinar distâncias e tempos de viagem, e para estimar tarifas de transporte entre pares de áreas ou pontos. Esta facilidade da manipulação dos dados significa uma grande vantagem na análise da localização de instalações e no cálculo dos custos de transporte.

A codificação normalmente requer apenas operações aritméticas das mais simples. Como nos é dado ver na Tabela 14-1, esse tipo de lista é produzido pela escolha dos dados de acordo com o código geográfico e mediante o resumo e a média dos dados de cada categoria. Esses dados codificados são arquivados como relatórios sobre tarifas de transportes, custos de estoque e registros de níveis de estoque, a fim de que se possa recuperá-los, quando necessário, para fins de planejamento.

Transformando Dados em Informação

Os dados são fatos sem um propósito específico. Uma vez reunidos, precisam ser organizados, resumidos, agrupados, agregados ou então ordenados de forma a dar suporte ao processo de planejamento da rede. Quando isso é feito, os dados se transformam em informação para o processo decisório. Em relação ao problema do projeto da rede, pretendemos examinar os elementos fundamentais da informação, e como são gerados.

Unidades de Análise

A fim de dar início ao planejamento da rede, é preciso decidir as dimensões a serem usadas na análise. Opções comuns são alguma forma de medida de peso (libra-peso, cwt., toneladas, ou quilos), uma valoração monetária (dólar, libra esterlina ou ienes), uma contagem física (caixas, unidades ou tambores/barris), ou uma mensuração de volume (galão, cubo ou litro). Uma medida de peso é a opção preferida do profissional de logística para a maioria dos problemas de planejamento, uma vez que tarifas de transporte, um custo dominante em planejamento de rede, são normalmente expressas nessa dimensão. O que é normalmente usado pelos gerentes pode constituir uma consideração dominante, uma vez que o banco de dados e o entendimento das operações da empresa encontram-se em termos dessa dimensão. Por exemplo, companhias cuja atividade principal é a distribuição de varejo analisam seu negócio em termos monetários, enquanto que as empresas manufatureiras normalmente usam uma mensuração de peso. Uma vez decidida a unidade de análise, todos os custos relevantes para a análise precisam ser ajustados a esta dimensão.

Agrupamento de Produtos

As empresas podem ter de centenas a milhares de itens em sua linha de produção. Essa diversificação ocorre não apenas em função das variações nos modelos e estilos dos produtos, mas também pelo fato de ser o mesmo produto embalado em diversos tamanhos (por exemplo, creme dental pode ser apresentado em embalagens de viagem, normais, econômicas e familiares, e também em tubos ou em potes). Colher todos os dados necessários e fazer uma análise seria impraticável com tamanha profusão de itens. Agregar então os itens em um número razoável de grupos de produtos é uma maneira prática de abordar este problema. O que se deve procurar é fazer este agrupamento de forma a não reduzir em muito a exatidão da resposta.

A maioria dos itens em qualquer linha de produtos não tem padrões de distribuição diferentes. Isto é, os itens podem ser armazenados nos mesmos locais, colocados juntos no mesmo transportador e destinados aos mesmos clientes. Pretendemos tirar proveito disso agrupando aqueles produtos que compartilham o mesmo canal de distribuição, mas, ao mesmo tempo, criando agrupamentos separados para aqueles que não compartilham esse canal. Alguns agrupamentos comuns seriam os daqueles produtos expedidos diretamente a granel aos clientes devido ao grande porte dos pedidos, e dos despachados via um sistema de armazéns em função das características decorrentes do pequeno porte dos pedidos. Agrupar produtos pela classe de transporte da mercadoria é ainda outro método. Naturalmente, a empresa pode preferir agrupar produtos com base em seus conjuntos de vendas simplesmente porque a gerência prefere este desdobramento, entendido como o mais eficiente. Qualquer que seja o método usado para criar famílias de produtos, a agregação é geralmente substancial. É comum que não se necessite de mais de cerca de 20 grupos de produtos para uma análise de rede.

Aplicação

A Ford Motor Company comprava motores, transmissões e partes de volantes para suas 13 montadoras da Costa Leste dos EUA de vários fornecedores na Europa. O padrão normal de distribuição era transportar essas peças das fábricas dos fornecedores no interior da Europa para portos europeus, dali para portos norte-americanos e então às montadoras localizadas no interior dos EUA. Um armazém de escala teve sua localização analisada entre os portos norte-americanos e as montadoras. Uma vez que o motivo da existência do armazém era economizar em termos de estocagem, o desdobramento natural dos produtos era aquele por tamanho de embarque. Isto é, a demanda era dividida em quantidades de contêiner não cheio e contêiner cheio, pois a motivação para o armazém era uma compensação entre os custos de transporte e os custos de manutenção de estoques. O

tamanho preferido de contêiner foi a variável usada para decidir os agrupamentos de produtos. Um desdobramento por tipo de produtos não teria importância nesse caso.

Estimativa de Tarifas de Transporte

No planejamento de rede, as tarifas de transporte se transformam em um grande problema em conseqüência do seu número potencialmente elevado. Para uma pequena rede de apenas dois grupos de produtos, cinco desdobramentos de peso de cargas, 200 clientes, cinco armazéns e duas fábricas, existem $2 \times 5 \times 200 \times 5 \times 2 = 20.000$ tarifas necessárias para representar todas as combinações de fluxos do produto. Alguma forma de estimativa de tarifa poderia aumentar a velocidade da computação e liberar os funcionários da empresa do encargo de verificar ou adquirir tamanho número de tarifas. Semelhante estimativa precisa reconhecer o tipo de transporte utilizado, se de propriedade da empresa ou alugado.

Transporte Próprio

Estimar uma tarifa eficiente para transporte próprio, normalmente rodoviário, é algo que requer conhecimento dos custos operacionais e de como os veículos são roteados aos seus pontos de entrega ou coleta. Normalmente, existem registros eficazes dos custos operacionais, que incluem salários e benefícios dos motoristas, manutenção dos veículos, seguros, impostos, depreciação e despesas indiretas. A milhagem/quilometragem é registrada a partir da leitura dos odômetros. Assim, é fácil definir um custo por milha/quilômetro.

Exemplo

A Grand Island Biological Company produz e distribui meios de cultura para o crescimento e identificação de determinadas bactérias usadas em pesquisas médicas. Seus clientes principais são os grandes complexos de pesquisa médica localizados em áreas como Nova York e Washington D.C. A fim de avaliar a vantagem do transporte próprio (*vans* refrigeradas para a entrega desses produtos sensíveis às variações de temperatura), a empresa forneceu os dados apresentados na tabela da próxima página a respeito de suas operações semanais de transporte na área de Washington D.C.

O custo do transporte rodoviário poderia ser então calculado como $2.032,50/2700 milhas = $0,75 por milha.

Categoria de dados	Fatos	Custo semanal
Milhagem semanal	2.700 milhas	
Turno semanal de trabalho	66 horas/semana	
Viagens por semana	3 viagens/semana	
Salário dos motoristas	$12,00/hora	$ 792,00
Benefícios	18,75%/salário	148,50
Custo do combustível a 10 milhas por galão	$1,10/galão	297,00
Depreciação do veículo	$316,50/semana	316,50
Manutenção	$45,00/semana	45,00
Seguro	$51,00/semana	51,00
Pedágio, alimentação e alojamento	$97,50/viagem	292,50
Imprevistos	$30,00/viagem	90,00
Total		$ 2.032,50

A tarifa entre origem e destino é mais difícil de estimar porque o veículo não faz uma rota direta entre os dois pontos. Pelo contrário, mais de uma parada é normal antes do retorno ao depósito. Suponha que uma rota comum tenha cinco paradas e que a distância de ida e volta alcance 300 milhas, como poderia ser determinado fazendo a média de um número de rotas padrão típicas (ver a Figura 14-3a). Neste exemplo, a distância total de deslocamento é de 200 milhas e a distância total entre paradas chega a 200 milhas. Se entendermos a taxa média do transporte real como sendo $1,30 por milha, o custo total do transporte real para as cinco paradas seria $1,30/milha × 300 milhas = $ 390,00. Uma vez que, para fins de planejamento, normalmente estimamos a distância até um cliente em apenas uma direção (ver a Figura 14-3b), a distância real é 100 + 100 + 150 + 110 + 100 = 560 milhas. A tarifa efetiva por milha direta seria de $390,00/560 = $ 0,696 por milha. Por isso, em planejamento, calculamos a distância direta até um cliente e a multiplicamos pela tarifa efetiva de $0,696/milha para encontrar o custo do transporte até aquele cliente.

Transporte Contratado

O processo de estimativa de tarifas de transporte contratado é muito diferente do processo anteriormente descrito, relativo ao transporte próprio. Uma característica das tarifas para transporte rodoviário e ferroviário, e tarifas para UPS e FedEx, bem como para outras transportadoras de cargas de pequeno porte, é que as tarifas são razoavelmente lineares em relação à distância, e dessa característica o contratante pode tirar proveito. Isso nos permite elaborar uma curva de estimativa da tarifa de transporte com base na distância percorrida desde um ponto de origem da carga, como aquela na Figura 14-4. Para uma faixa de distâncias da área de entrega local de cerca de 30 a 50 milhas da origem para a área da tarifa de cobertura de cerca de 1.000 a 1.500 milhas a partir da origem, as tarifas são normalmente muito lineares em relação à distância, tendo normalmente um coeficiente de determinação de 90% ou mais. Isso

(a) Rota realmente percorrida

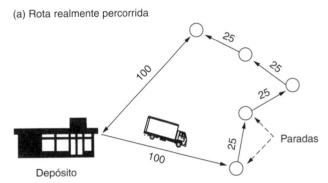

(b) Rotas percorridas equivalentes para fins de planejamento

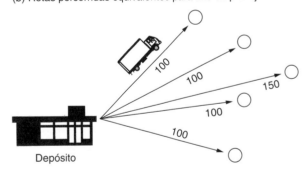

FIGURA 14-3 Padrões de distância real *versus* equivalente para veículos próprios.

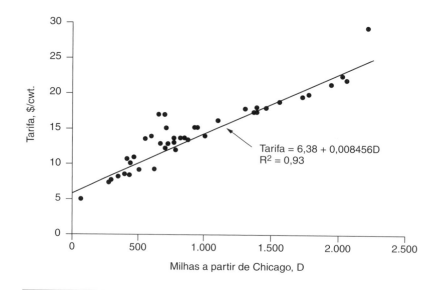

FIGURA 14-4 Curva da estimativa da tarifa de transporte para distâncias selecionadas partindo de Chicago.

já foi observado em relação aos Estados Unidos e também a outros países.

O processo de elaboração de uma curva da estimativa da tarifa de transporte envolve amostragens de tarifas em várias distâncias irradiando-se de um ponto de origem, por exemplo, a cidade de Chicago. Um tamanho de amostra entre 30 e 50 pontos é geralmente adequado. As tarifas podem ser encontradas em taxas ou outras cotações. No caso da Figura 14-4, as tarifas foram extraídas daquelas da Roadway Express, sem descontos ou outras cobranças de serviços, como encontradas na Internet.[9] Como as tarifas são cotadas entre códigos postais, as distâncias podem ser encontradas em escalas de mapas ou a partir da tabulação de distâncias em publicações como Rand McNally Road Atlas,[10] Bartholomew Road Atlas Europe,[11] ou em serviços de mapas na Internet.[12] Há bancos de dados comerciais em formato eletrônico disponíveis. As distâncias podem ser igualmente calculadas a partir de coordenadas geográficas, como se verá mais adiante neste capítulo.

Quando uma curva de estimativa de tarifa de transporte não produz um grau satisfatório de precisão, tarifas específicas podem ser usadas inteira ou seletivamente em conjunto com uma curva de estimativa de tarifa de transporte. Isto pode acontecer quando as tarifas são cotadas em embarques individuais como aqueles para movimentações de elevados volumes entre pontos específicos. Classes de tarifas por contrato, de *commodities* e com descontos seletivos nem sempre mostram uma relação suficientemente genérica com a distância para formar uma razoável curva de estimativa de tarifas.

Perfis de Pedidos e Embarques

O projeto da rede pode depender em muito do tamanho do pedido e do decorrente tamanho do embarque. Por exemplo, se todos os clientes tivessem todos os pedidos a eles remetidos em quantidades de carga cheia de caminhão, seria pequeno o incentivo ao armazenamento, a não ser a possibilidade de manter estoques perto dos clientes por motivos de serviço. Por outro lado, pedidos pequenos de clientes exigem armazenagem de estoques em larga escala. Contudo, uma empresa normalmente tem muitos clientes para os quais despacha em variados pesos de pedidos. Na Figura 14-5, a companhia de produtos químicos representada havia dividido seu mercado em contas grandes e pequenas. Contas grandes eram gerenciadas por uma força direta de vendas, enquanto que as pequenas ficavam a cargo de um programa de *telemarketing*. Este histograma mostra a percentagem das remessas para cada tipo de conta numa cela padrão de quebra de peso. Os dados para semelhantes distribuições tornam-se disponíveis a partir de amos-

---

[9] www.Roadway.com.
[10] *Rand McNally 2002 Road Atlas* (Skokie, IL: Rand McNally and Company, 2002).
[11] *Bartholomew Road Atlas Europe* (Edinburgh, Scotland: John Bartholomew & Son, Ltd., 1985).
[12] Por exemplo, ver www.MapQuest.com ou www.RandMcNally.com.

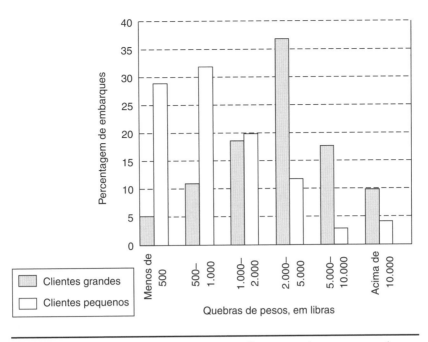

FIGURA 14-5 Um perfil de embarques para clientes grandes e pequenos de uma companhia de produtos químicos.

tragens de documentação de embarques ou de bancos de dados de vendas.

O valor do perfil do embarque reside na possibilidade de produzir estimativas acuradas das tarifas de transporte. Entre pontos iguais de origem e destino é possível encontrar diferenças substanciais de tarifas, dependendo do tamanho do embarque. Portanto, as curvas de estimativas de tarifas de transporte precisam ser desenvolvidas para cada padrão de quebra de peso. A partir daí, cada curva de tarifas pode ser ponderada com a correspondente percentagem de embarques na quebra de peso. Uma curva de tarifa de transporte daí resultante pode então representar uma ampla gama de tamanhos de embarques ou uma variedade de modais de transporte, da mesma forma que o perfil do embarque pode representar diferentes modais e também quebras de peso.

Agregação de Vendas

Os clientes de todos os produtos ou serviços de qualquer empresa normalmente estão dispersos ao longo de um território, mas em geral se concentram em áreas específicas, como centros urbanos. Do ponto de vista do planejamento de rede, não é necessário tratar cada cliente separadamente. As vendas de produtos ou serviços que milhares de clientes geram podem ser geograficamente agregadas em um número limitado de centros geográficos sem qualquer perda significativa de precisão na estimativa de custos.

Agregar as vendas pode afetar a precisão da estimativa dos custos do transporte para os clientes. Com a agregação, em vez de os custos de transporte serem computados para cada local dos clientes, são computados para o centro de agregação. Assim, uma percentagem de erro pelo uso da distância média em lugar da distância real será acrescentada a esse cálculo. Essa inexatidão potencial pode ser minimizada criando um número adequado de agregados, e mantendo esses agregados pequenos em torno das concentrações realmente grandes de vendas. Com base em pesquisa que determina o erro no custo de transporte pela suposição de que os embarques são feitos ao centro de um aglomerado de clientes em lugar de a cada cliente, pode-se determinar o número apropriado de agregados. A Tabela 14-2 mostra vários tamanhos de agregados dependendo do número de instalações em uma rede e do erro admissível do custo do transporte.

Uma vez conhecido o número apropriado de agregados, os dados dos clientes podem ser agregados a eles. Como as vendas normalmente são representadas pelos endereços dos clientes, que incluem o CEP, é muito comum fazer agregado por CEP. Agregar os CEPs por sua proximidade mútua proporciona um baixo erro de custo de transporte. Cada centro de agregação pode ser identificado pelo uso de um código geográfico como latitude e longitude. Uma tabela-exemplo de centros de agregação, suas localizações geográficas e os centros secionais de CEPs relaciona-

494 PARTE V • ESTRATÉGIA DE LOCALIZAÇÃO

TABELA 14-2 Número mínimo aceitável de agregados em relação ao erro máximo admissível do custo de transporte e para vários números de pontos de fontes de rede e tamanhos máximos de agregados de clientes

Erro máximo admissível	Tamanho máximo de agregado[a]	Número aproximado de pontos de fontes na rede					
		1	5	10	25	50	100
0,5%	0,5%	200[c]	325	350	500	650	750
	0,8%	150	150	175	375	450	650
	2,0%	75	100	300	450	600	650
	5,0%	75	150	250	500	600	750
	Ilimitado[b]	50	350	400	500	700	750
1,0%	0,5%	200[c]	200[c]	200[c]	200[c]	250	500
	0,8%	200[c]	150	150	175	350	500
	2,0%	75	75	175	300	500	600
	5,0%	75	100	225	400	500	600
	Ilimitado[b]	25	200	250	400	500	600
2,0%	0,5%	200[c]	200[c]	200[c]	200[c]	200[c]	350
	0,8%	150	150	150	150	250	450
	2,0%	75	75	100	250	350	500
	5,0%	75	75	175	300	450	500
	Ilimitado[b]	25	75	175	300	450	500
5,0%	0,5%	200[c]	200[c]	200[c]	200[c]	200[c]	200[c]
	0,8%	150	150	150	150	150	300
	2,0%	75	75	75	100	225	300
	5,0%	75	75	75	175	275	350
	Ilimitado[b]	25	50	75	200	275	350
10,0%	0,5%	200[c]	200[c]	200[c]	200[c]	200[c]	200[c]
	0,8%	150	150	150	150	150	150
	2,0%	75	75	75	75	125	175
	5,0%	75	75	75	75	150	200
	Ilimitado[b]	25	50	75	100	175	225

[a]Tamanho máximo de agregado entre todos como percentagem da demanda total.

[b]O tamanho do agregado não é especificamente limitado, representando aproximadamente 7% da demanda total

[c]Matematicamente o número mínimo de agregados.

Fonte: Ronald H. Ballou, "Measuring Transporte Costing Error in Customer Aggregation for Facility Location", *Transportation Journal*, Vol. 33, n° 3 (1994), págs. 49-59.

dos a cada agregado pode ser criada, como se vê na Tabela 14-3. Tabelas semelhantes de agregados podem ser geradas para outras partes do mundo, usando-se todo o tipo de código de endereçamento válido em cada região determinada.

Estimativas de Milhagens

A natureza geográfica de grande parte do trabalho de planejamento da rede obriga os profissionais de logística a conseguir distâncias. Elas são necessárias para estimar custos de transporte entre pontos de origem e destino, e freqüentemente usadas como alternativas para o tempo. Por exemplo, todos os clientes podem estar localizados em um raio de 300 milhas de um ar-

mazém, o que significa que o serviço de entrega de um dia é viável a essa distância. Como anteriormente destacado, os dados de distância são encontráveis em diversas tabelas comerciais e atlas rodoviários, tanto impressos quanto informatizados.[13] Para outras situações (por exemplo, planejar rotas de caminhões atravessando cidades), um dispositivo manual de mensuração encontrado em muitas lojas de material de escritório, pode ser rolado sobre um mapa a fim de obter as distâncias exatas a serem percorridas por um veículo. No en-

---

[13] Grande parte dos produtos de informática necessários para a determinação da milhagem pode ser encontrada no guia anual de *software* logístico *Accenture*, disponível no *Council of Logistics Management* em www.CLM.1.org.

TABELA 14-3 Relação parcial de um esquema de agregados geográficos dos Estados Unidos. Usando 192 agregados, centros seccionais de CEPs de três dígitos e coordenadas de longitude-latitude

N^o	Longitude[a]	Latitude[a]	Cidade centro do agregado	CEP do centro[b]	CEPs representados[b]
1	73,25	42,45	Pittsfield, MA	012	012
2	71,81	42,27	Worcester, MA	016	015-016
3	71,08	42,31	Boston, MA	021	014, 017-024
4	71,43	41,82	Providence, RI	029	025-029
5	71,46	42,98	Manchester, NH	031	030-034
6	72,02	44,42	St. Johnsbury, VT	035	035, 058
7	70,97	43,31	Rochester, NH	038	038-039
8	70,28	43,67	Portland, ME	041	040-041, 045, 048
9	69,77	44,32	Augusta, ME	043	042-043, 049
10	68,75	44,82	Bangor, ME	044	044, 046
11	68,00	46,70	Presque Isle, ME	047	047
12	73,22	44,84	Burlington, VT	054	054, 056
.	.	.	.	.	.
.	.	.	.	.	.
.	.	.	.	.	.
180	117,05	32,62	San Diego, CA	921	920-921
181	119,00	35,56	Bakersfield, CA	933	932-934
182	119,78	36,76	Fresno, CA	937	936-937
183	122,21	37,78	Oakland, CA	946	939-954
184	124,07	40,87	Arcata, AC	955	955, 960
185	121,46	38,55	Sacramento, CA	958	956-959
186	121,67	45,46	Portland, OR	972	970-974, 977, 986
187	121,75	42,22	Klamath Falls, OR	976	975-976
188	118,80	45,66	Pendleton, OR	978	978
189	122,33	47,63	Seattle, WA	981	980-985
190	120,47	46,60	Yakima, WA	989	988-989
191	117,41	47,67	Spokane, WA	992	835, 838, 990-992, 994
192	118,33	46,06	Walla Walla, WA	993	993

[a]Coordenadas de longitude e latitude em graus decimais.
[b]Códigos seccionais do centro.

tanto, é quase sempre mais eficiente, embora nem sempre tão preciso, simplesmente computar as distâncias a partir das coordenadas.

Quando se utiliza um sistema simples de grade linear, como na Figura 14-2, distâncias em linha reta podem ser computadas das coordenadas por meio do teorema de Pitágoras. Isto é, se os pontos A e B têm valores dados de coordenadas, a distância em linha reta entre eles pode ser determinada por

$$D_{A\pm B} = K\sqrt{\left(X_B \pm X_A\right)^2 + \left(Y_B \pm Y_A\right)^2} \quad \textbf{(14-1)}$$

onde

D_{A-B} = distância entre os pontos A e B
X_A, Y_A = coordenadas do ponto A
X_B, Y_B = coordenadas do ponto B
K = fator de escala para conversão da medida de coordenada em medida de distância

Exemplo

Queremos calcular a distância entre uma fábrica em Madri, na Espanha, e o armazém em Milão, na Itália (Figura 14-2). Madri tem as coordenadas $X_A = 5$, $Y_A = 6$, e Milão tem as coordenadas $X_B = 11$, $Y_B = 7,5$. O fator de escala do mapa, ou distância entre coordenadas sucessivas, é 194 quilômetros. A distância em linha reta computada é

$$D_{A-B} = 194\sqrt{(11-5)^2 + (7,5-6)^2}$$
$$= 1.200 \text{ km}$$

A distância por estrada conforme um atlas rodoviário é de 1.723 quilômetros. A distância rodoviária é maior que a distância computada em razão da sinuosidade característica da maioria das estradas de rodagem.

Se se pretender que as distâncias regulares se adaptem melhor ao leiaute retangular das rodovias, especialmente nas cidades, pode-se usar uma fórmula genérica de distância:

$$D_{A-B} = b_0 + b_1[|X_A - X_B| + |Y_A - Y_B|]$$
$$+ b_2\sqrt{(X_A - X_B)^2 + (Y_A - Y_B)^2} \quad \textbf{(14-2)}$$

em que b_0, b_1 e b_2 são encontrados ajustando-se as distâncias reais *versus* distâncias em linha reta.[14]

Devido a distorções causadas por várias técnicas de mapeamento para a projeção de um globo em um plano, a técnica simples da cobertura de grade pode provocar erros variáveis dependendo do método de projeção do mapa e de em que ponto do mapa as distâncias são computadas. Uma técnica mais confiável é a do uso de coordenadas de longitude-latitude e da fórmula da distância de grande círculo (trigonometria esférica). Essa fórmula, além de evitar distorções de mapeamento, reconhece a curvatura da Terra. A fórmula do grande círculo é

$$D_{A-B} = 3959\{\text{arccos}[\text{sen}\,(LAT_A)$$
$$\times \text{sen}\,(LAT_B) + \cos\,(LAT_A) \quad \textbf{(14-3)}$$
$$\times \cos\,(LAT_B) \times \cos|LONG_B - LONG_A|]\}$$

em que

$$D_{A-B} = \text{distância do grande círculo entre os pontos } A \text{ e } B \text{ (milhas estatuídas)}$$
LAT_A = latitude do ponto A (radianos)[15]
$LONG_A$ = longitude do ponto A (radianos)

LAT_B = latitude do ponto B (radianos)
$LONG_B$ = longitude do ponto B (radianos)

Embora essa fórmula pareça intimidante, pode ser facilmente programada em computador[16] e suas vantagens conseguem compensar a desvantagem. Algumas dessas vantagens são

- Coordenadas de latitude e longitude que podem ser usadas em todo o mundo.
- As coordenadas são disponíveis em uma ampla variedade de fontes, inclusive mapas rodoviários, mapas de navegação, enciclopédias, publicações governamentais e serviços comerciais.
- O sistema de coordenadas tem entendimento generalizado.
- Consegue-se boa precisão.

Por isso tudo, o método do grande círculo de computação de distância é quase sempre o escolhido em programas computacionais de programação logística. No entanto, a fim de preservar a precisão computacional, os dois pontos na fórmula devem estar no mesmo hemisfério.

Exemplo

Continue o exemplo anterior calculando a distância em linha reta de Madri a Milão, usando porém a fórmula de distância do grande círculo. As coordenadas de Madri são $LONG_A = 3{,}41°O$, $LAT_A = 49{,}24°N$ e para Milão as coordenadas são $LONG_B = 9{,}12°L$, $LAT_B = 45{,}28°N$. A divisão de cada uma dessas coordenadas por 57,3 as transforma em radianos. Assim, $LONG_A = 0{,}0595$, $LAT_A = 0{,}7023$, $LONG_B = -0{,}1592$, $LAT_B = 0{,}7902$. Observe que $LONG_B$ é negativo, pois fica a leste do meridiano de Greenwich, e $LONG_A$ é positivo por se encontrar a oeste desse meridiano. Agregando essa informação à Equação (14-3), temos

$$D_{A-B} = 3959\{\text{arccos}[\text{sen}\,(0{,}7023 \times \text{sen}\,(0{,}7902)$$
$$+ \cos\,(0{,}7023) \times \cos\,(0{,}7902)$$

---

[14] Jack Brimley and Robert Love, "A New Distance Function for Modeling Travel Distances in a Transportation Network", *Transportation Science,* Vol. 26, nº 2 (1992), págs. 129-137.

[15] Os radianos são calculados a partir de graus mediante sua divisão por 57,3, isto é, $180/\pi$.

[16] Um pequeno programa na linguagem de programação BASIC para calcular a distância do grande círculo das coordenadas em graus seria

```
100  C = 57.3
110  A = SEN(LATA/C) * SEN(LATB/C) + COS(LATA/C) *
     COS (LATB/C) * COS (ABS(LONGB - LONGA)
     /C)
120  D = 3959 * ATN (SQR(1 - A^2) /A
```

em que

D = distância em milhas estatuídas do primeiro ao segundo ponto
C = uma constante para converter graus em radianos
LATA = latitude do primeiro ponto em graus
LONGA = longitude do primeiro ponto em graus
LAT B = latitude do segundo ponto em graus
LONGB = longitude do segundo ponto em graus

$\times \cos |\pm 0,1592 \pm 0,0595|]\}$

$= 724$ milhas

Como cada milha tem 1,61 quilômetro, $D_{A-B} = 724 \times 1,61 = 1166$ quilômetros. (*Atenção*: os valores de arco co-seno (arccos), seno (sen) e co-seno (cos) são encontráveis em tabelas de trigonometria.)

As distâncias calculadas irão sempre reduzir a distância real entre dois pontos. Os veículos não trafegam em linha reta. Pelo contrário, movimentam-se por uma rede de rotas rodoviárias, ferroviárias e aquaviárias, equilibrando distância e tempo para completar a travessia. Em

função disso, as distâncias calculadas são ajustadas pelo uso do fator de sinuosidade, ou multiplicador. Quando a grade é do tipo linear simples e a Equação (14-1) é utilizada, o fator de sinuosidade é de aproximadamente 1,21 para rodovias e de 1,24 para ferrovias em redes bem desenvolvidas. Quando se usam as coordenadas de latitude-longitude na fórmula do grande círculo para calcular distâncias (Equação 14-3), os fatores de sinuosidade para várias regiões do mundo, como na Tabela 14-4, são bons valores de partida. Um fator preciso de circuito para qualquer determinada região pode ser determinado simplesmente mediante a tomada de uma amostra de distâncias entre pontos selecionados e fazendo-se a média da relação de distâncias reais e calculadas.

TABELA 14-4 Fatores de circuito em países selecionados (e nas regiões dos Estados Unidos)

País	Número de pontos	Fator médio de circuito	Desvio-padrão
África do Sul	91	1,23	0,12
Arábia Saudita	21	1,34	0,19
Argentina	66	1,22	0,15
Austrália	77	1,28	0,17
Bielorrússia	21	1,12	0,05
Brasil	120	1,23	0,11
Canadá	49	1,30	0,10
China	66	1,33	0,34
Egito	21	2,10	1,96
Estados Unidos[a]	299	1,20	0,17
Alasca	55	1,79	0,87
Região Leste[b]	143	1,20	0,16
Região Oeste[c]	156	1,21	0,17
Europa	199	1,46	0,58
Alemanha	31	1,32	0,95
Espanha	61	1,58	0,80
França	9	1,65	0,46
Inglaterra	37	1,40	0,66
Itália	11	1,18	0,10
Hungria	36	1,35	0,25
Índia	105	1,31	0,21
Indonésia	16	1,43	0,34
Japão	36	1,41	0,15
México	49	1,46	0,43
Nova Zelândia	4	2,05	1,63
Polônia	45	1,21	0,09
Rússia	78	1,37	0,26
Tailândia	28	1,42	0,44
Ucrânia	36	1,29	0,12

[a]Alasca e Havaí excluídos.

[b]A leste do Rio Mississippi.

[c]A oeste do Rio Mississippi.

Fonte: Ronald H. Ballou, Handoko Rahardja and Noriaki Sakai, "Selected Countries Circuity Factors for Road Travel Distance Estimation", *Transportation Research*, Part A, Vol. 36 (2002), págs. 843-848.

Além das estimativas de milhagem, as estimativas de tempo são às vezes necessárias para refletir o serviço ao cliente na rede. Uma prática comum é em primeiro lugar estimar as distâncias e então convertê-las em estimativas de tempo dividindo a distância pela velocidade empregada. No entanto, já vêm sendo realizadas pesquisas para estimar os tempos em trânsito para redes entre cidades e intracidades. Camp e DeHayes desenvolveram equações de regressão para estimar os tempos de trânsito entre cidades usando um sistema de grade.[17] Ratliff e Zhang estimam velocidade e tempo para regiões do tamanho de cidades.[18]

Custos das Instalações

Custos relativos a instalações, como um armazém, podem ser representados em termos de custos fixos, custos de estocagem e custos de manuseio. Custos fixos são aqueles que não mudam com o nível de atividade da instalação. O imposto predial, o aluguel, a supervisão e a depreciação são exemplos de custos fixos. No entanto, devemos reconhecer que todos os custos são variáveis em algum nível de atividade. É preciso ter muito cuidado com relação à possibilidade de determinado custo mudar no âmbito de um alcance razoável de atividade capaz de ser aplicado à instalação quando da classificação de um custo como fixo.

Os custos de estocagem são aqueles que variam conforme o volume de estoques guardado na instalação. Isto, se um determinado custo irá aumentar ou diminuir com o nível dos estoques mantidos na instalação, passará a ser considerado um custo de estocagem. Custos típicos nesse aspecto podem ser os de algumas instalações, impostos prediais, capital empregado em estoque e seguros sobre o valor dos estoques.

Os custos de manuseio variam com o processamento da instalação. Exemplos típicos são os custos do trabalho para estocar e recuperar itens, alguns custos com instalações e custos variados com equipamento de manuseio.

Os custos de armazenagem privada ou alugada são acompanhados pelo sistema contábil da empresa. Emitem-se relatórios periódicos como uma lista de contas de clientes, fornecendo os custos e as respectivas descrições. É preciso agir com muita ponderação e critério na classificação desses dados como custos fixos anuais, de estocagem e de manuseio úteis para o planejamento de rede.

---

[17] Robert Camp and Daniel DeHayes, "A Computer-based Method for Predicting Transit Time Parameters Using Grid Systems", *Decision Sciences,* Vol. 5 (1974), págs. 339-346.

[18] H. Donald Ratliff and Xinglong Zhang, "Estimating Traveling Time/Speed", *Journal of Business Logistics*, Vol. 20, nº 2 (1999), págs. 121-139.

Exemplo

Uma grande empresa petrolífera tem um armazém em que estoca pneus, baterias e acessórios vendidos por uma rede de postos de serviços. Um relatório contábil das despesas relativas à operação do armazém, durante um ano, está na Tabela 14-5. O autor deste livro aplicou seus critérios com respeito à melhor maneira de alocar as despesas a categorias de custos fixos, de estocagem e manuseio necessárias para o planejamento de rede. Analise e conclua se você faria uma alocação diferente.

Quando se trabalha com armazéns públicos, as tarifas de estocagem e manuseio são facilmente encontradas. O serviço desses armazéns é locado e pode ser comprado geralmente em proporção direta com as necessidades do demandante. As tarifas para estocagem (\$/cwt./mês) e manuseio (\$/cwt.) constam do contrato com o armazém público. Não se aplicam custos fixos, pois é um serviço locado. No entanto, os fornecedores podem oferecer bons descontos nas tarifas, dependendo da duração do contrato e dos volumes projetados.

Os custos para fábricas e fornecedores são também facilmente encontrados. Os custos variáveis para o rendimento da fábrica são normalmente obtidos a partir dos custos contábeis padrão para a produção. Em matéria de produtos comprados, os custos dos fornecedores são os preços oferecidos aos compradores.

Capacidade das Instalações

Limites específicos da capacidade de fábricas, armazéns e fornecedores podem ter impacto considerável sobre a configuração da rede. E no entanto, na prática, as capacidades não são valores absolutos, rígidos. Embora seja possível a existência de um processamento mais eficiente quanto à operação da instalação, trabalhar horas extras ou turnos adicionais, estocar produtos nos corredores e garantir equipamento ou espaço adicionais temporários são apenas algumas das modalidades de expansão da capacidade. Embora todas elas representem acréscimo de custos, é preciso cuidado para não acabar considerando as capacidades uma restrição insustentável e/ou intransponível.

Relação Estoque-Processamento

Quando o planejamento inclui a localização dos armazéns, torna-se usualmente necessário estimar de que maneira os níveis dos estoques ao longo da rede serão afetados quando o número, localização e tamanho do armazém mudem. Vale recordar, do Capítulo

CAPÍTULO 14 • O PROCESSO DE PLANEJAMENTO DA REDE   **499**

TABELA 14-5 Despesas anuais de armazém alocadas a categorias de custos fixos, de estocagem e manuseio

Contas	Despesas totais	Custos fixos anuais	Custos de estocagem	Custos de manuseio
Salários e gratificações[a]	$347.440	$36.500	$	$310.940
Horas extras	40.351			40.351
Trabalhadores de tempo parcial	23.551			23.551
FICA*	27.747	2.915		24.832
Seguro-desemprego	4.437	466		3.971
Despesas de viagens	5.716	5.716		
Refeições para trabalho extraordinário	844			844
Despesas com planos previdenciários	19.619	2.061		17.558
Seguro em grupo	14.860	1.561		13.299
Despesas de zeladoria – materiais	5.481	5.481		
Remoção de neve e detritos	2.521	2.521		
Manutenção dos prédios e terrenos	19.780	19.780		
Seguro antiincêndio	2.032	2.032		
Jardinagem	3.855	3.855		
Impermeabilização da cobertura[b]	15.621	15.621		
Mercadorias encalhadas	4.995		4.995	
Segurança	583	583		
Móveis e materiais de escritório	38.697			38.697
Despesas postais	518			518
Material geral de armazém	64.338			64.338
Eletricidade	39.332	39.332		
Calefação	28.974	28.974		
Telefone	8.750	8.750		
Livros, assinaturas de periódicos	1.017	1.017		
Anuidades e despesas gerais derivadas da filiação a entidades de classe	3.993	3.993		
Impostos – predial	43.570	43.570		
Impostos – de renda	35.354		35.354	
Despesas com veículos	12.961			12.961
Despesas com equipamento de material de manuseio	29.042			29.042
Totais		$224.728	$40.349	$580.902

[a]Inclui o gerente do armazém.

[b]Amortizável em 10 anos.

* N. de R. T.: Federal Insurance Contributions Act, ou Lei Federal de Contribuições Previdenciárias, que inclui descontos sobre salários até determinado montante para fins de previdência e assistência médica

9, sobre estoque, que essas são duas forças agindo sobre os níveis de estoques – estoque normal e estoque de segurança. À medida que o númeo de instalações de uma rede vai sendo reduzida, os níveis de estoques experimentam igualmente um declínio. Aqui, o que vale recordar é que a lei da raiz quadrada prevê a redução dos estoques regulares; ela não consegue estimar os efeitos sobre os estoques de segurança. Usar o processamento dos estoques ajudará a estimar ambos os efeitos.

Como localização é um problema de alocação da demanda entre os armazéns, gostaríamos de conseguir projetar o total do estoque em um armazém a partir da demanda, ou processamento, a ele atribuída. Uma maneira de encontrar a relação estoque-processamento é gerá-la a partir das próprias normas da empresa sobre estocagem. Isto é, um giro do estoque de oito giros por ano poderia ser o objetivo. Uma vez que a razão de giro é vendas anuais sobre o estoque médio, o relacionamento fica definido. No entanto, essa é uma expressão daquilo que a administração pretende, e não daquilo que realmente ocorre. Pode simplesmente ser a melhor relação que temos quando não há qualquer outra informação disponível.

Uma maneira melhor de encontrar a relação estoque-processamento talvez seja observar de que forma a administração controla os estoques. Um relatório comum na maioria das empresas é o relatório da situação de estoque que fornece os níveis mensais de estoque e os embarques de cada armazém na rede. Fazendo a média dos níveis de estoque de cada armazém e somando os embarques, é possível encontrar um ponto de dados num gráfico, como é mostrado na Figura 14-6. Plotar dados semelhantes para todos os armazéns e locais de fábricas que funcionam como armazéns servindo aos seus territórios completa o perfil dos dados. A partir daí, adequamos a melhor equação matemática aos dados que puderem ser encontrados. Com base nessa equação, e conhecendo a demanda anual atribuída a um armazém existente ou projetado, é possível estimar, pela média, o total de estoque a ser localizado em cada armazém.

Quando existem poucos armazéns na rede atual a partir dos quais seja possível gerar um perfil razoável de dados, quando a execução da política de estoque é de tal forma variável entre armazéns que não há como estabelecer corretamente uma relação agregada ou a política de estoques está prestes a ser mudada, pode se tornar necessário estimar o nível médio de estoque a partir das políticas de inventário para cada item armazenado. Isso pode ser concretizado mediante a simulação da ação de demanda de itens separados em um armazém e somando os resultados a um nível agregado de estoque para todos os itens. A maneira como a empresa controla cada item é refletida nos níveis totais de estoque. Dividindo a demanda entre números variados de possíveis armazéns, é possível gerar dados simulados como na Figura 14-6.[19]

Estimativa da Demanda Futura

Faz pouco sentido planejar a rede com base em dados de demanda passada ou atual quando não estiver prevista a implementação imediata dos resultados do planejamento. Por isso mesmo, procuramos um ano no futuro para fins de projeto. Métodos de projeção de médio a longo prazo podem ser úteis neste ponto. Como alternativa, muitas empresas produzem uma previsão de cinco anos para propósitos genéricos de planejamento. Isso pode se traduzir em informações também para o planejamento de rede.

Outros Fatores e Limitações

Depois de juntar os dados econômicos básicos, ainda haverá necessidade de informação sobre as várias restrições capazes de afetar o projeto de rede. Bender define essas restrições desta forma:

---

[19] Para uma discussão aprofundada do relacionamento agregado estoque-processamento, ver Ronald H. Ballou, "Estimating and Auditing Aggregate Inventory Levels at Multiple Stocking Points", *Journal of Operations Management*, Vol. 1, nº 3 (1981), págs. 143-153; e Ronald H. Ballou, "Evaluating Inventory Management Performance Using a Turnover Curve", *International Journal of Physical Distribution and Logistics Management*, Vol. 30, nº 1 (2000), págs. 72-85.

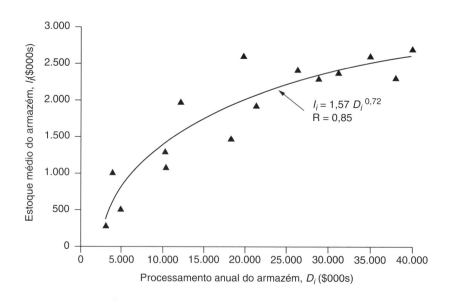

FIGURA 14-6 Uma curva de processamento de estoque para um produtor de componentes para limpeza industrial.

- Limitações financeiras, entre elas o investimento máximo permitido em novas instalações
- Limitações legais e políticas impondo, por exemplo, a necessidade de evitar determinadas áreas na avaliação de potenciais localizações
- Limitações de força de trabalho, como número e qualidade de pessoal disponível para dar suporte às novas estratégias
- Prazos a serem cumpridos
- Instalações que devem ser mantidas em operação
- Condições contratuais, tanto existentes quanto previsíveis[20]

Falta de Informações

Um dos problemas causadores de maior perplexidade no planejamento de rede é o da indisponibilidade de todos os dados indispensáveis para a concretização da análise. Isso ocorre com freqüência quando a análise envolve instalações que não são operadas pela empresa no momento. Elas precisam então ser estimadas ou adquiridas de fontes externas. Uma abordagem de estimativa é valer-se de dados existentes, de instalações operadas no mesmo conglomerado da instalação pretendida, ou de instalações que tenham as mesmas características gerais. As curvas de tarifas de transporte podem ser duplicadas nas novas localizações, ou então, é possível traçar novas amostragens de tarifas a partir das proximidades desses novos pontos de origem. As estimativas dos níveis médios de estoque são extraídas da curva média do processamento de estoque.

Informações não disponíveis na empresa podem ser às vezes encontradas fora dela. Dados econômicos tais como médias salariais, taxas de arrendamento, impostos e custos de construção podem existir com fartura nas pesquisas regionais sobre a situação de emprego realizadas periodicamente pelo Ministério do Trabalho. As várias associações comerciais realizam pesquisas econômicas regionais que proporcionam dados úteis para o desenvolvimento dos custos de armazenagem. A Roadway Pilot, a Yellow Freight e outras empresas de transporte de cargas oferecem disquetes gratuitos, ou acesso via Internet, de suas tarifas de transporte entre centenas de pontos de origem e destino intercidades em todos os Estados Unidos. Diversos fornecedores colocam à venda dados sobre tarifas de transporte, entre elas a SMC[3] Corporation.[21] Responsáveis por armazéns públicos sabem proporcionar as cotações de tarifas de transporte. Embora os dados dessas fontes não representem "a pesada negociação" por parte da empresa, proporcionam maneiras de preencher alguns dos dados em falta.

AS FERRAMENTAS PARA ANÁLISE

No momento em que estiver desenvolvida e elaborada a informação apropriada para o planejamento de rede, será hora de começar a análise destinada a encontrar o melhor projeto. Nesse tipo de problema, o processo de procurar os melhores processos é complexo e normalmente requer o suporte do uso de modelos matemáticos e computadorizados. Vejamos algumas dessas opções.

Opções para Modelagem

Embora existam inúmeros modelos isolados utilizáveis para análise, os modelos podem ser classificados em algumas categorias, a saber: (1) técnicas de gráfico, compasso e régua; (2) modelos de simulação; (3) modelos heurísticos; (4) modelos de otimização e modelos de sistemas especialistas. Alguns deles foram já discutidos no Capítulo 13.

Técnicas de Gráfico, Compasso e Régua

Essa é uma denominação genérica que se aplica a uma grande variedade de técnicas intuitivas desenvolvidas com o suporte de um nível relativamente baixo de análise matemática. Seus resultados, no entanto, não são necessariamente de baixa qualidade. Intuição, experiência e um bom entendimento do projeto de rede são qualidades que capacitam qualquer pessoa a gerar projetos satisfatórios. Fatores subjetivos, exceções, custos e restrições, muitas das quais não podem ser representadas pelo mais refinado modelo matemático, podem ser levados em conta. Isso enriquece a análise e tende a levar a projetos que são diretamente implementáveis.

Os métodos usados para dar suporte a este tipo de análise parecem necessariamente rudimentares no mundo informatizado de hoje. Os gráficos estatísticos, as técnicas de mapeamentos e planilhas de comparação são algumas das técnicas utilizáveis.

Aplicação

Quando os empregados de uma fábrica de freios tentaram sindicalizar-se, a empresa passou a planejar a transferência de suas operações para outro local. A fábrica ficava num estado do Centro-Oeste norte-americano em que os sindicatos eram tradi-

---

[20] Paul S. Bender, "Logistic System Design", em James F. Robeson and Robert G. House, editores, *The Distribution Handbook* (New York: Free Press, 1985), pág. 173.

[21] Ver o site www.SMC3.com.

502 **Parte V • Estratégia de Localização**

cionalmente poderosos. O proprietário da fábrica pretendeu instalar a nova fábrica em um estado mais inclinado pelo trabalho que para a sindicalização. Dado o número limitado de locais que essa restrição implicava para uma nova instalação única, cada local foi facilmente analisado em relação aos custos com a utilização de calculadora manual. Uma vez identificada a região geral do país em que a fábrica poderia instalar-se, o lugar definitivo era escolhido mediante a comparação entre muitos fatores subjetivos, como qualidade da educação no local, atitudes da comunidade em relação à operação e disponibilidade de transporte e utilidades públicas. Custos diretamente relacionados com o local também pesaram no estudo, entre os quais os dos impostos prediais e municipais, taxas sobre serviços públicos e aluguéis.

Modelos de Simulação

São dois os tipos de modelos de simulação: (1) simulação determinística ou (2) simulação estocástica ou de Monte Carlo. Os simuladores determinísticos são essencialmente calculadores de custos, em que os valores de variáveis estruturais (p. ex., fluxos de produtos em uma rede) são dados do modelo e que por sua vez calcula os custos, estatísticas de serviços e outras informações relevantes. Já os simuladores estocásticos procuram imitar fatos reais (p.ex., padrões de pedidos, tempos de transporte das entregas e estoque com o passar do tempo em um canal de suprimentos) usando distribuições probabilísticas para representar a incerteza no tempo dos fatos e o nível das variáveis desses mesmos fatos. Simulações determinísticas são normalmente usadas para avaliar o projeto existente de rede de uma empresa com o objetivo de que um "caso básico" possa ser estabelecido a fim de com ele serem comparados projetos otimizados de rede. Simulações estocásticas são usadas para mostrar os resultados do desempenho de métodos de controle de estoques, escolha de serviços de transporte, políticas de serviço aos clientes etc. As simulações estocásticas trabalham efetivamente com a dimensão *tempo* do planejamento da cadeia de suprimentos, em que simuladores determinísticos são usados em conjunção com o projeto espacial da rede.

Uma simulação de rede em geral exige a duplicação das estruturas de custos, restrições e outros fatores que representam a rede de uma forma razoável. Essa duplicação é normalmente feita mediante relações matemáticas, quase sempre de natureza estocástica. Assim, o procedimento de simulação é normalmente

... nada mais ou menos do que a técnica de conduzir experimentos de amostragem no modelo do sistema.[22]

Isto é, uma determinada configuração de rede é apresentada ao modelo de simulação, que então fornece os custos e outros dados relevantes à operação do projeto do sistema. A repetição reiterada da experiência com o mesmo projeto e com diferentes projetos produz estatísticas que se tornam úteis para a obtenção de comparações entre as opções de projetos. Devido à complexidade dos relacionamentos do modelo e do grande montante de informações manuseadas nas simulações, estas costumam ser realizadas em computador. Manipular o modelo de simulação em vez de fazer o mesmo com o sistema verdadeiro é algo feito como questão de conveniência.

Simulações têm sido usadas para enfrentar praticamente todos os tipos de problemas de planejamento em logística. Anos atrás, Shycon usou uma simulação (determinística) para ajudar na localização/instalação de armazéns.[23] A Andersen Consulting (posteriormente Accenture) usou a técnica (da simulação estocástica) para analisar o fluxo dos produtos ao longo dos múltiplos elos na localização de instalações com o objetivo de encontrar respostas para dúvidas relacionadas a níveis de estoque, rendimento de produção e programação dos fluxos no canal de distribuição/suprimentos.[24] Powers e Closs pesquisaram os efeitos dos incentivos comerciais sobre o desempenho logístico usando a simulação.[25] Muitos outros exemplos estão disponíveis.

As simulações são, em sua maior parte, adaptadas às particularidades do problema que se pretende analisar. Embora existam alguns simuladores especializados em problemas logísticos, como *LREPS*,[26] *PIPELINEMANAGER*,[27] *LSD*,[28] e *LOCATE*,[29] muitos outros simuladores podem ser criados com a ajuda de linguagens genéricas de simulação. Entre essas figuram *SIMS-*

---

[22] Frederick S. Hiller and Gerald J. Liberman, *Introduction to Operations Research*, 3ª Ed., (San Francisco: Holden-Day, 1980), pág. 643.

[23] H. N. Shycon and R. B. Maffei, "Simulation-Tool for Better Distribution", *Harvard Business Review*, Vol. 38, (November-December 1960), págs. 65-75.

[24] PIPELINEMANAGER™, um *software* de simulação da *Accenture*, Chicago, Illinois.

[25] Thomas L. Powers and David J. Closs, "An Examination of the Effects of Trade Incentives on Logistical Performance in a Consumer Products Distribution Channel", *Journal of Business Logistics*, Vol. 8, nº 2 (1987), págs. 1-28.

[26] Donald J. Bowersox, O. K. Helferich, P. Gilmour, F. W. Morgan Jr., E. J. Marien, G. L. Lawrence, and R. T. Rogers, *Dynamic Simulation of Physical Distribution Systems* (East Lansing, MI: Division of Research, Graduate School of Business Administration, Michigan State University, 1972).

[27] Um simulador de canal logístico de fluxos de produtos desenvolvido pela Andersen Consulting, uma divisão da Arthur Andersen and Company.

[28] David Ronen, "LSD – Logistic System Design Simulation Model", *Proceedings of the Eighteenth Annual Transportation and Logistic Educators Conference* (Boston: October 9, 1988), págs. 35-47.

[29] Um simulador para localização de instalações desenvolvido pela CSC Consulting.

CRIPT, GPSS, SIMULA, DYNAMO, SIMFACTORY e *SLAM*. Várias dessas linguagens atualmente incluem um componente gráfico pelo qual a adoção dos fluxos de produtos e níveis de estocagem pode ser representada em tempo simulado em tela de vídeo para a melhor interpretação dos resultados.

A simulação estocástica é o método preferencial quando um detalhamento muito amplo é parte essencial da descrição de um problema, quando surgem elementos estocásticos no problema, e quando encontrar a solução matemática ótima não é o fundamental. Os usuários classificam a simulação como a segunda melhor técnica quantitativa em termos de uso para análise, ficando atrás apenas da estatística.[30]

O simulador estocástico *SCSIM* faz parte do pacote do *LOGWARE*. Ele duplica um canal de suprimentos de múltiplos elos e permite que se testem vários métodos de previsão, políticas de estocagem, preços, tempos de transporte de entrega, tamanhos dos lotes de produção e tempos de processamento, tempos de processamento de pedidos e taxas de atendimento de itens. Os resultados incluem a projeção de receitas, diversos custos logísticos e de produção por elo, estatísticas de serviços ao cliente, níveis de estoques, pedidos em carteira e taxas de atendimento. Mais adiante, ainda neste capítulo, mais será dito a respeito deste simulador.

Modelos Heurísticos

Os modelos heurísticos são como uma combinação do realismo na definição de modelo que pode ser concretizada por modelos de simulação e a busca de soluções ótimas alcançadas por modelos de otimização. Eles em geral conseguem uma ampla definição dos problemas, embora não garantam soluções ótimas. Os modelos são elaborados em torno do conceito da heurística, que Hinkle e Kuehn definem como...

> Um processo abreviado de raciocínio... que procura uma solução, antes que ótima, satisfatória. A heurística, que reduz o tempo despendido na busca de soluções para problemas, compreende uma régua ou um procedimento computacional que restringe o número de alternativas de soluções para um problema, com base no análogo processo humano de tentativa e erro para alcançar soluções aceitáveis a problemas para os quais não existem algoritmos de otimização.[31]

A modelagem heurística é uma abordagem prática para alguns dos problemas mais difíceis da logística. As heurísticas são úteis quando se deseja que o modelo procure pela melhor solução, mas seria necessário muito esforço para resolver o problema por métodos de otimização. Freqüentemente usamos heurísticas em planejamento, quando podem aparecer como princípios ou conceitos. Alguns exemplos de regras heurísticas:

- Os lugares mais indicados para armazéns são aqueles situados nos centros de maior demanda ou em seus arredores
- Os clientes que devem ser abastecidos diretamente das fontes e não por um sistema de armazenagem são aqueles que podem comprar em quantidades de carga cheia de veículos
- Um produto deve ser armazenado se o diferencial nos custos de transporte entre movimento de chegada e de despacho justificar o custo da armazenagem
- Itens em uma linha de produtos que podem ter o melhor gerenciamento por procedimentos *just-in-time*, em lugar do controle estatístico de estoques, são aqueles que apresentam a menor variação em demanda e padrões de prazos de entrega
- O próximo armazém a ser acrescentado a um sistema de distribuição é aquele que apresenta as maiores economias de custos
- Os clientes mais caros, do ponto de vista da distribuição, são aqueles que compram em pequenas quantidades e se localizam no final das rotas de transporte
- Embarques econômicos são obtidos pela consolidação das entregas de pequeno volume em entregas de carga cheia de veículos começando com os clientes mais distantes na rede de distribuição e combinando as entregas ao longo de uma linha até o ponto de partida do transporte[32]

Regras como essas anteriormente relacionadas podem ser programadas em um modelo, normalmente um programa de computador, para permitir que a busca de uma solução siga a lógica dessas próprias regras.

---

[30] John J. Harpell, Michael S. Lane and Ali H. Mansour, "Operations Research in Practice: A Longitudinal Study", *Interfaces*, Vol. 19, nº 3 (May/June 1989), págs. 65-74.

[31] Charles L. Hinkle and Alfred A. Kuehn, "Heuristic Models: Mapping the Maze for Management", *California Management Review,* Vol. 10 (Fall 1967), pág. 61.

[32] Ronald H. Ballou, "Heuristics: Rules of Thumb for Logistics Decision Making", *Journal of Business Logistics*, Vol. 10, nº 1 (1989), págs. 122-132.

Modelos de Otimização

Os modelos de otimização baseiam-se em procedimentos matemáticos precisos para a avaliação de alternativas, e garantem que a solução ótima (a melhor alternativa) seja encontrada para o problema de acordo com sua proposição matemática. Isto é, que possa ser matematicamente comprovado que a solução apresentada é realmente a melhor. Muitos dos modelos de pesquisa determinística de operações, ou ciência do gerenciamento, são deste tipo. E incluem programação matemática (programação linear, não-linear, dinâmica e inteira); a enumeração; modelos de seqüenciamento; vários modelos dominados pelo cálculo e modelos de substituição de equipamentos. Muitos modelos de otimização já foram generalizados e são disponíveis como pacotes de programas informatizados.

E quando são usados os modelos de otimização? De acordo com Powers, "... em qualquer lugar e sempre que possível".[33] Ele vai adiante e destaca diversas vantagens da abordagem da otimização:

- O usuário tem a garantia de dispor da melhor solução possível para um determinado conjunto de suposições e dados.
- Muitas estruturas complexas de modelos podem com isso ser corretamente manuseadas.
- Uma análise mais eficiente é conduzida já que todas as alternativas são geradas e avaliadas.
- Comparações confiáveis rodada por rodada são agora viáveis, pois desde o começo é garantida a melhor solução para cada rodada.
- A economia de custos ou dos lucros verificados entre as soluções otimizadoras e as heuristicamente geradas é significativa.[34]

Embora representem vantagens significativas, os modelos de otimização não são isentos de desvantagens. A primeira delas reside em que, à medida que a complexidade do problema aumenta, a solução ótima vai deixando de ser obtida dentro de um tempo de computação razoável e mesmo com as capacidades de memória dos maiores computadores. Muitas vezes, o realismo da descrição do problema deve ser levado em conta como compensação do tempo da solução. Mesmo assim, um modelo de limitada otimização pode ser usado num modelo heurístico em que a otimização resolve parte do problema. Por outro lado, os modelos de otimização que exigem programação matemática (um dos maiores tipos para o planejamento de rede) freqüentemente incluem a heurística para liderar o processo de solução e limitar o tempo de resolução, uma vez que não podem garantir que a solução venha a ser encontrada sem a enumeração de todas as alternativas possíveis com um resultante tempo inaceitável de rodagem.

Exemplo

Um modelo básico de quantidade econômica de pedido (EOQ) usado para controle de estoques é um bom exemplo de modelo de otimização. Trata-se de um modelo baseado em cálculo de grande aceitação em termos de aplicação prática. Embora de alcance limitado, ele capta a essência de muitos problemas de controle de estoque e tem utilidade como um submodelo no âmbito de modelos de planejamento como o simulador de canal de suprimentos. O modelo EOQ dá a quantidade ótima de bens a serem pedidos pela segunda vez quando o nível do estoque desses itens se reduz a um montante predeterminado. O modelo, que é uma espécie de compensação entre os custos do pedido e os custos da manutenção do estoque, fornece a quantidade ótima de novo pedido e tem a formulação a seguir:

$$Q^* = \sqrt{2DS / IC}$$

em que

Q^* = quantidade ótima de novo pedido (unidades)
D = demanda anual (unidades)
S = custo de obtenção do pedido (dólares/pedido)
I = custo anual de manutenção do estoque (percentual anual do valor da unidade)
C = valor de uma unidade mantida em estoque (dólares/unidade)

Este modelo foi discutido no Capítulo 9.

Modelos de Sistemas Especialistas

Quando um problema de planejamento, como o do projeto de rede, é resolvido muitas vezes em uma variedade de situações, o planejador provavelmente consegue desenvolver uma compreensão a respeito da melhor forma de chegar a tal solução. Essa compreensão muitas vezes transcende à mais complexa formulação matemática possível. Este conhecimento e especialização, quando podem ser capturados num modelo ou sistema especialista, podem ser usados para produzir so-

---

[33] Richard F. Powers, "Optimization Models for Logistics Decisions", *Journal of Business Logistics*, Vol. 10, nº 1 (1989), pág. 106.

[34] Idem, págs. 111-115.

luções de qualidade geral superior àquela anteriormente obtida com o uso apenas dos métodos de simulação, heurísticos ou de otimização. Cook define um sistema especialista como...

> ... um programa de computador artificialmente inteligente que resolve problemas em um nível de especialista pela utilização do conhecimento e lógica da resolução de problemas dos especialistas humanos.[35]

Embora sistemas especialistas estejam em seus estágios primários de desenvolvimento, algumas de suas aplicações já estão consagradas, como no assessoramento do diagnóstico médico, exploração mineral, projeto de configurações customizadas de computadores e empilhamento de caixas em paletes. Algumas aplicações em logística passaram a ser relatadas nas áreas da estocagem, transporte e serviços aos clientes.[36] De acordo com Cook, os sistemas especialistas contam com inúmeras vantagens dignas de nota em relação aos sistemas convencionais de planejamento:

- Conseguem processar informação tanto qualitativa quanto quantitativa, permitindo que fatores críticos subjetivos, como a opinião gerencial, se tornem mais facilmente parte do processo decisório.
- Podem processar informação incerta e proporcionar soluções com informação apenas parcial, permitindo que problemas mais complexos e desestruturados venham a ser resolvidos.
- Proporcionam soluções mais rápidas e de menor custo pela utilização apenas do mínimo de informação indispensável para encontrar tais soluções.
- Destacam a lógica de solução do problema especialista, que permite ao gerente de logística desenvolver com maior rapidez qualificações em matéria de processo decisório.
- Proporcionam conhecimento portátil, copiável e documentável.[37]

Identificar especialistas, especificar a base de conhecimentos (boa parte dos quais pode ser qualitativa) e adquirir seus relevantes conhecimentos são os maiores obstáculos a superar quando do desenvolvimento de modelos de sistemas especialistas. Mesmo assim, o conceito da captação das técnicas e conhecimentos relacionados com a arte de planejar de tal forma a complementar os métodos científicos já utilizados no planejamento tem um atrativo tão significativo que os sistemas especialistas indubitavelmente tendem a crescer em matéria de preferência e aplicação pelos especialistas e operadores logísticos.

Sistemas de Suporte às Decisões

O banco de dados e as ferramentas de análises viram-se combinados, com a ajuda do computador, no atualmente chamado sistema de suporte às decisões (DSS – *decision support system*). Um DSS presta assessoramento ao processo de tomada de decisões ao permitir ao usuário que interaja diretamente com o banco de dados, que direcione dados para os modelos de decisão, e que apresente os resultados de maneira compreensível. De acordo com Andersen, Sweeney e Williams, um DSS tem quatro subsistemas básicos:

- Capacidade interativa que dá ao usuário condições de comunicar-se diretamente com o sistema
- Um gerente de dados que possibilita extrair toda a informação necessária de bancos de dados tanto internos quanto externos
- Um subsistema de modelagem que permite ao usuário interagir com modelos científicos de gerenciamento pela infusão de parâmetros e pelo ajustamento de situações às necessidades específicas do processo decisório
- Um gerador de saída com uma capacidade gráfica que dá ao usuário condições de fazer pergun-

---

[35] Robert L. Cook, "Expert System Use in Logistics Education: An Example and Guidelines for Logistics Educators", *Journal of Business Logistics*, Vol. 10, n° 1 (1989), pág. 68.

[36] Ver, por exemplo, Mary K. Allen, *The Development of an Artificial Intelligence System for Inventory Management* (Oak Brook, IL: *Council of Logistics Management*, 1986); Robert L. Cook, Omar K. Helferich, and Stephen Schon, "Using an AI-Expert System to Assess and Train Logistics Managers: A Parts Inventory Manager Application", *Proceedings of the Sixteenth Annual Logistics Conference* (Anaheim, CA., October 5, 1986), págs. 1-24; Aysegul Ozsomer, Michel Mitri, and S. Tamer Cavusgil, "Selecting International Freight Forwarders: An Expert Systems Application", *International Journal of Physical Distribution & Logistics Management*, Vol. 23, n° 3 (1993), págs. 11-21; James Bookbinder and Dominique Gervais, "Materials-Handling Equipment Selection Via an Expert System", *Journal of Business Logistics*, Vol. 13, n° 1 (1992), págs. 149-172; Prabir K. Bagchi and Barin N. Nag, "Dynamic Vehicle Scheduling: An Expert Systems Approach", *International Journal of Physical Distribution & Logistics Management*, Vol. 21, n° 2 (1991); Lori S. Franz and Jay Woodmansee, "Computer-Aided Truck Dispatching Under Conditions of Product Price Variance with Limited Supply", *Journal of Business Logistics,* Vol. 11, n° 1 (1990), págs. 127-139; Peter Duchessi, Salvatore Belardo, and John P. Seagle, "Artificial Intelligence and the Management Science Practitioner: Knowledge Enhancements to a Decision Support System for Vehicle Routing", *Interfaces*, Vol. 18, n° 2 (March-April 1988), págs. 85-93; e Mary K. Allen and Omar K. Helferich, *Putting Systems to Work in Logistics* (Oak Brook, IL: Council of Logistics Management, 1990), Capítulo 3.

[37] Cook, "Expert System...", págs. 68-70.

tas "o que aconteceria se?" e de obter resultados facilmente interpretáveis[38]

Sistemas como esses podem simplesmente proporcionar um ambiente em que o responsável pelas decisões tenha condições de interagir, e com autonomia consideravelmente maior do que antes, na adoção da decisão final. Por outro lado, o DSS pode fornecer a decisão que o encarregado do processo esteja prestes a implementar. A primeira hipótese tem maiores probabilidades de ocorrer quando há planejamento estratégico em jogo, enquanto que a segunda é mais característica do planejamento operacional. Em qualquer das situações, o certo é que o DSS computadorizado proporciona uma dimensão ampliada do processo de planejamento.

Aplicação

A Batesville Casket Company fabrica e distribui uma linha de féretros de primeira qualidade para casas funerárias nos Estados Unidos. A distribuição se dá regionalmente a partir de cerca de 50 armazéns que são a base dos caminhões que fazem entregas diárias para suprir os pedidos das casas funerárias. A Batesville desenvolveu um sistema de suporte às decisões para os despachantes de seus caminhões. Pedidos de todas as regiões do país dão entrada no sistema central de computação da empresa em Batesville, Ohio. Durante a noite, as quantidades dos pedidos, juntamente com as informações da localização dos clientes, são transmitidas a microcomputadores nos armazéns adequados. Em combinação com a informação armazenada no computador local, o gerente do banco de dados do sistema central prepara os dados na forma adequada a um modelo de roteirização e programação dos caminhões. O despachante local recorre a este modelo a fim de encontrar as melhores estradas e horários para as entregas do dia. Ele usa os resultados do modelo como a primeira solução para o seu problema, e os vai modificando de acordo com a chegada de pedidos posteriores, mudanças na disponibilidade de equipamento e alterações nos pedidos dos clientes. Ele tem condições de testar este plano revisado em comparação com o projeto otimizado antes de decidir qual será o programa definitivo das entregas do dia.

CONDUZINDO A ANÁLISE

Concentramos agora nossas atenções na lógica usada para o planejamento estratégico da rede logística. O

problema do projeto de rede está colocado no alto da hierarquia do planejamento, como se vê na Figura 14-7. Ele difere de outros problemas de planejamento logístico tanto na freqüência com que o planejamento é repetido como no grau de agregação da informação usada no processo de planejamento. A fim de destacar o projeto de rede de outros problemas de planejamento, é importante observar a maneira pela qual Stenger classifica os problemas em cada um dos níveis da hierarquia.

- **Projeto da rede.** Projetar a rede para concretizar os objetivos estratégicos da empresa. O número, localização, destinação de produtos e capacidades atuais e potenciais dos centros de distribuição, fábricas e pontos de consolidação são especificados. Estabelecem-se metas para os níveis de estoque ao longo da rede. O nível do serviço aos clientes a ser proporcionado será ainda determinado. Dados agregados e previsões de longo prazo são usados e o processo de planejamento não deverá ser repetido em menos de um ano.
- **Planejamento agregado e alocação.** O planejamento, nesse nível hierárquico determina cargos, ou aloca demanda aos centros de distribuição, fábricas, e fontes de materiais numa forma agregada. Os volumes agregados de compra, produção, armazenagem e tráfego são especificados. O planejamento aqui é repetido trimestralmente ou mensalmente.
- **Planejamento do fluxo e programa mestre de produção.** O planejamento neste nível é similar ao anterior, exceto em que a alocação é para a unidade de estoque (SKU). O objetivo é assegurar que as previsões e metas de estoques continuem sendo alcançadas. O horizonte de planejamento é mensal ou semanal.
- **Processamento das transações.** Trata-se de um problema de planejamento de alocação de curto prazo, em que os pedidos dos clientes, dando entrada aleatoriamente, têm seu atendimento determinado por localização e transportador. O planejamento é diário.
- **Programação de curto prazo.** O problema de programação de curto prazo que tem por objetivo otimizar a utilização dos recursos – p. ex., os transportes – criando condições para o atendimento de pedidos específicos em aberto, enquanto se faz o atendimento de prazos específicos de processamento de pedidos. O planejamento é diário.[39]

---

[38] David R. Andersen, Dennis J. Sweeney and Thomas A. Williams, *An Introduction to Management Science,* 4ª Ed. (St. Paul, MN: West, 1985), pág. 722.

[39] Alan J. Stenger, "Electronic Information Systems – Key to Achieving Integrated Logistics Management", *Proceedings of the Seventeenth Annual Transportation and Logistics Educators Conference* (Atlanta, GA., September 27, 1987), págs. 12-26.

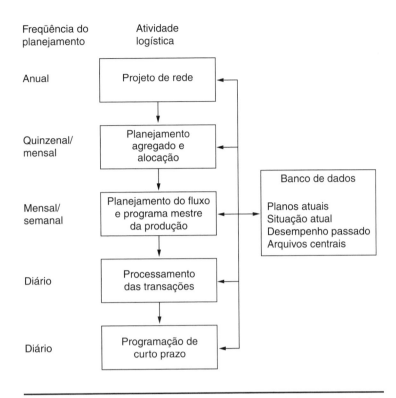

FIGURA 14-7 Uma hierarquização do processo de decisões em logística.
Fonte: Adaptado de Alan J. Stenger, "Electronic Information Systems – Key to Achieving Integrated Logistics Management", *Proceedings of the Seventeenth Annual Transportation and Logistics Educators Conference* (Atlanta, GA:, September 27, 1987), pág. 16.

Os procedimentos utilizados para o planejamento estratégico variam de um planejador a outro, e igualmente de um projeto a outro. No entanto, a boa prática pode ser generalizada em no mínimo alguns elementos básicos. Analise as etapas genéricas nesse procedimento.

Auditoria dos Níveis de Serviço ao Cliente

Um primeiro passo lógico, mas ainda assim opcional, quando se projeta uma rede é conduzir uma auditoria dos serviços aos clientes. Essa auditoria leva a consultar os clientes sobre o nível de serviço logístico que lhes é disponibilizado no presente e o nível com que gostariam de contar. Entrevistas pessoais com os clientes ou questionários postais são os meios normalmente usados para buscar respostas a perguntas como:

- Que níveis de serviços os clientes esperam receber?
- Que níveis de serviços a concorrência proporciona?
- Como é concretizado pela concorrência esse nível de serviços?
- Até que ponto a empresa utilizou a "visão de canal" na determinação de quem deve fazer o quê, quando, onde e como em seus canais de distribuição?
- A estratégia logística da empresa dá real suporte à sua estratégia corporativa?[40]

Esse tipo de auditoria tem condições de ajudar a estabelecer o nível de serviço logístico ao cliente pretendido para o projeto da rede; no entanto, é muito comum que níveis de serviços sejam especificados pela gerência ou que sejam predeterminados nos níveis existentes.

A auditoria externa pode ser seguida por outro procedimento semelhante interno. O objetivo é estabelecer o nível de serviço que a empresa prové atualmente e definir um padrão de referência (*benchmarck*) para esse serviço. Sterling e Lambert sugerem que a auditoria interna deve servir para sanar as seguintes dúvidas:

---

[40] Jay U. Sterling and Douglas M. Lambert, "Customer Service Research: Past, Present and Future", *International Journal of Physical Distribution & Materials Management*, Vol. 19, nº 2 (1989), págs. 1-23.

- De que maneira o serviço ao cliente é avaliado atualmente dentro da empresa?
- Quais são as unidades de medida?
- Quais são os padrões ou objetivos de desempenho?
- Qual é o nível atual de atingimento – resultados em comparação com metas?
- Como são determinados internamente esses níveis?
- Qual é o sistema interno de relatório de serviço ao cliente?
- De que maneira cada uma das funções de negócios da empresa percebe o serviço ao cliente?
- De que maneira essas funções fazem a interface em um contexto de comunicações e controle?
- Qual é a variância no tempo de ciclo de pedido, e qual o impacto desta variância sobre os negócios dos clientes?[41]

Embora a realização de semelhante auditoria interna possa produzir inúmeros benefícios, a maioria dos planejadores prefere não colocá-la em prática. Em lugar disto, tendem a confiar na duplicação do projeto atual de rede como o melhor indicador dos níveis de serviço ao cliente que a empresa pode oferecer.

O ideal seria que essas auditorias viessem a gerar um relacionamento de confiança entre os níveis de serviços aos clientes e as receitas que poderiam ser obtidas a partir de um determinado projeto de rede. Como isso raramente é feito, passa a ser comum tratar o serviço ao cliente como uma *restrição* no projeto de rede. A restrição pode ser alterada para ver o efeito no total dos custos e, portanto, indiretamente atribuir o valor do serviço.

Organizando o Estudo

A primeira etapa do projeto de rede é aquela em que se definem o alcance e os objetivos do projeto, se organiza a equipe de estudos, se determina a disponibilidade dos dados indispensáveis e se estabelecem os procedimentos de coleta. O objetivo maior disso tudo é determinar a viabilidade da realização de um estudo de planejamento estratégico numa situação especial, os especialistas a serem incluídos na força-tarefa do estudo, e as probabilidades de que o estudo venha a ter resultados úteis. Mossman, Blankit e Helferich organizaram o sumário desta etapa inicial (Figura 14-8) e fizeram uma descrição das tarefas a ela pertinentes:

- Rever toda a situação logística atual para definir serviços, níveis de serviço aos clientes e operações logísticas necessárias à concretização de uma base para a avaliação de alternativas de sistemas logísticos (a auditoria logística).
- Entrevistar figuras centrais da administração e cada integrante da equipe do projeto a fim de garantir o entendimento dos objetivos da administração e obter elementos indispensáveis à definição de questões específicas e sistemas logísticos alternativos a serem avaliados no estudo.

[41] Idem.

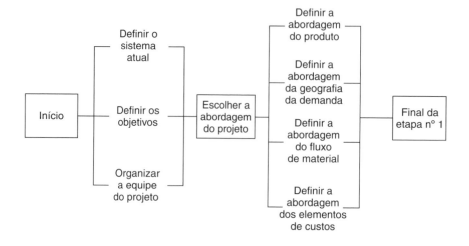

FIGURA 14-8 Projeto da rede logística, etapa de organização.
Fonte: Frank H. Mossman, Paul Bankit e Omar K. Helferich, *Logistics Systems Analysis,* edição revisada (Washington, D.C.: University Press of America, 1979), pág. 307.

- Desenvolver uma relação preliminar de premissas críticas gerenciais do estudo, políticas de logística operacional, *marketing* e diretrizes que sejam importantes para a avaliação de logísticas alternativas e para o trabalho de coleta de dados.
- Especificar os critérios de avaliação e estudar o resultado em termos de variáveis de custo e serviço ao cliente.
- Escolher a técnica (modelo) de solução com base na sua adequação às alternativas a serem avaliadas, facilidade de preparação de entrada de dados, estimativas de custos e tempos e utilização futura projetada.
- Definir os requisitos específicos de dados e providenciar os procedimentos de coleta de dados.
- Definir qualquer importante análise manual exigida para complementar os resultados do modelo computacional a fim de avaliar com maior detalhamento o impacto sobre custos e serviços aos clientes.
- Organizar uma reunião de trabalho com a equipe do projeto para uma revisão geral das constatações, conclusões, critérios de seleção de modelo e plano de trabalho preliminar do projeto.
- Estimar os benefícios em termos de redução de custos (melhoria dos lucros) ou melhoria dos serviços aos clientes esperados a partir do estudo.
- Recomendar, como apropriadas, quaisquer sugestões destinadas a imediatas melhorias em custos ou serviço ao cliente.
- Definir os procedimentos de gerenciamento do projeto e estimar as necessidades em pessoal, computadores e outros elementos de suporte nesse estudo.[42]

A força-tarefa deve ser usada já com o pensamento voltado para a estratégia de implementação. Cuidadosa atenção precisa ser dedicada à inclusão de pessoas cujas áreas de atuação possam vir a ser afetadas pelo estudo e que sejam capazes de proporcionar opiniões e avaliações criteriosas sobre o assunto, à medida que necessárias. É de enorme importância a inclusão de pessoas das áreas de produção e *marketing*.

Benchmarking

O *benchmaking*, ou validação de modelagem ou de outros processos analíticos usados no planejamento, constitui a segunda etapa do planejamento estratégico. A filosofia é criar um ponto de referência, ou caso básico, usando políticas ou padrões de distribuição atuais. Os métodos usados para a análise devem ser razoavelmente aproximados daquilo que os procedimentos padrões e relatórios de contabilidade produzem. Além de estabelecer o custo do sistema atual de distribuição de forma a que mudanças possam ser feitas em relação a eles, o processo de *benchmarking* desperta a confiança de que os métodos usados irão representar com exatidão os custos de distribuição e o desempenho em serviços aos clientes.

A modelagem é uma abordagem preferencial do problema do projeto de rede, e o *benchmarking* tem função muito importante no processo analítico. A análise é voltada para a comparação entre a rede em sua configuração atual e uma configuração nova, melhorada, de rede. É claro que a gerência gostaria que as comparações refletissem condições reais sob as quais é preciso operar. Contudo, é muito mais fácil manipular os modelos do que a rede real, por isso usamos a modelagem como uma forma de estabelecer comparações. A comparação dos resultados dos modelos é um substituto para aquilo que se esperaria na prática real. Portanto, o *benchmarking* é o processo pelo qual validamos que o processo de modelagem reproduz fielmente os níveis de custos e serviços da rede atual. Isso consolida a confiança em que, quando o modelo representar configurações de rede ainda não testadas pela administração, ele produzirá com um razoável grau de precisão os níveis de custos e serviços na prática.

O *benchmarking* normalmente funciona da seguinte maneira. São criados grupos representativos de produtos. O número é determinado como um balanceamento entre manter características diferenciadoras dos produtos com relação a serviços e custos, e os benefícios resultantes da menor coleta de dados resultante da agregação dos produtos.

A seguir, as vendas são geograficamente agregadas em um número gerenciável de centros de demanda. As políticas de serviços aos clientes são definidas para cada grupo de produtos. Coletam-se dados para categorias relevantes de custos, entre as quais transportes, armazenagem, estocagem e produção/compra. As rotas dos fluxos de produtos são descritas tanto para movimentação a partir do armazém quanto para a movimentação das fábricas/fornecedores/portos diretamente aos clientes. As políticas de estocagem são igualmente definidas nessa ocasião.

---

[42] Frank H. Mossman, Paul Bankit e Omar K. Helferich, *Logistics Systems Analysis,* edição revisada (Washington, D.C.: University Press of America, 1979), Capítulo 8.

510 PARTE V • ESTRATÉGIA DE LOCALIZAÇÃO

Por fim, várias relações entre custo, demanda e serviços são estabelecidas a partir dos dados coletados. A informação é organizada em categorias de custo e serviço para comparação com as despesas de fato efetuadas. A força-tarefa revisa se esses resultados são razoáveis para explicar qualquer desvio. Uma vez completado esse processo de validação, a escolha do melhor projeto de sistema pode ter início.

Configuração de Rede

A abordagem moderna do planejamento da configuração de rede é a de utilizar o computador para trabalhar as grandes quantidades de dados presentes na análise. Modelos de computador que trabalham com o problema da localização em planejamento de rede vêm conquistando significativa preferência. Eles têm sido úteis nas respostas às questões relacionadas com o número, tamanho e localização de fábricas, armazéns e terminais; a maneira pela qual a demanda é a eles atribuída, e os produtos que deveriam ser estocados em cada instalação. Os objetivos da configuração de rede são:

- Minimizar todos os custos logísticos relevantes e ao mesmo tempo superar as restrições à logística do serviço aos clientes.
- Maximizar o nível de serviço logístico ao cliente e ao mesmo estabelecer um limite sobre os custos logísticos totais.
- Maximizar a contribuição aos lucros feita pela logística pela maximização da margem entre as receitas geradas por um nível de serviço logístico aos clientes e os custos necessários à concretização desse nível de serviço.

O terceiro objetivo reside principalmente em manter-se em linha com as metas econômicas da empresa, mas, devido à freqüente ausência de um relacionamento vendas-serviços para os produtos da empresa, são muitos os modelos elaborados em torno do primeiro objetivo.

Modelos que ajudam o planejador a procurar a melhor configuração de instalações chegarão a isso tentando equilibrar padrões conflitantes de custos que ocorrem entre produção/compra, armazenagem e transporte, sujeitos a limitações práticas entre as quais capacidade da fábrica, capacidade do armazém e restrições aos serviços aos clientes. Os custos são relacionados com movimentação dos produtos à medida que ocorrer a partir de fábricas e fornecedores por meio de pontos intermediários de estocagem e em direção aos locais dos clientes. Um exemplo do tipo de relatório de produção que pode ser obtido a partir de modelo de grade comercial para a análise de localizações é mostrado na Figura 14-9. Esse relatório resumido é o resultado de uma rodada de computador em que o usuário especifica as instalações e a forma pela qual ocorre o fluxo do produto através delas, ou que o modelo faz as seleções de instalações e as alocações a elas. A rede é potencialmente como aquela representada na Figura 14-1. Observe que nenhum armazém regional é especificado nessa solução – apenas armazéns de campo, ou de nível 1.

ANÁLISE DO PRODUTO – Enlatados – União Européia

RESULTADOS RESUMIDOS DA SOLUÇÃO DE REDE

	Euros (E$)
Receita	0
Custo de produção/compra	13.425.407
Custo operacional da instalação de nível 3	0
Custo fixo da instalação de nível 3	0
Custo de manutenção de estoque da instalação de nível 3	0
Custo operacional da instalação de nível 2	0
Custo fixo da instalação de nível 2	0
Custo de manutenção de estoque da instalação de nível 2	0
Custo operacional da instalação de nível 1	243.478
Custo fixo da instalação de nível 1	160.000
Custo de manutenção de estoque da instalação de nível 1	283.761

FIGURA 14-9 Amostra do rendimento de um grupo de produtos em um modelo de localização de instalação de grau comercial. (*continua*)

CAPÍTULO 14 • O PROCESSO DE PLANEJAMENTO DA REDE **511**

Custos de transporte:

De fábricas/fornecedores para instalações de nível 3	0
De fábricas/fornecedores para instalações de nível 2	0
De fábricas/fornecedores para instalações de nível 1	584.014
De fábricas/fornecedores para clientes	0
De instalações de nível 3 para nível 2	0
De instalações de nível 3 para nível 1	0
De instalações de nível 3 para clientes	0
De instalações de nível 2 para nível 1	0
De instalações de nível 2 para clientes	0
De instalações de nível 1 para clientes	11.533.930
Custos totais	26.230.590

Contribuição do resultado	E$	-26.230.590

-PERFIL DOS SERVIÇOS AOS CLIENTES-

Distribuição da instalação para os clientes (km)	Percentagem da demanda	Percentagem acumulada da demanda	Distribuição da instalação para os clientes (km)	Percentagem da demanda	Percentagem acumulada da demanda
0,0 para 100,0	0,0	0,0	800,0 para 900,0	42,6	73,8
100,0 para 200,0	0,0	0,0	900,0 para 1.000,00	0,0	73,8
200,0 para 300,0	12,1	12,1	1.000,0 para 1.500,0	2,2	76,0
300,0 para 400,0	3,3	15,4	1.500,0 para 2.000,0	24,0	100,0
400,0 para 500,0	4,1	19,5	2.000,0 para 2.500,0	0,0	100,0
500,0 para 600,0	11,7	31,2	2.500,0 para 3.500,0	0,0	100,0
600,0 para 700,0	0,0	31,2	> 3.000,0	0,0	100,0
700,0 para 800,0	0,0	31,2	Total	100,0	

-PROCESSAMENTO FÁBRICA/FORNECEDOR CUSTOS RELACIONADOS-

Número de fábrica/ fornecedor	Localização da fábrica/ fornecedor	Processamento máximo (kg)	Processamento atribuído (kg)	Custo fábrica/ fornecedor
1	PARIS	200.000	69.712	2.180.591
2	ROMA	400.000	354.950	11.244.816
	Totais	600.000	424.662	13.425.407

Número de fábrica/ fornecedor	Localização da fábrica/ fornecedor	Ao nível 3, em euros	Ao nível 2, em euros	Ao nível 1, em euros	Aos clientes, em euros
		--------Custos de transporte da fábrica aos fornecedores--------			
1	PARIS	0	0	131.630	0
2	ROMA	0	0	452.384	0
	Totais	0	0	584.014	0

– PROCESSAMENTO E CUSTOS RELACIONADOS DE INSTALAÇÃO DE NÍVEL 1 –

Número de instalações de nível 1	Localização de instalações de nível 1	Processamento máximo, kg.	Processamento atribuído, kg.	Custos de estocagem, em euros	Custos de manutenção, em euros
1	MILÃO	900.000	354.950	57.080	141.980
2	LIVERPOOL	900.000	29.411	7.010	16.176
3	HANNOVER	900.000	40.301	5.918	15.314
	Totais	2.700.000	424.662	70.008	173.470

Número de instalações de nível 1	Localização de instalações de nível 1	Custos fixos da instalação	Nível estimado dos estoques, em euros	Custos de manutenção dos estoques, em euros	Transporte de Nível 1 aos clientes, em euros
1	MILÃO	50,000	1.364.567	231.976	11.418.378
2	LIVERPOOL	80.000	131.685	22.387	52.648
3	HANNOVER	30.000	172.928	29.398	62.904
	Totais	160.000	1.669.180	283.761	11.533.930

FIGURA 14-9 Amostra do rendimento de um grupo de produtos em um modelo de localização de instalação de grau comercial. (*continua*)

– CLIENTES DESIGNADOS PARA INSTALAÇÕES –

Volume, kg	Seq nº	Localização do cliente	Seq nº	Localização do ponto de atendimento	Tipo de ponto de atendimento	Distância do atendimento, km	Tempo do serviço, dias	Custo total, em euros/ kg
38.955	11	LISBOA	1	MILÃO	Nível 1	1.930	0,00	133,31
148.384	2	BARCELONA	1	MILÃO	Nível 1	837	0,00	36,09
14.035	3	LONDRES	2	LIVERPOOL	Nível 1	316	0,00	39,24
22.966	4	BERLIM	3	HANNOVER	Nível 1	295	0,00	36,61
19.794	5	BRUXELAS	1	MILÃO	Nível 1	842	0,00	36,10
49.891	6	ROMA	1	MILÃO	Nível 1	535	0,00	35,66
15.376	7	DUBLIN	2	LIVERPOOL	Nível 1	277	0,00	39,13
17.335	8	COPENHAGUE	3	HANNOVER	Nível 1	461	0,00	36,97
12.537	9	BORDEAUX	1	MILÃO	Nível 1	868	0,00	36,14
9.327	10	PALERMO	1	MILÃO	Nível 1	1.004	0,00	133,31
62.993	11	ATENAS	1	MILÃO	Nível 1	1.694	0,00	133,31
13.069	12	LUCERNA	1	MILÃO	Nível 1	239	0,00	35,23

– DESIGNAÇÃO DE INSTALAÇÕES DE NÍVEL 1 PARA PONTOS DE ATENDIMENTO –

Volume, kg	Seq nº	Local das instalações de nível 1	Seq nº	Local do ponto de atendimento	Tipo do ponto de atendimento	Distância do atendimento, km	Tempo do atendimento, dias	Custo do processamento, em euros/kg
354.950	1	MILÃO	2	ROMA	FÁBRICA	563	0,00	34,31
29.411	2	LIVERPOOL	1	PARIS	FÁBRICA	719	0,00	37,39
40.301	3	HANNOVER	1	PARIS	FÁBRICA	762	0,00	35,20

FIGURA 14-9 Amostra do rendimento de um grupo de produtos em um modelo de localização de instalação de grau comercial. (*continuação*)

Estabelecendo o Benchmark para Custos e Níveis de Serviços

A primeira etapa no planejamento estratégico de rede é o estabelecimento de um *benchmark* de custos logísticos e níveis de serviço existentes. Surpreendentemente, são poucas as empresas que descreveram cuidadosamente seus padrões de fluxo de distribuição, desempenho de serviços aos clientes ou os custos totais da distribuição. Esse processo determina o nível básico dos custos, serviços e configurações com as quais as melhorias podem ser comparadas, como mostra a Tabela 14-6. Os resultados podem ser usados para validar o processo de modelagem, bem como para aumentar a confiança de que as melhorias em custos projetadas serão exatas.

Benchmark Melhorado

Com o tempo, ocorrências como mudanças na demanda, ajustamentos nas tarifas de transporte e mudanças nas tarifas de armazenagem e manuseio podem levar um projeto de rede que deveria ser ótimo a trabalhar em um nível de custo/serviço bem inferior a isso. Assim, a tarefa seguinte no planejamento estratégico de rede é otimizar os padrões logísticos sujeitos aos números existentes de locais e instalações, às capacidades dessas instalações, níveis de serviços existentes, etc. Esta é uma estratégia de não-investimento, na qual as economias de custos po-

dem ser concretizadas sem uma disponibilização de capital. Como a Tabela 14-6 mostra bem, uma empresa de produtos químicos obteve soma superior a $400 mil por ano em economias de custos (rede implementável) de um custo total de *benchmak* de $7,3 milhões, uma redução de 6%, pelo aumento do número de pontos de estocagem em uso e por proporcionar que o serviço ao cliente fosse colocado em pé de igualdade com a política estabelecida de serviços. Trata-se de um resultado muito importante, pois alterações adicionais na rede são adequadamente comparadas com a melhoria do *benchmark*, em vez de com o nível de custo do *benchmark*.

Oportunidades Máximas

Em matéria de planejamento estratégico de rede, é sempre informativo determinar a rede com os menores custos variáveis possíveis. Atinge-se essa meta encontrando a rede ótima sem restrições de capacidade de fábrica ou de armazém, sem restrições aos serviços prestados aos clientes, e levando em conta um grande número de locais de fábrica e armazém. Como a Tabela 14-6 indica, este resultado, embora atraente de um ponto de vista preocupado com economia de custos, é normalmente concretizado mediante a redução de serviços e uma transferência de demanda para instalações em nível superior à sua capacidade de atendê-la. Obviamente, se essas economias não forem suficientemente grandes

CAPÍTULO 14 • O PROCESSO DE PLANEJAMENTO DA REDE   513

TABELA 14-6   Resumo de resultados selecionados de uma análise de rede para uma empresa de produtos químicos

	Tipo de modelo rodado[a]			
Tipo de custos	*Benchmark*	*Benchmark melhorado*[b]	*Economias máximas de rede*[c]	*Rede implementável*[d]
Estoque e Armazenagem				
Capital	$ 103.110	$ 87.008	$ 87.626	$ 100.737
Impostos e seguros	38.756	47.957	19.037	34.022
Processamento dos pedidos	284.366	223.820	198.210	262,413
Estocagem	165.788	138.412	119.749	119,293
Manuseio	299.863	265.252	329.385	253,479
Subtotal	$ 891.883	$ 762.449	$ 754.007	$ 769.944
Transporte				
Da fábrica ao armazém	$ 261.853	$213.567	$0	$ 206.542
Do armazém ao cliente	1.041.661	1.113.978	1.453.812	925.043
Subtotal	$1.303.514	$1.327.545	$1.483.812	$1.131.585
Produção	*A capacidade atual*		*Sem restrição de capacidade*	
@Atlanta	$3.861.765	$3.906.037	$ 832.112	$3.404.138
@Indianapolis	667.057	593.876	770.427	906.619
@ Houston	587.140	498.835	2.408.764	692.441
Subtotal	$5.115.962	$4.998.748	4.011.303	$5.003.198
Total	$7.311.359	$7.0880742	$6.219.122	$6.904.727
Serviço ao Cliente	*Melhor aproximação*		*Sem restrição*	
Percentagem de demanda				
< 300 milhas	65%	63%	30%	68%
< 500 milhas	85%	82%	50%	98%
Número de armazéns	9	9	3	10
Economias *versus benchmark*	0	$ 222.617	$1.092.237	$ 406.632[e]

[a]Os custos são totais para três grupos de produtos.
[b]As restrições à capacidade de fábrica situam-se nos níveis atuais, sem restrições ao serviço. O resultado é o embarque direto de fábrica.
[c]Nenhuma restrição de capacidade de fábrica ou serviço ao cliente. O resultado é embarque direto das fábricas.
[d]As atuais capacidades de fábrica estão em vigor e o nível pretendido de serviço é fixado em 500 milhas.
[e]Em essência, nenhum investimento em fábrica ou armazém se faz necessário para concretizar essas economias.

para dar sustentação a uma mudança além da melhoria do *benchmkark*, explorações ou alternativas adicionais seriam apenas infrutíferas, uma vez que representariam apenas custos mais elevados.

Projetos Práticos

Entre o *benchmark* melhorado e o projeto de economias máximas, pode haver um bom número de estratégias aceitáveis de rede. Elas são encontradas mediante repetidas rodadas de modelos que representem diversas configurações de rede e suposições em torno de demanda, custos e serviços. Tais configurações conseguem produzir uma combinação de níveis de custos e serviços, como mostrado na Figura 14-10. Isto é, para qualquer nível de serviço, pode haver diversos números de armazéns e suas localizações

(configurações) capazes de concretizar um determinado nível de serviço, embora com diferentes níveis de custos. Traçar uma linha suave ao longo dos menores pontos de custos gera uma curva de projeto de rede que identifica a alternativa de menor custo para cada nível de serviço (Figura 14-10). É ao longo dessa curva de projeto que buscamos uma configuração melhorada de rede. Quando um projeto não é o melhor possível e, por isso mesmo, fica acima da curva do projeto, mover seu traçado para a esquerda incrementa o serviço ao cliente sem aumentar os custos. Mover o ponto do traçado para baixo diminui os custos e mantém ao mesmo tempo um nível igual de serviço ao cliente. Mover o ponto do traçado para a curva do traçado proporciona a oportunidade para a melhoria do custo ou do serviço.

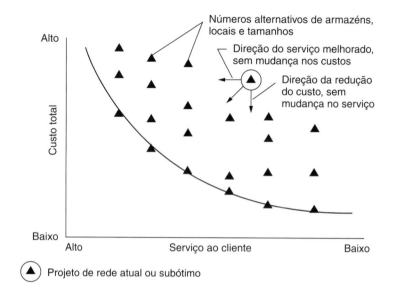

FIGURA 14-10 Uma curva de projeto de configuração de rede gerada pelas alternativas de custo mínimo para um determinado nível de serviço ao cliente.

Os resultados dos custos e serviços para um traçado prático semelhante estão na Tabela 14-6. Observe que neste caso a empresa escolhe um projeto conservador, em que o número de pontos de estocagens e o nível de serviço ao cliente foi superior àqueles do *benchmark* e o do *benchmark* melhorado. As economias foram, assim mesmo, substanciais, acima de $400.000 por ano – mais de 5% da produção total e dos custos de distribuição. Houve igualmente alguma melhoria no nível da logística dos serviços ao cliente.

Análise "o que aconteceria se... "

Nunca deixarão de ocorrer erros na estimativa do custo e capacidade de entrada de informação visando ao planejamento de rede. Às vezes é por causa de projetos atraentes que são menos que ótimos do ponto de vista do modelo, mas refletem melhor considerações práticas que superam o processo de modelagem. Repetir, então, a análise fazendo uso de cenários selecionados de redes e/ou dados revisados de custo e capacidade é o que se chama da análise "*o que aconteceria se...*" Trata-se de um meio de usar o processo analítico como ajuda na introdução de maior realidade na busca de um projeto prático de rede. A análise "*o que aconteceria se...*" é às vezes tida como mais valiosa para a gerência que a capacidade do processo de modelagem de encontrar uma solução ótima para um determinado conjunto de dados. Isto ocorre porque muitas vezes é pequena a diferença de custos entre redes estreitamente configuradas, e porque um projeto melhorado de rede em torno da qual a organização pode trabalhar tem mais valor do que uma solução matematicamente ótima.

Dados Comparáveis[43]

Parece atraente utilizar dados reais da empresa a fim de projetar uma rede; o problema é que isso pode levar a um projeto distorcido. Suponha que um armazém eventualmente mal localizado na rede de distribuição de uma empresa apresente custos unitários reduzidos em função do seu alto volume real de processamento e do decorrente rateio de seus custos fixos. Outro armazém, no entanto, apesar da boa localização, apresenta altos custos unitários por ser subutilizado. Se esses custos chegarem a ser usados na revisão da rede, o armazém de má localização poderá ser mantido, ao contrário do outro, que poderá ser fechado ou continuar subutilizado. Uma situação parecida pode ocorrer entre tarifas atribuídas a armazéns existentes e armazéns projetados que seriam novos e contariam com equipamentos mais modernos que os primeiros.

Um remédio para esse tipo de incompatibilidade de dados é atribuir uma tarifa padrão a cada armazém a fim de neutralizar os efeitos da obsolescência e tamanho, mas igualmente preservar os diferenciais de custos decorrentes da localização. Naturalmente, padronizar as

---

[43] Esta seção tem base no trabalho "Information Considerations", de Ballou, pág. 12.

tarifas desta forma pode afastar a demanda pelos armazéns existentes nos quais haja altos custos incorridos e investimento emocional pela gerência. Uma escolha deve ser feita aqui.

Análise Anual de Projeto

Em condições ideais, projetar ou reprojetar uma rede tem como base algum período no futuro, pois não se consegue implementar instantaneamente projeto novo algum. Claro que uma previsão de demanda pode ser feita para o ano do projeto. A grande dúvida é se os custos devem ser igualmente previstos para o ano do projeto. Exceto quanto à previsão de demanda, projetar custos no futuro tem como resultado apenas perder o contato com o *benchmark* e sua relacionada comparabilidade. A melhor prática é geralmente a de manter os custos constantes, a menos que sejam igualmente mudados no *benchmark*.

Projeto de Canal

A configuração da rede diz respeito principalmente a questões de localização, com os pontos relativos a estoque e transporte sendo tratados em nível agregado. Existem diversas considerações adicionais relacionadas à maneira pela qual os produtos deveriam ser direcionados através da rede configurada. O fluxo de produtos através de um canal típico de suprimentos/logística, como na Figura 14-11, provoca algumas das seguintes indagações:

- Qual é a quantidade de cada item produzido a ser estocada em cada elo e em cada ponto de estocagem?
- Qual é o melhor serviço de transporte a ser usado entre cada um dos elos?
- Qual é a melhor estratégia a ser empregada: produzir contra pedido ou produzir para estoque?
- A estratégia utilizada deveria ser a de puxar ou empurrar estoque, ou a de planejamento conforme as necessidades?
- Quais são os melhores métodos de transmissão de informação entre os escalões de estocagem?
- Quais os métodos de previsão com melhor desempenho?

Portanto, o planejamento de canal procura planejar a operação da rede configurada. A melhor abordagem de projeto é levar em conta simultaneamente a configuração de rede e o projeto do canal. Trata-se de um problema realmente difícil, pois as dimensões fundamentais nas quais cada parte se baseia são consideravelmente diferentes. A configuração de rede é baseada essen-

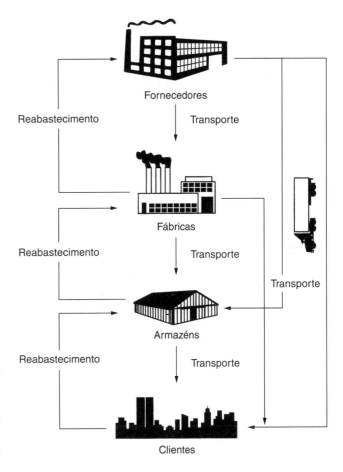

FIGURA 14-11 Um canal de logística/suprimentos de múltiplos elos.

cialmente numa dimensão *espacial*, ou geográfica, enquanto o projeto de canal tem como base uma dimensão *temporal*, de tempo. Embora o ideal seja combinar questões espaciais e temporais em uma análise única, considerações práticas requerem que elas sejam tratadas em separado e então trabalhadas iterativamente a fim de atingir um projeto geral satisfatório.[44]

Devido à inexistência de modelos efetivos, integrados, com capacidade de enfrentar em sua totalidade o problema estratégico do planejamento da cadeia de suprimentos, normalmente é necessário dividir o complexo problema em porções administráveis. Isso significa resolver problemas de localização de instalações, políticas de estocagem e problemas de planejamento de transporte em separado mas recorrentemente, em que os resultados de uma análise são usados como insumos para outra. O processo então rapi-

---

[44] Waiman Cheung, Lawrence C. Leung and Y. M. Wong, "Strategic Service Network Design por DHL Hong Kong", *Interfaces*, Vol. 31, nº 4(2001), págs. 1-14.

damente converge em uma resposta satisfatória para a abrangência do problema.

Um método primário de planejamento de canal é o que prevê a utilização de simulações computacionais do canal da cadeia de suprimentos. A ação de tais simuladores é para melhor imitar o fluxo de pedidos e produtos ao longo de uma rede configurada. Os pedidos são gerados em padrões semelhantes àqueles existentes em uma empresa. Dada uma específica configuração de rede, seus procedimentos operacionais e diretrizes, seus serviços de transporte e suas diretrizes de serviço ao cliente, o produto é acompanhado através do canal a fim de cumprir os padrões simulados do pedido. Estatísticas sobre vendas, custos e prazos de entrega são captadas pela simulação. Informação resumida representativa gerada por semelhante simulador é mostrada na Figura 14-12. Pela mudança de elementos como o método de previsão das vendas, os modais de transporte, as diretrizes de controle de estoques e os métodos para atendimento de pedidos, a situação do projeto do canal para satisfazer as necessidades do serviço ao cliente de maneira eficiente poderá ser devidamente analisada.

Simulação de Canal no LOGWARE

Um simulador estocástico de nome SCSIM está disponível no *software* LOGWARE que acompanha este livro. Tem a capacidade de reproduzir as características operacionais de um canal de suprimentos dotado dos mesmos múltiplos elos mostrado na Figura 14-13. Como a simulação é multiescalonada, os efeitos das políticas de um ou mais membros do canal podem ser testados quanto aos respectivos efeitos sobre os outros membros. Os custos operacionais e fatores de desempenho descrevem os modais de transporte, processamento de pedidos e manufatura. Diferentes métodos de previsão e controle de estoques podem ser usados com o controle manual de estoques e previsão do usuário, se desejados. Os padrões de demanda podem ser especificados, ou gerados mediante o uso de padrões estatísticos. O índice de atendimento de pedidos pode ser especificado, ou podem ser o resultado do fluxo de produtos através do canal.

A fim de rodar uma simulação, prepare o banco de dados de acordo com as instruções do manual do usuário. Existem pelo menos duas preocupações fundamentais para quando se roda um simulador estocástico. A primeira delas, lembrar que as simulações devem ser sempre tratadas como experimentos. Isto é, as conclusões são o resultado de um número de rodadas, ou testes, analisadas estatisticamente com a utilização de testagem por hipótese. A seleção aleatória de um número raiz dá o resultado de um experimento, ou teste. Utilizar

o mesmo número raiz produz o mesmo resultado se nenhuma modificação tiver sido feita no banco de dados. Escolher um número raiz diferente dá uma seqüência diferente de efeitos com diferentes resultados experimentais. Um número razoável de amostragens (número de rodadas) deve ser obtido com a média apropriada dos resultados e testes estatísticos para que se possa comparar adequadamente diferentes projetos de canais de suprimentos entre si.

A segunda maior preocupação é a extensão do tempo simulado. Simulações estão sujeitas a condições iniciais tão diversas que tomar os resultados de períodos anteriores pode proporcionar impressões enganosas. A simulação precisa ser rodada durante um tempo suficiente até atingir as condições de equilíbrio. Os resultados da plotagem podem mostrar os períodos iniciais não representativos, que podem ser eliminados. Por exemplo, se a extensão da simulação deve ser de cinco anos, torna-se razoável aceitar resultados do segundo ao quinto anos. Os resultados do primeiro ano são sacrificados. (Para considerações adicionais sobre a utilização de simuladores como ferramentas analíticas, consulte um bom livro sobre modelagem de simulações.[45])

A fim de ilustrar a utilização do simulador, pense no "efeito chicote" que ocorre nos canais de suprimento. Em um canal de suprimentos de múltiplos elos no qual cada membro deriva seu padrão de demanda dos pedidos do parceiro imediatamente abaixo dele, afirma-se que os padrões da demanda apresentam variabilidade crescente para cada membro acima sucessivamente.[46] A incerteza da crescente variabilidade da demanda pode provocar mau planejamento e altos custos operacionais. Acompanhar as vendas ao longo de um canal de suprimentos consistente de um ponto de produção servindo a um armazém servindo a um distribuidor servindo a um varejista, que serve ao cliente final (Figura 14-13), resulta na plotagem de vendas mostrada na Figura 14-14. Um padrão de vendas representativo para um ano simulado é mostrado para cada membro do canal. Observe as crescentes oscilações para os membros a montante. Algumas das maneiras pelas quais os padrões de vendas podem ser regularizados e o planejamento de canal aperfeiçoado incluem:

- Reduzir a incerteza ao longo do canal centralizando a informação, desta forma colocando da-

---

[45] Ver, por exemplo, Averill M. Law and W. David Kelton, *Simulation Modeling and Analysis*, 3ª Ed. (New York: McGraw-Hill, 2000), especialmente os Capítulos 5 e 10.

[46] Frank Chen, Zvi Drezner, Jennifer K. Ryan and David Simchi-Levi, "Quantifying the Bullwhip Effect in a Simple Supply Chain: The Impact of Forecasting, Lead Times and Information", *Management Science*, Vol. 46, nº 3 (March 2000), págs. 436-443.

PIPRT01

ABC Manufacturing Co.
Pipeline Manager
Resumo do relatório da rodada

Rodada número: 001
Origem aleatória: 002

Total de dias de
rodadas do modelo: 364
Períodos totais: 13
Dias de estado fixo: 028

Nº de itens: 17
Nº de fornecedores: 05
Nº de armazéns de matérias-primas: 03
Nº de fábricas: 03

Nº de armazéns de
produtos acabados: 03
Nº de armazéns centrais: 01
Nº de clientes
atendidos por armazém: 05
Nº de clientes: 20

Estatísticas	Clientes	Clientes atendidos por armazéns	Armazéns centrais	Armazéns de produtos acabados	Fábricas	Armazéns de matérias-primas	Fornecedores	Totais
Vendas	105.300.000							105.300.000
Custos:								
Compra							40.000.000	40.000.000
Produção					15.000.000			15.000.000
Expedição		4.000.000	3.500.000	2.500.000	750.000	800.000		11.550.000
Armazenagem		3.500.000	2.800.000	3.000.000	1.500.000	2.500.000		13.300.000
Manutenção de estoque		1.250.000	750.000	800.000		600.000		3.400.000
Processamento de pedidos		900.000	550.000	400.000		450.000		2.300.000
Custos totais								85.550.000
Margem								19.750.000
Nível do Serviço ao Cliente	87%							87%
Índice de atendimento		90%	85%%	93%	84%	86%		89%
Prazo médio de entrega (dias)	4,8	4,5	6,8	6,3	8,4	2,4	22,0	55,2
Giro de estoques		8,4	20,2	35,0		18,5		4,3
Média de unidades em estoque		150.200	62.600	44.700		81.000		298.000
Valor médio do estoque em $		12.500.000	5.200.000	3.700.000		2.400.000		23.800.000
Nº de pedidos colocados	12.200	960	200			180		13.540

FIGURA 14-12   Relatório de resumo do PIPELINE MANAGER, um simulador de canal de suprimentos. (*continua*)

Pedidos colocados (unidades)	1.300.000	1.285.000	1.310.000			1.296.000	5.191.000
Tamanho médio (unidades)	106	1.340	6.500			6.700	380
Tamanho médio ($)	8.840	110.000	540.000			230.000	31.800
Nº de remessas recebidas	12.500	965	195	2.200	2.210	690	18.760
Nº de unidades recebidas	1.281.250	1.230.000	1.275.000	1.280.000	1.285.000	1.250.000	7.601.250
Tamanho médio (unidades)	103	1.275	6.540	580	581	1.800	405
Tamanho médio ($)	8.510	100.000	545.000	48.300	18.350	58.000	32.400
Nº de pedidos em aberto	845	850	55	45	450	350	1.750
Nº de unidades dos PeAs	71.500	85.000	48.400	171.000	270.000	206.500	782.650
Tamanho médio (unidades)	85	100	880	3.800	600	590	447
Tamanho médio	7.565	8.100	73.000	317.000	49.800	19.000	35.780
Nº de desdobramentos & parciais	370	550	480	190			1.220
Nº de unidades de desdobramentos & parciais	38.850	35.000	28.000	15.200			78.200
Tamanho médio (unidades)	105	63	58	80			64
Tamanho médio ($)	7.350	5.280	4.100	6.640			5.320
Nº de cancelamentos	150						150
Nº de unidades canceladas	18.750						18.750
Tamanho médio (unidades)	125						125
Tamanho médio ($)	10.750						10.750

FIGURA 14-12   Relatório de resumo do PIPELINE MANAGER, um simulador de canal de suprimentos. (*continuação*)

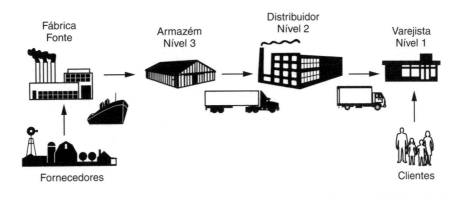

FIGURA 14-13 Canal simulado para o SCSIM.

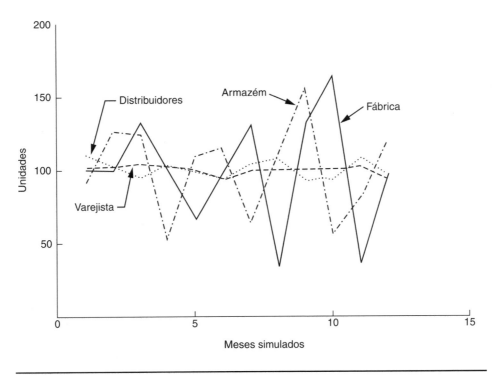

FIGURA 14-14 Ilustração da crescente variabilidade da demanda (efeito chicote) em um canal de suprimentos de múltiplos elos.

dos críticos para o planejamento, especialmente dados da demanda dos clientes, ao alcance de todos os membros.
- Planejar níveis de elos de estoque na demanda de fim de canal (cliente).
- Melhorar a previsão.
- Reduzir os prazos de entrega.
- Aperfeiçoar as normas de decisão sobre estoques.
- Formar parcerias e colaborar em termos de tamanhos de pedidos, entregas e coordenação dos tempos dos pedidos.

O simulador é útil para testar o efeito das mudanças das regras de decisão sobre estoques, modais de transporte, procedimentos de processamento de pedidos e métodos de previsão sem perturbar as operações reais. As implicações de custo e serviço podem ser vistas para todo o canal ou para cada membro do canal.

Planejamento Integrado de Cadeia de Suprimentos

O planejamento abrangente de cadeia de suprimentos é um processo que compreende vários elementos, alguns já discutidos neste capítulo. A menos que se conheça a relação entre serviço ao cliente e projeto logístico, o planejamento tem início com a determinação de um nível de serviço ao cliente a ser buscado. Um levantamento dos desejos dos clientes ou um nível especificado de serviço ao cliente faz-se necessário. Depois da compilação dos dados apropriados, pode-se começar a análise.

O bom planejamento requer tanto configuração de rede quanto projeto de canal. De maneira geral, não se obtém a integração desses dois elementos usando um modelo único.[47] No entanto, é possível utilizar um modelo de rede em conjunto com um simulador de canal. Resultados preliminares quanto ao número de instalações, suas localizações, e os volumes a elas alocados são encontrados pela aplicação de um modelo de localização. Esses resultados são então fornecidos ao simulador de canal de maneira que os efeitos do estoque, análise de modal de transporte e níveis de índice de atendimento possam ser avaliados. Relações revisadas estoque-processamento, modais de transporte com as respectivas tarifas e custos de instalação são introduzidos no modelo de locação para uma reavaliação. A resolução recorrente dos dois modelos continua até não restarem mais mudanças nos insumos e resultados do modelo. Este processo permite a convergência em uma solução ótima, ou quase, para o problema de planejamento integrado da localização do canal. Contudo, na prática, boa parte do planejamento de cadeia de suprimentos é realizada usando apenas a análise de localização e ao mesmo tempo estimando seus efeitos sobre as questões operacionais.

UM ESTUDO DE CASO DE LOCALIZAÇÃO

A fim de ilustrar algumas das principais idéias apresentadas ao longo deste capítulo, consideremos o processo de avaliar e apresentar recomendações para os sistemas de produção e armazenagem de uma empresa de produtos químicos. É indispensável dedicar atenção especial à maneira pela qual os vários elementos de dados são obtidos e tratados, aos métodos usados para chegar a uma recomendação final, às restrições práticas que se deve superar na busca de uma solução satisfatória, e ao relatório dos resultados encaminhado à administração.

---

[47] Para uma primeira tentativa de criar um modelo de planejamento único, consulte Donald J. Bowersox et al., *Dynamic Simulation of Physical Distribution Systems* (East Lansing, MI: Division of Research, Graduate School of Business Administration, Michigan State University, 1972).

Descrição do Problema

A Aqua-Chem Company produzia uma linha de agentes químicos de tratamento de água que eram usados para controlar depósitos minerais em *boilers*, a formação de algas em sistemas comerciais de condicionadores de ar e o crescimento de bactérias em piscinas. Seus clientes estavam espalhados pelos Estados Unidos; as vendas anuais chegavam a cerca de US$ 15 milhões por 21 milhões de libras-peso de produtos químicos. A empresa cresceu bastante mediante a aquisição de concorrentes menores, regionais, que lhe proporcionaram uma cobertura de mercado incluindo o país inteiro. A distribuição dos produtos foi mantida a partir das fábricas adquiridas, nos mesmos termos anteriores à negociação. Seis das empresas e fábricas foram fundidas de acordo com esse programa, sem que se fizesse uma revisão sistemática do problema logístico de todo o grupo. A partir daí, surgiu a proposição de um estudo de rede de cadeia de suprimentos, a fim de sugerir melhorias no fluxo de produtos aos clientes.

A primeira determinação foi no sentido de organizar uma força-tarefa com pessoal da própria empresa e de consultores terceirizados para a condução do estudo. O grupo ficou integrado pelo diretor de compras, o vice-presidente de *marketing*, o superintendente, o gerente de tráfego, um analista do departamento de planejamento, e um professor de logística de uma universidade local que funcionaria como consultor do grupo. A prioridade ficou com a definição do escopo do estudo. Como os custos das compras desempenhavam papel importante na determinação da rede final de distribuição, todos os custos dos principais distribuidores, através da produção dos artigos e na remessa aos clientes, foram levados em conta. Dependendo do tamanho dos pedidos dos clientes – carga completa ou incompleta de caminhão – redes independentes de cadeias de suprimentos precisariam ser analisadas. As compras em volumes seriam embarcadas diretamente de uma das seis fábricas em Portland, Oregon; Phoenix, Arizona; Minneapolis, Minnesota; Dallas, Taxas; Asheville, Carolina do Norte, ou Akron, Ohio. Pedidos menores seriam atendidos a partir de armazéns ou de fábricas que funcionassem como armazéns para os respectivos territórios locais. Os custos relacionados com cada um desses canais de distribuição são resumidos na Figura 14-15.

Gerenciando o Tamanho do Problema

Na prática, a empresa distribuía centenas de itens de produtos para milhares de clientes. Devido à imensa quantidade de dados exigidos, tornou-se necessário nesse estudo, como ocorre na maior parte dos estudos de distribui-

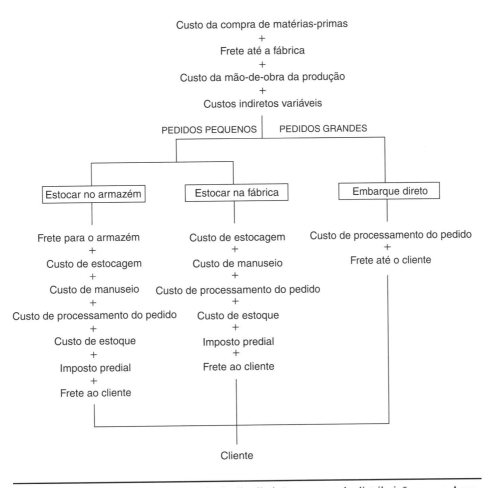

FIGURA 14-15 Alternativas de canais de distribuição e custos de distribuição para a Aqua-Chem Company.

ção, efetuar simplicações seletivas para reduzir o esforço computacional e ao mesmo tempo manter a exatidão na representação do problema. Em primeiro lugar, é raro que todos os volumes de produtos precisem ser incluídos no estudo. Muitos produtos representam menos de 5% das vendas e podem ser razoavelmente eliminados. Trata-se de uma aplicação do princípio 80/20.

Em segundo lugar, tendo esses produtos características semelhantes de distribuição, é possível agrupá-los e tratá-los como se fossem apenas um. Para o presente estudo, os produtos foram separados entre os de classe 55 e os de classe 60, conforme a estrutura de classificação dos produtos. Esses grupos foram separados ainda entre os que fluem ao longo da rede de armazéns e os que fluem em volume diretamente aos clientes a partir das fábricas sem a necessidades de armazenagem.

Em terceiro lugar, a vantagem obtida pela listagem individual de cada cliente é escassa. Agregá-los de acordo com regiões geográficas reduz substancialmente o esforço computacional e também o trabalho de coleta de dados. Neste estudo, foram escolhidos 323 centros de demanda, de acordo com códigos de endereçamento postal de três dígitos.

Por fim, foram usadas curvas matemáticas para estimar as tarifas de transporte entre pontos selecionados na rede. A perda de precisão na estimativa das tarifas seria pequena, pois as curvas de regressão eram adaptadas a tarifas de classes para diversas distâncias com coeficientes de determinação (R^2) de mais de 90%. Alternativamente, o número de tarifas separadas a ser obtido para quatro grupos de produtos, seis fábricas, 22 armazéns existentes e potenciais e 323 agregados de demanda deveria chegar a 170.544. Por razões práticas, o último foi rejeitado.

A Análise

As grandes questões para a Aqua-Chem eram que fábricas deveriam ser usadas e a quais armazéns deveriam atender. Quantos pontos de estocagem deveriam ser usados e onde se localizariam? Essas perguntas deveriam ser respondidas em um contexto sem restrições de serviços aos clientes e com os clientes pagando pelos custos dos fretes a partir do armazém. Um modelo computacional foi usado para avaliar configurações alternativas de redes. Os resultados de várias das mais interessantes rodadas são mostrados na Tabela 14-7.

Observe em primeiro lugar na Tabela 14-7 que a atual rede produção/distribuição tem um custo total de $6.348.179, com 63% da demanda no âmbito de 300 milhas do ponto de estocagem. Doze pontos de estocagem foram usados. A seguir, um *benchmark* melhorado foi encontrado. Recorde que este é o caso em que não se faz qualquer investimento na rede. Apenas ajustes nos territórios da fábrica e armazém foram permitidos, o fechamento de instalações igualmente permitido, sendo o serviço mantido aproximadamente no mesmo padrão anterior conforme o nível de *benchmark*. O resultado foi

uma economia anual de $109.669, ou de 2% do nível de custos do *benchmark*. Observe ainda que os custos do transporte do armazém para o cliente foram mantidos aproximadamente constantes.

Os resultados de mútliplas rodadas de computador revelaram que o projeto de rede de distribuição estava sendo ditado pelos custos de produção nos lugares das fábricas. Isto é, os custos de matérias-primas, que representavam cerca de 80% dos custos de produção, eram sujeitos a descontos em volume em função das quantidades de compras e tamanho de embarques. Tudo isto levou à conclusão de que três seria o número ótimo de fábricas, aquelas localizadas em Akron, Ahseville e Dallas (ver Tabela 14-7). Uma redução adicional no número de fábricas diminuiu os custos totais de produção, mas as economias disso resultantes foram mais do que suplantadas pelo aumento dos custos de distribuição. O projeto

TABELA 14-7 • Alternativa de projeto de rede de distribuição para a Aqua-Chem Company

Tipo de custo	Benchmark	Benchmark melhorado	Três fábricas 9.000 milhas[a]	Três fábricas 900 milhas[b]	Três fábricas 700 milhas[c]	Duas fábricas 900 milhas[d]
Estoque						
Custo de manutenção	$ 77.974	$ 121.196	$ 95.549	NC[e]	$ 120.406	NC[e]
Processamento do pedido	188.863	137.050	168.990	NC	165.770	NC
Estocagem	6.294	6.176	4.240	NC	6.574	NC
Manuseio	17.241	25.319	20.450	NC	29.534	NC
Impostos	12.545	40.532	24.066	NC	24.934	NC
Subtotal	$ 302.917	$ 330.273	$ 313.295	$ 341.830	$ 347.218	$ 355.331
Transporte						
Da fábrica ao armazém	$ 40.212	$ 123.517	$ 212.014	$ 297.457	$ 331.658	$ 386.587
Do armazém ao cliente	1.109.026	1.101.988	1.137.232	1.059.713	1.041.467	1.064.781
Subtotal	$1.149.238	$1.225.505	$1.349.246	$1.357.170	$1.373.125	$1.451.368
Produção						
@Akron	$1.965.740	$2.969.211	$1.470.728	$1.470.728	$1.470.728	$2.232.639
@Asheville	898.941	302.464	1.460.730	1.460.730	1.460.730	0
@Dallas	534.117	693.787	1.529.343	1.529.343	1.529.343	2.220.233
@Phoenix	714.377	277.043	0	0	0	0
@Portland	335.989	376.769	0	0	0	0
@Minneapolis	446.860	63.458	0	0	0	0
Subtotal	$4.896.024	$4.682.732	$4.460.801	$4.460.801	$4.460.801	$4.452.872
Total	$6.348.179	$6.238.510	$6.123.342	$6.159.801	$6.181.144	$6.259.571

Serviço ao cliente

Percentagem da demanda						
< 300 milhas	63%	67%	61%	63%	65%	71%
< 500 milhas	88	82	79	85	88	83
Economias *versus benchmark*	0	$109.669	$224.837	$188.378	$167.035	$ 88.608

[a]Sem restrição de serviço ao cliente.

[b]Serviço ao cliente restrito a 900 milhas.

[c]Serviço ao cliente restrito a 700 milhas.

[d]Serviço ao cliente restrito a 900 milhas.

[e]Não especificamente computado.

ótimo de rede pareceu ser o de três fábricas com 12/14 pontos de estocagem. As três fábricas foram comparadas em termos de suas capacidades de tirar proveito máximo de economias de compras. As economias resultantes foram de aproximadamente $188.000, ou 3% dos custos de *benchmark*. Essas economias poderiam ser concretizadas com um investimento de $11.000 no transporte de alguns equipamentos até a fábrica de Dallas.

Relatando os Resultados Financeiros à Gerência

Cuidar das preocupações financeiras da alta gerência envolve três grandes preocupações: fluxo de caixa, lucro e retorno sobre o investimento. De maneira ideal, as mudanças no projeto de rede que estão sendo propostas aumentam cada um desses três componentes.

Fluxo de Caixa

Será que a mudança de rede libera mesmo dinheiro para ser usado para pagar salários ou outras contas? A redução no valor do estoque é um ponto óbvio em que um ativo pode se transformado em caixa. Embora o valor do estoque não seja referido diretamente na Tabela 14-7, a mudança pode ser estimada. O custo de manutenção de estoque é aproximadamente de 30% do subtotal na Tabela 14-7. Por isso, para a alternativa de três fábricas, 900 milhas, o custo de manutenção do estoque é estimado como sendo $0,30 \times 341.830 = \$ 102.549$. A mudança do custo de manutenção a partir do *benchmark* é $121.196 - 102.549 = \$18.647$. Se o custo de manutenção é de 25%, a mudança no valor do estoque é $\$ 18.647/0,25 = \$ 74.588$. Se o custo do capital é de 80% do custo da manutenção (i.e., 20 pontos percentuais de 25%), o fluxo de caixa é *positivo* em $0,80 \times 74.588 = \$59.670$ por ano.

Lucro

O lucro é a economia em custos gerais que pode contribuir para a lucratividade da empresa. É o equilíbrio de todos os custos relevantes. Esta é a diferença entre os custos do *benchmark* melhorado e o projeto preferencial de rede. A contribuição do lucro, ou economias, é de $188.378 - 109.699 = \$78.709$ por ano. Além disso, parte da diferença de $109.669 entre o *benchmark* e o *benchmark* melhorado pode ser igualmente economizada, não sendo, porém, tão claro de que forma isto se materializará. Ambas são economias *positivas*.

Retorno sobre o Investimento

A medida do retorno sobre o investimento reflete a despesa que deve ser feita para se concretizar as economias de custos. Em comparação com o *benchmark* melhorado, isto representa um $[(188.378 - 109.669)/11.000] \times 100 = 716\%$ retorno simples sobre o investimento. Outra vez, o valor é *positivo*, e, neste caso, muito significativo.

Conclusão

Este estudo de caso ilustra resumidamente alguns dos procedimentos e lógicas usados no planejamento estratégico das redes de cadeia de suprimentos. Neste caso específico, considerações de suprimento físico constituíram influência dominante na estruturação da rede de distribuição. Além disso, a política de precificação neutralizou o impacto dos custos de transporte externos de armazém que mais contribuíram para que os custos de produção fossem um fator dominante no projeto. Por fim, controlar ou restringir o serviço aos clientes aumentou os custos, como no caso da proliferação do número de pontos de estocagem. O projeto final é um balanço entre todos os custos relevantes, considerações sobre serviço ao cliente e as tradições e preocupações gerenciais com o risco. Concretizar a aceitação do projeto exige que se cuide em especial das preocupações financeiras que tanto importam para a cúpula administrativa.

COMENTÁRIOS FINAIS

O desempenho do canal de suprimentos não poderá jamais ser muito superior ao possibilitado pela configuração da rede. Localizações indevidas das instalações, alocações indevidas a elas atribuídas, níveis inadequados de estocagem, métodos de transporte inadequados e níveis de serviço ao cliente indesejáveis podem ser o resultado de uma rede de cadeia de suprimentos ultrapassada ou incorretamente projetada. A conseqüência é uma contribuição da cadeia de suprimentos para o lucro bem inferior àquela que deveria ser. Planejamento periódico da configuração da rede garante uma boa base para um canal de suprimentos eficiente e eficaz.

Este capítulo apresentou um processo de três partes para o planejamento da rede da cadeia de suprimentos. Em primeiro lugar, necessidades de dados, fontes e conversão de informação relevante, indispensáveis a qualquer planejamento, foram discutidas. Em segundo lugar, esboçamos métodos quantitativos comprovadamente úteis no processo de planejamento. Por fim, apresentamos um processo lógico usando métodos de localização e simulação que levam a um bom projeto de rede. Esse processo geral de planejamento é usado por incontáveis consultores de administração e planejadores de corporações.

QUESTÕES

Alguns dos problemas apresentados neste capítulo podem ser resolvidos parcial ou totalmente com a assistência de *software* de computador. Os pacotes de *software* presentes no LOGWARE mais importantes para este capítulo são MULREG (MR), MILES (D) e WARELOCA (W). O ícone de CD [MR] aparecerá com a designação do pacote de *software* sempre que um desses programas se aplicar à análise do problema. Um banco de dados pode ser preparado para o problema quando exigido uma grande entrada de dados. Quando o problema puder ser resolvido sem a ajuda de computador (manual), o ícone da é mostrado. Se nenhum ícone aparecer, presume-se que o cálculo seja manual.

1. Explique a importância do planejamento estratégico de rede para a cadeia de suprimentos. Escolha algumas empresas, de manufatura ou serviços, convencionais e não-lucrativas, e esboce qual seria o seu procedimento para projetar a rede da cadeia de suprimentos. Discuta os dados necessários, as fontes em que poderiam ser encontrados e como você converteria dados na informação necessária para a análise. Proponha uma metodologia apropriada para o problema do projeto da rede.

2. Desenvolva uma relação viável de todos os integrantes que deveriam ser integrados em uma equipe de estudo do planejamento estratégico de rede a fim de garantir a conclusão e a implementação bem-sucedidas desse mesmo estudo.

 ou

3. Compute a distância rodoviária prevista entre as seguintes duplas de pontos usando longitude e latitude como os pontos coordenados.
   Use um fator de circuito rodoviário de 1,15.

	Localização		Longitude	Latitude
a. De	Lansing, MI	EUA	84,55°O	44,73°N
Para	Lubbock, TX	EUA	101,84°O	33,58°N
b. De	Toronto	Canadá	79,23°O	43,39°N
Para	Atlanta, GE	EUA	84,39°O	33,75°N
c. De	São Paulo	BR	6,37°O	23,32°S
Para	Rio de Janeiro	BR	43,15°O	22,54°S
d. De	Londres	GB	0,10° O	51,30°N
Para	Paris	FR	2,20°L	48,52°N

 ou

4. Um determinado sistema linear de grade de coordenadas é superposto em um mapa dos Estados Unidos. Os números da grade são estabelecidos em milhas e existe um fator de circuito rodoviário de 1,21. Determine as distâncias rodoviárias entre os pares de pontos a seguir:

	Localização	Coordenada X	Coordenada Y
a. De	Lansing, MI	924,3	1675,2
Para	Lubbock, TX	1488,6	2579,4
b. De	El Paso, TX	1696,3	2769,3
Para	Atlanta, GA	624,9	2318,7
c. De	Boston, MA	374,7	1326,6
Para	Los Angeles, CA	2365,4	2763,9
d. De	Seattle, WA	2668,8	1900,8
Para	Portland, OR	2674,2	2039,7

 ou

5. A próxima tabela apresenta amostra de tarifas de transporte por caminhão em $/cwt. para cargas desde 2000 libras-peso até 5.000 libras-peso, com origem em Chicago e tendo como destino várias cidades nas imediações. As tarifas são citadas a partir do Rocky Mountain Motor Tariff e as milhagens são do Rand McNally Mileage Guide.

A partir dos dados apresentados na tabela, construa uma curva de estimativa de tarifa de transporte da forma $R = A + B \times$ distância. Usando esta curva, que tarifa estimaria para uma carga transportada ao longo de 500 milhas? Até que ponto entende que a linha representa com precisão as tarifas?

Nº	Tarifa	Milhas	Nº	Tarifa	Milhas	Nº	Tarifa	Milhas
1	4,15	169	21	11,44	1438	41	16,60	2384
2	16,20	2220	22	16,35	3017	42	12,64	1653
3	9,11	1108	23	9,32	962	43	13,85	2272
4	6,81	427	24	10,48	1341	44	3,80	107
5	13,53	2197	25	12,36	1520	45	13,84	1830
6	9,84	1226	26	9,54	1091	46	9,01	929
7	15,28	2685	27	10,94	1390	47	10,94	1455
8	6,92	465	28	9,63	1092	48	10,85	1162
9	9,51	936	29	11,99	1507	49	11,05	1435
10	8,03	751	30	5,95	208	50	15,61	2752
11	7,80	848	31	7,27	581	51	15,93	2866
12	12,77	1923	32	12,79	1694	52	14,18	2376
13	11,28	1004	33	11,30	1469	53	14,88	2018
14	7,80	657	34	11,47	1301	54	16,35	2984
15	8,24	955	35	6,37	315	55	17,81	3128
16	8,40	801	36	17,60	2670	56	16,35	3016
17	13,38	1753	37	8,23	574	57	10,02	1207
18	12,77	1998	38	3,70	109	58	8,00	448
19	10,69	1337	39	16,69	3144	59	12,07	1634
20	8,50	799	40	16,00	1907			

 ou

6. A California Fruit Growers Association distribui vários produtos de frutas secas nos Estados Unidos usando 24 armazéns públicos. Estime a quantidade de estoque que um novo armazém precisaria ter se as vendas anuais através dos armazéns fossem conhecidas. A empresa coletou os dados dos seus 24 armazéns e são apresentados na tabela abaixo:

Construa uma curva de processamento de estoque para esses armazéns. Para um armazém que apresenta um processamento anual de $50.000.000, qual o tamanho do estoque a ser estimado? Que comentários poderia fazer sobre o armazém 22? Explique como essa relação pode ser usada em planejamento de rede. Recorde que você pode ter construído essa curva em um problema no Capítulo 9.

7. Existem várias classes genéricas de tipos de modelo disponíveis como assessoria na análise de rede. Identi-

Nº	Processamento anual por armazém, $	Nível médio de estoque, $	Nº	Processamento anual por armazém, $	Nível médio de estoque, $
1	21.136.032	2.217.790	13	6.812.207	1.241.921
2	16.174.988	2.196.364	14	28.368.270	3.473.799
3	78.559.012	9.510.027	15	28.356.369	4.166.288
4	17.102.486	2.085.246	16	48.697.015	5.449.058
5	88.228.672	11.443.489	17	47.412.142	5.412.573
6	40.884.400	5.293.539	18	25.832.337	3.599.421
7	43.105.917	6.542.079	19	75.266.622	7.523.846
8	47.136.632	5.722.640	20	6.403.349	1.009.402
9	24.745.328	2.641.138	21	2.586.217	504.355
10	57.789.509	6.403.076	22	44.503.623	2.580.183
11	16.483.970	1.991.016	23	22.617.380	3.001.390
12	26.368.290	2.719.330	24	4.230.491	796.669

526 PARTE V • ESTRATÉGIA DE LOCALIZAÇÃO

fique-as e faça os respectivos comparativos. Sugira as circunstâncias em que cada uma delas poderia ser a melhor escolha.

8. O sistema especialista é uma nova abordagem para a solução de problemas complexos. O sistema especialista baseia-se na maneira pela qual os humanos resolvem problemas enquanto expressos em um conjunto de sentenças SE-ENTÃO. Supondo que você tivesse de explicar a outra pessoa como localizar um armazém, desenvolva pelo menos 10 sentenças SE-ENTÃO que pudessem guiá-lo na escolha de localizações proveitosas. Por exemplo, uma sentença poderia ser "se é preciso localizar um armazém, então uma boa localização seria provavelmente aquela no centro de demanda a ser atendido por esse armazém".

9. Qual é a utilidade de cada um dos fatores a seguir enumerados na metodologia para encontrar o melhor projeto de rede?

   a. *Benchmarking*

   b. *Benchmark* melhorado

   c. Projeto de oportunidades máximas

   d. Análise de " o que aconteceria se..."

10. Explique de que maneira o projeto estratégico de rede poderia afetar, favorável ou desfavoravelmente, a eficiência e eficácia da cadeia de suprimentos para funcionamento rotineiro.

11. A Sealy é a maior empresa fabricante de colchões dos EUA, contando também com a maior fatia desse mercado. A empresa tem seu foco principal no segmento de qualidade e alto preço. A Sealy produz contra pedido, e, portanto, não mantém estoques de bens acabados. As remessas para os varejistas levam um ou dois dias. O vice-presidente da área de produção teme que os estoques de matéria-prima da empresa sejam excessivos. Essas máterias-primas são principalmente arame para as molas, espuma de borracha para o estofamento, madeira para a moldura e lona de algodão para a cobertura. A empresa tem 20 fábricas espalhadas pelos Estados Unidos.

    Qual seria a sua abordagem para o problema da Sealy?

ESTUDO DE CASOS

Usemore Soap Company
Um Estudo de Caso de Localização de Armazém

A Usemore Soap Company produz uma linha de componentes de limpeza usados principalmente para fins industriais e institucionais. Essa linha inclui componentes de limpeza geral, lava-louças, agentes de rinçagem, sabonetes para as mãos, componentes de limpeza de motores de veículos e produtos de limpeza para a indústria de alimentos. A linha de produtos tem mais de 200 produtos e quase 800 itens individuais. Os tamanhos de seus pacotes vão das caixas pesando 18 libras aos tambores de metal pesando 550 libras.

As vendas ocorrem em todos os 48 estados dos EUA continentais, com vendas também no Havaí, Alaska e Porto Rico. Os clientes geralmente compram em quantidades de menos de 10.000 libras, ou seja, de carga incompleta de caminhão (LTL – *less-than-truckload*). Há também clientes, em número reduzido, que compram carga completa e quantidades a granel. As vendas anuais de LTL, que passam pelos armazéns, atingem o nível de 150 milhões de libras. As compras a granel, atendidas diretamente das fábricas, acrescentam a isso outros 75 milhões de libras. Essas vendas representam receita de cerca de $160 milhões ao ano.

A maior parte dessas enormes vendas é resultado do trabalho de uma equipe de vendas direta que conta com o incentivo de uma generosa estrutura de comissões sobre as vendas. Os vendedores consideram-se empreendedores autônomos e dispõem realmente de um alto nível de autonomia no âmbito da empresa. Essa estratégia de comercialização vem em geral se mostrando bem-sucedida, tendo transformado a Usemore por várias vezes na mais lucrativa das divisões da empresa-matriz.

Apesar dessa alta lucratividade, a cúpula administrativa vê com preocupação os custos da produção e distribuição da linha de produtos necessária para a manutenção de sua competitividade. O crescimento e os padrões cambiantes da demanda estão exigindo ao máximo a capacidade de produção das quatro fábricas atuais. Além disso, os custos também variáveis da distribuição, bem como o fato de a rede de distribuição não ter sido submetida a qualquer estudo aprofundado em 12 anos, despertam indagações carregadas de dúvidas a respeito da adequação da localização dos armazéns. O que vem a seguir é um resumo das condições do problema enfrentado pela cúpula administrativa da Usemore. Você deverá sugerir uma rede melhorada de distribuição capaz de atender a política proclamada de serviço ao cliente e minimizar, ao mesmo tempo, os custos totais de produção e distribuição da rede.

ANTECEDENTES

A atual rede de distribuição consiste de quatro fábricas de linha completa de artigos, localizadas respectivamente em Covington, Kentucky; Nova York, Nova York; Arlington, Texas; e Long Beach, Califórnia. As fábricas produzem atualmente para os clientes de menor volume ao nível de 595.102 cwt.,[1] 390.876 cwt., 249.662 cwt. e 241.386 cwt., respectivamente. Esta produção é embarcada pelas fábricas para armazéns de campo na rede de distribuição ou para clientes nas áreas de abrangência das fábricas. Neste último caso, as fábricas servem como armazéns de campo e também como centros de produção.

A armazenagem é feita em 18 armazéns públicos e nas quatro fábricas, como se vê na Tabela 1. Esses armazéns estão espalhados de maneira a que a maioria dos clientes fique sempre à distância máxima de prazo de entrega de um dia – isto é, cerca de 300 milhas – de qualquer ponto de estocagem. Exceto nas fábricas que funcionam também como armazéns, os armazéns são supridos em quantidades de carga completa de caminhão. Embarques de carga incompleta servem os clientes. O processamento dos pedidos dos clientes ocorre em cada localização de armazém.

Além disso, encontram-se em estudo dois locais potenciais de novas fábricas, em Chicago, Illinois, e Memphis, Tennessee. Locais de armazéns adicionais são estudados nas localizações mostradas na Tabela 2.

A localização de potenciais armazéns é calculada com base nas sugestões da equipe de vendas, tarifas favoráveis de armazenagem, boa disponibilidade de serviços de armazenagem, proximidade das concentrações de demanda e atendimento da rede de distribuição. Dos locais existentes e potenciais de armazenagem, espera-se que uma combinação aperfeiçoada de armazéns possa ser encontrada. Além disso, a expansão de fábricas, nos locais atuais ou em novos pontos, será necessária para satisfazer as projeções de demanda futura. Especificamente, buscam-se respostas para as perguntas a seguir:

1. Quantos armazéns deveriam ser operados, agora e no futuro?
2. Quais deveriam ser as respectivas localizações?
3. Quais clientes e demanda a eles relacionada deveriam ser atribuídos a cada armazém e fábrica?
4. Quais armazéns deveriam ser supridos a partir de cada fábrica?
5. A capacidade de produção deve ser expandida? Quando, onde e em que quantidades?
6. Qual deveria ser o nível de serviço ao cliente oferecido?

---

[1] cwt. = 100 libras.

528 PARTE V • ESTRATÉGIA DE LOCALIZAÇÃO

TABELA 1   Localizações das atuais fábricas e armazéns públicos

Nº	Localização	Nº	Localização	Nº	Localização
1	Covington, KY[a]	9	Cleveland, OH	17	Milwaukee, WI
2	Nova York, NY[a]	10	Davenport, IO	18	Orlando, FL
3	Arlington, TX [a]	11	Detroit, MI	19	Pittsburgh, PA
4	Long Beach, CA[a]	12	Grand Rapids, MI	20	Portland, OR
5	Atlanta, GA	13	Greensboro, NC	21	W Sacramento, CA
6	Boston, MA	14	Kansas City, KS	22	W Chester, PA
7	Buffalo, NY	15	Baltimore, MD		
8	Chicago, IL	16	Memphis, TN		

[a]Armazenagem de campo como parte das operações de fábrica.

TABELA 2   Localizações viáveis de armazéns públicos

Nº	Localização	Nº	Localização	Nº	Localização
23	Albuquerque, NM	32	Phoenix, AZ	41	Louisville, KY
24	Billings, MT	33	Richmond, VA	42	Columbus, OH
25	Denver, CO	34	St. Louis, MO	43	Nova York, NY
26	El Paso, TX	35	Salt Lake City, UT	44	Hartford, CT
27	Camp Hill, PA	36	San Antonio, TX	45	Miami, FL
28	Houston, TX	37	Seattle, WA	46	Mobile, AL
29	Las Vegas, NV	38	Spokane, WA	47	Memphis, TN P[a]
30	Minneapolis, MN	39	San Francisco, CA	48	Chicago, IL P[a]
31	Nova Orleans, LA	40	Indianapolis, IN		

[a]Prefere armazéns nas localizações de fábricas adicionais.

DADOS SOBRE VENDAS

A produção de sabão líquido e em pó é um processo descomplicado e facilmente reproduzível, o que contribui para a enorme concorrência existente nesse mercado. A natureza indiferenciável dos produtos conduz a uma dura concorrência tanto em preços quanto em serviços. O serviço ao cliente é uma das grandes preocupações das empresas por se tratar de algo diretamente afetado pela escolha dos armazéns. Não há valor suficiente para se atribuir a um bom serviço de distribuição, uma vez que ele depende das atitudes dos clientes em relação a tais serviços e da preferência que puder estabelecer. A opinião generalizada na empresa indica que o serviço deveria ser mantido em um alto patamar a fim de não prejudicar as vendas. Um "alto" patamar de serviços significa em geral prazos de entrega de 24 a 48 horas – ou menos. Isso em geral situa os clientes a uma distância de entre 300 e 600 milhas dos armazéns.

As vendas anuais dos produtos que passam pela rede de armazenagem chegam a 147 milhões de libras para uma receita anual de pouco mais de $100 milhões. As vendas são distribuídas proporcionalmente aos centros de população com uma margem média de lucro de 20%. A Figura 1 mostra os seis principais territórios de vendas, com o volume máximo em libras por estado. A empresa tem mais de 70 mil clientes cadastrados, agregados em 191 centros de demanda

ativa. Um centro de demanda é um conjunto de áreas de CEPs em uma central de CEPs como o foco da demanda coletada. Esses centros de demand e como estão sendo atualmente atendidos são dados na Tabela 3. Além disso, o território de vendas em que o centro de demanda está agrupado é igualmente mostrado.

O plano de cinco anos mostra o crescimento do volume de vendas em todos os EUA. Esse crescimento não será uniforme em função dos padrões de população e migração de empresas, concorrência e variados programas promocionais. As mudanças em volume em comparação com os atuais níveis são projetadas por território de vendas, como a seguir:

Região nº	Território de vendas	Fator de crescimento de cinco anos[a]
1	Nordeste	1,30
2	Sudeste	1,45
3	Centro-Oeste	1,25
4	Noroeste	1,20
5	Sudoeste	1,15
6	Oeste	1,35

[a]Multiplicadores do atual volume de vendas.

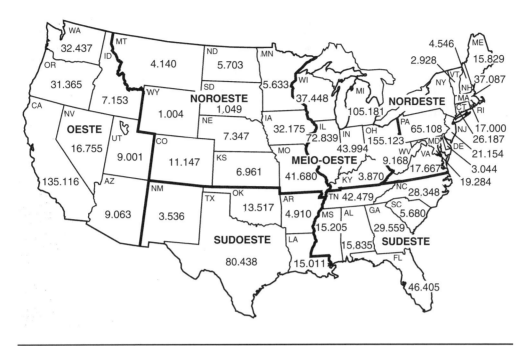

FIGURA 1 Vendas anuais da Usemore Soap Company, em cwt., por estados, com os maiores distritos de vendas definidos.

CUSTOS E CAPACIDADES DE PRODUÇÃO

Os custos variáveis de produção nas fábricas existentes dependem das condições em cada local. Têm influência sobre essa variação fatores como diferenças nos níveis salariais, volume de compras de matérias-primas e diferenças nos custos de transporte interno conforme a distância maior/menor entre as fábricas e suas principais fontes desses materiais. Esses custos são relacionados a seguir.

Fábrica	Variação do custo de produção
Covington, KY	$21,00
Nova York, NY	$19,90
Arlington, TX	$21,60
Long Beach, CA	$21,10

A provável fábrica em Chicago tem um custo estimado de $21,00 por cwt.; e a fábrica de Memphis tem um custo de $20,60 por cwt. A expansão de qualquer fábrica teria a atual variação de custo. Os custos fixos não são incluídos nos casos de fábricas existentes porque são custos realizados. No entanto, construir uma fábrica nova ou expandir uma existente custaria um mínimo de $ 4 milhões. Este custo se traduziria em um resultado para a fábrica (ou em um aumento de resultado no caso de fábrica aumentada) superior a 1 milhão de cwt. por ano para um futuro próximo.

Conforme os padrões de distribuição atuais, as fábricas estão produzindo, em relação à capacidade de processamento (em cwt.), às seguintes taxas:

Fábrica	Capacidade atual	Produção atual	% da capacidade
Covington, KY	620.000 cwt.	595.102 cwt.	96%
Nova York, NY	430.000	390.876	91
Arlington, TX	300.000	249.662	83
Long Beach, CA	280.000	241.386	86%
Total	1.630.000	1.477.026	91

530 PARTE V • ESTRATÉGIA DE LOCALIZAÇÃO

TABELA 3 Informação sobre tarifas e tamanho de pedidos do ponto de estocagem

Arm. N°	Estocagem ($/$)[a]	Manuseio ($/cwt.)[b]	Processamento de pedidos de estoque ($/pedido)	Tamanho de pedido de estoque (cwt./pedido)	Processamento de pedido dos clientes ($/pedido)	Tamanho de pedido dos clientes (cwt./pedido)	Taxa de embarque local[c] ($/cwt.)
1	0,0672	0,46	18	400	1,79	9,05	1,90
2	0,0567	0,54	18	400	1,74	10,92	3,89
3	0,0755	0,38	18	400	2,71	11,59	2,02
4	0,0735	0,59	18	400	1,74	11,30	4,31
5	0,0946	0,50	18	401	0,83	9,31	1,89
6	0,1802	0,75	18	405	3,21	9,00	4,70
7	0,0946	0,74	18	405	1,23	8,37	1,55
8	0,2072	1,14	18	405	1,83	13,46	1,79
9	0,1802	1,62	18	409	4,83	9,69	4,92
10	0,1442	1,14	18	410	2,74	8,28	2,23
11	0,0946	1,04	18	409	3,93	10,20	1,81
12	0,1982	1,06	18	410	3,18	15,00	1,00
13	0,0766	1,06	18	400	1,08	9,07	1,63
14	0,1262	1,22	18	423	1,56	11,72	1,17
15	0,1126	0,82	18	426	1,20	9,35	1,73
16	0,0991	0,64	18	433	1,78	8,70	0,50
17	0,1577	0,71	18	394	5,33	8,07	1,46
18	0,1307	0,79	18	398	0,91	7,66	2,29
19	0,1487	1,15	18	399	2,08	9,39	2,20
20	0,2253	0,80	18	490	1,10	7,31	1,49
21	0,1370	1,39	18	655	1,70	9,31	2,72
22	0,0991	0,83	18	400	2,46	10,14	4,17
23	0,1260	0,59	18	110	2,33	5,07	2,37
24	0,0631	0,45	18	134	1,88	6,80	1,36
25	0,0946	1,68	18	341	2,58	6,83	2,21
26	0,1216	0,88	18	149	1,83	14,32	0,80
27	0,0721	0,55	18	198	1,83	7,38	3,88
28	0,1532	0,80	18	420	1,58	9,70	2,14
29	0,1172	1,04	18	287	0,78	7,52	1,51
30	0,1080	1,46	18	408	5,33	11,46	1,70
31	0,1487	0,95	18	340	1,36	10,48	1,63
32	0,1396	0,69	18	333	1,50	6,67	1,66
33	0,1126	0,64	18	277	2,33	11,98	1,54
34	0,1712	1,35	18	398	0,93	10,13	1,84
35	0,1261	0,79	18	434	2,08	6,81	1,58
36	0,1352	0,80	18	323	0,88	7,67	1,93
37	0,2704	0,96	18	423	0,89	8,57	3,08
38	0,2250	0,80	18	425	2,88	7,61	1,43
39	0,1487	1,49	18	400	1,46	7,55	6,44
40	0,2073	1,14	18	400	2,75	10,13	2,83
41	0,2073	1,14	18	400	2,75	10,13	2,83
42	0,1802	1,62	18	400	2,75	10,13	4,81
43	0,2613	1,39	18	400	2,71	11,59	3,89
44	0,1396	0,71	18	400	2,04	9,37	3,89
45	0,1036	0,55	18	400	2,75	10,13	1,74
46	0,0946	0,55	18	400	1,74	9,31	1,89
47	0,0682	0,64	18	400	1,78	8,70	0,50
48	0,0682	1,22	18	400	1,79	9,05	1,55

[a]Tarifa anual em $ por $ de estoque médio no armazém.

[b]Tarifa anualizada para movimentar 1 cwt. entrando ou saindo do armazém.

[c]Uma tarifa de transporte que se aplica às remessas aos clientes até a distância máxima de 30 milhas do ponto de estocagem.

TARIFAS E CAPACIDADES DE ARMAZENAMENTO

Os contratos da empresa com diretores de armazéns públicos demostram que as tarifas são categorizadas como de estocagem, manuseio e complementares. As tarias de estocagem são cotadas à base $/cwt./mês sobre o estoque mantido. As despesas de manuseio são incorridas sempre que existir movimentação de entrada ou saída do produto e estabelecidas com base em $/cwt. As tarifas complementares cobrem diversos serviços, como a preparação dos conhecimentos de embarque, entrega local e relatórios sobre a situação dos estoques. Cobranças semelhantes são estimadas para os quatro armazéns de fábricas como um parcelamento justo das operações de produção.

Igualmente relacionados com o armazenamento são os custos de reposição de estoques. Esses custos são os da preparação da documentação necessária para o reabastecimento normal e a expedição de estoques no armazém. Os custos do pedido em estoque bem como os custos do pedido do cliente são computados pela multiplicação do custo médio por pedido pelo número médio de pedidos para o armazém.

Os custos relacionados com a armazenagem e outras informações pertinentes são dados na Tabela 3. Os custos para os pontos existentes são tirados dos registros da empresa. Aqueles para armazéns potenciais são determinados a partir de quotas dos gerentes dos armazéns públicos nas cidades apropriadas. Fazem-se estimativas de custos sempre que tais informações não estiverem disponíveis, qualquer que seja o motivo para tanto.

Não existem limites efetivos de capacidade quanto à armazenagem pública. A necessidade de espaço da Usemore é uma pequena fração da capacidade total de um armazém público. Por outro lado, um processamento de pelo menos 10.400 cwt. por ano, ou um reabastecimento de capacidade total a cada duas semanas, é o processamento mínimo necessário para a abertura de um armazém. O espaço disponível é limitado nas quatro localizações atuais das fábricas da empresa em discussão. Os limites de estocagem em termos de processamento são em Covington = 450.000 cwt., em Nova York = 380.000 cwt., Arlington = 140.000 cwt. e Long Beach = 180.000 cwt.

CUSTOS DO TRANSPORTE

Três tipos genéricos de custos de transporte são importantes para a Usemore: tarifas de transporte de entrada, de saída e de entregas locais. Os custos de transporte de entrada para um armazém dependem do volume embarcado e da distância entre a fábrica e o armazém. Uma amostragem das tarifas comuns do transportador rodoviário para várias distâncias das fábricas em carregamentos de carga completa indica que a tarifa de transporte entre a fábrica e armazém (P-W) pode ser razoavelmente aproximada por uma função linear. Isto é, a tarifa de carga completa é

$$\text{Tarifa P-W ($/cwt.)} = 0,92 + 0,0034d \text{ (em milhas)}$$

em que d é a distância entre os dois pontos.[2] Os custos totais de entrada são determinados pela multiplicação da tarifa P-W pelo volume atribuído ao fluxo entre a fábrica e o armazém.

Os custos do transporte de saída do armazém dependem da distância entre este e o cliente. Se o cliente se localiza num raio de 30 milhas de distância do armazém, são em geral aplicadas tarifas de frete local. Essas tarifas locais de entrega são mostradas por armazém na Tabela 3. Em distâncias superiores a 30 milhas, uma função linear semelhante àquela usada para as tarifas do transporte de chegada pode ser desenvolvida. Em função do tamanho médio de embarque a partir do armazém, de aproximadamente 1.000 libras-peso, a função tarifa armazém/cliente (W-C) é

$$\text{Tarifa W-C ($/cwt.)} = 5,45 + 0,0037\,d$$

A computação dos custos totais de saída do armazém é feita da mesma forma que com os custos do transporte de chegada.

CUSTOS DE ESTOQUE

Os custos de estoque dependem do estoque médio mantido em um armazém e dos fatores de tarifa de estoque aplicáveis ao nível de estoque. Esses fatores de tarifa incluem o custo do capital, impostos prediais e custos dos seguros. O estoque médio em um armazém varia de acordo com a demanda do armazém e com o método utilizado para controlar os estoques. Uma função matemática para expressar o estoque com base no processamento anual do armazém é encontrada pela plotagem do estoque médio anual em relação ao processamento anual de cada ponto ativo de estocagem. A curva resultante é mostrada na Figura 2. Sabendo que a tarifa anual de manutenção de estoque é de cerca de 12% do valor médio do produto de $26 por cwt., o custo total da manutenção de estoques em cada armazém é dado por

$$IC_i = (0,12)((26)(11,3D_i^{0,58}) = 35,3D_i^{0,58}$$

onde

IC_i = custo anual de manutenção do estoque no armazém i ($)

D_i = processamento anual da demanda no armazém i (cwt.)

CUSTOS OPERACIONAIS DE ARMAZENAGEM

Os custos operacionais de armazém são a combinação das despesas de estocagem e manuseio resultantes da atribuição de demanda a armazéns. Os custos de estocagem são computados tomando-se a tarifa de estocagem e multiplicando-a por

---

[2] Para simplificação, uma relação agregada é mostrada. Na prática, várias dessas relações seriam usadas para refletir a diferença de tarifas causada pelas localizações geográficas dos pontos de origem da carga.

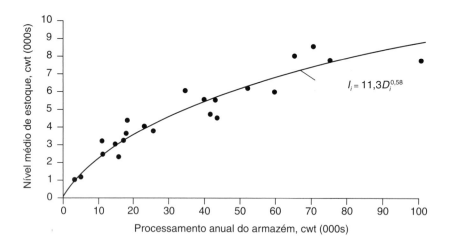

FIGURA 2 Relação do processamento do estoque para armazém na Usemore Soap Company.

uma estimativa do estoque médio no armazém. Matematicamente, isso pode ser representado como

$$SC_i = SR_i(26)(11{,}3D_i^{0{,}58})$$

onde

SC_i = custo anual da estocagem no armazém i ($)
SR_i = tarifa de estocagem do armazém i da Tabela 4
D_i = processamento anual da demanda no armazém i (cwt.)

Os custos de manuseio são estritamente uma função do processamento de armazém. São determinados pela tarifa de manuseio multiplicada pelo processamento, ou

$$HC_i = (HR_i)D_i$$

onde

HC_i = custo anual de manuseio no armazém i ($)
HR_i = tarifa de manuseio no armazém i da Tabela 4

CUSTOS DE PROCESSAMENTO DO PEDIDO

Os custos de processamento de pedido são as despesas decorrentes da documentação necessária para a reposição de estoques e pedidos de clientes. Ambos são computados para cada armazém essencialmente da mesma forma. Isto é, a tarifa de processamento de pedido é multiplicada pela demanda anual sobre o armazém e o resultado dividido pelo tamanho do pedido.

TABELA 4 Perfil do *benchmark* do serviço ao cliente

Distância do armazém ao cliente	Percentagem da demanda	Percentagem acumulada da demanda	Demanda total (cwt.)
0–100 mi.	56,4%	56,4%	833.043
101–200	21,3	77,7	314.607
201–300	15,7	93,4	231.893
301–400	2,1	95,5	31.018
401–500	1,5	97,0	22.155
501–600	0,5	97,5	7.385
601–700	2,0	99,5	29.541
701–800	0,5	100,0	7.384
801–900	0,0	100,0	0
901–1000	0,0	100,0	0
> 1000	0,0	100,0	0
	100,0%		1.477.026

CUSTOS TOTAIS

Os custos totais de várias configurações de distribuição de produção podem ser determinados pela soma de todos os custos relevantes. Para a Usemore Soap Company, os custos relevantes são de produção: custos operacionais de armazém (estocagem, manuseio, processamento do estoque dos pedidos e processamento dos pedidos dos clientes); custos dos transportes (entrada e saída do armazém, e entregas locais); e custos de manutenção dos estoques. Mudar o número e localização das fábricas e armazéns terá como resultado uma alteração no equilíbrio entre esses fatores de custos. Por exemplo, aumentar o número de armazéns reduzirá os custos de transporte mas aumentará os custos de estocagem, bem como afetará os serviços aos clientes. Analisar as compensações entre custos e níveis de serviço ao cliente é o ponto central desse tipo de problema.

Os sumários de custos e serviços ao cliente para o presente projeto de rede são mostrados nas Tabelas 4 e 5. No momento, a Usemore Soap Company tem capacidade de colocar 93% de sua demanda num raio de 300 milhas a partir dos seus armazéns a um custo anual total de $42.112.463.

TABELA 5 Perfil de custos da atual rede de distribuição

Categoria de custo	Custo
Produção	$30.761.520
Operações de armazém	1.578.379
Processamento de pedidos	369.027
Manutenção de estoques	457.290
Transportes:	
Entrada no armazém	2.050.367
Saída do armazém	6.895.880
Custos totais	$42.112.463

UMA ANÁLISE ASSISTIDA POR COMPUTADOR

Mesmo tendo sido fornecidos dados suficientes para o desenvolvimento de uma análise manual, um programa de computador (WARELOCA, um módulo no LOGWARE) acompanha este estudo de caso. Dada uma determinada combinação de fábricas, capacidades de fábricas, restrições de serviços aos clientes e armazéns, o programa otimamente atribui centros de demanda a armazéns e armazéns a fábricas por meio de programação linear. A partir da lista selecionada de armazéns, a combinação menos dispendiosa será escolhida se mais de uma das opções for disponível no âmbito da distância prescrita entre o serviço e o centro de demanda. Se não puder ser encontrado um armazém dentro da distância de serviço, o armazém selecionado será aquele situado mais perto do centro de demanda.

Apenas custos lineares variáveis são usados na alocação de centros de demanda a armazéns. Custos de estocagem e de capital, ambos não-lineares, não são usados no processo de alocação. Eles são incluídos nos custos do sistema para uma determinada configuração. Custos fixos não são incluídos na alocação, nem são mostrados nos custos totais do sistema. Eles devem ser acrescentados externamente aos custos do sistema.

WARELOCA é um programa em que você provê as localizações das fábricas e respectivas capacidades, as localizações dos armazéns, a distância do serviço ao cliente e os níveis de demanda e de custo. Cada rodada, ou execução, do programa representa uma avaliação de determinada configuração de rede. Os resultados de uma rodada de amostra WARELOCA em que a rede atual é *aproximada*[3] (não o *benchmark* real) e em que as quatro fábricas existentes e os 22 armazéns são avaliados aparecem na Figura 3. ∎

---

[3] As capacidades das fábricas são estabelecidas nos níveis atuais de produção, o serviço ao cliente é fixado em 300 milhas e os 22 armazéns atuais são selecionados para avaliação.

RESULTADOS DO WARELOCA

RESUMO DA ANÁLISE PARA
22 LOCALIZAÇÕES POTENCIAIS DE ARMAZÉM

– CUSTOS DO SISTEMA –

Custos de produção	$30.761.518
Operações de armazém	1.515.395
Processamento de pedidos	357.343
Manutenção de estoque	447.282
Custos de transporte	
Entrada no armazém	2.354.017
Saída do armazém	6.657.464

Custos totais	$42.093.020

PERFIL DO SERVIÇO AO CLIENTE PARA UMA
DISTÂNCIA DESEJADA DE ATÉ 300 MILHAS

FIGURA 3 Resultados do WARELOCA para uma rodada de *benchmark* aproximado. (*continua*)

534 PARTE V • ESTRATÉGIA DE LOCALIZAÇÃO

Distância do armazém até o cliente (milhas)			Percentagem da demanda	Distância do armazém até o cliente (milhas)			Percentagem da demanda
0	a	100	55,9	800	a	900	0,0
100	a	200	18,2	900	a	1.000	0,0
200	a	300	19,5	1.000	a	1.500	0,0
300	a	400	1,8	1.500	a	2.000	0,0
400	a	500	2,0	2.000	a	2.500	0,0
500	a	600	0,3	2.500	a	3.000	0,0
600	a	700	2,0		>	3.000	0,0
700	a	800	0,4				
						Total	100,0

– PROCESSAMENTO E CUSTOS DA FÁBRICA –

Localização	Processamento (cwt.)	Custos de produção
COVINGTON, KY	595.102	12.497.142
NOVA YORK, NY	390.876	7.778.432
ARLINGTON, TX	249.662	5.392.699
LONG BEACH, CA	241.386	5.093.244
MEMPHIS, TN	0	0
CHICAGO, IL	0	0
Totais	1.477.026	30.761.518

– PROCESSAMENTO E CUSTOS DO ARMAZÉM –

Armazém nº	Localização	Processamento (cwt.)	Total do armazém, $	Estocagem	Manuseio	Capital
1	COVINGTON KY P	236.640	180.853	25.845	108.854	46.153
2	NOVA YORK NY P	2280.67	189.677	21.345	123.156	45.176
3	ARLINGTON TX P	104.081	86.246	18.033	39.550	28.662
4	LONG BEACH CA P	106.047	109.288	17.747	62.567	28.974
5	ATLANTA GA	46.949	55.775	14.239	23.474	18.062
6	BOSTON MA	49.350	83.524	27.919	37.012	18.592
7	BUFFALO NY	28.342	45.076	10.625	20.973	13.478
8	CHICAGO IL	87.860	170.997	44.858	100.160	25.979
9	CLEVELAND OH	0	0	0	0	0
10	DAVENPORT	13.068	33.837	10.337	14.897	8.602
11	DETROIT MI	82.999	131.269	19.815	86.318	25.135
12	GRD RAPIDS MI	17.330	45.238	16.736	18.369	10.132
13	GREENSBORO NC	31.832	57.362	9.203	33.741	14.417
14	KANSAS CITY KS	73.416	137.595	24.618	89.567	23.409
15	BALTIMORE MD	38.128	62.294	15.021	31.264	16.008
16	MEMPHIS TN	67.480	83.888	18.409	43.187	22.292
17	MILWAUKEE WI	28.121	51.015	17.632	19.965	13.417
18	ORLANDO FL	44.523	71.765	19.076	35.173	17.515
19	PITTSBURGH PA	21.553	50.534	14.249	24.785	11.499
20	PORTLAND OR	74.280	127.242	44.250	59.424	23.568
21	W SACRAMENTO CA	65.744	137.256	23.915	91.384	21.957
22	W CHESTER PA	31.216	51.936	11.772	25.909	14.255
Totais		1.477.026	1.962.667	425.655	1.089.739	447.282

Armazém nº	Localização	Processamento de pedidos	Custos de Transporte	
			Entrada	Saída
1	COVINGTON KY P	57.453	0	1.166.502
2	NOVA YORK NY P	46.603	210.610	1.135.465
3	ARLINGTON TX P	29.020	96.128	511.022
4	LONG BEACH CA P	21.101	97.942	528.650
5	ATLANTA GA	6.293	112.810	212.015

FIGURA 3 Resultados do WARELOCA para uma rodada de *benchmark* aproximado. (*continua*)

6	BOSTON MA	19.794	82.324	261.289
7	BUFFALO NY	5.424	59.064	72.647
8	CHICAGO IL	15.850	168.091	276.774
9	CLEVELAND OH	0	0	0
10	DAVENPORT	4.898	30.896	74.424
11	DETROIT MI	35.631	154.332	173.983
12	GRD RAPIDS MI	4.434	34.705	46.545
13	GREENSBORO NC	5.222	71.933	129.723
14	KANSAS CITY KS	12.896	196.711	381.234
15	BALTIMORE MD	6.504	60.638	152.684
16	MEMPHIS TN	16.611	174.640	344.308
17	MILWAUKEE WI	19.857	62.954	.42.548
18	ORLANDO FL	7.302	174.726	236.580
19	PITTSBURGH PA	5.746	45.302	47.416
20	PORTLAND OR	13.906	325.989	343.276
21	W SACRAMENTO CA	13.811	153.326	379.100
22	W CHESTER PA	8.977	40.887	141.269
	Totais	357.343	2.354.017	6.657.465

FIGURA 3   Resultados do WARELOCA para uma rodada de *benchmark* aproximado. (*continuação*)

A Essen nos EUA

A Essen é uma indústria alemã de doces que produz e distribui chocolates e outros tipos de doces na Europa e nos Estados Unidos. Os produtos destinados ao mercado norte-americano são feitos em Essen, na Alemanha, e embarcados pelo porto de Amsterdam, na Holanda. Os produtos ingressam nos EUA por um porto em Nova Jersey e são armazenados em Edison, Nova Jersey. A partir desse armazém central, o produto é redistribuído para os armazéns (são muitos) das empresas compradoras que, por sua vez, os redistribuem para os seus pontos de varejo (são inúmeros). Entre os principais compradores figuram grandes redes varejo como Wal-Mart, Walgreens e Giant Eagle, além de varejistas de menor porte que compram dos distribuidores. O canal de distribuição da Essen é o da Figura 1. Os custos de distribuição e serviço ao cliente da Essen são afetados pelo fluxo do produto ao longo de toda a cadeia de suprimentos. Embora a empresa controle diretamente apenas pequena parte da cadeia de suprimentos, o bom planejamento da totalidade dessa cadeia pode beneficiar a Essen, seus compradores e, por fim, os clientes. A Essen tem condições de influenciar seus clientes mediante a concessão de descontos para compras de grandes quantidades, entre incentivos, sempre que puder estimar o efeito desses incentivos sobre os membros do canal mais distantes do centro da operação.

VENDAS

A Essen registra vendas anuais aos seus clientes (nível 2) nos EUA de cerca de $80 milhões com 36 milhões de libras de confeitos. As vendas no varejo (nível 1) atingiram cerca de $104 milhões. Existe um preço médio de $2,22 por libra para os clientes da Essen, que então aplicam um adicional de 30%, resultando em um preço médio de $2,89 por libra ao cliente final. A amostragem de dados indica média diária de vendas de 100 mil libras-peso, com um desvio-padrão de 15 mil libras. As vendas variam de acordo com um padrão normal de distribuição. Existe um aumento da demanda dos clientes perto de datas festivas (Dia dos Namorados, Páscoa, Dia de Ação de Graças e Natal), com vendas abaixo da média nos meses de outono e inverno. Os meses do verão apresentam vendas ligeiramente abaixo da média. Os índices sazonais são os seguintes:

O aumento das vendas tem sido modesto, ficando em cerca de 1% ao ano.

Mês	Índice	Mês	Índice	Mês	Índice	Mês	Índice
Jan	0,25	Abr	0,75	Jul	0,75	Out	0,75
Fev	1,25	Mai	0,75	Ago	0,75	Nov	1,50
Mar	1,25	Jun	0,75	Set	0,75	Dez	2,50

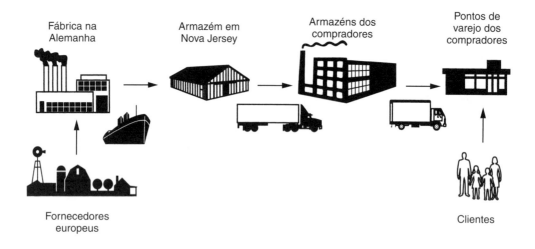

FIGURA 1 O canal de suprimentos da Essen.

PONTOS DE VAREJO/NÍVEL 1

Os varejistas (nível 1) presentes no canal reabastecem suas gôndolas semanalmente. A demanda de vendas é prevista com base na venda média dos últimos sete dias (média semanal de movimentação). A política de controle de estoque prevê estoques capazes de sustentar a demanda. Isto é, a quantidade de estoque nas gôndolas é revisada a cada sete dias e se usa um nível de meta de estoque de dez dias de vendas para fins de controle. Determina-se uma demanda de dez dias a partir da freqüência de revisão dos níveis de estoque, do risco de ficar sem estoque, e da experiência na provisão de níveis adequados de estoque.

O valor aproximado de um estoque de mil libras-peso é de $2.220. O custo de manutenção do estoque é fixado nominalmente em 25% do valor do item por ano. O custo do atendimento dos pedidos dos clientes é o resultado da divisão das despesas gerais e custo da mão-de-obra da loja pelas unidades vendidas. Para uma linha única de produtos, como caramelos, esse custo não é superior a $1 por mil libras-peso. Por outro lado, o custo de preparação da ordem de compra do varejista inclui a escrituração, transmissão e inúmeras verificações desse pedido. Um custo de $35 por pedido é razoável.

O tempo de atendimento de um pedido de caramelos de cliente é fixado nominalmente no mínimo de um dia, sem variação. Isso inclui o tempo que o cliente leva para chegar à loja, escolher o produto, fazer a encomenda e voltar para casa.

Um produto como esse em geral não fica em atraso quando ocorre insuficiência de estoque. Pelo contrário, as vendas são perdidas. Portanto, o produto é estocado a um alto índice de atendimento (98%). Os custos de pedidos não atendidos são fixados em 0,67 por mil libras-peso a fim de representar o o efeito de vendas perdidas.[1]

ARMAZÉNS/NÍVEL 2

A Essen abastece um bom número dos armazéns de seus clientes. É norma desses armazéns prever o volume de suas atividades com base em uma média de movimentação de 30 dias. Os níveis de estoque são normalmente revistos a cada 30 dias, usando-se um nível de objetivo de 45 dias de compras para a posição dos estoques. Um índice de atendimento de 95% é desejável.

O custo do atendimento de um pedido de varejista a partir de estoques dos armazém é estimado em $20 por 1.000 libras-peso, o que inclui verificação de estoque, verificação de crédito, transmissão de informação e despesas gerais. Os pedidos das lojas de varejo podem ser processados em dois dias, com um desvio-padrão de 0,2 dia. O custo da preparação e transmissão dos pedidos para reposição de estoque de armazém é de $75 por pedido.

O custo da manutenção de estoques é de 25% do valor do estoque, valor esse estimado em $ 2.220 por 1.000 libras-peso. Pedidos que não puderem ser atendidos a partir do estoque disponível ficam em atraso (*back order*), ao custo de $100 por 1.000 libras-peso.

O ARMAZÉM DA ESSEN EM NOVA JERSEY/NÍVEL 3

O armazém da Essen em Nova Jersey é seu ponto principal de importação e redistribuição nos Estados Unidos. Dali são expedidos todos os itens da linha de produção para todos os ar-

---

[1] Esta percentagem é o lucro aproximado por libra-peso de produto, ou $2,89 − 2,22 = $0,67 por libra-peso.

mazéns de clientes no país. As necessidades gerais são previstas mediante a utilização de uma média móvel de 360 dias, embora exista um padrão sazonal de vendas de fim de ano significativo. O estoque é planejado em base agregada (todos os produtos combinados) com um tipo de política estoque/demanda. A revisão e previsão de estoque acontece a cada 30 dias e a quantidade-alvo é para 90 dias de vendas. Níveis de estoque relativamente elevados são mantidos em face da necessidade de disponibilidade para os clientes e dos prolongados prazos de entrega resultantes da grande distância das fontes de suprimento. Mil libras-peso de produtos mantidos em estoque são avaliadas em $1.710 em custos. A empresa usa uma cobrança de 20% ao ano por manutenção de estoque. Uma probabilidade de haver estoque (índice de atendimento) de 95% é desejada. A média dos pedidos dos clientes da Essen é de 5.000 libras-peso.

A preparação de um pedido de compra na fábrica tem um custo estimado de $75 por pedido. O custo do processamento de um pedido de cliente é de $15 por mil libras-peso. O tempo necessário para atender um pedido de distribuidor chega a três dias, com um desvio-padrão de 0,3 dia. Todos os pedidos de clientes não atendidos ficam em espera a um custo adicional de manutenção de $25 por 1.000 libras-peso.

FÁBRICA/FONTE

A fábrica compra na Europa os materiais para seus produtos a um custo médio de US $ 1.000 por mil libras-peso. O tamanho médio do lote de todos os itens de linha é de 10.000 libras-peso. Os custos de produção, despesas gerais incluídas, chegam a cerca de $850 por 1.000 libras-peso. O prazo de produção, do momento em que o pedido é recebido, revisado, selecionado para melhor tempo no programa de produção e processado, é de oito dias, com um desvio-padrão de dois dias. No entanto, quando se produzem volumes maiores do que 20.000 libras-peso, o custo da produção pode ser reduzido para $825 por mil libras-peso. O prazo da produção é então ampliado para 10 dias, com desvio-padrão de 2,1 dias.

O custo do atendimento de um pedido em armazém, que inclui principalmente a preparação do pedido para expedição, é de $10 para cada 1.000 libras-peso.

TRANSPORTE

Transporte da Fábrica ao Armazém de Nova Jersey. Os doces são embarcados em contêineres, por via marítima, da fábrica da Essen para o armazém de Nova Jersey. Às vezes, principalmente nos meses de verão, faz-se necessário transporte frigorífico, pois as temperaturas mais altas podem acabar derretendo os produtos de chocolate. Os custos do transporte são de cerca de $78 por 1.000 libras-peso e o tempo em trânsito é em média de nove dias, com um desvio-padrão de três dias.

Existe a alternativa do transporte aéreo, ao custo de $1.833 por 1.000 libras-peso, tempo médio de trânsito de um dia e desvio padrão de 0,2 dia.

Transporte do Armazém de Nova Jersey aos Armazéns dos Varejistas. Os despachos são feitos do armazém de Nova Jersey em caminhão, carga incompleta (LTL), embora os transportadores freqüentemente usem pontos de consolidação para obter cargas completas para longas distâncias. O custo médio desse transporte é normalmente de $70 por 1.000 libras-peso em distâncias de mil milhas. O tempo médio de trânsito dessas entregas é de cinco dias, com desvio-padrão de um dia.

Transporte dos Armazéns dos Varejistas aos Pontos de Venda. Os despachos dos armazéns dos varejistas para os pontos de venda múltiplos normalmente reúnem inúmeros produtos destinados a mais de uma loja numa única rota de caminhão. A proporção das entregas exclusivamente de chocolates tem uma estimativa de custo de $25 por 1.000 libras-peso. O tempo em trânsito é de cerca de um dia, sem variação digna de nota. ∎

PERGUNTAS

1. Quais seriam os seus comentários a respeito do desempenho da logística ao longo do canal de suprimentos da Essen e de seus clientes?

2. Quais medidas sugeriria a fim de melhorar o desempenho da logística ao longo do canal? Alguma dessas medidas envolve a Essen? Em caso afirmativo, a empresa ficaria diretamente responsável por qualquer custo ou melhoria do desempenho das operações?

3. Despachar as cargas por frete aéreo da Alemanha significaria uma melhoria do desempenho do canal? Para a Essen?

4. Existe alguma vantagem considerável no fato de produzir no tamanho de lote de 20 mil libras-peso?

5. Se empresas membros do canal que não a Essen tivessem a chave para melhorar o desempenho geral do canal e o aperfeiçoamento de desempenho para a própria empresa, de que maneira a Essen poderia incentivá-las a cooperar?

PARTE

VI

ORGANIZAÇÃO E CONTROLE

CAPÍTULO 15

Organização da Cadeia de Suprimentos/Logística

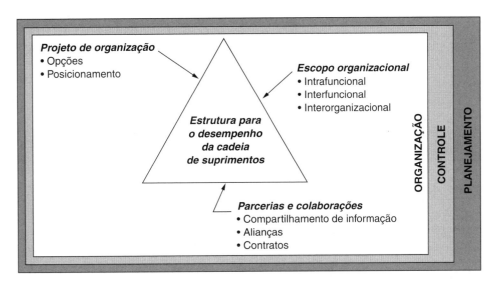

A boa estrutura organizacional não é, por si, garantia de bom desempenho – da mesma forma que uma boa Constituição não garante que tenhamos bons presidentes, leis justas, ou uma sociedade moral. A má estrutura organizacional, no entanto, inviabiliza o bom desempenho, por maior que seja a competência de todos os seus gerentes. Aperfeiçoar a estrutura organizacional... irá, portanto, melhorar sempre o desempenho. [1]

— Peter F. Drucker

A organização administrativa é a estrutura que cria condições para a criação, a implementação e a avaliação de planos. É o mecanismo formal ou informal para a alocação dos recursos humanos da empresa à concretização de suas metas. A organização pode parecer um organograma formal de relacionamentos funcionais, um conjunto invisível de relacionamentos entendido pelos componentes da firma mas não projetado em qualquer meio formal, ou em uma combinação destes. Seja qual for a situação, pretender estabelecer relacionamentos humanos em uma maneira ótima é provavelmente a mais difícil das tarefas da empresa. Não existem algoritmos precisos para isso. O máximo que podemos esperar é a existência de algumas diretrizes que venham a ser úteis para o estabelecimento de estruturas organizacionais aceitáveis.

O foco deste capítulo é especificamente a estrutura organizacional indispensável para a gestão da função logística dos negócios. A discussão é separada em quatro partes. A primeira é a organização do projeto logístico. A segunda é composta pelas opções à disposição da gerência. Elas vão de formatos formais a informais de organização, bem como a localização do formato organizacional dentro da estrutura da empresa. A terceira diz respeito à gerência da logística ao longo de diferen-

---
[1] Peter F. Drucker, *The Practice of Management* (New York: *Harper & Row*, 1954), pág. 225.

tes organizações. Por fim, examinamos as alternativas de estrutura organizacional que têm o objetivo de operar um canal de suprimentos, especialmente, a terceirização de parte ou do todo da estrutura logística mediante alianças estratégicas logística/cadeia de suprimentos, parcerias logística/CS, provedores terceirizados de logística/CS, e acordos de colaboração.

ORGANIZANDO O ESFORÇO LOGÍSTICO/CS

Colocar as pessoas responsáveis pelas atividades logísticas da empresa em posições que sirvam de incentivo à coordenação plena entre elas é a questão dominante na organização logística/CS. São arranjos organizacionais que promovem a eficiência no suprimento e distribuição de produtos e serviços mediante a promoção das compensações de custos freqüentemente oferecidas no planejamento e operação do sistema logístico.

Necessidade de Estrutura Organizacional

A logística/CS é uma atividade essencial que precisa ser desenvolvida por todos os tipos de empresas ou instituições. Isso significa que alguma espécie de arranjo organizacional, seja ele formal ou informal, terá sido feito para cuidar do movimento de produtos e serviços. Qual é então a necessidade de qualquer consideração específica em torno da estrutura organizacional?

Fragmentação Organizacional

Uma forma tradicional de organização adotada por muitos é a centralização das atividades em torno das três funções primárias de finanças, operações e *marketing*, como mostra a Figura 15-1. Do ponto de vista logístico, essa distribuição resultou em uma fragmentação das atividades logísticas entre essas três funções cujos objetivos primários são um tanto diferentes daqueles da logística. Isto é, responsabilidade pelo transporte pode ser atribuída às operações, o estoque dividido entre as três funções, e o processamento de pedidos colocados sob a égide tanto do *marketing* quanto do financeiro. Ainda assim a principal responsabilidade do *marketing* pode ser a maximização dos lucros, a responsabilidade maior das operações pode ser produzir ao menor custo unitário, e a responsabilidade do financeiro pode ser minimizar os custos de capital ou maximizar o retorno sobre os investimentos para a empresa. Esse cruzamento de propósitos motivacional levou um executivo, anos atrás, a fazer uma sábia observação:

> Se autorizados a operar por sua conta e risco, um vendedor e seu gerente certamente prometeriam aos clientes uma entrega que na prática é impossível a

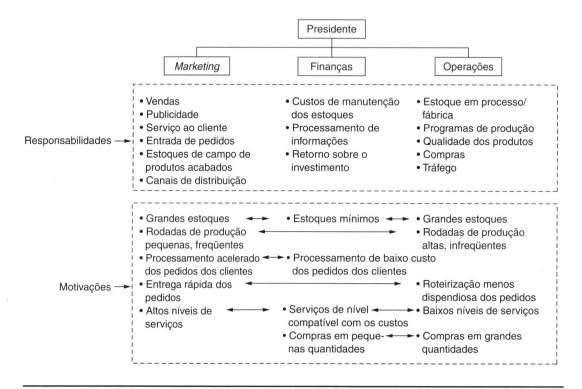

FIGURA 15-1 Organização de uma empresa manufatureira padrão com relação às atividades logísticas/CS.

partir de determinada fábrica ou centro de distribuição. Por outro lado, o gerente de produção, se igualmente deixado por sua própria conta, solicitaria que todos os pedidos fossem acumulados por longos períodos para reduzir os custos de preparação, e com isso garantir maior prazo para planejar quantidades econômicas de aquisição de materiais.[2]

Semelhante conflito de prioridades pode traduzir-se em um sistema operacional logístico subótimo – de tal forma que a eficiência da empresa como um todo venha a ser prejudicada. Por exemplo, o *marketing* pode pretender entrega mais rápida a fim de dar sustentação às vendas, enquanto que a produção, uma vez tendo a responsabilidade pelo tráfego, pode pretender impor o roteiro de menor custo. A menos que decisões sejam adotadas para chegar a compromissos ao longo das linhas funcionais, o mais vantajoso equilíbrio custo-serviço logístico não tende a se concretizar. Alguma estrutura organizacional para a coordenação do processo decisório de atividades logísticas separadas é necessária.

Observação

Um fabricante de produtos de papel viu-se no centro do clássico conflito entre vendas e produção em função de questões logísticas. A empresa produzia e vendia uma variedade de papéis tipo *kraft* utilizados em produtos como sacolas de mercearias, embalagens comerciais, papel higiênico e guardanapos. As vendas eram freqüentemente geradas em grandes quantidades, com pedidos que chegavam a 30 cargas completas (de caminhão) para um único cliente. Em termos organizacionais, a empresa orbitava em torno das funções de *marketing* e produção.

Devido a uma ausência de coordenação entre *marketing* e produção, as equipes de vendas normalmente prometiam aos clientes entregas no prazo por estes solicitados, pouca importância dando aos programas de produção da empresa. Quando prazos de grandes entregas começaram a não ser cumpridos, o departamento de vendas pressionou a produção quanto aos pedidos. A filosofia era muito simples, segundo esse entendimento: "Basta apertar as uvas com bastante força que as sementes vão espirrar."

Por outro lado, a produção era muitas vezes pressionada por pedidos recebidos até mesmo depois da data prevista para a entrega e por freqüentes mudanças no programa de produção que tinham como resultado dispendiosos arranjos no funcionamento das máquinas e novos atrasos para alguns dos pedidos menos urgentes.

A fraca coordenação entre demanda e oferta estava causando um crescente número de queixas dos clientes, alguns dos quais chegando ao ponto de ameaçar passar a se abastecer em outras fontes.

Gerenciamento

Dotar as atividades logísticas/CS de estrutura organizacional define as linhas de autoridade e responsabilidade necessárias para garantir que os produtos sejam encaminhados de acordo com o planejado e que possa haver replanejamento sempre que necessário. Quando o equilíbrio entre serviço ao cliente e os custos deste serviço é fundamental para a operação de determinada empresa, alguém deve ser encarregado de supervisionar a movimentação dos produtos. Na verdade, alguém tem de gerenciar a logística. Embora áreas como processamento de pedidos, tráfego e armazenagem possam ser supervisionadas individualmente em busca de um bom controle, um bom gerente quase sempre é indispensável para coordenar as suas operações combinadas. Apenas um gerente tem a visão geral indispensável para conseguir equilibrar essas operações com vistas ao mais alto nível de eficiência.

Importância da Organização para a Logística/CS

A atenção que pode ser dada à organização logística e ao arranjo organizacional depende da natureza da logística/CS em uma determinada empresa. Embora cada empresa ou instituição realize sempre algum grau de operações logísticas/CS, as questões logísticas não têm a mesma importância em todas elas. Uma empresa que gaste uma pequena fração de seus custos operacionais em logística, ou em que os níveis logísticos do serviço ao cliente não sejam de grande importância para esses clientes, logicamente não se inclinará a dar à logística uma atenção organizacional especial. No entanto, para muitas empresas de produtos de clientes, indústrias de alimentos e empresas de produtos químicos em que os custos logísticos podem chegar em média a 25% de cada dólar de vendas, ocorre o oposto.

Além disso, a necessidade de um determinado tipo de organização depende de *como* os custos logísticos ocorrem e de *onde* as necessidades de serviço são maiores. A forma organizacional pode estar centrada em gestão de materiais, distribuição física ou na cadeia de suprimentos. Avalie de que forma a necessidade de organização varia entre os diferentes tipos de indústrias.

---

[2] Kenneth Marshall, "Bruning: Another Way to Organize Physical Distribution Management", *Handling & Shipping* (November 1966), págs. 61-66.

As indústrias extrativas caracterizam-se como empresas que produzem matérias-primas básicas, principalmente para utilização por outras indústrias. Exemplos dessas firmas são madeireiras, empresas de mineração e projetos agrícolas. As operações logísticas incluem a garantia de uma variedade de bens necessários nas operações extrativas. Equipamento e suprimentos básicos são típicos dessas aquisições. Compras e transporte são as principais atividades logísticas de oferta. Produtos de saída são normalmente de diversidade limitada, relativamente baixo valor e embarcados em volumes. Controlar a expedição em termos de seleção de modo de transporte, roteirização e utilização de equipamento é uma grande preocupação. Portanto, as firmas nesses setores necessariamente terão departamentos de gerenciamento de materiais muito ativos e influentes.

As indústrias de serviços têm como maior preocupação as atividades logísticas da oferta. As empresas nessa indústria convertem suprimentos tangíveis em ofertas de serviços. Hospitais, companhias de seguros e de transportes são bons exemplos de firmas de serviços. Uma variedade de itens é comprada, muitos deles críticos, de fornecedores geograficamente dispersos. Esses itens são inteiramente consumidos na produção do serviço. Gerência de compra e gerência de estoques são atividades logísticas primárias a serem administradas, com preocupação ligeiramente menor em relação ao transporte, uma vez que grande parte dos suprimentos é recebida sob acordos de precificação que incluem a entrega. Os custos logísticos podem ser significativos para essas empresas, mas as atividades relacionadas ocorrem no suprimento da firma. A organização para a logística é centrada em gerência de materiais, sendo normalmente escasso o reconhecimento tributado a quaisquer atividades físicas de distribuição.

As indústrias de comercialização são caracterizadas como empresas que compram bens especialmente para revenda. Distribuidores e varejistas são representantes típicos deste setor. Empresas do ramo pouco fazem para mudar a forma do produto. As maiores preocupações estão voltadas para atividades de vendas e ações logísticas. Normalmente, essas empresas compram muitos itens de muitos fornecedores que são geograficamente dispersos. Esses itens são revendidos em combinações diversificadas e em pequenas quantidades, geralmente dentro de uma área geográfica limitada. As operações se caracterizam como compra, tráfego interno, controle de estoque, armazenagem, coleta de pedidos e expedição. A organização para a gerência logística é significativa e normalmente envolve tanto atividades de gestão de materiais quanto de distribuição física, mesmo que grande ênfase seja provavelmente dada a uma poderosa organização de distribuição física, uma vez que muitos dos suprimentos recebidos são precificados pelos fornecedores incluindo entrega.

Indústrias manufatureiras têm como característica principal empresas que compram uma ampla variedade de itens de muitos fornecedores para transformá-los em produtos de relativamente alto valor. A atividade logística é considerável nessas empresas, tanto no suprimento quanto na distribuição. O projeto da organização envolve a gerência e a distribuição física de materiais.

Desenvolvimento Organizacional

A filosofia sobre o que é boa administração logística/CS e o projeto organizacional daí resultante evoluiu aceleradamente nos últimos anos. Bowersox e Daugherty distinguiram três diferentes estágios de desenvolvimento.[3] O Estágio I, que caracterizou o começo da década de 1970, representou a aglomeração de atividades que eram importantes para a concretização das compensações de custos inerentes à gerência logística. As atividades de transporte eram administradas em conjunto com as atividades de estocagem e processamento de pedidos a fim de concretizar metas de custo de distribuição física e de serviço. As compras, o transporte de entrada e os estoques de matérias-primas eram reunidos sob uma única bandeira organizacional de coordenação. O reconhecimento das atividades relevantes para a distribuição física e o abastecimento físico e as necessidades de que fossem cuidadosamente coordenadas já estavam presentes nesse início dos anos 70, mas as estruturas organizacionais eram ainda insuficientes para a realização daquilo que prometiam. Muitas empresas preferiam confiar em acordos informais como a persuasão e os coordenadores de equipes para equilibrar os interesses entre as diferentes áreas de atividades. Como a mudança do projeto organizacional parece mais um processo de evolução que de revolução, as primeiras tentativas de desenvolver uma organização logística foram se sucedendo sem mudanças radicais na estrutura organizacional existente.

A organização no Estágio II foi dirigida para estruturas formais, em que um executivo todo-poderoso era o responsável por todas as atividades logísticas relevantes, normalmente aquelas de suprimento físico ou distribuição física, mas não as duas. Isso proporcionava controle direto sobre a coordenação das atividades logísticas. Foi um passo de evolução, à medida que os benefícios do bom gerenciamento logístico se tornaram mais entendidos e apreciados entre as em-

---

[3] Donald J. Bowersox and Patricia J. Daugherty, "Emerging Patterns of Logistical Organization", *Journal of Business Logistics*, Vol. 8, nº 1 (1987), págs. 46-60.

presas. Companhias como a Kodak e a Whirlpool estiveram entre as primeiras a adotar este tipo de estrutura formalizada. No entanto, em 1985, grandes empresas (42%) continuavam no Estágio I[4] ou haviam avançado para o Estágio III (20%).

O Estágio III da estrutura da organização dizia respeito à integração plena das atividades logísticas, abrangendo o abastecimento e a distribuição físicos. A integração plena das atividades logísticas e a estrutura organizacional de um escopo para coordená-las ganharam preferência tanto dos especialistas quanto das empresas. A integração plena foi incentivada pelas filosofias do *just-in-time*, resposta rápida e compressão dos prazos, que exigiam coordenação precisa entre todas as atividades no conjunto das empresas. Além disso, ativos compartilhados – uma frota de caminhões, armazéns – que eram usados em atividades tanto de suprimento quanto de distribuição física, igualmente exigiam uma cuidadosa coordenação para que pudessem chegar à utilização plena.

Exemplo

A Mikro-Kits vendia um dos seus produtos – um kit de conserto de *hardware* de PCs – utilizando-se de três canais mercadológicos: (1) lojas, (2) catálogo e (3) atacadistas. Comprava os componentes de fornecedores diversos e os embarcava para uma fábrica para a montagem. Os produtos acabados eram então despachados para um centro de distribuição a partir do qual ocorria o atendimento dos pedidos. Ali surgiu a proposta de um sistema JIT (*just-in-time*) que iria especialmente melhorar o desempenho operacional no canal físico de suprimento e na produção.

O canal de logística e produção foi modelado por inteiro com a utilização de simulação em computador. Os resultados mostraram que o JIT significaria considerável melhoria em comparação com as operações então em vigor. Isto é, a margem de lucros teria o fantástico aumento de 106%, o giro de estoque aumentaria de 7,2 para 7,8%, e o prazo de entrega do canal seria reduzido de 24,2 para 13,7 dias.

No entanto, mesmo todo esse otimismo era modesto. Planejando o canal todo de maneira integrada, quando a distribuição física e o abastecimento físico são planejados coletivamente, haveria a possibilidade de melhorias adicionais. As margens de lucros teriam crescimento adicional de 6%, o giro de estoque poderia ser aumentado de 7,8 para 16,3% e o prazo de entrega do canal reduzido de 13,7 para 8,9 dias.

É este o tipo de benefício decorrente do planejamento integrado que está também conduzindo a estrutura da organização a abranger tanto as atividades de suprimento físico quanto de distribuição física.[5]

Agora existe um Estágio IV, chamado de gestão da cadeia de suprimentos, ou logística integrada. Abrange a integração total das atividades logísticas do Estágio III, introduzindo as atividades logísticas dentro dos processos de transformação de produtos (produção). Isto é, empresas no Estágio IV do seu desenvolvimento organizacional entendem a logística como algo abrangendo todas aquelas atividades registradas entre suas fontes de matérias-primas, ao longo da produção e até chegar ao consumidor final. A diferença mais significativa entre o Estágio III e o Estágio IV reside em que as atividades do processo de transformação de produtos – como programação de produto, gerência do estoque de produtos em processamento e coordenação da programação *just-in-time* de entrada e saída – estão agora incluídas no escopo da logística integrada.

Já é possível visualizar um Estágio V, em que as atividades logísticas serão gerenciadas *entre* empresas do canal de suprimentos que são legalmente entidades independentes. Até agora, a atenção gerencial tem se concentrado basicamente nas atividades logísticas no âmbito do controle e responsabilidade imediatos da empresa. Administrar essa megaorganização representará, logicamente, novos desafios, mas, ao mesmo tempo, oportunizará eficiências ainda não alcançadas pela doutrina e estruturas organizacionais existentes.

OPÇÕES ORGANIZACIONAIS

Uma vez estabelecida a necessidade de alguma forma de estrutura organizacional, a empresa tem várias opções disponíveis. Elas podem ser categorizadas como dos tipos informal, semiformal ou formal. Não existe um tipo dominante. A opção organizacional para qualquer empresa é freqüentemente o resultado das forças evolucionárias em ação no seu contexto. Ou seja, a forma logística organizacional é muitas vezes sensível a determinadas personalidades na empresa, às tradições da organização e à importância das atividades logísticas.

---

[4] A. T. Kearney, *Emerging Top Management Focus for the 1980s* (Chicago: Kearney Management Consultants, 1985).

[5] Robert Sloan, "Integrated Tools for Managing the Total Pipeline", *Annual Conference Proceedings*, Volume II (St. Louis: Council of Logistics Management, 1989), págs. 93-108.

A Organização Informal

O principal objetivo da organização logística/CS é estabelecer a coordenação entre as atividades logísticas para o seu planejamento e controle. Havendo um clima favorável na empresa, esta coordenação pode ser concretizada mediante um variado número de meios informais. São os que não exigem qualquer mudança na estrutura organizacional existente, mas dependem da coerção ou persuasão para conseguir a coordenação entre atividades e da cooperação entre os responsáveis por elas.

Nas empresas que designaram áreas separadas de responsabilidade para atividades da importância dos transportes, controle de estoques e processamento de pedidos, um sistema de incentivos pode ser às vezes criado para coordená-las. Embora o orçamento, que representa um grande instrumento de controle para muitas empresas, seja em geral um desincentivo à coordenação, pode ser às vezes transformado em um mecanismo de efetiva coordenação. O orçamento pode ser um desincentivo porque um gerente de transportes, por exemplo, consideraria irracional incorrer em custos de transporte maiores do que os necessários a fim de possibilitar uma redução dos custos do estoque. Os custos do estoque não se incluem no âmbito de responsabilidade do gerente de transportes com relação ao orçamento. O desempenho do gerente de transportes é avaliado pela maneira com que os custos do transporte se adequam ao orçamento.

Um possível sistema de incentivo à cooperação de interatividades é o estabelecimento de um determinado número de taxas cruzadas ou custos transferidos entre as várias atividades logísticas. Pense em como uma decisão de escolha de transporte poderia ser feita quando afetasse indiretamente os níveis de estoque, mas o responsável pela decisão sobre transportes não tivesse outra motivação a não ser a de concretizar os menores custos possíveis na sua área de ação.

Exemplo

Suponha que o gerente de estoque de uma empresa deva autorizar níveis de armazenamento acima dos desejados para possibilitar a utilização de um modal de transporte menos dispendioso, porém mais demorado, o que acarretaria embarques em grandes quantidades. Até o ponto em que os custos de estoque aumentarem acima dos desejados níveis de estocagem, como determinado em objetivos estritamente de armazenagem, o resultante aumento dos custos será de responsabilidade da gerência de transportes. O gerente de transportes pode avaliar em termos realistas o impacto de sua opção por modal de transporte sobre os custos de estoque, fazendo uma opção que equilibre os custos em toda a empresa simplesmente seguindo seus objetivos em matéria de orçamento.

Outra forma de incentivo seria estabelecer alguma modalidade de acordo em matéria de economia e compartilhamento de custos. Todos os gerentes das diversas atividades logísticas que apresentam padrões conflitantes de custos poderiam juntar suas economias de custos. A partir daí, estabeleceriam um esquema formal para dividir as economias e repassá-las, para redistribuição, aos salários. É sem dúvida um incentivo à cooperação, porque a maior economia potencial é alcançada quando a cooperação conduz a um equilíbrio nas atividades que ostentam padrões de custo conflitantes. Esses chamados planos de participação nos resultados têm apresentado sucesso limitado entre as empresas, mas já existem algumas que proclamam grande sucesso em sua utilização (por exemplo, a Lincoln Electric).

A criação e atividades dos comitês de coordenação constituem outra abordagem informal da organização logística. Os comitês são formados por membros de cada uma das áreas logísticas mais importantes. Ao proporcionar um meio viável para que a comunicação ocorra, o resultado maior pode ser a coordenação. Em empresas nas quais é tradicional a existência de comitês de coordenação, a forma dos comitês pode ser amplamente satisfatória. A Dupont é um exemplo de companhia renomada por seu gerenciamento eficiente por comitê. Embora os comitês pareçam constituir uma solução simples e direta para o problema da coordenação, sua maior deficiência está no fato de que, de maneira geral, são escassos os poderes de que dispõem para implementar suas próprias recomendações.

A revisão das decisões e operações logísticas por um diretor executivo pode constituir maneira particularmente eficiente de incentivar a coordenação. A cúpula administrativa dispõe da posição indispensável na estrutura organizacional para observar e avaliar os pontos em que ocorrem decisões subótimas. Como os gerentes subordinados nas áreas de atividade logística são responsáveis perante a cúpula, o incentivo e apoio manifestados por esta à coordenação e cooperação entre essas atividades interfuncionais representam boa parte do caminho andado rumo à meta de atingir os objetivos organizacionais sem uma estrutura organizacional formal.

A Organização Semiformal

A modalidade de organização semiformal reconhece que o planejamento e operação logísticos normalmente encurtam o caminho entre as várias funções da estrutura organizacional da empresa. O profissional de logística, ou coordenador de cadeia de suprimentos, passa a coordenar projetos que envolvem a cadeia de suprimentos e que abrangem diversas áreas funcionais. Trata-se da estrutura conhecida como organização *matricial*, que vem obtendo grande sucesso em uma área de tamanha importância como a da indústria aeroespacial. O conceito foi adaptado à gestão dos sistemas logísticos, como mostra a Figura 15-2.

Numa organização matriz, o gerente de logística/CS é responsável pelo conjunto do sistema logístico, mas não tem autoridade direta sobre as atividades componentes. A estrutura organizacional tradicional da empresa permanece intacta, mas o gerente de logística/CS compartilha a autoridade e responsabilidade pela decisão com o gerente da área da atividade envolvida. Cada um dos departamentos funcionais precisa justificar as despesas para as atividades, juntamente com o respectivo programa logístico, que constituem a base para a cooperação e coordenação. O coordenador de logística/CS pode até mesmo assessorar na coordenação das atividades logísticas entre as empresas participantes do canal de suprimentos ultrapassando os limites de sua própria empresa.

Embora a organização matricial tenha condições de ser uma forma organizacional útil, é preciso reconhecer que as linhas de autoridade e responsabilidade nessa modalidade ficam um tanto indistintas. Isso acaba provocando eventuais conflitos de difícil resolução. No entanto, para algumas empresas esta opção acaba sendo a melhor adaptação entre o modelo informal e aquele altamente estruturado.

Exemplo

A United Fixtures fabrica material hidráulico pesado, com vendas na casa dos 80 milhões de dólares anuais. Essa empresa criou recentemente um departamento de distribuição especificamente para resolver problemas logísticos. O novo gerente é subordinado ao vice-presidente de vendas e *marketing*. A meta definida para o novo departamento consiste em definir padrões de serviço aos clientes e então coordenar esses padrões com os programas de entrega e de produção.

O departamento de vendas vinha estabelecendo roteiros de produção a partir da fábrica, tendo em vista sempre dar preferência aos maiores clientes, e o pessoal do controle de produção não conseguia manter-se a par das metas. O novo departamento rapidamente conseguiu identificar o gargalo existente e instituiu um sistema com melhor coordenação da entrada dos pedidos, programas de produção, armazenagem de campo e transporte a fim de satisfazer as necessidades de todos os tipos de clientes.

Ao mesmo tempo, o pessoal de vendas desenvolveu novos métodos de sabotar os programas, uma vez mais em benefício das exigências dos clientes mais favorecidos. O pessoal das compras confundiu ainda mais a situação ao passar a se queixar fartamente quanto às necessidades materiais amplamente diferentes em virtude dos novos programas de produção.

Apesar do impacto favorável sobre os custos dos transportes e da melhoria registrada nos prazos de

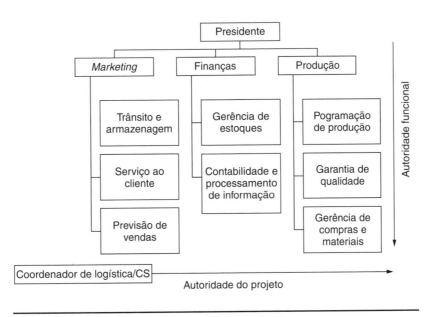

FIGURA 15-2 Uma organização logística/CS matricial.

entrega, inúmeros problemas permaneceram insolúveis. Muitas funções que se sobrepunham quanto à participação no sistema de movimentação de materiais sentiram que o departamento de distribuição estava interessado somente em melhorar um método que beneficiasse a distribuição dos produtos acabados. O gerente da distribuição sentiu-se deslocado ao não conseguir o controle dos estoques de produtos acabados. O vice-presidente de produção era o "responsável pelo controle dos estoques da empresa" e não tinha predisposição alguma a liberar o controle dos produtos acabados.

A empresa viu-se persuadida a implementar uma forma de organização matricial. Registrou-se considerável sucesso, mas algumas dificuldades passaram a ser sentidas com o obstáculo da autoridade compartilhada. Nomeou-se então um vice-presidente executivo encarregado dos materiais. Nesse cargo, ele não tinha sob sua direção uma grande equipe nem qualquer dos departamentos a ele se reportava. Devendo muito disso ao seu pomposo título e também à abordagem conciliatória empregada, ele e dois assessores conseguiram, apesar de tudo, estabelecer o tipo de controle geral que outras organizações funcionais não haviam atingido até então.[6]

---

[6] Daniel W. DeHayes Jr. and Robert L. Taylor, "Making 'Logistics' Work in a Firm", *Business Horizons* (June 1972), págs. 38 e 45. Copyright © 1972 da Foundation for the School of Business at Indiana University. Reproduzido com permissão.

A Organização Formal

A organização formal estabelece linhas transparentes e definidas de autoridade e responsabilidade para a logística/CS. Isso normalmente requer instalar um gerente em posição de comando das atividades logísticas e situar a autoridade desse gerente em um nível da estrutura geral da organização que lhe permita trabalhar efetivamente com as outras grandes áreas funcionais da empresa (finanças, operações e *marketing*). Isso eleva e estrutura o pessoal logístico de forma a propiciar uma coordenação de atividades. As empresas se voltam para o modelo da organização formal quando arranjos menos formais não têm sucesso ou quando é preciso dar maior atenção às atividades logísticas.

Os profissionais não cansam de destacar que não existe o que se possa considerar como organização típica da logística. A estrutura organizacional é padronizada de acordo com as circunstâncias individuais em cada empresa. No entanto, é possível desenvolver uma organização formal genérica que faça sentido em termos de princípios de gestão logística e apareça, pelo menos de forma parcial, em um número suficiente de empresas para poder servir como modelo. Essa estrutura organizacional é detalhada na Figura 15-3 e serve como valiosa orientação.

Esse projeto formal acaba concretizando diversos importantes objetivos. Em primeiro lugar, a logística/CS é guindada na organização a uma posição em que é dirigida com a mesma autoridade que as outras funções principais. Isto ajuda a garantir que as atividades logísticas recebam a mesma atenção que o *marketing*,

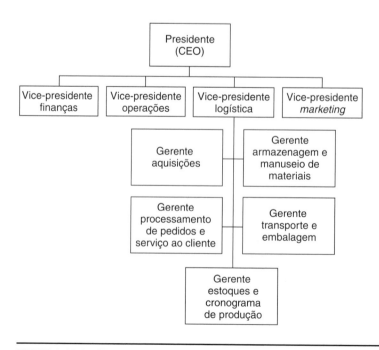

FIGURA 15-3 Uma organização centralizada, formal, para logística/CS.

operações e finanças. Igualmente estabelece o cenário para que o gerente de logística passe a ter voz ativa na resolução de conflitos econômicos. Situar a logística no mesmo plano que outras áreas funcionais cria um equilíbrio de poder que colabora para manter a saúde econômica da empresa como um todo.

Em segundo lugar, um número limitado de subáreas é criado sob a direção do executivo de logística/CS. As cinco categorias mostradas na Figura 15-3 são estabelecidas com um gerente para cada uma delas e gerenciadas como entidades independentes. Coletivamente, elas representam as principais atividades pelas quais os gerentes são normalmente responsáveis.[7] E por que exatamente cinco áreas? São criadas apenas tantas áreas quantas as respectivas competências técnicas consideram indispensáveis. Pode parecer desejável combinar, digamos, atividades de transporte e estocagem em uma área única porque seus custos estão naturalmente em conflito e, com essa unificação, haveria melhor coordenação. No entanto, as habilidades técnicas necessárias em cada uma dessas áreas são substancialmente diferentes, e por isso mesmo encontrar gerentes para essas áreas combinadas que tenham ambos os tipos de habilidades é algo realmente problemático. Torna-se quase sempre mais viável manter essas atividades sob um gerente separado e depender do gerente de logística para estabelecer a coordenação através dos tipos organizacionais formal ou semiformal anteriormeente discutidos. Argumentos similares podem ser apresentados em relação a outras áreas de atividades. Por isso mesmo, a estrutura de organização formal é um equilíbrio entre minimizar o número de grupos de atividades a fim de incentivar a coordenação e ao mesmo tempo mantê-las separadas para ganhar em eficiência na gerência dos seus aspectos técnicos.

A estrutura organizacional da Figura 15-3 é a mais formal e centralizadora existente atualmente na indústria. Trata-se de uma estrutura que integra tanto a direção de materiais quando a distribuição física sob uma única bandeira. Relativamente poucas empresas têm, na verdade, atingido este grau de integração (20% em 1985),[8] mas as tendências em custos e serviços ao cliente contribuirão para aumentar a preferência pelo modelo. No entanto, o modelo básico é útil, quer em empresas que organizam suas operações logísticas em torno de atividades de suprimento, como ocorre nos casos de inúmeras empresas de serviços, quer em torno de atividades de distribuição física, como ocorre nos casos de inúmeras empresas de manufatura.

Exemplo

Vários anos atrás, um produtor de derivados de milho e soja reorganizou suas atividades de distribuição. Em função dos elevados volumes de suas remessas, as atividades de tráfego recebiam uma atenção inusitadamente concentradora, com um vice-presidente de tráfego como membro da junta de diretores. O desempenho da divisão de tráfego era medida pelo peso em dólares da conta dos fretes. Em parte devido a isso, o sistema de distribuição foi crescendo até chegar a contar com mais de 350 pontos de estocagem.

Em virtude de um estudo feito por uma consultoria externa e do apoio dado pela cúpula administrativa, as funções do serviço de produtos acabados foram agrupadas sob um diretor único. Esta função integrada é mostrada na Figura 15-4, tendo sido criada a partir dos fragmentos organizacionais encontrados no conjunto das atividades da empresa. Um integrante do grupo de *marketing* foi escolhido como o novo chefe da distribuição física. A nova organização não apenas deu como resultado um maior controle sobre o produto acabado, como também conseguiu reduzir o número dos atrasos nos embarques em 88%, enquanto aumentava a disponibilidade de estoques no mercado. Tudo isso foi conseguido a um custo total relativamente baixo.

Os resultados da organização da distribuição foram tão impactantes que as atividades de suprimentos passaram, em conjunto, a ser administradas por um executivo com o título de gerente de materiais. Observe como esse projeto organizacional estava evoluindo para aquele mostrado na Figura 15-3.

ORIENTAÇÃO ORGANIZACIONAL

Conforme um estudo da Michigan State University sobre as "500 Maiores" empresas selecionadas pela revista *Fortune*, descobriu-se que o tipo de estrutura organizacional a ser escolhido dependia de uma estratégia especial qualquer que a empresa estivesse pondo em prática.[9] O projeto organizacional parece seguir três estratégias corporativas: processo, mercado e informação.

Estratégia de Processo

Uma estratégia de processo é aquela que tem por objetivo atingir eficiência máxima na transformação de maté-

---

[7] Bernard J. LaLonde and Larry W. Emmelhainz, "Where Do You Fit In?", *Distribution*, Vol. 8, nº 11 (November 1985), pág. 34.

[8] A. T. Kearney, *Emerging Top Management Focus for the 1980s.*

[9] Bowersox and Daugherty, "Emerging Patterns of Logistical Organization".

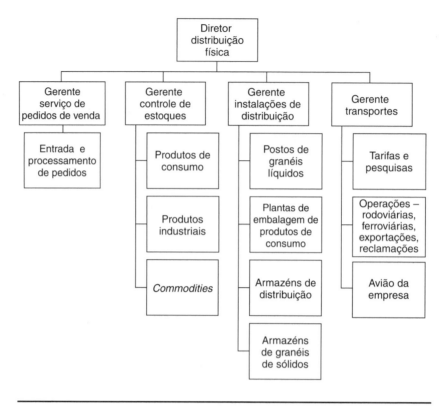

FIGURA 15-4 Projeto de divisão organizacional de distribuição para um produtor de derivados de milho e soja.

rias-primas em produtos acabados, passando pelo estágio de produtos em processo. O projeto de organização tende a focar-se nas atividades que criam aumentos de custos. Isto é, atividades como compra, programação da produção, estocagem, transporte e processamento de pedidos serão concentradas e gerenciadas coletivamente. A forma atual da organização será mais provavelmente dos tipos anteriormente discutidos.

Estratégia de Mercado

Empresas orientadas por estratégia de mercado têm uma forte orientação para o serviço ao cliente. Buscam principalmente tanto vendas quanto coordenação logística. A organização logística não deve em princípio integrar as atividades logísticas que são inerentes à estratégia de processo. Em vez disso, tais atividades diretamente relacionadas aos serviços aos clientes em vendas e logística são coligadas e quase sempre se reportam ao mesmo executivo. A estrutura organizacional tende a expandir-se ao longo de unidades de negócios com vistas a um alto nível de serviço ao cliente. Obviamente, os custos logísticos não serão facilmente mantidos no seu menor nível.

Estratégia de Informação

Empresas que perseguem uma estratégia de informação são provavelmente aquelas dotadas de uma significativa rede de representantes e organizações de distribuição a frente na cadeia com substanciais estoques. A coordenação das atividades logísticas ao longo desta rede dispersa é um dos objetivos principais, constituindo a informação o ingrediente fundamental da consecução de um bom gerenciamento. A fim de garantir esta informação, a estrutura organizacional é apta a expandir funções, divisões e unidades de negócios. Quando as atividades logísticas ultrapassam os limites legais dos integrantes do canal, como ocorre quando mercadorias são colocadas em consignação em pontos de varejo ou bens devolvidos são manipulados pelas empresas compradoras, é indispensável obter informação ao longo desses limites organizacionais. Assim, a estrutura organizacional precisa expandir-se além das fronteiras legais tradicionais da própria empresa.

Deveríamos reconhecer que nenhuma empresa é propensa a demonstrar um projeto único de organização. Como estratégias mistas costumam existir na mesma empresa, uma variedade de projetos poderá aparecer para empresas essencialmente similares. Além disso, empresas similares podem estar em diferentes estágios do desenvolvimento organizacional. Isso tende a dificultar a explicação da racionalidade de qualquer determinada estrutura a partir unicamente do seu projeto.

POSICIONAMENTO ORGANIZACIONAL

A opção e orientação organizacionais são as primeiras considerações em matéria de estrutura organizacional. Em seguida, situa-se o posicionamento das atividades logísticas com vistas a um gerenciamento mais eficiente. O posicionamento diz respeito a *em que ponto* localizar essas atividades na estrutura organizacional. Isto é determinado por questões como descentralização *versus* centralização; assessoria *versus* linha, e (opção por) empresa grande *versus* pequena.

Descentralização *versus* Centralização

Uma das controvérsias persistentes em matéria de organização é sobre se as atividades deveriam ser agrupadas perto da cúpula administrativa ou dispersadas ao longo das divisões das empresas maiores. Por exemplo, uma grande empresa de eletricidade tem um número razoável de divisões de produtos, como equipamento elétrico industrial, energia nuclear, dispositivos menores, dispositivos maiores e lâmpadas. Uma organização centralizada agrupa as atividades logísticas no nível corporativo para servir a todos os grupos de produtos, como na Figura 15-5. Por outro lado, a organização logística descentralizada atribui a responsabilidade pela logística ao nível de grupo ou divisão de produtos, como na Figura 15-6. Uma organização de logística descentralizada separada é criada para servir a cada divisão.

Existem algumas vantagens óbvias em cada um desses tipos, e não são poucas as empresas que criam formas organizacionais que mesclam ambos os tipos a fim de extrair a melhor combinação das respectivas vantagens. A principal razão para a forma centralizada é a manutenção de um rígido controle sobre as atividades logísticas e para tirar proveito das eficiências relacionadas com a escala de atividades que pode ocorrer mediante a concentração de todas as atividades logísticas da corporação sob o comando de um único diretor. Considere a atividade de tráfego como um exemplo. Muitas empresas têm frotas próprias de caminhões. A utilização do equipamento é a chave para a eficiência. Tendo o controle centralizado de todas as atividades de tráfego, a empresa consegue constatar que o transporte de ida

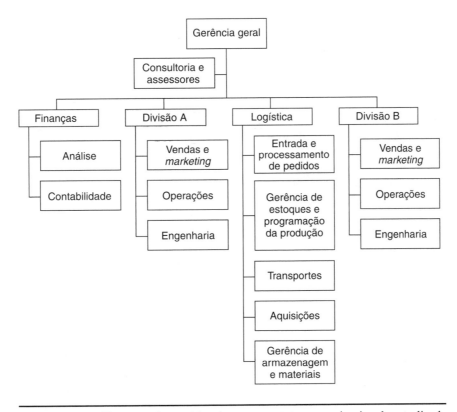

FIGURA 15-5 Um exemplo genérico de uma estrututura organizacional centralizada de logística/CS.

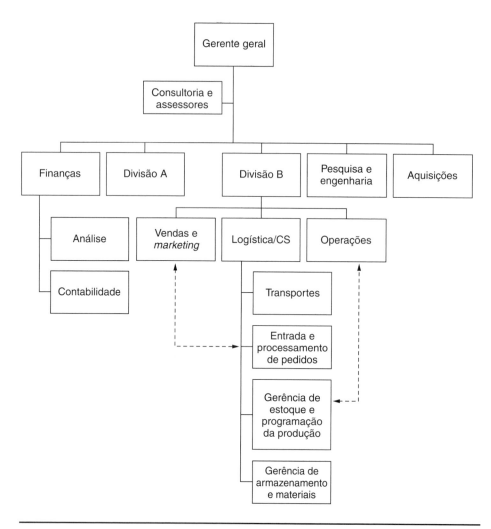

FIGURA 15-6 Exemplo genérico de estrutura organizacional descentralizada de logística/CS.

dos produtos de uma divisão pode ser o transporte de volta para os de outra. Esses movimentos podem ser então equilibrados, enquanto que sob uma organização descentralizada essa possibilidade não seria notada. Eficiências similares podem ser obtidas mediante o armazenamento compartilhado, as compras compartilhadas e o compartilhamento do processamento de dados.

A descentralização da organização permite às vezes uma reação logística mais rápida e mais padronizada às necessidades dos clientes do que a da organização centralizada, mais remota. A descentralização faz grande sentido quando as linhas de produtos são claramente diferentes em suas características de *marketing*, logística e manufatura, e quando são escassas as possibilidades de concretizar economias de escala.

É muito raro que se possa esperar encontrar um projeto ou puramente centralizado ou puramente descentralizado. Por exemplo, embora exista o interesse gerencial por autonomia divisional e mesmo regional entre as unidades operacionais de uma empresa, progressos técnicos como o processamento de dados informatizado tornaram mais eficiente o fato de se dispor de um controle centralizado de processamento de pedidos e dos estoques. Tendências conflitantes como essas ajudam a explicar a diversidade das formas organizacionais na prática.

Assessoria *versus* Linha

São muitas as empresas que não criam organizações dotadas de responsabilidade de linha, ou direta, sobre movimentação e estocagem de produtos. Essas empresas consideram mais satisfatório, nas respectivas circunstâncias, estabelecer uma organização de assessoria, ou consultoria, em matéria de logística. O profissional de logística é, no caso, instalado em um papel de consultoria para as outras funções de linha, como *marketing* e operações. Uma organização de consultoria é uma boa alternativa quando uma organização de linha poderia causar conflitos indesejáveis entre as equipes existentes; as atividades logísticas são menos fundamentais do que as atividades de vendas e produção, entre outras; o planejamento é relativamente mais importante que a administração; e a logística é tratada como um serviço compartilhado pelas divisões de produtos.

A organização do tipo de consultoria pode ser agregada a qualquer das áreas funcionais em nível centralizado ou descentralizado. É freqüente, porém, que a consultoria logística seja instalada junto à cúpula administrativa em localização geográfica e no organograma da organização. Como a consultoria logística está no papel de assessoria, autoridade mais indireta pode ser atribuída à logística por meio deste tipo de posicionamento organizacional. Na verdade, algumas consultorias logísticas de nível corporativo detêm mais autoridade que muitas organizações de linha em nível de divisão.

Grande *versus* Pequena

A maior parte das atenções foi dedicada, até aqui, às grandes empresas, multidivisionais. E o que dizer das pequenas empresas? Deveríamos pelo menos reconhecer que a pequena empresa tem quase tantos problemas logísticos quanto a grande corporação. De alguma forma, as atividades logísticas chegam a ser mais importantes porque a pequena empresa não tira proveito das compras e remessas em grandes volumes, ao contrário das grandes empresas. Organizacionalmente, a pequena empresa tem alguma forma de organização centralizada porque, por motivos práticos, não existem divisões de produtos. Além disso, as atividades logísticas não tendem a ser tão claramente definidas e estruturadas quanto nas grandes empresas.

GERENCIAMENTO INTERFUNCIONAL

Boa parte da discussão anterior girou em torno da organização da logística como uma função isolada, integrada para reduzir conflitos entre as atividaddes logísticas. Embora seja em geral reduzido o conflito entre tais atividades, o acréscimo de uma área funcional aumenta o nível de conflito entre a logística e as outras áreas funcionais no âmbito da organização. Uma vez que todas as atividades de uma empresa são economicamente inter-relacionadas, departamentalizá-las com base em linhas funcionais para criar uma razoável extensão de controle para o gerenciamento é algo que acaba promovendo conflitos. A autonomia da responsabilidade, autoridade e recompensa não são incentivos a compensações entre atividades interfuncionais, e podem conduzir a um desempenho subótimo da empresa como um todo.

Por isso, o profissional de logística, da mesma forma que seus superiores, precisa estar preparado para enfrentar as peculiaridades do problema do gerenciamento interfuncional.

Várias são as atividades na interface da logística com outras áreas da empresa, criando assim a responsabilidade compartilhada. Entre elas podem figurar o serviço ao cliente, entrada e processamento de pedidos, embalagem e localização de varejo para a interface logística-*marketing*; e localização de fábrica, aquisições e programação da produção para a interface logística-operações. Recorde que atividades de interface, ou interação, são aquelas que requerem alguma forma de gerenciamento cooperativo entre as áreas funcionais empenhadas em evitar que decisões subótimas venham a ser adotadas.

Os benefícios do gerenciamento interfuncional entre a logística e o *marketing* podem ser vistos quando prestamos atenção, por exemplo, à área da embalagem. A embalagem é uma preocupação do *marketing* devido ao impacto que é capaz de exercer sobre as vendas. As características de proteção, estocagem e manuseio da embalagem recebem em geral escassa atenção do *marketing*, a menos que a recompensa do *marketing* seja de alguma forma determinada pelo projeto da embalagem. A atividade logística da empresa é que acaba sofrendo, na maioria dos casos, as conseqüências de um projeto deficiente de embalagem, na forma de manuseio e estocagem problemáticos. Por outro lado, o desempenho da logística não é normalmente medido pelas qualidades promocionais de uma embalagem. Ainda assim, a embalagem constitui uma entidade única. Não é possível divorciar as características de proteção das características promocionais. Alguma colaboração acaba sendo necessária para que se consiga um projeto de embalagem capaz de gerar o melhor equilíbrio entre receitas de *marketing* e custos logísticos. Operando isoladamente, nenhuma dessas funções conseguirá desenvolver um projeto de embalagem que ofereça os mesmos proveitos econômicos que outro criado pelo trabalho conjunto.

A cooperação entre operações e logística na determinação de programas de produção é um segundo exemplo. O estoque é o elemento comum entre as duas funções. A função de operações busca programas de produtos para compensar os custos de estocagem em relação aos custos de manufatura. Por outro lado, a logística trata de compensar os custos de estocagem com os custos do transporte quando da definição sobre programas de produção. Sem essa cooperação, não existe garantia de que um equilíbrio ótimo venha a ser atingido entre os custos de transporte, estocagem e manufatura.

554 PARTE VI • ORGANIZAÇÃO E CONTROLE

Superposição semelhante entre áreas funcionais existe também para as restantes atividades de interface.

Exemplo

Um processador de aço corta e formata rolos, folhas e placas compradas de produtores maiores para revenda a clientes que precisam do aço moldado de acordo com suas próprias estamparias e formatos. A maior parte das transações é feita contra pedido, sendo os estoques de matéria-prima e o processamento pelas máquinas os principais custos componentes do preço final. Os clientes costumam fazer seus pedidos sem aviso antecipado, o que, logicamente, acaba causando problemas no planejamento do distribuidor. São poucas as oportunidades de reduzir os custos mediante a programação do processamento de outros pedidos ou de economias em compras e estocagem de matéria-prima. Se os clientes puderem ser incentivados a informar o processador sobre quando emitirão seus pedidos e do que estes constarão, a eficiência operacional também será possível. Trabalhando com a área de vendas, o departamento operacional tem condições de estimar o benefício dos compromissos antecipados de compras, enquanto a área de vendas utiliza essa informação para determinar um desconto de preços ao cliente que irá variar de acordo com a extensão da antecipação das proporções do pedido. Alinhando-se os descontos de preços com os benefícios operacionais, é possível melhorar os lucros gerais do canal, e ao mesmo tempo proporcionar benefícios maiores aos clientes e ao processador do aço. As áreas de vendas e operações terão assim cooperado em caráter interfuncional para o benefício geral da empresa.[10]

GERENCIAMENTO INTERORGANIZACIONAL

Até aqui, analisamos os problemas organizacionais relacionados com o realinhamento das atividades de uma empresa tendo como objetivo a concretização de compensações econômicas significativas, bem como os problemas relativos ao gerenciamento das atividades em interfaces de áreas funcionais. Esses dois problemas gerenciais são internos. Como as políticas de suprimento e distribuição de qualquer empresa no canal de distribuição podem afetar o desempenho de outras firmas presentes nesse mesmo ambiente, irrompe a dúvida sobre se haveria, ou não, alguma vantagem em considerar o canal como uma entidade única, ou "superorganização", e gerenciá-lo de modo a beneficiar igualitariamente a todos os respectivos integrantes. Não se trata de qualquer proposição com caráter de supernovidade, apesar de ser inteira verdade o fato de que os processos nela envolvidos ainda não contam com um entendimento satisfatório. Como observaram, já há bom tempo, Stern e Heskett:

> O gerenciamento de organizações complexas tem sido alvo de considerável escrutínio pelos estudiosos dos processos administrativos. Mas a literatura dedicada ao gerenciamento de sistemas interorganizacionais ainda é escassa, mesmo em se tratando de entidades cujos objetivos transcendem aqueles das organizações independentes definidas por fronteiras legais.[11]

Havendo a possibilidade de desenvolver processos organizacionais efetivos para encaminhar as questões logísticas externas à empresa, a firma está predestinada a lucrar de uma forma impensável sob qualquer outra modalidade. Esse é um dos fundamentos da gerência da cadeia de suprimentos e que somente nos últimos tempos passou a ser ativamente buscado pelos pesquisadores e profissionais.

A Superorganização

A superorganização é um grupo de empresas aparentadas em função dos seus processos de negócios e objetivos mútuos (satisfazer os clientes e maximizar os lucros), mas legalmente independentes. Compartilham um interesse comum pelas decisões individuais que cada uma delas adota, pois as decisões das outras empresas podem afetar o seu desempenho, e vice-versa. Por exemplo, a decisão de uma transportadora sobre os preços terá influência sobre a decisão dos clientes a respeito da quantidade de serviços que irão comprar. A decisão do cliente sobre compras, por sua vez, influencia a decisão da transportadora quanto aos preços. Normalmente, cada empresa toma suas decisões de acordo com os objetivos estabelecidos. Sendo esse objetivo a maximização dos lucros, adotar as decisões sobre compra e precificação isoladamente não apenas conduz a lucros subótimos para as empresas coletivamente, como também pode gerar lu-

---

[10] Stephen M. Gilbert and Ronald H. Ballou, "Supply Chain Benefits from Advance Customer Commitments", *Journal of Operations Management*, Vol. 18 (1999), págs. 61-73.

[11] Louis W. Stern and J.L. Heskett, "Conflict Management in Interorganization Relations: A Conceptual Framework", em *Distribution Channels: Behavioral Dimensions, ed.* Louis W. Stern, (Boston: Houghton Mifflin, 1969), pág. 288.

cros subótimos para essas mesmas empresas no plano individual. O gerenciamento da superorganização é um empreendimento relativamente fácil quando os esforços cooperativos proporcionam retornos proporcionalmente maiores, e com distribuição eqüitativa, para cada um de seus componentes. A situação é automotivadora para os membros, sendo o único requisito ter plena consciência das possibilidades e benefícios gerados pela cooperação. No entanto, se os benefícios da cooperação "se concentram" (favorecem desproporcionalmente) em um ou alguns dos integrantes do canal, surge a necessidade de distribuir eqüitativamente os benefícios e dispersar entre eles a informação sobre os efeitos da cooperação.

Exemplo[12]

Os conflitos e oportunidades inerentes à superorganização podem ser ilustrados por meio de um exemplo hipotético muito simples. Suponha um canal de suprimentos consistente de um comprador e um vendedor. O vendedor fixa o preço de um item para o comprador e o comprador decide a quantidade a ser comprada. A demanda sobre o comprador é relativamente previsível e estável; o comprador determina a quantidade comprada a partir da fórmula da quantidade econômica de pedido a fim de minimizar os custos de aquisição e manuseio de estoque. O conflito potencial no canal surge quando a quantidade do pedido para o comprador não é a quantidade de pedido preferencial para o vendedor.

O comprador é um fabricante de equipamentos originais produzindo $D = 10.000$ unidades de um determinado modelo a uma taxa constante. A empresa compra um componente para esse modelo de um fornecedor situado a montante da cadeia. Cada vez que o comprador coloca um pedido, incorre em um custo de pedido relacionado com os detalhes administrativos, de transportes, etc. Este custo de pedido é $S_b = \$100$. O comprador também arca com o custo de manutenção de estoque de $I = 20\%$ ao ano para o componente avaliado em $C = \$50$ por unidade. Obviamente, o comprador tentará determinar uma quantidade de pedido (Q_b) que equilibre os custos do pedido com os custos de manuseio do estoque. A partir da fórmula *EOC* (recorde a Equação 9-7), a quantidade ótima de pedido para o comprador vem a ser

$$Q_b^* = \sqrt{\frac{2DS_b}{IC}} = \sqrt{\frac{2(10.000)(100)}{(0,2)(50)}} = 447 \text{ unidades}$$

O fornecedor produz contra pedido cada vez que o comprador o confirma. Cada vez que o vendedor se prepara para produzir um lote de componentes, incorre em um custo de preparação da produção de $S_S = \$300$, e o custo anual total da organização (C_s) depende da quantidade do pedido do comprador: $C_s = \$300D/Q_b$. Quanto maior a freqüência dos pedidos do comprador, maiores os custos de organização impostos ao vendedor.

A quantidade ótima de pedido do comprador (Q_b) não é a mesma que a quantidade ótima de pedido da cadeia de suprimentos inteira (Q_c). Essas duas quantidades de pedidos são rotuladas Q_b e Q_c, respectivamente, na Figura 15-7. Se a cadeia de suprimentos fosse propriedade e operação de uma empresa isolada, o custo total do pedido e da preparação da produção de um lote de componentes seria de $S_c = S_b + S_c$. O custo total de manutenção do estoque seria o custo de manutenção a cargo do comprador, IC. A quantidade ótima de pedido para o canal seria

$$Q_c^* = \sqrt{\frac{2D(S_b + S_s)}{IC}} = \sqrt{\frac{2(10.000)(100 + 300)}{(0,2)(50)}}$$
$$= 894 \text{ unidades}$$

Infelizmente, quando o comprador e o vendedor são entidades legais separadas, o comprador não tem motivação para desviar-se da quantidade ótima de pedido de 447 unidades, ainda que os custos totais para a cadeia de suprimentos viessem a ser mais baixos se ele admitisse esse desvio. Na verdade, os custos totais da organização da produção e manutenção dos estoques incorridos pela cadeia de suprimentos são 25% mais altos, porque a decisão de interesse próprio do cliente o leva a pedir em quantidades que são cerca da metade da quantidade ótima para a cadeia de suprimentos. A situação econômica é resumida na Tabela 15-1 e mostrada graficamente na Figura 15-7.

Fica claro que os custos da cadeia de suprimentos podem ser reduzidos mediante a troca para quantidades de pedido baseadas nos custos do conjunto da CS, em vez de permitir que o comprador determine o tamanho do pedido. Se fosse verdade que a troca para quantidade ótima de pedido da CS resultasse na efetivação de custos menores *tanto* para o vendedor *quanto* para o comprador, o canal seria economicamente estável, ou seja, nenhum dos membros se aventuraria a alterar a quantidade de pedido pois os custos dessa troca seriam muito elevados. Como visto na Tabela

---

[12] Citado de Ronald H. Ballou, Stephen M. Gilbert and Ashok Mukherjee, "New Managerial Challenges form Supply Chain Opportunities", *Industrial Marketing Management*, Vol. 29, nº 1 (2000), págs. 7-18, com permissão da Elsevier Science.

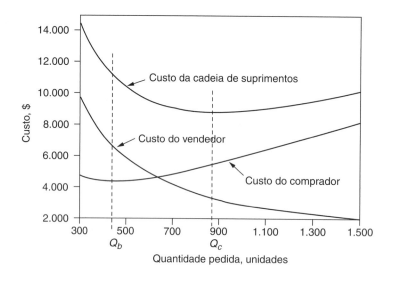

FIGURA 15-7 Curvas de custo para o comprador, vendedor e cadeia de suprimentos.

15-1, se fosse feita uma troca para a quantidade ótima de pedido da CS, o vendedor poderia tirar proveito às custas do comprador, cujos custos teriam um aumento de 25%. Como é, porém, o comprador que controla as quantidades, não irá pedir a quantidade ótima da CS, a menos que sejam redistribuídos benefícios para recompensá-lo por essa decisão. Os benefícios vão se acumulando com um membro do canal que não é o responsável por sua criação. É preciso encontrar os meios para a solução deste conflito.

Gerenciando o Conflito

A meta de gerenciamento da superorganização é o estabelecimento das condições para que cada membro dessa coalizão possa tirar proveito de sua cooperação com o benefício do todo. Gerenciar a superorganização não é a mesma coisa que gerenciar dentro dos limites da empresa. A confiança reside mais nas barganhas e acordos tácitos que em relacionamentos estruturais formalizados. Este tipo de gerenciamento ainda é algo de difícil entendimento, constituindo, por isso mesmo, tema constante de grandes estudos e pesquisas. No entanto, o rumo que leva ao gerenciamento bem-sucedido da superorganização parece claro. Em primeiro lugar, é preciso estabelecer medidas para identificar as oportunidades de expansão crescente e para qualificar e quantificar o desempenho derivado da cooperação. Em segundo lugar, é preciso descobrir as maneiras pelas quais os membros da superorganização compartilham informações relevantes. Em terceiro lugar, tem de haver uma estratégia para a resolução de conflitos. Em quarto lugar, é fundamental haver algum tipo de método no compartilhamento dos lucros derivados da cooperação e para que se possa manter a sociedade entre os componentes da superorganização.

Necessidade de Mensuração

Revelar oportunidades que sejam ao mesmo tempo fatores de redução de custos e de melhoria dos serviços na cadeia de suprimentos a partir de uma gestão capaz de transpor os limites entre as empresas e quantificar tais oportunidades exige um sistema de contabilidade ao alcance de poucas empresas. A contabilidade de empreendimentos múltiplos precisaria relatar custos tais como manutenção de estoques, transporte, preparação de pedidos ou produção, estocagem e manuseio de produtos – todas as informações de custos, demanda e serviço relacionadas com os fluxos dos produtos entre as empresas. Os membros do canal precisam dispor de condições para avaliar o efeito de seu processo decisório sobre seu desempenho e também sobre o dos demais sócios. Precisam saber onde, no canal, os benefícios se "concentram" e quantificar as mudanças no desempenho logístico. Medidas específicas voltadas para questões de expansão de limites, como custo/lucro total do canal, tempo total de ciclo dos pedidos e produtividade do canal deveriam constituir uma parte dos relatórios globais do canal. Muitas das medidas que as empresas usam internamente para suas metas gerenciais precisam ser estendidas aos seus parceiros na cadeia de suprimentos. Seja qual for o formato adotado pelas medidas, deveria *incentivar* a identificação e mensuração das oportunidades da superorganização.

TABELA 15-1 Custos anuais para comprador, vendedor e cadeia de suprimentos sob várias quantidades de pedido, em unidades

	Ótimo do comprador, $Q_b = 447$ unidades	Ótimo da cadeia de suprimentos, $Q_c = 894$ unidades	Mudança de custo a partir do ótimo do comprador, Q
Vendedor[a]	$ 6.711	$3.356	–50%
Comprador[b]	4.472	5.589	+25%
Cadeia de suprimentos[c]	11.183	8.945	–20%

[a]$TC_s = S_s D/Q_s$.
[b]$TC_b = S_b D/Q_b + ICQ_b/2$.
[c]$TC_c = (S_s + S_b)D/Q_c + ICQ_c/2$.

Informação Compartilhada

A superorganização precisa de uma adequada base de informação por – no mínimo – duas razões. A primeira está em que, a fim de que cada empresa possa ajustar suas variáveis controláveis de maneira a atingir lucros ótimos de canal, precisa conhecer as entradas dos fatores econômicos nos problemas de decisão enfrentados pelos outros membros, bem como uma informação contábil sobre o nível dos lucros cabíveis a cada um dos membros. Em segundo lugar, um sistema de informação adequado também reduz as incertezas entre os diversos membros e contribui para a continuidade de sua cooperação voluntária. A criação de um sistema de informação intermembros é uma possibilidade, embora garantir um fluxo adequado e preciso de informação entre os integrantes da sociedade seja mais difícil devido às linhas nada sólidas de responsabilização. No entanto, o compartilhamento de informações relativas do esforço cooperativo é algo fundamental, pois ajuda a solidifcar a confiança entre seus membros, um elemento indispensável para fomentar e manter a cooperação.

Distribuição dos Lucros

A redistribuição eqüitativa dos lucros obtidos com base na cooperação é fator de grande importância. Recorde a Tabela 15-1, especialmente a coluna 3. Sob a quantidade de pedido revista, os custos do canal ficam no seu menor nível, mas a mudança nos custos (ver a coluna 4) não é distribuída eqüitativamente entre os membros. Isto é, tanto o vendedor quando o canal tendem a ganhar com a mudança da quantidade de pedido pelo comprador. Mesmo assim, o comprador parece destinado a ter prejuízo à medida que os custos aumentam. O comprador fica, então, sem incentivo para cooperar, uma vez que sente que pode ganhar mais agindo isoladamente, como se pode detectar dos dados de custo de Q_b na Tabela 15-1. O comprador tenderia a abandonar a sociedade. Se fosse estabelecido um método para a redistribuição dos custos, possivelmente proporcional aos níveis de custos previsíveis sob a situação em que ambos os membros trabalham sozinhos, cada um deles poderia ter as suas necessidades satisfeitas. O comprador recupera o nível de custos que teria ao agir sozinho, e ainda compartilha dos custos-benefícios concretizados por meio da cooperação. Ambos os membros tendem então a permanecer na sociedade, uma vez que essa cooperação significa benefícios para as duas partes. No entanto, o estabelecimento de um método para a transferência dos benefícios entre os membros do canal de maneira a mantê-los agindo em concerto pode ser ilusório.

Estratégias de Resolução de Conflitos[13]

Quando a cooperação tem como resultado uma distribuição eqüitativa de benefícios entre os membros do canal, não há necessidade de qualquer ação formal para a redistribuição desses benefícios. Todos os membros estão em situação melhor do que antes e se mostram satisfeitos com os resultados. No entanto, se os membros acreditarem que ganham, mas não há igualdade, ou que os benefícios se "concentram" com alguns dos membros em prejuízo dos demais, está na hora de utilizar um mecanismo de transferência formal ou informal.

Mecanismo *formal* de transferência é aquele em que um fluxo variável de produtos, sob o controle de um membro do canal, pode ser alterado de maneira a ter influência sobre a ação de outro membro para que a otimização dos resultados do conjunto do sistema venha a ser alcançada. Um exemplo na ilustração anterior seria ajustar os preços no canal que fica sob o controle do vendedor. Na Tabela 15-1, os custos do comprador aumentam em $1.117 por ano se ele concordar com uma quantidade de pedido de 894 unidades, enquanto que os custos do vendedor são reduzidos em $3.355 para essa mesma quantidade. Se o vendedor transfere alguns de seus benefícios na forma de um

---

[13] Idem.

558 PARTE VI • ORGANIZAÇÃO E CONTROLE

desconto de preço capaz de reduzir custos anuais do comprador em no mínimo $1.117, um comprador economicamente racional aceitará esse incentivo e fará o pedido de acordo com a quantidade ótima da cadeia de suprimentos. Embora o preço seja uma variável que se manipula para atingir a redistribuição dos benefícios, outros mecanismos formais de transferência podem incluir pedidos mínimos, redistribuição dos pedidos entre os membros do canal para premiar a cooperação, e incentivos para pedidos futuros, dependendo da configuração do canal e de em qual setor do canal os benefícios tendem a dar frutos.

Garantir a cooperação numa cadeia de suprimentos quando não há, ou não está em uso, um mecanismo formal de transferência, requer outros mecanismos menos diretos e óbvios, ou seja, *informais*. Os mecanismos informais de cooperação surgem fora do tradicional entendimento econômico do intercâmbio, uma vez que, ao contrário da teoria econômica da pura e perfeita concorrência, não existe o desenvolvimento de uma teoria da pura e perfeita cooperação.

Pelo menos dois grandes e distintos mecanismos informais, o *poder* e a *confiança*, são utilizáveis com a finalidade de gerar a cooperação em uma cadeia de suprimentos. Esses mecanismos são normalmente considerados como alternativas mútuas. O poder é um conceito central, pois se considera que sua simples existência condiciona os demais. O poder é igualmente visto como um princípio central na consecução da cooperação. Em contraste, teoriza-se como sendo fundamental para o *marketing* de relacionamento a presença da confiança, não do poder, e de sua capacidade de condicionar outros mecanismos.

Considere-se a função do poder como um mecanismo destinado a concretizar a cooperação. O exercício do poder por um dos membros do canal pode ser usado especialmente contra aquele que estiver em piores condições em decorrência da cooperação. Um dos membros pode vir a ser de tal forma dominante que outros acabem sentindo-se forçados a agir para concretizar os benefícios do conjunto do sistema. No exemplo, se o vendedor tem o *status* de único fornecedor, está em condições de coagir o comprador a aceitar a ampliação das quantidades que adquire desse fornecedor isolado. O comprador pode ver-se obrigado a aceitar os custos adicionais como um pseudo aumento de preço, ainda que o vendedor não tenha alterado sua política de precificação com as correspondentes obrigações legais nela implícitas.

Formas adicionais de poder incluem o poder da recompensa, o poder especialista e o poder referente. Um exemplo do *poder de recompensa* é estabelecer o comprador como o cliente preferencial, incluindo nisso transações mais rápidas e facilitadas ou garantia de serviços em relação a quantidades disponíveis e prazos de entrega. O benefício para o comprador é a redução da incerteza. Da mesma forma, um membro da CS pode usar o *poder especialista*. Neste caso, o vendedor pode fornecer treinamento, informação ou assistência na resolução de problemas como um incentivo à cooperação. Outra forma seria o uso do *poder da referência*. Aqui, a marca ou imagem do comprador podem ser fortes a ponto de o comprador sempre sair ganhando com a mera autorização de usá-los em sua publicidade e para benefício próprio (p. ex., Intel Inside). Trata-se de um benefício indireto para o comprador, tendente a levá-lo a concordar em cooperar com a cadeia de suprimentos. Se o valor desses incentivos for maior do que o aumento de custo de $1.117 sentido pelo comprador, o comprador racional aceitará a condição de fazer pedidos sempre nas maiores quantidades possíveis.

Outro mecanismo informal, o da *confiança*, é definido como a expectativa geral de um membro do canal de que a palavra de outro é algo em que se pode confiar. Isto é, uma parte acredita na confiabilidade e integridade da outra. Uma vez estabelecida a confiança, as partes aprendem que esforços conjuntos, coordenados, conduzem a resultados que superam aqueles que a empresa pode atingir agindo isoladamente em seu próprio benefício, o que é exatamente o fenômeno ilustrado no exemplo. Em situações de barganha comprador-fornecedor, a confiança se torna o ponto central do processo de atingir uma maneira cooperativa de resolução de problemas e entendimento construtivo.

A confiança pode levar diretamente à cooperação, ou indiretamente pelo desenvolvimento de compromisso, o que então leva à cooperação. Um sócio comprometido com a relação certamente cooperará com o outro em vista do seu desejo de fazer com que essa relação prospere e tenha resultados. No relacionamento interempresarial, o comprometimento e a confiança são fatores que têm positivos relacionamentos com a cooperação. Os conceitos de confiança e comprometimento são usados como mecanismos para aperfeiçoar o *marketing* de relacionamento, que conduz a parcerias inéditas de valor agregado pelas quais o comprador se incline a pagar um determinado preço.

Dado que a confiança e o comprometimento levam ao resultado desejado da cooperação na cadeia de suprimentos, quais são os precursores desses mesmos dois fatores em uma CS? Um grande precursor da confiança é a *comunicação*, que representa, em termos amplos, o compartilhamento formal e informal de informação significativa e atualizada entre membros do canal. O compartilhamento da informação é uma das cinco pedras fundamentais que caracterizam relações realmente sólidas na cadeia de suprimentos, de acordo com LaLonde.[14] A comunicação atualizada e instantânea fortalece a confiança mediante a assessoria que presta na solução de disputas e no alinhamento de percepções e expectativas a respeito dos benefícios da cooperação. Esta acumulação de confiança, por sua vez, conduz a uma melhor comunicação. Assim, a informação relevante, atualizada e confiável tem como resultado o aumento da confiança. Novas maneiras de compartilhamento de informação, da mesma forma que o compartilhamento de informação entre as partes normalmente concretizada em privado, podem ser fundamentais para que se alcance a cooperação na cadeia de suprimentos.

Outro precursor da confiança é o *compartilhamento de valores*. Isso se refere às crenças comuns que os sócios têm em relação a maneiras de agir, objetivos e políticas mais ou menos importantes, apropriados ou inadequados, certos ou errados. Maneiras de agir, ou comportamentos, são o resultado de partilhar, identificar-se com ou internalizar os valores de uma organização, ou da avaliação cognitiva dos instrumentos dignos de relação continuada com uma organização. Assim, o compartilhamento de valores conduz à confiança e ao comprometimento e, em função disso, à cooperação. Em um canal de suprimentos, os respectivos membros tendem a compartilhar objetivos econômicos comuns.

Nenhum desses métodos pode garantir a resolução de conflitos ou forçar um determinado membro do canal a atuar de maneira tal que vá beneficiar o canal como um todo. No entanto, eles proporcionam algumas diretrizes para a concretização das oportunidades latentes do gerenciamento do canal logístico entre as empresas.

ALIANÇAS E TERCEIRIZAÇÃO

Há empresas que, em vez de serem proprietárias da capacidade logística total ou de uma estrutura organizacional logística de grande porte, ou, ainda, em vez de fazerem acordos com outras empresas sem qualquer outro critério além daquele da exigência ocasional, preferem *compartilhar* suas capacidades logísticas com outras companhias, ou *contratar* atividades logísticas de empresas especializadas no provimento de tais serviços, as chamadas terceirizadas. Muitas vêm reconhecendo a existência de vantagens estratégicas e operacionais nessa terceirização da logística. Entre esses benefícios podemos citar:

---

[14] Bernard J. LaLonde, "Building a Supply Chain Relationship", *Supply Chain Management Review*, Vol. 2, nº 2 (Fall 1998), págs. 7-8.

- custos reduzidos e menores investimentos de capital
- acesso a tecnologias novas e a habilidades gerenciais
- vantagens competitivas como a crescente penetração no mercado
- acesso incrementado à informação útil para o planejamento
- redução dos riscos e incertezas

De todas essas vantagens, a redução potencial dos custos de transporte/distribuição e a liberação do nível de investimentos em áreas não centrais do negócio são as principais, vindo a seguir uma correspondente redução de pessoal. O risco maior para a empresa é a perda de controle sobre atividades logísticas com prejuízos capazes de anular as vantagens anteriormente relacionadas.

A verdade é que, até certo ponto, as empresas vêm há muitos anos terceirizando parte de suas atividades logísticas. Cada vez que uma empresa recorre a uma UPS ou outro transportador não exclusivo, ou cada vez que usa um armazém público para estocar seus produtos, o que ela está fazendo é uma parceria com uma empresa externa para desenvolver uma parte das atividades da cadeia de suprimentos. A extensão desse relacionamento empresa/parceiros externos é apenas uma questão de grau. O relacionamento pode basear-se desde eventos isolados até contratos de longo prazo para sistemas compartilhados de uma aliança estratégica. Este contínuo da relação terceirizada é ilustrado na Figura 15-8.

Exemplos

A terceirização e os acordos com outras empresas em matéria de atividades logísticas são práticas relativamente comuns. Analise algumas das oportunidades para a redução dos custos logísticos em diversas situações:

- O MetroHealth, hospital comunitário de mil leitos, mantém uma frota de *vans* e os correspondentes motoristas para o transporte de pacientes de e para o seu complexo hospitalar para consultas marcadas, realização de exames e tratamentos. A utilização dos veículos e dos motoristas é baixa, raramente superando 50% do tempo disponível em um dia de trabalho. Levando em consideração as pressões dos custos do sistema de saúde, estabelecer parcerias com outras áreas hospitalares para a utilização desta capacidade de transporte, mantendo ao mesmo tempo o necessário nível de serviço de

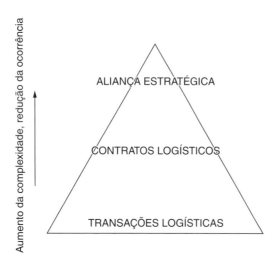

FIGURA 15-8 O contínuo da relação terceirizada.

transporte na região determinada, é uma medida de bom senso econômico, uma vez que os territórios dos serviços hospitalares normalmente se superpõem. A duplicação dos sistemas de transporte pode ser assim evitada.

- Uma empresa de produtos farmacêuticos estava construindo um novo armazém destinado a suprir suas necessidades de espaço ao longo de um considerável intervalo de tempo no futuro. O armazém foi calculado para suprir os futuros picos de capacidade, e o temor de perder controle sobre os estoques impedia a empresa de buscar espaço alternativo durante os anos daquele interregno. Encontrar parcerias para compartilhar o espaço pelo tempo necessário até a empresa chegar realmente ao estágio de retomar aquele espaço agora sobrando significaria poupar as despesas relativas àquela capacidade excedente. Os parceiros, por seu lado, poderiam contratar o espaço por tarifas de aluguel, bem menores do que as oferecidas por armazenagem pública ou alternativas disponíveis.
- A Abbott Laboratories e a 3M consolidaram suas funções de recebimento de pedidos e distribuição visando à obtenção de aperfeiçoamentos em matéria de aquisições, manuseio de materiais e controle de estoques. As duas empresas formaram uma aliança destinada a permitir que os hospitais recebessem suprimentos de ambas as empresas por meio de uma entrega única. A aliança funciona adequadamente porque elas não são concorrentes em tempo integral. O relacionamento também lhes proporcionou economias mútuas em custos de *marketing* e distribuição. A IBM Information Network passou a fazer parte dessa aliança para capitalizar a crescente demanda de serviços de distribuição *on-line*. A melhoria do gerenciamento da cadeia de suprimentos e a melhoria nos serviços para fornecedores menores são alguns dos benefícios proporcionados por essa aliança.[15]

Decidir se é melhor realizar a função logística internamente ou buscar outras modalidades depende de um equilíbrio entre dois fatores: qual é a importância da logística para o sucesso da firma e quão competente é essa empresa no gerenciamento da função logística. Como mostra a Figura 15-9, a estratégia a ser seguida depende da posição em que a própria empresa se situa.

A empresa caracterizada por altos padrões de serviço ao cliente, custos logísticos representando uma proporção significativa dos custos totais e uma operação logística eficiente, administrada por pessoal competente, não terá benefício algum se vier a delegar ou terceirizar suas atividades logísticas. As atividades logísticas são mais bem executadas na própria empresa. A Wal-Mart é uma empresa que, em razão de seu canal de suprimentos de qualidade superior, possui essas características. Por outro lado, para a empresa em que a logística não chega a fazer parte central da estratégia e que não dá suporte à consecução de um alto grau de eficiência logística em seus próprios domínios, a terceirização das ati-

---

[15] E. J. Muller, "The Coming of the Corporate Aliance", *Distribution*, Vol. 87, nº 8 (August 1988), págs. 82-84.

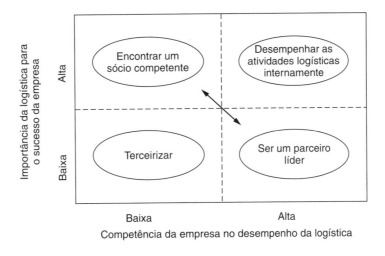

FIGURA 15-9 Diagrama da escolha de onde desempenhar as atividades logísticas.

vidades logísticas pode conduzir a significativas reduções de custos e melhorias no serviço ao cliente. A Dell Computer considera que suas competências essenciais estão na produção e venda direta de PCs a empresas e clientes individuais, não na logística. Por isso mesmo, contrata e terceiriza para organizações especializadas em logística a coordenação da distribuição dos seus produtos nas diversas áreas geográficas em que atua.

Sempre que a logística é fundamental para a estratégia, mas a competência logística da administração é reduzida, encontrar uma empresa e com ela associar-se em termos favoráveis para a realização dessas atividades é uma ação com potencial para bons dividendos. Um sócio forte pode proporcionar instalações localizadas em mercados novos e nos existentes, uma capacidade de transporte e especialização administrativa inexistentes na primeira companhia. Pelo contrário, quando a logística não tem importância demasiada para a estratégia mas é conduzida por pessoal competente, os gerentes podem atuar agressivamente assumindo a liderança na busca de sócios dispostos a compartilhar o sistema logístico, com isto reduzindo os custos da empresa por meio do aumento do volume e das resultantes economias de escala. Os sócios-alvo seriam as empresas situadas no quadrante noroeste da Figura 15-9.

Alianças

É perfeitamente compreensível que uma empresa que investiu pesadamente em equipamento de transporte, armazéns, estoques, sistemas de processamento de pedidos, tecnologia logística e pessoal administrativo passe a se questionar se esse investimento não poderia ser compartilhado com outras companhias, como uma modalidade de redução dos seus próprios custos. Em sentido contrário, tendo perfeito entendimento dos altos custos da logística, uma empresa pode tentar associar-se com outra que tenha, e esteja disposta a compartilhar, capacidade logística excedente, localizações estratégicas de instalações para os mercados, tecnologia desejável e habilidades administrativas superiores. Claro, a empresa poderá contar com certas habilidades e capacidades que outras organizações gostariam de compartilhar. Criar uma aliança ou parceria pode beneficiar a ambas as partes. A empresa que não tenha grande pretensão no sentido de construir um alto grau de competência gerencial em logística pode também buscar aliança com um sócio forte em logística a fim de consolidar sua própria posição competitiva.

Uma aliança logística é baseada na *confiança*, um *compartilhamento de informação* que facilita o desempenho logístico, *objetivos específicos* para atingir um nível de desempenho logístico melhor do que aquele viável de ser alcançado independentemente, *regras* operacionais para cada um dos sócios e *provisões de saída* relativas a um eventual encerramento da aliança. Os benefícios a serem extraídos de uma aliança logística já foram devidamente destacados. Sendo tais benefícios assim tão óbvios, qual a razão do escasso número de alianças desse tipo? A resposta pode estar nas preocupações que um potencial sócio sente a respeito da aliança quando surge a necessidade de fundir os respectivos canais de suprimentos. É uma lista grande de preocupações, das quais destacamos:

- Perda de controle sobre o canal logístico
- Temor de ser "apagado do cenário logístico"

562 PARTE VI • ORGANIZAÇÃO E CONTROLE

- Crescente preocupação em razão de fracassos logísticos e nenhuma possibilidade de lidar com eles em benefício dos clientes
- Controles adequados inexistentes ou não identificáveis pelo sócio
- Dificuldade de identificar as economias a serem concretizadas em comparação com os custos logísticos atuais do sócio
- Um sistema de referência que não se adapta ao do sócio ou que não tem as características necessárias para reduzir a incerteza
- Dificuldade de identificar os benefícios a serem compartilhados, especialmente quando o sócio tem determinado grau de propriedade do sistema logístico
- Um grau de confiança ainda insatisfatório em relação ao indispensável para o início do empreendimento pretendido
- Os sócios não são vistos como iguais sempre que as exigências de um deles adquirem precedência sobre as do outro
- Dificuldade em entender de que maneira a confiança, boa fé e cooperação poderão ser atingidas no acordo da forma encaminhada
- Escassez de exemplos sobre a eficiência do funcionamento, em outras corporações, de alianças como a que se está pretendendo estabelecer

As alianças logísticas são frágeis. Podem ser de difícil formação e de rompimento extremamente fácil; no entanto, seus benefícios potenciais incentivam os administradores a continuar a explorar meios de fazer com que funcionem efetivamente.

Exemplo

Um fabricante nacional de equipamento elétrico e de transmissão de energia, com vendas anuais na casa de $1,5 bilhão, orgulhava-se do sistema logístico que havia criado, especialmente do dispositivo de informação usado para a operação do sistema inteiro. Os produtos eram feitos para estoque em nove fábricas e distribuídos nacionalmente via oito armazéns e distribuidores. As pressões no sentido da redução dos custos logísticos levaram a empresa a considerar a possibilidade de um sócio à altura de compartilhar o sistema de distribuição da companhia. As economias resultantes do volume adicional que fluiria pelo canal de distribuição melhorariam o serviço ao cliente e reduziriam os custos.

A empresa formou uma aliança com um sócio europeu, que também manufaturava produtos industriais e tinha vendas anuais de $250 milhões nos EUA. A linha de produtos era manufaturada em duas fábricas nacionais e complementada por importações. Os produtos eram feitos para estoque, sendo as vendas nacionais providas a partir de três armazéns. Os níveis de serviço ao cliente eram semelhantes para ambos os sócios.

A sociedade estabeleceu como prioridade o compartilhamento do espaço de armazém regional da empresa norte-americana na Califórnia. Esta conseguiu recuperar parte dos custos fixos de armazenagem e passou a utilizar com mais efetividade o equipamento de transporte no mercado da Califórnia. O sócio europeu ganhou fácil acesso ao mercado da Califórnia, no qual não havia até então conseguido uma penetração que se pudesse considerar satisfatória, e as despesas de armazenagem e entrega ficaram em níveis modestos quando comparados com outras alternativas.

Contratos Logísticos

Durante muitos anos, as empresas têm utilizado os serviços de outras companhias para dar suporte às suas próprias atividades logísticas. Transportadoras independentes proporcionam serviços rodo e ferroviários a um sem-número de clientes concorrentes entre si, armazéns públicos são provedores de serviços de estocagem, e empresas de serviços gerais vendem auditoria de fretes e serviços contábeis. Isto é, tais empresas podem cuidar da totalidade da operação logística de seus clientes mediante preços contratados. Essas empresas têm sido indistintamente chamadas de provedores terceirizados, companhias de logística integrada e especialistas em contratos logísticos. Embora venha sendo significativo o crescimento desses provedores de serviços logísticos, as empresas que deles fazem uso procedem com parcimônia. Oitenta e cinco por cento das empresas que utilizam serviços externos gastam menos de 20% dos seus orçamentos de logística com esses provedores.[16]

Em comparação com as alianças, as empresas de contratos logísticos (3PLs) são vistas como vendedoras de serviços, e não como participantes de sociedades que se beneficiam da sinergia entre os membros da aliança. No entanto, como pode haver partilhamento de informação juntamente com fortes relações de trabalho, a relação entre uma empresa e seu provedor externo de logística é quase sempre vista como uma sociedade. Mas as companhias de contratos logísticos se mantêm fora de tais sociedades para continuar proporcionando solu-

---

[16] Robert Lieb, "The Use of Third-Party Logistics Services by Large American Manufacturers", *Journal of Business Logistics*, Vol. 13, nº 2 (1992), págs. 29-42.

ções de alto nível a problemas de logística e excelente desempenho nas operações logísticas. Uma das principais razões para qualquer empresa pretender terceirizar no todo ou em parte suas atividades logísticas consiste em que o provedor é mais eficiente por ser a logística a sua principal atividade, o que não acontece com a firma compradora desses serviços.

Os benefícios potenciais da parceria foram destacados anteriormente. Por outro lado, existem também algumas desvantagens eventuais. Em uma pesquisa conduzida pela J. P. Morgan Securities, Inc., os problemas mais citados em relação à utilização de uma 3PL foram o escasso entendimento do ramo de negócios do cliente e as capacidades de serviço inferiores ao prometido.[17] Entre as barreiras à manutenção de uma relação de longo prazo bem-sucedida figuraram mau ajustamento das práticas da empresa; mudança de liderança na 3PL ou na usuária; expectativas irreais quanto aos resultados da relação terceirizada e ausência de informação adequada.[18]

Os fracassos havidos nas sociedades com 3PLs tiveram algumas vezes características espetaculares. Disso resultaram ações judiciais e má publicidade, quase sempre pelo fato de terem despertado expectativas exageradas. Alguns anos transcorridos desde que as 3PLs passaram a representar uma opção para os gerentes logísticos, praticantes experientes em questões da terceirização elaboraram as seguintes 12 sugestões para levar a empresa a uma relação de longo prazo e sucesso com uma 3PL:[19]

1. Estabeleça os seus atuais custos de cadeia de suprimentos e níveis de serviço como a base para comparar seu desempenho com aquele da 3PL.
2. Desenvolva os indicadores de desempenho necessários e invista na tecnologia adequada para aceitar e avaliar a informação recebida da 3PL.
3. Invista o tempo necessário para garantir que você e a 3PL estejam mesmo em alinhamento estratégico.
4. Estabeleça a confiança pelo cumprimento das promessas, prestando atenção nos erros e contornando-os, e aceitando a responsabilidade na medida apropriada.
5. Desenvolva capacidades de gestão de relacionamentos, especialmente habilidades estratégicas e de gerenciamento de mudança organi-

zacional, necessárias para a condução das relações com as 3PLs.
6. Faça a avaliação do desempenho da 3PL em termos de custos, mas busque igualmente mensurar a contribuição da 3PL para o aumento nas vendas.
7. Seja um bom cliente tratando a 3PL como parceria, em lugar de uma vendedora comum.
8. Comunique-se aberta e honestamente.
9. Compartilhe tanto o risco quanto a recompensa.
10. Reconheça a equipe da 3PL que estiver trabalhando em seu benefício.
11. Procure superar as situações de crise, em lugar de trocar constantemente de provedores.
12. Explore os limites do aperfeiçoamento do desempenho à medida que o relacionamento amadurece.

Exemplo

Com quase 400 fornecedores em 14 estados embarcando materiais para suas 30 montadoras na base de *call-and-demand*, a General Motors viu seus custos de estoque e distribuição aumentarem e suas instalações ficarem congestionadas com tráfego de carga incompleta de caminhões (LTL). A GM recorreu à Penske Logistics, um provedor logístico terceirizado, em busca de uma solução customizada. A GM tinha três objetivos: reduzir os custos, melhorar o gerenciamento da entrada de materiais e processamento de informação, e reduzir sua base de transportadoras.

A Penske avaliou os processos de distribuição da gigantesca fabricante de veículos e recomendou o uso de um armazém de trânsito (*cross dock*) estrategicamente localizado em Cleveland. Com pessoal e gerenciamento da Penske Logistics, essa instalação recebe, processa e consolida a entrada de materiais. A Penske igualmente implementou uma frota exclusiva de 60 cavalos mecânicos e 72 *trailers* e passou a cuidar do desenvolvimento das rotas e da programação das coletas de fornecedores e entregas JIT (*just-in-time*).

A Penske programa as coletas em fornecedores com base em níveis de utilização de peças comunicados via EDI pela GM. Uma vez recebido, o carregamento atravessa a doca para a plataforma imediata e é rotulado com as instruções de roteiro para apressar a entrega e localização apropriadas ainda na fábrica. Tudo é então embarcado nos reboques de saída. É um processo que envolve semanalmente 5 milhões de libras-peso de frete. A Penske usa roteirização dinâmica a fim de aumentar a freqüência das coletas nos for-

---

[17] "Shippers Slam Ignorance of Many 3PLs", *American Shipper* (December 2001), págs. 30-31.

[18] "Making a Long Term Commitment", *Inbound Logistics* (July 2002), págs. 98-104.

[19] Idem.

564 PARTE VI • ORGANIZAÇÃO E CONTROLE

necedores, reduzindo assim os níveis dos estoques e melhorando o fluxo de saída de material. Computadores usando tecnologia satelital proporcionam comunicação contínua nos dois sentidos entre os motoristas e os despachantes.

Mediante a consolidação da entrada de cargas no centro de distribuição e a expedição de cargas completas para as fábricas, a Penske conseguiu reduzir os custos das cargas incompletas e a própria base de transportadores da GM. A Penske Logistics seleciona e gerencia apenas os transportadores necessários para complementar a frota exclusiva. Isso reduziu os custos administrativos da GM mediante o processamento de "uma conta" para os serviços LTL e diminuiu os tempos de trânsito em 18%.[20]

Parcerias pela Colaboração

Os benefícios da organização não precisam ser o resultado de projetos formais ou informais em que as relações são definidas entre pessoas dentro de uma organização. À medida que a tecnologia da informação evolui, emerge uma nova dimensão da organização – a parceria pela colaboração. Parcerias entre membros do canal de suprimentos ocorrem à medida que compartilham a informação para benefício mútuo. Esses parceiros colaboram para atingir os objetivos das respectivas organizações, objetivos esses normalmente concentrados na obtenção de custos baixos pela redução dos estoques e melhoria do serviço ao cliente a partir de índices elevados de atendimento.

Fazer parcerias com membros no cruzamento dos elos do canal de suprimentos tem obtido sucesso sempre que se partilham informações de ponto de venda com supridores em melhores condições de planejar níveis de estoques no varejo (controle do estoque gerenciado pelo fornecedor, ou VMIC) e com planos de requerimentos compartilhados com os fornecedores em sistemas *just-in-time*. Houve sucessos anteriores com planejamento colaborativo e uma organização chamada de Voluntary Inter-Industry Commerce Standards (VICS) criou o planejamento, previsão e reposição colaborativos (CPFR).[21] O CPFR é um programa de troca de informação que inclui previsões, programas de produção, quantidades de pedidos de reposição e seu momento, e prazos de entrega. O VICS estabeleceu diretrizes para explicar os processos de negócios subjacentes, e tecnologia de apoio, e questões de mudança no gerenciamento.

A colaboração entre membros do canal tem o potencial de melhorar o desempenho da cadeia de suprimentos pela redução da incerteza decorrente da demanda e prazos de entrega. Recorde o "efeito chicote" sobre a previsão da demanda que emerge quando cada membro do canal prevê demanda com base em informação obtida dos padrões de pedido de um membro da cadeia situado imediatamente à frente na cadeia. Compartilhar informação sobre a demanda do cliente final é reconhecidamente um meio de melhorar a exatidão da previsão para todos os membros. A previsão melhorada reduz os níveis de estoques no canal de suprimentos.

No entanto, um programa como o CPFR incentiva a colaboração mais além da simples previsão. Embora o compartilhamento de informação entre sócios reduza a variabilidade da estimativa da demanda, é também preciso tomar decisões sobre as quantidades dos pedidos, os tamanho dos embarques, os métodos de entrega e os tempos de reação da produção ou do fornecedor. Num ambiente de parceria, a informação a respeito dessas questões será compartilhada e os resultados, negociados. Comparados com abordagens tradicionais em que cada membro toma suas próprias decisões, os resultados obtidos em testes-piloto têm se mostrado impressionantes. De acordo com uma pesquisa sobre VICS, os varejistas participantes relataram:

- Um aumento de 80% nos negócios com um parceiro CPFR
- Um aumento de $9 milhões nas vendas
- Simultâneos crescimento de vendas e redução de estoques de no mínimo 10%
- Índices de atendimento melhorados com estoques menores
- Nível de serviço de 100%, com quase 40 giros por ano[22]

As parcerias de colaboração têm sido, apesar de tudo, adotadas muito vagarosamente. O maior impedimento à sua adoção em massa é, ao que tudo indica, a *confiança*. As empresas continuam relutando em compartilhar dados vitais com companhias independentes do seu controle e que possam ter relacionamentos comerciais com concorrentes. Acordos formais entre sócios podem vir a reduzir a desconfiança, mas, ainda assim, esta parece destinada a constituir um impedimento ainda por longo tempo. Apesar de tudo, o potencial das parcerias colaborativas continua sendo muito elevado.

---

[20] "Logistics' New Customer Focus", *Business Week*, March 10,1997.

[21] www.cpfr.org.

[22] Walter McKaige, "Collaborating on the Supply Chain", *IIE Solutions*, Vol. 33, nº 11 (March 2001).

OBSERVAÇÕES

Os conceitos de planejamento, previsão e reposição colaborativos foram submetidos a testes-piloto em um sem-número de casos, com os seguintes resultados:

- A Wal-Mart colaborou com a Warner Lambert com relação ao higienizador bucal Listerine e constatou que a disponibilidade de estoque aumentou de 87 para 98%, os prazos de entrega foram reduzidos de 21 para 11 dias, o estoque em mãos caiu para duas semanas, os pedidos se tornaram mais consistentes, e os ciclos de produção foram regularizados. As vendas de Listerine aumentaram em $8,5 milhões. Da mesma forma, as vendas de itens Sara Lee no piloto CPFR da Wal-Mart cresceram 32%, enquanto os estoques foram reduzidos em 14%. A disponibilidade de estoque teve melhoria de 32% e a margem de lucro bruto sobre o investimento cresceu 6%.
- Para duas redes não identificadas e seus parceiros de negócios, os resultados pós-colaboração mostraram, para um dos participantes, aumento médio de 12% nas vendas e redução média de estoques no centro de distribuição de 33% para o outro varejista participante.
- Um dos pilotos da Kmart com a Kimberly Clark tiveram como resultado um aumento de 14% nas vendas, com melhorias de nível de estoque de 86 para 94% sem aumento real dos estoques.
- O CPFR da Walgreen com a Schering-Plough envolvendo um laxante mostrou um aumento de 25% na exatidão de previsão.
- Um CPFR piloto da Ace Hardware com a Manic, fornecedora de fitas, apresentou aumento de vendas de 20%, redução dos custos dos fretes de 14%, enquanto os custos de distribuição da Manic experimentaram uma redução de 28%.

COMENTÁRIOS FINAIS

Este capítulo tratou das questões básicas da organização logística/CS e da melhor maneira de conseguir coordenação e cooperação entre atividades, funções e empresas para que planos logísticos venham a ser implementados efetivamente. Guiada pelo conceito do custo total, a organização facilita o desempenho logístico ótimo, exceto quando o serviço ao cliente ou estratégias de informação são dominantes. A organização deveria ser levada em conta em três níveis. Agrupar as atividades relevantes e gerenciá-las coletivamente como uma função logística recebeu a principal atenção. Em determinados casos, os resultados foram muitos bons em decorrência deste realinhamento de atividades. Atenção bem menor foi dada aos problemas da cooperação interfuncional e interorganizacional, coordenação e colaboração. Os benefícios potenciais podem em muito exceder aqueles do gerenciamento direto da atividade. No entanto, consolidar a cooperação entre funções da mesma empresa e entre firmas fora de seus limites legais, quando a cooperação for principalmente voluntária, é um problema organizacional complexo. Indubitavelmente, no futuro, a organização logística/CS em todos os níveis optará pela cooperação como um tema geral da eficiência organizacional em lugar de simplesmente escolher estruturas organizacionais formais que criam tantos problemas de coordenação quanto os que resolvem.

Como uma alternativa ao desempenho de todas as funções logísticas internas e, portanto, das organizações logísticas/CS extensivas necessárias, muitas empresas têm buscado terceirizar as atividades logísticas ou formar sociedades e compartilhar seus sistemas logísticos com outras companhias. Defensores dessas práticas argumentam que elas podem conduzir à redução dos custos e ao aperfeiçoamento do serviço ao cliente, permitindo, ao mesmo tempo, que a empresa se concentre em suas competências principais. Os que se opõem a essas práticas argumentam que há risco de perda de controle das atividades logísticas e de uma conseqüente deterioração do serviço ao cliente.

QUESTÕES

1. Explique a razão pela qual uma empresa deveria optar pelo desenvolvimento de um organograma para logística/CS.
2. Se a empresa não pretende estabelecer uma função separada, identificável, logística, de que maneira poderá a coordenação, necessária para o gerenciamento eficiente das atividades logísticas, ser atingida?
3. Explique a diferença entre uma estrutura organizacional de linha e de assessoria para logística.
4. Quais critérios você utilizaria para determinar se uma estrutura organizacional logística/CS deveria ser centralizada ou descentralizada?
5. Quais responsabilidades, habilidades e experiências você desejaria incluir na descrição do cargo para a posição de vice-presidente de logística/CS de um fabricante de produtos gerais (por exemplo, utilidades domésticas)? E como seria essa descrição alterada – ou não – se essa vice-presidência fosse a de uma grande clínica médica?
6. Indique as atividades da empresa, como compras, transporte e controle de estoques, a serem incluídas em uma

566 PARTE VI • ORGANIZAÇÃO E CONTROLE

organização logística/CS, se a empresa fosse uma das seguintes:

  a. Miller Coal Mining Company (empresa extrativa)

  b. Titusville Community Hospital (empresa de serviços)

  c. March Department Stores (empresa de varejo)

  d. Romac Appliance Company (empresa manufatureira)

7. Quando uma empresa se encontra no Estágio II de seu desenvolvimento organizacional logístico/CS, o que seria necessário para que avançasse ao Estágio III? E ao Estágio IV? E ao Estágio V?

8. Por que serviço ao cliente, embalagem e programação de produção são considerados atividades de gerenciamento interfuncional? Como podem ser efetivamente administradas em uma empresa funcionalmente organizada? Que estrutura organizacional você proporia para o gerenciamento da superorganização? Compare e contraste essa estrutura com a das atividades de gerenciamento logístico que se encontram estritamente dentro dos limites legais da empresa.

9. O que é uma superorganização? De que maneira comparar o gerenciamento da superorganização com o gerenciamento da função logística no âmbito da empresa?

10. A Tabela 10-15 indica que os lucros do canal de distribuição serão quase que com certeza maiores se cada um dos membros do canal cooperar quanto à decisão das quantidades de pedidos de compra e políticas de precificação, em lugar de agir isoladamente nessas questões. Como os benefícios da cooperação podem tender a se "concentrar" com um dos membros, de que maneira os demais membros poderiam desfrutar dos benefícios aumentados e ao mesmo tempo ser incentivados a continuar a prestar sua cooperação?

11. Descreva a situação dentro de uma empresa em que se sugere que

  a. Parte ou todas as atividades logísticas sejam terceirizadas.

  b. A empresa procura um sócio para compartilhar seu sistema logístico.

  c. A companhia assume decididamente a liderança na formação de uma aliança logística.

  d. Todas as atividades logísticas são desenvolvidas internamente.

12. Sugira o tipo de informação que deveria ser compartilhada entre os parceiros do canal de suprimentos para incentivar a cooperação e para manter a confiança mútua.

13. Quais são os métodsos disponíveis para distribuir os benefícios da colaboração entre os membros do canal?

14. Descreva resumidamente o CPFR.

CAPÍTULO 16

Controle da Cadeia de Suprimentos/Logística

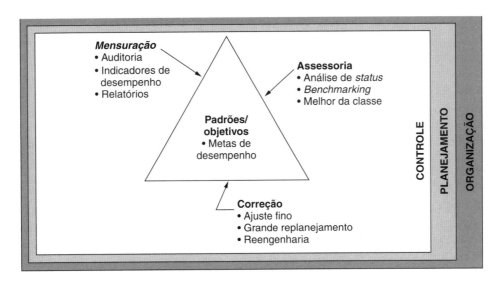

O profissional de logística é agora um gerente de processos, tendo deixado de ser simplesmente um administrador de atividades.

Planos logísticos/CS podem ser elaborados e implementados, mas isso por si não garante a concretização dos objetivos pretendidos. Faz-se necessário pensar a respeito de outra função fundamental do gerenciamento. Essa função é o controle – o processo em que o desempenho planejado é alinhado, ou mantido em linha, com os objetivos pretendidos. O processo de controle trata de comparar o desempenho real com o desempenho planejado e de colocar em prática qualquer ação corretiva, quando necessária, para aproximá-los mais. A auditoria provê a informação necessária para o controle.

Este capítulo apresenta uma visão geral dos processos de auditoria e controle, e discute a função controle da logística/CS e das atividades logísticas/CS. São, no seu decorrer, analisados os principais elementos do controle da informação, mensuração e das ações corretivas. Entram igualmente em debate o *benchmarking* e um modelo de referência de opera-

ções de cadeias de suprimentos (SCOR) útil para a identificação das oportunidades de melhorias. Por fim, examina-se a participação da inteligência artificial no processo de controle.

UMA ESTRUTURA DE CONTROLE DE PROCESSOS

A necessidade básica de uma atividade de controle no processo de gerenciamento está centrada nas futuras incertezas que alteram o desempenho de um plano. Desvios dos parâmetros certamente ocorrerão, justamente pela impossibilidade de prever com absoluta certeza muitas das forças que agem sobre as condições de qualquer plano. Agregando-se às variações normais nas condições entram, ainda, as contingências. São as ocorrências extraordinárias, únicas, normalmente de grandes proporções (por exemplo, greves, incêndios, inundações), que afetam drasticamente o desenvolvimento de qualquer plano. Além das incertezas futuras, existe a possibilidade da ocorrência, no ambiente da logística/CS, de mudanças fundamentais que alterem o desempenho planejado. Por exemplo, mudanças nas condições da economia, avanços tecnológicos e alterações nas preferências dos clientes podem não ter sido previstas à época do planejamento, mas podem perfeitamente afetar o desenvolvimento do plano.

O processo de controle é, em parte, questão de monitoramento das condições cambiantes com a antecipação suficiente para permitir que se adotem ações corretivas de maneira a realinhar o desempenho real com o desempenho planejado. Planejamento e execução perfeitos, se existissem, tornariam dispensável todo tipo de controle. Como isso raramente é possível, o profissional de logística precisa inevitavelmente municiar-se de um mecanismo de controle para garantir a concretização das metas ambicionadas.

Um Modelo de Controle de Logística/CS

O processo de controle do gerenciamento é análogo aos inúmeros sistemas mecânicos de controle com que deparamos quase que diariamente. O mais familiar destes sistemas mecânicos seria aquele da calefação, seja doméstica ou industrial. O mecanismo de controle é o termostato, que mede a temperatura do ar, faz a comparação com a temperatura desejada e dá início à ação corretiva, quando necessário, buscando calor do aquecedor ou frio do condicionador de ar. No sistema logístico, o gerente procura controlar atividades de planejamento logístico (transporte, armazenagem, estocagem, manuseio de materiais e processamento de pedidos) em termos de serviço ao cliente e custos da atividade. O mecanismo de controle inclui as auditorias e relatórios sobre o desempenho do sistema, as metas estabelecidas em termos de desempenho, e alguns meios para desencadear ações corretivas, que são muitas vezes proporcionados pelo gerente de logística/CS. Este mecanismo de controle, em relação aos fatores associados no processo, é mostrado na Figura 16-1. Os fatores adicionais incluem planos, atividades logísticas, influências ambientais e desempenho.

Entradas, o Processo e Saídas

O foco do sistema de controle está no processo a ser regulado, que vai desde uma atividade simples, como preencher pedidos e suprir estoques, até uma combinação de todas as atividades na função logística, tanto internas quanto externas. Há nesse processo entradas com a forma de planos. Os planos indicam de que maneira o processo deve ser projetado. Exemplos disso são planos para os modais de transporte a serem usados, o estoque de segurança a ser mantido, o processo do sistema de processamento de pedidos, ou uma combinação de todos esses, dependendo das metas do sistema de controle.

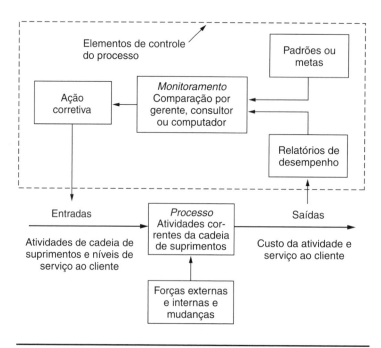

FIGURA 16-1 Representação esquemática do processo de controle da logística/CS.

As influências ambientais são um segundo tipo de entrada de processo. O ambiente inclui, no seu sentido mais amplo, todos os fatores com potencial de afetar o sistema e que não são levados em conta nos planos. Eles representam as incertezas que alteram a saída do processo dos projetados níveis de atividade planejada. Exemplos de algumas das importantes influências ambientais seriam as incertezas nas ações dos clientes, concorrentes, fornecedores e governo.

O processo de saída é aquilo que podemos denominar, de forma geral, de desempenho. Desempenho é o estado do processo em qualquer momento determinado. Por exemplo, se é a atividade de transporte, o desempenho pode ser medido em termos de custos diretos, tais como tarifas de transporte, custos indiretos, como perdas e danos, e desempenho da entrega.

O processo, com seus planos de entrada e resultante desempenho, é o objetivo do processo de controle. Esses fatores são resultantes dos processos de planejamento e implementação, apresentados em relação à função de controle na Figura 16-1.

Padrões e Objetivos

A função controle exige um padrão de referência com o qual seja viável comparar o desempenho da atividade logística. O gerente, consultor ou um programa de computador se esforçam para equiparar o desempenho do processo com este padrão – normalmente, um orçamento de custos, um nível pretendido de serviço ao cliente, ou uma margem de lucro.

Em acréscimo aos padrões determinados nos planejamentos e políticas estabelecidos pelas empresas, algumas delas têm escolhido referenciar-se a padrões externos. O interesse cada vez maior pela qualidade leva as empresas a elevar seus padrões de desempenho aos níveis indispensáveis para concorrer pelas várias láureas à qualidade. Entre estas, vale destacar o Malcolm Baldridge National Quality Award, o Deming Prize, ou o J.D. Powers & Associates Quality Award. Os padrões mais acatados de garantia de qualidade são provavelmente os da International Organization for Standardization,[1] o conhecido ISO 9000.[2]

Para o profissional de logística, qualidade pode significar o atendimento de pedidos na medida exata, apresentando poucas faltas de estoques, ou entregando os produtos no prazo determinado. Empresas do mundo inteiro buscam alcançar o respectivo certificado e, com ele, o direito de promover-se com base no fato de terem

superado os critérios para a diplomação. Os clientes esperam isto de seus fornecedores, pois assim terão garantia de que os produtos ou serviços a eles fornecidos preencherão suas expectativas. Para o fornecedor de produtos ou serviços, os critérios desses prêmios de qualidade, ou certificação do ISO 9000, podem se tornar o objetivo do processo logístico.

O Monitoramento

O monitoramento é o ponto central do sistema de controle. Recebe informação sobre o desempenho do processo, compara essa informação com o objetivo de referência e dá início, quando necessário, as ações corretivas (ver Figura 16-1). Em comparação com o termostato do sistema de calefação e refrigeração de ar, as entradas de informação no monitor do sistema de controle logístico muitas vezes não são sofisticadas eletronicamente. A informação recebida pelo monitor chega principalmente na forma de periódicos relatórios e auditorias. São informações relativas ao *status* do estoque, à utilização dos recursos, aos custos das atividades e ao nível do serviço ao cliente.

O monitor no sistema é o gerente, o consultor ou um programa de computador. O monitor interpreta e compara os relatórios de desempenho com os objetivos da atividade. É ele quem decide quando o desempenho escapa ao controle e, conforme o caso, quem escolhe as medidas corretivas a serem adotadas a fim de colocar o desempenho em alinhamento com os objetivos. Por exemplo, se o serviço ao cliente está muito aquém do nível desejável, o gerente tem a informação básica para pedir estoque adicional de segurança a ser mantido nos armazéns. A natureza exata da ação corretiva depende do grau de exatidão do processo de controle e de quão permanente o gerente espera que venha a ser a correção. Se o "erro" entre o desempenho real e o pretendido figura dentro de limites aceitáveis, normalmente nenhuma ação corretiva precisa ser adotada. Por outro lado, se o erro supera limites aceitáveis, o gerente tem a possibilidade de optar por soluções táticas imediatas e, em geral, temporárias para reduzir a margem de erro, ou, dar início a um planejamento estratégico que venha a alterar o projeto do sistema. Vai depender do julgamento e do critério do gerente a opção entre a solução tática ou estratégica. O entendimento desse indivíduo quanto à causa do erro influencia a opinião, por exemplo, sobre se se trata de uma variação aleatória ou mudança fundamental no desempenho, se os benefícios a serem conquistados a partir de um replanejamento em larga escala suplantarão os custos necessários, ou se a maior necessidade é mesmo a imediata correção de um erro.

---

[1] Uma confederação mundial de entidades nacionais de estabelecimento de padrões de cerca de 100 países, uma por nação.

[2] Um conjunto de cinco padrões universais para um sistema de garantia de qualidade reconhecido no mundo inteiro.

Tipos de Sistemas de Controle

Os sistemas de controle variam muito em relação ao projeto. São em geral classificados como de tipo de ciclo aberto, ciclo fechado ou de controle modificado.

Sistemas de Ciclo Aberto

O sistema mais conhecido de controle das atividades logísticas é o sistema de ciclo aberto, ilustrado na Figura 16-2(a). Sua característica mais importante é a intervenção humana entre a ação de comparar desempenho real e pretendido e a ação destinada a reduzir o erro do processo. O gerente precisa intervir de maneira positiva antes da determinação de qualquer ação corretiva. Vem daí a denominação de "aberto".

As maiores vantagens do sistema de controle de ciclo aberto são sua flexibilidade e custo inicial reduzido. O gerente, de acordo com seu entendimento, pode recomendar o tipo de informação necessária para controle, a margem de erro aceitável a qualquer tempo, e a forma da ação corretiva. Essa flexibilidade se mostra especialmente positiva quando objetivos, planos e influências de ambiente estão sujeitos a mudanças freqüentes, e quando os procedimentos de controle automatizados são caros e restritivos. Até o momento, a maior parte das atividades logísticas individuais, além

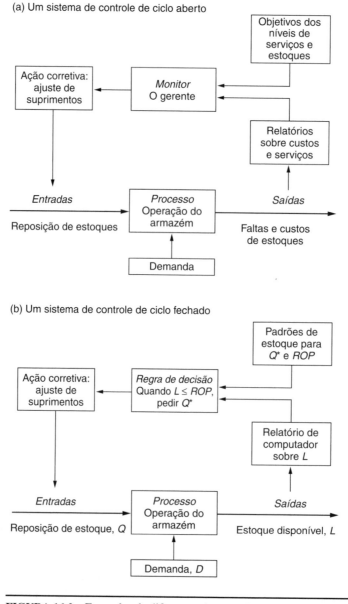

FIGURA 16-2 Exemplos de diferentes sistemas de controle de estoque. (*continua*)

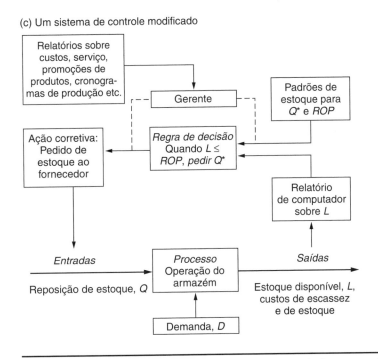

FIGURA 16-2 Exemplos de diferentes sistemas de controle de estoque. (*continuação*)

da função como um todo, está sob controle de sistemas de ciclo aberto.

Sistemas de Ciclo Fechado

Muito se tem trabalhado nos últimos anos a fim de encontrar meios de reduzir a necessidade da participação do elemento humano nos processos de controle. Boa parte deste trabalho centraliza-se em processos físicos, tais como o controle de temperaturas, voltagens, pressões, velocidades e posições. Tais instrumentos de controle são, no conjunto, os servomecanismos, reguladores e controladores. Contudo, faz pouco tempo que se passou a dar atenção a controle semelhante das atividades logísticas. O controle automatizado de estoques é o maior sucesso na área até o momento.

Ao se controlar as atividades logísticas, a regra de decisão é usada como um substituto do gerente em sistemas de ciclo fechado. A regra de decisão funciona como o gerente agiria se fosse ele a observar o erro de desempenho. Como o gerente pode ser afastado do processo de controle e mesmo assim o controle continua assegurado pelas regras de decisão, o sistema assume a denominação de fechado.

No momento, o melhor exemplo de um sistema de controle de ciclo fechado em gestão de logística é o sistema de controle de estoques. Já em 1952, Simon sugeriu que a teoria do servomecanismo poderia ser tirada de seu contexto elétrico e mecânico e aplicada aos problemas de negócios, especialmente os referentes ao controle de estoques.[3] Mas foi só depois que os computadores se transformaram úteis como ferramenta de negócios que os sistemas de estoque puderam ser controlados automaticamente com eficiência. A importância do bom gerenciamento para muitas empresas e a natureza quantificável dos problemas de estoque transformaram-no em uma das primeiras atividades da empresa a ser controlada por métodos de ciclo fechado.

A Figura 16-2(b) mostra um sistema de controle de ciclo fechado para controle de estoque baseado no modelo de quantidade fixa de pedido-intervalo de controle de estoque variável, com demanda e prazo de entrega constantes. Ela é contrastada com um sistema de controle de ciclo aberto para o mesmo problema na Figura 16-2(a). O processo é manter um estoque em um armazém a partir do qual a demanda é atendida. A demanda diminui continuadamente o estoque, tornando-se necessária uma ação positiva para a reposição. No sistema simples que estamos examinando, a saída do processo é o estoque disponível. Relembrando o modelo de estoque de ponto de reposição do Capítulo 9, podemos desenvolver o padrão de desempenho e a regra de decisão para a ação corretiva. Ou seja, a regra de decisão seria, quando o estoque disponível cair abaixo da quantidade do ponto de reposição (ROP), coloque um pedido de es-

---

[3] Herbert A. Simon, "On the Application of Servomechanism Theory in the Study of Production Control", *Econometrica*, Vol. 20 (April 1952), págs. 247-268.

toque para Q^* unidades. Se as condições permanecerem as mesmas que aquelas supostas quando do desenvolvimento da regra de decisão, o sistema de controle estará assegurando desempenho ótimo. Implementar a regra de decisão, relatar os níveis de estoque disponíveis permanentemente e apresentar o pedido de estoque são ações de que um computador se encarrega.

Em contraste com o sistema de controle de ciclo aberto da Figura 16-2(a), os sistemas de controle de ciclo fechado têm uma capacidade maior para controlar inúmeros estoques de produtos com rapidez e precisão. No entanto, o sistema de ciclo fechado tende a ser rígido em termos de satisfazer as condições mutantes fora dos parâmetros de seu projeto. Pode igualmente prover controle sobre uma parte do processo total e, portanto, carecer de parte do escopo que caracteriza o sistema de ciclo aberto. Assim, embora a automação tenha reduzida flexibilidade, alcance de controle mais limitado e um custo inicial mais alto, proporciona crescente rapidez e precisão de controle.

Sistemas de Controle Modificados

Nas aplicações práticas, são poucas as coisas implementadas na sua forma mais pura, inclusive os sistemas de controle. Os gerentes/supervisores relutam em transferir o controle extensivo de uma atividade, ou grupo de atividades, para um elenco de regras de decisão. Influências ambientais são imprevisíveis demais para que se espere que um sistema automático de controle venha a manter sua relevância para sempre. Os gerentes podem até mesmo alimentar um certo sentido de desconfiança em relação a computadores e modelos matemáticos. Uma combinação de sistema de controle ciclo aberto/ciclo fechado (modificado) é, na verdade, a mais freqüente utilização em matéria de controle de atividade logística. O sistema modificado irá de maneira geral aparecer tal como na Figura 16-2 (c).

Em um sistema de controle modificado, o supervisor pode ocasionalmente modificar as regras de decisão. No problema de controle de estoque da Figura 16(c), o gerente de logística/CS tem autoridade para *ignorar* as decisões automáticas a respeito de quando ou quanto pedir. Ele dispõe normalmente de acesso a uma base de informações bem mais ampla que o sistema automático de controle e está em condições de julgar o desempenho do sistema de controle. Tais informações incluem normalmente reclamações do serviço ao cliente, relatórios de custos de estoque, anúncios promocionais do *marketing*, mudanças nos serviços de transporte e alterações no programa de produção. Como o sistema automático de controle normalmente não reage a este tipo de informação, deixa, pois, de garantir desempenho ótimo em estoques. Assim, cabe ao profissional de logística intervir no processo de controle, seja para determinar ajustes

de pequena monta na regra de decisão, no padrão de referência, ou na base de informação, ou então para determinar grandes mudanças no sistema de controle e no projeto do processo. Sendo o sistema de controle bem projetado, apenas ajustes de pequena monta e freqüência ocasional tendem a se fazer necessários. Por exemplo, a promoção temporária de determinado item pode exigir estoque sazonalmente maior que o normal, e o profissional de logística suplantaria o sistema automático de controle ao fazer um pedido do item em quantidade maior do que a indicação do sistema automático.

Em um sistema de controle modificado, o gerente não apenas acrescenta flexibilidade e alcance ao sistema, como passa a agir como uma válcula de segurança quando o sistema automático deixa de funcionar. Na verdade, o sistema de controle modificado oferece vantagem no controle de atividades complexas sem exigir que o supervisor renuncie ao comando gerencial sobre o sistema. Esta é, sem dúvida, a razão principal para que se opte por utilizá-lo em vez de sistemas de controle de ciclo aberto ou fechado.

DETALHES DO SISTEMA DE CONTROLE

Quando estiver definido em linhas gerais o tipo de sistema de controle para atividades isoladas em toda a função logística, será necessário levar em consideração vários detalhes dos sistemas. Entre eles figuram a tolerância do sistema em relação a "erros", a natureza da reação do sistema, a fixação de metas e a natureza do controle da informação.

Tolerância ao Erro

Que proporções deve ter o erro de desempenho para desencadear uma ação corretiva? O simples fato do alto custo das atividades logísticas e do baixo nível do serviço ao cliente não deve servir como parâmetro para o início da ação corretiva. Esta consome grande tempo gerencial, especialmente se o sistema de controle estiver fora do tipo de ciclo aberto, de tal forma que a adoção de medidas corretivas para a redução do erro quando não há necessidade plena disso conduz a elevadas despesas desnecessárias. A ação corretiva é desnecessária quando o erro decorre de eventos aleatórios comuns, não tendo ocorrido mudanças fundamentais no desempenho médio do processo. Na verdade, um sistema de controle que tende a acompanhar cada mínimo erro de desempenho pode caracterizar-se como desmesuradamente "nervoso". De maneira geral, um sistema de controle não deve ser projetado para reagir a erros aleatórios.

Em contraste com a tolerância mínima situa-se o sistema de controle que tem tolerância excessiva para com o erro. Se o monitor de controle – por exemplo, o gerente de logística/CS – se revelars insensível a erros de desempenho, é possível que venha a deixar passar despercebidas, por tempo demasiado, mudanças fundamentais no serviço ao cliente e nos custos das atividades em geral. Recolocar o sistema sob controle pode exigir alterações drásticas nos níveis de atividades, mesmo nos casos em que ajustes mínimos seriam suficientes caso as mudanças fundamentais tivessem sido detectadas a tempo. Assim, despesas excessivas com o controle podem ser o resultado de um sistema de controle projetado para ser relativamente indiferente, ou insensível, ao erro.

O melhor projeto de sistema de controle é obviamente aquele que fica entre esses dois extremos. Ou seja, o melhor sistema é aquele capaz de detectar erros fundamentais sem reagir aos erros aleatórios.

Resposta

Quando o erro em um sistema de controle deixa de ser tolerável, faz-se indispensável a adoção de medidas corretivas. A resposta do sistema a essa ação corretiva afeta os custos de controle. A resposta é uma função das características do sistema e a forma pela qual a ação corretiva é tomada.

Sistemas de controle logístico são muito parecidos com os sistemas de controle mecânico na medida em que têm graus variáveis de massa. A massa do sistema comanda a rapidez da correção do erro e o padrão do processo de resposta. Em um sistema logístico, a massa determina a taxa à qual a necessária mudança pode ser feita. Por exemplo, se for indispensável elevar os níveis de estoque, o tempo necessário para concretizar os níveis pretendidos será uma função da taxa à qual os níveis de produção podem ser mudados ou as as quantidades necessárias obtidas de fornecedores. Quanto maior a presença de massa no sistema, mais tempo levará antes de atingir os níveis pretendidos, e por mais tempo se prolongará a situação de descontrole. A Figura 16-3 ilustra o efeito da massa na resposta do sistema.

Defasagens de tempo de informação são o segundo fenômeno mais importante no padrão de resposta. Em geral, quando surge uma defasagem de tempo entre o momento em que ocorre a mudança em um processo e sua detecção pelo monitor do controle, o sistema tenderá a "flutuar", como na Figura 16-4. Isto é, o sistema de controle nunca consegue estabilizar-se no nível desejado. Se as defasagens de informação, e também a massa do sistema, não forem grandes demais, a variação em torno do nível desejado será contida em níveis aceitáveis. Se isso não ocorrer, será preciso projetar um sistema de informação – ou talvez de produção e entrega – de maior capacidade de resposta.

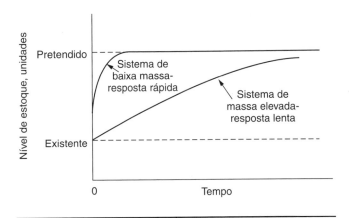

FIGURA 16-3 Velocidade de resposta em um sistema de controle de estoque, dependendo da massa do sistema.

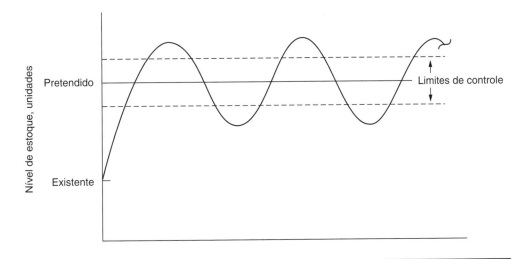

FIGURA 16-4 Busca do sistema de controle causada por defasagens no tempo da informação.

A resposta do processo é igualmente influenciada pela forma de adoção da ação corretiva. São dois os modos de controle mais comuns. O mais comum é o liga-desliga, ou de duas posições. Quando há detecção de um erro, adota-se ação corretiva integral e constante até o monitor constatar que se atingiu o nível desejado. Se a massa do sistema e as defasagens são grandes, o modo de controle liga-desliga promove um "exagero" no nível desejado de desempenho do processo.

O sistema de controle *proporcional* é o segundo mais comum dentre os modos de controle. Nele a ação corretiva é feita em proporção direta ao erro observado. Quando o erro é grande, também o é a mudança no nível de entrada do processo para reduzir o erro. À medida que o erro vai sendo reduzido, assim também é feito com a mudança nas entradas do processo. Esse sistema é mais sofisticado e mais caro que o liga-desliga, mas tudo isso se justifica em termos da resposta mais rápida do sistema sem perdas na estabilidade do desempenho do processo.

CONTROLE NA PRÁTICA

Os sistemas de controle logístico têm sido apoiados pelo uso de orçamentos, metas de serviço e mesmo pelo conceito do centro de lucros. Aumenta também o uso dos computadores para dar sustentação ao processo de controle por meio dos sistemas de suporte de decisões.

Orçamentos

O suporte mais amplamente usado nas atividades de controle logístico é o do orçamento. Orçamentos são metas de custos determinadas pela cúpula administrativa em conjunto com a gestão de logística/CS para controlar o custo/desempenho das atividades. Orçamentos servem como o padrão de referência no processo de controle e espera-se que garantam a lucratividade da empresa por meio do controle de custos. Servem igualmente como instrumento para a mensuração do desempenho do gerente de logística/CS.

Os orçamentos precisam ser elaborados em bases realistas, se a pretensão é atingir as metas de lucratividade de uma empresa. Não há orçamento que não possa ser cumprido quando se reduz o serviço ao cliente a níveis razoavelmente baixos. Contudo, se o objetivo real da empresa for a sobrevivência no longo prazo, o nível de serviço logístico deve ser estabelecido em um patamar suficientemente elevado para garantir um nível competitivo de serviço.

Metas de Serviço

Em oposição ao orçamento situa-se a meta do serviço ao cliente. Esta focaliza o lado da receita da equação do lucro. A filosofia de controlar pelo estabelecimento de um padrão de referência de controle igual ao objetivo de serviço significa que os custos tenderão a acompanhar as receitas. Essa abordagem seria razoável em casos em que as vendas dos produtos se revelam altamente sensíveis ao serviço (por exemplo, produtos de baixo preço, facilmente substituíveis). No entanto, há uma deficiência importante na utilização das metas de serviço como um instrumento de controle. Muitas vezes, é insuficiente aquilo de que se tem conhecimento em relação ao efeito das mudanças do serviço de distribuição física sobre as receitas.

Conceito do Centro de Lucros

Uma abordagem muito atraente para o controle da logística é tratar a função logística como uma entidade separada de negócios dentro da empresa, ou seja, como um centro de lucros. Isso faz sentido porque a função logística emprega capital, acarreta custos e agrega valor pela distribuição. Ela até mesmo contribui para as vendas por intermédio do nível de serviço ao cliente que provê. Todos os pré-requisitos para o estabelecimento de um centro de lucros estão dados. O controle da função logística ocorre em termos do conceito geral do lucro e evita as características estreitas de controle tanto dos orçamentos quanto das metas de serviço.

Fazer o conceito do centro de lucros funcionar é mais difícil do que a utilização dos orçamentos ou metas de serviço. O maior problema consiste em precificar os serviços proporcionados pela função logística. Essa precificação não seria problema se houvesse algum meio de estabelecer uma relação entre o nível de serviço ao cliente proporcionado e a sua contribuição aos lucros da função logística. Uma vez sendo conhecida essa relação, a gerência de logística/CS equilibraria as receitas com os custos do provimento do serviço. Tal relação em geral não existe. E, mesmo se existisse, outro problema persistiria antes de se poder aplicar efetivamente o conceito do centro de lucros. Ou seja, os preços dos produtos que chegam à função logística precisam ser determinados.

A precificação dos serviços logísticos e os preços pagos pelos produtos manipulados pela função logística não constituem, em geral, problemas de grande monta. Preços de transferência podem ser estabelecidos quase da mesma forma em que os bens são precificados quando transitam entre os diversos patamares de uma empresa de múltiplas divisões. A produção precificaria bens para a logística, que, depois de agregar-lhes valor, fixaria os preços para o *marketing*. O preço para o *marketing* poderia ser o preço pago à produção mais os custos logísticos com fornecimento e distribuição mais a margem equivalente ao retorno total do investimento da empresa. Uma vez determinados os preços, o gerente de logística/CS está liberado para aumentar os lucros da maneira que melhor entender. A cúpula administrativa avalia o gerente de logística/CS por intermédio do desempenho dos lucros e faz revisões periódicas do conjunto dos preços de transferência.

Sistemas de Suporte às Decisões

Os sistemas de suporte às decisões (DSSs – *decision support systems*) requerem o uso de um computador, sistemas de bancos de dados e modelos de decisão, ou controle. Um banco de dados *on-line* é mantido com os dados mais importantes necessários para fins de controle. Nesses dados incluem-se normalmente tarifas de transporte, previsões de demanda, prazos de entrega, níveis de estoques, custos de armazenagem e metas de serviço. O computador é usado para interrogar esse banco de dados de acordo com a vontade do usuário. Integrados no DSS figuram diversos modelos e programas geradores de relatórios muito úteis para monitorar as atividades em curso. Esses programas interrogam o banco de dados à procura de informações quando os níveis de atividades precisam ser revisados. Além de gerar relatórios de atividades, os DSSs têm a capacidade de determinar o melhor nível de desempenho, que funciona como um padrão de comparação para o desempenho real. Esta última capacidade é que principalmente distingue um sistema de suporte de dados de um sistema manual.

Aplicação

Quando a Xerox chegou à conclusão de que precisaria reduzir os custos a fim de continuar competitiva em mercados nos quais os preços apresentavam acelerada queda, viu-se obrigada a aprender como motivar os funcionários dos níveis administrativos inferiores a participar da concretização das metas de custos. A Logística & Distribuição era um centro de custos do Business Systems Group da Xerox. Foram adotadas várias medidas para levar este grupo a replicar o comportamento de um centro de lucros mediante o fornecimento de serviços por uma determinada taxa e a provisão de fundos para os custos relacionados com essa atividade. A L&D foi autorizada a oferecer seus serviços a outras unidades da própria Xerox a preços de mercado. Na verdade, os 1.200 funcionários da L&D foram instados a agir como "empreendedores internos".

Quatro passos foram necessários para conseguir o *status* de centro de lucros para o grupo L&D.

1. *Estabelecer benchmarks.* Uma vez que o centro de lucros da L&D precisa fornecer serviços a preços competitivos, seria necessário conhecer as normas estabelecidas para níveis de despesas e serviços em relação aos concorrentes. Esses dados foram então obtidos junto a fornecedores e empresas com operações tanto similares quanto diferentes das da Xerox. Os dados foram apresentados na forma de indexadores a fim de neutralizar as diferenças entre as várias fontes dessas informações.

2. *Negociar níveis de serviços.* A L&D contratou com os clientes cativos de seu próprio grupo o estabelecimento de metas de níveis de serviço. A L&D estabeleceu um programa de taxas de despesas para vários níveis de serviços empenhados no suporte ao processo de seleção.

3. *Concorrer por negócios.* A L&D foi autorizada a participar de concorrências em outros grupos de negócios. Uma vez que cada grupo tinha sua própria organização de distribuição, qualquer negócio assim conquistado representava uma grande economia para a Xerox.

4. *Vender para estranhos.* A L&D foi igualmente autorizada a vender seus serviços a clientes externos. Tais serviços compreendiam uma completa rede de serviços ou elementos de distribuição, como transporte e armazenagem.

O crescimento do moral, iniciativa e profissionalismo dos funcionários foi o benefício mais evidente gerado pelo centro de lucros. Além disso, a Xerox concretizou um aumento médio de 12% na produtividade no período de três anos desde a introdução do conceito de centro de lucros na L&D.[4]

CONTROLE, MENSURAÇÃO E INTERPRETAÇÃO DA INFORMAÇÃO

Um sistema de controle logístico eficaz depende de informação precisa, relevante e atualizada sobre o desempenho da atividade ou função. As principais fontes desta informação são as auditorias e os vários relatórios de atividades logísticas.

Auditorias

A auditoria logística é um exame periódico do *status* das atividades logísticas. Em função da possibilidade de ocorrência de erros nos sistemas de relatório e da ausên-

---

[4] Extraído do trabalho "A Xerox Cost Center Imitates a Profit Center", de Frances G. Tucker and Seymour M. Zivan, na *Harvard Business Review* (May-June 1985), págs. 168 e seguintes.

cia de relatórios sobre determinadas atividades, surge a necessidade de uma completa avaliação periódica da situação. Um sistema de controle perde sua efetividade quando a informação disponível carece de precisão. A auditoria de informação é usada para estabelecer novos pontos de referência em relação aos quais os relatórios são gerados e para corrigir erros resultantes do desempenho de algumas atividades logísticas vítimas da informação errada.

Auditoria Completa da Função

De tempos em tempos a gerência pode sentir a necessidade de analisar se a função logística no seu todo está sendo bem gerenciada. A gerência depende da convicção de que as atividades logísticas estão sendo desempenhadas com eficiência e eficácia. Semelhante auditoria deve incluir uma avaliação de todo o pessoal, da estrutura organizacional e do projeto geral da rede. O projeto da rede pode ser efetivamente auditado por meio de uma análise dos determinantes genéricos do projeto do sistema logístico. Mudanças substanciais em demanda, serviço ao cliente, características dos produtos, custos logísticos e políticas de precificação tendem a indicar a necessidade de uma revisão de estratégias.

Demanda. A dispersão geográfica e o nível da demanda são poderosos determinantes da configuração das redes de distribuição. As empresas podem projetar um crescimento ou declínio desproporcionais em uma região do país em comparação com um crescimento ou declínio gerais. A última hipótese pode exigir apenas expansão ou recessão das instalações existentes. No entanto, a mudança dos padrões de demanda é algo capaz de exigir a localização de novos armazéns em mercados de rápido crescimento, ao mesmo tempo em que instalações nas áreas de lento crescimento são marcadas por pouca ou nenhuma expansão. O crescimento desproporcional de apenas alguns pontos percentuais em um ano indica que um replanejamento seria benéfico em termos econômicos.

Serviço ao cliente. Este inclui normalmente disponibilidade de estoque, rapidez de entrega e rapidez e exatidão no atendimento dos pedidos. Os custos do transporte, armazenagem, manutenção de estoques e processamento de pedidos aumentam desproporcionalmente à medida que os níveis de serviços vão crescendo. Portanto, os custos logísticos serão sensíveis ao nível do serviço ao cliente oferecido pela empresa, especialmente quando o nível desse serviço já é elevado.

Normalmente é preciso replanejar quando os níveis de serviço são alterados por motivo de forças concorrentes, revisões de política ou de objetivos de serviço ao cliente arbitrariamente diferentes daqueles em que a estratégia logística original foi baseada. Ao contrário, mudan-

ças menores em níveis de serviços, quando tais serviços já são baixos, provavelmente não desencadearão qualquer necessidade de replanejamento.

Características do produto. Os custos logísticos são sensíveis a fatores como peso, volume, valor e risco do produto. No canal, essas características podem ser alteradas por meio de projeto de embalagem ou arte final do produto durante a expedição e estocagem. Por exemplo, embarcar um produto desmontado pode afetar consideravelmente a razão peso-volume e as tarifas de transporte e armazenagem. No entanto, alterar a característica de um produto é algo capaz de igualmente mudar de maneira significativa um elemento de custo da logística sem ter efeito igual sobre os demais. Isto acaba criando um novo ponto de equilíbrio de custos para o sistema de distribuição. Quando isto ocorrer, está mais do que indicada a necessidade de um replanejamento.

Custos logísticos. O valor que a empresa investe em logística muitas vezes determina a freqüência da necessidade de replanejamento de sua estratégia. Sendo todos os demais fatores iguais, uma empresa produtora de bens sofisticados (como máquinas de precisão e computadores), com custos totais de distribuição representando 1% ou menos das vendas, pode deixar de dar grande importância a uma estratégia logística. Já as empresas produtoras de produtos químicos ou alimentares embalados podem ver seus custos de distribuição física chegar facilmente ao patamar de 20 ou 30% do valor das vendas. Quando os custos chegam a esse patamar, mesmo mudanças pequenas nos custos de manutenção de estoque e em tarifas de transporte podem tornar válida uma reformulação da estratégia logística.

Política de Precificação

Alguns fornecedores transferem a responsabilidade e os custos do transporte aos compradores, afastando assim do seu próprio alcance as decisões sobre importantes elementos de custo logístico. Muitas empresas fazem isto adotando políticas de precificação como FOB fábrica, fretes pré-pagos e acréscimo à fatura. Como tais empresas não pagam pelo transporte, torna-se escasso o incentivo a incluí-lo como uma força econômica na determinação da estratégia logística. Se, no entanto, a política de precificação é mudada para uma forma de acordo de entrega (custo do transporte incluído no preço), a empresa fornecedora passa a pagar diretamente as tarifas do transporte. Com isso vem a inclusão de armazéns e estocagem ao sistema logístico. A mudança dos termos da política de precificação, especialmente em termos de roteiro e quantidades dos embarques, e a troca de responsabilidade pela decisão sobre transporte são fatores capazes de apontar a necessidade de uma reformulação de estratégia.

Auditorias de Estoques

As auditorias de estoques são essenciais aos sistemas de estocagem. Um sistema típico de controle de estoques faz ajustes dos registros de estoques em função de decréscimo da demanda, reabastecimento, devoluções à fábrica e obsolescência do produto. No entanto, a ocorrência de outros eventos causa disparidades entre estoques registrados e os estoques realmente existentes nos armazéns. Roubos, devoluções, bens danificados e erros em vários relatórios podem levar a enganos substanciais no nível supostamente disponível de estoques. Uma contagem física (balanço) dos estoques, realizada periodicamente, determina o verdadeiro nível de todos os itens disponíveis. Ajustes, então, são feitos nos registros de maneira a que novamente o sistema de controle consiga proporcionar um seguimento mais preciso dos níveis dos estoques.

O balanço de todos os itens em estoque é algo que exige demais em disponibilidade de tempo, e fator de prejuízo para o andamento normal das operações. Determinadas empresas chegam inclusive a interromper suas operações normais quando da realização de balanços anuais. Como alternativa ao balanço anual de todos os itens, é possível realizar contagens/verificação de uma fração dos itens em determinada época, distribuindo-se as reservas de tempo para o mesmo balanço em todas as demais áreas ao longo do ano. A freqüência da realização dos balanços de cada item pode ser determinada de acordo com a indispensabilidade desse balanço. Este processo de *contagem cíclica* distribui também a carga de trabalho da auditoria por todo o ano, provocando assim um nível menor de interrupções das operações.

Auditorias das Faturas de Fretes

Erros humanos normalmente causam a despesa extraordinária representada pela realização das auditorias. No controle dos custos do transporte, muitas empresas consideram importante auditar suas faturas de fretes. Enganos em tarifas, descrição de produtos, pesos e roteiros são apenas algumas das formas pelas quais o erro pode se alastrar pelo faturamento. É normal para uma grande empresa emitir cerca de 750 mil faturas de fretes por ano, e mesmo erros infreqüentes podem se transformar em cobrança excessiva de porte considerável. Há uma cobrança excessiva de cerca de 3 a 5% ao ano nas faturas de fretes.

A verificação das faturas de fretes pode ser realizada pelo departamento de tráfego da própria empresa; no entanto, muitas empresas preferem ter a sua auditoria desempenhada exteriormente por firmas de auditoria das faturas de transporte. Essas firmas oferecem esses serviços à base de comissão. Ou seja, a empresa de auditoria recebe uma percentagem das reclamações recuperadas. Contratar uma agência externa é algo especialmente benéfico para a pequena empresa que não pode prover eficientemente uma equipe para tal atividade. Os erros são tão comuns erros que a auditoria das faturas dos fretes costuma ser realizada a intervalos regulares. O custo da auditoria das faturas dos fretes fica normalmente em 50% do total recuperado.

Benchmark com Outras Empresas

Sempre que se realizam auditorias, é normal pretender avaliar o desempenho da logística/CS da empresa em comparação com o das concorrentes. Os dados sobre desempenho dos custos e do serviço ao cliente são buscados em empresas com atuação no mesmo ramo daquela que está sendo auditada. Esses dados são disponibilizados por meio de pesquisas. É comum que universidades, associações empresariais ou empresas de consultoria se tornem o repositório dos dados apresentados por muitas companhias. A garantia do caráter sigiloso dos dados de qualquer empresa ocorre quando os resultados são apresentados como médias e objetivos. Por exemplo, a Figura 16-5 mostra os custos do total da cadeia de suprimentos como percentagem da receita de uma variedade de indústrias. Uma vez identificada a melhor da classe, esse nível de desempenho passa a ser usado como referência de comparação pelas demais. Outros dados além dos custos podem ser igualmente disponibilizados, como giro de estoque, estatísticas sobre pontualidade nas entregas e custos da atividade logística.

Embora atraente, o *benchmarking* deve ser usado com cautela. A empresa que não estiver apresentando desempenho semelhante ao da melhor da classe, ou mesmo não chegando perto da média da classe, precisa reconhecer que deveria ter optado por uma forma diferente de equilibrar suas compensações. Por exemplo, a empresa com baixo giro de estoque pode estar economizando em transporte ao embarcar em grandes quantidades. O desempenho do custo do transporte pode ser satisfatório, mas os custos de manutenção de estoque serão elevados. Da mesma forma, os custos logísticos são altos, mas o serviço proporcionado é excelente. A menos que se faça a necessária inter-relação serviço ao cliente *versus* custos, a empresa com custos logísticos altos irá inevitavelmente apresentar desempenho insatisfatório.

Exemplo

A Premier Industrial distribui lubrificantes para obras de construção civil distantes até 600 milhas de um de seus armazéns. A Premier encontrou um nicho lucrativo no mercado ao abastecer seus clientes com lubrificantes em pequenas quantidades, sempre com resposta rápida. Em comparação com as grandes empresas de

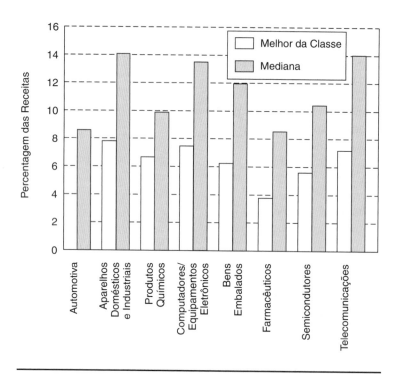

FIGURA 16-5 Custos totais da cadeia de suprimentos como percentagem da receita em indústrias selecionadas.
Fonte: Pittiglio, Rabin, Todd & McGrath, "The Keys to Unlocking Your Supply Chain's Competitive Advantage: Integrate Supply-Chain Benchmarking Study" (1997), pág. 4.

petróleo usadas como *benchmark*, os custos logísticos da Premier parecem consideravelmente elevados. Levando-se, porém, em consideração o serviço ao cliente, a logística tem sido usada como ponto fundamental dessa estratégia de mercado. A Premier é, nas últimas décadas, uma das empresas mais consistentemente lucrativas entre as 500 Maiores da revista *Fortune*.

O *benchmarking* é um processo com estágios definíveis. Trata-se de um processo continuado de mensuração e avaliação do desempenho e práticas da cadeia de suprimentos em comparação com outros existentes na indústria. Seu objetivo é identificar diferenças que possam conduzir ao aperfeiçoamento. O *benchmarking* é conduzido através de indicadores de desempenho, processos ou níveis estratégicos do desempenho. Embora o tipo de mensuração de desempenho que faz uso dos indicadores já tenha sido debatido, os processos e as estratégias do *benchmarking* envolvem a comparação desses elementos na condição de tecnologias de informação usadas, métodos de preenchimento dos pedidos de clientes, políticas de gerenciamento de estoques, estratégias de produzir para estoque ou produzir contra pedido e configuração de rede. As etapas mais sugeridas para a condução da análise do *benchmark* são:

1. Coletar e analisar dados primários
2. Identificar e reunir dados sobre as empresas com as melhores práticas
3. Identificar e analisar falhas (*gaps*) no desempenho
4. Desenvolver um plano para brecar as falhas no desempenho do processo
5. Implementar o plano[5]

Coletar e analisar os dados primários é uma combinação que exige o mapeamento (descrição) e revisão da cadeia de suprimentos existente. Os dados são reunidos em mensurações principais do desempenho e os processos são descritos usando mapas, diagramas de fluxo, gráficos e tabelas. A coleta dos dados deveria centrar-se na identificação de sintomas de subdesempenho e causas dos problemas observados no desempenho. Preparar um formulário de coleta de dados que relacione as dúvidas principais e os itens de dados ajuda demais no sucesso desse método.[6]

---

[5] Sandor Boyson, Thomas M. Corsi, Martin E. Dresner, and Lisa H. Harrington, *Logistics and the Extended Enterprise* (New York: John Wiley & Sons, 1999), págs. 168-170.

[6] Para um exemplo, ver Boyson et al., op. cit., págs. 201-209.

Juntar dados a respeito da melhor prática pode ser a etapa mais desafiadora do processo de *benchmarking*. Os concorrentes dificilmente irão se dispor a compartilhar seus dados, e os dados das pesquisas/estudos existentes não são garantia de que a informação sobre a melhor prática estará separada dos resultados gerais. Mesmo assim, os dados procurados deveriam ser paralelos à informação da linha de referência e às causas de problemas destacadas no estágio 1. É indispensável identificar empresas de alto desempenho tecnológico que reflitam características semelhantes àquelas da linha de referência.

O terceiro passo é comparar os dados primários com aqueles das empresas de *benchmark* e melhor desempenho a fim de notar as diferenças e medir a extensão da falha. As falhas podem aparecer em mensurações de desempenho como custos de transporte ou taxas de atendimento de itens. Além disso, a empresa base pode terceirizar suas atividades logísticas, enquanto a empresa de melhor prática realiza sua própria operação de transporte, o que mostra uma diferença em estratégia.

A seguir, necessita-se de um plano para superar as falhas observadas no estágio 3. Nem todas as falhas observadas terão a mesma importância, por isso é preciso priorizá-las. Muitos são os critérios utilizáveis para tanto, como o do maior impacto sobre a receita, o da maior redução de custos, o do maior aperfeiçoamento do serviço ao cliente, e o da normalidade da implementação para um rápido retorno. A aprovação da cúpula administrativa em relação às iniciativas pode ser indispensável sempre que for necessário apresentar critérios importantes para os integrantes dessa cúpula. Avaliar os planos quanto ao montante do fluxo de caixa gerado, à redução dos custos e ao retorno do investimento são critérios que certamente atrairão as atenções desse nível da administração.

O último passo é a implementação dos planos. Escolher um defensor do plano ou estabelecer uma estrutura organizacional para supervisionar a implementação são opções a serem levadas em conta. Um programa para definir a duração das várias etapas é necessário a fim de coordenar treinamento, disponibilidade de tempo dos recursos, etc. Avaliar criteriosamente a mudança no desempenho em relação à linha de referência é igualmente de grande utilidade.

Outras Auditorias

Qualquer número de outras auditorias poderia ser igualmente desenvolvido sem data marcada. A utilização do espaço de armazenagem, os níveis de serviço ao cliente, a utilização da frota de transporte e o desempenho da política de estocagem representam áreas específicas para auditagem. Todas elas provêem as informações básicas indispensáveis para um efetivo controle logístico.

Observação

A tecnologia vem tendo importância fundamental como provedora de dados para as operações de mensuração e controle. Observemos o controle dos custos de transporte em caminhão e da entrega em dia. A prática *just-in-time* requer que o avanço dos caminhões de entrega seja permanentemente conhecido com precisão, uma vez que qualquer atraso nas entregas aos clientes representa algo com potencial até mesmo para cancelar suas operações com pouco, ou nenhum, estoque de reserva. Com o alto custo do transporte rodoviário de carga, torna-se imperativo exercer o mais exato dos controles da operação. São muitos os *transceivers* dotados atualmente de uma pequena antena de seguimento de dados que monitora permanentemente a localização do caminhão – o que é bom para projetar a hora de chegada. Além disso, outros equipamentos eletrônicos auxiliam no controle de custos. Um cartão de crédito especial ajuda a empresa a garantir que o motorista reabasteça seu transporte apenas em escalas previamente aprovadas. O monitoramente eletrônico de motores controla a velocidade máxima, a mudança de marchas e os tempos máximos de ociosidade. Quando o motorista desembarca do caminhão, o motor desliga automaticamente. Telefones celulares são comuns em muitos caminhões, para que o motorista possa estar em contato permanente com a sede e não precise esperar nas filas junto aos telefones pagos nas paradas previstas. O tempo de preparação dos relatórios é, com tudo isso, significativamente reduzido.[7]

Relatórios Regulares

São inúmeros os relatórios gerados ao longo do desenvolvimento normal das operações de negócios. E vários deles estão rotineiramente ao alcance do operador logístico, destacando-se os relatórios sobre *status* de estoques, utilização de armazéns e frotas de caminhões, e sobre armazéns e custos do transporte. A fim de viabilizar o controle pleno da função logística, sugere-se a utilização de três relatórios fundamentais de mensuração: demonstração de custo-serviço, relatório da produtividade e o gráfico do desempenho.

---

[7] "New Gadgets Trace Truckers' Every Move', *Wall Street Journal,* May 13, 1997, pág. B1.

TABELA 16-1 Exemplo de relatório de custos-serviços logísticos

	Ano corrente	Ano passado	Previsão orçamentária
Distribuição física			
Transporte de produtos acabados			
Tarifas de fretes de entrada no armazém	$ 2.700.000	$ 2.500.000	$ 2.800.000
Tarifas de entrega a partir do armazém	3.150.000	2.950.000	3.000.000
Tarifas de frete de devolução de estoques à fábrica	300.000	250.000	275.000
Tarifas extras de entrega sobre devolução de pedidos	450.000	400.000	400.000
Subtotal	$ 6.600.000	$ 6.100.000	$ 6.475.000
Estoques de produtos acabados			
Estoques em trânsito	$ 280.000	$ 260.000	$ 250.000
Custos de estocagem nos armazénsa	1.200.000	600.000	1.000.000
Custos de manutenção de materiais nos armazéns	1.800.000	1.600.000	1.700.000
Custos de estoques obsoletos	310.00	290.000	300.000
Custos de estocagem nas fábricas [a]	470.000	460.000	460.000
Custos de manuseio de materiais nas fábricas	520.000	510.000	510.000
Subtotal	$ 4.580.000	$ 3.720.000	$ 4.220.000
Custos do processamento dos pedidos			
Processamento dos pedidos de clientes	$ 830.000	$ 840.000	$ 820.000
Processamento dos pedidos de reabastecimento de estoques	170.000	165.000	160.000
Processamento dos pedidos atrasados	440.000	300.000	300.000
Subtotal	$ 1.440.000	$ 1.305.000	$ 1.280.000
Administração e despesas gerais			
Compartilhamento das despesas gerenciais não alocadas	$ 240.000	$ 220.000	$ 230.000
Depreciação do espaço de estocagem próprio	180.000	180.000	180.000
Depreciação do equipamento de manuseio de materiais	100.000	100.000	100.000
Depreciação do equipamento de transporte	50.000	70.000	50.000
Subtotal	$ 570.000	$ 570.000	$ 560.000
Custos totais de distribuição	$13.190.000	$11.695.000	$12.535.000
Suprimento físico			
Transporte dos bens de abastecimento			
Tarifas de fretes de entrada na fábrica	$ 1.200.000	$ 1.400.000	$ 1.115.000
Tarifas de fretes de expedição	300.000	250.000	350.000
Subtotal	$ 1.500.000	$ 1.650.000	$ 1.465.000
Estoque de suprimentos			
Custos de estocagem de matérias-primas	$ 300.000	$ 375.000	$ 275.000
Custos de manuseio de matérias-primas	270.000	245.000	260.000
Subtotal	$ 570.000	$ 620.000	$ 535.000
Processamento dos pedidos			
Processamento dos pedidos de reabastecimento	$ 55.000	$ 50.000	$ 50.000
Custo dos pedidos expedidos	10.000	10.000	10.000
Subtotal	$ 65.000	$ 60.000	$ 60.000
Administração e despesas gerais – bens de suprimento			
Compartilhamento de despesas gerenciais não alocadas	$ 50.000	$ 60.000	$ 40.000
Depreciação do espaço de armazenagem próprio	30.000	30.000	30.000
Depreciação do equipamento de manuseio de materiais	$ 40.000	40.000	40.000
Depreciação do equipamento de transporte	25.000	25.000	25.000
Subtotal	$ 145.000	$ 155.000	$ 135.000
Custos totais do suprimento	$ 2.280.000	$ 2.485.000	$ 2.195.000
Custos totais da distribuição	$13.190.000	$11.695.000	$12.535.000
Custos logísticos totais	**$15.470.000**	$14.180.000	**$14.730.000**

(continua)

TABELA 16-1 Exemplo de relatório de custos-serviços logísticos *(continuação)*

	Ano corrente	Ano passado	Previsão orçamentária
Serviço ao cliente			
Percentagem das entregas a partir de armazém dentro de um dia	92%	90%	90%
Percentagem média dos estoques[b]	87%	85%	85%
Tempo total do ciclo dos pedidos[c]			
(a) Processamento normal	7 ± 2	6 ± 2	6 ± 2
(b) Processamento de entrega parcial-atrasada	10 ± 3	10 ± 3	10 ± 3
Devolução de pedidos e entregas avulsas			
(a) Número total	503	490	490
(b) Percentagem do total dos pedidos	2,5%	2,7%	2,5%
Pedidos atendidos na íntegra	90%	86%	87%
Índice de atendimento dos itens de linha	95%	91%	95%
Devoluções feitas pelos clientes em função de danos, estoques danificados, erros no processamento dos pedidos e atraso nas entregas[d]	1,2%	2,6%	1,0%
Percentagem de redução do tempo disponível de produção em função da insuficiência de estoques	2,3%	2,4%	2,0%

[a]Inclui espaço, seguro, impostos e custos de capital.

[b]Percentagem de itens individuais atendidos diretamente de estoques do armazém.

[c]Com base na distribuição de tempos de ciclo de pedido no 95º percentil.

[d]Percentagem das vendas brutas.

Relatório de Custo-Serviço

Os relatórios de custo-serviço são semelhantes aos de lucros e perdas, os preferidos em matéria de contabilidade financeira na maioria das empresas. Esses relatórios têm como objetivo apresentar os custos totais do abastecimento e da distribuição físicos, bem como os correspondentes níveis de serviço ao cliente conquistados com o passar do tempo. As mais importantes atividades de suprimento e distribuição físicos são apresentadas, especialmente as de transporte, manuseio, estocagem, manutenção do estoque e custos de processamento dos pedidos. O total dos níveis anuais de custos é apresentado neste relatório (Tabela 16-1).

Os custos dos vários elementos do relatório podem ser determinados por procedimentos contábeis tradicionais. No entanto, o pensamento contemporâneo indica que o *custo baseado em atividade* proporciona uma representação mais acurada dos custos logísticos que aquela obtida a partir das práticas contábeis tradicionais.[8] A razão para isso é que historicamente os custos das despesas gerais do processo eram alocados ao processo a partir de números diretos de horas de trabalho ou de horas-máquina. Isso funcionava bem quando as operações eram mais centradas, menos automatizadas e exigiam mais mão-de-obra, mas, à medida que os aperfeiçoamentos do processo reduziram os custos relacionados a volume nas atividades logísticas, a metodologia tradicional passou a ser questionada. Reciprocamente, o custo com base em atividades conduz o consumo de recursos ao processo de consumo e então a produtos, clientes e atividades específicos. No final, os elementos que mais influem sobre os custos são identificados, para que se possa efetuar um melhor gerenciamento desses custos.

Cabe destacar que o relatório de custo-serviço inclui custos de oportunidade, especialmente em matéria de estoques. Isso permite uma comparação adequada entre essas atividades e outras, como transporte e manuseio de materiais, para as quais os gastos efetuados são direcionados.

O ideal seria poder igualmente apresentar as receitas associadas aos níveis de atividade de distribuição física representados pelos custos. Sendo, no entanto, impraticável determinar com exatidão o relacionamento entre vendas e níveis de serviços logísticos, as receitas não são incluídas no relatório. Em lugar disso, realizam-se mensurações do nível de serviço ao cliente propriamente dito. Nenhuma mensuração individual é predominante. E é exatamente por isso que muitas mensurações podem ser apresentadas a fim de proporcionar uma visão completa do desempenho logístico (ver Tabela 16-1).

O relatório de custo-serviço consegue também fornecer comparações relacionadas a períodos anteriores

---

[8] Binshan Lin, James Collins, and Robert K. Su, "Supply Chain Costing: An Activity-Based Perspective", *International Journal of Physical Distribution & Logistics Management*, Vol. 31, nº 10 (2001), págs. 702-713.

ou a orçamentos. Isto, por sua vez, indica tendências em níveis absolutos de custo-serviço, tendências essas especialmente importantes para que se consiga demonstrar a importância relativa de cada atividade.

O relatório pode ser organizado logicamente de acordo com os custos de distribuição física e suprimentos e com o serviço ao cliente. Os custos de distribuição são distingüíveis dos custos de suprimentos devido ao grau de independência nos sistemas que geram os custos. Armazéns de suprimentos são diferentes dos armazéns de produtos acabados, diferentes serviços de transporte são utilizáveis no suprimento *versus* setor de distribuição da empresa, e as redes de processamento de pedidos também podem ser igualmente diferentes. Devido ao seu grau de independência, separar a gerência desses sistemas é às vezes possível. Por isso, é útil separar os custos em duas categorias distintas.

Os custos de distribuição em geral incluem os custos de transporte da fábrica ao cliente, custos de estoque de produtos acabados, custos de processamento dos pedidos e custos e despesas administrativas e gerais relacionados com o sistema de distribuição. No exemplo da Tabela 16-1, os custos do transporte englobam os de entrada e de expedição de um armazém de produtos acabados, despesas das devoluções de estoque à fábrica, e tarifas relacionadas com a devolução de pedidos. Os custos do estoque de bens acabados incluem todos aqueles decorrentes da manutenção de estoques em armazéns de campo e na fábrica, bem como os custos de trânsito dos bens da fábrica ao armazém, e deste ao cliente. Além disso, são relacionados os custos de manuseio dos materiais no armazém e na fábrica por serem muitas vezes computados em separado dos custos de estocagem, e pelo fato de que classificações distintas são úteis na avaliação da eficiência e eficácia de cada um desses subsistemas. Os custos da obsolescência dos estoques são listados porque, neste caso, são significativos em proporção com os demais custos na categoria. Outros custos de processamento são o terceiro item mais importante nos custos de distribuição, incluindo-se entre eles os do cliente e do processamento do pedido de estoque, bem como os custos do processamento dos pedidos em carteira. Por fim, os custos de distribuição incluiriam o rateio de várias despesas administrativas e gerais.

Os custos físicos de suprimentos são divididos nas mesmas três categorias gerais dos custos da distribuição física (ver Tabela 16-1). Por ser, em geral, o sistema de suprimentos mais simples do que o de distribuição para a maioria das empresas, precisa de poucas categorias de custos para um gerenciamento eficiente.

O serviço ao cliente é a categoria final na demonstração do custo-serviço. Os custos logísticos pouco significam, a menos que exista alguma medida de serviço logísticos com a qual possam ser comparados. Saber de

que maneira cada um dos vários sistemas logísticos agiria sobre as receitas seria o ideal. Este ideal, no entanto, raramente é atingido, e por isso se usa como alternativa a mensuração física em vez de avaliação econômica. Por exemplo, o serviço de distribuição poderia ser avaliado em termos de percentagem de entregas de armazém em um dia, percentagem média de estoque, tempo total do ciclo do pedido para o processamento normal e para pedidos em carteira, o número e percentagem de pedidos em carteira, e a percentagem das vendas devolvidas em função de problemas de distribuição. No lado da oferta, o serviço ao cliente poderia ser mensurado como uma percentagem do tempo de produção perdido em função da indisponibilidade das matérias-primas necessárias.

Em geral, a demonstração de custo-serviço provê o tipo de dados agregados necessários para o controle geral da função logística. Quando se tornar necessária informação adicional para possibilitar o controle detalhado de uma determinada categoria de custo ou serviço, o profissional de logística deve estar capacitado a "detonar" a categoria a fim de obter a informação que produziu essa cifra agregada. Isso ajuda a traçar o motivo de se estar sem controle sobre causas fundamentais do processo.

Relatório de Produtividade

A demonstração de custo-serviço é quase sempre o relatório adequado para propósitos orçamentários, mas pouco colabora para indicar eficiência em atividades logísticas. A seguir, exemplos de alguns dos melhores índices de avaliação da gerência logística utilizáveis em controle para melhorar a produtividade:

- Custos logísticos como proporção das vendas
- Custos de atividade em relação ao custo logístico total
- Custos logísticos em relação ao padrão e/ou média industrial
- Custo logístico em relação ao orçamento
- Recursos logísticos orçados em relação ao executado (dólares, trabalho, horas, e semelhantes) ajustado para o processamento real em comparação com a atividade prevista

Um relatório de produtividade do tipo do ilustrado na Tabela 16-2 busca situar o desempenho das atividades em uma perspectiva relativa. Isto é, forma-se um índice de desempenho de processamento em relação à entrada de recursos que dá origem ao nível de desempenho da produção. Por exemplo, criam-se índices de custos de fretes em relação às vendas, de vendas em relação ao nível médio de estoque necessário para dar-lhes sustentação, e o número de itens existentes em um armazém em comparação com horas de trabalho. À medida

TABELA 16-2 Exemplo de relatório de produtividade logística

Medida de produtividade	Trimestre atual	Trimestre anterior	Mesmo trimestre no ano anterior	Padrão da empresa	Média da indústria[a]
Transporte					
Custo dos fretes como percentagem dos custos de distribuição	31%	30%	32%	29%	31%
Reclamações de perdas e danos como percentagem dos custos dos fretes	0,5%	0,5%	0,6%	0,5%	0,5%
Custos dos fretes como percentagem das vendas	9,6%	9,2%	10,2%	9,0%	8,8%
Estoques					
Giro dos estoques	4,5	4,4	5,0	4,7	6,0
Obsolescência de estoque em relação às vendas	0,1	0,1	0,3	0,1	0,2
Processamento dos pedidos					
Pedidos processados por hora-homem	50	45	55	50	50
Percentagem de pedidos processados em prazo de até 24 horas	96%	92%	85%	95%	93%
Custos do processamento dos pedidos em relação ao número total dos pedidos processados	$5,50	$4,95	$5,65	$5,00	—
Armazenagem					
Percentagem utilizada do metro cúbico	75%	70%	70%	70%	70%
Unidades manuseadas por hora-homem	200	250	225	200	200
Serviço ao cliente					
Disponibilidade de estoque (percentagem dos pedidos atendidos pelo estoque existente)	98%	92%	90%	90%	85%
Percentagem de pedidos entregues em prazo de até 24 horas	72%	70%	61%	85%	90%

[a]Empresas comparáveis.

que as vendas da empresa vão mudando, o índice deve permanecer constante ou apresentar mudanças previsíveis. Qualquer desvio detectaria a existência de uma atividade fora de controle.

Relatórios de produtividade do tipo mostrado na Tabela 16-2 são particularmente significativos quando se compara o desempenho logístico de uma empresa com o de uma concorrente, ou com o desempenho geral do setor industrial em que se insere. Diferenças no tamanho de empresas são neutralizadas, o que aperfeiçoa a comparabilidade. Além disso, comparações entre diferentes períodos são facilitadas e as variações dos níveis de vendas entre períodos são outra vez neutralizadas em muitos índices.

Cartas de Desempenho

Cartas de controle semelhantes àquelas tão populares no controle de qualidade de manufatura são utilizáveis em controle de desempenho logístico a fim de propor-

cionar o melhor rastreamento dos custos, serviço ao cliente ou índices de produtividade, e para alertar quanto ao surgimento de tendências desfavoráveis. Havendo dados suficientes, é possível usar procedimentos estatísticos no sentido de dar indicações sobre o melhor momento de iniciar ações corretivas. As cartas de desempenho proporcionam um gráfico do desempenho além de mensurações comparativas de desempenho ao longo de múltiplos períodos consecutivos.

A Figura 16-6 ilustra a utilização da carta de desempenho do giro de estoque. A variação normal do índice fica entre oito e nove giros por ano. Os índices reais de giro são plotados no período corrente, passando a incluir um número representativo dos períodos mais recentes. O desempenho real, ou os índices de giro, é observado quanto à sua tendência, se ultrapassaram o limite de controle. Em qualquer das hipóteses, o desempenho real não está mais dentro das normas estabelecidas para o índice. A gerência deve então fazer uma revisão das razões da mudança.

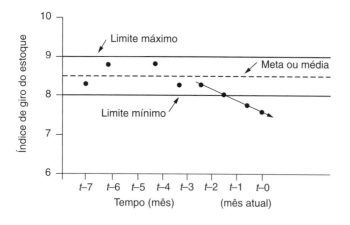

FIGURA 16-6 Carta do desempenho do giro de estoque.

Exemplo

Um serviço de encomendas expressas garante a entrega em menos de 24 horas depois da coleta. Na prática, a empresa pretende concretizar um índice mínimo de 90% das entregas nesse período de tempo. Amostras de 100 entregas foram selecionadas de cada um dos 10 dias de maior movimento de operações. Os resultados:

Amostra	Entregas feitas em menos de 24 horas
1	94
2	93
3	94
4	95
5	94
6	93
7	92
8	93
9	96
10	95
Total	939

Este processo pode ser representado por carta-p como mostrado na Figura 16-7. O processo médio (p) é encontrado por

$$\bar{p} = \frac{\text{Número total de entregas pontuais}}{\text{Número total de entregas}} = \frac{939}{10(100)} = 0,94$$

O desvio-padrão da distribuição de amostras para um tamanho de amostra de $n = 100$ é

$$\hat{\sigma}_p = \sqrt{\frac{\bar{p}(1-\bar{p})}{n}} \sqrt{\frac{0,94(1-0,94)}{100}} = 0,02$$

Os limites máximo e mínimo de controle neste processo para um $z = 1,96$ com 95% de confiabilidade (Apêndice A) são

$$\text{UCL}_p = \bar{p} + z(\hat{\sigma}_p) = 0,94 + 1,96(0,02) = 0,98$$
$$\text{LCL}_p = \bar{p} - z(\hat{\sigma}_p) = 0,94 - 1,96(0,02) = 0,90$$

As três próximas amostras de 100 cada mostram 92, 89 e 88 entregas feitas no prazo. O número médio de entregas com atraso parece em aumento, sendo ações corretivas aparentemente indicadas a fim de preservar a garantia de nível de serviço ao cliente. Uma tendência desfavorável é observada na Figura 16-7.

AÇÃO CORRETIVA

O elemento final da função de controle é a ação corretiva que precisa ser adotada quando a diferença entre os objetivos do sistema e o desempenho real deixa de ser tolerável. A ação para reduzir as diferenças depende da natureza e extensão da anormalidade. Nesta seção, delineamos três tipos de ações: ajustes pequenos, replanejamento e ação contingencial.

Pequenos Ajustes

Alguma variação do desempenho prático em relação ao desempenho desejado sempre haverá e pode ser antecipada, seja o problema de controle questão de gerenciar a função logística geral ou uma subatividade da função. O volante do automóvel precisa ser constantemente ajustado à medida que se trafega pela estrada, e o mesmo ocorre com o desempenho de uma atividade logística. O desempenho da atividade está em constante mudança em decorrência de um ambiente de negócios dinâmico e incerto que age sobre ela. Por exemplo, a atividade de transporte de seleção de serviço, roteirização e programação variam constantemente em termos de seus custos, em função das mudanças nas tarifas, roteiros disponíveis, disponibilidade de equipamento, perdas e danos e vários fatores assemelhados. Essa dinâmica em geral não exige grandes mudanças na maneira de conduzir a atividade. Ajustes de pequeno porte no *mix* de nível da atividade, regras de decisão e até mesmo objetivos do sistema muitas vezes são suficientes para manter-se um controle adequado do sistema. A maior parte da ação corretiva é desse tipo.

Replanejamento

Reavaliação geral do sistema logístico, mudanças significativas nos objetivos da função logística, mudanças de grande porte no ambiente logístico e o lançamento de no-

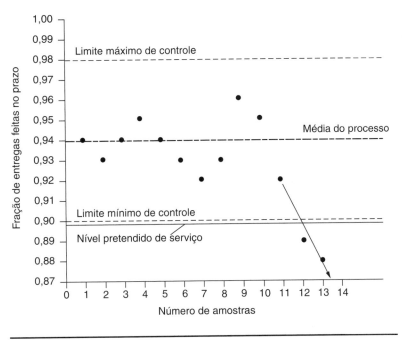

FIGURA 16-7 Carta de desempenho para entregas no prazo.

vos produtos e a retirada de produtos de linha são circunstâncias que indicam a necessidade de replanejamento do desempenho da atividade. O replanejamento geral envolve uma reciclagem ao longo do processo de planejamento gerencial que gera novos rumos de ação e, em conseqüência, um novo nível de desempenho da atividade, padrões de referência de sistema de controle e limites de tolerância a erros. Esse replanejamento em geral inclui nova configuração dos armazéns, alterações nos procedimentos de processamento de pedidos, revisão dos procedimentos de controle de estoques e alterações no sistema de fluxo do produto nos armazéns e nas fábricas.

A diferença entre ações corretivas adotadas na forma de ajustes pequenos e o replanejamento é que os ajustes pequenos não exigem quaisquer alterações substanciais dos mecanismos de controle. Na verdade, a ação corretiva é quase sempre rotineira, como no caso do controle de estoques, em que a ação tem início na forma de um pedido de estoque feito quando o estoque existente cai abaixo de um nível predeterminado. Ajustes de controle são automáticos por meio da aplicação de uma regra de decisão. Em contraste, o replanejamento envolve mudanças substanciais nas entradas do processo na forma de novos planos ou uma revisão geral dos anteriores. Não existe uma delineação perfeitamente clara sobre quando os ajustes necessários para manter o controle da atividade devem dar lugar a uma revisão geral do sistema. Na teoria, o ponto ótimo de mudança ocorre quando os custos incrementais necessários à continuação da utilização de pequenos reajustes no âmbito do sistema para manter o controle sobre o processo passam a ser iguais aos benefícios incrementais que um replanejamento proporcionará. Não há um cálculo matemático preciso que leve à descoberta desse ponto ótimo; o que vale mesmo é o "julgamento" do gerente competente.

Planos contingenciais

A terceira forma de ação corretiva é a adotada para enfrentar possibilidades de mudanças dramáticas no nível de desempenho da atividade. São, por exemplo, mudanças dramáticas o fechamento de um armazém em conseqüência de incêndio, a queda do sistema informatizado de controle de estoque, uma greve trabalhista que perturba a disponibilidade de serviços de transporte, e a repentina indisponibilização de fontes de suprimento de matérias-primas. O serviço ao cliente corre o risco de desorganização severa e/ou de aumento drástico do nível dos custos logísticos necessário à disponibilização de um determinado nível desses serviços em função de mudanças repentinas e dramáticas nas condições em que esse processo operava. Reajustes menores das entradas do processo mostram-se normalmente insuficientes para restaurar o controle de um sistema que passou pelo choque de semelhante evento. As pressões para a manutenção das operações logísticas colocam o replanejamento como alternativa de ação corretiva desfavorável, pois um bom planejamento requer, acima de tudo, razoáveis prazos.

Muitas empresas já entenderam que planos contingenciais desenvolvidos antes de se tornarem necessários constituem uma boa maneira de enfrentar o problema de mudanças drásticas no processo do sistema.[9] Os planos contingenciais representam cursos de ação predeterminados a serem implementados na hipótese da ocorrência de determinados eventos.

Aplicação

Relembre a ilustração anterior do caso em que o armazém privado de uma grande empresa de produtos de papel para escritório foi atingido por um incêndio na tarde de uma sexta-feira. O fogo destruiu o armazém e tudo o que nele havia. Tal armazém atendia a região inteira da Costa Oeste (Pacífico) dos EUA, e evidentemente as vendas e os serviços ao cliente entraram em colapso. Mas, como a empresa tivera a previdência de desenvolver um plano contingencial para aplicação em eventos como esse, conseguiu despachar via aérea estoques para um armazém público na área, que ficaram disponíveis já na manhã da segunda-feira seguinte. Os clientes não enfrentaram qualquer problema nos serviços a eles prestados pela empresa.

MODELO REFERENCIAL DE OPERAÇÕES DE CADEIA DE SUPRIMENTOS (SCOR)[10]

Com o objetivo de melhor avaliar o desempenho da cadeia de suprimentos e identificar oportunidades de aperfeiçoamento, o Supply-Chain Council[11] desenvolveu em 1997 sua primeira versão de um modelo de referência de processos de negócios. O modelo tem por objetivo ligar o processo, ou atividade, descrição e definição da cadeia de suprimentos a mensurações, melhores práticas e necessidades de *software* do desempenho. Os objetivos do projeto modelo eram proporcionar uma *estrutura* para ligar os objetivos de negócio a operações de cadeia de suprimentos (por exemplo, interpretar o efeito das estatísticas sobre atendimento de pedidos quanto às receitas e aos custos) e desenvolver uma *abordagem sistemática* da identificação, avaliação e monitoramento do desempenho da cadeia de suprimentos. Em uma palavra, o modelo referencial de operações de cadeias de suprimentos (SCOR) proporciona uma maneira de definir as atividades de cadeia de suprimentos em um formato padronizado, analisando a interorganizacionalidade da CS no nível do produto, e comparando desempenho com estatísticas proporcionadas por empresas filiadas a esse Conselho.

O modelo atinge seus objetivos em primeiro lugar pelo fato de ter um escopo abrangente que inclui todos os elementos da demanda, a começar pela previsão de demanda, ou colocação de pedidos, do cliente, estendendo-se até a fatura e o pagamento, que podem incluir elementos de cadeia de suprimentos de múltiplas empresas e setores. Em segundo lugar, as descrições de processos podem ser específicas de produtos, embora uma descrição geral de infra-estrutura de empresa seja igualmente viável. Em terceiro lugar, estabelece-se uma estrutura para descrição de processo baseada em cinco componentes – planejamento, suprimento, produção, entrega e retorno. Finalmente, cinco dimensões de de-

---

[9] Em pesquisa realizada entre os participantes de uma reunião anual do *Council of Logistics Management*, 60% dos entrevistados asseguraram que suas empresas dispunham de planos de contingência para operações logísticas.

[10] Baseado em descrição de modelo de SCOR por Scott Stephens, "Supply Chain Operations Reference Model Version 5.0: A New Tool To Improve Supply Chain Efficiency and Achieve Best Practice", *Proceedings of a Workshop on Supply Chain Management Practice and Research: Status and Future Directions* (University of Maryland, Rockville, MD, April, 18-19, 2001), págs. 7-1-7-11.

[11] O Supply-Chain Council é uma entidade sem fins lucrativos composta principalmente por operadores dedicados à pesquisa de meios para o progresso dos sistemas e práticas de gerência de cadeias de suprimentos. Maiores informações sobre a entidade e o modelo SCOR estão disponíveis em www.supply-chain.org.

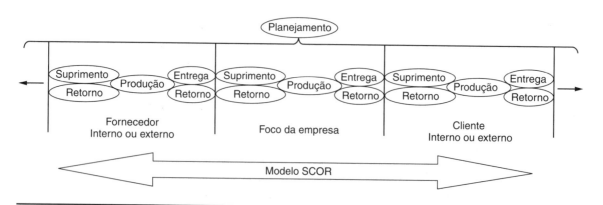

FIGURA 16-8 Os cinco processos de negócios do modelo SCOR.

sempenho são usadas: confiabilidade, responsividade, flexibilidade, custo e eficiência na utilização de ativos.

No nível mais elevado no modelo (Nível 1), os processos de negócios do planejamento, suprimento, produção, entrega e retorno são descritos para cada elo no canal de suprimentos, como mostra a Figura 16-8. As atividades de *planejamento* equilibram demanda e recursos, e provêm integração entre atividades e organizações. Atividades de *suprimentos* são aquelas relacionadas com a aquisição de matérias-primas e fazem a ligação entre as organizações e seus fornecedores. Atividades de *produção* transformam matérias-primas em produtos acabados; algumas empresas, como distribuidores ou varejistas, não desempenham tais atividades. As atividades de *entrega* são todas as relacionadas com o gerenciamento de pedidos e expedição de produtos acabados. As atividades de *retorno* dizem respeito à devolução de matérias-primas aos fornecedores, ou à devolução de produtos acabados pelos clientes. Embora o Nível 1 seja dependente dos objetivos do negócio, os cinco processos podem ser decompostos nos Níveis 2 e 3 para maior detalhamento e melhor entendimento da operação do canal de suprimentos. Referências padronizadas são aí usadas. A decomposição para o Nível 4 permite a modelagem de práticas específicas de gerenciamento.

A fim de descrever mais detalhadamente uma cadeia de suprimentos, cria-se um mapa do processo. Em geral começando com um diagrama de rede, prepara-se um diagrama de "linha" de produto, como mostrado na Figura 16-9. Esse tipo de mapeamento ajuda a visualizar a cadeia de suprimentos, mas assim mesmo apresenta informação insuficiente para saber com certeza se a CS está trabalhando de acordo com os objetivos do empreendimento. Para conseguir isso, o modelo proporciona um número de mensurações agrupadas em cinco dimensões de desempenho. Um exemplo das mensurações do Nível 1 é dado na Tabela 16-3. Para cada elemento do processo, o modelo SCOR identifica as melhores práticas e tecnologias. A figura 16-10 mostra um primeiro passo na ligação de processos e métricas no âmbito do modelo SCOR.

Por fim, o modelo apresenta uma tabela expondo as melhores práticas e tecnologias. A partir dessas listas representativas fica viabilizada a construção de opções para melhoria e implementação. O modelo SCOR é basicamente um instrumento para comunicação entre os participantes que leva à melhoria do controle sobre o canal de suprimentos.

LIGAÇÕES DE CONTROLE À INTELIGÊNCIA ARTIFICIAL

O gerente de logística/CS acostumou-se a avaliar o desempenho a partir dos relatórios e auditorias que recebe regularmente, adotando as ações corretivas apropriadas. A tecnologia computadorizada que viabiliza e facilita o planejamento e controle está indo um passo adiante nesse caminho, ao permitir a aplicação dos conceitos emergentes da inteligência artificial (coincidentemente men-

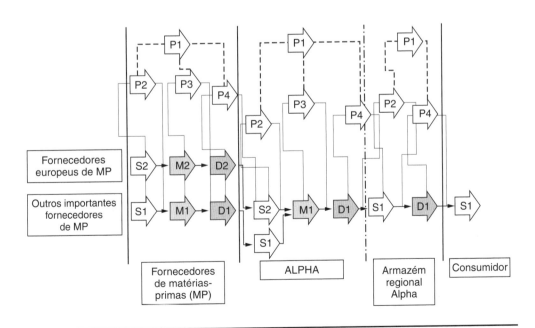

FIGURA 16-9 Diagrama de "linha" do processo de um projeto de cadeia de suprimentos, em que P = planejamento, S = suprimento, M = produção e D = entrega.

TABELA 16-3 Métricas de nível 1 dos atributos de desempenho da cadeia de suprimentos

Atributos de desempenho da cadeia de suprimentos	Definição do nível de desempenho do atributo	Métrica do nível 1
Confiabilidade da entrega	O desempenho da cadeia de suprimentos na entrega do produto certo, no lugar certo, no tempo certo, nas condições e embalagens certas, nas quantidades certas, com a documentação certa, e ao cliente certo	• Desempenho da entrega • Índices de atendimento • Atendimento correto do pedido
Responsividade	A rapidez com que uma cadeia de suprimentos provê produtos ao cliente	• Os tempos de entrega dos pedidos atendidos
Flexibilidade	A agilidade da cadeia de suprimentos ao responder às mudanças no mercado para aumentar ou manter vantagem competitiva	• Tempo de resposta da cadeia de suprimentos • Flexibilidade de produção
Custos	Os custos relacionados com as operações da cadeia de suprimentos	• Custo dos produtos vendidos • Custo total da gestão da cadeia de suprimentos • Produtividade de valor agregado • Custos do processamento das garantias/devoluções
Gerenciamento eficaz dos ativos	A eficácia organizacional na gestão de todos os ativos para dar suporte ao preenchimento da demanda, inclusive o capital imobilizado e o ativo	• Tempo do ciclo da disponibilidade do dinheiro • Dias de suprimento em estoque • Giro dos ativos

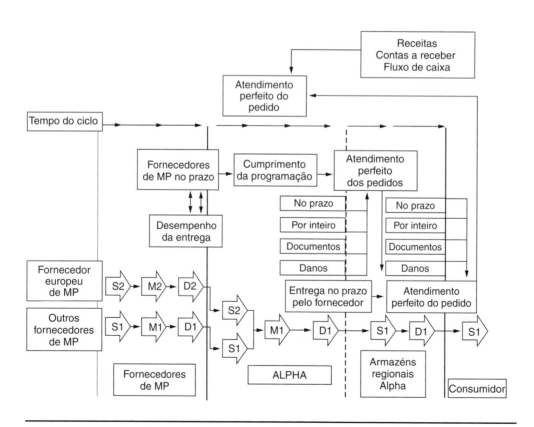

FIGURA 16-10 Ligando processos e mensurações no modelo.

CAPÍTULO 16 • CONTROLE DA CADEIA DE SUPRIMENTOS/LOGÍSTICA   **589**

cionadas como sistemas especialistas) ao processo de controle logístico. São muitas as interpretações da inteligência artificial. Para os nossos objetivos, a IA diz respeito ao reconhecimento por computador dos rumos de ação viáveis para a correção de padrões de desempenho negativos. Em um certo sentido, o computador de inteligência artificial age como um consultor, ou assessor técnico, do gerente.

Reconhecimento de Padrões

O elemento fundamental para conduzir a mensuração do desempenho ao seu nível mais alto de sofisticação é o reconhecimento de padrões. As empresas seguidamente contratam consultores para realizar auditoria das suas operações logísticas. Esses consultores usam principalmente experiência, conceitos e princípios, e filosofia, para avaliar o desempenho (da mesma forma que analistas e gerentes). Essa avaliação ou julgamento é então aplicada para definir quais seriam os métodos de ação utilizáveis para aliviar situações presentes ou potenciais de perda de controle. Captar esse processo no sistema de suporte computadorizado de informação ou decisão gerencial eleva o processo de controle a um novo nível de sofisticação.

A inteligência artificial não é nenhuma novidade. Pesquisas importantes na área datam de mais de duas décadas e um prêmio Nobel já foi concedido exatamente em função de pesquisas nesses campo; no entanto, a tecnologia está começando a ser aplicada a problemas de controle em logística, embora ainda não de maneira extensiva. De um total de 105 aplicações de inteligência artificial a problemas logísticos, Allen e Helferich classificaram apenas cinco como relativas ao controle. [12]

Aplicações

- A Santa Fe Railways usa um sistema, chamado TRACKS, de inteligência artificial para comandar aspectos básicos de oferta e demanda das operações. O sistema prevê demanda de vagões, antecipa as preferências dos clientes e controla os carros necessários para satisfazer os pedidos dos expedidores.
- O programa MOVER, da Digital Equipment Corporation, coordena e comanda dois robôs que transferem estoques de áreas de estocagem para a produção. O sistema de transporte consiste em um robô que coleta cargas com códigos de barras de dois carrosséis e as encaminha, por meio de um a

três transportadores, para qualquer uma das 75 estações de trabalho da produção. Os robôs entregam partes de acordo com as necessidades, na fábrica, seis dias por semana, três turnos por dia. O MOVER reduziu os custos de mão-de-obra do manuseio de materiais em US$ 300 mil por ano, diminuiu em 50% os estoques em processo e aumentou o índice de exatidão da contagem dos itens estocados para 99%. [13]

Padrões de Desempenho

Capacitar o computador a distinguir tendências ou variações de desempenho daqueles padrões estabelecidos é o primeiro passo para concretizar um processo de controle de inteligência artificial. Os conceitos básicos de gestão de logística/CS são os melhores parâmetros para a comparação de desempenho da informação. Atividades em permanente concorrência mútua em matéria de conflitos de custos (transportes *versus* estoques e níveis de serviço ao cliente *versus* níveis de atividade de distribuição total, por exemplo) são candidatas naturais a um monitoramento. Como o ser humano na condição de monitor, nosso objetivo é que o computador identifique/reconheça e interprete padrões de desempenho logístico desfavoráveis.

Quando tanto os custos do transporte quanto os de estocagem aumentam, embora os níveis de serviço ao cliente permaneçam constantes, constitui um exemplo de padrão negativo de desempenho. Como os custos de transporte e estocagem apresentam normalmente padrões de custos opostos entre si, ou conflitantes, essa tendência constitui um indicador de que esses dois importantes fatores de desempenho não estão funcionando da maneira esperada e que, portanto, torna-se necessária uma investigação e/ou possível ação corretiva.

Da mesma maneira, suponha que os níveis de serviço ao cliente estejam em queda, enquanto que os custos totais da distribuição física apresentam aumento. Alternativamente, há um índice decrescente de atendimento por item nos pedidos, mas a taxa de giro do estoque apresenta aumento. Essas comparações revelam inquietantes padrões que o sistema de computador de inteligência artificial deveria destacar.

Rumos de Ação

Depois de reconhecer os padrões de desempenho, o sistema de controle de inteligência artificial passará a determinar os melhores rumos de ação que o gerente deve

---

[12] Mary K. Allen and Omar K. Helferich, *Putting Expert Systems to Work in Logistics* (Oak Brook, IL: Council of Logistics Management, 1990), pág. 97.

[13] Idem, Capítulo 3.

adotar a fim de possibilitar o retorno dos padrões de desempenho desfavoráveis a limites de tolerância aceitáveis. Isso supõe que um computador pode ser instruído a discernir com precisão padrões de desempenho e a compará-los com respostas corretivas apropriadas. Observadores instruídos conseguem fazer isto atualmente, e os computadores talvez venham a emular o processo. No curto prazo, os computadores terão condições de rastrear a informação sobre desempenho à medida que revelada por todos aqueles relatórios já apresentados neste mesmo capítulo. Com normas específicas de padrão de desempenho, o computador tem condições de avaliar desempenho real em relação a essas normas e de oferecer uma variedade de possíveis rumos de ação.

Imagine de que maneira isso poderia funcionar. Suponha que um gerente de logística/CS identifique o fato de que os índices de giro dos estoques vieram decrescendo ao longo de vários períodos recentes e estão agora fora de limites de tolerância aceitáveis. O próximo passo é conferir que fatores poderiam estar causando o crescimento dos níveis dos estoques. As perguntas a seguir, relacionadas com estoques, poderiam ser feitas pelo computador:

- Teria ocorrido uma queda repentina ou sazonal nas vendas?
- As quantidades de produção ou de compras aumentaram em relação aos níveis anteriores?
- Remessas internas estão sendo recebidas em quantidades maiores do que anteriormente?
- O erro de previsão de vendas teve um aumento significativo?
- Os prazos de entrega dos fornecedores foram aumentados ou se tornaram mais incertos?
- As remessas externas têm apresentado consideráveis retardamentos?

Não seria surpresa total a indisponibilidade ou inadequação dos dados para responder a algumas dessas perguntas. Como um exemplo, suponha que a resposta à terceira pergunta venha a ser "sim" porque o computador interrogou o banco de dados apropriado. Com as respostas às perguntas restantes não ocorre o mesmo. Uma vez isolada a condição incontrolável, torna-se viável a indicação dos rumos de ação mais adequados. Por exemplo, com base nas atuais relações de custo, o computador poderia indicar que os tamanhos das cargas de recebimento precisam ser reduzidos a um nível específico para que um índice médio de giro de estoque de determinado nível venha a ser atingido. O gerente tem as opções de seguir esta sugestão ou reposicionar os níveis de controle de giro de estoque para que reflitam um novo nível de compensações entre custo e serviço. O ge-

rente poderia também optar por utilizar diversos modelos computadorizados do sistema de suporte às decisões para avaliar diferentes opções logísticas, desta forma alterando a relação entre os custos de transporte e o giro do estoque.

Todos os demais fatores de desempenho seriam tratados de maneira semelhante. A interpretação – por computador – inteligente ou especialista das relações custo-serviço é inteligência artificial.

COMENTÁRIOS FINAIS

O controle logístico ajuda a garantir que os objetivos em torno dos quais se desenvolveram os planos logísticos sejam atingidos uma vez desencadeados esses planos de ação. A dinâmica e incertezas do ambiente logístico com o tempo podem provocar desvios do programado desempenho do processo. A fim de manter o desempenho do processo em linha com os objetivos pretendidos, é indispensável alguma forma de controle gerencial. Esse controle em geral assume a forma de um sistema de controle de ciclo aberto, sistema de controle de ciclo fechado, ou de um sistema que combine elementos desses dois. Todos são usados na prática.

O profissional de logística está presente cotidianamente na atividade de controle. Serve muitas vezes como o monitor de atividades logísticas ao mensurar o nível de atividade ao longo dos vários relatórios e auditorias recebidos e comparando-os com os objetivos fixados de desempenho, tais como orçamentos, padrões de lucratividade e metas do serviço ao cliente. Com base nesta comparação, toma-se a decisão de adotar medidas corretivas visando a colocar a atividade novamente sob controle. De muitas formas, o controle é apenas a adoção de decisões de curto prazo ou táticas.

À medida que aumenta a preocupação a respeito do controle das atividades logísticas através dos limites entre as empresas, sistemas tradicionais de controle vão sendo deixados de lado. Não se trata apenas do fato de o compartilhamento de informações entre parceiros da cadeias de suprimentos constituir um problema de confiança, mas, sim, a realidade de que as empresas em muitos casos ainda não desenvolveram as mensurações e estruturas de relatórios necessárias para operar em um ambiente multiempresarial. O modelo SCOR representa uma tentativa pioneira de avaliar e modificar as atividades logísticas da cadeia de suprimentos em seu conjunto fazendo uso de uma estrutura padronizada.

Por fim, temos programas computadorizados de inteligência artificial e sistemas especialistas para ajudar-nos na interpretação de padrões de desempenho e na seleção dos rumos, ou cursos, de ação mais corretos. A rapidez com que eles vierem a se transformar em instrumentos de uso generalizado é algo que diz mais respeito à nossa capacidade de articular a natureza do processo de controle, para que possa ser programado com base no conhecimento, do que ao *status* da tecnologia dos computadores. Isso depende do nosso claro entendimento dos princípios e conceitos nos quais se baseia a gestão da logística/CS. Espera-se que alguns desses princípios e conceitos tenham sido comunicados através desse texto.

QUESTÕES

1. Qual o papel desempenhado pelo controle na gestão das atividades logísticas?

2. Uma empresa de transporte rodoviário controla seu desempenho em entregas em termos de tempo médio de entrega, variabilidade do tempo de entrega e reclamações sobre perdas e danos. Esboce um modelo de controle de *feedback* genérico de ciclo aberto para esse processo a fim de manter um nível razoável de desempenho de entrega.

3. Quais as vantagens do sistema de controle modificado sobre o de ciclo aberto ou o de ciclo fechado?

4. Quais seriam as atividades logísticas com possibilidades de serem controladas com sucesso por um sistema de ciclo fechado? Explique os motivos.

5. Qual seria, na sua opinião, o efeito de uma lenta transmissão postal de pedidos em comparação com uma trasmissão eletrônica rápida, sobre o desempenho de um sistema de controle de estoques?

6. Qual o valor da auditoria no processo de controle logístico? Quais seriam as auditorias de especial valor para o controle das atividades logísticas?

7. Os gerentes de logística/CS estão sujeitos a ser prejudicados tanto pelo excesso de relatórios quanto pela presença de relatórios errados. Escolha uma atividade típica, como controle de transportes ou estoques, e sugira o tipo e a freqüência de relatórios necessários para controlar essa mesma atividade.

8. Suponha que você está gerenciando uma operação rodoviária de transporte de carga comum. De que forma poderia estabelecer a tolerância com relação a desempenho abaixo do padrão (tempo médio de entrega, confiabilidade, perdas e danos) antes de dar início a pequenas ações corretivas, como elevar os padrões de desempenho, mudanças no pessoa, etc.? Quando seria indicada a opção pelo replanejamento?

9. Um produtor de acessórios industriais tem um grande armazém regional no estado de Utah em que estoca e a partir dali distribui os produtos para os mercados da Costa Oeste. Se você fosse um gerente de logística/CS encarregado da operação de distribuição, que planos contingenciais faria a fim de garantir a continuidade de um bom desempenho logístico na eventualidade de um desastre?

10. Suponha que você desenvolveu um sistema computadorizado de inteligência artificial para controlar custos e serviços logísticos gerais e sugira as perguntas que o computador poderia despertar se pudesse detectar os seguintes padrões:

    a. Os custos de manutenção de estoque e disponibilidade no armazém estão caindo.

    b. Os custos de transporte e de manutenção de estoque estão aumentando enquanto os níveis de serviço ao cliente permanecem constantes.

    c. Os custos de transporte aumentam enquanto os custos de manutenção de estoques e os níveis de serviço ao cliente não apresentam mudanças.

11. Na condição de gerente de logística/CS, você gostaria de comparar o desempenho logístico de sua empresa com o de companhias semelhantes. Em que ponto seria possível encontrar essas informações de *benchmarking*? De que forma você as utilizaria no processo de controle logístico?

12. Esboce uma estrutura para o controle dos níveis de estoque e entregas de produtos comprados entre um fornecedor e um comprador. Sugira a informação a ser compartilhada e o sistema de mensuração que seria necessário desenvolver.

APÊNDICE A

Áreas Sob a Distribuição Normal Padronizada

A entrada da tabela é a proporção da área sob a curva de 0 até um valor positivo *z*. Para encontrar a área de um *z* negativo até 0, subtraia o valor tabelado de 1.

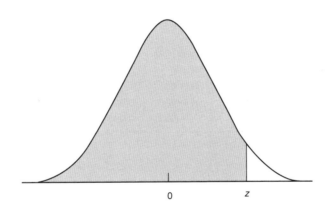

z	0,00	0,01	0,02	0,03	0,04	0,05	0,06	0,07	0,08	0,09
0,0	0,5000	0,5040	0,5080	0,5120	0,5160	0,5199	0,5239	0,5279	0,5319	0,5359
0,1	0,5398	0,5438	0,5478	0,5517	0,5557	0,5596	0,5636	0,5675	0,5714	0,5753
0,2	0,5793	0,5832	0,5871	0,5910	0,5948	0,5987	0,6026	0,6064	0,6103	0,6141
0,3	0,6179	0,6217	0,6255	0,6293	0,6331	0,6368	0,6406	0,6443	0,6480	0,6517
0,4	0,6554	0,6591	0,6628	0,6664	0,6700	0,6736	0,6772	0,6808	0,6844	0,6879
0,5	0,6915	0,6950	0,6985	0,7019	0,7054	0,7088	0,7123	0,7157	0,7190	0,7224
0,6	0,7257	0,7291	0,7324	0,7357	0,7389	0,7422	0,7454	0,7486	0,7517	0,7549
0,7	0,7580	0,7611	0,7642	0,7673	0,7704	0,7734	0,7764	0,7794	0,7823	0,7852
0,8	0,7881	0,7910	0,7939	0,7967	0,7995	0,8023	0,8051	0,8078	0,8106	0,8133
0,9	0,8159	0,8186	0,8212	0,8238	0,8264	0,8289	0,8315	0,8340	0,8365	0,8389
1,0	0,8413	0,8438	0,8461	0,8485	0,8508	0,8531	0,8554	0,8577	0,8599	0,8621
1,1	0,8643	0,8665	0,8686	0,8708	0,8729	0,8749	0,8770	0,8790	0,8810	0,8830
1,2	0,8849	0,8869	0,8888	0,8907	0,8925	0,8944	0,8962	0,8980	0,8997	0,9015

(continua)

594 APÊNDICE A • ÁREAS SOB A DISTRIBUIÇÃO NORMAL PADRONIZADA

(continuação)

z	0,00	0,01	0,02	0,03	0,04	0,05	0,06	0,07	0,08	0,09
1,3	0,9032	0,9049	0,9066	0,9082	0,9099	0,9115	0,9131	0,9147	0,9162	0,9177
1,4	0,9192	0,9207	0,9222	0,9236	0,9251	0,9265	0,9279	0,9292	0,9306	0,9319
1,5	0,9332	0,9345	0,9357	0,9370	0,9382	0,9394	0,9406	0,9418	0,9429	0,9441
1,6	0,9452	0,9463	0,9474	0,9484	0,9495	0,9505	0,9515	0,9525	0,9535	0,9545
1,7	0,9554	0,9564	0,9573	0,9582	0,9591	0,9599	0,9608	0,9616	0,9625	0,9633
1,8	0,9641	0,9649	0,9656	0,9664	0,9671	0,9678	0,9686	0,9693	0,9699	0,9706
1,9	0,9713	0,9719	0,9726	0,9732	0,9738	0,9744	0,9750	0,9756	0,9761	0,9767
2,0	0,9772	0,9778	0,9783	0,9788	0,9793	0,9798	0,9803	0,9808	0,9812	0,9817
2,1	0,9821	0,9826	0,9830	0,9834	0,9838	0,9842	0,9846	0,9850	0,9854	0,9857
2,2	0,9861	0,9864	0,9868	0,9871	0,9875	0,9878	0,9881	0,9884	0,9887	0,9890
2,3	0,9893	0,9896	0,9898	0,9901	0,9904	0,9906	0,9909	0,9911	0,9913	0,9916
2,4	0,9918	0,9920	0,9922	0,9925	0,9927	0,9929	0,9931	0,9932	0,9934	0,9936
2,5	0,9938	0,9940	0,9941	0,9943	0,9945	0,9946	0,9948	0,9949	0,9951	0,9952
2,6	0,9953	0,9955	0,9956	0,9957	0,9959	0,9960	0,9961	0,9962	0,9963	0,9964
2,7	0,9965	0,9966	0,9967	0,9968	0,9969	0,9970	0,9971	0,9972	0,9973	0,9974
2,8	0,9974	0,9975	0,9976	0,9977	0,9977	0,9978	0,9979	0,9979	0,9980	0,9981
2,9	0,9981	0,9982	0,9982	0,9983	0,9984	0,9984	0,9985	0,9985	0,9986	0,9986
3,0	0,9987	0,9987	0,9987	0,9988	0,9988	0,9989	0,9989	0,9989	0,9990	0,9990
3,1	0,9990	0,9991	0,9991	0,9991	0,9992	0,9992	0,9992	0,9992	0,9993	0,9993
3,2	0,9993	0,9993	0,9994	0,9994	0,9994	0,9994	0,9994	0,9995	0,9995	0,9995
3,3	0,9995	0,9995	0,9995	0,9996	0,9996	0,9996	0,9996	0,9996	0,9996	0,9997
3,4	0,9997	0,9997	0,9997	0,9997	0,9997	0,9997	0,9997	0,9997	0,9997	0,9998

APÊNDICE B

Função Perda Normal[1]

Exemplos:
$E_{(z)} = E_{(0,85)} = 0,1100$
$E_{(-z)} = E_{(-1,79)} = 1,8046$

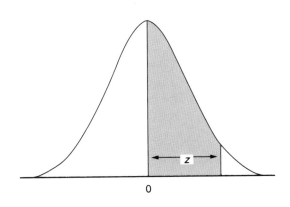

z	0,00	0,01	0,02	0,03	0,04	0,05	0,06	0,07	0,08	0,09
−3,4	3,4001	3,4101	3,4201	3,4301	3,4401	3,4501	3,4601	3,4701	3,4801	3,4901
−3,3	3,3000	3,3101	3,3201	3,3301	3,3401	3,3501	3,3601	3,3701	3,3801	3,3901
−3,2	3,2001	3,2102	3,2202	3,2302	3,2402	3,2502	3,2602	3,2701	3,2801	3,2901
−3,1	3,1003	3,1103	3,1202	3,1302	3,1402	3,1502	3,1602	3,1702	3,1802	3,1902
−3,0	3,0040	3,0104	3,0204	3,0303	3,0403	3,0503	3,0603	3,0703	3,0803	3,0903
−2,9	2,9005	2,9105	2,9205	2,9305	2,9405	2,9505	2,9604	2,9704	2,9804	2,9904
−2,8	2,8008	2,8107	2,8207	2,8307	2,8407	2,8506	2,8606	2,8706	2,8806	2,8906
−2,7	2,7011	2,7110	2,7210	2,7310	2,7410	2,7509	2,7609	2,7708	2,7808	2,7908
−2,6	2,6015	2,6114	2,6214	2,6313	2,6413	2,6512	2,6612	2,6712	2,6811	2,6911
−2,5	2,5010	2,5119	2,5219	2,5318	2,5418	2,5517	2,5617	2,5716	2,5816	2,5915
−2,4	2,4027	2,4126	2,4226	2,4325	2,4424	2,4523	2,4623	2,4722	2,4821	2,4921
−2,3	2,3037	2,3136	2,3235	2,3334	2,3433	2,3532	2,3631	2,3730	2,3829	2,3928
−2,2	2,2049	2,2148	2,2246	2,2345	2,2444	2,2542	2,2641	2,2740	2,2839	2,2938

(continua)

596 APÊNDICE B • FUNÇÃO PERDA NORMAL

(continuação)

z	0,00	0,01	0,02	0,03	0,04	0,05	0,06	0,07	0,08	0,09
−2,1	2,1065	2,1163	2,1261	2,1360	2,1458	2,1556	2,1655	2,1753	2,1852	2,1950
−2,0	2,0085	2,0183	2,0280	2,0378	2,0476	2,0574	2,0672	2,0770	2,0868	2,0966
−1,9	1,9111	1,9208	1,9305	1,9402	1,9500	1,9597	1,9694	1,9792	1,9890	1,9987
−1,8	1,8143	1,8239	1,8336	1,8432	1,8529	1,8626	1,8723	1,8819	1,8916	1,9013
−1,7	1,7183	1,7278	1,7374	1,7470	1,7566	1,7662	1,7758	1,7854	1,7950	1,8046
−1,6	1,6232	1,6327	1,6422	1,6516	1,6611	1,6706	1,6801	1,6897	1,6992	1,7087
−1,5	1,5293	1,5386	1,5480	1,5574	1,5667	1,5761	1,5855	1,5949	1,6044	1,6138
−1,4	1,4367	1,4459	1,4551	1,4643	1,4736	1,4828	1,4921	1,5014	1,5107	1,5200
−1,3	1,3455	1,3546	1,3636	1,3727	1,3818	1,3909	1,4000	1,4092	1,4118	1,4275
−1,2	1,2561	1,2650	1,2738	1,2827	1,2917	1,3006	1,3095	1,3185	1,3275	1,3365
−1,1	1,1686	1,1773	1,1859	1,1946	1,2034	1,2121	1,2209	1,2296	1,2384	1,2473
−1,0	1,0883	1,0917	1,1002	1,1087	1,1172	1,1257	1,1342	1,1428	1,1514	1,1600
−0,9	1,0004	1,0086	1,0168	1,0250	1,0333	1,0416	1,0499	1,0582	1,0665	1,0749
−0,8	0,9202	0,9281	0,9361	0,9440	0,9520	0,9600	0,9680	0,9761	0,9842	0,9923
−0,7	0,8429	0,8505	0,8581	0,8658	0,8734	0,8812	0,8889	0,8967	0,9045	0,9123
−0,6	0,7687	0,7759	0,7833	0,7906	0,7980	0,8054	0,8128	0,8203	0,8278	0,8353
−0,5	0,6978	0,7047	0,7117	0,7187	0,7257	0,7328	0,7399	0,7471	0,7542	0,7614
−0,4	0,6304	0,6370	0,6436	0,6503	0,6569	0,6637	0,6704	0,6772	0,6840	0,6909
−0,3	0,5668	0,5730	0,5792	0,5855	0,5918	0,5981	0,6045	0,6109	0,6174	0,6239
−0,2	0,5069	0,5127	0,5186	0,5244	0,5304	0,5363	0,5424	0,5484	0,5545	0,5606
−0,1	0,4509	0,4564	0,4618	0,4673	0,4728	0,4784	0,4840	0,4897	0,4954	0,5011
0,0	0,3989	0,4040	0,4090	0,4141	0,4193	0,4244	0,4297	0,4349	0,4402	0,4456
0,0	0,3989	0,3940	0,3890	0,3841	0,3793	0,3744	0,3697	0,3649	0,3602	0,3556
0,1	0,3509	0,3464	0,3418	0,3373	0,3328	0,3284	0,3240	0,3197	0,3154	0,3111
0,2	0,3069	0,3027	0,2986	0,2944	0,2904	0,2863	0,2824	0,2784	0,2745	0,2706
0,3	0,2668	0,2630	0,2592	0,2555	0,2518	0,2481	0,2445	0,2409	0,2374	0,2339
0,4	0,2304	0,2270	0,2236	0,2203	0,2169	0,2137	0,2104	0,2072	0,2040	0,2009
0,5	0,1978	0,1947	0,1917	0,1887	0,1857	0,1828	0,1799	0,1771	0,1742	0,1714
0,6	0,1687	0,1659	0,1633	0,1606	0,1580	0,1554	0,1528	0,1503	0,1478	0,1453
0,7	0,1429	0,1405	0,1381	0,1358	0,1334	0,1312	0,1289	0,1267	0,1245	0,1223
0,8	0,1202	0,1181	0,1160	0,1140	0,1120	0,1100	0,1080	0,1061	0,1042	0,1023
0,9	0,1004	0,0986	0,0968	0,0950	0,0933	0,0916	0,0899	0,0882	0,0865	0,0849
1,0	0,0833	0,0817	0,0802	0,0787	0,0772	0,0757	0,0742	0,0728	0,0714	0,0700
1,1	0,0686	0,0673	0,0660	0,0647	0,0634	0,0621	0,0609	0,0596	0,0584	0,0573
1,2	0,0561	0,0550	0,0538	0,0527	0,0517	0,0506	0,0495	0,0485	0,0475	0,0465
1,3	0,0455	0,0446	0,0436	0,0427	0,0418	0,0409	0,0400	0,0392	0,0383	0,0375
1,4	0,0367	0,0359	0,0351	0,0343	0,0336	0,0328	0,0321	0,0314	0,0307	0,0300
1,5	0,0293	0,0287	0,0280	0,0274	0,0267	0,0261	0,0255	0,0249	0,0244	0,0238
1,6	0,0232	0,0227	0,0222	0,0217	0,0211	0,0206	0,0202	0,0197	0,0192	0,0187
1,7	0,0183	0,0179	0,0174	0,0170	0,0166	0,0162	0,0158	0,0154	0,0150	0,0146
1,8	0,0143	0,0139	0,0136	0,0132	0,0129	0,0126	0,0123	0,0120	0,0116	0,0113
1,9	0,0111	0,0108	0,0105	0,0102	0,0100	0,0097	0,0094	0,0092	0,0090	0,0087

(continua)

(continuação)

z	0,00	0,01	0,02	0,03	0,04	0,05	0,06	0,07	0,08	0,09
2,0	0,0085	0,0083	0,0081	0,0078	0,0076	0,0074	0,0072	0,0070	0,0068	0,0067
2,1	0,0065	0,0063	0,0061	0,0060	0,0058	0,0056	0,0055	0,0053	0,0052	0,0050
2,2	0,0049	0,0048	0,0046	0,0045	0,0044	0,0042	0,0041	0,0040	0,0039	0,0038
2,3	0,0037	0,0036	0,0035	0,0034	0,0033	0,0032	0,0031	0,0030	0,0029	0,0028
2,4	0,0027	0,0026	0,0026	0,0025	0,0023	0,0024	0,0023	0,0022	0,0021	0,0021
2,5	0,0020	0,0019	0,0019	0,0018	0,0018	0,0017	0,0017	0,0016	0,0016	0,0015
2,6	0,0015	0,0014	0,0014	0,0013	0,0013	0,0012	0,0012	0,0012	0,0011	0,0011
2,7	0,0011	0,0010	0,0010	0,0010	0,0009	0,0009	0,0009	0,0008	0,0008	0,0008
2,8	0,0008	0,0007	0,0007	0,0007	0,0007	0,0006	0,0006	0,0006	0,0006	0,0006
2,9	0,0005	0,0005	0,0005	0,0005	0,0005	0,0005	0,0004	0,0004	0,0004	0,0004
3,0	0,0004	0,0004	0,0004	0,0003	0,0003	0,0003	0,0003	0,0003	0,0003	0,0003
3,1	0,0003	0,0003	0,0002	0,0002	0,0002	0,0002	0,0002	0,0002	0,0002	0,0002
3,2	0,0002	0,0002	0,0002	0,0002	0,0002	0,0002	0,0001	0,0001	0,0001	0,0001
3,3	0,0001	0,0001	0,0001	0,0001	0,0001	0,0001	0,0001	0,0001	0,0001	0,0001
3,4	0,0001	0,0001	0,0001	0,0001	0,0001	0,0001	0,0001	0,0001	0,0001	0,0001
3,5	0,0001	0,0001	0,0001	0,0001	0,0000	0,0000	0,0000	0,0000	0,0000	0,0000

[1] Os valores desta tabela podem ser aproximados de $E_{(z)} = e^{[-0,92-1,19(z)-0,37z^2]}$ quando z é positivo.

Bibliografia Selecionada

Ackerman, Kenneth B. *Practical Handbook of Warehousing,* 4th ed. New York: Kluwer Academic Publishers, 1997.

Allen, Mary K., and Omar K. Helferich. *Putting Expert Systems to Work in Logistics.* Oak Brook, IL: Council of Logistics Management, 1990.

Arnold, J. R. Tony, and Stephen N. Chapman. *Introduction to Materials Management,* 4th ed. Upper Saddle River, NJ: Prentice Hall, 2001.

Ballou, Ronald H. *Basic Business Logistics: Transportation. Materials Management and Physical Distribution,* 2nd ed. Upper Saddle River, NJ: Prentice Hall, 1987.

Bauer, Michael J., Charles C. Poirer, Lawrence Lapide, and John Bermudez. *E-Business: The Strategic Impact on Supply Chain and Logistics.* Chicago: Council of Logistics Management, 2001.

Bell, Michael G.H., and Yasunori Iida. *Transportation Network Analysis.* New York: John Wiley & Sons, 1997.

Bender, Paul *S. Design and Operation of Customer Service Systems.* New York: American Management Association, 1976.

Berry, Brian J. L. *Geography of Market Centers and Retail Distribution.* Upper Saddle River, NJ: Prentice Hall, 1967.

Blanchard, Benjamin S. Logistics *Engineering and Management,* 5th ed. Upper Saddle River, NJ: Prentice Hall, 1998.

Blanding, Warren. *Blanding's Practical Physical Distribution1Custonzer Service.* Silver Spring, MD: *Marketing* Publications 1985.

Bloomberg, David J., Stephen Lemay, and Joe B. Hanna. *Logistics.* Upper Saddle River, NJ: Prentice Hall, 2002.

Bowersox, Donald J. et al. *Dynamic Simulation of Physical Distribution Systems.* East Lansing, MI: Division of Research, Michigan State University, 1972.

Bowersox, Donald J., and David Closs. *Logistical Management: The Integrated Supply Chain Process.* New York: McGraw-Hill, 1996.

Bowersox, Donald J., Pat J. Calabro, and George Wagenheim. *Introduction to Transportation.* New York: Macmillan, 1982.

Bowersox, Donald J., David J. Closs, and M. Bixby Cooper. *Supply Chain Logistics Management.* New York: McGraw-Hill, 2002.

Bowersox, Donald, Patricia J. Daugherty, Cornelia L. Dröge, Richard N. Germain, and Dale Rogers. *Logistical Excellence.* Burlington, MA: Digital Press, 1992.

Briggs, Andrew J. *Warehouse Operations Planning and Management.* New York: John Wiley & Sons, 1960.

Brown, Richard A. *Applying Physical Distribution Management Concepts:* A NAWGA *Introductory Manual.* Falls Church, VA: National-American Wholesale Grocers Association, 1984.

Brown, Robert G. *Materials Management Systems: A Modular Library.* New York: John Wiley, 1977.

Brown, Robert G. *Rules for Inventory Management.* New York: Holt, Rinehart & Winston, 1967.

Brown, Robert G. *Smoothing, Forecasting and Prediction of Discrete Time Series.* Upper Saddle River, NJ: Prentice Hall, 1963.

Bruce, Harry J. *Distribution and Transportation Handbook.* Boston: Cahners, 1971.

Cavinato, Joseph L. *Purchasing and Materials Management.* St. Paul, MN: West, 1984.

Cavinato, Joseph L. *Finance for Transportation and Logistics Managers.* Washington, DC: Traffic Service Corporation, 1977.

Chase, Richard B., and Nicholas J. Aquilano. *Production & Operations Management,* 6th ed. Homewood, IL: Irwin, 1992.

Chopra, Sunil, and Peter Meindl. *Supply Chain Management: Strategy, Planning, and Operation,* 2nd ed. Upper Saddle River, NJ: Prentice Hall, 2004.

Christopher, Martin. *Logistics and Supply Chain Management: Strategics for Reducing Cost and Improving Service,* 2nd ed. Upper Saddle River, NJ: Financial Times-Prentice Hall, 1998.

Christopher, Martin. *Logistics and Supply Chain Management.* New York: Irwin, 1994.

Christopher, Martin. *The Strategy of Distribution Management.* London: Cower Publishing, 1985.

Constantin, James *A. Principles of Logistics Management.* New York: AppletonCentury-Crofts, 1966.

Copacino, William C. *Supply Chain Management.* Boca Raton, FL: CRC Press, 1997.

600 BIBLIOGRAFIA SELECIONADA

Coughlan, Anne, Erin Andersen, Louis W Stern, and Adel I. El-Ansary. *Marketing Channels,* 6th ed. Upper Saddle River, NJ: Prentice Hall, 2001.

Coyle, John J., Edward J. Bardi, and Joseph L. Cavinato. *Transportation,* 3rd ed. St. Paul, MN: West, 1990.

Coyle, John J., Edward J. Bardi, and C. John Langley, Jr. *The Management of Business Logistics: A Supply Chain Perspective,* 7th ed. Mason, OH: South-Western College Publishing, 2003.

Dobler, Donald W., and David N. Burt. *Purchasing and Supply Management: Text and Cases,* 6th ed. New York: McGraw-Hill, 1995.

Ellram, Lisa M., and Thomas Y Chol. *Supply Management for Value Enhancement.* Tempe, AZ: Institute for Supply Management, 2000.

Ernst and Whinney. *Warehouse Accounting and Control: Guidelines for Distribution and Financial Managers.* Chicago: National Council of Physical Distribution Management, 1985.

Ernst and Whinney. *Transportation Accounting and Control: Guidelines for Distribution and Financial Management.* Oak Brook, IL: National Council of Physical Distribution Management, 1983.

Fair, Marvin L., and Ernest W. Williams, Jr. *Transportation and Logistics.* Plano, TX: Business Publications, 1981.

Fawcett, Stanley. *The Supply Management Environment.* Tempe, AZ: Institute for Supply Management, 2000.

Fearon, Harold E, Donald W. Dobler, and Kenneth H. Killen. *The Purchasing Handbook,* 5th ed. New York: McGraw-Hill, 1993.

Firth, Donald, Jim Apple, Ron Denham, Jeff Hall, Paul Inglis, and AI Saipe. *Profitable Logistics Management,* 2nd ed. New York: McGraw-Hill, 1988.

Forrester, Jay W. *Industrial Dynamics.* Cambridge, MA: MIT Press, 1961.

Francis, R. L., Leon F. McCinnis, and J. A. White. *Facility Layout and Location: An Analytical Approach,* 2nd ed. Upper Saddle River, NJ: Prentice Hall, 1992.

Frazelle, Edward. *World-Class Warehousing and Materials Handling.* New York: McGraw-Hill, 2002.

Ghosh, Avijit, and Sara L. McLafferty. *Location Strategies for Retail and Service Firms.* Lexington, MA: D. C. Heath, 1987.

Gilmour, Peter, ed. *Logistics Management in Australia.* Melbourne, Australia: Longman Cheshire, 1987.

Gilmour, Peter. *The Management of Distribution: An Australian Framework,* 2nd ed. Melbourne, Australia: Longman Cheshire, 1987.

Glaskowsky, Nicholas A., Jr., Donald R. Hudson, and Robert M. Ivie. *Business Logistics,* 3rd ed. New York: Dryden Press. 1992.

Greene, James H. *Production and Inventory Control Handbook,* 3rd ed. New York: McGraw-Hill, 1997.

Greene, James H., ed., *Production and Inventory Control Handbook.* New York: McGraw-Hill, 1997.

Greenhut, Melvin L. *Plant Location in Theory and Practice.* Chapel Hill, NC: University of North Carolina, 1956.

Guelzo, Carl M. *Introduction to Logistics Management.* Upper Saddle River NJ: Prentice Hall, 1986.

Handfield, Robert B., and Ernest L. Nichols, Jr. *Introduction to Supply Chain Management.* Upper Saddle River, NJ: Prentice Hall, 1999.

Harmon, Roy L. *Reinventing the Warehouse: World Class Distribution Logistics.* New York: The Free Press, 1993.

Hax, Arnold C., and Dan Chadea. *Production and Inventory Control.* Upper Saddle River, NJ: Prentice Hall, 1984.

Heinritz, Stuart R, Paul V. Farrell, Larry Giunipero, and Michael Kolchin. *Purchasing: Principles and Applications,* 8Sth ed. Upper Saddle River, NJ: Prentice Hall, 1991.

Helferich, Keith, and Robert L. Cook. *Securing the Supply Chain.* Oak Brook, IL: Council of Logistics Management, 2002.

Hillier, Frederich S., and Gerald J. Lieberman *Introduction to Operations Research,* 6th ed. New York: McGraw-Hill, 1995.

Hoover, Edgar M. *Location Theory and the Shoe and Leather Industries.* Cambridge, MA: Harvard University Press, 1957.

Hutchinson, Norman E. *An Integrated Approach to Logistics Management.* Upper Saddle River, NJ: Prentice Hall, 1987.

Isard, Walter. *Location and Space-Economy.* New York: John Wiley & Sons; Cambridge, MA: Technology Press of the Massachusetts Institute of Technology, 1956.

Jenkins, Creed H. *Complete Guide to Modern Warehouse Management.* Upper Saddle River, NJ: Prentice Hall, 1990.

Jetter, Otto. *Global Purchasing Management.* Upper Saddle River, NJ: Prentice Hall, 1996.

Johnson, James C., Donald F. Wood, Daniel Wardlow, and Paul Murphy. *Contemporary Logistics,* 7th ed. Upper Saddle River, NJ: Prentice Hall, 1999.

Kearney, A. T, INC. *Measuring Productivity in Physical Distribution.* Chicago: National Council of Physical Distribution Management, 1978.

Kotler, Philip. *Marketing Management: Analysis, Planning, Implementation, and Control,* 9th ed. Upper Saddle River, NJ: Prentice Hall, 1997.

Lalonde, Bernard J., and Paul H. Zinzer. *Customer Service: Meaning and Measurement.* Chicago: National Council of Physical Distribution Management, 1976.

Lambert, Douglas M. *The Development Qf an Inventory Costing Methodology.* Chicago: National Council of Physical Distribution Management, 1976.

Lambert, Douglas M., James R. Stock, and Lisa M. Ellram. *Fundamentals of Logistics Management.* New York: McGraw-Hill, 1998.

Leenders, Michiel R., Harold E. Fearon, Anna Flynn, and P. Fraser Johnson. *Purchasing and Supply Chain Management,* 12th ed. Chicago, IL: Irwin, 2001.

Lewis, Howard T, James W. Culliton, and Jack D. Steele. *The Role of Air Freight in Physical Distribution*. Boston: Division of Research, Graduate School of Business Administration, Harvard University, 1956.

Lieb, Robert C. *Transportation: The Domestic System*, 2nd ed. Reston, VA: Reston Publishing, 1981.

Losch, August. *The Economics of Location*. New Haven, CT: Yale University Press, 1954.

Magee, John F. *Industrial Logistics*. New York: McGraw-Hill, 1968.

Magee, John F., Williarn F. Copacino, and Donald B. Rosenfield. *Modern Logistics Management: Integrating Marketing, Manufacturing, and Physical Distribution*. New York: John Wiley & Sons, 1985.

Martin, Andre J. *DRP: Distribution Resource Planning: The Gatezvay to True Quick Response and Continuous Replenishment*, rev. ed. New York: John Wiley & Sons, 1995.

McKeon, Joseph E., ed. *Managing Logistics Change Through Innovative Information Technology*. Cleveland, OH: Leaseway Transportation Corporation, 1987.

Mirchandani, Pitu B., and Richard L. Francis. *Discrete Location Theory*. New York: John Wiley & Sons, 1990.

Monczka, Robert, Robert Trent, and Robert Handfield. *Purchasing and Supply Chain Management*, 2nd ed. Mason, OH: South-Western College Publishing, 2002.

Morreale, Dick, and Bob Elliott. *Logistics Rules of Thumb, Facts & Definitions* V. Unpublished, 2001.

Morris, William T. *Analysis for Materials Handling Management*. Homewood, IL: Irwin, 1962.

Mossman, Frank H., Paul Bankit, and Omar K. Helferich. *Logistics System Analysis*. Washington, DC: University Press of America, 1977.

Mulcahy, David E. *Warehouse Distribution and Operations Handbook*. New York: McGraw-Hill, 1993.

Narasirnhan, Seethrarama, Dennis W. McLeavy, and Peter J. Billington. *Production Planning and Inventory Control*, 2nd ed. Upper Saddle River, NJ: Prentice Hall, 1995.

Novack, Robert A. "Quality and Control in Logistics: A Process Model," *International Journal of Physical Distribution & Materials Management*, Vol. 19, No. 11 (1989).

Orlicky, Joseph. *Materials Requirements Planning*. New York: McGraw-Hill, 1975.

Plowman, E. Grosvenor. *Elements of Business Logistics*. Stanford, CA: Stanford University Press, 1964.

Raedels, Alan R. *Value-Focused Supply Management: Getting the Most Out of the Supply Function*. New York: McGraw-Hill, 1994.

Robeson, James, F, and Williarn C. Capacino, eds. *The, Logistics Handbook*. New York: The Free Press, 1994.

Rogers, Dale, and Ronald S. Tibben-Lembke. *Going Backwards: Reverse Logistics Trends and Practices*. Reno, NV: Reverse Logistics Executive Council, 1999.

Rose, Warren. *Logistics Management: Systems and Components*. Dubuque, IA: William C. Brown, 1979.

Sampson, Roy J., Martin T. Farris, and David L. Schrock. *Domestic Transportation: Practice, Theory, and Policy*, 6th ed. Boston: Houghton Mifflin, 1990.

Schary, Philip B. *Logistics Decisions*. New York: Dryden Press, 1984.

Schary, Philip, and Tage Skjott-Larsen. *Managing the Global Supply Chain*, 2nd ed. Copenhagen: Copenhagen Business School Press, 2001.

Shapiro, Jeremy F. *Modeling the Supply Chain*. Pacific Grove, CA: Duxbury, 2001.

Shapiro, Roy D., and James L. Heskett. *Logistics Strategy: Cases and Concepts*. St. Paul, MN: West, 1985.

Sherbrooke, Craig C. *Optimal Inventory Modeling of Systems: Multi-Echelon Techniques*. New York: John Wiley & Sons, 1992.

Silver, Edward A., and Rein Peterson. *Decision Systems for Inventory Management and Production Planning*, 2nd ed. New York: John Wiley & Sons 1985.

Simchi-Levy, Philip Kaminsky, and Edith Simchi-Levy *Designing and Managing the Supply Chain: Concepts, Strategies, and Case Studies*. New York: McGraw-Hill.

Smykay, Edward W., Donald J. Bowersox, and Frank H. Mossman. *Physical Distribution Management*. New York: Macmillan, 1961.

Stephenson, Frederick J. *Transportation USA*. Reading, MA: Addison-Wesley, 1987.

Stock, James R., and Douglas M. Lambert. *Strategic Logistics Management*, 4th ed. New York: McGraw-Hill Irwin, 2001.

Sussans, J. E. *Industrial Logistics*. London: Cower Press, 1969.

Taaffe, Edward J., Howard L. Cauther, Jr., and Morton E. O'Kelly. *Geography of Transportation*, 2nd ed. Upper Saddle River, NJ: Prentice Hall, 1996.

Taff, Charles A. *Management of Physical Distribution & Transportation*, 6th ed. Homewood, IL: Irwin, 1978.

Taylor, David H., ed. *Global Cases in Logistics and Supply Chain Management*. London: International Thomson Business Press, 1997.

Tersine, Richard J. *Principles of Inventory and Materials Management*, 4th ed. Upper Saddle River, NJ: Prentice Hall, 1994.

Tompkins, James A., and Dale Harmelink, eds. *The Distribution Management Handbook*. New York: McGraw-Hill, 1993.

Tompkins, James A., and John A. White. *Facilities Planning*. New York: John Wiley & Sons,1984.

Tyworth, John E., Joseph L. Cavinato, and John C. Langley. *Traffic Management: Planning, Operations, and Control*. Reading, MA: Addison-Wesley, 1987.

Vanbuijtenen, Pieter, Martin Christopher, and Cordon Wills, eds. *Business Logistics*. The Hague: Martinus Nijhoff, 1976.

Vollmann, Thomas E., William L. Berry, and D. Clay Whybark. *Manufacturing, Planning, and Control Systems*, 4th ed. New York: McGraw-Hill Irwin, 1997.

Waters, C. D. J. *Inventory Control and Management.* New York: John Wiley & Sons, 1992.

Weir, Stanley. *Order Selection.* New York: American Management Association, 1968.

Wentworth, Felix, Martin Christopher, Cordon Wills, and Bernard Lalonde. *Managing International Distribution.* Hampshire England: Cower Press, 1979.

Wentworth, F. R. L. *Physical Distribution Management.* London: Cower Press, 1970.

Werner, Pamela A. *A Survey of National Geocoding Systems,* Report no. DOT-TSC-OST-74-26. Washington, DC: U.S. Department of Transportation, 1974.

Wight, Oliver W. *MRPII: Unlocking America's Productivity Potential.* Boston: CB1 Publishing, 1981.

Wood, Donald F, Anthony P. Barone, Paul R. Murphy, and Daniel Wardlow. *International Logistics.* New York: AMACOM, 2002.

Wood, Donald F, and James C. Johnson *Contemporary Transportation*, 5th ed. Upper Saddle River, NJ: Prentice Hall, 1996.

Wood, Donald E, Daniel L. Wardlow, Paul R. Murphy, and James C. Johnson. *Contemporary Logistics*, 7th ed. Upper Saddle River, NJ: Prentice Hall, 1999.

Yaseen, Leonard C. *Plant Location.* Larchmont, NY: American Research Council, 1960.

Zenz, Cary J. *Purchasing and the Management of Materials*, 7th ed. New York: John Wiley & Sons, 1994.

Zipkin, Paul H. *Foundations of Inventory Management.* New York: McGraw-Hill, 2000.

Índice de Autores

A

Ackerman, K.B., 411
Agarwal, YK., 202-205
Akinc, U., 442-443
Albaum, G., 248
Albaum, G.S., 162
Allen, M.K., 504-505, 588-590
Andel, T., 123, 141-142, 276-277
Andersen, D.R., 463-464, 505-506
Ansberry, C., 162-163
Aquilano, N.J., 248
Archibald, B., 296-297
Armour, G.C., 418-421
Armstrong, J.S., 248, 259-261
Arntzen, B.C., 444
Artman, L.B., 397-398
Aviv, Y., 248
Axsäter, S., 287

B

Bagchi, P.K., 504-505
Ball, J., 115-116
Ballou, R.H., 55-56, 103-106, 151, 203-205, 308-313, 323, 325, 423-424, 439-440, 442-443, 448-450, 455-456, 497, 500-501, 503-504, 514, 554-555
Bankit, P., 508-509
Barittz, S.G., 95, 97-98, 101-104
Bartholdi, J.J., III, 407
Bassan, J., 407
Batra, M., 330-331
Beckman, T.N., 82-83
Belardo, S., 504-505
Bender, P., 442-443
Bender, P.S., 78-79, 102-103, 500-501
Bergerac, M.C., 271
Berry, W.L., 223
Billington, C., 61
Blanding, W., 93-94, 102
Blomquist, J.A., 403-404
Bonabeau, E., 194-195, 425-426
Bonney, J., 36-37
Bookbinder, J., 504-505
Bowerman, B.L., 248

B (cont.)

Bowersox, D.J., 27, 61-62, 104-105, 302-303, 423-424, 439-440, 447-448, 502-503, 516, 519-520, 544-545
Bowman, E.H., 442
Box, E.P., 248
Boyson, S., 577-579
Bozer, Y.A., 419-421
Brandeau, M.L., 433-434, 442-443, 448-450
Brimley, J., 494-496
Brown, G.G., 444
Brown, R.G., 248, 252-253, 290-291, 299
Buffa, E.S., 418-421
Burdick, R.K., 95, 97-98
Burenetas, A., 310-313

C

Calabro, P.J., 162
Camp, R., 496-498
Carlson, J.G., 419-421
Carlsson, T., 73-74
Carrell, L., 49
Carter, B., 61
Cavusgil, S.T., 504-505
Chambers, J.C., 248
Chan, H., 248
Chase, R.B., 248
Chen, F., 516, 519
Cheung, W, 514-515
Chisman, J.A., 418-419
Chiu, S.S., 433-434, 442-443, 448-450
Christofides, N., 103-104
Clancy, D.A., 397-398
Clarke, G., 204-205
Closs, D.j., 502-503
Colin, 248
Collins, J., 579, 581
Collins, R.S., 354-355
Collopy, F., 248, 259-261
Commandeur, H.R., 61
Cook, R.L., 504-506
Cooke, J.A., 261-262
Cooper, L., 439-440
Copacino, WC., 50-53, 447-448
Corsi, T.M., 577-579

604 ÍNDICE DE AUTORES

Coykendale, C.L., 442-443
Craig, C.S., 463
Culliton, J.W., 155-156

D

Danzig, G.B., 209-210
Daskin, M.S., 455-456
Daugherty, P.J., 544-545
Davidson, W.R., 82-83
Davies, A.L., 417-419
Davis, H.W., 34-35
Davis, J.A., 30-31
Davis, T., 294-295
Dawe, R.L., 121
DeHayes, D., 496-498
DeHayes, D.W., Jr., 153, 548-549
Delaney, R.V., 33-34
Deutsch, S.J., 417-418
DeWitt, W., 27-28, 28-29
Dickey, S., 129-130
Doctker, J.E., 94-95
Dresner, M.E., 577-579
Drezner, Z., 433-434, 516, 519
Drucker, P.F, 25, 49, 541
Drumm, W. H., 34-35
Duchessi, P., 504-505
Dupuit, J., 25-27

E

Edmundson, R.H., 259
Emmelhainz, LM., 548-549
Emmons, H., 198-199
Erlebacher, S.J., 419-421, 455-456
Erlenkotter, D., 455-456
Ernst, K.R., 49-52
Evans, M., 248
Evers, P.F., 187-188

F

Fawcett, S.E., 28-29
Fearon, H.E., 341-342, 357-358
Fisher, M.L., 63, 248, 262-263
Flossie, B., 330-331
Flowers, A.D., 198-199, 254-255, 323
Flynn, A., 341-342
Forrester, J.W., 248
Francis, R.L., 404-406, 418-419
Franz, L.S., 504-505
Frazelle, E., 421-422
Friedrich, C.J., 434-435
Fulkerson, D.R., 209-210

G

Gabbard, M.C., 417-419
Gendreau, M., 199-200, 202-203
Geoffrion, A. M., 442-444, 481
Georgoff, D.M., 248
Gerson, M.L., 447-448

Gervais, D., 504-505
Gilbert, S.M., 554-555
Gill, L.E., 292-293
Gilmore, G.A., 252
Gilmour, P., 302-303, 502-503
Glanton, C., 323, 325
Glaskowsky, N.A., Jr., 104-105
Goetschalckx, M., 418-419
Gosh, A., 462-463
Graves, G.W., 442-444, 481
Graves, S.C., 426
Green, P.E., 248
Greenhut, M.L., 434-435
Gue, K.R., 407
Guerra, P., 121, 345-346
Gurin, R., 142-143

H

Hale, B.J., 113
Hall, A.E., 439-440
Hall, J.R., 51-52
Hall, P.K., 187-188
Hall, R., 294-295
Hall, R.W., 196-197
Hamburger, M.j., 448-450
Hamilton, A., 433
Hammond, J.H., 248, 262-263
Hancock, C.E., 407
Handfield, R.B., 27-28, 341-342
Harler, C., 123
Harmon, C., 123-124
Harpell, J.L., 502-503
Harper, D.V, 187-188
Harrington, L.H., 181-182, 577-579
Harrington, T.C., 95-97, 151
Harris, F.W., 284
Harrison, T.P., 444
Hass, R.M., 461-462
Hausman, W.H., 426
Hayya, J., 248
Heizer, J., 358-359
Helferich, O.K., 302-303, 502-505, 508-509, 588-590
Hertz, A., 199-200, 202-203
Heskett, J.L., 93-94, 101-102, 104-105, 417-418, 554
Hill, T., 248
Hillier, F.S., 456-457, 502
Hinkle, C.L., 503-504
Ho, P.-K., 455-456
Hogarth, R.M., 249
Hoguet, P., 248
Hoover, E.M., 434-437
Hopkins, L.D., 419-421
House, R.G., 292-293, 500-501
Huff, D.L., 461-462

I

Innis, D.E., 95, 97
Isard, W., 434-435

Isoma, G., 292-293
Ivie, R.M., 104-105

J
Jackson, D.W., 95, 97-98
Jenkins, C.H., 407
Jenkins, G.M., 248
Johnson, M.E., 294-295
Johnson, R.V., 419-421
Johnston, J., 248
Juran, J.M., 73-74

K
Kallina, C., 417-418
Kallock, R., 49-50
Karrenbauer, J.J., 442-443
Kearney, A.T., 544-545, 548-549
Keebler, J.E., 97, 99
Keebler, J.S., 27-29
Keith, J.E., 95, 97-98
Kelton, W.D., 516, 519
Kbumawala, B.M., 442-443
Kotler, R., 248
Kott, C.M., 198-199
Kraemer, H.F., 407
Krenn, J.M., 101-104
Kuehn, A.A., 448-450, 503-504
Kutner, M.H., 248, 255-257
Kyj, L.S., 93-94
Kyj, M.J., 93-94

L
LaLonde, B.J., 33-34, 94-95, 97, 121-122, 151, 279, 411, 548-549, 558-559
Lambert, D.M., 95-97, 101-102, 151, 187-188, 279, 507-508
Lane, M.S., 502-503
Laporte, G., 199-200, 202-203
Law, A.M., 516, 519
Lawrence, G.L., 502-503
Lawrence, J.G., 30-31
Lawrence, M. L., 302-303
Lawrence, M.J., 259
Lee, H.L., 61, 294-295
Lee, S.M., 442-443
Leeders, M.R., 341-342, 357-358
Leontief, W.W, 248
Leubbe, R.L., 442-443
Leung, L.C., 514-515
Levitt, T., 39-40
Lewis, H.T., 155-156
Lewis, M.C., 187-188
Lieb, R., 562-563
Lieberman, G.J., 502
Lin, B., 579, 581
Ljundberg, A., 73-74
Lombardi, V., 397
Lösch, A., 434-435

Love, R., 494-496
Love, R.F., 440-443
Lynn, J., 417-418

M
Madden, K.H., 208-209
Maffei, R.B., 446-448, 502-503
Magan, G.M., 28-29
Mahmoud, E., 259
Makridakis, S., 249, 259
Malmborg, C.J., 417-418
Manrodt, K.B., 97, 99
Mansour., A.H., 502-503
Marien, E.J., 302-303, 502-503
Marr, N.E., 95, 97
Marshall, K., 542-543
Martha, J., 113-114
Masters, J.M., 442-443, 448-450
Mathur, K., 198-199
McClain, J.O., 42
MeGinnis, M.A., 187-188
McKaige, W, 564-565
McLafferty, S.L., 462
Meller, R.D., 419-421, 455-456
Mentzer, J.T., 27-29
Merrick, A., 37
Meyer, C., 194-195, 425-426
Miller, R., 97, 99
Min, S., 27-29
Miracle, G.E., 162
Mitri, M., 504-505
Moder, J.J., 423-424
Monczka, R., 341-342
Moorthy, K.S., 463
Morgan, F.W, Jr., 302-303, 502-503
Morreale, D., 162
Morton, R., 39-40
Mossman, F.H., 27, 508-509
Mukherjee, A., 554-555
Mulick, S.K., 248
Muller, E.J., 40-41, 559-560
Murdick, R.G., 248
Murphy, P.R., 187-188

N
Nag, B.N., 504-505
Needham, P.M., 187-188
Neter, J., 248, 252, 255-256, 257
Nichols, E.L., Jr., 27-28
Nix, N.W., 27-29
North, H.Q., 248
Northrup, W., 442-443
Norusis, M.J., 257

O
Obermeyer, W.R, 248, 262-263
O'Connell, R.T., 248

606 ÍNDICE DE AUTORES

O'Conner, M., 248
O'Connor, M.J., 259
Olson, D.R., 411
Ozsomer, A., 504-505

P

Pagonis, W., 73
Palander, T., 434-435
Partyka J.G., 196-197
Perl, J., 455-456
Perreault, 105-106
Peterson, R., 296-297
Piercy, J.E., 151-154
Pirkul, H., 465-466
Pope, K., 39-40
Powers, R.F., 504
Powers, T.L., 502-503
Puu, T., 434-435
Pyke, D.L., 248

R

Rahardja, H., 497
Raman, A., 248, 262-263
Ratliff, H.D., 418-419, 496-498
Rector, P., 30-31
Reilly, W.J., 461-462
Reinholdt, E.F., 417-419
Reitman, V., 346
Remus, W., 248
Render, B., 358-359
Richardson, H.L., 394-395
Rinaldi, D., 225-226
Robeson, J.F., 292-293, 500-501
Rogers, D.S., 121
Rogers, R.T., 302-303, 502-503
Roll, Y., 407
Ronen, D., 502-503
Rosenblatt, MJ., 407
Rosenfield, D.B., 447-448
Rosenfield, R.B., 50-53
Russ, 105-106
Ryan, J.K., 516, 519

S

Sakai, N., 497
Sawabini, S., 123
Schilling, D.A., 465-466
Schon, S., 504-505
Schwarz, L.B., 426
Seagle, J.P., 504-505
Shapiro, J., 442-443
Sharman, G., 40-41
Shear, H.S., 30-31
Shycon, H.N., 101-104, 446-447, 502-503
Silvers, E., 296-297
Simchi-Levi, D., 516, 519

Simon, H.A., 569-571
Sloan, R., 447-448, 545
Smith, B.T., 248
Smith, C.D., 27-28, 28-29
Smith, D.D., 248
Smykay, E.W., 27
Snyder, R.E., 33-34
Speh, T.W., 403-404
Spencer, M., 248
Steele, J.W., 155-156
Stenger, A.J., 506-507
Stephens, S., 585-586
Stephenson, 103-106
Sterling, J.U., 95, 101-102, 507-508
Stern, L.W., 554
Stewart, J.B., 442
Stewart, W.M., 33-34
Stock, J.R., 151, 187-188
Su, R.K., 579, 581
Subbakrishna, S., 113-114
Sutherland, J.L., 292-293
Sweeney, D.J., 455-456, 463-464, 505-506

T

Taff, C.A., 171, 182
Tatham, R.L., 455-456
Taylor, R.L., 548-549
Tersine, R.J., 363-364
Thomas, L.J., 42
Thorton, H.M., 423-424
Trafton, L.L., 444
Trent, R., 341-342
Truscott, W.G., 455-456
Trybus, T.W, 419-421
Tucker, F.G., 94-95, 575-576
Tull, D.S., 248

V

Vail, B., 38-39
Van Hoek, R.I., 61
Van Roy, T., 455-456
Verity, J., 261-262
Vollman, T.E., 418-421
Von Thünen, J.H., 434-435
Vos, B., 61

W

Warner, P.A., 487-489
Wasserman, W., 248, 252, 255-257
Watson-Gandy, C.D.T., 103-104
Weber, A., 434-436, 440-441
Weir, S.M., 385-386
Wesolowsky, G.O., 440-441, 455-456
Wheelwright, S.C., 305-306
White, J.A., 411, 418-419
Whitemore, G.A., 248

Whybark, D.C., 253-254, 354-355
Wight, O.M., 248
Willett, 103-106
Williams, T.A., 463, 464, 505-506
Wilson, H.G., 417-418
Wilson, R.A., 33-34, 151-152, 154, 159-160
Winkler, R.L., 259
Wong, Y.M., 514-515
Woodmansee, J., 504-505
Wren, C, 483
Wright, J.W., 204-205

Y
Yao, A.C., 419-421

Z
Zacharia, Z.G., 27-29
Zarnowitz, V., 259
Zhang, X., 496-498
Zinn, W., 61-62
Zinszer, P.H., 33-34, 94-95, 97, 121-122
Zissman, L., 95, 97-98, 101-104
Zivan, S.M., 575-576

Índice

A

Abastecimento fixo, 364-366
Abastecimento flexível, 366-367
Acompanhamento de embarques, no sistema de gerenciamento de transporte, 136-137
Acordos de incentivo à precificação, 86, 88-89
Adiamento da embalagem, 61-62
Adiamento da etiquetagem, 61-62
Adiamento de forma, 61-62
Adiamento, princípio do, 61-63
Adiamento, tempo de, 61-62
Aéreo, transporte, 155-157
    características de custos do, 166-167
Alianças, 559-565
    benefícios das, 559-560
    logística, 561-563
    processo decisório nas, 560-562
Ambiente, gerenciamento de, logística/gestão de CS em, 40-42
Análise de compensações, 56-58
Armazém(ns)
    configuração do, 404-407
        comprimento por largura em, 404-407
        pé direito, 404-406
    custos e tarifas para, no setor privado, 392-395
    de distribuição, 376-380
    decisões sobre leiaute do produto em, 415-425
        arranjo do estoque em, 423-424
        localização do estoque em, 416-422
        métodos de identificação de localização de estoque em, 424-425
        perfil da atividade em, 421-423
    leiaute do espaço em, 407-409
    localização de, dinâmica da, 455-459
    manuseio de materiais em. *Ver* Manuseio de materiais
    projeto de docas para, 410-411
        caminhões, 410-411
        vagões ferroviários, 410-411
    projeto e operação de, planejamento de, 398-411
    público
        acompanhamento de pedidos como, 383-384
        alfandegagem como, 383-384
        armazenagem de campo como, 383-384
        considerações legais, 384-385
        controle de estoque como, 383-384
        custos e tarifas do, 391-393
        documentação e, 384-385
        localização de estoque como, 383-384
        serviços oferecidos para, 382-385
        vantagens inerentes do, 384-385
    seleção de local para, 397-399
    tamanho de, 398-401, 403
        análise de ausência de tendência em, 399-401, 403
        análise de tendência em, 401, 403
        método de, estimativa de, 401-403
        tipo financeiro do espaço para, selecionando por, 401, 403-405
    tipos de, 381-382
    virtual, 393-395
Armazém, consolidação, 210-213
Armazenagem de campo, 383-384
Armazéns de acessórios domiciliares, 381-382
Armazéns de *commodities*, 381-382
Armazéns de mercadorias gerais, 381-382
Armazéns de temperatura controlada, 381-382
Atrasos, reclamações por, 182-184
Auditoria
    dos níveis de serviço ao cliente no planejamento de rede, 506-508
    em fatura dos fretes, no sistema de gerenciamento de transportes, 137
Auditoria(s)
    benchmarking de, com relação a outras empresas, 577-579
    completa da função, 576
    em fatura dos fretes, 577
    estoque, 577
    no controle de logística/cadeia de suprimentos, 575-579

B

Benchmarking
    com outras empresas em auditorias, 577-579
    no planejamento de rede, 509-510

C

Cadeia de suprimento (CS), 29-31
    ampliada, 33
    definição de, 27-28
    eficiente, 63-65
    localizando instalações em, 433-481 (*Ver também* Instalação (ões))
    planejamento integrado de, 516, 519-520
    projeto do canal e, 63-66
    reativa, 63-66
    requisitos de, previsão, 241-269 (*Ver também* Previsão)
Canal de distribuição física, 29
Canal de suprimentos, coordenação em, 341-344
    estoques em, 272 (*Ver também* Estoque(s))
    físicos, 29
Canal, estoques no, 157-158
    características de custos dos, 167
Canal logístico reverso, 29
Carga cheia, em transporte ferroviário, 154-155
Carta de desempenho, 582-594
Centralização, da organização, 550-553
Circuito aberto, sistemas de controle, 569-571
Classificação ABC de produtos, 77-78
    em controle agregado de estoques, 304-305, 307
Cobranças de demora (*demurrage*), 180-182
Cobranças por retenção, 180-182
COFC. *Ver* Contêiner no vagão plataforma
Colaboração, parceria através, 563-565
Combinação, como função de sistema de estocagem, 379-380
Comércio eletrônico, sistema de informação logística e, 141-143
Compras
    contrato, 364-365
    transação, 363-365
Compras, 33, 356-367
    condições de venda e gerenciamento de canal em, 366-367
    estudo de caso em, 372
    fontes em, 364-367
        fixas, 364-366
        flexíveis, 366-367
    importância das, 357-359
    quantidades e momento dos pedidos, 359
        descontos para quantidade em, 361-365
        dólar médio para, 360-362
        estratégia mista de compras, 359-361
Conceito do centro de lucros, em logística/controle de cadeia de suprimentos, 574-575
Conceito do custo total, 56-59

610 ÍNDICE

Concorrência, transporte e, 149-150, 188-189, 191
Conhecimento de embarque, 182-183, 385
Consolidação de fretes
como função de sistema de estocagem, 375-378
decisões em, 210-213
em planejamento estratégico, 62-63
em sistema de gerência de transportes, 136
Consolidação de veículos, 210-212
Consolidação temporal, 212-213
Contêiner no vagão plataforma (COFC – *container-on-flatcar*), 158-159
Conteinerização, 386-387
Contrato de compra, 364-365
Contrato de logística, 562-564
Controle agregado de estoques, 304-310
agregação de riscos em, 305, 307-309
classificação ABC de produtos, 304-305, 307
giro em, 304-305
limite do investimento total em, 308-310
Controle de estoque empurrado, 280-282
Controle de estoque no ponto de compra
com custos conhecidos de falta de estoque, 289-290
com demanda e prazo de entrega incertos, 290-292
com demanda incerta, 286-290
custo relevante total em, 288-289
nível de serviço em, 288-290
nível médio de estoque em, 288-289
Controle de estoque puxado
avançado, 285-303
básico, 281-286
método de múltiplos itens e múltipla localização, 299-301
métodos práticos de, 295-303
modelo de ponto de pedido
com custos de falta de estoque conhecidos, 289-290
com demanda e prazo de entrega incertos, 290-292
com demanda incerta, 286-290
modelo de revisão periódica de,
com demanda incerta, 292-296
controle de item único em, 292-295
pedido conjunto em, 294-296
pedidos com quantidades repetitivas em, 283-286
quantidade de pedido único em, 281-284
sistema de estoque por demanda, 299
sistema de múltiplos estágios, 300-303
sistema mín-máx de, 295-299
Controle periódico da revisão de estoques, 292-296
controle de item único em, 292-295
pedido conjunto em, 294-296
Controle, 567-591
Ver também Logística/controle da cadeia
Controle, sistemas de ciclo aberto de, 569-572
CS. *Ver* Cadeia de suprimento
Curva 80-20, 77-79
Curva de oferta de arrendamento. 435

Custo das vendas perdidas, 280
Custo(s)
benchmark, estabelecimento de, na configuração da rede, 509-513
capital, 279
da gestão logística/cadeia de suprimentos, 43-44
de serviços de transporte, 163-167 (*Ver também* Transporte, tarifas)
de transportador privado, 181-182
em logística/cadeia de suprimentos, 43-44
espaço, 279
da falta de estoque, 280-281
do frete de retorno, 165-166
de instalação, no planejamento de rede, 496-499
logística, na auditoria da função total, 576
manutenção de estoques, 279-280
para sistemas de estocagem 391, 393-394
pedido em atraso, 280-281
planejamento e, 56
produção, redução de, estoque em, 373-375
redução de estoques em, 272-274
como objetivo estratégico, 51
relevante no gerenciamento de estoque, 278-281
risco de estoque, 280
ruptura de estoque, conhecimento, controle do ponto de reposição com, 289-290
serviço do estoque, 280
serviço *versus*, 105-107
transporte, redução de, estocagem em, 373-375
venda perdida, 280
Custos da aquisição, em gerenciamento de estoques, 279
Custos de transporte. *Ver* Transporte, tarifas
Custos do capital, 279
Custos dos pedidos em carteira e/ou em atraso, 280

D

Dados, para o processo de planejamento em rede
agregação de vendas em, 489-490
agrupamento de produtos em, 489-490
capacidades das instalações em, 498-499
codificação de, 486-490
codificação geográfica de, 486-490
conversão de, em informação, 489-501
custos das instalações em, 496-499
estimativa da demanda futura em, 500-501
estimativa da taxa de transporte em, 490
estimativas de milhagem em, 494-498
fontes de, 485-487
perfis de pedidos e embarques em, 492-493
relações estoque-processamento em, 498-501
transporte de propriedade privada em, 490-492
transporte para alugar em, 490-493
unidades de análise em, 489-490
verificação de, 484-486

Danos
opção por serviço de transporte e, 152, 154
reclamações por, 182-184
Decisão, sistemas de suporte à, 142-144
na estratégia de logística/cadeia de suprimentos, 574-576
Decomposição clássica de séries temporais, em previsão, 254-257
Demanda
controle com revisão periódica de estoques, 292-296
coordenação do suprimento com, estocagem em, 374-375
em auditoria da função total, 576
em gerência de estoque, 274-276
incerteza, em planejamento de necessidade de materiais, 350-353
planejamento e, 56
ponto de reposição, controle do estoque com, 286-292
Demanda, previsão, 241-244
dependente *versus* independente, 242
espacial *versus* temporal, 242
irregular *versus* regular, 242
irregular, problemas envolvendo, 258
Descarga, como função de manuseio de materiais, 379-380
Descentralização, da organização, 550-553
Descontos, quantidade, 86, 88-89
Desvio de remessas, cobranças por, 177-178
Diminuição do retorno, na relação vendas-serviços, 103-104
Disponibilidade de estoque, no tempo do ciclo do pedido, 98-100
Distribuição
diferenciada, 59-60
normal, padronizada, áreas sob, 593-594, 597
Distribuição física, canal de, 29
Distribuição, linhas, extensão e complexidade crescente da, 34-37
Documentação
para o frete, 182-184
por armazéns públicos, 384-385
Documentos das operações empresariais, no processo de planejamento de rede, 485-486
DRP. *Ver* Planejamento das necessidades da distribuição (DRP)

E

Economias de escala, transporte e, 150
Elos, no diagrama de rede, 54-56
Embalagem, 33
produto, 82-83
Embarque(s)
acompanhamento de, no sistema de gerenciamento de transporte, 136-137
consolidação de, 132-133
preparação de, no sistema de gerenciamento de armazéns, 134-136
programação de, no sistema de gerenciamento de transporte, 136

tamanho do, tarifas de transporte por, 173-175, 177

Embarque, como função de manuseio de materiais, 379-380

Equipamento em manuseio de materiais
estocagem, 388-389
movimentação, 388-391
substituição de, 414-416

Erro de previsão, problemas presentes no, 258-261

Erro, tolerância ao, em sistema de controle de logística/cadeia de suprimentos, 572-573

Espaço locado, para estocagem, 385
custos e taxas para, 392-393

Espaço, custos de, 279

Espaço, demanda de, previsão, 241-243

Espaço, leiaute de, 386-389
para coleta de pedidos, 387-389
para estocagem, 387-388

Especulação, estoques para, 274

Estocagem
em trânsito, 385-386
instalações para. *Ver* Armazéns
leiaute de espaço para, 387-388

Estocagem, alternativas, 380-386
espaço alugado como, 380-385
espaço arrendado como, 385
espaço próprio como, 380-381
estocagem em trânsito como, 385-386

Estocagem, escolha do equipamento de, em manuseio de materiais, 388-389

Estocagem, sistema de, 373-430
custos e taxas para, 391-394
em *marketing*, 375-376
em processo de produção, 375-376
funções do, 375-381
estocagem, 375-380
manuseio de materiais, 379-381
na coordenação da oferta e procura, 374-375
na redução de custos transporte-produção, 373-375
necessidade de, 373-374
razões para, 373-376
Ver também Armazéns

Estoque(s)
agregação de produtos e, 276-277
argumentos contra, 273-274
argumentos pró, 271-274
avaliação de, 271-274
canal, 303-304
consolidação de, 210-212
controle de, 280-311
agregado, 304-310 (*Ver também* Controle agregado de estoques)
como serviço de armazém público, 383-384
conduto, 303-304
empurrar, 280-282
movidos pelo suprimento, 309-311
puxar, 281-303 (*Ver também* Controle de estoque puxado)
decisões sobre políticas de, 271-339
decisões sobre, em projeto de sistema, 53-55

estudos de casos sobre, 323-339
gerenciados pelo fornecedor, 141-142
gerenciamento
de custos relevantes à, 278-281
demanda e, 274-276
em sistema de gestão de armazéns, 134-135
filosofia de, 275-277
objetivos da, 277-281
disponibilidades de produtos como, 277-279
problemas em, classificação, 274-277
manutenção de, 32-33
múltiplos estágios, 276-277
no canal, 273-274
para especulação, 274
tipos de, 273-274
virtual, 277, 310-313

Estoque gerenciado pelo fornecedor, 141-142

Estoques, auditoria de, 576-577

Estoques, curva de processamento de, 308-309

Estoques, custos de risco, 280

Estoques, relações com processamento em planejamento de rede, 498-501

Estoques, relatório sobre *status* de, 385

Estratégia corporativa, 49-51

Estratégia mista de compras, em aquisições, 359-361

Estratégias visionárias, 49-50

Experimentos antes-depois, na modelagem do relacionamento vendas-serviços, 104-105

Exportação, documentação para, 183-184

Exposição de estoques, como serviço de armazém público, 383-384

F

Falta de estoque, custos conhecidos, método de controle de ponto de compra com, 289-290

Fatura de frete, 182-183

Fidelidade dos clientes, efeitos do serviço sobre, 102-103

Flexibilidade, como alternativa de previsão, 271-272

Fluxo de caixa, na mensuração do desempenho da estratégia da cadeia de suprimentos, 66

Fontes, 364-367
fixas, 364-366
flexíveis, 366-367

Formação de lotes
itens, 426
no leiaute da separação de pedidos, 388-389
pedido, 132-133

Fornecimento sob pedido, estratégia do canal de, 63-66

Fracionamento de volumes, como função de sistema de estocagem, 377-380

Fragmentação da organização, necessidade de estrutura organizacional e, 541-543

Frete
consolidação de decisões sobre, 210-213
em sistemas de gestão de transportes, 136
conteinerizado, 158-159

pagamento da fatura e auditoria para, em sistemas de gestão de transportes, 136-138
preço de equalização de, 84-86

Frete marítimo, tarifas, 177-178

Função perda, 108-111

G

Garantia, como serviço público de armazenagem, 383-384

GCS. *Ver* Gerenciamento da cadeia de suprimentos

Geocodificação, de dados em processo de planejamento em rede, 486-490

Gerência, interfuncional, em organização logística/cadeia de suprimentos, 553-554

Gerência, interorganizacional, 554-560

Gerenciamento da cadeia de suprimentos/logística
na prática, 41-42
objetivos da, 43-44

Gerenciamento de canal, 366-367

Gerenciamento de estoques, em sistema de gerenciamento de armazém, 134-135

Gestão de conflitos
compartilhamento de informação em, 556-557
distribuição de benefícios em, 556-557
estratégias para, 557-560
necessidade de medições em, 555-557

Gestão integrada de canal de suprimentos, 354-356

Giro, em controle agregado de estoques, 304-305

Globalização, linhas de suprimento e distribuição e, 34-37

Granéis, armazéns de volumes, 381-382

H

Heurísticos, modelos de escolha de localização de instalações, 448-455
avaliação seletiva como, 450-453
no processo de planejamento de rede, 502-504
programação linear dirigida como, 453-455

Hub-and-spoke, conceito de localização, 465-466

I

Importações, documentos para, 184

Índice de atendimento de pedido (*order fill rate*), 97, 99, 111-112, 125, 277-278

Indústrias, classificação de, localização de instalações e, 435-436

Inexatidão de dados, sensibilidade do controle de estoque à, 285-286

Instalação (ões)
capacidades da, em planejamento de rede, 498
custos de, em planejamento de rede, 496-499

612 ÍNDICE

estocagem. *Ver* Armazéns
localização de
conceito de *hub-and-spoke* (centro e distribuidores) em, 465-466
curvas de ofertas de arrendamento e, 435
decisões sobre, 433-481
descontinuidade das escolhas em, 433-435
dinâmica, 455-459
estudos de casos sobre, 474-480, 520-523
força impulsionadora e, 433-434
grau da agregação de dados em, 434-435
microlocalizações como, 465-466
múltipla, 441-456
abordagem do centro de gravidade a, 442-443
abordagem pela programação linear combinada inteira, 442-447
avaliação de métodos para, 455-456
classificação de indústrias de Weber e, 435-436
estratégia para, 53-54
horizonte de tempo em, 434-435
métodos de simulação de, 446-449
métodos exatos de, 442-447
métodos heurísticos de, 442-447
número de instalações e, 433-434
para instalações de risco, 465-466
problema de classificações para, 433-435
suplemento técnico sobre, 481-481
única, 436-442
apreciação de, 440-442
modelo de, extensões para, 439-440
perspectiva histórica em, 434-437
taxas decrescentes de transporte de Hoover e, 435-436
Inteligência artificial, ligações de controle da, 587-590
Internacionalização, linhas de suprimento e distribuição e, 34-37
Internet, planejamento de pedidos com base no canal da Web e, 128-132
Itens, formação de lotes de, 426

J

Jogo, na modelagem da relação vendas-serviço, 104-106
Just-in-time (JIT), programação de suprimentos, 344-354
KANBAN, 345-347
necessidades materiais do planejamento no, 346, 348-353 (*Ver também* Planejamento de necessidades de materiais (MRP))
planejamento das necessidades no, 346, 348-349

K

KANBAN, 345-347

L

Lançamento, problemas presentes no, 257-258
Ligações internas, cobranças das, 179-180
Limiar, na relação vendas-serviços, 103-104
Limite de investimento total, em controle agregado de estoques, 308-310
Linhas de suprimento, crescente complexidade das, 34-37
LIS. *Ver* Logística, sistema de informação
Localização. *Ver* Instalação (ões)
Logística empresarial, 25-47
definição de, 25-29
Logística, contrato, 562-564
Logística, custos, na auditoria da função total, 576
Logística, pesquisa em processo de planejamento de rede, 486
Logística, sistema de informação (LIS), 132-144
como sistema de suporte de decisão, 142-144
de estoque gerenciado pelo fornecedor, 140-142
função de, 132-138
gerência de banco de dados para, 138-140
insumo para, 137-139
operação interna de, 137-140
output de, 139-140
para comércio eletrônico, 141-143
sistema de gerenciamento de armazéns em, 133-136
sistema de gerenciamento de transporte em, 135-138 (*Ver também* Sistema de gerenciamento de transporte)
varejo, 139-141
visão geral de, 133-134
Logística/cadeia de suprimentos, estratégia, 50-52
adiamento em, 61-63
auditorias em, 575-579
conceito do custo total em, 56-59
desempenho da, medindo o, 66-67
diretrizes para, 56-63
distribuição diferenciada em, 59-60
estratégia mista em, 59-61
formulação da consolidação em, 63-63
padronização em, 63
seleção, 63-66
suprimento para estoque, 63-65
suprimento para pedido, 63-66
Logística/cadeia de suprimentos, gerenciamento de, 25-29
atividades de suporte em, 32
atividades fundamentais em, 31-33
cadeia de suprimentos em, 29-31
custos em, 33-34
em áreas não manufatureiras, 38-42
estudo da, abordagem do, 43-46
importância de, 33-42
importância estratégica de, 36-37
mix de atividades em, 30-33
na empresa, 41-43
na indústria de serviços, 39-40
nas forças armadas, 39-41
no gerenciamento ambiental, 40-42
objetivos de, 43-44
planejamento em, 43-46, 49-69

resposta rápida em, 37-39
valor do cliente e, 37-38
Logística/cadeia de suprimentos, organização, 541-566
alianças em, 559-565
descentralização *versus* centralização em, 550-553
desenvolvimento de, 544-545
equipe *versus* linha em, 551-553
estratégia da informação e , 549-550
estratégia de mercado e, 549-550
estratégia de processo e, 549-550
formal, 548-550
gerenciamento de conflitos em, 555-560
gerenciamento interfuncional em, 553-554
gerenciamento interorganizacional em, 554-560
grande *versus* pequeno, 552-554
importância da, 543-545
necessidade de, 541-545
opções em, 545-550
orientação da, 549-552
parcerias em, 559-565
posicionamento em, 550-554
semiformal, 546-549
Logística/cadeia de suprimentos, planejamento, 52-63
conceituação, 54-56
momento do, 55-58
níveis de, 52-53
principais áreas de, 53-55
Logística/cadeia de suprimentos, produto, 73-91 (*ver também* Produtos)
Logística/cadeia de suprimentos, serviço ao cliente, 93-120 (*ver também* Serviço ao cliente)
Logística/controle da cadeia de suprimentos, 567-591
ação corretiva em, 584-586
ajustes pequenos em, 584-586
auditorias. *Ver* Auditorias
carta do desempenho em, 582-585
conceito do centro de lucros em, 574-575
estrutura para, 567-572
inteligência artificial em, 587-590
modelo de, 567-571
entrada, processos, e saída de, 568-569
monitoramento de, 569-571
padrões e objetivos de, 569
na prática, 574-576
objetivos de serviço em, 574
orçamento em, 574
planos contingenciais em, 585-586
política de precificação e, 576-577
relatórios sobre, 579, 581-585 (*ver também* Relatórios)
replanejamento em, 584-586
sistemas de suporte de decisão em, 574-576
sistemas para, 569-572
ciclo aberto, 569-571
ciclo fechado, 569-572
detalhes de, 571-574
modificado, 571-572
resposta em, 572-574
tolerância ao erro em, 572-573

M

Manufatura, adiamento de, 61-62
Manuseio de materiais
    como função do sistema de estocagem, 379-381
    considerações sobre, 385-391
    equipamento para, substituição de, 414-416
    escolha do equipamento de estocagem em, 388-389
    escolha do equipamento de movimentação em, 388-391
    leiaute do espaço em, 386-389
    operações de separação de pedidos em, 424-427
    sistema para
        projeto de, 411-425
        tipo de, 412-415
    unitização da carga em, 385-387
Manutenção da informação, 33
Manutenção de estoques, como função de sistema de estocagem, 375-377
Marketing
    logística e, 42-43
    sistema de estocagem e, 375-376
Método dos dois pontos, de modelo de relações vendas-serviços, 104-105
Métodos geográficos de precificação, 83-87
Microlocalização, problemas de, 465-466
Milhagem (quilometragem), estimativas de, em planejamento de rede, 494-498
Miniarmazéns, 381-382
Mín-máx, sistema de controle de estoques, 295-299
Modelo referencial de operações de cadeia de suprimentos, 586-587
Modelos de sistemas especialistas, no processo de planejamento de rede, 504-506
Montagem, adiamento, 61-62
Movimentação, opções de equipamento, em manuseio de materiais, 388-391
Movimentação, para e de estocagem, como função de manuseio de materiais, 379-380
MRP. *Ver* Planejamento de necessidades de materiais
Múltipla regressão, análise, em previsão, 257
Múltiplo centro de gravidade, abordagem de, na localização de instalações, 442-443
Múltiplos estágios, estoques de, 276-277
    em controle de estoques puxados, 300-303
Múltiplos itens, método da localização múltipla, em controle de estoques, 299-301

N

Negócio de ocasião, 363-365
Nós, em diagrama de rede, 54-56

O

Organizações com linha de responsabilidade direta, 551-553

P

Padrão, reconhecimento de, na inteligência artificial, 587-589
Padrões de desempenho, na inteligência artificial, 589-590
Padrões de distribuição normal, áreas sob, 593-597
Padronização no planejamento estratégico, 63
Paletização, 386-387
Parceria, mediante colaboração, 563-565
Pareto, lei de, 77
Pedido, atendimento do, 124-125
    como função de manuseio de materiais, 379-381
Pedido, manuseio, 424-426
Pedido, recebimento do, 123-125
Pedido, separação, leiaute de espaço para, 387-389
Pedido, separação, operações de, 424-427
    determinação de padrões como, 426-427
    intercalação, 426
    manuseio de pedido como, 424-426
Pedido, sistema de informação, 133-134
Pedido conjunto, em controle periódico de revisão de estoques, 294-296
Pedidos com quantidades repetitivas, 283-286
Pedidos, acompanhamento, como serviço de armazém público, 383-385
Pedidos, desdobramento, 426
Pedidos, formação de lotes, 132-133
Pedidos, padrões de condições, 100-101
Pedidos, perfil de, em planejamento de rede, 492-493
Pedidos, preparação de, 121-123
Pedidos, processamento de, 32-33, 121-133
    atendimento de, 124-125
    cliente, 127-129
    consolidação de embarques em, 132-133
    definição de, 121-126
    em sistema de gerenciamento de armazém, 134-135
    entrada em, 123-125
    exatidão de atendimento em, 132-133
    exemplos de, 126-132
    formação de lotes em, 132-133
    industriais, 126-127
    paralelo *versus* seqüencial, 130-133
    preparação de, 121-123
    prioridades do, 99-100, 130-132
    relatório da situação de, 121-123
    transmissão em, 122-123
    varejo, 126-128
    via canal da Web, 128-132
Pedidos, quantidade de liberação, em planejamento de necessidade de material, 353-354
Pedidos, restrições, 100-101
Pedidos, tempo de ciclo, 97, 99-101
    ajustes do, 99-101
    disponibilidade de estoque em, 98-100
    tempo de entrega em, 99-100
    tempo de montagem de pedidos em, 97-99
    tempo de processamento do pedido em, 97-99
    fatores que afetam o, 130-133

tempo de produção em, 99-100
tempo de transmissão do pedido em, 99-100
Perda
    escolha da modalidade de transporte e, 152, 154
    reclamações por, 182-184
Perfis dos embarques, no planejamento de rede, 492-493
Pesquisas sobre compradores, na modelagem do relacionamento vendas-serviços, 105-106
Piggyback (semi-reboque sobre vagão), serviços de transporte, 157-159
Planejamento
    em gestão logística/cadeia de suprimentos, 43-46, 49-69
    estratégico, 52-53
    logística/cadeia de suprimentos, 52-63 (*ver também* Logística/cadeia de suprimentos, planejamento)
    operacional, 52-53
    pedido via canal da Web, 128-132
    rede, 483-537 (*ver também* Rede, processo de planejamento de)
    tático, 52-53
Planejamento das necessidades da distribuição (DRP), 354-355
    mecânica da, 355-357
Planejamento de necessidades de materiais (MRP), 346, 348-353
    incerteza da demanda em, 350-353
    incerteza do prazo de entrega em, 351-353
    quantidade da liberação de pedidos em, 353-354
Ponderação exponencial, em previsão, 249-255
    corrigindo tendência e sazonalidade em, 251-252
    corrigindo tendência em, 250-251
    definição, 251-254
    erro em
    monitoração, 253-255
Postponement. Ver Adiamento
Poupança, na mensuração do desempenho da estratégia da cadeia de suprimentos, 66
Prazo de entrega, 99-100
    incerteza
        controle do ponto de reposição de estoque com, 290-292
        em planejamento de necessidades de materiais, 351-353
    para reabastecimento, 284-286
Precificação
    ajustes de incentivo à, 86, 88-89
    considerações legais acerca da, 86, 88
    de serviços de transporte, escolha de serviços e, 151-152
    equalização do frete, 84-86
    FOB, 83-85
    métodos geográficos de, 83-87
    política de, planejamento e, 56-58
    por ponto de base, 85-86
    por zona, 84-87
    produtos, 83-89
    única, 84
    uniformizada, 84

614 ÍNDICE

Preço médio, na compra, 360-362
Preços, reduzidos, transporte e, 150
Previsão, 241-269
    análise de regressão múltipla como, 257
    colaborativa, 259-262
    da demanda espacial *versus* demanda temporal, 241-243
    de demanda dependente *versus* demanda independente, 242-244
    de demanda irregular *versus* demanda regular, 242-244
    decomposição de séries clássicas de tempo como, 254-257
    estudo de caso sobre, 267-269
    flexibilidade e resposta rápida como alternativas à, 261-263
    métodos de, 244-249
        análise do ciclo de vida, 246-247
        análise espectral, 246-247
        analogia histórica, 245-246
        Box-Jenkins, 245-246
        causal, 248-249
        colaborativa, 247-248
        com base em regras, 247-248
        decomposição das séries de tempos, 245-246
        Delphi, 245-246
        estimativas da equipe de vendas, 245-246
        filtro adaptativo ? 247-248
        indicadores principais, 246-247
        média móvel, 245-246
        modelo de entrada-saída, 246-247
        modelo de regressão, 246-247
        modelo econométrico, 246-247
        modelo econômico de entrada-saída, 246-247
        painel de consenso, 245-246
        pesquisa de mercado, 245-246
        pesquisas de intenção de compra e antecipação, 246-247
        ponderação exponencial, 245-246
        previsão visionária, 245-246
        previsões focadas, 246-247
        progressão aleatória, 248
        projeção histórica, 95, 97, 244-245
        projeções de tendências, 246-247
        qualitativa, 244-245
        redes neurais, 247-248
        resposta precisa, 247-248
        simulação dinâmica, 247-248
    natureza de, 241-245
    ponderação exponencial como, 249-255
    (*ver também* Ponderação exponencial, em previsão)
    problemas de previsão em, 257-261
    regional, previsão de problemas envolvendo, 258-259
    técnicas de, para profissionais de logística, 248-257
Previsão, problemas de, 257-261
    demanda irregular, 258
    erro, 259-261
    lançamento, 257-258
    previsão regional, 258-259
Princípio da alavancagem, na compra, 357-359

Privilégios de escala, taxas com, 178-180
Privilégios de trânsito, taxas por, 178-180
Processamento de pedido de varejo, 126-128
Processamento de pedidos industriais, 126-127
Processamento dos pedidos dos clientes, 127-129
Processo de atendimento, 93-95
Produção, custos de, redução de, estocagem em, 373-375
Produção, processo de, sistema de estocagem e, 375-376
Produção, tempo de, 99-100
Produção/operações, logística e, 42-43
Produto(s), 73-91
    características de risco de, 81-83
    características dos, 79-83
        na auditoria da função total, 576
        planejamento e, 56
    ciclo de vida de, 75-77
    classificação, 73-75
    cliente, 73-75
    codificação, no processo de planejamento de rede, 486-487
    concentração de, em planejamento de rede, 489-490
    de consumo, 74-75
    de conveniência, 73-75
    de especialidade, 74-75
    curva 80-20 e, 77-79
    disponibilidade como objetivo do gerenciamento de estoque, 277-279
    embalagem de, 82-83
    industrial, 75
    leiaute de, em armazém, projeto de, 415-425
        arranjo do estoque em, 423-424
        definição de atividades em, 421-423
        localização de estoque em, 416-422
        localização de estoque, métodos de identificação em, 424-425
        suplemento técnico de, 430
    natureza de, 73-77
    precificação de, 83-89
    quociente peso-volume por, 79-81
    quociente valor-peso por, 80-82
    recall. Ver Recolhimento de produtos
    recolhimento de, 115-118
    seqüenciamento de, 424-426
    substituição de, 81-82
    tarifas de transporte por, 170-175
Produto, programação de, 33
Produto, rede do fluxo, 55-56
Programa de distribuição *just-in-time*, 353-357
    gerência integrada de cadeia de suprimentos em, 354-356
Programação
    de embarques, no sistema de gerenciamento de transportes, 136
    de navios, 209-210
    de suprimento, 343-357 (*ver também* Suprimentos, programação)
    distribuição *just-in-time*, 353-357
    roteirização de veículos e, 198-212
        (*ver também* Roteirização de veículo)
Programação linear combinada inteira, em seleção de locais de instalações múltiplas, 442-447

Programação linear dirigida, na seleção de locais de instalações, 453-455

Q

Quantidade de pedido único, 281-284
Queda do sistema, 112-116
Queda na relação vendas-serviços, 103-105
Quociente peso-volume, 79-81

R

Reabastecimento de estoques, em sistema de gerenciamento de armazém, 134-135
Reabastecimento instantâneo, 284-285
Reabastecimento não instantâneo, 285-286
Recebimento, no sistema de gerência de armazém, 133-135
Receitas, logística e, 43-44
Reclamações
    fretes, 182-184
    processamento de, no sistema de gerenciamento do transporte, 136
Reclamações por cobrança excessiva, 183-184
Recolhimento de produtos, 115-118
Reconsignação de cargas, taxas para, 177-178
Rede de informação, 55-56
Rede, configuração
    análise de "o que aconteceria se" em, 514
    análise do projeto anual em, 514-515
    benchmark aperfeiçoado em, 512-514
    dados comparáveis em, 514-515
    determinando custos de *benchmark* em, 509-513
    determinando níveis de serviço em, 509-513
    em planejamento de rede, 509-515
    maximizando as oportunidades em, 512-514
    projetos práticos em, 512-514
Rede, processo de planejamento de, 483-537
    análise em
        conduzindo, 506-512
            benchmarking em, 509-510
            configuração de rede em, 509-515
            níveis de auditoria de serviço ao cliente em, 506-508
            planejamento integrado de cadeia de suprimentos em, 516, 519-520
            projeto de canal em, 514-516, 519-520
    configuração do problema em, 483-485
    estudos de caso em, 527-537
        instrumentos para, 501-506
            sistemas de suporte de decisões, 505-506
        organizando, 507-509
        planejamento integrado de canal de suprimentos em, 516, 519-520
        modelos de, 501-506
            heurística, 502-504
            mapa, bússola e régua como, 501-502
            otimização, 503-505
            simulação, 502-503
            sistemas especialistas, 504-506
        projeto de canal em, 514-516, 519-520
    dados em, 484-501

codificação de, 486-490

conversão de, em informação, 489-501

agregação de vendas em, 493-495

capacidades de instalação em, 498

concentração de produtos em, 489-490

custos de instalação em, 496-498

estimativa da demanda futura em, 500-501

estimativa da taxa de transporte em, 490

estimativas de milhagem em, 494-498

perfis de pedidos e embarques em, 492-493

relação estoque-processamento em, 498-501

transporte de aluguel em, 490-493

transporte privado em, 490-492

unidades de análise em, 489-490

fontes de, 485-487

lista de verificação de, 484-486

estudo de caso de localização em, 500-501

falta de informações, 500-501

Redução de capital, como objetivo estratégico, 51

Regra da raiz quadrada, 307-308

Relatório(s)

contabilidade, em processo de planejamento em rede, 486

custo-serviço, 579, 581-582

de encerramento, falta e danos, 385

de produtividade, 582-583

em logística/controle da cadeia de suprimentos, 579, 581-585

situação dos estoques, 385

Reposição

instantânea, 284-285

não-instantânea, 285-286

prazo de entrega para, 284-286

Retirada, estoque, na avaliação do desempenho da estratégia da cadeia de suprimentos, 66

Retorno sobre os ativos logísticos (RSAL ou ROLA), 43-44

Retorno sobre o investimento, conforme a mensuração do desempenho da estratégia da cadeia de suprimentos, 66

Revisão periódica de estoques. *Ver* Controle periódico da revisão de estoques

Risco, características de, dos produtos, 81-83

Riscos, conjunção de, no controle agregado de estoques, 305, 307-309

ROLA. *Ver* Retorno sobre os ativos logísticos

Rota, seqüenciamento de, 206-209

Rota, taxas de transporte por, 175, 177

Roteirização

de navios, 209-210

em sistema de gerenciamento de transporte, 136

Roteirização de veículos, 191-212

com pontos com relação espacial, 197-198

com pontos sem relação espacial, 198-199

e programação (RPV), 198-212

implementação de, 209

método da "varredura", 203-205

método das economias, 205-208

métodos para, 203-208

princípios de, 199-203

seqüenciamento de roteiros em, 208-209

método do caminho mais curto, 191-195

para pontos coincidentes de origem e destino, 196-199

para pontos de múltiplas origens e destinos, 194-196

para pontos separados e únicos de origem e destino, 191-195

Roteirização e programação de navios, 209-210

Ruptura. *Ver* Falta de estoque

S

Satélite, comunição via, na localização de cargas, 136-137

SCOR. *Ver* Modelo referencial de operações de cadeia de suprimentos

Seqüenciamento

no leiaute da coleta de pedidos, 387-389

produto, 424-426

Serviço ao cliente, 93-120

como restrição, 111-112

contingências no, 112-118

interrupção do sistema como, 112-116

recolhimento de produtos como, 115-118

custo *versus*, 105-107

cwt (*hundredweight*), 33-34

definição de, 93-97, 99

efeitos do

sobre a fidelidade do cliente, 102-103

sobre as vendas, 100-102

elementos do, 94-97, 99

importância relativa do, 95-97, 99

estoques na melhoria, 271-273

expectativas para, incremento, 33-35

importância do, 101-103

mensuração, 111-113

na auditoria da função total, 576

níveis de

auditoria, em planejamento de rede, 506-508

ótimo, determinação do, 106-109

objetivos para, no projeto do sistema, 53-54

padrões para, 32-33

planejamento e, 56

relação com as vendas, 102-106

definindo, 102-105

modelando, 104-106

tempo do ciclo do pedido e, 97, 99-101

variabilidade em, 108-111

função perda em, 108-111

substituição da informação em, 110-111

Serviço, aperfeiçoamento do, como objetivo estratégico

Serviços de coleta, tarifas dos, 180-181

Serviços de entrega, cobranças por, 180-181

Serviços de transporte de pequenos embarques, 159-160

Serviços de transportes intermodais, 157-159

Serviços, indústria de, logística/gerenciamento da cadeia de suprimentos na, 39-40

Serviços, níveis de, *benchmark*, estabelecendo na configuração da rede, 509-513

SGT. *Ver* Sistema de gerenciamento de transporte

Simulação de canal no LOGWARE, 516-516, 519-520

Simulação, modelos de, localização de instalações, 446-449

Simulação, modelos de, no processo de planejamento de rede, 502-503

Sistema de controle de estoque estoque-por-demanda, 299

Sistema de gerenciamento de armazéns (SGA ou WMS), 133-136

Sistema de gerenciamento de transporte (SGT ou TMS), 135-138

acompanhamento dos embarques, 136-137

consolidação do frete em, 136

pagamento e auditoria da fatura de transporte, 136-138

processamento de reclamações no, 136

programação dos embarques, 136

roteiros, 136

seleção dos modais de, 136

Sistema de informação de varejo, 139-141

Sistema de informação, 132-144

Ver também Logística, sistema de informação (LIS)

Sistemas de posicionamento global (GPS), na localização de remessas, 136-137

Substituição da informação, 110-111

Substituição de produtos, possibilidade, 81-82

Superorganização, 554-557

Suprimento

controle de estoque motivado por, 309-311

coordenação da demanda com, em estocagem, 374-375

Suprimentos, programação de, 343-357

just-in-time, 344-354 (*Ver também* Just-in-time*, programação do suprimento)

T

Tamanho do lote, 132-133

Tarifas para o seguro do transporte de cargas, 179-180

Tarifas para sistemas de estocagem, 391-394

Taxas para intercâmbio, 180-181

Técnicas de gráfico, compasso e régua, no processo de planejamento de rede, 501-502

Tempo e variabilidade de trânsito, escolha do serviço de transporte e, 151-154

Terceirização, 559-560

logística/gestão da cadeia de suprimentos e, 35-37

tomada de decisões em, 560-562

Tipo de pessoal na organização, 551-553

Transporte por semi-reboque sobre vagão (TOFC), 157-159

Transporte, 32-33

custos do, redução de, estocagem em, 373-375

de aluguel, em planejamento de rede, 490-493

616 ÍNDICE

decisões sobre, 187-237 (*ver também* Transportes, decisão)

propriedade privada, em planejamento de rede, 490-492

sobre projeto de sistema, 54-55

Transporte, método, 194-196

Transporte, sistemas de, 149-186
agentes em, 159-160
características dos custos de, 163-167 (*Ver também* Transporte, tarifas)
cobranças de serviços especiais em, 177-182
concorrência e, 149-150
controlado pela empresa, 160-161
custo do transporte próprio, 181-182
documentação para, 182-184
economias de escala e, 150
escolhas de serviços em, 151-154, 187-192
avaliação de, 189, 191-192
compensações básicas de custos em, 187-190
considerações competitivas em, 188-189, 191
métodos de seleção para,
perdas e danos em, 152, 154
precificação em, 151-152
tempo de trânsito e variabilidade em, 151-141, 153
escolhas de serviços únicos em, 154-158
aéreo, 155-158
aquaviário, 156-158
dutoviário, 157, 157
ferroviário, 154-155, 157-158
rodoviário, 154-158
importância efetiva dos, 149-150
internacional, 160-164
agências de, 162-164
instalação física para, 161-163
serviços em, 162-164
reduções de preços e, 150
serviços de pequenos embarques em, 159-160
serviços intermodais em, 157-159

Transporte, tarifas
compensações básicas em, 187-189
comum, 163-165

conjunto, 163-165
categoria/classe, 171, 173
contrato, 171, 173-175
cúbico, 175, 177
de deslocamento, 177-178
de privilégios de trânsito, 178-180
de proteção, 179-180
de reconsignação, 177-178
diferido, 177-178
frete marítimo, 177-178
frete de todos os tipos (FAK), 173-175
importação/exportação, 175, 177
incentivo, 175, 177
interlinhas, 179-180
linha de transporte de carga, 163-165, 169-178
por produto, 170-175
por roteiro, 175, 177
por serviços especiais, 177-180
por tamanho da carga, 173-175, 177
valor liberado, 177-178
de cobertura, 168-169
de serviços de terminais, 180-182
decrescente, 168-169
decrescente, localização de instalações e, 435-437
dependente da demanda, 168-170
dependente das distâncias, 167-169
estimativa do, em planejamento de rede, 490
fixo, 163-165
perfis de, 167-170
por modal, 165-167
proporcional, 169-169
redução, 168-169
relacionadas ao volume, 167-168
uniformes, 167-169
variáveis, 163-165, Transportes, decisão(ões)
estudos de caso sobre, 223-237
seleção de serviços como, 151-154, 187-189 (*ver também* Transporte, sistemas de, escolhas de serviços)
sobre consolidação de fretes, 196-198
sobre roteiros de veículos, 191-212 (*ver também* Roteamento de veículos)

U

Unidades de análise, em planejamento de rede, 489-490

Unitização de embarque, 385-387

V

Valor, logística e, 33, 37-38

Valor-peso, quociente, 80-82

Vantagem comparativa, princípio da, 25-27

Varejo/localização de serviço, análise de, 460-465
interação espacial, modelo de, 461-463
lista de controle equilibrada em, 460-462
localização-alocação, modelos em, 463
modelos de cobertura em, 463
regressão, análise da, em, 462-463
teoria do jogo em, 463

Venda(s)
agregação de, em planejamento de rede, 493-495
relacionamento com serviços, 102-106
definição, 102-105
modelagem, 104-105
serviços, efeitos sobre, 100-102
termos dos, 366-367

VMI. *Ver* Estoque gerenciado pelo fornecedor

W

WMS. *Ver* Sistema de gerenciamento de armazéns

Z

Zonas, sistema de
modificado como leiaute de separação de pedidos, 387-388

Zoneamento
no leiaute da separação de pedidos, 388-389
separador, 425-426